Kwok Li-tschin
*1802 †1873

…cis O'Flaherty — **Kwok Mei-lan** — heiratet 1862 — **Richard Wheatley** — heiratet 1870 — **Ehrenwerte Rachel Wade**
…861 | *1833 †1870 | *1837 †1916 | *1835 †1916

Iain Wheatley
*1875 †1952

Donald Wheatley
*1905

Lachlan Wheatley
*1933

…onathan Sekloong — heiratet 1875 — **Lucinda**
…3 †1950 | *1856 †1920

Konkubinen:
Jade
Rubin
Perle
Opal

Harry Sekloong — heiratet 1914 — **How Mayling**
(Sek Sai-loong)
*1879 †1939

Jason
(Schih Tschieh-hsiang)
*1915 †1938

Matilda Sekloong — heiratet 1923 — **Hans Biederstein**
*1893 †um 1944 | *1895 †um 1944

Johann
*1928

…hapman Parker
…944

Blanche Sekloong Parker
*1929
verheiratet mit
Spencer Taylor Smith

Charlotte Sekloong
*1903

verheiratet mit:
1924 **Manfei Way**
(Sohn **Mokhing**, *1925)
1931 **Raymond d'Alivère**,
Comte de Samlieu (Tochter
**Alaine Marie-Claude Ray-
monde**, *1932).
Ehe 1935 geschieden
1940 **Randall Martin**
1951 **Avram Barakian**

Thomas Sekloong
(Sek Lai-kwok)
*1904

James Sekloong
(Schih Ai- kuo)
*1906

heiratet 1929 — **Lu Ping**
*1910

Tscheng Wu
*1932 †1951

Tou-tou
*1939

Charles Philips Sekloong
*1912

Robert S. Elegant

DIE DYNASTIE

Ein Handelshaus in Hongkong

Roman

Deutsch von Margaret Carroux

Rowohlt

Die Originalausgabe erschien 1977
unter dem Titel «Dynasty»
bei der McGraw-Hill Company, New York
Die deutsche Übersetzung
folgt auf Wunsch des Autors der bei
William Collins Sons & Co. Ltd., London,
erschienenen Ausgabe
Schutzumschlag- und Einbandentwurf
Büttner & Plümacher

1. Auflage Februar 1979

Gesamtherstellung Clausen & Bosse, Leck
Printed in Germany
ISBN 3 498 01615 6

Für
Kitung und
für Moira

Inhalt

AUFTAKT

27. Juni 1970

19 Uhr 30 bis 20 Uhr 30

Nebelhörner heulten auf schlohweißen Passagierdampfern und rostzerfressenen Frachtern, die an mächtigen Bojen vertäut lagen. In der öligen Dünung dümpelten die großen Schiffe kaum. Der Hafen von Hongkong war unheilverkündend glatt wie ein blinder schwarzer Spiegel, und dichter Nebel senkte sich von den umliegenden Hügeln auf die Bucht.

Die letzte Fähre nach Kowloon bahnte sich vorsichtig ihren Weg zwischen den vor Anker liegenden Schiffen. Ihre waagerechten Lichterreihen warfen einen blassen Schein in die aufsteigende Dunkelheit, und ihre Sirene schien über die hereinbrechende Nacht zu wehklagen. Eine Dschunke mit Mattensegel trieb wie ein Geisterschiff vor dem Wind. Der Steuermann der Fähre wirbelte mit einem leisen kantonesischen Fluch das riesige Steuerrad herum, um dem unbeleuchteten Boot auszuweichen. Schmutzige Wallah-wallah-Motorboote flitzten durch den dichten Nebel, ihre Signalhörner stießen schrille Warnrufe aus.

Mit einer Geschwindigkeit von dreißig Knoten raste am frühen Abend des 27. Juni 1970 der Taifun Linda auf die schmucke britische Kronkolonie zu. Noch breitete der Nebel sich aus, und noch ging der Regen nur in einzelnen Schauern nieder, aber die Wettervoraussagen des Königlichen Observatoriums verhießen nichts Gutes. Bald würde der Taifun den Nebel wegblasen und den Regen zum Wolkenbruch werden lassen.

Das Nachrichtennetz der Kolonie war erstklassig: auf der Halbinsel Stanley schimmerten die schräg geneigten Schalen der Satelliten-Erdstation; auf den Bergen thronten die riesigen Gitter der weiß-roten Radarantennen; und auf Cape Collinson ragte ein Wald von Funkmasten empor.

Doch in einer Stunde würde der gesamte Verkehr im Hafen zum Erliegen kommen. Trotz aller technischer Fertigkeiten der Menschen würde niemand mehr von der Insel Hongkong auf die zum asiatischen Festland gehörende Halbinsel Kowloon gelangen können, wenn die stürmischen Winde aus dem Südchinesischen Meer heranbrausten. Die etwa sechzig Meter breite Startbahn des Flughafens Kaitak erstreckt sich mehr als zweihundertfünfzig Meter weit in den östlichen Arm des Hafens, aber die so hochkomplizierten Flugzeuge des Westens waren jetzt durch die Kraft von Tien Mu Hou, der Kaiserin des Himmels und Göttin des Meeres, an die Erde gefesselt.

Die für Regierungsmitglieder reservierte Maschine der amerikanischen Luftwaffe, Air Force One, stand unbeleuchtet auf dem Rollfeld vor dem Terminal der Royal Air Force. Trotz des Gewichts ihrer vier Pratt- und Whitney-Triebwerke zerrten die silbernen Tragflächen der Boeing 707 an den Drahtseilen, mit denen sie an den im Beton verankerten Ringbolzen festgezurrt waren. Vor dem Terminal der Zivilluftfahrt scharten sich elf Düsenverkehrsmaschinen um einen 747-Jumbo. Auch sie waren alle wegen des drohenden Unwetters festgezurrt, und die bunten Embleme auf ihren Höhenflossen waren in den Regengüssen, die den Taifun ankündigten, kaum zu erkennen. Drei kleinere Privatjets kauerten in der Nähe der Passagierflugzeuge wie Adler neben wohlwollenden Drachen.

Die abgestellten Flugzeuge hatten ihre Passagiere bereits entlassen. Dreiundzwanzig von ihnen waren, ein und demselben Ruf folgend, in die britische Enklave an der Peripherie der kommunistischen Volksrepublik China gekommen. Die Air Force One hatte – trotz seiner bösen Vorahnungen – den stellvertretenden amerikanischen Außenminister, Spencer Taylor Smith, in die Kronkolonie gebracht. Und die geräumigen Erste-Klasse-Kabinen der Düsenmaschinen von Japan Air Lines, Swissair und TWA hatten fünfzehn seiner angeheirateten Verwandten in den strömenden Regen ausgespien. Fünf weitere waren mit ihren Privatmaschinen gekommen, und unterwürfige Diener hatten sie mit Regenschirmen zu den Limousinen geleitet.

Abseits von den Zivilflugzeugen stand neben der Air Force One noch eine Trident der British Aircraft Corporation. Ab und zu, wenn der Nebel aufriß, erkannte man auf dem Höhenleitruder fünf goldene Sterne auf einem karmesinroten Rechteck. Im Direktflug aus Peking hatte die Trident einen General eingeflogen, der der Einladung nur widerstrebend gefolgt war: Schih Ai-kuo, Mitglied des Zentralkomitees der Kommunistischen Partei der Volksrepublik China und stellvertretender politischer Kommissar der Volksbefreiungsarmee. Das ungleiche Paar, die Maschine der US-Air Force und die der Chinesischen Volksarmee, wurde streng bewacht. Sergeanten der Königlichen Polizei von Hongkong in langen schwarzen Regenmänteln hockten naß und unglücklich unter den breiten Flugzeugrümpfen.

Durch die Sturmböen hindurch sah man auf der schattenhaft daliegenden Insel Hongkong jenseits der Bucht schwach die Lichtreklamen leuchten. Die ordentlich ausgerichteten, blaßblauen Buchstaben links besagten: HONG KONG HILTON. Ganz rechts ließ ein verschnörkeltes gelbes M das Mandarin-Hotel erkennen, und zwischen diesen Vergnügungspalästen des genußsüchtigen Westens sandten fünf verwinkelte chinesische Schriftzeichen ihre leuchtendroten Strahlen in die Dunkelheit. Sie wünschten: LANG LEBE DER VORSITZENDE MAO!

Fünf Stockwerke unter dem verschnörkelten M stand der Vizeaußenminister in seiner Suite vor dem Spiegel, um seine Frackschleife zurechtzuziehen. Endlich zufrieden, legte er das rosarote Band mit dem karmesinroten und weißen Stern der Verdienstlegion um den Hals und befestigte eine kleine Ordensschnalle am seidenen Revers seines Fracks. Beifällig betrachtete er seine stattliche, rosige, etwas korpulente Erscheinung.

«Verdammt noch mal, Blanche!» wandte sich Spencer Taylor Smith brummig an seine blonde Frau. «Was hast du mir da eingebrockt? Die alte Dame ist in Ordnung. Aber warum müssen wir uns unter diese Chinks und Itzigs mischen? Ehrenwerte Asiaten und Hebräer sollte ich sie wohl nennen. Und wie, in Gottes Namen, soll ich General Schih anreden? Onkel James?»

Die schlanke Frau mit den tiefliegenden blauen Augen, die vor dem Spiegel der Frisierkommode gesessen hatte, stand auf. Gelassen legte sie ihre Halskette aus Diamanten und Saphiren an.

«So, Spence», sagte sie ruhig, «zieh mir doch, bitte, den Reißverschluß hoch.»

Der Vizeaußenminister murmelte mißmutig vor sich hin, während er den Reißverschluß des grünen Brokatkleids über ihren Rücken hochzog.

«Von mir aus», fuhr Blanche Smith in scharfem Ton fort, «kannst du ihn nennen, wie du willst. ‹General Schih› . . . ‹verehrter Kollege› . . . ‹Onkel James› . . . oder auch ‹Du Kommunistenschwein›. Sprich doch nicht mit ihm, wenn du keine Lust dazu hast. Ich habe dich lediglich gebeten, zu Lady Marys Geburtstag zu kommen . . . Ich beklage mich ja auch nicht über deine unendlich langweiligen Staatsbankette.»

«Könnte verdammt peinlich werden», murrte der stellvertretende Außenminister.

«Ich bin sicher, es wird dir gelingen, Lieber. Es gelingt dir immer. Du bringst es sogar fertig, den reizbaren French freundlich zu stimmen. Und vergiß nicht, du hast eine von diesen Chinks und Itzigs geheiratet.»

«Entschuldigung!» Der Vizeaußenminister war einen Augenblick verlegen. «Wollen wir gehen?»

In dem ganz unpassend luxuriösen Penthouse oben auf dem Gebäude der Bank of China war General Schih Ai-kuo allein mit seinen bösen Vorahnungen. Seine Frau Lu Ping, kandidierendes Mitglied des Zentralkomitees der Kommunistischen Partei, hatte es abgelehnt, ihn nach Hongkong zu begleiten. Aus eigenem Entschluß, fragte er sich, oder auf Befehl der Partei? Aber der Ministerpräsident selbst hatte darauf bestanden, daß der General an der Geburtagsfeier seiner Mutter teilnahm. Ob sie ihn zur «Kritik» und späteren Entlassung vorgesehen hatten, überlegte er? Die Instruktionen des Ministerpräsidenten waren bedauerlich vage gewesen, lediglich: «Beobachten und berichten.»

General Schih sah finster aus, als er den blaugrauen Uniformrock mit dem hohen Kragen über seine breiten Schultern zog. Er kniff die braunen Augen zusammen und runzelte die hohe Stirn. Nur die leicht schrägstehenden Augen und die schwachgoldene Tönung seiner Haut waren ausgesprochen chinesisch. Genossen, die seine Herkunft nicht kannten, nahmen an, er habe turkmenisches Blut aus Zentralasien in den Adern, und er machte sich selten die Mühe, sie aufzuklären.

«Neunzig ist sie», murmelte er auf englisch. «Und ich bin tatsächlich vierundsechzig und habe sie seit über zwanzig Jahren nicht gesehen. Natürlich will ich sie sehen, die Gute. Aber warum die Orden? Seit Jahren trägt sie niemand mehr.»

Widerwillig wog er zwei Orden in seiner breiten Handfläche. Sie waren hervorragend gearbeitet in roter und goldener Emaille und so groß wie ein Silberdollar. Er straffte die Schultern und heftete sich den Orden eines Helden des chinesischen Volkes an die Brust und daneben den Orden des Ersten August. Er wäre glücklicher gewesen mit einem schlichten Plastikknopf, der die gütigen Züge des Vorsitzenden Mao Tse-tung trug. Aber die Befehle, die er erhalten hatte, waren sehr präzise: er war ausdrücklich angewiesen worden, die Orden, die seit einem Jahrzehnt aus der Mode waren, anzulegen.

«Wie ein verdammter russischer Operettengeneral sehe ich aus», murmelte er verdrossen. «Und warum wollte Ping nicht mitkommen? Sitzung des ständigen Ausschusses des Frauenverbandes, Blödsinn! Die hat sie früher auch geschwänzt, wenn es ihr in den Kram paßte – oder ihnen.»

Der Mercedes 280 SE des Generals wartete in der Tiefgarage, deren Ausfahrt zur Bank Street von Geheimpolizisten der Partei in Zivil bewacht wurde. Obwohl er sich eigentlich nicht länger aufhalten durfte, zog er die purpurroten Satinvorhänge auf und blickte zum Peak hinauf. Die Lichter aus den bienenwabenartigen Apartmenthäusern an den unteren Hängen durchdrangen schwach den Nebel, und unterbrochene

Reihen von orangefarbenen Glühwürmchen kennzeichneten die Zickzackstraße zum Peak. Ihm war, als könnte er die scharfe Abbiegung zur Sekloong-Residenz sehen, dieser Ungeheuerlichkeit an bourgeoiser Protzerei, wo er geboren worden war. Ein Schleier aus Nebel und Regen zog über den Berg und ließ die ferne Lichterfülle nur noch ahnen.

Oben auf dem Peak verhüllte der dichte Nebel alle Werke des Menschen und der Natur. Die dicke graue Suppe überflutete Villen und Residenzen, breite Straßen und schmale Seitenwege, Bäume, Blumen und Felsen. Im schwachen, orangefarbenen Schein der Natriumdampflampen krochen Autos die Magazine Gap Road entlang zur Peak Road. Die Fahrer streckten den Kopf zum Fenster hinaus, spähten nach der weißen Mittellinie, um nicht links in den Abgrund zu stürzen. Nur schemenhaft wahrzunehmende Lichter wiesen warnend auf entgegenkommende Fahrzeuge hin. Automobile tauchten auf wie schimmernde Geisterwagen und wurden sofort wieder von der Dunkelheit verschlungen.

Als ein stattlicher Rolls-Royce Phantom IV scharf nach rechts einbog, erfaßten seine schwenkbaren Scheinwerfer die schielenden Schildkröten-Wasserspeier auf dem Torbogen, der die Privatstraße zur Sekloong-Residenz überspannte. Geschmeidig wie Fangarme ringelte sich der Nebel um die nach oben gebogenen Dachvorsprünge des über sieben Meter hohen Tores, und seine kanariengelben Ziegel schimmerten unwirklich, als der Nebel sich für einen Augenblick teilte. Oben auf dem breiten Querbalken, den die hochgestellten Scheinwerfer des Phantom anstrahlten, wand sich in Hochrelief ein goldener Drachen. Die schwarzen Klauen des ehrwürdigen Tieres krallten sich in weiße Wolken, und seine ausgebreiteten Flügel gingen von Blaßblau zu einem leuchtenden Karneol an den Spitzen über. Die karmesinroten Augen starrten auf die Perle, die vor seinem geöffneten Rachen schimmerte; als das Scheinwerferlicht über ihn hinglitt, sah es so aus, als stürze sich das große Reptil mit einem Satz auf das unerreichbare Juwel.

Jeder Fuß des Tieres hatte vier Krallen, denn nur der Drachen des Kaisers darf fünf Krallen aufweisen. Aber seine Färbung war vom kaiserlichen Gelb nicht zu unterscheiden, und die Schnitzerei war so fein wie nur irgendeine außerhalb der Kaiserlichen Stadt in Peking. Der Drachen stellte die weltliche und geistige Macht des Kaisers dar, denn er war *Tien-tze*, der Sohn des Himmels.

Vor fast einem Jahrhundert, als der Kaiser noch herrschte, hatte Jonathan, der Gründer des Hauses Sekloong, den geflügelten Drachen auch zu seinem Wahrzeichen gemacht. Das war nicht nur eine anmaßende Geste gewesen, es grenzte an Blasphemie. Aber Jonathan Sekloong setzte sich über die empörten Proteste seiner Zeitgenossen hinweg. Er sei in Sekloong geboren worden, sagte er, und der Name bedeute steinerner Drache, und er habe sowohl den Namen der Stadt als auch ihr Wahrzeichen übernommen. Seine chinesische Mutter konnte ihm keinen Namen geben, und sein irischer Vater wollte es nicht.

In den darauffolgenden Jahren schien das höchste Symbol der Größe genau das zu sein, was Jonathan zustand. Der Kaiser war abgesetzt worden, und *Ta Ching Chao*, die große reine Dynastie, war gestürzt. Doch Jonathan Sekloong war beispiellos erfolgreich gewesen, hatte ein Handelsimperium aufgebaut und eine Dynastie begründet, die fortbestand. Seine Leistungen waren durch zwei Ritterwürden und später durch den Titel eines Baronet anerkannt worden, und 1950 war er mit siebenundneunzig Jahren als Sir Jonathan gestorben.

Die älteren Insassen der Limousinen, die die Peak Road entlangkrochen, erinnerten sich noch an Sir Jonathans herrisches Wesen. Schon vor seinem Tode vor zwanzig Jahren war er mehr Mythos als Mensch gewesen. Sein Leben und das seiner Nachkommen lasen sich wie Chroniken der turbulenten Geschichte des modernen China in den letzten hundert Jahren und auch jenes einmaligen, absonderlichen Gebildes, das den stürmischen Verlauf der Geschehnisse im volkreichsten Land der Erde so stark beeinflußt hatte – des von den Engländern regierten und von Chinesen bewohnten Hongkong. Trotz des herannahenden Taifuns versammelten sich fast hundert Nachkommen des großen alten Mannes und mehrere hundert Gäste, um Sir Jonathans Schwiegertochter zum neunzigsten Geburtstag ihre Aufwartung zu machen. Die Huldigung galt ebensosehr dem Andenken der überragenden Persönlichkeit, die eine Brücke zwischen Ost und West geschlagen hatte. Obwohl auch Lady Mary Sekloong schon eine legendäre Gestalt war, betrachtete sie selbst sich nur als Testamentsvollstreckerin des alten Herrn. Wenn in Hongkong vom alten Herrn gesprochen wurde – oder wenn irgendein Sekloong irgendwo diesen Ausdruck gebrauchte –, dann war nur Sir Jonathan gemeint.

Der imposante Rolls war der erste Wagen der Autokolonne, die unter dem Torbogen durchfuhr. Schwitzende chinesische Polizisten hielten, gelbe Signallampen schwenkend, den entgegenkommenden Verkehr an, um die Einfahrt zur Sekloong-Residenz freizuhalten. Eldorados und Imperials, Rolls-Royces, Jaguars und Mercedes 600 rollten unter dem sprungbereiten geflügelten Drachen hindurch. Schnittige Sportwagen, in dem dichten Nebel mit mehr Schneid als Verstand gefahren, entrichteten dem mythischen Reptil mit lautem Motorengeheul ihren Salut. Der walisische Polizeimeister, der die Verkehrsregelung überwachte, zählte zwei Ferraris, vier Jensens, sechs Lotusse und drei Maseratis. Als der Strom verebbte, schätzte er, nicht ohne Neid, daß fahrbare Untersätze im Wert von 1,2 Millionen Pfund an ihm vorübergerollt waren.

Zerbeulte Minis, Morris Minors und Volkswagen mischten sich unter die auffällig-kostbaren Spielzeuge. Denn zu ihrem neunzigsten Geburtstag hatte Lady Mary nicht nur ihre Kinder, Enkel und Urenkel eingeladen, sondern auch alle bekannten Nachkommen des alten Herrn, die ihm seine beiden Ehefrauen, seine drei Konkubinen und zahllose Mätressen geschenkt hatten. Die genaue Zahl konnte sie nicht feststellen, obwohl sie wußte, daß der alte Herr, soweit ihm bekannt war, neunzehn Kinder gezeugt hatte, weil seine Kinder und deren Kinder überaus eifrig für Nachwuchs gesorgt hatten – mit und ohne Sanktionierung durch die Kirche oder das Gesetz.

Auf den weichen Polstern eines vollklimatisierten Lincoln Continental saßen Lady Marys jüngere Tochter Charlotte und ihr vierter Mann, Avram Barakian, der so reich war, daß nicht einmal seine Buchhalter genau angeben konnten, wie viele Schiffe, Ölquellen, Fabriken und Grundstücke er besaß. Die sechsundsechzigjährige Charlotte Sekloong Way d'Alivère Martin Barakian ließ ihre Augen sehnsüchtig über den weitläufigen Besitz schweifen, auf dem sie ihre glücklichsten Tage verlebt hatte – wenn sie nach dem Verlassen des Elternhauses überhaupt jemals richtig glücklich gewesen war.

Über die im Dreieck auf das Haupthaus zulaufende Straße rollten die Autos durch Kaskaden von Licht. Reihen von Scheinwerfern durchdrangen den Nebel, und in den windgepeitschten Bäumen schaukelten vielfarbige Lampions. An Drähten aufgereihte Glühbirnen zeichneten die Umrisse der drei Kleinen Häuser nach, die nach normalen Maßstäben selbst Herrenhäuser waren. Die Flutlichter auf dem Rasen teilten die Balkone und überhängenden Dächer in geometrische Muster aus Helligkeit und Schwärze. Am Scheitelpunkt des Dreiecks stand das Haupthaus, das die einander folgenden Generationen von Sekloong-Kindern die Burg genannt hatten.

Nur die Kinder hatten auch die entlegensten Winkel der Burg erforscht und unter Getöse die Wendeltreppen zu den acht gen Himmel strebenden Türmen erklommen. Sie ragten an den Ecken des vierstöckigen Mittelbaus und seiner niedrigeren Seitenflügel empor, zugleich Wachttürme und Minarette. Ihre Spitzen verschwanden jetzt im Nebel. Die mit Zinnen versehenen Brustwehren, die die Turmhelme verbanden, waren ausgesprochen fehl am Platz über den Dächern mit den grünen, glasierten Ziegeln und den geschwungenen Dachvorsprüngen. Sir Jonathans unerbittlicher Wille hatte nicht nur sein eigenes Denkmal errichtet, sondern dem seltsamen Gebäude auch eine etwas fragwürdige Harmonie verliehen. Die Burg war zwar grotesk, aber so überwältigend eindrucksvoll, wie er es beabsichtigt hatte.

Die Burg enthielt vierzig Schlafzimmer. Aber Sir Jonathans Schwiegertochter, die zweite Lady Sekloong, bewohnte den Mittelbau allein, abgesehen von zwölf Bedienten und deren Nachkommen. Zwei andere Witwen, die ebenso aufwendig lebten wie sie, herrschten über eigene Haushalte in je einem der beiden Flügel.

Sarah Haleevie Sekloong war mit ihren fünfundsechzig Jahren unbegreiflich lebendig und noch erstaunlich attraktiv. Sie war die stolze, selbstbewußte Tochter der mächtigsten der vier großen jüdischen Familien des Irak, die praktisch das moderne Schanghai aufgebaut hatten, und an das Alleinleben gewöhnt. Denn sie hatte ihren Mann, Jonathan II., das älteste Kind von Lady Mary, 1945 verloren, als ein junger Pilot beim Anflug auf die alte Rollbahn von Kaitak mit der Flügelspitze seiner RAF Dakota einen Berghang gestreift hatte.

Die Witwe Sarah genoß in Israel dank der großzügigen Stiftung für das Haleevie-Sekloong-Krankenhaus und seine angegliederten Forschungsinstitute auf den Berghängen des Karmel hohes Ansehen. Und auch in Hongkong wurde sie wegen der Wohltaten der Jonathan- und Sarah-Stiftung hoch geehrt. Durch eine kluge Verteilung der reichlichen Mittel der Stiftung waren der Bevölkerung von elf Dörfern in den ländlichen New Territories auf dem Festland, die bisher in mittelalterlichem Elend gelebt hatte, elektrisches Licht, moderne sanitäre Einrichtungen und Grundschulen beschert worden. Vor allem aber bot die Stiftung den Bauern die Möglichkeit, ihren Lebensunterhalt mit der Zucht neuer Schweine- und Hühnerrassen und dem Anbau von Reis zu verdienen.

Indes neigte Sarah zu einer inkonsequenten Leichtfertigkeit, die an Frivolität grenzte. Sie liebte Marathonsitzungen von Mah-Jongg und Bridge, begleitet von leicht boshaftem Klatsch über die elegante Welt. An jenem Abend trug sie ein langes blaugrünes Dior-Kleid von teurer Schlichtheit. Ihr einziger Schmuck war eine Halskette aus mächtigen, viereckig geschliffenen Smaragden, die mit barbarischer Protzerei in schwere rotgoldene Glieder gefaßt waren.

Neben Sarah stand die dritte «Kaiserinwitwe» in der runden Empfangshalle der Burg. Sie hieß einfach Opal. Sie kannte den Namen ihrer

Eltern nicht und war nur aus Höflichkeit Witwe. Mit sechsundvierzig Jahren war sie eine statuenhafte polynesische Göttin in einem wallenden, bronzefarbenen, mit orangefarbenen Hibiskusblüten übersäten Seidengewand. Opal war 1939 als letzte von Sir Jonathans anerkannten Konkubinen in sein Bett gelangt; damals war sie fünfzehn und er fast sechsundachtzig. Als der alte Herr mit seiner Yacht für ein langes Wochenende nach Tahiti gefahren war, hatte er sie für 38 Dollar von dem französischen Beamten gekauft, mit dem sie lebte. Sie war ihm leidenschaftlich ergeben gewesen, und ein nicht verstummendes Gerücht in Hongkong besagte, sie hätte den Alternden mit ihrer eigenen Milch genährt.

Opal war finanziell unabhängig, denn Sir Jonathan hatte ihr ein stattliches Treuhandvermögen hinterlassen, das gegen ihre zwanghafte Großzügigkeit sorgfältig abgesichert war. Sie hatte ihre Ergebenheit auf Sarah und Lady Sekloong übertragen, kümmerte sich um das Wohlergehen der älteren Frauen und schalt mit ihnen und verhätschelte sie, als ob sie ihre eigene Mutter und Großmutter wären. Die beiden sahen ihrerseits großzügig über Opals reges Liebesleben hinweg.

Sarah und Opal standen wartend in der großen, runden Empfangshalle mit dem Fußboden aus rosa Marmor. Die polierte Wandtäfelung aus Teakholz schimmerte im sanften Licht der Kandelaber, und Weihrauch wehte durch die zentrale Klimaanlage. Ein prächtiger Teppich in Blau und Weiß bedeckte die breite Mitteltreppe, die sich auf dem Podest in zwei Arme teilte. Über der Y-Gabelung hing ein drei Meter hohes chinesisches Schriftzeichen. Die gewundenen, golden glänzenden Züge baten um die Gnade eines langen Lebens.

Die Doppeltür auf dem Treppenpodest wurde von einem Diener in weißer Jacke, schwarzen Hosen und Leinenschuhen aufgerissen. Ein Herr und eine Dame kamen die Treppe herunter, widergespiegelt in dem blanken Messing des Symbols für langes Leben. Der linke Arm des Herrn war angewinkelt, um die Hand der Dame zu stützen, und ihr langsames Schreiten war eine königliche Miniaturprozession.

Der dunkelhäutige, untersetzte Mann trug zwei Reihen Orden auf dem Frack, darunter die amerikanische Kriegsauszeichnung Silver Star, die China-Burma-Indien-Dienstmedaille und den britischen India Star. Der juwelenbesetzte Phoenix-Orden hing an einem regenbogenfarbenen Band um seinen Hals, während die breite, rosa und perlgraue Schärpe eines Komturs des britischen Empire seine gestärkte Hemdbrust diagonal unterteilte. Der chinesische Orden war ihm 1941 von Generalissimus Tschiang Kai-schek verliehen worden, die Komturwürde von König Georg VI., als er 1947 den Posten des Botschafters der Nationalen Republik China am Hof von St. James verließ.

Er war auf den Namen Thomas Sekloong getauft worden, aber er nannte sich General Sek Lai-kwok, wenn er besondere Aufträge für seinen im Exil auf Taiwan lebenden Oberbefehlshaber ausführte. Vor mehr als vierzig Jahren war der junge Lieutenant kurze Zeit als Zugführer im Einsatz gewesen. Doch in den folgenden Jahrzehnten hatte er selten Geschützfeuer aus einer Entfernung von weniger als vierzig Kilometern gehört. Er war ein politischer General, ein Diplomat in Uniform, der es vortrefflich verstand, zwischen rivalisierenden Cliquen zu lavieren. Seine Ergebenheit für Generalissimus Tschiang Kai-schek ging über Fanatismus hinaus, es war eine bedingungslose, totale Bindung.

Das breite Gesicht des Generals war vor Zorn gerötet, und sein Arm zitterte unter den Fingern seiner Mutter. Er war fünfundsechzig, und doch konnte Lady Mary ihn mit einem leise gemurmelten Satz immer noch in ohnmächtige Wut versetzen. Er war, wie er wußte, nie ihr Liebling gewesen. Manchmal kam ihm der Verdacht, daß sie ihn eigentlich nicht liebte.

An diesem Abend hatte sie ihn wieder einmal durch ihre Instruktionen verärgert. Seine sonst sanften Augen über den breiten Backenknochen funkelten. Er war nicht sicher, ob er den Wünschen seiner Mutter entsprechen könnte, obwohl für ihn der Kindesgehorsam noch Vorrang vor der Loyalität für seinen Chef hatte. Als der General auf die kleine Gestalt neben sich blickte, stand in seinen dunkelbraunen Augen mehr ehrfürchtige Scheu als Liebe.

Das schneeweiße, volle und zu einem lockeren Knoten aufgesteckte Haar war der größte Stolz der neunzigjährigen Lady Mary. Ebenso hatte sie sich mit zwanzig an ihrer rotgoldenen Haarfülle erfreut. Ihre hohe Stirn und die Wangen, verwelkten Blütenblättern gleich, waren von der Farbe durchscheinenden Elfenbeins, während ihr faltiger Hals vom hohen Kragen ihrer rot-gold-grünen chinesischen Seidenjacke verborgen wurde. Die Kette aus drei Reihen apfelgrüner Jadeperlen, zwischen Diamanten geknüpft, reichte ihr bis auf die Brust. Auf ihren Schmuck legte sie immer noch sehr viel Wert, vor allem auf die große Jade-Brosche mit dem Basrelief des Sekloong-Drachen, die unter ihrer Halskette steckte. Das weit geschnittene Kleid, rot, gold und grün wie die Jacke, war mit bestickten Streifen besetzt, und jede der winzigen, darauf gestickten Asternblüten war so wirklichkeitsnah, daß es aussah, als schimmerte Tau auf ihr.

Die Gestalt unter dieser eleganten Aufmachung war zerbrechlich wie eine Wachsfigur, aber Lady Mary war immer noch stolz auf ihre kleinen Füße und die schlanken, mit Diamanten und Jade beringten Finger. Ihre Füße in den goldbestickten Pumps taten jeden Schritt mit Vorsicht. Sie war eine alte Dame, eine sehr alte Dame, und um Dekorum bemüht. Aber ihre majestätische Haltung verflog, sobald ihre Augen vor Freude oder Ärger blitzten wie die eines lebhaften jungen Mädchens.

Sarah Haleevie Sekloong trat vor, um Lady Marys rechte Hand zu ergreifen, und Thomas ließ seine federleichte Bürde nur zu gern los. Die veilchenblauen Augen seiner Mutter funkelten ihn herrisch an, um ihn an ihre Wünsche zu erinnern.

«Guten Abend, Mutter. Alles Gute zum Geburtstag.» Sarah sprach mit ungewohnter Förmlichkeit, während sie sich vorbeugte, um die welke Wange zu küssen.

«Guten Abend, Lady Mary. Noch hundert mehr – um unsertwillen!» In Opals tiefer Stimme schwang noch der silberbestirnte Himmel ihrer heimatlichen Inseln mit. Sie umfing die zarte Gestalt mit ihren kräftigen Armen und trug sie fast zu dem Sessel aus Schwarzholz, auf dem Lady Mary ihre Gäste empfangen sollte. Ganz Hongkong – und die halbe Welt, wie es schien – nannte sie Lady Mary. Als Witwe eines Baronet hätte sie eigentlich Lady Sekloong genannt werden müssen. Doch Lady Mary war ihr persönlicher Titel.

«Guten Abend, Sarah. Guten Abend, Opal.» Auch Lady Mary sprach mit unüblicher Förmlichkeit. Ihre hohe Stimme ließ noch Spuren ihres nordenglischen Dialekts erkennen. «Guten Abend, ihr Lieben. Aber wünscht mir das nicht. Ich glaube, ich könnte keine zehn Jahre mehr ertragen, geschweige denn hundert. Und, um Gottes willen, macht nicht so viel Theater.»

«Es ist dein Fest, Mutter», erinnerte Thomas sie, «und ein großes Ereignis.»

«Ja, das stimmt. Vielleicht albern von mir, aber wir werden es jetzt hinter uns bringen. Wenn man schon etwas Törichtes tut, dann soll man nicht auf halbem Wege stehenbleiben.»

Die wuchtigen Haustüren öffneten sich, und in dem wallenden Nebel sah man flüchtig die karmesinrot-goldene Krone, die den vizeköniglichen Rolls-Royce kennzeichnete. Mit tiefen Verbeugungen begrüßten die Diener Sir David Trench, den Gouverneur von Hongkong. Seine stämmige Gestalt war die selbstbewußte Verkörperung der schwindenden Größe seiner Monarchin im fernen London. Schweißperlen rannen ihm über die vom Wetter gegerbten Wangen, und mit dem Zeigefinger lockerte er den steifen Kragen unter der weißen Frackschleife.

«Guten Abend, Lady Mary», sagte er steif. «Ihre Majestät die Königin hat mich gebeten, Ihnen ihre besten Wünsche und ihre Bewunderung zu übermitteln. Sie hofft, Sie bald wieder in London zu sehen. Und ich erlaube mir, unsere eigenen herzlichsten Glückwünsche hinzuzufügen.»

«Danke, David – und Margaret.» Lady Mary nickte Lady Trench zu. «Ich werde der Königin schriftlich meinen Dank und meine Ergebenheit zum Ausdruck bringen. Aber alten Freunden sage ich herzlich Dank und versichere sie meiner Zuneigung.»

Mehr als ausgespielter Charme, dachte der Gouverneur nicht zum erstenmal, viel mehr. Wenn Lady Mary mit einem Menschen sprach, konzentrierte sie sich völlig auf ihn, und jedes Wort war tief empfunden, ob es nun erfreulich oder unerfreulich war, was sie zu sagen hatte. Er war erleichtert, daß sie ihn nicht mit seinem Titel angeredet hatte. Sie kannte ihn, seit er als Zwanzigjähriger in den Kolonialdienst eingetreten war, und da sie ständig Reibereien wegen der Bodenpolitik der Regierung von Hongkong hatten, wäre es wie eine kalte Dusche für ihn gewesen, wenn sie ihn «Sir David» genannt hätte.

«Sie arbeiten mit einer Bande von Dieben zusammen», hatte sie ihn bei ihrem letzten Zusammentreffen angefahren. «Diese Leute von der Victoria Landholdings sind allesamt Diebe – sind es immer gewesen. Und Sie lassen es zu, daß sie die Grundstückspreise so in die Höhe treiben! Nicht nur die Armen, sondern auch der Mittelstand wird entsetzlich darunter leiden. Und bald werden wir ganz schön in der Patsche sitzen. Diebstahl, jawohl, Sir David, Diebstahl mit allen Mitteln. Hongkong ist auf Diebstahl aufgebaut. Aber vernünftiger Diebstahl mit Maßen, wenn ich bitten darf, Sir David.»

Der Gouverneur errötete bei der Erinnerung an diese Szene, als er sich über ihre Hand beugte. Er wußte, daß sie recht hatte, er wußte aber auch, daß er machtlos war. Erleichtert trat er beiseite, als eine hohe Stimme über seine Schulter rief:

«Mutter! Liebste Mutter! Unsere allerherzlichsten Glückwünsche!»

Charlotte Barakian stürzte sich auf Lady Mary, ein Wirbelwind in Menschengestalt mit einer Nerzstola über einem raffiniert geschnittenen Kleid. Der Schock ihres fast bis zur Taille reichenden Dekolletés wurde gemildert durch den 112karätigen Diamanten, der an einer Platinkette zwischen ihren Brüsten hing. Der Stern von Jaipur war das letzte Geschenk ihres Mannes und das, was am meisten Aufsehen erregt hatte. Ihr üppiges und ungeniert in seiner ursprünglichen Farbe nachgetöntes Haar leuchtete rotgolden, und ihre überschwenglichen Bewegungen waren die einer Frau, die ein Vierteljahrhundert jünger war als sie mit ihren sechsundsechzig Jahren tatsächlich war.

Während sie ihre Mutter stürmisch umarmte, verbeugte sich Avram Barakian gemessen. Der Schiffsmagnat war hochgewachsen, und sein dunkles Gesicht wirkte trotz der scharf vorspringenden, aggressiven Nase schwermütig. Nur sein sorgfältig frisiertes, welliges weißes Haar verriet Eitelkeit; zum Frack trug der Milliardär schlichte Hemdknöpfe und Manschettenknöpfe aus schwarzem Onyx.

«Genug, Charlotte, genug», protestierte Lady Mary lachend. «Wir lieben dich auch alle. Aber erdrück mich nicht, sonst erlebe ich keinen weiteren Geburtstag.»

Nach den Barakians kam Joe Sek, ein subalterner Angestellter in einer drittklassigen Import-Export-Firma, der sich in seinem moosgrünen Smoking etwas unbehaglich fühlte. Lady Mary schenkte ihm ein besonders herzliches Lächeln, weil sie sich nicht genau erinnern konnte, zu welchem Zweig des verästelten Stammbaums Joseph Sek eigentlich gehörte. Dem armen Verwandten folgten die reichen Seks, Harold und William, Zwillinge und Urenkel des alten Herrn und seiner ersten Frau, die er nach traditionellem chinesischem Recht geheiratet hatte. Ihr Vermögen, das die Zwillinge mit Waffen- und Goldschmuggel und Rauschgifthandel erworben hatten, stand dem der Hauptlinie nicht nach. Hinter ihnen verbeugte sich Sir Mosing Way, Hongkongs erster chinesischer Ritter, fast so alt wie Lady Mary und heiter-würdevoll in einem langen blauen Seidengewand.

Lady Mary streckte ihrem Sohn James, den die Welt als General Schih Ai-kuo kannte, stellvertretender politischer Kommissar der kommunistischen Volksbefreiungsarmee, die Arme entgegen. Obwohl sie ihn nicht Ai-kuo nennen würde, war sie doch stolz darauf, wie distinguiert er aussah, selbst in dem schlichten blaugrauen Uniformrock.

«Wir müssen später miteinander reden, James», flüsterte sie, als er sich herabbeugte, um sie zu küssen. «Es ist ja so viele Jahre her.»

General Schih Ai-kuos Augen verschleierten sich. Seinem älteren Bruder, dem nationalistischen General, nickte er kühl zu. Dennoch nahm James Sekloong, und nicht General Schih Ai-kuo, neben Thomas Sekloong seinen Platz hinter dem Stuhl seiner Mutter ein. Der kommunistische General Schih Ai-kuo blickte zur Decke hinauf, als der stellvertretende Außenminister der Vereinigten Staaten, Spencer Taylor Smith, vortrat, aber James Sekloong lächelte mit ungeheuchelter Freude seiner Nichte Blanche zu, der Frau des Vizeaußenministers.

Die Gäste trafen in Wellen ein, und bald war die Empfangshalle ein wogendes Meer von Geplauder und Begrüßungen. Lady Marys Gedächtnis registrierte automatisch jeden Gast, aber ihre Gedanken wanderten zu den turbulenten Bildern der Vergangenheit. Sie staunte noch über die Größe und Vitalität des unbändigen Clans, den sie seit dem Tod des alten Herrn beherrscht hatte.

Die Sekloongs, hin- und hergerissen zwischen zwei antagonistischen Welten, waren eine Mischung von Arroganz und Unsicherheit, Großzügigkeit und Habsucht, Begabung und Mittelmäßigkeit. Ost und West hatten sich in ihnen gepaart. Zwar glaubten sie, in beiden Welten zu Hause zu sein, doch konnten einige der älteren Sekloongs ein Gefühl ständigen Unbehagens nicht abschütteln. Der «Schuß Farbe», wie sich Lady Marys Vater verächtlich ausgedrückt hatte, machte sie abwechselnd unsicher und anmaßend. Aber die jüngeren Sekloongs, Lady Marys Enkel und Urenkel, waren stolz auf ihre Herkunft. Ihr fremdländisches Erbe zog, ebenso wie ihr großer Reichtum, Bewunderer an – aber auch Schmeichler, Speichellecker und Schmarotzer. Während Lady Marys Altersgenossen die Rassenmischung schrecklich gefunden hatten, war sie in dem Milieu, in dem die Nachkommen verkehrten, etwas Reizvolles. Der Jet-set, wie man dieses Milieu nannte. Lady Mary erschauerte über diesen barbarischen Ausdruck.

Die ältere Generation stärkte ihre Selbstachtung durch die Jagd nach Geld, Ruhm und gesellschaftlicher Stellung; einige hatten sogar die Erfahrung gemacht, daß schwer errungene Erfolge Trost brachten. Auch nach Titeln trachteten sie, nach Orden und Ehrungen und sogar nach einem anrüchigen Ruf. Der fast zwanghafte Elan des alten Herrn lebte auch noch in seinen Nachkommen, fast alle waren begehrlich in ihren Gelüsten.

Lady Mary war davon überzeugt, daß ihre eigenen Kinder ihr chinesisches Erbe nie vergessen würden. Sie wußten, daß die verwestlichten Städte Asiens – Hongkong, Singapur und Schanghai – von chinesischer Intelligenz und chinesischer Muskelkraft aufgebaut worden waren. Sie wußten, daß die Sekloongs eine entscheidende Rolle dabei gespielt hatten, sowohl diese Städte als auch China zu gestalten. Sie nützten ihre chinesischen Verbindungen ohne Hemmung und bedienten sich geschickt ihrer Macht und ihres Reichtums, die sich nicht nur auf Asien, sondern auch auf Europa und die Vereinigten Staaten erstreckten.

Die Ausländer – Europäer und Amerikaner – waren nur eine zeitweilige Macht in Asien, und sie fühlten sich selbst von Tag zu Tag unsicherer. Fast alle zogen sich schließlich in ihre Heimatländer zurück, auf subtile Weise von Asien besiegt. Selbst die Sekloongs könnten eines

Tages für ein aggressiv-nationalistisches und rassistisches Asien überflüssig werden. Aber dieser Tag könnte noch lange hinausgezögert werden, denn sie waren in allen Lagern vertreten.

Als Lady Mary zum erstenmal nach Hongkong kam, war es noch ganz anders gewesen. Damals schien es, als wäre die Herrschaft des weißen Mannes fest begründet, als wären die Asiaten für ewige Zeiten zur Unterwerfung verurteilt. Und beide, die Statthalter der expandierenden weißen Imperien und die Mandarine des verfallenden chinesischen Kaiserreichs, waren gleichermaßen arrogant und selbstgefällig.

An all das dachte sie, und ihre Augen schimmerten sanft wie taubenetzte Veilchen. Ihre Erinnerungen, die sie hegte und pflegte wie ihre Sammlung von Elfenbein, Jade, Bronze und Porzellanfiguren, waren noch absolut klar, aber sie hatten im Laufe der Jahre einen verklärenden Glanz angenommen.

Vor siebzig Jahren war sie nach Hongkong gekommen – damals war die Burg noch nicht gebaut, und auch den Namen Sekloong hatte sie noch nie gehört. Aber sie erinnerte sich noch genau an die verwirrten Gefühle des unerfahrenen jungen Mädchens, und sie sah wieder das blankgescheuerte Teak-Deck der ‹Orion› von der Peninsular und Oriental Steamship Company vor sich.

Teil I

MARY

28. Mai 1900 bis
26. Dezember 1900

28. Mai 1900

Vier Wochen trennten Mary Philippa Osgood noch von ihrem zwanzigsten Geburtstag, der sie nach den strengen Maßstäben der viktorianischen Zeit von einem jungen Mädchen in eine alte Jungfer verwandeln würde. In den vorangegangenen neunzehn Jahren und elf Monaten war sie sich ihres eigenen Körpers nie so bewußt gewesen wie an diesem Morgen des 28. Mai 1900 um 8 Uhr 15. Sie stand auf der ‹Orion›, die mit geblähten Hilfssegeln über die unruhige Flußmündung des Perlflusses tänzelte, und die Windböen preßten ihr das knöchellange Kleid gegen den Leib und modellierten die Rundungen ihres Busens, ihrer Hüften und Beine.

Vor der Abreise aus England vor sieben Wochen hatte sie sich für fünf Pfund, ein großzügiges Abschiedsgeschenk ihrer Tante Margaret, ein neues Kleid gekauft. Die mütterliche Frau des Majors, der die Ersatztruppe der Royal Wessex Fusiliers in der Heimat kommandierte, hatte ihr geholfen, den haltbaren dunkelblauen Serge auszusuchen, den die Stoffverkäufer von Stepney als «bestens geeignet für den Sommer» empfohlen hatten. Aber das «leichte» Gewebe war jetzt schwer wie Sackleinwand, als die ‹Orion› bei 33 Grad Wärme und einer Luftfeuchtigkeit von 93 Prozent das offene Meer mit den frischen Winden hinter sich ließ und Hongkong von Westen her ansteuerte.

Sie hatte kühn ihre Untertaille und zwei ihrer drei Unterröcke weggelassen und trug ihr leichtestes Korsett. Die Frau des Majors hatte ihr gesagt, daß die für den englischen Sommer geeigneten Korsetts in der fernen, subtropischen Kronkolonie entsetzlich lästig sein könnten, und tatsächlich hatte Mary das unbehagliche Gefühl, als ob ihre Brustwarzen unter dem scheuernden Serge anschwollen. Schweiß rann ihr zwischen den vollen Brüsten hinunter bis zu dem Vlies über dem Körperteil, den sie bei sich nur «die Stelle zwischen meinen Beinen» nannte. Zwar hatte sie manchmal ungehörige Träume gehabt, aber noch nie vor dieser Reise war sie sich ihres Körpers so deutlich bewußt gewesen. War das, fragte sie sich beklommen, der Zauber des sinnlichen, sündigen Orients? Sie empfand sich, wie nie zuvor, als Frau, und nicht nur als Frau, sondern als weiße Frau unter farbigen Männern.

Sanfte Finger griffen mit übertriebener Fürsorge nach ihrem Ellbogen, um ihr beim Stampfen des Schiffs Halt zu gewähren, obwohl sie sich mit ihren eigenen Händen an der Reling festhielt. Der Druck der Finger war leicht und ehrerbietig, aber, wie es ihr in ihrem geschärften Bewußtsein vorkam, irgendwie besitzergreifend. Plötzlich gewann ihr gesunder Menschenverstand wieder die Oberhand. Sie mußte lachen über ihre Hirngespinste und strich sich eine Strähne des rotgoldenen Haars zurück. Bei der Bewegung spannte sich der leichte Serge über ihren Brüsten, und ihr Begleiter hielt den Atem an.

«Miss Osgood, da ist es, eben über dem Horizont. Sie können es gegen die Wolken aufragen sehen.»

Hilary Metcalfes tiefe Stimme rief sie in eine Wirklichkeit zurück, die anders war als alles, was sie je erlebt hatte. Die ‹Orion› stampfte zwischen felsigen, mit smaragdgrüner Vegetation überzogenen Inselchen hindurch, die wie Meteoriten im windgepeitschten Meer lagen. Links von ihr stieg in der Ferne ein leichter Rauch auf, und etwas Dunkles, es konnte ein kleines Schiff sein, tanzte unter einem langgezogenen Schatten, vielleicht ein Segel, auf und ab. Sonst sah sie kein Anzeichen menschlichen Lebens. Aber ihr stiegen unvertraute Gerüche in die Nase, die die klare Seeluft verdrängten: der Rauch von Holzfeuer und Weihrauch, ein unangenehmer Geruch von Schimmel und Fäulnis; es stank nach Fäkalien. Und die Luft war mit den Düften von Knoblauch und allen möglichen anderen Gewürzen geschwängert.

«Der Duft des Ostens, das Parfum des Orients», flüsterte Metcalfe ihr ins Ohr. «Sie nennen es Hong Kong – den duftenden Hafen. Natürlich stinkt es nach Unrat, hauptsächlich aber nach den Dünsten der Lieblingsbeschäftigung der Chinesen – nach Essen. Daher riecht es nach Holzfeuer, Knoblauch, Koriander, Anis, Essig, Austernsoße, getrocknetem Fisch und auf dem Rost gebratenem Schweinefleisch. Und vor allem nach der dunkelbraunen scharfen Sojasoße.»

Während der Reise hatte sie sehr bald gemerkt, daß Mr. Metcalfe ein Pedant war. Sie kannte den Typ gut, denn seit dem Tod ihrer Mutter vor zwei Jahren hatte sie sich den Lebensunterhalt als Gouvernante verdient. Sie wandte, was sie ein paar Monate zuvor noch nicht getan hätte, den Ausdruck auf einen Mann an, der mit seinen sechsundfünfzig Jahren ein ehrwürdiger Greis zu sein schien. Die Reise hatte sie gelehrt, daß sie aufgeweckter, ungestümer und scharfsinniger war als die meisten jungen Frauen im 62. Jahr der Regierung ihrer erhabensten Majestät, Viktoria, von Gottes Gnaden Königin von England, Schottland, Wales und Irland und ihrer anderen Reiche und überseeischen Gebiete, Kaiserin von Indien, Verteidigerin des Glaubens. Daß sie ihre Fähigkeiten erkannt hatte, behielt Mary wohlweislich für sich, und sie konnte ebenso reizend mit den Wimpern klimpern wie die unbedarfteste viktorianische Miss. Außerdem hatte sie viel gelernt von Hilary Metcalfe, der weder herablassend noch aufdringlich war. Sie hatte auch die Erfahrung gemacht, daß sie Metcalfe und die Schiffsoffiziere ihren Wünschen geneigt machen konnte, nicht nur durch weibliche List, sondern durch ruhiges Beharren.

«Vielleicht haben die Chinesen nicht genug zu essen, Mr. Metcalfe», scherzte sie.

«Manchmal sicher nicht, Miss Osgood. Aber sie verehren ihre Bäuche mit einer geradezu religiösen Andacht . . . entschuldigen Sie die unverblümte Ausdrucksweise eines alten Mannes. Mehr als ihre Familie, mehr als ihre Götter, mehr als ihren Kaiser, mehr als . . . irgend etwas sonst verehren sie ihre Bäuche.»

«Und sonst nichts, Sir?»

«Das habe ich nicht gesagt. Die Chinesen verehren auch das Gold, und sie erwerben Reichtum auf mancherlei krummen Wegen. Sie können auch hart arbeiten – wenn es sein muß. Sie sind ein kluges und äußerst arbeitsames Volk – wenn es unbedingt sein muß. Aber sie sind anders als alle anderen Völker.»

Hilary Metcalfe hielt inne, um seine Worte präzise zu formulieren, denn instinktiv bemühte er sich, seine eifrige Schülerin möglichst gut zu unterrichten.

«Wir sind in diesen Wochen langsam über die Meere hinweg von einem Pol der Zivilisation zum anderen gelangt. Die interessanten Sehenswürdigkeiten im Mittelmeer, im Nahen Osten, in Indien und den Straits Settlements waren nur ein allmählicher Übergang. Jetzt sind Sie zu den wahren Antipoden gekommen. Nicht einmal die Japaner sind fremdartiger.»

«Wie das, Mr. Metcalfe?» fragte sie.

Der Kapitän der ‹Orion› hatte ihr erzählt, daß die Metcalfes durch den Indien-Handel sehr wohlhabend geworden seien. Aber Hilary Metcalfe arbeitete lieber als Angestellter und Dolmetscher in dem Hongkonger Handelsunternehmen Derwent, Hayes and Company, als sich um sein Vermögen zu kümmern und standesgemäß zu leben. Seine Tätigkeit bot ihm Gelegenheit und Muße, die Kultur, die Geschichte und die Sprache der Chinesen zu studieren. Obwohl er sich einen schnellen Peninsular- and Oriental-Postdampfer hätte leisten können, der ihn garantiert in vierunddreißig Tagen nach Hongkong gebracht hätte, hatte er sich, wunderlich, wie er nun einmal war, für die ‹Orion› entschieden, die erst am fünfzigsten Tag nach dem Verlassen des Pool von London in den Hafen von Hongkong einlaufen würde.

Mary hatte diese Wahl nicht gehabt. Das Kriegsministerium, das die sechzig Pfund für ihre Überfahrt auf der ‹Orion› nur widerstrebend bezahlte, hatte sich schlankweg geweigert, den Zuschlag von zehn Guineen für einen Postdampfer draufzulegen. Nur dem guten Zureden der Majorsfrau hatte es das alleinstehende Mädchen zu verdanken, daß ihr die Unbilden eines Truppentransporters erspart blieben, denn ihr Vater war lediglich der Musikmeister des Regiments.

«Wieso», beharrte Mary, «sind die Chinesen anders?»

«Wieso?» wiederholte Hilary Metcalfe ihre Frage. «Nicht nur wegen der Dinge, die man Ihnen sicher erzählt hat – daß die Männer Röcke tragen und die Frauen Hosen, daß es die Suppe am Ende der Mahlzeit gibt, daß die Bräute Rot tragen und daß die Trauerkleidung weiß ist – obwohl all das stimmt. Ihr *Denken* ist anders . . . antipodisch, dem unseren diametral entgegengesetzt. Heute balgen sie sich um eine Handvoll Kupfermünzen, und morgen lehnen sie es ab, sich einen Sack Gold zu verdienen. Hongkong war ein kahler Felsen, ehe wir es zum drittgrößten Umschlaghafen der Welt machten – bald vielleicht dem zweitgrößten.»

Mary staunte gebührend, obwohl ihr der Handel ebenso gleichgültig war wie die dunkle Seite des Mondes.

«Wir mußten die Chinesen zwingen, Handel zu treiben», fuhr Hilary Metcalfe fort, «dabei hätten sie selbst aus Hongkong oder Kanton eine Goldgrube machen können. Sie nötigten uns geradezu, uns Hongkongs zu bemächtigen. Und jetzt haben wir den Löwenanteil. Einige Chinesen fahren nicht schlecht dabei, sie sind zu schlau, um es sich entgehen zu lassen. Aber die herrschenden Klassen, die Mandarine, verachten den Handel zutiefst – und verachten auch uns.»

Hilary Metcalfe dachte über seine eigenen Worte nach. Der breite Kopf mit der karierten Jägermütze zog sich wie der einer Schildkröte zwischen seine kräftigen Schultern zurück. Er deutete mit dem Arm auf die Inseln ringsum.

Marys Blick fiel auf zwei im Wasser treibende Gegenstände. Der eine war hellgrau, und seine aufgeblähten Rundungen glänzten abstoßend. Der andere, ebenso aufgebläht, war schwärzlich. Von beiden standen vier kleine Streben in die Höhe – wie Tischbeine, die sich durch das Treiben im Wasser verzogen hatten. Mary verschlug es den Atem, als eine Welle die Kadaver eines Schweins und eines Hundes emporhob, die im Tod einen so seltsamen Konvoi bildeten.

Überall am Horizont waren Inseln, einige kahl und grau, andere üppig grün, sie schienen aus der Tiefe aufzusteigen, als der Wind den Morgennebel auseinanderfegte. Die ‹Orion› schlängelte sich durch eine schmale Wasserstraße. Zu ihrer Rechten, auf einem schwärzlichbraunen Strand, lagen zwei schuhförmige Boote. Zu ihrer Linken, am Rande einer großen Landmasse, ragte eine Klippe empor.

«Hongkong?» fragte Mary. «Ist das Hongkong? Nein, das kann nicht sein. Es muß China sein, das Festland.»

«Weder noch, Miss Osgood», antwortete der Sinologe. «Das ist Lantao, der Felsenberg. Er ist größer als Hongkong, die größte Insel. Die Portugiesen, die vor dreihundertfünfzig Jahren Makao besiedelten, nannten diese Inseln die Ladrones – die Diebe. Sie waren der Schlupfwinkel einer Bande von Seeräubern, bis wir vor sechzig Jahren anfingen, mit ihnen aufzuräumen. Es gibt immer noch welche, aber die stören uns nicht. Diese Inseln sind immer noch die Ladrones. Die großen Diebe haben die kleinen Diebe vertrieben. Der mehr vom Zufall bestimmte chinesische Diebstahl ist von organisiertem europäischem Diebstahl abgelöst worden.»

«Das klingt, als ob auch Sie die Engländer haßten. Verachten Sie uns wirklich?»

«Die Engländer verachten, Miss Osgood?» sagte Mr. Metcalfe ironisch. «Kaum. Es hat doch keinen Zweck, mich selbst zu verachten. Wir haben hier schreckliche Dinge verübt, aber auch manches Großartige vollbracht.»

«Schreckliches *und* Großartiges, Mr. Metcalfe?»

«Ja, beides. Hongkong war eine kahle, fieberverseuchte Insel, auf der ein paar hundert Fischer und Piraten hausten, mehr nicht. Wir machten es zu einem großen Hafen. Aber wir lehrten das Volk, uns zu hassen – und vor uns zu katzbuckeln. Wir zwangen ihnen das Opium auf. Die Villen, die Sie sehen werden, sind nicht auf Felsen gebaut, sondern auf dem schädlichen Saft hübscher Mohnblumen.

Wie Sie wissen, Miss Osgood, tobt gerade jetzt ein Aufstand in Peking. Wir nennen die Aufständischen Boxer. Sie selbst nennen sich die Rechtschaffene Harmonische Gesellschaft. Eine den Teufel anbetende Sekte, die übernatürliche Kräfte zu haben behauptet, und insgeheim vom Hof der Kaiserinwitwe unterstützt wird. Die Boxer behaupten, sie könnten durch unsere Kugeln nicht getötet werden. Unsinn, natürlich. Aber sie wissen, was sie wollen. Und das ist kein Unsinn. Sie haben geschworen, uns aus China zu vertreiben. Sie wollen unser Blut.»

«*Unser* Blut, Sir?»

«*Unser* Blut, *Ihr* Blut, Miss Osgood. Wir haben den Chinesen unseren Willen aufgezwungen, haben sie gezwungen, mit uns Handel zu treiben, während sie nur in Frieden gelassen werden wollten. Wir haben uns durchgesetzt mit Kanonen und Arroganz, mit Plünderung und Vernichtung und Gemetzel.»

«Mein Vater schrieb, wir müßten die Oberhand behalten, sonst würden sie uns an die Kehle gehen.»

«Vielleicht hat er recht. Das glauben die meisten Leute. Aber warum? Teilweise, weil wir sie in Hongkong immer isoliert haben, stärker, als sie uns in China isolieren wollten. Die Chinesen und die Briten sind nicht verschiedene Rassen, sondern verschiedene Spezies. Und zwischen den Lagern gibt es ein paar Chinesen, die wir für uns gewonnen haben, einige, die für Geld mit uns kollaborierten, ein paar heruntergekommene Portugiesen und einige Eurasier ... Mischlinge, pardon, Miss Osgood. Wir haben die Chinesen dazu gedrängt, aber die Arbeit haben *sie* getan. Mit *ihrem* Schweiß ist dieses britische Paradies im Orient erbaut worden.»

«Sie verfechten Ihre Meinung sehr nachdrücklich.»

«Das tue ich!» Mr. Metcalfe lachte gezwungen. «Ihr Vater sagt, wir müßten die Oberhand behalten. Wahrscheinlich wird er Ihnen auch sagen, daß alle Chinesen uns hassen, daß wir keinem einzigen von ihnen trauen können. Womöglich wird er Ihnen sagen, daß ein einziger Tropfen chinesischen Bluts einen großen eurasischen Herrn wie Sir Jonathan Sekloong oder diesen vielversprechenden jungen Mann, Robert Hotung, zu etwas macht, was weniger ist als ein Mensch – weder ein richtiger chinesischer Heide noch ein guter britischer Christ.

Aber Männer wie sie haben uns sehr genützt – und China auch. Vor tausend Jahren führten ihre Vorfahren dort drüben im Norden auf dem Festland ein kultiviertes und gesittetes Leben. Das war kein Haufen von Banditen, Dieben und Seeräubern, sondern eine kultivierte Gesellschaft. Aber ich ereifere mich zu sehr – und da ist Hongkong.»

Die graue Masse am Horizont war jetzt zu einer Insel geworden, übersät mit unregelmäßigen Hügeln, die sich um einen Gipfel gruppierten, von dem Mary wußte, daß er Victoria Peak genannt wurde. Man hatte damit die junge Königin ehren wollen, die vier Jahre bevor Hongkong 1842 formell Kronkolonie wurde, den Thron bestiegen hatte. Die ‹Orion› passierte eine winzige Insel mit einem weißgetünchten Leuchtturm auf dem höchsten Punkt und zwei an den Hängen klebenden kleinen Häusern. Sie hieß Green Island, wie Mary auf der Landkarte gesehen hatte. Auf der Insel Hongkong selbst zogen sich Schuppen aus Bambus, Holz und geflochtenem Schilf in Reihen bis hinunter zum Hafen; sie sahen wie baufällige Treppen aus.

Winzige Galeonen mit hohem Achterdeck tanzten auf den weißen

Schaumkronen der Wellen. Ihre armseligen Segel sahen aus wie Flickendecken aus schmutzigem Gelb, rostigem Braun und verschossenem Rot. Sie spannten sich zwischen zerbrechlich wirkenden Bambusrahen. Mary staunte, daß das dünne Gewebe nicht riß, sondern die plumpen Schiffe durch die Wellen trieb. Sie strebten auf die ‹Orion› zu und hinterließen quirlige weiße Kielwasser hinter ihren breiten Hecks.

Die ‹Orion› drehte majestätisch nach Steuerbord, und ihre Sirene gellte mehrmals. In Marys Ohren klang das wilde Heulen traurig und freudig zugleich. Das Schiff klagte über das Ende einer langen Reise und begrüßte überschwenglich das endlich erreichte Ziel.

Mary erschauerte unwillkürlich beim Anblick des vor ihr liegenden Hafens. Sie wußte, daß sie nicht länger als ein Jahr hierbleiben würde, weil das Regiment ihres Vaters dann in die Heimat zurückkehren sollte. Aber ihr Puls pochte, als käme sie zu einem lange erwarteten Rendezvous, an einem Ort, der seltsam fremdartig und dennoch voller alter Erinnerungen war. Mary war gleichzeitig freudig erregt und ängstlich.

«Ganz anders, als Sie es sich vorgestellt haben, und doch irgendwie vertraut, nicht war, Miss Osgood?»

Mr. Metcalfes Stimme wurde fast übertönt von der Sirene. Ein wenig furchtsam blickte sie in sein offenes Gesicht mit den nachdenklichen grauen Augen, die auf so unheimliche Weise ihre Gefühle erkannt hatten.

«Ich werde Sie jetzt verlassen», sagte die tiefe, freundliche Stimme. «Es ist besser, Hongkong beim erstenmal allein zu sehen. Bitte, vergessen Sie nicht, daß Sie mich bei Derwent erreichen können, wenn Ihnen die Lustbarkeiten Zeit dafür lassen – oder wenn Sie Hilfe brauchen.»

Sie nickte zerstreut. Warum, fragte sie sich, sollte sie Hilary Metcalfes Hilfe brauchen? Aber das unbehagliche Gefühl, das seine Bemerkung hervorgerufen hatte, war vergessen, als sie das Panorama von Hongkong betrachtete.

Der Hafen war ein Wald von Masten; das Tau- und Holzgeflecht der Segelschifftakelagen, die waagerechten Rahen; die kurzen Masten der Dampfschiffe; und die hellgrauen dreibeinigen Masten der Kriegsschiffe, wie kleine Eiffeltürme. Unzählige hölzerne chinesische Dschunken mit Leinensegeln glitten durch diesen Wald. Das alles durchdringende Gemisch von Gerüchen war bereits so gewohnt und vertraut wie der Duft von frischgebackenem Brot. Jetzt erst wurde ihr bewußt, daß sie nach China gekommen war.

Kulis, nur mit flatternden schwarzen Hosen bekleidet, strömten durch breite Tore in die höhlenartigen Lagerhäuser im Hafengebiet.

Mary spürte fast selber die Last, die die fernen bronzefarbenen Gestalten an Bambusstangen auf ihren schweißbedeckten Schultern trugen. Die Szene flimmerte in der Hitze, die vom Steinpflaster aufstieg.

Im Zentrum boten Markisen Schutz vor der grellen Sonne; sie hingen an Gebäuden mit zinnenbewehrten Fassaden und wurden von verzierten Pfeilern gestützt. Zwei Damen in fließenden Gewändern, die in der künstlichen Dämmerung kaum zu erkennen waren, schlenderten unter den Markisen umher, während die weißgekleideten Herren zielstrebig ausschritten. Zwei Beschriftungen in Englisch hoben sich ab von einem Gewirr chinesischer Schriftzeichen: QUEEN'S BUILDING, an der breiten Front eines vierstöckigen Gebäudes an der Straße hinter der Kaimauer, und das vertraute PENINSULAR AND ORIENTAL.

Ein schmaler Pfad zog sich hinauf zum Peak, den der Morgennebel noch halb verhüllte. Zwei Kathedralen beherrschten die unteren Hänge: Die katholische Kirche rechts, ein neugotischer Bau mit halbhohen Strebepfeilern, und die anglikanische Kirche, streng in ihrer weißgetünchten Schlichtheit. Zwischen den Kirchen, inmitten eines großen Grundstücks, erhob sich ein quadratisches, herrschaftliches Gebäude mit einer schwungvollen Treppe. Sie erkannte es nach den Fotografien, die sie gesehen hatte: es war das Government House, die Residenz des Gouverneurs der Kronkolonie.

Kleinere Villen standen verstreut an den gewundenen Straßen, meistens weiß angestrichen, aber einige auch grün oder rosa, wie die, die sie auf Malta gesehen hatte. Alles in allem war Hongkong beruhigend und vertraut britisch, obwohl es ein bißchen mediterran wirkte. Aber auf den Fotografien war weder etwas von der feuchten Hitze – die ebenso greifbar und real war wie die Steinhäuser – noch von den durchdringenden, scharfen Gerüchen zu sehen gewesen ...

Die durch das Klüsenrohr rasselnde Ankerkette rief Mary in die Wirklichkeit zurück. Schwitzend, in roter Uniform mit silbernen Aufschlägen und hohem Kragen erschien ein Sergeant der Füsiliere, der wie ein Teufel in einer Weihnachtspantomime aus einer Falltür auftauchte. Sein grobes, rosiges Gesicht und die vertrauten Messing-Rangabzeichen berührten sie heimatlich.

«Miss Osgood?» Das Lächeln des Sergeant enthüllte verfärbte Zähne. «Ihr Papa ... Pardon, Miss ... Musikmeister Osgood schickt Ihnen seine Grüße. Er kann Sie nicht abholen. Die Kapelle spielt im Government House für die hohen Tiere. Ich bin abkommandiert worden, um Sie zu erwarten. Sergeant Howells, Miss.»

Die bloßen Füße der Kulis machten klatschende Geräusche auf dem mit weißem Sand bestreuten Deck. Mary wich vor dem scharfen Schweißgeruch zurück, und ihr an einer Bambusstange hängender Überseekoffer pendelte etwas zur Seite und streifte ihren Rock.

«He, Johnnie, langsam, langsam!» Sergeant Howells hieb mit seinem Bambusstock nach dem Kuli neben sich. «Verdammtes Gelbgesicht ... du kannst Missy verletzen.»

Ein breiter Striemen zeigte sich auf dem bronzenen Rücken, als ob ein roter Pinselstrich über die angespannten Muskelstränge gezogen worden wäre. Der Kuli sah nicht auf.

«Einzige Sprache, die sie verstehen, Miss», grinste der Sergeant. «Faule Bande von Scheißkerlen ... Verzeihung, Miss.»

Am Fuß der Gangway schaukelte ein flaches Boot. Achtern standen Korbstühle unter einem Sonnenzelt, Marys Überseekoffer und ihre Reisetaschen lagen auf dem Vordeck. Eine kräftige Frau in schwarzem Kasack und Hosen bediente das lange Ruder, das über das Heck hinausragte. In einer roten Schlinge auf ihrem Rücken hing ein Säugling, dessen Kopf hin- und herbaumelte, und Mary wunderte sich, daß er sich nicht das Genick brach. Der Mann der Frau hockte auf dem Verdeck. Sein Kopf war kahl geschoren, nur eine einzige Haarsträhne oben auf dem Kopf war zu einem Zopf geflochten.

«Ist das ein Sampan?» fragte Mary. «Ist das ein Zopf?»

«Weiß ich nicht genau, Miss. Weiß nicht genau, wie sie diese Dinger nennen. Alle Chinamänner tragen solche Zöpfe. Verdammt albern. Rattenschwänze nennen die Leute das. Und es könnten wirklich Schwänze sein. Sie sind ein Teufelspack – diebische, listige Teufel. Ich schwöre, es sind keine Menschen, nicht wie wir, Miss. Mehr wie schlaue Affen. Können nicht mal richtig sprechen. Sie plappern dauernd, wie Affen.»

Der Sampan trieb längsseits an einen hölzernen Kai, auf dem Schild stand: BLAKE PIER. Grün-glitschige Stufen führten zu einem düsteren, höhlenartigen, gegen die gleißende Sonne durch ein spitzes Dach aus Strohmatten geschützten Raum. Der Boden schwankte unter ihren Füßen, und Sergeant Howells griff nach ihrem Arm.

«Sachte, Miss, sachte!» Er redete ihr zu wie einer störrischen Stute. «Sind lange auf dem Schiff gewesen. Dauert eine Weile, bis Sie wieder Landbeine kriegen.»

Auf dem Pier schleppten Kulis mit undurchdringlichen Gesichtern schwere Lasten. Münder mit dunklen Lippen stießen helle Warnrufe aus, die wie Klagelaute überladener Kamele klangen: «Hoo-hoo! Hoo-hoo!» Chinesinnen in ausgeblichenem Schwarz trugen leichtere Bürden. Andere Frauen schaufelten Mörtel und trugen Backsteine. Ihre Gesichter waren halb verdeckt durch schmierige, von ihren kreisrunden Hüten herabhängende Lappen. Die Hüte aus geflochtenem Bambus hatten einen Durchmesser von gut sechzig Zentimetern, aber keine Hutköpfe. Von dem üblen Gestank ungewaschener Körper wurde Mary ganz schwindlig, und die feuchte Luft machte ihre Kleider klamm.

Ohne auf den Tumult zu achten, zählten zwei britische Kaufleute in weißen Anzügen die Ballen, die Kulis über eine wacklige Plane aus einem Leichter heraustrugen. Chinesische Herren in langen Gewändern aus blauer Baumwolle schlenderten, etwas abseits, vorbei, und ihre leuchtendbunten Papierfächer flatterten wie gefangene Schmetterlinge vor ihren schweißglänzenden Gesichtern. Straßenhändler machten mit heiseren Schreien auf ihre Waren aufmerksam, die auf Tüchern aus Grasleinen ausgebreitet waren: Goldschmuck und schimmernde Porzellanschalen, Töpfe aus schwarzem Eisen und prächtige Stoffe, Regenschirme und Spazierstöcke, getrockneter Fisch und Haufen von farbigen Gewürzen. Ein blauschwarzer Inder zerrte zudringlich an Marys Rökken. Als Sergeant Howells seinen Bambusstock schwang, wich der Händler zurück.

Der Sergeant stemmte sich gegen die Menge, als ob er durch einen Gebirgsbach watete, und Mary folgte ihm. Verwirrt von dem Menschengewühl, blieb sie plötzlich stehen, und der Sergeant drehte sich um.

«Was ist los, Miss?» fragte er besorgt. «Müde? Sie werden's gleich leichter haben.»

Stumm deutete sie auf einen untersetzten Chinesen mit kurzen, weiten Hosen, der durch die Menge humpelte. Sein Gesicht war schmerzverzerrt, denn sein kahlgeschorener Kopf war qualvoll verdreht durch ein fast einen Meter breites viereckiges Holzbrett, das er als Kragen um den Hals trug. Auf seiner nackten Brust hing ein mit schwarzen chinesischen Buchstaben beschriebenes Schild. Hinter ihm hielt ein rundlicher chinesischer Polizist in weißer Uniform wichtigtuerisch die Hand am Griff seines langen Degens.

«Ach, das!» Das gutmütige Gesicht des Sergeant verzog sich zu einem Lachen. «Das nennt man hier *cangue*, ein tragbarer Schandpfahl. Der Kerl ist ein Dieb – einer, den sie geschnappt haben. Vielleicht steht das auf dem Schild, das er trägt. Es ist nicht so schlimm, wie's aussieht. Daran werden Sie sich bald gewöhnen, Miss. Jedenfalls behandeln ihre eigenen Landsleute sie noch schlechter als wir. Wir müssen sie hart anfassen. Das einzige, was sie verstehen.»

Sie trat hinter dem Sergeant in den weißglühenden Sonnenschein, und die feuchte Hitze traf ihren ungeschützten Kopf wie ein Schlag. Ihr wurde plötzlich schwarz vor Augen, und sie hielt sich am Arm des Sergeant fest.

«Zuviel Sonne, Miss?» fragte Howells. «Auch daran werden Sie sich bald gewöhnen. Wo ist denn der Kerl mit den Tragestühlen?»

Sie hörte seine derben, beruhigenden Worte kaum. Aus dem Hell und Dunkel, das um sie herumwirbelte, tauchte ein Bild auf, das sich gegen alle anderen Geräusche und Gerüche und Bilder durchsetzte.

Sechs britische Herren stützten sich lässig auf ihre Spazierstöcke, während ein kleiner chinesischer Fotograf den Kopf unter das schwarze Tuch einer Kastenkamera mit Stativ steckte. Zu Füßen der Herren befand sich eine Reihe mit Stricken verschnürte Bündel, und vor jedem dieser Bündel lag etwas Rundes auf den rotbespritzten Schottersteinen.

Sergeant Howells pfiff durch die Zähne, und sein rotbackiges Gesicht wurde blaß.

«Ich würde nicht hinsehen, wenn ich Sie wäre, Miss.»

«Was ist das denn, Sergeant? Was sind das für Bündel?»

«Piraten, Miss, Piraten. Sie sind geschnappt worden, als sie versuchten, einen Küstendampfer im Norden in Bias Bay zu kapern.»

«Und ...»

«Kopf ab. Die einzige Möglichkeit, ihnen Einhalt zu gebieten. Kurzen Prozeß machen, und ab mit den Köpfen. Ihr eigenes Volk bestraft sie genauso.»

«Aber», stammelte sie, «zwölf Männer werden hier mitten in Hongkong hingerichtet! Und die Leichen bleiben liegen!»

«Um sie den anderen zu zeigen, Miss. Diese Chinks glauben, sie können sich Freiheiten gegen uns herausnehmen. Die einzige Möglichkeit, es ihnen zu zeigen. Eine Woche bleiben die Leichen da liegen.»

Er nahm sie am Arm und führte sie weg.

«Entschuldigung, Miss. Sie sahen ein bißchen komisch aus. Ich glaubte, Sie würden umfallen. Böse Sachen passieren im alten Hongkong. Aber hier ist der Tragestuhl.»

Zwei lange Bambusstangen lagen auf dem Pflaster, an jedem Ende stand ein Kuli. Zwischen den Stangen waren wie bei einer Kinderschaukel mit Stricken ein Sitz und eine Fußstütze befestigt.

«So, wenn Sie jetzt Platz nehmen wollen, Miss, Sie werden getragen ... ganz bequem und sicher wie ein Baby im Kinderwagen. Ist zu heiß für eine Dame zu gehen.»

Mary raffte ihre Röcke zusammen und stützte sich dankbar auf den Arm des Sergeant, um zwischen die Stangen zu treten. Sie spürte, wie sich der Schaukelsitz unter ihr hob und mühte sich, ihre Füße auf die

Fußstütze zu stellen. Die Sänftenträger sangen «Hoo-hoo! Hoo-hoo!» und setzten sich in Trab, und Mary schwebte einen Meter über dem Boden.

Das Schaukeln und Pendeln der Sänfte verstärkte die Übelkeit, die die barbarische Hinrichtungsszene ihr verursacht hatte. Um ihre Fassung wiederzuerlangen, blickte sie um sich.

Sergeant Howells winkte ihr beruhigend von seinem Sitz aus zu. Sie hatte gehört, daß Sergeanten und sogar einfache Soldaten in Hongkong Vorrechte genossen, nur weil sie Weiße waren. In England wäre der Sergeant zu Fuß gelaufen und auf den Fahrdamm getreten, um Herren vorbeigehen zu lassen. In Hongkong gehörte er zu den Privilegierten, denn er war einer der weißen Herren des Fernen Ostens.

Die Sänftenträger standen wohl, wie ihr schien, im Rang über den barbrüstigen Kulis, die mit ihrem Gepäck hinterherkeuchten. Sie trugen Jacken aus beigefarbenem Nankingstoff mit Schnurverschlüssen und um den Hals das Regimentsabzeichen. An den trabenden Beinen, nackt unter kurzen Hosen, spannten sich kräftige Muskeln über den Knochen. Bei jedem Schritt traten dicke purpurrote Adern wie Schlangen auf der dunklen Haut hervor.

Ängstlich klammerte Mary sich an die Bambusstangen, so fest, daß die Knöchel ihrer Hände weiß hervortraten. Trotzdem wagte sie es, ihre Blicke schweifen zu lassen. Die breite Straße endete an einem weißen Uhrenturm, dessen Zeiger auf dreiunddreißig Minuten nach zwölf standen. Die Sänftenträger bogen um eine Ecke, und sie wurde nach links geworfen. Dann verfielen sie wieder in Trab, eine von ausladenden Bäumen beschattete Straße entlang. Rot angestrichene Rikschas standen am Straßenrand, die Verdecke aus grünem Wachstuch waren zum Schutz gegen die Sonne geschlossen. Einige Rikschakulis aßen mit Stäbchen Reis aus kleinen Schalen. Die meisten hockten zwischen den Deichseln, wie Karrengäule, die auf den Peitschenknall des Kutschers warten.

Mary erschauerte, als ihr bewußt wurde, daß diese Männer Lasttiere waren – und daß sie selbst von Menschen getragen wurde. Die Turbulenz ihrer Ankunft hatte diese gräßliche Realität verdeckt, wie auch Sergeant Howells' forsche Bemerkung, daß Chinesen Menschen geringerer Güte und von Gott dazu bestimmt seien, höherstehende Menschen wie sie zu tragen.

Sie unterdrückte den Impuls, die Sänftenträger zu bitten, sie abzusetzen. Es war so heiß, daß sie womöglich beim Laufen wirklich ohnmächtig würde. Sie tröstete sich mit dem Gedanken, daß die Sänftenträger an das Klima gewöhnt seien und sich freiwillig diesen entwürdigenden Beruf gewählt hätten. Vor fünfzig oder sechzig Jahren waren sogar in London noch Damen in Sänften durch die Straßen getragen worden. Sie mußte die Ruhe behalten, wie ihr Vater ihr geraten hatte. «Nichts gilt als lächerlicher», hatte er ihr in seinem geschraubten Stil geschrieben, «als das Entsetzen des Neuankömmlings über die in der Kolonie herrschenden Bräuche. Und nichts ist zweckloser, als seine schwachen Versuche, die Dinge so zu ordnen, wie er es für richtig hält, indem er den alten Einwohnern, die Hongkong aufgebaut und seine Sitten eingeführt haben, Vorschriften macht.»

Entschlossen richtete Mary ihren Blick auf Gebäude, die zugleich beruhigend vertraut und aufregend exotisch waren. Die oberen Stockwerke ragten über die unteren hinaus, um dem Gehweg Schatten zu spenden. An einer Fassade stand, wie sie erfreut bemerkte, die vertraute Aufschrift: APOTHEKE. Aber neben dem Fahrdamm zogen sich tiefe, offene Entwässerungsgräben hin, und die Fußgänger überquerten sie auf wackligen Bohlen.

Die gelbbraunen Gesichter der Vorübergehenden waren irgendwie bedrohlich, und ihre Kleidung war seltsam. Hausmädchen in schwarzen Hosen liefen geschäftig die Straße entlang, und ihre langen Zöpfe schwangen rhythmisch auf ihren weißen Jacken hin und her. Chinesische Damen in wadenlangen Jacken über weiten, rotbestickten Hosen trippelten mit winzigen Schritten an einem säulengeschmückten Gebäude aus Granit mit der Inschrift GERICHTSHOF vorbei. Ihre bestickten Pantöffelchen waren nicht größer als die eines dreijährigen englischen Kindes. In diesen Pantöffelchen mußten «goldene Lilien» stecken, Miniatur-Klumpfüße, die durch die barbarische Sitte entstanden, die Füße kleiner Mädchen durch feste Wickel am Wachstum zu hindern, wie sie gelesen hatte.

Die Sänftenträger mußten ihr Tempo verlangsamen, weil die Straße zu einem Exerzierplatz hin abfiel, der von einem quadratischen, dunkelbraunen Gebäude mit schattigen Balkons vor den oberen Stockwerken beherrscht wurde. Soldaten in den neuen Khaki-Uniformen der Füsiliere waren gerade beim Wegtreten. Sie zogen sich in die aus Stein gebauten Kasernen zurück und fächelten sich mit ihren weißen Tropenhelmen Luft zu. In einer Gasse mit Bungalows, ähnlich den Quartieren für verheiratete Offiziere in der Garnison des Regiments in England, machten die Sänftenträger endlich halt. Auf einem kleinen Schild an der weißgestrichenen Hauswand des Bungalows stand: J. P. OSGOOD, MUSIKMEISTER.

«So, da sind wir, Miss», dröhnte Sergeant Howells, während sie sich aus der Sänfte herauswand. «Endlich daheim. Mr. Osgood sagt, er wird nachmittags hier sein – so früh er kann. Aber dieses Essen könnte bis in den späten Nachmittag dauern. Fürchterliche Mengen essen und trinken sie hier, die feinen Leute.»

«Ich danke Ihnen, Sergeant», antwortete sie und schob damit seiner Vertraulichkeit kühl einen Riegel vor.

«So, Miss, ich will bloß noch dafür sorgen, daß die Kulis Ihr Gepäck ins Haus bringen, und dann verlasse ich Sie, damit Sie sich ausruhen können. Der alte Ah Sam wird für Sie sorgen. Er ist der Boy Nummer Eins. Soll früher mal Pirat gewesen sein, heißt es. Aber jetzt ist er bekehrt . . . vielleicht hat er mal so 'n Schnippschnapp gesehen wie eben am Hafen und sich hopphopp bekehrt.»

Eine stämmige Gestalt in einer weißen Jacke mit hohem Kragen und schwarzen Hosen stand an der Tür. Das runde Gesicht war zu einer gräßlichen Grimasse verzogen, die eine Schatzkammer schimmernder Goldzähne enthüllte. Unwillkürlich wich sie zurück, aber dann wurde ihr klar, daß diese Grimasse ein herzliches Lächeln war. Der Mann war mindestens fünfzig, wenn die Falten auf seinen braunen Wangen und die grauen Stoppeln auf seinem geschorenen Schädel nicht trogen. Aber der dicke Zopf war kohlschwarz und glänzte vor Pomade.

Der Sonnenschutz aus Bambus vor den Fenstern machte die dämmerigen Räume des Bungalows köstlich kühl. Die Einrichtung bestand hauptsächlich aus leichten Korbmöbeln. Aber auf einem Sideboard aus Mahagoni stand eine stattliche Reihe englischen Steingutgeschirrs, und das Licht der vertrauten Petroleumlampen schimmerte durch dicke Glasschirme. Über dem Kamin hing ihres Vaters Lieblingsbild, Landseers ‹*Gestellter Hirsch*›. Plötzlich wurde sie sentimental, als sie den scharfen Geruch des Bulldog-Pfeifentabaks ihres Vaters roch: ein beruhigend vertrauter Duft, der sich mit der dumpfigen Muffigkeit, von der die Kolonie erfüllt zu sein schien, mischte.

«Hierlang kommen, Missy», sagte der Boy Nummer Eins in einer seltsamen Singsang-Parodie von Englisch. «Herr sagt, kommt später. Aber ich Ihnen machen sehr schönes Curry-Essen.»

«Danke, Ah Sam», sie lächelte, als sie jetzt zum erstenmal mit einem der fremdartigen Einwohner Hongkongs sprach. «Ich will mich nur erst ein bißchen waschen.»

Sie war heimgekommen, dachte sie freudlos, wenngleich dieses Heim zehntausend Meilen von England entfernt war.

22. Juli 1900

Das Messer mit dem beinernen Griff durchschnitt das fünf Zentimeter dicke Steak, und hellrote Rinnsale liefen über den weißen Teller. Musikmeister John Philip Osgood betrachtete wohlgefällig das gebratene Stück Fleisch auf seiner Gabel, ehe er es in den Mund schob. Etwas Blut blieb in seinem fuchsroten Schnurrbart hängen, aber die Serviette blieb zerknüllt auf dem Tisch liegen. Er leerte ein großes Glas Rotwein und rülpste befriedigt.

«Nichts bringt einen in diesem höllischen Klima so auf die Beine wie ein gutes Frühstück.»

Mary Philippa Osgood nippte an ihrem Tee, der so hell war wie Stroh, und kämpfte gegen Übelkeit an. Selbst Tee mit Milch und Zucker wäre in der feucht-schweren Juli-Hitze, die in dem engen Eßzimmer des Bungalows herrschte, zu nahrhaft gewesen. Wie gebannt und voll Ekel beobachtete sie, wie die behaarten Hände ihres Vaters Messer und Gabel handhabten. Nachdem er sich bereits eine Papayafrucht einverleibt hatte, verzehrte er jetzt genüßlich ein Pfund Steak und ein halbes Dutzend Nieren und spülte das Ganze mit einem Liter Rotwein runter: das war sein gewohntes Frühstück.

Um sieben Uhr morgens konnte sie mit knapper Not ein gekochtes Ei und eine Scheibe Toast zu sich nehmen. Nach fast zwei Monaten in Hongkong fand sie das Klima lähmend. Das Thermometer sank nie unter 35 Grad, und die Luftfeuchtigkeit hielt unerbittlich Schritt. Der leichte Baumwoll-Morgenrock über ihrem Nachthemd brachte sie schier zum Ersticken. Fast die ganze Nacht hatte sie sich unter dem zeltähnlichen Moskitonetz hin- und hergeworfen, war ein paarmal kurz eingeschlafen und immer wieder in schweißfeuchten Laken aufgewacht.

«Du siehst nicht gut aus, Mary», bemerkte ihr Vater. «Doch nicht etwa ... äh ... ein Frauenleiden?»

Sein plumper Takt ärgerte sie. Sie nahm an, daß sie den stämmigen, nicht gerade zartbesaiteten Mann liebte, dessen gar nicht zu ihm passende Leidenschaft für Musik ihn in seine gegenwärtige ausweglose Situation gebracht hatte. Warum sonst hätte sie die lange, beschwerliche Reise bis ans Ende der Welt unternommen? Allerdings hatte sie den Verdacht, gestand es sich aber selber nicht ganz ein, daß sie sich weniger aus Liebe zu ihrem Vater als vielmehr wegen der trüben Aussichten, die sich ihr in England boten, dazu entschlossen hatte. Sie konnte ihm weder sagen, daß ihr das Klima zuwider war, was ihn nicht beeindrucken würde, noch konnte sie zugeben, daß mehr die Lockung des Unbekannten – und die Hoffnung – als die Kindesliebe sie nach Hongkong getrieben hatten.

«Nein, Vater, mir geht es gut», antwortete sie. «Ich habe nur nicht gut geschlafen. Ich bin ein bißchen müde.»

«Hm . . . man muß sich erst dran gewöhnen, an dieses Klima. Damen fällt es schwerer, nehme ich an.»

Mit sechsundvierzig wußte John Osgood fast ebensowenig von der weiblichen Natur wie mit sechzehn. Mary hatte keine Schwestern, und ihre Eltern hatten nicht mehr zusammen gelebt, seit sie zwei Jahre alt war und ihr Bruder Thomas drei. Ihre Mutter hatte sich schlankweg geweigert, ihren Mann nach Übersee zu begleiten. Er war mehr ein gelegentlicher Gast als ein Ehemann oder Vater gewesen.

«Mach dir keine Sorgen, Vater. Das Klima ist zermürbend, aber Hongkong finde ich faszinierend. Ich bin froh, daß ich hier bin.»

«Na, das ist gut. Aber was findest du bloß so faszinierend?»

«Alles ist so anders und aufregend, vor allem die Menschen.»

«Hör mal, Mary, laß dich ja nicht mit den Chinks ein. Nichts gegen deine Versuche mit chinesischer Malerei – damit darf sich eine Dame beschäftigen. Aber daß du die Chink-Sprache lernst – das gefällt mir nicht.»

Er warf mit Nachdruck Messer und Gabel hin, die Schneide wie aufgebockt auf dem Tellerrand, über die beinernen Griffe tropfte Blut auf das Tischtuch aus billiger Spitze. Mary zuckte zusammen bei dem Lärm und warf sich sofort vor, ein eingebildeter Snob zu sein. Schlechte Tischmanieren sagten noch nichts über die wahre Natur eines Menschen aus. Außerdem, dachte sie bitter, waren gute Manieren überflüssig in den Kreisen, in denen ihr Vater verkehrte – und immer verkehren würde.

«Und noch etwas, Mädchen. Deine Mutter war eine wirkliche Dame. Ihr Vater war Lehrer, nicht so ein armseliger Grünkramhändler wie meiner. Aber deine Mutter kannte ihren Platz – sie wollte nicht höher hinaus. Du hast hochfliegende Pläne, zu hochfliegende. Du kannst dabei auf die Nase fallen.»

Mary unterdrückte eine Anwandlung von Aufsässigkeit. Wenn ihr Vater erregt war, verstärkte sich sein Yorkshire-Tonfall. Aber es war nicht seine kleinbürgerliche Ausdrucksweise, über die sie sich ärgerte, sondern daß er ihr Vorschriften machen wollte – das ließ sie sich nicht gefallen. Sie beschwichtigte ihn mit einem Lächeln, wobei sie ihre Freundlichkeit sorgfältig abwog, um seinen Zorn nicht zu schüren.

«Es ist doch nur Mr. Metcalfe, Vater. Tee mit seiner Schwester . . . und ein paar Offizieren.»

«Genau das meine ich. Dieser Metcalfe ist ein hohes Tier ... 'ne komische Art von hohem Tier, aber auf seine Weise ein wichtiger Mann hier in der Kolonie. Er hat 'ne Menge Kies. Es gefällt mir nicht, daß du so hoch hinauswillst. Schließlich habe ich eine Verantwortung als Vater.»

«Ich werde brav sein, Vater.» Sie hatte gelernt, mit Männern umzugehen, die noch jähzorniger waren als ihr reizbarer Erzeuger. «Ich werde mich nicht vordrängeln.»

Ein wenig besänftigt, klemmte sich Musikmeister John Osgood seinen Tropenhelm unter den Arm, hob grüßend den Taktstock, sein Dienstabzeichen, und schritt gewichtig durch die winzige Diele. Noch drei Minuten, nachdem er in der dunstigen Hitze des Exerzierplatzes verschwunden war, klirrten die an der Tür aufgehängten Glasperlenschnüre, die die Fliegen verscheuchen sollten, ihr Lebewohl.

Nachdenklich hob Mary ihre Teetasse. Zum Glück würde ihr Vater in der Messe der Offiziersdiensttuenden zu Mittag essen, so brauchte sie ihm nicht um den Bart zu gehen, damit er sie tun ließe, was sie wollte. Nach dem Frühstück würde sie baden und sich umziehen, kühle Baumwolle und kurze Unterröcke, in denen sie sich immer noch halb nackt vorkam, die aber im Hongkonger Sommer erträglich waren. Nach dem Mittagessen würde Mr. Wong kommen, um sie in chinesischer Malerei und im Kanton-Dialekt zu unterrichten. Ihr Vater nannte ihn «diesen wunderlichen alten Chink». Sie selbst redete ihn mit *Singsang* an, «Lehrer», wenn auch Ah Sam, der Boy Nummer Eins, der es sich angelegen sein ließ, unauffällig als Anstandswauwau in der Nähe zu bleiben, mißbilligend die Stirn darüber runzelte.

Wenn Mr. Wong wegging, würde sie in der relativen Kühle des Spätnachmittags zu dem kleinen Haus der Metcalfes in der Upper Wyndham Street schlendern. Die Kolonie war schon eine richtige Stadt. Einige fünfzehntausend Briten und andere «Ausländer», vor allem Eurasier, Inder und Portugiesen, lebten hier unter einer Viertelmillion Chinesen. Aber das eigentliche *Britisch*-Hongkong – die Leute, die wirklich eine Rolle spielten, und die Metcalfes spielten eine Rolle – war ein Dorf von nicht mehr als fünfhundert Seelen.

Nichts, dachte Mary, konnte ehrbarer und hausbackener sein als das Heim der Metcalfes, was immer ihr Vater darüber sagen mochte. Elizabeth Metcalfe war eine mollige und gemütliche alte Jungfer, einige Jahre jünger als ihr Bruder. Ihr einziger Spleen waren die unzähligen Halsketten aus Rosenquarz, Lapislazuli und Onyx, die auf ihren üppigen Busen herabwallten und dort klirrten wie die Glasperlen an der Tür der Osgoods. Ihre einzige Leidenschaft war ihr Bruder. Sie schalt mit ihm, weil «er seine geistigen Gaben nicht voll nutzte und es unterließ, den uns zukommenden Platz in der Gesellschaft einzunehmen». Der Name Metcalfe und das Metcalfe-Vermögen würden ihnen jede Tür öffnen, klagte sie, jede wichtige Tür von Bombay bis Peking, aber er begnüge sich damit, für Derwent, Hayes and Company als eine «Art besserer fernöstlicher Sekretär» tätig zu sein. Sie meinte natürlich jede wichtige europäische Tür, denn Miss Elizabeth Metcalfe war nach außen hin ein Muster an Schicklichkeit.

Als Mary an den bunten Studentenblumen, Astern und Dahlien vorbeiging, die in den Verkaufsständen auf der Straße dargeboten wurden, lächelte sie. Ihrem Vater, stellte sie sich vor, würde Elizabeth Metcalfe mißfallen – falls sie sich je treffen sollten. Auch nach seinen Maßstäben war sie ohne jeden Zweifel eine «wirkliche Dame», aber eben eine «gebildete Dame», und das war ein Typ, den er verabscheute. Im Haus der Metcalfes, das ihr Zufluchtsort geworden war, gebe es, wie er bemerkt hatte, «zuviel hochgestochenes Geschwätz und zuviel Gerede um die Chinks».

Marys Freude an den herrlichen, farbenprächtigen Blumen wurde beeinträchtigt durch das vage Gefühl, daß etwas fehle. Plötzlich wußte sie es: die Blüten gaben nicht den geringsten Duft von sich. In England hätten einen halb so viele Blumen mit ihrem Duft überwältigt, aber diese orientalischen Blüten waren fast geruchlos. Der seit so vielen Jahrhunderten intensiv bestellte Boden hatte lange Zeit alles in Hülle und Fülle hervorgebracht. Jetzt war er erschöpft und brachte nur noch Farbe hervor.

«Kommen Sie herein, meine Liebe», begrüßte Miss Metcalfe sie. «Hilary wird gleich unten sein. Ich glaube, Sie kennen Captain French und Lieutenant Williams.»

«Ihr Diener, Madam», näselte Captain French, und bei seiner übertriebenen Verbeugung wäre sein goldgefaßtes Monokel fast auf den Tientsin-Teppich gefallen.

«Guten Tag, Miss Osgood», sprudelte Lieutenant Williams hervor. «Ich bin entzückt, Sie zu sehen.»

Die Offiziere trugen crèmefarbene Leinenanzüge. Der leichte Stoff war eine Konzession an das Klima, denn in unerschütterlicher Selbstgefälligkeit bestand die britische Armee in den zu Ende gehenden Tagen der Herrschaft der großen Königin und Kaiserin darauf, daß kein Offizier Uniform trug, wenn er nicht im Dienst war. Aber die Bräuche jener Zeit verlangten, daß sie ihre Hälse in hohe, steife Hemdkragen zwängten, auch wenn sie bei Picknicks – dem Hauptzeitvertreib im spätviktorianischen Hongkong –, bei denen ihnen Dutzende von Dienern aufwarteten, die Jacketts ablegten.

Die britische Armee selbst war in der Schwebe zwischen dem 19. und 20. Jahrhundert. Die Fehler, die vierzig Jahre zuvor zu der Katastrophe auf der Krim geführt hatten, wurden in ebendiesem Augenblick bei Großbritanniens blutiger Stümperei im südafrikanischen Busch wiederholt. Aber der Verstand nur weniger Offiziere reichte über den Exerzierplatz, die Moorhuhnjagd oder den Ballsaal hinaus. Lord Jackie Fisher reorganisierte die Königliche Kriegsmarine, und sogar die Armee räumte widerstrebend ein, daß gründliche Generalstabsarbeit und ein wirksamer logistischer Apparat vonnöten seien. Aber die gesellschaftlichen Kriterien für Rang und Beförderung blieben praktisch unverändert, wenn auch der Kauf von Offizierspatenten 1860 abgeschafft worden war. Die angeborene Arroganz der herrschenden Klasse in Großbritannien, nämlich des Offizierskorps, hatte sich noch verstärkt durch Siege in Stammeskriegen an den Grenzen des Empire. Die Garnison von Hongkong hielt sich für eine unbesiegbare Einheit der besten Armee, die je über die Erde marschiert ist. Die Offiziere wußten natürlich, daß ein Zug britischer Soldaten ein ganzes Regiment der farbenprächtig gekleideten *bravi* des chinesischen Kaisers auseinanderjagen könnte. So war diese Meinung sicher nicht völlig falsch, obwohl gerade irreguläre «Kommandos» zu allem entschlossener Bauern die Blüte der britischen Armee in Südafrika demütigten. Die mit veralteten Waffen ausgerüsteten chinesischen Truppen waren viel weniger gut ausgebildet und wurden noch schlechter geführt als die malträtierten britischen Infanteristen. Dennoch waren die chinesischen Offiziere, genau wie ihre britischen Kollegen, überzeugt von ihrer Überlegenheit; die tief eingewurzelten Überzeugungen beider Gruppen waren nicht nur unerschütterlich, sondern auch völlig unberührt von grausamen Erfahrungen.

Mary war ganz fasziniert gewesen von der Verschiedenheit der beiden jungen Offiziere, die sie bei den Metcalfes kennengelernt hatte. Captain Lord Peter Comyn Fitz Hubert French mit dem hübschen Pferdegesicht und dem glatt gebürsteten schwarzen Haar war der verkörperte Hochmut des britischen Offiziers. Er trug seinen gutgeschnittenen Anzug mit lässiger Eleganz, und sein Benehmen war eine Mischung von gleichgültiger Förmlichkeit und salopper Arroganz. Er war eher ein nichtsnutziger Lebemann aus der Regency-Zeit als ein Mann des neuen 20. Jahrhunderts.

Lieutenant John Williams wirkte dagegen unbeholfen in seinem mehr sparsam als elegant geschnittenen Anzug und mit seinem widerborstigen blonden Haar, das vor Pomade strotzte. Mit einem Meter siebenundachtzig überragte er seinen feschen Vorgesetzten um zehn Zentimeter, aber er wirkte linkisch neben dem selbstsicheren Sproß der Aristokratie.

Lieutenant Williams stammte aus dem Kleinbürgertum und war einer der neuen Offiziere, denen die britische Armee zögernd ihr Patent verliehen hatte – nachdem mehrfach Katastrophen nur durch die unerschütterliche Tapferkeit britischer Soldaten und Unteroffiziere abgewendet wurden, die sehr oft Schotten oder Iren und keine Engländer waren. Williams hatte sein Offizierspatent erhalten, weil er auf Grund guter Leistungen in die Königliche Militärakademie in Sandhurst aufgenommen worden war. Selbst die Royal Wessex Fusilier's betrachteten solche Befähigungsnachweise mit Mißtrauen, und in der sozialen Hierarchie der Armee waren die Füsiliers nicht gerade hochangesehen.

Schlimmer war noch, daß John Williams von seinem Sold lebte oder es jedenfalls versuchte. Hongkong erwartete von jedem Offizier, daß er einen Haushalt mit mindestens sechs Dienstboten unterhalte, die binnen einer Stunde ein Abendessen mit sieben Gängen für vierundzwanzig Personen, einschließlich der richtigen Weine und Liköre, vorbereiten konnten. Zum Glück waren die chinesischen Geldverleiher entgegenkommend, und Williams entging der fatalen Beschuldigung, knauserig zu sein. Aber er zuckte zusammen, wenn er an seine Schulden dachte.

Mary wußte von den Schwierigkeiten des Lieutenants durch den Klatsch, den «Bambus-Telegraf», der ständig in der kleinen europäischen Gemeinde der Kolonie kursierte – obwohl ihr der Zutritt zu den oberen Kreisen, in denen die Gattinnen von Generalen, Obersten, hohen Zivilbeamten und Direktoren großer Handelsfirmen, der *Hongs*, verkehrten, versagt war. Außerdem hatte ihr Vater unverblümt über die Aussichten und die Charaktere der beiden Offiziere gesprochen, ehe er ihr dringend riet, sie nicht zu häufig, am besten gar nicht, zu sehen. Wie immer, wußte man in der Messe der Offiziersdiensttuenden mehr über die Offiziere des Regiments als der Regimentskommandeur selbst.

Lieutenant John Williams könnte es bis zum Lieutenant Colonel bringen – wenn er Glück hätte. Aber er würde immer knapp bei Kasse sein und von seinen Regimentskameraden nie voll akzeptiert werden. Ihr Vater hatte es in das abschließende Urteil zusammengefaßt: «Zu viel Schule, zu wenig Kinderstube – und ein schlechter Sitz auf dem Pferd.» Viel mehr war dazu nicht zu sagen.

Für Captain Lord Peter French waren sowohl Hongkong als auch die Royal Wessex Fusiliers nur eine Durchgangsstation. Er diente hier eine Zeit der Verbannung von seinem eigenen Regiment, den Coldstream

Guards, ab. Er war der jüngere Sohn des sechsten Marquis von Langweyten; der erste Marquis, ein Landbaron, war im Rang erhöht worden, als seine Schwester für kurze Zeit die Hauptmätresse von Karl II. war. Lord Peter würde zweifellos Generalmajor werden und zum Ritter geschlagen werden – wenn er nicht großes Pech hätte. Und mit etwas Glück würde er seine Karriere als General beenden und die Peerswürde verliehen bekommen.

Inzwischen genoß er die begrenzten Zerstreuungen der Kolonie. Wenn er seine Unbesonnenheit abgebüßt hätte, würde er nach London zurückkehren, um für seine Herrscherin zeremoniell auf Wache zu ziehen. Er konnte es kaum erwarten, wieder die Freuden der Hauptstadt zu schmecken, die die köstlich lasterhaften Vergnügungen eines hinter seinen granitenen Fassaden der Respektabilität spürbar in Auflösung befindlichen Zeitalters bot. Nur die «verdammte Prüderie» seines Vaters und seines Colonel, klagte Lord Peter, sei an seinem Exil schuld. Bei aller Nachsicht, die ihm die Erinnerung an seine eigenen Jugendstreiche eingab, hatte sich der sechste Marquis geweigert, die Spielschulden seines Sohnes, etwa siebentausend Pfund, zu bezahlen.

«Ich habe diesem Tunichtgut schon mit 24000 Pfund aus der Klemme geholfen», hatte er wütend erklärt. «Jetzt soll er warten und sich eine Weile in Hongkong schinden lassen.»

Mitten in der steifen Respektabilität, die die betagte Witwe auf dem Thron befahl, stellte die Armee ihre eigenen Regeln auf, und die genußsüchtige Aristokratie und die neuen Bohemiens taten es ihr gleich. Die strengen Anstandsregeln der viktorianischen Gesellschaft wurden hauptsächlich vom Mittelstand befolgt. Der Lieutenant Colonel der Coldstreams war daher normalerweise gegenüber den Kapriolen seiner jungen Offiziere nachsichtig. Aber seine Toleranz war überfordert gewesen, als Captain French in die hemmungslose Fröhlichkeit eines Gästeabends des Regiments zwei Prostituierte in durchsichtigen Trikots einschmuggelte. Zu viele Außenstehende hatten es miterlebt. Lord Peter wurde die Wahl gelassen, den Dienst zu quittieren oder sich nach Hongkong abkommandieren zu lassen, bis Gras über die Sache gewachsen war. Zum Erstaunen seines Vaters und des Colonel entschied er sich für das zeitweilige Exil.

Mary Osgood erwärmte sich für die beiden jungen Männer – gegen ihren gesunden Menschenverstand und ungeachtet des barschen Ratschlags ihres Vaters. Sie waren wie zwei reizende junge Hunde: John Williams ein tapsiger, zärtlicher Bernhardiner; Lord Peter ein überempfindlicher, mutwilliger Pointer. Der große blonde Lieutenant erinnerte sie an die Schulfreunde ihres Bruders. Der schlanke, entsetzlich selbstsichere Captain gewährte ihr einen verwirrenden Einblick in das aristokratische Milieu, wie sie es in England nie unter auch nur annähernd gleichen Verhältnissen hätte beobachten können. Sie begrüßte die beiden mit einem Lächeln, das eine Spur zu herzlich war.

Als Hilary Metcalfe ins Wohnzimmer stürmte, stockte das seichte, zwanglose Geplauder und die zarten Teetassen klirrten. Sein Eintritt machte mehr Wind als der gefranste Zimmerfächer, der an der Stuckdekke hin- und herschwang, wenn der vor sich hindösende kleine Chinesenjunge draußen daran dachte, an der Schnur zu ziehen. Die mit grünem Plüsch bezogenen Roßhaarsofas, der geometrisch gemusterte chinesische Teppich und die reichgeschnitzten Ebenholztische, alles schien zu zittern.

«Tag, Miss Osgood – French – Williams», dröhnte er. «Haben Sie schon gehört? Li Hung-tschang ist in der Kolonie. Er soll sich mit Kang Yu-wei treffen. Und auch Sun Yat-sen soll vielleicht kommen.»

Mäßig erstaunt, betrachtete Lord Peter den aufgeregten älteren Mann durch sein Monokel.

«Li Hung was?» fragte er. «Und Kong? Kong? Klingt wie eine Firma von Reishändlern oder eine Blaskapelle. Wer sind diese Leute, Metcalfe?»

«Können sie die Boxer zurückpfeifen, Mr. Metcalfe?» fragte John Williams. «Werden wir zu spät kommen? Wie Sie wissen, ist das Regiment in Alarmzustand versetzt worden, um nach Peking in See zu stechen.»

«Höchste Zeit, daß wir eingreifen», fügte Lord Peter hinzu. «Dieser Deutsche, der sich die Kommandogewalt angemaßt hat, ist noch nicht eingetroffen, und die anderen zittern. Selbst *dieses* Regiment könnte mit diesen heulenden Wilden um das Gesandtschaftsviertel in fünfzehn Minuten fertig werden!»

«Sie sind wirklich ein Experte, French, auch wenn Sie den Namen des wichtigsten Mannes in China nicht kennen – Li Hung-tschang», fuhr Hilary Metcalfe ihn an. «Es wird mehr nötig sein als der Anblick der Füsiliere, um mit den Boxern fertig zu werden . . . ganz zu schweigen von den kaiserlichen Truppen und der fanatischen mohammedanischen Kavallerie.»

«Ich würde meinen, Sir», protestierte Williams, «daß gewiß jede gut bewaffnete und disziplinierte moderne Truppe es mit diesem Pöbel aufnehmen könnte, wie fanatisch er auch sein mag.»

«Sagen Sie, Mr. Metcalfe», warf Mary rasch ein, «wer ist Li Hung-tschang, und was kann er hier wollen mit . . . mit . . . Kang Yu-wei, sagten Sie? Ich weiß, daß Sun Yat-sen der Rebell ist, der in der chinesischen Gesandtschaft am Portland Place aus der Gefangenschaft entlassen wurde. Aber es ist alles so verwirrend.»

Metcalfes graue Augen leuchteten auf, und seine Schwester bemerkte klagend: «Jetzt reitet Hilary wieder sein Steckenpferd.»

«Sun Yat-sen, wissen Sie, will eine Republik.» Metcalfe hatte seinen Ärger vergessen und fing an zu dozieren. «Er ist entschlossen, das Kaiserreich zu stürzen, denn er hält es für hoffnungslos korrupt. Er will aus China einen modernen Staat machen. Ich nehme an, sogar Lord Peter hat schon von Sun Yat-sen gehört.»

«Nicht daß ich wüßte, Mr. Metcalfe», näselte der Captain.

«Fahren Sie doch bitte fort, Sir», drängte Lieutenant Williams. «Wir sollten etwas von ihnen wissen, wenn wir gegen die Bande kämpfen.»

«Ich *werde* fortfahren.» Metcalfe setzte sich mit seinem eindringlichen Bericht über den Antagonismus zwischen den jungen Offizieren hinweg. «Li Hung-tschang ist der Vizekönig von Kanton und Chinas größter Staatsmann. Ihm gefällt der Boxeraufstand ebensowenig wie Ihnen oder mir. Er ist ein einigermaßen loyaler Untertan der Kaiserinwitwe und hält den Boxeraufstand für eine Katastrophe für das Kaiserreich. Außerdem weiß er, daß sich die chinesischen Truppen nicht mit den europäischen oder japanischen messen können.»

«Und Kang Yu-wei, Mr. Metcalfe?» fragte Mary noch einmal.

«Ja, das ist ein interessanter Mann, Mary . . . Miss Osgood. Ein großer Gelehrter, einer der letzten großen konfuzianischen Gelehrten. Aber ein Mann von heute. Die Kaiserinwitwe hat ihm 1898 den Laufpaß gegeben, nachdem er den jungen Kaiser zu wichtigen Reformen überredet hatte. Die alte Dame sperrte den Kaiser ein, und Kang Yu-wei wurde zum Tode verurteilt. Er flüchtete hierher. Fast alle fortschrittlichen Chinesen sind zu irgendeiner Zeit nach Hongkong oder Schanghai geflohen.»

«Und daher die Boxer?» fragte John Williams.

«Daher die Boxer, Lieutenant! Eine Bande von Fanatikern, die sich einbilden, gegen Kugeln und Granaten gefeit zu sein. Sie werden Boxer genannt, weil sie sich vor dem Kampf im Schattenboxen üben. Sie selbst nennen sich prahlerisch: Rechtschaffene Fäuste. Sie werden von der Kaiserinwitwe unterstützt, die glaubt, sie könne alle Fremden aus China vertreiben. Deshalb werden der Gesandte der Königin, Sir Claude MacDonald, und mehr als zweitausend andere, darunter unzählige Damen, im Gesandtschaftsviertel belagert ... sie ernähren sich von Pferden, Kamelen und Eseln. Vielleicht essen sie schon Ratten, wenn sich die tapferen Soldaten endlich in Bewegung setzen – wenn sie dann überhaupt noch etwas essen.»

Mary erschauerte, und Miss Metcalfe warf ein: «Hilary, du bist unfein. Und außerdem übertreibst du.»

«Du kannst mich braten, wenn ich übertreibe, Liz. Die Ironie ist, daß Li Hung-tschang hofft, unser schätzenswerter Gouverneur, Sir Henry Blake, werde ihn daran hindern, nach Norden zu gehen. Li wünscht nicht, direkt hineingezogen zu werden, er glaubt, er und Kang Yu-wei könnten hier einen Kompromiß zustande bringen, um die Mandschu-Dynastie – und das Kaiserreich zu retten. Aber Sir Henry ist angewiesen worden, den Vizekönig schleunigst durchzulassen. Whitehall will sich nicht in die chinesische Innenpolitik einmischen. Als ob wir nicht längst hineingezogen worden wären – durch unsere hingemordeten Missionare, unsere belagerten Diplomaten und unsere mit dem traditionellen britischen Schneid ... und der traditionellen britischen Trägheit nach Peking marschierenden Truppen.»

«Die verdammten Nigger halten den Vormarsch auf», warf Lord Peter ein. «Eine Truppe aus acht Nationen, Japse, Makkaronifresser, Franzmänner und was nicht alles. Das wird nie klappen.»

«Wie ich höre, Sir», John Williams ließ den Einwurf unbeachtet, «befürchtet die Regierung Unruhen in der Kolonie. Es heißt, Sun Yatsen und Kang Yu-wei rekrutieren in Südchina Soldaten für einen neuen Aufstand gegen die Mandschus und sammeln Geld bei reichen Hongkonger Chinesen.»

«Unruhen, Blödsinn», erklärte Metcalfe aufgebracht. «Ein paar Plakate fordern mutig: VERTREIBT DIE ENGLÄNDER! STELLT DIE EHRE DES CHINESISCHEN KAISERREICHS WIEDER HER! Aber um zum Aufruhr aufzuwiegeln, braucht man mehr als nur Plakate – bis jetzt jedenfalls. Aber später ...»

Er zog den Kopf zwischen die Schultern wie eine große Seeschildkröte. «In Hongkong wird es erst losgehen, wenn die Boxer die Diplomaten massakrieren – oder wenn die alliierten Truppen Peking nehmen und Tausende von Chinesen massakrieren. Dann werden Sie Ihre Unruhen in Hongkong erleben – einen regelrechten blutigen Aufstand. Der beste Ausweg ist, Kang Yu-wei und Li Hung-tschang dazu zu ermutigen, ihre Köpfe zusammenzustecken. Aber London in seiner Weisheit glaubt, wir könnten uns aus der chinesischen Innenpolitik raushalten. Ebensogut könnten wir so lange den Kopf in den Sand stecken. Dann würden wir wenigstens unsere Ohren warm und unbeschädigt halten ... obwohl der Teil, der heraussteht, leicht versengt werden könnte.»

«Hilary», ermahnte ihn seine Schwester, «deine Ausdrucksweise!»

«Sind wir wirklich in Gefahr, Mr. Metcalfe?» fragte Mary.

«Noch nicht, Mary ... Miss Osgood. Aber wir werden es sein, wenn wir nicht vernünftig vorgehen. Sehen Sie ...»

«Hilary», unterbrach ihn Miss Metcalfe entschlossen, «du ängstigst Miss Osgood. Blutrünstige Politik ist für die Ohren junger Damen ebensowenig passend wie deine Ausdrucksweise. Ah, da kommt ja Mrs. Wheatley.»

Eine hagere Frau von Ende Fünfzig rauschte ins Wohnzimmer. Ihre blasse, trockene Haut spannte sich über stark vorstehenden Backenknochen; die lange Nase war wie ein Papageienschnabel; die kleinen schwarzen Augen wirkten reptilienhaft, und das linke hatte durch ein entstellendes purpurrotes Muttermal einen mißtrauischen Ausdruck. Die Pracht ihres malvenfarbenen Seidenkleids versuchte die stiefmütterliche Behandlung durch die Natur wettzumachen. Das Werk des Schneiders war in der Taille gerafft, um einen mageren Busen hervorzuheben, aber die Unförmigkeit der knochigen Hüften wurde noch unterstrichen durch Reihen von rosa Litzen um eine gewaltige Tournüre, wie man sie in England zuletzt Mitte der 1880er Jahre gesehen hatte.

«Rachel, darf ich Ihnen Miss Osgood vorstellen?» sagte Elizabeth Metcalfe. «Lord Peter und Lieutenant Williams kennen Sie, glaube ich. Mary ... Miss Osgood, darf ich Sie mit der Ehrenwerten Rachel Wheatley bekannt machen? Wie Sie wissen, ist Mr. Wheatley *Taipan* von Derwent, Hayes.»

«Miss Osgood.» Die Ehrenwerte Mrs. Wheatley neigte den Kopf um eine Winzigkeit. «Lord Peter, wie reizend, Sie wiederzusehen. Guten Tag, Lieutenant.»

«Miss Osgoods Vater gehört zum Regiment, Rachel», sagte Miss Metcalfe. «Sie ist gerade erst angekommen. Wir finden sie reizend und hoffen, ihr den Aufenthalt in Hongkong sehr angenehm zu machen.»

«Osgood? Osgood?» Die dünnen Lippen verzogen sich nachdenklich. «Ich habe noch nicht das Vergnügen gehabt, seine Bekanntschaft zu machen. Ist Ihr Vater – er wird wohl mindestens Major sein, wenn er eine so erwachsene Tochter hat – auch erst kürzlich hergekommen, Miss Osgood?»

«Nein, Mrs. Wheatley», antwortete Mary. «Er ist schon einige Zeit hier.»

«Mr. Osgood ist der Musikmeister», erklärte Miss Metcalfe, «der uns mit seiner Musik so viel Freude macht.»

«Ach so . . .» sie nahm es mit gespitztem Mund zur Kenntnis. «Sagen Sie, Hilary, fürchten Sie, daß Demonstrationen und Gewalttätigkeiten den Besuch Seiner Königlichen Hoheit beeinträchtigen werden?»

Mary stockte das Herz. Ihr labiles Selbstvertrauen war erschüttert durch die beiden eisigen Silben. Sie war früher schon manchmal hochnäsig behandelt worden, aber selten hatte ihr jemand so deutlich die kalte Schulter gezeigt. Diese groteske Frau, deren Mann Hongkongs wichtigsten *Hong* beherrschte, nahm nicht einmal ihre Existenz zur Kenntnis.

Die Metcalfes waren vielleicht zu freundlich gewesen. Vielleicht hatte sie, wie ihr Vater fürchtete, tatsächlich zu hoch hinausgewollt in Hongkongs rangbesessener Gesellschaft. In der anachronistischen Kronkolonie war die Kluft zwischen der Gemahlin des führenden Mannes in der Wirtschaft und der Tochter eines Offiziersdiensttuenden fast so groß wie die Kluft zwischen ihr und einem Rikschakuli. Sie suchte Schutz hinter niedergeschlagenen Augenlidern und fürchtete, sie werde wirklich «auf die Nase fallen».

Der Besuch Seiner Königlichen Hoheit, Prinz William, Herzog von Gloucester, Enkel der alten Königin und Kaiserin, würde auf ihr Leben nur die eine Auswirkung haben, daß sie ihren Vater weniger oft sah. Die Regimentskapelle würde vor dem sechsundzwanzigjährigen Prinzen in Paradeformation vorbeimarschieren und auf glanzvollen Bällen und Empfängen spielen. *Sie* würde zu keinem dieser Empfänge eingeladen werden, und schon gar nicht zu dem großen Ball im Government House. Es gab zwar in Hongkong wenig vorzeigbare unverheiratete junge Damen, aber in den Augen der Ehrenwerten Rachel Wheatley war sie keine junge Dame. Sie war «eine junge Person».

Die Wut auf diese Vogelscheuche ließ Mary ihre übliche Besonnenheit vergessen.

«Der Besuch des Prinzen wird bestimmt nicht von trivialen politischen Unruhen beeinträchtigt werden», sagte sie mit strahlendem Lächeln. «Wir dürfen uns den Sinn für Proportionen nicht trüben lassen, wenn ein paar Chinesen ihre Pläne auf ihre gewohnte barbarische Weise verfolgen – so ganz anders als die kultivierten Briten!»

Mrs. Wheatley nahm keine Notiz von Marys Worten, ebensowenig wie sie das Jammern eines Bettlers beachtet hätte, aber Elizabeth Metcalfe warf Mary einen besorgten Blick zu. Es hatte sie gekränkt, daß ihrem Schützling so unverblümt die kalte Schulter gezeigt worden war, und Marys Keckheit bestürzte sie.

«Nein, Rachel, Miss Osgood hat recht.» Hilary Metcalfe strahlte Mary wohlwollend an. «Sie können beruhigt sein, Rachel. In absehbarer Zeit wird es keine ernstlichen Unruhen geben. Sie werden Ihre großen Bälle gewiß noch genießen können.»

Mary errötete über seine Grobheit, obwohl sie zu ihrer Verteidigung gedient hatte. Sie stand auf und raffte ihre Röcke zusammen.

«Ich fürchte, ich muß jetzt gehen.» Sie zwang sich zu einem Lächeln. «Herzlichen Dank, Miss Metcalfe. Auf Wiedersehen, Lord Peter, Lieutenant Williams. Es war mir ein großes Vergnügen, Mrs. Wheatley.»

Die Reptilienaugen flackerten, aber die dünnen Lippen der Ehrenwerten Rachel Wheatley blieben geschlossen.

«Kommen Sie bald wieder, Mary», sagte Hilary Metcalfe, verschmitzt lächelnd. «Sie sind ein Segen, ein Sonnenstrahl an diesem düsteren Ort.»

«Ja, tun Sie das», schloß sich Elizabeth Metcalfe pflichtschuldig an.

Zu Marys Überraschung erhob sich auch Lieutenant Williams.

«Miss Osgood», fragte er förmlich, «darf ich Sie nach Hause begleiten?»

Die gutmütigen grauen Augen des blonden Offiziers funkelten ungewohnt zornig, und seine Wangen waren gerötet, als sie zusammen das kleine Haus verließen. Er nahm einen Asternstrauß von einem jungen Blumenverkäufer und drückte ihm eine Zehn-Cent-Münze in die schmuddelige Hand.

«Darf ich sie Ihnen schenken, Miss Osgood? Es sind hübsche kleine Blumen, finde ich.»

Mary bedankte sich mit leiser Stimme. Sie war erstaunt über John Williams, der die Macht der Ehrenwerten Rachel Wheatley dadurch herausgefordert hatte, daß er sie nach Hause brachte. Die Frau des *Taipan* besaß das Ohr des Kommandeurs, und John Williams mußte noch seinen Weg machen. Es war ein steiniger Weg für einen jungen Offizier, der weder Beziehungen noch Vermögen besaß. Dennoch hatte er sich die mächtige Mrs. Wheatley ihretwegen zur Feindin gemacht. Natürlich hatte sie schon bemerkt, daß John Williams ihr «schöne Augen» machte, wie ihr Vater sich ausdrückte. Jetzt fragte sie sich, ob er womöglich mehr empfand als das automatische Interesse, das eine weder besonders hausbackene noch launische junge Frau in einer Stadt erregte, in der es zwanzigmal mehr Junggesellen als unverheiratete Frauen gab? Er gefiel ihr ganz gut, aber das war auch alles. Es konnte jedoch leicht dazu kommen, daß er ihr besser gefiele, wenn sie sich nicht im Zaum hielte.

«Diese Frau ist ein Scheusal, eine widerliche, grobe alte Ziege», platzte John Williams heraus. «Es tut mir entsetzlich leid.»

«Danke, Lieutenant», erwiderte Mary. «Sie sind sehr freundlich.»

Sie gingen den Hügel hinunter zur Queen's Road Central und schwiegen verlegen. Trotz John Williams' Freundlichkeit war Mary immer noch wütend über die Schroffheit der Ehrenwerten Rachel Wheatley. Sie fühlte einen solchen Zorn, daß sie auf Rache sann. Aber sie wußte nur zu gut, daß sie in Hongkong eine Null war, machtlos, ein Nichts, und weder der hochmütigen Mrs. Wheatley eins auswischen noch es sich leisten konnte, sich in den mittellosen Lieutenant Williams zu verlieben.

«Miss Osgood ...» John Williams schluckte. «Mary ... wenn ich Sie so nennen darf?»

«Bitte, sagen Sie Mary. Das ist besser als Miss Osgood, klingt weniger nach Gouvernante.»

Wenn John Williams nicht in sie verliebt war, dann war er jedenfalls stark interessiert. Sein linkischer Annäherungsversuch war reizend, und ihr wurde warm ums Herz.

«Mary», stammelte er. «Ich ... ich weiß nicht, wie ich's sagen soll ... aber ...»

«Ja, John?»

Sie war gespannt. Sie kannten sich erst seit einem Monat, waren sich dreimal im Wohnzimmer der Metcalfes beim Tee begegnet und hatten ein paarmal miteinander geplaudert, wenn sie sich auf dem Exerzierplatz trafen. Woanders hätte sein schüchternes Stammeln die Einleitung zu einem Heiratsantrag sein können, der nicht völlig unwillkommen wäre, obwohl er kaum das war, was ihr Herz begehrte. Aber im verrückten Hongkong – was könnten seine verlegenen Worte da ankündigen? Sie hatte keine Ahnung. Sie konnten vieles bedeuten. Plötzlich kam ihr ein Gedanke ... Schließlich mochte sie ihn gern, und alle jungen Offiziere waren zum Ball des Gouverneurs für Prinz William eingeladen, damit die Damen der besseren Kreise, vor allem deren Töchter, genügend Tänzer hatten.

«Mary, ich würde Sie gern ... öfter sehen.»

«John, ich bin geschmeichelt. Und ich mag Sie auch gern. Aber das ist schwierig in Hongkong.»

«Schwierig? Das verstehe ich nicht.»

«Es ist schwierig für uns – die Tochter des Musikmeisters und einen Offizier. Das sehen Sie doch ein, nicht wahr? Es gibt so wenige Gelegenheiten, wo es die Schicklichkeit erlaubt.»

«Diese verdammte Schicklichkeit!»

«Wir können es uns wirklich nicht erlauben. Wir beide nicht.»

«Vermutlich nicht», gab er verdrossen zu.

«Es wäre natürlich . . . Ach nein, das ist unmöglich.»

Mary überlegte sich jedes Wort so genau wie ein Schachspieler den nächsten Zug. Ihr Plan stand jetzt fest. Die Teilnahme am königlichen Ball würde ihr im archaisch-kastenbewußten Hongkong automatisch einen höheren gesellschaftlichen Rang verschaffen. Wenn sie von John eingeladen würde, was allerdings ziemlich unkonventionell wäre, wären die Voraussetzungen geschaffen, daß sie sich weiterhin in aller Schicklichkeit sehen könnten, und gleichzeitig würde sie es der unerträglichen Mrs. Wheatley heimzahlen. Sie empfand keine Gewissensbisse, daß sie Johns plötzlich erwachte Sympathie für sich ausnutzte, um ein Ziel zu erreichen, das sie sich beide wünschten.

«Woran», drängte er, «haben Sie gedacht?»

«Ich dachte daran, daß es tatsächlich einen Weg gibt. Aber ich könnte nicht . . .»

«Was immer es ist, ich bin sicher, daß Sie es könnten. Sagen Sie es mir, Mary.»

«Es geht zu weit, John, wirklich. Aber . . . der Ball des Gouverneurs . . . Wenn ich irgendwie eingeladen werden könnte, dann wäre es kein Problem . . . dann wäre es nicht schwierig, uns zu sehen.»

«Großartige Idee. Aber wie?»

«Ich weiß es nicht, John. Ich weiß es wirklich nicht.»

«Natürlich!» rief er. «Sie kommen mit mir.»

«Aber der Oberst und die Offiziersfrauen! Was würden sie . . .»

«Zum Teufel mit dem Colonel und den Ehefrauen. Mary, Sie müssen mitkommen.»

Nachdem sie ihr Ziel so rasch erreicht hatte, verlor sie für einen Augenblick die Fassung. Sie dachte an den Unwillen ihres Vaters und an die unvermeidlichen Komplikationen. Für John Williams würde es peinlich sein, die Tochter des Mannes auf der Orchesterempore zu begleiten. Und ihr würde man so sehr die kalte Schulter zeigen, daß Mrs. Wheatleys Eisigkeit dagegen noch herzlich erscheinen würde. Dennoch antwortete sie unbekümmert:

«Ja, John. Ich gehe sehr gern mit Ihnen hin.»

«Oh, Mary, das ist herrlich!»

Vielleicht bereute er seine spontane Einladung schon. Aber das, überlegte sie sich kühl, mußte er mit sich selber ausmachen. Sie hatte von einem attraktiven jungen Mann eine ganz normale Einladung erhalten und sie mit normaler Dankbarkeit angenommen, und sie wollte schrecklich gern auf dem Ball des Gouverneurs tanzen. Aber zunächst einmal sah sie sich einer doppelten Schwierigkeit gegenüber: dem knauserigen John Philip Osgood ein passendes Ballkleid abzuschmeicheln und seinen Zorn zu beschwichtigen.

John Williams verabschiedete sich an der glasperlenbehängten Haustür von ihr, nachdem er mit beiden Händen ihre Hand umklammert hatte.

Ihr Vater war wieder weggegangen. Als sie sich nach dem Abendessen zum Schlafengehen fertig machte, fragte sie sich beiläufig, wie er wohl seine Abende verbringe – und schämte sich sogleich über ihre Neugier. Die chinesischen Kaufleute, die die Kapelle belieferten, drängten dem Musikmeister dauernd Einladungen auf, die er meistens annahm. Sie vermutete, daß ihre Gastfreundschaft sich nicht auf üppige Bankette mit Rotwein und Brandy beschränkte, sondern durch Besuche auf den Blumenbooten in der Causeway Bay gekrönt wurde.

Hilary Metcalfe hatte ihr erzählt, daß die Mädchen in diesen schwimmenden Bordellen normalerweise nicht jünger als zwölf und nicht älter als achtzehn Jahre waren. Wenn sie den Kaufpreis, den die Besitzer ihren verarmten Eltern zahlten, zurückerstattet hatten, sparten sich die meisten von ihnen eine kleine Mitgift zusammen und heirateten ehrbare Bauern oder Handwerker, die sich mit ihrer Vergangenheit abfanden und ihre Mitgift gern entgegennahmen. Einige wenige Glückliche wurden von reichen Kaufleuten übernommen – als Konkubinen oder sogar als zweite oder dritte Frau. «Manche», hatte ihr Metcalfe erklärt, «bleiben im Geschäft, weil es ihnen gefällt. Mit der Zeit können auch sie Unternehmerinnen werden und glückliche Mädchen vom Lande von ihrer Plackerei und ihren Entbehrungen loskaufen. Das System ist humaner und weniger scheinheilig als in Europa. Die Mädchen werden nicht zugrunde gerichtet.» Respektable – und sogar respektierte – Prostitution und der ebenfalls respektable – und sogar ehrenvolle – Opiumhandel. Vielleicht wußte sie schon zuviel von Hongkong.

Mary warf sich auf dem harten Bett unter dem zeltähnlichen Moskitonetz hin und her. Die zum Ersticken feuchte Luft und ihre aufregenden Erinnerungen an den Tag verscheuchten den Schlaf. Ihre Gedanken beschäftigten sich dauernd mit der streng gegliederten Sozialstruktur in Hongkong und mit ihrem eigenen Platz – oder vielmehr ihrem fehlenden Platz – in diesem starren Rahmen. Ihr Wirklichkeitssinn sagte ihr, daß sie für das steife Matriarchat der Kronkolonie ein Störfaktor war.

Ein halbes Jahrhundert zuvor hatte der Aufstieg der neuen Gesellschaftsklassen, der Industriellen und Akademiker, die traditionellen gesellschaftlichen Schranken in England durchbrochen, und die tolerantere Einstellung des anbrechenden Zeitalters König Eduards erschütterte jetzt ihre Fundamente. Doch in Hongkong hatte sich der Kastengeist, der in der Heimat allmählich verschwand, nicht nur erhalten, sondern noch gesteigert und verstärkt. Unter dem Druck ihrer ehrgeizigen Ehefrauen hatten die neureichen Handelsherren aus dem Mittelstand nach eigenem Gutdünken noch mächtigere Schranken errichtet. «Eine Clique von Frauen», behauptete Hilary Metcalfe, «regiert in Wirklichkeit die Kolonie – durch Klatsch, Sticheleien und Verleumdung. Es sind mehr Karrieren und Leben beim Teetrinken ruiniert worden als vor Gericht, im Büro oder auf dem Schlachtfeld.»

Ihres Vaters Stellung und daher ihre eigene waren unklar. Er war Engländer, und selbst der niedrigste Brite war praktisch ein Halbgott im Vergleich zu den Chinesen. Aber John Philip Osgood war weder Offizier, noch hatte er einen Mannschaftsdienstrang. Das eine wie das andere hätte seine Stellung genau festgelegt – und ihre auch. Aber er war ein Offiziersdiensttuender, ein Zwitter. Sie konnte weder zwanglos mit den Frauen und Töchtern der Unteroffiziere verkehren, die sie ohnehin entsetzlich langweilten, noch mit den Offiziersfrauen, die kaum anregender waren. Auch von der selbstgesalbten zivilen Elite wurde sie nicht empfangen, die mindestens ebenso geistlos und wesentlich taktloser war. Nur die Gastfreundschaft der Metcalfes bot ihr eine Unterbrechung der völligen Einsamkeit.

Wäre sie überwältigend schön gewesen, hätten ihr die herrschenden Damen, und auch ihre Männer, vieles verziehen. Sie hätte alle für sich gewinnen können, wenn sie das Ideal des Zeitalters verkörpert hätte. Wäre sie eine blasse Blondine oder eine schwarzhaarige Schönheit mit regelmäßigen Zügen gewesen und begabt für seichte Unterhaltung und wohlerzogenen Flirt, hätte sie vielleicht die Schranke der Stellung ihres Vaters überspringen können.

Aber sie war nicht schön. Sie war attraktiv, das wußte sie, doch fehlte ihren Zügen das klassische Ebenmaß. Ihre Nase war annehmbar schmal, aber ihr Mund war zu breit. Das leuchtend kastanienrote Haar, eine Flammenkrone, die Burne-Jones mit Freuden gemalt hätte, war das Schönste an ihr. Und ihre Figur war aufreizend. Aber sie war zu lebhaft, zu «keck und freimütig», zu «emanzipiert und intellektuell» für die engstirnigen Damen, die die Gesellschaft der Kolonie beherrschten. Ihre offenkundigen Unzulänglichkeiten – gesellschaftlich wie persönlich – zwangen sie, sich damit abzufinden, am Rande des eigentlichen Britisch-Hongkong zu leben. Da die tyrannischen Gastgeberinnen ihr weder ihre

Herkunft noch ihr Benehmen verzeihen konnten, hatte sie gar nicht erst die Hoffnung gehabt, an dem großen Ball teilzunehmen, der seine Weihe durch die Anwesenheit eines Angehörigen des Königshauses erhielt und *das* Ereignis des neuen Jahrhunderts war.

Ihre Teilnahme könnte ihre gesellschaftliche Stellung sehr verändern, aber so sicher, wie sie es John Williams gegenüber dargestellt hatte, konnte sie dessen auch nicht sein. Sie wußte, ohne jede Eitelkeit, daß die jungen Offiziere, die Beamten und Angestellten der großen Handels-*Hongs* sie attraktiv fanden. Aber sahen sie in ihr mehr als – bestenfalls – eine erfreuliche Zerstreuung oder – schlimmstenfalls – eine flüchtige Eroberung? Einige waren mit passenden jungen Damen in England verlobt, andere suchten nach Bräuten, deren Beziehungen und Vermögen ihren Karrieren förderlich sein könnten. Mary Osgood aber hatte nur sich selbst zu bieten! Einige Verehrer würden vielleicht ausharren – bis sie entweder einwilligte oder ihnen entschlossen den Laufpaß gab.

«Vielleicht sollte ich auf ein Blumenboot gehen!» Sie lachte laut auf in dem mondhellen Schlafzimmer. «Ich wäre eine Sensation, ein rothaariges Blumenmädchen. Und wenn man das Geld bedenkt – in ein paar Jahren wäre ich eine sehr reiche Frau.»

Der jugendliche Überschwang hatte die Oberhand gewonnen, sowohl über die Niedergeschlagenheit über die Ehrenwerte Rachel Wheatley, als auch über ihre Bedenken, ob es klug gewesen war, John Williams die Einladung zu entlocken. Sie drehte sich auf die Seite und versuchte von neuem, endlich einzuschlafen.

23. Juli 1900 bis 1. August 1900

Das Klappern von Geschirr weckte Mary Osgood. Ah Sam hustete leise, als er ihr die Teetasse auf den Nachttisch stellte. Normalerweise weckte sie sein schwerfälliger Tritt schon vor diesem morgendlichen Ritual, aber sie war so erschöpft gewesen, daß sie tief und traumlos geschlafen hatte.

Daß der Boy Nummer Eins morgens in ihr Zimmer kam, störte sie nicht mehr. In England wäre es undenkbar gewesen, daß ein Diener eine unverheiratete Dame weckte. Aber das ehrbare Hongkong dachte sich nichts dabei, denn die Sitten der Kolonie waren eine Mischung aus Prüderie und Freiheit. Einige Matronen, wollte der Klatsch wissen, riefen ihre Boys sogar zum Rückenschrubben, wenn sie in der Badewanne saßen. Von einer alten Ziege wie der Ehrenwerten Rachel Wheatley konnte Mary sich das zwar schlecht vorstellen, aber solche Geschichten wurden oft erzählt.

«Schließlich», bemerkten die Damen, «kann man sie nicht als ‹Männer› betrachten. Sie sind bloß Chinamänner.»

Ah Sam lächelte wie üblich sein wildes, gutmütiges Lächeln, aber sein Benehmen war irgendwie anders als sonst. Mary wußte, daß sie in dem piratenhaft aussehenden Boy Nummer Eins einen Verbündeten, vielleicht sogar einen Freund gefunden hatte. Nach seinem anfänglichen Mißtrauen hatte er es wortreich gebilligt, daß sie seine Sprache lernte, und sie plauderten in improvisiertem Kantonesisch und gingen nur zum Pidgin-Englisch über, um die Lücken in Marys Kenntnissen zu überbrücken. Offenbar hatte sie die Hochachtung eines Angehörigen der Rasse errungen, die von der Mehrzahl ihrer Landsleute als «tierische Söhne des Himmels, keine richtigen Menschen» verspottet wurden.

«Guten Morgen, Ah Sam», sagte sie auf kantonesisch. «Es ist ein schöner Morgen.»

Normalerweise begnügte sich der stämmige Diener damit, ihre Worte in seiner schnatternden Redeweise zu wiederholen: *«Jow-sang, Siu-jieh, Tin-chi ho-ho ah.»* Aber an diesem Morgen stand er unschlüssig da, zog die Vorhänge mit pingeliger Sorgfalt zurecht und wischte unsichtbaren Staub von der Frisierkommode.

«Sehr guter Morgen», sagte er in Pidgin-Englisch, weil er anscheinend verhindern wollte, daß ihr der Sinn seiner Worte entgehe. «Aber Menschen nicht so gut. Gibt schlechte Englischmanns in Hongkong. Auch viele schlechte Chinamanns.»

«Wieso, Ah Sam?»

«Gestern», antwortete er, «ich höre schlechte Worte im Teehaus.»

Mit Ah Sams Teehaus war gewöhnlich der schäbige Lebensmittelladen gemeint, in dem er die Zeremonie des *yum cha* beging – des Teetrinkens. *Yum cha* bedeutete eigentlich, Mah-jongg spielen und sich den neuesten Klatsch erzählen, während man den aromatischen Tee und allerlei verschiedene saftige Klöße zu sich nahm. Aber «Teehaus» war auch Ah Sams Euphemismus für den Diwan, wo er gelegentlich ein paar beruhigende Pfeifen klebrigen schwarzen Opiums rauchte. Mary hatte de Quinceys *‹Bekenntnisse eines englischen Opiumessers›* gelesen und auch Coleridge, aber das Wort «Diwan» beschwor für sie immer noch Bilder von satanischer Sünde.

«In welchem Teehaus, Ah Sam?» fragte sie, obwohl sie damit riskierte, das prekäre Vertrauen zwischen ihnen zu überfordern.

«Ach, *othah*-Teehaus, Missy», antwortete er, ohne zu zögern. «Nicht übliche, Sie wissen schon, welches Teehaus. Manchmal im *othah*-Teehaus schlechte Menschen. Sie sagen, junger ... wie sagen Sie ... Enkel von großer englischer Königin kommt nächste Woche Hongkong. Und sie sagen, vielleicht einige schlechte Menschen wollen ihn zerhacken. Sagen, Englischmanns benehmen sich sehr schlecht im Norden, Schanghai, noch weiter ... erschießen viele Chinamanns. Deshalb sie wollen zerhacken Enkel von großer englischer Königin.»

«Haben Sie es dem Herrn gesagt?»

«Oh, nicht nötig reden, Missy.» Ah Sams Gesicht verschloß sich. «Einige Britischmanns wissen schon. Ich geh jetzt, mach Frühstück.»

Mary wußte, daß sie von Ah Sam nichts mehr erfahren würde, obwohl sie Verbündete waren, sobald ihr Vater seine Wutanfälle bekam. Ah Sam verehrte die «große englische Königin» fast so sehr wie die Kaiserinwitwe in Peking, die sechzehn Jahre jünger war als die einundachtzigjährige Königin Viktoria. Aber letztlich galt seine Loyalität natürlich seinem eigenen Volk.

Konnte sie die Sache als unwichtig abtun? Sie dachte darüber nach, als sie das Nachthemd von ihrem verschwitzten Körper streifte und sich an dem kühlenden Luftzug ergötzte, der durch die Laden des gekachelten Badezimmers drang. Sie blieb ein paar Minuten nackt stehen, streckte sich genüßlich und ließ die Luft über ihre nackte Haut streichen. Seit sie in das äußerlich prüde und dennoch irgendwie sinnliche Hongkong gekommen war, empfand sie keine Scheu mehr vor ihrem Körper. Sie genoß die rauhe Liebkosung des Badeschwamms auf ihren Brüsten und der festen Wölbung ihres Bauches über dem flammenden Dreieck zwischen ihren Schenkeln. Plötzlich errötete sie und griff nach dem Schöpflöffel, der in der porösen irdenen Wasserbütte schwamm.

Sie goß wieder und wieder kaltes Wasser über sich und war entzückt über jeden dieser kalten Schocks. War ihr Vergnügen an diesen erfrischenden Güssen, fragte sie sich schuldbewußt, Fleischeslust? Sie trocknete sich energisch ab, war aber, als sie mit Anziehen fertig war, schon wieder halb durchnäßt von Schweiß.

In der Angelegenheit, die Ah Sam angeschnitten hatte, schrieb sie eine kurze Notiz an Mr. Metcalfe. Als sie aus ihrem Schlafzimmer kam, stellte sie erleichtert fest, daß ihr Vater das Haus schon verlassen hatte.

Sie rief den Kuli, der bei ihnen Mädchen für alles war, und trug ihm auf, ihre Botschaft zu Mr. Metcalfe zu bringen.

Während sie ihren blassen Tee trank, kam der Kuli schon mit Hilary Metcalfes blauem Briefumschlag, der hinten ein Siegel in roten chinesischen Buchstaben trug, zurück. Seine Nachricht war kurz: «M. O. Angelegenheit unter Kontrolle. Besuchen Sie uns bald. H. M.»

Sie hatte getan, was sie tun konnte, denn Hilary Metcalfes Stimme fand Gehör im Government House. Später sollte sie sich fragen, ob sie wirklich alles getan hatte, was sie konnte. Aber das war viel später.

Um 6 Uhr 47 am Morgen des 2. August 1900 dampfte der schwere Kreuzer ‹Defiance› an Green Island vorbei und tauchte, gefolgt von dem leichten Kreuzer ‹Persephone›, in die Nebelschwaden des Hongkonger Hafens ein. Das Geschwader war unterwegs nach Taku Bar, um sich der Flottille der alliierten Streitmacht anzuschließen, die sich zum Marsch auf die Hauptstadt des chinesischen Reiches rüstete. Tientsin, der wichtigste Seehafen in Nordchina und das Tor zu Peking, war schließlich nach Beschießung von See und der Landung von Infanterie Mitte Juli gefallen. Aber die Entsatztruppe war steckengeblieben, nachdem ein schwacher Vorstoß durch unerwartet hartnäckigen chinesischen Widerstand abgeschlagen worden war. Die ängstliche Verwirrung, die in Tientsin herrschte, verhinderte eine Blitzoffensive wie jene von 1860, als Peking eingenommen worden war. Die Kommandeure der Truppenaufgebote aus acht Nationen beendeten gerade ihre Dispute. Angestachelt von den selbstsicheren Briten, einigten sie sich schließlich darauf, am 5. August loszumarschieren und nicht länger auf die Sollstärke von Kavallerie und Artillerie oder auf das Eintreffen der Ballonstaffel zu warten, die sich gerade in Southampton eingeschifft hatte.

Der Kreis um das Gesandtschaftsviertel in Peking zog sich immer enger zusammen, und die Belagerten gerieten immer mehr in Bedrängnis durch die Anwesenheit der fanatischen Boxer, die inoffiziell von den kunterbunt zusammengewürfelten regulären Truppen der Kaiserinwitwe unterstützt wurden. Die Boxer, durch ihre blutigen Eide gebunden und vollkommen überzeugt von ihrer Unverwundbarkeit, zermürbten allmählich die Widerstandskraft der Belagerten, zumal mit der Zeit die Nahrungsmittel und auch die Munition der wenigen Soldaten und bewaffneten Zivilisten, die die ausländischen Gesandtschaften verteidigten, knapp wurden. Zum erstenmal seit 1839 waren chinesische Truppen in militärische Aktionen gegen Europäer verwickelt. China setzte sich zur Wehr gegen die arroganten Barbaren, die seit mehr als vierzig Jahren dem dekadenten Kaiserreich fast mühelos ihren Willen aufgezwungen, ihm gewaltige Summen und demütigende Konzessionen abgerungen und durchgesetzt hatten, daß das chinesische Recht keine Gültigkeit für sie habe, wodurch die chinesische Souveränität ganz wesentlich eingeschränkt worden war. Der Jubel außerhalb des Gesandtschaftsviertels war ebenso groß wie die Not drinnen. Wenn die alliierte Streitmacht die Belagerten nicht bald befreite, würden sie zur Sühne für die Missetaten ihrer Vorgänger niedergemetzelt werden – die Frauen von dreckigen Fanatikern vergewaltigt, die Männer barbarisch verstümmelt, ehe Schwertstreiche ihre Marter beendeten.

Trotz alldem glaubte man in Hongkong ganz offensichtlich, die grauen Schiffe hätten die lange Seereise vom Mittelmeer vor allem deshalb unternommen, um die Kolonie mit der Anwesenheit Seiner Königlichen Hoheit, des Lieutenant Prinz William, Herzog von Gloucester, Navigationsoffizier auf der ‹Defiance›, zu beehren. Auf Dampfschiffen heulten Sirenen, auf vollgetakelten Seglern schrillten die Pfeifen, heisere Nebelhörner erklangen und in den Kirchen läuteten die Glocken. Feuerwerkssalven untermalten das Schlagen von Trommeln und das Klirren von Becken auf Dschunken und Sampans. Einundzwanzig feierliche Salutschüsse donnerten von Jardine's Wharf, als die Kreuzer Anker warfen.

Die Kolonie war in festlicher Stimmung, die breite *praya* am Hafen ein buntes Flaggenmeer. Türme aus Matten und Bambus schwankten in der leichten Brise, vielfarbige Papierschlangen tanzten in der Morgensonne. Girlanden über den Straßen trugen die verschnörkelten Initialen VR für Victoria Regina und überschwengliche Loyalitätserklärungen in roten chinesischen Buchstaben. Blake Pier war kaum zu sehen vor Rosetten, Flaggen, Blumen und Wimpeln, und über allem das große Plakat: HONGKONG HEISST SEINE KÖNIGLICHE HOHEIT PRINZ WILLIAM WILLKOMMEN!

«Wieder einmal», bemerkte Hilary Metcalfe verbittert und besorgt, «hat dieses Juwel des Empire es fertiggebracht, eine Krise in Jubel, Trubel und Heiterkeit zu verwandeln. Man könnte glauben, die ‹Defiance› sei gekommen, um einen großen Sieg zu feiern und nicht, um einem erbärmlich schlecht geführten kleinen Expeditionsheer beizustehen. Hätten diese Leute in Pompeji gelebt, sie wären nicht geflohen. Sie hätten auf den Straßen getanzt, während die Lava sich über sie ergoß.»

Mary Osgood und Elizabeth Metcalfe warfen dem Sinologen Zynismus vor. Genau wie ihre Herzen, bebte jedes weibliche Herz in Hongkong in der Hoffnung, den schneidigen jungen Prinzen mit eigenen

Augen zu sehen. Prinz William, ein kriegerischer Halbgott, dessen Streitwagen das Panzerschiff war, verkörperte nicht nur Großbritanniens imperiale Macht, sondern auch den Inbegriff britischer Männlichkeit.

Die Damen, die das Glück hatten, zu den während des dreitägigen Besuchs Seiner Königlichen Hoheit geplanten Empfängen eingeladen zu werden, waren mit hektischen Vorbereitungen beschäftigt. Schneiderinnen, Putzmacherinnen und Parfumeriehändler konnten sich vor Aufträgen nicht retten; gehetzte Verkäufer und erfreute Geschäftsinhaber, blasse Schneider und schwindsüchtige Näherinnen arbeiteten die Nächte hindurch im flackernden Schein von Gaslicht und Öllampen. Königliche Kaufleute und höhere Beamte zogen sich hinter die blau-weißen Bogenfenster des Hong Kong Club zurück, um der Hysterie zu entgehen. Aber Kellner drinnen wie Rikschakulis draußen trugen stolz rot-weiß-blaue Kokarden.

Viele Mädchen-Kopfkissen waren naß von Tränen der Enttäuschung. Der Höhepunkt des königlichen Besuchs sollte der prächtige Ball sein, den der Gouverneur, Sir Henry Blake, gab. Die herrische Lady Blake hatte als selbsternannte Schiedsrichterin der Schicklichkeit die Gästeliste unbarmherzig zusammengestrichen. Nur diejenigen unverheirateten Damen durften teilnehmen, deren Rang – nach den besonderen Maßstäben der Kolonie – unumstritten war. Außer den wenigen, die dank adliger Verwandtschaft oder Reichtum Anspruch auf eine Einladung hatten, gehörten zu den Auserwählten nur die Töchter von höheren Offizieren, vom Major an aufwärts, von höheren Beamten, vom Abteilungsleiter aufwärts, und von den ranghöchsten Geschäftsführern der großen Handelshäuser, der *Hongs*, die in Wirklichkeit die Kolonie beherrschten.

Die Firma Derwent, Hayes and Company war selbstverständlich eingeladen. Die attraktive Tochter der Ehrenwerten Rachel Wheatley, Cynthia, würde dem Prinzen zusammen mit den Töchtern der anderen großen *Hongs*, John Swire und Jardine und Matheson, vorgestellt werden. Hingegen hatte Lady Blake die Buchhändler Kelley und Walsh, die Lebensmittellieferanten Halliday und Wise sowie den Schiffszubehörhändler Lane Crawford rigoros ausgeschlossen. Deren Töchter würden dem Prinzen nicht vorgestellt werden.

Denn diese Firmen waren Einzelhandelsgeschäfte, und Lady Blake wollte nicht dulden, daß die Anwesenheit von «Krämern» das königliche Fest befleckte. Daß der Reichtum der großen *Hongs* ursprünglich daher stammte, daß sie den Chinesen unter Androhung von Gewalt

Opium aufgezwungen hatten, spielte keine Rolle. Es spielte auch keine Rolle, daß sie einst Schmuggler, Steuerbetrüger und, wenn es vorteilhaft war, Piraten gewesen waren. Und ebensowenig spielte es eine Rolle, daß sie immer noch Opium nach China lieferten, obwohl der erste Minister der Kaiserinwitwe es ausdrücklich mißbilligt hatte. Die *Hongs* befaßten sich wahrhaftig nicht mit *Einzel*handel.

Mary Philippa Osgood wahrte voll Freude ihr Geheimnis. Dank John Williams' Impulsivität und dank ihrer eigenen Pfiffigkeit würde *sie* am königlichen Ball teilnehmen, was immer Lady Blake auch dazu sagen mochte. Ihre Tränen, die nicht alle geheuchelt waren, hatten ihren Vater dazu gebracht, seine Einwilligung zu geben, wenn auch widerstrebend und nicht ohne Warnungen. Musikmeister John Philip Osgood war durch das kleine Wohnzimmer gestürmt und hatte Ermahnungen abgeschossen wie ein Linienschiff Breitseiten.

«Das wird dein Ende sein, mein Mädchen, und vielleicht auch meins», donnerte er. «Was wird der Colonel sagen . . . oder die Frau Colonel . . . wenn man dich da sieht, wo du nicht hingehörst? Das kommt davon, wenn man sich mit Höherstehenden einläßt.»

«Vater», flehte sie, «es ist das Wichtigste, was mir je widerfahren ist.»

«Jawohl, und wahrscheinlich das Wichtigste, was *mir* je widerfahren ist – mein Ende nämlich.»

«Aber, Vater», schluchzte sie, «Lieutenant Williams würde beleidigt sein, wenn ich nicht mitkäme.»

«Mädchen, er hat dich nur aufgefordert wie einen streunenden jungen Hund, mit dem er Mitleid hatte. Er ist gutmütig, der Junge – auch wenn er kein richtiger Offizier und zu ungestüm ist.»

Die Schlacht tobte mit Unterbrechungen drei Tage, während Ah Sam verwundert den Kopf schüttelte. Schließlich hatte Mary gesiegt.

«Wenn's sein muß, dann muß es eben sein», lenkte John Osgood widerstrebend ein. «Aber wenn's denn sein muß, dann sollst du es auch anständig machen. Wer ist die beste Schneiderin in dieser barbarischen Stadt?»

«Madame Rachelle, habe ich gehört. Aber sie ist schrecklich teuer. Es würde mir nicht im Traum einfallen . . .»

«Los, Mädchen, los! Wenn du unbedingt diesen Unsinn mitmachen willst, dann sollst du genausogut – oder besser – angezogen sein wie die Töchter der verdammten feinen Pinkel.»

Elizabeth Metcalfe brachte Mary in Madame Rachelles Atelier. Zu Marys Überraschung begleitete Hilary Metcalfe die beiden Damen. Seine eindrucksvolle Persönlichkeit – und zweifellos sein Reichtum –

bewirkten, daß die launische, überarbeitete französisch-russische Couturière ihr das Kleid für den Nachmittag vor dem Ball versprach. Mary vermutete, daß er zu den 150 Hongkong-Dollar, die ihr Vater auch für das prächtigste Gewand für ausreichend gehalten hatte, noch etwas zulegte. Ihre Proteste und ihren Dank wies er freundlich zurück. «Ich habe Madame Rachelle ein paar Gefälligkeiten erwiesen», lautete seine mysteriöse Antwort. «Ich kassiere nur eine kleine Abschlagszahlung.»

Mary hatte abfälliges Getuschel gehört, wenn sie an der Lästerecke spazierenging, der grasbedeckten Kreuzung der Kennedy Road mit dem Gehweg der Garden Road, wo die europäischen Damen im Sonntagsstaat nach dem Gottesdienst ein bißchen klatschten. An der Lästerecke wurde sie akzeptiert, wenn auch nur von den Frauen und Töchtern von Ladeninhabern, die wußten, daß sie bei den Metcalfes empfangen wurde. Das weibliche Interesse an Skandalen beseitigte gesellschaftliche Schranken, und weibliche Gehässigkeit wisperte ihr manches pikante Gerücht ins Ohr.

«Es heißt, meine Liebe», vertraute ihr Mrs. Wise an, «daß Mr. Metcalfe Madame Rachelle das Geschäft eingerichtet hat. Es heißt auch, er habe sie aus Schanghai hergebracht, sei ihrer aber überdrüssig geworden. Wie dem auch sei – es war eine großzügige Geste.»

Mary hatte ungläubige Entrüstung geheuchelt, doch im Grunde ihres Herzens freute sie sich zu hören, daß der bärbeißige alte Hilary Metcalfe einst ein leidenschaftlicher Liebhaber gewesen war. Aber all das vergaß sie, als sie den Metcalfes in Madame Rachelles überfülltem Atelier ihr Ballkleid vorführte.

Das bodenlange Kleid, das kühn die übliche Schleppe wegließ, war, wie Madame Rachelle schwärmte, «im griechischen Stil». Die oberhalb der Taille geraffte feine weiße Seide floß locker in einen weiten Rock. Die Schultern waren bedeckt, und die lose flatternden Ärmel schwangen bei jeder Bewegung mit. Das tiefe Dekolleté war mit Streifen alter chinesischer Stickerei in Gold und Grün eingefaßt, die sich unter der Brust kreuzten. Die Schlichtheit des Kleides hob den Schmuck hervor, den Elizabeth Metcalfe ihr unbedingt hatte leihen wollen. Ein Schmetterling aus weißer Jade mit schimmernden Augen aus Rubinen tänzelte auf der goldenen Nadel, die in ihrem rotgoldenen Haar steckte. Dazu passende Jadereifen, mit Diamanten besetzt und grünlich-weiß schillernd, trug sie an den schlanken Handgelenken.

«Sie sind wunderhübsch, meine Liebe», seufzte Miss Metcalfe. «Das Kleid ist so anders, so ganz anders – und sehr auffallend. Denken Sie nur daran, sich zurückhaltend zu benehmen. Und hüten Sie Ihre Zunge!»

«Liz will eine Marionette aus Ihnen machen, meine Liebe! Seien Sie einfach Sie selbst», überdröhnte Hilary Metcalfe den Rat seiner Schwester. «Wissen Sie, manchmal denke ich, es wäre besser, wenn Sie ein Junge wären. Sie haben dreimal soviel Mut und Verstand wie einer von unseren hiesigen Schnöseln. Aber im Augenblick wünsche ich mir nicht, daß Sie etwas anderes wären, als was Sie sind – das schönste Mädchen in Hongkong. Nicht nur in Hongkong – das schönste Mädchen an der ganzen chinesischen Küste.»

Sie bebte immer noch vor Freude über das barsche Kompliment – und darüber, daß es John Williams bei ihrem Anblick den Atem verschlagen hatte –, als die Mietkutsche durch das vergoldete Eisentor des Government House klapperte. Aber als sie vor der geschwungenen Treppe ausstiegen, die von Füsilieren in rot-goldener Paradeuniform und Federbüschen auf den Tschakos bewacht wurde, nahm sie sich zusammen. Sie hatte ein eisiges Gefühl im Magen, und die Hände in den langen Glacéhandschuhen waren feucht. Sie verspürte eine fiebrige Hitze und war sich darüber klar, daß ihr Gesicht unter der feinen Puderschicht rot glühte. Sie stützte sich auf John Williams' ausgestreckte Hand.

Wenn du etwas tust, was die meisten Menschen mißbilligen werden, sagte sie sich, *dann tu es mit Charme. Wenn du schon Dummheiten begehst, dann bleib nicht auf halbem Weg stehen.*

Das Government House schwamm in einem Meer von Licht. Wie Sturzbäche ergossen sich weißglühende Strahlen aus den Fenstern und verwandelten das niedrige Gebäude in einen kristallenen Feenpalast. Lampions glühten in den Bäumen ringsum wie regenbogenfarbene Schmetterlinge. Eine sanfte Brise trug den bittersüßen Duft von rotem Jasmin herüber und brachte die Röcke der Damen zum Flattern und die Lampions zwischen den grünen Blättern zum Schaukeln. In der Mitte des Grundstücks strahlte ein großer Flammenbaum hellrotes Feuer in den blauseidenen Himmel. Und der Mond nistete, orangefarben, in den Hügeln von Kowloon jenseits der Bucht.

John Williams reichte ihr den Arm, und Marys Finger legten sich leicht auf die goldene Biese. Die harten Muskeln unter dem feinen Wollstoff bebten. Sie schlossen sich der wartenden Schlange auf der Treppe zur Eingangshalle an, und plötzlich sah sie voll Schrecken, daß Captain Lord Peter French neben ihr stand. Das Zusammentreffen mit diesem arroganten Sproß der Aristokratie in einer Umgebung, die sich von der Zwanglosigkeit im Wohnzimmer der Metcalfes so sehr unterschied, war ihre erste Prüfung an einem Abend, der eine Feuerprobe sein würde.

«Guten Abend, Lord Peter», sie lächelte ihm liebreizend zu. *Wenn du schon Dummheiten begehst, tu es mit Charme.*

«Ihr Diener», erwiderte er mit kaltem Hochmut. «Guten Abend, Lieutenant.»

Die parfümierte, leicht schwitzende Schlange schob sich in die Eingangshalle, wo Sir Henry Blake seine Gäste empfing. Die weiße Uniform des Gouverneurs war eine wahre Pracht mit den goldenen Epauletten, den farbigen Ordensbändern und diamantenbesetzten Orden. Lady Blakes hellgrünes Ballkleid, tief ausgeschnitten und am Dekolleté, an den Hüften und am Saum mit Fransen besetzt, hob ihre plumpen Schultern und die blassen Wangen unvorteilhaft hervor, fand Mary. Prinz William stand neben den Blakes, ein huldvolles Lächeln, schief wie eine unechte Frackschleife, in seinem gutgeschnittenen Gesicht. Der vorn kurzgeschnittene, mit Goldtressen besetzte Uniformrock seines königsblauen Abendanzugs hatte hinten lange Frackschöße. An der blau-weißen Schärpe, die seine Taille umgürtete, hing ein Galanteriedegen mit silbernem Griff, und das blaßblaue Band eines Ritters des Hosenbandordens lief schräg über seine Brust. Um den Hals trug er den Schwarzen Adlerorden mit Brillanten, den ihm sein Cousin, Kaiser Wilhelm II., verliehen hatte. Die zwei goldenen Streifen eines Lieutenant zur See auf seinen Ärmeln erhöhten seine jugendliche Würde. Die verdrossene Unterlippe Seiner Königlichen Hoheit strafte sein zeremonielles Lächeln Lügen, doch als er Mary erblickte, die darauf wartete, Lady Blake vorgestellt zu werden, hob sie sich wohlgefällig.

«Guten Tag», bellte die unnahbare Dame, ohne zu lächeln, als John Williams ihr Mary Osgood vorstellte. Blind für die Frostigkeit seiner Frau, hieß Sir Henry Blake sie strahlend willkommen.

Prinz William streckte die Hand aus, um Mary zu helfen, sich aus dem tiefen Hofknicks wieder zu erheben. Zwar hatte sie ihn eine Woche lang geübt, aber ihr Absatz hatte sich im Saum ihres Kleides verfangen.

«Nur mit der Ruhe, Miss!» Der helle Tenor des Prinzen hatte schon tausend Debütantinnen und ihre Mütter bezaubert. «Ich werde nicht zulassen, daß sich das hübscheste Mädchen des Abends verletzt. Reizend, wie der Schmetterling in Ihrem Haar tanzt.»

«Danke, Königliche Hoheit.»

Als sie zur Seite trat, schwamm sie in Seligkeit. Der prinzliche Seemann sah nicht nur so gut aus wie man sagte, sondern war wirklich reizend. Wie aus weiter Ferne hörte sie John Williams' Stimme.

«Ein Charmeur, nicht wahr? Ich nehme an, das gehört zu seiner Aufgabe. Aber er hat recht. Sie sind die hübscheste von allen.»

«Danke, John», murmelte sie, noch ganz benommen.

«Allerdings werden wir ihn wohl kaum noch einmal zu sehen bekommen. Wir sitzen am untersten Ende der Tafel, praktisch in der Küche.»

Im Lichtschein von Hunderten von Kerzen in Kristalleuchtern nahmen sie Platz zum Diner. Mary hörte kaum, was John Williams ihr zuflüsterte. Sie nippte nur von den unzähligen Gängen: Krebse à la Bordelaise, Hummermayonnaise, Schildkrötensuppe, Macao-Lachs, mit kleinen Garnelen garniert, gebratene junge Ente, gefüllte Gans, ein Zitronen-Sorbet, Rinderlende, Lamm en Croûte, ein Mango-Sorbet, Petits fours in Form von Kronen, eine reichhaltige Käseplatte und Früchte in Hülle und Fülle.

Das Bouquet der Parfums war fast so berauschend wie der Weißwein, der Rotwein und der Champagner. Zwischen den schwarzen Fräcken und den dunklen Uniformen der Herren schimmerten die pastellfarbenen Kleider der Damen wie die Palette eines Malers. Seiden, Satins und Tafte waren zu Reifröcken, Rüschen, Schleppen und Tournüren vergewaltigt. Mary merkte, daß ihr schlicht geschnittenes, fast schmuckloses weißes Kleid sie sehr aus dem Rahmen hob, vielleicht sogar zu sehr. Wenn ihre Anwesenheit hier eine Dummheit war, dann unleugbar eine aufsehenerregende. Sie sank ein wenig in sich zusammen.

Das sich endlos hinziehende Diner fand schließlich doch einen theatralischen Abschluß. Lady Blake ließ ihre Blicke um den Tisch schweifen, und die erwählten Damen zogen sich mit hochgerafften Schleppen in einen kleineren Salon zurück. Mary und vierzehn andere junge Frauen, die aus dem erlesenen Kreis ausgeschlossen waren, blieben unschlüssig stehen. Die Herren waren an dem polierten Mahagonitisch bereits zum Portwein übergegangen.

John Williams warf ihr einen hilflosen, um Verzeihung bittenden Blick zu, als sie mit den anderen Ausgestoßenen in der Toilette Zuflucht suchte. Eine aufgeputzte Blondine mit einem gewaltigen, in purpurrote Seide gezwängten Busen saß vor dem Spiegel und stillte die Tränen, die ihr über die Wangen rannen. Mary sank auf einen Korbstuhl und wies mit einer Handbewegung die alte Amah zurück, die ihr bei der Auffrischung ihrer Toilette helfen wollte. Sie hätte sich nicht, stellte sie in kalter Selbstverachtung fest, durch ihr Erscheinen beim königlichen Ball über die Schicklichkeit hinwegsetzen dürfen. Stolzer Wagemut ist schön und gut, sich lächerlich machen, ist etwas anderes. Und sie hatte sich vor aller Welt so lächerlich gemacht, wie man es nur tun konnte.

Eine halbe Stunde verbrachte sie in trübseliger Stimmung, bis die Musik einsetzte und die Gäste auf die Tanzfläche rief. John Williams forderte Mary auf, während Prinz William den ersten Walzer mit Lady Blake tanzte.

«Die alte Kuh hat Seiner Königlichen Hoheit übel mitgespielt mit ihren Busenfreundinnen. Sie hat sie ihm alle vorgestellt», flüsterte John. «Es sah aus, als wäre er ein Tanzbär und sie der Bärenführer.»

Als der erste Tanz zu Ende war, führte Lady Blake den Prinzen entschlossen in eine Ecke hinter einer wahren Palisade aus Stühlen, die es allen außer den Erwählten unmöglich machte, sich der erlauchten Person zu nähern. Pflichtschuldig tanzte der Prinz mit den von Lady Blake ausgesuchten Matronen oder mit den wenigen jungen Damen, die sie für würdig erachtete, für kurze Zeit in den königlichen Armen zu ruhen. Die etwas vorstehenden prinzlichen Augen wurden glasig vor Langeweile, und die prinzliche Unterlippe schob sich in unverhülltem Ärger nach vorn.

Der Abend, der Mary Philippa Osgood wie eine Katastrophe erschien, war für den charmanten Prinzen, der dazu verurteilt war, mit den von Lady Blake ausgewählten Gorgonen zu tanzen, eine fortgesetzte Prüfung. Trotz ihrer Trübsal hätte Mary fast laut aufgelacht, als sie sah, wie Prinz William die knochige Ehrenwerte Rachel Wheatley über die Tanzfläche bugsierte. Sie selbst hatte wenigstens John. Sie lächelte ihm zu und drückte sich fester an seinen prächtigen roten Waffenrock. Das Herz unter der goldenen Tresse schlug schneller.

Trotz des glänzenden Rahmens und der spritzigen Musik war die Atmosphäre im Ballsaal bedrückend. Das Mißfallen des Prinzen war selbst für die weniger Empfindsamen offenkundig – für alle Anwesenden, schien es, außer für Lady Blake. Als sich ihnen draußen eine Ablenkung bot, stürzten die erleichterten Gäste einmütig zu den offenen Fenstertüren: Im Garten erklang ein fröhliches Lärmen – Trommelwirbel, Beckenschläge und der schrille Singsang der Flöten.

In dem allgemeinen Durcheinander wurde sie von John getrennt und von dem Menschenstrom in den Garten mitgerissen. Ein bunter Papierdrachen tanzte unter den mit Lampions behängten Bäumen. Er ringelte sich wie eine Schlange, machte auf Befehl der Trommeln Freudensprünge nach beiden Seiten, und hüpfte auf fünfzig Paar braunen Beinen hoch in die Luft. Das rotbemalte Maul in dem riesigen Kopf grinste fröhlich unter den im Schein der Lampions glühenden Glotzaugen. Das umherspringende Ungeheuer war umgeben von chinesischen Musikern, die auf

Trommeln, Gongs, Pfeifen und Flöten ihre fröhliche Kakophonie ertönen ließen.

Die Menge drängte Mary an die rote Backsteinmauer, die den Garten umgab. Als der Drache sich in gespielter Wildheit in ihre Richtung zu stürzen schien, wich der Herr vor ihr unwillkürlich zurück und trat ihr auf den Fuß.

«Verzeihen Sie, bitte. Es tut mir sehr leid.»

Mary sah in Prinz Williams blaue Augen, die belustigt blitzten. Sie versank in einem Knicks, aber seine Hand war unter ihrem Arm.

«Wissen Sie, was dieser Drache bedeutet, Miss . . . äh . . . Miss?» fragte er. «Lady Blake hat mir nichts über dieses Schauspiel gesagt.»

«Ja, Sir», antwortete sie zitternd. «Der Drache ist das Symbol Chinas, das Symbol für Majestät und Freude – und er tanzt nur für Eure Königliche Hoheit.»

«Eine hübsche Sitte, Miss . . . Miss . . . Bitte, verzeihen Sie, ich habe den Namen des reizendsten Mädchens hier vergessen. Wo hat sie *Sie* versteckt, als wir tanzten?»

«Osgood . . . Mary Osgood, Sir.»

«Gut, Miss Osgood.» Der Prinz mußte sich anstrengen, um den Lärm der Gongs und Trommeln zu übertönen; nachdem der Drachen seine königliche Beute gefunden hatte, umzingelte er sie frohlockend. «Ich möchte gern mehr darüber wissen. Versteht jemand das Kauderwelsch? Könnte jemand diesen Mann, der der Anführer zu sein scheint, fragen, was das alles bedeutet? Großmama würde es sicher gern erfahren.»

«Ich könnte es versuchen, Sir», wagte Mary zu sagen.

Prinz William winkte dem Führer des Drachens, einem wohlbeleibten Mann in wallenden grünseidenen Gewändern.

«Er sagt», übersetzte Mary schüchtern, «daß der Drache immer zur Feier großer Begebenheiten tanzt. Er ist ein königlicher Drache, ein kaiserlicher Drache, er ist erfreut über Ihre Anwesenheit. Er sagt auch . . . aber ich glaube nicht . . .»

«Fahren Sie fort, Miss Osgood. Wiederholen Sie alles, was der alte Knabe sagt. Das hier ist wirklich der größte Spaß für mich bei diesem verdammten . . . Verzeihung, Miss Osgood . . . diesem herrlichen Ball. Ein gewaltiger Drache, der sehr vernünftig spricht – und das hübscheste Mädchen in Hongkong.»

«Er hat auch gesagt, Königliche Hoheit», platzte Mary heraus, «daß der feurige Drache loyal ist . . . Ihnen und der großen Königin und Kaiserin loyal ergeben. Aber er hofft darauf, daß Friede herrschen werde zwischen der Königin und Kaiserin in London und der Kaiserinwitwe in Peking.»

«Das hofft er tatsächlich? Sagen Sie ihm auch, ich sei durchaus für Frieden, Miss Osgood.»

Mary versuchte sich mit einem Knicks zu verabschieden, denn ihr wurde klar, daß es nicht bloß töricht, sondern geradezu tollkühn war, die Aufmerksamkeit des Prinzen so lange zu beanspruchen. Aber er griff nach ihrem Arm, als der Drache davonhüpfte, und sie konnte der Versuchung nicht widerstehen.

«Ich darf Sie nicht davon abhalten, sich Ihren Tänzerinnen zu widmen, Sir.»

«So leicht entwischen Sie mir nicht», lachte Prinz William. «Ich befehle Ihnen, mit mir zu tanzen. Mein Vorrecht, wie Sie wissen. Sie können es nicht ablehnen.»

«Als loyale Untertanin», kokettierte Mary über ihren Fächer hinweg, «würde es mir nicht im Traum einfallen, mich einem königlichen Befehl zu widersetzen.» *Wenn du schon töricht bist*, dachte sie, *warum dann nicht gleich tollkühn?*

Ein Tanz mit einer königlichen Hoheit, fand Mary, war nicht viel anders, als mit irgendeinem anderen jungen Mann von sechsundzwanzig Jahren. Er hielt sie zu eng an sich, und sie versuchte so taktvoll wie möglich, etwas mehr Abstand zu ihm zu gewinnen. Sie nahm nur zwei Personen wahr, während sie nach der Melodie «Arme kleine Butterblume» aus der Operette *HMS Pinafore* von Gilbert und Sullivan herumwirbelte: Lady Blake, die wie eine zu Stein gewordene Gorgone erstarrt auf dem Stuhl saß, der den Eingang zu ihrer königlichen Palisade bewachte, und die das tanzende Paar mit einem basiliskenhaften Funkeln in ihren kleinen Augen fixierte, und Musikmeister John Philip Osgood, der vom Podium herunterstarrte, Entsetzen im Gesicht. Eine Ewigkeit verging, bis die Musik innehielt und der Prinz lachend zurücktrat.

«Famos, Miss Osgood. Sie sind leicht wie eine Feder. Wir werden das wiederholen, aber jetzt ruft mich die Pflicht. Kann ich Sie zu Ihren Freunden bringen?»

Freunde? Mary sah sich verzweifelt um. John Williams war nirgends zu erblicken. Zu ihrer großen Erleichterung sah sie die Metcalfes, die mit einem schlanken Mann mittleren Alters zusammensaßen.

«Danke, Königliche Hoheit. Meine Freunde sitzen dort.»

Prinz William reichte ihr den Arm, und ihr kam plötzlich die Ungeheuerlichkeit ihres Vorgehens zum Bewußtsein. In ihrem Unglück merkte sie kaum, daß er für die Reverenz der Metcalfes mit einem Kopfnicken dankte und zu ihr sagte: «Versprechen Sie mir, daß Sie mir einen Tanz reservieren.»

Als sie aufblickte, strahlte Hilary Metcalfe sie an, und seine Schwester lächelte fröhlich.

«Jetzt habe ich's geschafft», sagte Mary leise und verzweifelt. «Sie werden mich alle hassen, weil ich mit dem Prinzen getanzt habe. Das ist schlimmer, als von ihnen einfach übersehen zu werden.»

«Mary, Sie verstehen Hongkong immer noch nicht.» Hilary Metcalfe lachte schallend. «Sie haben es tatsächlich geschafft. Sie werden mit Einladungen überschüttet werden. Das bürgerliche Matriarchat ist wie Wachs, wenn es die königliche Hand spürt. Sie sind nicht nur akzeptabel, sondern die Ballkönigin des Jahres. Es ist verrückt, aber wahr.»

«Aber ich dachte ...»

«Hilary hat recht, Mary», versicherte ihr Elizabeth Metcalfe. «Sie sollten sehr glücklich sein. Sogar die Jade-Haarnadel hat jetzt ihre Weihe erhalten. Ich hätte gern, daß Sie sie zur Erinnerung behalten.»

«Aber ich dachte ... Ich könnte nicht ... Ich sehe nicht ein ...»

«Wenn Liz mal eine Marotte hat, bleibt sie eisern. Behalten Sie das Ding. Aber ich vergesse ja alle Regeln der Höflichkeit. Darf ich Ihnen Sir Jonathan Sekloong und Mr. Charles Sekloong vorstellen?»

Der Name Sekloong riß Mary aus ihren Gedanken, vertrieb die Selbstbeschuldigungen, die plötzlich einer freudigen Erregung gewichen waren. Zum erstenmal hatte sie den Namen Jonathan Sekloong auf der ‹Orion› von Hilary Metcalfe gehört. Später dann hatte ihr Vater einmal gebrummt: «Jetzt haben sie es geschafft. In der Liste der Auszeichnungen steht, daß sie einen Chink zum Ritter gemacht haben. Nächstens wird Ah Sam noch Lord.»

Jonathan Sekloong war kein reinblütiger Chinese, sondern halber Europäer. Seine Dienste für Derwent, Hayes and Company waren unschätzbar. Er war der «Comprador», das unentbehrliche Bindeglied zwischen der britischen Handelsfirma und ihren chinesischen Kunden. Auch hatte er eine überaus wichtige Verbindung zwischen der britischen Regierung und der Kaiserlichen Regierung hergestellt, als China 1898 gezwungen wurde, ein Gebiet von etwa 950 Quadratkilometern – die sogenannten New Territories – auf neunundneunzig Jahre an Hongkong zu verpachten. Für diese Dienste war er zum Ritter geschlagen worden; er war der zweite Chinese, der so geehrt wurde. Aber er hatte sich geweigert, die Ritterwürde anzunehmen, wenn man ihm nicht die Genehmigung erteilte, sich auf dem Peak, der nach stillschweigender

Übereinkunft für Europäer reserviert war, ein Haus zu bauen. Inzwischen war die Sekloong-Residenz bereits im Bau, und ihre gewaltigen Fundamente stellten sogar das Government House in den Schatten. Hilary Metcalfe hoffte, daß Sir Jonathans Erhebung in den Adelsstand Chinesen wie Engländern zeigen werde, daß ihre Interessen verbunden waren und daß sie keineswegs immer getrennt leben müßten.

Der Mann selbst wurde fast verdeckt von den phantasievollen Geschichten, die über ihn in Umlauf waren. Seine Freunde lobten seinen Scharfsinn, seine Mildtätigkeit, seine Energie; seine Feinde warfen ihm Verschlagenheit, Habgier und seine «Banditen-Beziehungen» vor. Jonathan Sekloong war Ende der Vierzig. Seine straffe Gestalt wirkte schmal in dem langen chinesischen Gewand, und seine Gesichtszüge waren wirklich mehr europäisch als asiatisch. Die Nase mit dem vorspringenden, irisch-gewölbten Rücken war gerade und schmal; die Stirn war hoch, und die braunen Augen standen nur ganz leicht schräg. Seine Autorität heischende Haltung stand im Gegensatz zu Prinz Williams mürrischem Beharren auf Anerkennung seiner Rechte. Dennoch wäre der Eurasier, trotz seiner eindrucksvollen Leistungen und trotz seines Reichtums, nie zu dem königlichen Ball eingeladen worden, wenn er nicht kürzlich den Ritterschlag erhalten hätte.

«Ich gratuliere, Miss Osgood.» Sir Jonathans freundliche Worte unterbrachen Marys Träumerei. «Darf ich mir zu sagen erlauben, daß Sie die hübscheste junge Dame hier sind?»

Mary lächelte dankbar. An Sir Jonathans Englisch fiel nur ein leicht singender Tonfall auf. Man hätte glauben können, es sei Walisisch, wenn nicht das verschluckte S und die nicht volltönenden Vokale sowie die für Hongkong-Chinesen typische gestelzte Ausdrucksweise den englisch erzogenen Chinesen verraten hätten.

«Charles möchte so gern mit Ihnen tanzen», fuhr Sir Jonathan fort. «Aber darf ich, ehe er Sie entführt, fragen, ob Sie bald einmal mit mir und meinen guten Freunden, den Metcalfes, zu Abend essen wollen?»

«Mit dem größten Vergnügen, Sir Jonathan.»

«Wir müssen es feiern, daß wir beide heute abend in Hongkongs gesellschaftliche Festung eingedrungen sind. Vielleicht ist sie von innen weniger eindrucksvoll als von außen.»

«Darf ich Sie um einen Tanz bitten, Miss Osgood?» fragte Charles Sekloong höflich.

Sein Tonfall war ein wenig singender als der seines Vaters, ein wenig mehr Hongkong, und seine Aussprache wies die gleichen kleinen Mängel auf. Charles war größer als sein Vater, und seine Haut, ein goldenes

Oliv, war dunkler. Aber seine hellbraunen Augen unter den dichten schwarzen Brauen standen gerade, und seine Nase war gebieterisch gebogen. Verstohlen musterte Mary die energische, klare Linie seines Unterkiefers unter der glatten Haut, und sie empfand dabei ein Vergnügen, wie sie es selten beim bloßen Anblick eines Mannes verspürt hatte. Über seinen mächtigen Schultern spannte sich der feine schwarze Wollstoff seines Fracks, der offensichtlich in der Savile Row gearbeitet worden war, nicht von irgendeinem Hongkonger Schneider, und Madame Rachelles Ballkleid erschien plötzlich schäbig unter Charles Sekloongs verwirrend offenem Blick.

Sie war fasziniert. Sein Auftreten ließ eine leidenschaftliche Lust zu leben erkennen, die ihren Landsleuten spürbar fehlte. Weder der gutmütig-täppische John Williams noch der hochgestochene Lord Peter French hatten sie je mit so unverfrorener, eindringlicher Bewunderung angesehen. Kein junger Mann, den sie kannte, besaß Charles Sekloongs selbstsichere Überlegenheit.

«Ich würde sehr gern tanzen», lächelte sie.

Von Seiner Königlichen Hoheit, Prinz William, zum Sohn eines eurarischen Ritters – der Anblick würde den Lästerzungen monatelang Gesprächsstoff bieten. Aber sie sagte sich: *Tu, was du willst, und selbst wenn es eine Dummheit ist, mach es gründlich.* Wenn die Osgoods ein Familienwappen besäßen, dann wäre das ihr Motto. Sie wünschte es sich sehr, mit dem unwiderstehlichen jungen Mann zu tanzen, der nur ein oder zwei Jahre älter zu sein schien als sie.

Die Arme, die sie umschlossen, waren kräftiger als die des Prinzen oder die von John Williams. Sie spürte, wie sie sich ihrer stillschweigenden Forderung fügte. Seine Entschlossenheit war die eines erwachsenen Mannes, und er brachte seine Gefühle offen zum Ausdruck, unbekümmert darum, was die Welt darüber dachte.

«Sie waren großartig, Miss Osgood – und sehr schön. Ich habe es genossen, als ich Sie mit dem Prinzen beobachtete. Sie ließen alle anderen deklassiert aussehen – diese Narren, die glauben, Hongkong zu beherrschen.»

«Sie schmeicheln mir, Mr. Sekloong», murmelte sie.

«Ich schmeichle nicht, ich habe nur gut beobachtet. Sie sind wie ich. Sie kümmern sich nicht um diese Narren, und Sie lassen sich von ihnen nicht in Ihre Schranken verweisen – was sie nur zu gern tun würden.»

«Darüber habe ich nie nachgedacht», antwortete sie halb der Wahrheit entsprechend.

«Wissen Sie, daß diese Haarnadel meiner Mutter gehörte? Sie hat sie

Elizabeth Metcalfe geschenkt. Aber sie wird sich freuen, wenn Sie sie tragen. Das ist schon ein Band zwischen uns.»

Mary lächelte. Auf seine Weise war Charles Sekloong ebenso anmaßend wie Lord Peter French. Aber netter, viel netter – und viel aufregender. Er war ganz anders als all die jungen Männer, die sie kennengelernt hatte – ein Mann und nicht ein ausgewachsener Junge.

Für Mary verschwamm der Abend in einem goldenen Nebel. Sie wußte, sie würde sich später nie mehr an alle Einzelheiten erinnern können, nur an das überwältigende Gefühl der Freude.

Nachdem Prinz William aus der von Lady Blake errichteten Palisade ausgebrochen war, ließ er mehr Champagner kommen. Er tanzte noch zweimal mit Mary, und einmal sah sie ihn mit Cynthia tanzen, der Tochter der Ehrenwerten Rachel Wheatley. John Williams holte Mary zu drei Tänzen. Seine Augen strahlten vor Freude über ihren Erfolg, aber wenn sie mit Charles Sekloong tanzte, verzog er mißmutig den Mund.

Um halb vier Uhr morgens fügte sich Prinz William endlich den erst herrischen, dann flehenden Blicken von Lady Blake. Die Kapelle stimmte den Rausschmeißer an, und John Williams forderte Mary von Charles Sekloong für den letzten Tanz. Nachdem sich der Prinz zurückgezogen hatte, verabschiedeten sich die anderen Gäste, die älteren vor Müdigkeit gähnend, die jüngeren vor Munterkeit übersprudelnd.

John Williams zog Marys Arm unter den seinen, als die offene Kutsche die Garden Road entlangklapperte und der Kutscher, halb im Schlaf, auf dem Bock hin und her schwankte. Müde legte sie den Kopf an die rotbekleidete Schulter und fand es eher behaglich als erregend.

«Danke, John. Danke, daß Sie mich mitgenommen haben.»

«Mary», sagte er leise, als sie vor dem Bungalow ausstiegen, «Mary . . . ich frage mich . . .»

«Ja, John?» ging sie unvorsichtig darauf ein.

«Mary, ich . . . ich frage mich . . . ach nein, noch nicht. Nur dies.»

Sein blondes Haar schob sich vor die Sterne, und seine Lippen preßten sich auf ihre. Mit einem Seufzer reagierte sie, legte ihm die Arme um den Hals und zog ihn zu sich herunter. Aber als seine Arme sie besitzergreifend an sich pressen wollten, entwand sie sich ihm.

«Gute Nacht, John. Danke für den herrlichen Abend.»

«Gute Nacht, Mary.» Das Geläute der Glasperlen übertönte seine leisen Abschiedsworte. «Ein schöner Abend.»

14. August 1900 bis 18. September 1900

Hinter der verfallenden Mauer erstreckte sich die alte Metropole weit über die ockergelbe nordchinesische Ebene. Von den Hügeln außerhalb der Mauer sahen die vergoldeten Ziegeldächer auf den kaiserlichen Palästen, die von einem breiten Saum roter und grauer Ziegel umgeben waren, quadratisch aus wie Bauklötze im Kinderbaukasten. Pulvriger gelber Staub und hellgrauer Rauch hingen wie ein hauchdünner Baldachin über dem Gesandtschaftsviertel, das im südöstlichen Teil der Hauptstadt der Mandschu-Dynastie lag. Schon um acht Uhr morgens unter der spätsommerlichen Hitze schmachtend, bereitete sich Peking am 8. August 1900 beklommen darauf vor, seine neuen Herren zu empfangen.

Die sieben westlichen Nationen, die sich mit den Japanern zusammengetan hatten, um ihre belagerten Staatsbürger vor den fanatischen Boxern zu retten und ihre Demütigung zu rächen, waren die letzten in einem Strom von Eroberern, der schon vor mehr als dreitausend Jahren eingesetzt hatte. Die Heimsuchungen *vor* dieser Zeit waren, trotz der Leidenschaft der Chinesen für Geschichtsschreibung, nicht aufgezeichnet worden. Aber zweifellos hatten schon plündernde Nomaden die Siedlung der Bronzezeit überfallen – wie vermutlich auch noch andere Armeen die Stadt in kommenden Jahrzehnten einnehmen werden.

Seit Peking – der Name bedeutet «Nördliche Hauptstadt» – unter dem Namen Yenking eine Stadt wurde, nämlich die Hauptstadt des Herzogtums Yen im zweiten Jahrtausend vor Christus, hatte es solche Invasionen gegeben – von nichtchinesischen «Barbaren», oder von chinesischen Rebellen, die die Stadt einnehmen wollten, um ihre Herrschaft, zuerst über den damaligen Feudalstaat und später über die Nation, zu behaupten. Die Mandschus, selber «Barbaren aus dem Norden» von jenseits der Großen Mauer, hatten die Stadt im Jahre 1644 unserer Zeitrechnung erobert und den chinesischen Bauernrebellen vertrieben, der die dekadente chinesische Ming-Dynastie abgesetzt und seine eigene Dynastie proklamiert hatte – die nur eine Woche bestand.

Ähnliche Rebellionen ereigneten sich seit der Regierung des größten Herrschers der Mandschu-Reiche, des Kaisers Chien Lung, in der zweiten Hälfte des 18. Jahrhunderts, immer wieder. Dieser Kaiser hatte 1793 verächtlich die Forderung des britischen Unterhändlers, Lord Macartney, abgelehnt, China solle mit Europa freien Handel treiben. Die britischen Abgesandten, die Macartney folgten, hatten das schlechte

Einvernehmen zwischen den «überseeischen Barbaren» und dem Reich der Mitte nur noch verschärft. Immerhin gestattete der Hof den Briten, mit China Handel zu treiben – solange sie sich an die 1759 festgelegten, strengen Bedingungen hielten, unter anderem an die freiwillige Beschränkung auf ein Gebiet von etwa 7000 Meter im Quadrat in Kanton.

In Peking nahm man an, auch die aggressiven britischen Eindringlinge würden sich mit einem begrenzten Handel zu den Bedingungen Chinas abfinden, wie es einst die Portugiesen und andere europäische und britische Kaufleute seit dem 16. Jahrhundert getan hatten. Aber die Mandschus hatten den kommerziellen Eifer der Engländer unterschätzt, die sich sehr bald zu den aggressivsten unter den fremden Eindringlingen entwickelten.

Mitte des 19. Jahrhunderts setzten sich die Engländer, die anderen Europäer und die Amerikaner über die Wünsche des isolationistischen Mandschu-Reiches hinweg und verschafften ihrem Recht auf Handel zu ihren eigenen Bedingungen, durch Feldzüge, die etwas unzutreffend die «Opiumkriege» genannt wurden, Geltung. Zusammenstöße zwischen Chinesen und Ausländern wurden zum Vorwand genommen, um alliierte Expeditionstruppen zu entsenden, die den chinesischen Widerstand brechen sollten, und 1841 nahmen die Engländer Hongkong. Wenige Jahre danach hatten die europäischen Mächte nicht nur chinesisches Territorium erobert, sondern auch mit Gewalt viele chinesische Häfen für den alliierten Handel geöffnet und das Niederlassungsrecht in diesen bisher verbotenen Häfen für ihre kommerziellen und diplomatischen Vertreter erzwungen.

Erbost über den chinesischen Hochmut, hatten Expeditionsstreitkräfte 1860 Peking genommen und den Sommerpalast der Kaiser im Nordwesten der Stadt geplündert. Aber keiner dieser Raubzüge hatte eine so verheerende Wirkung für das dekadente Mandschu-Reich gehabt, wie es der gerechtfertigte Feldzug zum Entsatz des Gesandtschaftsviertels, der gerade begonnen hatte, haben sollte.

Die ungeschickt operierenden kaiserlichen Truppen hatten bereits Hunderte von Soldaten geopfert, um die alliierten Marschkolonnen aufzuhalten, die endlich am 5. August 1900 von Tientsin aufgebrochen waren. Als der tapfere Widerstand der schlecht bewaffneten und schlecht ausgebildeten chinesischen Streitkräfte unter den Schnellfeuergeschützen der disziplinierten ausländischen Einheiten zusammenbrach, hatte der chinesische General Gift genommen. Ein großer Teil der Verteidigungskräfte in Peking hatte sich angesichts der Bedrohung durch die ausländischen Truppen, die vier Jahrzehnte zuvor die Hauptstadt des Reiches unterworfen hatten, schon zurückgezogen. Die Seele der Dynastie, verkörpert in ihren Souveränen, bereitete sich auf die Flucht vor, die bezeichnenderweise zu lange hinausgezögert worden war. Die zielbewußte Kaiserinwitwe Tzu Hsi hatte ihren Neffen, den nervenschwachen Kaiser Kuang Hsü, endlich aus der von ihr selbst verhängten Haft freigelassen, und nun mußten sich die fünfundsechzigjährige Fürstin und ihre neunundzwanzigjährige Marionette, begleitet von einem Schwarm jammernder Hofleute, in ungefederten Wagen in den tiefen Furchen durchrütteln lassen, die sich drehende Räder in Tausenden von Jahren gegraben hatten. Ihr Ziel war die ehemalige Kaiserstadt Sian, «Westlicher Friede». Auch die regulären Truppen, die in Peking in Garnison lagen, flohen vor dem langsamen, aber unaufhaltsamen Vormarsch der alliierten Streitkräfte.

Kleine Gruppen der «rechtschaffenen harmonischen Fäuste» hielten noch Stützpunkte rings um das Gesandtschaftsviertel, das sie fast eingenommen hätten, während sich die ausländischen Armeen schwerfällig vom Ufer des Gelben Meeres, das nur hundertfünfzig Kilometer entfernt war, heranschleppten. Die Boxer, die nicht geflohen oder gefallen waren, hielten sich immer noch durch ihre Amulette und Zaubersprüche für gefeit gegen ausländische Kugeln: sie erwarteten den Ansturm der überseeischen Teufel voll Zuversicht und siegessicher. Noch im August glaubten die zu Belagerten gewordenen Belagerer fest daran, daß sie die frevlerischen Eindringlinge auf Chinas heiligem Boden niedermetzeln würden, genau wie im Mai, als ihr Aufstand zur Einschließung des Gesandtschaftsviertels geführt hatte.

Die dritte Kompanie des zweiten Bataillons der Royal Wessex Fusiliers marschierte auf die Wolke aus Staub und Rauch über dem Gesandtschaftsviertel zu. Da sie erst spät zu dem Expeditionsheer gestoßen war, wetteiferte die englische Einheit nicht nur mit den von Briten geführten Sikhs und Radschputen der indischen Armee, sondern auch mit dem hartgesottenen amerikanischen Marine Corps, mit der unermüdlichen kaiserlich-japanischen Infanterie, den säbelrasselnden Kosaken des Zaren und den zähen Tonkinesen der französischen Kolonialarmee um den Ruhm, Peking als erste zu betreten.

Captain Lord Peter French, der die dritte Kompanie befehligte, und Lieutenant John Williams, sein Stellvertreter, wechselten nur noch knappe, feindselige Worte. Im Augenblick ließen sie ihre gegenseitige Abneigung, die darauf beruhte, daß sie beide an derselben jungen Frau interessiert waren, hinter der gemeinsamen Aufgabe zurücktreten. Beide schwitzten fürchterlich in ihren dicken khakifarbenen Drillichuniformen mit den umgeschnallten Feldstechern, Kartentaschen, Revolvern und Wasserflaschen. Lord Peter bewahrte eine gewisse überhebliche Eleganz, obwohl seine Augenbrauen und sein Schnurrbart vor Staub ganz gelb und sein mageres Gesicht vom Pulverdampf schwarz waren. John Williams rieb sich müde die Stirn und verschmierte Schweiß und Schmutz zu einem grauen Batikmuster, aber sein muskulöser Körper schien unbezwinglich.

«Sergeant!» Frenchs hohe Kommandostimme übertönte den Lärm. «Aufschließen! Durchladen! Im Laufschritt marsch!»

John Williams lockerte seinen Scott-Webley-Revolver im Lederhalfter. Magazine knackten, Gewehre wurden wieder geschultert.

Das Rückgrat der Infanteristen versteifte sich, und ihre schweren Stiefel, die hundertzwanzig Schritte in der Minute machten, wirbelten ockergelben Staub auf, der sie in eine goldene Wolke hüllte. Die Füsiliere marschierten über die ihnen fremde Ebene, als ob sie auf dem Exerzierplatz wären: Die Reihen pfeilgerade, der rot-weiß-blaue Union Jack im Morgenwind flatternd, die Säbel der Offiziere in der Sonne funkelnd. Ein kristallheller Strahl durchbohrte die goldene Wolke.

Die schwarzen Rauchwölkchen einer Salve schwebten über der Stadtmauer, und die Regimentsfahne senkte sich feierlich. Der Kiefer des Fahnenträgers war zerschmettert, und hellrotes Blut spritzte von dem zersplitterten weißen Knochen. Ehe der Fahnenträger stürzte, ergriff der Korporal neben ihm das Banner. Von der Mauer wurde eine zweite Salve abgefeuert.

«MG-Zug halt, legt an, Feuer!» befahl French. «Schützen, mir nach.»

Die keuchenden Soldaten schlugen ein schärferes Tempo an. Auf der rechten Flanke der dritten Kompanie ratterten die Maschinengewehre in einem abgehackten Rhythmus, und Blei hagelte auf die Mauer unter den Rauchwölkchen. Ein Feldgeschütz schoß eine Granate ab, und in der Mauer tat sich ein Spalt auf. Die Boxer feuerten wieder eine Salve ab, und der Sergeant neben John Williams hielt sich den Bauch und sank in den gelben Staub.

«Jingals», bemerkte French beiläufig. «Ausschwärmen!»

Die Khaki-Reihen zogen sich auseinander wie ein Akkordeon, ohne ihren Vormarsch aufzugeben. Aus ihren Jingals, primitiven Geschützen mit trichterförmiger Mündung, schossen die Boxer Nägel, Ketten, Bolzen und Steine ab. Diese handgeschmiedeten Musketen, die wie übergroße altertümliche Vorderlader aussahen, waren die einzigen schweren Waffen, die die Verteidiger noch besaßen, nachdem die kaiserlichen Truppen mit den wenigen schnellfeuernden Krupp-Geschützen abgezogen waren. Aus nächster Nähe waren die Jingals allerdings mörderisch.

Das Feuer der Boxer hörte auf, als die Füsiliere in den Schatten der Mauer gelangt waren, denn die Chinesen konnten die Mündungen der Jingals nicht auf die Angreifer senken. Ein paar britische Soldaten blickten zurück auf die Ebene, wo man undeutlich vier khakifarbene Häufchen sah, die sich durch blutiges hellrotes Fleisch und ihre der erbarmungslosen Sonne zugewandten weißen Gesichter von der dunklen Erde abhoben. Die Barrikade ihres Feindes war der beste Schutz für die Füsiliere. Nicht einmal die siegesgewissen Boxer wollten sich dem Beschuß der Maschinengewehre aussetzen, um auf die britischen Reihen unten zu feuern. Die Granaten ihrer eigenen Feldgeschütze waren für die Füsiliere eine größere Gefahr. Aber die alte Mauer zerbröckelte langsam unter den Einschlägen, und so wurde eine Bresche geschlagen in die Festung, die lange, bevor es moderne Artillerie gab, gebaut worden war.

«Lieutenant, schicken Sie die Leute durch», befahl Lord Peter. «Und folgen Sie mir mit der Nachhut.»

John Williams verbiß sich einen Protest, denn durch diesen Befehl würde sein Kompanieführer Peking als erster betreten. Er unterdrückte seinen Ärger und beobachtete den Fortgang der Dinge in verbittertem Schweigen. Lord Peters verschrammte, schmutzige Reitstiefel, liebevoll von John Lobb in der St. James's Street angefertigt, kletterten über den Mauerschutt. Ein fünf Meter breiter Teil der Mauer stürzte ein. Die schmale Bresche war zum Tor geworden, durch das ein ganzer Zug marschieren konnte. Das rauhe Husten der Boxer-Musketen wurde übertönt von dem automatischen Bellen der Lee-Enfields der Füsiliere. John Williams nahm seinen Säbel in die linke Hand, zog seinen Revolver und führte seine Leute durch die Lücke.

«Verdammt rücksichtsvoll, dieses dreckige große Loch, nicht wahr, Sir», grinste sein Sergeant. «Bitte, treten Sie ein! Fast so einfach wie eine Wachablösung in Aldershot.»

Hinter der Bresche gerieten die Füsiliere in eine unerwartete Falle: sie saßen in einem länglichen Hof fest, der von unbeschädigten Mauern umgeben war. Die runde Öffnung eines herkömmlichen Mondtors am hinteren Ende war zugemauert worden. Das Mauerwerk widerstand den wiederholten Schlägen von mehreren Gewehrkolben. Captain Lord Peter French, der unbekümmert mitten im Hof stand, wurde von den Boxern auf den umgebenden Mauern beschossen. Sein bleicher Sergeant gab Befehle an Soldaten weiter, die unter den Mauern Schutz gesucht hatten.

«Mir nach», befahl John Williams und steckte den Säbel in die Scheide.

Als er auf das Mondtor zurannte, stolperte er über ein am Boden liegendes Jingal, fing sich und hob die primitive Waffe auf. Er nahm Anlauf und schmetterte die Muskete gegen die Mauersteine, die das Mondtor versperrten. Der frische Mörtel fing an zu bröckeln, und beim dritten Schlag erschien ein breiter Spalt. Mauersteine fielen heraus, und nach drei weiteren Schlägen war das Hindernis beseitigt.

Williams gelangte durch das Tor in einen zweiten Hof. Eine gekachelte Wand, geschmückt mit sich windenden Drachen, bewachte ein zweites Mondtor vor bösen Geistern, die sich nur in gerader Linie bewegen können. Zum erstenmal erblickte John Williams den bisher unsichtbaren Feind. Vier wild entschlossene Boxer standen ihm gegenüber. Bemalte Amulette hingen ihnen auf der nackten Brust, und um die Stirn trugen sie mit roten chinesischen Buchstaben verzierte Bänder. Ein Bauernjunge aus Hopei mit dunklem Gesicht starrte die überseeischen Teufel ungläubig an, seine geöffneten Lippen enthüllten verfärbte, abgebrochene Zähne. Sein Gesicht zerstob in eine rote Masse, als die Füsiliere feuerten. Der Boxer sank neben seinen drei Gefährten zu Boden. Seine letzte Empfindung war Verwunderung, daß die Kugeln ihn tatsächlich verletzen konnten.

Der Morgen war plötzlich still wie ein Konzertsaal nach dem Schlußakkord. John Williams stieg der süßliche Gestank von Blut, der Moschusduft der gelben Erde und der beißende Geruch des Schießpulvers und ein starker Weihrauchduft in die Nase.

Während er erschöpft und gedankenverloren dastand, durchbrach das rauhe Krächzen einer Muskete die Stille. Sein Sergeant fuhr herum, fiel auf die Knie und ließ seine Waffe fallen. Im nächsten Augenblick stand er wieder aufrecht und betrachtete wehmütig den von einer Musketenkugel zerschmetterten Gewehrkolben. Schmieriger Rauch zog über die Kachelwand mit den wachenden Drachen.

«Geben Sie mir Deckung», befahl Williams und rannte auf die Geisterwand zu. Er schwang seinen Säbel über dem Kopf, sein Revolver hing vergessen im Halfter.

Zwanzig Meter trennten ihn von der Geisterwand, und er rannte, wie er auf dem Rugbyplatz noch nie gerannt war. Zehn Meter vor der bunten Wand wurde sein Schwung durch einen Schlag auf die linke Schulter gebremst. Er riß sich zusammen und raste weiter.

Hinter der Wand war ein Boxer in einem scharlachroten Seidengewand gerade dabei, seine Muskete wieder zu laden. Verwundert sah

Williams, daß der Mann eine schwere Kette aus meergrüner Jade und Gold trug. Abwehrend, aber vergeblich hob der Boxer seine Muskete, als John Williams' Säbel auf seinen Kopf niedersauste. Ein Strom hellen Blutes ergoß sich über die Jadekette. Williams fing den sterbenden Mann auf und riß ihm die Kette vom Hals. Er stopfte seine Beute in die Tasche und brach dann unter dem verzögerten Schock der in seiner Schulter steckenden Musketenkugel zusammen.

«Raub und Plünderung», sagte Hilary Metcalfe bedrückt, «Raub und Plünderung. Die tapferen britischen Soldaten sind die ersten im Kampf – und beim Beutemachen. Wir halten auch im neuen Jahrhundert an unseren geheiligten Traditionen fest.»

«Großes Unheil wird aus den Taten der letzten Monate erwachsen», bemerkte Sir Jonathan Sekloong. «Feuer und Schwert haben einen Abgrund zwischen Europa und China aufgerissen. Ströme von Blut werden sich in diesen Abgrund ergießen.»

Elizabeth Metcalfe sah überrascht von ihrer Stickerei auf.

«Eine so harte Sprache in Ihrem Haus», entschuldigte sich Sir Jonathan, «verletzt den Anstand. Aber wir Chinesen haben uns geschämt. Unsere Wangen waren rot vor Scham über die barbarischen Boxer – obwohl insgeheim viele mit ihnen sympathisierten. Was sollen wir jetzt von der Barbarei der aufgeklärten europäischen Truppen halten?»

«Es war eine Rettungsaktion», protestierte Mary Osgood. «Die Boxer hätten die Diplomaten niedergemetzelt wie die zu Tode gemarterten Missionare.»

«Und die Beute gehört den Siegern?» fragte Metcalfe ironisch. «Vergewaltigungen und Morde sind gerechtfertigt?»

«Die Boxer wären weniger barmherzig gewesen, viel weniger», hielt ihm Elizabeth Metcalfe entgegen. «Mir schaudert, wenn ich daran denke, was hätte geschehen können. Sie haben bekommen, was sie verdienten.»

«Und die Füsiliere waren die ersten, die in die Stadt eindrangen», fügte Mary hinzu. «Sie haben tapfer gekämpft. Wo gehobelt wird, da fallen Späne.»

«Meine Damen, meine Damen!» Metcalfe hob gespielt entrüstet die Hände. «Warum so blutrünstig?»

Die Frauen begannen gleichzeitig zu sprechen, von gemeinsamer Empörung entflammt.

«Mr. Metcalfe, das ist nicht fair . . .» begann Mary, überließ aber dann der Älteren das Wort.

«Hilary, du provozierst», sagte Elizabeth. «Du hast selbst gesagt, die Expedition müsse schnell durchgeführt werden, sonst würden die Europäer in Peking massakriert, und als die Alliierten dann schließlich dort waren, hast du gesagt, sie schlachteten die Chinesen ab.»

«Ich lobe deinen politischen Scharfsinn, Liz, und Ihren, Mary», lächelte Metcalfe. «Da es getan werden mußte, war es besser, es schnell zu tun. Aber danach?»

«Sie haben recht, Hilary.» Sir Jonathan nickte. «Haben die Damen das Kabel von Dr. Morrison an *The Times* gesehen?»

«Haben Sie auch ein Abkommen mit der Great Eastern Telegraph and Cable Company, Jonathan?»

«Ich bin ein schlichter Chinamann, Hilary», lachte Sir Jonathan, «aber ich habe tatsächlich vereinbart, daß ich Kopien bekomme. Wir würden viel *cumshaw* sparen, wenn wir die Firma kauften!»

«Wann ist Bestechung keine Bestechung?» sagten beide im Chor. «Wenn sie *cumshaw* an der chinesischen Küste ist!»

«Ihr beiden könntet im Variété auftreten», sagte Elizabeth Metcalfe bissig.

Aber sie lächelte dabei den Männern zu, die sich in dem vollgestellten Wohnzimmer von ihrer Nervosität und ihrer aufgestauten Spannung freimachten. Der Chor brachte den auf der Veranda dösenden Chinesenjungen in Fahrt, die Punkah flatterte wild und wühlte die unangenehm feuchte Hitze auf.

«Was steht denn in dem Bericht von Dr. Morrison, den Sie gestohlen haben?» fragte Elizabeth.

«Laß mich mal überlegen», antwortete ihr Bruder. «Belagerung aufgehoben, wie du weißt. Herzliches Willkommen für die Entsatztruppen ... Großbritannien hat seine Macht bekundet mit dem ersten Angriff der Royal Wessex Fusiliers ... Leichter Widerstand gebrochen ... Der Mandschu-Hof einschließlich der Kaiserinwitwe und des Kaisers nach Sian geflohen ... Alliierte stellen Ruhe und Ordnung in Peking wieder her, nachdem bedauerliche Plünderungen verlassener Häuser sowohl durch Boxer als auch durch Alliierte vorgekommen sind ... Umlaufende Berichte von angeblichen – Morrison ist da vorsichtig – Morden und Folterungen durch Alliierte ... Drei junge Frauen klagten, sie seien vergewaltigt worden ... Untersuchung angeordnet ... Disziplin wiederhergestellt, Truppen jetzt auf dem Marsch, um Missionare in entlegenen kleinen Dörfern zu befreien (wenn noch welche am Leben sind). Den Mandschus Verhandlungen angeboten – das ist ungefähr alles.»

«Und das Regiment?» fragte Mary. «Keine Nachrichten?»

«Doch, könnte sein», sagte Metcalfe neckend.

«Miss Osgood», schaltete sich Sir Jonathan ein, «die Verluste waren leicht. Vier Gemeine, ein Corporal und ein Sergeant sind gefallen, ein zweiter Sergeant ist schwer verwundet. Aber sonst nur Leichtverwundete. Captain French war der erste in Peking, und Lieutenant Williams kämpfte tapfer. Beide sind in Kriegsberichten erwähnt. Williams erholt sich gut nach seiner Verwundung.»

«Seiner Verwundung?» Mary stockte das Herz. «John ist verwundet?»

«Leicht, meine Liebe», beruhigte Metcalfe sie. «Nur eine Fleischwunde, sagt Dr. Morrison.»

«Und mein Vater? Kein Wort von ihm?»

«Leider nein», antwortete Metcalfe. «Aber kein Wort bedeutet, daß er unverletzt ist. Was den jungen Lieutenant betrifft, so nehme ich an, Sie werden von ihm selber mehr hören, wenn die Post kommt.»

Helle Röte überzog Marys Hals und Wangen. Ihr Herz schlug wieder im normalen Rhythmus, aber ihre Hand zitterte noch, als sie ihre Teetasse absetzte.

«Wie der englische Dichter schrieb: aber es war ein herrlicher Sieg.» Die beißende Ironie wurde verstärkt durch Sir Jonathans gleichmütigen Tonfall; sein singender Tonfall war kaum hörbar, sein hageres Gesicht ausdruckslos. «Meine Befürchtungen für die ferne Zukunft mögen übertrieben sein. Aber Auswirkungen auf Hongkong zu befürchten ist nicht unbegründet. Vizekönig Li Hung-tschang in Kanton ist besorgt. Seine eigenen Hitzköpfe . . .»

«Was erwarten Sie, Jonathan?» fragte Metcalfe.

«Das übliche: Demonstrationen, Plakate, vielleicht Unruhen. Nachdem sich die Briten der New Territories bemächtigt haben, plündern sie nun Peking – das können die Hitzköpfe ihnen nicht durchgehen lassen.»

«Verdammt noch mal, Jonathan», bemerkte Metcalfe, «Sie wissen mehr als das.»

«Ja, vielleicht. Der Handel wird darunter leiden. Ich habe gehört . . . das heißt, mir ist geraten worden, warnend darauf hinzuweisen, daß . . .»

«Hilary, bitte, langweile uns nicht zu Tode mit deinen geschäftlichen Gesprächen», warf Elizabeth Metcalfe ein. «Du hast Mary schon genug erschreckt. Sie könnte eigentlich die Nacht hier verbringen, dann ist sie nicht allein in ihrem Bungalow.»

«Großartige Idee, Liz, obwohl nichts zu befürchten ist. Wenn du uns jetzt entschuldigen willst ...»

Marys Sorge um John Williams war der Neugier gewichen, die Sir Jonathans beunruhigende Andeutungen in ihr geweckt hatten. Sie wollte hören, was die Männer sprachen. Vielleicht war es unfreundlich, aber sie nahm Elizabeth Metcalfe ihre anmaßende Mütterlichkeit übel, diese eigenmächtige Entscheidung, was für sie am besten sei. Aber es erwies sich als günstig, daß sie drei Tage lang nicht in den Bungalow am Murray-Exerzierplatz zurückkehrte.

Bei den Metcalfes zu wohnen war, als wäre man während einer Schlacht auf dem Gefechtsstand. Hilary Metcalfe saß im Zentrum eines Netzes, Beamte und Offiziere kamen zu ihm, um Bericht zu erstatten und seinen Rat einzuholen. Oft war Sir Jonathan da, und Mary erkannte, daß er und Metcalfe große Macht ausübten, obwohl sie nur die bescheidenen Stellungen eines Comprador und Sekretärs von Derwent, Hayes and Company innehatten. Ihre Macht beruhte auf Wissen, das klug angewandt wurde und in Notfällen bei den Behörden sehr gefragt war. Nur wenige Menschen in Hongkong, außer ihnen Robert Hotung und Mosing Way vielleicht, verstanden die Mentalität beider Seiten bei dieser Konfrontation von selbstgerechter chinesischer Entrüstung und ebenso selbstgerechtem britischem Zorn.

Marys lebhafteste Erinnerung an jene Zeit in späteren Jahren war jedoch nicht die Klugheit der beiden älteren Herren. Am Spätnachmittag des zweiten Tages, als sie gerade mit einem feinen Pinsel in chinesischer Tusche ihre Vorstellung von dem Regiment vor Peking auf das Reispapier brachte, stürzte Charles Sekloong ins Wohnzimmer. Sein Anzug aus Nanking-Seide war beschmutzt und zerrissen. Um die linke Hand trug er einen blutbefleckten Verband, und seine braunen Augen funkelten.

«Nennt mich einen verdammten Chinamann», tobte er. «Mich – einen verdammten Chinamann! Was glaubt er denn, wer mich mißhandelt hat?»

Teilnahmsvoll streckte Mary ihm die Hand entgegen. Charles ergriff sie mit beiden Händen.

«Was ist geschehen, Mr. Sekloong?» fragte sie. «Sie sind doch hoffentlich nicht ernstlich verletzt?»

«Nein, Miss Osgood, nur leicht. Aber es ist so ungerecht.»

Sie wollte ihn trösten. Wie ein kleiner Junge, der gerade entdeckt hatte, daß nicht die ganze Welt ihn liebte, war er mehr bestürzt als wütend.

«Ungerecht?»

«Eine Bande von Patrioten – chinesischen Patrioten, wie sie behaupteten – hat mich angegriffen. ‹Hinterhältiger ausländischer Teufel›, nannten sie mich und: ‹Laufbursche für die Briten› und . . . und anderes mehr – ich kann es nicht wiederholen.»

Mary spürte instinktiv, daß die Beleidigungen, die zu wiederholen Charles nicht über sich brachte, keine bloßen Schimpfwörter waren, sondern Seitenhiebe auf seine Abstammung. Sie hatte schon gehört, daß er geradezu krankhaft empfindlich reagierte, wenn auf sein gemischtes Blut angespielt wurde, das ihn sowohl für die Chinesen als auch für die Briten zum Außenseiter machte.

«Ich konnte mich schließlich losreißen. Aber da unten auf der Straße, fünfzig Meter von hier, stieß ich auf einen unverschämten Schnösel – einen englischen Subalternoffizier. Er sagte: ‹Geh mir aus dem Weg, verdammter Chinamann.›»

Mary erkannte, daß Charles vor allem in seiner Selbstachtung gekränkt war. Seine Loyalitäten waren bereits festgelegt – durch die Verhältnisse und seine freie Entscheidung. Notgedrungen machten die Sekloongs ihren ganzen Einfluß geltend, um das britische Rechtssystem zu stützen und die bestehende Ordnung zu erhalten. Dennoch war ihre Stellung doppeldeutig. Offiziell von den britischen wie auch von den chinesischen Behörden geschätzt, waren sie der breiten Masse der Chinesen und der britischen Plutokratie verdächtig.

Elizabeth Metcalfe säuberte den tiefen Riß in Charles' Handfläche, die so hart war, wie bei einem Cricketspieler zu erwarten. Mary stammelte fast dieselben tröstenden, bedeutungslosen Worte, mit denen sie früher kleine Jungen beschwichtigt hatte, die sich gekränkt fühlten.

«Ich weiß Ihre Freundlichkeit außerordentlich zu schätzen, Miss Osgood.» Charles dankte ihr überschwenglich. «Miss Metcalfe, Sie sind immer sehr freundlich zu mir gewesen. Jetzt muß ich aber mit Mr. Metcalfe sprechen.»

«Mary, meine Liebe, Charles ist ungewöhnlich dankbar für eine kleine Gefälligkeit», bemerkte Elizabeth Metcalfe listig, als der junge Mann die Treppe hinaufgestürzt war.

«Sonst sicher nicht. Er war nur sehr erschüttert und brauchte das Mitgefühl von . . . von einem von *uns.*»

«Sie meinen, weil Sie weiß sind?» Elizabeth konnte ebenso unverblümt fragen wie ihr Bruder.

«Ich nehme es an. Er war auch Ihnen sehr dankbar.»

«Papperlapapp. An mich ist er gewöhnt. Ich bin immer dagewesen, wie eine zusätzliche Mutter. Bei Ihnen ist es etwas anderes. Natürlich weiß er, daß Sie eine Weiße sind, und das ist wichtig. Aber es ist ihm auch sehr bewußt, daß Sie ein Mädchen sind – ein sehr hübsches Mädchen.»

Mary beugte sich über ihre Malerei, um ihre Verwirrung zu verbergen. Aber Elizabeths versteckte Andeutungen wurden vorübergehend in den Hintergrund gedrängt durch gewalttätige Geschehnisse außerhalb des geschützten Hauses hinter dem Blumenmarkt. Boten berichteten von Kämpfen und Blutvergießen. Massendemonstrationen beunruhigten Hongkong und Kowloon, während blutige Zusammenstöße die New Territories erschütterten, die erst kürzlich von einer widerstrebenden, aber machtlosen kaiserlichen Regierung an Großbritannien verpachtet worden waren.

Chinesische Jugendliche zogen in Banden durch Victoria, warfen Sänften und Rikschas um, steckten Holzhäuser in Brand und brachten Plakate an, die den Rückzug der Briten – nicht nur aus den New Territories, sondern aus der ganzen Kronkolonie – forderten. Wenn die loyale Sikh-Polizei auftauchte, zerstreuten sich die Jugendlichen, sammelten sich aber bald wieder. Die Demonstrationen waren offensichtlich nicht spontan. Sir Jonathan sprach von einem Bündnis zwischen Gangstern, Piraten und Briganten einerseits, die die New Territories als ihr privates Reich ansahen, und den Triads andererseits, den halbkriminellen Geheimgesellschaften, die vor zweihundertfünfzig Jahren zum Widerstand gegen die Mandschu-Herrschaft gebildet worden waren. Sir Jonathan war der Meinung, daß die Aufrührer von verärgerten jungen Mandarinen am vizeköniglichen Hof in Kanton heimlich ermutigt, finanziell unterstützt und insgesamt gelenkt würden. Ihre Störversuche konzentrierten sich auf die noch nicht gefestigte Region der New Territories.

Gouverneur Sir Henry Blake griff entschlossen ein, als er einen Bericht erhielt, wonach der Polizeichef Francis May «mit sechs Sikh- und zehn chinesischen Polizisten von einer gemischten chinesischen Truppe in einer Strohhütte, der Polizeistation eines Dorfes an der Landspitze von Tolo Harbour, belagert» werde, also auf dem Festland, fünfundzwanzig Kilometer von Victoria entfernt. Sir Henry oblag es, die Ordnung aufrechtzuerhalten – und er war entschlossen, heimlich geäußerte Vorwürfe zu widerlegen, daß er den Eingeborenen gegenüber zu nachsichtig gewesen sei. Sein Traum, Hongkongs chinesische Einwohner zu gleichberechtigten Partnern der Engländer zu machen, wurde im Augenblick von der Notwendigkeit verdrängt, die britische Macht zu erhalten.

Die um Mitternacht am 17. August 1900 ausgefertigte eilige Mitteilung von Sir Henry wies den Geschwaderchef der Hongkonger Seestreitkräfte an, zwei Dampffregatten nach Tolo Harbour zur Rettung von Polizeichef May zu entsenden.

H. M. S. ‹Whiting› stach zuerst in See, mit hundertzehn Sepoys vom Bengal-Regiment und achtundzwanzig Sikh-Polizisten an Bord. Da die Regierung dem kleinen chinesischen Kontingent in der Polizeitruppe mißtraute, wurden keine ortsansässigen Polizisten eingeschifft. H. M. S. ‹Fame› folgte als Kommandoboot und Aviso. Die ‹Whiting› lief an der Einfahrt zu Tolo Harbour auf Grund, aber die Soldaten landeten mit kleinen Booten und verjagten die irreguläre chinesische Truppe. Polizeichef May und seine kleine Einheit wurden gerettet, doch zwei Sikhs fielen, und die jämmerliche Strohhütte ging in Flammen auf. Die Briten behaupteten das Feld, und der Feind zog sich zurück. Aber am nächsten Tag kam es zu einer noch schlimmeren Auseinandersetzung. Der britische Major, der die zweihundert Mann starke Abteilung des Hongkonger Freiwilligen-Regiments (rekrutiert aus Europäern, Eurasiern und Indern) in Taipo, etwa fünf Kilometer südwestlich von Tolo Harbour, befehligte, sagte später darüber:

«Eine Zeitlang war es verdammt unangenehm. Bei Einbruch der Dunkelheit erschienen auf den Hügeln um unser Lager mehr als tausend *bravi* in kaiserlichen Uniformen. Sie feuerten aus Jingals, Musketen, ein paar Gewehren und diesen Dingern, die sie Feuerpfeile nennen. Meine Leute standen ihren Mann und schossen ganze Salven zurück. Wir hielten bis zwei Uhr morgens durch. Zum Glück schien der Mond hell. Dann kamen die Schiffe und belegten den Hang mit Granaten. Da türmten die Scheißkerle – und damit war der Fall erledigt.»

Für die Hongkonger Regierung war er noch nicht ganz erledigt. Obwohl der Gouverneur die von Hitzköpfen vorgebrachte Forderung ablehnte, eine Strafexpedition gegen Kanton zu unternehmen, war er dennoch entschlossen, die britische Herrschaft über die widerspenstigen New Territories zu festigen.

«Von Expeditionstruppen haben wir nachgerade genug», brummte Sir Henry. «Vizekönig Li wünscht eine direkte Auseinandersetzung ebensowenig wie wir. Aber unser Recht muß Geltung haben in den New Territories.»

Militär und Polizei sollten monatelang damit beschäftigt sein, die Briganten auszurotten, die die wilden New Territories als ihr Reich betrachteten und sowohl der britischen als auch der chinesischen Macht Trotz boten. Obwohl die vollständige «Befriedung» noch Jahrzehnte dauern sollte, waren bereits mächtigere Kräfte am Werk als nur Waffen. Unerbittlich – aber notgedrungen noch langsamer als der Marsch der alliierten Streitmacht nach Peking – war die westliche Zivilisation in den Grenzgebieten auf dem Vormarsch, die seit der Sung-Dynastie vor etwa siebenhundert Jahren keine richtige Regierung mehr kannte. Unterstützt von verstreuten Truppenfeldlagern und Polizeistationen, sorgten die Beamten zuerst einmal für Ordnung und dann für die Einführung britischer Rechtsgrundsätze, unter Einbeziehung chinesischer Gesetze und unter Berücksichtigung chinesischer Bräuche. Fährendienste wurden eingerichtet und Straßen gebaut. Pagoden wurden niedergerissen und ihre Mauersteine zum Bau von Häusern, Scheunen und Schweineställen verwendet. Briefträger, jene Herolde der modernen Zivilisation, stellten trotz der Belästigungen durch die Briganten in einsamen Bergdörfern Post zu. Dann folgte der Handel, und die Bauern in den abgelegenen Tälern unterwarfen sich, wenn auch widerwillig, der neuen Ordnung, die ihnen neue Absatzmärkte und neue Waren bot. Die offenkundigen Vorteile der britischen Herrschaft und die unbestreitbare Überlegenheit der britischen Waffen überzeugten die mißtrauische, unwissende, abergläubische und halsstarrige Bevölkerung nach und nach. Dennoch hielten sich an der nur von See zugänglichen Ostküste der New Territories zwei praktisch autonome Seeräuberhäfen bis zum Jahre 1923.

Es kam zu langwierigen Verhandlungen über die wesentlichen Streitfragen zwischen den Westmächten und der Mandschu-Dynastie. Diese Streitfragen wurden scheinbar nach einem Jahr geklärt – aber keiner war wirklich zufriedengestellt. In dieser Zeit war Sir Jonathan Sekloong, wie Hilary Metcalfe sagte, «fast ständig auf Reisen, ohne etwas für sich selbst zu gewinnen». Beide Seiten vertrauten ihm, und er spielte seine wichtige Vermittlerrolle im verborgenen. Einige der Botschaften, die er überbrachte, erfüllten ihn mit Abscheu, besonders die arroganten Forderungen der Westmächte an die Chinesen. Aber zu seiner Befriedigung vermochte er die härteren der Bedingungen, die der Westen durchzusetzen wünschte, zu mildern. Und er leistete China auch Dienste, indem er hochmütige kaiserliche Beamte, die aus den vergangenen Katastrophen wenig gelernt hatten, dazu brachte, ihre herrische Sprache zu mäßigen.

«Es hätte schlimmer sein können, viel schlimmer», sagte er später zu Mary. «Aber es hätte auch viel besser sein können.»

Es hätte in der Tat schlimmer sein können für China. Es behielt wenigstens seine Unabhängigkeit. Zwei Jahre vor dem Boxeraufstand waren Chinas Überlebenschancen zweifelhaft gewesen, denn das Kaiserreich war kurz davor, von den fremden Mächten «wie eine Melone aufgeschnitten» zu werden. Der amerikanische Außenminister John Hay hatte damals die Politik der offenen Tür proklamiert, die allen fremden Nationen gleichen Zugang zu den chinesischen Absatzmärkten verhieß und sie dazu verpflichtete, keine weiteren territorialen Ansprüche zu stellen. Die Europäer höhnten, John Hay habe diese Bedingungen unterbreitet, weil die Vereinigten Staaten als einzige unter den Großmächten keinen Territorialbesitz in China hätten. Aber diese Politik der offenen Tür, unterstützt von der großen weißen Flotte der amerikanischen Kriegsmarine, trug dazu bei, die *Ta Ching Chao*, die große reine Dynastie, vor der Vernichtung zu bewahren. Selbst der fanatisch geführte, grausame Boxeraufstand, der durch den Eigensinn der listigen, aber ignoranten Kaiserinwitwe und durch die räuberische Gier des Westens noch verhängnisvoller wurde, führte nicht den Sturz des Kaiserreichs herbei. Chinas bester Schutz waren seine ungeheure Ausdehnung und seine Vielgestaltigkeit, die beide eine Kolonisierung vereitelten. Trotzdem hätte das Abkommen, wie Sir Jonathan sagte, viel weniger demütigend für China sein können. Eine mildere Regelung hätte vielleicht in kommenden Jahren zu weniger blutigen Kriegen geführt.

Peking nahm die Bedingungen des Westens unter Zwang an: Öffentliche Entschuldigung für die von den Boxern umgebrachten Ausländer, die Missionare und die in Peking ermordeten japanischen und deutschen Diplomaten. (Soweit die Täter gefaßt werden konnten, wurden sie von chinesischen Gerichten abgeurteilt, Gerichte, die von derselben kaiserlichen Regierung eingesetzt worden waren, die den Boxeraufstand unterstützt hatte.) Für die ermordeten Diplomaten und Missionare wurden auf Kosten Chinas Denkmäler errichtet. Jeder Waffenhandel mit China wurde untersagt, wodurch das Kaiserreich ein gut Teil seiner Souveränität einbüßte. Das Gesandtschaftsviertel in Peking wurde eine autonome Enklave und von ausländischen Truppen besetzt. Schließlich wurde China verurteilt, innerhalb von vierzig Jahren eine Entschädigung von 67 Millionen Pfund zu zahlen. Die Abtragung der Schuld wurde durch Pfandrechte auf die beiden Haupteinnahmequellen des Kaiserreichs, nämlich Zollgebühren und Salzsteuern, gesichert. So blieb von Chinas Souveränität nicht viel übrig.

Endlich schienen die wichtigsten Streitfragen geregelt und eine neue, gefestigte Beziehung zwischen China und der Außenwelt zu entstehen. Die chinesischen Unterhändler hatten bei Unterzeichnung des Abkommens geweint, und der chinesische Groll wurde auch kaum durch die

Mildtätigkeit der Vereinigten Staaten besänftigt, die die Entschädigungssummen dafür verwandten, «Boxer-Stipendien» für in Amerika studierende Chinesen bereitzustellen und Universitäten in China zu subventionieren. Die Boxer-Regelung erregte nicht nur Haß auf den Westen, sondern tiefes Mißtrauen gegen alle westlichen Motive und Maßnahmen. Einige chinesische Liberale wandten sich zwar eifrig westlichen Vorbildern des Denkens, der Wissenschaft und der Demokratie zu, aber die Boxer-Regelung vergiftete diese intellektuellen Strömungen gleich an der Quelle. Später sollte die marxistische Sowjetunion, die sich anscheinend keiner solchen Erpressung schuldig gemacht hatte, der Nutznießer des weitverbreiteten Mißtrauens gegen den liberalen Westen werden.

Zu gegebener Zeit sollte in China an allen Ausländern Vergeltung geübt werden. Und diese harte Rache sollte den leidenschaftlich nationalistischen Chinesen immer noch glimpflich erscheinen im Vergleich zu den ursprünglichen Missetaten der Ausländer.

Mary Osgood war nur eine Zuschauerin bei diesen großen Geschehnissen. Die Auswirkungen des blutigen Sommers 1900 traten so allmählich zutage, daß sie ihre ganze Tragweite erst Jahre später erkannte. Außerdem forderten die Ereignisse in ihrem eigenen Leben ihre ganze Aufmerksamkeit.

Sechs Tage nachdem sie in den Bungalow ihres Vaters zurückgekehrt war, kam Ah Sam mit ungewohnter Feierlichkeit ins Wohnzimmer. Auf einem versilberten Tablett präsentierte er ihr ein in Sackleinwand eingenähtes Päckchen, eine an sie adressierte Feldpostsendung.

Mit der Nagelschere, die fürchterlich stumpf war, trennte sie die groben Stiche auf und sah ein zweites Päckchen, in crèmefarbene, schwere Seide gehüllt und mit einer roten Schnur verknotet. Als ihre aufgeregten Finger den Knoten endlich gelöst hatten, fiel ihr eine Kette aus meergrünen, in Gold gefaßten Jadegliedern auf den Schoß. Sie hielt den Atem an vor Freude, legte sich die Kette um den Hals und bewunderte sich im Spiegel. Dann erst riß sie den beiliegenden Umschlag mit dem Wappen des Regiments auf. Der Absender war Captain John Williams. Zum erstenmal sah sie seine kleine, säuberliche Handschrift.

Liebste Mary, Peking, 26. August 1900

Ich bin nur ein rauher Soldat und ungeübt in der Kunst des Schreibens. Aber ich wünschte, ich besäße die Feder eines Tennyson oder eines Shelley, denn nur die leidenschaftliche Lyrik eines Dichters könnte

Ihnen sagen, was ich wirklich empfinde. (Der wortungewandte John Williams hatte diese Sätze sicher nicht ohne den Beistand eines Regimentskameraden mit literarischen Neigungen geschrieben, argwöhnte sie – und schämte sich gleich ihrer Unfreundlichkeit.)

Aber ich muß mich eilen. Die ‹Persephone›, die die Feldpost mitnimmt, läuft in Kürze aus. Sie haben vielleicht gehört, daß ich bei den Kampfhandlungen leicht verwundet wurde. Ich bin froh, alle Besorgnis, die Sie womöglich gehegt haben (vielleicht schmeichle ich mir?), zerstreuen zu können. Ich erhole mich gut und werde in ein oder zwei Wochen den Dienst wideraufnehmen können. Es wird länger, vielleicht Monate dauern, bis das Regiment nach Hongkong zurückkehrt, denn wir haben Befehl erhalten, alle noch übriggebliebenen Boxer aufzureiben.

Sie haben vielleicht gehört, daß ich das Glück hatte, in der vordersten Linie zu sein, als wir auf einigen Widerstand stießen. Man hat mir das Viktoriakreuz verliehen, obwohl viele unserer tapferen Leute es viel mehr verdient hätten als ich. Ich werde es stellvertretend für sie tragen. Ich bin auch zum Captain befördert worden. Die Beförderung kam vorzeitig, und ich bin dankbar dafür.

Sie müssen mir verzeihen, wenn ich annehme – oder mir ungebührlich schmeichle –, daß Sie an meinen Angelegenheiten Anteil nehmen. Jedenfalls kann ich sagen, daß meine Aussichten jetzt viel besser sind, als es noch vor wenigen Wochen schien. Der Colonel hat mir versichert, mir stehe jetzt wirklich eine «Karriere» offen. Anscheinend will man mir meine theoretischen Studien verzeihen, da ich die traditionelle Tollkühnheit des «furchtlosen» britischen Offiziers bewiesen habe.

Ich hoffe von Herzen, daß diese Nachrichten Sie interessieren.

Liebste Mary, zum erstenmal bin ich in der Lage, Ihnen die Frage zu stellen, die mir schon so lange auf der Seele brennt. Wollen Sie mich heiraten, wenn ich zurückkomme? Nach unserer ehelichen Verbindung sehne ich mich mehr als nach allen Ehren, die unsere Herrscherin verleihen kann.

Ich hoffe von Herzen, daß Sie bereit sind, meinen Heiratsantrag anzunehmen. Ich bin vermessen genug, es zu glauben, und schließe mit den herzlichsten Grüßen,

John

Durch einen Schleier von Tränen las Mary den Brief ein zweites Mal. Ja oder nein – sie wußte nicht, wie ihre Antwort lauten würde, aber eine Welle von Zärtlichkeit überflutete sie. Sie nahm wieder die herrliche Kette aus ihrer seidenen Umhüllung. Instinktiv wußte sie, daß dieser fürstliche Schmuck ein Beutestück war, das, was Hilary Metcalfe so verurteilt hatte, denn John Williams hätte nie die Mittel gehabt, ihn käuflich zu erwerben. Aber er war nur eine armselige Belohnung für das, was John Williams erduldet, und für den Mut, den er bewiesen hatte. Und als sie ihr Spiegelbild betrachtete, kam sie zu dem Schluß, daß die Kette wirklich herrlich war.

3. Oktober 1900 bis 26. Dezember 1900

Fünf Dschunken mit hohem Heck umkreisten die vor Anker liegende Yacht wie sportliche Wale. Wenn die plumpen Schiffe wendeten, fegten ihre Patchwork-Segel über die mit Fischnetzen, Kochtöpfen, Hundehütten, Holzwannen und einem Gewirr von Tauen übersäten Decks hinweg. Fischer und ihre Frauen riefen sich in ihrem rauhen Dialekt derbe Scherzworte zu, und nackte Kleinkinder kletterten zwischen all den Dingen auf den Decks herum.

«Fallen die Kinder nie über Bord?» fragte Mary Osgood.

«Manchmal», lachte Charles Sekloong. «Aber sie ertrinken nicht.»

«Warum nicht? Göttlicher Schutz? Werden sie durch die Göttin des Meeres gerettet?»

«Das ist nicht das Geheimnis», erwiderte er. «Schauen Sie genauer hin. Sie sind an chinesische Rettungsgürtel angebunden – leere Holzfässer.»

«Wie erfinderisch!» Mary hielt das leichte Geplauder in Gang, obwohl sie mit ihren Gedanken ganz woanders war.

«Es sind Tankas, die Parias des Meeres. Die Kleinen können eher schwimmen als laufen. Die meisten Tankas kommen nie an Land – nur zu ihrem Begräbnis.»

Mary erschauerte bei dem Gedanken, daß Menschen das ganze Leben in fauligem Gestank von Fischen auf Dschunken verbrachten, die wie Nußschalen tanzten, geschützt vor der glühenden Sommersonne und dem grausamen Winterregen nur durch die fadenscheinige Persenning. Selbstzufrieden betrachtete sie ihre schlanken Beine auf dem Liegestuhl unter dem grünen Sonnenschirm. Der viereckige Ausschnitt und die Puffärmel ihres Badeanzugs aus blauem Serge waren weit weniger enthüllend als ein Ballkleid. Aber die spitzenbesetzten Hosen, die unter dem bis zur Mitte der Schenkel reichenden Rock hervorsahen, endeten unter dem Knie, und in Anbetracht der großen Hitze waren ihre Unterschenkel nicht mit langen Strümpfen bedeckt, wie es die Sittsamkeit in England erfordert hätte.

Ausgestreckt auf den blankgescheuerten Planken des Vorderdecks, kniff Charles Sekloong vor dem blendenden Licht die Augen zusammen. Unbemerkt betrachtete sie das energische Gesicht, das beherrscht wurde von der kühn gebogenen Nase, und den muskulösen Körper in dem gestreiften Jerseyhemd und der blauen Badehose. Seine leicht goldgetönte, olivfarbene Haut strotzte von Gesundheit. Mary hatte Waliser und Schotten kennengelernt, die dunkler gewesen waren als Charles. Im Vergleich zu den Spaniern und Maltesern, die sie auf der Schiffsreise gesehen hatte und die dennoch als «weiße Europäer» galten, war er geradezu hellhäutig.

Sie hatte wenige so attraktive männliche Männer kennengelernt. Dennoch empfand sie einen instinktiven, unsinnigen Abscheu bei dem Gedanken an sein gemischtes Blut. Sie fand es selbst töricht, und schlimmer noch, atavistisch und bigott. Trotzdem konnte sie das Gefühl nicht unterdrücken. Aber der Mann selbst faszinierte sie, weil er so anders war als alle Männer, die sie bisher kennengelernt hatte. Die fehlende Behaarung seines Körpers fand sie abwechselnd reizvoll und abstoßend. Unwillkürlich schickte sich ihre Hand an, seine schwellende Schulter zu berühren, aber als ihr die Bewegung bewußt wurde, hielt sie inne. Man hatte ihr beigebracht, ein Mann, dessen Oberkörper, Arme und Beine unbehaart waren, sei schwach und weibisch. Aber an diesem kräftigen, durchtrainierten Athletenkörper war nichts Weibisches. Seine geschmeidigen Muskeln waren gestählt durch Reiten, Cricket, Rugby und harte Schmetterbälle beim Tennis. Und seine braunen Augen waren von männlichem Begehren erfüllt, wenn er sie offen musterte.

«Warum kreisen die Dschunken dauernd um uns?» Ihre Worte hatten überhaupt nichts mit ihren Gedanken zu tun. «Ich habe so viel Gerede über Piraten gehört.»

Charles lachte beruhigend, glücklich, sein unausgesprochenes Werben durch die Zurschaustellung von Wissen und Macht unterstützen zu können. Obwohl sein Vater ausgesprochen dagegen war, wollte er diese Frau haben – und er würde sie bekommen. Er hatte, was gar nicht seine Art war, über sich selbst nachgedacht und war zu dem Schluß gekommen, daß ihm nie in seinem Leben etwas versagt worden war, außer wenn seine Wünsche im Widerspruch zu denen seines Vaters standen. Er war jetzt vierundzwanzig, und bisher hatte sich ihm noch nie eine Frau verweigert, die er begehrte. Bisher hatte er eine Ehe nie ernstlich erwogen, obwohl seine Mutter ihm ständig die Tugenden der Töchter der führenden chinesischen Familien von Kanton und Hongkong vor Augen hielt. Diese Frau, das wußte er, konnte er nur besitzen, wenn er sie heiratete, obwohl ihre Rasse höchst widerstreitende Gefühle in ihm erregte und einmal ihre Anziehungskraft verstärkte, im nächsten Augenblick aber Abscheu hervorrief. Er war als Chinese aufgewachsen und besaß den Stolz des Chinesen auf seine Abstammung. Seine Eltern hatten ihn in diesem Stolz eifrig bestärkt, zum Teil sicher deshalb, weil sein Vater die Erinnerung an seinen eigenen weißen Vater haßte.

«Was ist nun mit den Dschunken?» Mary erinnerte ihn lachend daran, daß er ihr noch keine Antwort gegeben hatte. «Sie sind aber tief in Gedanken versunken!»

«Ach ja. Sie warten auf den Gezeitenwechsel. Fataumun, die Meerenge da drüben, ist voller Untiefen. Sie müssen die richtige Durchfahrt erwischen. Sie können nicht gegen die Flut und den Wind kreuzen wie wir. Aber Sie brauchen keine Angst zu haben – selbst wenn rings um uns Piraten wären und nicht bloß Fischer.»

«Warum nicht? Warum haben die Schiffsjungen dann Gewehre in den Lüftungsschächten versteckt?»

«Das tun sie immer. Eine Vorsichtsmaßnahme gegen Entführungen. Aber *das* da ist unser zuverlässiger Schutz.»

Er deutete auf den Besanmast, an dem die königsblaue Flagge mit dem goldgestickten, geflügelten Sekloong-Drachen wehte.

«Dieses Emblem kennen alle, jedes Fischerboot, jedes Handelsschiff und jeder Pirat von Hainan im Süden bis Dairen im Norden. Selbst die wilden Seebriganten von Taiwan erweisen dem geflügelten Drachen ihre Reverenz. Nur Verrückte würden ihm Trotz bieten. Wir Sekloongs haben viele Freunde – und viel *kwan-hsi*, viele Beziehungen. Eines Tages werde ich Ihnen mehr darüber erzählen.»

Mary kannte diesen aggressiv männlichen Ton gut, denn er wählte seine Worte offensichtlich, um ihr Eindruck zu machen. Seit August waren sie viel zusammen gewesen, und sie hatte den angeberhaften Ton schon oft gehört, öfter allerdings in den letzten Wochen einen sehnsüchtigen, zärtlichen Tonfall. Sie wußte auch, daß Charles, wenn überhaupt, nur wenig übertrieb. Die Sekloongs lebten eher wie Fürsten denn wie Kaufleute, und sie waren durch zahlreiche Fäden mit den Quellen der Macht in Hongkong wie auch in China verbunden. Hilary Metcalfe, der jetzt gewichtig und rosig in weißem Leinenhemd und weißen Leinenhosen neben Lady Sekloong unter dem Sonnendach auf dem Achterdeck saß, hatte ihr viel erzählt – und mehr noch angedeutet. Charles' Ton war der vertraute Balzlaut des Männchens, aber seine Prahlerei entsprang einer glänzenden Wirklichkeit.

Schon die Segelyacht ‹Orchidia› hätte Marys Vorstellungsvermögen überstiegen, wenn die Metcalfes sie nicht in die glitzernde neue Welt eingeführt hätten, die an Coleridges Gedicht ‹*Kubla Khan*› denken ließ. Das Boot hieß ‹Orchidia› nach Sir Jonathans Mutter, deren Name Mei-lan «schöne Orchidee» bedeutete, und hatte eine Crew von zwölf Mann in schicken goldgestreiften blauen Matrosenblusen. Die Yacht war dreißig Meter lang, nur drei Meter kürzer, hatte ihr Charles erzählt, als die Rennyacht, die sich Seine Königliche Hoheit, Albert Edward, Prinz von Wales, in Cowes bauen ließ.

Die ‹Orchidia› war nur eine von drei Luxusyachten, die den Wimpel mit dem geflügelten Drachen führten. Die neueste, ‹Lucinda›, eine schimmernde, siebzehn Meter lange Dampfpinasse, lag normalerweise am Blake Pier, so daß Sir Jonathan über die *praya* von seinem Büro im St. George's Building zum Mittagessen und zu einem Nickerchen dort hingehen konnte. Die ‹Regina›, fünfundzwanzig Meter lang und entsprechend breit und von den neuen Doppelturbinen angetrieben, war ein Geschenk für Lucinda, Lady Sekloong, zur Geburt ihres jüngsten Sohnes Harry vor fast einundzwanzig Jahren gewesen.

«Mutter mag die ‹Orchidia› nicht», hatte Charles erklärt. «Auf Segelbooten wird sie leicht seekrank, deshalb ließ Vater die ‹Regina› für sie bauen.»

Und dennoch thronte die rundliche Lady Lucinda auf einem Liegestuhl zwischen Elizabeth und Hilary Metcalfe auf dem Achterdeck der ‹Orchidia›. Durch die Finger glitten mechanisch die Perlen einer buddhistischen Gebetsschnur. Warum, fragte sich Mary, hatte sie sich ihnen auf dem Segelboot angeschlossen? Die Tochter eines wohlhabenden kantonesischen Goldhändlers wollte normalerweise ihre Bequemlichkeit haben – außer wenn es um die Interessen ihrer Kinder ging. Gewiß hätte Elizabeth Metcalfes Anwesenheit den Anstandsregeln Genüge getan. Und warum lungerte Harry Sekloong lässig auf dem Achterdeck herum?

Harry war ein paar Monate älter als sie und etwas dunkler, eine Spur größer und sehr viel ausgelassener als Charles. Sie waren oft zu dritt zusammen gewesen, da er Charles und sie aus Gründen der Schicklichkeit gewöhnlich begleitete. Wenn sie über Harrys Possen lachte, empfand sie dieselbe herzliche Zuneigung wie vielleicht für einen spöttischen

Zwillingsbruder, der ihr einziger Altersgenosse war. Obwohl Harry es sich selten verkneifen konnte, seinen ernsthaften älteren Bruder auf den Arm zu nehmen, hielt er sich vom Vorderdeck fern.

«Jetzt fahren sie», unterbrach Charles ihr sonnenträges Grübeln. «Sehen Sie?»

Die fünf Dschunken richteten ihren Bug auf die Straße von Fataumun und die offene See.

«Bedeutet das, daß die Gezeiten wechseln?»

«Das muß es.» Er sah auf die goldene Taschenuhr, die mit ihrer schweren Kette neben seinem Zigarrenetui lag. «Und ganz pünktlich. Wir dürfen uns nicht von der Ebbe herausziehen lassen. Ich habe dem Steuermann gesagt, er soll abwarten.»

«Warum, Charles?» fragte Mary. «Was ist denn heute Besonderes los?»

«Ach, nichts Bestimmtes, obwohl ... es könnte vielleicht sein ... aber ...»

«Was könnte sein?»

«Es ist einfach angenehmer, in der kühlen Dämmerung zurückzusegeln.» Seine Stimme klang unsicher, der selbstbewußte, fordernde Ton war verschwunden. «Es wird sicher nicht zu kalt für Sie sein. Und im Salon ist es gemütlich.»

«Ich werde mich schon nicht erkälten», lächelte sie. «Sie sorgen ja immer gut für mich.»

Charles ergriff die Gelegenheit nicht beim Schopf, sondern ließ seine Uhrkette durch die Finger gleiten. Mary war einen Augenblick verlegen. Hatte sie zu offenkundig geflirtet? Charles selbst hatte so deutlich mit dem Zaunpfahl gewinkt, daß sie es nicht als ungehörig empfand, ihre Weiblichkeit ein bißchen auszuspielen. Schließlich war es nur ein Spiel, das sie spielte – ungehinderter als sonst, da ihr cholerischer Vater zwei Monate nach der Befreiung des Gesandtschaftsviertels immer noch mit dem Regiment in Peking war. Nein, beruhigte sie sich, ihr Verhalten war nicht herausfordernd. Wie könnte sie sich auch unter den wachsamen Augen von Elizabeth Metcalfe und Lady Lucinda herausfordernd benehmen? Außerdem war es eine absurde Vorstellung, höchst unwahrscheinlich und undenkbar, wenn es dazu käme ...

«Warum sind Sie so nachdenklich, Charles? Worüber grübeln Sie nach? Über einen großen geschäftlichen Coup oder über den Sieger beim Kwangtung-Hindernisrennen in Happy Valley? Ich hätte gern einen Tip.»

«Weder – noch, Mary. Dragon Prince wäre ein sicherer Tip – falls ich

Harry dazu überreden könnte, ihn *nicht* zu reiten», lachte Charles. «Aber es ist etwas Wichtigeres.»

«Wichtiger als Geschäft oder Rennen? In Hongkong gibt es nichts, was wichtiger wäre.»

«Manches doch. Meine Eltern meinen ... das heißt, ich habe mit ihnen ..»

Marys Erleichterung wich einem Gefühl der Enttäuschung. Sie wußte jetzt, daß das Dilemma nicht auf sie zukam, das sie erwartet und gefürchtet hatte, obwohl sie sich über ihre Antwort schon klar war. Sie hatte Charles keinerlei Grund zu der Annahme gegeben, daß sein Heiratsantrag Erfolg haben werde, obwohl sie alle Anzeichen bemerkt hatte, die darauf hinwiesen, daß er ihr einen Antrag machen werde. Aber in diesem Augenblick erkannte sie, daß er es nicht tun würde: sein empfindlicher Stolz, der an Arroganz grenzte, war ihrer Ansicht nach die Folge eines Überlegenheitsgefühls, das nicht auf absoluter Gewißheit beruhte. Er konnte es nicht ertragen, lächerlich zu erscheinen oder nicht Herr seiner selbst und aller anderen zu sein. Sie konnte sich nicht vorstellen, daß er mit seiner Familie über eine mögliche Heirat mit ihr gesprochen hatte, ehe er sich nicht vergewissert hätte, daß sie ihm keinen Korb geben würde.

Während sie den Dschunken nachschaute, deren zerfetzte Segel im Dunst verschwanden, hielt sie ihre Zunge und ihr Herz weniger im Zaum, als sie es automatisch getan hatte, solange Charles' Gespräch auf den Antrag zuzusteuern schien, vor dem sie sich fürchtete. Da sie nicht unmittelbar betroffen schien, konnte sie ihn ermuntern, seine Gedanken auszusprechen, wovor er aus irgendeinem Grund zurückscheute.

«Da Sie dieses geheimnisvolle Etwas schon erwähnt haben, warum erzählen Sie es mir nicht? Ich bin ein Zuhörer wie jeder andere.»

«Nein, Mary. Nicht wie jeder andere.»

«Das ist sehr freundlich, aber ...»

«Mary, für mich sind Sie etwas Besonderes. Sie sind zu ... zu freundlich und zu gut, zu schön und aufreizend. Aber ich habe mit meinem Vater und Hilary gesprochen ...»

«Sie haben ja richtig Meinungen erforscht, Charles», neckte sie.

«Das habe ich wirklich.» Sein Ernst war ein Vorwurf gegen ihren scherzhaften Ton.

Die auf dem Achterdeck thronenden Metcalfes und Lady Lucinda kamen ihr in ihrer erregten Phantasie plötzlich wie Geschworene vor, die schweigend zu Gericht saßen. Sogar der Leichtfuß Harry hockte still auf der Reling, und sein lebhaftes Gesicht war ausdruckslos. Sie wußte, daß sie diesen Augenblick immer in Erinnerung behalten würde.

«Mary, wir haben in den letzten Wochen sehr viel darüber gesprochen. Mein Vater ist jetzt endlich einverstanden. Mutter hat noch Zweifel. Die Metcalfes sagen, sie können sich dazu nicht äußern.»

Charles Sekloong war dieses eine Mal in seinem Leben entschlossen, völlig aufrichtig zu sein, obwohl Aufrichtigkeit seine Werbung erschweren könnte. Er hatte das Gefühl, die Entscheidung sei zu wichtig für ein harmloses Sich-Verstellen oder bewußtes Ausweichen, mit denen er so oft seine Ziele erreicht hatte. Allerdings sah er sich nicht bemüßigt, Mary etwas von dem heftigen Kampf mit seinem Vater zu sagen, seit er zum erstenmal den Wunsch geäußert hatte, eine Europäerin zu heiraten. Warum ihr erzählen, daß Sir Jonathan von Entsetzen gepackt war und daß er und sein Sohn wochenlang erbittert miteinander gestritten hatten?

Mary Philippa Osgood hatte sich durch ihre eigene scharfe Intelligenz irreführen lassen und durch ihre Unkenntnis chinesischer Bräuche. Ihr Instinkt sagte ihr, daß Charles auf einen Heiratsantrag zusteuerte. Noch immer konnte sie sich nicht vorstellen, daß sein Stolz ihm erlaubte, lange Erörterungen mit seiner Familie und noch weniger mit den Metcalfes zu führen, ehe er ihr selbst seinen Wunsch dargelegt hatte. Und ebensowenig konnte sie sich vorstellen, daß er so wenig Verständnis für ihren Stolz und ihre Würde hatte, daß er eine höchst persönliche Angelegenheit öffentlich zur Diskussion stellte. Sie war ganz einfach verdutzt.

«Charles, wovon sprechen Sie?» fragte sie. «So ernst wird es schon nicht sein.»

«Doch. Es ist ernst.»

«Dann sagen Sie es. Was immer es ist. Es wird einfacher sein, wenn Sie es aussprechen.»

«Gut. Aber ich werde es auf meine Weise tun. In den letzten Monaten sind wir viel zusammen gewesen, Mary, und ich habe jede Minute sehr genossen.»

«Ich habe es auch genossen, Charles. Sehr sogar.»

«Das freut mich, Mary. Ich weiß, wieviel aufzugeben ich von Ihnen verlange; die Ihnen gebührende Stellung in England, und . . .»

Bei aller neuerlichen Überraschung, daß Charles ihr tatsächlich einen Heiratsantrag machte, war Mary ungehörig belustigt. Welche gebührende Stellung? Die schäbige Vornehmheit einer Gouvernante, eines besseren Dienstboten? Was hatte sie überhaupt für eine Stellung in England? Dann wurde ihr allmählich klar, daß er die Worte aussprach, die sie gefürchtet und gegen alle Vernunft erhofft hatte.

«. . . und mit Fremden zu leben.» Charles hatte seinen Text gut einstudiert. «Unterschiedliche Rassen, unterschiedliche Lebensweisen – es wird nicht leicht sein. Ich werde für einen Ausgleich sorgen. Wir würden viel reisen, allerdings müssen wir in Hongkong wohnen. Mein Vater besteht darauf, und ich bin einverstanden. Für mich wäre Hongkong öde ohne Sie. Ich . . . ich liebe Sie sehr.»

«Charles, Sie sind mir . . . lieb . . . sehr lieb und teuer. Aber ich bin nicht sicher . . .»

Mary war erstaunt über ihre eigenen Worte. Ihre Stimme war ganz ruhig, aber sie sagte nicht das, was sie gesagt hatte, als sie die Szene in Gedanken durchspielte.

«Sie sind nicht sicher», unterbrach Charles sie ungestüm. «Wissen Sie, was das heißt? Sie sagen nicht nein! Und ich bin überzeugt, Sie sagen in Wirklichkeit: ‹Ja, aber noch nicht gleich.› Irgendwann werden Sie ja sagen, das weiß ich.»

«Vielleicht, Charles. Vielleicht haben Sie recht. Aber im Augenblick muß ich nein sagen. Ich bin mir . . . über gar nichts klar.»

Ihre Verwirrung wurde größer, und sie lauschte aufmerksam ihrer Stimme, als ob es die einer Fremden wäre. Sie sollte ihn wirklich auf keine Weise ermutigen, denn sie wußte, daß sie ihm letztlich einen Korb würde geben müssen. Selbst wenn eine so unangemessene Ehe nicht an sich schon unmöglich wäre, müßte sie den Antrag wegen des Widerstands seiner Familie ablehnen.

«Charles.» Sie versuchte noch einmal, ihre wirren Gefühle zu erklären. «Es ist nicht so, wie ich es mir vorgestellt hatte. Wie alle Mädchen habe ich an einen Augenblick wie diesen gedacht . . . und Sie schmeicheln mir sehr. Ich war so sicher, daß ich entschlossen nein sagen könnte – ohne Sie zu verletzen. Aber jetzt liegt mir mehr als an allem anderen daran, Sie nicht zu verletzen. Ich weiß nicht, was das bedeutet . . .»

«Dann werden Sie ja sagen.» Charles war wieder ganz zuversichtlich, und seine Selbstsicherheit machte ihren Zweifeln fast ein Ende. «Ich weiß es. Ich bin sehr glücklich.»

«Glücklich? Ich weiß nicht. Ich bin so verwirrt. Ich kann bestimmt nicht ja sagen. Aber irgendwie kann ich auch nicht nein sagen. Charles, bitte, drängen Sie mich nicht. Drängen Sie mich nicht . . . jedenfalls eine Weile nicht.»

«Eine Weile nicht, gut. Aber später werde ich Sie wieder drängen – und immer wieder. Und Sie werden ja sagen.»

Fast hätte Mary Charles in diesem Augenblick nachgegeben. Sein kräftiges, vorspringendes Kinn drückte Entschlossenheit aus, und seine klaren braunen Augen funkelten. Ihr wurde klar, daß er ihr nicht nur sich selbst, sein dynamisches Ich anbot, sondern auch eine Stellung innerhalb seiner Gesellschaft, die der einer Gräfin in England gleichkam. Wenn ihr diese Gesellschaft nur nicht so fremd wäre, wenn sie nicht so völlig anders und irgendwie erschreckend wäre. Er nahm ihre Hand in die seine, und ihr Puls beschleunigte sich. Wie aus großer Ferne hörte sie Ketten rasseln, als der Anker der ‹Orchidia› eingeholt wurde. Die aufgezogenen Segel blähten sich, und der Bugspriet zeigte nach Westen in die amethystfarbene Dämmerung. Sie fühlte sich wie eingeschlossen in eine schimmernde Kristallkugel und wurde von Wellen der Freude und der Zärtlichkeit überflutet.

Aber ihre widerspenstigen Gedanken stellten ihre eigenen, leidigen Überlegungen an: Empfand sie nur die übliche Siegesfreude über seinen Antrag – und nicht mehr? Sehnten sich vielleicht alle jungen Frauen so sehr nach der Ehe, diesem echten Beweis für ihre siegreiche Weiblichkeit, daß sie auf jeden Heiratsantrag eines Mannes, dem sie einigermaßen zugeneigt waren, so reagierten wie sie? Hatte sie sich womöglich durch ihre eigene instinktive Reaktion und die großartige Szenerie, die Charles gewählt hatte, verführen lassen?

Warum, überlegte sie beklommen, hatte Charles so eifrig mit seiner Familie konferiert, ehe er mit ihr sprach? Offenbar war sie bei den Beratungen des Clans abgeschätzt worden wie ein Stück Land, dessen Erwerb die Sekloongs in Betracht zogen. Solche kühlen Berechnungen mochten in reichen Familien normal sein, für sie waren sie aber demütigend. Ungehalten beschloß sie erneut: Sie würde Charles einen Korb geben, sie mußte es tun.

Im Augenblick nahm sie allerdings bewußt keine Notiz von den nörgelnden Stimmen der Vernunft und der Entrüstung, sondern überließ sich der Freude einer jungen Frau, die gerade einen Antrag erhalten hatte. Und dieser Freude konnte sie sich mit Recht hingeben. Sie war eine Frau und erst in zweiter Linie eine Dame oder vielmehr, sie wollte erst eine werden, sie war eine Frau und erst in zweiter Linie die Tochter des Musikmeisters. Außerdem war sie in ihrer Kristallkugel so köstlich in Sicherheit.

Charles war überrascht, aber nicht entmutigt durch Marys doppeldeutige Antwort. Er war absolut überzeugt, daß er früher oder später die Frau besitzen würde, die er begehrte. Vor allem hatte er den heftigen Widerstand seines diktatorischen Vaters gebrochen, zum erstenmal in seinem Leben hatte er *dem* Sekloong Trotz geboten – und sich durchgesetzt. Noch einmal erlebte Charles den wütenden Streit mit seinem Vater, nachdem er erklärt hatte, er sei entschlossen, Mary zu heiraten.

Obwohl die Sekloongs sich im Englischen zu Hause fühlten, waren sie mit kantonesischen Schimpfkanonaden aufeinander losgegangen wie Fischer, die sich um ihren Anteil am Fang zanken.

«Das ist doch nicht dein Ernst», hatte Sir Jonathan geschrien. «Sie ist niemand – alltäglich wie kalter Reis von gestern. Schlimmer noch, ein europäischer Niemand.»

«Das ist verdammte Heuchelei, ein Hundekopf auf einem Schafskörper», erwiderte Charles. «Du hast mir immer gesagt, Chinesen und Europäer müßten sich zusammentun, sonst gebe es weder Stabilität noch Geschäfte.»

«Aber sie doch nicht *heiraten*. Ich kann dir auf Anhieb ein Dutzend tugendhafter chinesischer Mädchen aus guter Familie nennen, die ...»

«Das sagt ihr mir immer, du und Mutter. Gute Familie – das bedeutet gute Goldbarren.»

«Gegen Gold ist nichts einzuwenden», bemerkte Sir Jonathan. «Aber ich denke an unsere Situation. Wenn wir den Europäern nachlaufen, werden sie uns verachten.»

«Ich laufe Mary nicht nach. Sie will es. Ich weiß es.»

«Will es? Warum nicht? Die Tochter des Musikmeisters handelt sehr vernünftig. Die Sekloongs sind sehr bedeutend und sehr reich. Sie ist nicht dumm – glaube ja nicht, daß sie *nicht* an Gold gedacht hätte. Ich habe dafür gesorgt, daß unser Name bei Chinesen und Europäern hoch geachtet ist. Wenn du tust, was du vorhast, werden uns beide Seiten verachten.»

«Es ist mein Leben, Vater. Ich habe zehntausend Stunden darüber nachgedacht. Du bist voreingenommen, hoffnungslos voreingenommen.»

Trotz seines aufkommenden Zorns hütete sich Charles, die Kernfrage zu berühren. Er konnte seinem Vater nicht ihre eigene gemischte Abstammung vorwerfen. Selbst zur Hälfte Europäer, erschien Sir Jonathan in der Öffentlichkeit fast immer in dem langen Gewand des chinesischen Gelehrten, weil sein Gesicht so völlig europäisch wirkte, wenn er westliche Kleidung trug. Er behielt nicht nur die chinesische Nationalität, sondern kämpfte als *Chinese* gegen die sozialen und rechtlichen Beschränkungen, die Hongkong der Rasse auferlegte, die mehr als achtundneunzig Prozent seiner Bevölkerung ausmachte. Zum Teil wegen seines gemischten Blutes kämpfte er darum, zu seinen eigenen Bedingungen akzeptiert zu werden – chinesischen Bedingungen. Aber wiederum erstaunte er seinen Sohn.

«Du meinst», fragte er wütend, «wegen meines irischen Vaters?»

«Ja, da du es nun selbst ausgesprochen hast. Du bist nicht logisch.»

«Nicht logisch! Bei den neun Drachen, nicht logisch! Ist es logisch, den Europäern hinten reinzukriechen? Ist dein Speer so fein, daß er sich in eine europäische Zielscheibe bohren muß?»

«Du sprichst von der Dame, die ich heiraten werde.»

«Heiraten, zum Teufel! Leg sie in dein Bett, und damit hat sich's.»

«Wundervoller Rat von einem gut katholischen Vater!»

«Komm du mir nicht mit Religion. Ich kenne deine Gewohnheiten. Du hast es mit der Hälfte aller Singsang-Mädchen zwischen hier und Kanton getrieben. Red du mir nicht von Frömmigkeit.»

«Mary ist anders. Sie wird nie Konkubine oder Mätresse sein wollen, sie nicht. So will ich sie auch nicht, und sie würde nie . . .»

«Versuch es mit Gold. Genug Gold und Juwelen bringen selbst einen weiblichen Buddha dazu, die Waffen zu strecken.»

«Bei ihr zählt nur die Ehe. Und ich will nicht . . .»

«*Du* willst nicht. *Du* bist plötzlich so verdammt moralisch. *Ich* habe mein Leben damit zugebracht, für dich und deine Nachkommen ein Königreich aufzubauen. Und ein chinesisches Königreich braucht eine chinesische Kronprinzessin, nicht die bettelarme Tochter eines englischen Komödianten – eines Musikers, praktisch eines Schmierenschauspielers.»

«Das ist Unsinn. Ihr Vater hat einen Rang inne. Er wird Mister genannt. Er ist ein Gentleman.»

«Schöner Gentleman. Ein versoffener, bierseliger alter Draufgänger, der sich dauernd auf den Blumenbooten rumtreibt. Im übrigen ist keine Europäerin die richtige Frau für dich. Wir brauchen – *brauchen*, sage ich – eine Verbindung mit einer großen chinesischen Familie.»

Die Schlacht hatte länger als eine Woche getobt, während Lady Lucinda und Harry einen großen Bogen um den wütenden Vater und den Sohn machten. Sir Jonathan hatte schließlich nachgegeben und sich vorsichtig aus der Schlacht zurückgezogen, als er erkannte, daß er sie nicht gewinnen konnte. Charles vermutete, daß sein Vater überzeugt war, er würde sein Vorhaben aufgeben, wenn Sir Jonathan einwilligte – oder aber, daß er plante, Mary zu bestechen oder ihr Angst einzujagen. Das war seine Art, und es war auch seine Art, aus Umständen, die ihm mißfielen, von denen er aber wußte, daß er sie nicht verhindern konnte, Vorteil zu ziehen.

«Wenn es sein muß, dann muß es eben sein», seufzte Sir Jonathan. «Irgendwie werde ich schon das Beste daraus machen.»

«Ich schwöre dir, Vater, ich werde auf Jahre hinaus nicht heiraten –

vielleicht nie –, wenn ich Mary nicht heiraten kann, wenn du es verhinderst.»

«Nie? Das ist eine lange Zeit! Aber ich füge mich deiner Erpressung. Du weißt, ich will viele Enkel, viele Erben haben, und zwar möglichst bald. Also in Gottes Namen.»

«Danke, Vater.»

«Wofür? Daß ich mich mit dem Unvermeidlichen abfinde – wenn es wirklich unvermeidlich ist? Du weißt, daß ich keinen Bruch zwischen uns will. Und du kannst ihn dir auch nicht leisten, selbst wenn du den Mund noch so voll nimmst. Die Familie kommt an erster Stelle.»

«Ich bin dankbar . . .»

«Es geht nicht um dich, sondern um die Familie, die Sekloongs. Ich werde deine Werbung sogar unterstützen. Wenn sie dann nicht will, kannst du es nur dir selbst zuschreiben.»

Sir Jonathans Widerstreben war keineswegs geringer geworden, aber sein ausgeprägter Wirklichkeitssinn hatte ihn gezwungen, widerwillig seine Zustimmung zu geben. Gewappnet mit dieser Zustimmung und beschwingt durch seinen ersten Sieg über seinen Vater, machte Charles Sekloong daraufhin Mary Osgood in der Dämmerung auf dem südchinesischen Meer einen Heiratsantrag.

Ein leidenschaftlicher Heiratsantrag, hatte man Mary beigebracht, sei der schönste Traum jeder jungen Frau. Vielleicht war das der schönste Traum jeder anderen jungen Frau; für sie war es ein Alptraum geworden.

Nicht einer, sondern zwei glühende Verehrer hielten um ihre Hand an. Der erste war ein Held, dessen unerschrockener Mut durch die höchste Tapferkeitsauszeichnung des Königreichs anerkannt worden war. John Williams war auch ein Mann mit soliden Eigenschaften, absolut verläßlich und furchtlos. Der zweite Freier war attraktiver – dunkel, gut aussehend, gebieterisch und leidenschaftlich. Und Charles Sekloong war der Erbe eines wohlhabenden Adligen, dessen Reichtum sicher noch wuchs. Sie brauchte nur zwischen ihnen zu wählen. Doch Mary Osgood konnte sich nicht entscheiden, wen sie heiraten wollte – wenn sie überhaupt einen der beiden heiraten wollte. John Williams und Charles Sekloong – beide stellten sie vor praktische Probleme, und beide boten sehr unterschiedliche Aussichten. Der gesunde Menschenverstand der Tochter eines mittellosen Offiziersdiensttuenden riet ihr, sehr sorgsam zu wählen.

John Williams gehörte ihrer eigenen Welt an, dem Regiment, das sie nur zu gut kannte, und dem England, das sie recht gut kannte. Ihre Gefühle für John konnte sie im Licht ihrer eigenen, unmittelbaren Erfahrung genau beurteilen. Wie unromantisch es auch erscheinen mochte, sie mußte die Aussichten, die John ihr bot, in demselben klaren Licht beurteilen.

Charles Sekloongs Welt, zu der sie erst vor kaum sechs Monaten Zugang erlangt hatte, kannte sie nicht wirklich. Das koloniale Hongkong lag weit außerhalb ihrer bisherigen Erfahrung. Das Milieu, in dem Charles lebte, und auch sein Blut waren gemischt, und sie hatte bisher nur die glitzernde Oberfläche des Sekloong-Clans gesehen. Wenn sie Charles heiratete, bedeutete das nicht nur, einen Ehemann zu bekommen, sondern in eine völlig fremde Welt einzutreten. Sie würde in einem komplizierten Gefüge, das sie bisher nur von außen kannte, Pflichten übernehmen und Privilegien genießen. Und ihre Erfahrung befähigte sie kaum, Charles' Antrag so sorgfältig abzuwägen, wie es nötig war. Sie verstand nicht einmal ihre eigenen Gefühle ganz genau, den Grund für die starke Anziehungskraft, die Charles auf sie ausübte. Inwieweit wurde sie von dem Mann selbst angezogen, und inwieweit wurde sie durch sein exotisches Milieu angelockt – und auch abgestoßen?

In ihrer Verwirrung wandte sie sich an ihre Mentoren, die Metcalfes. Da Charles mit ihnen gesprochen hatte, ehe er ein Wort zu ihr gesagt hatte, konnte sie die Geschwister mit Fug und Recht zu Rate ziehen. Sie waren trotz der Kürze ihrer Freundschaft so etwas wie geliebte Ersatzeltern für sie geworden.

«Sie wollen Rat in einer Herzensangelegenheit?» dröhnte Hilary Metcalfe. «Ich bin geschmeichelt, aber eigentlich nicht dafür zuständig. Wer bin ich, daß ich eine junge Dame in Fragen des Ehestands beraten könnte?»

«Sie *und* Miss Metcalfe.» Mary appellierte schamlos an seine Zuneigung und seine Redseligkeit. «Es handelt sich nicht nur um mein Herz, sondern um mein Leben und – ich hoffe, ich schockiere Sie nicht – um meine Aussichten.»

«Damit können Sie mich nicht schockieren», erwiderte Hilary Metcalfe. «Nur ein verdammter Narr vergißt die harschen, praktischen Fragen, und Sie sind keine Närrin. Weit entfernt davon. Nur ein tapferes Mädchen gibt zu, daß sie sich Gedanken über ihre Aussichten macht.»

Elizabeth Metcalfes reizloses Gesicht strahlte Anteilnahme aus, und die Kaskade von Halsketten klirrte ausnahmsweise nicht. Sie saß ganz still auf dem Rattansessel neben dem bestickten Schirm vor dem Kamin.

«Nun, was wollen Sie?» fragte Metcalfe. «Soll ich für Sie entscheiden? Oder wir beide?»

«Nur einen Rat», lächelte Mary. «Für gewöhnlich sind Sie nicht geizig mit Ratschlägen.»

Hilary Metcalfe zog den großen Kopf zwischen die Schultern. Einen Augenblick war er hingerissen von ihren vor Lachen sprühenden veilchenblauen Augen und der rotgoldenen Flut ihres Haars, das ihr, entgegen der herrschenden Mode, auf die Schultern fiel. Er betrachtete die Wölbung ihrer Brüste unter der engen, hochgeschlossenen Bluse aus apfelgrüner Schantungseide und bewunderte den Schwung ihrer Beine, die sich unter dem leichten Rock abzeichneten.

«Rat sollen Sie bekommen. Vielleicht nehmen Sie ihn sogar an. Hongkong ist ein bißchen weit für die Fischerflotte ... aber Sie haben einen guten Fang getan – zwei fette Fische an der Angel.»

Mary hatte grobe Späße über junge Damen aus guter Familie, aber mit zweifelhaften Eheaussichten gehört, die im Herbst nach Indien fuhren, um die Saison mit Freunden oder Verwandten zu verbringen und sich, wie sie hofften, einen Mann zu angeln. Sie wurden ungalant die Fischerflotte genannt.

«Hilary, hör mit deinen Witzen auf.» Elizabeth Metcalfe beugte sich empört vor, und die Perlen auf ihrem üppigen Busen klirrten mißbilligend. «Mary findet das nicht komisch.»

«Na, dann zurück zur Sache – also zu Ihrem Fisch, meine Liebe. Ich kenne Charles seit seiner frühesten Kindheit. Ein guter Kerl, etwas zu geschmeidig, aber gescheit – und fast unbegrenzte Aussichten. Wenn Jonathan in diesem Augenblick weniger als zwei Millionen wert ist, dann bin ich ein Hafenkuli. Zwei Millionen Pfund Sterling, nicht Hongkong-Dollar. Bald wird er reicher sein – sehr viel reicher ... Charles, wie gesagt, ein guter Kerl. Aber wohlgemerkt, er ist nicht sein Vater! Jonathan ist außergewöhnlich, beinahe ein kaufmännisches und politisches Genie ... Zwischen Jonathan und dem Genie liegt nur eine Haaresbreite. Aber zu Charles ... Ein paar läßliche Sünden mit Damen, aber das ist zu erwarten. Wäre ein williger, wohlhabender Ehemann für Sie.»

«Und was würden Sie mir raten?» Mary hatte instinktiv gewußt, daß ihr heißblütiger Freier nicht unerfahren war, und die Bestätigung dieses Wissens erhöhte nur seinen männlichen Reiz. «Soll ich ja oder nein sagen?»

«Das ist eine ziemlich unverblümte Frage, nicht wahr?» Hilary Metcalfe wich aus. «Verdammt unverblümt. Diese modernen Damen nehmen kein Blatt vor den Mund.»

«Hilary, was würdest *du* Mary raten – ja oder nein?»

«Wenn es sein muß, dann würde ich sagen ... Nein. Jonathan ist mein bester Freund, aber ich kann nicht behaupten, daß ich ihn kenne – wirklich kenne. Es ist fast fünfunddreißig Jahre her, daß wir zusammen Mandarin studierten ... da habe ich ihn kennengelernt, als er noch keine fünzehn war. Seitdem arbeiten wir zusammen, und ich stehe ihm näher als irgend jemand außerhalb des Clans. Aber manchmal erreicht man einen gewissen Punkt – da wird die Jalousie herabgelassen. Er ist mein bester Freund, aber ich kenne ihn nicht wirklich.»

«Mr. Metcalfe, Sie sprechen dauernd von Sir Jonathan – aber ich frage, ob ich Charles heiraten soll. Das ist doch nicht dasselbe.»

«Doch. Es ist genau dasselbe. Ich spreche von einer Familie – einer chinesischen Familie, trotz westlichen Bluts und westlichen Einflusses. Der Sohn *ist* der Vater, denn die Familie ist unteilbar. Ich würde nein sagen, entschieden nein.»

«Warum, Mr. Metcalfe?»

«Weil sie Ihnen völlig fremd sind. Es geht nicht bloß um Kinder mit gemischtem Blut. Die Zeit ist noch nicht reif, um sich leichten Herzens damit abfinden zu können – sie wird es auf Generationen hinaus nicht sein, fürchte ich. Sehen Sie sich Charles an. Sehen Sie sich Jonathan selbst an. Es ist nicht bloß die Rasse, es sind völlig andere Sitten. Wußten Sie, daß Jonathan zwei Konkubinen hatte – und ein halbes Dutzend Mätressen?»

«Aber Charles doch nicht», wandte Mary ein.

«Noch nicht. Vielleicht nie, vielleicht sehr bald.»

«Daran müssen Sie denken, meine Liebe», warf Elizabeth ein.

«Außerdem sind die Sekloongs katholisch.» Hilary Metcalfes anfängliches Zögern war überwunden, jetzt sprudelten seine Ansichten nur so heraus. «Ich weiß nicht, wieviel Ihnen das ausmacht, aber die Kinder würden römisch-katholisch werden müssen. Lucinda versprach es, obwohl sie eine fromme Buddhistin ist.»

«Wie kommt es, daß sie katholisch sind?»

«Weil die Jesuiten dem jungen Jonathan eine gleichbleibende, unvoreingenommene Zuneigung entgegenbrachten und ihm eine Ausbildung boten. Sein Vater, wissen Sie, war ein irischer Abenteurer, der Jonathans ledige Mutter sitzenließ. Der Junge wuchs zwischen zwei Welten auf. Weder richtig europäisch noch richtig chinesisch. Manchmal verwöhnte ihn sein wohlhabender chinesischer Großvater, aber meistens nahm er keine Notiz von ihm. Abgesehen von der Fürsorge der Jesuiten, mußte Jonathan seinen Weg allein machen. Er hatte weder die Vorteile des chinesischen Reichtums – noch die Vorrechte des europäischen Bluts. Wundert es Sie da, daß er ein harter Mann ist, ein zielstrebiger Mann? Am meisten verlangt er von sich selbst, aber auch sehr viel von seiner Familie. Die Hauptlast hat Charles getragen. In mancher Beziehung ist er jetzt fast so hart wie Jonathan. Aber ich kann Ihnen beim besten Willen die anderen Dinge nicht erzählen, die nur ich weiß, die mir vertraulich mitgeteilt wurden.»

«Ich will einen starken Mann, keinen Waschlappen.»

«Vor allem», fuhr Metcalfe fort, ohne den Einwurf zu beachten, «ist die Zeit noch nicht reif für Blutmischungen. Jonathan ist ein Beispiel dafür, was damit angerichtet wird, wenn auch vielleicht ein extremes Beispiel. Eine solche Ehe, eine Verbindung von Ost und West, ist mein Zukunftstraum. Aber noch nicht jetzt. Wenn *Sie* mich fragen, Mary, bin ich voll Sorge. Ich will nicht, daß Sie sich für den eurasischen Kampf opfern.» Metcalfe hob den Kopf, als ob er einer inneren Stimme lauschte, ehe er hinzufügte: «Und Charles . . . nun ja, Charles ist Charles. Über ihn müssen Sie sich schließlich selbst ein Urteil bilden. Überstürzen Sie Ihre Entscheidung nicht. Aber wenn Sie unbedingt heiraten müssen, dann wählen Sie den jungen Williams und ein leichteres Leben.»

«Darf ich etwas fragen?» schaltete sich Elizabeth Metcalfe ein. «Lieben Sie Charles Sekloong, ich meine, lieben Sie ihn wirklich?»

«Ich weiß es nicht», sagte Mary nachdenklich. «Ich weiß es tatsächlich nicht. Ich weiß eigentlich nichts von der Liebe. Aber ich glaube schon.»

Harry Sekloong äußerte sich ebenso eindeutig, wenn auch nicht so hitzig wie Hilary Metcalfe. Er holte Mary vom Bungalow der Osgoods ab, als die Herbstsonne gerade ihren Zenit überschritten hatte, und sie schlenderten zur holzgedeckten Endstation der Peak-Tram. Der von einem dicken Kabel rasselnd über die Stahlschienen gezogene grüne Wagen brachte sie hinauf zum Peak. Dort warteten Sänften, um sie auf gewundenen Fußwegen durch die grünbewaldeten Höhen zu tragen.

«Das weiße Hochland», lachte Harry, als er Mary in ihre Sänfte half. «Nicht entweiht, bis mein alter Herr das Tabu brach. Wenn die Residenz fertig ist, werden wir die ersten Wogs auf dem Peak sein.»

Mary wußte, daß Sir Jonathan sich geweigert hatte, die Ritterwürde anzunehmen, sofern er nicht auf dem Peak bauen konnte, der bis dahin auf Grund eines unabänderlichen Brauchs für die britischen Oberherren der Kolonie reserviert gewesen war. Die Bezeichnung «Wog» – eine Abkürzung des abfälligen Begriffs «Würdiger orientalischer Gentleman» – wäre verletzend gewesen, wenn ein anderer sie, wenn auch nur scherzhaft, gebraucht hätte. Aber Harry Sekloong, der demnächst einundzwanzig werden würde, neigte zu Fröhlichkeit und Lachen, und das nahm seinen Worten die Bitterkeit. Hilary Metcalfe hatte einmal bemerkt: «Harry Sekloong hat keinen Sinn für den Ernst des Lebens. Ist das sein Manko oder unseres?»

Harrys krauses Haar umschloß seinen Kopf wie eine schwarze Kappe. Die braunen Sekloong-Augen, das Erbe ferner keltischer Vorfahren, blitzten verwirrend über den hohen Backenknochen, und sein breiter Mund lächelte in gutmütigem Spott. Mary empfand eine herzliche Zuneigung für ihn. Fast gleichaltrig mit ihr, stellte er nicht die geringsten Forderungen an sie und war intuitiv aufgeschlossen für ihre Gefühle. Sie konnte sich an seinem jungenhaften Charme erfreuen und war in seiner Gegenwart so entspannt, wie sie es in Gegenwart seines leidenschaftlichen älteren Bruders nie war.

«Wir kommen jetzt zur heiligen Stätte», rief Harry von seiner Sänfte herüber. «So etwas wie der Bau der Pyramiden, nur eben in Hongkong. Jeder Stein, jedes Brett wird von Ochsen die Peak Road heraufgezogen und die letzten fünftausend Meter auf Kulirücken getragen.»

Mary nickte interessiert.

«Fünfhundert Tonnen Steine, zehn Meilen Bauholz, zwölftausend Quadratmeter Schieferplatten – all das hat mein alter Herr zuwege gebracht. Wenn er fertig ist, wird der Buckingham Palace dagegen wie ein Armenhaus aussehen.»

Mary lachte leise über seine seltsam bagatellisierende Übertreibung. Aber als die Sänften durch einen Durchstich in einem Erdwall getragen und sanft abgesetzt wurden, rang sie doch nach Luft.

Die Szene erinnerte tatsächlich an den Bau der Pyramiden. Das Grundstück, mühsam geebnet durch Abtragen des steilen Berghangs, war über vierzigtausend Quadratmeter groß. Auf dem Stück roter Erde liefen Hunderte von Kulis herum, wie Scharen hebräischer Sklaven. Innerhalb der Grausteinmauern des Haupthauses, das Harry scherzhaft die Burg nannte, hätte ein halber Londoner Häuserblock Platz gefunden. Das zweite Stockwerk wuchs gerade empor, von einem Flechtwerk aus Bambusgerüsten umgeben, auf denen Arbeiter wie Affen herumkletterten. Gewaltige behauene Steine schaukelten an Seilen nach oben, die von fünfzig Mann gezogen wurden. Der Lärm war überwältigend – kreischende Maschinen, widerhallende Hammerschläge, quietschende Flaschenzüge und vor allem das Schreien der Kulis in rauhem Kantonesisch.

«Bescheiden, nicht wahr?» lächelte Harry. «Mein alter Herr baut groß – und läßt Platz für Größeres.»

Sie nickte, und Harry führte sie hinter einen Pinienhain, der den Tumult dämpfte.

«Was haben Sie gesagt, als Charles Sie fragte?» erkundigte er sich plötzlich. «Er meint, Sie sagten: ‹Vielleicht ja.› Ich vermute, Sie sagten: ‹Möglicherweise nein.› Was haben Sie wirklich gesagt?»

«Ich glaube, ich habe ‹Nun, vielleicht, wir werden sehen› gesagt», antwortete sie, verwundert, aber nicht verärgert über seine Einmischung. «Ganz sicher habe ich nicht gesagt: ‹Vielleicht ja.› Eher wohl: ‹Möglicherweise nein.›»

«Sagen Sie nein, Mary! Sagen Sie nein!»

«Harry», verwahrte sie sich, «ich mag Sie wirklich gern. Aber ist das nicht unsere Angelegenheit – Charles' und meine?»

«Nein», erwiderte er hitzig, «es ist eine Familienangelegenheit, eine geschäftliche Angelegenheit. Wissen Sie, daß Charles mit dem alten Herrn gekämpft und geschachert hat, ehe er Sie überhaupt fragte? Schließlich räumte der alte Herr ein, daß es mit Ihnen gehen könnte. Gesund, intelligent, nicht zu flatterhaft. Glücklich ist er immer noch nicht über eine *gwai-lo*, eine ausländische Teufelin. Aber es könnte gehen – gerade noch.»

«Ich bin geschmeichelt», fauchte Mary.

«Das sollten Sie auch sein, nehme ich an. Sie sind von allen unter die Lupe genommen worden. Charles hatte früher schon Liebesgeschichten, aber von Heiraten war nie die Rede.»

«Ich bin an Charles' früheren Liebesgeschichten nicht interessiert.» Mary drehte ihm wütend den Rücken zu. «Es ist Zeit, daß wir gehen.»

«Ach, Mary, seien Sie nicht ärgerlich.» Harry war echt verlegen. «Sie haben doch nur mit den Metcalfes darüber gesprochen. Und die sind wirklich zu alt. Wenn es jemanden gäbe, vielleicht eine Freundin in unserem Alter, mit der Sie sprechen können, würde ich still sein.»

«Nein, Harry.» Sein mit Charme gekoppeltes Schuldbewußtsein stimmte sie versöhnlich. «Es gibt niemanden.»

«Wollen Sie dann nicht mit mir reden? Oder wenigstens zuhören? Ich werde kein Wort weitererzählen.»

«Aber warum sind Sie so dagegen?» Sie war verblüfft darüber und über sein offenkundig größeres Interesse an ihr als am Sekloong-Clan.

«Weil, Mary, weil ...»

Er spielte bewußt all seinen Charme aus. Obwohl Mary sich klar war, daß er ihre Schwäche für ihn ausnützte, ging sie darauf ein und fragte: «Weswegen, Harry?»

«Weil ich Sie gern mag. Wie eine Schwester natürlich. Und ich will nicht, daß Sie von den Sekloongs verschlungen oder dem Ehrgeiz meines Vaters geopfert werden. Er fürchtet, der Clan werde auseinandergerissen, wenn er sich dieser Ehe von Charles widersetzt, deshalb hat er nachgegeben. Aber als nächstes wird er anfangen, Sie umzumodeln, wird versuchen, aus Ihnen nicht mehr als eine willige Gebärerin der nächsten Generation der Sekloong-Dynastie zu machen.»

Mary wollte protestieren, aber Harry gebot ihr Einhalt.

«Noch eine Minute, dann bin ich still. Wenn Sie die Bedingungen akzeptieren, wird man Ihnen die Welt in Seide gehüllt zu Füßen legen. Aber ich will nicht, daß Sie gedemütigt – oder zugrunde gerichtet werden.»

«Danke, Harry.» Sie war so völlig besänftigt, daß ihr die eigentliche Bedeutung seiner letzten Worte entging und sie nicht darauf einging. «Ich sehe, daß Sie mich wirklich gern haben. Ich werde über Ihren Rat nachdenken. Offengestanden, ich habe noch keinen Entschluß gefaßt.»

«Das freut mich», sagte er. «Noch eine letzte Frage?»

«Stellen Sie sie ruhig. Aber Sie haben versprochen, daß unser Gespräch unter uns bleibt.»

«Wie steht es», fragte er unverblümt, «mit der Alternative?»

«Mit der Alternative? Ach, Sie meinen . . .»

«Captain John Williams, den sogenannten Helden von Peking. Ganz Hongkong kennt die Geschichte von Ihrer prächtigen Kette. Das Mädchen, das Prinz William bezauberte, hat auch den ruhmreichen Helden von Peking bezaubert.»

«Was weiß ganz Hongkong sonst noch von mir?»

«Nun, natürlich, daß die Kette – äh – eine Kriegsbeute war und der tapfere Captain durch Plündern reich wird.»

«Und was sonst noch?»

«Es heißt, daß auch er Ihnen einen Heiratsantrag gemacht habe.»

«Das stimmt, Harry . . .»

Dankbar ergriff sie die Gelegenheit, in voller Aufrichtigkeit zu sprechen. Sie brauchte weder ihre Gefühle hinter mädchenhafter Zurückhaltung zu verbergen, noch sie vor einer anderen jungen Frau geheimzuhalten, da sie nun einmal eine Rivalin ist. Es war ihr immer leichtergefallen, mit einem Mann zu reden, und Harry war ein sehr angenehmer Vertrauter.

«Und hat er . . .»

«Ich habe nicht ja gesagt. Ich habe nicht einmal ‹vielleicht ja› gesagt.»

«Auch nicht ‹möglicherweise nein›?»

«Nein, nicht einmal ‹möglicherweise nein›. Nur freundliche Briefchen. Ich muß noch nachdenken über Charles und John. Ich bin mutterseelenallein in der Welt, nicht nur in eurer Welt.»

«Darum nehme ich mir solche Freiheiten heraus – und hoffe zuversichtlich, daß Sie mir verzeihen werden.»

«Ich will es Ihnen offen sagen. Ich empfinde große Zuneigung für John, aber er reizt mich nicht – wie Charles. Jetzt habe ich Sie sicher schockiert – solche sinnlichen Gefühle!»

«Nichts, was Sie sagen oder tun, könnte mich je schockieren.»

«Lassen Sie uns ein Stück die Straße hinaufgehen.» Sie nahm seinen Arm. «Ich werde es Ihnen erklären. Aber dann müssen wir mit dieser Art Gespräch aufhören.»

«Einverstanden.»

«Meine Mutter wartete ihr halbes Leben darauf, daß mein Vater aus dem Ausland zurückkäme. Für meinen Bruder und mich war er nur eine undeutliche, massige Gestalt, die gelegentlich auftauchte. Ihr Leben lang wartete Mutter auf seine Beförderung. Aber sie kam nie, und er wird als Offiziersdiensttuender sterben.»

«Captain John Williams», unterbrach sie Harry, «ist zu Großem ausersehen. London braucht einen Bilderbuchhelden, um das schmutzige Abenteuer zu verherrlichen.»

«Mag sein. Aber trotzdem bleibt John mittellos – und unterer Mittelstand. Ich will mein Leben nicht wie meine Mutter verbringen, immer knapp bei Kasse, den Schein aufrechterhalten und vor den Frauen der Vorgesetzten kuschen. In England bin ich eine Null – und würde eine Null bleiben.»

«Charles ist kein Notausstieg.»

«Sie verstehen mich nicht», brauste sie auf. «Ich würde Charles – oder einen anderen Mann – niemals heiraten, um nur meine Lebensumstände zu ändern, wenn ich ihn nicht liebte. Aber ich will mich nicht dazu verurteilen, eine endlose, trostlose Straße entlangzuziehen, die nirgends hinführt, wie sehr ich einen Mann auch lieben mag.»

«Die Wahl», meinte Harry, «ist also nicht leicht. Entweder eine fremde Welt, aufregend und glanzvoll, aber voller Fallgruben. Oder Ihre eigene Welt, die Sie abschreckt. Habe ich recht?»

«Sie haben es gut ausgedrückt», lächelte sie. «Aber Sie haben die Liebe ausgelassen. Ich kann beschließen, nicht zwischen ihnen zu wählen. Ich will lieber gar keinen Mann haben als zwischen zweien zu wählen, die ich vielleicht liebe, vielleicht auch nicht, die ich aber vielleicht gar nicht haben möchte.»

Marys offenherziges Gespräch mit Harry war anstrengend für sie gewesen, obwohl sie selbst spontan das Bedürfnis gehabt hatte, sich auszusprechen. Sie war es weder gewöhnt, ihre Gefühle genau zu analysieren, noch sie anderen anzuvertrauen. Aber später erinnerte sie sich dieses Gesprächs als eines erfreulichen Intermezzos in einer Zeit, in der sie das Angriffsziel eines unerbittlichen Feldzugs war.

Harry hatte recht gehabt. Der Sekloong-Clan war eine mächtige, disziplinierte Truppe, die geschickt manövrierte, um ihren Widerstand zu brechen, als ob sie eine belagerte Stadt wäre. Nachdem Sir Jonathan nachgegeben hatte, führte er den Feldzug, als ob Marys Ehe mit seinem Sohn sein größter Wunsch wäre. Nur er selbst wußte, ob er die Verbindung wirklich wünschte, oder ob er hoffte, Mary würde seinem eigensinnigen Sohn einen Korb geben, so daß die Enttäuschung Charles in Zukunft gefügiger machen würde. In beiden Fällen mußte er Begeisterung erkennen lassen, um den Bruch mit Charles, den er verursacht hatte, wiedergutzumachen und den Einfluß auf seinen Erstgeborenen zurückzugewinnen.

Der Druck der Sekloongs verstärkte sich ständig. Die unablässigen Angriffe auf Marys Gefühle schwächten ihren Willen. Mit Einladungen und Geschenken versuchten sie Marys Widerstand zu brechen und ihr gleichzeitig mit dem Reichtum und der Macht des Clans zu imponieren. Sie konnte sich später nie an jedes einzelne der Abendessen im kleinen Kreis, an jeden glanzvollen Ball und jeden Ausflug in luxuriöser Behaglichkeit erinnern. Aber sie konnte die geschmackvollen Geschenke auch nicht ablehnen, ohne grob zu erscheinen – und sich selbst so vorzukommen.

Ein Armband aus geschnittener Jade oder ein Amethystring, mit Diamantsplittern eingefaßt, von Sir Jonathan. Eine Cloisonné-Puderdose von Lady Lucinda oder ein Ballen «Tribut»-Seide, jenes schwere, strukturierte, goldschimmernde Gewebe – würdig als Geschenk für einen Kaiser. Und von Charles selbst – von Charles, der sich normalerweise jede Geste versagte, die drängender war als eine fragend hochgezogene Augenbraue oder eine gemurmelte Vertraulichkeit – kostbare Kleinigkeiten: ein silberbestickter Schal aus Laos; ein winziges Töpfchen Kaviar aus Persien; Orchideenstengel, zusammengehalten von einer Emailbrosche aus dem 17. Jahrhundert aus Peking.

Charles brach sein Versprechen, sie nicht zu drängen, nur ein einziges Mal. Er schmachtete nicht, wie es bei den bläßlichen, romantischen Liebhabern der viktorianischen Gesellschaft Sitte war; das lag ihm ebensowenig wie die in China seit alters her übliche würdige Haltung des gebildeten jungen Beamten, der die Tochter seines Vorgesetzten ohne jede Hoffnung liebt. Charles, dem sich nie eine Frau versagt hatte, sah sich eher als kühnen Krieger, der sich nimmt, was er will. Als er Mary eines Abends nach einem Diner im Haus der Sekloongs an der Bonham Road nach Hause brachte, schickte er die Rikschakulis weg und begleitete sie zur Tür des Bungalows.

«Wann erhalte ich Ihre Antwort?» fragte er. «Wann sagen Sie ja?»

«Ich brauche noch Zeit, Charles», erwiderte sie. «Es tut mir leid.»

«Die Zeit ist fast abgelaufen. Und auch meine Geduld ist bald am Ende. Ich liebe Sie, Mary, ich will Sie haben, und ich werde Sie haben. Das schwöre ich Ihnen. Ich werde mit meiner Familie brechen, wenn Sie darauf bestehen. Wir werden selbst unseren Weg machen. Mittellos, wenn es das ist, was Sie wirklich wollen. Aber ich werde nicht viel länger warten. Und Sie *werden* mich heiraten.»

«Aber, Charles, ich bin noch nicht ...»

«Sie *werden* sicher sein – und sehr bald. Sie *werden* ja sagen – sehr bald.»

Er packte sie an den Schultern, und sie überließ sich gern seinem fordernden Kuß. Plötzlich ließ er sie los.

«Ich weiß es», sagte er schroff, «auch wenn Sie es nicht wissen. Es wird nicht mehr lange dauern, bis Sie einverstanden sind. Also denken Sie noch mal darüber nach. Aber nicht zu lange!»

Am Weihnachtsmorgen brachte ihr ein Kuli ein Päckchen mit einem kurzen Brief: «Von allen Sekloongs mit herzlichen Grüßen.» Die 1200 Jahre alte Keramik-Ente, nur zehn Zentimeter hoch auf einem Nest aus Seide, strahlte in ihrem Glanz der unerreichten Dreifarbenglasur der Tang-Dynastie. Es war offensichtlich ein wertvolles Stück, aber wiederum nicht so wertvoll, daß sie es hätte zurückschicken können, ohne taktlos und unhöflich zu sein.

«Keine Bestechung», bemerkte Hilary Metcalfe, als er das kleine Meisterwerk der Töpferkunst bewunderte, «aber sehr starke Überredung.»

Mary bat immer noch um Aufschub, um nachdenken zu können und ihren eigenen Weg zu finden. Sie war noch einem anderen, fast ebenso starken Druck ausgesetzt. John Williams schrieb ihr gestelzte leidenschaftliche Briefe aus Peking und schickte ebenfalls Geschenke: ein Mandschu-Brautgewand aus leuchtend roter und grüner Seide, mit gelben Chrysanthemen bestickt; einen Miniaturbaum, die Blätter, Blüten und Früchte aus vielfarbiger Jade geschnitzt; eine kobaltblaue und cremefarbene Vase der Kang Hsi-Periode, zweihundert Jahre alt. Mary bestätigte diese Geschenke und beantwortete seine Briefe so liebenswürdig, wie sie nur konnte, ohne sich festzulegen.

«Was für eine schöne Kette, John, ich werde sie für Sie aufheben. (Das war der Kehrreim ihrer Briefe.) Ich freue mich sehr auf Ihre Rückkehr. Es tut immer gut, alte Freunde zu sehen. Und ich bin hocherfreut über Ihr Glück.»

Kein einziges Wort, das er als Annahme seines Heiratsantrags auslegen konnte – oder als ungebührliche Ermutigung. Da er jedoch leidenschaftlich verliebt war, antwortete John Williams, als ob sie bereits offiziell seine Verlobte wäre.

Am Tag nach Weihnachten saß Mary allein mit ihrer Malerei im Wohnzimmer des Bungalows und war froh über eine Atempause nach den hektischen Feiertagen. In einer Woche hatte sie an vier Abendgesellschaften und drei ausgiebigen Mittagessen teilgenommen, der Höhepunkt war dann die Weihnachtsfeier bei den Sekloongs gewesen. Nicht nur die Sekloongs überschütteten sie mit Einladungen. Wie Hilary Metcalfe vorausgesagt hatte, war sie eine kleine Berühmtheit geworden, nachdem ihr Prinz William auf dem großen Ball den Hof gemacht hatte. Außer der Ehrenwerten Rachel Wheatley waren alle Gastgeberinnen in Hongkong erpicht darauf, die «Tanzpartnerin Seiner Königlichen Hoheit» bei sich zu sehen. Und offenbar war es in der Kolonie unvermeidlich, daß ihre Beliebtheit sie zum Mittelpunkt von Intrigen machte. Wütend über Sir Henry Blakes Bemühungen, den chinesischen Bevölkerungsteil versöhnlich zu stimmen, versuchten konservative *Taipans* und Beamte, Mary in ein Symbol zu verwandeln: «die junge Dame, die Lady Blake die Stirn bot». Marys Sympathien gehörten den Chinesen und Eurasiern, aber sie hatte gelernt, ihre Zunge im Zaum zu halten, wenn sie durch den verschlungenen Irrgarten der Kolonialgesellschaft schritt. Nach dem ersten Freudenrausch über ihre Beliebtheit fand sie es ein bißchen langweilig.

Sie genoß es daher, allein zu sein. Sie nahm nur eine Brühe und etwas kaltes Huhn zu sich und machte sich dann an ihre lange vernachlässigte Malerei: neblige graugrüne Berge, über die ein azurblauer Wasserfall herabstürzte. Die ruhige Beschäftigung linderte ihre durch den Festestrubel hervorgerufene Melancholie. Draußen auf den Veranden streckten riesige Weihnachtssterne – bei einer Temperatur von 25 Grad am Weihnachtstag – ihre roten Blütenblätter der Sonne entgegen.

Das Klirren der Glasperlen an der Haustür kündigte Besuch an: Captain John Williams erschien in dem stillen Raum. Er sah überwältigend aus in der rot-goldenen Paradeuniform mit dem karmesinroten Band des Viktoriakreuzes auf der linken Brust und den drei Silbersternen seines neuen Rangs auf den Epauletten. Aber er hatte stark an Gewicht verloren, und in seinem gutmütigen Gesicht hatten sich Falten eingegraben. Und er hatte auch die Schüchternheit verloren, die sie vor sechs Monaten, als das Regiment sich nach Peking einschiffte, so liebenswert gefunden hatte.

«Mary, meine Liebe. Ich sehnte mich danach, Sie zu sehen. Endlich Genesungsurlaub herausgeschlagen nach all diesen Monaten.»

«John!» stieß sie hervor. «John, wie schön, Sie zu sehen. Wir waren alle so glücklich, als wir erfuhren, daß Sie nicht schwer verwundet waren. Und wir tranken Champagner auf Ihren Orden und Ihre Beförderung.»

«Meine liebe Mary! Es war eine lange Zeit! Ich bin gekommen, sobald ich konnte.»

Er nahm sie in die Arme und zog sie hoch, und seine Lippen schmeckten nach Tabak und Whisky. Sie entwand sich seiner Umarmung, und ihr Herz hämmerte.

«Sie sehen bezaubernd aus, einfach bezaubernd. Von diesem Augenblick habe ich geträumt.»

Er küßte sie noch einmal, und sie ließ es einen Augenblick zu, ehe sie sich ihm wieder entzog.

«Es ist herrlich, daß Sie da sind», lachte sie. «Aber Sie müssen brav sein – sonst muß ich Sie bitten zu gehen. Es ist nur Ah Sam im Haus, und es ist nicht schicklich . . .»

«Um so besser!» Das war sein neues Selbstvertrauen, das aus ihm sprach. «Um so besser! Ein Mann sollte mit seiner Verlobten allein sein, wenn er so lange weggewesen ist. Mary, ich liebe Sie.»

Sie setzte sich hinter den stabilen Eßzimmertisch, um damit seiner Leidenschaft einen Riegel vorzuschieben.

«John», erinnerte sie ihn, «wir sind nicht verlobt.»

«Nicht verlobt? Unsinn! Das stand doch in Ihren Briefen.»

«Was stand in meinen Briefen?» Sie wollte streng sein, fürchtete aber, unwillkürlich zu kokettieren. «Was?»

«Ich habe es einfach daraus entnommen. Sie haben nie nein gesagt. Daher wußte ich, daß Sie ja meinten, obwohl Sie zu scheu, zu schüchtern waren.»

«Ich habe aber auch nie ja gesagt, nicht wahr?»

«Worauf wollen Sie hinaus? Sie haben mir Anlaß gegeben zu glauben . . . Mary, hören Sie auf zu scherzen.»

«Ich scherze nicht, John. Ich habe nie ja gesagt und auch nicht ja gemeint. Vielleicht habe ich nicht direkt nein gesagt. Vielleicht wollte ich sagen, ich weiß es nicht, aber wie könnte ich ...»

«Dann ist es also wahr.» Er sah sie wütend an. «Die Gerüchte, die ich gehört habe – aber nicht glauben konnte. Sie haben ein unredliches Spiel getrieben mit mir und diesem ... diesem Eurasier, Sekloong.»

«Ein unredliches Spiel ist es kaum gewesen», erwiderte sie kühl. «Ich schrieb Ihnen so, wie ich an jeden Freund schreiben würde ... jeden guten Freund. Aber ich habe Ihnen keinen Anlaß gegeben, irgend etwas zu glauben. Außerdem, warum glauben Sie, daß es ein anderer Mann sein muß, wenn Sie es nicht sind?»

«Und meine Geschenke?» Er überging ihre Frage. «Sie haben sie behalten, bedeutete das nicht etwas?»

«Ich habe sie für Sie aufgehoben. Ich schrieb Ihnen, daß ich sie für Sie aufhebe.»

«Nun gut, Mary, und wie steht es jetzt mit uns? Kann ich hoffen oder soll ich gehen?»

«Es ist mir schrecklich, Sie wegzuschicken, nachdem Sie gerade erst zurückgekommen sind. Aber Sie müssen einsehen ...»

«Sie haben sich nicht ... verpflichtet ... Sie sind diesem halbblütigen Chink nicht versprochen? Ich habe die Nase nachgerade voll von Chinks.»

«Nein, ich bin niemanden verpflichtet ... weder Mr. Sekloong noch Ihnen, Captain Williams. Und nennen Sie Charles nicht einen Chink. Er ist ein Gentleman – und sehr viel feinfühliger und gütiger als Sie.»

«Ein Chink ist ein Chink, wie er sich auch verkleiden mag, und auch, wenn sein Vater mit einem Titel behängt ist. Sie gehören mir, Mary, nicht ihm.»

«Ich gehöre mir selbst, John. Können Sie das nicht verstehen?»

John Williams verlagerte sein Gewicht auf dem knarrenden Rohrstuhl. Vor Verblüffung und Ärger stieg ihm Röte ins Gesicht.

«Ich versuche, es zu verstehen, Mary», sagte er mit verbissener Geduld. «Wenn Sie ihm nicht versprochen sind, dann heiraten Sie mich ... heiraten Sie mich noch in dieser Woche.»

«Ich werde niemanden heiraten, ehe ich es für richtig halte.» Sie wurde allmählich ärgerlich. «Ich bin keine Tapferkeitsauszeichnung, die die Regierung Ihrer Majestät verleiht.»

«Aber Sie sind käuflich für den Höchstbietenden!» sagte Williams mit zornerstickter Stimme. «Und der Höchstbietende ist der Chink.»

Damit war es um den letzten Rest von Marys Selbstbeherrschung geschehen. Die Entscheidung, der sie so lange ausgewichen war, wurde in einem einzigen Augenblick gefällt. Gezwungen, ihre Freier gegeneinander abzuwägen, hatte sie ohne Zögern den abwesenden gewählt. Daß sie Charles so hitzig verteidigt hatte, zeigte, daß sie ihn sehr liebte.

«Nein, Captain Williams, ich bin nicht käuflich für den Höchstbietenden, und ich lasse mich auch nicht durch Unverschämtheit zur Ehe zwingen. Nein, Captain Williams, ich werde Sie nicht heiraten. Ich werde Mr. Sekloong heiraten.»

«Mary», unterbrach er sie zerknirscht, «Mary, hören Sie mich doch an.»

«Ich habe Sie schon zu lange angehört – jetzt ist es zu spät.»

«Heiraten Sie Sekloong oder das Geld seines Vaters?» schrie Williams. «Ein Offizier der Königin ist wohl nicht gut genug für Sie. Es muß ein Nabob sein, und wenn auch ein Chink-Nabob.»

«Glauben Sie, was Sie wollen, Captain. Ich werde Charles Sekloong heiraten, und zwar aus vollem Herzen, und ich werde ihm eine so gute Frau sein, wie ich kann.»

INTERMEZZO

27. Juni 1970

20 Uhr 30 bis 22 Uhr 30

Wie ein fernes Echo aus der Vergangenheit drang leises Klingeln an Lady Marys Ohr, während sie mit ihren Halsketten spielte. In die gedämpfte Freude der neunzigjährigen Witwe drängte sich die Erinnerung an die Glückseligkeit des zwanzigjährigen Mädchens nach ihrem ersten großen Ball und an ihre Bestürzung über die Wut des abgewiesenen Freiers. Ihr war, als hörte sie das sanfte Klirren der Glasperlen an der Haustür, die es nicht mehr gab, und auch ihr zorniges Rasseln an jenem schrecklichen Nachmittag vor fast siebzig Jahren. Die Geräusche, die sie tatsächlich hörte, waren das Klappern der Elfenbeinstäbchen auf den Porzellanschüsseln, das die wogenden Wellen der Unterhaltung begleitete, und das sanfte Klimpern ihrer Jadeperlen.

Ihre nächsten Angehörigen, zweiundvierzig an der Zahl, saßen an einem langen Tisch in der großen Halle der Burg. Mittelalterliche europäische Holzschnitzereien hatten den starren Blick auf tausendjährige chinesische Schriftrollen gerichtet. Sie saß mit dem Rücken zur Tür, und Sir Mosing Way, selbst schon fünfundachtzig, hatte den Ehrenplatz inne, seiner Gastgeberin direkt gegenüber. Weniger bedeutende Mitglieder des Hauses Sekloong und die Würdenträger der Kronkolonie saßen an neun weiteren Tischen, während Diener in Bataillonsstärke die sechsundfünfzig Gänge des kaiserlichen Mandschu-Banketts servierten. Zu dem Festmahl gehörten so ausgefallene Delikatessen wie Kolibrizungen, Bärentatzen und Elefantenrüssel, aber auch bekanntere Gerichte, Garnelen in Reismehlhüllen, knusprige Peking-Ente, Haifischflossen mit gehacktem Hühnerfleisch, gebratener Hummer mit schwarzen Bohnen, zarter junger Mais mit Muscheln, gebratene Jungvögel, Makrelenbällchen in süßer roter Sauce und die Acht-Schätze-Suppe, angerichtet in einer ausgehöhlten Warzenmelone. Mary hatte nur eine Bedingung gestellt, als Sarah und Opal das Menu vorschlugen, das einst für die Kaiserinwitwe Tzu Hsi zusammengestellt worden war: anschließend sollten den Gästen die traditionellen Geburtstagsnudeln serviert werden, deren Länge ein Symbol für langes Leben ist, und am Ende des Festmahls *jook* – Reisschleim, das Hauptnahrungsmittel der Armen in Südchina.

«Das wird sie an ihre Herkunft erinnern», hatte Mary gesagt. «Wird sie daran erinnern, wie all diese Grandeur und Pseudo-Grandeur begann.»

Die Geste würde wahrscheinlich unbemerkt bleiben bei all dem prunkvollen Glanz. Die zehn Tische, gedeckt für mehr als vierhundert Personen mit einem goldplattierten Service, wirkten klein in der Weite der großen Halle. So wie die Burg die Sekloong-Residenz beherrschte, wurde die Burg selbst von der fünfzig mal fünfzig Meter großen und drei Stockwerke hohen Halle beherrscht. Ein Teppich, 1921 in Peking nach Maß bestellt, bedeckte das gewachste Parkett. Er hatte ein Muster in Blau und Gold auf beigefarbenem Grund. Auf einer der sechs holzgeschnitzten Galerien spielte ein Kammerorchester Mozart.

Die Holzfiguren auf den Galerien, Engel, Heilige, Ritter und Frauengestalten, stammten aus französischen Châteaux, aus deutschen Schlössern und englischen Herrenhäusern. In den Nischen der mit Teak getäfelten Wände war Porzellan aus drei kaiserlichen Dynastien ausgestellt: das sanft schimmernde Blaßgrün der Sung, das leuchtende Blau und Weiß der Ming und die vielfarbigen, fast zwei Meter hohen Vasen der Ching. Eine im Laufe der Zeit nachgedunkelte Studie Rembrandts von seiner jungen Frau Saskia hing, hell angestrahlt, an der hinteren Wand. An der gegenüberliegenden Wand erstreckte sich ein Gemälde, fast dreißig Meter lang, das den hundert Kilometer langen Verlauf des Jangtsetals von Wuhu nach Nanking nachzeichnete. Der Künstler hatte dreiundzwanzig Jahre gebraucht, um die Prozession von Musikern, Reitern, Höflingen, Beamten und Konkubinen in ihren Sänften zu malen, die vor siebenhundertfünfzig Jahren den Kaiser Kao Tsung der südlichen Sung-Dynastie in seine Hauptstadt begleiteten.

Die Vergangenheit umgab sie überall, auch wenn das leise Geklingel nicht von schwingenden Glasperlen stammte. Sie fingerte an der großen Jadebrosche herum, die Sir Jonathan ihr geschenkt hatte. Liebevoll strich sie über den sprungbereiten geflügelten Drachen auf dem kühlen, sepiagestreiften Stein und brachte damit, wie immer, wenn sie über Projekte nachgrübelte, die ihre Urenkel als «Lady Marys diabolische Pläne» bezeichneten, ihre Halsketten zum Klirren.

Das war eine in aller Welt übliche weibliche Geste. Selbst gesittete britische Matronen – einst in wallenden Gewändern mit eingeschnürter Taille, jetzt uniformiert in Röcken und Twin-sets – fingerten unbewußt an ihren Perlen herum. Ja, die gesitteten Engländer! Sie hatte unter ihnen gelebt und mit ihnen gestritten, sie verachtet und ihr Leben lang geliebt – genau wie sie die Chinesen liebte. Henry, der älteste Sohn ihres ältesten Sohns Jonathan, war ein richtiger Brite, Lieutenant Colonel Sir Henry Jonathan Osgood Sekloong, Baronet. Die silbergeflochtenen Epauletten glitzerten auf der dunkelblauen Uniformjacke der 17/21 Lancers. Bald würden die Totenkopf-Insignien des Regiments auf den Rockaufschlägen gegen die roten Kragenspiegel eines Brigadekommandeurs ausgetauscht werden. Im Amtsblatt war bereits veröffentlicht worden, daß Sir Henry die Leitung der Panzertruppenschule in Bovingdon, Surrey, übernehmen werde – trotz seiner nicht ganz lupenreinen Herkunft. Für einen erst dreiundvierzigjährigen Offizier in einem schrumpfenden Heer war das eine schnelle Karriere.

Für die Engländer war Rang ein wichtiger Faktor, um soziale Nachteile wettzumachen, aber Reichtum ein noch wichtigerer, und Sir Henry war der überaus wohlhabende dritte Baronet. Dennoch konnte er seine Herkunft nie ganz vergessen. Sein gutes Aussehen verdankte er mehr seiner Mutter Sarah Haleevie als den Sekloongs. Seine jüdische Abstammung war um eine Spur annehmbarer als sein chinesisches Blut, obwohl Sir Henry sowohl die schlanke, aufrechte Gestalt des alten Herrn als auch seine angeborene Würde geerbt hatte. Doch hatte er gelernt, den Scharfsinn der Sekloongs und das Temperament der Haleevies nicht offen zu zeigen. Die harte Schulung durch die Jesuiten im Stonyhurst College und die Disziplin der Königlichen Militärakademie in Sandhurst hatten aus ihm einen typischen britischen Offizier gemacht.

Weiß Gott, es gibt zu viele Soldaten in der Familie! dachte Lady Mary. Vielleicht ging dieser Hang auf die frustrierten Gene ihres Vaters zurück. Lieutenant Colonel Sir Henry gegenüber saß ein Offizier in einer hellblauen Uniform. Auf seinen Schultern glänzten die zwei Sterne eines Generalmajors der amerikanischen Luftwaffe, und unter dem lorbeerbekränzten Stern, der die silbernen Flügel eines *command pilot* krönte, hingen vier Reihen von Miniaturorden.

Ihr ältester Enkel, Generalmajor George Chapman Parker jr., war gerade vierundvierzig. Sein forsches Wesen war sehr amerikanisch, ebenso wie sein gelegentlich feierlicher Ernst. Blanche Taylor, die Frau des stellvertretenden Außenministers, war seine zwei Jahre jüngere Schwester. Lady Marys Tochter Guinevere hatte Dr. George Chapman Parker geheiratet, den amerikanischen Zweig der Familie begründet und 1944 mit ihrem Mann den Tod gefunden. George, ein untersetzter Mann mit graublondem Haar, hatte die scharfblickenden braun-grünen Augen des alten Herrn. Er hatte Jagdbomber in Korea geflogen und ein Geschwader in Vietnam befehligt.

Auch Sir Henry hatte in Korea gekämpft, und Lady Mary fragte sich, ob der Enkel, den sie nie gesehen hatte, unter Henrys Geschützfeuer oder unter Georges Bomben gestorben war. Ihr Sohn James (sie brachte es einfach nicht über sich, ihn Ai-kuo zu nennen) hatte pflichtschuldig geschrieben und von seines Sohnes «heroischem Opfer bei der Verteidigung des Vaterlandes» auf einem unbekannten, schneebedeckten Berg in Nordkorea im Frühjahr 1951 berichtet. James selbst hatte – natürlich unter dem Namen Lieutenant General Schih Ai-kuo – das Armeekorps der «Freiwilligen des chinesischen Volkes» befehligt, bei dem sein Sohn politischer Kommissar gewesen war.

Einen Moment lang erschien auf der durchscheinenden Haut zwischen Lady Marys Augenbrauen eine Falte. Als zwanzigjähriges romantisches Mädchen hatte sie davon geträumt, Ost und West zusammenzubringen, vereint in der Frucht ihres Leibes. Die neunzigjährige weise alte Dame dachte betrübt, aber ohne Bitterkeit darüber nach, daß Ost und West noch immer unversöhnlich waren. Statt sich durch ihr gemeinsames Blut verbunden zu fühlen, hatten ihre Enkel gegeneinander gekämpft. Der anscheinend nicht zu unterdrückende Konflikt zwischen zwei Welten war in ihrer eigenen Familie ausgebrochen – und es könnte wieder geschehen.

Sie fiel ein wenig auf den roten Samtkissen ihres Stuhls mit der vergoldeten Schnitzerei in sich zusammen. Die anderen Witwen, Sarah und Opal, beobachteten sie besorgt. Sie wußten, wie gebrechlich sie in den letzten vier Monaten geworden war. Sie lächelte ihnen beruhigend zu und wandte den Blick zu den Statuetten in einer Glasvitrine.

Die Figürchen, Grabbeigaben eines Edelmannes der Tang-Dynastie vor 1300 Jahren, hatten sie immer getröstet. Ihre unvergängliche Schönheit linderte den Stachel der Sterblichkeit, denn sie erinnerte daran, daß die Werke der Menschen über den Tod hinaus Bestand haben. Grimmige Krieger auf stolzen, langhalsigen Pferden beschützten eine Karawane von Kamelen, Packpferden und Eseln; die Glasur auf den Flanken der Pferde schimmerte braun, grün und gelb. Zwei Mandarine begleiteten drei hakennasige zentralasiatische Händler; der eine hielt einen Vogel, der zweite trug einen Hund auf den Armen und der dritte krümmte sich unter einem schweren Sack. Tänzerinnen, Diener und ein Schwarm kleiner Vögel umspielten die Karawane.

Die Vitrine war durch eine besondere Alarmanlage gesichert, denn die Figuren waren von dem konservativsten Auktionator in London auf über fünf Millionen Dollar geschätzt worden. Aber ihre unvergängliche Schönheit bedeutete Lady Mary weit mehr als ihr Geldwert. Geld, einst der Schlüssel zu Leben und Freiheit, war im Laufe der Jahre fast bedeutungslos für sie geworden, denn es vermehrte sich von selbst und brachte riesige Summen hervor, die ihre Vorstellungskraft überstiegen. Das persönliche Vermögen der in der großen Halle versammelten Männer und Frauen betrug mehr als zwei Milliarden Pfund, und die Aktiva der von ihnen kontrollierten Firmen beliefen sich auf ein Vielfaches dieser Summe.

Leidenschaften, die stärker waren als Gewinnsucht, ergriffen die Runde. Lady Marys Betrachtung der vollendeten Tang-Figürchen wurde durch aufgebrachte Stimmen unterbrochen. Ihre Söhne Thomas und James waren aufgestanden und beschimpften einander in dem harschen Kantonesisch, das die Sprache ihrer Kindheit gewesen war.

«Lügner und Verräter», schrie der nationalistische General seinen jüngeren Bruder an. «Ihr habt China an die Russen verkauft. Ihr habt den Generalissimus verraten. Ihr habt Chinas Kultur zerstört.»

«Lakaien der Imperialisten!» brüllte der kommunistische General. «Laufburschen der Amerikaner. Eure korrupte Bande von Dieben hat das Volk ausgepreßt, bis ihm das Blut aus den Fingernägeln rann! Euer Generalissimus ist nur ein . . .»

«Thomas! James! Das reicht!»

Beschämt sanken die beiden Generale auf ihre Stühle, von Lady Marys hoher Stimme wie ungebärdige Schuljungen zum Schweigen gebracht.

Der stellvertretende Außenminister starrte in seine goldgeränderte Reisschale, als könnte er in dem schimmernden Porzellan die Lösung der drängendsten Probleme der Welt finden. Die Vettern, Lieutenant Colonel Sir Henry Sekloong und Generalmajor George Parker, plauderten angeregt über den Tisch hinweg. Charlotte Barakian lachte nervös. Ihr Mann saß teilnahmslos da und hielt sich bewußt zurück, denn er machte sowohl mit Peking als auch mit Taipeh Geschäfte. Sarah Heleevie Sekloong und Opal beobachteten Lady Mary von neuem besorgt.

Die Wellen, die der kurze Zusammenstoß hervorgerufen hatte, breiteten sich in konzentrischen Ringen aus. Der stämmige Geheimpolizist aus Schantung hinter General Schih Ai-kuo trat vor, die Hand auf dem Pistolenhalfter unter seiner weitgeschnittenen Uniformjacke. Der junge Mann mit Bürstenhaarschnitt im dunklen Anzug, der hinter dem stellvertretenden Außenminister stand, hob sein winziges Sprechgerät an die Lippen. Sechs Kellner drängten sich durch die Menge, die Hände in den Taschen ihrer weißen Jacken. Sie waren das Elitekommando der Hongkonger Kriminalbeamten, abgestellt zu dem großartigsten Bankett, das die Kolonie erlebt hatte, seit Prinzessin Margaret im Vorjahr zu Besuch war und ein Essen für 1500 Personen gegeben hatte. Im Vergleich zu dem feierlichen Anlaß damals war dieses Diner möglicherweise politisch wichtiger – und viel explosiver.

Die Wellen breiteten sich auch außerhalb der Burg aus, und die uniformierten Polizisten rückten zu den großen, geschnitzten Teaktüren vor. Der Kordon war abgestellt worden, um den Verkehr zu regeln und Nichteingeladene zurückzuweisen. Zwei Züge der blaubemützten Bereitschaftspolizei warteten auf Lastwagen, und der stellvertretende britische Polizeichef saß in einem mit vier Antennen ausgerüsteten, aber nicht als Polizeifahrzeug gekennzeichneten Wagen.

Der Polizeichef hatte den Gouverneur warnend darauf hingewiesen, daß die Ansammlung von Macht und Reichtum in der großen Halle Diebe, Entführer und Mörder anlocken könnte. Der Gouverneur hatte außerordentliche Sicherheitsvorkehrungen angeordnet, denn er war sich der Gefahr eines Zwischenfalls oder – sein Alptraum – eines Mordes durchaus bewußt. Wenn etwas passierte, würden sowohl Peking als auch Washington, ganz zu schweigen von London, seinen Kopf fordern, und auf den wimmelnden Straßen der Kolonie könnten Unruhen ausbrechen, die schlimmer wären als die Gewalttätigkeiten von 1967. Die Nachtwächter, die normalerweise mit großen Wolfshunden die Sekloong-Residenz bewachten, waren um hundertfünfzig Mann der Königlichen Hongkonger Polizei verstärkt worden. Die Erschütterung, die ein ernstlicher Zwischenfall hervorrufen würde, könnte sich über das Anwesen, ja sogar über Hongkong hinaus fortpflanzen und das heikle Gleichgewicht unter den Großmächten gefährden.

Furcht breitete sich in der großen Halle aus. Selbst die Figürchen der Tang-Krieger wirkten wachsam.

Der alte Sir Mosing Way erhob sich, um das Unbehagen zu beschwichtigen. Sein Enkel, der sechsundvierzigjährige Mokhing Way, Charlotte Sekloong Way d'Alivière Martin Barakians Sohn aus erster Ehe, stützte ihn. Der alte Mann in dem langen chinesischen Gewand und der jüngere Mann im Frack erinnerten Lady Mary lebhaft an ihre erste Begegnung mit Sir Jonathan und Charles. Sir Mosing war kein Blutsverwandter, und sein Sohn Manfei, Charlottes erster Mann, war schon vor Jahrzehnten von Entführern ermordet worden. Aber die Ways durften bei keiner der großen Zusammenkünfte des Sekloong-Clans fehlen. Die familienbewußten Chinesen nannten sie *chinchia*, «Angehörige desselben Hauses».

«Auf unsere Gastgeberin und auf die Eintracht der Familie», ließ sich Sir Mosing mit schwacher Stimme vernehmen. «Als einziger anderer Angehöriger der ältesten Generation nehme ich das Vorrecht des ersten Toasts in Anspruch. Viel Freude und ein langes Leben für Lady Mary.»

Gläser wurden gehoben, und die Spannung löste sich. Den Toast nach chinesischer Sitte erwidernd, hob Lady Mary ihr Glas und nippte an dem Reiswein, der speziell für sie gebrannt und zwölf Jahre gelagert worden war. Im Vergleich zu dem scharfen gelben Branntwein aus Shaohing oder dem feurigen, heilkräftigen *maotai* aus Kweichow war er wie ein Taittinger *blanc de blancs* zu einem algerischen Rotwein.

«Auf die Familie», erwiderte sie. «Auf die hier Versammelten und auf die Abwesenden. Auf unsere Freunde in allen Teilen der Welt. Auf alle innerhalb der vier Meere und auf alle unter dem Himmel. Ich trinke auf Liebe und Frieden – heute abend und immerdar.»

«So sei es, Amen!» beschloß eine Baritonstimme den Toast. «Gesegnet seien die Friedensstifter.»

Lady Mary wandte sich erfreut um. Charles war endlich gekommen – Charles, vielleicht ihr Lieblingskind und gewiß genauso geliebt wie ihr verlorener Sohn, der abwechselnd mürrisch und liebenswürdige kommunistische General, James Sekloong. Charles Kardinal Sekloongs schlanke Gestalt und die heitere Entschlossenheit, die aus seinem schmalen Gesicht mit den regelmäßigen Zügen sprach, machten ihn zum Ebenbild seines Großvaters Sir Jonathan. Lady Mary konnte ihn nicht ansehen, ohne ein Gefühl des Stolzes und der Liebe zu empfinden.

Er hatte seine Mutter darauf vorbereitet, daß er später kommen würde, weil die große katholische Gemeinde der Kolonie darauf bestand, daß der zu Besuch weilende Titular-Erzbischof von Tschungking ein Hochamt zelebriere. Der neunundfünfzigjährige Kirchenfürst war mindestens so prominent wie die anderen in der großen Halle Versammelten. Als Sekretär des Rats für die öffentlichen Angelegenheiten der römischen Kurie war er praktisch der Außenminister des Vatikan. Das einzige Kennzeichen seines Rangs war der purpurne Brustlatz eines Bischofs unter seinem Priesterkragen.

Zum erstenmal seit Jahrzehnten waren alle ihre noch lebenden Kinder um sie versammelt. Lady Mary seufzte vor Glück. Sie würde sie alle für ihren neuesten «diabolischen Plan» brauchen. Vielleicht war es der törichtste, den sie je ersonnen hatte, aber das war ein Grund mehr, ihn energisch in die Tat umzusetzen. Der Kardinal würde sicher ihre stärkste Stütze sein, aber sie brauchte sie alle.

Wenn die Familie einig war, könnte sie mit ihren mannigfaltigen Verbindungen ein wichtiger Machtfaktor im internationalen Streit sein, in dem nicht enden wollenden Hader von Nationen und Glaubensbekenntnissen. *Falls* die Familie geeint werden könnte! Die Vielschichtigkeit, die einerseits ihre Stärke war, schloß andererseits ein gemeinsames Vorgehen aus. Sir Jonathan hatte in der Tat eine fast imperiale Dynastie gegründet, deren Mitglieder überall auf der Welt Machtpositionen innehatten, die über fast unermeßliche Reichtümer verfügten und gewaltigen

Einfluß ausübten. Wie alle Dynastien, war der Clan durch persönliche, politische und ideologische Rivalitäten gespalten. Das Haus Sekloong verkörperte nicht nur den relativ jungen Wettstreit zwischen Ost und West und die alten Antipathien zwischen Okzident und Orient, sondern war aktiv an den heftigen Auseinandersetzungen zwischen diesen Machtgruppen beteiligt.

Lady Mary wollte unbedingt vermeiden, daß der Konflikt die Familie zerstörte. Obwohl das Haus Sekloong entzweit war, waren die wichtigsten Familienmitglieder ihrem Ruf gefolgt, weil sie alle das gemeinsame Band des Bluts anerkannten. Jetzt mußte sie sie zu der Erkenntnis bringen, daß sie auch gemeinsame Interessen hatten. Das wäre die Krönung ihres Lebens, dem so viele der Anwesenden ihr Leben und so viele andere Reichtum und Macht verdankten. Ihr Unterfangen war kühn, und sie betete, daß ihre Willenskraft ausreichen möge, um das Haus Sekloong zu einen.

Lady Mary schloß die müden alten Augen und versuchte, aus der Erinnerung an die Herkunft dieser zerstrittenen, glänzenden Versammlung Kraft zu schöpfen. Alles hatte mit der Hochzeit eines jungen Mannes und einer jungen Frau aus völlig verschiedenen Welten begonnen. So großartig dieser Anfang der etwas nervösen Braut auch erschienen war, er wurde in den Schatten gestellt durch seine überwältigenden Konsequenzen. Wie Harry Sekloong richtig vorausgesagt hatte, war Sir Jonathan entschlossen, ein machtvolles Reich zu gründen, das von seinen Nachkommen bewohnt werden sollte.

«Notfalls wird er es aus dem Chaos schaffen!» hatte Harry spöttisch hinzugefügt. «Wir können nur hoffen, daß er am *achten* Tage ruhen wird.»

Der erste Schöpfungsakt, die Hochzeit von Charles und Mary am 18. Februar 1901, war die erste inoffizielle Zeremonie in Hongkongs Geschichte, an der beide Rassen gleichberechtigt teilnahmen.

Der Gouverneur, der Kolonialsekretär, der kommandierende General der britischen Truppen und ihre Damen wohnten der kirchlichen Trauung in der Kathedrale bei. Ebenso Richard Wheatley und seine Frau, die Ehrenwerte Rachel, die unter ihrem Schleier die Nase über den stattlichen kantonesischen Kaufmann rümpfte, der neben ihr saß, und voll eisigen Hochmuts auf die Reihen chinesischer Gesichter in den Kirchenbänken starrte.

Störrisch hatte Musikmeister John Philip Osgood es abgelehnt, bei der Hochzeit zu erscheinen. Er war wütend, daß Mary sich ihm widersetzt hatte und «diesen hochgestochenen katholischen Chink» heiraten wollte. Nur seine Tochter bedauerte seine Abwesenheit – und auch sie nur flüchtig. Am Hochzeitsmorgen erhielt sie eine lange, teure Kabeldepesche aus York von ihrem sparsamen Bruder Thomas. Er bat sie, ihren Schritt zu überdenken, und sie wußte, daß ihr Vater diese unerfreuliche Botschaft veranlaßt hatte. Nachdem Sir Jonathan höflich sein Bedauern zum Ausdruck gebracht hatte, versuchte er nicht, seine Erleichterung darüber zu verbergen, daß Hilary Metcalfe an Stelle von John Osgood die Rolle des Brautvaters übernahm. Das neue Reich, das er schuf, brauchte eine Kronprinzessin – wenn es so sein mußte, rotblond und nicht schwarzhaarig. Aber es brauchte weder die Anwesenheit noch den Segen ihres bierseligen Vaters.

Die Trauungszeremonie, die der römisch-katholische Bischof vollzog, war nur noch ein undeutlicher Eindruck von Weihrauch, feierlichen Gesängen und vielfarbigen Gewändern, unter denen Mary, schimmernd in Weiß, wie eine Lilie auf einer Wiese bunter Blumen wirkte. Von dem prunkvollen Empfang, für den Sir Jonathan zweihundert Kisten Dom Perignon hatte kommen lassen, hatte sie nur noch flüchtige Bilder in Erinnerung. Captain John Williams hatte bereits einen langen Urlaub angetreten. Er war Mary aus dem Weg gegangen, nachdem sie ihm einen Korb gegeben hatte, und in seiner Verbitterung und in seinem Bemühen, schnell wegzukommen, hatte er keines seiner Geschenke zurückverlangt, nicht einmal die prächtige Jadekette. Captain Lord Peter French hingegen hatte sich, ohne sich zu schämen, in die hautenge Uniform der Coldstream Guards geworfen, sein goldgefaßtes Monokel auf Hochglanz poliert und auf dem Empfang getanzt, ehe er sich von der Braut und der Kolonie verabschiedete.

Der formelle Empfang war die höfliche Verbeugung der Sekloongs vor den europäischen Sitten gewesen, denn sie waren sich darüber klar, daß sie von nun an nicht umhin könnten, «unmißverständlich mit einem Fuß in jedem Lager» zu leben, wie Sir Jonathan gleichmütig bemerkte. Mary konnte nicht sagen, ob er sich darüber freute oder ob er sich nur damit abfand. Das Gegenstück zu dem Empfang war das bis ins letzte vorgeschriebene chinesische Hochzeitsbankett, zu dem sie zuerst in einem Kleid aus karmesinrotem Satin erschien, der Farbe des traditionellen chinesischen Brautkostüms. Der Brauch verlangte es, daß sie sich im Laufe des Abends sechsmal umzog, um die stattliche Aussteuer zur Schau zu stellen, die sie von den Metcalfes erhalten hatte. Aber Charles wollte ihr nicht erlauben, ein Kleid im chinesischen Stil zu tragen, und behauptete rätselhafterweise, das wäre «unpassend».

Daß sie sich ihren Wunsch versagen mußte, der chinesischen Abstammung der Sekloongs und ihren chinesischen Gästen durch ihre Garderobe eine Reverenz zu erweisen, minderte Marys große Freude über diesen aufregenden Tag und Abend nicht. Zu ihrer Überraschung bereitete es ihr sogar Vergnügen, sich Charles' Wünschen zu fügen, denn auf diese Weise löste sie ihr Versprechen ein, «zu lieben, zu ehren und zu gehorchen».

In jener Nacht erkannte sie auch, warum die Ehe der Traum jeder jungen Frau war, denn sie fand großes Vergnügen an ihrer freiwilligen Unterwerfung. Ihre lustvolle Reaktion im Bett überraschte ihren Mann zuerst und bezauberte ihn dann, und nur zu gern brachte er ihr die Künste bei, die er offenbar von kundigen Partnerinnen gelernt hatte. Ihre flüchtige Eifersucht auf seine früheren Erlebnisse wurde überflutet von den Wogen ihrer eigenen Sinnlichkeit und von dem Wissen, daß er von nun an nur ihr gehören würde. Die körperliche Lust überstrahlte das erste Jahr ihrer Ehe, das sie im Haus seiner Eltern an der Bonham Road verbrachten, während sie auf die Fertigstellung der Burg und ihres eigenen kleinen Hauses auf dem Peak warteten.

Gleichzeitig lernte Mary, die komplizierte Welt der Sekloongs zu verstehen, die Welt, in der zu leben sie sich entschlossen hatte. Als das Jahr 1901 in seine zweite Hälfte eintrat, war sie schwanger, und alle verhätschelten sie, als ob sie einen Prinzen oder eine Prinzessin zur Welt bringen würde. Zum erstenmal begriff sie wirklich, was für enorme Ambitionen ihr Mann und ihr Schwiegervater hatten. Am Ende des Jahres beglückwünschte sie sich, daß sie sich ihrem neuen Milieu so reibungslos angepaßt hatte. Nachdem sie Ende November einem Sohn das Leben geschenkt hatte, wurde sie geradezu verehrt – fast als hätte sie ein Wunder vollbracht. Sie hatte das Gefühl, jeden Tag tiefer in die ungewöhnlichen Sitten und Zwänge ihrer neuen Welt einzudringen. Erst später wurde Mary bewußt, daß sie damals lediglich geblendet war von der glitzernden Fassade, hinter der sich die schwer zu durchschauenden Empfindungen und der scharfe Verstand der Sekloongs verbargen.

Teil II

MARY UND CHARLES

4. Februar 1905 bis
16. November 1906

4. Februar 1905

Mary Philippa Osgood Sekloong zog sich fröstelnd den pastellfarbenen bestickten Kaschmirschal um die Schultern. Am Samstag, dem 4. Februar 1905 – nach dem chinesischen Mondkalender dem letzten Tag des 35. Regierungsjahrs des Kaisers Kuang Hsü von der großen, reinen Dynastie – hatte der früh hereinbrechende Abend den Peak in kalten grauen Nebel gehüllt. Die Stakkato-Salven in Höhe der Sekloong-Residenz antworteten dem unaufhörlichen Geknatter des Neujahrsfeuerwerks in den Tälern unten. Obwohl rote und gelbe Flammen in dem Adam-Kamin tanzten, war das überreich möblierte Wohnzimmer im Kleinen Haus kühl und feucht. Die Wände und die Decke hinter den kunstvollen Friesen mußten sich erst noch setzen, und die dumpfige Luft roch muffig nach trocknendem Gips. Selten hatte Mary in England, das sie seit fast fünf Jahren nicht gesehen hatte, so entsetzlich gefroren, wie in diesem Augenblick im subtropischen Hongkong.

Voll Grauen dachte sie an das zeremonielle Diner in der Burg und beschloß, diesmal genug gelben Reiswein zu trinken, um warm zu werden, obwohl sie bestimmt am nächsten Morgen Kopfschmerzen haben würde. Das Kleine Haus, das Sir Jonathan als erstes der drei Häuser gebaut hatte, die er für seine Kinder von Lady Lucinda plante, ließ sich praktisch nicht heizen. Und es würde auf Jahrzehnte hinaus unmöglich sein, sich gegen die feuchte Kälte zu wehren, die die Steinmauern der Burg ausschwitzten.

In England war man auf den naßkalten, quälenden Winter gefaßt, in Hongkong war er immer eine Überraschung. Mary sehnte sich nach der Gemütlichkeit der schäbig-vornehmen, gasgeheizten Wohnzimmer, die sie gehaßt hatte, als ihre Mutter mit ihrem Bruder Thomas und ihr von einer möblierten Wohnung in die andere zog. Sie sehnte sich sogar nach dem englischen Nebel, dem freundlichen bräunlichen englischen Nebel, der die zudringliche Welt ausschloß und die fröhliche Wärme kleiner Räume unterstrich. Das fahle Grau hier schien sich Tausende von Kilometern weit zu erstrecken, über das eisige Meer und über riesige Landmassen hinweg, auf denen Hunderte von Millionen fremder gelber und brauner Menschen lebten.

Dr. Alex Moncriefe, ein gemütlicher, rotgesichtiger Schotte, hatte für ihre anhaltende Depression nach der Geburt ihres vierten Kindes – des zweiten Sohnes – vor genau zwei Monaten, schnell eine Erklärung gehabt.

«Tropische Neurasthenie», diagnostizierte er, «ein Gefühl der Verzweiflung ohne besonderen Grund – abgesehen vom Leben unter Menschen mit anderen Gesichtern, einer fremden Pigmentierung und eigenartigen Sitten. Damen sind dafür besonders anfällig. Die meisten kommen von selbst darüber hinweg. Für die anderen gibt es nur ein Heilmittel – sie in die Heimat zurückzuschicken. Einstweilen, meine Liebe, trinken Sie gelegentlich einen Brandy.»

Neurasthenie vielleicht – aber kaum tropische. Das einzig Tropische in Seiner Majestät Kronkolonie waren die Körbe mit Obst aus Malaya – im Februar. Das chinesische Neujahrsfest war für Mary die deprimierendste Zeit des Jahres – die obligatorische Fröhlichkeit, der Austausch protziger Geschenke und die ständigen Besuche, die gemacht und empfangen werden mußten. Es war nicht ihr Fest und würde es nie sein. Außerdem hatte ihre Depression sehr wohl einen «besonderen Grund»: Mary fürchtete, daß sie vor vier Jahren nicht nur etwas Törichtes, sondern etwas Unwiderrufliches getan hatte.

Obwohl sie erst in vier Monaten fünfundzwanzig werden würde, war sie eine ausgemachte Matrone mit vier Kindern, die sie in Anspruch nahmen, und einem nörgelnden Ehemann. Sicher, die Kinder waren goldig, besonders die Mädchen. Die zweijährige Guinevere und die einjährige Charlotte hatten ihr rotblondes Haar und ihr normalerweise unbändiges Temperament geerbt. Der Älteste, Jonathan, war ein kräftiger, sonniger Dreijähriger mit den hellbraunen Sekloong-Augen, die die Dienstboten herrisch anfunkelten. Nur das Baby, Thomas, kaum zwei Monate alt, war eine Enttäuschung. Seine Haut war bläßlich, das Haar struppig und schwarz, und die dunkelbraunen Augen standen deutlich schräg. Irgendwie sah er so chinesisch aus.

Etwas Derartiges dürfte sie überhaupt nicht denken, sagte sich Mary schuldbewußt. Es war ihre freie Entscheidung gewesen, in eine im wesentlichen chinesische Familie einzuheiraten. Sie hatte gewußt, daß das rein chinesische Blut von Lady Lucinda und das halbchinesische Blut von Sir Jonathan sich auf das Aussehen ihrer Kinder auswirken würden, ebenso wie sich deren chinesische Sitten und Bräuche auf ihr eigenes Leben auswirkte. Aber diese Entscheidung, die sie getroffen hatte, ohne die wahren Konsequenzen zu kennen, schien ihr gegenstandslos neben der Realität, die sie bedrückte. Trotz ihres großen Interesses für die chinesische Kultur war sie ein Kind ihrer Zeit und die Tochter ihres mit Vorurteilen beladenen Vaters. Nach vier Ehejahren hätte sie eigentlich den Konflikt zwischen ihrer intellektuellen Begeisterung für die exotische Lebensweise, für die sie sich entschieden hatte, und ihrem instinktiven Zurückschrecken vor den damit verbundenen Anforderungen gelöst haben müssen. Statt dessen wurde der innere Konflikt heftiger und quälender.

Vor ihrer Ehe hatte sie die Freuden der Einsamkeit nie zu schätzen gewußt, die Gelegenheiten, ungestört nachzudenken. Die Sekloongs waren daran gewöhnt, nie für mehr als fünf Minuten außer Sicht- und Hörweite anderer Menschen zu sein. Die unzähligen Diener gehörten einfach zu ihrem Leben, und wahrscheinlich würden sie sich nach dem gewohnten geschäftigen Treiben sehnen, wenn es einmal wie durch Zauber verschwände. Die Gärtner, Kulis, Sänftenträger und Hausboys waren fröhlich und allgegenwärtig, aber ihre lauten Streitereien und das Geplapper der Mädchen gingen Mary auf die Nerven. Die Mädchen wurden Amahs genannt, eine typisch chinesische Umschreibung, denn das bedeutet wörtlich: «hochgeschätzte Mütter». Zum Haushalt gehörten Wasch-Amahs und Kuli-Amahs, Küchen-Amahs und Baby-Amahs. Die letzteren verwahrten sich eifersüchtig dagegen, daß Mary sich in die Versorgung ihrer Kinder einmischte, obwohl man es eher als vorsätzliche Verwöhnung bezeichnen konnte, wie sie die Kinder verzärtelten.

Manchmal wollte Mary einfach allein sein. Einsamkeit war der einzige Genuß, der sich mit dem Reichtum der Sekloongs nicht kaufen ließ: auch dieser Mangel war typisch chinesisch. Sie vermutete, daß chinesische Nerven eine Unempfindlichkeit gegen den ständigen Lärm entwikkelt hatten, der ihre weniger robusten europäischen Nerven malträtierte.

Sie hätte alle Mißlichkeiten ihres neuen Lebens sehr gut ertragen, wenn sie von ihrem Mann unterstützt worden wäre. Aber Charles selbst war der Hauptgrund für ihre Unzufriedenheit. Sie liebte ihn, aber sie war mit ihm nicht glücklich, aus mehreren ganz allgemeinen Gründen und aus einem ganz bestimmten Grund.

Vor allem war es eine Frage der Einstellung. Sein Charakter hatte sich sehr verändert seit ihrer Brautzeit. Er war herrisch und rücksichtslos und gelegentlich gereizt, wenn seine Wünsche nicht auf der Stelle erfüllt wurden. Der aufmerksame, elegante junge Mann, den sie geheiratet hatte, schien merklich gealtert zu sein, obwohl er erst neunundzwanzig war. Er wurde korpulent und, was noch schlimmer war, autoritär-aufgeblasen – als ob sein Geist Fett ansetzte. Tatsächlich ging es um die Verschiedenheit, über die sie beide vor der Ehe gesprochen und die sie als belanglos abgetan hatten. Weder hatten sich Marys widerstreitende Gefühle den Chinesen gegenüber verloren, noch konnten sie beide Charles' immer chinesischer werdende Art zu denken und zu handeln mit ihrer eigenen Einstellung und Handlungsweise, die aus Gründen des Selbstschutzes immer englischer wurde, in Einklang bringen.

Seit mehr als drei Wochen war Charles schlechter Laune, weil sie es gewagt hatte, das Vorrecht der – wie englische Intellektuelle sie nannten – «modernen Frau» für sich in Anspruch zu nehmen und ihm zu sagen, es dürfe eine Zeitlang keine weiteren Kinder geben. Sie hatte darauf bestanden, daß die ständige Wiederauffüllung der Kinderzimmer des Hauses zum Zwecke der Vergrößerung und des Fortbestehens des Sekloong-Clans eine lange Pause erfahren müsse. Charles hatte beteuert, daß er ein guter Katholik sei, der sich von den barbarischen Mitteln zur Empfängnisverhütung nicht nur abgestoßen fühle, sondern dem ihre Verwendung auch aus moralischen Gründen verboten sei.

«Was», hatte er traurig gefragt, «werden wir tun?»

«Das, mein Lieber, ist ebensosehr dein Problem wie meines», hatte sie geantwortet, und seitdem hatte er auf der Chaiselongue im Ankleidezimmer geschlafen. «Nein», hatte sie gesagt, «nein, es stimmt nicht, daß es die Empfängnis verhindert, wenn man ein Kind nährt – was immer deine Mutter dir auch erzählt haben mag.» Zudem hatte sie nicht die Absicht, Thomas noch länger zu stillen. «Du kannst es halten, wie du willst», schloß sie, «aber du mußt die entsprechenden Maßnahmen ergreifen oder meinem Bett fernbleiben.»

Charles war entsetzt – über ihre offene Sprache ebensosehr wie über ihren unbeirrbaren Entschluß. Er konnte noch nicht glauben, daß sie ihm ernstlich Widerstand entgegensetzte. Nur sein Vater, der Herr und Gründer der Dynastie, erteilte dem Kronprinzen Befehle. Charles konnte einfach nicht begreifen, daß eine Frau ihm ein Ultimatum stellte. Eigensinnig, wie er war, wollte er nicht die Charakter- und Seelenstärke der Frau erkennen, die er geheiratet hatte. Er konnte sich einfach nicht vorstellen, daß sie nicht nur tüchtig, sondern auch willensstark war, und ebensowenig konnte er sich vorstellen, daß ihr scharfer Verstand, ihr Streben nach Macht und ihre rastlose Energie für ihn und ihr Verhältnis eine ernste Gefahr darstellen würden, wenn sie sich ihrer Hauptaufgabe, Kinder zu kriegen, entledigt hatte – falls sich nicht ein geeignetes Betätigungsfeld für ihre Talente fände.

Obwohl sie sich nach außen hin westlich gaben, sahen die Sekloongs in einer Frau immer noch wenig mehr als ein weibliches Tier. Die Kronprinzessin wurde verhätschelt, weil sie die wichtige Aufgabe erfüllte, Kinder zu gebären, und damit für das Weiterleben der Familie sorgte. Wenn ihre Launen sich auf diese Hauptaufgabe bezogen, waren sie unanfechtbare Befehle. Strahlend vor Freude über ihre Fruchtbarkeit, schnitt Sir Jonathan gelegentlich Themen an, die nichts mit Fortpflanzung zu tun hatten. Es ging dabei um Handel und Politik und um die chinesische Vergangenheit. Obwohl diese Themen Mary außerordentlich interessierten, hörte sie nur mit halbem Ohr zu, weil sie vom ewigen Kinderkriegen zu erschöpft war. Sie hatte das Gefühl, daß alle Sekloongs mit Ausnahme des ihr treu ergebenen Harry sie als eine verläßliche Zuchtstute ansahen, die am meisten geliebt wurde, wenn sie trächtig und fügsam war. Sie hatten sie ihrer Würde als Person beraubt. Und dieser Verlust konnte durch nichts wiedergutgemacht werden: weder durch den Luxus, der sie umgab, noch durch das Eingehen auf alle ihre weiblichen Launen noch durch die Familiensolidarität, die sie beschützte.

Mary fröstelte und streckte die Hände zum Feuer. Die Türen öffneten sich, und im Durchzug flatterten die beiden roten Papierstreifen, auf denen in Goldbuchstaben zu lesen war: MÖGEN JUNG UND ALT IN FRIEDEN ZUSAMMENLEBEN! FÜLLT UNSERE HALLEN MIT GOLD UND JUWELEN!

Ah Sam kam herein, er sah beeindruckend aus in seiner weißen Jacke mit dem hohen Kragen. Das rauhe Temperament des alten Piraten war durch seinen Aufstieg vom Boy Nummer Eins im Bungalow eines Offiziersdiensttuenden zum Haushofmeister im Herrenhaus eines Millionärs nicht sanfter geworden, und seine Schritte brachten immer noch das Porzellan zum Klirren. Bei Marys Heirat, sechs Monate bevor ihr Vater mit dem Regiment nach England zurückkehrte, hatte er erklärt: «Ich gehe mit Missy.»

Sie hätte seine Dienste nicht ablehnen können, selbst wenn sie es gewollt hätte. Charles wäre zwar ein Faktotum eigener Wahl lieber gewesen, aber zu jener Zeit erfüllte er ihr auch den kleinsten Wunsch. Und Ah Sam war ihr standhafter Verbündeter geblieben.

«Goong-hay, Tai-tai! Goong-hay fat-choy!» dröhnte er den traditionellen Neujahrsgruß. «Herzlichen Glückwunsch, Gebieterin! Glück und Wohlergehen!»

«*Goong-hay fat-choy*, Ah Sam!» erwiderte Mary zerstreut. Sie sagte es zum sechstenmal an diesem Tag. Ah Sam war offenbar entschlossen, nichts zu unterlassen, um die Geister an ihre Pflichten im neuen Jahr zu erinnern und ihnen keinen Vorwand zu bieten, diese Pflichten zu vernachlässigen.

Mary wußte, daß die Köche gerade die Rückkehr des Hausgeistes in seine rote Nische feierten. Auf seiner Reise in den Himmel hatte er seinen Vorgesetzten Bericht erstattet. Man hatte sein altes Bild abgenommen und die Lippen mit Opium und Honig beschmiert, damit er benebelt im Himmel ankam und nur freundliche Worte sagte. Seinem neuen, auf Reispapier gemalten Bild wurde in diesem Augenblick eingeschärft, er würde gut belohnt, wenn er sich um das Vermögen der Familie kümmerte, aber mit Exil bestraft, wenn er säumig wäre. In Anbetracht der großen Rolle, die das Geld für die Chinesen spielte, war es nicht verwunderlich, daß er auch als Gott des Reichtums diente.

Ah Sam hockte sich hin und stocherte im Feuer. Wie immer räusperte er sich, um eine wichtige Bemerkung anzukündigen.

«Alles gut, Missy?» fragte er. «Sie ganz glücklich?»

«Ja, Ah Sam, danke», antwortete sie, belustigt über seine unbeholfene Fürsorge. «Es ist alles in Ordnung.»

«Gut, sehr gut. Neujahrzeit, jeder muß glücklich sein . . .»

«Aiyaa! Aiyaa! Dai-siu lay-la! Aiyaa!»

Ein Jammern erklang draußen auf dem Korridor, und humpelnd kam Ah Ying, die Baby-Amah Nummer Eins, zur Tür herein. Sie überschüttete Ah Sam mit einem unverständlichen Wortschwall auf kantonesisch.

«Missy, Missy!» sagte er. «Herr kommt heim. Ihm nicht sehr gut. Vielleicht bißchen verletzt.»

Charles Sekloong kam, auf einen Sänftenkuli gestützt, ins Wohnzimmer. Aus einem tiefen Schnitt in seiner Wange tropfte Blut; eine häßliche Fleischwunde klaffte rot auf seiner glatten Stirn, und sein graues Kammgarn-Jackett war zerfetzt. Er ließ sich auf das gelbe Brokatsofa neben dem Kamin sinken. Mary vergaß all ihren Unmut und kniete neben ihm nieder.

«Was ist los, Charles?» fragte sie. «Bist du schwer verletzt? Was ist denn geschehen? Soll ich Dr. Moncriefe rufen lassen?»

«Alles in Ordnung, Mary. Es geht gleich wieder.» Er lächelte, und das gleichmütige Gesicht des vielbeschäftigten Geschäftsmannes sah wieder dem leidenschaftlichen jungen Mann ähnlich, den sie geheiratet hatte. «Es ist wirklich nichts.»

«Heißes Wasser und Watte», wies sie die Dienstboten an. «Bringen Sie Dettol – und einen Brandy für den Herrn.»

«Einen Brandy könnte ich brauchen», seufzte er. «Aber mach kein Theater. Und, um Gottes willen, erzähle es dem alten Herrn nicht.»

«Was ist geschehen, Charles?» fragte Mary noch einmal.

«Ein paar Kerle haben mich überfallen. Sie kamen an der Peak-Tram aus dem Nebel. Bis die Sänftenkulis kamen, war es gefährlich. Überall Nebel und kein Mensch weit und breit. Aber mach dir keine Sorgen, es wird mir gleich bessergehen.»

Er kippte den Brandy, atmete auf, und sein Gesicht bekam wieder Farbe.

«Aber warum gerade du?»

«Hätte jeder sein können, der eine Menge Bargeld bei sich hat. Um diese Jahreszeit tauchen die Diebe auf. Selbst Diebe müssen ihre Schulden vor Neujahr bezahlen.»

«Dr. Moncriefe muß kommen. Der Schnitt sieht schlimm aus. Ich werde nach ihm schicken.»

«Nein, nicht nötig. Und denk dran: sag dem alten Herrn, daß ich gefallen bin. Ich will ihn nicht beunruhigen.»

Mit halbem Blick sah Mary, daß Ah Sam entsetzt den Kopf schüttelte. Sie nahm keine Notiz davon und betupfte den Schnitt, der sich von Charles' Backenknochen bis zum Augenwinkel erstreckte, um den Schmutz wegzuwischen.

«Aiyaa! Aiyaa!» sagte die Baby-Amah wieder klagend wie der Erzähler in einer kantonesischen Oper. «Alter Herr kommt.»

Sir Jonathan erschien im Wohnzimmer. Er sah wütend aus und hatte rote Flecke im Gesicht.

«Was, zum Teufel», fragte er auf kantonesisch, «ist denn *diesmal* los?»

Plötzlich bemerkte er die Anwesenden, wies auf die Tür, und die neugierig starrenden Dienstboten eilten hinaus.

«Was war es *diesmal*?» wiederholte Sir Jonathan auf englisch, damit die Lauscher an der Tür nicht verstehen konnten. «Was hast du jetzt angestellt?»

«Ich bin im Nebel gestolpert und hingefallen. Es ist wirklich nicht der Rede wert.»

«Du magst dich wie ein Narr benehmen, aber halte mich nicht für einen Narren!» brüllte Sir Jonathan. «Wenn du im Nebel hinfällst, schlitzt dir kein Messer die Wange auf. Wer hat dich angegriffen?»

«Na ja, Räuber. Sie haben versucht, mich auszurauben. Ich wollte dich am Neujahrstag nicht beunruhigen.»

«Sehr rücksichtsvoll. Ich habe es dir tausendmal gesagt – sei vorsichtig. Aber du weißt es ja besser.»

«Was weiß ich besser, Vater?»

Mary verhielt sich ganz still, Vater und Sohn hatten sie vergessen. Charles lächelte noch, aber er wurde allmählich gereizt.

«Du hast wieder mit diesem Blumenmädchen herumgespielt, nicht wahr? Die goldene Lily.»

Charles' Gesicht war eine Maske gekränkter Unschuld.

«Sie gehört Tai-foo, Tiger Chunk, und er hat seine Leute von der Grünen Liga auf dich gehetzt, nicht wahr?»

«Ja», gab Charles zu.

«Du weißt verdammt gut, wie kompliziert die Lage ist», sagte Sir Jonathan wütend. «Die Rote Liga steht hinter uns, aber wir brauchen die Neutralität – nicht die Feindseligkeit – der Grünen. Ohne die Triads werde ich mich nie von den Wheatleys freimachen können. Du und deine Weiber!»

Mary stockte das Herz unter dem doppelten Schock. Sie hatte geargwöhnt, daß Charles die Freuden anderswo suchte, die sie ihm versagen mußte. Aber die Bestätigung ihrer Befürchtung verletzte ihren Stolz und ihre Liebe zu Charles. Als Mann, als chinesischer Mann, verlangte er von ihr völlige Keuschheit, während er sich, Brauch und Sitte entsprechend, alles leisten konnte. Er hielt es für ganz natürlich und selbstverständlich, sein Begehren zu befriedigen, wie er wollte. Und Sir Jonathans Vorwürfe sagten ihr, daß Charles ihr schon einige Zeit untreu gewesen war, sicher schon lange, bevor sie sich ihm versagt hatte.

Ihre Unsicherheit wurde noch verstärkt durch Sir Jonathans Erwähnung seiner Beziehungen zu den Triads. Diese mächtigen Geheimgesellschaften waren gegründet worden, um den Mandschu-Usurpatoren Widerstand zu leisten, nachdem die Ming-Dynastie 1644 zusammengebrochen war. Sie hatten sich geteilt in die Rote Liga und die Grüne Liga und lagen in ständigem Kampf gegeneinander, aber Dritten gegenüber machten sie gemeinsame Sache. In Hongkong nannte man sie die Triads nach ihrer Hauptabteilung, der Gesellschaft der Dreieinigkeit.

Mary hatte von Charles und Hilary Metcalfe etwas über die Geheimgesellschaften erfahren. Ihre Mitglieder mußten durch schreckliche Bluteide lebenslängliche Loyalität schwören, und sie benutzten ihre außergesetzliche Macht dazu, ihre Anhänger zu bereichern und zu schützen. Die Gesellschaft der Älteren Brüder im fernen Szetschuan zum Beispiel beherrschte ganze Landstriche. Und in anderen Gegenden waren die Gesellschaften geradezu organisierte Verbrecherbanden. Weil sie sich auch politisch betätigen wollten, griffen sie ihre ursprünglich patriotischen Ziele wieder auf und verbündeten sich mit den zahlreichen Rebellen gegen die dekadente Mandschu-Dynastie. Viel mehr wußte Mary nicht über die Geheimgesellschaften, aber sie schreckte instinktiv vor dem Gedanken zurück, daß die Sekloongs in hinterhältige und oft gewalttätige fernöstliche Intrigen verwickelt sein könnten.

Plötzlich merkte Sir Jonathan trotz seiner Wut, daß Mary blaß neben dem Kamin stand.

«Willst du uns nicht allein lassen, Mary? Ich möchte nicht, daß du da hineingezogen wirst.»

Der wütende Vater und der wütende Sohn warteten darauf, daß sie ginge, und sie hätte sich der Konfrontation auch gern entzogen. Aber ihr Instinkt riet ihr dazubleiben. Um Charles' und ihrer selbst willen durfte sie den Raum nicht wie ein gehorsames Schulmädchen verlassen. Was immer er getan hatte, Charles war ihr Ehemann, und sie konnte ihn nicht allein lassen, wenn sein Vater auf ihn oder er womöglich auf seinen Vater losging. Obwohl sie die am schwersten Verwundete war, konnte nur ihre Anwesenheit die zornigen Männer im Zaum halten, bis das hitzige Sekloong-Temperament sich abkühlte.

«Um Gottes willen, Mary», sagte Charles gereizt. «Das geht nur uns etwas an. Es ist eine Männersache.»

«Ich finde, es ist auch meine Sache», parierte sie.

«Charles und ich müssen das besprechen, bevor die Gäste kommen.» Sir Jonathans überredender Tonfall war unüberhörbar. «Wir bitten dich beide darum. Laß uns allein, damit wir es klären und nachher den Gästen das Richtige sagen können.»

«Laß sie bleiben.» Charles war wütend. «Wenn sie es hören muß, dann lieber jetzt als später.»

«Es geht um meine Zukunft, und um die meiner Kinder», beharrte Mary.

«Gott bewahre mich vor klugen, dickköpfigen Frauen!» Sir Jonathans äußerlicher Gleichmut war weitgehend wiederhergestellt. «Aber dann wirst du uns die Sache klären lassen?»

«Wenn mein Mann es wünscht.»

«Es sei Dank für kleine Wohltaten und große Zeichen der Gnade, wie die guten Patres sagen würden.» Sir Jonathans Tonfall war einschmeichelnd. Sein Selbstbewußtsein und sein Stolz waren so groß, daß er vor Schmeicheleien ebensowenig zurückschreckte wie vor Einschüchterung, um seine Ziele zu erreichen.

«Es ist dein Plan, Vater», sagte Charles. «Erzähl du es ihr.»

«Du weißt», begann Sir Jonathan, «daß ich meine . . . nennen wir sie Stiefverwandtschaft . . . die Wheatleys, nicht übermäßig liebe, und zwar aus gutem Grund. Meine bewundernswerte Mutter heiratete Richard Wheatley, nachdem mein Vater, O'Flaherty, gestorben war. Mein Großvater Kwok Li-tschin brachte Dick Wheatley daraufhin zu Derwent's. Nach Mutters Tod heiratete Wheatley dann wieder, vor allem, um seine Stellung im *Hong* zu festigen. Was er nicht stehlen konnte, hat er sich erheiratet.»

Mary sah erstaunt auf. Nie hatte sie Sir Jonathan so offen über seine uneheliche Geburt oder über sein gespanntes und doch sehr enges Verhältnis zu den Wheatleys sprechen hören.

«Und ich bin Derwent's Comprador, der Vermittler, ein besserer Eingeborenenführer für den großen weißen Häuptling.» Sir Jonathans Stimme war scharf vor Bitterkeit. «Aber ich will unabhängig sein, ich will haben, was mir von Rechts wegen gehört. Um es zu bekommen, brauche ich die Unterstützung des Grünen Bundes und des Roten Bundes, der patriotischen Anti-Mandschu-Gesellschaften.»

«Man sagt, sie seien auch noch etwas anderes.» Mary konnte sich den Seitenhieb nicht verkneifen. «Nämlich: gedungene Mörder und Gangster.»

«Vielleicht», gab Sir Jonathan zu. «Wie auch immer, dein Mann hat jedenfalls quergeschossen. Wir dürfen den Grünen Bund nicht beleidigen, aber er hat jetzt damit angefangen. Und nun laß uns bitte allein, damit wir die Sache in Ordnung bringen können, ja?»

«Gleich.» Mary suchte Zeit zu gewinnen. «Was hat Charles eigentlich getan?»

«Das kannst du *ihn* fragen.» Sir Jonathan lächelte dünn. «Und ich bin sicher, du wirst es tun – energisch. Willst du uns jetzt allein lassen? Wir haben wenig Zeit.»

«Charles», fragte sie, «ist es dir recht?»

«Ich erkläre es dir später, Mary. Tu, worum Vater dich bittet.»

«Ich werde tun, was mein Mann wünscht.»

Sie raffte ihre Röcke zusammen. Als sich die Teaktür hinter ihr schloß, hörte sie Sir Jonathans Stimme.

«Das Beste, was dir je widerfahren ist, Junge, ist diese junge Frau. Aber du bist zu dumm, um . . .»

Wie ein Automat machte sich Mary an ihre abendlichen Pflichten. Sie war entschlossen, nicht zu grübeln, und gab sich der sinnlichen Freude hin, den kleinen Thomas zu stillen. Aber seine gierigen, zahnlosen Kiefer rissen an ihren Brustwarzen, und sie beschloß, ihn nicht mehr zu stillen, sobald sie eine Amme gefunden hatte. Oder er könnte mit der Flasche ernährt werden, obwohl Lady Lucinda die Brauen runzeln würde. Die Molkerei wollte sie als Kundin gewinnen und hatte versprochen, «absolut keimfreie und sterile Milch» von ihren neuen Herden in Pokfulam zu liefern. Vielleicht würde der durch und durch konservative Dr. Moncriefe ihr einen anderen Rat geben, aber sie wollte tun, was sie für das Beste hielt.

Sie gab den Mädchen einen Gutenachtkuß und legte ihnen ihre Teddybären ins Bett. Ihr Herz regte sich unter der Eisschicht, die es umgab, als sie die beiden rotgoldenen Köpfe neben den gelben Pelzohren der Bären auf den weißen Kissen betrachtete. Der dreijährige Jonathan verlangte eine Geschichte und brüllte vor Wut, als sie ihm lieber aus ‹*Alice im Wunderland*› vorlesen wollte. An jenem Abend konnte sie sich einfach keine neuen Abenteuer des wunderbaren geflügelten Drachens ausdenken, die er so liebte. Jonnie war ohnehin quengelig, weil sie den Vorschlag seiner Großmutter, er solle beim Neujahrsbankett dabei sein, abgelehnt hatte. Aber er beruhigte sich, als ihre vertraute Stimme ihm von dem verwirrenden Verschwinden des weißen Kaninchens in seiner Höhle berichtete. Trotz aller guten Vorsätze wanderten Marys Gedanken umher.

Zu ihrer Überraschung empfand sie in erster Linie Befriedigung darüber, daß sie Sir Jonathan die Stirn geboten hatte. Ihres Schwiegervaters selbstherrliche Annahme, daß auch sie jedem seiner Befehle gehorchen würde, hatte sie zunehmend geärgert. Endlich wußte Sir Jonathan, wie die Dinge zwischen ihnen standen, und vermutlich hatte er seine Gründe, ihren Trotz zu begrüßen. Eines vor allem hatte sie gelernt: sie durfte nicht zulassen, daß die Sekloongs sie beherrschten. Aber es wäre sehr töricht, eine wirkliche Konfrontation zu provozieren.

Mary hatte nicht die Absicht, ihre Lebensumstände radikal zu ändern. Das würde ihr nur Nachteile bringen. Die Kinder waren ihre – und mußten ihre bleiben. Das bedeutete, daß sie bei Charles und seiner Familie bleiben mußte. Außerdem war sie nicht bereit, ihr Leben mit Charles gegen das unsichere, deklassierte Dasein einer geschiedenen Frau einzutauschen. Sie wurde sich darüber klar, daß sie Charles trotz seiner Torheiten noch liebte. Gelassen sagte sie sich, daß er nun einmal zu Seitensprüngen neigte, obwohl dieses Eingeständnis ihr einen Stich ins Herz gab. Nicht ihre Selbstachtung war verletzt, sondern ihre Achtung vor Charles, und daher schmerzte die Wunde mehr. Sie war betroffen über diesen Schmerz und über die Verachtung für den Mann, den sie liebte, denn ihre Bereitschaft, sich seine hemmungslose Untreue einzugestehen, schloß Verachtung ein. Sie hatte nicht geglaubt, daß sie so betroffen wäre. War sie eine moderne Frau, die keine Untreue duldete? Oder war sie altmodisch-unterwürfig, eine Frau, die ihrem Mann trotz aller Schwächen völlig ergeben war?

Mechanisch zog sie ein königsblaues Samtkleid mit einem tiefen, runden Ausschnitt an und legte dazu ihren protzigsten Schmuck an. Charles und Sir Jonathan hatten den gleichen barbarischen Wunsch, daß sie den Familienreichtum an sich zur Schau stellte.

Sie fragte sich, wohin die neuen Pläne des alten Herrn führten. Es schien ein Abgrund der Unsicherheit unter der ganzen Sekloong-Pracht zu gähnen. Mary mit ihrem englischen Skeptizismus mißtraute der fürstlichen Aufmachung, die die Familie als ihren normalen Lebenszuschnitt ansah. Wenn Sir Jonathan sich verrechnete, wenn sein kunstvoll gesponnenes Netz riß, wenn seine chinesischen Verbündeten von ihm abfielen oder die herrschende britische Schicht sich gegen ihn wendete, würde die ganze Burg zusammenstürzen und sie alle unter sich begraben.

Als Charles eine Stunde später in ihr Ankleidezimmer humpelte, betrachtete sie gerade prüfend die Schmetterlingsnadel aus Jade und Rubinen in ihrem Haar und legte sie dann zerstreut ab, weil sie fand, sie sei überflüssig.

«Beeil dich, Charles», sagte sie ruhig, «sonst kommen wir zu spät.»

«Ich werde schnell baden, Mary, aber . . .»

«Tu das, bitte», unterbrach sie ihn. «Ich freue mich auf das Diner.»

Überrascht betrachtete er das kühle Lächeln auf ihren vollen Lippen und den ruhigen, offenen Blick ihrer veilchenblauen Augen und sagte wohlweislich nichts mehr, denn er nahm an, ihre Sanftheit sei eine Zurechtweisung. Er biß die Zähne zusammen bei der Aussicht auf die Szene am nächsten Tag – ein höchst unerfreulicher Beginn des neuen Jahres.

Charles Sekloong verkannte seine Frau. Statt verbittert über seine Untreue nachzugrübeln, überlegte sich Mary, daß er in wenigen Stunden schon zuviel hatte durchmachen müssen, erst den Überfall und dann die Vorwürfe seines Vaters. Sie wollte ihn nicht noch dadurch verletzen, daß sie eine gestotterte Entschuldigung von ihm verlangte. Sie wollte sich nicht ihrer fraulichen Macht entblößen – und womöglich alle noch vorhandenen Chancen für ihrer beider Glück zerstören –, indem sie ihren Mann demütigte.

Charles wunderte sich über das ungezwungene Verhalten seiner Frau, als sie durch den fackelerhellten Nebel zur Burg gingen. Zum erstenmal war die große Halle von Hunderten von Glühbirnen erleuchtet. Wie er überflüssigerweise erwähnte, war die Burg das erste Haus auf dem Peak und das dritte Privathaus in der Kolonie, in die mit großen Kosten Elektrizität gelegt worden war.

Sir Jonathan hatte sein feinstes langes Gewand angelegt und gab sich von der liebenswürdigsten Seite, als er seine Gäste in der großen Halle der Burg willkommen hieß. Er strahlte die Erleichterung und Befriedigung eines Mannes aus, der alle Rechnungen des alten Jahres beglichen hat und der überzeugt war, daß das neue Jahr neue Triumphe bringen würde. Nur vier Personen in dem Glanz der polierten Wandverkleidungen aus Teak und der kristallschimmernden Kronleuchter ahnten, daß sich hinter Sir Jonathans überschwenglichem Gebaren tiefe Angst verbarg.

Lady Lucinda spürte ihres Mannes Sorge, weil sich sein Unbehagen auf sie übertragen hatte. Aber sie spielte in seinem Leben eine so begrenzte Rolle, daß sie den Grund nicht kannte. Hilary Metcalfe bemerkte, daß Jonathan ein allzu vollendeter Gastgeber war, daß er in manischer Stimmung, von übertriebener Liebenswürdigkeit war, wie er es schon bei anderen Krisen in Jonathans Leben beobachtet hatte. Aber nur Charles und Mary wußten genau, warum der Herr des Hauses so beunruhigt war, und Charles wurde selbst nervös durch Sir Jonathans Mangel an Selbstsicherheit.

Aber die Gäste bemerkten nichts von der wahren Stimmung ihres Gastgebers, sie strömten in die große Halle, bestaunten die Porzellane der Ming- und Ching-Dynastie und stießen Schreie der Bewunderung über das elektrische Licht aus. Dennoch standen vergoldete und emaillierte Leuchter auf den Tischen. Lady Lucinda hatte für einen – ihrer Meinung nach unvermeidlichen – Stromausfall vorgesorgt, denn sie mißtraute der Elektrizität. Der Geruch von frisch gesägtem Holz vermischte sich mit dem Duft von Weihrauch und den verlockenden Düften aus der Küche, wo zwanzig Köche das Festmahl bereiteten. Die große Halle war noch unfertig und sollte es ein weiteres Jahrzehnt bleiben. Rotseidene Transparente, mit Neujahrswünschen beschriftet, verbargen die Bambusgerüste, die die Arbeiter über die Feiertage hatten stehenlassen.

Die Gäste waren nicht nur Repräsentanten der beiden großen Reiche, des brititschen Empire und des chinesischen Kaiserreichs, sondern auch von Dutzenden kleinerer Reiche und halbautonomer Lehen, die noch nicht ganz in die großen Strukturen eingegliedert waren. Drei Jahre nach dem Bau der Burg war der Abend vor dem Mond-Neujahr in der Sekloong-Residenz bereits eine feststehende Tradition. Die jugendliche Kronkolonie verstand es vortrefflich, Augenblickstraditionen zu schaffen. Ihre so unterschiedlichen Einwohner fanden sich in freundschaftlicher Gleichheit zusammen – einmal im Jahr.

Der Kolonialsekretär, fünf Jahre nach dem Tod der großen britischen Königin und Kaiserin noch steif viktorianisch, begrüßte liebenswürdig den Abgesandten des Vizekönigs von Kanton, dessen alternde Kaiserinwitwe immer noch verbittert in der Verbotenen Stadt in Peking lebte.

Anführer der Grünen und der Roten Liga, die in den labyrinthischen Elendsvierteln von Wanchai und Kowloon mit Hilfe von zehntausend *bravis* ihre Macht aufrechterhielten, stießen mit den *Taipans* der großen europäischen *Hongs* an. Den Reichtum der *Taipans* verdienten Dutzende von «jungen Herren» – europäische Angestellte – und Tausende von Bauern auf den Opiumfeldern von Laos, Burma, Siam und Indien, sowie die drahtigen, breitgesichtigen Jäger, die auf den eisigen Ebenen der Mandschurei ihre Fallen stellten, sowie Scharen von Seeleuten, Kulis und Agenten in ganz Asien.

Bläßliche britische Damen verbeugten sich vor schüchternen chinesischen Matronen, denen sie an den anderen 364 Tagen des Jahres nicht mehr Ehrerbietung bezeugten als ihren Dienstmädchen. Amerikanische Kapitäne lachten mit Teocheo-Schmugglern, die sie normalerweise in Hinterzimmern trafen, sofern sie nicht bloß ihre chinesischen Superkargos entsandten, um über die Verschiffung von Konterbande zu feilschen. Französische und deutsche Diplomaten katzbuckelten vor französischen und deutschen Bankiers und Kaufleuten und erhielten dafür übertriebene Höflichkeitsbekundungen: *«J'ai l'honneur, Monsieur le Consul-Général!» – «Es ist mir eine Ehre, Herr Generalkonsul»* – so wie sie es das ganze Jahr über taten.

Generale und Colonels in so engen Hosen, daß sie sich nur knapp verbeugen konnten, ohne eine gesellschaftliche Katastrophe zu riskieren, tauschten, da sie sich sonst nicht verständigen konnten, mit Dorfvorstehern aus den New Territories freundschaftliche Grunzlaute aus. Chinesische Gelehrte mit schütteren Bärten in abgetragenen langen Gewändern, deren Alter sich nicht erraten ließ, plauderten in Mandarin mit einigen wenigen eifrigen jungen Europäern. Die Beherrschung der nördlichen Hofsprache war unter gebildeten Kantonesen fast ebenso ungewöhnlich wie unter den «barbarischen ausländischen Teufeln». Eurasische und jüdische Unternehmer spazierten zwanglos durch die Menge und begrüßten die Mehrzahl der Anwesenden in deren eigener Sprache.

All diese so unterschiedlichen Gäste rühmten die Gastlichkeit der Sekloongs, deren Absicht und Üppigkeit bemerkenswert war. Sir Jonathan schuf eine neue Welt, die Ost und West verschmelzen sollte. Er war ihr Schöpfer, der Gegenstand ihrer Verehrung – und ihr gütiger Beherrscher.

«Manchmal», bemerkte Harry Sekloong, «verwechselt sich der alte Herr mit Gott. Vielleicht ist ihm bewußt, daß er Eva nicht erschaffen hat, aber er ist entschlossen, sich ihrer zu bedienen.»

Hilary Metcalfe ärgerte sich über diesen Scherz, obwohl Harrys witzige Spötteleien über Jonathans Ambitionen den alten Freund gewöhnlich belustigten. Aber dieser anzügliche Scherz betrübte ihn, weil er beobachtet hatte, wie sich Sir Jonathans Einstellung seit Marys Einheirat in die Familie verändert hatte. Jonathan Sekloong, vor 1901 trotz seiner opportunistischen Zusammenarbeit mit den Engländern ein fanatisch chauvinistischer chinesischer Patriot, begann diese Zusammenarbeit als eine Tugend an sich anzusehen. Das Leitprinzip seines neuen Reiches hatte sich allmählich verändert: aus der offenen Verherrlichung der Sekloongs und Chinas war die Verherrlichung der Sekloongs und des chinesisch-europäischen Bestrebens geworden, China in die moderne Völkergemeinschaft hineinzubringen.

Vier Jahre nach der Hochzeit von Mary und Charles war Sir Jonathans Reich ein einzigartiger Machtfaktor geworden, und Mary war die verhätschelte Kronprinzessin. Vor den Gästen, die gekommen waren, um die Gastfreundschaft der Sekloongs zu genießen und der wachsenden Macht der Sekloongs ihre Anerkennung zu zollen, wurde sie betont zur Schau gestellt. Hilary Metcalfe wußte, daß Sir Jonathan seine Schwiegertochter höher einschätzte als die künstlerischen Wunderwerke, die seinen Palast schmückten, wenn auch vielleicht eine Spur geringer als das groteske Gebäude selbst.

An jenem Abend waren Jonathans Aufmerksamkeiten indes offenkundig übertrieben. Mißmutig beobachtete Charles, daß sein Vater, dessen Motivationen ebenso komplex waren wie seine Ambitionen grandios, durch seine überschwenglichen Reden nicht nur ein, sondern mehrere Ziele zu erreichen versuchte. Warum sonst war er so plump und taktlos gewesen, Mary nicht nur als die Mutter seiner vier Enkel vorzustellen, sondern auch noch aufdringlich an ihren gesellschaftlichen Triumph mit Prinz William im Jahre 1900 zu erinnern?

Durch die Erinnerung an einen Vorfall, der im nachhinein überall trivial erscheinen würde, nur nicht in Hongkong, stärkte der Herr des Hauses Sekloong bewußt seine Bindungen zu den Engländern. Das königliche Wohlwollen hatte nicht nur Marys Stellung in der Gesellschaft der Kolonie begründet, sondern ihr auch einen unvergänglichen Glanz verliehen. Sir Jonathan, der Hongkongs Kleinlichkeit einkalkuliert hatte, schmeichelte also seinen britischen Zuhörern. Die Gäste ihrerseits taten höflich so, als erinnerten sie sich nur an Marys gesellschaftlichen Triumph, und übergingen die niedrige Stellung ihres Vaters. Gleichzeitig beeindruckte Sir Jonathan seine chinesischen Geschäftsfreunde mit der Hochachtung, die die Engländer den Sekloongs entgegenbrachten – ein Ansehen, das die Treue des Clans zu China und sein Festhalten an chinesischen Bräuchen in keiner Weise beeinträchtigte. Charles vermutete, daß sein Vater Mary damit auch über ihre verletzte Würde hinweghelfen wollte.

Und dann sollte das übertriebene Gehabe sicher auch eine Strafe für ihn selber sein. Er wurde auf den zweiten Platz verwiesen, indem demonstriert wurde, daß die Kontinuität des Hauses Sekloong nicht von einem so schwanken Rohr wie ihm abhing. Obwohl erst zweiundfünfzig und kraftvoll, tat Sir Jonathan kund und zu wissen, daß er legitime Enkel als Nachfolger habe und legitime Enkelinnen, um durch Heirat neue Verbindungen zu schaffen.

Wie die Etikette es vorschrieb, spielte Charles am zweiten Tisch den Gastgeber, als sich die achtundvierzig Ehrengäste zu Tisch setzten, nachdem die anderen gegangen waren. Wie das Sekloong-Protokoll weiter vorschrieb, saß Lady Lucinda zur Linken ihres Mannes am ersten Tisch und Mary an seiner Rechten. Genau wie die Familie selbst war die Etikette der Sekloongs eine einmalige Mischung von östlichen und westlichen Bräuchen. Die starke Persönlichkeit des alten Herrn verwehrte es sogar der Ehrenwerten Rachel Wheatley, diese Mischung zu beanstanden, wenn sie auch vielleicht nicht ganz nach ihrem Geschmack war. Zur Linken von Charles fummelte sie mit ihren Eßstäbchen herum und kippte gierig mehrere fingerhutgroße Becher mit warmem Reiswein.

Nach den traditionellen Neujahrsklößen gab der Gastgeber seinen Vertrauten ein Zeichen. Wer nicht zum engeren Kreis gehörte, verabschiedete sich, denn ein chinesisches Diner hört vernünftigerweise mit dem Essen auf. Die Damen zogen sich nach englischer Sitte zurück, aber Sir Jonathan hielt Mary lächelnd am Arm zurück.

«Heute abend setzen wir uns über die westliche und die chinesische Sitte hinweg.» Er hob die Stimme und fuhr fort: «Du mußt dich zu uns setzen und meine Geschichten ertragen.»

Sir Jonathan führte seine Gäste in die mit Rosenholz verkleidete Bibliothek und ließ sie auf tiefen Ledersesseln vor einem Kamin Platz nehmen, der groß genug war, daß man ein ganzes Kalb darin hätte braten können. Hilary Metcalfe saß neben dem Gastgeber, Mary auf seiner anderen Seite, während Charles auf der Armlehne ihres Sessels hockte. Der schrullige Richard Wheatley, mit seinen einundsiebzig Jahren von Ehrgeiz verzehrt, nippte an seinem Brandy. Mosing Way, Sir Jonathans junger Protegé, hatte enthaltsam eine Tasse Tee auf ein Seitentischchen gestellt, zog aber genüßlich an einer Havannazigarre. Der rundliche

Kolonialsekretär saß, nachdem er eine schwere Ladung an Wein und Schnäpsen an Bord genommen hatte, schläfrig neben einem munteren jungen Mann, der als Mr. S. Y. Tong vorgestellt worden war. Nach seinem Studium in den Vereinigten Staaten und Großbritannien war er zurückgekehrt, um sich sowohl für den verfallenden vizeköniglichen Hof in Kanton als auch für die republikanischen Rebellen einzusetzen, die entschlossen waren, das Kaiserreich zu stürzen. Die Unterhaltung schleppte sich dahin und drehte sich um kein bestimmtes Thema.

«Die Japaner reiben die Russen auf», bemerkte Sir Jonathan und starrte ins Feuer. «Der russisch-japanische Krieg geht seinem Ende zu, und das Gleichgewicht im Fernen Osten verschiebt sich rapide. Die russische Flotte ist erledigt, und die Flotte Japans – des Verbündeten Großbritanniens, wie es heißt – ist fast so stark wie die britische Fernostflotte. Aber der Vertrag für die Eisenbahn Kanton–Kowloon ist immer noch nicht unterzeichnet.»

«Ich habe es London schon ein dutzendmal gesagt», erklärte Wheatley gereizt. «Wenn wir diese Eisenbahn nicht bauen, ist Hongkong erledigt. Ohne diese Verbindung geht Hongkong als Handelshafen für Südchina zugrunde.»

«Und wenn sich die Flotte zurückzieht ...» gab der Kolonialsekretär zu bedenken.

«Wenn sich die britische Flotte zurückzieht», sagte der junge S. Y. Tong hitzig, «ist ganz China offen für die japanischen Zwerge.»

«Na, das wird morgen noch nicht passieren, nicht wahr, Mr. Tong?» warf Metcalfe ein. «Aber in ein paar Jahren vielleicht. In ein paar Jahren könnten wir beschließen, China den Japanern zu überlassen.»

«Eine Katastrophe für China», erklärte Sir Jonathan, «und für Großbritannien.»

«Sofern wir nicht die Eisenbahn in Gang bekommen!» Wheatley sprach mit zielstrebiger kommerzieller Beharrlichkeit.

«Ich erinnere mich noch an die Zeiten, als Großbritannien die Nummer Eins war», bemerkte Mosing Way. «Dann kamen die Boxer und Großbritanniens Bündnis mit anderen Mächten ... Ein Irrsinn! Jetzt ist Großbritannien nur noch eines der Länder, die sich um einen Platz in China bemühen.»

«Ganz so schlimm ist es nicht, Way», unterbrach ihn Wheatley. «Noch ziehen wir uns nicht zurück. Wir expandieren sogar. Und wir werden diesen Trotteln in Whitehall schon Feuer unterm Hintern machen ... Entschuldigung, Mrs. Sekloong.»

Mary lächelte zerstreut; das Gespräch interessierte sie viel zu sehr, als daß sie damenhaftes Entsetzen über das unflätige Wort hätte heucheln mögen.

«Sind die Japaner wirklich unsere Verbündeten?» fragte sie hinterhältig.

«Ja, Mary. Fragt sich nur, für wie lange?» antwortete Hilary Metcalfe. «Die Hauptfrage ist, wie groß ihr Appetit ist. Man kann keinen Verbündeten haben, der entschlossen ist, alles zu verschlingen, was er sieht. Zu guter Letzt frißt er uns auch.»

«Nachdem er ganz China gefressen hat», sagte der junge Tong verbittert. «Die Zwerge haben schon im chinesisch-japanischen Krieg 1895 ganz schön damit angefangen. Wie viele Jahre geben Sie den Mandschus, Mr. Metcalfe? Wie viele Jahre, bis sie unter ihrer eigenen Last und der Korruption zusammenbrechen? Wie viele Jahre wird es dauern, bis China ‹zerbröckelt wie eine Sandschicht›, wie Dr. Sun Yat-sen es ausdrückt?»

«Nicht sehr viele, Mr. Tong», antwortete Sir Jonathan an Metcalfes Stelle. «Das Prüfungssystem für Beamte ist abgeschafft, und das kaiserliche Beamtentum wird zwangsläufig verfallen. Wer wird China dann regieren – wenn auch schlecht?»

«Sie kennen die Antwort ebensogut wie ich, Sir Jonathan», erwiderte Tong. «Nur ein Mann kann China herausreißen – Dr. Sun Yat-sen. Bauen Sie unter allen Umständen Ihre Eisenbahn, und unterstützen Sie die kaiserliche Regierung für eine Weile, damit es nicht zur Anarchie kommt, aber setzen Sie Ihr Geld auf Dr. Sun.»

«Sind Sie hergekommen, um für Dr. Sun zu plädieren, Mr. Tong?» fragte Mosing Way.

«Nicht, um für ihn zu plädieren, Mr. Way. Er gewinnt in jedem Fall. Nur um Ihnen zu raten, wie Sie sich zu Ihrem eigenen – und Chinas – Interesse verhalten sollten.»

«Ein paar zerlumpte Nacktärsche . . . Verzeihung, Madam», ließ sich Richard Wheatley aus der Tiefe seines Ledersessels vernehmen. «Ein paar über die ganze Welt verstreute Rebellen. Die sollen das Erbe in China antreten? Ich wette auf die Mandschus oder auf irgendeinen von dem Dutzend Vizekönige und Generale, die der kaiserlichen Tradition ergeben sind.»

«Diese zerlumpten Rebellen *werden* das Erbe in China antreten, das versichere ich Ihnen», erwiderte Tong. «Vergessen Sie das nie, Mr. Wheatley! Das Kaiserreich liegt im Sterben, in einem langwierigen, unschönen Todeskampf. In diesem Augenblick sind die Mandschus von sieben Rebellionen bedroht. Aber die Republikaner werden siegen. Ich bin sicher, daß Sie alle Ihre Schlußfolgerungen bereits gezogen haben.»

«Und welche Garantien gibt es für die Handelsfreiheit?» fragte Metcalfe. «Welchen Standpunkt wird diese Gruppe einnehmen? Welchen Standpunkt wird Hongkong einnehmen?»

«Dr. Sun ist Republikaner, kein Anarchist und kein Sozialist. Der Handel wird sich ausweiten und einträglicher werden, wenn modern denkende Männer in China regieren.»

«Lohnt sich, darüber nachzudenken, nicht wahr, Jonathan?» bemerkte Metcalfe.

«Gewiß, Hilary, gewiß. Wir müssen an unseren Handel denken und an unsere Gewinne. Sonst nützen wir weder Großbritannien noch China.»

«Nun ja, warten wir es ab», meinte der Kolonialsekretär und stand auf. «Es ist spät geworden. War ein wundervolles Diner, Sir Jonathan. Aber ich muß morgen schon früh im Salzbergwerk sein. Die Feiertage sind die einzige Zeit, wo ich arbeiten kann . . . dann stört mich keiner.»

«Das Salzbergwerk», flüsterte Charles Mary zu, «ist der neue Golfplatz in Fanling.»

Charles und Mary traten zu Sir Jonathan und Lady Lucinda, um die Gäste zu verabschieden. Die Gesellschaft begab sich durch die messingbeschlagenen Türen in den vorderen Hof. Aufmerksame Diener halfen den Damen in ihre Mäntel und riefen herrisch Sänftenkulis und Fackelträger herbei.

Die Wheatleys brachen als erste auf, denn die Ehrenwerte Rachel machte ihr Vorrecht und die Stellung ihres Mannes als erster *Taipan* sogar dem höflichen Kolonialsekretär gegenüber geltend. Als sie an der Tür standen und auf ihre Sänften warteten, hörte Mary, wie die Ehrenwerte Rachel unüberhörbar flüsterte:

«Hast du sie gesehen, Richard? Hast du diese Frau gesehen?»

«Welche Frau?»

«Diese Vorobya, die vor dem Diner mit dem jungen Spriggens wegging. Sie nennt sich Gräfin Vera Vorobya, aber ich weiß, daß sie die Nichte von Madame Rachelle ist, der Schneiderin. Sie hat ein Verhältnis mit Charles Sekloong, Richard. Sie sind gesehen worden, als sie in Dick Daley's Owl Grill gingen – und du weißt, was das bedeutet.»

Die schrille Stimme verklang erst, als die Ehrenwerte Rachel die Vorhänge ihrer Sänfte zuzog. Mary stand erstarrt da.

Das Feuerwerksgeknatter, das mit Unterbrechungen den ganzen Abend zu hören gewesen war, schwoll zu einem dröhnenden, ohrenbetäubenden Crescendo an, um das Hinscheiden des alten Jahres zu beschleunigen. In der Ferne läuteten Glocken, und Beckenschläge kündigten die Mitternacht an. Die Geschütze der Kriegsschiffe im Hafen entboten dem Jahr der Schlange einen donnernden Willkommensgruß.

5. Februar 1905

Charles Sekloong war demonstrativ damit beschäftigt, seine taubengraue Krawatte, die gut zu den Samtaufschlägen seines perlgrauen Anzugs paßte, zu einem vollendeten Knoten zu binden. Er hatte bereits im Erdgeschoß ein reichliches Frühstück mit gewürztem Reis-Porridge, eingelegten Eiern und gegrillten Nieren zu sich genommen, während seine Frau im ersten Stock in dem großen Bett, das sie seit drei Monaten nicht mehr geteilt hatten, Toast mit Honig knabberte und in kleinen Schlückchen ihren Tee trank. Mary lag zusammengerollt auf der Chaiselongue im Ankleidezimmer. In einem Morgenrock mit Veilchenmuster über dem Satin-Nachthemd war ihr schlanker, vollbusiger Körper auch nach vier Schwangerschaften noch verführerisch. Ihr Mann starrte in den Spiegel der Frisierkommode und mied den gleichmütigen Blick der veilchenblauen Augen unter dem glänzenden rotgoldenen Haar, das zu einem losen Knoten im Nacken zusammengeschlungen war.

«Charles», sagte sie ruhig, «ich würde gern ein Wort mit dir reden.»

«Ja, Mary, was gibt's? Ich bin in Eile. Neujahrsbesuche . . . du weißt ja. Ein grauenhafter Tag. Der alte Herr und Mutter werden die Besucher empfangen, während ich wie ein Botenjunge die Stadt abklappere.»

«Tut mir leid, daß ich dich nicht begleiten kann», sagte Mary. «Aber nächstes Jahr werde ich bestimmt . . .»

«Du kannst dich glücklich schätzen, daß du nicht dabeizusein brauchst. Hat das Gespräch nicht Zeit? Es ist doch sicher nur ein Sturm im Wasserglas, nehme ich an.»

«Ja. Ein Sturm ist es, aber kein Sturm im Wasserglas.»

«Na schön, Mary», seufzte er. «Aber mach es kurz. Ich bin spät dran.»

«Charles, wer ist Gräfin Vorobya?»

Mit ihrer leisen Frage war es um den Anschein, als ob sie nur plauderten, geschehen. Charles wappnete sich gegen den Angriff, vor dem er sich seit den Enthüllungen des vorigen Abends gefürchtet hatte.

«Vorobya? Vera Vorobya?» sagte er. «Ich bin nicht sicher, daß ich . . .»

«Vera Vorobya. Wer ist sie, Charles?»

«Sie nennt sich ‹Gräfin› . . . Vielleicht ist sie es auch. Eine entfernte Verwandte von Madame Rachelle, der Schneiderin. Warum?»

«Charles, du klingst zu unbeteiligt. Du klingst immer zu unbeteiligt, wenn du etwas zu verbergen hast.»

«Unsinn. Hör mal, hat das nicht Zeit bis heute abend? Ich bin jetzt schon spät dran.»

«Nein, es hat nicht Zeit.» Marys Ton war kühl. «Ich will es jetzt wissen. Wer ist sie und was bedeutet sie dir?»

«Mir?» Er ging hoch. «Wie kommst du darauf? Wer hat dich auf *die* Idee gebracht?»

«Du. Gerade eben!» Ihr Ton wurde eisig. «Bisher war ich nicht sicher gewesen. Aber deine Nervosität bestätigt das, was ich gehört habe. Die goldene Lily ist *eine* Sache . . .»

«Ah», unterbrach er sie. «Ich habe mich schon gefragt, wann du mir dieses Teehaus-Gerücht unter die Nase reiben würdest. Es ist nicht wahr . . .»

«Aber nicht, weil du es nicht versucht hättest, dessen bin ich sicher», unterbrach sie ihn kurz. «Von der goldenen Lily rede ich nicht. Ich will etwas über die Gräfin Vera Vorobya und euer Stelldichein in Dick Daley's Owl Grill wissen.»

«Du scheinst alles darüber zu wissen», murrte er. «Oder glaubst es wenigstens.»

«Ich würde lieber nichts wissen, Charles, viel lieber. Also stimmt es, nicht wahr?»

«Wenn du darauf bestehst – ja. Was, zum Teufel, erwartest du? Dauernd bist du schwanger, und dann wirfst du mich aus dem Bett.»

«Und wessen Schuld ist das? Ich habe dich nicht geheiratet, um dauernd Erben für deine heilige Familie in die Welt zu setzen. Du weißt, daß ich *dich* wollte. Ich will einfach eine Zeitlang keine Kinder mehr bekommen. Das ist sowieso deine Sache. Es gibt Dinge, die du verwenden kannst.»

«Und ich habe dir schon hundertmal gesagt, daß ich es als Katholik nicht tun darf.»

«Und das rechtfertigt deine Seitensprünge? Wie vertragen sich *die* mit deinem hochgeschätzten Katholizismus?»

«Manchmal geht ein Mann auf Abwege, vor allem, wenn seine

Frau . . . Aber ich kann nicht gegen das fundamentale Gebot der Kirche verstoßen, das die Empfängnisverhütung verbietet.»

Mary senkte den Blick auf ihre Hände, die gefaltet auf ihrem Schoß lagen. Ihr Zorn war so groß, daß sie nicht wagte weiterzusprechen. Charles mißverstand ihr Schweigen als Nachgeben und ging zum Gegenangriff über.

«Warum hast du mich dann geheiratet?» Seine Wangen waren rot vor selbstgerechter Wut. «Hast du vor lauter Sekloong-Geld das Sckloong-Blut übersehen? Ich nehme an, ein verdammter Chink war in Ordnung – solange er Kies hatte.»

«Charles, ich liebte dich. Ich liebe dich noch.»

«Liebe!» Er steigerte sich immer mehr in seine Wut hinein. «Liebe! Liebe zum Geld vielleicht! Warum muß ein Mann hinter Huren herlaufen . . . Männer sind anders als Frauen.»

«Das habe ich gelernt. Deine Einstellung, deine chinesische Frauenverachtung stößt mich ab. Wir sind entweder Spielzeuge oder Zuchtstuten. Aber ich sage dir, du wirst *kein* öffentliches Aufsehen erregen. Das dulde ich nicht, Charles!»

«Das wirst du müssen, verdammt noch mal», brüllte er. «Du hältst dich für so rein, so britisch, so weiß, so hoch über uns stehend. Aber im Bett hast du dich genauso gewunden und hast gewinselt wie jede andere Hure, ehe du dich in einen Eiszapfen verwandelt hast.»

Mary stand auf und trat auf ihren Mann zu. Sie hob die Hand und schlug ihm ins Gesicht.

Charles war einen Augenblick wie gelähmt. Eine helle Röte stieg von seinem steifen Kragen bis hinauf zum Haaransatz. Er packte sie an den Schultern und schüttelte sie brutal hin und her.

«Hure!» schrie er. «Verdammte britische Hure! Verdammte, verdammte . . . auf Geld erpichte britische Hure!»

Mary wurde schlaff unter seinem Griff. Ihr Kopf fiel vor und zurück, und es tat so weh, daß sie glaubte, ihr Genick würde brechen. Da sie keinen Widerstand leistete, schleuderte er sie auf die Chaiselongue.

«Verdammter nutzloser Eiszapfen!» schrie er. «Weißhäutige Hure!»

Er fegte mit dem Arm ihre Kristallflaschen von der Frisierkommode. Puder, Parfum und Rouge prallten gegen die Wand mit der französischen Lilientapete. Ihre rubinenbesetzte Haarnadel aus Jade flog auf den blauen Teppich, und der Schmetterling zitterte auf seiner goldenen Feder.

«Verdammte britische Scheißhure», brüllte Charles. «Scher dich zum Teufel!»

Er knallte die Tür hinter sich zu. Das ganze Ankleidezimmer erbebte. Empfindungslos und betäubt lag Mary da, wo er sie hingeschleudert hatte.

Hellrosa Blumen, die Hängeglöckchen genannt wurden, belebten das dunkle Wohnzimmer der Metcalfes. König Eduards eher heiterer Geschmack hatte das steife viktorianische Mobiliar im fernen Hongkong noch nicht verdrängt. Aber dicke Büsche blühender Pfirsichzweige und die «Glückspflanze» – Miniatur-Orangenbäume, die ein glückliches neues Jahr verhießen – waren ein heller Kontrast zu den schweren Teaktischen, Roßhaarsofas und den mit Troddeln versehenen Lampenschirmen. Instinktiv wie ein verwundetes Tier hatte Mary sich in ihren einzig sicheren Schlupfwinkel geflüchtet.

Die ruhige Anteilnahme und der aufrichtige gesunde Menschenverstand der Metcalfes waren ein Trost in ihrem Schmerz. Hilary, der nicht zu altern schien, war bärbeißig und verständnisvoll wie immer und zog wie üblich den Kopf schildkrötenartig zwischen die Schultern. Elizabeth war etwas grauer geworden, aber energisch wie eh und je, und die vertrauten Perlenketten ergossen sich über ihren üppigen Busen.

«Das ist wirklich nicht das Ende der Welt, Mary», meinte Hilary Metcalfe, während er sich seine Pfeife stopfte. «Schlimmeres geschieht auf See, wie die Soldaten sagen. Auch Sie werden noch Schlimmeres erleben.»

«Das ist ein magerer Trost, Hilary», schalt seine Schwester. «Du bist wirklich ein schlechter Tröster.»

«Verdammt, Liz, das stimmt. Aber wie können wir Ihnen helfen, Mary? Liz hat recht. Reden hilft jetzt nicht, obwohl ich überzeugt bin, daß es am besten wäre, das taoistische Rezept zu befolgen – *wu-wei*, gar nichts tun.»

«Wollen Sie mir helfen, Hilary?»

Mary zerknüllte ihr feuchtes Taschentuch. Sie hatte nicht geweint, als Charles sie wie eine weggeworfene Stoffpuppe hatte liegen lassen; sie hatte nicht geweint, als sie sich anzog und auch nicht unterwegs in der Sänfte, mit der Peak-Tram und dann zu Fuß zum Haus in der Wyndham Street. Erst als sie den Metcalfes erzählte, warum sie zu ihnen gekommen war, hatte sie angefangen zu weinen um ihre Ehe, um ihre Kinder – und um ihren Mann.

«Ich werde tun, was ich kann, Mary», versprach Hilary Metcalfe. «Aber was kann ich tun?»

«Diese Frau aus der Kolonie hinausschaffen. Ich will, daß sie sofort verschwindet.»

«Das läßt sich, glaube ich, ohne allzu große Schwierigkeiten bewerkstelligen. Ich werde mit Madame Rachelle sprechen. Sie wollen also lediglich, daß sie sofort abreist, Sie wollen sie nicht irgendwie bestrafen?»

«Nein.» Mary schüttelte den Kopf. «Es ist nicht ihre Schuld. Aber ihre Anwesenheit in Hongkong, diese ständige Demütigung, könnte ich nicht ertragen.»

«Brav, brav!» murmelte Metcalfe beifällig, als ob er ein nervöses Füllen beruhigte. «Sie sind eine gescheite Person. Rache hat nur Sinn, wenn damit eine Lehre erteilt wird. Wenn die Gräfin Vorobya verschwindet, ist die Lehre klar. Jonathan wird sich sicher die goldene Lily vornehmen.»

«Hilary», protestierte seine Schwester, «du sprichst vom Herzen einer Frau, von Marys Leben, nicht von einem Geschäftsabschluß.»

«Du hast schon immer das Melodramatische geliebt, Liz», lächelte Metcalfe.

«Was für ein Unsinn, Hilary!» verwahrte sich Elizabeth Metcalfe.

«Mary», fuhr Metcalfe fort, «es ist mir unangenehm zu erwähnen, daß ich Ihnen das vorausgesagt habe. Ich habe Ihnen von dieser Heirat abgeraten. Ich erinnere Sie daran, weil es nützlich sein mag, wenn ich ...»

«Wollen Sie Charles verlassen?» fragte Elizabeth impulsiv.

«Ich weiß es nicht. Nein, eigentlich nicht. Ich weiß bloß nicht, ob ich mit ihm leben kann.»

Mary stopfte ihr Taschentuch in die Handtasche. Sie ließ das juwelenbesetzte Schloß zuschnappen, ehe sie weitersprach.

«Bitte, geben Sie mir einen Brandy, Hilary, dann werde ich versuchen, es zu erklären. Ich weiß, daß ich Sie ungebührlich in Anspruch nehme, aber ich bin sehr dankbar und ...»

Metcalfe brummte verlegen, während er den Flaschenständer auf der Anrichte aufschloß: «Wenn *Sie* uns nicht in Anspruch nehmen können, wer könnte es dann?»

«Nein, Elizabeth», fuhr Mary ruhiger fort, «ich will Charles nicht verlassen – die Kinder. Was sollte ich tun? Wie könnte ich sie unterhalten?»

«Jonathan würde sie sowieso nicht hergeben», warf Hilary ein. «Er würde sich nie von ihnen trennen.»

«Das weiß ich wohl, Hilary. Außerdem wüßte ich nicht wohin. Ich habe eine Entscheidung getroffen und muß dazu stehen.» Sie hielt erschrocken inne, weil ihr die schrecklichen Warnungen ihres Vaters einfielen. «Elizabeth, Sie werden das verstehen. Es handelt sich nicht nur um ... darum, was für mich am besten ist. Ich liebe Charles noch. Ich liebe ihn wirklich. Vielleicht ist es Schwäche. Aber ich will Charles nicht verlassen, seinetwegen und wohl auch meinetwegen nicht.»

«So, das ist klar genug.» Metcalfe reichte ihr ein bernsteinfarbenes Glas mit Brandy und Soda. «Jetzt kann ich fortfahren. Ich erinnerte Sie daran, daß ich gegen diese Ehe war, weil ich Ihnen eine Geschichte erzählen will. Ich glaube, sie wird Ihnen helfen zu verstehen, woran Sie sind, zu verstehen, warum Charles so ist, wie er ist. Jonathan wird Ihnen zweifellos mehr erzählen, wenn ihm der Sinn danach steht.»

«Er darf es überhaupt nicht erfahren», rief Mary.

«Er *wird* es erfahren. Daran besteht kein Zweifel. Der alte Fuchs weiß alles, was ihn angeht. Und diese Angelegenheit geht ihn persönlich an – höchstpersönlich.»

«Ja», gab Mary zu. «Ich fürchte, Sie haben recht. Aber was für eine Geschichte wollen Sie mir erzählen?»

Hilary Metcalfe brauchte fünf Streichhölzer, bis die Pfeife zu seiner Zufriedenheit brannte. Er nippte an seinem Brandy mit Soda und begann aus einer blauen Rauchwolke heraus zu sprechen.

«Mary, stellen Sie sich Hongkong im Jahre 1853 vor. Vor fünfzig, Moment mal, vor genau zweiundfünfzig Jahren. Eine kleine Schar Ausländer, meist Briten, sagen wir achthundert Zivilisten und dieselbe Anzahl Truppen. Diese Abenteurer ließen sich auf einer felsigen, kahlen Insel nieder. Sie waren völlig abhängig von, sagen wir, vierzigtausend Chinesen. Beim lukrativen Handel natürlich, der sie hierhergelockt hatte, aber auch, was Lebensmittel betraf, Arbeitskräfte, alle Dienstleistungen und sogar das Leben. Hongkong war damals nicht mehr als ein Karbunkel an Chinas Flanke, zwölftausend Meilen von Großbritannien entfernt, eine Seereise von drei Monaten. Das Mandschu-Reich war noch mächtig und arrogant trotz der Niederlage im ersten Opiumkrieg dreizehn Jahre vorher, die die Chinesen gezwungen hatte, die Kolonie abzutreten.

Stellen Sie sich eine hinterhältig feindselige Atmosphäre vor, die chinesischen Bewohner schweigsam und feindselig und voller Vorurteile, obwohl einige von ihnen die Vorteile einer Zusammenarbeit mit den ‹Teufeln› erkannten. Sogar die Natur war feindselig. Taifune zerstörten die leichtgebauten Gebäude, die Ruhr tötete starke Männer in ein paar Wochen. Am schlimmsten waren die ‹Fieber›. Malaria, die monatelang wütet und die halbe Bevölkerung niedermäht wie eine Kartätschensalve. Cholera, eine geheimnisvolle Krankheit, die ohne Warnung zuschlägt und in einer Woche zum Tode führt. Auch die Pest. Ja, der Schwarze Tod selbst. Sie haben die Daten auf den Grabsteinen gesehen, hier und auf dem alten Friedhof in Macao. Die Menschen starben damals jung.»

«Hilary», unterbrach ihn Elizabeth, «wir alle haben die Friedhöfe gesehen. Mary braucht nützlichen Rat, keinen Geschichtsunterricht.»

«O doch, den braucht sie. Geschichtsunterricht ist genau das, was sie braucht. Ich fahre fort, wenn ich die Gläser wieder gefüllt habe.»

Hilary Metcalfe erhob sich schwerfällig und machte sich mit der Kristallkaraffe und der Siphonflasche zu schaffen. In jedem anderen ausländischen Haushalt in Hongkong, selbst in den Bungalows der Offiziersdiensttuenden, war das Servieren von Drinks ein Ritual. Es wurde geläutet, ein Boy Nummer Eins in weißer Jacke erschien und machte viel Theater mit klirrenden Flaschen und Gläsern, die er dann auf einem Tablett – aus Gold, echtem Silber oder versilbertem Messing, je nach der Brieftasche seines Herrn – anbot. Mary gefiel es, daß sich die Metcalfes über solche zeremoniellen Gewohnheiten der Kolonialgesellschaft hinwegsetzten.

«Kleine, Hilary», ermahnte Elizabeth Metcalfe ihren Bruder. «Drinks für Damen, nicht für Dragoner oder Bauarbeiter.»

«Wie du willst, Liz. Der kräftige vorhin hat Marys Rücken gestärkt ... Dieser hier wird ihre Wangen wieder rosig machen. Ich werde mich mit der Geschichte kurz fassen, nur das Gerippe wiedergeben. Jonathan kann ihr die ganze Geschichte erzählen, wenn er dazu bereit ist. Schließlich ist es *seine* Geschichte.»

«Deine Gerippe, mein Lieber, sind für jeden anderen ein episches Werk. Aber fahre nur fort.»

«Da sind wir also vor einem halben Jahrhundert in dieser unbedeutenden Kolonie, die durch skrupellose Kaufleute und Glücksritter China entrissen – und der Regierung in Whitehall aufgezwungen wurde ... wie ein armes, verwahrlostes Kind ... ein uneheliches, verwahrlostes Kind, das weder Peking noch London wirklich haben wollten. Von ein paar Chinesen am Leben erhalten, die umsichtig genug waren, die Zukunft zu sehen – und die Profite. Die *Co-Hong*-Kaufleute von Kanton, dreizehn an der Zahl, waren eine Monopolgesellschaft, die 1757 vom Kaiser das Privileg erhalten hatten, es mit den hartnäckigen Ausländern aufzunehmen, die wie die Moskitos herumschwirrten ... ärgerlich, aber offenbar keine große Gefahr. Peking hielt es für eine gute Idee, ein paar

Chinesen zu erlauben, so zu tun, als trieben sie mit den Ausländern Handel und sie sich auf diese Weise vom Leibe zu halten.

«Einer dieser *Co-Hongs*, der bedeutendste, wenn auch nicht der reichste, ist ein Mann mit Namen Kwok. Kwok Li-tschin, Sproß einer alten Kaufmannsfamilie aus der Stadt Sekloong am Sekiang, dem Westfluß. Aus unerforschlichen Gründen nennen ihn die Briten Ah Quah. Nach 1840, nachdem der Opiumkrieg das *Co-Hong*-Monopol gebrochen hat, tut er sich mit Derwent, Hayes and Company zusammen – damals noch nicht der größte, aber der aggressivste *Hong*. Der aggressivste beim Verkauf von Opium und beim Aufspüren neuer chinesischer Erzeugnisse, die Europa brauchen kann.

Der Derwent-*Hong* heißt auf Mandarin *Teh Wan*, was ‹allgemeine Tugend› bedeutet. Nun ja, diese so treffend benannte Firma beschäftigt einen jungen irischen Abenteurer, Liam Francis O'Flaherty. Gerade neunzehn Jahre alt, aber schon aus der Bengal Artillery ausgestoßen, weil er die Frau des Majors verführt hatte. Stellen Sie sich einen neunzehnjährigen Fähnrich mit wehenden blonden Locken und braun-grünen Augen vor, in den Offiziersberuf gepreßt, damit er aus Irland herauskommt, und dazu die schmachtende, gelangweilte Frau des Majors. Eine Pfarrerstochter, deren geistige Kost aus romantischen Romanen besteht – wie das geheime Laster meiner Schwester!»

«Hilary, du weißt überhaupt nichts von der Frau des Majors», schalt Elizabeth. «Bleib bei deiner Geschichte!»

«Ich finde, es ist eine hübsche Geschichte, und bin ziemlich sicher, daß sie wahr ist.» Metcalfe grinste. «Aber ich werde mich an das halten, was ich wirklich weiß . . . Wegen seines Charmes und seiner Schlagfertigkeit wird O'Flaherty eine Art Verbindungsoffizier. Die täglichen Verhandlungen mit Ah Quah sind seine Aufgabe, also geht er im Haus des Kaufmanns ein und aus. Nun hat Ah Quah eine zwanzigjährige Tochter mit Namen Mei-lan, ‹Schöne Orchidee›, und er ist ein Mann von moderner Gesinnung. Er verwöhnt seine einzige Tochter. Schließlich gehört die Familie nur dem Kaufmannsstand an, nächst den Soldaten die niedrigste Erscheinungsform des menschlichen Lebens in der konfuzianischen Gesellschaft. Er sperrt sie nicht ein wie die Töchter des Landadels oder der Mandarine. Es wird sogar getuschelt, welch ein Skandal, daß ihre Füße nicht gebunden sind.

Muß ich das Bild noch weiter ausmalen, Mary? Das Unvermeidliche geschieht – und das Ergebnis ist ein Kind, das Sie heute als Sir Jonathan Sekloong, Mitglied des Ritterordens, kennen. O'Flaherty verdrückt sich; der kleine Jonathan wird von seiner vernarrten Mutter aufgezogen.

Da sie O'Flaherty rasend liebt, will sie, daß der Junge katholisch erzogen wird wie sein Vater. Und die guten Patres der Gesellschaft Jesu sind ihr gern gefällig.»

«Darüber habe ich mir schon Gedanken gemacht», warf Mary ein. «Bruchstücke Ihrer Geschichte hatte ich schon gehört, habe aber nie den fanatischen Katholizismus verstanden.»

«Ganz einfach, meine Liebe: Nur die Jesuiten brachten dem jungen Jonathan eine beständige Liebe entgegen. Im Jahre 1862 heiratete Mei-lan, die ‹Schöne Orchidee›, Richard Wheatley – der alte Knabe, mit dem Sie gestern zusammensaßen, war damals ein schwer auf seinen Vorteil bedachter junger Mann. Er heiratet eine Chinesin, weil ihr Vater ein einflußreicher Mann bei Derwent war, und verletzt das Tabu der Mischehe, um sich die Unterstützung des für seinen Ehrgeiz unentbehrlichen Ah Quah zu sichern. Mei-lan kümmert sich ausschließlich um ihren Mann und vernachlässigt den Jungen. Ah Quah, der 1866 stirbt, verhält sich dem unehelichen, mischblütigen Enkel gegenüber schwankend – manchmal nachsichtig, meistens wie ein tyrannischer Zuchtmeister, vermutlich, um seine Laxheit der Tochter gegenüber wettzumachen. Die einzige wirkliche Sicherheit bieten dem jungen Jonathan die Jesuiten, die ihn mit gleichbleibender Liebe erziehen. Er ist der Sproß eines bedeutenden Handelshauses, aber außerehelich. Das ist eine bittere Erfahrung, zumal das Vermögen und die Firma an seine ehelichen Vettern gehen werden. Außerdem ist er Eurasier, kein richtiger Chinese, kein richtiger Europäer, sondern zwischen beiden Welten schwebend wie Mohammeds Sarg zwischen Himmel und Erde.

Der junge Jonathan hat nur eins im Sinn. Nachdem der alte Ah Quah ihm nur ein paar Pfennige hinterlassen hat, setzt er alles daran, zu einem Vermögen zu kommen. Skrupellos nützt er die Verbindungen seines Großvaters und die besondere Beziehung seiner Mutter zu Derwent aus. Er will von niemandem abhängig sein. Er will seinen Weg allein machen, seine eigene Welt schaffen, seine eigene unangreifbare Position begründen.

In seiner Familie herrscht er gerecht, aber streng. Da ist nichts von der Laxheit seines Großvaters und der Drückebergerei seines Vaters, der sich der Verantwortung entzog. Und seine eigenen kleinen Sünden, wollen Sie sicher fragen? Das steht auf einem anderen Blatt. In dieser Beziehung nehmen es chinesische Männer nicht so genau, weder bei sich selbst noch bei ihren Söhnen. Bei Töchtern ist es natürlich etwas anderes.

Das ist also der Mann, den wir heute kennen. Unbestreitbar hochintelligent, charmant, vernünftig, aber ein absoluter Tyrann gegenüber seinen Söhnen. Und damit kommen wir zu Charles: von einem Vater erzogen, der ein frommer Katholik ist, unglaublich ehrgeizig, in mancher Beziehung nachsichtig, und der entsetzlich hohe Anforderungen stellt. Charles, der die besten englischen Schulen von Hongkong besuchte, was immer sie wert sein mögen, aber im Grunde doch sehr chinesisch ist: ein chinesischer Gentleman mit britischer Tünche. Und da liegt Ihr Problem.»

Mary nippte schweigend an ihrem Brandy mit Soda. Bei dieser Geschichte war ihr immer unbehaglicher zumute geworden. Sie hatte schon andere Versionen gehört, meist nur Bruchstücke. Sie unterschieden sich stark von Hilary Metcalfes Bericht, denn Sir Jonathan war ein legendenumwobener Mann. Mary empfand Mitleid mit Sir Jonathan und auch mit ihrem Mann, dessen Charakter schon vor seiner Geburt festgelegt worden war. Eine Gesellschaft, die ihre Kinder so verbog, konnte sie nur beklagen.

Sie wußte, daß sie Charles seinen gewalttätigen Wutanfall eines Tages verzeihen würde. Da sie die Ursachen für sein Verhalten verstanden hatte, konnte sie ihm verzeihen. Aber sie würde die entsetzliche Szene immer in Erinnerung behalten.

Vor allem aber war Mary bestürzt. Es könnte sich erweisen, daß es ihre Kräfte überstieg, mit diesem komplizierten Mann, den sie geheiratet hatte, fertig zu werden. Die Chinesen waren anderen gegenüber so streng, und die Männer ihren eigenen Gelüsten gegenüber so nachsichtig. Auch die Frauen und Töchter der Reichen waren, auf andere Weise, bemerkenswert egozentrisch und hemmungslos. Zum erstenmal fragte sie sich, ob sie die Chinesen wirklich mochte.

Mary wußte, daß sie jedesmal an Hilary Metcalfes Geschichte denken würde, wenn sie Feuerwerk hörte, denn das Neujahrsgeknatter hatte die ganze Zeit den Kontrapunkt zu seiner tiefen Stimme abgegeben. Sie würde also oft an diesen Tag denken, denn Feuerwerk gab es bei jeder festlichen Gelegenheit. Das Freudenfeuer verscheuchte böse Geister. Die chinesischen Götter, selbst die gütigen, mußten ständig umschmeichelt – und bedroht werden.

Sie war tief in Gedanken, als Sir Jonathan ins Wohnzimmer trat. Seine leise Stimme lenkte ihren Blick auf seine magere, gebieterische Gestalt mit den hellbraunen Augen.

«Guten Tag, Elizabeth, Hilary. *Goong-hay fat-choy!* Mary, meine Liebe, wie geht's?»

«*Goong-hay fat-choy,* Jonathan», erwiderte Metcalfe. «Warum ich fromme Sprüche an Sie verschwende, verstehe ich nicht. Es heißt wirklich Eulen nach Athen tragen, Ihnen Wohlstand zu wünschen.»

«So etwas darfst du nicht sagen, Hilary», tadelte Elizabeth. «Das bringt Unglück. *Goong-hay fat-choy*, Jonathan. Trinken Sie ein Glas mit uns?»

«Nein, danke, Elizabeth, die Zeit ist zu knapp. Aber ich konnte den Neujahrstag nicht vorübergehen lassen, ohne alten Freunden ein kleines Angebinde zu überreichen. Sie waren so freundlich, meine Tochter aufzunehmen. Jetzt muß ich sie nach Hause bringen.»

Sir Jonathan gab Elizabeth ein kleines Päckchen, in gelben Brokat eingewickelt. Nach seinem ersten herzlichen Lächeln hatte er Mary nicht wieder angesehen. Er setzte voraus, daß sie gehorchte.

Die Straßen und Alleen, auf denen sich die festliche Menge erging, hallten wider vom Donner des Feuerwerks. Sir Jonathan bückte sich zu ihr und sagte ihr ins Ohr:

«Ich kann jetzt nicht reden. Zu laut. Aber wir wollen *alle*, daß du heimkommst.»

In der überfüllten Peak-Tram sprach er dann darüber, wie sehr sich der Blick auf die von Hügeln eingefaßte Bucht unten verändert hatte. Vor dem großen Tor mit dem Doppelbalken und dem springenden geflügelten Drachen wies er die Sänftenträger an, sie abzusetzen.

«Du hast doch nichts dagegen, von hier aus zu laufen?» fragte er. «Ich möchte noch mit dir sprechen.»

Mary lächelte ihm bebend zu, eine Reaktion auf die schiere Kraft, die er ausstrahlte. Es war dieselbe gebieterische männliche Stärke, die sie bei Charles so verlockend gefunden hatte, daß sie ihn heiratete.

«Ich möchte, daß du bei uns bleibst», sagte Sir Jonathan unvermittelt. «Wir brauchen dich. Die Familie braucht dich – ich brauche dich. Bitte, denke darüber nach.»

Er wartete auf ihre Antwort, aber sie schwieg.

«Ich will dich nicht bestechen und dir auch nicht drohen», fuhr er fort. «Wenn du für eine Weile weggehen willst, um die Lage zu überdenken, müssen die Kinder hierbleiben. Sonst kannst du alles haben, was du willst. Ich werde dich nicht gegen deinen Willen hierbehalten; dann wärst du mir nicht nützlich. Außerdem habe ich dich recht lieb gewonnen.»

Mary starrte auf den Kiesweg. Der scharfe Geruch von Feuerwerkskörpern stieg ihr in die Nase.

«Und ich dich auch, Vater», sagte sie leise.

«Das freut mich zu hören, freut mich sehr. Ich möchte mich für Charles entschuldigen. Aber Charles ist . . . nun einmal so.»

«Ich habe ihn in eurer Kirche geheiratet», erklärte sie, «und werde vorläufig bleiben.»

«Charles wird diskret sein. Bisher hast du ein Auge zugedrückt, genau wie ich. Aber das geht jetzt nicht mehr. Ich kann für sein Verhalten keine Garantie übernehmen. Er ist ein junger Mann, und wir Sekloongs haben unsere Fehler. Aber eines verspreche ich dir. Er wird diskret sein, sehr diskret. Dafür werde ich sorgen.»

«Vater, du scheinst nicht zu verstehen . . .» begann Mary, dann hielt sie verwirrt inne. «Vielleicht verstehst du es doch. Aber im Augenblick werde ich bleiben. Ich werde mit meinem Mann sprechen. Wir werden unsere Schwierigkeiten bereinigen.»

«Gut», sagte er. «Manchmal muß ich mich einmischen, aber du hast Mut und Verstand genug für zwei Söhne. Ich werde meine Nase nicht in eure Angelegenheiten stecken – solange Charles das nicht herausfordert. Wollen wir Frieden schließen?»

«Ja.»

Mary lächelte und reichte ihm die Hand, aber ihr war eiskalt ums Herz. Sie war dankbar für die liebevolle Fürsorge ihres Schwiegervaters. Aber was hatte er tatsächlich versprochen? Nur daß ihr Mann diskret sein würde.

Nachdem ihr Zorn verraucht war, war Mary schlicht entsetzt. Sir Jonathans Überzeugung, daß er mit Charles schon fertig werde, beunruhigte sie ebensosehr wie seine stillschweigende Voraussetzung, daß ihr Mann durchaus zu Seitensprüngen berechtigt sei – solange er es diskret anfange. Ihr Schwiegervater hatte ihr lediglich versprochen, daß es keine Peinlichkeit geben würde, und zwar, weil er nicht wollte, daß Charles' Verhalten die Sekloongs noch einmal öffentlicher Demütigung aussetzte.

Das kam eher seinen eigenen Interessen entgegen als ihren. Selbst seinen chinesischen Geschäftsfreunden würde es nicht gefallen, wenn der Erbe der Sekloong-Dynastie im Ruf eines Wüstlings stand. Dagegen würde es sie nicht beunruhigen, wenn Charles sich mit teuren Blumenmädchen einließe, nur dürften solche Vergnügungen unter keinen Umständen das Geschäft oder die familiären Verpflichtungen beeinträchtigen. Die europäische Gesellschaft ihrerseits würde keinen öffentlichen Skandal wie Charles' Verhältnis mit der Gräfin Vorobya dulden. Eine solche Leichtfertigkeit würde den Verdacht erwecken, er sei «nicht solide» – und das kam im Hongkong der Regierungszeit von König Eduard VII. einer Verdammung gleich.

Ihre Ehe, ihr Glück, ihr ganzes Leben – all das war nur noch eine geordnete kommerzielle Angelegenheit. Als Mary Philippa Osgood Sekloong die geräumige Halle ihres Hauses betrat, hatte sie das bittere

Empfinden, daß sie kaum mehr war als ein Stück Land, das richtig bewirtschaftet werden mußte. Weder durfte sie unterbewertet werden, ebensowenig wie eine Schiffsladung Baumwollwaren, noch überbewertet.

5. Februar 1905 bis 16. März 1905

Auf dem Peak waren die seltener werdenden Feuerwerkssalven am Ufer unten nur noch als fernes Bummern zu hören. Der erste kühle Abend des zweiunddreißigsten Regierungsjahrs des Sohns des Himmels, Kuang Hsü, Kaiser der großen reinen Dynastie, breitete seinen dunklen Mantel über die Kronkolonie Eduards VII., König von England, Schottland, Wales, Irland und der überseeischen Reiche und Territorien, Kaiser von Indien und (zumindest dem Titel nach) Verteidiger des Glaubens. Die zugezogenen blauen Samtvorhänge machten das Wohnzimmer im Kleinen Haus zu einem traulichen Schlupfwinkel innerhalb der riesigen Festung der Sekloong-Residenz.

Der Herr des Hauses trank bereits seinen dritten Brandy mit Soda nach dem Abendessen. Charles Sekloong gab sich völlig ungezwungen, offenbar hatten weder der Brandy noch die emotionalen Stürme des Tages eine Wirkung bei ihm hinterlassen. Die kräftigen Hände waren entspannt, und die weit auseinanderstehenden braunen Augen unter der glatten, gebräunten Stirn blickten unbekümmert.

Mary Sekloong war wieder beeindruckt von der animalischen Stärke, die sie von jeher so angezogen hatten. Ihr Mann schien seiner männlichen Kraft ganz sicher zu sein wie ein ruhender schwarzer Panther. Zum erstenmal seit fast zwei Jahren spürte sie den ziehenden Schmerz in den Lenden, den Charles einst hervorgerufen hatten, wenn er sie bloß anschaute.

Schweigend saßen Charles und Mary einander gegenüber auf den mit gelbem Brokat bezogenen Sofas zu beiden Seiten des Kamins. Sie blätterte in E. J. Eitels ‹*Europe in China: The History of Hong Kong*›; und er blickte in die lodernden Flammen. Obwohl fast zwei Meter zwischen ihnen lagen, reagierte Mary unwillkürlich, als ob seine Fingerspitzen über ihre Schenkel strichen. Sie rutschte unruhig auf dem Daunenkissen hin und her und fühlte sich eingeengt durch das Korsett, das ihre Taille unter dem tief ausgeschnittenen Oberteil eines burgunderroten Seidenkleids mit bauschigem Rock auf zweiundfünfzig Zentimeter zusammenschnürte. Ihre Brüste schwollen an unter der Liebkosung ihrer duftigen Untertaille, und eine helle Röte überzog ihre Schultern und das Gesicht.

Mary war bestürzt über ihre Sinnlichkeit. Das war nicht nur ungehörig, es war unklug. In diesem Augenblick verabscheute sie die weibliche Schwäche, die sich so sehr von dem vertrauten Körper erregen ließ, der ihr so oft untreu gewesen war. Sie legte das Buch beiseite und starrte ins Feuer. Ihre Blicke überschnitten sich, aber sie sahen sich nicht an.

«Dieser gemischten und fluktuierenden Bevölkerung von Hongkong», hatte der Historiker Eitel geschrieben, «liegt ein fortwährendes Einvernehmen zugrunde: das geheime, beginnende Zusammenwachsen von Europa und Asien (vertreten durch China).» Könnte das, fragte sie sich, womöglich wahr sein?

Aufmerksam geworden durch ihre leichte Bewegung, sah Charles vom Feuer auf. Er nippte an seinem Brandy, ehe er sprach, und seine warme Bariton-Stimme beruhigte und erregte sie zugleich.

«Du bist also zum alten Herrn gegangen?»

«Nein, Charles.» Ihre Stimme klang gereizt. «Das hätte ich nie getan. Er kam zu mir.»

«Oho!» Er pfiff leise durch die Zähne. «Deine Aktien müssen hoch stehen. Bist du sicher, daß er zu dir kam? Woher wußte er von dem unerfreulichen Zwischenfall?»

«Hast du wirklich geglaubt, er würde es nicht erfahren?» Mary bemühte sich, ihre Stimme nicht scharf klingen zu lassen.

«Nein, kaum. Vor ihm kann man nichts verbergen. Es ist unheimlich.»

«Ja, nicht wahr?»

«Mary», sagte er stockend, «Mary, ich bereue den Vorfall von heute morgen. Habe ich dich sehr verletzt?»

«Ja, Charles. Sehr.»

«Ich bedaure es von Herzen, daß ich mich durch Gewalttätigkeit entehrt habe», sagte er mit ausgesuchter Höflichkeit.

Mary antwortete nicht. Seine Arroganz war typisch chinesisch, und sie wußte, er würde nicht nachgeben können. Ihm rasch zu verzeihen, würde daher nichts bedeuten. Dennoch hätte sie, wenn auch noch mit Haßgefühlen, am liebsten seinen Kopf an ihre Brust gezogen und gesagt, sie habe ihm verziehen. Aber sie blieb stumm.

«Der alte Herr hat die neun Teufel aus der Hölle aufgeboten.» Charles wollte den Kontakt zu ihr herstellen und griff in seiner Aufregung unbewußt auf diese chinesische Redewendung zurück. «Er war grob.»

«Aber, Charles, wie . . . wie konntest du auch handgreiflich gegen mich werden?»

«Ich war wütend. Ich bin schon lange wütend. Ich kann nicht leben mit den Vorschriften, die du mir machst.»

«Charles, ob ich schwanger werde oder nicht, steht bei dir.»

«Tut mir leid, Mary, ich benutze diese Dinger nicht. Es ist unrecht.»

«Mir tut es auch leid, Charles. Aber ich will eine Zeitlang keine Kinder mehr bekommen. Ich bin zu jung für eine Zuchtstute.»

«Und zu schön.» Seine Stimmung schlug plötzlich um, er lächelte, und seine braunen Augen funkelten. Er machte sich ihre Gefühle so geschickt zunutze, daß sie ihm praktisch nicht widerstehen konnte. Sie kamen einander näher und suchten Kontakt über die Schranken ihrer unterschiedlichen Herkunft und ihrer unterschiedlichen Maßstäbe hinweg. Er würde sich weder verpflichten, Empfängnisverhütungsmittel zu gebrauchen, noch seinen Hang zu Seitensprüngen zügeln – das war offenkundig. Aber sie konnte seine Annäherungsversuche nicht schlankweg ablehnen, ohne ihre ganze Beziehung zu gefährden.

Ihr Groll und ihre Selbstbeherrschung schmolzen dahin. Verlangen überwältigte sie, und sie lehnte sich auf dem Sofa zurück, lässig wie eine Siamkatze.

«Es gibt, wie mir gesagt wurde», wagte er sich vor, «eine richtige Zeit, wenn die Maid im Mond es erlaubt . . .»

«Das habe ich dir gesagt.»

«Und könnte es jetzt die richtige Zeit sein?»

«Vielleicht.» Sie lächelte.

Er kam zu ihr, und sein Mund berührte den ihren flüchtig. Mit dem Handrücken strich er ihr über die Wange, und sein fordernder Mund teilte ihre Lippen. Eine warme Flut durchströmte ihren Körper. Sie spürte, wie er ihr entgegendrängte, und Verlangen wogte zwischen ihren Schenkeln.

«Vielleicht», wiederholte sie, stand auf und nahm seine Hand, «vielleicht ist jetzt die Zeit.»

Seine Hand umschloß ihre Brust, aber sie entwand sich ihm mit einer wirbelnden Drehung und machte die Tür auf. Sie lachten wie Kinder, als sie die Treppe hinaufstürzte und er ihr nachsetzte.

Charles verriegelte die Schlafzimmertür und nahm sie in die Arme. Ungeschickt in ihrer Eile, zogen sie einander aus, und die auf den dicken

Teppich fallenden Kleidungsstücke bildeten einen vielfarbigen Ring um sie. Marys Brüste und Schenkel brannten bei jeder seiner Berührungen, und sie sehnte sich nach seiner ihr entgegengereckten Männlichkeit.

«Komm, Charles!» rief sie und ließ sich auf das Bett fallen. «Komm zu mir, Liebster!»

Stürmisch und gebieterisch drang er in sie ein. Sie umklammerte ihn, emporgehoben von einer Woge des Triumphs in der Unterwerfung. Sie hielt ihn in sich fest, und ihrer beider Höhepunkt war überwältigend. Alle Zurückhaltung, jedes Bewußtsein wurde von rotflammenden Wellen und einem Kranz goldener Strahlen verschlungen.

Mary hätte ihn am liebsten für immer friedlich in sich bewahrt und preßte die Beine zusammen, um ihn einzukerkern. Nach mehreren Minuten lösten sie sich widerstrebend voneinander und lagen köstlich erschöpft Seite an Seite. Schlaftrunken dachte sie daran, daß sie ihre verstreuten Kleidungsstücke aufheben müßte. Aber dazu würde sie noch Zeit haben, ehe Ah Sam den Morgentee brachte. Während die Mattigkeit der Befriedigung sie überkam, überlegte sie, schon halb im Schlaf, daß es zum Glück die richtige Zeit des Monats war. Nicht nur Ernte- und Frühlingsfeste wurden von dem stetigen Lauf des zu- und abnehmenden Mondes über den östlichen Himmel bestimmt.

Die junge Frau, die sich Gräfin Vera Vorobya nannte, schiffte sich am 7. Februar 1905 nach Sydney ein. In dem Päckchen, das Sir Jonathan Elizabeth Metcalfe am Neujahrstag übergeben hatte, waren, wie er Mary später sagte, eine Schiffskarte und tausend Pfund in Banknoten. Mary war der Frau, die sie nur flüchtig im Vorbeigehen gesehen hatte, fast dankbar; und auch Rachel Wheatley war sie für ihre boshafte Zunge fast dankbar. Unbeabsichtigt hatten die beiden nicht nur ihren Mann zu ihr zurückgebracht, sondern auch das Tor zum Glück geöffnet.

Die beiden Wochen nach ihrer hektischen Versöhnung mit Charles waren eine Folge von Freuden, ein Karneval der Sinne unter dem Betthimmel aus rotem Brokat. Charles beteuerte, er habe nie zuvor eine so vollkommene Lust erlebt; und Mary wußte, daß sie sich nie in so völliger Hingabe gesonnt hatte. Sie waren trunkene Eiferer, die ihr irdisches Paradies im Körper des anderen suchten.

Zwei Wochen lang lebte Mary in einem goldenen Nebel, und Charles war nicht nur ein leidenschaftlicher Liebhaber, sondern auch ein Mustergatte. Sir Jonathan und Lady Lucinda strahlten vor Freude über die Versöhnung und erwarteten zuversichtlich, daß bald ein weiteres Enkelkind ihr Glück vollmachen werde.

Zu Beginn der dritten Woche verblaßte der goldene Glanz; das Begehren wich der Übersättigung, Ermattung wurde zu Erschöpfung. Mary hatte unvermutete und ungehörige Abgründe der Sinnlichkeit in sich entdeckt. Aber die überwältigende fleischliche Leidenschaft konnte nicht anhalten – wenn auch nur deshalb, weil sie an einem ständigen Brennen litt.

Dr. Moncriefe lächelte, als sie ihre Symptome beschrieb.

«Flitterwochen-Zystitis», sagte er schalkhaft. «Ich gratuliere Ihnen, meine Liebe, daß Sie Ihren Mann so fesseln. Das Leiden ist höchst ungewöhnlich nach den ersten Ehemonaten.» Der Arzt, selbst ein frommer schottischer Katholik, erklärte ihr noch einmal die periodische Abstinenz, die die Kirche «die rhythmische Methode» zur Vermeidung der Schwangerschaft nennt.

Mary wollte nicht so bald wieder ein Kind bekommen, obwohl sie im ersten Begeisterungstaumel ihrer leidenschaftlichen Versöhnung die Gefahr einer Schwangerschaft auf sich genommen hatte. Außerdem erkannte sie, daß das neue Glück weniger auf einem neuen Einvernehmen zwischen ihnen oder auf einem beiderseitigen Kompromiß beruhte, sondern vor allem darauf, daß sie sich seinen Forderungen fügte. Charles war begeistert, weil sie die leidenschaftliche, hellhäutige Huri seiner Träume geworden war. Aber seine wiederbelebte Leidenschaft galt nicht ihr als einem Menschen, der irgendwelche Bedürfnisse oder Interessen außerhalb des Himmelbetts hatte.

In den letzten vier Jahren hatte sie Kinder zur Welt gebracht, um die Sekloong-Dynastie zu vergrößern. In den vergangenen Wochen war sie kaum mehr gewesen als ein Gefäß für seinen Samen. Sie fühlte sich beschmutzt. Sie waren nur körperlich miteinander verbunden, Gefühl und Gedanken blieben davon unberührt. Selbst wenn sie sich liebten, dachte sie plötzlich irritiert, war es ein gekonntes, bedeutungsloses Ritual, als seien sie Schauspieler mit festgelegten Rollen. Charles und sie waren praktisch blind gegen das Herz und die Seele des anderen geblieben; ihre Körper waren zu sinnreichen Vorrichtungen geworden, um durch Reibung Befriedigung zu erzeugen.

Charles war nachsichtig, als sie versuchte, ihre Zweifel auszudrücken – nachsichtig und uninteressiert. Statt zuzuhören, umarmte und küßte er sie, bis sie zu ihrem Mißvergnügen die vertraute Erregung verspürte und fürchtete, sie sei eine Gefangene seiner Sinnlichkeit geworden.

«Das war herrlich», sagte er nachher. «Nur: manchmal erfreut Schweigen das Schicksal mehr – Reden verletzt. Wir sagen: Wecke den Tiger nicht, indem du schreist oder den gütigen Drachen verscheuchst.

Europäer verderben oft gute Dinge, indem sie sie erforschen. Und außerdem – das Bett ist nicht der Ort für intellektuelle Gespräche.»

Sie hatte nachgegeben und sich seiner Umarmung überlassen. Als sie am nächsten Abend im Halbdunkel unter dem Betthimmel aus rotem Brokat lagen, küßte sie ihn liebevoll und drehte sich auf die Seite, um zu schlafen.

«Was ist das?» fragte er. «Meine schöne Bettgenossin kehrt mir den Rücken zu?»

«Charles, ich bin heute abend müde.»

«Oh, ist das alles? Ich fürchtete schon, wir kämen wieder auf die alten Gewohnheiten zurück. Na, dann vielleicht später oder morgen.»

«Nein, Charles», flüsterte sie und legte den Kopf an seine Schulter. «Wenigstens eine Weile nicht.»

«Und warum nicht?» Er war immer noch nachsichtig belustigt. «Ist etwas nicht in Ordnung?»

«Nun, nicht wirklich.» Sie wog ihre Worte ab. «Es ist nicht wirklich etwas nicht in Ordnung, obwohl wir des Guten zuviel getan haben. Es war wunderschön, aber Dr. Moncriefe . . .»

Sein Arm wurde steif unter ihr, und er fragte barsch: «Sind wir wieder da angelangt?»

«Nein, Charles, wir sind bei nichts wieder angelangt. Nur ist jetzt nicht die richtige Zeit. Dr. Moncriefe hat es mir erklärt. Du weißt, daß ich wirklich nicht so bald noch ein Kind haben möchte. Später vielleicht, aber nicht jetzt. Daher . . .»

«Wieder dieser verdammte Unsinn», sagte er wütend und zog seinen Arm weg. «Meine Mutter hat sieben gehabt, vier verloren – und es hat ihr nichts geschadet. Wofür sind Frauen da?»

«Für Kinder, aber auch für anderes.»

«Zum Teufel damit», fluchte er. «Gott schütze mich vor intellektuellen Frauen, vor Hirngespinsten und hochtrabendem Philosophieren. Dann könnte ich auch gleich mit einer taoistischen Nonne ins Bett gehen. Du hast es immer noch nicht begriffen: Wir müssen den Clan aufbauen.»

«Aber Charles», protestierte sie, immer noch hoffnungsvoll, «du glaubst doch nicht wirklich, daß . . . Kinderkriegen das einzige . . .»

Ihre Stimme erstarb, denn er tat so, als ob er schliefe, und atmete tief und regelmäßig.

Am nächsten Morgen kam Charles nach dem Frühstück nicht noch einmal ins Schlafzimmer, um ihr einen Abschiedskuß zu geben. Am Abend erschien er nicht zum Essen. Als er um Mitternacht noch nicht zu

Hause war, wurde sich Mary darüber klar, daß er die ganze Nacht wegbleiben würde. In den folgenden Wochen ließ ihr seine häufige Abwesenheit viel Zeit – zuviel Zeit – zum Grübeln.

Wieder stellte Mary fest, daß sie den Mann nicht verstand, den sie geheiratet hatte. Offenbar war er ebenso wütend darüber, daß sie es gewagt hatte, sich seinem Willen zu widersetzen, wie über ihre Verweigerung im Bett. Wie sein Vater verlangte Charles absoluten Gehorsam. Und nur völlige Unterwerfung, die ihr allerdings unmöglich war, würde ihn besänftigen. Seine Launen waren ihr unbegreiflich, und sie mußte feststellen, daß ihr Verhältnis nicht auf einem festen Fundament ruhte.

Wochenlang glich das Kleine Haus einer Festung, wo zwei nur aus zweckdienlichen Gründen verbundene Heere sich einander voller Mißtrauen, das kaum durch förmliche Höflichkeit verschleiert wurde, beobachteten. Charles beschränkte seine Unterhaltung auf kurze Sätze vor den Bedienten. Nach einigen vergeblichen Versuchen, die Schranken zu durchbrechen, gab auch Mary nur noch höfliche Halbsätze von sich.

Sie schliefen zweimal miteinander, es war nicht mehr als eine kurze, unerfreuliche Umschlingung auf zerwühlten Laken. Er nahm sie verächtlich, ohne körperliche oder verbale Präliminarien, entschlossen, ihren Körper zu beherrschen. Sie fügte sich, da es die Zeit war, die Dr. Moncriefe «die sichere Periode» nannte. Aber der physische Akt bedeutete nichts – er war eher zerstörerisch. Charles konnte sie seinem Willen nicht unterwerfen, und sie haßte seine kalte Entschlossenheit, es zu versuchen.

Mary hoffte immer noch auf eine echte Versöhnung. Würde man sie in Ruhe lassen, könnte sie den Weg zur Liebe zurückfinden. Aber man ließ sie nicht in Ruhe: Sir Jonathan war vollendet höflich, aber seine Augen blickten eiskalt; Lady Lucinda betrachtete sie mit mitleidiger Verständnislosigkeit. Sie hatte das Gefühl, kein lebendiger Mensch mehr zu sein, sondern ein Stück Familienbesitz. Sie konnte auch nicht bei den Metcalfes Trost suchen; denn manche Dinge konnte sie nicht einmal mit Elizabeth besprechen. Körperlich und seelisch in unerträglicher Spannung, war sie inmitten der Schar von Kindern und Dienstboten hoffnungslos allein. Aber sie hoffte weiter.

Das bißchen Optimismus, das sie sich bewahrt hatte, schwand Ende März bei einem Gespräch mit Charles, nachdem sie ihre Abendmahlzeit in peinlichem Schweigen eingenommen hatten.

«Mary», begann er, «ich muß mit dir reden.»

«Ja, bitte.» Ihr Ton war unverbindlich, aber ihr hüpfte das Herz im Leib vor neuer Hoffnung. «Ich spreche gern mit dir.»

«Viel anderes haben wir in letzter Zeit nicht getan.»

«Es gibt auch andere Möglichkeiten – mit etwas Rücksichtnahme und Liebe.»

«Na ja, wir werden sehen. Aber es handelt sich um etwas anderes.»

«Um was, Charles?»

«Du weißt, was ich dem alten Herrn versprochen habe – keine Skandale, keine öffentliche Demütigung.»

«Ja, Charles.»

«Es wird auch keine geben, nichts Dergleichen. Es hat nichts mit dir zu tun. Deine Stellung bleibt die gleiche. Aber ich muß es dir sagen, dir Mitteilung machen.»

«Wovon redest du, Charles?»

Eine düstere Ahnung überkam sie. Er würde doch nicht einen offenen Bruch erzwingen? Der Skandal würde dem Clan schweren Schaden zufügen, und das in dem Augenblick, in dem Sir Jonathan seinen Coup gegen die Wheatleys vorbereitete. Außerdem verbot ihm seine Kirche die Scheidung. Um was für eine Mitteilung konnte es sich also handeln?

«Ich habe mir eine Konkubine genommen», sagte Charles unumwunden. «Ich mußte es tun.»

«Was hast du?» Sie konnte nicht glauben, daß sie richtig gehört hatte. «Was?»

«Ich habe mir eine Konkubine genommen. Du willst mir keine Kinder mehr schenken. Sie wird es tun.»

Der aufkeimende Zorn legte sich in Sekundenschnelle. Zorn, Überraschung lagen hinter ihr, fast sogar die Verzweiflung. Als hätte sie ein gefährliches Tier vor sich, erwog sie vorsichtig, wie sie reagieren sollte. Als sie schließlich sprach, war es im Ton lässiger Höflichkeit bei einer belanglosen Unterhaltung mit einem flüchtigen Bekannten.

«Ich bin verdutzt, Charles.»

«Verdutzt? Das ist ein seltsamer Ausdruck.»

«Hast du erwartet, daß ich weinen würde? Mit den Zähnen knirschen? Oder zum Zeichen der Trauer mein Kleid zerreißen? Ich bin wirklich verdutzt. Ich verstehe eure seltsamen Bräuche nicht.»

«Da sind wir wieder bei den Chinks angelangt, nicht wahr?» Charles' hitziges Temperament ging mit ihm durch. «Verdammte britische Überlegenheit!»

«Keineswegs Überlegenheit. Ich bin nur verdutzt über eure chinesischen Bräuche. Wie kannst du dir eine Konkubine nehmen, wenn wir in deiner Kirche geheiratet und versprochen haben, uns treu zu sein?

Nicht daß Untreue dir etwas ausmachte, das weiß ich. Aber auch das Gesetz verlangt Monogamie.»

«Und wer kann mich daran hindern?»

«Niemand vermutlich. Nur dein Gewissen.»

«Es ist ein sanktionierter chinesischer Brauch. Wenn die erste Frau keine Kinder bekommen kann ... oder bekommen will, hat der Mann das Recht ... die Pflicht ... sich eine Konkubine zu nehmen.»

«Und die Gesetze in Hongkong? Sagen sie das auch?»

«Das spielt keine Rolle. Das Mädchen kommt aus Swatow, und nach dem chinesischen Gesetz ist das Verhältnis erlaubt. Wir glauben, daß große Familien, viele Kinder, ein Segen sind. Und sie wird ...»

«Kinder gebären», unterbrach ihn Mary. «Das habe ich begriffen. Es wäre mir lieber gewesen, du hättest mir nichts darüber gesagt.»

«Wollte ich auch nicht. Aber der alte Herr meinte, du müßtest es wissen. Er hatte nichts dagegen.»

«Merkwürdig ... du trittst in allem in seine Fußstapfen.»

«Es ist *mein* Entschluß. Ich bin mein eigener Herr.»

«Wirklich?» fragte sie ironisch. «Es freut mich, das zu hören. Ist das jetzt alles, was du zu sagen hast?»

«Wenn du es so aufnimmst – ja. Das ist alles. Nur daß du die Frau Nummer Eins bleibst und ich sie nicht in dieses Haus bringen werde.»

«Wie rücksichtsvoll von dir», erwiderte Mary. «Höflich und rücksichtsvoll wie immer.»

Charles schwieg mißmutig, während Mary mechanisch die Seiten des dicken Bandes von S. Wells Williams, ‹*The Middle Kingdom*›, umblätterte, ohne ein Wort zu verstehen. Nach einer halben Stunde stürzte er aus dem Haus, und sie ging die Treppe zum Ankleidezimmer hinauf. Ihre Schritte waren so langsam wie die einer arthritischen alten Frau.

Ihre Glieder waren schwer vor Mattigkeit, als sie sich auszog, um ins Bett zu gehen. In ihrer Verzweiflung vermied sie es, sich in dem schwach beleuchteten Spiegel in die Augen zu sehen, als sie ihr langes rotgoldenes Haar bürstete. Sie fragte sich, ob dies eine schlimmere Kränkung sei als Charles' bisherigen Seitensprünge. Aber sie war zu erschöpft, um die Frage zu beantworten. Sie legte sich ins Bett, und ihr letzter bewußter Willensakt, ehe sie einschlief, war der Entschluß, nicht mehr darüber nachzudenken. Vielleicht bedeutete diese letzte Entwicklung, daß ihre Ehe zu Ende war und daß sie einen Ausweg finden mußte. Aber sie war zu müde, um darüber nachzudenken, zu betäubt, um sich jetzt darum zu kümmern.

An einem Nachmittag Mitte April, als Sonnenschein den Peak vergoldete, spielte Mary mit ihren drei älteren Kindern im Garten hinter dem Kleinen Haus. Die kleine Charlotte, noch nicht ganz anderthalb Jahre alt, tapste unsicher umher, fürsorglich betreut von ihrer ein Jahr älteren Schwester Guinevere. Jonathan, der im November vier werden würde, lief dem rot-weißen Ball nach, den seine Mutter für ihn warf. Ah Ying, die Baby-Amah, verfolgte mißbilligend die Einmischung von *Tai-tai* in ihre Aufgaben, und jedesmal, wenn Jonnie stolperte, stieß sie demonstrativ einen Angstschrei aus.

«Mary! He! Mary!» rief eine tiefe Stimme von der Terrasse. «Wo bist du?»

Vor Überraschung hielt sie den Atem an. Es war Charles' Stimme, zum erstenmal seit einem Jahr kam er am Nachmittag nach Hause. Trotz ihrer Verzweiflung über seine Konkubine und seine systematische Vernachlässigung sehnte sie sich nach einer Versöhnung. Mit klopfendem Herzen drehte sie sich um, um ihn zu begrüßen – aber enttäuscht hielt sie inne.

Harry Sekloong stand auf der Terrasse. Es war ihr nie aufgefallen, daß die Brüder so gleichklingende Stimmen hatten, obwohl sie sich äußerlich sehr ähnlich waren. Harry war etwas größter, etwas dunkler und etwas breiter als Charles. Das Haselnußbraun seiner Augen war etwas dunkler und seine Nase gerader, ihr fehlte die Krümmung, die den Zügen von Sir Jonathan und Charles etwas Raubtierhaftes verlieh. Harry besaß auch nicht Charles' würdevollen Ernst, der manchmal an Großspurigkeit grenzte. Vier Jahre jünger als sein Bruder, entzog sich Harry dem bedrückenden Gewicht des Willens seines Vaters durch seinen Frohsinn, den Sir Jonathan erbittert Leichtsinn nannte. Harry war wie Quecksilber, sprühend und nicht zu bändigen.

Trotz ihrer Enttäuschung hob sich Marys Stimmung, und sie freute sich auf Harrys überschäumende Fröhlichkeit. Gleichaltrig mit ihr, war er mehr als ihr älterer Bruder Thomas Duane Osgood, der zehntausend Meilen entfernt in England lebte, ein Bruder für sie.

«Was ist los, Harry?» rief sie.

«Was los ist, Mary? Hast du eine Tasse Tee für mich? Der alte Herr hat mich heute früh freigelassen, und ich beschloß, meine Lieblingsschwägerin zu besuchen.»

«Deine *einzige* Schwägerin!» Die scherzhafte Richtigstellung war ihr ganz unwillkürlich herausgerutscht, aber ihr Lachen brach plötzlich ab. War das «Mädchen aus Swatow», Charles' Konkubine, auch seine Schwägerin?

«Keine Sorge!» Er nahm keine Notiz von ihrer Bestürzung. «Du wärst immer meine Lieblingsschwägerin, auch wenn ich zwanzig hätte. Da ich nur eine habe, bist du trotzdem meine Lieblingsschwägerin.»

Er hob sie hoch und wirbelte sie herum.

«Das ist die Strafe, weil du an meiner Aufrichtigkeit gezweifelt hast», sagte er mit gespielter Strenge. «Und wenn du dich weiter so schlecht benimmst, kommt es noch schlimmer.»

«Harry! Harry! Laß mich runter», protestierte sie lachend. «Was sollen die Dienstboten denken?»

«Was die Dienstboten denken? Tut ihnen gut, wenn sie mal denken. Kommt selten genug vor.»

«Hör auf damit. Komm, trink eine Tasse Tee.»

«Jawohl, Liebling. Dein Wunsch ist mir Befehl.»

Er setzte sie mit übertriebener Fürsorge ab. Sie nahm ihn an die Hand und ging mit ihm ins Frühstückszimmer, wo Ah Sam das ganze Zubehör für einen englischen *high tea* aufgebaut hatte – dünne Sandwiches auf Spode-Platten vor der silbernen Teekanne und dem Samowar, dem silbernen Teesieb, dem Sahnekännchen und der Zuckerschale mit den verschlungenen Blättern und Blüten. Das Gesicht des Boy Nummer Eins war zu einem wilden Grinsen verzogen – ganz anders als das gezwungene halbe Lächeln, mit dem er Charles bedachte. Selbst Ah Sam, Marys stets argwöhnischer Beschützer, konnte Harrys Übermut nicht widerstehen. Er hatte den jüngeren Bruder nicht nur sehr gern, er vertraute ihm auch. Harry genügte Ah Sams geheimnisvollen Maßstäben, die Charles nicht erfüllte.

Harry sprach in so schnellem Kantonesisch mit ihm, daß Mary nur ein paar Brocken verstand, und leise lachend verließ der Boy Nummer Eins das Zimmer.

«Harry», fragte Mary, plötzlich mißtrauisch geworden, «du bist doch nicht etwa von Sir Jonathan, von Vater, hergeschickt worden? Warum hat er deine Fußeisen heute so früh aufgeschlossen?»

«Ich schwöre dir, Mary, ich bin weder ein Abgesandter des alten Herrn noch von sonst jemandem. Nur mein eigener Abgesandter.»

«Es gibt keine bessere Akkreditierung», lächelte sie. «Und Ihre Mission, Herr Botschafter?»

«Es ist eine geheime Mission, *chère madame*. Und sie ist bereits erfolgreich beendet worden.»

«Erfolgreich?»

«Ich wollte dich mal wieder lachen sehen. Mal läufst du herum wie eine tragikumwobene Königin – mal wie ein krankes Kalb.»

«Eine schmeichelhafte Beschreibung, Herr Botschafter. Und sehr diplomatisch. Reden Sie mit all Ihren Gastgeberinnen so?»

«*Chère madame*, ich bin nur bei Ihnen akkreditiert. Und ich bin sehr diplomatisch. Ich bin nicht gekommen, um Erklärungen über Ihr seltsames Verhalten zu verlangen, sondern um Erklärungen abzugeben.»

«Was für Erklärungen, Euer Exzellenz?»

«Gib mir noch ein Sandwich mit Krabben und Gurke», antwortete er, aus der Rolle fallend, «dann werde ich meine Erklärungen erklären.»

Mary lachte und reichte ihm die Platte. Zum erstenmal seit Monaten beschäftigte sie sich nicht mit sich selbst.

«Darf ich für eine Minute mit der Clownerie aufhören?» Seine Worte waren undeutlich, weil er den Mund voll hatte. «Du kannst mich rauswerfen, wann immer du willst. Es ist zwar nicht meine Sache, aber ich habe es zu meiner Sache gemacht. Du mußt mit jemandem reden, der dich liebt, wie du bist, der nichts an dir ändern möchte.»

«Sprich weiter, Harry, ich höre zu.»

«Du erinnerst dich, daß ich sagte, du solltest Charles nicht heiraten? Später habe ich mich gefragt, warum ich das gesagt habe. Vielleicht wollte ich dich für mich haben. Aber das ist jetzt vorbei, das wäre undenkbar. Erinnerst du dich, daß ich dir auch gesagt habe, die Sekloongs würden versuchen, dich umzumodeln?»

«Ich erinnere mich sehr gut daran.»

«Das Haus Sekloong ist wie eine hydraulische Presse. Was hineinkommt, muß in der Form wieder herauskommen, die die Familie wünscht – um verwendet zu werden, wie die Familie es wünscht.»

«Es ist ihnen nicht gelungen, dich umzumodeln», bemerkte Mary.

«Ich bin nicht so sicher. Aber ich wehre mich. Ja, ich wehre mich. Der älteste Sohn kann es nicht. Das hat Charles zu dem gemacht, was er ist – der unwiderstehliche Druck und das fehlende Talent, sich dem zu entziehen und den Clown zu spielen. Er ist formbar – dickköpfig, aber formbar. Und nicht flexibel. Ich bin nicht formbar . . . wenigstens habe ich den alten Herrn halbwegs davon überzeugt, daß ich es nicht sei. Aber ich bin flexibel.»

Mary nickte, verblüfft über die Übereinstimmung von Harrys Beurteilung mit ihren eigenen Überlegungen.

«Und du bist jetzt ein Teil von uns. Sinnlos, darüber zu reden, was hätte sein können oder nicht sein können. Du bist ein Teil von uns, ein hochgeschätzter Teil. Du kannst nicht entkommen – selbst wenn du es wirklich wolltest.»

«Ich weiß gar nicht mehr, was ich will», gestand sie. «Aber wie kannst du sagen, hochgeschätzt? Es gibt hübschere Mädchen wie Sand am Meer, hübschere und fügsamere Mädchen.»

«Fügsamere, ja. Schönere, charmantere nicht. Und hochgeschätzt wegen dieses verdammten Eurasier-Komplexes. Deine Kinder sind mehr als halbeuropäisch, und das ist der Weg, den wir einschlagen.»

«Aber dein Vater war sehr dagegen. Er wollte, daß Charles eine Chinesin heiratete.»

«Stimmt. Aber nachdem er einmal nachgegeben hatte, änderte sich alles. Er wußte, daß es so kommen würde; darum hat er so dagegen gekämpft.»

«Das verstehe ich nicht ganz», sagte Mary.

«Trotz allen Getöses ist der alte Herr doch ein absoluter Realist, findest du nicht?»

Sie nickte.

«Er ist ein glühender chinesischer Patriot – meistens. Aber er hat den eurasischen Tick. Er würde es nicht zugeben, aber sein Realismus sagt ihm, daß die Chinesen uns niemals voll akzeptieren werden. Sie sind zu arrogant, zu blutstolz.»

«Ihr . . . wir . . . werden von der europäischen Gesellschaft auch nicht ganz für voll genommen, trotz seines Adelstitels.»

«Stimmt wiederum. Aber selbst die schlimmsten Europäer sind weniger starrsinnig als die Chinesen, sie sind aufgeschlossener. Der alte Herr ist überzeugt, daß sie uns mit der Zeit akzeptieren werden. Vielleicht in ein oder zwei Generationen . . . mit der Zeit eben . . .»

«Und die Chinesen?»

«In *diesem* Jahrhundert nicht. Der alte Herr will unbedingt erreichen, daß die Sekloongs nicht nur respektiert, sondern auch akzeptiert werden. Darum wollte er den Namen O'Flaherty nicht annehmen. Er will, daß die Europäer uns zu seinen . . . zu unseren . . . Bedingungen akzeptieren. Darum hat er darauf bestanden, auf dem Peak zu bauen. Eine schwache Seite vielleicht bei dem stärksten Mann, den ich kenne, aber so ist es nun mal.»

«Ich kann mir nicht vorstellen, daß er so viel Wert auf . . .»

«Ich hab es dir doch gesagt. Nachdem er bei eurer Heirat nachgegeben hatte, war das unvermeidlich. Und er will, daß es mit eurer Ehe klappt.»

«Es klingt alles ein bißchen verrückt. So ganz anders, als es aussieht.»

«Aber es stimmt. Mary, weißt du, wie viele Kinder der alte Herr hat? Grob geschätzt, würde ich sagen: vierzehn, von denen er weiß. Nur fünf davon sind ehelich: Charles, die kleine Matilda, ich und unsere beiden

Stiefbrüder aus seiner ersten Ehe, seiner Ehe im chinesischen Stil, Sydney und Gregory.»

«Aber er erkennt sie an.»

«Natürlich. Aber sie sind zu Dreiviertel chinesisch und mit Chinesinnen verheiratet. Ihre Mutter Lillian war ein Mädchen aus Schanghai und wurde nach ein paar Jahren Ehe von der Grünen Bande ermordet. In den Augen des alten Herrn sind die Seks von minderem Rang, schlichtweg zweitklassige Vertragshafen-Eurasier. Und du weißt, was das bedeutet – Abschaum für Europäer *und* Chinesen. Aber du und Charles, ihr seid die weiße Hoffnung, die neuen Sekloongs, die beide Welten erobern werden.»

«Du übertreibst, Harry. Die Brüder Sek leiten doch die Niederlassung der Firma in Schanghai.»

«Ja, die Niederlassung in Schanghai, nicht die Zentrale in Hongkong. Die ist für Charles und dich reserviert ... und vielleicht für mich. Du und deine Kinder, ihr seid die Spitze des Speers, mit dem der alte Herr die europäische Zitadelle einnehmen will.»

«Seltsam, daß du das sagst. Als ich ihn zum erstenmal sah, sprach er vom Eindringen in die Festung Hongkong.»

«Siehst du nun, was ich meine? Es ist nicht nur so, weil du ihm nützlich sein kannst ... er hat auch mehr Respekt vor dir als vor Charles und bestimmt vor mir.»

«Aber warum ... warum läßt er dann zu ...» stammelte Mary.

«Warum er Charles' Weibergeschichten zuläßt, meinst du? Weißt du, Kinder spielen dabei gar keine Rolle. Das ist nur eine Ausrede, die Charles sich ausgedacht hat.»

«Aber warum dann?» unterbrach sie ihn.

«Nun, sogar der alte Herr kann Charles nicht ständig kontrollieren. Charles ist verletzt, sehr verletzt – das weißt du. Ich bin allerdings sicher, daß es seine eigene verdammte Schuld ist, was immer auch zwischen euch vorgefallen ist. Aber er ist verletzt, und er schlägt zurück. Es klingt komisch, ich weiß, aber Charles würde sich nie eine Konkubine nehmen, wenn ihm nicht an dir läge, wenn er nicht wieder zu dir zurückkehren wollte. Sonst hätte er einfach irgendein Arrangement getroffen, ein weiteres Verhältnis, aber diskret.»

«Verstehe ich nicht», erklärte sie. «Das ergibt keinen Sinn.»

«Doch. Einen merkwürdigen Sinn, wenn man Charles kennt. Der alte Herr respektiert dich, aber er wird dich skrupellos ausnutzen. Das gleiche gilt für Charles. Er ist durch diesen Druck geformt worden. Ab und zu schlägt er über die Stränge, aber dann geht er immer wieder brav bei Fuß. Der alte Herr weiß das.»

«Du meinst, er rechnet damit, daß Charles zu mir zurückkommt?»

«Natürlich. Wenn du Charles verläßt, dann ist es aus. Deine Kinder werden diesem Druck ungeschützt ausgesetzt sein. Du mußt bleiben, um sie zu schützen. Charles wird es nicht tun. Er kann es nicht.»

«Das klingt überzeugend», gab sie zu. «Aber der Preis ist hoch.»

«Er ist genauso hoch, wenn du weggehst. Du liebst doch meinen hochgeschätzten älteren Bruder noch, nicht wahr?»

Sie nickte zögernd.

«Mary, es ist für uns alle eine schwierige Zeit. Der alte Herr hat einen raffinierten Schachzug vor, und seine Laufbahn war, na, sagen wir, nicht immer völlig geradlinig. Legal, ja. Er hat großen Respekt vor der Legitimität, vielleicht weil er selbst nicht legitim ist. Aber geradlinig – kaum.»

«Was hat das mit mir zu tun? Ich sehe keinen Zusammenhang. Das eine ist eine Familienangelegenheit – eine widerspenstige Schwiegertochter in einer überwiegend chinesischen Familie. Das andere ist Geschäft.»

«Du lernst, Mary, aber du bist immer noch unverbesserlich britisch. Eine Chinesin hätte diese Frage nicht gestellt. Es gibt keine Trennungslinie, keinen Unterschied zwischen Familie und Geschäft. Das Geschäft ist für die Familie da, und die Familie für das Geschäft. Nichts kann sie trennen. Ich habe dich gewarnt.»

«Aha», sagte sie nachdenklich. «Sprich weiter.»

«Ich mache es kurz. Ich will dich nicht mit zu viel auf einmal belasten. Aber verstehst du nun, daß alles, was zwischen Charles und dir vorgeht, die Familie und die Geschäfte der Sekloongs unmittelbar betrifft?»

«Ich versuche es.»

«Braves Mädchen! Wenn du mich als Eingeborenenführer nimmst, wirst du schneller lernen. Schließlich kenne ich das Terrain.»

«Gern, wenn du mich über das Terrain unterrichten willst.»

«Gut, im Augenblick nur ein kurzer Hinweis. Wie mein reizender Stiefgroßvater Richard Wheatley sagen würde: ‹Mußt den hübschen kleinen Kopf nicht plagen!›»

«Kommen Sie zur Sache, lieber Herr!» Der Spaß verbarg Marys Ungeduld nicht.

«Schön, aber heute nur so viel: Der alte Herr will unabhängig sein, will seinen eigenen mächtigen Sekloong-*Hong* haben, nicht nur die Brosamen von Derwent. Natürlich wird er Comprador bei Derwent bleiben – man wahrt auf beiden Seiten das Gesicht. Aber er hat sich vorgenommen, der erste große chinesische *Taipan* zu werden, und er ist auf dem besten Wege. Da ist diese Eisenbahn, die Linie Kanton–Kowloon. Wenn wir einen ansehnlichen Anteil bekommen, sind wir ein gutes Stück weiter.»

«Und wer übernimmt das Opium?» stichelte Mary.

«Der Opiumhandel geht seinem Ende entgegen, er ist aber immer noch wichtig. Als chinesischer Patriot haßt der alte Herr dieses Geschäft. Aber er will, daß es ganz und gar abgeschafft wird. Außerdem bekommt Dr. Sun Yat-sen fünf *lakhs* im Jahr, das sind etwa 50000 Pfund, für den Kampf gegen die Mandschus. Auch die Mandschus erhalten etwas Geld. Es ist nur vernünftig, sich gegen Verluste abzusichern, obwohl . . . das Kaiserreich bricht bestimmt zusammen. London glaubt, es könne das Mandschu-Reich erhalten. Und wenn der alte Dick Wheatley uns auf die Schliche kommt, könnte er den verdammt hübschen Versuch machen, uns zu zerschmettern.»

«Es ist alles so kompliziert», seufzte Mary. «Aber ich glaube, ich begreife es allmählich.»

«Gut. Jetzt nur noch etwas über die Verbindung zu den Geheimgesellschaften. Die Grünen und die Roten hassen einander – wenn sie nicht gerade gemeinsam ein Komplott schmieden. Aber noch mehr hassen sie die Mandschus und die Europäer. Der alte Herr liebäugelt mit ihnen; und Dr. Sun Yat-sen auch. Schließlich sind die Gesellschaften patriotische Chinesen, wenn auch außerhalb des Gesetzes. Wir geben eine Menge Tee-Geld aus, um Privilegien für die Triads in Hongkong zu erkaufen.»

Harry grinste boshaft und reichte Mary seine Tasse, damit sie sie aus der silbernen Teekanne wieder füllen konnte.

«Kannst du mir folgen?» fragte er. «Du siehst: ein einziger Mißgriff – ein einziger Vertrauensbruch – und wir sind ruiniert! Das ist der Grund, warum der alte Herr so nervös ist. Hübsche englische Missi kapiert armen Chinamann, der macht rede-rede?»

«Im großen und ganzen schon», antwortete sie, «aber nicht völlig.»

«Wäre auch ein Wunder, wenn du es völlig verstanden hättest. Laß uns erst mal aufhören und zu den Kindern gehen. Aber wirst du mich nun als Eingeborenenführer nehmen?»

«Gern», lächelte Mary, «und gegen guten Lohn.»

19. Juni 1905 bis 16. November 1906

Durch Harrys Eingreifen öffnete sich für Mary ein Fenster zur Welt außerhalb der Kinderzimmer und der üppig ausgestatteten Wohnräume des Kleinen Hauses. Sie konnte wieder über die hohen Mauern hinwegsehen, die die Sekloong-Residenz beschützten und abschlossen. Sie fühlte sich zum erstenmal wieder richtig lebendig, seit dem betäubenden Zusammenstoß mit Charles. Sie hatte einen starken Verbündeten in der Familie gefunden, einen Verbündeten, der ihr mit der Zeit sogar zu einem neuen Verhältnis zu Charles verhelfen konnte, denn die beiden Brüder standen sich sehr nahe. Sie war immer noch wütend und fühlte sich gedemütigt, wenn sie sich Charles und seine Konkubine zusammen unter einer seidenen Bettdecke vorstellte. Aber sie litt weniger unter der Sehnsucht nach ihrem Mann, den sie immer noch liebte. Harry gab ihr Auftrieb und lenkte ihre Gedanken von dem verhaßten «Mädchen aus Swatow» ab.

Mary brauchte dringend einen Vertrauten. Charles' Zügellosigkeit und seine angeborene Frauenverachtung hatten es ihr unmöglich gemacht, mit ihm über etwas anderes als Banalitäten zu reden. Und durch ihre vier Schwangerschaften in knapp vier Jahren hatte sie fast allen Kontakt zu Außenstehenden verloren. Außerdem faszinierte sie Harrys Bericht über die komplizierte Rolle der Sekloongs in dem spannungsreichen Drama von Handel und Politik. Die Familie war viel einflußreicher, als Mary geahnt hatte, zumal sie es vorzog, lieber im Halbschatten als im Rampenlicht zu agieren. Ihr Schwager hatte den Vorhang geöffnet und ließ sie ein Bühnenbild sehen, das sie nur flüchtig wahrgenommen hatte, ehe sich ihr Blick ganz auf häusliche Dinge richtete. Sie hatte das Gefühl, wieder ein ganzer Mensch in einer vitalen, dynamischen Welt zu sein und nicht mehr eine Bienenkönigin, die in glanzvoller Abgeschiedenheit brütet.

Sie sahen sich fast jeden Tag, denn es waren nur drei Minuten von der Burg, wo Harry als gehorsamer chinesischer Sohn mit seinen Eltern lebte, zum Kleinen Haus. Nur zu gern ergriff er die Flucht vor Sir Jonathans Ermahnungen, sich um das Geschäft zu kümmern, und vor Lady Lucindas Drängen, sich eine tugendhafte chinesische Braut zu suchen.

Oft diskutierten sie auch über die Lage außerhalb von Hongkong, über die große Welt, in der das Mandschu-Reich unter seinem eigenen

Gewicht ins Wanken geriet. Dieser Zusammenbruch wurde nicht nur durch Rebellion im Innern beschleunigt, sondern auch durch die Einmischung westlicher Kaufleute, hinter denen westliche Waffen und westliche Technologie standen. Leute wie die Wheatleys wünschten, die tyrannische Herrschaft der Mandschus am Leben zu erhalten, da sie meinten, die Rebellen seien eine Gefahr für die Stabilität des Handels. Nur begriffen die konservativen Europäer die Ziele dieser demokratischen, bürgerlichen Rebellen ebensowenig wie die Konsequenzen ihres eigenen Handelns. Die Ausländer waren bemüht, das Kaiserreich zu erhalten, aber ihre Intervention untergrub dessen Souveränität und beschleunigte den unvermeidlichen Zusammenbruch.

Manchmal erzählte ihr Harry von seinen geheimen Missionen, bei denen er den Republikanern Gelder überbrachte und sie bei der Planung ihrer Kampagnen unterstützte. Dr. Sun Yat-sens Anhängerschaft in China wuchs ständig, und ebenso seine Entschlossenheit, dieses lebende Fossil, das Mandschu-Reich, zu stürzen. Das kaiserliche System beruhte auf Lehren, die Konfuzius im 6. Jahrhundert vor Christus aufgestellt hatte und die damals schon konservativ waren. Gestützt auf einen starren Sittenkodex, hatte sich dieses System im Laufe der Jahrtausende nur wenig weiterentwickelt. Die ihm von der Han-Dynastie im 2. Jahrhundert vor Christus verliehene Struktur hatte sich seitdem nicht wesentlich geändert. Obwohl Sir Jonathan ein überzeugter Gegner der Mandschu-Dynastie war, hatte er nur zögernd die Notwendigkeit eingesehen, das kaiserliche System zu beseitigen, das Harry «den letzten Überlebenden des Zeitalters der politischen Dinosaurier» nannte. Er hätte den Drachenthron lieber mit einem chinesischen Kaiser besetzt gesehen, der China so regierte, wie das Reich der Mitte seit zweitausend Jahren regiert worden war. Aber schließlich sah er ein, daß eine Reform innerhalb des kaiserlichen Systems unmöglich war, da kein konfuzianisches Reich, wer immer es auch regierte, den brutalen Herausforderungen des 20. Jahrhunderts gewachsen wäre. Nachdem er zu dieser Überzeugung gelangt war, schlug sich Sir Jonathan ganz auf die Seite der Rebellen, und Harry war sein Gesandter bei den «neuen Männern», die entschlossen waren, China in einen modernen, republikanischen Industriestaat zu verwandeln.

Manchmal berichtete Harry auch spöttisch von der ihm aufgezwungenen Brautschau, und sie lachten beide darüber. Sir Jonathan und Lady Lucinda wollten unbedingt, daß er bald heiratete, am liebsten eine junge Chinesin oder die Tochter einer großen eurasischen Familie, etwa der Hotungs in Hongkong, oder auch, wenn es nicht zu umgehen war, eine geeignete Europäerin. Harry brüstete sich damit, «geschmeidig wie eine Schlange und doppelt so listig» zu sein. Er entzog sich dem nicht nachlassenden Druck seines Vaters, indem er die Suche scheinbar mit Eifer betrieb, dann aber jede in Aussicht genommene Braut als unwürdig ablehnte. Zum Glück gab es keine in Frage kommenden Europäerinnen, denn Mary vermutete, daß eine europäische Schwiegertochter für Sir Jonathan und Lady Lucinda mehr als genug sei.

Manchmal war Charles zu Hause, dann versuchte Harry, die Kluft zwischen den Eheleuten zu überbrücken. Sie sprachen wenig miteinander, aber sie konnten zumindest zusammen lachen, wenn Harry bei ihnen war. Charles sprach mit seinem Bruder sogar über geschäftliche Dinge, buchstäblich über Marys Kopf hinweg, aber er duldete ihre Anwesenheit – so wie sie seine Anwesenheit in ihrem Haus duldete. Zwar waren die Fortschritte außerordentlich langsam, aber Harry hatte das Gefühl, daß Charles und Mary auf so etwas wie eine Versöhnung zusteuerten.

Manchmal unterhielten sich Harry und Mary ausführlich über den Feldzug, den die Sekloongs führten, um ihr eigenes, unabhängiges Handelsimperium zu erobern. Mary fragte sich, ob Harry ohne Sir Jonathans ausdrückliche Erlaubnis so offen darüber reden würde, und eines Spätnachmittags, als sie auf der schattigen Terrasse saßen und erfrischenden Limonellensaft mit Gin tranken, fragte sie ihn danach.

«Ich hatte schon auf diese Frage gewartet. Natürlich weiß er es. Ich könnte nicht so offen reden, wenn es dem alten Herrn nicht recht wäre. Tatsächlich *will* er, daß du mehr über das Geschäft erfährst. Ich ahne nicht warum, und er sagt es mir nicht. Aber uns beiden gefällt es, warum sollten wir uns also Gedanken machen?»

Es war ein seltsames Liebeswerben, das sich zwischen ihnen entspann. Selten berührten sie sich, und wenn, dann nur, wenn sie ausgelassen herumtollten. Zuneigung und Vorsicht ließen es nicht ratsam erscheinen, sich zu Äußerungen der Sympathie verleiten zu lassen, die nur zu schuldbewußter Enttäuschung führen konnten. Es war ein seelisches und geistiges Liebeswerben, und Mary erlebte zum erstenmal eine ausgeglichene Beziehung zu einem erwachsenen Mann, die weder spannungsgeladen noch quälend war. Sie genoß einfach die vielseitigen Gespräche mit Harry und seine aufrichtige Kameradschaft. Sein Hang zum Hänseln und Witzeln belebte selbst die ernsten Themen.

Und Charles? Wenigstens konnte sie wieder mit ihm reden, obwohl sie beide jedes Wort auf die Goldwaage legten. Gelegentlich schliefen sie miteinander, wenn auch ohne Leidenschaft. Charles bestand darauf, daß

Ehemann und Ehefrau das Bett teilten. Außerdem wollte er mehr Kinder. Obwohl sie das heikle Thema beide vermieden, war es Mary klar, daß etwaige Sprößlinge der Konkubine, des «Mädchens aus Swatow», keine passenden Erben für die respektable, solide Tradition abgeben würden, die Sir Jonathan schuf. Sie richtete sich nach Dr. Moncriefes Zeitplan für die Empfängnisverhütung, und Charles ließ keinerlei Neugier hinsichtlich ihres Monatszyklus erkennen. Wenn er anderen Vergnügungen nachjagte, dann tat er es jedenfalls diskret, wie Sir Jonathan versprochen hatte. Öffentliche Demütigung blieb ihr erspart, und da sie sich stillschweigend mit der Existenz der Konkubine abgefunden hatte, ließ auch die Eifersucht auf dieses arme, zurückgezogen lebende Geschöpf nach, deren Kinder nie eine Gefahr für die ihren werden könnten. Langsam vernarbten die Wunden. Wenn sie ihren Mann auch noch liebte, so litt sie doch nicht mehr ständig unter seiner Untreue.

Mit ihrer aufgestauten Liebe überschüttete sie ihre Kinder, zwischen Erleichterung und Unmut darüber schwankend, daß die Dienstboten ihr die Aufgabe abnahmen, sich um ihr leibliches Wohl zu kümmern. Sie wagte sich in die Hongkonger Gesellschaft, die, vom Kastengeist beherrscht, die Sekloongs zwar empfing, aber auf Abstand hielt. Immerhin traf sie Frauen ihres Alters, mit denen sie sich – wenn auch geistlos – unterhalten konnte, und junge Männer zum unschuldigen, unverbindlichen Flirten. Sie zimmerte sich einen neuen, zweckmäßigen Rahmen für ihr Leben, einen keineswegs vollkommenen, aber er hielt. Und sie war, wie sie sich sagte, einigermaßen zufrieden.

Aber solche harmlosen Zerstreuungen genügten ihr nicht. Ihre ungewöhnliche Energie und ihr brachliegender Tatendrang zwangen sie, die fremde Welt zu erforschen, in der sie lebte. Sie nahm ihren kantonesischen Sprachunterricht wieder auf, lernte die komplizierten Pinselstriche der chinesischen Ideogramme und befaßte sich ernstlich mit chinesischer Geschichte. Ihre Malerei, die sie nie ganz aufgegeben hatte, kam ihrem Interesse für chinesische Kalligraphie und für die Kultur, für die sie stand, entgegen. Manchmal lag sie nachts wach, bedrückt über ihre traurigen Zukunftsaussichten, aber die langen, erfreulichen Gespräche mit Harry stärkten ihre im Grunde optimistische Einstellung und hielten ihre Ängste in Schach.

«Der alte Herr ist so zufrieden mit dir», bemerkte er eines Nachmittags im September, «man könnte glauben, er hätte dich erfunden.»

«Das freut mich», antwortete sie nachdenklich. «Vielleicht hat er mein neues Ich erfunden. Ich bin zäher.»

«Auch das gefällt ihm.»

«Selbst wenn er kein weiteres kostbares Enkelkind von mir bekommen wird?»

«Vielleicht auch dann. Aber er ist geduldig wie ein Tiger, der auf der Lauer liegt. Wahrscheinlich glaubt er, mit der Zeit werde es schon werden.»

«Vielleicht hat er recht. Obwohl es lange, lange dauern wird», gab sie zu. «Es freut ihn also, daß ich zäher bin? Ich hätte das Gegenteil erwartet. Eine Schwiegertochter, die ihm die Stirn bietet, ein schwaches Weib, das sich seinem Willen widersetzt – das, würde ich denken, ist das letzte, was er sich wünscht.»

«Du machst das so anmutig, Liebling», lachte Harry. «Charles kuscht entweder, oder er stellt sich wütend auf die Hinterbeine, und ich schlängle mich heraus. Er braucht etwas Zähigkeit in der Familie.»

«Warum?»

«Wir werden zäh sein müssen. Uns stehen harte Zeiten bevor. Dieser Krieg zwischen den Japsen und den Russkis sieht so unwichtig aus, aber die Japaner haben die Russen vernichtend geschlagen. Und was die kleinen Popanze in Hongkong auch denken mögen, die Lage wird nie wieder dieselbe sein. Die Mandschus haben nichts daraus gelernt, daß die Japse sie 1895 besiegten, aber manche Leute haben eine Lehre daraus gezogen.»

«Die Japaner, meinst du?»

«Natürlich. London hat Tokio unterstützt, um Moskau im Zaum zu halten. Whitehall wollte die Russkis daran hindern, sich wie Termiten in China hineinzufressen. Jetzt sind die Japsen an der Reihe. Aber die werden nicht knabbern, sondern große Happen abbeißen.»

«Schlimmer als die Europäer?»

«Viel schlimmer. Außerdem sind die Amerikaner jetzt auf dem Plan erschienen. Dieser Präsident mit der komischen Brille und den großen Zähnen, dieser Teddy Roosevelt, der ist schlau. Er spielt den Friedensstifter und bringt Tokio und Moskau zu einem Übereinkommen. Erinnerst du dich, wie die Yankees vor ein paar Jahren ihre Politik der offenen Tür verkündeten? Handel für alle. Keiner soll sich mehr ein Stückchen von China einverleiben. Die Yankees haben die Briten an guter alter angelsächsischer Scheinheiligkeit wahrhaftig übertroffen. Sie spielen den Friedensstifter und sorgen verdammt gut dafür, daß sie ihren Anteil bekommen – oder mehr.»

«Harry», unterbrach sie ihn, «ich verstehe, was du meinst, aber laß dich von deinem Anti-Amerikanismus nicht vom Thema ablenken. Wir sprachen davon, was es für China bedeutet – und für uns. Ich erkenne den allgemeinen Trend: die Mandschus werden unter immer stärkerem Druck immer schwächer, die Westmächte und Japan werden gieriger und aggressiver. Und du hast gesagt . . .»

«Du hast die Prüfung bestanden. Ich würde den Mandschus noch ein Jahrzehnt geben, nicht mehr. Dann übernimmt Dr. Sun Yat-sen oder ein Gleichgesinnter die Regierung und sieht sich Problemen gegenüber, die zehnmal schlimmer sind als jene, mit denen sich die Mandschus jetzt herumschlagen. Statt China wie eine Melone aufzuschneiden, werden die Großmächte versuchen, es mit Skalpellen zu zerlegen. China muß praktisch über Nacht moderne Waffen und eine Industrie erhalten, sonst geht es zugrunde. Und hier treten wir auf den Plan.»

«Ich wußte, daß die Sekloongs sich ihren Anteil sichern würden», bemerkte sie bissig. «Aber wie?»

«Der alte Herr ist entschlossen, sich an dieser Mondernisierung in großem Umfang zu beteiligen. Das Haus Sekloong wird entweder ein gewaltiges Vermögen erwerben oder bankrott gehen. Wir sind groß, aber wir stehen auf einem schwachen Fundament. Ein schwerwiegender Fehler, und wir sind erledigt. Deshalb ist der alte Herr in letzter Zeit so gereizt. Er hat zu viele Fäden in der Hand. Er könnte die ganze Geschichte verpatzen, wenn er am falschen Faden zöge.»

«Das Gefühl habe ich gehabt», meinte Mary. «Glaubt er, er kann es mit den Chinesen und den Europäern zugleich halten? Der Gedanke ist vernünftig, aber . . .»

«Was mich betrifft», unterbrach er sie, «ich sehe nicht ein, warum das ganze Theater! Mir genügt das, was wir sind.»

«Nein, Harry», erwiderte sie ernsthaft, «das geht nicht. Wir müssen entweder größer werden oder untergehen.»

«Das sagt der alte Herr auch», antwortete er. «Ihr beide denkt auf dieselbe Weise. Und ihr seid beide verrückt nach Macht.»

«Und du bist auch verrückt, Harry», lachte sie. «Ich denke doch bloß laut. Wir haben schon viel zu lange hier gesessen. Laß uns einen Spaziergang machen. Du hast den Pavillon noch nicht gesehen, nachdem ich ihn neu eingerichtet habe.»

Sie zog ihn an den Händen hoch, und einen Augenblick lang standen sie sich gegenüber, zwei dunkle Gestalten gegen helles Sonnenlicht, die sich an den Händen hielten. Im nächsten Augenblick lag sie ihm in den Armen, streichelte sein krauses schwarzes Haar und fuhr ihm mit den Lippen über die gebräunte Wange.

«Mary, Liebste», flüsterte er. «Mary, ich wollte schon so lange . . .»

«Und ich . . .»

Unendlich lange Sekunden hielten sie sich umschlungen. Er wollte sich freimachen, aber ihre um seinen Hals gelegten Arme zogen seinen Kopf herunter, und sie preßte ihren Mund auf seinen. Schließlich konnte er sich befreien.

«Mary, um Gottes willen ...»

«Wir haben schon zu lange gewartet, Harry.»

Wieder küßten sie sich, und sie wurde von einem Taumel der Sinne ergriffen, wie sie es nie wieder für möglich gehalten hätte.

«Nein, Mary», protestierte er. «Das können wir nicht. Charles ... die Familie.»

«Wir haben es schon fast getan, Liebling», lachte sie. «Und wir werden es gewiß tun. An ihnen liegt mir nicht. Nur an dir ... an uns.»

Sie wurden kein Liebespaar an jenem Nachmittag, obwohl Mary sich so danach sehnte. Hätte Harry mehr Willensstärke besessen, wäre es vielleicht nie dazu gekommen. Aber er konnte ihrer Leidenschaft und seinem eigenen Verlangen nicht widerstehen. Sie führte, und er folgte, aber er entzog sich ihrem Bedürfnis, ihn ganz in Beschlag zu nehmen. Sie unterhielten sich, lachten und liebten sich leidenschaftlich, aber sie konnte nie ganz in sein Inneres eindringen.

Harry war tief beeindruckt von der unwiderstehlichen Anziehungskraft, die sie aufeinander ausübten, aber er war auch tief beunruhigt. Obwohl er sich über die dynastischen Ambitionen der Sekloongs lustig machte und so tat, als nähme er seinen Katholizismus auf die leichte Schulter, waren der Clan und die Kirche die beiden tragenden Säulen seines Lebens. Die Ungeheuerlichkeit ihres Vergehens belastete ihn daher viel mehr als Mary. Es gab Augenblicke, in denen sie sich haßte, weil sie das Ehegelübde brach, aber sie stand nicht dieselben seelischen Qualen aus wie Harry. Ihm war von klein auf eingeimpft worden, daß das Wohlergehen der Sekloongs der Hauptzweck seines Daseins sei – und er wußte, daß es den Clan ernstlich gefährden würde, wenn die Öffentlichkeit etwas von ihrer Liebe erführe.

Mary dagegen stand nicht im Bann des strengen chinesischen Verhaltenskodex, der ebenso hohe Anforderungen stellte wie die erbarmungslosen Gebote des Alten Testaments. Sie betrachtete ihre Liebe nicht als Blutschande. Aber Harry wußte, daß er gegen das grundlegende Verbot verstieß, der Frau des Bruders beizuwohnen.

Mary beschwichtigte ihre Schuldgefühle ganz bewußt, indem sie sich auf die westliche Überzeugung besann, daß Männer und Frauen berechtigt seien, nach persönlichem Glück zu streben. Charles' Verhalten hatte ihr jedoch die Erfüllung in der Ehe versagt und ihr die menschliche

Würde genommen. In ihrer hemmungslosen Freude vergaß sie sogar ihre Angst vor einer Schwangerschaft, die den Konflikt mit Charles herbeigeführt hatte. Wie sehr sie Harry liebte, ließ sich daran erkennen, daß sie sich danach sehnte, ein Kind von ihm zu bekommen. Seine Ängste brachte sie zum Schweigen durch die Lockung ihres scharfen Verstands und ihres sinnlichen Körpers. Und doch hatte sie das Gefühl, daß sein eigentliches Wesen sich ihrer leidenschaftlichen, tyrannischen Liebe entzog.

Der nicht offen eingestandene Kampf zwischen seinem und ihrem Willen trübte und vergrößerte aber auch gelegentlich Marys Freude. Der Pavillon am hinteren Ende des Gartens wurde eine geheime Zitadelle der Lust, die völlig sicher war, weil Ah Sam sich draußen zu schaffen machte und aufpaßte, daß niemand sie störte. Als der endlose Sommer früh einsetzte, verwandelten Bambusjalousien den Pavillon in eine schattige Höhle, und Harry liebkoste ihre Brüste und Schenkel, die mit süßem Schweiß betaut waren. Während des kurzen Winters lagen sie auf den mit Rohseide gefüllten Steppdecken vor dem offenen Feuer, und Mary zeichnete mit den Fingern den Widerschein der tanzenden Flammen auf seiner Haut nach.

Ihre Zusammenkünfte waren voller Zärtlichkeit. In den vier, fünf Stunden, die sie sich jede Woche erschlichen, erlebte Mary die höchsten Sinnenfreuden ihres Lebens. Aber es verlangte sie fast ebenso sehr nach Harrys bloßer Gegenwart wie nach dieser Liebesraserei. Zum erstenmal in ihrem Leben sehnte sie sich danach, mit einem anderen Menschen zusammen zu sein – nicht nur in Leidenschaft gepaart, sondern auch in der wohligen Gemeinsamkeit der Ruhe. Sie kam sich nur vollständig vor, wenn Harry bei ihr war, dann war sie eine völlig neue Frau – ungezwungen und glücklich.

«Das muß Liebe sein, wahre Liebe», sagte sie nachdenklich eines Sommernachmittags, als die höchste Befriedigung der Sinne und des Gemüts sie alle Zurückhaltung aufgeben ließ. «Ich dachte, wahre Liebe gäbe es nur in Märchenbüchern.»

«Natürlich ist es wahre Liebe.» Harry sah sie verwundert an. «Wie könnten wir sonst . . .»

«Ja.» In ihre leidenschaftliche Beteuerung schlich sich plötzlich Angst. «Ja! Aber wie lange kann sie währen?»

«Noch eine Minute, eine Woche oder immer. Wer weiß?»

Sie gab sich einstweilen mit dieser Antwort zufrieden. Ihre Liebe ging über Vergangenheit und Zukunft hinaus, es zählte nur die Zeit, in der sie zusammen waren. Auf den Sommer folgte der Herbst, der verdrießliche

Winter. Der Januar brachte das Mondneujahr 1906. Bei Regen und Nebel war der Pavillon eine feuerhelle, verzauberte Höhle außerhalb von Zeit und Raum. Mary merkte, daß sie schwanger war, und die Entdeckung machte ihr Glück noch größer. Sie freute sich, als wäre das winzige Wesen in ihrem Schoß das erste Kind, das sie empfangen hatte.

Die ganze Familie freute sich mit ihr. Charles nahm an, zwischen ihnen sei nun alles wieder gut. Sie hatte sich seinen seltenen Annäherungsversuchen gefügt und weder Lust noch Abscheu empfunden, nur ein Gefühl erfüllter Pflicht. Sir Jonathan und Lady Lucinda strahlten vor Zufriedenheit über die bevorstehende Ankunft eines weiteren Sekloong. Marys vorübergehende Widerspenstigkeit schien vergessen, ihr Vergehen unbemerkt geblieben zu sein. Sie machte alles wieder gut, indem sie ihre eigentliche Funktion erfüllte: das Haus Sekloong durch Zuwachs zu stärken.

Das Kind wurde am 13. November 1906 geboren, drei Wochen zu früh. Es war kräftig und offenbar begierig, auf die Welt zu kommen, denn drei Stunden nach den ersten Wehen war es schon da.

Es wurde James getauft. Ironischerweise hatte es mehr Ähnlichkeit mit Charles als die anderen Kinder. James hatte die lebhaften hellbraunen Augen und die breite Stirn der Sekloongs und auch ihre zupackende Entschlossenheit – die Welt schien für ihn ein zu seinem Vergnügen geschaffenes Spielzeug zu sein. Der Clan bemerkte weder, daß sein Onkel Harry größere Freude bekundete als sein Vater, noch daß sein Mund mit den schwellenden Lippen der von Harry und nicht der von Charles war. Schließlich brachte Harry seine Gefühle immer ungehemmter zum Ausdruck als Charles, und alle wußten ja, daß er eine Schwäche für seine Schwägerin hatte.

Wenn Mary das kleine Wesen mit dem zarten, schwarzwolligen Kopf in den Armen wiegte, hatte sie tatsächlich das Gefühl, als ob James ihr Erstgeborener wäre. Sicher, sie liebte alle ihre Kinder zärtlich: Jonathan, den ältesten; die beiden kleinen Elfen mit dem rotgoldenen Haar, Guinevere und Charlotte; und auch den schwierigen, verletzlichen Thomas. Aber sie riefen nicht diese innige Liebe hervor wie dieses temperamentvolle Würmchen, das Kind der Liebe, die Frucht der Sünde, die sie nicht hätte missen wollen.

In dem geräumigen Zimmer im Matilda Hospital, das auf einem vorspringenden Ausläufer des Peak erbaut worden war, konnte Mary weit über den Hafen sehen. Sie sah das aufgewühlte Kielwasser der zwischen den vor Anker liegenden Schiffen hin und her fahrenden Leichter und in der Ferne die niedrigen Gebäude der Halbinsel Kowloon, wo eine neue Gemeinde entstand. Hinter Kowloon lagen die ländlichen New Territories, die erst neun Jahre zuvor an Großbritannien verpachtet worden waren, mit ihren grünen, bewaldeten Bergketten, die immer noch Schlupfwinkel für Briganten waren. Und jenseits der New Territories ragten die schroffen Felswände der Provinz Kwangtung empor, wo korrupte kaiserliche Beamte, behäbige Landadlige und lehmbesudelte Bauern noch genauso lebten wie ihre Vorfahren vor tausend Jahren.

Am dritten Tag nach James' Geburt, als der nachmittägliche Nebel ihren Adlerhorst einzuhüllen begann, legte Mary sich träge und zufrieden in ihr Nest aus Kissen zurück, nachdem sie das Kind gestillt hatte, und sah zu, wie die Lichter in Kowloon angingen. Es klopfte an der Tür, und Sir Jonathan trat ein. Ihm folgte eine junge Amah, die mehrere in Stoff gehüllte Pakete trug.

Die Amah legte ihre Pakete auf den weißgestrichenen Tisch und huschte wieder aus dem Zimmer, nachdem sie schüchtern ihre Glückwünsche ausgesprochen hatte. *«Goong-hay, Tai-tai! Gong-hay sang-la Siu-yeh!* Ich gratuliere, Tai-tai, ich gratuliere zur Geburt des kleinen Gebieters!»

«Kleiner Gebieter, in der Tat!» brummte Sir Jonathan, als er die Pakete auspackte. «Man könnte denken, es wäre das erste Kind, das je zur Welt kam.»

«Seltsam», antwortete Mary, «so empfinde ich es auch fast. Aber irgendwie ist jedes Kind das erste Kind, das zur Welt kommt.»

«Hüte dich vor Compradors, die Geschenke bringen.» Ein Lächeln erhellte Sir Jonathans strenge Züge. «Hier sind noch mehr rote Eier, es sind nur ein paar von den Hunderten, die anläßlich der Geburt des kleinen Gebieters gebracht worden sind. Und, weil Lucinda darauf besteht, noch etwas Hühnersuppe mit *dong-guai*, diesem Zauberkraut, das alle Frauenleiden heilen soll.»

«Ich ertrinke schon in Hühnersuppe», protestierte sie.

«Hat nichts zu sagen. Lucinda besteht darauf. Und hier eine Kleinigkeit von mir.»

Sie mühte sich mit den beinernen Knebeln und seidenen Schlingen der in Silberbrokat gehüllten Schachtel ab. Auf weißer Seide lag eine große Brosche aus sepiagestreifter Jade mit einem Basrelief des geflügelten Sekloong-Drachens.

«Wie schön, Vater ... wunderhübsch. Das Schönste, was du mir je geschenkt hast. Aber warum jetzt? James ist nicht der erstgeborene Sohn.»

«Weil du mit dem Geschenk von James in die Familie zurückgekehrt bist.» Sein Ton war ausgesprochen gleichmütig. «Schade, daß wir ihn nicht Harry nennen können.»

Sie senkte bestürzt den Kopf, und ihr Herz hämmerte vor Schreck. Dann nahm sie sich zusammen und sah dem alten Herrn zaghaft lächelnd in sein ernstes Gesicht. Da ihr Geheimnis kein Geheimnis war, wollte sie nicht heucheln.

«Vielleicht ist es schade.» Ihre Stimme war fest. «Aber ich bin mit James zufrieden.»

«Nur Lucinda und ich haben es erraten. Ich hätte Harry vor einem Jahr wegschicken müssen, aber ich habe es nun einmal nicht getan.»

«Ich bin dankbar dafür.» Tränen verschleierten ihre veilchenblauen Augen. «Aber ich schäme mich nicht. Ich bin stolz auf James und ... und auf das, was Harry und ich gefunden haben. Vielleicht bin ich sehr töricht gewesen. Aber ich werde töricht sein, solange ich kann, und aus ganzem Herzen!»

«Sei nicht so verdammt trotzig», sagte er gereizt. «Das ist unnötig, obwohl ich nicht sagen kann: ‹Werdet glücklich, meine Kinder.›»

«Aber warum bist du so nachsichtig?»

«Das ist der Grund.» Er klopfte auf den Jade-Anhänger. «Der Grund ist dieser Drachen, *mein* Drachen.»

«Das verstehe ich nicht.»

«Ich würde lügen, wenn ich behauptete, daß ich nichts dagegen habe. Es wäre besser, du hättest mit Charles gefunden, was du mit Harry gefunden zu haben glaubst. Aber eine Scheidung ist unmöglich. Sie wäre auch unmöglich, wenn wir Heiden wären. Da wir keine sind, ist es doppelt unmöglich.»

«Ich habe an Scheidung gedacht», gab sie zu.

«Schlag dir das aus dem Kopf; ich dulde es nicht. Ich dulde keinen öffentlichen Skandal. Irgendwann mußt du Harry gehen lassen, um zu heiraten. Aber das hat Zeit. Und du mußt sehr diskret sein. Wir ... das Haus, könnten einen Skandal nicht überleben.»

«Warum, Vater?» fragte sie unbesonnen. «Toleranz ist doch sonst nicht deine starke Seite.»

«Weil ich mich mit deiner Torheit abfinden muß ... und weil ich nicht ändern kann, was geschehen ist. Ich brauche dich für die Zukunft. Und das Kind ist immerhin ein Sekloong – ein weiterer Pfeil in meinem Köcher. Du bist eine verdammt attraktive Frau. Ich verstehe Harry – Charles kann ich nicht verstehen.»

Sie lachte über seine dick aufgetragene Galanterie, und die Falte zwischen ihren rötlichen Augenbrauen glättete sich.

«Und ich denke an etwas, das wichtiger ist, wichtiger für mich und für die Familie, und vor allem für dich.»

«Unmöglich. Für mich gibt es nichts wichtigeres als Harry.»

«Laß mich ausreden. Ich weiß, es war nicht einfach für dich in den letzten Jahren. Ich kann deine Freude verstehen, aber sie muß irgendwann enden. Ich biete dir etwas für die Dauer.»

«Und das wäre?»

«Ich brauche deine Hilfe, deine Fähigkeiten.»

Ein Schatten huschte über sein blasses Gesicht und machte für eine Sekunde sogar sein silberschimmerndes Haar glanzlos. Einen Augenblick lang war er ein müder alter Mann und nicht die kraftvolle, selbstbewußte Gestalt, die die Welt kannte.

«In China sagt man: Die Chronik des Lebens einer Frau sind die Männer, denen sie nacheinander Gehorsam bekundet: der Vater, der Ehemann, dann der Sohn. Aber für dich, davon bin ich überzeugt, kann es weit mehr sein. Bedenke, daß die Chronik des Lebens eines Mannes nicht nur seine Frauen sind, sondern andere Männer – Männer, die er herausfordert, und Männer, die ihn herausfordern. Zu guter Letzt muß der alte Bulle den jungen Bullen weichen. Aber meine jungen Bullen haben kein Feuer im Leib.»

«Das stimmt nicht», protestierte sie. «Harry . . .»

«Da bist du blind.» Er ging über ihren Einwand hinweg. Aber *du* hast das Feuer, und es hat deinen Stahl gehärtet. Ich brauche dein Feuer und deinen Stahl. Ich brauche einen Verbündeten, dem ich bedingungslos vertrauen kann, einen Verbündeten mit deiner Intelligenz und deinem Elan. Offengestanden, ich brauche einen Verbündeten, der sich nie gegen mich wendet.»

«Sich nicht gegen dich wendet?»

«Keine Frau könnte das, nicht einmal du.» Seine männliche Sicherheit war vollkommen. «Mein Angebot kommt also sowohl meinen Bedürfnissen entgegen wie deinen. Außerdem fühle ich mich ohnehin ein bißchen an deinem Unglück schuld, an deiner Torheit.»

«Es ist meine eigene Schuld. Ich wußte, was ich tat, als ich Charles heiratete.»

«Wirklich? Ich bin nicht so sicher . . . Ich hätte es nicht erlauben sollen. Aber jetzt läßt es sich nicht mehr ändern.»

«Harry . . . Harry und ich könnten . . .»

«Nein, Harry nicht», unterbrach er sie brüsk. «Und das weißt du selbst. Weiter geht Harry nicht. Er wird nie mit dir durchbrennen.»

Sie nickte stumm.

«Harry, bis er heiratet. Damit werde ich mich abfinden, muß ich wohl. Aber ich biete dir das, was du in Wirklichkeit willst: deine eigene Macht und deinen eigenen Reichtum. Und noch mehr: Einfluß bei der Gestaltung der nächsten hundert Jahre. Nicht bloß in Asien, auch in Europa und Amerika. Mein Kampf mit den Wheatleys ist zweitrangig, obwohl er gewonnen werden muß. Selbst die Familie ist zweitrangig, obwohl sie eisern zusammengehalten werden muß. Ich biete dir eine Rolle auf der politischen Bühne.»

«Warum sollte mir der Sinn danach stehen? Schließlich bin ich bloß eine gewöhnliche Frau.»

«Das bist du nicht», lachte er. «Du bist die ungewöhnlichste Frau, die mir je begegnet ist. Ich *weiß*, daß dir der Sinn nach Macht steht, denn du verstehst die Macht und verstehst es, sie zu gebrauchen. Schon jetzt funkeln deine Augen vor Erregung bei der bloßen Aussicht.»

Sein Handeln stand in offenem Widerspruch zu seinen erklärten ethischen Maßstäben und seinen zugegebenen Vorurteilen. Er gab nicht nur zu, daß eine Frau in der männlichen Bastion des Handels Männern überlegen ist, sondern er tolerierte auch mit kühlem Verstand ihr Verhalten, das nicht nur ehebrecherisch, sondern auch inzestuös war, Vergehen, die für die konfuzianische Ethik seiner Vorfahren ebenso abscheulich waren wie nach dem Kodex seines eigenen Katholizismus. Ließ sich Jonathan Sekloong, fragte sich Mary, allein durch seine skrupellose Logik veranlassen, sich mit unabänderlichen Umständen abzufinden und sie sich zunutze zu machen? Oder handelte er auch aus Mitleid mit drei Menschen, für deren mißliche Lage er sich, wie er gesagt hatte, teilweise verantwortlich fühlte? Sie konnte das Rätsel nicht lösen. Aber Sir Jonathans Hauptziel war klar, wie verwickelt sein Handeln auch sein mochte: Das Wohlergehen des Hauses Sekloong stand bei seinen Kalkulationen an erster Stelle.

«Und deine Bedingungen?» fragte sie schließlich. «Was soll ich tun?»

«Ich will dich jetzt nicht ermüden», erwiderte er. «Ich hatte den Zustand meines neuen Partners vergessen. Ich werde dir später alles erklären. Natürlich bist du einverstanden?»

«Nein, noch nicht völlig, aber ich werde darüber nachdenken. Ich muß deine Bedingungen kennen und genau wissen, was du von mir erwartest. Aber ich muß dich warnen, *meine* Bedingungen werden hart sein.»

Er lachte und küßte sie auf die Wange.

«Dann ist es abgemacht, auch wenn du es noch nicht weißt. Du wirst feststellen, daß ich ebenfalls ein harter Verhandlungspartner bin.»

«Oh», lachte sie. «Das ist aber wirklich eine Überraschung!»

Teil III

MARY UND HARRY

13. November 1908 bis
11. September 1909

13. November 1908

Hilary Metcalfe sah Sir Jonathan und Harry Sekloong, die an ihrem Brandy nippten, fragend an. Auf dem dicken chinesischen Teppich in der Bibliothek der Burg lag ein in Gold und Rot besticktes Brautkleid aus steifer Seide, das gerade ein Kurier aus Peking überbracht hatte. Mary betrachtete das prächtige Gewand mit begehrlichen Blicken, aber das eigentlich Wichtige waren die fest zusammengerollten Bogen Reispapier, die Metcalfe aus dem Saum herausgetrennt hatte.

«Hören Sie nicht auf», drängte Mary. «Es ist so spannend.»

«Es müßte», überlegte er, während er seinen breiten Nasenrücken mit Daumen und Zeigefinger massierte, «elf Uhr abends am 13. November im Jahre des Herrn 1908 gewesen sein.»

«Fahren Sie fort», bat auch Sir Jonathan. «Es ist besser, Sie übersetzen die Sprache dieser verdammten Mandarine und nicht ich.»

«Können Sie nicht einfach das Wesentliche für uns zusammenfassen?» fragte Harry ungeduldig.

«Nein», erwiderte sein Vater. «Ich möchte, daß ihr beiden, du und Mary, es in seinen eigenen Worten hört. Damit ihr begreift, warum ich diesen jungen Eunuchen gut dafür bezahle, daß er mir berichtet, was hinter den Mauern der Verbotenen Stadt wirklich vorgeht. Ich möchte, daß ihr selber seht, wie prekär die Mandschu-Herrschaft ist – und aus welchen Gründen. Wir müssen alle Einzelheiten wissen. Unsere Zukunft steht auf dem Spiel.»

Metcalfe nahm die Übersetzung des Berichts wieder auf, den Sir Jonathans Geheimagent vom Hof der großen, reinen Dynastie geliefert hatte:

«Ihre Kaiserliche Majestät, die schwer leidend war, rief in der vorletzten Stunde des 21. Tages des zehnten Monats des 34. Jahres der Regierung des Kuang Hsü-Kaisers den Obereunuchen.

Mein verehrungswürdiger Vorgesetzter verbeugte sich in ehrerbietiger Aufmerksamkeit tief vor der Kaiserinwitwe. Ihre Züge waren verzerrt und gealtert, und sie zitterte, trotz der Holzkohlenbecken auf der Estrade und der seidenen Steppdecke auf ihrem Rosenholzbett. Obwohl sie glaubte, leise zu sprechen, ließ die Gewohnheit von fünfzig Jahren ihre hohe Stimme wie eine Glocke tönen.

‹... und deshalb muß es heute abend geschehen. Der Kaiser, der Sohn meiner Schwester, ist sehr krank. Er leidet. Es ist Zeit, daß ihm gestattet werde zu ruhen.›

‹Wie Ihr befehlt, heilige Mutter.›

Mein Vorgesetzter verbeugte sich tief. Er begann sich zurückzuziehen, und ging geübten Schrittes rückwärts. Der Alte Buddha hob eine Hand, die so zart war, daß das Lampenlicht hindurchschien, und der Obereunuch näherte sich wieder dem Bett.

Die rote Glut der Kohlenbecken und der gelbe Schein der Öllampen flackerten auf ihrem mattweißen Gesicht und ihrem ebenholzschwarzen Haar. Mein Vorgesetzter neigte den Kopf, und sein Zopf glitt mit einem leisen Surren über seinen seidenen Rücken. Ich dachte daran, daß er durch treue Dienste große Reichtümer angesammelt hatte und nach der Kaiserinwitwe selbst der mächtigste Mann im Reiche der großen reinen Dynastie geworden war.

Die Geschehnisse jener Nacht hatten ihren Ursprung zehn Tage zuvor gehabt, als die heilige Mutter am Morgen ihres dreiundsiebzigsten Geburtstages den Kaiser empfing. Der Sohn des Himmels war abgezehrt; Runzeln zerfurchten seine blutlosen Wangen; und er taumelte zwischen den beiden Eunuchen. Nachdem er der Kaiserinwitwe seine Aufwartung gemacht hatte, kehrte der Kaiser zu seinem Palankin mit den gelben Vorhängen zurück.

Als nächster bekundete der Dalai Lama Ihrer Kaiserlichen Hoheit seine Ehrerbietung, bevor er in seinen Palast mit den vielen Terrassen inmitten der eisgekrönten Berge des fernen Tibet zurückkehrte. Die elfte Reinkarnation des Gottes Junresi war begleitet von sechs geringeren Lamas, deren rote Roben nach Schweiß und ranziger Butter stanken.

Die heilige Mutter und Seine Heiligkeit sprachen eine halbe Stunde vertraulich miteinander. Dann zog er sich zurück, nachdem er den konventionellen Kotau gemacht und neunmal mit dem Kopf den Boden berührt hatte, wobei er hörbar stöhnte und abscheuliche Grimassen schnitt. Als die Barbaren fort waren, besprenkten wir die Halle mit Parfum, aber der Gestank ließ sich nicht vertreiben.

Am Nachmittag des Geburtstages vergnügte sich die heilige Mutter mit ihren Damen. Sie trug die fließenden Gewänder von Kwan Yin, der Göttin der Barmherzigkeit, in der Mode der Tang-Dynastie, und war so schön wie einst als sechzehnjährige Mandschu-Maid, die vor mehr als fünfzig Jahren als Konkubine dritten Ranges in das Bett des Hsien Feng-Kaisers gekommen war, um ihm einen Erben zu gebären, um dann Hauptkaiserin zu werden und nach seinem vorzeitigen Tod zuerst für ihren minderjährigen Sohn, den Tung Chih-Kaiser, und später für ihren Neffen, den Kuang Hsü-Kaiser, die Führung des Staates zu übernehmen.

Die heilige Mutter erinnerte sich an ihren kürzlichen Besuch im

Zoologischen Garten und sprach mit gerunzelter Stirn von dem Elefanten, der ihr vor einigen Jahren geschenkt worden war. Der mit seiner Wartung beauftragte Mandarin hatte das für das Futter des großen Tieres bewilligte Silber in die eigene Tasche gesteckt. Und eines Morgens starb der abgezehrte Elefant und fiel komisch von seinen dicken Beinen. Die heilige Mutter befahl, den Mandarin zu köpfen, wandelte die Strafe aber später in Verbannung nach Zentralasien um.

Ich glaube, auch diese Strafe war unangemessen hoch. Der Mandarin hat nicht mehr getan, als eine bestimmte Menge staatlichen Geldes für sich abzuzweigen – wie es die Pflicht seiner Familie gegenüber verlangt und wie wir es alle tun.

Dann sprach die Kaiserinwitwe von Königin Viktoria und bedauerte, daß die englische Königin sie nie besucht hatte. Sie hatte die ältere Frau bewundert, obwohl der Rang der Königin weit niedriger war als der ihre.

Da sie diesen sorglosen Nachmittag ohne Beschwerden genießen konnte, glaubte sie, ihr langwieriges Leiden sei endlich geheilt, und verzehrte drei Teller mit geschmorten Holzäpfeln und dickem Rahm. Am Abend hatte sie wieder einen schweren Anfall von Dysenterie, die sie schon in den letzten neunzehn Monaten zeitweise geschwächt hatte.

Der Dalai Lama schickte einen kleinen vergoldeten Buddha, der auf dem Altar des Mausoleums verwahrt werden sollte, das inmitten der Grabstätten der Dynastie in den Duftenden Hügeln für die heilige Mutter hergerichtet wurde. Der hohe Priester verhieß, daß das Leben der Kaiserinwitwe daraufhin erheblich verlängert werde.

Jedoch verschlechterte sich der Zustand des Kaisers beträchtlich, nachdem das Kaiserliche Paar am 9. November den Regierungskommissar für Erziehung in den nördlichen Provinzen empfangen hatte. Ihre Majestät beauftragte den Kommissar in dieser letzten offiziellen Audienz, die sie gewähren sollte, die revolutionären Umtriebe der Studenten unnachgiebig zu unterdrücken.

Besorgt um den Sohn des Himmels, berief die heilige Mutter die besten Ärzte von weither und ließ die ranghöchsten Mandarine in die Hauptstadt kommen. Ehe er in ein Koma versank, drückte der Kaiser sein Siegel auf ein vom Sekretariat der Kaiserinwitwe vorbereitetes Dekret. Er bedauerte, daß er ihr nicht mehr zur Seite stehen könne, und drängte sie, sofort einen Thronerben zu bestimmen.

Sie wählte Pu Yi, den minderjährigen Sohn des Prinzen Tschun, des älteren Bruders des Kuang Hsü-Kaisers. Den erwachsenen Prinzen Pu Lun, den direkten Nachkommen des Tao Kuang-Kaisers, der von 1821 bis 1850 regiert hatte, lehnte sie verächtlich ab. Da sie glaubte, noch viele Jahre zu leben, besetzte sie den Drachenthron mit einem Kind, das sich ihrer Weisheit fügen würde, ebenso wie sein Vater, der Mitregent. Der Kaiserliche Rat protestierte, und auch der im Sterben liegende Kaiser wies darauf hin, daß es nicht gut sei, in einer Zeit des Aufruhrs ein Kind auf den Thron zu setzen. Aber die heilige Mutter setzte wie immer ihren Willen durch.

Der Obereunuch rief mich am frühen Morgen des 14. November, kurze Zeit nach unserem Besuch am Bett der Kaiserinwitwe, mit dem dieser demütig erstattete Bericht begann, zu sich. Der Kaiser, sagte er, verfalle rasch. Zum Glück habe ein Kurier aus Lhasa soeben bei der Kaiserinwitwe ein kostbares Päckchen abgeliefert. Es enthalte eine wie ein winziger Mensch geformte Wurzel, die hoch oben auf zwei heiligen tibetischen Bergen wachse.

Der Obereunuch gab mir ein aus der Wurzel gemahlenes Pulver und wies mich an, es in Untertassen zu verbrennen, die um das Bett des Kaisers herum aufgestellt werden sollten. Der duftende Rauch werde seine stockende Atmung erleichtern und den Sohn des Himmels bald gesund machen.

Die Kaiserliche Gemahlin äußerte zuerst Zweifel an dem Heilmittel. Aber da sie wußte, daß der Kaiserinwitwe, die sowohl ihre wie auch des Kaisers Tante war, alles daran lag, den Sohn des Himmels zu retten, seufzte sie schließlich und wies mich an, der heiligen Mutter ihren Dank zu übermitteln.

Ich freute mich, als dem Sohn des Himmels das Atmen leichter wurde. Doch war ich beunruhigt, als ich auf dem Nachttisch des Kaisers ein eigenhändig geschriebenes Dokument sah. Ich konnte nur die ersten drei Zeilen entziffern.

‹Wir waren der zweite Sohn des Prinzen Tschun›, hatte der Kaiser geschrieben, ‹als die Kaiserinwitwe uns für den Thron auswählte. Seitdem hat sie uns gehaßt . . .›

Da ich fürchtete, daß des Kaisers Geist verwirrt sei, zog ich mich zurück. Doch als ich am nächsten Morgen aufwachte, wurde mir gesagt, der Kaiser könne den Tag nicht überleben. Das tibetische Zauberkraut hatte versagt. Er starb um fünf Uhr nachmittags, nachdem er es abgelehnt hatte, sich in die Gewänder der Langlebigkeit zu kleiden, die alle seine Vorgänger für ihre letzte Reise angelegt hatten.

Sie sollten wissen, daß der Kaiser in seinem letzten Dekret von seinen Bemühungen sprach, die seit altersher bewährte konfuzianische Regierungs- und Lebensweise mit den technischen und administrativen Neuerungen des Westens in Einklang zu bringen. Außerdem verwies der Sohn des Himmels in seinem letzten Reskript noch einmal auf seine vereitelten Wünsche, eine unabhängige Justiz herzustellen und dem Reich eine Verfassung zu geben.

Schon am Tag, nachdem der Sohn des Himmels den Drachen bestiegen hatte, legte die heilige Mutter ihren ganz natürlichen Kummer ab. Sie freute sich, daß sie die Nachfolge des minderjährigen Pu Yi geschickt geregelt und auf diese Weise Hofintrigen und öffentliche Unruhen nach dem Hinscheiden des Kuang Hsü-Kaisers verhütet hatte. Sie war sich der vielen Gefahren, die der Dynastie drohten, wohl bewußt: der Rebellen in den südlichen Provinzen, die eine Republik wünschten; der habgierigen Ausländer mit ihrer aggressiven Religion und ihren mörderischen Waffen; der großen Spannungen zwischen chinesischen Untertanen und Mandschu-Herrschern; und auch der Rivalität zwischen ihrem Zweig der kaiserlichen Familie und der älteren Linie.

Die Pläne selbst der Mächtigsten unter den Sterblichen sind dem Willen des Himmels unterworfen. Die umsichtigen Maßnahmen der heiligen Mutter zur Festigung der neuen Regierung hatten ihren Großneffen Pu Yi zum Hsüan Tung-Kaiser und seinen Vater, ihren Neffen Prinz Tschun den Jüngeren, zu ihrem Mitregenten gemacht. Doch als die verehrungswürdige Mutter mit der Vorbereitung der Thronerhebungszeremonien beschäftigt war, die dem gemeinen Volk beruhigend die ungestörte Kontinuität der Dynastie vor Augen führen sollten, fiel sie in Ohnmacht. Ihre Glieder zuckten krampfhaft, und auf ihrem zarten Gesicht malten sich Kummer und Schrecken.

Als die große Kaiserinwitwe das Bewußtsein wiedererlangte, ließ sie die junge Kaiserinwitwe, also die Witwe des soeben verschiedenen Kuan Hsü-Kaisers, sowie den Mitregenten und den Kaiserlichen Rat an ihr Bett kommen. Die Stimme, die fast sechzig Jahre lang die Dynastie geführt hatte, erteilte ihre letzten Anweisungen. Das offizielle Abschiedsdekret wurde eiligst von ihrem Sekretariat aufgesetzt. Ihre Emendationen bekundeten künftigen Generationen die offenkundige Wahrheit, daß sie ursprünglich gezwungen gewesen war, die Regentschaft zu übernehmen, um die Dynastie zu erhalten. Sie erinnerte überdies an ihre Absicht, eine Verfassung zu verkünden, und an ihr Dekret, daß der gesamte Opiumhandel nach elf Jahren aufhören müsse.

Zwei Stunden bevor die heilige Mutter den Drachen bestieg, baten wir sie, wie es die Riten vorschreiben, uns ihre letzten Befehle zu erteilen. Sie antwortete eindringlich: ‹Laßt nie wieder zu, daß eine Frau die höchste Macht im Staat innehat. Das verstößt gegen die Hausgesetze unserer Dynastie und sollte ausdrücklich verboten werden.›

Um drei Uhr nachmittags am 15. November streckte die heilige Mutter die Glieder und wandte das Gesicht nach Süden in Übereinstimmung mit den heiligen Riten. Die Krankenwärter an ihrem Bett sahen, wie ihre Seele dem Mund entfloh und zum Himmel aufstieg.»

Hilary Metcalfe legte den Bericht des Spions aus der Hand und fing seltsamerweise an, in sich hineinzulachen.

«Ich weiß nicht, was daran komisch ist», protestierte Harry Sekloong. «Es ist eine abscheuliche Geschichte. Die Dekadenz, die Korruptheit, die Machtkämpfe mögen Europäer amüsieren. Aber ich bin Chinese genug, um . . .»

«Entschuldigung, Harry», sagte Metcalfe. «Der Eunuch hat nämlich eine Kleinigkeit ausgelassen. Dr. Morrison berichtete an *The Times*, die letzten Worte der Kaiserinwitwe seien der ausdrückliche Befehl gewesen: ‹Verhindert unter allen Umständen, daß Eunuchen sich in Staatsangelegenheiten einmischen.›»

«Sie hat ihn also umgebracht, die alte Teufelin.» Sir Jonathan nahm keine Notiz von Hilary Metcalfes makabrem Amüsement. «Ich habe es vermutet . . . wir alle haben es vermutet . . . Aber niemand war sicher. *Davon* hat Dr. Morrison nichts berichtet.»

«Was ist das für eine tibetische Zauberwurzel?» fragte Metcalfe. «Es muß eine teuflische Droge sein, wenn allein der Rauch innerhalb von Stunden tödlich wirkt.»

«Keine Sorge, Hilary», meinte Sir Jonathan. «Es wird nie jemand erfahren, welche Droge Tzu Hsi verwendete, um ihren Neffen umzubringen – der vielleicht ihr Sohn war.»

«Meine Herren!» Marys Stimme ließ ihr Entsetzen über den Bericht des Spions erkennen. «Ich störe Sie nicht gern bei Ihrer männlichen Vorliebe für Klatsch. Aber ich würde gern wissen, was das alles für uns und die Zukunft bedeutet?»

«Wir können jetzt genaue Pläne aufstellen. Die Mandschu-Dynastie wird in ein paar Jahren zusammenbrechen; denn niemand wird eine Verfassung erlassen und damit diejenigen Reformer versöhnlich stimmen, die immer noch Monarchisten sind. Daher werden selbst sie die Republikaner unterstützen. Die Revolution ist unvermeidlich, und die Republikaner sind die stärksten und am besten oragnisierten Rebellen. Die Mandschu-Dynastie muß stürzen. Wenn es nicht Zeichen und Wunder gibt, muß die konfuzianische Monarchie zugrunde gehen.»

Sir Jonathan hielt inne, bestürzt über seine eigene, unerbittliche Logik.

«Zwei schamlose Diebe herrschen jetzt in China, die junge Kaiserinwitwe und Prinz Tschun, der Regent, unterstützt von den korrupten Eunuchen. Die beiden sind ebenso dumm wie habgierig. Sie haben den unmündigen und bei all der Inzucht vermutlich degenerierten Kaiser fest in der Hand. Der Hof ist in hundert Splitterparteien gespalten. Die Schakale kämpfen um einen gerechten Anteil am Kadaver. Die Regierung ist schwankend, kraftlos und unentschlossen. Soviel wäre über die große reine Dynastie zu sagen. Man kann sie aus der Liste streichen.»

«Und das Haus Sekloong», warf Harry ein. «Wie ist deine Antwort auf Marys Frage, Vater?»

«Gleich. Sobald Hilary gesagt hat, was es für Hongkong bedeutet.»

«Das liegt ja auf der Hand! Hongkong und Schanghai werden mehr Bedeutung bekommen. Die Vertragshäfen werden auf lange Sicht die einzigen Orte mit politischer und wirtschaftlicher Stabilität sein. Aber es wird nicht nur ein Zuckerschlecken sein, ganz im Gegenteil: Wir werden mit Tausenden, Zehntausenden von Flüchtlingen rechnen müssen, die sich vor Krieg und Pestilenz, vor Hungernot und Überschwemmungen, vor Plünderung und Raub zu uns retten!»

«Sie spielen heute Kassandra», bemerkte Mary.

«Aber ich hoffe, Sie schenken mir Glauben. Wir müssen unsere bisherige Selbstgefälligkeit ablegen, ein für allemal. Wir werden es nicht mehr mit einer mißtrauischen, fremdenfeindlichen, anachronistischen kaiserlichen Dynastie zu tun haben, sondern mit einer undisziplinierten Bande von kleinen Duodezfürsten und Säbelraßlern. Die Zustände werden fast chaotisch werden und den Handel behindern und die Gewinne stark reduzieren – für alle bis auf die Gewitztesten. Aber auf lange Sicht sind die Aussichten praktisch grenzenlos. China wird die europäischen Industriellen brauchen. Nicht nur Konsumgüter, sondern auch Investitionsgüter – Maschinen und Fahrzeuge, Talsperren und Eisenbahnen.»

«Und was», hakte Sir Jonathan ein, «sollen wir tun?»

«Das ist Ihr Ressort, Jonathan. Denken Sie an unser Abkommen: *Ich* stelle die kühnen Hochrechnungen auf, und *Sie* schmieden die praktischen Pläne.»

Mary und Harry tauschten einen Blick. Sie hatten sich schon Gedanken gemacht über das genaue Verhältnis zwischen den beiden Männern: dem gelehrten Engländer, der sich anscheinend ausschließlich dem Studium der chinesischen Kultur widmete, und dem dynamischen Eurasier, der sich leidenschaftlich für China einsetzte, aber noch leidenschaftlicher für seine eigenen Ziele.

«Nur diesmal, Hilary», drängte Sir Jonathan. «Sagen Sie es mir: Was würden Sie tun?»

«Ein Pferd auswählen oder ein Pferd zureiten und darauf wetten. Setzen Sie auf den Spitzenreiter, aber verteilen Sie das Risiko noch auf ein paar andere. Auch Spitzenreiter können ein Bein brechen oder stolpern.»

«Nicht ganz so geschliffen wie sonst ausgedrückt, Hilary», zog Mary ihn auf, «und nicht ganz so offen und ehrlich. Was genau meinen Sie denn?»

«Sehr einfach, meine Liebe. Setzen Sie auf den Politiker oder General, der die besten Aussichten hat. Das ist Dr. Sun Yat-sen. Aber bleiben Sie mit den anderen gut Freund.»

«Und was genau, Vater», bohrte Mary, «werden wir tun?»

«Du bist eine harte Zuchtmeisterin», protestierte Sir Jonathan. «Aber ich werde mich präzise ausdrücken. Nehmen wir zum Beispiel eine Ware . . . nehmen wir Opium, das Fundament von Hongkong.»

«Aber der Opiumhandel geht seinem Ende entgegen», wandte Harry ein. «Jedes Jahr mehr Beschränkungen, mehr Widerstand, und geringere Erträge . . . Gott sei Dank.»

«Geringere, ja. Aber für einen unheilbaren Fall noch recht robust. Vor einem Jahr brachte Opium fünfeinhalb Millionen Pfund Sterling ein – fast zehn Prozent des Handels der Kolonie. Es ist immer noch ein großes Geschäft, Harry, wie sehr du auch wünschtest, daß es aufhörte.»

«Aber es geht seinem Ende entgegen. Du weißt doch, was da passiert. Vor vier Jahren versprachen die Mandschus, den Handel in zehn Jahren auszumerzen, und vor zwei Jahren gaben sie ein offizielles Dekret heraus. Voriges Jahr versprach London, die Importe zehn Jahre lang um jährlich zehn Prozent zu kürzen, wenn die Chinesen dasselbe täten. Es bleiben also nur noch zehn Jahre. Und erst vor fünf Monaten wies London den Gouverneur an, die Opium-Rauchsalons in Hongkong zu schließen. Er kann sich nicht länger darum drücken und auf den Verlust an Steuereinnahmen hinweisen. Opium ist auf dem Aussterbeetat.»

«Aber es ist immer noch Geld damit zu verdienen, nicht wahr?»

«Ja», gab Harry mißmutig zu, «für diejenigen, die dringend Geld brauchen.»

«Derwent nimmt es mit», sagte Metcalfe leise. «Es ist schon Tradition.»

«Tradition!» wiederholte Harry wütend. «Derwents geheiligte Opiumtradition, Geldverdienen mit allen Mitteln, gleichgültig, wie viele Millionen Menschen dabei draufgehen!»

Mary suchte nach den richtigen Worten, um einen Zusammenstoß zwischen Vater und Sohn zu verhindern. Auch sie verabscheute den Opiumhandel – nicht aus so grundsätzlichen Erwägungen wie Harry, der die klebrige schwarze Droge haßte, weil sie China entwürdigte und schwächte, sondern aus sehr subjektiven Gründen. Sie hatte zu oft die Wirkungen gesehen: Rikschakulis, die nur noch Haut und Knochen waren, weil sie sich neben dem «schwarzen Reis», der ihr Dasein erträglich machte, nicht genug Nahrungsmittel kaufen konnten; zwölfjährige Mädchen, die an Kuppler verkauft wurden, damit die Väter ihrer Sucht frönen konnten; verengte Pupillen in den ausdruckslosen Augen von Siebzehnjährigen, deren wohlhabende Eltern ihnen jeden Wunsch erfüllten, selbst Opium. Aber Sir Jonathans Vermögen stammte zum größten Teil aus den Diensten, die er Derwent, Hayes and Company geleistet hatte, dem *Hong*, der mehr noch als alle anderen Firmen durch Opiumgewinne groß geworden war. Mit seinem Haß auf das Opium rüttelte Harry am Fundament des Lebens seines Vaters.

«Entschuldige, Vater.» Harry selbst löste die Spannung, verlegen, aber entschlossen. «Das ist meine Ansicht. Opium ist ein sehr schlechtes Geschäft – für den Händler wie für den Kunden.»

Sir Jonathan wählte mit Bedacht eine goldbraune Zigarre aus, ehe er murmelte: «Ich stimme dir zu, mein Junge.»

Mary unterdrückte einen Laut des Erstaunens. Sie war es gewöhnt, daß der weißhaarige Autokrat für Überraschungen sorgte. Aber diesmal hatte er sie wirklich verblüfft. Wie konnte er Harrys leidenschaftlicher Verurteilung des Opiumhandels, mit dem er sein halbes Vermögen verdient hatte, so sanft zustimmen? Sie hätte eher eine zynische, wohlbegründete Verteidigung oder wenigstens eine lahme Ausrede erwartet.

«Ich bin ganz deiner Meinung», wiederholte Sir Jonathan noch einmal, als seine Zigarre brannte. «Aber bis jetzt konnte ich dagegen nicht viel tun. Das Wichtigste war für mich, Fuß zu fassen. Bei dir ist die Sache anders, du bist in eine soziale Stellung und Wohlstand hinein geboren worden. Aber für den unehelichen Sohn eines verrückten irischen Abenteurers war es das einzig Wichtige, sich durchzusetzen. Und dazu gab es nur *einen* Weg – Opium. Übrigens hast du die schmutzigen Dollar nie zurückgewiesen, Harry.»

«Ich weiß, Vater!» Auch Harry war verblüfft. «Vielleicht hätte ich es tun sollen. Aber als ich mir darüber klarwurde, war es zu spät. Doch jetzt . . .»

«Ich wollte dich nicht aufziehen, Junge.» Sir Jonathans erhobene Hand gebot Schweigen. «Laß mich ausreden. Gott weiß, wie oft ich mit Dick Wheatley und dieser vertrockneten alten Ziege Rachel darüber diskutiert habe. Beide behaupteten steif und fest, Opium sei ein Segen und werde nur noch vom Christentum übertroffen – es sei ein Geschenk für die unglückseligen Heiden. Wenigstens bin ich nie ein Heuchler gewesen.»

«Aber du hast», beharrte Harry, «trotzdem mitgemacht.»

«Ja. Und ob du es nun gutheißt oder nicht, die alte Erklärung stimmt: Hätte ich es nicht getan, hätte es ein anderer getan. Ich allein hätte dem Handel nicht Einhalt gebieten können. Außerdem mußte ich mir einen Namen machen, und es war die einzige Möglichkeit, die einzige, die *mir* offenstand. Vielleicht wurde auch ich mir erst darüber klar, als es zu spät war.»

Sir Jonathan klopfte bedächtig die Asche von seiner Zigarre, aber seine Stimme war ein wenig lauter gewesen als sonst. Daß er sich einen Augenblick nicht ganz unter Kontrolle hatte, war ebensowenig charakteristisch für ihn, wie seine Rechtfertigung vor seinem Sohn.

«Und was jetzt, Vater?» fragte Harry.

«Darauf habe ich gewartet. Jetzt ist die Sache anders. Wheatley will bis zum bitteren Ende weitermachen, Jardines auch, ebenso Swire und all die kleinen Fische. Sie wollen noch den letzten Kupferpfennig aus dem Handel herausquetschen. Du weißt, sie haben sich zusammengeschlossen und die *Hong Kong Opium Corporation* gegründet. Sie werden das giftige Zeug verhökern, solange es noch einen einzigen Kunden dafür in China gibt – oder einen einzigen Bauern in Indien, Burma oder Persien, der Mohn anbaut. Opium wird in Hongkong nicht verboten werden. Auf Jahre hinaus nicht, wenn überhaupt jemals.»

«Und Sie, Jonathan?» fragte Hilary Metcalfe. «Was tun Sie jetzt?»

«Ich könnte auf das alte Argument zurückgreifen: Wenn ich es nicht tue, werden es andere tun, warum also nicht meinen Anteil einstreichen? Aber die Lage ist jetzt anders. Der Handel kommt zum Erliegen, er versiegt langsam, wie Harry sagt. Und jedes *Tael*, das ich liefere, jede verdammte Unze zögert den Tag hinaus, an dem der Handel ganz zum Erliegen kommt. Dann werden übrigens schlimmere Dinge auf dem Markt erscheinen – Morphium, Kokain. Darüber kann ich mir jetzt keine Gedanken machen, aber über Opium muß ich mir Gedanken machen. Es handelt sich um meine Selbstachtung – und um meine Gewinne.»

«Gewinne, Vater?» Mary konnte sich nicht länger zurückhalten.

«Wenn der Handel zum Erliegen kommt, wo ist dann der Gewinn, sofern man nicht bis zum bitteren Ende mitmacht? Du hast mich gelehrt, daß die großen Gewinne die Pfennige sind, die sich in Dollars verwandeln.»

«Und du, Mary, hast mich dein Motto gelehrt: *Wenn man etwas Törichtes tut, soll man nicht auf halbem Wege stehenbleiben.* Vielleicht ist es töricht anzunehmen, es könnte uns Vorteile bringen, den Opiumhandel lahmzulegen. Aber ich glaube es nicht. Es paßt alles gut zusammen – was wir gern tun würden, was wir tun sollten, und was uns Nutzen bringt.»

«Wie?» fragte Metcalfe ohne Umschweife.

«Wir können unser Renommee bei den neuen Herren von China festigen. Es gibt Wege, den Handel einzuschränken, unseres Seelenheils, unseres Namens wegen. Und um uns mit den republikanischen Rebellen zu solidarisieren und Dick Wheatley einen verdammt großen Knüppel zwischen die Beine zu werfen zum Wohle von . . .»

«. . . uns allen», beendete Hilary Metcalfe den Satz. «Aber wie, Jonathan? Haben Sie es sich schon genau überlegt?»

«Ich bin dabei», wich Sir Jonathan aus. «Wir sprechen darüber, wenn ich etwas weiter bin. Einstweilen nur eins, um meinem idealistischen Sohn zu zeigen, daß ich immer noch derselbe alte Teufel bin. Es gibt noch einen großen Vorteil: Wenn wir uns aus dem Opiumhandel zurückziehen, sind wir zu anderen Unternehmungen gezwungen – zum Wohle unseres Geldbeutels.»

«Wie meinst du das?» wollte Mary wissen.

«Wer am Opium festhält, wird zugrunde gehen. Nicht die großen *Hongs* – Derwents, Jardines, Swire –, aber die kleineren, die nur beschränkte Mittel haben. Wenn sie nicht aussteigen, ist es um sie geschehen. Sie haben durch die Opiumpfeife gelebt und werden an der Opiumpfeife sterben.

Aber wer aussteigt, muß seine Energien und sein Kapital in neue Unternehmungen stecken. Niemand bietet dem neuen chinesischen Mittelstand in den Vertragshäfen Versicherungspolicen an. Und Baumwolle, Textilien aller Art. Warum soll China immer in Lancashire kaufen? Eisenbahnen. Wir sind bereits in einem gewissen Umfang daran beteiligt, aber es muß mehr Eisenbahnen geben. Der Mineralölhandel! Paraffinöl wird schon vielfach zum Heizen, Kochen und zur Beleuchtung verwendet. Immer mehr Schiffe heizen mit Öl . . .»

«Der Treibstoff für Automobile und Lastwagen fällt noch nicht ins Gewicht», unterbrach ihn Mary. «Das muß auch mehr werden.»

«Transport. Verkehr mit Kraftfahrzeugen.» Harry beschwor Zukunftsvisionen. «Motorlastwagen und Autobusse, die Waren und Fahrgäste durch ganz China fahren. Ganze Flotten mit unserem blau-goldenen Wimpel, die Schiffahrtslinie des Fliegenden Drachens! Billiger, zuverlässiger Verkehr wird Chinas Gesicht verändern. China wird ein modernes Land und der Strom des Handels sein Herzblut werden.»

«Dann bauen Sie zuerst einmal Straßen, Harry», empfahl Metcalfe. «Es ist erst zehn Jahre her, daß das Parlament verlangte, vor jedem Motorfahrzeug müsse ein Mann mit einer roten Fahne hergehen, um Fußgänger und Pferde zu warnen. Ihre Idee ist faszinierend – aber zuerst müssen Eisenbahnen kommen. Die sind schon erprobt.»

«In ganz China gibt es Karrenpfade.» Harry war ganz verzaubert von seiner Vision. «Und Reste der großen Poststraßen, die die Mongolen vor sechshundert Jahren gebaut haben.» Er fuchtelte mit den Armen herum, als wolle er seine phantastischen Fahrzeugkolonnen herbeizaubern.

«Der Transport mit Motorfahrzeugen ist die Lösung. Straßen sind leichter zu bauen als Eisenbahnen, man braucht weniger Kapital und weniger Mühe. Ich sehe es schon vor mir, wie unsere Autokolonnen in entlegene Dörfer fahren und Marktflecken mit großen Städten verbinden – alles unter dem geflügelten Drachen.»

«Und am Straßenrand zerbrochene Räder und kaputte – wie nennst du das – Getriebe hinter sich zurücklassen», lachte Mary. «Das passiert doch jedesmal, wenn du oder Charles den neuen Daimler herausholt.»

«Das sind Kinderkrankheiten, die werden überwunden», beteuerte Harry. «Wir müssen zur Vorhut gehören.»

«Warum nicht gleich Flugapparate?» spottete sie. «Wie diese amerikanischen Brüder, die Wrights, deren Drachen mit einem Motor flog – wann war das noch?»

«Um Weihnachten 1903», sagte Harry.

«Ja, und voriges Jahr hat Blériot den Ärmelkanal überquert. Warum nicht Flotten von Flugapparaten mit dem geflügelten Drachen als Emblem? Sie brauchen nur ein Stück flaches Land zum Landen. Keine große Kapitalinvestition, keine Straßen – noch besser als Lastkraftwagen und Autobusse.»

«Ja, warum nicht?» Harry stimmte zu und merkte Marys Spott gar nicht. «Das auch – Flugapparate. Aber verändern kann China nur der Verkehr über Land, Flugapparate werden nie schwere Lasten oder mehr als ein paar Passagiere befördern können. Automobile hingegen werden gewaltige Ladungen transportieren, sie werden Bauern und ihre Erzeugnisse über zehn, zwanzig oder gar fünfzig Kilometer in die Marktstädte bringen, Spinnereien und Webereien können ins Landesinnere verlegt und ihre Fabrikate an die Küste gebracht werden ... alles werden sie transportieren, von der Kohle bis zu Schweinen.»

«Vielleicht wäre das möglich, wenigstens erst mal in der Nähe der Städte», gab Mary zu. «Aber wer wird die Tausende von Menschen ausbilden, die diese mechanischen Ungeheuer lenken und reparieren können? Und wie steht es mit den Kosten, mein Lieber? Wer weiß, was der Betrieb dieser neumodischen Dinger kosten wird?»

«Über Einzelheiten können wir uns später den Kopf zerbrechen», antwortete Harry leichthin. «Jetzt geht es nur um den Willen. Das Kapital könnten wir uns von Banken beschaffen. Die Großgrundbesitzer könnten mitmachen.»

«Und ihre eigene Macht zerstören?» warf Metcalfe ein.

«Nehmen wir uns mal einzelne Punkte vor und fangen in Hongkong an.» Mary war fürs Praktische. «Erst wenn einer deiner schnaubenden Drachen den Hummer, die Garnelen und Krabben, die morgens an der Küste der New Territories gefangen wurden, rechtzeitig zum Mittagessen auf dem Peak abliefert, bin ich halbwegs überzeugt.»

«Genug», lachte Sir Jonathan. «Fassen wir lieber das Nächstliegende ins Auge, das, was in unserer Reichweite liegt. Denkt an die Entwicklung des Bergbaus, der Eisen- und Stahlverhüttung. Warum nicht Fahrräder oder Räder mit federnder Aufhängung und Luftreifen für Ochsen- und Eselkarren ... Erzeugnisse, die wir jederzeit herstellen könnten? Oder verbesserte Hacken und Pflüge, später dann Ernte- und Mähmaschinen? Der Markt ist nicht grenzenlos. Aber er ist groß, sehr, sehr groß.»

«Auch Thermosflaschen und Paraffinherde.» Marys praktischer Sinn war angesprochen. «Solche kleinen Dinge würden das Leben aller ändern.»

«Und Waffen», steuerte Harry bei. «China braucht moderne Waffen, nicht das veraltete Zeug, das Krupp, Schneider-Creusot und Vickers uns andrehen. Gewehre, Maschinengewehre und Mörser, Artillerie und Kriegsschiffe, zuerst für die Revolution und dann zur Verteidigung. China muß eine eigene Rüstungsindustrie aufbauen und darf nicht vom Ausland abhängig bleiben.»

«Dazu werden Sie Geld brauchen.» Metcalfe legte den Finger auf die Wunde. «Geld für Investitionen, für die Produktion, und Rücklagen für die unvermeidlichen Mißerfolge.»

«*Wir* werden Geld brauchen, Hilary», sagte Sir Jonathan. «Ich nehme doch an, Sie machen mit.»

«Natürlich, Jonathan – im Prinzip ja. Aber erst möchte ich Ihre Visionen auf Dollar und Cent umgerechnet sehen. Dann stehen Ihnen meine paar Dollar zur Verfügung.»

«Ich für mein Teil, Hilary, schätze vor allem Ihren Rat, obwohl mir Ihre Dollar auch willkommen sind. Und was das Geld betrifft – Regierungen, selbst arme Regierungen, haben Möglichkeiten, von denen sich private Kaufleute nichts träumen lassen. Regierungen können Kredite aufnehmen, und wenn sie klug dabei vorgehen, ist es eher eine Sicherung ihrer Souveränität als eine Schwächung – wie es bei den Mandschus der Fall war. Und Regierungen brauchen Finanzleute, die sie beraten und die Aufnahme von Anleihen in die Wege leiten – uneigennützige Finanzleute.»

«Ich sehe, Jonathan», sagte Metcalfe, «daß Sie vorhaben, die nächste chinesische Regierung zu besitzen.»

«Nicht zu besitzen, ihr zu dienen. Wenn Sie es mit einer ehrenhaften Regierung zu tun haben, dann sind die Gewinne kleiner. Aber ich hätte lieber ein Prozent von fünfzig Millionen als zehn Prozent von fünf Millionen, die plötzlich nicht mehr da sind.»

«Die Wirtschaft muß expandieren.» Harrys Begeisterung entbrannte von neuem. «Und wir sind von Anfang an dabei. Denkt an die Macht, die Macht zu tun, was die Ausländer China versprochen, aber nie gehalten haben. Die Macht, zum Wohle aller wieder eine Nation zu schaffen.»

«Und, mein junger Heißsporn, die Macht, unsere eigene Stellung unangreifbar zu machen», fügte Sir Jonathan hinzu. «Das Haus Sekloong ist das größte Unternehmen Asiens und hat auch in anderen Teilen der Welt eine starke Position. Nächsten Monat schicke ich Charles nach Europa und Amerika, um neue Beziehungen anzuknüpfen und kleine Büros in London und New York einzurichten. Wo ist er übrigens heute abend?»

«Oh, er ist ausgegangen», sagte Mary zurückhaltend. «Er mußte jemanden treffen.»

«Ausgegangen?» Sir Jonathan zog die Augenbrauen hoch. «Jemanden?»

«Er ist so seriös.» Mary überging den Vorwurf loyal. «Er hätte sich nur über unsere Ansichten lustig gemacht. Aber es gibt keinen besseren Sendboten, um die Bankiers von unserer Solidität zu überzeugen?»

«Und Mary und ich?» fragte Harry. «Was planst du für uns?»

«Mary bleibt in Hongkong», erklärte Sir Jonathan ruhig. «Ich brauche sie hier. Für dich, mein Junge, habe ich einen besonderen Auftrag. Aber das hat Zeit bis morgen.»

5. Januar 1909 bis 7. Januar 1909

Die Mondsichel sah aus wie ein verlassenes Rettungsboot, das zwischen den eilenden Wolken dahintrieb. Sein Schein fiel auf die flachen Reisfelder, und die Stoppeln schimmerten schwach. Als die nächste Wolkenwelle den Mond überspülte, war die Erde dunkel. Der verlassene Sandstreifen unten, wo Ozean und Kontinent zusammentrafen, war in dem unwirklichen Licht des frühen Morgens wie eine weiße Narbe in der Landschaft. Die Rauchgeister erloschener Kochfeuer zogen von den steinernen Hütten über die Reisfelder und sahen aus fünf Meilen Entfernung wie silbergraue Schädel aus. Der hartnäckige Gestank menschlicher Exkremente, vor sechs Monaten auf die jungen Reispflanzen gestreut, verpestete den winterlichen Wind, der vertrocknete, abgefallene Blätter zum Südchinesischen Meer hinwehte.

Ein Hund in dem schlummernden Dörfchen Wong Family Village jaulte den Mond an, und sein Jaulen versetzte die Beobachter auf den Hügeln, die die schaumgekrönte Bucht überblickten, in Unruhe. Obwohl sie und ihre Gewehre mit den langen Läufen im hohen Gras versteckt waren, blickten sie ängstlich um sich. Jede Bewegung an Land verhieß Unheil für ihren Auftrag und ihr Leben. In jener Nacht waren alle Menschen Feinde.

Beruhigt durch die schlafende Landschaft, wandten die Beobachter den Blick wieder der Bucht zu, der Haimen-Bucht, was Tor zum Meer heißt. Obwohl die Bucht nur zwanzig Meilen südlich von dem blühenden Hafen Swatow lag, und über See hundertneunzig Meilen von Hongkong entfernt, war der Handelsverkehr an Haimen vorbeigegangen. Außer den nußschalengroßen Sampans der einheimischen Fischer bekam Haimen nur in Seenot geratene Hochseefischer und lange Schmuggeldschunken mit dunklen Segeln zu sehen. Jetzt lag die Bucht in winterlicher Ruhe da.

Harry Sekloong sah ungeduldig auf seine goldene Taschenuhr. Die Leuchtziffern schimmerten schwach wie die phosphoreszierenden Wellen unten, und die Zeiger waren ein blaßgrüner Strich. Es war sechs Minuten nach eins. Noch achtunddreißig Minuten mußten sie auf die Leuchtzeichen vom Meer warten.

Harrys Augen suchten den dunklen Horizont ab. Die einzige Bewegung in dem großen Halbkreis von Wasser und Himmel war der stürmische Wellenschlag. Kein menschliches Werk durchbrach die eintönige

Symmetrie des Meeres, kein Lichtschimmer drang durch die Finsternis. Als der Mond hinter einer Wolkenwelle versank, konnte Harry nicht einmal die sechs Garnelenfischerboote sehen, die hundert Meter entfernt in der dünengeschützten Bucht lagen. Als der Mond wieder auftauchte, verrieten nur die hohen, schwankenden Masten den Liegeplatz der Boote.

Harry veränderte seine Stellung, um seine Beine zu entspannen, und steckte die Uhr in die Tasche. Wie alle anderen 126 Männer, die sich im hohen Gras verbargen, trug er die rostig-schwarze Jacke und Hose der Armen aus der Provinz Kwangtung. Nur seine Größe konnte er nicht verbergen.

Kurz nachdem die frühe Dämmerung Meer und Hügel eingehüllt hatte, war Harry hier gelandet. Salzverkrustet und mitgenommen von den drei Tagen, in denen sie sich von Bias Bay zweihundert Meilen gegen den Südwest-Monsun vorangekämpft hatten, war ihm selbst diese unwirtliche Küste zur Landung willkommen gewesen. Fünf weitere Dschunken aus anderen Häfen, jede mit einer Abteilung bewaffneter Männer, waren in Abständen in die Bucht geschlüpft. Die letzte, aus dem zweihundertfünfundachtzig Meilen nördlich gelegenen Foochow, war um Mitternacht im Tor zum Meer eingelaufen.

Wenn mehr als ein Boot ausblieb, wäre der Auftrag gefährdet. Alle Kapitäne hatten strengen Befehl erhalten, sich nicht der Daimler-Benz-Automotore zu bedienen, die in den Laderäumen montiert waren, sondern zu segeln. Das Motorengeräusch hätte ihr Vorhaben den Dschunken der kaiserlichen chinesischen Regierung oder, schlimmer noch, den Dampfbarkassen der chinesischen Zollbehörden oder den gegen Piraten eingesetzten Patrouillenbooten der königlich-britischen Marine verraten können. Die meisten chinesischen Kapitäne hätte man durch eine goldene «Danksagung», *cumshaw*, dazu bringen können, dem seltsamen Anblick von mit Motoren ausgerüsteten Dschunken keine Beachtung zu schenken. Aber die europäischen Kapitäne der Zollbarkassen waren gerissener und ebenso unbestechlich wie die britischen Lieutenants zur See, die die Schiffe der königlichen Marine befehligten.

Die Garnelen-Dschunken waren in der Nacht von ihren verschiedenen Heimathäfen hergesegelt. Sonst fischten sie mit langen Netzen auf dem Meeresgrund nach den Krustentieren. Sie waren die schnellsten Segler an der südchinesischen Küste, damit sie ihren verderblichen Fang rasch auf den Markt bringen konnten. Die Motoren waren auf einer improvisierten Schiffswerft in Bias Bay eingebaut worden, einem unkontrollierten Gewässer nordöstlich von Hongkong. Die Schiffe der

Mandschu mieden Bias Bay. Sie zogen es vor, *cumshaw* von den Seeräubern zu kassieren, deren Domäne Bias Bay war, statt gegen sie zu kämpfen. Auch die vereinten Kräfte der Zollbehörden und der königlichen Marine konnten diese Piraten nicht aus ihrem Schlupfwinkel vertreiben.

Harry war einigermaßen zufrieden mit der Durchführung seiner Pläne. Nur eine Dschunke war nicht zum Stelldichein am Tor zum Meer erschienen, aber vielleicht würde sie noch kommen und die Truppe um zwanzig Mann verstärken. Den Ausfall *eines* Boots hatte er einkalkuliert. Leider hatte das fehlende Boot, das aus dem südlichen Taiwan von einem Widerstandsnest gegen die Mandschus kam, den Delegierten von Dr. Sun Yat-sens Revolutionsbund Tung-meng Hui an Bord, dessen Tarnname Mr. Woo lautete. Da er nicht da war, kam die taktische Befehlsgewalt dem Älteren Bruder Li zu, einem alten Piratenführer, dessen Ehrentitel sich von seinem Rang als Weihrauchmeister in der Geheimgesellschaft «Liga der Älteren Brüder» herleitete.

Harrys Anwesenheit sollte in erster Linie das Engagement der Sekloongs für das von ihnen geplante und finanzierte Unternehmen bekräftigen. Doch hatte Sir Jonathan ihm eingeschärft, wenn die Auseinandersetzung beginne, dürfe er sich nicht mehr sehen lassen. Das Haus Sekloong werde den unvermeidlichen Gerüchten, es habe bei der Sache Pate gestanden, die Stirn bieten können, aber es würde ihm schweren Schaden zufügen, wenn Harry tatsächlich erkannt würde. Die Abwesenheit von Mr. Woo machte ihn nun zum Hauptvertreter der republikanischen Revolutionäre, die sich zum gemeinsamen Kampf gegen die Mandschus mit den Geheimgesellschaften und den Piraten verbunden hatten. Würde er sich in Abwesenheit von Mr. Woo zurückhalten, würden die Sekloongs viel an Glaubwürdigkeit verlieren.

Harry überlegte, was er tun sollte. Wenn er die Instruktionen seines Vaters befolgte, wäre die Operation gefährdet und der Vorteil für das Haus Sekloong gleich Null. Würde er die Vorhut anführen und dabei gesehen werden, könnte das die Existenz des Hauses Sekloong gefährden. Er schob seinen Bambushut zurück und rieb sich ratlos die Stirn.

«Bald jetzt, Mr. Sek, sehr bald.» Ein abgehacktes Flüstern auf kantonesisch unterbrach seine Gedanken.

«Ich hoffe es sehr, Älterer Bruder Li», antwortete er. «Die ‹Taishan› muß in den nächsten zehn Minuten über die Kimm kommen. Ihr Kapitän kann ebensowenig Tageslicht gebrauchen wie wir. Aber es ist eine sehr lange Nacht.»

«Geduld, junger Herr», empfahl die kehlige Stimme. «Wenn Sie so lange im Geschäft wären wie ich, wüßten Sie, daß es hauptsächlich aus Warten besteht.»

«Vielleicht, Älterer Bruder. Da ich Ihre Erfahrung nicht habe, neige ich zu Ungeduld.»

Harry lockerte den schweren Scott-Webley-Revolver in seinem Halfter unter der Jacke, und Sandbäche rieselten den Hügel hinunter. Hundegebell und das erschreckte Krähen von Hähnen, die vor dem Morgengrauen aufgescheucht worden waren, wies darauf hin, daß in Wong Family Village Menschen bereits auf den Beinen waren. Diese Geschäftigkeit war alarmierend, und von diesem Augenblick an war das Unternehmen gefährdet, denn das Kommando saß in der Falle zwischen dem stürmischen Meer und der schwerbewaffneten Truppe, die vom Dorf aus vorrückte.

Wenn sie zu lange auf das Auftauchen der ‹Taishan› warteten, würden sie vom Binnenland aus angegriffen werden. Wenn sie sich zu früh einschifften, könnte der Anblick ihrer sechs dunklen Boote die ‹Taishan› veranlassen, die Flucht zu ergreifen, und selbst mit ihren Motoren könnten sie den Sechshundert-Tonnen-Raddampfer nicht einholen.

Die grünen Zeiger seiner Uhr standen auf 1 Uhr 45, und Harry fluchte leise. Die ‹Taishan› segelte nach einem strikten Zeitplan. Wenn sie nicht innerhalb der nächsten zehn Minuten in Sicht käme, müßte das Umladen um vierundzwanzig Stunden verschoben werden – und Harrys Plan würde ins Wasser fallen. Er fuhr sich mit der Zunge über die trockenen Lippen und beugte sich zum Älteren Bruder Li hinüber.

Sie mußten sich einschiffen, selbst auf die Gefahr hin, entdeckt zu werden, sie durften sich nicht mit dem Rücken zum Meer stellen lassen. Die Abteilung von Wong Family Village kam näher, man hörte bereits das Knarren von Gurten, das Quietschen von Radachsen und das Klappern von Gewehrläufen. Und auch laute Flüche in hartem Swatow-Dialekt, denn der Feind fühlte sich auf seinem eigenen Grund und Boden sicher.

Als Harry dem unerschütterlichen alten Piraten etwas zuflüstern wollte, legte sich ihm eine harte Hand auf den Arm.

«Sehen Sie!» befahl Älterer Bruder Li heiser. «Schauen Sie auf die Kimm!»

Ein gelbes Licht flackerte über den Schaumkronen. Einmal, zweimal, dreimal, dann war das Meer wieder dunkel. Aber dort, wo das Leuchtzeichen gegeben worden war, sah Harry einen dunkleren Schatten gegen die Wellen ankämpfen, und eine weiße Bugwelle hinter der ‹Taishan›, die ohne Lichter fuhr.

Der Ältere Bruder Li kreischte wie eine Möwe, und der Berg kreißte Menschen. Schwarze Gestalten stürzten hinunter zum Ufer, schlitterten über das rauhe Gras und erklommen die Teakseiten der schmalen Dschunken. Holzrollen klapperten, Taue spannten sich, die Mattensegel stiegen knirschend an den schrägen Masten empor und verdeckten den Himmel. Der Mond verschwand hinter einem Wolkenberg.

Harrys Boot kam in Fahrt, sobald der Anker gelichtet war. Als das kleine Schiff in den stürmischen Wellengang außerhalb der geschützten Bucht geriet, erforschte er mit einem Blick die Dunkelheit ringsum. Sechs Leichter lagen wie gestrandete Wale in der zurückflutenden See. Seine Leute hatten sie angebohrt. Da die Leichter in dieser Nacht nicht in See stechen konnten, war die Nachhut vor Angriffen sicher. Harrys Dschunke wich aus, um an dem letzten der Leichter vorbeizukommen. Eine halbnackte Gestalt lag auf dem Vordeck.

«Nur *eine* Wache», sagte der Ältere Bruder Li verächtlich. «Wir brauchten nur die eine Kehle durchzuschneeiden.»

Harry zog sich der Magen zusammen, und bittere Galle kam ihm hoch. Er führte es auf den Fischgestank zurück und auf das abwechselnde wilde Stampfen und wirbelige Drehen der kleinen Dschunke, wenn die Backstagwellen gegen den Bug schlugen. Als das Vorgebirge der Dschunke keinen Schutz mehr bot, legte sie sich stark auf die Seite, und von See sprudelte weißes Wasser in die Speigatts. Das Krängen ließ nach, als der Südwest-Monsun von achtern wehte und die mit Bambuslatten verstärkten Segel blähte.

«Motor?» schrie der Altere Bruder Li gegen den Sturm an, der durch die Wanten heulte. «Motoren anlassen?»

«Warten Sie auf das Signal», schrie Harry ihm ins Ohr. «Wir dürfen die ‹Taishan› nicht alarmieren.»

Dreißig Minuten lang stampfte die Dschunke mit ächzenden Spanten durch das sturmgepeitschte Meer. Eine ungeheure Welle hob sie dreißig Meter hoch auf den Kamm. Das Boot schlitterte hinunter in das Wellental, und die nächste Woge türmte sich über dem wild schwankenden Großmast auf. Die Dschunke richtete sich wieder auf und tanzte wie eine Nußschale auf den Wellen.

An den Fockmast geklammert, versuchte Harry in der Dunkelheit die ‹Taishan› auszumachen. Die Gischt, die ihm der Wind ins Gesicht wehte, nahm ihm fast die Sicht. Der Ältere Bruder Li stand ungerührt neben ihm.

«Schnelle Fahrt», schrie er. «Tüchtiger Steuermann.»

Eine goldene Leuchtkugel stieg von dem schwarzen Rumpf des Raddampfers in die Nacht. Eine zweite folgte. Dreißig Sekunden lang hingen sie am Himmel, ehe sie ins Meer stürzten. Rote Punkte flammten in den Deckaufbauten der ‹Taishan› auf.

«Sie schießen», schrie der Ältere Bruder Wong. «Geht nicht so glatt wie gehofft. Müssen Fahrt aufnehmen. Jetzt Motor?»

Harry nickte, und der ältere Mann ging schlingernd über das überspülte Deck nach achtern. Eine rote Laterne schien schwach durch die Nacht. Die Anlaßgeräusche aus dem Laderaum der Dschunke waren bei dem heulenden Sturm kaum zu hören. Der Wind packte den grauweißen Rauch am Achterschiff und zerstäubte ihn wie eine Pusteblume. Der Motor keuchte und knatterte, als die unerfahrenen Maschinisten mit ihm kämpften.

Nach ein paar Minuten lief er gleichmäßig. Wenn die Wellen die Schraube aus dem Wasser hoben, heulte er auf, und Harry fürchtete, die Schraube würde abbrechen.

Alle Lichter der ‹Taishan› leuchteten jetzt – als Signalfeuer für die Dschunken. Sie waren nur noch eine Meile von dem Raddampfer entfernt, eine Fahrt von weniger als zehn Minuten bei dem verrückten Tempo, das sie anschlugen. Harrys Uhr zeigte, daß genau zweiundfünfzig Minuten vergangen waren, seit sie den Anker gelichtet hatten.

Die ‹Taishan› verlangsamte ihre Fahrt, und ein Scheinwerfer strich über das Meer, um die Dschunken längsseits zu lenken. Taue schlängelten sich von Deck, und die Rebellen gingen an Bord. Der Ältere Bruder Wong schrie zwei Männern, die ein schweres, in Segeltuch eingehülltes Paket trugen, seine Befehle zu.

Harry griff nach einer herabhängenden Strickleiter. Er hatte gerade einen Fuß auf die erste Sprosse gesetzt, als der Wind ihn vom Deck herunterfegte. Verzweifelt klammerte er sich an die triefenden Taue, die frei in der Luft hingen, als die ‹Taishan› in der Dünung schlingerte.

Die Entscheidung hatte sich von selbst ergeben, er hatte keine andere Wahl gehabt. Er konnte nicht zurückbleiben und seine Verbündeten das Risiko allein tragen lassen. Die Besatzung der ‹Taishan› hatte Widerstand geleistet und kämpfte vielleicht immer noch. Der Abgesandte des Hauses Sekloong konnte sich nicht in der Dschunkenkajüte verkriechen, während die Piraten und die Revolutionäre unbekannten Gefahren entgegengingen.

Die geteerte Leiter tanzte trotz seines Gewichts von hundertachtzig Pfund im Wind. Er wurde an die Schiffswand geschleudert, und die rostigen Nieten hinterließen durch die Kleider hindurch blutunterlaufene Male an seinem Körper. Zoll um Zoll kämpfte er sich nach oben, bis er sich mit einer letzten Kraftanstrengung über das Schanzkleid zog und keuchend wie ein gestrandeter Fisch auf dem mit Kohlenstaub bedeckten Deck lieben blieb.

Unbegreiflicherweise in einer weißen Matrosenjacke glaubte er über sich den schlanken Körper des Schanghaier Intellektuellen, der ihm als Mr. Woo bekannt war, zu sehen. Die Erscheinung hatte blitzend weiße Zähne und sprach in kultiviertem Mandarin.

«Ich muß mich entschuldigen, Mr. Sek, daß ich Sie nicht verständigt habe. Wir beschlossen im letzten Augenblick, daß ich als Besatzungsmitglied mitfahren sollte. Meine Leute halten die Offiziere auf der Brücke mit Pistolen in Schach. Die Matrosen und Maschinisten sind unter Deck.»

«Die Ladung?» keuchte Harry. «Was ist mit der Ladung?»

«Zehn Tonnen erstklassiges bengalisches Opium, mehr als fünfzigtausend Pfund wert. Die Hauptlieferung des Jahres, sie wollten es unbedingt an Land bringen, ohne daß der Zoll es merkt. Auf Monate hinaus wird es im größten Teil von Südchina kein Opium geben.»

«Großartig!» erwiderte Harry. «Und das Entladen?

«Ihre Leute wissen, was sie zu tun haben», sagte Mr. Woo. «Sehen Sie, sie fangen schon an.»

Schwarzgekleidete Gestalten wuchteten die schweren Balken beiseite, die die Lukendeckel sicherten. Ein paar andere kletterten die wacklige Leiter zur Brücke hinauf, wo der britische Kapitän, der erste Offizier und der Ingenieur bewacht wurden.

«Alles unter Kontrolle?» fragte Harry nervös.

«Alles geht wie geplant. Alles unter Kon . . .»

Die weiße Gestalt neigte sich anmutig nach vorn, und Harry hörte einen Schuß, der das Heulen des Windes übertönte. Mr. Woo fiel auf die Knie, und seine Stirn berührte in einem formvollendeten Kotau das Deck.

Von der Brücke her fegte eine Feuergarbe über die schwarzen Gestalten auf der Leiter hinweg. Sie fielen herunter, zwei landeten im Meer und schrien verzweifelt, drei stürzten auf das Deck und lagen still.

«Die Offiziere!» schrie der Ältere Bruder Li und zog Harry in Dekkung. «Sie haben sich befreit. Diese verdammten Kulis konnten nicht mal drei Mann in Schach halten.»

«Was nun?» fragte Harry. «Wie bekommen wir sie von der Brücke herunter?»

Der Ältere Bruder Li antwortete nicht. Er mühte sich mit den Flügelmuttern ab, die die eiserne Tür hinter ihnen sicherten. Harry warf sich mit seinem ganzen Gewicht gegen die Haspe, und die Tür zur Messe sprang auf. Sie sahen die verschmierten Reste der letzten Mahlzeit der Offiziere auf dem am Boden festgeschraubten Tisch, die Teller lagen zerbrochen auf dem abgetretenen grünen Linoleum. Ein Steward in einer schmierigen weißen Jacke hob die Hände.

«Das Licht?» fragte der Ältere Bruder Li. «Wo sind die Schalter?»

Der Steward deutete auf den Schaltkasten am hinteren Schott. Der alte Pirat legte den Hauptschalter um, und die ‹Taishan› lag wieder im Dunkel.

Der Ältere Bruder Li ließ sich auf den Bauch nieder und robbte über das dunkle Deck zu dem sperrigen Paket, das seine Leute in den Speigatts gelassen hatten. Er schob es vor sich her und machte Harry ein Zeichen, ihm zu folgen. Vereinzelt kamen Schüsse von der Brücke.

«Sie wollen, daß wir die Köpfe einziehen», sagte der Ältere Bruder Li. «Den Gefallen tun wir ihnen gern.»

Das mühselige Kriechen mit dem Paket an den Speigatts entlang schien nicht enden zu wollen, aber es dauerte nicht länger als fünf Minuten. Vor der Brücke bot eine Luke Schutz. Der alte Pirat nahm keine Notiz von der auf dem Lukendeckel liegenden Leiche, aber Harry erschauerte, als eine schlaffe Hand ihm über die Wange strich.

Mit seinem Messer schlitzte der Pirat das Segeltuch auf, und ein Jingal kam zum Vorschein. Ohne sich um die Schüsse von der Brücke zu kümmern, zog der Ältere Bruder Li ein in Wachstuch gehülltes Päckchen aus dem Hosenbund, maß Schwarzpulver ab und schob eine Lunte ins Zündloch.

«Helfen Sie mir jetzt», sagte er.

Harry bekam eine Gänsehaut und zog den Kopf zwischen die Schultern. Aber er riß sich zusammen und half dem alten Piraten, die kleine Kanone auf die Luke zu stellen. Kugeln durchsiebten das Holz ringsum, aber der Ältere Bruder Li ließ sich nicht aus der Ruhe bringen. Er richtete das Geschütz, und als er schließlich zufrieden war, holte er ein Streichholz aus dem Wachstuchpäckchen, steckte es in den primitiven Verschluß des Jingal und zündete die Lunte an. Die Streichholzflamme löste eine ganze Salve von Schüssen aus.

Um Harrys Kopf krachte es, und er wurde auf das Deck geworfen. Rote Flammen, die aus der Mündung schlugen, blendeten ihn. Das Jingal schleuderte Steine, Flaschenscherben, Nägel, Eisenschrott und fünfzehn Zentimeter lange Bolzen auf die offene Brücke.

«Die alten Methoden sind immer noch die besten», bemerkte der Ältere Bruder Li befriedigt. «Wir werden ein paar Minuten warten.»

Mit einem zweiten Streichholz zündete er sich eine selbstgedrehte Zigarette an, die er wie durch Zauberei plötzlich zwischen den Lippen hatte. Er schwenkte die Segeltuchhülle, aber auf der Brücke blieb alles still. Nur das Heulen des Windes und das Rollen der Wellen war zu hören.

«Kommen Sie», sagte er. «Es ist alles in Ordnung.»

Sie kletterten über die reglosen schwarzen Gestalten am Fuß der Leiter und stiegen zur Brücke hinauf. Der Ältere Bruder Li riß das Stahlgitter auf, das die britischen Offiziere nicht hatte schützen können, und betrat den hölzernen Brückenaufbau.

Das Ruderhaus bot ein Bild der Verwüstung. Der Maschinentelegraf war verbogen, das Teakholz-Ruder hing schräg an der eisernen Steuersäule. Die Schiffswände waren mit zerfetzten Seekarten gepflastert, und das Blatt mit Haimen Bay war von einem rostigen Nagel durchbohrt. Zwei weißgekleidete Gestalten lagen auf den Deckplanken. Einer der Männer war in der Körpermitte fast durchgeschnitten, gelbliche Eingeweide quollen auf den polierten Teakboden. Der zweite lag ohne Kopf, aber sonst unversehrt, in einer Blutlache. Blondes Haar und graues Hirn klebten an den Wänden. Ein dritter Mann lag auf dem Rücken und sah aus, als ob er schliefe, aber aus seiner Brust ragte ein zehn Zentimeter langer Bolzen. Der Gestank von Blut und Exkrementen brachte Harry zum Würgen. Der alte Mann klopfte ihm auf die Schulter.

«Das erste Mal ist immer das schlimmste.» Er grinste, als die Lampen wieder angingen und die Schreckensszene beleuchteten. «Aber das hier war Ihre Feuertaufe – und was für eine.»

Ein lauter Protest auf englisch übertönte das Brausen des Windes. Zwei der Leute kamen aus dem Navigationsraum und schubsten einen verängstigten jungen Mann vor sich her. Die Hosen seines billigen Tweedanzugs waren naß.

«Mein Gott», redete er in seinem Pidgin-Englisch auf sie ein, «warum ihr albernen Kerle macht so was? Ihr wißt, große Kanonenboote gehören englischem König, kommen machen bum-bum, machen euch verdammte Kerle alle tot.»

Völlig unbeeindruckt, schubsten seine Bewacher ihn vorwärts. Sie waren unsicher, aber auch stolz wie junge Terrier, die eine tote Ratte ins Wohnzimmer schleppen und nicht wissen ob sie dafür gelobt oder gescholten werden. Harry verzog sich in den dunklen Winkel der Brükke, aber der Gefangene hatte ihn schon gesehen.

«Gott sei Dank!» Der junge Engländer war sichtlich erleichtert. «Harry Sekloong, bei Gott! Was, zum Teufel, machen Sie denn hier? Bei Gott, ich freue mich, Sie zu sehen. Sagen Sie diesen Kerlen . . .»

Harry starrte ihn wortlos an.

Die Stimme des Engländers erstarb, und seine Augen blickten wieder verängstigt.

«Harry! Um Gottes willen, Harry Sekloong! Sie erinnern sich doch an mich. Peakton, George Peakton von Derwents. Ich bin hier als Frachtbegleiter und soll dafür sorgen, daß das Zeug sicher an Land kommt. Sie erinnern sich doch bestimmt an mich?»

Harry zog seinen Revolver aus dem Halfter, spannte, ohne nachzudenken, den Hahn und richtete die Waffe mit beiden Händen auf den jungen Engländer. Wortlos schoß er ihm durch das rechte Auge und steckte den Revolver mechanisch wieder in den Halfter.

Während der Körper noch zuckte, beugte sich Harry über die Seite des Brückenhauses und erbrach sich auf das Deck unten. Würgende Krämpfe schüttelten ihn, und er war in Schweiß gebadet.

Später erinnerte er sich dunkel, daß er zugesehen hatte, wie die schwarzgekleideten Gestalten die Ladung in die Dschunken umstauten. Die Opiumkisten waren so hoch gestapelt, daß die Fahrzeuge gefährlich tief im Wasser lagen. Lange nachdem die Dschunken die ‹Taishan› ihrem Schicksal überlassen hatten, fiel er in der stickigen Kajüte endlich in einen von Alpträumen heimgesuchten Schlaf.

Als er am nächsten Morgen aufwachte, hatte sich der Sturm gelegt und sanfte Wellen glitzerten im Sonnenschein. Mit Wind von achtern fuhr der Konvoi südwärts nach Bias Bay. Harry saß auf dem Vordeck und lehnte sich an den Mast. Seine Zähne klapperten, und Schauer liefen ihm über den Rücken. Verschwommen meinte er in den weißen Wolken, die über den blauen Himmel trieben, die Gesichtszüge von George Peakton zu erkennen.

Der neunzehnjährige Engländer hatte einen weiten Weg zurückgelegt von den schmierigen Korridoren seines drittklassigen Internats bis zu seinem Tod während eines heulenden Sturms im Südchinesischen Meer auf der alten ‹Taishan›. Er hatte nur die Anweisungen seiner Vorgesetzten befolgt, als er an Bord des Raddampfers ging, dessen Ladung Zehntausenden von unbekannten Chinesen Elend und Verderbnis bringen würde. Seine Vorgesetzten hatten einst durch ähnliche Schiffsladungen den Grundstock zu ihrem Vermögen gelegt. Peakton wußte nicht, daß die Zeiten sich geändert hatten. Und er wußte auch nicht, daß er sich selber zum Tode verurteilt hatte, als er sich an den einzigen Mann wandte, den er bei diesem Gemetzel erkannte. Es war nicht seine Schuld.

Niemand war schuld daran, daß er im falschen Augenblick am falschen Ort die falschen Worte gesprochen hatte.

Harry kam zu dem Schluß, daß er keine andere Wahl gehabt hatte. George Peakton hatte sterben müssen, weil er einen verhängnisvollen Fehler begangen hatte. Er hatte sich dem Lauf der Geschichte in den Weg gestellt. Da er Harry Sekloong erkannt und gemerkt hatte, daß Harry an dem Raubüberfall auf das Schmugglerschiff beteiligt war, hatte er die Sekloongs in Gefahr gebracht, wegen Seeräuberei vor Gericht gestellt zu werden. Voll Abscheu betrachtete Harry Sekloong seine vom Schwarzpulver des Revolvers verfärbten Handflächen und steckte die Hände in die Hosentaschen, um sie zu verbergen. Aber mit einer solchen Geste konnte er seine Schuld nicht tilgen. Der Mord war notwendig gewesen. Entschuldbar war er nicht.

Da sie sich weit östlich von den Schiffahrtswegen hielten, begegneten die Garnelen-Dschunken auf ihrem Weg zu ihrem Zufluchtsort Bias Bay keinen anderen Fahrzeugen. Als die Schatten des späten Nachmittags auf die Schaumkronen fielen, stieg im Südwesten ein Rauchwölkchen über den Horizont. Nach wenigen Minuten ließ eine deutliche Rauchfahne erkennen, daß sich das unsichtbare Schiff ihnen näherte.

Harry Sekloong stützte sich an den Wanten des Fockmasts ab, hob sein Zeiss-Fernglas und bemühte sich, es scharf auf den Rauch einzustellen. Schließlich hatte er die Rauchfahne genau im Blickfeld, und als er das Glas langsam senkte, sah er einen langen, dünnen Schornstein. Auf dem zinnoberroten Schornstein prangte der goldene geflügelte Drache auf einem königsblauen Feld. Der Rauch kündigte an, daß die ‹Regina›, seines Vaters Dampfbarkasse, mit voller Kraft auf sie zubrauste.

Weiß schäumte das Wasser um ihren scharfen Bug, und Wellen überspülten ihr Vordeck. Die weißen Deckaufbauten und die goldgestreifte blaue Markise schimmerten im blassen Sonnenschein. Sir Jonathan Sekloong, untadelig im blauen Blazer und weißen Flanellhosen, stand breitbeinig auf der offenen Brücke. Der stämmige Mann neben ihm hatte eine bis oben hin verschnürte Jacke aus blauem Gabardine an, wie sie wohlhabende kantonesische Kaufleute trugen. Sein volles Haar war nach europäischer Sitte gescheitelt, und ein langer, üppiger Schnurrbart zierte das gebräunte, rundliche Gesicht. Der Mann trug nicht den geflochtenen Zopf, den die Mandschus ihren chinesischen Untertanen als äußeres Zeichen der Unterwürfigkeit vorgeschrieben hatten.

Die ‹Regina› hielt dwars auf die Dschunke zu, so daß ihr Rumpf der Dschunke Schutz vor dem böigen Wind bot. Mit schlappen Segeln schob sich das Garnelenboot längsseits der ‹Regina›. Taue fielen von der Barkasse auf die schmutzigen Decks der Dschunke.

Harry verabschiedete sich in aller Form von dem Älteren Bruder Li, der ihn ermahnte: «Vergessen Sie es jetzt. Sie haben getan, was Sie tun mußten. Wir werden noch einen Seeräuber aus Ihnen machen.»

Die Strickleiter der ‹Regina› war durch Holzsprossen versteift und wurde durch Fender von der Schiffswand abgehalten. Nach der gefährlichen Kletterei auf das Deck der ‹Taishan› schien es Harry, als ob er über eine stabile Laufplanke an Bord eines Ozeandampfers ginge. Sir Jonathan und sein Gefährte erwarteten ihn an der Reling.

«Shen-ma tou nung-hao-la ma?» fragte er auf mandarin. «Ist alles glattgegangen?»

«Keine Probleme, Vater. Die Ladung ist an Bord.»

«Großartig», sagte Sir Jonathan. «Mr. Huang, das ist mein Sohn. Harry, ich mache dich mit Mr. Huang Hsing bekannt.»

Der streitbare Redakteur Huang Hsing war nach Dr. Sun Yat-sen der zweite Mann im Revolutionsbund. Er hielt einen Augenblick inne, ehe er die Leiter zum stampfenden Deck des Garnelenboots hinunterkletterte, und sagte: *«Hao! Hao! Fei-chang hao!»*

«Gut! Gut! Eine hervorragende Leistung!» Die Anerkennung klang angenehm in Harrys Ohren nach. Huang Hsing war praktisch der Feldherr der Revolution in China, denn Dr. Sun Yat-sen war hauptsächlich im Ausland tätig, trieb Geld bei den Chinesen in Übersee auf und bemühte sich um die Unterstützung ausländischer Regierungen.

Als Huang Hsings Füße die verschrammten Decksplanken der Dschunke berührten, warfen die Seeleute die Taue aus, die ihr Boot mit der ‹Regina› verbanden. Der Konvoi machte einen weiten Bogen nach Südwesten, und die ‹Regina› wandte sich nach Süden, nach Hongkong.

In der holzverkleideten Kajüte setzte sich Harry gemütlich auf einen roten Ledersessel und war zum erstenmal entspannt, seit er vor fünf Tagen von Bias Bay in See gestochen war. Er nippte an einem rosa Gin-Cocktail und betrachtete die Kajüte mit dem dicken Teppich und den Kristallkaraffen, den aufmerksamen Steward und das zweihundert Jahre alte Rollbild von Tien Mu Hou, der Göttin des Meeres. Er war wieder zu Hause.

«Nun, Harry», fragte sein Vater, «wirklich keine Probleme?»

«Nein, Vater, eigentlich nicht. Nur eins . . .»

Schweigend hörte sich Sir Jonathan Harrys Bericht über den Kampf und den Tod von George Peakton an.

«Es tut mir leid, daß du das tun mußtest, aber es war die einzige

Möglichkeit», bemerkte er schließlich. «Kein Spaß, nicht wahr? Aber du konntest ihn nicht am Leben lassen, er hätte über deine Teilnahme Bericht erstattet. Es wäre zu einem Prozeß gekommen, hätte uns Schande und den Bankrott gebracht. Vergiß es jetzt, Junge.»

«Ich werd's versuchen, Vater.» Harry schaffte es nicht, die Last auf die bereiten Schultern seines Vaters abzuwälzen. «Aber es war die Hölle. Nicht nur der Kampf, sondern Peakton!»

«Ich weiß, mein Sohn. Eine Revolution ist nicht gerade ein Gartenfest. Du hast getan, was du tun mußtest.»

«Ich hoffe es. Und jetzt werden sie ein Freudenfeuer entfachen, von dem ganz China sprechen wird – ein Scheiterhaufen für König Opium.»

«Harry», sagte Sir Jonathan leise, «sie werden das Opium nicht verbrennen.»

«Was? Nicht verbrennen? Ich dachte . . .»

«Ich weiß, aber ich kann hitzköpfige Revolutionäre und altmodische Briganten nicht zwingen, Opium zu verbrennen. Ich würde es auch nicht tun, selbst wenn ich es könnte.»

«Was soll denn damit geschehen?» fragte Harry und stellte sein Glas so heftig auf den Rosenholztisch, daß die rosa Flüssigkeit überschwappte.

«Vorsicht mit deinem Drink, Harry. Deine Mutter hat nicht gern Flecke auf dem Lack. Jedenfalls versichere ich dir, daß es *kein* Verrat ist. Weit davon entfernt.»

«Was geschieht mit dem Opium?» Harrys Stimme klang scharf. «Ist das bloß eine andere Methode, um die Tresore des edlen Hauses Sekloong zu füllen? Starb der junge Peakton, damit du reicher wirst?»

«Keineswegs. Die Ladung wird auf Hochsee-Dschunken umgeladen. Ihr Bestimmungsort ist Vinh in Indochina.»

«Und dort? Was passiert da? Noch mehr Kniffe und Schliche?»

«Harry, das reicht! Laß mich ausreden. Vergiß nicht, daß wir selbst fünfzig Kisten auf der ‹Taishan› verladen haben, um unsere Absichten zu verschleiern. Und wir bekommen keinen Penny von dem Erlös.»

«Und wer macht den Reibach?»

«Ein Konsortium französischer Offiziere kauft das Opium – mit freundlicher Genehmigung des diebischen Generalgouverneurs von Indochina. Ein Teil geht nach Frankreich, aber der größte Teil wird an die Tonkinesen und Annamiten verschachert. Nicht an unser Volk, nicht an die Chinesen.»

«Und was bringt das ein?»

«Eine ganze Menge Gold. Die Revolution braucht mehr Mittel, als

Dr. Sun Yat-sen in den chinesischen Gemeinden der Vereinigten Staaten, Kanadas und Südostasiens auftreiben kann. Ebenso wichtig ist, daß Waffen über die indochinesische Grenze in die Provinzen Yunnan und Kwangsi gelangen – Feldgeschütze, Gewehre und Mörser. Die Revolution braucht Waffen.»

«Mir gefällt das nicht», sagte Harry, nur halb beschwichtigt. «Mir gefällt das ganz und gar nicht. Wir exportieren Elend und Leid.»

«Kann sein. Aber was würdest du vorschlagen? Kannst du mit geistreichen Traktätchen und passivem Widerstand Revolution machen?»

«Sicher nicht. Aber ein anderes Volk dafür opfern und korrupte Franzosen bereichern, das stinkt zum Himmel.»

«Harry, das Wichtigste für uns ist das chinesische Volk. Wir sind nicht dazu ausersehen, die ganze Welt zu retten. Unser wichtigstes Anliegen ist China, und das zweite . . .»

«. . . das Haus Sekloong zweifellos. Und was bedeutet dieses durchsichtige Spiel für deinen geheiligten *Hong*?»

«Harry, hack nicht auf mir rum. Ich verstehe deine Entrüstung, aber laß deinen Zorn nicht an mir aus. Vertrau mir doch ein bißchen.»

«Entschuldige, Vater. Ich bin müde. Aber meine Frage bleibt bestehen: Was ist mit dem Haus Sekloong?»

«Ich werde dir ehrlich antworten. Wir haben eine große Menge Opium von China ferngehalten, und wir haben der *China Opium Corporation* einen schweren Schlag versetzt. Mein hochgeschätzter Stiefvater Dick Wheatley hat einen beträchtlichen Verlust erlitten. Irgendwann wird er erfahren, wer den Schlag geführt hat, aber er wird es nie beweisen können.»

«Das kann ich alles nicht bestreiten. Aber . . .»

«Und das allgemeine Ergebnis kannst du auch nicht bestreiten. Der Opiumhandel wird weiter abnehmen. Die Kosten werden steigen, weil die Angst vor Raubüberfällen die Händler zwingt, mehr Bewacher einzustellen. Der Schmuggel wird viel schwieriger werden. Selbst die kaiserlichen Behörden werden energischer vorgehen – in der Zeit, die ihnen noch bleibt.»

«Und das Haus Sekloong, Vater? Ich will nicht darauf bestehen, aber . . .»

«Da du doch darauf bestehst, werde ich es dir genau sagen. Wir haben eine ganz hübsche Summe verloren. Nenne es eine Investition. Und wir haben dein Leben aufs Spiel gesetzt, um unsere Stellung bei den Revolutionären zu festigen. Das gegenseitige Vertrauen ist jetzt mit Blut besiegelt, zum Glück nicht mit deinem Blut. Wenn sie siegen, werden wir ihnen helfen, China wieder aufzubauen. Der Lohn, ehrlicher Lohn, wird nicht gering sein.»

«Gut, Vater», gab Harry zu. «Ich verstehe, worauf du hinauswillst. Aber ich sage dir ganz ehrlich, es geht mir immer noch gegen den Strich.»

Sir Jonathan zündete sich eine Zigarre an, während er sich seine Antwort überlegte. Trotz seiner Vorsicht beging er dann den schlimmsten Fehler, der ihm seinem hitzköpfigen, idealistischen Sohn gegenüber unterlaufen war. Die Folgen dieses Irrtums sollten sich erst viele Jahre später zeigen – und sie waren katastrophal.

«Harry», sagte Sir Jonathan bedächtig, «eine Revolution kostet Blut und Gold. Die Chroniken des Fortschritts sind mit Blut geschrieben und werden mit viel Geld bezahlt. Auch du mit deinem verschwommenen Idealismus mußt diese Realitäten anerkennen. Sonst wirst du nie imstande sein zu führen ... zu befehlen. Mary kannte den Plan. Sie wollte nicht, daß du da mitmachst, was ganz natürlich ist. Aber sie kannte den ganzen Plan und wußte auch, was mit dem Opium geschehen sollte. Und sie billigte ihn, Harry, nachdem sie sich eine Weile gesträubt hatte.»

29. Januar 1909

Das marmorverkleidete Badezimmer mit der in den Marmorfußboden versenkten Marmorwanne wurde «Marys Lustschloß» genannt, die verblüffte Elizabeth Metcalfe hatte es so getauft. Mary hatte sich, als sie und Charles ein Jahr lang bei den älteren Sekloongs in der Burg wohnten, während ihr Kleines Haus fertiggestellt wurde, hartnäckig gegen die phantasievollen Einfälle des erstklassigen Innenarchitekten zur Wehr gesetzt, den Sir Jonathan aus England hatte kommen lassen. Aber bei ihrem Bad hatte sie nachgegeben und später unerwartet Gefallen an seiner Extravaganz gefunden. Pausbäckige, blaßgoldene Engelchen trieben an der himmelblauen Decke ihre Possen. In die smaragdgrünen, weißgeäderten Marmorwände waren vier goldgerahmte Spiegel eingelassen und so geschickt angeordnet, daß sich ihre Spiegelbilder endlos wiederholten. Die runde Wanne mit den goldenen, schwanenförmigen

Hähnen war blaßgrün wie junges Gras. Durch apfelgrünes Glas fallendes Licht vervollständigte die Illusion von einem einsamen Hain unter einem wolkenlosen Mittelmeerhimmel.

Am Abend des 29. Januar 1909 lag Mary in der Marmorwanne. Ihr rotgoldenes Haar war oben auf dem Kopf zusammengerafft, der auf einem kleinen Damastkissen ruhte. Der Jasminduft des Badewassers vermischte sich mit dem Sandelholzöl, das die Masseuse ihr in die Haut eingerieben hatte. Sie war entspannt und lag träumend in dem phantastischen Gemach, das ihr sicherer Zufluchtsort vor der Welt war.

Nicht ohne Wohlgefallen betrachtete sie ihre weißen Beine, die in dem grüngetönten Wasser unkörperlich schimmerten. Ihre Taille war immer noch schlank, und ihre vollen Brüste schwammen köstlich schwerelos in dem parfümierten Wasser. Nicht übel, fand sie, gar nicht übel für eine Matrone, die auf die Neunundzwanzig zuging. Selbst nach fünf Kindern war die feste Wölbung ihres Leibes nicht von den Schwangerschaftsstreifen verunstaltet, die für die Generation ihrer Mutter noch die unvermeidliche Folge der Mutterschaft gewesen waren. Dr. Moncriefe hatte darauf bestanden, daß sie während der Schwangerschaft Gymnastik trieb, und er hatte Sir Jonathan geraten, die Masseuse aus Schanghai zu engagieren, die sie auch jetzt noch betreute. Jeden Tag machten sie die Übungen, die die Europäer «sanftes Schattenboxen» und die Chinesen *Tai Chi Chüan* – Fäuste des Vollkommenen – nannten. Es amüsierte sie immer ein bißchen, wenn sie daran dachte, daß die fürchterlichen Boxer dieselben Übungen gemacht hatten, um sich auf den Kampf vorzubereiten.

Mary seufzte behaglich. Sie tastete nach dem grünseidenen Klingelzug und läutete nach einem Augenblick des Zögerns nach ihrer Amah. Die hinter einem Spiegel verborgene Tür öffnete sich, und Ah Fung erschien im dampferfüllten Badezimmer. Sie nahm aus dem geheizten Fach ein großes Badetuch und entfaltete es.

Mary stand auf, und duftendes Wasser rann über wohlgerundeten Hüften. Dann stieg sie die drei Marmorstufen aus der tiefen Wanne hoch und ließ sich von dem vorgewärmten Badetuch einhüllen. Während Ah Fung sie abtrocknete, löste sie sich aus ihrer träumerischen Stimmung des Wohlbehagens und mußte lächeln über ihre Vorstellung, das Kleine Haus sei wie das Puppenhaus mit der abnehmbaren Fassade, das ihre Töchter so liebten, wo Familienangehörige und Dienstboten in den verschiedenen Räumen ihren Beschäftigungen nachgingen, einer für den anderen unsichtbar, nur beobachtet von den neugierigen Augen des riesigen Betrachters in Marys Phantasie.

Im Keller war ein ganzer Schwarm von Dienstboten beschäftigt,

Fleisch kleinzuschneiden, in Töpfen zu rühren und im Schein der wuchtigen gußeisernen Herde das Silber zu putzen. An jenem Abend wurden vierundzwanzig Gäste zum Essen erwartet. Es war eine Abschiedsfeier für den Hausherrn, der am nächsten Morgen zu einem einjährigen Aufenthalt nach Europa aufbrach, um die Interessen des Hauses Sekloong zu vertreten. Die Küchenszene wäre auch jedem Kind aus privilegierter englischer Familie vertraut gewesen, nur daß die Mädchen mit den erhitzten Gesichtern schrägstehende Augen hatten und ihre Scherze in schrillem Kantonesisch tauschten.

Im Wohnzimmer zog der Butler gerade die mit goldenen, geflügelten Drachen bestickten blauen Seidenvorhänge zu. Wenn er auf der Anrichte die Weine, Brandys und Liköre bereitgestellt hatte, würde er sich gemessenen Schrittes ins Eßzimmer begeben, um das Tafelservice aus georgischem Silber zu inspizieren. Ah Sam, der ehemalige Pirat mit dem liebenswürdig wilden Grinsen, war zum Abbild eines würdigen englischen Butlers geworden – abgesehen von seiner unverbesserlichen Angewohntheit, sich mit bissigen Kommentaren in Familiengespräche einzumischen. Der ehemalige Boy Nummer Eins von Marys Vater spielte seine neue Rolle, als ob sein früheres Leben nur die Generalprobe für die Aufgabe gewesen wäre, der Frau des Erben des Hauses Sekloong aufzuwarten, und nebenbei auch dem Erben selbst.

Im Kinderzimmer aßen die älteren Kinder einigermaßen manierlich zu Abend, obwohl Jonathan, gerade sieben, wortreich dagegen protestierte, daß er mit den «kleinen Mädchen» essen mußte. Guinevere und Charlotte, sechs und fünf Jahre alt, gebärdeten sich bereits wie kleine Damen. Jeden Tag nahm Mary sich eine Stunde Zeit, um mit den beiden rothaarigen kleinen Mädchen herumzutollen und mit ihnen über ihre Gesellschaftskleider aus Satin, Seide und Tüll zu sprechen. Sie fürchtete, daß die Amahs, die ihr diese Einmischung verübelten, die «kleinen Damen» verwöhnten, denn sie kamen jedem nur möglichen Wunsch der Mädchen zuvor und ermutigten sie dadurch geradezu, weitere Forderungen zu stellen.

Die kleinen Jungen, der vierjährige Thomas und der zweijährige James, waren zwar sehr unterschiedlich, aber trotzdem unzertrennlich. Sie spielten gerade in ihrem eigenen Kinderzimmer mit Zinnsoldaten, denn sie waren schon mit dem Essen fertig. Thomas gähnte herzhaft und war durchaus bereit, sich gehorsam in sein kleines Bett zurückzuziehen, aber James fand es noch viel zu früh. Doch schließlich ließ er sich von Onkel Harry ins Bett stecken und hörte seinen aufregenden Geschichten von Piraten, Soldaten und Prinzen zu.

Der Herr des Hauses rasierte sich in seinem eigenen Badezimmer. Charles, jetzt zweiunddreißig, sah sehr gut aus. Er vergnügte sich regelmäßig in anderen Betten. Er vernachlässigte sogar seine Konkubine, das «Mädchen aus Swatow», die ihm zwei Töchter geboren hatte, und suchte bei erfahrenen Kurtisanen neue Anregungen. Er ging allerdings diskret vor, obwohl Mary sehr tolerant war, seiner Meinung nach jedoch hauptsächlich deshalb, weil sie «kalt» war. Seine Eitelkeit brachte ihn zu dem sich selbst rechtfertigenden Schluß, daß Marys unvernünftige Angst vor Schwangerschaften ihre frühere Sinnlichkeit ausgelöscht habe. Dieselbe Eitelkeit machte es ihm auch unmöglich zu erkennen, daß sie sich von ihm zurückzog, oder auf den Gedanken zu kommen, daß sie anderweitig Trost gefunden haben könnte. Charles glaubte steif und fest, daß Mary alle ihre Energien in die Familienunternehmungen steckte, um sich für die ihr entgangenen Freuden des ehelichen Bettes zu entschädigen.

Mary selbst genoß nach Herzenslust die Freiheiten und kleinen Frivolitäten, die nach dem strengen, prüden viktorianischen Zeitalter nun unter König Eduard VII. gestattet waren. Die neue Mode war amüsanter, gewagter und etwas weniger beengend als die vielen steifen Unterröcke und die fischbeinverstärkten Korsetts vor einem Jahrzehnt. Tiefe Dekolletés ließen erkennen, daß eine Dame weiche, sanft geformte Brüste besaß, und weit ausgeschnittene Pumps mit hohen Absätzen gestatteten flüchtige Blicke auf Knöchel in seidenen Strümpfen zwischen wirbelnden Unterröcken. Es machte mehr «Spaß» – das alte Wort war wieder im Schwange –, eine Frau zu sein. Mary bereitete es Vergnügen, ihre nüchterne Rolle eines unersetzlichen Rädchens in der komplizierten Maschinerie des Hauses Sekloong abends aufzugeben und ein verzärteltes weibliches Wesen zu werden.

Nur mit einem dünnen, seidenen Morgenrock bekleidet, saß sie vor dem Spiegel ihres Toilettentischs. Sie glühte noch von dem Bad, und der kleine gußeiserne Ofen verströmte behagliche Wärme. Sie puderte sich das Gesicht mit einer Puderquaste aus Schwanendaunen und trug aus einer runden Emaildose, die einst Hofdamen der Mandschus gedient hatte, Rouge auf die Lippen auf. Erst seit drei Jahren hatten Damen wieder begonnen, ihre Reize durch Kosmetika zu unterstreichen, was unter Königin Viktoria das Merkmal der Schauspielerin oder der Hure gewesen war. Mary kam sich immer noch ein bißchen verrucht vor, wenn sie ihr Gesicht «anmalte», obwohl die Kolonie die neue Mode ohne zu zögern akzeptiert hatte. Chinesische Damen hatten nie auf das uralte weibliche Vorrecht verzichtet; und Hongkongs Bräuche waren stark von seinem riesigen Nachbarn beeinflußt, obwohl man vorgab, die Reinheit der englischen Sitten zu bewahren.

Das Kohlenfeuer machte sie schläfrig, und Mary sagte leise etwas zu der kleinen Amah, die ihr Haar bürstete. Ah Fung öffnete das Fenster einen Spaltbreit und erschauerte demonstrativ, wobei sie ihre Herrin vorwurfsvoll ansah. Jeder wußte, daß die feuchte Nachtluft auf dem Peak mit bösen Säften getränkt war, aber *Tai-tai*, die sich doch sonst so vernünftig verhielt, konnte es nicht lassen, die Fenster zu öffnen.

Mary nahm keine Notiz von Ah Fungs offensichtlicher Mißbilligung. Sie warf den Morgenrock ab und hob die Arme, damit ihr die Amah das seidene Hemd überstreifen konnte. Auf dem Bett lag das «untere Drum und Dran», wie sie es nannte, das Korsett mit der leichten Fischbeinverstärkung, die reinseidenen rosa Strümpfe, drei Unterröcke, der oberste in Zartrosa, und der unanständig dünne Schlüpfer aus crèmefarbenem Satin.

Die kleine Amah hielt ihr das Korsett hin, aber Mary wollte erst noch einen Blick auf das Abendkleid werfen, das an der Schranktür hing. Das Exklusivmuster von Worth in Paris hatte sie eine runde Summe gekostet.

Nach diesem Schnittmuster von Worth hatte Madame Rachelle ein wahres Kunstwerk geschaffen, das jedes Männerauge auf sich ziehen und jedes Frauenauge mit Neid erfüllen würde. Der glockig fallende Rock aus crèmefarbenem Satin war von der Taille bis zum Saum mit grün-mauve bestickten Streifen besetzt, die ihre Figur nachzeichneten. Das geraffte Oberteil wurde von zwei Streifen zusammengehalten, die ebenfalls in Grün und Mauve bestickt waren.

Beruhigt wandte Mary sich zu Ah Fung, nun war sie bereit für ihre gemeinsame Qual. Die Amah seufzte und streifte ihr das Korsett über. Zum Glück war es leichter als die fürchterlichen Panzer in ihrer Jugend und auch als die Korsetts vom vergangenen Jahr, die man tragen mußte, um die S-Form zu erreichen, die König Eduards Favoritin, Lily Langtry, eingeführt hatte. Jetzt brauchte sie sich nicht mehr der Tortur zu unterziehen, den Busen nach vorn und das Gesäß nach hinten ragen zu lassen. Bei der neuen, gemäßigten S-Silhouette, die das Werk der Natur nur noch leicht deformierte, blieben die Brüste unter dem hauchdünnen Hemd frei. Mary hielt sich am Bettpfosten fest, und die Amah zog an den langen Korsettschnüren.

Da erklang ein energisches Klopfen, und im selben Augenblick öffnete sich die Tür. Charles erschien in einem gesteppten blauen Dressing-Gown. Sein Gesicht war gerötet, die Augen schimmerten feucht. Mary gab der Amah einen Wink, sich zurückzuziehen. Das Korsett fiel auf den

Teppich, und sie trat aus dem engen Kreis heraus. Als sie bemerkte, daß sie nur das halb durchsichtige Hemd anhatte, griff sie nach ihrem Morgenrock.

«Warum solche Mühe, Mary?» Er sprach undeutlich. «Du bist reizend so.»

«Hör mal, Charles, wir haben Gäste heute abend. Du könntest wirklich einen Augenblick warten, nachdem du geklopft hast.»

«Nicht nötig, meine Liebe. Du tust doch nichts, was peinlich sein könnte, nicht wahr? Das tust du doch nie.»

«Was meinst du damit?» fragte sie und band den Gürtel ihres Morgenrocks zu.

«Daß du ein untadeliges Leben führst. Du bist nur in diese verdammten dicken Kontobücher verliebt ... Wirklich zu untadelig, deshalb tadle ich mich.»

«Charles, das ist albern. Was meinst du wirklich?»

«Es tut dir nicht leid, daß ich wegfahre, nicht wahr? Dann hast du mehr Zeit, mit dem alten Herrn und Metcalfe zu intrigieren, mehr Zeit, um eure verrückten politischen Pläne auszuhecken, und der arme Harry muß die Suppe auslöffeln.»

«Charles, das ist nicht wahr. Du wolltest selber nach Europa gehen. Außerdem habe ich versprochen, im Herbst nachzukommen.»

«Du verstehst nicht. Ich habe gesagt, ich tadle mich.»

Mary merkte, daß er das heulende Elend hatte und viel betrunkener war, als sie seinem geröteten Gesicht und den schwimmenden Augen nach angenommen hatte.

«Was ist aus dem Mädchen geworden, das ich geheiratet habe?» fuhr Charles fort. «Eine Dame im Wohnzimmer und eine Tigerin im Bett. Muß meine Schuld sein. Wessen sonst?»

«Niemand ist daran schuld. Übrigens dachte ich, du wärst glücklich mit ...»

«Mit der Konkubine aus Swatow und bei meinen kleinen Seitensprüngen, meinst du? Ein Mann hat ein Anrecht auf mehr Kinder. Aber ich muß dich enttäuscht haben. Warum interessierst du dich sonst so für das Geschäft? Das ist nicht richtig, ganz und gar nicht.»

Mary war beunruhigt. Ein betrunkener Charles war nichts Neues. Aber ein Charles, der sich Vorwürfe machte, statt sich zu rechtfertigen – das hatte sie noch nicht erlebt. Würde sie damit fertig werden können?

«Das ist ungerecht», sagte sie ausweichend. «Das Geschäft fasziniert mich. Aber ich freue mich darauf, im Herbst wegzufahren und Europa wiederzusehen – mit dir.»

Das stimmt wirklich, dachte sie und setzte sich auf die Kante der Chaiselongue. Sie sehnte sich danach, der bedrückenden Hitze in Hongkong zu entfliehen, die nur für kurze Zeit von einem ebenso deprimierenden kühlen Winter unterbrochen wurde. Außerdem entsetzte sie die Hartherzigkeit der Chinesen untereinander und die zwanghafte Geldgier der ausländischen Gemeinde. Europa schien ihr verlockend.

«Setz dich doch hin und mach nicht so ein unglückliches Gesicht, Charles.»

«Ja, ja, du kommst, wenn es dir paßt.» Sein Ton war aggressiv. «Aber ich werde lange Zeit allein sein.»

«Ich bin sicher», erwiderte sie nicht ohne Anzüglichkeit, «daß es dir gelingen wird, Trost zu finden.»

Er nahm keine Notiz von ihrem Spott. «Und Gott weiß, welche neue Teufelei ihr euch ausdenken werdet, du und der alte Herr. Manchmal habe ich das Gefühl, ich bin der einzig Vernünftige in der Familie.»

«Vielleicht, Charles», versuchte sie ihn zu beschwichtigen. «Du weißt, daß ich traurig bin, weil du wegfährst. Aber wir waren uns einig, daß es das Beste ist . . .»

«Das Beste für wen? Für den alten Herrn, für eure Pläne? Wenn ich euch nicht zurückhalte, baut ihr als nächstes eine Eisenbahn nach Tibet!»

Mary lächelte abwehrend. Charles war der Wahrheit nur zu nahe gekommen, die ihm bewußt verschwiegen worden war. Dr. Sun Yat-sen war besessen von der Vision einer Eisenbahn, die von Wuhan in Mittelchina mehr als tausend Meilen weit nach Westen, bis Tschengtu in der Provinz Szetschuan, und von dort fast noch einmal tausendfünfhundert Meilen weit durch das höchste Gebirge der Welt nach Lhasa in Tibet führen sollte. Hilary Metcalfe und Harry Sekloong waren ganz berauscht von Dr. Suns grandiosem Plan, und Sir Jonathan hatte das Projekt schon ernsthaft mit den Abgesandten des republikanischen Führers diskutiert. Wenn Dr. Sun Yat-sen den Bau einer Mondrakete vorschlagen sollte, würde ihr Schwiegervater vermutlich auch daran sein Interesse bekunden. Manchmal hatte Mary das Gefühl, sie lebte in einem Wolkenkuckucksheim und die ganze Pracht der Sekloongs würde eines Morgens verschwunden sein. Die Chinesen, die sich so sehr ihres nüchternen Sinns für das Praktische rühmten, waren ziemlich anfällig für Hirngespinste. Schlimmer noch: Oft versuchten sie, diese Visionen zu verwirklichen.

«Sicher nicht eine Eisenbahn nach Tibet, Charles», wehrte sie ab. «Jedenfalls nicht gleich.»

«Das vermutlich nicht», stimmte er verdrossen zu. «So dämlich seid ihr nicht. Aber sonst traue ich euch fast alles zu. Und ihr verheimlicht es mir. Ich mache die Arbeit und verleihe der Firma ein bißchen Respektabilität, damit ihr eure verrückten Pläne aushecken könnt.»

«Charles, *mir* kannst du keinen Vorwurf machen. Warum sprichst du nicht mit deinem Vater? Er ist der *lo-ban*, der Chef.»

«Wer kann denn schon mit dem alten Herrn sprechen?» fragte Charles aggressiv. «Ich jedenfalls nicht. Ich habe es nie gekonnt – seit meinem zwölften Lebensjahr nicht mehr. Und ich *mache* dir Vorwürfe.»

«Das lasse ich nicht auf mir sitzen! Ich habe versucht, dir eine gute Frau zu sein, habe versucht, mich nicht einzumischen, aber ...»

«Aber, aber ... immer ein aber. Wenn du dich wie eine normale Frau verhieltest und deine Befriedigung zu Hause bei den Kindern fändest – dann wäre die Lage anders.»

«Wenn du dich wie ein normaler Ehemann verhieltest und nicht wie ein stößiger Bock, dann könnte die Lage auch anders sein.»

«Aber das tue ich doch.» Er war echt überrascht. «Ich verhalte mich doch normal. Das tut jeder. Es war meine Pflicht, mir eine Konkubine zu nehmen und mehr Kinder zu bekommen. Und ich habe mir nur *eine* Konkubine genommen. Das ist absolut normal.»

«Vielleicht normal für euch Sekloongs. Für zivilisierte Menschen nicht. Wie wäre dir zumute, wenn ich ...»

Mary hob empört die Hände, obwohl sie wußte, daß sie sich auf gefährlichem Boden befand. Dabei löste sich ihr nur locker gebundener Gürtel, der Morgenrock öffnete sich und enthüllte ihren nur mit dem dünnen Hemd bekleideten Körper.

Charles zog sie von der Chaiselongue hoch und legte seinen Arm um ihre Taille, so daß ihre Bemühungen, den Gürtel wieder zuzubinden, vereitelt wurden.

«Nein, Charles, nein!» protestierte sie. «Jetzt nicht! Die Gäste müssen jeden Augenblick kommen! Außerdem ist es die verkehrte Zeit.»

«Zum Teufel mit der verkehrten Zeit.» Er schob den Morgenrock von ihren Schultern. «Noch gibt es etwas, was ich tun kann und du nicht!»

«Charles, bitte!» Ihre Worte klangen ihr selbst lächerlich. «Charles, denk an mein Haar.»

Sie hatte vergessen, wie stark er war. Sie war machtlos gegen ihn. Er zerriß die Träger ihres Hemdes, es glitt zu Boden, und sie stand nackt vor ihm. Sie machte sich steif und wehrte sich, aber er hob sie mühelos hoch und trug sie zum Bett.

Ohne es zu wollen, reagierte sie auf seine Hände, die über ihre Hüften, auf seine Lippen, die über ihre Brüste glitten. Er war ihr nicht zuwider, sie verübelte es ihm nur, daß er sie einfach wie ein Straßenmädchen nahm. Sie war entschlossen, sich passiv zu verhalten, aber als er in sie eindrang, vergaß sie alles um sich her. Seine Gewalttätigkeit würde sie ihm jedoch nicht so bald verzeihen, nahm sie sich vor.

13. Mai 1909 bis 31. Mai 1909

«Willkommen, ehrwürdige Mutter. Ihr gehorsamster Untertan begrüßt Sie in Ihrem Reich.»

Harry verbeugte sich theatralisch tief, als er die Tür zu Marys winzigem Büro öffnete, das immer noch «das Zimmer des zweiten Buchhalters» genannt wurde. Schreibtisch und Stuhl waren abgenutzt, und eigentlich erkannte man nur an einem orange blühenden Hibiskus, der in einer hundertsechzig Jahre alten, mit spindeldürren Grillen und pummeligen Schmetterlingen bemalten Vase stand, daß es Marys Büro war. Er hob den Schleier ihres Strohhuts, wich einer Pfauenfeder aus und küßte sie.

«Schön wie eh und je», seufzte er. «Schöner, als selbst ein Dichter es sich vorstellen kann, oh, ehrwürdige Mutter.»

«Ich bin nicht alt genug für eine Kaiserinwitwe», lachte sie. «Mäßige deine Begeisterung!»

«Wenn ich das nur könnte! Der edle Ritter befiehlt übrigens unser Erscheinen, du vortreffliche Herrin meines Herzens, deren Anblick keinen Mann ungerührt läßt – besonders mich nicht. Ist das besser?»

«Viel besser», erwiderte sie. «Und was wünscht Seiner Majestät getreuer und geliebter Ritter heute?»

«Weiß ich nicht, aber es ist Vorsicht geboten! Er ist außerordentlich guter Laune, phantastisch guter Laune. Vielleicht kaufen wir den Buckingham Palace. Oder womöglich den Petersdom!»

«Weißt du wirklich nicht, warum er so guter Laune ist?»

«Ich bin nicht sicher. Natürlich strahlt er wie ein Honigkuchenpferd über *deine* Neuigkeit, und seine Spione schreiben, daß Charles sich gut macht. Die soliden Londoner Bankiers sind platt, wenn – statt des verschlagenen Orientalen mit Zopf, den sie erwarten – ein richtiger britischer Gentleman im schwarzen Jackett mit gestreifter Hose erscheint. So bekommt Charles, was er will.»

«Das freut mich, Harry. Das ist es, was Charles braucht – seinen eigenen Erfolg. Kein Wunder, daß Vater entzückt ist.»

«Seine Freude ist aber nicht ungetrübt. Er ist hin- und hergerissen zwischen väterlichem Stolz und heftigen Zweifeln an der jüngeren Generation. Als ob Charles zwölf Jahre alt wäre! Aber das ist noch nicht alles.»

«Was noch? Haben wir eine Goldmine entdeckt?»

«Leider nicht. Allerdings wird die Eisenbahn Kanton–Kowloon nächsten Monat fertig sein, und diese Schienen bergen Gold. Sonst wüßte ich nichts. Aber lassen wir es uns von ihm sagen.»

Die Wände des schmalen Korridors hatten oben unter der Decke jalousienartig angeordnete Lüftungsschlitze und waren schlicht grau, wie es der schlichten Würde des Handels entsprach. Geschäfte waren schließlich eine seriöse Angelegenheit. Aber Sir Jonathan hatte eine persönliche Note hinzugefügt: An den Wänden hingen nicht die üblichen düsteren Porträts der königlichen Familie oder von halbvergessenen königlichen Kaufleuten, sondern bunte Glasmalereien von Schanghaier Kurtisanen und Stars der Operntruppe von Schao-hing.

Sir Jonathans Büro war zwar einfach gegen die Bibliothek in der Burg, aber wie ein Palast im Vergleich zu den Labyrinthen, in denen seine Angestellten arbeiteten. Nur das schwarze Telefon an der Wand unterschied es vom Arbeitszimmer eines konfuzianischen Gelehrten. Der Raum wurde beherrscht von einer langen Schreibtischplatte auf Ebenholzfüßen, die mit Perlmutt eingelegt waren. Hinter dem hochlehnigen Stuhl hingen zwei Schriftrollen mit den kühnen Schriftzügen von Kang Yu-wei, dem Meister der modernen Kalligraphie. Kang Yu-wei war auch der geistige Führer der Reformbewegung, die, nachdem es ihr 1898 nicht gelungen war, China unter der Mandschu-Dynastie in eine progressive konstitutionelle Monarchie zu verwandeln, nun im Jahre 1909 widerstrebend die republikanischen Revolutionäre unterstützte. «Alles unter dem Himmel geordnet zum Wohle des ganzen Volkes» verhieß die rechte Schriftrolle in der prägnanten klassischen Sprache des *‹Buchs der Riten›*, das am Anfang des ersten Jahrtausends vor der christlichen Ära das längst vergangene mythische Goldene Zeitalter Chinas beschrieben und betrauert hatte. Die linke Schriftrolle mahnte mit den Worten desselben Werkes: «Es schickt sich nicht, Reichtum brachliegen zu lassen, als wäre er im Boden vergraben.»

Sir Jonathan trug ausnahmsweise einen crèmefarbenen, rohseidenen

Straßenanzug mit hohen Revers und eine rotseidene Krawatte unter dem steifen Eckenkragen. Sein schmaler Kopf und die Adlernase vervollständigten die Sinnestäuschung: Es sah aus, als warte ein europäischer Gast auf den chinesischen Gelehrten, dem das Arbeitszimmer gehörte. Aber Sir Jonathan fühlte sich hier sehr zu Hause hinter seiner Zeitung, der *China Mail.*

«Kommt rein», rief er. «Ein herrlicher Morgen – auch wenn die Chinesen nicht endlich mit ihrem Stück der Eisenbahn Kanton–Kowloon fertig würden. Ich möchte euch ein paar Neuigkeiten aus der alten *China Mail* zum besten geben.»

Der irische Singsang war besonders auffällig. Seine Zigarre, ein unüblicher Genuß am Vormittag, beschrieb einen weiten Bogen, während er sprach.

«Harrys kleines Abenteuer treibt wunderliche Blüten. Zwischen den Zeilen kann man lesen, daß Dick Wheatley den Raubüberfall auf die ‹Taishan› angeordnet hat – der alte Gauner Wheatley!»

«Richard Wheatley?» Mary konnte es nicht glauben.

«Ja, mein hochgeschätzter Stiefvater. Vermutlich, um den Preis in die Höhe zu treiben. Was die Zeitungsfritzen schreiben, braucht noch lange nicht Hand und Fuß zu haben – wenn es nur Leser anlockt! Verlieren sie ihren kindlichen Glauben, oder lernen sie, zwischen Schein und Wirklichkeit zu unterscheiden, verlieren sie ihre Stellung. Und so erfahren wir aus ihren plumpen Andeutungen, daß Dick Wheatley Piraten ein Schiff kapern ließ, das seine eigene Ware an Bord hatte.»

«Aber warum sollte er?» fragte Harry. «Wie kann das jemand glauben?»

«Es ist so lächerlich, daß es schon wieder glaubhaft ist», erwiderte sein Vater. «Die Erklärung lautet folgendermaßen: Vor zwei Monaten wurden in Hongkong sechsundzwanzig Opiumsalons geschlossen, und die übrigen werden bis Jahresende dichtgemacht. Niemand könne also jetzt das Zeug legal an irgendeinen Ort exportieren, der den Import verbietet. Deshalb seien die Opiumhändler unruhig.»

«Natürlich sind sie das», sagte Mary. «Aber das erklärt noch lange nicht, warum Dick Wheatley auf seine alten Tage Pirat geworden sein soll.»

«Er ist immer ein Pirat gewesen – aber das ist eine andere Geschichte. Jedenfalls deutet der Verfasser an, daß mein geschätzter Stiefvater die noch vorhandenen Vorräte an sich bringen wollte, um sie in verbotene Gebiete zu schmuggeln.»

«Das ist lächerlich», warf Harry ein. «Die Händler sehen sich einem

Überangebot, keiner Verknappung gegenüber, nachdem das Schmuggeln jetzt so viel schwieriger geworden ist.»

«Richtig. Aber Zeitungslogik geht ihre eigenen Wege. Es kommt noch besser: Das Haus Sekloong, heißt es, sei erzürnt, weil es einen Teil der Ladung verloren habe, und die Beziehungen zwischen Sekloong und Wheatley seien sehr schlecht.»

«Das stimmt schon», bemerkte Mary, «wenn auch aus umgekehrten Gründen.»

«Einen Augenblick, meine Liebe. Hier ist noch etwas, ein dickes, herzhaftes Körnchen Wahrheit. Die *Mail* sagt schlankweg und ohne ein Blatt vor den Mund zu nehmen, Sam Chivers, unser langjähriger stellvertretender Kolonialsekretär, habe den Piratenstreich für Wheatley in die Wege geleitet. Hört euch das an: ‹In kaufmännischen und juristischen Kreisen ist es kein Geheimnis, daß S. Chivers mit allen Piraten an der chinesischen Küste unter einer Decke steckt.› Mit *allen!* Ein bißchen übertrieben, aber nicht viel.»

«Wunderbar», lächelte Mary. «Das gibt einen hübschen Verleumdungsprozeß.»

«Aber wir», sagte Sir Jonathan, «haben nur ein paar Prozent Anteile an der *Mail.* Unsere Haftung ist minimal.»

«Wieviel hat es dich gekostet», fragte Harry, «dem Redakteur diesen Blödsinn anzudrehen?»

«Keinen roten Heller. Er ahnte überhaupt nicht, wo die Geschichte herkam. Aber er druckte sie nur zu gern. Er dürstete nach Rache, seit Chivers und Wheatley ihn wegen ständiger Trunkenheit aus dem Hong Kong Club ausschließen ließen. Aus dem Hong Kong Club wegen Trunkenheit! Nicht zu fassen!»

«Vater», fragte Mary, «sollten wir wirklich so viel Dreck aufwühlen? Da kann was hängenbleiben.»

«Sei nicht albern, Liebling», warf Harry ein. «Es lohnt sich doch. Das geht über das Gentlemen's Agreement zwischen diebischen *Hongs* hinaus. Der Skandal wird die Geschäftswelt spalten. Unsere ehrenwerten Kollegen werden sich schleunigst wegen Chivers und Wheatley zusammenschließen. Besser, *wir* sind die Geschädigten, und der illegale Handel geht weiter zurück. Ich gratuliere, Vater.»

«Ich fand, es sei kein schlechter Schachzug.» Sir Jonathan verscheuchte die Bedenken seiner Schwiegertochter mit einem Lächeln und nahm das Lob seines Sohnes selbstgefällig entgegen.

Mary erhob keine weiteren Einwände. Sie hatte ja auch nichts dagegen, daß der Opiumhandel einen Schlag erlitten und das Haus Sekloong

Vorteile davon gehabt hatte, nur die angewandten Mittel gefielen ihr nicht. Aber es gab noch sehr viel grausamere Tricks an der chinesischen Küste. Vielleicht war ihr Abscheu auf ihren Zustand zurückzuführen. Vier Monate nachdem sie Charles zur verkehrten Zeit nachgegeben hatte, nahm das Kind, das sie erwartete, sie psychisch von Tag zu Tag mehr in Anspruch. Zwar ließ sich ihre sechste Schwangerschaft noch unter wallenden Röcken verbergen, aber sie hatte sich Lady Lucinda schon anvertraut.

«Noch eins, Mary. Charles schrieb mir, er freue sich sehr über das Kind», fügte der alte Herr hinzu. «Er will es Philip oder Philippa nennen, nach deinem Vater.»

«Das hat er mir auch geschrieben. Nun, wir werden sehen.»

Harry blickte finster drein. Ihr Geliebter führte sich auf wie ein betrogener Ehemann, weil sie von dem ihr angetrauten Mann ein Kind erwartete. Aber Harry lag es nicht, lange zu schmollen. Und Sir Jonathan äußerte genau die richtigen Worte, um seinen verletzten Stolz zu beschwichtigen:

«Jedenfalls brauchen wir eine Weile nicht über Harrys Heirat nachzudenken. Wir haben schon genug Erben.»

«Ist sonst noch etwas, Vater?» fragte Mary. «Ich habe noch ein paar Dinge zu erledigen.»

«Nichts Besonderes. Aber denkt daran, ich möchte, daß die ganze Familie, auch die Kinder, bei meiner Amtseinführung als Präsident der Tung Wah-Krankenhäuser dabei ist. Wir müssen tun, was das Zeremoniell verlangt, auch wenn diese Ehre viel Zeit und viel Geld kostet.»

«Wohltätigkeit ist nicht billig», bemerkte Mary trocken. «Und deine Intrigen auch nicht.»

«Das Geld ist mir egal. Sorgen macht mir nur, wie ich die Direktoren zur Vernunft bringen kann. Sie wollen keine im Westen ausgebildeten Ärzte anstellen. Ich habe da zwei junge Leute von hier, die in England studiert haben. Sie würden gern helfen. Aber die Direktoren spielen einfach nicht mit. Sie sagen, die Patienten wollen Kräuterarzneien und Akupunktur. Die alten Methoden hätten sich schon bei Großvater und Großmutter bewährt.»

«Wo doch jeder weiß, daß die Ärzte aus dem Westen chinesische Patienten aufschneiden und ihre Körper, das heilige Erbe ihrer Vorfahren, verstümmeln», sagte Harry mit tragischer Stimme. «Und dann verkaufen die ausländischen Ärzte chinesische Augen und Gehirne an Alchemisten, die Zaubermedizin daraus machen.»

«Warum nimmst du die Präsidentschaft überhaupt an?» fragte Mary. «Das bedeutet doch eine Menge Ärger und Zeitverschwendung.»

«Weil es nötig ist», erwiderte Sir Jonathan. «Hongkong ist unsere Basis. Irgend etwas muß ich für Hongkong tun, selbst wenn es Mühe macht. Und vielleicht tue ich etwas Gutes damit.»

«Wenn die Dürre aufhörte», sagte Mary, «würde dein Freudenkelch überfließen. Wenn nicht bald Regen kommt, wird es kein Trinkwasser mehr geben, und die Reisfelder können nicht bewässert werden. Die Gemüsepreise steigen schon.»

«Alle Preise», fügte Harry hinzu. «Die meisten Leute wissen allerdings nicht, daß auch die steigenden Mieten daran schuld sind, aber die Dürre macht alles noch schlimmer. Habt ihr gehört, daß die Buddhisten um Regen beten, ein Zehn-Tage-Gebet ohne Unterbrechung?»

«Sprecht lieber von der Sonnenseite», riet ihnen Sir Jonathan. «Die Ratten kommen heraus.»

«Das ist doch keine Sonnenseite!» sagte Mary ernst.

«Doch, für einige Leute ja», entgegnete Sir Jonathan. «Die Ratten kommen heraus, weil das Futter knapp wird. Manche Kulis verdienen recht gut mit der Prämie von zwei Cent für einen Rattenschwanz. Es heißt, aus Kanton werden Schwänze eingeschmuggelt. Man kann schließlich einen Hongkonger Rattenschwanz nicht von einem kantonesischen Rattenschwanz unterscheiden, und in Kanton gibt's keine Prämie.»

Mary stand auf. Normalerweise genoß sie Sir Jonathans ironische Bemerkungen, aber ihre übliche Vormittagskonferenz entartete diesmal zum männlichen Gegenstück des Hausfrauenklatsches. Sie wollte auch noch die letzten Rechnungen der Seidenlieferungen überprüfen. Das schrille Läuten des Telefons hielt sie an der Tür fest.

Sir Jonathan sprach ein paar kurze Worte in schnatterndem Kantonesisch. Als er den glockenförmigen Hörer in die Gabel hängte, war sein Gesicht ernst.

«Das waren die Tung Wah-Krankenhäuser. Sie melden die doppelte Anzahl der sonst in dieser Jahreszeit üblichen Fieberfälle. Sie haben gerade wieder eine ganze Menge aufgenommen. Wahrscheinlich ist es nur das Frühjahrsfieber, etwas schlimmer als üblich. Nicht besorgniserregend.»

Die Angst vor einer Epidemie konnte die 440000 chinesischen und 12000 ausländischen Einwohner Hongkongs in diesem Frühsommer 1909 nicht so leicht aus der Ruhe bringen. Es würde gar kein Hongkong geben, wenn die Pioniere beider Rassen, die Insel, den «kahlen, verpesteten Felsen», wie der britische Außenminister Lord Palmerston sagte, siebzig Jahre zuvor besiedelt hatten, nicht stoisch die immer wiederkehrenden Dezimierungen ertragen hätten. Und Hongkong hätte sich nicht so entwickelt, wenn die Nachfolger der Pioniere das Überleben höher bewertet hätten als den Gewinn. Auch zu Beginn des 20. Jahrhunderts, als Epidemiologie und Bakteriologie gewaltige Fortschritte machten, nahm man als typischer Hongkonger von der drohenden Krankheit einfach keine Notiz.

Außerdem war die Malaria, die Sir Jonathan wie die ganze Kolonie euphemistisch «Frühjahrsfieber» nannte, selten tödlich. Die Opfer hatten drei, vier Tage lang Fieber und Schüttelfrost, waren sehr geschwächt, starben aber nicht. Die Europäer behandelten diese Symptome mit Chinin und Gin; die Chinesen zogen maßvolle Dosen von Opium vor, auf das sie bei den meisten körperlichen Gebrechen zurückgriffen.

Cholera oder «Schwarzwasserfieber» waren bösartiger, sie verliefen schnell und gewöhnlich tödlich. Westliche Ärzte verordneten Ruhe und Flüssigkeit, während chinesische Ärzte aus ihrer dreitausendjährigen Hielmittelkunde schöpften, die von Schlangengalle und pulverisierter Fledermausleber bis zu kühlenden Kräutern reichte.

Die europäischen Wohnviertel waren schon früh aus dem Sumpfgebiet, das man seiner vielen Friedhöfe wegen wie in einer flehentlichen Bitte glückliches Tal nannte, in die weniger verpestete mittlere Höhenlage und auf den Peak verlegt worden. Danach nahm die Cholera in der Ausländergemeinde stark ab. Trotzdem bekundeten Marmorgrabsteine in Happy Valley, daß eine Reihe von Männern und Frauen in der Blüte ihrer Jahre und auch unschuldige Kinder vom Schwarzwassertod dahingerafft wurden. Die ihrer Armut wegen im Tiefland lebenden Chinesen, die die Mehrheit der Bevölkerung ausmachten, starben zu Hunderten und wurden in Massengräbern verscharrt. Wenn das Schwarzwasserfieber wütete, untersagten die Schiffe der Handels- und Kriegsmarine ihren Mannschaften jeden Landurlaub, und täglich fielen zehn bis zwanzig Soldaten beim Exerzieren um. Die *Taipans* auf dem Peak, selbst praktisch immun, fanden sich mit den Todesfällen unter den jüngeren europäischen Angestellten und den chinesischen Kulis mit lobenswertem Gleichmut ab. Sie trösteten sich damit, daß die Chinesen ihr Schicksal mit stoischer Ergebenheit hinnahmen.

Eine Krankheit jedoch versetzte alle Bewohner Hongkongs in Schrecken. Die Europäer nannten sie den Schwarzen Tod, die Chinesen *Ta Wen*, die Große Hitze oder die «Achtundvierzig-Stunden-Krankheit», weil ihr unerbittlicher Verlauf von den ersten Symptomen bis zum Tod mit über 41 Grad Fieber nicht mehr Zeit beanspruchte.

Die Pest trat immer wieder örtlich auf. Obwohl es seit 1894 keine größere Epidemie gegeben hatte, raffte die Große Hitze gewöhnlich in jedem Jahr mehr als tausend Menschen dahin. Die Prämie auf Rattenschwänze war die halbherzige Konzession der Regierung an die neue Theorie, daß die Seuche durch Ratten übertragen würde. Aber der Dezernent für das Gesundheitswesen spottete über diese Theorie: «Es ist wahrscheinlicher, daß die Ratten sich die Pest von den Menschen holen, als umgekehrt», behauptete er. «Sollten wir eine Prämie auf Menschenköpfe aussetzen, um die armen Ratten zu schützen?»

Selbst die Europäer hielten die Pest für ein unabänderliches Naturereignis und zerbrachen sich daher nicht den Kopf über die Ansichten der gelehrten Ärzte. Nach der großen Epidemie von 1894 waren in der skeptischen Kolonie zum erstenmal Gesundheitsvorschriften erlassen worden, aber die Bestimmungen waren so hart, daß sie undurchführbar waren. Das Gesundheitsamt zögerte, Gebäude niederreißen zu lassen, die pestverdächtig waren. Schließlich waren Häuser Eigentum, und Hongkongs Moralkodex beruhte auf der Unverletzlichkeit des Privateigentums. Die Gerichte schützten es durch Verhängung schwerer Strafen: zweihundert Stockschläge für kleine Diebereien und bei schwerem Diebstahl Hinrichtung durch den Strang. In den seltenen Fällen hingegen, in denen ein Verstoß gegen die Gesundheitsvorschriften bestraft wurde, war die verhängte Geldstrafe von fünfzig Hongkong-Dollars für den Missetäter weder abschreckend noch ermunterte es sie dazu, das Gesetz einzuhalten.

«Hongkongs Aufgabe ist, Geld zu verdienen, und nicht, Himmelssöhne zu verhätscheln und halbgare ärztliche Theorien auszukochen.» So sprach Samuel Chivers, seit sechzehn Jahren stellvertretender Kolonialsekretär, als Bootsmannsmaat eines Ostindienfrachters nach Hongkong gekommen, desertiert und dageblieben. Und die Plutokraten im Hong Kong Club ehrten seine weitere Empfehlung mit einem Toast: «Feiglinge können ja abhauen. Ich vertraue auf Gott und zwei Flaschen Rotwein pro Tag.»

Einige Briten teilten Sam Chivers' festen Glauben an Gott und Rebensaft nicht. Zwei Krankenhäuser versorgten die europäische Zivilbevölkerung, und um 1870 war in der Bowen Road ein britisches Lazarett gebaut worden, nachdem die Generale, wenn auch spät, eingesehen hatten, daß es wirtschaftlicher war, das Leben fronterfahrener Soldaten zu erhalten, als Rekruten auszubilden. Die von Chinesen finanzierte

Tung Wah-Gesellschaft, die Schulen und Krankenhäuser unterhielt, verzichtete auf die nachweislich fragwürdigen Vorteile der westlichen Medizin und blieb bei der alten chinesischen Therapie, die nachweislich erfolgreich war – außer natürlich, wenn der Wille des Himmels es anders bestimmte.

Europäische Ärzte und Missonare mokierten sich über den «finsteren Aberglauben», der den chinesischen Diagnosen und traditionellen Heilmitteln zugrunde lag. Sie lachten über chinesische Ärzte, die sich bei ihren Untersuchungen vollkommen angekleideter Patientinnen darauf beschränkten, «die fünf Pulse» zu messen, und sie an geschnitzten Elfenbeinfigürchen, die es mit der anatomischen Genauigkeit nicht so genau nahmen, zeigen zu lassen, wo der Schmerz saß. Erheitert erzählten sich Europäer immer wieder die Geschichte der neunzehnjährigen Ah Poe, einer der ersten fünf chinesischen Lehrschwestern, die unter der schrecklichen Mrs. MacDonald, damals Oberin des Charing Cross Hospital, eingestellt wurden. Die junge Dame war wieder ausgetreten und hatte gesagt: «Ich kann nicht glücklich sein an einem Ort, wo immerzu Menschen sterben.» Mrs. MacDonald hatte daraufhin bissig erklärt: «Die arme Ah Poe wird niemals glücklich sein. Wo kann sie einen Ort finden, an dem Menschen nicht sterben?»

Solchen Sticheleien zum Trotz stellte Hilary Metcalfe fest, daß Tung Wah eine höhere Genesungsrate hatte als die europäischen Krankenhäuser, besonders bei Pestkranken. Er erklärte dem britischen Ärzteverband unumwunden, daß die traditionelle chinesische Pharmakopöe nicht nur die älteste der Welt sei, sondern auch die umfassendste. Kräutermedizinmänner und Akupunkteure hätten die chinesische Rasse seit dreitausend Jahren unverwüstlich gesund erhalten, wie ihre starke Vermehrung beweise. Außerdem behandle Tung Wah fünfzigmal mehr Patienten als die drei europäischen Krankenhäuser.

Die ersten Alarmmeldungen gab Tung Wah am 16. Mai 1909 heraus, drei Tage nachdem Sir Jonathan noch tröstlich bemerkt hatte, es handle sich vermutlich nur um eine leichte Zunahme der normalen «Frühjahrsfieber»-Fälle, als Tung Wah ihm die Aufnahme von einunddreißig Patienten an einem Vormittag gemeldet hatte.

Am ersten Tag zeigten diese Patienten die klassischen Symptome von Malaria: Fieber, Schüttelfrost, Kopfschmerzen, Benommenheit und Austrocknung infolge ständigen Brechens und Durchfalls. Am zweiten Tag wurde das Personal durch zwei böse Anzeichen alarmiert: einmal mußten zweiundvierzig neue Patienten mit denselben Symptomen aufgenommen werden, und zum anderen fand ein junger Arzt beulenförmige Schwellungen in der linken Leiste und der rechten Achselhöhle eines delirierenden Kulis.

Der Arzt kannte die Aufzeichnungen seiner beruflichen Vorfahren, die in peinlich genauen Annalen nicht nur die Große Pest aufgezeichnet hatten, der 1380 dreizehn Millionen Chinesen zum Opfer gefallen waren, sondern auch die Epidemie, die über ganz Eurasien hinwegfegte und im Jahre 452 den Hunnenkönig Attila zum Rückzug aus Italien zwang. Ausbrüche von fast gleicher Virulenz waren schon im 3. Jahrhundert vor Christus und 1866 registriert worden. Aber erst am dritten Tag, als achtundsechzig Patienten aufgenommen werden mußten, wagten die chinesischen Ärzte, eine definitive Diagnose zu stellen. Die Krankensäle waren bereits so überfüllt, daß die neuen Patienten auf Strohmatten in den Gängen zwischen den langen Reihen der Holzbetten lagen.

Der Kuli starb am Abend des dritten Tages, gnädig hinweggerafft durch Atemstillstand. Außer den Beulen in der Leistengegend und der Achselhöhle stellte der Chefarzt von Tung Wah besorgt eine schwärzlichblaue Verfärbung der Haut fest. Nachdem er etwa zwanzig Patienten mit ähnlichen Symptomen untersucht hatte, kam er zu dem Schluß, daß es sich um die Große Hitze-Krankheit handle. Da er dem kürzlich installierten Telefon mißtraute, schickte er Sir Jonathan durch Boten eine in feiner Kalligraphie auf Reispapier gemalte und in untadeligem klassischem Chinesisch abgefaßte Mitteilung. Sir Jonathan selbst bediente sich des Telefons, um die Nachricht an das Büro des Kolonialsekretärs weiterzuleiten.

Der amtierende Kolonialsekretär Samuel Chivers beriet sich gerade mit seinen Anwälten. Er hatte mit Mühe dazu überredet werden können, eine Verleumdungsklage gegen den Herausgeber der *China Mail* zu erheben, statt die Drohung wahrzumachen, die er bei der Lektüre des Berichts über sein Bündnis mit allen Piraten des Südchinesischen Meers ausgestoßen hatte: «Dem verdammten Tintenkleckser werde ich mit meiner Reitpeitsche eine verdammt feine Tracht Prügel versetzen.»

Da sein Vorgesetzter, der Kolonialsekretär, auf Urlaub war, war Chivers praktisch der Premierminister der Kolonie. Er war noch reizbarer als gewöhnlich und nährte seinen berechtigten Zorn, indem er seine Tagesration von zwei Flaschen Rotwein auf fünf erhöhte, die er mit unverdünntem Brandy hinunterspülte.

Als er den Telefonhörer auflegte, schnaubte er verächtlich über diese Diagnose der «Chink-Medizinmänner». Er war nicht beunruhigt über «diese verdammt komische Krankheit der Himmelssöhne, die wahrscheinlich auf ihre ekelhaften Nahrungsmittel und Gewohnheiten» zurückging. Außerdem war kein Europäer erkrankt. Er müßte ja verrückt sein, wenn er zu Seiner Exzellenz dem Gouverneur rennen würde «mit vagen, blödsinnigen Gerüchten, in Umlauf gebracht von schwachsinnigen Chink-Quacksalbern und übermittelt durch diesen Gauner, den Mischling Sekloong». Sam Chivers verbannte die Gefahr aus seinem benebelten Bewußtsein mit den Worten: «Ich sage Ihnen, es ist keine Pest. Das Pferd läuft nicht.»

Dieser Ausspruch war das spektakulärste Fehlurteil im Laufe einer Karriere, die an gründlichen Irrtümern fast ebenso reich war wie an Unterschlagungen in großem Stil. Seine Kumpane im Hong Kong Club sollten seinen Spitznamen «Zwei-Flaschen-Sam» bald in «Kein-Pferd-Sam» ändern. Der neue Spitzname zwang ihn später, die Kolonie zu verlassen, sonst hätte er vielleicht auch seinen schwersten Irrtum überstanden. Nachdem er den unglücklichen Zeitungsmann durch die Hongkonger Gerichte gejagt hatte, brachte Chivers seinen Fall schließlich vor den Justizausschuß des Staatsrats in London, der ihm den lächerlichen Schadenersatz von einem Penny zusprach. In einer denkwürdigen Erklärung stellte eines der gelehrten Mitglieder des Oberhauses mit richterlicher Funktion fest: «Das Pferd, auf das sich der Berufungskläger bezieht, die Pest, war alles andere als ein Nicht-Starter. Schließlich galoppierte es so schnell und verheerend wie sein Vorläufer unter einem der vier Reiter der Apokalypse.»

Und das tat es. Am 30. Mai, etwa zwei Wochen nach Tung Wahs erster Warnung, sah sich Gouverneur Sir Frederick Lugard gezwungen, sich über Sam Chivers selbstgefälligen Rat hinwegzusetzen. Achthundertzwölf Fälle waren bereits gemeldet worden, davon vierhundertdreiundsechzig tödliche, und sogar der Dezernent des Gesundheitswesens meinte, die Zahlen seien «eher zu niedrig». Vierzehn Eurasier und zwei Europäer hatten sich angesteckt, aber die Hauptleidtragenden waren die Chinesen. Und den Chinesen widerstrebte es, Verwandte einem Krankenhaus anzuvertrauen, und sei es auch das Tung Wah. Ebenso widerstrebte es ihnen, häusliche Todesfälle zu melden, da sie fürchteten, die zudringlichen Inspektoren des Gesundheitsamtes könnten ihre Häuser ausräuchern oder abreißen lassen.

Der Gouverneur berief für den 31. Mai die leitenden Beamten und führenden Vertreter der Bevölkerung zu einer Sitzung ein. Er fürchtete, die Epidemie könne sich als so bösartig erweisen wie die Seuche von 1894, der in Kanton hunderttausend Menschen und in Hongkong etwa die Hälfte davon zum Opfer gefallen waren. Da der energische Sir

Frederick Lugard lange Zeit in Afrika gelebt hatte, war er überzeugt, daß abergläubische Eingeborene immer versuchen würden, ihn zu täuschen. Und obwohl die Ähnlichkeit zwischen primitiven westafrikanischen Stämmen und den Erben der ältesten Zivilisation der Welt für weniger forsche Gemüter nicht recht einsichtig war, hatte Sir Frederick in diesem Fall recht. Mehrere hundert zusätzliche Fälle, mehr als die Hälfte davon tödlich, waren verschwiegen worden.

Zu den im Besprechungszimmer des Government House Versammelten gehörten der relativ kleinlaute amtierende Kolonialsekretär Sam Chivers, der Befehlshaber der britischen Truppen, der Polizeipräsident, der Dezernent des Gesundheitswesens und der Finanzsekretär, der das wichtigste Anliegen der Verwaltung vertrat, das kommerzielle Wohlergehen der Kronkolonie. Die Aufrechterhaltung der öffentlichen Ordnung war das zweitwichtigste Anliegen, während die Volksgesundheit an dritter Stelle rangierte.

Sir Frederick hatte auch Richard Wheatley eingeladen, der als *Taipan* des wichtigsten *Hong* für die Wirtschaft sprach, und Sir Jonathan Sekloong, den Präsidenten der Tung Wah-Gesellschaft. Da das Problem eine Sache der Chinesen war, hatte der Gouverneur auch zwei junge Männer eingeladen: Robert Hotung, den zweiten Comprador von Jardine, Matheson; und Mosing Way, den Vizepräsidenten der East Asiatic Bank. Beide sprachen gut Englisch.

Über zwei andere Teilnehmer ärgerte sich Kein-Pferd-Sam Chivers so sehr, daß sein rotbackiges Gesicht purpurrot anlief. Der eine war Dr. George Parker, ein vierundzwanzigjähriger Amerikaner, der sich gerade in Schanghai durch die Erforschung von Tropenkrankheiten einen Namen machte und für die viel verspottete Theorie eintrat, daß der Pesterreger, *Pasteurella pestis*, der fünfzehn Jahre zuvor gleichzeitig von einem japanischen und einem Schweizer Wissenschaftler entdeckt worden war, durch Ratten verbreitet werde. Und wenn der Blick von Kein-Pferd-Sam auf Mary Sekloong in ihrem züchtig hochgeschlossenen Kleid aus grauer Rohseide fiel, war er einem Schlaganfall nahe.

Mary war eingeladen worden, weil sie ehrenamtliche Sekretärin eines vor zwanzig Jahren gegründeten Frauenvereins «zur Unterstützung verdienter, bedürftiger Eurasier und Europäer» war. Zwar hatte sie keine Ahnung, worin ihre Mitwirkung bestehen könnte, doch hatte der Adjutant des Gouverneurs auf ihrem Erscheinen bestanden. Sir Frederick war überzeugt, daß Frauen von Natur aus besonders geeignet seien, Krankheiten zu bekämpfen, und er war warnend darauf hingewiesen worden, daß die chinesischen Frauen sich als besonders schwierig erweisen könnten. Mary Sekloong war praktisch unersetzlich, denn sie sprach nicht nur sowohl Englisch als auch Kantonesisch, sondern hatte auch Zugang zu europäischen und chinesischen Kreisen.

«Mrs. Sekloong, meine Herren. Wir scheinen uns mit einem Problem herumschlagen zu müssen. Ich wäre für Vorschläge dankbar.»

Eine Minute lang ließ er die Stimmen durcheinandersprechen, ehe er gezielte Fragen stellte. Er war nicht gerade ein geduldiger Mann, aber dem Finanzsekretär und Dr. George Parker hörte er sehr aufmerksam zu.

Wortreich unterstützt von Richard Wheatley, verwahrte sich der Finanzsekretär gegen die Verhängung des Notstands.

«Das könnte das Geschäft ruinieren. Denken Sie daran, was 1894 geschah. Euer Exzellenz, wir dürfen um keinen Preis Hongkong zum verseuchten Hafen erklären. Wenn wir die Schiffe nicht anlegen lassen, wird unser Handel einen Schlag erleiden, von dem er sich vielleicht auf Jahre hinaus nicht erholt.»

«Wir werden sehen, was wir tun können, Finanzsekretär.» Sir Fredericks barscher Ton verriet seine Verachtung für geldgierige Zivilisten. «Wir werden sehen. Aber was ist mit Ihrem Handel, wenn die Leute zu Tausenden sterben? Auch nicht sehr gut fürs Geschäft, wie?»

Der Gouverneur war erstaunlich höflich zu Dr. Parker, obwohl der saloppe junge Mann es an dem förmlichen Respekt fehlen ließ, den Engländer dem persönlichen Vertreter des Königs bekundeten.

«Ratten, sagen Sie, Dr. Parker?» fragte er. «Aber wie übertragen Ratten diesen – wie nennen Sie das? – auf Menschen?»

«Bazillus *Pasteurella pestis*, Gouverneur», antwortete Dr. Parker in schleppendem Südstaaten-Amerikanisch, «1894 von Kitasato und Yersin isoliert. Unter dem Mikroskop fand ich ihn in allen Blutproben der Erkrankten.»

«Das ist interessant, Dr. Parker», erwiderte der Gouverneur. «Sicher von großem wissenschaftlichem Interesse, davon bin ich überzeugt. Ich habe den höchsten Respekt vor euch Wissenschaftsfritzen. Aber wie befördern die Ratten Ihren Bazillus? Fliegt er durch die Luft?»

«Wir sind nicht sicher, Gouverneur, obwohl einige Wissenschaftler glauben, die Flöhe auf den Ratten seien die Überträger.»

«Also, was machen wir da?» fragte Sir Frederick rhetorisch. «Die Ratten loswerden, nehme ich an.»

«Und die verseuchten Grundstücke säubern, Euer Exzellenz.» Der Dezernent für das Gesundheitswesen meldete sich zum erstenmal zu Wort. Er hielt es für unklug, die lächerliche Theorie des Amerikaners zu widerlegen, daß Ratten die Pest verursachten, wenn der Gouverneur sie offenbar akzeptierte.

«Aber doch nicht mit Feuer und Schwert, wie?» scherzte Sir Frederick. «Wir wollen auf keinen Fall Truppen einsetzen.»

«Ausräuchern mit giftigen Gasen ist üblich», erklärte Dr. Parker. «Aber darauf kann man sich nicht verlassen. Stark verseuchte Gebäude sollten niedergebrannt werden.»

«Dann werden Sie doch das Schwert brauchen, Euer Exzellenz», warf Sir Jonathan Sekloong ein. «Darauf lassen sich die Chinesen nur unter Zwang ein. Sie werden Ihre Inspektoren nicht in ihre Häuser lassen – bestimmt nicht in die Wohnräume der Frauen.»

«Dann also mit Feuer und Schwert, Sir Jonathan?»

«Nein, Sir. Die Androhung von Gewalt sollte ausreichen. Und alle chinesischen Patienten sollten von Tung Wah behandelt werden. Das Mißtrauen des Volkes gegen westliche Ärzte könnte sonst zu gewalttätigem Widerstand führen.»

«Wir werden sehen, was wir da tun können, Sir Jonathan», sagte der Gouverneur. «Aber zu rücksichtsvoll können wir nicht sein. Es würde das Vertrauen zerstören, verließen wir uns hauptsächlich auf Ihre Gruppe von . . . vor der ich wohlgemerkt, den höchsten Respekt habe. Ich rechne darauf, daß Sie den Leuten gut zureden werden. Vielleicht kann die reizende Mrs. Sekloong ihre Damen mobilisieren, damit sie für die Enteigneten sorgen. Aber sie hat sich von den Pestgebieten fernzuhalten.»

«Es mag notwendig sein, Euer Exzellenz . . .» Mary war eingeschüchtert durch die männliche Versammlung.

«Nein, das ist mein Ernst», unterbrach Sir Frederick sie. «Sie müssen das Seuchengebiet meiden. So, meine Herren, das wär's. Inspizieren, die versteckten Kranken aufspüren, sie herausholen und die Häuser, falls nötig, niederbrennen.»

Er richtete seinen harten Blick auf den Befehlshaber der britischen Truppen und den Polizeipräsidenten.

«General, das werden die Truppen tun, wenn nötig. Die Polizei wird die öffentliche Ordnung aufrechterhalten und die Truppen unterstützen.»

«Weitere Instruktionen, Sir?» fragte der Adjutant.

«Ich möchte detaillierte Vorschläge von allen Abteilungen haben. Das Gesundheitsamt soll die für den Notfall getroffenen Maßnahmen überprüfen. Die Marine-Abteilung soll über die Kapazitäten zum Transport von Zivilisten berichten, falls er nötig wird. Die Abteilung Landwirtschaft und Fischerei soll die Lebensmittelvorräte abschätzen. Wheatley, Sekloong, Way und Hotung, es mag sein, daß wir zusätzliche Mittel brauchen. Und natürlich muß unser Handel aufrechterhalten werden.»

Dann faßte Sir Frederick Lugard seine Strategie noch einmal kurz zusammen: «Das wär's also. Leute rausholen und Häuser niederbrennen.»

10. Juni 1909 bis 11. September 1909

Räucherstäbchen glimmten in rotgoldenen Schreinen vor den Geschäftshäusern, deren stufenförmig ansteigende Dächer zeigten, wie steil die Bonham Road war. Dunst stand über den baufälligen Verkaufsbuden, in denen alles zu haben war, Jacken aus schwarzem Tuch und dicksohlige Stoffschuhe, Reis, Fleisch und Gemüse bis zu irdenen Kochtöpfen und angeblich dreihundert Jahre alte Vasen, die zwei Wochen zuvor hergestellt worden waren. Die aufsteigenden Rauchkringel trugen den Moschusduft des Weihrauchs zum Himmel. Hinter den verriegelten Toren ihrer herrschaftlichen Wohnhäuser in der benachbarten Seymour Road brannten die Reichen einen Wald von Votivkerzen und Räucherstäbchen in emaillierten Altarschalen ab. Die Armen brachten grellbunten Lithographien des Pestgottes Weihrauch und Gebete dar.

Ganz Hongkong war in Schrecken versetzt durch den plötzlichen Ausbruch der Achtundvierzig-Stunden-Krankheit. Im übervölkerten Westlichen Distrikt oberhalb des Canton Steamer Wharf herrschte geradezu eine Massenpanik. Fast jeder Haushalt, ob reich oder arm, war bereits vom Pestgott heimgesucht worden, und in jeder vierten Familie hatte der Tod angeklopft. Männer, Frauen und Kinder hasteten kopflos durch die Straßen wie von einem Präriebrand bedrohte Ameisen. Ältere Frauen, die auf ihren eingebundenen Füßen in den fragwürdigen Schutz überbelegter Mietshäuser humpelten, stießen gegen Kulis, die mit ihrer gesamten Habe, in Stoffbündel verschnürt, zum Hafen flüchteten. Alte Herren standen beieinander, als ob ihre vereinte Weisheit die Geißel des Himmels beschwichtigen könnte, aber diese improvisierten Parlamente lösten sich ebenso schnell wieder auf, wie sie zusammengetreten waren.

Sie sprachen einen Augenblick ernst miteinander, im nächsten jagte die Angst sie auseinander.

Eine Prozession buddhistischer Mönche in gelben Gewändern zwängte sich durch die wogende Menge. Mit gesenktem Blick sangen die kahlgeschorenen Klosterbrüder monotone Sutras in fehlerhaftem Sanskrit, die niemand verstand. Aus einer schmalen Gasse kamen graugekleidete taoistische Priester, und ihre klirrenden Becken, läutenden Glocken und klappernden Rasseln steigerten noch die Panik der Menge. Sie alle flehten denselben rachsüchtigen Himmel um Gnade an, aber sie nahmen keine Notiz voneinander.

Mit langem verfilztem Haar, die Augen glühend in dem schwarzverschmierten Gesicht, kam hüpfend ein ausgemergelter Bettler über das Kopfsteinpflaster der Straße. Seine Zähne blitzten in einem grausigen Grinsen, und sein zerfetzter schmutzstarrender Mantel wirbelte im Rhythmus seines wilden Gehopses um ihn herum. Zuerst wich die Menge vor dem einsamen Tänzer zurück, doch dann folgten zwei, dann fünf, bald zehn dem Verrückten, und schließlich tanzten Hunderte von respektablen Handwerkern in hektischer Fröhlichkeit.

Mary Sekloong schauderte es beim Anblick der närrischen Quadrille, und sie klammerte sich an den Arm ihres Schwagers. Er schrie ihr ins Ohr: «Wo immer du hingehst, da will ich auch hingehen . . . Aber das ist hier nicht der richtige Ort für dich.»

«Und für dich, Harry? Ich konnte dich doch nicht allein gehen lassen.»

Mary erkannte ein gewisses System in dem anscheinend ziellosen Umherirren der Menge. Einige Leute zog es hinter die Mauern der Häuser, die ihnen seit Jahren vor Taifunen, Plünderern und Steuereinnehmern Schutz gewährt hatten. Obwohl in ihren Heimen tödliche Gefahr lauerte, suchten sie instinktiv die vertrauten Stätten auf, die ihnen Zuflucht vor einer feindlichen Welt boten. Andere, beladen mit ihrer beweglichen Habe, eilten hinunter zum Hafen. Die Dampfer fuhren immer noch fahrplanmäßig nach dem hundertfünfzig Meilen entfernten Kanton, die Decks waren schwarz von verängstigten Menschen. Gold- und Silbermünzen, jahrelang aufbewahrt und daher angelaufen, wurden Kapitänen von Handelsdschunken in die Hand gedrückt, die erst ablegten, wenn ihre schwerbeladenen Decks nur noch wenige Zoll über das kabbelige Wasser hinausragten.

Fliehen war ebenso sinnlos wie der Rückzug hinter schützende Mauern, denn Kanton, Südchinas Hauptstadt, war genauso schwer betroffen wie Hongkong. Dr. George Parker vermutete, daß die Pest durch Ratten, die mit den reisbeladenen Leichtern aus Kanton gekommen waren, in die Kolonie eingeschleppt worden war. Trotzdem flohen die Chinesen gedankenlos ins Vaterland.

Die Menge trat zur Seite, als sechs stämmige britische Infanteristen in scharlachroten Uniformen die steile Straße hinaufmarschierten. Männer flüsterten, daß die «rotröckigen ausländischen Teufel» in ihren Patronentaschen den Achtundvierzig-Stunden-Tod mitbrächten. Mütter versteckten ihre Kinder unter ihren Jacken. Sie wußten, daß ausländische Ärzte ihren Kleinen die Augen ausstechen würden, um einen Zaubertrank daraus zu brauen, der die «Westmenschen» vor dem Pestgott schützen sollte. Ein paar Männer meinten, die haarigen Barbarenkrieger seien gekommen, um die wenigen Schätze der unterdrückten Chinesen zu stehlen und chinesische Leichen zu rauben, um ebenfalls Zaubertränke daraus herzustellen.

Die scharlachroten Uniformen der Infanteristen leuchteten wie Blut zwischen den dunkel gekleideten Chinesen. Ein diensteifriger Subalternoffizier hatte seinen Leuten befohlen, die Paradeuniform anzuziehen, damit sie imponierender wirkten, aber tatsächlich wirkten sie damit nur erschreckender. Zu ihrer Erleichterung sah Mary, daß die Soldaten ihre Lee-Enfield-Gewehre umgehängt hatten. Einige Offiziere waren vorausschauend genug gewesen, um das bedrohliche Tragen der Waffen schräg nach links vor dem Körper zu verbieten. Aber die Soldaten fürchteten sich ebenso vor den Chinesen wie vor der Pest, und ebenso wie die Chinesen sich vor ihnen fürchteten. Die überall herrschende Angst machte die Atmosphäre trotz der drückenden, feuchten Hitze explosiv.

Zwei der Infanteristen stocherten mit ihren Gewehren in offenen Reissäcken, deren körniger weißer Inhalt sich auf das Pflaster vor einer Bretterbude ergoß. Mary erschauerte, und ihre Fingernägel gruben sich in Harrys Arm, als sechs fette braune Ratten, groß wie Kaninchen, aus der offenen Bude flüchteten. Die langen Barthaare standen kokett in die Höhe, und ihre widerlich haarlosen Schwänze schleiften über die schmutzverkrusteten Pflastersteine. Ein einziger, auf die Ratten abgefeuerter Schuß ließ die verängstigte Menge vor Schreck erstarren. Fluchend hängte ein schnurrbärtiger Corporal die rauchende Waffe wieder über die Schulter, und bestürzt beobachteten die beiden Sekloongs, wie er acht Streichhölzer anzündete und sie, eines nach dem anderen, in die Bude warf. Dem laut protestierenden Eigentümer versetzte ein Soldat einen Schlag mit dem Gewehrkolben.

Orangefarbene Flammen loderten, fast fünf Meter hoch, aus den trockenen Brettern, und es klang wie Salvenfeuer, als die Bambusstangen, die das wacklige Gebilde stützten, eine nach der anderen zerplatzten. Blaue Paraffin-Flammen stiegen auf, und fettiger Rauch schlug sich auf die Menge nieder.

Die Soldaten steckten acht Verkaufsbuden in Brand, und Scharen von Ratten strömten auf die Straße. Frauen schrien auf, als die Menge in wilder Hektik versuchte, den Ratten auszuweichen. Der beißende Rauch brachte die Augen zum Tränen, und die helle Nachmittagssonne verschwand hinter grauen Rauchwolken. Die Bonham Road war in eine Brueghel-Szene verwandelt: Angst, Feuer, Ratten und Rauch machten die wehklagende Menge rasend.

In einen Hauseingang gedrängt, erfuhr Mary, wie die Angst schmeckt.

«Die Ratten!» rief sie. «Sie entwischen ja!»

«Ich kann nicht auf sie schießen», antwortete Harry, «nicht ohne Menschen zu treffen.»

Straßenjungen, mit Stöcken und Prügeln bewaffnet, stürzten sich auf die graubraunen Ratten, die wie ein lebender Fluß zum Hafen strömten. Die Ratten quiekten im Todeskampf, und das Kopfsteinpflaster war übersät mit verstümmelten Kadavern, hellrotem Blut und grünlichgelben Eingeweiden. Ein paar verletzte Ratten schleppten sich noch weiter, andere bissen in ihre eigenen Wunden. Aber der Strom blieb unablässig in Bewegung. Die Ratten waren zu verängstigt, um stehenzubleiben und über ihre verstümmelten Artgenossen herzufallen.

«Komm, laß uns gehen, Mary», drängte Harry. «Wir können hier nichts tun.»

«He, Missis, Mister», sprach sie ein rotgesichtiger Sergeant an. «Sprechen Sie dieses Kauderwelsch? Ich habe Befehl, in die großen Häuser zu gehen, aber die sind verrammelt und verriegelt.»

«Was suchen Sie denn da?» fragte Harry.

«Verdammt, wenn ich das wüßte, Sir», antwortete der Sergeant. «Kranke, nehme ich an, und Ratten, heißt es. Mehr Ratten brauch ich nicht. Hab in meinem ganzen Leben nicht so viele Ratten gesehen.»

Ein bläßlicher Junge mit einem verhärmten Gesicht machte sich an Harry heran und zupfte ihn am Ärmel.

«Oi, Sin-sang, lay-ah, lay-ah. Wang Dai-yen uh-kay yau ho-daw bing-yen», jammerte er. «Hören Sie, Mister, kommen Sie, kommen Sie mit. Viele kranke Menschen in Herrn Wangs Haus.»

«Woher weißt du das, Kleiner?» fragte Harry.

«Ich arbeite für Herrn Wang. Für zehn Cent und eine Schüssel kalten Reis am Tag. Aber achtzehn Stunden jeden Tag: ‹Ah Dzai, tu dies, hol das, bring dies weg.› Der Herr Wang ist ein Scheusal. Er ist nach Kanton geflüchtet, und *Tai-tai* stirbt. Er hält nichts von Ärzten. Sie kosten zuviel.»

«Was bedeutet das Geschnatter, Mister?» fragte der Sergeant.

«Der Junge sagt, er kennt ein Haus mit vielen Kranken und Sterbenden», antwortete Harry. «Sein Herr wollte keinen Arzt zuziehen.»

«Das fällt in meinen Befehlsbereich. Sagen Sie ihm, er soll uns zeigen, wo es ist, Sir.»

Der Junge führte sie durch eine so schmale Gasse, daß ihre Schultern, als sie zu zweit nebeneinander gingen, die hohen Mauern auf beiden Seiten streiften. Er blieb vor einem schmiedeeisernen Tor stehen, über dem zwei chinesische Schriftzeichen besagten: *Wang Lü* – Wohnsitz Wang. Wellblechplatten hinter dem Gitter schützten das Grundstück vor fremden Blicken, und schwere Ketten, mit drei gewichtigen Vorhängeschlössern zusammengehalten, sicherten das Tor. An der Mauer hing ein Klingelzug.

Als der Sergeant mehrmals daran zog, hörte man es in der Ferne läuten. Am Tor rührte sich nichts. Auf einen Wink des Sergeants schlugen zwei Soldaten mit den Gewehrkolben auf das Tor ein. Das Wellblech verbog sich, hielt aber stand.

«Zurücktreten», befahl der Sergeant und nahm sein Gewehr von der Schulter. Er zielte auf ein Vorhängeschloß, das etwa die dreifache Größe einer Faust hatte, und feuerte. Die Schüsse hallten in der engen Gasse mit den hohen Mauern wider, und beißender Schießpulvergeruch mischte sich mit dem paraffingeschwängerten Rauch. Nach drei Schüssen zersprang das Vorhängeschloß in tausend Stücke.

«O'Hara», sagte der Sergeant, während er sich das verschwitzte Gesicht abwischte, «das nächste ist Ihres.»

Ein stubsnasiger Soldat, der aussah, als wäre er stets guter Laune, trat vor. Er brauchte fünf Schüsse, bis die restlichen Vorhängeschlösser auseinanderflogen. Die Soldaten entwirrten die verhedderten Ketten, und nach mehreren Schlägen mit den Gewehrkolben sprang das Tor auf. Drinnen war kein Laut zu hören.

In dem schattigen Hof hinter dem Tor lag ein Teich, mit Blumentöpfen aus buntem Porzellan umgeben. Sieben riesige Goldfische trieben, die weißen Bäuche nach oben, auf der trüben Oberfläche. Dahinter stiegen terrassenförmig Pavillons, mit glasierten Ziegeln gedeckt, einen von blühenden Azaleen leuchtenden Hang hinauf.

«Geh nicht hinein.» Harry packte Mary am Arm. «Das ist nichts für dich.»

«Vielleicht kann ich helfen. Der Junge sagte, es seien Frauen drinnen.»

Harry folgte ihr in die Halle des Wohnhauses. Die Einrichtung war typisch für den Empfangsraum eines wohlhabenden Kaufmanns: ein mit Perlmutt eingelegter Tisch aus Schwarzholz, Stühle, in deren hohe Lehnen bemalte Porzellanplatten eingelassen waren, und Rollbilder mit schwarzen getuschten Verspaaren, in denen Familienzusammenhalt und Kindesliebe gerühmt wurde.

Ein junger Mann in einem langen seidenen Gewand lag quer über dem Tisch, blicklos starrten seine Augen aus dem bläulich verfärbten Gesicht. Eine Lache gelbgrüner Galle auf dem Fliesenboden wurde umschwirrt von schillernden Schmeißfliegen. Die Luft war geschwängert von einem widerwärtig süßlichen Gestank, einer Mischung von Erbrochenem, Kot, Urin, verdorbenem Reis und dem Raubtiergeruch der Ratten.

Mary mußte würgen. Aber obwohl Harry sie zurückzuhalten suchte, folgte sie den Soldaten, die schweigend durch ein Labyrinth von Zimmern und Höfen gingen. Normalerweise hätten die Räume widergehallt von Scherzen und Streitereien, jetzt war nichts zu hören als das schrille Gebell eines Pekinesen. Das goldbraune Hundehaar fegte über den schmutzbedeckten Boden, und die lebhaften Augen und kraftvollen Bewegungen des Hundes ließen erkennen, daß er bei bester Gesundheit war. O'Hara blieb stehen, um den Pekinesen zu streicheln. Der Hund schnappte zu, O'Hara zog fluchend die Hand zurück und trat mit seinem schweren Stiefel nach dem kleinen Tier. Mary unterdrückte einen Protest. Es war makaber, wie der Hund sein verpestetes Heim wütend verteidigte.

Nach fünf Minuten gelangten die Eindringlinge in den inneren Hof. Die Frauengemächer lagen hinter einem runden Mondtor, dessen massive Holztür mit Messingnägeln beschlagen war. Der Holzbalken, mit dem die Tür verriegelt wurde, lag auf dem Boden, und die Tür stand halb offen.

Eine verhutzelte alte Frau in schwarzer Hose und weißer Jacke kam humpelnd auf den Hof. Ihr schütteres graues Haar über dem intelligenten, nußbraunen Gesicht war zu einem straffen Knoten aufgesteckt.

«Tai-tai, ngo ho», sagte sie auf kantonesisch, obwohl Mary doch gar nicht chinesisch aussah. «Gnädige Frau, ich bin so froh, daß Sie kommen. Der Herr ist vor drei Tagen nach Kanton geflohen und hat die Dienstboten, die Kinder und seine Konkubinen mitgenommen. Meine Herrin, die Frau Nummer Eins, liegt drinnen krank, und ich wagte

nicht wegzugehen und Hilfe zu holen. Ich bin Ah Lam. Ich war ihre Amah, seit ihrer Kinderzeit.»

Eine schmächtige Chinesin von Anfang Vierzig lag in dem verdunkelten Schlafzimmer auf einem hohen Schwarzholzbett. Ihre blasse Haut spannte sich über den hohen Backenknochen, und ihre Augen glänzten fiebrig. Ah Lam hatte ihre Herrin liebevoll gepflegt, obwohl auch sie hätte fliehen können. Die leichte Bettdecke war frisch gewaschen, und ein feuchtes Tuch lag auf der Stirn der Kranken, die die Fremden verwirrt anstarrte, während ihre rissigen Lippen wirre Worte murmelten.

«Ich bringe sie ins Krankenhaus.» Der Sergeant sprach leise angesichts des drohenden Todes. «So lautet mein Befehl. Dann können die Arztfritzen entscheiden, ob das Haus ausgeräuchert oder niedergebrannt werden soll.»

Überraschend sanft schlug er die Decke um die Kranke. Ah Lam sprang auf ihn zu und protestierte wütend.

«Sagen Sie ihr, die Dame wird gut gepflegt werden.»

Harry fügte von sich aus die hohle Versicherung hinzu, daß die ausländischen Ärzte Ah Lams Herrin heilen würden. Die Amah humpelte im Schlafzimmer umher und packte Toilettenartikel und Kleidungsstücke in einen kleinen roten Lederkoffer.

Mary ließ ihren Blick durch das dämmerige Zimmer schweifen, da sie weder die unglückliche Dame noch die alte Amah in ihrem Kummer anzusehen vermochte. Plötzlich erstarrte sie vor Entsetzen, und ihre Beine zitterten. Eine stille Gestalt in weißer Jacke und schwarzer Hose lag zusammengekrümmt in einer Ecke auf dem Fußboden. Die Grübchen in den molligen Händen ließen erkennen, daß das Mädchen jung gestorben war. Drei fette Ratten wühlten in dem rohen roten Fleisch, das ihr Gesicht gewesen war. Ein grauer Schleier legte sich über Marys Augen, und ihr wurde schwindlig. Sie spürte, daß Harry sie in den Armen auffing.

Die düstere Prozession zog wieder durch die enge Gasse. Der Sergeant trug Ah Lams Herrin, die die weinende Amah mit leisen Koseworten zu trösten versuchte. Die Soldaten schlurften schweigend hinterher. Harry stützte Mary, obwohl sie dagegen protestierte und sagte, sie könne sehr gut allein gehen. Langsamen Schrittes, wie ein Leichengefolge, kehrten sie zurück in die Bonham Road.

Die Straße war jetzt der Schauplatz von Gewalttätigkeit und einem ohrenbetäubenden Lärm. Scharlachrote Gruppen von Soldaten, matt unterstützt von chinesischen Polizisten in Khaki-Uniformen und weißen Tropenhelmen, hielten sich eine schreiende Menge vom Leib, die

Bambusstangen schwang und mit Dreck und Unrat um sich warf. Ein junger Lieutenant wurde von einem Ziegelstein an der Schläfe getroffen und ging zu Boden. Sein wütender Sergeant befahl seinen Leuten, zu laden und zu schießen. Ein Captain widerrief den Befehl gerade in dem Augenblick, als die Gewehre angelegt wurden. Langsam sammelten sich die verstreuten scharlachroten Gestalten und bahnten sich mit Gewehrkolben einen Weg durch die hysterische Menge.

Die halbe Kompanie, dreiundfünfzig Mann stark, zog sich über die Wing Lock Street zur breiten Des Voeux Road zurück. Pflastersteine, Töpfe, Dreck und Verwünschungen folgten ihr.

«Mörder. Mutterschänder. Rotröckige ausländische Teufel. Hurenbrut. Diebe und Totschläger. Bringen den Schwarzen Tod und stehlen unsere Leichen. Schildkröteneier-Bastarde, die unsere Frauen rauben. Schändet eure Mütter.»

Dr. Moncriefe schickte Mary erst einmal ins Bett. Als sie einwandte, ihr sei bloß schwindlig gewesen, schnitt er ihr barsch das Wort ab.

«Das war kein damenhafter Schwächeanfall, junge Frau», sagte er, «es war eine tiefe Ohnmacht – und aus gutem Grund. Dumm von Ihnen, da hinzugehen in Ihrem Zustand! Ich kann meine Zeit nicht mit Ihnen verplempern. Überall sterben Menschen. Sie bleiben im Bett und machen mir keine Scherereien.»

Mary fühlte sich matt. Ihre Einwände waren nur halbherzig gewesen, und ebenso die Beteuerung, sie wolle wieder ins Büro von J. Sekloong and Sons gehen, das zum Zentrum der Hilfsaktionen geworden war. Sie hatte das Gefühl, sie müßte den Betroffenen helfen, aber sie wurde abgestoßen von dem Elend, das sich auf den tieferen Hängen und in den engen Tälern abspielte.

Sie konnte den törichten Zorn der verstörten, unwissenden Menge auf die Soldaten verstehen. Sie wußte, warum die abergläubischen Chinesen die «rotröckigen ausländischen Teufel» mit Steinen beworfen hatten: sie glaubten, sie verbreiteten die Pest und entführten die Kranken. Aber die wütenden zornroten Gesichter mit den offenen Mündern, die unflätige Schimpfwörter schrien, vermischten sich in ihren Träumen immer wieder mit der makabren Szene im Schlafzimmer der Wang-Residenz. Und dann verabscheute sie diese Menschen und war verzweifelt über ein so ausgesprochen halsstarriges Volk. Ihr schauderte sogar vor der lächelnden Fürsorge ihrer eigenen Amahs. Nur Ah Sams Freundlichkeit konnte ihren Abscheu vor den Chinesen etwas besänftigen, aber selbst ihn betrachtete sie manchmal mit Mißtrauen.

Ende Juni fing Mary an, ein wenig im Haus umherzugehen, aber sie ermüdete leicht und legte sich immer wieder gern ins Bett. Ihr Wille war so geschwächt, daß sie kaum protestierte, als Sir Jonathan anordnete, ihre Kinder sollten mit Lady Lucinda in das pestfreie Schanghai fahren.

«Du solltest eigentlich mit», sagte er. «Aber Moncriefe will nichts davon hören. Wenn ich nur wüßte, was mit dir los ist – eine gesunde junge Frau! Er sagt etwas von Nervenschock.»

«In einer Woche bin ich wieder im Büro», beteuerte Mary während eines kurzen Aufflackerns ihrer Lebensgeister.

«Na, wir werden sehen», meinte Sir Jonathan. «Aber ich möchte, daß du dich aus dieser Sache raushältst. Es ist alles sehr unerfreulich geworden.»

Zu ihrer eigenen Überraschung hielt sie ihr Versprechen. In der ersten Juli-Woche fuhr sie wieder mit der Peak-Tram in die schäbigen Büros im St. George's Building. Dr. Moncriefe hatte widerstrebend zugestimmt.

«Es wird ihr mehr schaden, wenn sie zu Hause hockt und grübelt», hatte er erklärt. «Wenn sie's nicht übertreibt, kann sie gehen.»

Die Pest wütete unvermindert. Einmal wurden im Laufe von tragischen vierundzwanzig Stunden hundertachtundsechzig Leichen gezählt. An «normalen» Tagen sammelten die Totenkarren fünfzig bis sechzig Leichen ein. Mary war entsetzt darüber, wie sehr sich die Lage während ihrer eigenen Krankheit verschlimmert hatte. Tatsächlich lag Hongkong im Sterben, der Puls des Gemeinwesens wurde schwach und schwächer und flackerte nur dann und wann in Fieberkrämpfen auf.

Im Mai 1909 war die Kronkolonie mit ihren rund 450000 Einwohnern ein wichtiges Handelszentrum, eine dynamische Kommune gewesen, in der Chinesen und Europäer in relativer Harmonie lebten und arbeiteten, die nur gelegentlich durch das Aufflackern von unterschwelligen Spannungen gestört wurde. Im August 1909 war der Strom des Güteraustauschs nur noch ein mageres Rinnsal, und die beiden Rassen betrachteten einander mit einem Mißtrauen, das sich fast täglich in heftigen Zusammenstößen entlud.

Nachdem zwölf Soldaten an der Pest gestorben waren und acht weitere an Verletzungen, die ihnen Aufrührer zugefügt hatten, teilte der Befehlshaber der britischen Truppen dem Gouverneur mit, er könne für die Haussuchungen, die die Chinesen so erbitterten, nur noch Freiwillige zur Verfügung stellen – und nicht mehr als hundert pro Tag. Obwohl die Zahl der Freiwilligen die vom General genannte Ziffer regelmäßig um das Drei- oder Vierfache überstieg, konnten weder Soldaten noch Ärzte dem Schwarzen Tod Einhalt gebieten. Die moderne westliche

Medizin, die in den Augen der Chinesen eine Verschwörung zur Verstümmelung ihrer sakrosankten Körper war, war sogar noch wirkungsloser als die Jahrtausende alte chinesische Medizin, die in den Augen der Europäer finsterer Aberglaube war.

Die Spannungen waren zu stark für das prekäre Gleichgewicht des Vertrauens zwischen den beiden so gegensätzlichen Rassen und Kulturen. Vielleicht wäre eine Spur von gegenseitigem Vertrauen erhalten geblieben, wenn die Regierung Sir Jonathans dringender Bitte entsprochen hätte, alle erkrankten Chinesen von den Tung Wah-Krankenhäusern behandeln zu lassen. Sir Jonathan selbst schätzte die Tung Wah-Behandlung kaum höher ein als die vergeblichen Bemühungen der kleinen Gruppe westlicher Ärzte, aber er fürchtete, daß das Mißtrauen der Chinesen in Haß auf alle Ausländer umschlagen könnte. Aber Sir Frederick Lugard lehnte seine Gesuche ab. Seine sämtlichen Berater, unter ihnen der junge amerikanische Arzt George Chapman Parker, waren der Meinung, die Seuche würde sich noch verschlimmern, wenn Tung Wah die Hauptverantwortung übertragen würde. Das ausgeklügelte Netz aus geteilter Verantwortung und minimalem Vertrauen, das die beiden Rassen verbunden hatte, war zerrissen.

Nur die Ratten gediehen. Die wenigen nächtlichen Fußgänger sahen ganze Rudel von ihnen, und manche waren so fett, daß sie watschelten. Trotz gelegentlicher Metzeleien stieg ihre Zahl. Scharenweise zogen sie von einem unbewachten Lagerhaus zum nächsten und fraßen sich voll mit Reis und Weizen.

Anfang August verschlechterte der «Plakatkrieg» die Beziehungen zwischen den chinesischen Untertanen und den britischen Behörden vollends. Die hetzerischen Anschläge erschienen zuerst in Kanton, und ihre ausgefeilte Sprache und elegante Kalligraphie verrieten ihre Verfasser: stockkonservative «Gelehrte», Beamtenanwärter, deren Hoffnung auf Übernahme in das Beamtenverhältnis durch die auf westlichen Einfluß zurückzuführenden schnellen Veränderungen innerhalb des alten kaiserlichen Systems zunichte geworden war. Auf den Plakaten wurden die unmenschlichen Praktiken der westlichen Ärzte angeprangert, die angeblich Leichen von Chinesen aufschnitten, um Medizinen herzustellen, und kostbare Edelsteine stahlen, die sich oft in chinesischen Schädeln fänden. Außerdem schnitten diese Ärzte lebenden chinesischen Kindern die Augen heraus und amputierten die Hoden junger Männer, um Lebenselixiere daraus zu brauen, die in Europa hohe Preise erzielten. Ähnliche Plakate gab es auch in Hongkong; sie waren geheimnisvollerweise jedesmal, wenn sie abgerissen wurden, gleich wieder da.

Ihre Wirkung war katastrophal. Diese neuen Ängste brachten auch den letzten Rest normalen Lebens in der Kolonie zum Erliegen. Schulen, Wohnungen, Werkstätten, Läden und Büros leerten sich durch einen Massen-Exodus nach Kanton und Schanghai. Die meisten Firmen schlossen ihre Betriebe, und die europäischen Geschäftsführer begaben sich zu ihren Familien, die lange in sicheren Zufluchtsorten wie Weihaiwei und Peitaiho in Nordchina waren. Die *Hongs* waren, ihres chinesischen Personals beraubt, praktisch nicht in der Lage zu arbeiten.

Auf den «Verrat» der Chinesen reagierte die Kolonialregierung sehr unüberlegt. Es wurden über zweitausend Gebäude niedergebrannt, so daß sich weitere 25 000 obdachlose Familien der Massenflucht anschlossen. Wenn größere Areale zum «Katastrophengebiet» erklärt wurden, versuchten auch deren Bewohner, Hongkong zu verlassen. Aber die Regierung ließ unerklärlicherweise nur fünfzehn Dschunken auslaufen, und die lustlose Polizei jagte vergeblich den «Schlangenschiffen» nach, die die Flüchtlinge, die den Wucherpreis zusammenkratzen konnten, aus dem Hafen schmuggelten. Wachboote patrouillierten im Hafen. Aber sie konnten weder die Massenflucht aufhalten noch die Behelfskrankenhäuser für Pestkranke im Hafengebiet vor dem Mob schützen.

Die Regierung ordnete einen «Vernichtungsfeldzug» gegen die Ratten an und drohte, jedes fünfte Gebäude in der Kolonie zu zerstören. Trotzdem vermehrten sich die Ratten, und der Schwarze Tod griff weiter um sich. Die Lebensmittelpreise schnellten in die Höhe, da die Schiffe die pestverseuchte Kolonie mieden. Die Compradoren der ausländischen *Hongs* zogen sich zurück. Da man ihre Landsleute nicht abreisen ließ, wollten sie den Ausländern nicht länger dienen. Wütende Volksmengen stürmten Lebensmittelgeschäfte und Lagerhäuser, aber andere Verbrauchsgüter konnten nicht einmal mit Verlust verkauft werden. Hongkongs Puls schlug jetzt so schwach, daß er kaum noch wahrnehmbar war.

Die Büros von J. Sekloong and Sons blieben geöffnet, obwohl der Exodus das Personal um die Hälfte vermindert hatte und man sich hauptsächlich darum kümmerte, die chaotischen Tung Wah-Krankenhäuser in Gang zu halten. Aber der ummauerte Grundbesitz, die Sekloong-Residenz, blieb verschont. Es gab nur drei Fälle von Pest unter den etwa zweihundert Angestellten und Dienstboten, vielleicht weil die Sekloongs auf Dr. George Parkers Rat einen erbarmungslosen Kampf gegen die Ratten führten.

Anfang September, als der Sonnenschein immer noch nicht von Regen abgelöst wurde, waren die Nagetiere fast völlig aus der Residenz verschwunden. Am 10. September berichtete Ah Sam Mary stolz, daß in den vorangegangenen vierundzwanzig Stunden keine einzige Ratte getötet worden sei – es war keine zu finden gewesen. Viele der Dienstboten waren in den schrecklichen Juli- und Augusttagen geflohen. Unterstützt von zwei betagten Gärtnern, von Marys Zofe, von der grollenden Baby-Amah Ah Ying und von Sir Jonathans Koch, war Ah Sam die Hauptstütze des Personals gewesen.

Bis zum 10. September war die Zahl der Todesopfer in der Kolonie auf zwei bis drei täglich gesunken. Ob Chinesen oder Europäer, die Überlebenden schöpften wieder Hoffnung – wie eine Schiffsbesatzung wieder Hoffnung faßt, wenn nach tagelangen Stürmen der Wind nachläßt.

Der folgende Tag, der 11. September, war für die Sekloongs der Höhepunkt des entsetzlichen Sommers 1909. Sir Jonathan hatte seine Sänfte früh bestellt, weil er an einer Sitzung des Verwaltungsrats der Tung Wah-Krankenhäuser teilnehmen mußte. Als die Seuche zurückging, waren auch seine Sänftenträger wieder erschienen und hatten erklärt, sie hätten, ohne vorher Bescheid sagen zu können, zu Beerdigungen von Familienangehörigen in ihre Heimatdörfer am Westfluß in der Nähe des Marktfleckens Sekloong fahren müssen. Sir Jonathan hörte sich ihre verworrenen Erzählungen wortlos an. Hätte er Zweifel geäußert, hätten die Kulis das Gesicht verloren. Er war auf ihre Dienste angewiesen, und außerdem hatte er guten Grund zu der Annahme, daß das Schlimmste vorbei wäre.

Sir Jonathan war entsetzt über den Bericht, den er gerade von Dezernenten für das Gesundheitswesen erhalten hatte: Die offizielle Zahl der Todesopfer betrug 15463. Aber da er wußte, daß die Pest im Abklingen war, hatte er einen Vorschlag ausgearbeitet, von dem er glaubte, daß der Verwaltungsrat ihn akzeptieren würde.

Um elf Uhr vormittags am 11. September 1909 kehrte Sir Jonathan zu Fuß ins St. George's Building zurück. Aus einer Stirnwunde sickerte Blut, und sein linker Arm hing schlaff herab. Harry stürzte los, um Dr. Moncriefe zu suchen.

«Steinwürfe», sagte Sir Jonathan zu Mary. «Meine Sänfte ist umgestürzt worden, und die Kulis rannten weg.»

Er berichtete stockend, denn die verletzte Schulter schmerzte sehr. Sein Bericht über die Todesopfer war von den Tung Wah-Direktoren mit unterdrücktem Stöhnen, aber ohne Feindseligkeit zur Kenntnis genommen worden. Sein Vorschlag, Tung Wah solle zwei in England ausgebildete chinesische Ärzte anstellen, hatte jedoch einen Sturm der Entrüstung ausgelöst. Seriöse alte Herren waren hochgefahren und hatten gebrüllt, das seien Renegaten, das seien Spione für die britischen Medizinmänner, die Tausende von Chinesen für ihre bösen Zwecke haben sterben lassen. Man trennte sich verärgert. Vor den Tung Wah-Krankenhäusern hatte sich eine Menge zusammengeschart, seine Sänfte umgeworfen, die Träger in die Flucht geschlagen und ihn mit Steinen beworfen. Beschämt über das, was sie angerichtet hatten, zerstreute sich die Menge dann.

Als Mary, im siebten Monat schwanger, ihrem Schwiegervater auf ein Sofa half, spürte sie einen schneidenden Schmerz im Unterleib. Sie brach ohnmächtig zusammen. Als Harry mit Dr. Moncriefe zurückkam, bedurften zwei Patienten der ärztlichen Behandlung.

Harry saß am Steuer des großen Daimler und fuhr Mary und Sir Jonathan langsam die Peak Road hinauf zur ersten Sänftenstation. In Etappen wurden sie dann zum Peak getragen. Als sie zum Drachentor kamen, begann es zu donnern und in Strömen zu regnen. Die Dürre war zu Ende. Innerhalb von zwei Tagen verschwand auch die Pest, ebenso schnell und geheimnisvoll, wie sie hereingebrochen war.

Charles traf, durch eine Kabeldepesche herbeigerufen, vier Wochen später an Bord eines Schnelldampfers ein. Gleich nach den ersten Berichten von der Epidemie hatte er seine Rückkehr angeboten und wiederholt darum gebeten. Aber Sir Jonathan verweigerte ihm die Erlaubnis, und Charles wagte in diesem Fall nicht, sich seinem Vater zu widersetzen, der schließlich an Ort und Stelle war. Mary konnte ihm seine Abwesenheit nicht verzeihen, obwohl sie wußte, daß das unvernünftig war.

Charles fand Haushalt und Kolonie nach der langen, zermürbenden Zeit in einem Zustand des Schreckens vor. Das Geschäft war schlecht – und würde es auch eine Zeitlang bleiben. Nur der Opiumhandel hatte floriert und Zehntausenden in dem allgemeinen Grauen Trost gewährt. Die Geldmittel des Hauses Sekloong waren nach den großzügigen Spenden für Unterstützungsfonds erschöpft, und Sir Jonathans Ansehen war bei den Chinesen ebenso dramatisch gesunken, wie es bei den Europäern gestiegen war. Sir Jonathan selbst war infolge seiner Verletzungen und seiner Mühen zwar ziemlich mitgenommen, aber dennoch guten Mutes. Er war überzeugt, daß sich sein Ruf wieder bessern würde, denn einige chinesische Geschäftsfreunde brachten bereits blumenreiche Entschuldigungen vor. Sir Jonathan machte sich an die schwierige Aufgabe des Wiederaufbaus mit einer Zuversicht, die seine Söhne beflügelte.

Aber Mary war sehr niedergeschlagen. Nach der Fehlgeburt eines kleinen Mädchens konnte sie ein Gefühl des Verlustes nicht überwinden. Sie schreckte vor den Aufmerksamkeiten der Dienstboten zurück, die sie in der Gefahr im Stich gelassen hatten, und empfand sogar, wenn Ah Sam, dieses Urbild der Treue, in ihr Zimmer kam, gegen alle Vernunft eine Abneigung. Er war nun einmal Chinese – und sie fürchtete sich vor allen Chinesen. Sie hatte mitangesehen, wie sie ihre eigenen Sterbenden ihrem Schicksal überließen; sie hatte mitangesehen, wie sie britische Soldaten angriffen, die gekommen waren, um ihnen zu helfen. Sie hatten Sir Jonathan überfallen, der seine Kraft und sein Vermögen verschwendet hatte, um ihnen beizustehen. Sie hatten auch ihre Erschöpfung verursacht – und ihre kleine Tochter ermordet.

Eine weitere Katastrophe verheimlichte ihr die Familie zwei Wochen lang. Aber ihre wiederholten Nachfragen zwangen Charles schließlich, ihr zu sagen, daß Hilary Metcalfe von einem Pöbelhaufen zu Tode getrampelt worden war, als er die Leute zu überreden versuchte, ihre Häuser freiwillig zu verlassen. Am nächsten Tag war er gestorben. Elizabeth Metcalfe, vor Kummer fast von Sinnen, hatte eine Woche später das Haus in der Wyndham Street aufgegeben und war nach England zurückgekehrt.

Mary war verzweifelt. Die Chinesen waren ihr zuwider geworden. Sie waren nicht besser als bösartige Tiger, schlimmer noch, denn Tiger ließen ihre Gefährten nicht im Stich und gaben ihre Jungen nicht dem Jäger preis. Die Chinesen waren raubgierige Hyänen, die kein Gebot kannten als das der Selbsterhaltung. Mary war sich der Unlogik ihrer Gefühle bewußt, aber sie fühlte sich gefangen auf einer schmutzigen kleinen Insel inmitten eines Volkes, das sie verabscheute und fürchtete.

Teil IV

MARY UND JONATHAN

6. Dezember 1911 bis
18. Juni 1916

6. Dezember 1911

«Doch hören Sie, gnädige Frau, auf den unsterblichen Barden. Der süße Schwan von Avon sagte es schon vor langer Zeit: *Der Strom der menschlichen Geschäfte wechselt: Nimmt man die Flut wahr, führet sie zum Glück.*»

Mary war amüsiert. Aber Harry sträubten sich die Haare im Nacken, als er die volltönende Baßstimme aus Shakespeares ‹*Julius Cäsar*› rezitieren hörte. Der wendige Schauspieler fuhr in polterndem Ton fort:

«Auf uns wird immer Verlaß sein. Die Mandschu-Dynastie ist von der Revolution gestürzt worden. Wir werden die Flut wahrnehmen und einem herrlichen Sieg entgegensegeln. Wir wissen, was der Barde von jenen sang, die die Flut verpassen: *Versäumt man sie, so muß die ganze Reise des Lebens sich durch Not und Klippen winden.*»

Die kleine Gesellschaft, die sich in der Bibliothek der Burg zusammengefunden hatte, war ebenso verblüfft über den Sprecher selbst wie über seine heroischen Gefühle. Er trug die deklamierten Verse mit unerhörtem Schwung und dramatischer Wirkung vor – in einem Cockney-Englisch mit den für einen Varieté-Juden typischen gutturalen Zischlauten und entstellten Diphthongen.

«Aber, General Cohen», wandte Mary ein, «Shakespeare schrieb auch: *Daß eine Gottheit unsere Zwecke formt, wie wir sie auch entwerfen.* Fürchten Sie nicht, daß Sie allzuviel Selbstvertrauen haben könnten?»

«Nein, gnädige Frau, nein, tausendmal nein. Der Dichter selbst sagte weiter: *Der Mensch ist manchmal seines Schicksals Meister; nicht durch die Schuld der Sterne, lieber Brutus, durch eigene Schuld nur sind wir Schwächlinge.*»

Das Äußere des Generals war ebenso ungewöhnlich wie sein Gebaren. Seine breiten Schultern sprengten fast die Nähte seiner grünen Tweedjacke, und über seinen muskulösen Oberschenkeln spannte sich die Röhrenhose aus blauem Flanell. Er sah aus wie ein kampferprobter Preisboxer, die Nase platt gedrückt, dicke rote Backen, ein rot-weißes Cowboy-Tuch um den massigen Hals geknotet, und der runde Schädel mit schwarzen Locken bedeckt. Als er sich zurücklehnte, öffnete sich seine Jacke und ließ zwei Colt-Revolver Kaliber 0.44 sehen.

«Jetzt verstehe ich, warum Sie Zwei-Revolver-Cohen genannt werden», bemerkte Sir Jonathan trocken. «Wieso stehen Sie eigentlich im Dienst von Dr. Sun Yat-sen?»

«Ja, General», fügte Charles Sekloong hinzu. «Sie sind nicht gerade der Mann, der sich als Kämpfer für die chinesische Revolution anbietet.»

«Ihnen zu Diensten, gnädige Frau, Sir Jonathan, meine Herren.» Er senkte den gewaltigen Kopf, als sähe er eine Vision. «Und immer zu Diensten seiner Exzellenz, Dr. Sun Yat-sen, der bald der erste Präsident der Republik China sein wird.»

«Es ist wirklich seltsam», sagte Mary. «Wie sind ausgerechnet Sie mit Dr. Sun zusammengekommen?»

«Morris Abraham Cohen, ehemals Sergeant Major in der Königlichen Marine-Infanterie, eine Zeitlang Dolmetscher für Kantonesisch beim Gericht in Alberta und jetzt im Rang eines Lieutenant Generals in der Armee der Republik China. Das ist sozusagen meine Geschichte in Kurzfassung.»

Die überschäumende Persönlichkeit verdunkelte vorübergehend sogar Sir Jonathans stahlharten Glanz. Der neuernannte General leerte seinen silbernen Bierbecher, ehe er fortfuhr.

«Dankbarkeit, gnädige Frau, Dankbarkeit ist es, die mich hierhergebracht hat. Wie der unsterbliche Barde erklärte: *Undankbarkeit hasse ich bei einem Mann mehr als Lügen, Eitelkeit, Geschwätz und Trunkenheit.* Seine Exzellenz, Dr. Sun Yat-sen, fand mich in Kanada, wo er sich um die finanzielle Unterstützung seiner Landsleute bemühte, um ihr Vaterland vom Mandschu-Joch zu befreien. Ich setzte dort meine geringen Kenntnisse des Kantonesischen ein, um unglücklichen Chinesen zu helfen, die sich in den Schlingen des Gesetzes verstrickt hatten. Dr. Sun machte mich zu seinem Leibwächter. Jetzt hat er mich zum General in der Armee gemacht, die er zur Verteidigung der neuen Republik China aufbaut. Ihm gehört meine Dankbarkeit – und Sie werden *ihn* nicht undankbar finden.»

Die vier Sekloongs ließen ihn ausreden. Wenn er wollte, hatte Sir Jonathan die außerordentliche Geduld, die fremde Völker seinen chinesischen Vorfahren zuschrieben – und auch die Freude seiner irischen Ahnen an einer guten Geschichte und einem tollen Kerl. Mary und Charles waren fasziniert von dem jungen Juden, der wie eine unwiderstehliche Naturkraft daherstürmte. Und Harry war hingerissen von der Hingabe dieses Außenstehenden für die Sache, der er selbst sich seit Jahren verschrieben hatte.

«Dankbarkeit, gnädige Frau, meine Herren», fuhr der Abenteurer fort, «und ein gesunder Wunsch nach Rache. Vergeltung, wenn Sie wollen. Das chinesische Volk hat gelitten unter der Unterdrückung durch die Ausländer, in der Heimat und im Ausland. Die Hebräer, mein eigenes Volk, haben auch viel gelitten – und eines Tages werden auch wir unser Heimatland zurückverlangen. Bis dahin diene ich der Gerechtigkeit.»

«Der Gerechtigkeit, General Cohen?» fragte Mary.

«Ja, der Gerechtigkeit, gnädige Frau. Der strafenden Gerechtigkeit für die Übeltäter in dieser betrüblichen Welt. Ich habe viel Ungerechtigkeit gesehen, da ich viel mit den Kulis zu tun hatte, die die großen Eisenbahnen über den amerikanischen Kontinent gebaut haben. Einige waren aus freiem Willen gekommen, aber die meisten unter Zwang. Unmenschliches mußten sie erleiden. Sie werden sich vielleicht an das berüchtigte holländische Schiff ‹Banca› erinnern. Es lag mitten im Hochsommer einen Monat lang vor Macao, mit dreihundertfünfzig Kulis unter Deck, während die Eigentümer mit den Schiffszimmerleuten um Reparaturenkosten feilschten. Die etwa zweihundert Kulis, die die Hitze überlebt hatten, brachen eines Tages aus dem Gewahrsam aus. Die Mannschaft verbarrikadierte sich auf dem Achterdeck und fing an zu schießen. Feuer brach aus und fraß sich schnell zum Pulvermagazin durch. Bei der Explosion kamen alle Kulis bis auf achtzig ums Leben.»

Sir Jonathan schwieg. Er sah keinen Grund, ihrem leidenschaftlichen Gast anzuvertrauen, daß er als junger Mann selbst am Kuli-Handel beteiligt gewesen war – oder daß er sich später dafür eingesetzt hatte, den Handel mit vertraglich verpflichteten Arbeitern zu unterbinden, der sich vom afrikanischen Sklavenhandel hauptsächlich dadurch unterschied, daß die menschliche Ware angeblich eingewilligt hatte.

«Ich verstehe den Zusammenhang zwischen dem Kuli-Handel und der Revolution nicht», sagte Charles verwirrt.

«Vielleicht kann ich es am besten mit den Worten eines anderen erklären. Ich habe hier den Bericht von Ah Tschung an ein Gericht in Alberta, wo er angeklagt war, weil er seinen Vorarbeiter mit einem Hackbeil bedroht hatte.»

Cohen nahm einen mehrfach zusammengefalteten Bogen dünnen Papiers aus seiner Brieftasche und glättete ihn auf den Knien.

«Mit zwanzig Jahren», las er, «kam ich im Jahre 1890 aus meinem Heimatort Sunning nach Macao, um Arbeit zu suchen. Ein Vetter brachte mich im Hause eines Ausländers unter, dessen Namen ich nie erfahren habe. Zwei Tage später brachte mich der Ausländer zu einer Kuli-Baracke, wo viele Männer auf Schiffe warteten, so eng zusammengepfercht, wie wir Hühner in Weidenkörbe quetschen, wenn wir sie zum Markt bringen. Ich wurde zu einem portugiesischen Offizier in einer grün-goldenen Uniform geführt, und sein Dolmetscher sagte mir, ich sollte nach Peru gehen und für vier Dollar im Monat arbeiten. Wenn ich mich weigerte, würde ich für sechs Jahre zu einem Sträflingstrupp und danach in den Kerker geschickt werden.

Widerwillig machte ich mein Kreuz auf ein mit chinesischer und europäischer Druckschrift bedecktes Papier. Lesen konnte ich beide nicht. Ein Siegel wurde aufgedrückt – und ich erhielt acht Silberdollar, zwei Anzüge, eine wattierte Jacke und ein Paar Stoffschuhe. Mit anderen wurde ich dann zu einem Schiff gebracht, das mit Ausländern bemannt war. Wir lagen auf den nackten Brettern und hatten nicht einmal eine Grasmatte. Auf See wurde ich sehr krank. Wir hatten weder Wasser noch frische Luft, denn die Luken waren fest geschlossen.

Nach zwei Stunden roch ich Feuer, und Rauch drang in den Laderaum. Wir alle schrien vor Angst, und ein alter Mann sagte, wir würden alle sterben. Als die Luken geöffnet wurden, drängten wir alle zur Leiter. Viele stürzten sich zu Tode. Meine Füße glitten auch ab, aber zwei junge Kulis zogen mich an Deck. Halb von Sinnen von dem schrecklichen Kampf, sah ich, daß das ganze Schiff in Flammen stand. Einen Augenblick später stürzten die Masten um.

Ich fand mich im Meer wieder – wie, weiß ich nicht. Ein Rundholz trieb vorbei, und ich packte es, obwohl es noch brannte, denn ich konnte nicht gut schwimmen. Nach einigen Stunden trug mich das Rundholz zu einer kleinen Insel, und ich glaubte mich gerettet.

Auch drei andere waren an das Inselchen getrieben worden. Wir alle dankten den Göttern für unsere Rettung, als wir ein kleines ausländisches, von Europäern gerudertes Boot erspähten. Aber sie nahmen keine Notiz von unseren Rufen und fuhren davon.

Meine Gefährten waren verzweifelt über dieses endgültige Zeichen des Unwillens vom Himmel. Ein alter Mann legte sich zum Sterben hin. Ehe er die Lippen zusammenpreßte und schwor, nicht mehr zu sprechen, ehe er vor den Richtern des Himmels stünde, erzählte er uns, er habe sich freiwillig nach Peru eingeschifft, um seinen ältesten Sohn ausfindig zu machen, der vor zwölf Jahren dorthin verpflichtet worden war. Der Sohn hatte eine Eingeborene geheiratet, die ihm sechs Kinder gebar. Der alte Mann hatte erst vor zwei Monaten vom Schicksal seines Sohnes und von der Existenz seiner Enkelkinder erfahren, als ein chinesischer Händler ihm einen zerfetzten Brief brachte, den ein öffentlicher Schreiber verfaßt hatte.

Wir anderen hielten die Verzweiflung des alten Mannes für töricht. Die Insel war zwar klein, aber aus festem Felsgestein – und in der Ferne sahen wir die Segel von Fischerdschunken. Aber die Flut überspülte den Felsen und schwemmte einen meiner Leidensgefährten nach dem anderen weg. Ich klammerte mich an die letzte vorstehende Spitze, bis die Flut auch mich ins Wasser zog.

Dann geschah ein Wunder. Ein Hühnerkorb aus dem untergegangenen Schiff trieb vorbei. Das Federvieh war ertrunken, und ich kletterte auf das schwankende Rettungsfloß. Nach mehreren Stunden kam eine Dschunke mit schleppendem Netz längsseits. Da ich in meinem Hosenbund immer noch die acht Silberdollar hatte, nahmen mich die Fischer nach Hongkong mit. Fünf andere Unglückliche, die sich an Wrackstükke klammerten, überließen die Fischer ihrem Schicksal, weil sie kein Silber hatten.»

Sir Jonathan widmete seine Aufmerksamkeit dem Anzünden einer neuen Zigarre. Charles gähnte hinter seinem Cognacschwenker und war in Gedanken mit dem Brief beschäftigt, den er wegen der Eisenbahnfinanzierung an die Rothschilds schreiben wollte. Harry, völlig Dr. Sun Yat-sen total ergeben, war natürlich entrüstet.

Mary war verwundert, aber auch verärgert über den weitschweifigen Bericht. Sicher, das Vorgehen der Europäer war verwerflich, aber es waren raubgierige Abenteurer, die keine moralischen Hemmungen kannten. Das Verhalten der Chinesen fand sie hingegen typisch für eine Rasse, die in erster Linie an Gewinn interessiert war. Sein eigener Vetter hatte Ah Tschung in die Sklaverei verkauft, und die chinesischen Fischer hatten nur die Schiffbrüchigen gerettet, die bezahlen konnten. Aber sie wollte sich nicht mehr über die Grausamkeiten grämen, die Chinesen an ihren eigenen Landsleuten verübten.

«Eine traurige Geschichte, General Cohen», sagte sie. «Vielleicht ist mein Verstand durch Ihre Eloquenz verwirrt, aber ich begreife nicht, was sie beweisen soll.»

«Fassen Sie es als eine Moralpredigt auf, liebe gnädige Frau», erwiderte der stämmige Leibwächter ruhig. «Ah Tschung war anschließend bei Ihrem Schwiegervater angestellt und bekam später als Belohnung für treue Dienste die Überfahrt nach Kanada. Den Namen Sekloong hörte ich zum erstenmal aus Ah Tschungs Mund.»

«Ich glaube, ich erinnere mich an ihn», sagte Sir Jonathan verlegen.

«Er erinnert sich an Sie, Sir, mit großer Zuneigung und Dankbarkeit. Aber die Dame fragt, was diese Geschichte mit unseren gegenwärtigen Bemühungen zu tun hat. Die Mandschus, die wir gestürzt haben, duldeten den Kuli-Handel schweigend – obwohl sie ihn öffentlich mißbilligten. Und die Europäer, die das arme Volk abscheulich ausbeuteten, wurden unterstützt von korrupten Beamten, die die natürlichen Beschützer ihrer leidenden Landsleute hätten sein sollen. Und endlich –

habgierige Profitmacher haben Ah Tschung erst in Gefahr gebracht und später gerettet, während sie die anderen mittellosen Schiffbrüchigen zum Tode verurteilten.»

«Es gibt Kapitalisten, die viel für die Revolution getan haben», wandte Charles ein. «Ich sehe immer noch keinen Zusammenhang zwischen Ah Tschungs Geschichte und der Revolution.»

«Solche Mißstände werden wir ausmerzen!» dröhnte Cohens Baßstimme, und in heftiger Entrüstung schlug er sich mit der Faust aufs Knie. «Dr. Sun hat nicht all die langen Jahre gekämpft, um eine Clique *kaiserlicher* Gauner durch eine Clique *republikanischer* Gauner zu ersetzen. Er hat ein umfassendes Programm. Er wird die Geldwechsler aus dem Tempel jagen, aber den aufrechten Kaufmann und den weitsichtigen Unternehmer respektieren. Er wird China zu einer großen, stolzen und edlen Nation machen.»

«Ich bin beruhigt, General!» Sir Jonathan verhehlte nicht seine Abneigung gegen die bombastische Ausdrucksweise des Abenteurers. «Aber Sie haben uns noch nicht gesagt, warum Sie so erpicht darauf sind, China zu helfen.»

«Weil ich Ungerechtigkeit verabscheue, Sir – und große Unternehmungen liebe. Weil die verlorenen Stämme Israels vor Jahrtausenden den Weg nach China eingeschlagen haben. Wenn *ein* altes Volk von Ungerechtigkeit befreit wird, dann sollte auch ein anderes altes Volk, mein eigenes, befreit werden!»

Das Glaubensbekenntnis des jungen Juden wurde mit verlegenem Schweigen aufgenommen. Charles flüchtete sich in seine Pflichten als ältester Sohn des Hauses. Er füllte Cohens Bierbecher von neuem, schenkte seiner Frau noch einen Brandy mit Soda ein und goß reichlich Brandy pur in die Cognacschwenker für seinen Vater, seinen Bruder und sich selbst.

Charles wurde jeden Tag britischer, fand Mary, jede Zurschaustellung von Gefühlen war ihm ausgesprochen peinlich. Bei ihm wirkte sich weder der Schuß irischen Bluts aus noch die Vorliebe der Chinesen für Theatralik. Sein Vater war anders. Hinter seiner würdigen Fassade brannte Feuer und loderte gelegentlich hell auf. Beide waren leidenschaftliche Männer, die der Welt ein ruhiges Gesicht zeigten, aber weder Sir Jonathan noch Charles waren phantasievoll, nicht so phantasievoll jedenfalls wie Dichter oder Revolutionäre. Bei ihren weitgespannten Plänen ließen sie sich immer von kaltblütiger Kalkulation leiten.

Mary fürchtete, der kühle Scharfsinn der beiden könnte ihr eigenes Herz verhärtet haben, obwohl die gleichsam religiöse Hingabe der beiden an das Haus Sekloong sie abstieß. Sie bekannten sich als Katholiken, begegneten dem Clan jedoch so ehrfürchtig wie Hohepriester, die einer eifersüchtigen, fordernden Gottheit dienten. Marys Abscheu dagegen hatte im Laufe der Jahre zugenommen. Manchmal war sie verzweifelt und hatte das Gefühl, kein Mensch mit eigener Individualität mehr zu sein, nicht einmal eine Frau und Mutter, sondern eine widerstrebende Hohepriesterin – oder vielleicht eine geweihte Tempelhure – des Mammonkults der Sekloongs.

Nur Harry schwor diesem Kult allmählich ab und löste sich heimlich vom Clan. Ihm lag die keltische und die chinesische Leidenschaftlichkeit, wenn auch verdeckt durch seine übliche Despektierlichkeit, im Blut. Mit zweiunddreißig Jahren hatte er endlich *sein* Ziel erkannt – in jener stürmischen Nacht, in der er den Opiumschmuggler ‹Taishan› angriff. Die abstrakten, blutleeren Intrigen des Büros reizten ihn nicht so, wie ihn der Einsatz seines Lebens gegen Wellen und Kugeln gereizt hatte. Ihn berauschte die Aufgabe, die Zwei-Revolver-Cohen gerade so hochtrabend beschrieben hatte: die Rettung eines Staates und eines Volkes – *seines* Staates und *seines* Volkes –, die seit Jahrhunderten ausgebeutet und unterdrückt worden waren. Mary wußte zu ihrem Leidwesen, daß Harry auch für sie so gut wie verloren war. Er hatte sich ganz der Revolution von Dr. Sun Yat-sen verschrieben, die soeben eine 267 Jahre alte Dynastie gestürzt und eine jahrtausendealte Gesellschaft zerschlagen hatte.

Ah Sams Klopfen machte ihren traurigen Gedanken ein Ende und brach auch das peinliche Schweigen, das auf den vier Männern lastete. Der alte Pirat öffnete die Teaktüren, und sie sah, daß er seinen Zopf abgeschnitten hatte, den Zopf, den alle Chinesen seit der Thronbesteigung der Mandschus hatten tragen müssen. Seine Tat war bedeutsam. Wenn sogar Ah Sam, dieser standhafte Konservative, das Symbol der Treue zur großen reinen Dynastie ablegte, dann hatten die Republikaner die Herzen des chinesischen Volkes so gut wie gewonnen.

Ah Sam führte ein seltsames Paar in die Bibliothek. Ein untersetzter Chinese mit angegrautem Schnurrbart in dem breiten Bauerngesicht trat als erster ein. Er trug einen Gehrock aus feinem Wollstoff, und über seiner zweireihigen Weste hing eine schwere goldene Kette. Mary erkannte ihn ebenso an seinem imponierenden Auftreten wie nach seinen Fotografien: Sun Yat-sen, an der Universität von Hongkong zum Doktor der Medizin promoviert, seit Jahrzehnten der gefährlichste Feind der Mandschus und, wenn General Cohen es richtig beurteilte, bald der erste Präsident der Republik China.

Sein Begleiter war sein ganzes Gegenteil: ein vornehmer Patrizier, schlank, etwas nach vorn gebeugt, als ob er seine Tage über alten Handschriften zubrächte. Dr. Sun hatte einen schweren Gang und ebenmäßige Gesichtszüge. Sein Gefährte schritt leichtfüßig aus, und sein schmales Gesicht wurde beherrscht von einer stark gebogenen Nase. Seine Weste war mit leuchtenden gelben Rosen bestickt, und seine tiefliegenden Augen strahlten wache Intelligenz aus. Wenn er sprach, gestikulierte er mit den zarten weißen Händen, so daß es aussah wie in der Luft tanzende Schmetterlinge.

Obwohl Judah Haleevie in Schanghai lebte, hatte Mary ihn schon mehrmals gesehen. Er war ein geschätzter Geschäftsfreund von Sir Jonathan und gehörte wie die Sekloongs zwei Welten an. Mit ein paar anderen irakisch-jüdischen Familien, unter ihnen die Sassoons und die Kadoories, hatten die Haleevies aus einem verschlafenen Fischerdorf am schlammigen Delta des Jangtsekiang die moderne Großstadt Schanghai entstehen lassen. Die Haleevies konnten über große Geldbeträge von den Rothschilds, den Salomons und den Warburgs verfügen. Die aus dem Nahen Osten stammenden Juden waren mit ihren deutschen Glaubensbrüdern nicht in erster Linie aus religiösen Gründen oder durch gemeinsame Interessen verbunden, sondern durch das gemeinsame Ziel, eine jüdische Heimstätte in Palästina zu schaffen.

Judah war bekannt für seine Philanthropie. Er trachtete nicht nach persönlichem Ruhm. Er blieb ein Fremdkörper unter den gern und viel trinkenden und ganz und gar nicht intellektuellen Kaufleuten an der chinesischen Küste, die ihn den hebräischen Mandarin nannten – nicht nur wegen seiner Bibelgelehrsamkeit, sondern auch wegen seines seltsamen Familienlebens. Zu seinen sieben Söhnen und einer Tochter, der jetzt sechsjährigen Sarah, die als Jüngste entsprechend verwöhnt wurde, hatte er sieben eurasische Waisen, lauter Mädchen, adoptiert.

«Sie werden prächtige Bräute für meine Jungen abgeben», pflegte er abwehrend zu sagen. Aber Sir Jonathan stellte mit einem Anflug von Neid fest, daß Judah Haleevie einen Hang zum Patriarchalischen hatte, der unter Juden ebenso ausgeprägt war wie unter Chinesen.

«Nun, Sir Jonathan, mein alter Freund, ich glaube, wir können heute abend alle zufrieden sein», sagte Dr. Sun auf englisch. Der amerikanische Tonfall, der die Zischlaute des Hongkonger Akzents überlagerte, war ein Überbleibsel aus seiner Schulzeit in Hawaii.

«Das wollen wir hoffen, Dr. Sun», erwiderte Sir Jonathan gemessen. «Darf ich Ihnen meinen Sohn Charles und seine Frau Mary vorstellen? Meinen nichtsnutzigen Sohn Harry kennen Sie ja.»

«Sehr erfreut, gnädige Frau, Mr. Sekloong. Ihr Bruder hat mir viel von Ihnen erzählt.»

Judah Haleevies würdevolles Auftreten erinnerte an seine fernen spanischen Vorfahren. Seine Augen mit den schweren Lidern ruhten auf Marys offenem Gesicht, würdigten ihr rotgoldenes Haar und ihre Figur, die ein gelbseidenes Kleid mit hoher Taille zur Geltung brachte. Er nickte Zwei-Revolver-Cohen wie einem alten Bekannten zu, obwohl sie sich erst am Tag zuvor kennengelernt hatten. Der gelehrte jüdische Handelsmagnat hatte wenig gemein mit dem bombastischen jüdischen Abenteurer.

«Wie Sie wissen, Jonathan», bemerkte Haleevie ruhig, «teilt Dr. Sun Ihre Leidenschaft für Eisenbahnen. Wir haben lange Linien auf der Landkarte gezogen.»

«Ihre Eisenbahnen ... *unsere* Eisenbahnen ... werden China einen.» Dr. Sun sprach mit der Bestimmtheit eines erfahrenen Redners. «Von der Mandschurei bis Tibet werden wir das Land mit einem stählernen Netz überziehen. Dann wird China nicht mehr eine zerfließende Fläche Sandes sein, sondern ein durch stählerne Bänder zusammengehaltener Granitpfeiler. Es wird zum lebenden Organismus werden, sich ständig wandelnd, immer in Bewegung. Die Eisenbahnen werden die Arterien sein, durch die das nährende Herzblut strömt. Und Harrys Lastkraftwagenkolonnen werden die Kapillaren sein, die alle Zellen versorgen, wie abgelegen sie auch sein mögen!»

«*Ihre* Eisenbahnen, Dr. Sun», warf Judah Haleevie ein, «nicht *unsere.*»

«Na», lachte der Staatsmann, «unsere *und* Ihre – wenigstens zu Anfang. Wir werden viel finanzielle Hilfe brauchen, aber gehören müssen die Eisenbahnen dem chinesischen Volk.»

«Einverstanden», nickte Sir Jonathan. «Und eine angemessene Verzinsung für die Geldgeber.»

«Eine angemessene Verzinsung», antwortete Sun Yat-sen. «Keine Wucherzinsen.»

«Wenn Sie die Gans nicht füttern», erwiderte Sir Jonathan scharf, «wird sie keine Eier legen – weder goldene noch andere.»

«Ein ungewöhnlicher Zufall», warf Judah Haleevie diplomatisch ein. «Eisenbahnen spielen eine große Rolle in Ihren Plänen, aber der Widerstand gegen Eisenbahnen hat Sie an die Macht gebracht.»

«Kein Zufall, mein Freund, sondern Weitsicht. Das ganze Jangtse-Tal von Szetschuan bis Schanghai revoltierte, weil das von den Mandschus zusammengebrachte Eisenbahn-Konsortium eine ausländische Vorherrschaft bedeutet hätte, die viele Jahre lang nicht, vielleicht nie, abzuschütteln gewesen wäre. Bei unseren Eisenbahnen wird das anders sein: ausländische Finanzierung, aber chinesische Verwaltung.»

«Waren Sie erstaunt über Ihren raschen Sieg?» fragte Mary.

«Nein, eigentlich nicht», antwortete Sun. «Wir wußten, daß der Sturz der Mandschus bevorstand. Wir waren nur überrascht über die eigentlich sehr unbedeutenden Vorkommnisse, die sie zu Fall brachten: ein paar Krawalle gegen die Eisenbahn im Südwesten und eine Explosion – eine sehr kleine Explosion – in Wuhan. Die Revolutionäre in Wuhan hatten beim Umgang mit Dynamit mehr Begeisterung als Geschicklichkeit an den Tag gelegt. Als die Mandschus der Armee befahlen, gegen sie vorzugehen, meuterten die Truppen. Viele der Offiziere waren in unseren Geheimlisten verzeichnet. Hätten die Mandschus die Listen gefunden, wären sie alle niedergemetzelt worden.»

«Und dann ging alles nach Ihren Wünschen?» fragte Mary weiter.

«Es tat mir leid, daß die Mandschu-Garnisonen niedergemacht wurden. Das waren keine Soldaten mehr, sondern nur noch fette, verzärtelte Pensionäre. Dann stürzte das ganze Gebäude ein. Das *Ta Ching Chao* sah aus wie eine riesige, uneinnehmbare Festung. Jahrelang waren wir gegen die hohen Mauern angerannt, manchmal faßten wir Fuß, wurden aber immer wieder zurückgeworfen. Dabei wußten wir, daß das Gebäude von innen her faulte. Dann kam plötzlich diese unbeabsichtigte kleine Explosion – und die Festung stürzte ein wie ein Kartenhaus.»

«Aber, Sir», warf Harry ein, «ohne Vizekönig Yüan Schih-kai würden Sie nicht nach Nanking gehen und den Vorsitz in der Nationalversammlung haben.»

«Richtig, Harry. Wir konnten uns nicht darauf verlassen, daß der große Vizekönig im Jahre 1911 die Dynastie an die Revolution verraten würde, bloß weil er 1898 die Reformer an die Dynastie verraten hatte. Seine meisterhafte Untätigkeit war ein unerwarteter, entscheidender Segen – und er wird eine Belohnung fordern. Leider müssen wir solchen eigennützigen Überbleibseln des alten Regime wie Yüan Schih-kai noch Entgegenkommen zeigen. Aber ihre Zeit wird kurz sein. Wir werden aus dem Besten, was Ost und West bieten, ein neues China aufbauen – wenn wir die Korruption von zweitausend Jahren konfuzianischer Regierung beseitigt haben. Unsere Aufgabe ist groß, aber wir werden sie ebenso schnell durchführen, wie die Ching-Dynastie zusammengebrochen ist.»

Mary unterdrückte ein Lächeln. Sie war überzeugt, daß Dr. Sun Yat-sen nicht einmal in hundert Jahren auch nur ein Zehntel seiner Ziele erreichen könnte. Sein Versprechen, Chinas träge Masse zu verändern, «so schnell, wie die Ching-Dynstie zusammengebrochen ist», war nicht nur überspannt, es war bodenloser Unsinn. Der Charakter der Chinesen würde jede umfassende Änderung ausschließen. Hongkong selbst war der beste Beweis dafür, daß es unmöglich war, die angeborene Selbstsucht des Durchschnittschinesen zu mildern oder ihm seine absolute Gleichgültigkeit gegenüber allen anderen Menschen abzugewöhnen. Die Engländer waren, trotz ihres Snobismus, ihres Cliquenwesens und ihres Geizes, im Vergleich zu den Chinesen tüchtig und selbstlos. Aber es war ihnen nicht gelungen, das Wesen der Chinesen zu beeinflussen.

«Hongkong ist ein ideales soziologisches Laboratorium.» Wenige Monate vor seinem Tod hatte Hilary Metcalfe eingestanden, daß er der Verzweiflung nahe sei. «Klein und abgeschlossen, wenn auch nicht völlig unter Kontrolle. Das Verhalten der Engländer ist seit eh und je abscheulich, aber wir sind selbstlose Engel im Vergleich zur herrschenden Schicht der Chinesen. Unsere Bemühungen, eine neue Gesellschaft zu schaffen, die Ost und West verbindet, waren zumindest gut gemeint. Aber das Ergebnis? Schauen Sie sich um. Die Chinesen haben *uns* verwandelt! Immerhin eine Leistung. Sie haben Menschen, von denen man annehmen würde, sie könnten nicht korrupter sein, noch korrupter gemacht, Menschen, die mit nicht mehr moralischem Empfinden auf die Welt gekommen sind als dieses *cheechuk.*» Er hatte auf die Decke gedeutet, wo eine fünf Zentimeter lange, halb durchsichtige Eidechse mit der Zunge nach einer schwarzen Ameise schnellte. «Das einzige Band war ihr Geiz. Einige Europäer und ein paar Chinesen versuchten, über die gewaltige Barriere unterschiedlicher Kulturen hinweg miteinander Verbindung aufzunehmen. Nicht einmal die Sprache konnten wir sie lehren. Dieses Hongkong-Englisch! Es ist keine Sprache, sondern ein verdammt untauglicher Jargon. Nur das Hongkong-Chinesisch der britischen Kolonialoffiziere ist noch schlimmer. Dennoch glauben manche Leute, die Chinesen könnten sich ändern. Blödsinn!»

Damals war Mary entsetzt gewesen über seine Heftigkeit, denn sie hatte vieles noch nicht ganz begriffen: Wie verschlagen der Charakter der Chinesen war, wie überwältigend ihre Habsucht, die sie antrieb, sogar ihre Landsleute auszubeuten, und wie sehr der ansteckende Aberglaube jeden Fortschritt hemmte. Ihre späteren Erfahrungen hatten Hilary Metcalfes düstere Beurteilung bestätigt. Da eine wohlgeordnete Gesellschaft schon in Hongkong unmöglich war, war sie in China unvorstellbar. Der Idealist Dr. Sun sah sein eigenes Volk nicht richtig. Er war blind geworden durch seine eigene Begeisterung, seine lange Abwesenheit und seine ausländische Bildung.

Sir Jonathan glaubte an Chinas Zukunft – trotz seiner kühlen Einschätzung von Menschen und Ereignissen. Das war *sein* blinder Fleck, denn sein Urteil über China wurde weit mehr von seinem impulsiven Herzen bestimmt als von seinem berechnenden Verstand. Aber seine persönlichen Investitionen waren auf Europa und Amerika und auch Asien verteilt. Diese Streuung zeigte seine Skepsis hinsichtlich der Zukunft des von ihm geliebten China, die er nicht in Worte fassen wollte.

Der Autokrat hatte auch keine Einwände erhoben, als Mary vorschlug, ihr Ältester, sein Enkel Jonathan, sollte eine englische Schule besuchen. Auf seinen Wunsch waren die Kinder alle in Mandarin und Kalligraphie unterrichtet worden, von einem ältlichen Gelehrten, einem entfernten Vetter, den sie liebevoll Onkel Kwok nannten, wenn sie ihn nicht gerade piesackten. Aber als Charles und Mary ihn wegen der Schulausbildung des kleinen Jonathan um Rat fragten, hatte Sir Jonathans glühender chinesischer Patriotismus vor seinem nüchternen Sinn für das Praktische kapituliert.

«Er ist alt genug ... neun, fast zu alt, um mit den Plagen eines englischen Internats zu beginnen. Aber es muß sein, und er kann sein Chinesisch später vervollkommnen. Natürlich muß es eine katholische Schule sein.»

«Das ist selbstverständlich, Vater», antwortete Charles.

Mary war erstaunt, daß Sir Jonathan so bereitwillig auf eine gute chinesische Ausbildung verzichtete, die Jonnie allerdings in Hongkong ohnehin nicht erhalten konnte. Wäre er wohl so nachgiebig gewesen, wenn nicht das chinesische Schulsystem gerade im Umbruch und eine englische Ausbildung für den Erfolg in der Wirtschaft so wesentlich gewesen wäre? Ihr selbst gefiel der Gedanke nicht, daß ihr Erstgeborener schwarzgekleideten Priestern in die Hände fallen sollte, denn auch nach zehnjähriger Ehe mit einem Katholiken wurde sie noch von der unsinnigen Angst vor der römisch-katholischen Kirche geplagt, die ihre nonkonformistische Erziehung ihr eingeimpft hatte.

«Und es müssen Jesuiten sein, Vater», fügte Charles hinzu. «Sie haben es gut gemacht bei dir und mir.»

Der Entschluß, der Marys Herz monatelang bedrückt hatte, war in Minuten gefaßt. Sie hatte Qualen ausgestanden bei dem Gedanken, sich von Jonnie zu trennen, aber sie wußte, daß es notwendig war. So befriedigend das St. Stephen's College für die meisten Hongkong-Chinesen und Eurasier auch sein mochte, für einen Sekloong der dritten Generation genügte es nicht – und schon gar nicht für *ihren* Sohn. Wenn Jonnie nicht ein typischer Hongkong-Mann werden sollte, ein entwurzelter Einwohner eines isolierten Kultur-Kaffs, dann mußte er in England zur Schule gehen.

Es war für Mary ein denkwürdiges – und entscheidendes – Erlebnis, als sie nach elfjähriger Abwesenheit nach England zurückkehrte, um Jonnie in die Schule zu bringen.

Das Jahr 1911, das zweite der Regierungszeit König Georgs V., zeichnete sich nicht nur durch einen herrlichen Frühling und Sommer aus, es war auch historisch ein bedeutsames Jahr. Schon damals waren sich einsichtige Männer und Frauen der Tatsache bewußt, daß sie Zeugen eines epochemachenden Wandels im britischen Leben waren. Der hitzige Waliser David Lloyd George war dabei, das Gebäude von Privilegien niederzureißen, das einst England gewesen war. Ein eingeschüchtertes Oberhaus wurde seines Vetorechts beraubt, und die goldenen Tage der adligen Grundbesitzer waren gezählt; die so lange hintertriebene Einkommensteuer wurde eingeführt, und die Ära der ungeheuren Privatvermögen ging ihrem Ende entgegen; neue Gesetze gestanden den Gewerkschaften das Recht zu, sich zu organisieren, und eine neue Schicht griff nach den Hebeln der Macht. Diese Geschehnisse waren so bedeutsam, daß viele informierte Zeitgenossen erkannten, daß sich ihr Leben von Grund auf änderte.

Indes sahen nur wenige Briten die drohende Katastrophe voraus, den Krieg, der ganz Europa erschüttern sollte, den ersten großen Krieg, seit die Schlacht von Waterloo 1815 Napoleons weltumspannende Visionen zerschlagen hatte. Schon drei Jahre später sollte ein Jahrhundert des lebensfrohen Optimismus und des sprunghaften Fortschritts auf den blutgetränkten Schlachtfeldern Flanderns enden. Aber nur verbitterte Pessimisten sprachen die böse Vorahnung aus, daß die Zivilisation in ihr Verderben renne. Sie wurden verspottet vom gesamten Bürgertum. Die Königliche Marine war super, das Pfund Sterling felsenfest. Fröhliche Sommerfrischler, die Männer mit Strohhüten, die Kreissägen genannt wurden, die Frauen mit kimono-ähnlichen Ärmeln, pfiffen auf den Promenaden in Brighton «Lily of Laguna», und die Kleidersäume rutschten etwas höher und ließen hübsche Knöchel in reinseidenen Strümpfen sehen. Der allgemeine Optimismus war so strahlend wie der unentwegte Sonnenschein.

Zum zweiten- und letztenmal in ihrem Leben schenkte Mary Sekloong den Geschehnissen des öffentlichen Lebens keine Aufmerksamkeit. Nach hektischen Vorbereitungen, die, wie Charles brummig bemerkte, «der Einschiffung einer Expeditionstruppe keine Schande gemacht hätten», fuhr sie im März 1911 mit dem Passagierdampfer ‹Monarch› der Peninsular and Oriental-Line nach Southampton. Die Reise von einunddreißig Tagen ließ sich in nichts mit den fünfzig Tagen an Bord der ‹Orion› im Jahre 1900 vergleichen. Mary hatte nur ihre persönliche Amah mitgenommen, die für sie und Jonnie sorgte. Aber der Name Sekloong bewirkte, daß sie sowohl von den chinesischen Stewards als auch von den britischen Offizieren mit Aufmerksamkeiten überschüttet wurde; sie reiste wie eine Kronprinzessin.

Nach dieser geradezu fürstlichen Reise war England zuerst eine Enttäuschung. Zwar erhielt sie bald Zugang zu einem ihr bisher unbekannten Zauberreich, aber der unsichtbare Zauberer, der die Dinge für sie regelte, war launisch. Auf trostlose Langeweile folgten Augenblicke des Entzückens über das halbvergessene Land, aus dem sie stammte. In dem neuen Haus ihres Bruders Thomas in der Nähe von Hampstead Heath verzieh Musikmeister John Philip Osgood ihr endlich ihre Ehe. Er war ganz vernarrt in seine Tochter und den Enkel, den er zum erstenmal sah. Mit siebenundfünfzig war ihr Vater ebenso bärbeißig, wie er mit siebenundvierzig gewesen war. Doch wenn er sich unbeobachtet glaubte, strahlten seine Augen, wenn er Jonnie mit seinen Vettern umhertollen sah. Marys Bruder, jetzt ein aufstrebender Rechtsanwalt, war von einer geradezu peinlichen Aufmerksamkeit. Sein warnendes Kabel, mit dem er sich gegen die Heirat seiner Schwester ausgesprochen hatte, bedauerte er zutiefst – zumindest wollte er diesen Eindruck bei ihr erwecken, denn im Laufe des letzten Jahrzehnts war der Reichtum der Sekloongs eine anerkannte Größe in der City von London, der Finanzhauptstadt der Welt, geworden. Unverblümt gab Thomas ihr zu bedenken, daß sein Schwager doch unbedingt einen Anwalt brauche, der zur Familie gehöre und daher absolut vertrauenswürdig sei und sich für die Interessen der Sekloongs voll einsetzen werde. Mary wehrte seinen plumpen Vorschlag höflich ab.

Sie wurde mit Einladungen überschüttet, nachdem sie ein kleines Landhaus in Esher in Surrey, fünfundzwanzig Meilen südlich von London, gemietet hatte. Sie war eine Null gewesen, als sie England verließ. Nun kehrte sie zurück als Frau des mutmaßlichen Erben eines expandierenden Handelsimperiums und war, wie *sie*, die Allwissenden, Allgegenwärtigen, Anonymen tuschelten, in diesem Imperium eine Großmacht aus eigenem Recht. Mary wurde inständig um ihre Anwesenheit bei Abendgesellschaften, Theaterbesuchen, Empfängen und Bällen gebeten. Erst im Juli fand sie Zeit und Muße, ein wenig über sich und England nachzudenken. Als die Londoner Saison zu Ende war, zogen sich die oberen Zehntausend zur Jagd nach Schottland oder Irland zurück, reisten nach Frankreich, Deutschland oder in die Schweiz, damit sich in den Badeorten ihre überlasteten Lebern wieder erholten, oder sie schifften sich auf ihren Yachten zu langen Mittelmeer-Kreuzfahrten ein. Die Ära dieser privilegierten Schicht ging ihrem Ende entgegen, aber sie vergnügten sich ahnungslos in einer goldenen Götterdämmerung.

Auch Mary war sich dessen nicht bewußt, aber sie hielt sich diese Oberschicht, die sich jetzt im selben Maße um sie bemühte wie sie sie früher ignoriert hatte, instinktiv ein wenig vom Leibe. Sie fühlte sich mehr zu den Verwandten der Haleevies, den Sassoons hingezogen, die in fürstlicher Pracht in Sussex lebten und überaus gastfreundlich waren. Zwar waren die Sassoons, wie der junge Baronet Sir Siegfried sagte, «englischer geworden als die Engländer», aber sie wünschten ihre Bindungen zum Fernen Osten ebensowenig zu vergessen, wie sie die stolze, semitische Wölbung ihrer Nasen zu ändern wünschten. Mary stellte fest, daß sie sich bei den Sassoons wohler fühlte als bei ihrer eigenen Familie, weil ihre Gastgeber nicht nur, wie sie, das Asien kannten, dem sie für kurze Zeit entflohen war, sondern auch ihre Einstellung zu dieser anderen Welt teilten. Zögernd erkannte sie, daß noch etwas anderes sie verband: Die Sassoons besaßen den großen Reichtum, an dessen Annehmlichkeiten sie mittlerweile gewöhnt war.

Bei einer Geselligkeit in Guildford traf sie Lord Peter Comyn French wieder. Er hatte nicht geheiratet, und es war fast unheimlich, daß er noch genauso aussah wie der lässige junge Captain, den sie vor elf Jahren gekannt hatte. Zu ihrer Überraschung begrüßte er sie wie eine gute Freundin und machte ihr den Hof wie ein Verehrer. Sie stellte fest, daß Peter ein fast ebenso angenehmer Vertrauter war wie Harry Sekloong, ehe er den Verlockungen der Gefahr und der Politik erlegen war. Mary entdeckte England ganz neu. Sie gestand sich ehrlich ein, daß es ihr gefiel, auf dieser Entdeckungsreise von einem Sproß der Aristokratie begleitet zu werden. Seine scharfsinnigen Bemerkungen zeigten ihr ein England, das sie nie richtig gekannt hatte.

Lord Peter trug Krone und Stern eines Lieutenant Colonel, wenn er gelegentlich seinen militärischen Pflichten nachging. Aber seine Freizeit schien fast unbegrenzt zu sein. Er war Kommandeur des Wachbataillons der Coldstream Guards und verbrachte mehr Zeit in Marys Haus in Esher als in London. Seine Anwesenheit war durchaus schicklich. Abgesehen von einem puritanischen irischen Butler und der mißtrauischen Amah, waren immer noch andere Logiergäste da, gewöhnlich seriöse

Ehepaare. Peter war nicht aufdringlich, aber stets aufmerksam, und vermochte sich bemerkenswert gut in ihre Stimmungen einzufühlen. Sie konnte die Abwehr aufgeben und ihren harmlosen Flirt genießen. Unter seiner Anleitung suchte sie nach neuen Wurzeln, die ihr im Exil in Hongkong Kraft geben oder ihr vielleicht nützlich sein könnten, falls sie nach England zurückkehren sollte – ein Ausweg, den sie immer noch erwog.

Jonnie akzeptierte seinen neuen Onkel vorbehaltlos. Peter begegnete dem Neunjährigen mit einer unerschöpflichen Geduld und bedachte ihn ebenso unerschöpflich großzügig mit goldenen Sovereigns oder kleinen Geschenken wie dem Taschenmesser mit Perlmuttgriff, das Mary jedesmal vor Angst zittern ließ, wenn sie seine Klinge in Jonnies kleiner Hand glitzern sah. Als der Sommer sich neigte, war es nur natürlich, daß Lord Peter French ihr beim Umzug in Brown's Hotel behilflich war, wo sie die kleine Amah zurückließen, damit sie Marys Habe bewache. Und es war ganz selbstverständlich, daß Peter am Bahnhof Euston mit ihnen den Zug nach Preston in Lancashire bestieg, um Jonnie nach St. Mary's Hall, der vorbereitenden Schule für das Stonyhurst College, Großbritanniens vornehmster Jesuitenschule, zu bringen.

Vor Aufregung schoß Jonnie in dem offenen Landauer von einer Seite zur anderen, als die beiden Grauschimmel durch das weiße Tor und zwischen zwei schimmernden künstlichen Seen hindurch zum Schloß trotteten. Stonyhurst war, wie die Jesuiten betonten, das größte Gebäude in England. Dort hatte Oliver Cromwell die Nacht vor der entscheidenden Schlacht von Preston im August 1648 verbracht.

«Der alte Puritaner muß sich jedesmal im Grabe umdrehen, wenn er daran denkt, daß Stonyhurst eine Zitadelle der scharlachroten Hure von Rom ist», lachte Peter.

Vor den steinernen Löwen, die den Eingang zum Hauptgebäude bewachten, bog der Landauer scharf nach links ab, und sie fuhren durch eine schattige Allee zu einem kleineren grauen Bau, der St. Mary's Hall. Kleine Jungen in kurzer Hose und schwarzem Blazer rannten über den Rasen und begrüßten einander mit schrillen Schreien. Ein paar «Neue» zottelten hinterher. Jonnie sprang aus dem Landauer, ehe er noch ganz hielt. Während Mary mit dem Direktor plauderte und beim Anblick seiner schwarzen Soutane mit den flatternden Jesuiten-Ärmeln eine seltsame Ruhe empfand, verschwand Jonnie in der Menge. Er hatte sie bereits verlassen und war offenbar über die Aussicht auf die mindestens zweijährige Trennung überhaupt nicht traurig. Erst nachdem sie sich das Zimmer angesehen hatte, das Jonnie mit sechs anderen kleinen Jungen teilen sollte, ließ er erkennen, daß er sich über ihre Gefühle klarwar.

«Weine nicht, Mutter. Ich fühle mich wohl hier. Aber ihr werdet mir fehlen, du und Onkel Harry und Großvater – und Papa natürlich.»

Sie weinte doch, als der Landauer durch das weiße Eisentor fuhr. Peters um ihre Schulter gelegter Arm war ein Trost für sie, auch wenn sie sich sagte, daß jeder männliche Arm diesen Zweck erfüllt hätte. Aber wieder schien es nur natürlich zu sein, fast wie vorausbestimmt, daß er auf der Eichentreppe mit dem roten Läufer in Brown's Hotel ihre Hand nahm. Vor allem war sie über seine Sanftheit erstaunt, als er die Tür hinter ihnen schloß und sie in die Arme nahm. Er führte sie zu dem breiten Bett, als ob auch das die natürlichste Sache der Welt wäre.

Es war eine ruhige Leidenschaft, der sie sich hingaben, eine Leidenschaft, die eher Wärme als Flammen erzeugte. In den fünf Tagen bis zur Abfahrt ihres Schiffes gerieten sie nicht in einen Sinnentaumel, aber sie empfanden tröstliche Dankbarkeit dafür, daß ihrer beider Verlangen Erfüllung gefunden hatte. Obwohl er andeutete, daß sie, wenn sie wollte, bei ihm bleiben könne, vermutlich als Ehefrau, wechselte sie instinktiv das Thema, ehe er ihr einen formellen Antrag machen konnte. Peter schien es zu verstehen und drängte sie nicht weiter, während Mary sich nur halb darüber klarwar, daß sie wiederum einen entscheidenden Entschluß gefaßt hatte.

Als das Zwischenspiel endete, war für Mary nicht nur eine Idylle, sondern eine Ära abgeschlossen. Als sie auf dem Deck der ‹Olympus› am Kai von Southampton stand, waren ihre Augen feucht, aber sie vergoß keine Tränen. Peter French winkte vom Pier aus, und ihr flatterndes Taschentuch entbot ihm einen feierlichen Abschiedsgruß.

In ihrem ganzen Leben hatte sich Mary nicht so allein gefühlt. Sie würde Jonnie, ihren Erstgeborenen, nie als verletzlichen, reizenden kleinen Jungen wiedersehen. Harry war bereits für sie verloren, verführt durch Dr. Sun Yat-sens Revolution. Peter hatte sie wiedergefunden, um ihn gleich wieder zu verlassen. Sie sehnte sich danach, die Mädchen, Guinevere und Charlotte, und die kleineren Jungen, Thomas und James, in die Arme zu schließen. Charles und Sir Jonathan waren feststehende, wenn auch flackernde Leuchtfeuer in einem Hongkong, das sie verabscheute und doch gern wiedersehen wollte. Vor allem aber wußte sie mit absoluter Gewißheit, daß sie nie wieder in England leben würde.

2. Juni 1914

Die über dem jadegrünen Südchinesischen Meer aufgehende Sonne beleuchtete die zu China gehörenden Inselchen und hüllte die britischen Vorposten, die Ninepins-, Waglan- und Poktoi-Inseln, in Flammen. Ihre Strahlen überzogen den pyramidenförmigen Peak mit Gold. In die noch schattigen nordwestlichen Hänge des Peak drang das erste Dämmerlicht, und die Stadt Victoria lag noch in tiefer Dunkelheit. Jenseits der Bucht, über die schlaftrunkene Schiffer ihre Leichter mit den purpurroten Segeln steuerten, lag die Halbinsel Kowloon wie eine silbern schimmernde Speerspitze. Die zerklüfteten Bergketten, die das geplagte chinesische Volk beschützten, schliefen wie graue Drachen unter dem rosigen Himmel.

Sir Jonathan Sekloong schlüpfte aus seinem hohen Ebenholzbett und ging barfuß zum angrenzenden Schlafzimmer seiner Frau. Lady Lucindas Kopf ruhte auf einer Nackenstütze aus blauem Porzellan, auf ihrem glatten Gesicht lag das gewohnte Lächeln unbewußter Zufriedenheit. Sir Jonathan schloß leise die Tür und kniete auf dem geschnitzten Betpult aus Walnußholz nieder, das einst Isabella von Spanien gehört hatte. Er sprach zwei *Pater noster*. Nach fünf Minuten stillen Gebets sprach er zwei *Ave Maria*, dann war er bereit, sich den Geschäften des Tages zuzuwenden.

Eine Stunde später, um 7 Uhr und 6 Minuten am 2. Juni 1914, stieg er aus der grüngestrichenen Peak-Tram aus und stellte befriedigt fest, daß seine Sänfte bereits wartete. Die vier hochmütigen Kulis in der blau-goldenen Livree nahmen keinerlei Notiz von der Menge, die um die Sänfte herumströmte wie das Meer um einen Felsen. Auf der Brust trugen sie Broschen aus königsblauem Email mit dem goldenen geflügelten Sekloong-Drachen, der auch die Paneele des Tragsessels schmückte. Als ihr Herr Platz genommen hatte, machten sich die Träger auf den Weg durch die Upper Albert Road, wo reglose Posten in scharlachroter Uniform das Government House bewachten, in das von Chinesen bewohnte Labyrinth an den steilen Hängen oberhalb der Queen's Road. Etwa in der Mitte einer schmalen Gasse hielten sie vor einer rotgestrichenen Tür.

Die Tür öffnete sich, und ein ältlicher Diener faltete die Hände und verbeugte sich. Balkone mit filigranartigen Eisengittern blickten auf einen winzigen, mit rötlichen Fliesen gepflasterten Hof, wo Blumenschalen mit Zinnien in Mauve und Rot sich mit blau-weißen Blumenschalen abwechselten, in denen kleine Orangenbäume wuchsen.

Eine schlanke junge Frau kniete im Hof, und ihr rotes und grünes Gewand war wie ein runder Fächer um sie ausgebreitet. Goldbestickte Sandalen sahen unter dem Saum des Kleids hervor, und ihr glänzendes schwarzes Haar war zu einem Knoten aufgesteckt. Die weit auseinanderstehenden Augen über den hohen Backenknochen des kamelienzarten Gesichts leuchteten vor Freude. Drei kleine Mädchen knieten hinter ihr, jedes eine Miniaturausgabe der Mutter. Sie war dreiundzwanzig, ihre Töchter sieben, fünf und drei Jahre alt.

«Pao-chu, chin-ai-ti, shen-ma tou hau ma?» Sir Jonathan sprach in dem stimmhaften nördlichen Dialekt. «Edle Perle, meine Liebe. Ist alles gut bei euch?»

«Ja, mein Gebieter, wir danken dir. Alles ist gut.»

Die Feierlichkeit der drei kleinen Damen löste sich in Kichern auf. Die Konkubine Perle sah sie vorwurfsvoll an, streckte aber vor ihrer Fröhlichkeit die Waffen. Sie lachte ebenfalls, und es klang wie das Läuten der silbernen Glöckchen an den vorspringenden, nach oben geschweiften Dächern einer Pagode.

«Sie freuen sich so sehr, ihren Vater zu sehen, aber sie vergessen die Gebote des Respekts», sagte sie. «Und ich habe mich so bemüht, daß es diesmal klappt.»

Sir Jonathan entledigte sich gern der Förmlichkeiten, die die Riten dem Herrn vorschreiben, wenn er seine Konkubinen und ihre Familien besucht. Er half der Edlen Perle auf, umarmte sie und rieb seine Wange sanft an ihrer. Von der strengen Aufsicht ihrer Mutter befreit, stürzten sich die Mädchen auf ihn. Sie umklammerten ihn mit den Armen, und neugierige Hände erforschten die Taschen seines Gehrocks. Sir Jonathan küßte seine Töchter und flüsterte ihnen liebevoll etwas ins Ohr.

«Ich muß dich jetzt verlassen, Perle.» Er drückte ihr einen roten Briefumschlag in die Hand, in dem neue Banknoten knisterten. «Aber an einem Abend dieser Woche werde ich wiederkommen und dann länger bleiben.»

Auf ihrem Gesicht malte sich Enttäuschung, aber sie verbeugte sich unterwürfig und murmelte die Abschiedsformel. Mit hoher Stimme wiederholten ihre Töchter ihre Worte.

Sir Jonathan lächelte zufrieden, als er das in der Ecke des Hofs halb verborgene kleine Eisentor öffnete. Die Edle Perle und ihre Töchter waren ein Besitz, der wenig Verantwortung bedeutete. Da es nur Mädchen waren, die lediglich am Rande zum Clan gehörten, brauchte er sie nicht dazu zu erziehen, die Bürde des Hauses Sekloong auf sich zu nehmen oder seinen Ruhm zu vermehren. Er konnte höchstens durch ihre Verheiratung geringe Vorteile erzielen. Sonst waren sie für ihn nur eine Quelle reinen Vergnügens und hatten zum Glück nichts mit seinen Ambitionen zu tun.

Sein privates Vergnügen war kein geheimes Vergnügen. Lady Lucinda sprach nie von der Konkubine Perle – ebensowenig wie sie von der Konkubine Jade sprach, die bereits im Ruhestand lebte. Aber sie schickte den Töchtern von Perle zu Weihnachten und zum chinesischen Neujahr üppige Geschenke, und auch, wenn ihre eigenen Kinder und Enkel beschenkt wurden. Diese Großzügigkeit war ihre Pflicht und ihr Vorrecht als Erste Frau. In chinesischen und britischen Kreisen wußte man von Perle, die ein zurückgezogenes Leben führte. Das Hongkonger Recht legitimierte Polygamie und Konkubinat, weil sie chinesischen Traditionen entsprachen. Sogar Sir Jonathans Beichtvater, ein toleranter Jesuit, setzte ihn nicht unter Druck, sondern meinte: «Ein blindes Auge ist wichtig für einen Priester, so wichtig wie seine Theologie.»

Nicht so unbeschwert machte sich Sir Jonathan zu seinem nächsten Besuch auf, obwohl dergleichen in seinem Milieu ebenso Brauch war. Pater Collins lachte ganz unverhohlen über den «finsteren heidnischen Aberglauben», und Sir Jonathan spürte den Sarkasmus in dem freundlichen irischen Gelächter.

Über seine eigene Inkonsequenz nachgrübelnd, stieg er die wacklige hölzerne Außentreppe an einem baufälligen Backsteinhaus hinauf. Ein pockennarbiger Junge öffnete die verwitterte Tür, und Sir Jonathan kniff die Augen zusammen, als er aus der hellen Morgensonne in das dämmerige Zimmer trat, das nur schwach von sich drehenden Lampions erhellt wurde, auf denen grüne Drachen endlos ihren eigenen Schwänzen nachjagten. Ein vergoldeter Buddha stand auf einem Altartisch, halb verhüllt durch den Rauch von Weihrauchstäbchen und Votivkerzen in zinnoberrotgoldenen Leuchtern. Hinter einem mit Perlmutt eingelegten Ebenholztisch saß ein abgezehrter Mann in dem grauen Gewand der taoistischen Mönche. Seine Augen waren hinter dunklen Brillengläsern verborgen.

«Guten Morgen, Gebieter», murmelte er im Dialekt der Stadt Sekloong.

«Guten Morgen, Seher», antwortete Sir Jonathan im selben Dialekt. «Ist alles gut bei dem Silbernen Siebenten Bruder? Wie sind die Vorzeichen?»

«Alles ist gut, dank der Güte des Gebieters», antwortete der Blinde. «Was die Vorzeichen betrifft, so sind sie, fürchte ich, verworren. Sie erfordern weitere Aufklärung.»

«Dann halte dich ran!» fuhr Sir Jonathan ihn an. «Setz kein Moos auf dem Hinterteil an.»

Der Name Silberner Siebenter Bruder erinnerte an die Acht Unsterblichen der Berge aus der taoistischen Mythologie und förderte den einträglichen Handel mit Prophezeiungen und Ratschlägen. Die Kunden des Wahrsagers – nüchterne Geschäftsleute, gesetzte Matronen und auch zitternde Jungfrauen – waren darüber hinaus von seiner Blindheit beeindruckt. Sie glaubten, da er trügerische äußere Formen nicht sehen konnte, könnte er das unsichtbare innere Wirken des Schicksals besser wahrnehmen.

Obwohl der Silberne Siebente viele Kunden hatte, war er vor allem das Geschöpf von Sir Jonathan, der ihn in Sekloong entdeckt und nach Hongkong gebracht hatte. Zwar spottete er über die Fähigkeiten des Wahrsagers, aber er konsultierte den Seher immer, wenn er sich bedroht fühlte oder etwas Neues plante. Daher wußte der Silberne Siebente mehr über die Angelegenheiten des Hauses als jeder andere außer Sir Jonathan, der dem Seher ebensowenig mißtrauen konnte wie anderen nützlichen Gegenständen – seinem Rechenbrett, seinem Schreibtisch und seinem Schreibpinsel. Wie jedes Werkzeug war der Silberne Siebente ganz in der Hand seines Gönners. Und dieser Gönner stärkte die Loyalität seines Dieners von Zeit zu Zeit, indem er ihn an seine Abhängigkeit erinnerte.

«Ich kann nicht den ganzen Tag mit deinem Geschwätz verplempern», fügte Sir Jonathan gereizt hinzu.

«Ich habe Ihr Horoskop mit großer Sorgfalt noch einmal gestellt, Herr», erwiderte der Wahrsager ungerührt. «Es wird noch eine Weile dauern, bis ich mit Hilfe der vorgeschriebenen Riten den ganzen Willen des Himmels erkennen kann. Aber ich muß Sie warnen. Ihr Horoskop zeigt, daß Sie bedroht sind – und verletzlich.»

«Das ist keine große Offenbarung, Seher», entgegnete der königliche Kaufmann mit verächtlicher Offenheit. «Jeder, der Zeitungen liest, kann erraten, daß ich Derwent, Hayes bald verlassen muß – oder von meinem geschätzten Stiefvater, dem *Taipan* Way-teh-li, vernichtet werde.»

«Ich stütze mich nicht auf Zeitungen, Herr. Ich kann sie nicht lesen – und mache mir nicht die Mühe, sie mir vorlesen zu lassen.»

Sir Jonathan wußte, daß der Wahrsager log. Der pockennarbige Junge, der den Silbernen Siebenten versorgte, hatte gelernt, die Nachrichten auf Nuggets hin zu überprüfen, die sein Herr in Gold verwandeln könnte, in Narrengold von Leichtgläubigen. Die Hälfte der Offenbarungen, die der blinde Wahrsager seinen geringeren Kunden anbot, fand er in dem guten Dutzend «Moskito-Blätter» in chinesischer Sprache, die unflätigen Klatsch verbreiteten. Aber Sir Jonathan ließ ihm die Lüge durchgehen. Er war nicht am Charakter des Mannes interessiert, sondern an seinen unbestreitbaren okkulten Gaben. Außerdem, fand er, waren alle Wahrsager Gauner.

«Ich lese im Buch der Zukunft, aber keine Zeitungen», beharrte der Silberne Siebente. «Heute weist Ihr Horoskop warnend darauf hin, daß die Fundamente Ihres Hauses nicht fest sind. Sie werden einstürzen, wenn Sie sich nicht richtig verhalten. Der Drachen flieht jetzt über den Himmel vor dem Mond, aber bald muß er sich umwenden, um gegen das unheilvolle Licht des Himmelskörpers zu kämpfen.»

«Dieser Hokuspokus taugt für Frauen und Kulis», brauste Sir Jonathan auf. «Ich bezahle dich für Einzelheiten. Berichte mir das, worauf ich Anspruch habe.»

«Wie der Herr wünscht! Ich kann nur sagen, daß ein Mitglied Ihrer geschätzten Familie bedroht ist. Mehr kann ich nicht sagen, ehe ich nicht die Trigramme gelesen und die heilige Schildkrötenschale konsultiert habe.»

«Dann tu das bitte, ehrwürdiger Weiser.» Sir Jonathans Sarkasmus grenzte an Grausamkeit.

Der Silberne Siebente beugte sich über seine Gerätschaften, und seine Lippen bewegten sich in stiller Konzentration. Er ließ eine Handvoll Bambusstäbchen aus einem Becher mit Lackschnitzerei auf die Tischplatte fallen. Seine huschenden Hände sammelten die Stäbchen auf und steckten sie wieder in den Becher, bis nur drei übrig waren. Er wiederholte das Verfahren achtmal, und dann schob er seine dunkle Brille hoch und rieb sich die milchiggrauen Augen mit dem Handrücken.

Mit ungeduldiger, verächtlicher Miene beobachtete Sir Jonathan das Ritual, unterbrach es aber nicht. Seine schlanke Gestalt in Gehrock und gestreiften Hosen paßte absolut nicht zu den ausgeklügelten orientalischen Mysterien im Allerheiligsten des Silbernen Siebenten. Sein graues Haar war nach europäischer Mode gescheitelt, und seine hellbraunen Augen funkelten durch den Rauch seiner Zigarre, die er angezündet, ärgerlich ausgedrückt und dann, was gar nicht seine Art war, wieder angezündet hatte. Nur eine uralte Geste der Rasse, das nervöse Wippen des linken Knies, verriet sein chinesisches Blut. Was immer die Chinesen sein mögen, insbesondere die wankelmütigen Kantonesen, sie sind jedenfalls nicht die unergründlichen Orientalen, für die der Westen sie hält.

Der Wahrsager spürte die Ungeduld seines Gönners und zog das

Ritual absichtlich in die Länge. Sechsmal ließ er drei alte Münzen aus einer abgegriffenen Schildkrötenschale auf die Tischplatte fallen und beurteilte ihren Fall mit feinfühligen Fingerspitzen. Stirnrunzelnd und erstaunt wiederholte er das Ritual dreimal, ehe er schließlich die Hände auf den Tisch legte und seine unheimlich langen, schwarzgerandeten Fingernägel den Blicken darbot.

«Ich kann mich jetzt genauer äußern, Herr», sagte er. «Sehr viel genauer.»

Sir Jonathan warf achtlos seine halb gerauchte Zigarre weg. Er wußte, daß der Silberne Siebente mehr von seinen Kunden erfuhr, als er ihnen sagte, denn ihre Fragen waren unvermeidlicherweise enthüllend. Wenn Sir Jonathan mit seiner strengen westlichen Vernunft dem atavistischen chinesischen Aberglauben nachgab, sagte er sich immer, er mache sich mehr die Talente des Silbernen Siebenten als Geheimagent als die des okkulten Sehers zunutze. Der Wahrsager war auch sehr nützlich, um Gerüchte auszustreuen, aber am wertvollsten war seine Kenntnis der Geheimnisse und Gedanken der chinesischen Mitbürger.

«Einige Männer murren noch über Sie, Herr», fuhr der Silberne Siebente fort, «wegen der Geschehnisse im Pestjahr. Sie sind eifersüchtig auf die hohe Stellung und den Reichtum meines Gebieters und auf die Gnade, die er vor den Augen des bärtigen englischen Königs findet. Böse Männer, vor allem *ein* böser Mann ... ich sehe einen betagten Ausländer ... beuten diesen Neid für sich aus.»

«Das, du Narr, soll eine Offenbarung sein?»

«Haben Sie Geduld mit Ihrem unzulänglichen Diener, Herr. Ich werde mich genauer äußern, aber ich muß die geheimen Wahrheiten in der Reihenfolge aussprechen, in der sie mir offenbart wurden. Sonst könnte ich das Gesamtbild zerstören – und vielleicht großen Schaden anrichten.»

«Dann fahre fort.»

«Der betagte Ausländer gebietet seinen chinesischen Helfershelfern, den Zorn gegen Sie zu schüren. Ich bin nicht sicher ... ja, ich kann es sehen. Seltsam, ich sehe eine Weizengarbe.»

«Du bist ein heuchlerischer Scharlatan. Du weißt sehr gut, daß es der alte Wheatley ist. Was plant er diesmal? Was hörst du?»

«Way-teh-li bringt die chinesischen Mitbürger gegen Sie auf. Es sei schlecht, erklären seine Helfershelfer, daß die Tung Wah-Krankenhäuser jetzt drei im Westen ausgebildete Ärzte beschäftigen. Außerdem fragt man sich, ob es nicht Sie und Ihre sich einmischende weiße Schwiegertochter ... ich verehre die Gemahlin Ihres Erstgeborenen sehr, aber

Sie müssen verstehen, Herr, *sie* sind es, die so sprechen ... ob Sie es nicht waren, die sich einmischten, mit den Engländern zusammenarbeiteten und behilflich waren, den Tod der Großen Hitze über die armen, hilflosen Chinesen zu bringen um Ihres eigenen Profits willen? So sprechen sie, Herr.»

«Und, verehrungswürdiger Seher, sagen deine Vorzeichen dir auch, *wie* dieser Mann mir Schaden zuzufügen gedenkt? Was kannst du mir außer nichtssagenden Warnungen noch mitteilen?»

«Das Yin-Prinzip des Orients, die Weisheit Ihrer verehrten Vorfahren aus dem Hause Kwok, steht im Widerstreit mit dem Yang-Prinzip des Okzidents, das ebenfalls in Ihrer Natur vorhanden ist. Sie sind hin und her gerissen zwischen dem passiven, geduldigen östlichen Wesen und dem vorwärts drängenden, aggressiven westlichen Wesen.»

«Auch das ist keine Offenbarung, Meister des Okkulten!»

«Ihre Feinde beabsichtigen, diesen Widerstreit in Ihrer Natur auszunutzen. Sie werden Ihnen so lange zusetzen, bis Sie voll Abscheu und im Zorn ungestüm den einen oder anderen verhängnisvollen Weg einschlagen. Vielleicht ziehen Sie sich zurück, mutmaßen sie, ziehen sich zurück in ein Leben der Gelehrsamkeit, entsagen der Welt des Kampfes, wie es so viele große Männer in China getan haben. Oder aber Sie bieten Ihren Feinden die Stirn wie ein hitzköpfiger Mann des Westens – und richten sich selbst zugrunde durch Ihre eigene heftige Wut.»

«Das ist einleuchtend», sagte Sir Jonathan nachdenklich. «Als Comprador kann mich der alte Dick nicht hinausdrängen. Aber der gerissene Hund will die Bühne frei haben für seinen geliebten Sohn Iain. Deshalb reizt er mich und versucht mich zu provozieren, indem er das Erbe meiner Mutter zurückhält, das er angeblich gerade erst gefunden hat. Das bißchen Schmuck und den abgenutzten buddhistischen Rosenkranz würde doch nur ich in Ehren halten.»

«Und darf ich es wagen, Sie daran zu erinnern, Herr, die Zeichen sagen, daß er die chinesische Gemeinde aufhetzt.»

«Ja! Wenn er mich in Verruf bringen kann, werden die Direktoren mich los sein wollen. Ein Comprador, der das Vertrauen der Chinesen verloren hat, ist so viel nütze wie der Penis eines Eunuchen, taugt nur noch zum Pissen. Wenn ich die Machtbasis bei Derwent verliere, ehe ich so weit bin ...»

«Überdies, Herr», unterbrach ihn der Wahrsager, «versucht er, Sie bei den Briten anzuschwärzen. Es wird Beschuldigungen geben ... Ich sehe es nicht deutlich ... Anklagen wegen finanzieller Manipulationen und Verrat des Landes, des Landes der Engländer.»

«Verrat!» Sir Jonathan ging hoch. «Verrat an den Briten! Nach allem, was ich getan habe, um die Kolonialregierung mit China auszusöhnen, nach meinen guten Diensten beim Pachtvertrag über die New Territories und meinen Geldspenden für den Burenkrieg. Absurd! Diese verdammten Engländer schrecken vor nichts zurück. Mein Vater, O'Flaherty, hat mich schon warnend darauf hingewiesen.»

«Da ist noch etwas, Herr. Ein Mitglied Ihrer Familie ist in Gefahr, in großer persönlicher Gefahr. Dieser Way-the-li will Ihre Liebe zu diesem Familienangehörigen benutzen, um Ihnen das Kreuz zu brechen.»

Sir Jonathan stand auf, sein gewohnter Gleichmut war wiedergekehrt. Er legte einen roten Briefumschlag auf den Tisch, und der Silberne Siebente Bruder neigte dankend den Kopf.

«Ich bin dankbar, Herr, für Ihre Freigebigkeit.»

«Sei weiterhin dankbar. Vergiß nicht, daß du ein irdener Krug unter meinen Füßen bist. Wenn meine Ferse dich berührt, wirst du zu Staub werden. Wenn du mehr hörst – irgend etwas –, benachrichtige mich sofort.»

«Es soll sein, wie Sie sagen . . . falls die Vorsehung mir mehr enthüllt.»

«Ich pfeife auf die Vorsehung! Finde heraus, was du kannst – sofort. Schüttle ruhig deine Stäbchen und wirf deine Münzen. Aber vor allem hol deine Informanten zusammen und schick deine Spione aus! Scheue dich nicht, Druck auszuüben. Ich *muß* in den nächsten zwei Tagen Einzelheiten erfahren.»

«Es soll sein, wie Sie sagen, Herr», wiederholte die stille Gestalt mit den verhüllten Augen ohne jeden Spott die unterwürfige Formel.

Die dicken Teaktüren von Sir Jonathan Sekloongs Büro blieben den ganzen Tag geschlossen. Seine anscheinend nicht alternde, offenbar geschlechtslose und äußerst ergebene portugiesische Sekretärin, Rosita Remedios, befolgte seinen Befehl, niemanden zu ihm zu lassen, wörtlich. Jedesmal wenn sie ihm ein weiteres gewichtiges Hauptbuch oder einen dicken Ordner brachte, schloß sie die Tür hinter sich ab. Als Charles zu der üblichen Vormittagsplauderei vorbeikam, erklärte sie ihm, sein Vater dürfe nur im Falle einer «echten Katastrophe» gestört werden. Und sie fügte hinzu: «Er läßt Ihnen ausrichten, Sie sollten dafür sorgen, daß heute keine derartige Katastrophe eintritt, Mr. Charles.»

Jonathan Sekloong schenkte den okkulten Fähigkeiten des Silbernen Siebenten keineswegs bedingungslos Glauben, er hatte seine Vorbehalte. Aber seine Hochachtung vor den Erkenntnissen und Quellen des blinden Wahrsagers veranlaßte ihn, eine gründliche Bestandsaufnahme vorzunehmen, die sowieso überfällig war. Zehn Stunden lang, erfrischt nur durch unzählige Tassen grünen Tees und zweiundzwanzig Zigarren, überprüfte Sir Jonathan seine Erfolge in der Vergangenheit, seine gegenwärtige Situation und seine Zukunftsaussichten.

Welten trennten ihn von dem drahtigen Achtjährigen, der seine ersten Dollar als Laufjunge für die Kulibaracken in Macao verdiente, ehe sein entsetzter Großvater Kwok Li-tschin ihn in die Obhut der Jesuiten gab. Mühsam hatte er das hartnäckige Vorurteil der Engländer und auch der Chinesen überwunden, das sie dem unternehmungslustigen Mischling, Kind eines irischen Abenteurers und einer romantischen Chinesin aus guter Familie, entgegenbrachten. «Du bist ein Halbblut-Bastard», hatte sein Vater in halb reuevollem, halb mitleidigem Spott zu ihm gesagt, kurz bevor Liam Francis O'Flaherty sich fröhlich auf den Weg machte, um bei der ersten Belagerung von Peking im Jahre 1860 den Tod zu finden. «Ein armer kleiner Bastard, ohne Fürbitte, ohne Hoffnung.» Trotzdem hatte er seinen Weg gemacht, weil er die übermäßige Empfindsamkeit und Abenteuerlust – jene Eigenschaften seiner Eltern, denen er sein Dasein verdankte – bei sich unterdrückte.

Wenn er wollte, könnte er bis zu seinem Tode, reich an Jahren, Ehren und irdischen Gütern, der getreue Diener von Derwent, Hayes and Company bleiben, der unschätzbare Comprador, der es nie zu Selbständigkeit brachte. Aber er war nicht dazu geboren, anderen zu dienen, wie üppig man ihn auch dafür entlohnen mochte. Er wollte nicht einer dieser fetten, aufgeblasenen «gefügigen Chinesen» werden, der durch den bedeutungslosen Titel, den sie seinem Namen vorangestellt hatten, verpflichtet war, den arroganten Ausländern zu dienen. Sir Jonathan – was bedeutete das schon! Er war ein Sekloong, *der* Sekloong, und er wollte unabhängig sein. Ebensowenig wie er vor den hochmütigen Mandarinen der alten Dynastie den Kopf gebeugt hatte oder vor den großspurigen Generalen, die deren Macht an sich gerissen hatten, wollte er sich vor den Ausländern demütigen. Er hielt die verdammte Arroganz, die er von seinem Vater geerbt hatte, im Zaum. Aber bezwungen war sie nicht.

Da Reichtum an der chinesischen Küste der einzige Weg zur Macht war, hatte er schon früh beschlossen, reicher zu werden als die meisten der habgierigen ausländischen Glücksritter. Fast war ihm das schon gelungen. Aber seine Lage, wie er sie jetzt müde, aber klar sah, als er seine achtzehnte Zigarre rauchte, war prekär. Er war an einem gefährlichen Scheideweg angelangt. Er mußte entweder kämpfen oder versuchen, Zeit zu gewinnen. Eine dritte Möglichkeit gab es nicht. Dabei wußte er von keinem der beiden Wege, ob sie zum Erfolg oder zum Untergang führen würden.

Seine Geschäfte, der Inhalt seines Lebens, hielten sich nur eben im Gleichgewicht, und seine Verbindlichkeiten wurden allein durch seine Erfolgsaussichten aufgewogen. Drei verschiedene, aber zusammenhängende Faktoren zwangen ihn ohne Rücksicht auf die möglichen Folgen, zu entschlossenem Vorgehen: die seit langem bestehende Feindschaft der Wheatleys, die jetzt bösartig wurde; sein eigener Charakter, der ihn zwischen vorsichtigem, besonnenem Ansammeln von Reichtum und tollkühnem Glücksspiel hin und her pendeln ließ; und schließlich – und das war am nachteiligsten – der politische Abstieg seines Freundes und Schützlings Dr. Sun Yat-sen.

Dieser letzte Faktor war um so ärgerlicher, als Sir Jonathan nichts dagegen tun konnte. Dr. Suns Dickköpfigkeit und sein Mangel an Wirklichkeitssinn hatten nicht nur ihn selbst der Macht und China seiner Talente beraubt, sondern sein kompromißloser Idealismus hatte auch seinen Finanzberater Jonathan Sekloong die beherrschende Stellung als ehrlicher Makler zwischen China und dem Westen gekostet. Darüber hinaus hatte Dr. Suns Ungeschicklichkeit Jonathan Sekloong der guten Dienste seines Sohnes Harry beraubt, sowohl in der Firma als auch als sein Vertreter im Verwaltungsapparat der zwei Jahre alten Republik China. Im Bereich des Handels und der Geheimgesellschaften war das Haus Sekloong immer noch mächtig, aber innerhalb der offiziellen Struktur der chinesischen Regierung besaß es nicht den geringsten Einfluß.

Eine rasche, rückschrittliche Veränderung dieser Struktur hatte Dr. Sun zum Verzicht auf alle Macht veranlaßt. Am 25. Dezember 1911 zum provisorischen Präsidenten der Republik China gewählt, war er am 1. April 1912 zugunsten des ehemaligen kaiserlichen Vizekönigs Yüan Schih-kai zurückgetreten, dessen absichtliches Zaudern zuerst die Ausbreitung der Revolution und später auch deren Sieg ermöglicht hatte, weil er die unter seinem Befehl stehenden kaiserlichen Truppen nicht eingesetzt hatte. Dr. Sun hoffte, die gegnerischen Kräfte in der neuen Regierung versöhnlich stimmen zu können, wenn er den Konservativen entgegenkam, die Yüan Schih-kai als ihren Mann ansahen. Verführt durch seine Bescheidenheit, übernahm Dr. Sun das einflußlose Eisenbahnministerium und verzettelte seine Kräfte mit grandiosen Plänen für ein das ganze Land umfassendes Eisenbahnnetz, das in hundert Jahren nicht Wirklichkeit werden konnte.

Anfang 1913, als Dr. Suns Progressive kaltgestellt waren, hatte Yüan

Schih-kai seinen ungeheuren Ehrgeiz erkennen lassen, der ebenso unverfroren wie archaisch war. Er wollte der Gründungskaiser einer neuen konfuzianischen Dynastie sein, und sein erster Schritt war logischerweise, Dr. Suns streng republikanische Nationalistische Partei, die Kuomintang, zu unterdrücken. Ende 1913 war die Kuomintang aus der praktisch machtlosen Nationalversammlung ausgeschieden und Sun Yat-sen nach Tokio geflohen, begleitet von Harry Sekloong und anderen Getreuen. Die Japaner boten allen oppositionellen Chinesen von der äußersten Rechten bis zur äußersten Linken großzügig Unterschlupf, nicht weil sie das Asylrecht respektierten, sondern um die politische und wirtschaftliche Zerrüttung zu fördern, die China wehrlos ihrer Eroberung ausliefern würde, die sie bereits planten.

Im Mai 1914 bereitete sich Dr. Sun darauf vor, nach Schanghai zu gehen, wo die ausländische Herrschaft ironischerweise chinesischen Patrioten auf chinesischem Boden ein offenes Forum für politische Aktivität bot. Harry Sekloong, der sich der republikanischen Sache ganz verschrieben hatte, folgte Sun Yat-sen, wohin er auch ging oder zu fliehen gezwungen war. Außerdem hatte Harry gerade Mayling How geheiratet, die Tochter eines armen Schanghaier Verlegers, dessen Wochenzeitschrift Dr. Suns Sprachrohr war. Den Sekloongs teilte er seine Eheschließung in einem Telegramm mit. Zwar bekundete er damit seine Nichtachtung des Clans und seiner Sohnespflichten, versicherte aber ausdrücklich das Gegenteil, nämlich Ergebenheit wie eh und je. Sein Vater war wütend über Harrys Verhalten, obwohl er wußte, daß sein Sohn damit den ureigensten Interessen der Familie diente, weil er sich so, zumindest teilweise, gegen die Leidenschaft zu wappnen suchte, die er immer noch für Mary empfand. Klatschmäuler in Hongkong hatten sich schon gewundert, warum Harry nicht heiratete, und Vermutungen über eine Neigung zwischen ihm und der Frau seines Bruders angestellt. Und Harry wußte, wenn ihre langwährende Liaison bekannt würde, wäre es verhängnisvoll für die Familie und ihren Ruf. Aber Sir Jonathan konnte sich weder zu den komplizierten Motivationen seines zweiten Sohnes bekennen noch zugeben, daß seine eigene, untypische Laxheit es soweit hatte kommen lassen. Er sah seine Situation vor dem Hintergrund einer nutzlosen politischen Verbindung und der – anders konnte man es nicht nennen – Abtrünnigkeit seines Sohnes.

Der erste Punkt in seiner Bilanz waren Dubiosa und Debetposten. Als Comprador für Derwent, Hayes and Company erfreute er sich sowohl großen Prestiges unter den chinesischen Mitbürgern als auch einer ganz realen Macht, deren Ausmaß nicht einmal sein mißtrauischer Stiefvater

Richard Wheatley ergründen konnte. Er war Direktor von einundzwanzig Firmen, unter ihnen Versicherungs- und Schiffahrtsgesellschaften, Eisenbahnen und Importgeschäfte, Bergwerke und Mühlen. Aber die meisten dieser Direktorenposten waren ihm ursprünglich angeboten worden, weil er als Comprador von Derwent großen Einfluß unter den Chinesen besaß. Seine Eisenbahn-Investitionen lagen brach, abgesehen von seinem beträchtlichen Anteil an der Eisenbahn Kanton–Kowloon. Aber selbst dieses chinesisch-britische Unternehmen könnte sich als politisches Karussell erweisen, seinem Zugriff durch die wechselnden Winde der Macht entzogen, genau wie seine Beteiligung an der geplanten Jangtse-Tal-Eisenbahn verloren war, als Dr. Sun ins Exil ging.

Der nächste Punkt in seiner Bilanz waren seine Guthaben. Da sein persönliches Vermögen vorsichtshalber in Europa und Amerika angelegt war, würde er, was immer auch in China oder Hongkong geschah, ein sehr reicher Mann bleiben. Er besaß praktisch ein Monopol im südchinesischen Zuckerhandel von Schanghai bis Kanton und sogar bis Itschang, dem Tor zu den Felsschluchten des Jangtsekiang. Obwohl er nominell der Bevollmächtigte internationaler Gesellschaften war, hatte er persönlich eine dominierende Stellung im expandierenden Handel mit Mineralölprodukten – einstweilen hauptsächlich Paraffin, doch der Bedarf an Schmieröl und Treibstoff wuchs rasch. Sein Grundbesitz in Schanghai, Macao und Hongkong war größer, als selbst Charles und Mary wußten. Während der Wirtschaftskrise von 1910 hatte er billig Mietskasernen gekauft und erhöhte die Mieten so geringfügig, daß niemand protestierte. Die Liegenschaften in den New Territories, die er anläßlich seiner Vermittlungstätigkeit bei den chinesisch-britischen Pachtverhandlungen erworben hatte, lagen wirtschaftlich noch brach. Zum Teil wurden sie für den Anbau von Reis und Gemüse oder zur Geflügel- und Schweinezucht verwendet, doch waren sie eher eine Reserve als ein Aktivposten. Der letzte Pluspunkt war sein festes Bündnis mit Judah Haleevie und den Rothschilds, das ihm sehr nützlich sein würde, falls er gezwungen wäre, sich mit den Wheatleys auseinanderzusetzen.

Sir Jonathan schob die Barrikaden von Ordnern und Kassenbüchern beiseite. Wie hieß doch das neue Schlagwort? Ach ja, Nettowert. Was war wohl sein Nettowert? Ungeduldig tat er diese ebenso bedeutungslose wie modische Frage ab. Von seinem persönlichen Vermögen könnte der Clan zwei oder drei Generationen lang behaglich leben, obwohl sich dessen Höhe nur bis auf hunderttausend Pfund genau schätzen ließ. Aber diese langfristigen Investitionen würden sich nicht ohne größere

Verluste flüssigmachen lassen. Sie könnten aus Verzweiflung in die Schlacht geworfen werden, so wie ein General seine Sappeure, Küchenbullen, Regimentsmusiker und Schreibstubenhengste einsetzen würde, wenn es darum ginge, sein bedrohtes Hauptquartier zu verteidigen. Für einen Sturmangriff, die entscheidende Offensivschlacht, wären sie nicht geeignet.

Sir Jonathan kam zu dem Schluß, daß er die Angriffe der Wheatleys in den nächsten sechs Monaten abwehren mußte. Die beste Verteidigung wäre vielleicht der Angriff, und er würde nicht zögern, Gewalt anzuwenden – vorsichtig und verstohlen. Aber zumindest in den nächsten sechs Monaten mußte er Comprador von Derwent, Hayes and Company bleiben, denn die Demütigung, vor dieser Zeit hinausgedrängt zu werden, würde er nicht überleben können. Aus demselben Grunde mußte er bereit sein, danach mit Derwent, Hayes zu brechen – wenn es absolut nötig wäre. Aber besser wäre es, das Theater möglichst lange weiterzuspielen.

Sollte er sich zum Ausscheiden genötigt sehen, dann müßte klar erkennbar sein, daß es auf eigenen Wunsch geschah. Ein öffentlich ausgetragener Krach böte dann die beste Gewähr, daß die Firma Derwent durch sein Weggehen mehr gedemütigt wäre als die Sekloongs. Er würde einen Prinzipienstreit heraufbeschwören, was in Anbetracht der ausgeklügelten Gaunereien der Wheatleys kaum schwierig sein dürfte. Damit würde er die respektvolle Sympathie der ausländischen wie auch der chinesischen Wirtschaftskreise gewinnen, der einen, weil er im Recht war, der anderen, weil er die verachteten *quai-lo*, die fremden Teufel, öffentlich gedemütigt hatte. Doch im großen und ganzen wäre es besser, bei dem *Hong* zu bleiben, während er sein eigenes Reich festigte, notfalls in einem Zustand abwehrbereiter Waffenruhe.

Systematisch zerriß Sir Jonathan die mit seinen genauen Kalkulationen bedeckten Papiere, ehe er nach Miss Remedios läutete und sie anwies, den Daimler kommen zu lassen. Es war noch eine andere Sache zu erledigen. Seine Frau Lucinda, seine Schwiegertochter Mary, seine Tochter Matilda und seine Enkel mußten aus der Kampfzone herausgebracht werden. Peitaiho an der Bucht von Tschili wäre ein idealer Schlupfwinkel. Seine Handelsbeziehungen und seine Kontakte zu den Geheimgesellschaften im Norden waren außerordentlich gut. Da es üblich war, daß Frauen und Kinder in den Norden gingen, um der mörderischen Hitze des Hongkonger Sommers zu entfliehen, würde ihre Abreise kein Hinweis darauf sein, daß er seine Nichtkombattanten in Sicherheit bringen wollte, während er seine Streitkräfte gegen die Wheatleys mobilisierte. Charles würde er bei sich behalten, denn er brauchte einen vertrauenswürdigen Adjutanten.

Aber diese letzten Vorkehrungen hatten noch ein paar Tage Zeit. An diesem Abend wollte er sich bei seiner Lieblingskonkubine Edle Perle und ihren reizenden Töchtern erholen. Er kam gar nicht auf den Gedanken, auch sie aus der Kampfzone zu entfernen. Wenn sie einen Schaden davontrügen, würde es ihn betrüben, aber der Clan, das Haus Sekloong, würden nicht darunter leiden. Sie gehörten ihm, aber sie waren *nicht* die Familie.

5. Juni 1914 bis 8. August 1914

«Ich will partienweise Wollgarne und ungebleichte Stoffe kaufen», erklärte Mary Sekloong. «Und Stiefel, Militärstiefel und Arbeitsstiefel.»

«Deine Abteilung, meine Liebe», antwortete ihr Schwiegervater geistesabwesend. «Hast du es mit Charles besprochen, ehe er nach Schanghai fuhr?»

«Nein – mir liegt auch nicht so schrecklich viel daran. Ich denke an sehr große Mengen. So etwa tausend Gros – alles, was sich auftreiben läßt. Und dir rate ich, so viel Wolfram und Kohlen zu kaufen, wie du kannst.»

Sir Jonathan zog die eine Augenbraue hoch. Seine Schwiegertochter war in einer seltsamen Stimmung. Sie hatte auf das scherzhafte Geplauder, das ihren Beratungen gewöhnlich voranging, verzichtet und ihm gleich diese übertriebenen Vorschläge unterbreitet, die praktisch Forderungen waren. Seit ihrer bitteren Auseinandersetzung mit Charles vor neun Jahren hatte er sie nicht mehr so aggressiv erlebt. Dabei schien sie in den letzten drei Jahren ganz glücklich gewesen zu sein. Falls sie über den Verlust von Harry weinte, dann tat sie es im stillen Kämmerlein. Er selbst hatte sie immer wieder daran erinnert, daß Harry sich beizeiten von ihr trennen müsse, um zu heiraten, und seit der Revolution von 1911 war er sowieso öfter unterwegs als in Hongkong gewesen. Harrys plötzliche Heirat hatte sie anscheinend mehr mit Resignation als mit Verbitterung hingenommen. Da sie sich immer mehr für die Geschäfte des Hauses engagierte, hatte sie zweifellos erkannt, welche Gefahr die

Fortsetzung ihrer Liaison für diese Geschäfte bedeuten würde. Ihre teilweise Versöhnung mit Charles, die durch die Geburt eines nach seinem Vater benannten Sohnes Ende 1912 besiegelt wurde, schien ihr eine gemäßigte Zufriedenheit wiedergeschenkt zu haben.

«Und warum, meine Liebe?» Sir Jonathan gab es auf, weiter über Marys verwickeltes Gemütsleben nachzudenken, und wandte sich wieder unkomplizierten geschäftlichen Fragen zu. «Warum solche riesigen Mengen?»

«Noch vor dem Herbst wird es in Europa Krieg geben. Peter French, der jetzt Colonel im Kriegsministerium ist, schrieb mir, er sei überzeugt, daß sich innerhalb von sechs Monaten ganz Europa im Krieg befinden wird.»

«Dein alter Freund Lord Peter!» Sir Jonathan zog die Augenbraue noch höher. «Und du nimmst seine Meinung für bare Münze? Ich dachte immer, er sei ein aristokratischer Stutzer.»

«Er hat sich geändert, seit du ihn kanntest», antwortete Mary kurz angebunden. «Andere Leute haben sich auch geändert. Charles zum Beispiel.»

«Ich dachte», schnitt Sir Jonathan behutsam die unvermeidliche emotionale Frage an, «daß zwischen Charles und dir alles gut sei.»

«Einigermaßen gut, nehme ich an, aber einigermaßen gut ist nicht gut genug. Selbst der kleine Charles braucht mich nicht bei all den vernarrten Dienstboten. Und die anderen auch nicht. Jonnie wird bald für eine Weile heimkommen, aber ...»

Mary hielt verwirrt inne. Sie verstand ja selbst nicht, warum sie so mißvergnügt war. Wie konnte sie denn dem Autokraten, der das Leben der ganzen Familie beherrschte, ihre Verdrossenheit klarmachen?

«Ja? Was für ein Aber?» hakte er nach. «Sage es mir, Mary.»

«Ich glaube, ich langweile mich. Ich komme mir in Hongkong wie in einer Falle vor. Es ist klein und stumpfsinnig und versnobt. Ich werde akzeptiert – bis zu einem gewissen Grad – wegen deines Namens. Aber sobald die Formalitäten erfüllt sind, bin ich eine Art privilegierte Aussätzige, eine Kastenlose, eine Unberührbare. Und manchmal ... entschuldige, Vater ... manchmal mag ich die Chinesen nicht sehr.»

«So schlimm ist es?»

«Ja, leider. Abgesehen von dir und den Kindern ist niemand mehr da, an dem mir wirklich viel liegt. Harry ist weg. Hilary Metcalfe ist auch nicht mehr da. Ich habe keine richtigen Freundinnen. Und die Kinder? Die haben ihre Amahs und brauchen mich nicht. Ich kenne sie kaum. Mir ist, als ob ich ersticke.»

«Aber du hast doch alle Freiheit der Welt.»

«Von Hongkong, nicht der Welt. Wie ein Aufseher im Gefängnis.»

Sir Jonathan legte bedächtig seine Zigarre auf den Malachit-Aschenbecher. Nur seine hochgezogene Augenbraue ließ seine Verwunderung erkennen.

«Zumindest fasziniert dich das Geschäft.»

«Das Geschäft ist faszinierend, aber es ist nicht genug.» Mary seufzte. «Das Leben ist zu wohlgeordnet. Zu fade. Ich bin fast vierunddreißig. Und ich sehe nichts vor mir als dieses Dasein, grau in grau, bis ich sterbe.»

«Ach, hör mal!» Sir Jonathan lächelte verständnislos. «So schlimm kann es doch nicht sein. Du bist bloß müde.»

«Entschuldige.» Mary lächelte, um die Tränen zu unterdrücken, und sprach mit forscher Stimme weiter: «Kommen wir wieder aufs Geschäftliche zurück! Laß uns kaufen, viel kaufen, ehe die Preise steigen.»

«Wenn du willst, ich glaube schon», antwortete Sir Jonathan, befriedigt, daß ihre trübe Stimmung verflogen war. «Aber es könnte einige Schwierigkeiten geben.»

«Wir sind doch nicht knapp an liquiden Mitteln», beharrte Mary. «Außerdem kann das Haus Sekloong allein mit deiner Unterschrift einen Kredit von fast einer Million aufnehmen. Wenn du an meinem Urteil zweifelst, werde ich so viel wie möglich auf eigene Rechnung kaufen. Ich nehme doch an, unsere Abmachung gilt noch, daß ich über meine Tantiemen nach Belieben verfügen kann.»

«Ich zweifle nicht an deinem Urteil, meine Liebe, obwohl ich deine Vorschläge natürlich gern mit dir besprechen möchte. Du brauchst nicht auf eigene Rechnung zu spekulieren. Dein Privatkonto ist zwar beträchtlich – wenn ich mich recht erinnere, ungefähr 45 000 Pfund –, aber das wird nicht weit reichen in Anbetracht deiner grandiosen Ideen. Doch die Firma selbst könnte in den nächsten paar Monaten knapp an Mitteln werden.»

«Wieso?» Die Bestürzung über Sir Jonathans Äußerung verscheuchte ihre Verdrossenheit. «Als wir zuletzt darüber sprachen, waren unsere Reserven sehr beachtlich.»

«Richtig. Aber wir dürfen uns nicht übernehmen, weil es sein könnte, daß wir unsere gesamten Reserven brauchen, um uns zu verteidigen.»

«Uns zu verteidigen? Gegen was? Wer würde es wagen, uns jetzt anzugreifen, Vater? Wir haben noch nie solider dagestanden.»

«Mein hochgeschätzter Stiefvater fängt wieder mit seinen alten Tricks an.»

«Aber das ist doch nichts Neues», sagte Mary. «Und alten Dick und seinem hitzköpfigen Sohn Iain bist du immer überlegen.»

«Die Feindschaft der Wheatleys ist nicht neu. Ihre Taktik ist neu.»

«Und was könnten sie . . .»

«Die üblichen Verleumdungen, giftige Gerüchte. Schlimmer als bisher, aber damit kann ich fertig werden. Wenn sie sich ernsthafte Beschuldigungen aus den Fingern saugen, beschuldigen sie sich selbst, denn schließlich bin ich ihr Comprador. Aber ich habe aus verschiedenen Quellen von einem neuen Anschlag gehört. Er ist raffiniert – und sehr gefährlich.»

«Doch sicher nicht der alte Opium-Scherz. In Schanghai ist der Handel immer noch legal, nur Hongkong hat zurückgesteckt. Außerdem sind wir ja aus der Sache raus. Oder?»

Sir Jonathan lächelte der empörten schmalen Gestalt in dem knöchellangen engen Rock aus rehbraunem Serge und der langärmeligen Schoßjacke zu. Als einzigen Schmuck trug Mary eine kleine goldene Drachennadel. Obwohl sie Kleider liebte, war sie im Büro immer sehr einfach angezogen, als ob sie ihr Geschlecht neutralisieren wollte.

«Ja, mit dem Handel haben wir nichts mehr zu tun», antwortete er. «Keine Sorge. Es ist etwas anderes – und so raffiniert, daß ich mir nicht vorstellen kann, daß Dick und Iain Wheatley es sich selbst ausgedacht haben.»

Sir Jonathan drückte seine Zigarre aus und köpfte eine neue mit seiner goldenen Taschen-Guillotine. Es war das erste Mal, daß Mary ihn zwei Zigarren unmittelbar hintereinander rauchen sah. Als das schlanke, goldbraune Röhrchen eine rotglühende Spitze hatte, sprach er weiter.

«Jedermann weiß, daß der ehrenwerte Präsident der Republik China, dieser alte Gauner Yüan Schih-kai, sich zum Kaiser machen und die große konstitutionelle Dynastie gründen will. Er braucht eine große Summe, ungefähr zwei Millionen *taels* Gold, um seine Truppen zu bezahlen und zu bewaffnen und seine Rivalen zu bestechen.»

Mary rechnete es gleich im Kopf nach: Zwei Millionen *taels* waren 2,66 Millionen Unzen Gold, etwa elf Millionen Pfund.

«Aber er hat alles verpfändet, was zu verpfänden ist», wandte sie ein. «Und die Zolleinnahmen für die nächsten zehn Jahre sind abgetreten worden. Woher kann er so viel Geld bekommen?»

«Von uns offenbar, obwohl es mir schwerfallen würde, auch nur eine Viertelmillion *taels* in Gold aufzubringen.»

«Von uns? Wie denn? Und warum?»

«So soll es aussehen. Der Kredit läuft über die Wheatleys. Und sie haben kund und zu wissen getan, daß das Gold in Wirklichkeit für mich bestimmt sei. Sie helfen also einfach einem getreuen Angestellten aus einer Patsche.»

«Ich verstehe. Sie laden dir eine imaginäre Schuld auf. Niemand wird deine Dementis glauben. Und sie bringen dich mit Yüan Schih-kai in Verbindung. Deine chinesischen Freunde werden fuchsteufelswild werden, und deine ausländischen Geschäftsfreunde werden überzeugt sein, daß du auf den Bankrott zusteuerst.»

«Das ist der Plan.»

«Aber», wandte Mary ein, «Dick Wheatley wird sich nie ohne hieb- und stichfeste Sicherheit auch nur von einem Hundertstel dieser Summe trennen – und Yüan Schih-kai hat keine flüssigzumachenden Vermögenswerte.»

«Die Wheatleys werden, da sie die Wheatleys sind, eine solide Sicherheit erhalten, die den Wert des Kredits bei weitem übersteigt. Aber hieb- und stichfest wird sie nicht sein. Ganz im Gegenteil.»

«Was meinst du damit, Vater?»

«Die Schätze des kaiserlichen Hofes, die persönlichen Besitztümer, die ein Kaiser nach dem anderen während der verschiedenen Dynastien angehäuft hat, werden in der Kaiserlichen Stadt in Peking aufbewahrt. Und wie du weißt, hat der kleine Kaiser Hsüan Tung seinen Titel behalten, obwohl er den Thron und alle Macht verloren hat. Nur China konnte eine Republik mit einem Kaiser werden. Seine Schätze, die nationalen Schätze, sind unvorstellbar wertvoll. Antike Bronzen, Juwelen, Porzellane, Gemälde, Jade, goldene und silberne Kultgeräte, Weihrauchgefäße und Grabbeigaben . . . ich könnte noch stundenlang fortfahren.»

Sir Jonathan klopfte weiße Asche von seiner Zigarre.

«Theoretisch ist dieser gewaltige Schatz das persönliche Eigentum des Kaisers. Rechtlich gehört er der Nation und kann weder vom Kaiser noch von Präsident Yüan Schih-kai verkauft werden. Aber er wird veräußert werden. Und die Wheatleys werden als Sicherheit einen Anteil an den kaiserlichen Schätzen im Wert von fünfzehn bis zwanzig Millionen Pfund erhalten.»

«Aber», fragte Mary, «wie kann Yüan Schih-kai . . .»

«Ganz einfach. Die Schätze werden offiziell weggebracht. Einige Stücke gehen nach London auf eine Ausstellung. China braucht Freunde, und was für eine bessere Möglichkeit gibt es, sich Freunde zu machen, als seine alte Kultur zur Schau zu stellen? Der Transport geht über Tientsin.»

«Und dort?»

«Die Sicherheiten für die Wheatleys – dem Umfang nach klein, gewaltig an Wert und getarnt durch die offizielle Sendung nach London – werden heimlich bei der Gazetted Bank of Gibraltar and Asia deponiert: Kurz, in den Tresoren der Wheatleys in der ausländischen Konzession Tientsin, außer Reichweite des chinesischen Gesetzes. Der unwichtige Direktor der Gazetted Bank wird über die Transaktion versehentlich nicht informiert.»

«Und das Gold selbst? Wie sollen wir hereingelegt werden? Diese Transaktion verwirrt mich etwas.»

«Nicht Transaktion, sondern blanker Diebstahl – so viel wirst du wohl begriffen haben. Ich werde versuchen, es so einfach wie möglich zu erklären, auf die Gefahr hin, mich zu wiederholen: Erstens, Yüan Schih-kai, der gewiß kein Republikaner ist, will das Kaiserreich wiederherstellen und selbst Kaiser werden. Für seinen Staatsstreich braucht er große Summen. Zweitens, das britische Auswärtige Amt wünscht ebenfalls keine chinesische Republik und unterstützt Yüans Ambitionen. London hat die Wheatleys ausgewählt, um Yüan das Gold über sie zukommen zu lassen, nachdem der Secret Service das Komplott geplant und die Einzelheiten festgelegt hat. Drittens, die illegale Sicherheit für die Wheatleys werden die kaiserlichen Schätze sein. Und viertens, die Wheatleys planen – ob sie nun bei dem Komplott Erfolg haben oder nicht –, mich dadurch zu ruinieren, daß sie Gerüchte ausstreuen, Sekloong und nicht Derwent beschaffe illegal Gold, bemächtige sich der nationalen Schätze und manipuliere unverfroren die chinesische Innenpolitik.»

«Jetzt ist es klarer», sagte Mary. «Aber wie die Sache vor sich gehen soll, ist mir noch schleierhaft.»

«Ist mir auch noch nicht ganz klar. Soviel ich verstanden habe, soll die Goldlieferung dadurch vertuscht werden, daß Chinas magere Goldreserven angeblich aus Sicherheitsgründen verlagert werden. Auf diese Weise bekommt Yüan sein Gold, das britische Auswärtige Amt ein neues chinesisches Kaiserreich und die Wheatleys den nationalen Schatz – und außerdem einen beherrschenden Einfluß am neuen kaiserlichen Hof.»

«Warum kannst du den Schwindel nicht aufdecken?»

«Was immer ich sage, es würde gegen mich sprechen. Ich würde wie ein auf frischer Tat ertappter Verbrecher aussehen, der versucht, die Schuld von sich abzuwälzen. Chinesen und Europäer würden mich anprangern. Jonathan Sekloong, der Dieb von Chinas unschätzbarem

Erbe, ein ganz gemeiner Hehler, ein ungeschickter Goldschieber – und ein Verschwörer gegen die Republik, aus Gründen des Profits.»

«Und das Fazit?» fragte Mary. «Was passiert mit uns?»

«Wir sind bankrott, wenn alle unsere Gläubiger ihre Kredite kündigen. Wir werden zwei Millionen *taels* zurückzahlen müssen, die wir nie geliehen haben, und den kaiserlichen Schatz herausgeben, den wir nie gehabt haben. Die Wheatleys werden meine Anteile zu zehn Cent für den Dollar übernehmen und unsere Guthaben zur Rückzahlung des Kredits verwenden. Der Plan würde Machiavelli Ehre machen.»

«Aber können wir uns nicht wehren?» brauste Mary auf. «Kannst du ihnen nicht einen Strich durch die Rechnung machen, wenn du schon so viel weißt?»

«Ich habe da schon ein paar Ideen. Ich werde noch darüber nachdenken müssen. Wir haben Zeit. So viel Gold zu transportieren braucht etwas Zeit.»

«Und was kann ich tun?» fragte Mary.

«Du kannst in Peitaiho Urlaub machen.»

«In Peitaiho, Vater? Um Himmels willen, warum gerade Peitaiho? Das kann doch nicht dein Ernst sein. Mein Platz ist hier.»

«Weil Peitaiho genau hundertzehn Meilen von Tientsin entfernt ist, wo der Goldaustausch stattfinden muß. Ich brauche dich an Ort und Stelle. Es ist absolut normal, wenn du mit der Familie den Sommer im Norden verbringst. Die Wheatleys dürfen keinen Verdacht schöpfen, daß wir etwas wissen – oder auch nur vermuten.»

«Wieviel von dem, was du mir erzählt hast», fragte Mary mißtrauisch, «weißt du wirklich, und wieviel ist reine Mutmaßung?»

«Sagen wir, ich habe kombiniert. Viele Einzelheiten sind mir noch unbekannt. Aber ich brauche dich in Peitaiho, nahe genug bei Tientsin, um nützlich zu sein, und weit genug davon entfernt, um keinen Verdacht zu erregen.»

«Soll ich dir als Lockvogel dienen?»

«Natürlich, Mary, das auch. Du mußt in einer Woche reisefertig sein. Die ‹Foosing› läuft am 12. Juni aus.»

«Ja, wenn du wirklich glaubst, daß ich dort am nützlichsten bin.» Mary gab klein bei. «Und die Kinder sollten wir wegbringen.»

«Natürlich. Das Haus Sekloong muß in seinen Erben fortleben – und die Wheatleys *haben* schon Mörder gedungen.»

«Also gut», stimmte sie zu. «Deine Logik ist einleuchtend.»

«Die Sache hat noch einen anderen Vorteil.»

«Und der wäre?»

«Du hast gesagt, du langweilst dich, dein Leben sei entsetzlich öde. Ein Tapetenwechsel und andere Gesellschaft könnten dir guttun. Es kann auch gefährlich sein, aber du wirst gut bewacht werden, sehr gut bewacht.»

«Dann habe ich jetzt vieles zu erledigen, Garderobe für die Kinder und für mich, sehr vieles. Ich werde gleich anfangen.»

«Tu das, unbedingt.»

Sir Jonathan stand auf, küßte Mary auf die Wange und schloß die Tür hinter ihr. Er war zufrieden mit seiner Vormittagsarbeit, obwohl er ganz schön improvisiert hatte, um die Geschichte runder zu machen. Er brachte seinen wertvollsten Besitz, Mary und die Kinder, aus der Reichweite seiner Feinde und bereitete seinen Gegenangriff vor. Vielleicht, überlegte er, war die einzige Möglichkeit, den erlogenen Beschuldigungen des Hochverrats und des schweren Diebstahls, nämlich des Raubs der kaiserlichen Schätze, zu entrinnen, wirklich schweren Diebstahl zu begehen.

«Mann, die wollen nicht nur als Passagiere auf diesem kleinen Kahn mitfahren», sagte der Chefingenieur der ‹Foosing› zum Ersten Offizier. «Die übernehmen uns wie Piraten aus Bias Bay!»

Mary lachte und schenkte den Offizieren des 2100-Tonnen-Küstenschiffs ein strahlendes Lächeln, das die beiden sofort für sie einnahm, so daß sie ihr bereitwillig behilflich waren. Der zynische Schotte hatte ziemlich genau ins Schwarze getroffen. Die Sekloongs und ihre Begleitung kletterten die Gangway von der Dampfpinasse ‹Lucinda› herauf und verursachten ein Durcheinander, das selbst bei der Einschiffung einer ganzen Schwadron irregulärer Kavallerie und ihres Trosses unangemessen gewesen wäre. Mehr als hundert schwere Gepäckstücke, darunter ein Stutzflügel, waren schon im Laderaum verstaut. Auch fünfunddreißig Kisten Wein und sechsundachtzig Weidenkörbe mit Lebensmitteln, darunter Zunge in Büchsen, *pâté de foie gras* und Kaviar bis zu getrocknetem kantonesischem Gemüse und fertigen Saucen, die es im barbarischen Norden nicht gab, waren bereits verladen. Und dennoch brachten die Diener weitere Gepäckstücke aller Art an Bord. Die vier kleinen Lieblingshunde der Kinder und drei Kätzchen trugen mit Gekläff und schrillem Miauen zu dem Lärm bei. Das Bellen von sechs großen Wachhunden hallte klagend über die friedliche Bucht.

Mary hatte es den Kindern ausgeredet, ihre drei Esel mitzunehmen, die sie bei schönem Wetter zur Endhaltestelle der Peak-Tram brachten. Sie hatte ihnen versichert, daß es in Peitaiho Esel gäbe, vielleicht sogar

Ponies. Hoffentlich hatte sie recht. Sonst würden die Kinder den ganzen Sommer nach ihren Eseln jammern.

Lady Lucinda stand neben Mary. Mit achtundfünfzig Jahren war sie körperlich immer noch kräftig, aber die vierzig Jahre als verwöhnte und verschüchterte Frau von Sir Jonathan hatten sie so unselbständig gemacht, daß sie kaum nützlicher war als die Kinder, die sie aber wenigstens mit sauren Pflaumen aus ihrer unergründlichen Handtasche beruhigte, wenn sie sich zankten. Marys farblose Schwägerin Matilda, gerade einundzwanzig, versuchte behilflich zu sein, um das Durcheinander unter Kontrolle zu bekommen. Aber wie ihre Mutter war sie bemitleidenswert unsicher, nachdem sie von ihrem autokratischen Vater abwechselnd verhätschelt und geduckt worden war. Immerhin war ihre Hilfe besser als gar keine. Die Dienstboten hielten sich schon den Bauch und wurden käsebleich, obwohl die ‹Foosing› noch im sonnigen Hongkonger Hafen vor Anker lag und nur sanft schlingerte.

Nur der anscheinend nicht alternde Ah Sam fühlte sich wohl auf den Teakdecks. Die Umgebung erinnerte ihn an die Schauplätze seiner früheren Abenteuer. Barsch rief er den Kindern und Dienstboten Befehle zu, und alle gehorchten ihm prompt, während Marys leise Instruktionen nur Verwirrung anrichteten.

Belustigt über die Verwunderung der Schiffsoffiziere, stellte Mary rasch eine Berechnung an: einschließlich der Dienstboten waren sie vierzig Personen. Zu den Erwachsenen, Lady Lucinda, Matilda und Mary, kamen die sechs Kinder. Jonnie, fast dreizehn, kam gerade von der Vorbereitungsschule St. Mary's Hall zurück und war erfüllt von der Selbstüberheblichkeit eines jungen Mannes, der im Herbst in die Unterstufe des Stonyhurst College eintreten sollte. Das jüngste Kind war der knapp zweijährige Charles, der sich schon so gewählt ausdrückte, daß die anderen ihn «den Mandarin» nannten. Dazwischen waren die Mädchen, Guinevere, elf, und Charlotte, zehn, und die Jungen, Thomas, neun, und James, sieben. Drei ältere Kwok-Verwandte, zwei Damen und ein gebrechlicher alter Herr, deren Verwandtschaftsgrad ebenso unklar war wie der Grund, warum sie mitfuhren, vervollständigten die kleine Gesellschaft, die zu einem bescheidenen Sommerurlaub aufbrach.

Obwohl sie nun seit vierzehn Jahren in dem grandiosen Sekloong-Stil lebte, fand Mary die Zahl der Begleitpersonen beachtlich, den «Divisionsanhang» würde ihr Vater sagen, wie sie in einer plötzlichen Anwandlung von Zuneigung zu dem alternden Musikmeister belustigt dachte. Sie meinte fast, sein verbittertes Nörgeln über «hochnäsige Chinks, die sich aufspielen» zu hören.

Zufällig waren es genau fünfzehn Dienstboten, die die fünfzehnköpfige Familie und die mitreisenden Lehrer betreuen würden. Und wie üblich hatte Sir Jonathan für eine Überraschung gesorgt: zehn narbenbedeckte Leibwächter waren an Bord gekommen. Sie waren wie Arbeiter gekleidet und hielten die Schäferhunde an schweren Ketten. Diese *bravi* der Geheimgesellschaften sollten das Schiff vor Piraten und die Familie während des langen Sommers im Schatten der Großen Mauer beschützen.

Unter Berufung auf sein Vorrecht als Direktor der Schiffahrtsgesellschaft hatte Sir Jonathan das ganze Schiff gemietet. Trotzdem war es qualvoll eng. Der Kapitän hatte seine Kajüte an Lady Lucinda und Mary abgetreten, die noch den kleinen Charles und seine Baby-Amah mit hineinpferchten. Die anderen – Matilda, die größeren Kinder, die betagten Verwandten, die Gouvernante und die Hauslehrer – wurden in den Passagierkabinen und den Offizierskajüten untergebracht. Der Chefingenieur und der Erste Offizier sollten in Hängematten auf Deck schlafen, und ein Laderaum wurde für die Besatzung freigemacht, die ihre Kojen der Dienerschaft und den Leibwächtern der Sekloongs überlassen mußten.

Mary wünschte, die ‹Foosing› hätte einen Arzt an Bord. Immerhin hatte der junge Dr. George Chapman Parker versprochen, in Schanghai zuzusteigen und den größten Teil des Sommers mit ihnen in Peitaiho zu verbringen.

«Ach, hol's der Teufel», sagte sie laut und zog sich einen entsetzten Blick ihrer reizlosen Schwägerin zu.

Mary war entschlossen, die achttägige Seereise zu genießen, ehe sie sich den Gefahren des Nordens stellte. Sie entspannte sich und nahm sich vor, sich keine Sorgen zu machen, ob die kleineren Kinder über Bord fallen könnten, sondern auf die Wachsamkeit der Amahs zu vertrauen.

Die Schiffssirene heulte, und die Ankerkette klirrte. Auf dem Deck der ‹Lucinda› schwenkten Sir Jonathan und Charles ihre Strohhüte. Die Pinasse begleitete die ‹Foosing› noch lange, nachdem sie den Hafen bei Lei Yue Mun verlassen hatte. Erst als die ‹Foosing› an den Ninepins vorbeifuhr und ihren Bug der offenen See zuwandte, tutete die ‹Lucinda› sechsmal, drehte in aufschäumender Gischt ab und zeigte ihr hübsch gerundetes Heck.

Das Ausschiffen in Peitaiho war nicht ganz so schlimm wie das Einschiffen in Hongkong, hauptsächlich, weil Dr. George Chapman Parkers männliche Autorität die ungebärdigen Kinder und die aufgeregt hin und her rennenden Dienstboten bändigte. Der hagere dreißigjährige Arzt aus Virginia wirkte noch selbstsicherer als im Pestjahr 1909, denn seine bahnbrechenden Forschungen auf dem Gebiet der Tropenmedizin fanden allenthalben Anerkennung. Er hatte dringend einen Urlaub nötig, um sich von seinen anstrengenden Bemühungen zu erholen, bei den chinesischen und ausländischen Einwohnern Schanghais wenigstens ein elementares Interesse für Maßnahmen der öffentlichen Gesundheitspflege zu wecken. Die meisten Chinesen mußten zu verzweifelt um ihr wirtschaftliches Überleben kämpfen, um Gedanken an Hygiene verschwenden zu können, während ihre reichen Landsleute und die selbstsüchtigen Ausländer annahmen, ihr Reichtum wäre der beste Schutz gegen Epidemien. Trotz des angestrengten Zuges um seinen breiten Mund gab sich George Parker lebhaft. Mit den dunkelblauen Augen und dem hellblonden Haar war sein intelligentes Gesicht attraktiv. Doch da Mary und Matilda stets von Anstandswauwaus umgeben waren, wurde der Schicklichkeit vollauf Genüge getan.

Sie wurden allesamt, einundvierzig an der Zahl, in einem konfuzianischen Tempel untergebracht, den ihnen die Stadtväter, die Sir Jonathan viele Gefälligkeiten verdankten, «leihweise» zur Verfügung stellten. Angesichts der primitiven gemauerten Herde und der Tatsache, daß es Wasser nur im Brunnen gab, überließ Mary die Unterbringung und Versorgung den Dienstboten unter Ah Sams Leitung. Irgendwie bekamen sie alle zu essen – und gut zu essen. Irgendwie bekamen sie alle ein Bett und das wichtige Moskitonetz. Da Mary sich in dem Labyrinth von Höfen, Empfangsräumen, mit roten Säulen geschmückten Altarräumen, Schlafzimmern, Vorratskammern und Nebengebäuden nicht zurechtfand, beschloß sie, sich überhaupt nicht um den Haushalt zu kümmern, und war zum erstenmal seit Jahren unbeschäftigt. Zwei Wochen lang ruhte sie sich einfach aus, las ein bißchen und machte Tuschzeichnungen. Der Tagesrhythmus wurde bestimmt von den Mahlzeiten und vom Schwimmen am Vor- und Nachmittag.

Sie genoß diese Erholung, die ihre Zeitgenossen «eine Verschnaufpause einlegen, um wieder munter zu werden» nannten, und die eine spätere Generation ebenso doppelsinnig als «abreagieren und die Batterie aufladen» beschreiben sollte. Außerdem herrschte ein reges gesellschaftliches Leben in dem Seebad, in dem Diplomaten, Missionare und ausländische Kaufleute den Sommer verbrachten. In Hongkong wurde sie aus Gründen der Toleranz empfangen, weil der Name Sekloong Respekt heischte; in Peitaiho hingegen empfing man sie ganz spontan und ungezwungen.

Die Sekloongs, mit ihrer Aura von großem Reichtum zugleich exotisch und vertraut, wirkten faszinierend auf die britischen Diplomaten, die alle auf der Landzunge Legation Point wohnten. Durch ihre Einladungen lernte Mary bald die gesamte ausländische Gemeinde kennen, die sehr erpicht war auf neue Gesichter und neuen Gesprächsstoff. Alle waren neugierig auf das englische Mädchen, das in den Clan des eurasischen Handelsmagnaten eingeheiratet hatte. Und die Ritterwürde ihres Schwiegervaters galt hier als das, was sie wert war, und nicht als ein von der Hongkonger Kolonialregierung zur Beschwichtigung der Eingeborenen verliehenes Narrenzepter. Mary wurde sozusagen eine Bienenkönigin der Gesellschaft von Peitaiho – und das war nicht unerfreulich.

In dieser zwanglosen Atmosphäre setzte sie sich wie einst in ihrer Jugend nur zu gern über reine Konventionen hinweg. Sie tollte mit den Kindern in der sanften Brandung, wobei sie einen gewagt kurzen Badeanzug trug, und ritt mit ihnen auf den folgsamen Schansi-Eseln, von denen es in Peitaiho wimmelte. Zum erstenmal hatte sie das Gefühl, ihre Kinder kennenzulernen.

Jonnie war fasziniert von der Politik, von den großen Ereignissen, nicht nur in China und Großbritannien, sondern in der ganzen unruhigen Welt. Wenn sie seine nicht enden wollenden Fragen beantwortete, war sie erstaunt, wie viele Kenntnisse sie erworben hatte, ohne sich dessen bewußt zu sein. Aber vor seinem theologischen Wissensdurst mußte sie die Waffen strecken, und sie schickte ihn in das Heim, das die römisch-katholische Diözese von Peking in Peitaiho unterhielt. Nach der langen Trennung nachsichtig gestimmt, übersah sie die meisten seiner übermütigen Streiche – seine natürliche Reaktion auf drei Jahre strenger Jesuiten-Disziplin.

Er «klaute» eine Kiste Zigarren und sechs Flaschen Wein für einen feuchtfröhlichen Abend mit seinen neuen Freunden, aber Mary fand, daß sein entsetzlicher Kater am nächsten Tag Strafe genug wäre. Aus reinem Mutwillen lockerte er die Verknotung eines Fischernetzes, und der Fang ging verloren. Mary zahlte den Fischern eine Entschädigung und sagte zu Jonnie, sie könne es ihm nicht verzeihen, daß er den Lebensunterhalt der Armen gefährde. Sie lächelte insgeheim, wenn er seinen wichtigtuerischen Englischlehrer neckte, und sie fand es eher belustigend als beunruhigend, als er sich zehn Esel für eine nächtliche Expedition «auslieh».

Nur der Vorfall, der als «Schießpulver-Anschlag» in die Annalen des friedlichen Peitaiho einging, erregte ihren Zorn – aber auch das nur flüchtig. Der eingebildete britische Gesandte, Sir Alistair Lermotte, wurde nur in seiner Würde verletzt, als das aus Hunderten von Knallfröschen herausgeholte Schwarzpulver vor dem Fenster seines Arbeitszimmers explodierte. Genau wie sie selbst, blieb Jonnie nicht auf halbem Wege stehen, wenn er eine Dummheit machte.

Die Mädchen waren weniger anstrengend und weniger amüsant; dabei waren Guinevere und Charlotte bereits sehr unterschiedlich in ihrer Art. Guinevere war die perfekte, zukünftige kleine Hausfrau, manchmal, wie Mary fand, zu fügsam. Stundenlang pflegte sie an ihrer Stickerei zu sitzen oder an dem Stutzflügel, der in Peitaiho als handfestes Symbol des üppigen Lebensstils der Sekloongs berühmt war. Allerdings pflegte Guinevere auch die stets ausgelassene Charlotte zu begleiten, wenn sie zu dem zweihundert Meter vor der Küste verankerten Sprungfloß schwamm. Mary machte sich Sorgen über die Verwegenheit der beiden, aber Ah Sam und der junge Dr. Parker beruhigten sie. Die Kinder seien nie außer Sicht der eigenen oder anderer Leute Dienstboten, und außerdem liege auf halbem Weg zwischen dem Ufer und dem Floß ein mit ortsansässigen Fischern bemanntes Boot. Charlotte, fürchtete Mary, würde später ein Problem werden; denn sie war schon jetzt ziemlich erpicht auf männliche Aufmerksamkeit. Doch im Augenblick konnte man noch gut mit ihr fertig werden.

Die kleinen Jungen gingen ganz in den einfachen Freuden des Seebads auf. Normalerweise von der breiten Masse der Chinesen in Hongkong getrennt, weil sie ja auf dem vornehmen Peak wohnten, entdeckten sie mit Entzücken, daß das Mandarin, das sie auf Drängen ihres Großvaters lernten, für Fischer, Ladeninhaber und Handwerker, an deren Dialekt sie sich rasch gewöhnt hatten, verständlich war. Glücklich und ohne Unterschiede zu machen, trieben sie sich mit Straßenjungen und den ausländischen Kindern aus Tientsin und Peking herum.

Thomas und James ähnelten sich weder im Temperament noch im Äußeren. Bei dem Älteren, der klein und dunkel war und, wie Mary fürchtete, auch zu Heimlichtuerei und Neid neigte, waren die Kwok-Vorfahren durchgeschlagen. Der Jüngere sah jeden Tag mehr wie der große, offenherzige Mann aus, den er Onkel Harry nannte. Die beiden stritten sich lauthals, standen aber Seite an Seite, wenn es gegen die Straßenjungen ging, und waren sich völlig einig, wenn es ihnen gelang, ihren Hauslehrern zu entfliehen. Beide waren in einem schwierigen Alter. Sie waren den überbetulichen Amahs entwachsen, aber noch nicht alt genug, um eigene Diener zu haben.

Thomas und James waren gleichermaßen fasziniert von dem Zug des East Yorkshire-Regiments, das den Wachdienst bei Sir Alistair versah, und auch von den Angehörigen der US Horse Marine, die Urlaub von ihrem Dienst bei der Gesandtschaft der Vereinigten Staaten hatten. Wenn alle anderen Kinder abzogen, hockten die beiden Jungen mit dem hartgesottenen Artillerie-Sergeant des US Marine Corps oder dem grimmigen Sergeant Major der East Yorks auf dem Sand zusammen. Mary war eher belustigt als entsetzt, wenn sie obszöne Versionen englischer und amerikanischer Soldatenlieder sangen und Wörter benutzten, die sie nicht zu verstehen behauptete. Nach zwei Wochen gaben Thomas und James ihre Absicht bekannt, Soldaten zu werden, wenn sie groß wären. Mary erwähnte nichts von diesem Entschluß in ihren Briefen an den Vater und den Großvater der beiden. Sie wären sicher entsetzt gewesen. Denn sie glaubten vorbehaltlos an die Weisheit des chinesischen Sprichworts: *Aus gutem Eisen macht man keine Nägel! Aus guten Männern macht man keine Soldaten!*

Selbst der kleine Charles mit seinen knapp zwei Jahren pochte auf seine Selbständigkeit. Er verlangte, nicht Charlie, sondern Charles junior oder der junge Herr Charles genannt zu werden. Fröhlich grinsend, befolgten die Dienstboten seine Anweisung. Sie nannten ihn auch *Shao Yeh*, kleiner Herr, oder *Hsiao Kuan*, kleiner Mandarin. Charles, frühreif in seiner gebieterischen Art, war immer liebevoll, liebevoller als die anderen Kinder. Mary war abwechselnd entzückt und verblüfft über das eigenwillige Kleinkind, das sich still in die Ecke setzte, wenn die Hauslehrer die älteren Kinder unterrichteten, und nachplapperte, was die großen Kinder lernen mußten.

Mary hatte nur *einen* Kummer im fernen Peitaiho: Ihr Mann und ihr Schwiegervater schrieben zwar regelmäßig, aber die Post brauchte lange, und in ihren Briefen stand nie eine Andeutung über ihren Gegenangriff gegen die Wheatleys. Sie machte sich Gedanken, obwohl sie wußte, daß äußerste Diskretion geübt werden mußte. Sie hatte das Gefühl, sie sei absichtlich aus dem Zentrum des Geschehens entfernt worden, trotz der Behauptung von Sir Jonathan, er brauche sie in Tientsin, wo der Austausch des Goldes gegen die kaiserlichen Schätze stattfinden sollte. In Wirklichkeit war Peitaiho vom hundertzehn Meilen entfernten Tientsin fast ebenso weit weg wie vom tausendfünfhundert Meilen entfernten Hongkong.

Ihre Hauptinformationsquelle war die überspannte *Peking and Tientsin Times*, die von dem ebenso überspannten Putnam Weale herausgegeben wurde. Anfang Juli erschienen alarmierende Meldungen über die unruhige Lage in Mitteleuropa. Aber sie mußte schon genau hinschauen, um solche Bruchstücke herauszufinden zwischen dem abstoßenden Gesellschaftsklatsch und den umständlichen Analysen der geradezu byzantinisch verwickelten chinesischen Politik – etwa daß sich rivalisierende Generale, die die Zeitung Warlords nannte, bekämpften und daß Präsident Yüan Schih-kai Pläne schmiedete, sich zum Kaiser zu machen.

Fast jede Nummer brachte einen Bericht unter der Schlagzeile WIEDER EIN BANDITENÜBERFALL. Das chinesische Staatswesen hatte sich noch nicht wieder gefestigt, sondern war durch die Beseitigung der korrupten Mandschus noch stärker zerrüttet worden. Die neue politische Struktur war so schwach, daß es schien, als habe China entweder überhaupt keine Regierung oder ein Dutzend konkurrierender Regierungen. Selbstgefällig in ihrer insularen Sicherheit, interpretierte die ausländische Gemeinde solche Berichte als Beweis dafür, daß die Chinesen nicht fähig seien, sich selbst zu regieren oder auch nur eine minimale öffentliche Ordnung aufrechtzuerhalten. Mary, die diese Berichte aufmerksam las, war bestürzt über das Emporkommen von Provinzdespoten, die sich abwechselnd um ausländische Unterstützung bemühten und dann wieder die nicht gesetzlich sanktionierten Privilegien des Westens in China anprangerten.

Am 22. Juli 1914 gab die *North China Daily News* ihre sonstige Zurückhaltung auf und verkündete in einer dreispaltigen Balkenüberschrift: GROSSER BANDITENÜBERFALL – HANKOW-PEKING LIMITED ENTGLEIST – GOLDDIEBSTAHL BEFÜRCHTET.

In dem Artikel hieß es:

«Durch Berichte aus Tschengsien, die uns kürzlich erreichten, erfahren wir, daß Banditen am 19. dieses Monats den Hankow-Peking Limited in einer relativ dünn besiedelten Gegend zwischen Hsinyang und Suiping zum Halten gebracht haben.

Der Lokomotivführer entdeckte eine Barrikade aus Baumstämmen auf den Gleisen und zog die Notbremse. Doch hatte der Zug zuviel Fahrt und raste in die Barrikade. Die Lokomotive, der Tender und der erste Personenwagen entgleisten. Zum Glück waren die Personenschäden gering. Zwei Europäer erlitten Fleischwunden, und der chinesische Heizer wurde getötet, als er mit dem Kopf auf einen vorstehenden Hebel schlug.

Die Passagiere sahen mit Schrecken, wie sich eine Bande von mehr als hundert bewaffneten Männern auf die drei Güterwagen stürzte, die kurz vor der Abfahrt des Limited an den letzten Wagen angehängt worden waren. Die zahlenmäßig unterlegenen Zugbegleiter gaben nur wenige Schüsse ab und ergriffen dann die Flucht. Die Banditen brachen die Güterwagen auf und machten sich mit einer großen Zahl stabiler Holzkisten davon.

Berichte aus gut unterrichteten Quellen, die allerdings noch unbestätigt sind, deuten darauf hin, daß diese Kisten Gold enthielten. Unser

Wirtschaftskorrespondent erhielt Kenntnis von hartnäckigen Gerüchten, daß die Goldreserven der Republik aus Sicherheitsgründen an einen neuen Ort gebracht werden sollten. Allerdings ist nicht bekannt, ob sich die Goldreserven tatsächlich in den ausgeraubten Güterwagen befunden haben. Doch wie unser Wirtschaftskorrespondent hörte ...»

Der Bericht verlor sich in Spekulationen, und Mary ließ das Blatt enttäuscht sinken. Die Erwähnung der Verlagerung der Goldreserven der Republik hatte sie aufhorchen lassen, da die Wheatleys ja planten, ihren riesigen Kredit an Präsident Yüan Schih-kai unter diesem Vorwand zu transportieren. In späteren Ausgaben wurde der Zwischenfall überhaupt nicht mehr erwähnt.

«Wer weiß», bemerkte George Parker, «ob die Nachricht nicht unterschlagen werden soll – oder ob bloß die *Peking and Tientsin Times* sich auf so beiläufige Art mit der Gegenwart beschäftigt ...»

Nach ein paar Wochen hatte Mary die simplen Vergnügungen des entlegenen Peitaiho über. Ihre Unternehmungslust, die so lange durch häusliche und geschäftliche Pflichten unterdrückt worden war, kehrte zurück, und sie sehnte sich nach einer Unterbrechung der angenehmen Monotonie. Sie hätte begeistert und aus vollem Herzen irgendeine Torheit begangen, wenn sich ihr in der blasierten Enklave der privilegierten Ausländer am Rande eines geplagten Landes eine solche Zerstreuung geboten hätte.

Die Zerstreuung, die George Parker vorschlug, war keine Torheit. Er regte einen Ausflug nach Hsienfengchow an, das fünfundneunzig Meilen weiter nordwestlich im Schatten der Großen Mauer lag. Marys Interesse an der chinesischen Kultur erwachte sofort, zumal ihr die stämmigen, ruhigen, höflichen Nordchinesen sympathischer waren als die schmächtigen, nervösen, streitsüchtigen Südchinesen. Sie freute sich darauf, die auf den Ruinen einer alten, feudalen Residenz erbaute Stadt zu sehen.

Sie machten sich auf den Weg in drei Peking-Wagen, die einfache Holzplanken und Holzräder hatten und von zwei kräftigen Pferden gezogen wurden, neben denen ein geduldiger Esel angeschirrt war. Der einzige Luxus war ein Segeltuchverdeck, das hochgeklappt werden konnte, um die Reisenden vor Sonne und Regen zu schützen. Sie hatten ursprünglich, außer den Kutschern, vier Dienstboten und drei Leibwächtern, nur Matilda als Anstandswauwau mitnehmen wollen. Aber Jonnie bestand auf dem Recht des ältesten Sohnes, sie zu begleiten, und Guinevere beanspruchte erstaunlicherweise dasselbe Recht als älteste

Tochter. Ihre Jungmädchen-Verknalltheit in «Onkel George» machte sie ganz gegen ihre Art sehr beharrlich. Mary gab nach, denn sie freute sich, ihre beiden ältesten Kinder praktisch ganz für sich zu haben.

Zwei Tage lang rumpelte die kleine Karawane über Straßen mit tiefen Furchen, die sich drehende Räder im Laufe von Jahrtausenden in den weichen gelben Boden der nordchinesischen Ebene gegraben hatten. Die ungeschmierten Holzachsen quietschten ihr an- und abschwellendes Marschlied, und die Kutscher fluchten, wie Fuhrmänner das nun mal tun. Gelegentlich kamen sie an dünnbesiedelten Dörfern vorbei, die neben goldenen Hirsefeldern lagen und nach Jauche stanken. Nordchina war fast meenschenleer im Vergleich zum hektischen, überbevölkerten Süden, und sie sahen mehr weißgetünchte, bauchige Gräber als Lehmhäuser. Aber die Reisenden genossen es, zusammen zu sein. Freundlich und verständnisvoll beaufsichtigte George Parker die Dienstboten. Ohne die sich ständig zankenden kleineren Kinder redeten Jonnie und Gwinnie wie kleine Erwachsene. Sie waren sich ihrer neuen Vorrechte und Pflichten durchaus bewußt.

Als sie am dritten Tag in der Abenddämmerung haltmachten, zündeten die Dienstboten kleine Feuer an und stellten ein Zelt für Mary, Matilda und Guinevere und ein zweites für George Parker und Jonnie auf. Das nördliche Zwielicht wurde verschlungen von der flutenden Dunkelheit, die über das Himmelsgewölbe strömte. Der Mond war eine weißglühende Sichel und die Sterne leuchtende Bogenlampen in der klaren Luft, die nicht durch den Rauch einer Menge häuslicher Herde getrübt war. Aber das Tal war dunkel, und vor den flackernden Feuern waren die um die gelben Flammen hockenden Gestalten nur als Silhouetten zu sehen. Hohe Backenknochen schimmerten unter den dunklen Augenhöhlen, und hölzerne Eßstäbchen schwebten über den eisernen Bratrosten in körperlosen Händen, um Hammelfleischstücke mit Lauch, duftendem Koriander, Sesamöl und Sojasauce hin- und herzuschieben. Draußen in der Dunkelheit wieherten unruhig die Pferde.

«Genau wie die Nomaden in der Steppe vor zweitausend Jahren», schwärmte Jonnie, während er in ein mit Hammelfleisch belegtes Sesambrötchen biß.

«So ist es, Jonnie, nur daß wir viel ungefährdeter und gesünder sind.» George Parker konnte nie der Versuchung widerstehen, ein belehrendes Loblied auf den Fortschritt zu singen. «Wenn wir Nomaden wären, hätten wir Angst, daß uns andere Stämme überfallen könnten. Du würdest der Führer der Karawane sein, weil deine Mutter und ich schon sehr alt wären. Ohne die moderne Medizin, weißt du ...»

«Ja, Onkel George», stimmte Jonnie nachgiebig zu. «Ich verstehe.»

«Das ist so interessant, Onkel George», flirtete Guinevere. «Kannst du uns nicht noch mehr erzählen?»

«Ja», antwortete der Amerikaner, «in den Zeiten, als die Nomaden durch Nordchina und Sibirien streiften, hatten sie keine Ärzte, nur Medizinmänner – die Schamanen –, die versuchten, die Krankheiten der Menschen durch die Vertreibung böser Geister zu heilen.»

«Pater McAllen sagt», warf Jonnie ein, «auch heute noch können Menschen vom Teufel besessen sein – aber nicht oft.»

«Vielleicht ist das richtig», gab Parker zu. «Aber, wie ich schon sagte, heute können wir Krankheiten bezwingen. Und ein Überfall auf uns – daran würde niemand denken.»

Ein Pony wieherte, und die Esel schrien heiser. George Parker spitzte die Ohren und lauschte den Geräuschen der Nacht. Nur das Heulen des Windes störte die stille Dunkelheit hinter ihren Feuern.

Mary nickte. Das leise Geschwätz der Dienstboten machte sie schläfrig, sie fühlte ein unbeschreibliches Wohlbehagen. Sie hatte zuviel Hammelfleisch gegessen und zuviel warmen gelben Reiswein getrunken. Sie nickte noch einmal, schon halb im Schlaf.

Eine Peitschenschnur knallte und machte sie hellwach. Sie stand auf und griff nach ihren Kindern.

«Ein Schuß», sagte Dr. Parker und warf sich auf den harten Boden. «Alle hinlegen!»

Geblendet durch die Feuer, schossen die Leibwächter blindlings in die Dunkelheit. Wieder knallte die Peitschenschnur, und ein Kutscher fiel. Ein Steinhagel ließ die Feuer zerstieben und streckte einen der Leibwächter nieder.

Die sanfte Dunkelheit ringsum, die sie in Sicherheit gewiegt hatte, war zu einer gewaltigen, lastenden Drohung geworden. Heisere Schreie gingen zwischen ihren unsichtbaren Angreifern hin und her, und ein blechernes Horn erschallte. Wütend über die gleichgültige Ruhe der Ausländer, stießen die Stimmen nur halb verständliche Drohungen aus.

«Sha! Sha yang kuei-tze!» Der aufgeregte Befehl gellte durch das Tal. «Töten! Tötet die fremden Teufel!»

«Wang-ba tan! Tu-fei!» schrie ein Leibwächter, ermutigt durch das plötzliche Nachlassen des Angriffs. «Schildkrötensöhne! Meuchelmörder!»

«Tötet die Laufburschen der Ausländer!» tönte es aus der Dunkelheit zurück.

Düstere Gestalten auf stämmigen Pferden kreisten um die schwelenden Feuer und schossen in die Luft. Der angriffslustige Leibwächter zielte sorgfältig, und eine der Gestalten stürzte aus dem Sattel. Aber die Berittenen zogen ihren Kordon um die Reisenden enger, und andere Männer, zu Fuß, schlichen heran. Als zwei von ihnen in den Lichtkreis einbrachen, schlugen die Leibwächter sie mit dem Gewehrkolben nieder.

Mary zog verzweifelt ihre Kinder an sich, aber Jonnie wollte sich freimachen. Er war fast so groß wie sie und entschlossen, die Rolle eines erwachsenen Mannes zu spielen. Sie nahm es mit der drahtigen Kraft ihres Sohnes auf und versuchte ihn herunterzuziehen. Eine schwarze Gestalt, die ein Gewehr schwang, tauchte im Lichtkreis auf. Der Kolben traf sie am Kopf. Marys Hände öffneten sich, und ihre schlaffen Finger ließen ihren Sohn los.

Als sie sich später zu erinnern versuchte, entsann sie sich dunkel einer nicht enden wollenden Fahrt in dem rüttelnden Peking-Wagen. Sie entsann sich, daß sie in Matildas Armen über eine straßenlose Ebene schaukelte. Ihre erste klare Erinnerung war das Entsetzen, das sie empfand, als sie die Augen öffnete und grau und verschwommen George Parkers verzerrtes Gesicht sah. Sie fürchtete, ihre Sehkraft habe gelitten, aber diese Furcht wich sogleich einer entsetzlichen Angst.

«Die Kinder?» fragte sie. «Sind sie gesund?»

«Den Kindern geht es gut, Mary», versicherte ihr Parker. «Aber Sie haben eine schwere Gehirnerschütterung. Sie müssen liegen bleiben, sonst ...»

Beruhigt versank sie wieder in ihren Dämmerschlaf. Später wurde ihr gesagt, daß sie acht Tage lang in halber Bewußtlosigkeit dagelegen hätte, versorgt von Matilda, die sie mit dünnem Hirsebrei wie ein Baby fütterte. Später wurde ihr gesagt, sie habe einen Schädelbruch davongetragen. Aber ihre eigenen Erinnerungen waren verschwommen und verzerrt wie ein schlechter Traum.

Ab und zu war sie ganz klar. Sie erinnerte sich deutlich, daß sie aufwachte, als Dr. Parker den Verband auf ihrer Wunde wechselte.

«Es wird alles wieder gut werden, Mary», sagte er. «Wir sind von Banditen verschleppt worden, von ganz gewöhnlichen Banditen. Sie reden von Lösegeld. Sie *müssen* uns freilassen. Ich glaube, sie sind ein bißchen erschreckt über das, was sie getan haben.»

In einem anderen Augenblick unruhiger Bewußtheit sah sie Matildas reizloses, tränenüberströmtes Gesicht. Guinevere und Jonnie standen hinter ihrer Tante.

«Wie geht es dir, Mama?» fragte ihre Tochter. «Fühlst du dich besser?»

«Onkel George sagt, du wirst bald wieder gesund sein», erklärte Jonnie mit männlicher Selbstsicherheit. «Mann! Was für ein Abenteuer! Banditen halten uns bis zur Zahlung von Lösegeld in einer Höhle gefangen. Wenn ich größer wäre, würde ich ...»

Aber auch Jonnies Überschwang wich der Furcht, als am fünften Tag nach ihrer Gefangennahme zwei wütende Briganten steifbeinig in die Höhle stolzierten. Der kleinere in einem zerfetzten Uniformrock, der offensichtlich einem seit langem toten britischen Sergeant abgenommen worden war, fingerte am Griff seines Schwerts herum. Die halbmondförmige Klinge, einen Meter lang und einen Fuß breit, glänzte vom ständigen Putzen. Sie war das einzige, was an dem wütenden Briganten sauber war. Seine eingerissenen Fingernägel starrten von Schmutz. Der stämmige Unterführer neben ihm trug die ausgebleichte blaue Baumwolljacke und Hose der nordchinesischen Bauern. Sein breites Gesicht war übersät mit Mitessern, und sein struppiges Haar war schmierig. Ein schwerer Patronengurt hing ihm über die Brust, und er richtete demonstrativ seine Maschinenpistole auf sie.

«Jetzt ist es aus!» Der Anführer spuckte die Worte wie Gift aus. «Aus und vorbei. Wenn morgen keine Antwort da ist, schicken wir ihnen Ihre Ohren.»

Matilda bemühte sich, den Schantung-Dialekt zu verstehen, und begann auf George Parkers Wink hin mit der Übersetzung. Aber der Brigant gebot ihr Schweigen.

«Wenn in drei Tagen keine Antwort da ist», donnerte er, «schicken wir ihnen Köpfe, Ihre Köpfe.»

Nachdem er Matilda erlaubt hatte, seine Worte zu übersetzen, dachte Parker über seine Antwort nach.

«Sagen Sie ihm», wies er Matilda schließlich an, «er brauche keine Angst zu haben.»

Matilda sah ihn erstaunt an, aber Parker blieb dabei:

«Ich weiß, was ich tue. Sagen Sie es ihm.»

Während Gwinnie den jungen Arzt bewundernd ansah, übersetzte Matilda seine Worte zögernd in Mandarin.

«Angst?» Sie gab den Wortschwall des Anführers wieder: «Er sagt, *wir* sollten Angst haben, nicht er. *Er* brauche keine Angst zu haben. Wir sind in seiner Gewalt – und er kann uns zertreten wie Küchenschaben – wie dreckige ausländische Küchenschaben.»

«Sagen Sie ihm», erwiderte Parker, «daß wir verstehen, warum er

Angst hat und warum er den Mund so voll nimmt. Niemand, kein vernünftiger Chinese, tut den Sekloongs etwas zuleide, und er ist doch offenbar ein vernünftiger Mann. Wir wissen, daß er getäuscht worden ist.»

Die Antwort des Anführers war kurz, und Matildas Stimme zitterte, als sie sie übersetzte: «Wenn das stimmt, sagt er, dann ... dann sei es das Beste, wenn er uns gleich jetzt umbringt und begräbt. Niemand würde es erfahren.»

«Ich habe, wie er es verlangte, an den Mann geschrieben, der sich am meisten als Vermittler eignet, an Harry, Sek Sai-loong», sagte Parker. «Das Lösegeld wird bald eintreffen. Wenn er uns gut und höflich behandelt, werden wir wissen, daß er nicht schuld ist, daß er getäuscht worden ist. Wenn er uns weiter bedroht oder uns etwas antut, wird keine Macht der Welt ihn vor der Rache der Sekloongs schützen können. Die Gesellschaften, die Grüne und die Rote Liga, werden ihn bis in den hintersten Winkel der Mongolei verfolgen, sogar bis nach Turkestan oder Tibet.»

«Er fragt: ‹Können Sie für das Lösegeld garantieren?›», übersetzte Matilda die Antwort.

«Natürlich. Genau wie ich für sein Schicksal garantieren kann, wenn er uns schlecht behandelt. Aber wenn er uns höflich behandelt, werden die Sekloongs ihm verzeihen, denn er ist nur ein Werkzeug.»

George Parkers Prahlerei war erfolgreich, obwohl sich ähnliche Szenen fast täglich abspielten. Seine scheinbar ruhige Zuversicht schüchterte den Brigantenführer ein, der sich in der Tat vor den Folgen des Menschenraubs fürchtete. Es war ihm ganz einfach vorgekommen, als ihm die Sache von Abgesandten aus der Hauptstadt vorgeschlagen worden war. Er wußte nicht einmal, in wessen Auftrag er handelte, obwohl die Abgesandten angedeutet hatten, daß der Allgewaltige Herrscher in Peking selber die Bestrafung der arroganten Ausländer billige. Schlimmer noch, er hatte erst, nachdem er sie ergriffen hatte, erfahren, daß die scheinbar unbedeutenden Ausländer mit den Sekloongs verwandt waren.

Am Abend des neunten Tages erlangte Mary wieder ihr volles Bewußtsein. Ein kleines Feuer brannte in der Nähe des Höhlenausgangs, und sie lag in Steppdecken gehüllt auf einer über Hirsestroh ausgebreiteten Zeltbahn. George Parker strahlte vor beruflichem Stolz, und Guinevere ergriff liebevoll die Hand ihrer Mutter. Matilda lächelte ängstlich, und Jonnie sprang auf und ab und sprudelte lange unterdrückte Worte hervor.

«Mama, weißt du was, Mama? Heute ...»

«Deine Mutter braucht Ruhe», ermahnte ihn George Parker. «Ich sage ihr schnell Bescheid. Mary, das Lösegeld ist zugesagt worden. Morgen oder übermorgen werden wir frei sein. Jetzt gebe ich Ihnen ein Sedativum.»

Mary war heißhungrig, als sie am nächsten Morgen aufwachte. Sie bestand darauf, ihren Hirsebrei allein zu essen. Matilda gab nach, wie sie immer nachgab, und reichte ihr nachher einen Taschenspiegel. Mary war entsetzt über das schmutzige Gesicht mit den verstörten Augen, das ihr unter einem Turban aus blutigen Verbänden entgegenstarrte, und sie machte sich mit einem feuchten Tuch daran, die schlimmsten Verheerungen zu beseitigen.

«Sie kommen», schrie Jonnie vom Höhleneingang. «Sie kommen, ich kann sie sehen . . . Es sind Onkel Harry und ein großer Ausländer und sechs Leibwächter zu Pferde.»

Harry stürzte in die Höhle. Er packte seine Nichte und seinen Neffen im Vorbeigehen und kniete neben ihrer Mutter nieder. Als er Marys Wange küßte, spürte sie Tränen aufsteigen. Hinter Harry erschien die tröstliche Gestalt von Zwei-Revolver-Cohen mit strahlendem Gesicht.

«Stets zu Ihren Diensten, gnädige Frau», tönte er. «Rettungsaktion rasch und schmerzlos durchgeführt. Keine Kosten, Entgegenkommen der Gazetted Bank of Gibraltar and Asia.»

«Wie geht es dir denn, Mary?» flüsterte Harry. «Mary, mein Liebes!»

«Munter wie ein Floh.» Sie lächelte, um ihn zu beruhigen, und ihre Schläfen barsten fast vor Schmerz. «Munter wie zwei Flöhe – und voller Flöhe.»

«Du bist doch mein ein und alles!»

Wenn ich's nur wäre, dachte sie betrübt, aber die Erleichterung über ihre Rettung ließ sie ihren Kummer schnell wieder vergessen. Sie hörte die dröhnende Stimme des Zwei-Revolver-Generals. Seine Worte verblüfften sie, vielleicht weil sie noch halb benommen war.

«. . . und ein feiner Zuschuß zu unserer Kriegskasse», glaubte sie gehört zu haben.

28. September 1914

Mary Sekloongs Wahrnehmungsvermögen war im nächsten Monat durch Schmerzen beeinträchtigt. Sie lag im Bett, als die europäische Zivilisation im August 1914 begann, sich systematisch selbst zu vernichten. Die Armeen der Großmächte marschierten, nachdem die Ermordung von Erzherzog Franz Ferdinand in Sarajewo, dem Thronfolger der österreich-ungarischen Monarchie, den Krieg ausgelöst hatte, der die Welt, die Optimismus, Dynamik und Imperialismus des 19. Jahrhunderts geschaffen hatten, zerstören sollte. Noch konnte sich der menschliche Geist die schrecklichen Folgen dieses Weltkriegs nicht vorstellen. Die Sekloongs waren jedoch gut vorbereitet auf die sich ihnen jetzt bietenden kommerziellen Möglichkeiten. Obwohl Sir Jonathan vor allem mit der Bedrohung durch die Wheatleys beschäftigt war, hatte er Marys Rat befolgt und große Mengen von Rohstoffen und Verbrauchsgütern gekauft. Und der Optimismus des gerade zu Ende gehenden Goldenen Zeitalters war noch so groß, daß Jonnie nach Stonyhurst zurückgeschickt und kaum ein Gedanke an die Gefahren verschwendet wurde, denen er auf der Reise oder in England ausgesetzt sein könnte. Die Geschäftsleute in Hongkong hielten es nicht für nötig, ihre gewohnte Lebensweise zu ändern. Alle waren überzeugt, daß der im August begonnene Krieg Weihnachten zu Ende sein würde.

Mitte September hatte sich Mary so weit erholt, daß sie Sir Jonathan mit Fragen bedrängte, warum ihre Reisegesellschaft überfallen und wie das Lösegeld gezahlt worden sei. Er wich aus, schützte eilige Geschäfte vor und meinte, sie solle sich keine Gedanken darüber machen, ehe sie nicht ganz wiederhergestellt sei. Zwar entnahm sie beiläufigen Bemerkungen von Charles, daß die Beziehungen zwischen den Sekloongs und der Regierung Seiner Majestät vortrefflich und die Wheatleys in Ungnade gefallen seien, doch sie mußte ihre Neugier zügeln, bis der alte Herr bereit war, sie zu befriedigen. Das tat er schließlich am 28. September, dem ersten Tag, an dem es ihr gut genug ging, um an einem Abendessen in der Burg teilzunehmen, mit dem ihre Genesung und Harrys kurzer Besuch in Hongkong gefeiert werden sollten. Bei einem Glas Champagner in der Bibliothek gab Sir Jonathan endlich die so lange erbetene Auskunft.

«Wir, die Alliierten und China, werden unsere Feinde schließlich besiegen. Aber es wird ein langer Krieg werden. Trotzdem möchte ich

Mary schon jetzt ihren Anteil an den Gewinnen geben, die wir infolge ihres Rates erzielt haben. Wir haben höchst ehrenhaft gehandelt und sind gut dabei gefahren.»

Er gab Mary einen Scheck, so groß wie eine Seite aus einer alten Familienbibel. Verblüfft über die barbarische Schaustellung, faltete sie das dicke Papier zusammen und steckte es in ihre Abendtasche. Ihre überaus wohlerzogene Mutter hatte ihr die Anstandsregel beigebracht: In Gegenwart des Spenders überzeugt man sich nicht einmal durch einen flüchtigen Blick von der Höhe der Vergütung. Außerdem hatte sie die Abrechnung immer Sir Jonathan überlassen. Sie nahm an, daß die Summe für eine Halskette, ein schönes Geschenk für Charles und ein paar Spielsachen für die Kinder reichen würde.

«Sieh ihn dir doch mal an», drängte Sir Jonathan.

Mary überwand ihr Widerstreben und erstarrte vor Staunen: *Zahlen Sie gegen diesen Scheck an Mary Philippa Osgood Sekloong £ 116327 / 6s / 11d.* Allein dieses Stück Papier machte sie zu einer reichen Frau.

«Aber, Vater», protestierte sie, «das ist zuviel, viel zuviel. Ich hätte mir nie träumen lassen . . .»

«In Wirklichkeit, Mary, ist es zuwenig», warf Sir Jonathan ein. «Der Lohn, den ich normalerweise für die Information gezahlt hätte, und die Gewinne aus Geschäften, die über dein persönliches Konto abgewickelt werden, betragen insgesamt 151378 Pfund, 3 Shilling und 8 Pence.»

«Er hat dich betrogen, meine Liebe», platzte Charles heraus. «Was enthält er dir vor, warte mal . . . 35050 Pfund, 16 Shilling und 9 Pence.»

«Richtig, Charles», sagte Sir Jonathan. «Was für Schwächen du auch haben magst, rechnen kannst du ausgezeichnet. Im übrigen ist das für Mary persönlich, nicht für euer gemeinsames Konto.»

«Das habe ich mir schon gedacht», lachte Charles. «Aber, Mary, frag ihn doch, warum er etwas abgezogen hat.»

«Ja, Vater», reagierte sie mechanisch und immer noch entsetzt über die Summe, «warum hast du etwas abgezogen?»

«Ich habe deinen Anteil am Lösegeld abgezogen, 35000 Pfund, außerdem Barauslagen in Höhe von 50 Pfund, 16 Shilling und 9 Pence. Wie du wohl bemerkst, habe ich dich nur mit einem Fünftel des Lösegeldes belastet.»

«Mein Anteil am Lösegeld», wiederholte sie, ohne nachzudenken, dann fragte sie: «Müßtest du nicht auch Jonnies und Gwinnies Anteil abziehen? Und was ist mit George Parker?»

«Nicht nötig», antwortete Sir Jonathan. «Charles bezahlt für seine Kinder – und Dr. Parker hat sich sehr um dich, meinen geschätzten

Geschäftspartner, gekümmert. Sein Lösegeld geht mit Fug und Recht zu Lasten der Firma.»

«Warum muß ich dann meinen Anteil selbst bezahlen?» wollte Mary wissen.

«Weil du ein selbständiger Kaufmann bist und auf eigene Rechnung Geschäfte machst. Außerdem war es auf deine Unbesonnenheit, deine Torheit zurückzuführen, daß ihr alle gefangengenommen wurdet. Du warst für die Familie verantwortlich, denn ich hatte dir die Verantwortung übertragen. Daher zahlst du für dich selbst – bis du lernst, wie man andere dazu bringt, für dich zu zahlen.»

In Marys Verstimmung mischte sich Belustigung. Dieses dicke Ende nach einer fürstlichen Zahlung war ebenso typisch für die Geschäftsauffassung des alten Herrn wie die genau ausgerechnete Summe. Er war gewöhnlich überaus genau, fast pedantisch, wenn es ihm in den Kram paßte. Gelegentlich frisierte er Abrechnungen zu seinen Gunsten, aber immer ehrlich. Und er bestand darauf, alle Schulden bis auf den letzten Penny zurückzubekommen. Sie mußte zugeben, daß seine Beweisführung überzeugend war, und ließ es sich eine Lehre sein.

«Du hast uns nie erzählt, Vater», wagte sich Matilda vor, «wie du das Lösegeld für uns bezahlt hast. Es müssen die Wheatleys gewesen sein, die uns haben verschleppen lassen. Aber was war dann?»

Sir Jonathan wählte bedächtig eine Zigarre aus, köpfte sie mit dem goldenen Zigarrenabschneider und zündete sie an, ehe er antwortete.

«Gut, ich werde anfangen, und Harry kann es dann zusammenfassen. Natürlich steckten die Wheatleys dahinter, und andere, die noch mächtiger sind. Sonst hätte kein Brigant gewagt, einen Sekloong zu verschleppen. Die Wheatleys waren verzweifelt, nachdem ihre Goldlieferung irgendwie verschwunden war. Sie glaubten, sie könnten sich dafür entschädigen, indem sie Druck auf mich ausübten. Jonnie, Charles' Erbe, und Mary, meine unschätzbare Assistentin, wurden als Geiseln genommen. Dadurch sollte ich gezwungen werden, sie bei der Durchführung ihres Komplotts nicht mehr zu stören – des vom Außenministerium Seiner Majestät abgesegneten Komplotts, Präsident Yüan Schih-kai zum Kaiser zu machen. Und Yüans Leute, Beauftragte des *Tsung-tung*, des Allgewaltigen Herrschers in Peking, stifteten tatsächlich die Briganten zum Menschenraub an.»

«Die Geschichte, Vater», erinnerte ihn Matilda.

«Meine Rolle war einfach. Sie forderten ein Lösegeld von 60000 *taels*, sagen wir 350000 Pfund. Aber die Wheatleys haben zu guter Letzt selbst die halbe Rechnung bezahlt. Das ist die Geschichte.»

«So kannst du uns doch nicht abspeisen», fand Mary. «Das ist eine Abrechnung, keine Erklärung.»

«Harry?» Sir Jonathan nickte seinem jüngeren Sohn zu.

«Ich kann mich nicht ganz so kurz fassen. Ihr wißt alle, daß die Wheatleys vereinbart hatten, Yüan Schih-kai zwei Millionen *taels*, also ungefähr elf Millionen Pfund, zu leihen – gegen Verpfändung der kaiserlichen Schätze. Das alles sollte den Sekloongs in die Schuhe geschoben werden, und die Republik China wäre der wirklich Betrogene gewesen. Das Haus Sekloong wäre verurteilt worden, weil es Diebesgut verscherbelt hat, und die Republikaner wären von einer neuen kaiserlichen Dynastie unterdrückt worden.»

«Nun komm schon zur Sache, Harry», schalt Charles. «Das wissen wir doch alle. Aber selbst ich weiß nicht, was dann geschah.»

«Ich gehorche, älterer Bruder», spottete Harry. «Es ist wirklich einfach. Vor der Übergabe der Schätze durch Yüan Schih-kai sollte die Hälfte des Goldes, eine Million *taels*, nach Peking gebracht werden. Seltsamerweise kam es dort nicht an.»

Harry steckte eine Zigarette in eine kurze Elfenbeinspitze und nippte an seinem Champagner. Er schätzte die Zeit genau ab und fuhr einen Augenblick, bevor Charles ungeduldig aufbrausen wollte, fort.

«Ihr habt vielleicht gelesen, daß der Hankow-Peking Limited am 19. Juli von Banditen ausgeraubt wurde. Das waren keine Banditen. Es waren Soldaten der Revolution. Der nationalistischen Revolution von Dr. Sun Yat-sen. Wir forderten einen Teil der Diebesbeute zurück, die die Wheatleys im Laufe der Jahre in China gestohlen haben.»

«So einfach, Harry?» sagte Mary ironisch.

«Na, nicht ganz», grinste er. «Unsere Leute konnten nur ungefähr die Hälfte des Goldes mitnehmen, sagen wir 18,4 Tonnen im Wert von etwa 2,8 Millionen Pfund. Cohen und ich hatten tausend Mann in den Bergen. Es kamen ungefähr achtzig Pfund auf jeden Mann. Den Rest haben wir vergraben.»

«Und das Lösegeld?» fragte Mary. «Die Zahlen stimmen nicht überein.»

«Dr. Sun bestand darauf, daß das Haus Sekloong für die Information, die zur Wiedererlangung von gestohlenem Eigentum führte, belohnt werden sollte – und auch für die Rettung der nationalen Schätze. Er bestand darauf, die Hälfte des Lösegeldes zu zahlen, obwohl ich ihn drängte, mein persönliches Interesse außer acht zu lassen.»

«Du hast natürlich nichts mit unserer Rettung zu tun gehabt», sagte Mary lachend.

«Na, immerhin nahm ich Urlaub, um euch in Sicherheit zu bringen. Charles konnte aus Schanghai nicht weg. Er arbeitete mit Judah Haleevie zusammen, um Einzelheiten über die Goldlieferung herauszufinden, und später, um unser Gold freizubekommen. Zwei-Revolver-Cohen wollte unbedingt mitkommen. Aber laßt Vater den Rest erzählen. Es ist wirklich seine Geschichte.»

Sir Jonathans gebieterisches Gebaren vereinigte in sich die Autorität der autoritärsten Geschöpfe, die es auf Erden gibt: die eines hohen Mandarin und eines anglo-irischen Grafen.

«Die Endabrechnung war klar. Item: Die Wheatleys behielten eine Million *taels*, ein unvermeidliches Zugeständnis. Item: Wir bezahlten 30000 *taels* des Lösegeldes und Dr. Suns Nationalisten die andere Hälfte. Das war recht und billig. Item: Ich habe Mary mit einem Fünftel der Gesamtsumme belastet, vielleicht unangemessen viel, aber sie brauchte einen Denkzettel.»

«Und die Wheatleys?» fragte Mary.

«Fünfeinhalb Millionen Pfund Sterling zu verlieren war ein harter Schlag, ein fast tödlicher Schlag. Und es sprach sich herum, mit unserer Hilfe. Yüan Schih-kai verlor jedes Vertrauen zu den Wheatleys, als sie das Gold nicht lieferten. Andere Chinesen waren wütend über das Komplott, nachdem wir sie sehr diskret darüber unterrichtet hatten. London war wütend auf die Wheatleys und erbost über Yüan Schih-kais Ungeschicklichkeit. Damit endete der Flirt des Außenministeriums mit dem ehemaligen Vizekönig, der Kaiser werden wollte. Die praktisch denkenden britischen Politiker wollten mit den Wheatleys nichts mehr zu tun haben und schenkten ihr Vertrauen den loyalen Sekloongs.»

«Das verschaffte uns wohl Einfluß im Kriegsministerium», sagte Mary, «und war unserem Umsatz förderlich, nicht wahr?»

«Ziemlich», antwortete Sir Jonathan kurz und bündig. «Außerdem konnte ich Derwents chinesischen Kunden wirklich nicht erklären, warum der *Hong* sich in die chinesische Politik eingemischt hat – und noch dazu so ungeschickt. Zum Glück brauchte der untergeordnete Comprador nur mit den *chinesischen* Geschäftsfreunden von Derwent zu reden. Die Wheatleys mußten sich sowohl der Regierung Seiner Majestät gegenüber als auch ihren britischen Geschäftsfreunden gegenüber rechtfertigen – und konnten es nicht.»

«Also haben alle profitiert», fand Mary.

«Ausgenommen», berichtigte Harry boshaft, «der sogenannte Präsident Yüan, die Banditen, die mordsmäßig Pech gehabt haben, und die Wheatleys.»

8. Juni 1916 bis 18. Juni 1916

Am Donnerstagvormittag, dem 8. Juni 1916, war der Ballsaal im Hongkonger Government House, obwohl sich die ganze Welt im Krieg befand, der friedliche Schauplatz einer archaischen Zeremonie. Die gleißende tropische Sonne schien, durch Jalousien aus Strohgeflecht gedämpft, auf die glänzenden Blätter von Palmen in Kübeln, die Blatt für Blatt von den Dienstboten blankgerieben worden waren. Die Kristallkronleuchter klirrten leise in dem schwachen Luftzug über den Reihen der mit rotem Samt bezogenen Stühle. Der feierliche Pomp offenbarte das absolute Selbstvertrauen einer Ära, die sich auf den Schlachtfeldern Europas selbst auslöschte. Die Damen mit ihren Juwelen und in ihren pastellfarbenen Tageskleidern und die ordengeschmückten Herren im Gehrock oder in Uniform schienen keinen Gedanken an die Tausende von jungen Männern zu verschwenden, die in eben diesem Augenblick in dem Fegefeuer um die Festung Verdun im nordöstlichen Frankreich starben.

Als diese gewaltige Schlacht, die im Februar begonnen hatte, schließlich im Oktober endete, sollten fast eine Million Soldaten in Khaki und Feldgrau auf den blutgetränkten und durch den schweren Beschuß in schlammigen Sumpf verwandelten Schlachtfeldern den Tod gefunden haben. General Philippe Pétains Name war zum Synonym des Durchhaltewillens geworden; es war derselbe Philippe Pétain, der ein Vierteljahrhundert später durch die Kollaboration mit Frankreichs Eroberern seinen Namen besudeln sollte. General Erich von Falkenhayn hatte seinen Ruf als Meisterstratege eingebüßt, und die kaiserlich-deutschen Armeen hatten den Höhepunkt ihrer Siege bereits überschritten. Als Marionetten für die Generale, als Werkzeug für ihr grausliches Handwerk, diente eine ganze Generation von Europäern, die mit fliegenden Fahnen und Trommelwirbeln in ihr Verderben marschierte.

Fern von der ruhigen Sicherheit der Kronkolonie Seiner britischen Majestät schrien in Drahtverhauen aufgespießte Männer vergeblich um Hilfe; andere wurden von Granaten zerrissen, und im Todeskampf zuckende Pferde verfingen sich in den schleimigen Schlingen ihrer eigenen Eingeweide. Gelegentlich übertönte der Donner des Himmels den unaufhörlichen Donner der Geschütze, und Sommerregen durchnäßte die verlausten Truppen. Explosionen schleuderten Geysire aus Schlamm hoch, durchsetzt mit den Knochen und zerbeulten Stahlhelmen der bereits vorher Gefallenen. Die Streitkräfte der Alliierten rückten siegreich vor und krochen auf ihren zerfetzten Bäuchen über die verseuchte Erde. Die Mittelmächte griffen immer wieder an, bis beide Seiten schließlich sechs Monate später in äußerster seelischer und körperlicher Erschöpfung innehielten.

Der Weltkrieg, der eine Zivilisation vernichtete, berührte den Ballsaal nicht. Porträts von König Georg V. und Königin Mary blickten huldreich auf ein aufgetakeltes Publikum hinab. Die Elite der Kolonie hatte sich versammelt, um Ehrungen beizuwohnen, die von der Krone verliehen worden waren. Mehrere Damen ohne Begleitung, die eher barfuß über Glasscherben gelaufen wären als hier nicht zu erscheinen, erinnerten daran, daß eine Reihe junger Männer aus der Kolonie ihrem Herrscher anderswo in Uniform dienten. Abgesehen davon, war Hongkong völlig unberührt. Der Krieg war so fern, daß er auf einem anderen Planeten hätte ausgefochten werden können.

Einige der Anwesenden waren indes doch betroffen von der fernen Katastrophe. Betont schlicht gekleidet in einem Rock aus grauer Seide mit Stufenvolants und einer passenden Jacke mit breiten Revers, bemühte sich Mary Philippa Osgood Sekloong, ihre wandernden Gedanken im Zaum zu halten, während sie ihre Kinder besorgt im Auge behielt. Guinevere und Charlotte trugen leichte rosa Kleider, aber James und Thomas mußten sich mit gestärkten Kragen und Flanelljacken abquälen. Der vierzehnjährige Jonnie lag in seinem schmalen Bett in Stonyhurst und träumte von Cricket in dem kurzen Lancashire-Sommer und von dem Offiziersausbildungskursus des College. Der noch nicht ganz vierjährige Charles war zu klein, um an der Feier teilzunehmen.

Mary dachte daran, daß alles in eben diesem Ballsaal vor sechzehn Jahren begonnen hatte, aber ihre Gedanken wurden immer wieder zu dem Gemetzel in Frankreich hingezogen. Ihr Vater John Philip Osgood war 1915 in Paschendaele an einem Herzanfall gestorben. Sein Lebenswunsch, ein Offizierspatent, war schließlich doch noch in Erfüllung gegangen. Mit einundsechzig Jahren war er (zeitweilig/diensttuend) Captain bei den Royal Wessex Fusiliers geworden. Der beharrliche Verehrer, der kurz ihr Geliebter gewesen war, Lord Peter Comyn French, war unter den ersten, die fielen. Ein Granatsplitter hatte 1914 in Flandern dem Leben des gerade beförderten Brigadegenerals ein Ende gesetzt. Auch ihr Bruder Thomas stand in Frankreich. Obwohl ein unbedeutender Lieutenant in der Territorialarmee, hatte er es bezeichnenderweise fertiggebracht, Nachrichtenoffizier im Stab des Feldmarschalls Sir John French zu werden.

Auch Charles Sekloong, der neben seiner Frau saß, dachte an Frankreich. Er fühlte sich unbehaglich in seiner ungewohnt engen funkelnagelneuen Khaki-Uniform mit dem ledernen Offizierskoppel und dem Schulterriemen. Auf den Schulterstücken glitzerten die goldenen Kronen eines Majors. Sein jüngerer Bruder Harry trug den schmucklosen grauen, hochgeschlossenen Rock, den Sun Yat-sen-Anzug, der das Kennzeichen der Kuomintang war, der Nationalistischen Partei. Er betrachtete seinen älteren Bruder spöttisch; denn seine Treuepflicht galt nicht der britischen Krone, sondern seinem Idol, dem Generalissimus Sun Yat-sen der neuen Revolutionären Allianz, der bald Präsident der provisorischen (und prekären) Republik China mit der Hauptstadt Kanton werden sollte.

Der Krieg im fernen Europa interessierte Harry Sekloong nicht. Er hatte sich der Aufgabe verschrieben, in Nord- und Mittelchina die Macht von den Warlords zurückzufordern, die das Land in einen anarchischen Bürgerkrieg gestürzt hatten, als sie sich die Befugnisse des rechtmäßig gewählten Dr. Sun Yat-sen anmaßten. Er konnte nicht wissen, daß es mehr als ein Jahrzehnt dauern würde, dieses Ziel zu erreichen; er konnte sich nicht vorstellen, daß der Sieg der Nationalisten der Auftakt zu einem zwanzigjährigen noch heftigeren Kampf sein würde.

Alle noch lebenden Männer, die in Marys Leben eine Rolle gespielt hatten, waren an jenem Junivormittag im Government House versammelt. Das Viktoriakreuz auf John Williams' Brust mit der schlichten Inschrift FÜR TAPFERKEIT erregte mehr Aufmerksamkeit als die gekreuzten Schwerter und der Stern, die Insignien eines Generalmajors, auf seinen Epauletten. Anfang der Woche war er als Chef einer militärischen Beschaffungskommission nach Hongkong gekommen, und Mary hatte noch nicht mit ihm gesprochen. Doch war der Generalmajor zu dem Bankett der Sekloongs am Abend eingeladen, ebenso wie Dr. George Parker, der lässig und gleichmütig in einem crèmefarbenen Leinenanzug hinter ihr saß.

Mary kehrte mit ihren Gedanken zu der Zeremonie zurück und nahm die Hand ihrer Schwiegermutter. Lady Lucinda sah ungeheuer dick aus in einem höchst unvorteilhaften Kleid in Mauve und Rosa, und ihr klotziges Brillantarmband glitzerte heller als die Kristallkronleuchter.

Der Gouverneur stand steif auf dem roten Teppich des Podiums in der unbehaglichen Pracht seiner weißen Paradeuniform. Mit schweißnassen Fingern lockerte er den goldbestickten hohen, steifen Kragen. Sir Francis Mays rotgesichtiger Adjutant stand hinter ihm, in der Hand eine mit Samt ausgeschlagene Schachtel, in der ein sechsarmiges Bronzekreuz auf einem sächsisch-blauen, mit Scharlachrot gestreiften Seidenband lag.

«Ritter Sir Jonathan Sekloong», ließ sich der Adjutant vernehmen, «bitte, treten Sie vor.»

Jonathan Sekloong stieg die Stufen hinauf und verbeugte sich knapp. Bei aller Schlichtheit seines langen Gewands aus blauer Seide wirkte er imponierend durch sein silbergraues Haar und den Spitzbart.

«Sir Jonathan Sekloong», las der Gouverneur, «Seine kaiserliche und königliche Majestät, Georg V., König des Vereinigten Königreichs von Großbritannien und Irland, Kaiser von Indien, Verteidiger des Glaubens und Großmeister der britischen Ritterorden, hat geruht, Sie mit dem Rang eines Komturs als Mitglied in den höchst ehrenvollen Orden von St. Michael und St. George aufzunehmen.

Diese Auszeichnung wird Ihnen verliehen in Anerkennung Ihrer außerordentlichen Dienste bei der Förderung des Wohlstands der Kronkolonie Hongkong Seiner Majestät durch Ihre unermüdlichen Bemühungen auf dem Gebiet des Handels und der Wohltätigkeit und überdies für Ihre guten Dienste bei der Herstellung freundschaftlicher Beziehungen zwischen der Kolonie und der Republik China, und insbesondere in Anerkennung Ihrer nicht nachlassenden Bemühungen, die Streitkräfte Seiner Majestät, die sich in einem erbitterten Kampf mit den Feinden der Krone befinden, mit den für die Kriegführung erforderlichen Gerätschaften und Materialien zu versorgen.»

Sir Jonathan neigte den Kopf, und Sir Francis May legte ihm den seidenen Kragen eines Komturs des Ritterordens von St. Michael und St. George um den Hals. Das schwere Kreuz verfing sich einen Augenblick in Sir Jonathans Bart.

«Verflixt!» murmelte der Gouverneur.

In den vorderen Reihen bei den höheren Beamten und *Taipans* brandete Beifall auf. Richard Wheatley, vom Alter gebeugt, schlug nur einmal die Hände zusammen. Mary verbarg ihre Belustigung hinter ihrem Fächer, ehe sie weiterklatschte.

«Dieser verdammte Sekloong!» Dick Wheatleys Bühnenflüstern war deutlich zu hören. «Erst Ritter, jetzt Komtur . . . Der erste Chinese, der den Halsschmuck kriegt. Wer weiß, was noch alles kommt.»

Die Sekloongs tauschten Blicke. Mit dem verhängnisvollen Kredit an Yüan Schih-kai hatte sich Richard Wheatley die Ritterwürde verscherzt, die er sonst als *Taipan* des wichtigsten *Hong* der Kolonie erhalten hätte.

Hongkongs Tradition, jene schwankende Mischung aus chinesischen und britischen Bräuchen, verlangte, daß das Haus Sekloong ein prunkvolles Bankett gab, um die Ehrung zu feiern. Sir Jonathan tat so, als spüre er wenig Neigung dazu, aber Mary wußte, er hätte auch den Bankrott in Kauf genommen – falls ein solches Opfer nötig gewesen wäre –, um die Konvention einzuhalten. In derselben Stimmung schnippte er mit dem Zeigefinger das schwere Kreuz weg und zitierte verächtlich das eingravierte Motto: AUSPICIUM MELLIORUM AEVI: «Verheißung eines besseren Zeitalters! Ach, wirklich! Wir können von Glück sagen, wenn es bloß tausend Pfund jährlich mehr bringt.»

Dennoch wußten die jüngeren Sekloongs, daß er auf die Ehrung sehr stolz war. Der erste Chinese, der auf dem geheiligten Peak gebaut hatte, war auch der erste Chinese, der die Komturwürde erhielt. Und doch konnten sie nicht ganz verstehen, was in ihm vorging. War es nur sein starker Ehrgeiz? Oder die Befriedigung darüber, daß er das Hongkonger Establishment gezwungen hatte, diese beispiellose Ehre scheinbar bereitwillig zu verleihen? Beides spielte zweifellos eine große Rolle. Aber war er nicht auch stolz auf die Anerkennung durch die britische Krone, der er auf seine Weite gut gedient hatte?

Das neue Ehrenzeichen glänzte unter seinem Eckenkragen über dem von Dr. Sun Yat-sen verliehenen Phoenix-Orden, als sich die Familie in der Bibliothek der Burg zusammenfand. Etwa hundert Ehrengäste waren zu einem Drink gebeten worden, ehe sie alle mit Sänften zum Peak Hotel gebracht würden, das das Haus Sekloong für das formelle chinesische Bankett gemietet hatte. Nicht einmal die Burg konnte die zweitausend Gäste unterbringen, die an dem Diner teilnehmen würden.

«Ich sehe, Vater», bemerkte Harry respektlos, «daß du immer noch wunderlich bist. Weiße Schleife, Frackhemd, die ganze ausländische Aufmachung für das chinesische Bankett, aber ein langes Gewand für die britische Zeremonie heute vormittag.»

An den Spott seines jüngeren Sohnes gewöhnt, hob Sir Jonathan sein Champagnerglas zu einem Toast.

«Wir haben heute abend viel zu feiern. Diese kleine Ehre für mich und der wichtigere Erfolg, den uns die Umstände der letzten Zeit beschert haben. Wir haben auch viel zu beklagen. Wie ihr weißt, reist Charles in drei Tagen nach England und vermutlich dann weiter nach Frankreich. Gebe Gott, daß er heil und gesund zurückkehrt!»

Die Sekloongs hoben die Gläser, und Sir Jonathan fuhr fort: «Harry wird zurückkehren zu Dr. Sun Yat-sen und den Dienst für ihn und die Republik wiederaufnehmen. Gott schenke ihren Waffen den Sieg!»

Nach diesem Toast hob Sir Jonathan sein Glas zum drittenmal.

«Meine Söhne lassen mich nicht im Stich. Jeder folgt seinem Gewissen. Ich freue mich darüber, obwohl ich um ihre Sicherheit bange. Indes lassen sie mich nicht völlig ohne Hilfe zurück, wenn ich mit meinen bescheidenen Fähigkeiten für die Familie sorge.»

Da Mary ahnte, was kommen würde, verlieh sie ihrem Gesicht einen Ausdruck angemessener Bescheidenheit. Doch spielte sie mit der massiven Gold- und Jadekette, die sie, einer Laune folgend, angelegt hatte, um John Williams an die Vergangenheit zu erinnern.

«Auf die Damen!» sagte Sir Jonathan. «Gott segne sie. Lucinda, meine ständige Gefährtin! Ohne sie stünde ich der Welt allein gegenüber. Matilda, meine geliebte Tochter, immer ein großer Trost. Und Mary, auch ein Trost und meine starke rechte Hand bei den Geschäften des Hauses.»

Wiederum hoben die Sekloongs ihre Gläser. Als sie nach chinesischer Sitte auf sich selbst trank, schaute sie über den Rand hinweg den verschlagenen alten Herrn an. Allein, weiß Gott! Die Konkubine Perle, die wieder schwanger war, die Konkubine Jade, wenn auch im Ruhestand, und andere gefällige Damen trösteten Sir Jonathan nur zu gern, wann immer er wollte. Aber das war seine Angelegenheit, nicht ihre. Er sprach mit ungewohnter Förmlichkeit weiter.

«Nur noch ein letzter Toast: auf die Republik China. Wie ihr wißt, ist Präsident Yüan Schih-kai vor zwei Tagen in Peking gestorben, nachdem sein Komplott, sich zum Kaiser zu machen, gescheitert war. Der Weg zur Macht ist jetzt frei für Dr. Sun. Er wird viel Glück brauchen.»

«Darauf trinke ich mit Vergnügen», antwortete Harry. «Nicht auf Yüans Tod, sondern auf das Scheitern aller Bemühungen, das Kaiserreich wiederherzustellen. Auf die Republik China!»

«Die Gäste, Jonathan», mahnte Lady Lucinda, nachdem alle an ihrem Champagner genippt hatten. «Sie werden in einer Minute kommen, sollten wir nicht . . .»

«Unbedingt, meine Liebe. Laß uns unsere Gäste begrüßen.»

Um 19 Uhr 35 am 8. Juni 1916 beleuchtete die untergehende Sonne gerade die zerklüfteten Berge hinter Kowloon. Die Gäste kamen pünktlich, und daß sie sich nicht verspäteten, wie es in Hongkong gang und gäbe war, bestätigte die einmalige Bedeutung des Ereignisses. Ehe sie sich zu dem größten Bankett, das die Kolonie erlebt hatte, ins Peak Hotel begaben, kamen die erwählten Hundert, um auf den frischgebackenen Komtur anzustoßen. Mit den Emblemen ihrer Eigentümer verzierte Sänften schwankten durch den mit goldfarbenen Ziegeln gedeckten Torbogen unter dem geflügelten Drachen, der das Haus Sekloong bewachte. Die schwitzenden Kulis «trabten mit der angeborenen Arroganz von Vollblutpferden», wie ein chinesischer Essayist ihren Gang vier Jahrhunderte zuvor beschrieben hatte.

Die mit einer goldenen Krone gekennzeichnete Sänfte des Gouverneurs traf als erste ein. Da das Protokoll vorschrieb, daß der persönliche Vertreter des Königs kommen sollte, wenn sich die anderen Gäste schon eingefunden hatten, war das einzigartige Kompliment unmißverständlich. Hochgewachsen und schnurrbärtig, streckte Sir Francis May Sir Jonathan seine narbenbedeckte Hand entgegen. Scheinheilig strahlend, folgte Richard Wheatley der Ehrenwerten Rachel Wheatley. Mit neunundsiebzig war er dünn wie ein Zwirnsfaden, silberhaarig und gebrechlich. Seine Frau war ausgemergelt, ihre Haut straff, so daß sie nichts als eine rüsselartige Nase zu sein schien.

Da Derwent, Hayes zweifellos der *Hong* Nummer Eins war, hatten sie unbestreitbar Vorrang. Die Sänftenkulis der *Taipans* von Jardine, Matheson kämpften mit ihren Kollegen von Butterfield, Swire um den zweiten Platz. Ihnen folgten die Compradors, Robert Hotung von Jardines, der ein paar Jahre später selbst die Ritterwürde erhalten sollte, und Y. K. Mok von Butterfield. Als nächster kam Mosing Way von der East Asiatic Bank. Alle diese Männer hatten sich, wie die ganze Kolonie, durch den Opiumhandel beschmutzt – und bereichert. Robert Hotung und Mosing Way hatten, genau wie Sir Jonathan, bei aufgeklärten Chinesen und Europäern großes Ansehen errungen, weil sie sich frühzeitig zurückzogen und dafür einsetzten, den Opiumhandel einzustellen. Keiner von ihnen konnte wissen, daß das in China schon um die Mitte des 19. Jahrhunderts verbotene Opium in Hongkong erst 1946 für ungesetzlich erklärt werden sollte.

Ständig trafen neue Sänften ein und lieferten ihre prominenten Fahrgäste ab, ohne Rücksicht auf die formelle Rangordnung: der Kolonialsekretär und der Gerichtspräsident, Sir Shouson und Lady Chow, die Parsees und Mr. und Mrs. H. N. Mody stiegen vor der Burg aus. Der Befehlshaber der britischen Truppen kam in einer gold- und zinnoberrot gestrichenen Sänfte, gefolgt von Generalmajor John Williams. Verblüfft über den britischen Pomp, stieg Dr. George Chapman Parker in einer weißen Smokingjacke aus einer roten öffentlichen Sänfte.

Der Strom riß nicht ab. Zwei königsblaue Sänften mit dem geflügelten Sekloong-Drachen brachten Sydney und Gregory Sek. Sir Jonathans Söhne von seiner ersten Frau, die aus Schanghai gekommen waren, waren zwei Jahre im Alter auseinander, klein und dick und sahen in ihren engen Fräcken wie zwei Pinguine aus, wenig anziehend sowohl nach chinesischen als auch westlichen Begriffen. Ihre Mutter Lillian war die Tochter eines kleinen Kaufmanns aus Ningpo und eines kantonesischen Bauernmädchens, das als achtjährige *mui-tsai*, als vertraglich verpflichtetes Dienstmädchen, in sein Elternhaus gekommen war.

Die Anwesenheit der Seks war ein wenig beunruhigend. Als schlichter Mr. Sek Howan hatte Jonathan ihre Mutter 1873 nach traditionellem chinesischem Brauch geheiratet. Mit Lady Lucinda war er 1875 kirchlich getraut worden, fünf Jahre bevor Lillian an seiner Statt durch die Dolche von Mördern der Geheimgesellschaften starb, die seine Geschäftsrivalen gedungen hatten. Obwohl gegen Polygamie nichts einzuwenden war, fühlte sich Sir Jonathan, der normalerweise durch nichts zu erschüttern war, in Gegenwart der beiden Brüder unbehaglich. Sie erinnerten ihn zu sehr an die hochstaplerische Zeit, als er sich mit Zähnen und Klauen den Weg zu Reichtum und Respektabilität bahnte.

Auch Judah Haleevie war aus Schanghai gekommen, begleitet von seiner elfjährigen Tochter Sarah. Dem Finanzier und seiner dunkeläugigen Tochter schenkte Mary ein besonders herzliches Willkommenslächeln. Und als General Morris Abraham Cohen seine massige Gestalt aus einer öffentlichen Sänfte wuchtete, winkte sie ihm zu. Sie empfand eine große Zuneigung zu dem ungleichen Paar, dem hebräischen Mandarin und dem Zwei-Revolver-General.

Mit halbem Auge sah sie, daß Guinevere die Arme um «Onkel George» Parker legte, während die zwölfjährige Charlotte mit Manfei flirtete, dem etwa gleichaltrigen Sohn von Mosing Way. Thomas und James stürzten sich auf den Zwei-Revolver-General und baten ihn um einen weiteren, farbenprächtigen Bericht seiner Abenteuer. Alle Jungen waren fasziniert von der Romantik des Soldatenlebens, das wußte sie, aber ihre beiden schienen an nichts anderes denken zu können.

Der Mann, der kurze Zeit *ihr* Soldat gewesen war, kam auf sie zu. Sie erinnerte sich an den John Williams vor sechzehn Jahren, den großen, kräftigen Sportler, und sah entsetzt, daß er nicht mehr bloß stämmig, sondern ungeheuer dick war und seine kurze Uniformjacke und die Hosen mit den roten Streifen fast sprengte. Seine mächtigen Muskeln waren zu Fett geworden, und geplatzte Adern machten seine dicken Wangen fleckig. Er war noch keine vierzig, aber seine Korpulenz ließ ihn zwanzig Jahre älter erscheinen.

«Mary!» Er ging mit ausgebreiteten Armen auf sie zu. «Mary, Liebste!»

Köpfe drehten sich um bei dieser Begrüßung. Sie bot ihm die Wange dar, als seine Arme sich um sie schlossen, aber er küßte sie auf den Mund. Sein Atem war von Gin geschwängert.

Sie hörte, wie chinesische Damen empört mit der Zunge schnalzten und Europäer entrüstet tuschelten. Auch Ah Sam ließ hinter seinem silbernen Tablett mit den Champagnergläsern seine stumme Mißbilligung erkennen. Sein gefrorenes Lächeln wog und verurteilte den Mann, den er als Miss Marys Freund in guter Erinnerung gehabt hatte.

«Mein lieber John», sagte Mary kühl, «guten Tag. Ich höre, Sie haben große Leistungen vollbracht, seit ich Sie zuletzt sah. Es ist so lange her, daß ich mich kaum erinnern kann . . .»

«Ich sehe, du trägst meine Kette, Mary, mein Liebling!»

Er senkte die Stimme nicht, obwohl er ganz dicht vor ihr stand.

«Oh?» Mary rang nach Fassung. «Das hatte ich vergessen.»

«Na hör mal. Du kannst doch nicht vergessen haben, wo diese verdammt großen Jade-Klunker herkamen.»

Er tippte mit seinem dicken Finger auf das Miniatur-Viktoriakreuz auf seinem Revers.

«Natürlich, es ist ein hübsches Schmuckstück», antwortete sie. «Mein Mann versteht etwas von Jade. Er bewundert die Kette oft – und fragt sich, welcher kaiserlichen Prinzessin sie wohl gehört haben mag.»

John Williams grinste, unbeeindruckt von der Zurechtweisung. Mary brach vor Wut der kalte Schweiß aus. Am liebsten hätte sie sich die Kette abgerissen und sie ihm ins Gesicht geschleudert. Statt dessen heuchelte sie höfliches Interesse an seinem Tun und Treiben.

«Meinen Glückwunsch – ich sehe, daß Sie jetzt Generalmajor sind. Was führt Sie nach Hongkong?»

«Ich werde eine Weile hierbleiben. Großer Beschaffungsauftrag. Aber auch *cumshaw*. Ich bin sicher, daß wir Geschäfte machen können, große Geschäfte unter den richtigen Bedingungen – unter *allen* richtigen Bedingungen.»

Er blinzelte ihr zu. Das Angebot hätte nicht plumper sein können; während bessere Männer auf den französischen Schlachtfeldern starben, schlug er unverfroren in aller Öffentlichkeit vor, das Haus Sekloong solle ihn bestechen, damit er ihm Aufträge erteile.

«Unter *allen* richtigen Bedingungen», wiederholte er und tat damit seine Zuversicht kund, daß sie in seine Arme und sein Bett sinken werde.

«Vielleicht, John», antwortete sie. «Mein Schwiegervater bemüht sich sehr, die Kriegsanstrengungen aufs beste zu unterstützen. Aber jetzt müssen Sie mich entschuldigen, ich habe Pflichten als Gastgeberin.»

Sie entzog sich seinem ausgestreckten Arm, drehte sich um und wandte sich mit belanglosen Redensarten an den verblüfften Mosing Way.

Sie hätte John gern in sein grinsendes Gesicht geschlagen. Doch sie wußte, sie würde dem Generalmajor weiterhin zulächeln müssen und versuchen, sich seinen Annäherungsversuchen zu entziehen, und sie betete, sein Aufenthalt möge kurz sein. Geschäft war schließlich Geschäft. Der wichtigste Kunde des Hauses Sekloong war im Augenblick das Kriegsministerium Seiner Majestät, vertreten durch Generalmajor John Williams, der sich aus einem sympathischen jungen Mann in einen fetten Flegel verwandelt hatte.

Der königlich-britische Postdampfer ‹Triton› der Peninsular and Oriental Line lief am Sonntag, dem 11. Juni 1916 um vier Uhr nachmittags von seinem Ankerplatz am Blake Pier nach Southampton aus. Auf der Passagierliste standen Major d. R. Charles Sekloong und sechs Leutnants der Reserve. Die Direktoren der großen *Hongs* hatten es für notwendig erachtet, den Streitkräften Seiner Majestät einen zusätzlichen Beitrag anzubieten, denn der Krieg hatte die britischen jungen Männer grausam niedergemäht. Die *Hongs* hatten die Beamten in London bedrängt, aber diese waren dabei geblieben, der beste Dienst, den sie dem Empire leisten könnten, sei, den Handel des Empire aufrechtzuerhalten. Immerhin sei eine Geste erwünscht, solange des Guten nicht zuviel getan werde. Darauf hatte jeder *Hong* einen jüngeren Angestellten freigegeben, der aus Dutzenden von Freiwilligen ausgewählt worden war. Im Juni 1916 fielen in Frankreich jede Woche etwa fünfzig Leutnants, und mehr als hundertfünfzig wurden verwundet. Aber den Krieg, der ihre Gewinne steigen ließ, hatten die *Hongs* schließlich nicht angefangen.

Die ‹Triton› war berühmt für ihre schnellen Überfahrten, und die P & O garantierte, daß sie in achtundzwanzig Tagen Southampton erreichen würde, «höhere Gewalt und Kriegsschäden ausgenommen». Auf wirkliche Gefahren würde sie erst nach der Durchfahrt durch die Straße von Gibraltar im Atlantik stoßen, den die U-Boote der kaiserlich-deutschen Marine unsicher machten. Der leichte Kreuzer ‹Emden› war im August 1914 in den Indischen Ozean geschlüpft, um sich den Panzerkreuzern ‹Scharnhorst›, ‹Gneisenau› und ‹Nürnberg› anzuschließen, die unter dem Befehl von Vizeadmiral Graf von Spee aus dem deutschen Marinestützpunkt in Tsingtau in Nordchina entkommen waren. Die ‹Emden› wurde am 9. November 1914 vom Kreuzer ‹Sydney› der königlich-australischen Marine versenkt. Am 8. Dezember war von Spees Geschwader vor den Falkland-Inseln im Südatlantik gestellt und vernichtet worden. In den fernöstlichen und indischen Gewässern war die ‹Triton› nur der geringen Gefahr von Handelsstörern ausgesetzt, die als harmlose Frachtschiffe getarnt waren.

Nichtsdestoweniger war es eine Reise in Kriegszeiten. Zwar waren die Bullaugen von Charles Sekloongs geräumiger Kabine offen, um die Brise des Nachmittags hereinzulassen, doch waren die Scheiben schwarz gestrichen. Das Bewußtsein einer möglichen Gefahr für die ‹Triton›, ihre Besatzung und die Passagiere verstärkte die Mischung von Fröhlichkeit und Betrübnis, die Reisende und Zurückbleibende gewöhnlich empfanden, wenn die Signalflagge hochging und die Schiffssirene immer wieder warnend anzeigte, daß die Anker bald gelichtet würden. Allein mit Charles in seiner Kabine, für ein paar Augenblicke befreit von dem Schwarm der Kinder, von Verwandten und Freunden, schmiegte sich Mary Sekloong an ihren Ehemann, von dem sie geglaubt hatte, daß er ihr schon vor Jahren einigermaßen gleichgültig geworden wäre.

«Du *mußt* Jonnie sehen, wenn es irgend geht», erinnerte sie ihn zum viertenmal. «Sobald du nach England kommst, nicht wahr, Charles?»

«Natürlich, meine Liebe», beruhigte er sie. «Sobald ich kann. Er wird sicher schwer rangenommen bei der vormilitärischen Ausbildung. Aber er wird nichts dagegen haben, mit der Uniform seines alten Herrn anzugeben.»

«Du wirst ihn doch bestimmt sehen?» wiederholte Mary ihre Bitte. «Wirst du dich bemühen? Wenn dieser Krieg noch länger dauert, wird er . . .»

«Mach dir keine Sorgen, meine Liebe.» Charles war erstaunt, wie schwer es ihm plötzlich fiel, sie zu verlassen. «Er wird lange vorbei sein, ehe Jonnie . . .»

«Und Charles, ich . . .» Mary versagte die Stimme.

«Ja, meine Liebe?»

«Charles», platzte sie heraus. «Charles, ich liebe dich.»

Seine Züge, die durch lange Vertrautheit an Ausdruckskraft verloren hatten, nahmen wieder die hageren Konturen und die jugendliche Leidenschaftlichkeit an, die Mary zuerst angezogen hatten. Sie sah, daß seine hellbraunen Augen feucht waren.

«Weißt du», erwiderte er bedächtig und etwas verlegen wegen seines Gefühlsüberschwangs, «Mary, mein Liebling, ich war nicht immer der beste Ehemann. Aber auch ich liebe dich.»

Er küßte sie mit ungewohnter Zärtlichkeit, und ihre heftige Reaktion überraschte sie, denn sie hatte geglaubt, Charles könne keine Leidenschaft mehr in ihr wecken. Sie legte ihm die Arme fester um den Hals und überließ sich ihrem Gefühl.

Der Augenblick des Wiederfindens war kurz. Thomas und James stürzten in die Kabine, um ihren Vater zu der im Salon versammelten Gesellschaft zu holen, nicht allein aus Liebe oder Heldenverehrung, sondern weil sie vor ihren unglücklichen Verwandten und Freunden, deren Väter langweilige Straßenanzüge trugen, mit seiner neuen Uniform angeben wollten. Die Jungen zerrten an seinen Händen und zogen ihn mit sich. Mary folgte langsam.

Sie hatte, darüber wurde sie sich klar, nicht nur Charles falsch beurteilt, sondern auch andere. Lord Peter, den sie ursprünglich für einen gefühllosen, leichtherzigen Lebemann gehalten hatte, hatte sich vor seinem Tod als der beste von den Männern erwiesen, die sie kannte. Voll Scham dachte sie daran, daß sie John Williams zum Teil deswegen zurückgewiesen hatte, weil sie seine Zukunftsaussichten als dürftig eingeschätzt hatte. Er war vorangekommen, aber der schmucke Held, den sie gekannt hatte, war durch Geldgier und Trunksucht zugrunde gerichtet worden. Harry? An Harry wollte sie überhaupt nicht denken.

Aber Charles blieb der Ihre, und sie betete im stillen, er möge unversehrt zurückkehren. In diesem Augenblick wurde sie sich endlich darüber klar, daß sie Charles nicht wegen seiner Zukunftsaussichten geheiratet hatte, sondern um seiner selbst willen. Der Reichtum der Sekloongs hatte ihren Entschluß unbestreitbar beeinflußt, genau wie der Reiz des Exotischen, aber sie wußte jetzt, daß sie Charles in erster Linie um seiner selbst willen geheiratet hatte. Sie schwor sich, einen neuen Anfang zu machen, wenn er zurückkäme. Schließlich war sie fast sechsunddreißig, und es war Zeit, zur Ruhe zu kommen.

Es war Mary nicht gegönnt, über ihren Kummer oder ihren neuen Entschluß nachzugrübeln, denn ihre Kavaliere lenkten sie ab. «Marys vier Musketiere» nannte Sir Jonathan den gewichtigen Morris Cohen, den Zwei-Revolver-General, den hitzköpfigen Harry Sekloong, dessen sorgloses Hänseln seiner patriotischen Hingabe widersprach, und den patrizischen Judah Haleevie, das durchtriebenste Finanzgenie in Asien. Auch der jungenhafte Dr. George Parker gehörte zu ihrem Gefolge, aus Gründen, die er nicht ganz verstand. Früh am Montagmorgen entführten die vier sie nach Shatin in den New Territories.

Der alte Daimler war ersetzt worden durch einen offenen Rolls-Royce mit zurückklappbaren Windschutzscheiben vorn und hinten, vier Reserverädern auf den Trittbrettern und acht Sitzplätzen. Der Rolls-Royce paßte kaum auf die Fähre, die sie über die Kowloon-Bucht brachte. Der zerbeulte Model T von Ford, in dem Harry aus Kanton gekommen war, sah neben der königsblauen Limousine mit dem unvermeidlichen geflügelten Drachen auf den Türen wie ein Spielzeugauto aus.

Guinevere und Charlotte schwänzten die Schule, um mitzukommen. Mit instinktiver weiblicher Solidarität kümmerten sie sich liebevoll, fast aufdringlich um ihre Mutter, nachdem ihr Vater fort war. Ihren jüngsten Bruder hatten sie zwischen sich gesetzt, denn sie glaubten, der kleine Charles lenkte die Gedanken ihrer Mutter vom großen Charles ab. Thomas und James benahmen sich, als ob der Ausflug allein zu ihrer Belustigung unternommen würde. Sie schrien lauthals ihre Wünsche heraus, die ihr Onkel Harry, der den Ford steuerte, geflissentlich ignorierte, denn sein eigenes, durch den Familienausflug getarntes Vorhaben war ihm noch wichtiger als das seltene Vergnügen, einen Tag mit Mary und ihrem gemeinsamen Sohn James zu verbringen.

Die Autos erregten Aufmerksamkeit, als sie zwischen den ausladenden Bäumen, die der breiten Nathan Road Schatten spendeten, dahinrollten. Motorfahrzeuge sah man selten in der spärlich bebauten Ebene, und die Rikschakulis waren ebenso verwundert wie die Karrenpferde und Wasserbüffel. Schwarzen Rauch ausstoßend und angekündigt durch das Krachen der Gangschaltung, durchquerten sie die von Mauern umgebene Stadt Kowloon. Diese rechtlich abnorme Enklave, die laut Vertrag nach wie vor nominell der chinesischen Souveränität unterstand, war ein Schlupfwinkel für Verbrecher und für die Männer der Geheimgesellschaften. Die Engländer zogen es vor, ihre Polizei nicht in die labyrinthischen Gassen zu schicken, und eine chinesische Regierung, die es fertigbrachte, die Ordnung aufrechtzuerhalten, gab es nicht.

Über die Boundary Street hinweg gelangten sie zu den New Territories und waren mit einem Schlag auf dem platten Land. Plumpe Enten blickten ohne Neugier auf die fauchenden Ungeheuer, und aufgescheuchte Hühner retteten sich gackernd in ziegelgedeckte Bauernhäuser. Säue mit durchhängenden Bäuchen führten ihre quietschenden Ferkel zu nahrhaften Abfallhaufen. Chow-Chows mit dicken Halskrausen verbellten empört die ratternden Wagen, die gräßlichen Gestank verbreiteten, so ganz anders als der vertraute beißende Geruch des Abtrittdüngers. Hakka-Frauen sahen aus wie perspektivisch verkürzte Pilze mit ihren breiten, kopflosen, mit schwarzen Stoffstreifen behängten Strohhüten, die sie trugen, um ihre Haut vor der unerbittlichen Sonne zu schützen. Die Frauen wateten durch überflutete Felder und bückten sich schwerfällig, um blaßgrüne Reisschößlinge zu verpflanzen. Hinter den von geduldigen Wasserbüffeln gezogenen Holzpflügen herstapfend, bearbeiteten ihre Männer die Felder.

Die ungepflasterte Straße zog sich an der Ostküste der New Territories entlang, gelegentlich dicht am Strand, aber meist hoch an den steilen Hängen, von denen man auf ferne grüne Inselchen blickte. Obwohl die Gesellschaft einmal zu einem Picknick anhielt und dreimal, um Reifenpannen zu beheben, schafften die Autos die Strecke in einer ausgezeichneten Zeit. Drei Stunden nach der Überquerung des Hongkonger Hafens hatten der Rolls und der Ford das vierzig Kilometer entfernte Shatin erreicht.

Die Jungen waren fassungslos, daß ihre Ankunft nicht bemerkt wurde, obwohl nur zwei andere Autos, ein Auburn und ein Mercedes, neben der Menschenmenge standen, die sich um einen Acker am Fuß von pinienbedeckten Hügeln angesammelt hatte. Bauern hockten auf dem feuchten Boden neben fliegenden Händlern, die auf ihren transportablen Herden hellrote Stücke von Innereien und dicke braune Bohnenquarkkuchen brieten. Europäische Damen in vierrädrigen Zweispännern hielten Organdy-Sonnenschirme über ihre Köpfe, und chinesische Herren in langen Baumwollgewändern lenkten mit bunten Fächern die feuchte Luft auf ihre verschwitzten Gesichter. Sogar die zerlumpten Straßenjungen schenkten den Autos der Sekloongs kaum einen Blick. Die Aufmerksamkeit der Menge war auf ein plumpes Gebilde aus Draht, Bambus und Stoff gerichtet, das am hinteren Ende des Ackers stand, ein Doppeldecker, der aussah wie ein riesiger Papierdrachen mit einer langen, dünnen hölzernen Schiffsschraube, die auf den Motor am Bug montiert war.

Die Enttäuschung der Jungen verflog, als Harry sie mit zu dem Flugzeug nahm. Sie sahen einen kleinen, drahtigen Mann mit Lederhelm, der nervös einen Gelenk-Hakenschlüssel handhabte. Die Gläser einer Schutzbrille starrten blind von seiner Stirn wie ein zusätzliches Paar Augen. Seine eigenen kleinen, runden Augen waren aufgeweckt, und seine Nase wirkte wie ein dünner Schnabel über dem schmalen Schnurrbart. Harry stellte ihn als Leutnant Eddie McCormick vor.

«Das ist eine Avro 504, Jungs», erklärte er, «Gnome-Motor mit achtzig Pferdestärken, Aktionsradius zweihundertfünfzig Meilen, und Höchstgeschwindigkeit zweiundachtzig Meilen in der Stunde.»

«Sie meinen, Herr ... Leutnant», fragte Thomas, «Sie werden so schnell fliegen? Hier, jetzt gleich?»

«Richtig, mein Junge. Sobald ich diesen verdammten Magnetzünder in Ordnung gebracht habe.»

«Und wohin, Leutnant?» wollte James wissen.

«Ach, bloß ein bißchen in der Gegend herum.»

«Wollen wir den Leutnant nicht weiterarbeiten lassen?» meinte Harry.

Die Jungen gingen stolzgeschwellt über die festgestampfte rote Erde. Mit der Arroganz höherer Wesen nahmen sie keinerlei Notiz von den herumsitzenden Dorfjungen, die sie anstarrten.

«Onkel Harry», fragte Thomas, «ist er nur Leutnant? Papa ist Major. Was für ein Leutnant ist er?»

«In der amerikanischen Armee, sagt er», erwiderte Harry kurzangebunden.

Als ob ihre Ankunft ein Signal gewesen wäre, zog Eddie McCormick zwei Schrauben fest, warf den Schraubenschlüssel seinem chinesischen Mechaniker zu und kletterte in das enge Cockpit. Er zog seine Schutzbrille herunter und rief: «Kontakt herstellen!» Die Menge starrte fassungslos, als der Mechaniker den Propeller anwarf.

Das Flugzeug rührte sich nicht, und der Mechaniker warf den Propeller noch einmal an. Dreimal beschrieb der Propeller einen Halbkreis, ehe er mit einem Ruck stehenblieb. Beim viertenmal drang schwarzer Rauch aus dem Motor, und der Propeller wirbelte, von Salven von Explosionen begleitet, herum.

«Jetzt geht's los», schrie Harry.

Aber die Umdrehungen des Propellers hörten plötzlich auf, und das Motorengeräusch erstarb. Der schweißtriefende Mechaniker kurbelte von neuem. Der Motor sprang an, der Propeller begann sich gleichmäßig und surrend zu drehen, und schmierige Rauchwolken kamen aus dem Auspuff. Die Avro beschleunigte rasch und rollte über den Acker. Harry hielt den Atem an, als die Maschine in einer Furche einsank. Aber das Flugzeug richtete sich wieder auf und erhob sich taumelnd in den wolkengetüpfelten Himmel; die an seinem Schwanzsporn angebundenen Feuerwerkskörper knallten fröhlich.

«Er ist oben», brüllten die Jungen. «Er ist oben!»

«Natürlich», sagte Harry. «Das war nie zu bezweifeln . . .»

Judah Haleevie sah seinen Freund spöttisch an, sagte aber nichts. Das Flugzeug kreiste sechsmal um den Acker, ehe es wie eine unförmige Möwe, die sich auf einem Wellenkamm niederläßt, wieder auf den Boden aufsetzte. Es geriet in dieselbe Furche, und der Schwanz sank tief ein.

«Das war die Vorführung, meine Herren», verkündete Harry. «Das war's. Ehe wir fahren, will ich noch ein Wort mit Eddie McCormick reden.»

Auf der Rückfahrt wurde Harry von James und Thomas mit Fragen bombardiert. Nachdem er sie eine Stunde lang geduldig beantwortet hatte, hob er abwehrend die Hände, als James wissen wollte: «Aber warum fliegt es, Onkel Harry?»

«Das werde ich dir später erklären, wenn ich ein Stück Papier habe», antwortete er. «Wir müssen es aufzeichnen.»

Als die Jungen endlich Ruhe gaben, sagte Harry leise zu Zwei-Revolver-Cohen: «Eine Höhenflosse und eine Fahrgestellstrebe gebrochen. Wieder eine Verzögerung.»

Eine Woche später wurde Eddie McCormick «der erste Mann, der ganz allein eine Stadt eroberte», wie er sich später brüstete. Mit einer primitiven Bombe, die zwischen den Rädern angebunden war, schaukelte die Avro durch den Sommerhimmel in Richtung Kanton, das neunzig Meilen entfernt lag. Sein Ziel war das Hauptquartier von General Mok Wing-sun, einem der ehrgeizigen örtlichen Potentaten, von den Chinesen *tu-chün*, «Warlords», genannt, der sich gegen Präsident Sun Yat-sen gewandt hatte. McCormick löste die Bombe aus, indem er mit seinem feststehenden Messer die Schnur durchschnitt. Obwohl die Explosion nur den Boden aufwühlte, und das fünfhundert Meter von seiner Villa entfernt, machte sich General Mok aus dem Staub, und Sun Yat-sen kehrte triumphierend nach Kanton zurück. Es war damals ein großer Sieg, obwohl die Stadt noch mehrmals verlorengehen und wieder genommen werden sollte. Ein Jahrzehnt mußte vergehen, bis die nationalistischen Armeen von Kanton aus losmarschierten, um im Bund mit der kommunistischen Partei, die 1916 noch nicht existierte, China zu einigen.

Der erfolgreiche Bombenangriff endete mit einer Bruchlandung. Auf dem Rückflug ging Eddie McCormick der Treibstoff aus, und er kam unsanft in einem überfluteten Reisfeld zum Stehen. Als er aus der Avro kletterte, stank er nach Jauche. Er spuckte kräftig aus und grinste die Bauern an, die ihren Augen nicht trauen wollten.

«Harry Sekloong wird sich wohl eine neue Luftwaffe kaufen müssen. Die Avro können wir abschreiben, und ich gehe zurück in die Staaten. Wenn man in Iowa notlandet, ist das Schlimmste, was einem passieren kann, ein paar gebrochene Knochen und eine Abreibung mit Pferdeäpfeln.»

Am Samstag, dem 17. Juni 1916, fünf Tage nachdem sich Eddie McCormick zum erstenmal in den Himmel Asiens emporgeschwungen hatte, und vier Tage vor seinem Ein-Mann-Angriff auf Kanton, war das Wunder des Fliegens Mary Sekloong nur einen flüchtigen Gedanken wert. Das zerbrechliche Dinge, das die Chinesen «den ausländischen feuerspeienden fliegenden Drachen mit der hölzernen Schnauze» getauft hatten, interessierte sie nicht. Ihre Gedanken waren rein persönlich.

Sie war im Bett geblieben, weil sie erschöpft war von den ununterbrochenen Festivitäten anläßlich Sir Jonathans Ehrung und sehr mitgenommen von dem unerwarteten Kummer über Charles' Abreise und dem Gerüttel auf der Fahrt nach Shatin. Außerdem hatte sie das Gefühl, als ob sie eine Erkältung bekäme. Sie hatte gelernt, die hartnäckige Unpäßlichkeit zu respektieren, die die Ärzte «Sommergrippe» nannten und auf die feuchte Hitze zurückführten. Sie vermutete, daß die Ärzte weder die Krankheit noch ihre Ursache richtig verstanden, aber sie hatte schon zu oft unter diesen lange anhaltenden Beschwerden gelitten, um den ärztlichen Rat, viel zu trinken und in einem verdunkelten Raum zu ruhen, zu mißachten.

Eben dieser Samstag war ein guter Tag, um im Bett zu bleiben. Das letzte Pferderennen der Saison sollte am frühen Nachmittag stattfinden. Sie hatte keine Lust, das Ritual über sich ergehen zu lassen, dem die Prominenz der Kolonie und Scharen von wettsüchtigen Chinesen beiwohnten, zumal sicher Generalmajor John Williams in der Loge des Gouverneurs saß. In ihrem erschöpften Zustand könnte sie seine plumpen Anzüglichkeiten und seine lüsternen Blicke einfach nicht ertragen.

Da Lady Lucinda die Rennen haßte und ihre Tochter fürsorglich bei Mary bleiben wollte, machten sich von den Sekloongs nur die drei Generationen männlicher Familienmitglieder auf den Weg. In festlicher Stimmung stiegen Sir Jonathan, Harry, Thomas und James aus ihren Sänften, um mit der rasselnden Peak-Tram bis zur unteren Endhaltestelle zu fahren, wo der Rolls wartete.

Marys Boy Nummer Eins, Ah Sam, hatte sich an jenem Vormittag früh freigemacht, um nach Happy Valley hinunterzulaufen; dort nahm er eine Rikscha, um die letzte halbe Meile würdig zurückzulegen. Er liebte Pferde und teilte die Leidenschaft seiner Landsleute für das Wetten. Ah Sam freute sich darauf, den Nachmittag ans Geländer gedrängt zu verbringen, kleine Beträge zu setzen, Tee zu trinken und Leckerbissen zu knabbern, die von fliegenden Händlern verkauft wurden.

Ohne von der gleißenden Sonne und den Hunderten schwitzender Körper Notiz zu nehmen, schwatzte Ah Sam mit seinen Freunden und wartete auf die Ankunft der Prominenz. Trotz seiner gelinden Verachtung für die meisten Männer und Frauen, die er so oft bedient hatte, genoß er ihren Pomp. Fünfzehn Minuten bevor die Trompeten das erste Rennen ankündigten, stiegen der Gouverneur und Lady May zu ihrer fahnengeschmückten Loge hinauf. Richard und die Ehrenwerte Rachel Wheatley hatten gerade ihre Plätze in der Loge von Derwent eingenommen. Die chinesischen Platzanweiser in weißer Uniform begrüßten sie nicht weniger ehrerbietig als den persönlichen Vertreter des Königs – vielleicht sogar eine Spur ehrerbietiger. Respekt gebührte ihrem Alter, ihrer Gebrechlichkeit und ihrem Reichtum.

Die Kurve der Rennbahn versperrte Ah Sam den Blick auf die Loge der Sekloongs, die überdies verdeckt war durch die Schilfmatten über der Tribüne, zum Schutz gegen die brennende Sonne. Aber er wußte, daß die ganze Familie zum wichtigsten Rennen der Saison erscheinen würde. Das Protokoll erforderte ihre Anwesenheit; die Gala-Versammlung war gleichsam ein priesterlicher Ritus, eine Massen-Huldigung für den Gott des Reichtums. Pferderennen war das, was einer gemeinsamen Religion in Hongkong am nächsten kam, die einzige Frömmigkeit, die Chinesen und Europäer, reich und arm, teilten.

Mit einer Geschwindigkeit von fünf Meilen pro Stunde arbeitete sich der Sekloong-Rolls durch das Gewirr von Kutschen, Rikschas, Sänften und Fußgängern, so daß er in der Hitze von 35 Grad zu kochen anfing. Verärgert befahl Sir Jonathan dem Chauffeur, den Motor abkühlen zu lassen. Da kein anderes Beförderungsmittel verfügbar und Laufen undenkbar war, mußten sie notgedrungen warten. Sir Jonathan und Harry fanden sich im Gegensatz zu den ungeduldigen Jungen gelassen damit ab, daß sie erst nach dem ersten Rennen eintreffen würden. Zum Glück startete ihr eigenes Pferd, der Goldene Drache, erst im dritten Lauf, und dieses Rennen wollten sie nicht verpassen.

Während die Sekloongs verdrossen in ihrem Rolls saßen, ließ Ah Sam seine kritischen Blicke über die Pferde gleiten, die um den Sattelplatz herumgeführt wurden. Zwar waren sie abgehärtet und an das mörderische Hongkonger Klima gewöhnt, doch ließen die Gäule erkennen, wie ihnen die feuchte Hitze zusetzte. Ihre Flanken waren schweißglänzend, und sie verdrehten die Augen vor nervöser Erschöpfung, so daß man das Weiße sah.

«Gam-tin mng ying-goi po-ma», sagte Ah Sam belehrend zu seinem Freund, dem Boy Nummer Eins von Robert Hotung. «Sie sollten heute nicht laufen. Jeder weiß, daß es zu spät im Jahr ist und zu heiß. Aber versuch mal, diesen *fan guai-tau* etwas zu sagen!» Der Ausdruck «ausländische Teufel» ging ihm ohne Bosheit von den Lippen. So nannte man

nun mal die Ausländer, genau wie man sie mit Missy oder Master anredete.

Trotz seiner Bedenken setzte Ah Sam einen Dollar auf Nummer sieben. Das war immer sein erster Wetteinsatz, denn er schätzte die Talente des Wahrsagers Silberner Siebenter Bruder höher, als Sir Jonathan es von sich zugeben würde. Ah Sam lächelte verschmitzt, als die Pferde an der Kurve vorbeistampften, mit weißem Schaum bedeckt und sich abmühend unter dem Gewicht der Jockeis. Nummer sieben, ein Tier mit struppigem Fell, das bösartig aussah, lag in Führung. Der Jockei in den scharlachroten und hellgrünen Stallfarben der Wheatleys machte mit sadistischer Grausamkeit von seiner Peitsche Gebrauch. Nummer drei auf der Innenbahn, dessen Jockei die blauen und purpurnen Stallfarben von Mosing Way trug, holte auf. Das Feld fegte an Ah Sam vorbei und verschwand hinter der Kurve. Er wartete voll rasender Ungeduld, bis die Zahlen der Endplacierung erschienen: 7, 3, 1.

Ah Sam drehte sich um und wollte seinem Freund auf die Schulter schlagen, aber seine Hand blieb in der Luft stehen. Er sah eine rote Flamme in den Schatten unter den Schilfmatten. Gleich darauf schrie die schwitzende Menge, die sich ans Geländer drängte, auf.

«Faw-jook! Faw-jook!» kreischten die Zuschauer. «Feuer! Feuer!»

Von den Verkaufsständen schallte der Ruf herüber: *«Gow meng! Gow meng!* Rette sich, wer kann, rette sich, wer kann!»

Wie ein von Rauch bedrohter Bienenstock begann die Menge zu drängeln und durcheinanderzurennen. Die meisten Zuschauer auf der Tribüne kämpften sich zu den hinteren Ausgängen durch, aber ein paar Wagemutige sprangen über das Geländer und dann auf die Rennbahn. Die dichtgedrängte Menge am Geländer schob sich in die Sicherheit des offenen Mittelfeldes vor. Polizisten mit weißen Tropenhelmen drängten durch die fliehenden Zuschauer hindurch zur Loge des Gouverneurs, während eine Handvoll junger Chinesen und Europäer sich bemühten, die schmalen Gänge freizuhalten.

Ah Sam stand unentschlossen da, und sein kräftiger Körper hielt dem Ansturm der schreienden Menge stand. Im nächsten Augenblick setzte sich seine durch sechzehnjährigen Dienst eingewurzelte Loyalität gegen seinen Fluchttrieb durch. Seine Entscheidung erforderte nicht mehr als zwanzig Sekunden. Er stürzte sich in die von Panik erfaßte Menge wie ein Schwimmer, der gegen einen reißenden Wildbach ankämpft.

Mit gesenktem Kopf stemmte er sich gegen die Menge, seine kräftigen Beine arbeiteten wie Kolben, und mit den Händen schob er die fliehenden Menschenmassen beiseite. Er sah orangefarbene Flammen um das Mattendach züngeln und griff an wie ein gereizter Stier.

«*Ma-lee Siu-jieh, wo lay-la! Ma-lee Siu-jieh, wo lay-la!* Miss Mary, ich komme», rief er unaufhörlich. «Miss Mary, ich komme!»

Er drang fast bis zum Geländer der Tribüne vor, und der feurige Atem der Flammen versengte ihm die Augenbrauen. Ein hochgewachsener Europäer in einem weißen Anzug stieß ihn mit dem Ellbogen beiseite, und er stolperte. Taumelnd stürzte er zu Boden, als die nächste Welle der Fliehenden ihn traf.

Er versuchte aufzustehen und schrie immer noch: «Ich komme, Miss Mary, ich komme!» Da traf ihn der schwere Stiefel eines Polizisten an der Schläfe. Er war nur noch halb bei Bewußtsein, als die Menge über ihn hinwegtrampelte. Bei jedem neuen Tritt entrang sich seinen zusammengepreßten Lippen ein angstvolles Stöhnen, bis er schließlich still lag.

Thomas und James kamen am Spätnachmittag nach Hause und berichteten ihrer Mutter von dem Brand. Mary seufzte erleichtert, als sie ihr sagten, daß alle Sekloongs in Sicherheit seien, aber im selben Augenblick schämte sie sich ihrer Reaktion. Sir Jonathan und Harry waren im Tung Wah-Krankenhaus geblieben, wo alle Verletzten untergebracht wurden, da es in der Nähe der Rennbahn lag. Ausnahmsweise blieben Rassenunterschiede außer acht; im Tode vereint, wurden Weiße und Asiaten in der benachbarten Leichenhalle Yee Szeh aufgebahrt.

Mary zog sich an, denn sie wollte zum Happy Valley hinunterfahren, um in Tung Wah zu helfen. Aber alle Amahs taten sich zusammen, um sie zu überzeugen, daß sie wenig helfen könnte und womöglich bloß im Wege wäre. So ging sie unruhig auf der Veranda auf und ab und wartete auf Sir Jonathans und Harrys Rückkehr. Sie konnte sich nicht einmal dadurch ablenken, daß sie zum Empfang der beiden für eine warme Mahlzeit sorgte, denn die Vorbereitungen für das Abendessen waren bereits im Gange. Nicht einmal Ah Sams Abwesenheit beeinträchtigte das zügige, geräuschvolle Funktionieren des Haushalts. Als Mary am frühen Abend auffiel, daß er nicht zurückgekommen war, nahm sie an, auch er wäre ins Krankenhaus gegangen. Ah Sam tat gewöhnlich das, was er für das beste hielt, und bat erst nachher um Erlaubnis.

Kurz vor Mitternacht kamen die Männer zurück. Beide waren hohläugig vor Erschöpfung, und ihre Kleidung roch nach Rauch. Während Harry einen Brandy mit Soda trank, berichtete er.

«Es ist grauenhaft! Nach den letzten Zahlen, die wir hörten, waren es dreiundvierzig Tote und mehr als hundert Schwerverletzte. Gott weiß, wie viele noch vermißt werden.»

«Wer ist unter den Toten?» fragte Mary. Sie war egoistischerweise recht unbesorgt, weil sie wußte, daß ihre Familie in Sicherheit war.

«Sie fanden die Wheatleys, Rachel und Dick, stocksteif in ihrer Loge auf der Tribüne sitzend», antwortete Harry. «Das Feuer hat sie nicht erreicht, und sie sind auch nicht im Rauch erstickt. Schock, haben die Ärzte gesagt. Aber Gott weiß, der alte Gauner war zäh. Ein Wunder, daß er so lange gelebt hat bei seinem vielen Trinken. Der alte S. Y. Lo ist verbrannt ... ein entsetzlicher Anblick. Sonst kaufmännische Angestellte, Dienstboten. Niemand, den du kennst, außer ...»

«Außer?» Mary überlief es kalt.

«Zwei, die du kennst, Mary», sagte Sir Jonathan zögernd. «John Williams. Sechs Mann trugen ihn hinaus, er atmete noch, aber er starb im Krankenhaus. Herzanfall oder Hirnschlag. Und, Mary ... Ah Sam ... dein Ah Sam. Sie fanden ihn zu Tode getrampelt. Es muß schnell gegangen sein, denn ...»

«Sag mir nichts mehr», bat sie. «Nicht jetzt.»

Um zwei Uhr morgens saß Mary Sekloong auf der Veranda vor ihrem Schlafzimmer, während das ganze Haus schlief. Trockenen Auges blickte sie hinunter zum Happy Valley, wo die flackernden Laternen der Feuerwehr, die die Trümmer durchkämmte, wie ruhelose Geister hin und herzogen.

Zuerst hatte die Abneigung, die sie John Williams entgegengebracht hatte, den Schock seines Todes gemildert. Aber jetzt, allein in der Nacht, erinnerte sie sich des munteren jungen Lieutenants und grämte sich um das rasche Schwinden von Jugend und Schönheit. Nicht um das, was er war, sondern um das, was er gewesen war – und um das, was sie gewesen war.

Alle Männer waren nun tot, die sie, ehe sie Charles heiratete, gern gehabt hatte: Hilary Metcalfe, Lord Peter French, ihr Vater und jetzt John Williams. Abgesehen von ihrem fernen Bruder, hatte der Tod alle lebenden Bande zu der jungen Frau, die sie gewesen war, ehe sie zum Haus Sekloong gehörte, durchtrennt.

Widerstrebend wandten sich ihre Gedanken Ah Sam zu, und sie rieb sich müde die Augen. Ihre Fingerspitzen waren naß von ungeweinten Tränen um diesen felsenharten Mann. Sie erkannte, daß der wild aussehende ehemalige Pirat, der es seelenruhig an Respekt mangeln ließ, wenn er ihre Interessen anders beurteilte als sie selbst, eine Stütze ihres Lebens gewesen war.

Da weinte Mary in ihrer großen Einsamkeit, sie überließ sich in der stillen Nacht ihrem Kummer und schluchzte verzweifelt.

Teil V

THOMAS UND JAMES

2. März 1924 bis
15. Dezember 1927

2. März 1924

Der kadmiumgelbe Rumpf – zweiunddreißig Meter lang von der Spitze des Bugspriets bis zu dem mit Schnitzerei verzierten Heck – glitt über die eingefettete Helling hinunter in das grüne Wasser. Charles und Mary Sekloong standen auf der flaggengeschmückten Plattform, wo eine Minute zuvor noch der Bug gelegen hatte, und lachten miteinander. Sie waren mit Schaum bespritzt aus der Riesenflasche Champagner, mit der Mary den Schoner ‹Regina Pacis› getauft hatte, und für einen Augenblick taub vom Knallen der drei Meter langen Schnüre von Feuerwerkskörpern, die an den Dachtraufen der Bootsschuppen und mit roten Bändern am Vordersteven befestigt waren. Inmitten verwehender Rauchwölkchen freuten sie sich miteinander.

Charles nahm den goldenen Knauf seines Malakkaspazierstocks in die linke Hand und ergriff mit der rechten die Hand seiner Frau. Leicht überrascht, daß ihr Mann ihr in aller Öffentlichkeit Zuneigung bekundete, aber nicht so verwundert, wie sie es vor zehn Jahren gewesen wäre, erwiderte Mary den Druck. Seine Finger waren schlanker und vielleicht weniger kräftig als vor einem Jahrzehnt, aber sie paßten zu ihren.

Charles Sekloong hatte nicht das gehabt, was andere Offiziere, gewaltig untertreibend, einen «guten Krieg» nannten. Die Dienstzeit hatte ihm weder kriegerischen Ruhm eingetragen, noch viel Mut und Standhaftigkeit von ihm verlangt. Dennoch war er durch den Weltkrieg von Grund auf verändert. Im Frühjahr 1924 war er eine eindrucksvollere Erscheinung und wirkte gelassener, als der frischgebackene Major, der sich im Sommer 1916 auf der ‹Triton› nach Southampton eingeschifft hatte. Damals hatte er zur Korpulenz geneigt; jetzt war er schlanker, aber immer noch ein Schwergewicht im Vergleich zu seinem schmalen Vater. Sein Haar, stahlgrau an den Schläfen, wurde schütter, doch er trug es, wie es Mode war, glatt zurückgekämmt, das machte seine hohe Stirn imposant. Seine hellbraunen Augen, nicht mehr in Fleischwülste gebettet, blickten offen und ehrlich in die Welt. Mit siebenundvierzig Jahren war Charles Sekloong endlich erwachsen geworden, selbstsicher und einfühlsam.

Mary wußte nicht genau, was ihren Mann während seiner mehr als zweijährigen Abwesenheit verändert hatte. Der neue Charles gefiel ihr, und sie war klug genug, nicht nach den tieferen Gründen für seine Verwandlung zu forschen.

Vielleicht lag es nur daran, daß ihm seine eigenen Fähigkeiten und die

Macht, die ihm sein Reichtum verlieh, bewußt geworden waren, als er zum erstenmal in seinem Leben nicht im Schatten seines Vaters stand. Er war als Oberst aus dem Krieg zurückgekehrt und trug das rosa und graue Band eines Offiziers des Ordens des Britischen Empire, das dreifarbige Band des französischen Kriegskreuzes und das des chinesischen Phoenix-Ordens. Nach seiner Ankunft in London im Juli 1916 war er fast ein Jahr lang zum britischen Rüstungsministerium kommandiert gewesen, eine Aufgabe, die seinen Fähigkeiten, wenn nicht auch seinen Neigungen entsprach. Er hatte über ausländische Kriegsanleihen verhandelt, was ihm durch die Beziehungen der Sekloongs in den Vereinigten Staaten erleichtert wurde. Seine Dienste waren unschätzbar; sie waren nicht ruhmreich.

Nachdem China im August 1917 in den Krieg eingetreten war, wurde Charles aus dem Zustand befreit, den er selbst als «mein Dasein als Sklave von J. P. Morgan» bezeichnet hatte. Die Vereinigten Staaten hatten den Mittelmächten im April 1917 den Krieg erklärt, und London brauchte nicht mehr privaten Konsortien um den Bart zu gehen, um seine Kriegskasse zu füllen. Im September 1917 wurde Charles, inzwischen Oberstleutnant, nach Frankreich geschickt. Diese Abkommandierung brachte ihn zu guter Letzt in Hörweite von Geschützdonner und verschaffte ihm die Beförderung zum Oberst. Der Rang war notwendig für seine Aufgabe als Verbindungsoffizier für die sechzigtausend Mann, die China eiligst nach Europa schickte. Die unerfahrenen Truppen wurden nicht als Infanterieeinheiten eingesetzt, sondern als Arbeitsbataillone. Charles wurde, wie sein Bruder Harry lachend bemerkte, «Feldmarschall der Kulihorden». Er war einer der wenigen britischen Stabsoffiziere, die ihre Sprache verstanden, und sie vertrauten ihm wegen seines Namens.

Charles hatte mit der Zeit seine Empfindlichkeit wegen des ruhmlosen Kriegsdienstes überwunden, aber er zog es vor, nicht über die Verwundung zu sprechen, die ihn zwang, sich auf einen Spazierstock zu stützen. Sie war ihm weder durch deutsche Infanterie noch deutsche Artillerie zugefügt worden. Ein wütender Kuli war – im unverständlichen Dialekt von Futschou schimpfend – mit einer Breithacke auf ihn losgestürmt. Er war vom ungewohnten Calvados sinnlos betrunken und hatte nicht innegehalten, als Charles ihn kaltblütig mit der Pistole in die Schulter schoß. Aber totschießen durfte Charles ihn nicht. Die Breithacke war auf seinen Oberschenkel niedergesaust, und zersplitterte Knochen ragten aus dem zerfetzten Fleisch heraus. Ein Gangrän war die Folge, und die Ärzte waren froh, daß bei ihm nicht mehr zurückblieb als ein starkes

Hinken. Sie hatten schon eine Amputation in Erwägung gezogen, um sein Leben zu retten.

Mary konnte es ihm nachfühlen, daß er nicht über einen Vorfall sprechen wollte, der einer Farce nahekam. Doch die Erinnerung ließ sich nicht ganz unterdrücken und tauchte selbst in diesem Augenblick von Charles' Triumph auf. Der Stapellauf der ‹Regina Pacis› war seine formelle Unabhängigkeitserklärung, eine Zeremonie zur Feier seines verspäteten Mündigwerdens. Der Schoner war größer, luxuriöser und mit stärkeren Maschinen ausgestattet als jedes von seinem Vater gebaute Schiff. Charles hatte ihn ‹Mary› nennen wollen, so wie Sir Jonathan die ‹Orchidia› nach seiner Mutter und die ‹Lucinda› nach seiner Frau genannt hatte. Aber Mary hatte dieses Kompliment abgelehnt, und seinen Gegenvorschlag ‹Guinlotte› ebenfalls.

«Dann werde ich das Schiff nach der Muttergottes nennen», hatte Charles erklärt.

Der Wimpel mit dem goldenen geflügelten Drachen sollte im Großtopp flattern; gereizt hatte Charles den scherzhaften Vorschlag von Harry abgelehnt, er solle den Drachen auf das Rahsegel sticken lassen, das bei achterlichem Wind dwars zum Fockmast stehen würde. Das Emblem war im wesentlichen das seines Vaters, und Charles wollte, daß die ‹Regina Pacis› sein Schiff war. Er war immer noch ärgerlich, daß Mary ihm nicht erlaubt hatte, den Schoner nach ihr oder ihren Töchtern zu nennen.

Sie fand es ausgesprochen vulgär, das Boot Mary zu nennen, und war entsetzt über die Affektiertheit eines Namens, der sich aus den Namen ihrer Töchter zusammensetzte. ‹Guinlotte›! Das hatte gerade noch gefehlt. Es erinnerte sie an Villen im Londoner Vorort Surbiton, die ‹Jametta› hießen nach James und Henrietta, oder an den kitschigen Kabinenkreuzer von neureichen Börsenmaklern, die ihn nach Millicent und Albert ‹Milbert› genannt hatten. Den Mädchen, mit einundzwanzig und zwanzig Jahren überempfindlich, wäre das entsetzlich peinlich gewesen. Sie warfen schon genug Probleme für Mary auf und hatten außerdem eigene Probleme, mit denen sie sich herumschlagen mußten.

Obwohl die Vorwürfe, die sie sich selbst machte, beschwichtigt worden waren durch die Tatsache, daß der Krieg es gar nicht zugelassen hätte, bedauerte Mary noch immer, daß sie sich Charles und Sir Jonathan gefügt hatte, die meinten, Guinevere und Charlotte brauchten nicht in England zur Schule zu gehen. Mary fand, sie hätte darauf bestehen müssen, daß die Mädchen die Herz-Jesu-Klosterschule in Roehampton besuchten. Statt dessen waren sie auf die St. Paul-Schule gegangen, die für die Töchter von Eurasiern aus dem Mittelstand, für aufstrebende Portugiesen, ehrgeizige Chinesen und diejenigen Engländer, die sich den Schulbesuch in England nicht leisten konnten, recht und gut war. Für *ihre* Töchter war St. Paul's nicht recht und gut.

Sir Jonathan, der seine Enkelinnen mit zärtlichen, aber kritischen Blicken betrachtete, hatte bei ihnen keine Anzeichen für die Talente ihrer Mutter entdeckt. Mädchen wie Guinevere und Charlotte, hatte der Autokrat erklärt, brauchten höchstens Lesen, Schreiben und Rechnen und Hauswirtschaft zu lernen. Mit einer guten Aussteuer würden sie passend heiraten, und ihre Männer würden für sie sorgen. Der alte Herr mochte «kluge» Frauen nicht, obwohl er sich auf Marys Urteil verließ. Intelligente, gebildete Frauen verletzten seine traditionelle chinesische Überzeugung, daß eine anständige Frau ihre Tätigkeiten auf Küche, Wohnzimmer, Kinderzimmer und Schlafzimmer beschränken sollte.

Mary konnte Sir Jonathans Beurteilung der Fähigkeiten der Mädchen eigentlich nicht bestreiten, aber es brachte sie auf, daß er alle Frauen als zweitklassig abtat – «bis auf wenige erstaunliche Ausnahmen, wie du und meine prachtvolle Mutter». Doch daß ihre Töchter in Hongkong geblieben waren, hatte ihren Persönlichkeiten einen Stempel aufgedrückt. Es war, wie Mary mit wachsender Bestürzung sah, fast ein Stigma. So sehr sie selbst sich auch bemüht hatte, man merkte den beiden an, daß sie Mischlinge waren, nach Sprache und Haltung weder ganz chinesisch noch ganz britisch. Als typische Hongkong-Frauen schwebten sie beklommen zwischen zwei Welten, sie waren Eurasierinnen in ihrem Benehmen und Denken wie von der Abstammung her.

Ihr ältester Bruder Jonnie war äußerst selbstbewußt. Neun Jahre in Stonyhurst hatten ihm ein unerschütterliches Gefühl der Überlegenheit verliehen und einen so zwanglos piekfeinen Akzent, daß Mary manchmal kaum das Lachen unterdrücken konnte. Er hatte wie ein Bauernjunge aus Lancashire geredet, bis im letzten Schuljahr die erstaunliche Verwandlung eintrat. Wenn unvorsichtige Sprößlinge des britischen Establishments in Hongkong den jungen Jonathan Sekloong von oben herab behandelten, rümpfte er die Nase, murmelte ein paar verächtliche Silben und ließ sie sprachlos und verdrossen stehen.

Seine Schwestern, die nur Hongkong kannten, waren rührend unsicher. Der Reichtum und der Titel ihres Großvaters riefen neidische Kommentare hervor und erforderten ihre Anwesenheit bei unendlich langweiligen offiziellen Gelegenheiten. Aber zu den Gesellschaften der Hongkonger *Jeunesse dorée* wurden sie nicht eingeladen. Mary und Charles hatten es verwunden, daß sie im Hong Kong Club, dem Allerheiligsten der Europäer in der Kolonie, nicht zugelassen waren. Ihre Töchter aber litten unter ihrem Ausschluß aus den unterhaltsameren Cricket- und Yacht-Clubs. Guinevere zog sich in ihre Leidenschaft für Hauswirtschaft zurück, während die ungebärdige Charlotte ihren Kummer durch hektische Geselligkeiten mit den ungebundeneren Mädchen von St. Paul's und ihren Brüdern betäubte. Die Amüsierwut der zwanziger Jahre hatte selbst das ferne Hongkong erreicht. Junge Eurasier, Portugiesen und sogar Chinesen tranken zum Entsetzen ihrer Eltern ein ekelhaftes amerikanisches Gebräu, das sie Cocktail nannten, tanzten eng umschlungen zu süßlichen Schlagern wie *‹Dardanella›* und *‹There's a Rainbow Round My Shoulder›* und schwatzten von Sex und Komplexen. Befreit von den Korsetts, die ihre Mütter eingeschnürt hatten, trugen die Mädchen nur bis zu den Knien reichende Röcke und dünne, fleischfarbene Strümpfe. Die jungen Männer sahen grotesk aus in ihren stark taillierten Jacketts und weiten Hosen. Das Jazz-Zeitalter war unbemerkt über die Kolonie hereingebrochen, aber die alten gesellschaftlichen Schranken hielten den Fluten der Emanzipation noch stand.

Das Vierteljahrhundert seit ihrer Ankunft in Hongkong war mit schwindelerregender Geschwindigkeit verflogen, dachte Mary, als Charles und sie sich dem Schwarm von Gratulanten entzogen und die Werft in der neuen Rolls-Royce-Limousine, in der sie durch eine dicke Glasscheibe vom Fahrer getrennt waren, verließen. Daß das Auto von Aberdeen aus ständig bergauf fuhr, war auch ein Zeichen der neuen Zeit. Vor ein paar Monaten war eine Straße zum Peak hinauf gebaut worden, und man brauchte nicht mehr von der Peak-Tram in Sänften umzusteigen, um zur Sekloong-Residenz zu gelangen. Elektrizität, ein seltener Luxus in den ersten Jahren des Jahrhunderts, war gang und gäbe, und Deckenventilatoren hatten die quietschenden *Punkahs* ersetzt. Einige Punkah-Zieher schlossen sich der Schar schwitzender Kulis an, die immer noch Vorräte und das in Sägemehl verpackte Eis aus Nordchina zum Peak hinaufschleppten. Aber auch die Kulis wurden überflüssig. Eisschränke und hier und da ein noch kostspieliger Kühlschrank hielten Nahrungsmittel tagelang frisch, während unförmige Motorlastwagen, deren Räder hölzerne Speichen hatten, verderbliche Waren fast so billig und viel schneller transportierten als die Kulis. Die neuerdings Arbeitslosen murrten, denn selbst die allgegenwärtigen Botenkulis wurden durch das Telefon ersetzt. Nicht nur in Büros war es selbstverständlich, man hielt es nun auch in den Häusern der Wohlhabenden für unbedingt notwendig.

Aufgestachelt von seinem Sohn Harry, der dann und wann zu Stippvisiten in die Kolonie kam, machte sich Sir Jonathan ernste Sorgen über die zunehmende Unzufriedenheit unter den Arbeitern. Da die Kolonie vom Handel lebte und praktisch keine Industrie hatte, war sie nicht so schwer betroffen wie China, wo die Grubenarbeiter von Anschan in der Mandschurei und die Eisenbahnarbeiter von Tschengtschou in Honan für höhere Löhne und bessere Arbeitsbedingungen gestreikt hatten. Diese bahnbrechenden Streiks wurden von den «Bolschewiken», der seit drei Jahren bestehenden Kommunistischen Partei Chinas, organisiert. Das Schlimmste, was die Kolonie auf diesem Gebiet erlebt hatte, war ein kurzer Streik der Seeleute im Jahre 1922 gewesen. In Hongkong wie auch in China gab es immer noch Arbeit für diejenigen, die gezwungen waren, für einen Hungerlohn niedere Dienste zu verrichten. Die Sekloongs zum Beispiel beschäftigten über zweihundert Dienstboten und Gärtner.

Indes änderten sich die Zeiten so rasch, daß nicht einmal Sir Jonathan sicher sein konnte, ob er die Zukunft richtig beurteilte. Weder er noch Charles hatten Thomas und James, die gerade neunzehn und siebzehn waren, ganz in der Hand. Wegen des Weltkriegs hatten sie nicht wie Jonnie nach Stonyhurst geschickt werden können und besuchten ohne große Begeisterung die Jesuitenschule Wah Yan in der Kennedy Road. Sie verachteten sowohl den Handel als auch die Wissenschaft ganz offen und waren im Augenblick fasziniert von der neuen Zauberei, die Rundfunk genannt wurde. Sie hockten über einem Wirrwarr aus Draht und Kristall und jubelten, wenn sie eine Sendung aus Manila, Singapur oder Schanghai voll atmosphärischer Störungen «hereinbekamen». Die Überlagerungsröhre war von dem Amerikaner Lee de Forrest bereits vervollkommnet worden, und die Jungen bastelten einen Empfänger, von dem sie schworen, er würde «London glockenklar hereinholen». Vor allem aber waren sie an den militärischen Möglichkeiten der Funktechnik interessiert, und die meisten Schiffe der Königlichen Marine im Flottenstützpunkt China waren mit Funkgeräten ausgestattet.

Mitgerissen von Harrys Begeisterung waren sie auch fasziniert von der militärischen Tauglichkeit von Flugzeugen, die sich im Weltkrieg erwiesen hatte. Die deutschen Dornierwerke hatten gerade mit der Serienproduktion ihres Passagier-Flugboots Dornier-Wal begonnen, und der italienische Pilot Francesco de Pinedo bereitete einen 35000-Meilen-Rundflug von Rom über Australien nach Tokio in seiner ‹Gennariello› vor. Schwärmer sprachen schon von einem fahrplanmäßigen Flugboot-Verkehr, der die Seereise von Hongkong nach London auf unvorstellbare sieben Tage verkürzen würde. Wenn praktisch denkende

Geschäftsleute diese Aussicht auch skeptisch beurteilten, so lebten sie doch in einer Welt, die völlig anders war als die Ära der Gasbeleuchtung, der Sänften, der Nachrichtenübermittlung durch Kulis und der schwingenden Punkahs, die Mary Philippa Osgood bei ihrer Landung in Hongkong vor knapp fünfundzwanzig Jahren vorgefunden hatte.

Familiensolidarität war im Jahre 1900 der Grundstein der chinesischen Gesellschaft und zumindest der Schlußstein der europäischen Gesellschaft gewesen. Doch dieses Gemäuer wurde 1924 rissig, wie die gleichgültige Haltung von Thomas und James bewies. Allerdings hatten alle Kinder dem Stapellauf der ‹Regina Pacis› beigewohnt. Die Mädchen träumten schon von fröhlichen Gesellschaften auf den breiten Decks des Schoners; Jonnie und Charles hätten es sich nicht im Traum einfallen lassen, ihren Vater durch Gleichgültigkeit zu enttäuschen. Thomas und James aber waren, obwohl sie an dem anachronistischen Schoner wenig militärische Nützlichkeit entdecken konnten, entzückt von seiner Großartigkeit. Doch dann gingen die Kinder zu ihren eigenen Freunden, statt zu der Familienfeier in die Sekloong-Residenz zurückzukehren, die noch vor ein paar Jahren das Ereignis beschlossen hätte. Harry und seine Frau Mayling hatten versprochen vorbeizukommen, aber Mary und Charles fuhren allein in dem ledergepolsterten schwarzen Rolls – und Mary kam sich plötzlich mit dreiundvierzig Jahren uralt vor.

Charles unterbrach ihre Träumereien. Sie merkte mit einemmal, daß sie sich immer noch an der Hand hielten wie ein junges Liebespaar.

«Na? Ist sie nicht wunderbar? Mehr als dreißig Meter lang ... von Laurent Giles entworfen ... Mahagoniplanken ... und ein Sulzbach-Diesel mit 250 PS aus Bremen. Die verdammten Deutschen bauen immer noch gut. Nicht viele Ehefrauen bekommen solche Geschenke.»

«Ich bin dir dankbar, Charles», lachte sie. «Aber die Kinder nennen die ‹Regina› ‹Papas neues Spielzeug›.»

«Mein neues Spielzeug, wirklich? Unsinn! Du weißt, daß es ein Geschenk für *dich* ist. Ich kann es kaum erwarten, daß wir nach Honolulu fahren.»

«Ich auch nicht, Charles. Es ist ein wunderschönes Geschenk.»

«Wir können gleich nach der Hochzeit aufbrechen. Jetzt sind es nur noch zwei Monate, bis ...»

Mary erstarrte verstimmt, und ihre Hand verkrampfte sich in der ihres Mannes. Aber er redete weiter.

«Charlotte ist die erste, die uns verläßt. Da kommt man sich ein bißchen alt vor. Aber wir werden ihr eine schöne Abschiedsfeier ausrichten. Ich habe mir gedacht, daß ...»

«Charles», unterbrach ihn Mary. «Ich möchte jetzt lieber nicht darüber sprechen. Charlotte ist ein leichtfertiger kleiner Dummkopf, und was Manfei betrifft ...»

«Aber, meine Liebe, du hast nie ein Wort darüber gesagt.»

«Kein Wort? Hätte ich es öffentlich verkündet, ich hätte meine Meinung nicht deutlicher ausdrücken können. Du weißt ganz genau, daß ich diese Ehe nicht wünsche. Aber wir wollen nicht jetzt darüber reden. Laß uns diesen Tag genießen.»

«Verdammt noch mal!» Charles' Temperament flackerte unter seiner neuen Gelassenheit auf. «Wir werden jetzt darüber reden und es ein für allemal hinter uns bringen. Charlotte liebt den jungen Manfei Way, und er ist passend, sehr passend. Auch der alte Herr ist der Meinung, daß es eine großartige Verbindung ist. Bringt die Way-Interessen und die Sekloong-Interessen noch näher zusammen. Du magst Mosing, und sein Sohn ist ein feiner Junge.»

«Ja, Charles, ich weiß», antwortete sie. «Außerordentlich passend, auch wenn er nicht katholisch ist – aber das macht ja mir nichts aus, nur dir. Wohlhabend, intelligent, gut erzogen und gebildet. Dunross College ist nicht gleichwertig mit Stonyhurst. Eher wie eine Fachschule für die gescheiten Nachwuchskräfte der Wheatleys, aber es ist in Ordnung. Ich mag Manfei auch recht gern. Ja, er ist außerordentlich passend.»

«Was hast du dann dagegen einzuwenden? Charlotte ist alt genug. Du warst es in dem Alter auch. Was also bekümmert dich, Mary?»

«Alt genug mit zwanzig? Da bin ich gar nicht so sicher! ... Aber das ist es nicht.»

«Was dann?»

«Wenn du es unbedingt wissen willst», platzte sie heraus, «ganz einfach: er ist Chinese!»

«Chinese?» Charles war verblüfft. «Was hast du dagegen? Ich bin größtenteils chinesisch. Und deine eigenen Kinder ...»

«Sei doch nicht so schwer von Begriff, Charles. Du weißt genau, was ich meine. Er ist Chinese mit der ganzen alten chinesischen Arroganz unter der Tünche einer britischen Erziehung. Ich will nicht, daß meine Tochter das gleiche Schicksal erleidet, das ich in den ersten Ehejahren erlitten habe.»

«Erleiden?» Charles war gereizt. «Was denn erleiden, Mary?»

«Seine Schürzenjägerei. Und er *wird* anderen Frauen nachlaufen, denn für ihn als chinesischen Mann ist das ein gottgegebenes Recht. Wie ein Schoßhund wird sie behandelt werden, nicht wie ein Mensch. Und sie wird in dem großspurigen, spießigen Hongkong in der Falle sitzen. Das wird sie nicht lange aushalten. Ich kenne meine Tochter!»

«Das habe ich nicht gewußt!» Charles klang verbittert. «Ich habe nicht gewußt, daß du antichinesisch bist.»

«Unsinn. Ich bin nicht antichinesisch. Aber ich will nicht, daß Charlotte denselben Demütigungen, denselben Kränkungen, denselben höhnischen Bemerkungen ausgesetzt ist, die ich hinnehmen mußte. Wenn sie in London lebten, dann vielleicht . . . aber in Hongkong, in diesem Hongkong! Nein!»

«Manfei ist ein guter Junge. Vergiß nicht, daß auch Hongkong gut zu dir war. Jetzt, da . . .»

«Jetzt, da du keine großen Sprünge mehr machst, meinst du», lächelte sie. «Nein, Charles, es hat nichts mit uns zu tun, mit unserer Ehe. Aber ich habe zuviel durch China verloren.»

«Durch China verloren?» Ungeheuchelte Verblüffung rang mit seiner aufkommenden Wut. «Was meinst du damit?»

«China hat unser ganzes Leben beeinträchtigt. Denk an meine Fehlgeburt nach der Pest. Ich hätte gern noch ein Mädchen gehabt. Und jetzt wollen Thomas und James auf diese schreckliche Militärakademie in Whampoa gehen, auf die Harry so scharf ist.»

«Und Harry?» Eifersüchtiger Zorn gewann die Oberhand über Charles' Besonnenheit. «Harry hast du wohl auch durch China verloren?»

«Harry hat mir niemals gehört.» Sie log seelenruhig, denn sie war überzeugt, daß er die Wahrheit nicht wußte oder nicht wissen wollte. «Aber du natürlich, du mit deinen Abenteuern . . . Das Mädchen aus Swatow . . . und die anderen.»

Er senkte den Blick.

«Nein», fuhr sie fort, «es ist China selbst. Ich möchte, daß meine Kinder ein zivilisiertes Leben führen. Nicht im provinziellen Hongkong, nicht im blutrünstigen, grausamen China.»

«Es ist ihr Erbteil. *Du* hast darauf bestanden, daß sie Chinesisch lernen. Ich verstehe das nicht!»

«China, Charles, China! Es gibt keine Hoffnung für China. Das Elend wird sich ausbreiten. Das Morden wird immer schlimmer werden. Niemals wird es Frieden geben. Die Kinder geben sich Hirngespinsten hin. Es kommen Jahrzehnte des Aufruhrs. Und für die Engländer in Asien werden sie immer Wogs sein, Halbblut-Eurasier. Sie haben anderswo noch ein Erbe, wie du und ich.»

«Ich bin nicht so versessen auf China», gab er ohne Groll zu. «Es mag etwas dran sein an dem, was du sagst. Aber du bist mir ein Rätsel, Mary, bist es immer gewesen! Dabei habe ich, weiß Gott, versucht, dich zu verstehen ... Jedenfalls, das sage ich dir, diese Hochzeit wird stattfinden.»

«Vielleicht, Charles, vielleicht.» Sie lächelte. «So viele ‹vielleicht› in unserem Leben, nicht wahr? Aber das sage ich dir ... Ohne jedes vielleicht verspreche ich dir, daß ich mit Klauen und Zähnen gegen diese Heirat kämpfen werde.»

Der Tag, der mit dem triumphalen Stapellauf der ‹Regina Pacis› begonnen hatte, stellte Charles Sekloongs Geduld noch auf eine harte Probe. Harry und Mayling warteten im Wohnzimmer des Kleinen Hauses, und er wußte, daß die beiden Frauen sich nicht ausstehen konnten. Mayling war der Prototyp der oberflächlichen, schmarotzenden Chinesin, die Mary verachtete. Ihr Gesicht zeigte keinerlei Mienenspiel, denn sie fürchtete, die Bekundung von Gefühlen könnte dessen Vollkommenheit durch Runzeln entstellen. Sie sah aus, als ob sie täglich vier Stunden auf ihr aufdringliches Make-up, ihr kunstvoll frisiertes Haar, ihre spitzen, zinnoberrot lackierten Fingernägel und ihr hautenges *cheongsam* mit den diskreten Seitenschlitzen verwenden würde – was sie auch tat. Mary war überzeugt, daß sich Harry absichtlich eine Frau ausgesucht hatte, die ihr Gegenteil war, als er sich plötzlich zur Heirat entschloß, um sich von ihr zu lösen und die Gefahr zu bannen, die ihre Liaison für den Clan bedeutete.

Obwohl Charles weiblicher Eitelkeit gegenüber toleranter war als seine Frau, mißfielen auch ihm der verkniffene Mund, die berechnenden Augen und das gekünstelte Lächeln. All diese äußeren Anzeichen der Egozentrik hatte er bei den aufgetakelten Kurtisanen gesehen, mit denen er vor dem Weltkrieg Umgang gehabt hatte. Wenn er nicht gewußt hätte, daß Maylings Vater ein angesehener Journalist war, hätte er vermutet, daß Harry sie unter den Bardamen in Schanghais Bubbling Well Road gefunden hatte. Noch weniger als Mary konnte er verstehen, warum der anspruchsvolle, humorvolle Harry Sekloong eine so unbedeutende Frau geheiratet hatte, die nicht einmal so tat, als interessierte sie sich für die politischen Kämpfe, die sein Lebensinhalt waren. Ihre puppenhafte Zartheit und selbstgefällige Untätigkeit waren abstoßend. Dennoch ließ Maylings Benehmen lässige Selbstzufriedenheit erkennen: ihr Dasein war völlig gerechtfertigt, denn sie hatte Harry einen Sohn geschenkt, Tschieh-hsiang (gewöhnlich Jason genannt), der elf Jahre alt war.

Immerhin war Maylings Anwesenheit eher ärgerlich als störend. Redegewandt war sie nur in dem rauhen Schanghaier Dialekt. Ihr Mandarin und Kantonesisch waren rudimentär, und Englisch konnte sie praktisch überhaupt nicht. Ihre sprachlichen Mängel und ihr Narzißmus hinderten sie daran, an Familiengesprächen teilzunehmen. Außerdem war sie normalerweise damit beschäftigt, ihr Haar zurechtzuzupfen, ihr Make-up in Ordnung zu bringen und die Falten ihres *cheongsam* glattzustreichen. Ihre geradezu krankhafte Beschäftigung mit der eigenen Person schloß alle anderen Menschen aus.

Die Geringschätzung, mit der sich Mary und Mayling begrüßten, ließ sich an dem verkrampften Lächeln und den übertriebenen Erkundigungen nach den Kindern der anderen ermessen. Harry selbst sprudelte über vor Begeisterung, Neuigkeiten und Forderungen.

«Na, Charles», sagte er, während er eine Zigarette in seine kurze Elfenbeinspitze steckte, «ich gratuliere dir. Du hast den alten Herrn an Protzerei übertroffen.»

«Das Boot ist für Mary», verteidigte sich Charles. «Ich habe ihr versprochen, daß wir sechs Monate Urlaub machen und hinfahren, wo immer sie hin will. Hawaii, Tahiti, Bali – wer weiß. Außerdem haben wir eine Position zu wahren.»

«Was für eine Position eigentlich? Die der Ausbeutung des Volkes?»

«Harry, das ist nicht fair.» Mary übernahm wieder die vertraute Rolle eines Puffers zwischen den Brüdern. «Beim Bau der ‹Regina› haben Dutzende von Männern aus deinem geliebten einfachen Volk Arbeit gefunden. Bei der jetzigen Krise wären sie sonst arbeitslos gewesen. Mal abgesehen von unserer Position, wir beschäftigen viele Leute.»

«Das ist keine Rechtfertigung, Mary», antwortete ihr Schwager. «Aber ich bin nicht hergekommen, um zu streiten.»

«Sondern wozu?» fragte Charles mit ungewohnter Schärfe.

«Um den Sekloongs Gelegenheit zu geben, gegenüber meinem geliebten einfachen Volk ihre Großzügigkeit zu beweisen.»

«Wie? Worum geht's denn jetzt wieder?»

«Hör mal, Charles, so sollte der Mann, der die größte Yacht zwischen Honolulu und Monaco besitzt, nicht reden!»

«Vielleicht doch, wenn ich nämlich mit dem neuen Verbündeten der Bolschewiken rede», ereiferte sich Charles. «Deine Leute sind kaum besser als die Bolschewiken. Dein Juwel Tschiang Kai-schek ist in Wirklichkeit ein Bolschewik. Sogar Dr. Sun . . . Ich wundere mich über Dr. Sun. Niemand hat ihn gezwungen, sich den Sowjets anzuschließen und die Kuomintang, eure große nationalistische Partei, in eine chinesische Spielart der sowjetischen kommunistischen Partei zu verwandeln.»

Harry saß nervös auf der Kante seines Sessels, und Charles war wütend.

«Meine Herren!» unterbrach Mary. «Oder sollte ich ‹Jungs› sagen? Müßt ihr den Kampf zwischen Kapitalismus und Bolschewismus in meinem Wohnzimmer ausfechten?»

Die Brüder waren einen Augenblick verlegen. Der Ältere flüchtete sich in seine Pflichten als Gastgeber und machte sich an der Hausbar zu schaffen. Der Jüngere steckte den Rüffel mit seinem üblichen Gleichmut ein und lächelte entschuldigend. Seine Frau sah mißtrauisch auf, ihre Fühler hatten wahrgenommen, welchen Einfluß Mary auf die beiden Männer hatte, die sie liebten. Beruhigt durch die allgemeine Gelassenheit, begann sie wieder über ihre Hüften zu streichen, um die Falten ihres *cheongsam* zu glätten.

«Aber, Harry, was für ein Ziel habt ihr eigentlich?» hakte Charles nach. «Ich verstehe euer Bündnis mit den Kommunisten nicht. Das kann fürs Geschäft nicht gut sein. Bisher habt ihr nur neue Unruhe geschaffen. Während ihr Nationalisten mit den Bolschewiken tändelt, wird praktisch jede Provinz von einem Warlord beherrscht, der die Kaufleute und das Volk auspreßt. Es ist ein schlimmeres Durcheinander, als es der alte Vizekönig Yüan Schih-kai damals angerichtet hat.»

«Das werden wir ändern», sagte Harry beschwichtigend. «Das Ziel ist, China zu einen und eine neue Ordnung zu schaffen. Ordnung ist gut fürs Geschäft. Aber Politik ist ein schmutziges Geschäft.»

«Ach ja», erinnerte sich Mary, «darüber hat schon Napoleon etwas gesagt. Ich weiß nur nicht mehr genau was.»

«‹China ist ein schlafender Riese›», sagte Harry. «‹Hütet euch, denn die Erde wird beben, wenn er aufwacht.› Etwas Dergleichen.»

«Nein, das meine ich nicht. Aber ich werde schon wieder draufkommen. Ja, ich hab's. Napoleon hat Bühnenautoren den Rat gegeben, sie sollten Dramen über Politik schreiben. Er sagte ungefähr: ‹Schließlich ist es die Politik, die zu Katastrophen führt, ohne daß regelrechte Verbrechen begangen werden.›»

«Das trifft den Kern. Es mag sogar stimmen. Aber wir Nationalisten versuchen, Katastrophen abzuwenden.»

«Was willst du denn jetzt?» fragte Charles mißtrauisch. «Mehr Geld für deine Bolschewiken-Freunde?»

«Nicht direkt, Charles. Ich möchte meinen Anteil am Gewinnvortrag ausbezahlt bekommen, und, ja, um ein bißchen mehr bitten. Ich muß

Flugzeuge kaufen: zwölf Handley-Page V/1500-Bomber und noch zwölf Sopwith Camels. Dann vertreiben wir die Warlords innerhalb von zwei Jahren aus China!»

«Warum bittet ihr nicht eure sowjetischen Freunde?»

«Sie haben keine Flugzeuge. Wir wollen uns auch sowieso nicht zu eng an Moskau binden, obwohl kein anderes Land uns helfen wird. Selbst die Kommunisten, die chinesischen Kommunisten, wollten nur eine nominelle Unterstützung von Moskau annehmen, als sie 1921 ihre Partei gründeten. Dieser Mao Tse-tung, der junge Mann mit dem buschigen Haarschopf, arbeitet jetzt direkt mit uns zusammen, und er will unbedingt Distanz zu Moskau halten. Er ist Kommunist, das wohl, aber in erster Linie ist er Chinese. Nicht einmal die chinesischen Kommunisten wollen ein sowjetbeherrschtes China.»

«Und», widerwillig verfolgte Charles den Gedanken weiter, «wenn ihr woanders keine Hilfe bekommen könnt, dann ziehen die Russen ein?»

«Das liegt auf der Hand, nicht wahr? Sieh dir doch die Ausländer an, die immer noch an China knabbern, besonders die Japse. Wenn wir nicht gewinnen, werden Ausländer, wahrscheinlich die Japse, China beherrschen. Und was wird dann aus deinem geliebten Geschäft? Oder wenn die Sowjets China beherrschen, was dann? Sieh dir doch die Tatsachen an.»

«Was ist mit den Tatsachen?» wich Charles aus.

«Hör mal, Charles», warf Mary ein, «du weißt genausogut wie Harry, was er mit Tatsachen meint. Aber ich kann mir nicht denken, daß jemand China ändern kann, wirklich ändern.»

«Nein, Mary», antwortete ihr Mann. «Ich muß die Tatsachen nicht unbedingt wissen. Du glaubst, Chinas Zukunft sei hoffnungslos. Das bedeutet nicht, daß sie es ist. Laß Harry seine Meinung sagen.»

Harry warf ihr einen dankbaren Blick zu. Indem sie sich ungläubig stellte, hatte sie Charles geschickt dazu gebracht, daß er bereitwilliger zuhörte.

«Ihr wißt, daß nur zwei Umstände die japanischen Zwerge davon abhielten, China wie *sukiyaki* zu verspeisen: Chinas Eintritt in den Krieg 1917 und die Protestdemonstration der Studenten in Peking am 4. Mai 1919», begann Harry. «Wenn wir den Mittelmächten nicht den Krieg erklärt hätten, hätten die Japsen im Namen der Alliierten das halbe Land besetzt. Die deutsche Konzession in Tsingtao hatten sie sich bereits geschnappt. Und wenn es 1919 keine Studentenproteste gegeben hätte, hätte die Warlord-Regierung in Peking Tokios Einundzwanzig

Forderungen angenommen und damit Chinas Souveränität verspielt. Die Minister waren, weiß Gott, von den Japanern reichlich bestochen worden.»

«Einen Augenblick, bitte», warf Mary ein. «Ich bin ein bißchen durcheinander. Ich habe nie richtig begriffen, was nach Vizekönig Yüan Schih-kais Tod geschah.»

«Um es ganz einfach auszudrücken», sagte Harry. «Denk dir zwei grundverschiedene Gruppen: die Macht-Menschen und die Wort-Menschen. Alle Warlords, die nach Yüan Schih-kai kamen, auch der sogenannte Präsident in Peking jetzt, sind Macht-Menschen. Ihre Vorstellungen haben sich nicht geändert, als das Kaiserreich zusammenbrach. Sie wollen nichts als Macht und Beute. Die Wort-Menschen nun waren bis vor kurzem auch uneins. Aber sie haben ein klares Ziel. Sie möchten China zu einem geeinten, modernen Land machen, in dem niemand unterdrückt wird und jeder in Frieden und Wohlstand leben kann.»

«Warum nennst du sie Wort-Menschen?» fragte Mary.

«Weil sie an eine Macht glauben, die über nackte Gewalt hinausgeht, an die Macht des Wortes und der Ideale. Das entspricht altem chinesischem Denken. Konfuzius war ein Wort-Mensch, kein Macht-Mensch, und die konfuzianischen Dynastien glaubten, daß Gerechtigkeit über Macht gehe. Doch konnte sich das konfuzianische Denken nicht gegen die anderen Macht-Menschen durchsetzen: die Ausländer mit ihren Kanonen.»

«Und dann?» wollte Mary wissen. «Das ist wirklich eine neue Art, den Schlamassel mit Namen China zu betrachten.»

«Im Jahre 1917 begannen die Wort-Menschen sich zusammenzutun. Konfuzius' Worte waren immer noch das einzige Ideal, das China besaß. Aber seine Worte waren veraltet, nutzlos. So machten sie sich daran, das Wort zu ändern. Sie wollten, daß alle in *pai-hua* schrieben, der gemeinverständlichen Sprache, und nicht mehr im klassischen Schreibstil, den zu lernen Jahrzehnte erforderte. Das bedeutete, so zu schreiben, wie wir sprechen, damit jeder es verstehen kann. Einige der Wort-Menschen wollten eine liberale, westliche Regierungsform. ‹Wissenschaft und Demokratie› war ihr Schlachtruf. Andere meinten, mit der parlamentarischen Demokratie würde es in China nicht klappen. Sie wollten alles ändern und übernahmen das Wort von Karl Marx – vor allem nachdem die Marxisten in Rußland gewonnen hatten.»

«Mary ist nicht einfältig, Harry», protestierte sein älterer Bruder. «Erzähle uns kein Ammenmärchen.»

«Gut, Charles. Ich werde mich präziser ausdrücken.»

Harry erinnerte daran, daß die Universität Peking das Zentrum der Bewegung für neue Sprache und Literatur war. 1917 veröffentlichte Hu Schih, ein liberaler Demokrat, der in Amerika zum Dr. phil. promoviert hatte, in der Zeitschrift *Neue Jugend* einen Artikel, der eine neue geschriebene Sprache forderte. Der Herausgeber der Zeitschrift war der Dekan der Literarischen Fakultät, Tschen Tu-hsiu, der in Frankreich studiert hatte.

«Ich erinnere mich dunkel», sagte Mary. «Aber wir waren 1917 mit anderen Dingen beschäftigt. Hat sich denn diese akademische Erwekkung auf die reale Welt ausgewirkt?»

«Die Europäer und die Amerikaner haben das fertiggebracht», lachte Harry. «Und sich selbst haben sie dabei auch fertiggemacht. Nach dem Weltkrieg glaubten die chinesischen Idealisten, Woodrow Wilsons Vierzehn Punkte bedeuteten Gerechtigkeit auch für China. Aber die Friedenskonferenz von Versailles ließ den Japanern das Gebiet und die Privilegien, die sie während des Kriegs gestohlen hatten – und verpflichtete China, das Geheimabkommen über die Annahme von Tokios Einundzwanzig Forderungen zu erfüllen. Am 4. Mai 1919 demonstrierten die Studenten der Pekinger Universität und zwangen die Warlord-Regierung, die Annahme der Einundzwanzig Forderungen zu verweigern. Die Erfüllung der Verpflichtung hätte China praktisch zu einer japanischen Provinz gemacht.

Aber die Studenten gingen noch weiter. Sie lehnten die westliche liberale Demokratie ab und nahmen ihre Zuflucht zu autoritären Lösungen. Tschen Tu-hsiu, der Dekan der Literarischen Fakultät, gründete 1921 die Kommunistische Partei. Kurz danach wandte sich auch Dr. Sun Yat-sen den Sowjets zu. Im Januar 1924, also vor ein paar Wochen, erklärte sich die Kuomintang, seine nationalistische Partei, bereit, sich mit den Kommunisten zu vereinigen. Man einigte sich auch über anderes. Vor allem darauf, daß wir unsere eigene Armee aufbauen müssen. Das ist die einzige Möglichkeit, die Macht der Warlords und ihrer Hintermänner, der europäischen und amerikanischen Kapitalisten, zu brechen.»

«Als Kapitalist», sagte Charles, «bin ich nicht beeindruckt. Wir alle haben die 4. Mai-Bewegung begrüßt, aber wohin hat sie geführt? Zur Gründung der Kommunistischen Partei. Ihr Nationalisten habt die Warlords noch nicht angegriffen. Ihr redet und redet, aber ihr kämpft nicht. Harry, das wird nichts. Mary hat vielleicht recht. Womöglich ist China ein hoffnungsloser Fall, und wir sollten uns nach anderen Tätigkeitsgebieten umsehen.»

«Wie kannst du so etwas sagen?» fuhr Harry auf. «Du, der du durch China sagenhaft reich geworden bist! . . . Wie auch immer, wir sind nicht darauf aus, Kapitalismus oder Kapitalisten zu vernichten – nur die ausländischen Kapitalisten und ihre chinesischen Laufburschen, die die Warlords unterstützen. Die einzige Hoffnung für ein unabhängiges China ist das neue Bündnis der Nationalisten mit den Kommunisten, weil sie beide chinesische patriotische Parteien sind. Wir werden uns der Kommunisten bedienen – und sie dann wegwerfen wie eine ausgepreßte Zitrone.»

«Paßt auf, daß ihr nicht von ihnen ausgepreßt werdet.» Marys Mund zog sich zusammen. «Außerdem, wer ißt schon Zitronen?»

«Eins zu null für Mary», lachte Charles. «Harry, sie schlägt dich bei deinem eigenen Spiel. All diese hochtrabenden Worte. Aber trink noch einen Schluck und sag uns, was du eigentlich willst.»

«Ich muß fast eine halbe Million Pfund Sterling auftreiben. Der alte Herr hat noch Vertrauen zu Dr. Sun. Er ist einverstanden und sagt, daß mein Anteil am Gewinnvortrag, natürlich abzüglich Betriebsunkosten, zuzüglich Entschädigung für Verbindungstätigkeit, sich auf 250000 Pfund beläuft.»

«Immer der alte, nicht wahr?» lächelte Mary. «Ich wette, das stimmt genau! Die Zahl wird mit sechzehn Shilling und zehn Pence oder so etwas enden, der letzte Pfennig zu seinen Gunsten aufgerundet.»

«Du hast recht.» Harry war kurzfristig abgelenkt. «Ich hatte mir Sorgen um ihn gemacht nach Mutters Tod. Aber er scheint unverändert.»

«Oh, sie fehlt ihm schon», sagte Mary. «Es ist noch keine sechs Monate her. Sie fehlt ihm, aber das gibt er nicht zu. Er ist immer noch ärgerlich, weil sie es gewagt hat, ihn zu verlassen, mit siebenundsechzig aufzugeben, wo er doch einundsiebzig ist und in Form wie eh und je.»

«Sogar besser in Form bei den Damen», fügte Charles hinzu, «obwohl Mary das vielleicht nicht billigt.»

«Mary billigt das von ganzem Herzen», warf sie ein. «Er tut niemandem weh – und er kann jede Menge Kinder versorgen. Aber Lady Lucinda fehlt ihm – was immer er sagt oder tut.»

«Und Matilda?» fragte Harry. «Ich habe sie noch nicht gesehen.»

«Immer noch das brave graue Mäuschen», antwortete Charles. «Sie schien ganz zufrieden zu sein mit der Aufgabe, für den alten Herrn zu sorgen, aber da scharwenzelt ein Deutscher um sie herum. Heißt Biederstein, Hans Biederstein. Mary glaubt, daß sie heiraten werden.»

«Da bin ich ganz sicher», sagte Mary. «Matilda will weg, und Hans scheint ein starker Mann zu sein, also . . .»

«Wir werden's erleben», meinte Charles. «Also was hast du gesagt, Harry?»

«Mein Anteil beträgt also ungefähr eine Viertelmillion. Ich brauche dieselbe Summe noch einmal. Einen Kredit oder eine Spende – oder eine Kombination von beidem?»

«Warum kommst du zu uns?» fragte Charles. «Der alte Herr trifft solche Entscheidungen. Natürlich könnten wir auch ein bißchen eigenes Geld beisteuern, aber er ist der Boss.»

«Diesmal nicht, Charles. Er will nur helfen, wenn ihr einverstanden seid, du und Mary. Er meint, er wird älter.»

«Unsinn», lachte Mary. «Er will bloß die Verantwortung von sich schieben. Er weiß besser als jeder andere, daß Macht und Handel, Politik und Dollars Hand in Hand gehen. Wenn er einverstanden ist, sehe ich nicht ein, wieso wir etwas dagegen haben sollten.»

«Wir könnten auch ein bißchen eigenes Geld beisteuern», wiederholte Charles. «Kann nicht schaden, sich mit deinen Leuten gut zu stellen. Wirst du behalten, woher das Geld kam?»

«Wie könnte ich das vergessen? Du wirst mich dauernd dran erinnern.»

«Wir werden darüber reden, Mary und ich. Die Einzelheiten können wir später klären. Ich möchte auch mit dem alten Herrn sprechen.»

«Dann machen wir uns jetzt auf den Weg. Abendessen mit Maylings verflixten Vettern.» An der schweren Doppeltür blieb Harry stehen.

«Mary», sagte er leichthin, «ich möchte Thomas und James vielleicht für eine Weile ausleihen.»

«Für eine Weile? Was meinst du damit, Harry? Sie ausleihen?»

«Wir können später drüber reden. Mach dir keine Sorgen. Ich raube sie nicht. Ich möchte sie nur für eine Weile ausleihen.»

7. Juni 1924 bis 9. Juni 1924

All die lächerlichen Bräuche werden eingehalten, all die trivialen Anstandsregeln siebenmal hintereinander befolgt, dachte Mary gereizt, als sie sich nach dem Mittagessen am Samstag, dem 7. Juni 1924, ankleidete. Ah Fung, die kleine Amah, die sich in zwanzig Jahren kaum verändert hatte, erkannte die Warnzeichen in den Gebärden und brüsken Befehlen ihrer Herrin und war sehr behutsam. Tai-tai war nicht zufrieden, das wußte Ah Fung, und sie war bemüht, keinen Wutanfall zu provozieren. Außerdem wollte sie rasch fertig werden, damit sie sich selbst für die Hochzeit das Haar schwärzen und ihre beste geblümte Jacke anziehen könnte.

«All diese dummen Bräuche», wiederholte Mary laut, «nicht eine einzige Dummheit wird ausgelassen!»

Eine Juni-Hochzeit natürlich. Trauungszeremonie und Hochamt in der Kathedrale, die mit Chrysanthemen aus Japan, Orchideen aus Malaya, Lilien aus Taiwan und Gladiolen aus Schanghai geschmückt war. Alle Blumen waren, in Eis verpackt, auf Schnelldampfern befördert worden. Ganze Scharen von Monsignori in Purpurgewändern würden den Bischof, der die Trauung vollziehen sollte, umgeben. Charlotte pendelte wie jede zukünftige Braut zwischen Besorgnis und Begeisterung hin und her; erst vor zwei Stunden hatte sie dem noch einmal wiederholten Hinweis ihrer Mutter, daß sie die Hochzeit immer noch absagen könnten, zuerst freudig zugestimmt und dann das Angebot unter Tränen abgelehnt. Dieser tollkühne Vorschlag war Marys letzte Karte gewesen, sie hatte sie verzweifelt ausgespielt, obwohl sie wußte, daß die Vorbereitungen schon zu weit gediehen waren. Hochzeitsgeschenke, die aus Schanghai, Tokio, Kanton, New York, London und Paris eingetroffen waren, füllten nicht nur die geräumige Villa, die das Kleine Haus genannt wurde, sondern auch die große Halle in der Burg. Ein prachtvolles georgianisches silbernes Teeservice war darunter, das Marys Bruder Thomas geschickt hatte, der sich immer noch um einen größeren Anteil an den Rechtsgeschäften der Sekloongs bemühte, damit er schneller von den Hinterbänken des Unterhauses zu einem Ministersessel käme.

Nichts war unterlassen worden, keine denkbare Vulgarität oder Protzerei, angefangen von der Aussteuer, die drei Zimmer füllte, bis zu dem Verlobungsring, einem achtkarätigen blau-weißen Diamanten, in Jade gefaßt. Charlottes Hochzeit würde die prächtigste sein, die Hongkong seit Marys Hochzeit vor fast dreiundzwanzig Jahren erlebt hatte. Hunderte würden sich in der Kirche drängen und Tausende zu dem Empfang kommen. Das junge Paar sollte sich nach dem Empfang zu einer einundzwanzigtägigen Seereise nach San Francisco einschiffen, von dort aus in einem Eisenbahn-Salonwagen die Vereinigten Staaten durchqueren, schließlich nach zwei Monaten in London eintreffen und sechs Monate in Europa verbringen. Die Verbindung zweier großer Häuser war eine

Staatsaffäre, obwohl die Sekloongs entschieden höher rangierten als die Ways. Die Choreographie von Charlottes pompöser Hochzeit war daher auf das genaueste ausgearbeitet worden; sie würde der glanzvollen Zeremonie, mit der einst der Kronprinz Charles Sekloong seine Braut heimführte, fast gleichkommen, sie aber nicht überstrahlen.

Und die Braut von damals war jetzt die Brautmutter? Belustigt stellte Mary fest, daß sich die Brautmutter fast genauso benahm, wie es die Konvention vorschrieb. Allerdings schwor sie sich, daß sie in der Kathedrale nicht in Tränen ausbrechen würde, was die Tradition auch vorschrieb. Aber sie war gereizt und nervös, von Zweifeln geplagt und zutiefst unglücklich. Charlotte hatte sie rasend gemacht mit ihrer Dickköpfigkeit, die sie von ihrer Mutter und von ihrem Großvater mit dem eisernen Willen geerbt hatte. Diese Halsstarrigkeit, verbunden mit der ruhigen Stärke des Vaters, hatte sie zwei Monate lang pflichtschuldig die Warnungen ihrer Mutter anhören und sie dann unnachgiebig zurückweisen lassen. Die Szene am Vormittag war lediglich eine Wiederholung der immer gleichen stürmischen Kämpfe gewesen.

«Sieh mal, Mutter», hatte Charlotte schließlich gesagt und die kalte Kompresse von ihren geröteten Augen genommen, «es mag sein, daß ich eine Dummheit begehe, aber es ist mein Leben. Ich weiß, ich werde Manfei eine gute Frau sein, und eine gute Mutter ebenfalls.»

Mary hatte schließlich aufgegeben. Ein Sieg in der elften Stunde wäre auf jeden Fall schlimmer gewesen als eine Niederlage. Selbst Mary zitterte beim Gedanken an den Skandal, der die Folge wäre, wenn Charlotte am Hochzeitstag kneifen würde. Aber sie war nach wie vor überzeugt, daß ihre Tochter den falschen Mann heiratete und, mit knapp zwanzig Jahren, zur falschen Zeit.

Doch es schien eine Verschwörung im Gange zu sein, um sie auf einen Schlag all ihrer Kinder zu berauben. Guinevere, die sich immer von ihrer willensstarken jüngeren Schwester ins Schlepptau hatte nehmen lassen, schien wieder Charlottes Beispiel zu folgen. Trotz ihrer Sorge um Charlotte hatte Mary bemerkt, daß Guinevere nicht glücklich war. Sie saß oft schweigend da, ihre Handarbeit vergessen auf dem Schoß, und starrte ins Leere, als ob sie um einen Entschluß ränge. Mary hatte die Geistesabwesenheit ihrer älteren Tochter darauf zurückgeführt, daß sie sich die freimütig geäußerte Besorgnis ihrer Mutter in bezug auf Charlotte zu Herzen genommen habe. Guinevere machte sich im allgemeinen mehr Gedanken um andere als um sich selbst. Natürlich, dachte Mary, ist sie unglücklich darüber, daß sie ihre lebenslange Gefährtin nun verliert. Außerdem mußte selbst die uneigennützige Gwinnie beunruhigt sein, daß ihre Schwester heiratete, während sie, vierzehn Monate älter, noch unverlobt war. Mary hatte sich vorgenommen, Guinevere zu beruhigen, wenn der Hochzeitstrubel vorbei wäre.

Daß sie die Stimmung ihrer älteren Tochter ganz falsch beurteilt hatte, stellte sich erst am Abend vor der Hochzeit heraus. Während die Amahs mit Charlottes Aussteuer beschäftigt waren, zog Guinevere Mary beiseite.

«Ich würde gern mit dir reden», sagte sie.

«Natürlich, mein Liebes.» Mary war froh, der tumultuarischen Szene zu entfliehen. «Irgend etwas Schlimmes?»

«Nein, Mutter, nichts Schlimmes. Ganz im Gegenteil.»

Mutter und Tochter ließen die Amahs mit all den spitzenbesetzten und geblümten Traumgebilden in Charlottes Schlafzimmer und dem angrenzenden Wohnzimmer allein und setzten sich in das Frühstückszimmer mit dem Blick auf die hintere Terrasse und den großen Garten.

«Nun, Gwinnie, mein Liebes, was ist es denn, was so dringend ist? Ich weiß, ich habe dich vernachlässigt, aber wir haben eine Menge Zeit, uns zu unterhalten, wenn dieser Irrsinn vorbei ist.»

«Mutter, Charlotte heiratet morgen. Es wird eine großartige Feier.»

«Ich bin noch nicht senil, auch wenn deine Schwester entschlossen ist, mich vorzeitig zur Großmutter zu machen», sagte Mary spitz. «Diese beiden Tatsachen konnten mir wohl kaum entgehen.»

«Nein, Mutter, natürlich nicht. Übrigens ist Charlotte genauso alt wie du, als du Vater geheiratet hast.» Die normalerweise überempfindliche Guinevere reagierte nicht auf die unwirsche Antwort ihrer Mutter, sondern verteidigte ganz automatisch ihre Schwester. «Ich wollte dir nur sagen, daß ich keine große Hochzeit haben möchte.»

«Wenn das alles ist, das kann ich dir versprechen. Du kannst es halten, wie du willst.»

«Oh, danke, Mutter», sagte Guinevere. «Ich wußte, daß du es verstehen würdest. Ich bin so glücklich.»

«Ich habe immer noch einigen Einfluß auf meinen Haushalt und meine Kinder, hoffe ich.» Über den Trotz ihrer jüngeren Tochter verärgert, ging sie zwar auf die Worte ihrer älteren Tochter ein, nicht aber auf deren Sinn. «Wenn es soweit ist, werden wir so wenig Aufhebens davon machen, wie du willst.»

«Da bin ich aber froh, Mutter. Du bist ein Goldschatz. Du hast also nichts dagegen?»

«Dagegen?» fragte Mary und war sich nur halb bewußt, daß sie und die sonst so offene und unkomplizierte Guinevere aneinander vorbeiredeten. «Nichts wogegen?»

«Du hast nichts dagegen, daß George und ich eine kleine Hochzeit wollen. Nur Pater Collins als Ehrengast und die engste Familie. Selbst wenn Großvater und Vater ...»

«Nein, natürlich nicht, mein Liebes.»

Mary zog sich den Rock glatt über den Hüften, als sie aufstand. Der dünne Stoff schob sich immer hoch, und die Röcke waren schandbar kurz, fast unbequem – dabei neckten die Mädchen sie dauernd, weil sie sich weigerte, ihre Knie zu zeigen. Sie sank wieder auf den Stuhl, als ihr die Bedeutung von Guineveres Worten endlich klarwurde.

«George?» fragte sie. «George und du? Welcher George? Wovon redest du?»

«Mutter, ich kann ihn nicht mehr Onkel George oder Dr. George nennen. Nicht seit wir uns einig sind. Siehst du das ein?»

«Ich sehe nur, daß zwischen uns eine Glasscheibe ist, durch die ich mit dir reden muß. Entweder bin ich nicht normal oder du. Willst du mir bitte sagen ...»

«Ja, Mutter, natürlich. Ich dachte, du wüßtest es, hättest es gesehen. George Parker will mich heiraten, und ich liebe ihn und finde ihn wunderbar, so gütig und stark, und ich habe ja gesagt.»

«Gwinnie, er muß zwanzig Jahre älter sein als du.»

«Achtzehn Jahre, Mutter, genau siebzehn Jahre und elf Monate. Aber das spielt keine Rolle. Wir haben darüber gesprochen, und es spielt keine Rolle.»

«Na, Gwinnie! Na, na, na!»

Völlig ratlos, zog sich Mary Sekloong hinter die Barrikade der elterlichen Autorität zurück.

«So, ihr habt das also alles schon geklärt, du und George Parker! Vermutlich sollte ich darüber froh sein. Es erspart deinem Vater und mir viel Mühe. Für dich mag der Altersunterschied eine Bagatelle sein. Aber George ist ein reifer Mann. Er sollte es besser wissen. Er ist fast vierzig und du noch keine zweiundzwanzig! Hast du darüber nachgedacht? Du bist vierzig, wenn er sechzig ist. Du bist vielleicht mit fünfzig Witwe! Habt ihr vor, kirchlich zu heiraten? Dann gibt es kein Zurück für dich. Hast du es deinem Vater gesagt?»

«Nein, Mutter. Ich wollte es erst dir sagen.» Ruhig und respektvoll beherrschte Guinevere die Situation; zum erstenmal zeigte sich bei ihr der stahlharte Charakter der Sekloongs. «Ja, Mutter, wir haben es uns gut überlegt. Über den Altersunterschied haben wir oft gesprochen.

George hatte zuerst Bedenken . . . und hat auch jetzt noch einige. Er will nur, was für mich am besten ist. Aber ich weiß es, Mutter, es ist meine felsenfeste Überzeugung, daß *er* für mich am besten ist. Wenn ich George nicht heirate, dann will ich auch keinen anderen heiraten und mein Leben lang unglücklich sein.»

«Bittest du um meine Erlaubnis?» Mary war erstaunt über die Willensstärke ihrer Tochter. «Oder erzählst du es mir bloß? Ich nehme an, ihr wollt unseren Segen haben, deines Vaters und meinen?»

«Ja, Mutter, natürlich. Ich bitte dich, ich flehe dich an.»

«Und wenn wir nein sagen? Was dann?»

«Ich werde sehr traurig sein.»

«Traurig – und was dann?»

«Ich weiß es nicht, Mutter, ich weiß es wirklich nicht. Wir möchten uns euch nicht gern widersetzen.»

Mary blickte in Guineveres gelassenes, ehrliches Gesicht, als ob sie es zum erstenmal sähe. Das zierliche, rothaarige Mädchen war fest entschlossen, vermied aber geschickt eine direkte Konfrontation. Wieso kannte sie ihr Kind seit mehr als einundzwanzig Jahren und kannte es doch nicht?

«Wo», fragte sie ganz mechanisch, «wollt ihr leben?»

«Wir dachten, für ein oder zwei Jahre in Schanghai. George muß seine Arbeit noch zu Ende führen. Aber er will wieder nach Amerika zurückgehen. Da ist er wirklich zu Hause, und für mich wird es besser sein. In Schanghai, sagt er, werde ich immer anders sein . . . als Eurasierin verächtlich behandelt werden. In Amerika werden sie es vielleicht nicht merken. Jedenfalls wird es nicht so schlimm sein.»

«Es ist weit weg von zu Hause», wandte Mary ein.

«Das wissen wir – und es tut uns leid. Aber ihr werdet uns besuchen, und wir euch. George sagt, wir müssen uns entscheiden – uns entweder hier niederlassen oder in Amerika Wurzeln schlagen.»

«Abgesehen vom Altersunterschied, Gwinnie», gab Mary zu, «könntest du schlechterfahren. George Parker ist ein guter Mann. Und was Schanghai betrifft, stimme ich ihm zu.»

«Ich weiß, Mutter» lächelte Guinevere. «Wir haben auch darüber gesprochen.»

«Nun, ich muß darüber nachdenken.» Mary suchte Zeit zu gewinnen. «Ich werde mit deinem Vater reden, aber *du* mußt es deinem Großvater sagen.»

«Danke, Mutter. Du bist ein Schatz. Ich wußte, daß wir auf dich rechnen könnten.»

Guinevere umarmte ihre Mutter. Mary war es leid, mit ihren Töchtern zu kämpfen, sie wußte, daß sie schließlich ihren Segen zu der Ehe geben würde. Dennoch warnte sie Guinevere:

«Ich habe noch nicht ja gesagt. Wir werden sehen. Vielleicht. Aber wie steht's mit Geld?»

«George sagt, er will kein Geld. Nicht weil er dich und Vater nicht achtete. Aber er will nicht, daß jemand denkt, er heiratete mich wegen des Geldes.»

«Sehr hochherzig!» bemerkte Mary trocken. «Vor allem, da sein Vater nicht gerade am Hungertuch nagt. Er ist Bankier, nicht wahr? Darüber werden wir noch nachdenken. Du kannst schließlich nicht im Hemd zu ihm kommen.»

Mary konnte sich später nie genau an Charlottes Hochzeit erinnern. Sie hatte nur noch einen verworrenen Eindruck von Weihrauch, Gesang und unendlich vielen Blumen, deren schwerer Duft und Vielfarbigkeit ihre Sinne benebelten. Die seelischen Erschütterungen vor und nach der Zeremonie blieben ihr deutlicher im Gedächtnis als die Hochzeit, mit der sie sich hatte abfinden müssen – und die sie durch einen Schleier von Tränen sah, die nicht zu vergießen sie sich geschworen hatte.

Kurz nachdem Guinevere sie im Frühstückszimmer verlassen hatte, war Charles nach Hause gekommen. Ganz in Anspruch genommen von ihren eigenen Neuigkeiten, bemerkte Mary seine besorgte Miene kaum.

«Parker? George Parker?» Charles war verblüfft, als sie ihm von ihrem Gespräch mit ihrer älteren Tochter berichtete. «Netter Kerl, aber es kommt ein bißchen überraschend! Hätte nie gedacht, daß Gwinnie Heimlichkeiten hat. Ich habe auch immer geglaubt, daß George mehr dein Verehrer wäre als Gwinnies.»

«Was hältst du davon, Charles? Ich fürchte, sie wird darauf bestehen, was immer wir sagen, und ich bin das Kämpfen leid. Aber was hältst du davon?»

«Verdammt noch mal, wie soll ich das wissen, wenn ich noch keine Gelegenheit hatte, darüber nachzudenken? Du hast es mir erst vor zwanzig Sekunden gesagt.»

«Entschuldige, mein Lieber», sagte sie mit ungewohnter Demut. «Ich nehme an, es war ein Schock.»

«Ein Schock, wahrhaftig. Bei diesem Tempo werden wir bald keine Kinder mehr haben. Aber ich nehme an, du bist einverstanden. Schließlich ist er kein Chinese.»

«Charles, ich habe schon gesagt, daß mir das leid tut. Mehr kann ich nicht tun. Ich muß nicht unbedingt einverstanden sein, bloß weil er kein Chinese ist. Und dann der Altersunterschied. Und die Entfernung, wenn sie in Amerika leben.»

«Und Eurasier ist er auch nicht!» Charles wollte seinen berechtigten Groll nicht so leicht aufgeben. «Auch das steht auf der Habenseite.»

«Charles, ich liebe dich, und du bist Eurasier. Ich kann nichts gegen Eurasier haben – meine eigenen Kinder, und das durch meinen eigenen Entschluß! Aber ich finde es abscheulich, was die Welt den Eurasiern antut, was du erleiden mußtest und was ich erleiden mußte – um meinet- und deinetwillen.»

«Schon gut, meine Liebe. Das war nicht anständig von mir.»

In einem seltenen Anflug von Zärtlichkeit drückte er ihr einen Kuß auf die Stirn. Dankbar streichelte sie ihm die Wange.

«Hör mal, Mary, wir haben noch andere Probleme. Harry ist zur Hochzeit hergekommen und . . .»

«Aber warum sollte er auch nicht?»

«Natürlich sollte er kommen. Aber er hat mir gesagt, was er damit meinte, daß er Thomas und James ‹ausleihen› wollte. Ich glaube, er hatte Angst, es dir zu sagen.»

«Ausleihen? Das hatte ich fast vergessen. Ich dachte, es wäre bloß wieder einer von Harrys närrischen Einfällen. Was meint er denn damit?»

«Die Jungen wollen beide Soldaten spielen und die Militärakademie Whampoa besuchen. Harry ist sehr dafür. Ich kann dir kaum sagen, wie verdammt wütend ich bin.»

«Aber ich dachte, daß du das – oder etwas Ähnliches – wolltest.» Mary konnte ihre Verbitterung nicht unterdrücken. «Schließlich ist *das* chinesisch.»

«Verdammt noch mal, Mary, ich will nicht mit dir streiten, jedenfalls nicht darüber. Ich will nicht, daß meine Söhne Soldaten werden, ob chinesische oder nicht. Aus gutem Eisen macht man keine Nägel, und aus guten Männern keine Soldaten. Ich habe mich China nicht in einem solchen Maß verschrieben! Das ist Harrys Masche und die des alten Herrn, nicht meine. Können wir nicht darüber reden, ohne . . .»

«Entschuldige, Charles», sagte sie ehrlich zerknirscht zum zweitenmal in drei Minuten. «Ich weiß nicht, was heute in mich gefahren ist. Man könnte meinen, ich wäre die nervöse Braut.»

«Was hältst du von Harrys neuester Verrücktheit?»

«Sehr wenig, das muß ich zugeben. Wie heißt doch das Lied? ‹Zog ich den Sohn mir groß, daß er Soldat sei?›»

«Versuch nicht auszuweichen, Mary. Ich weiß, es ist ein Schock, aber es ist ernst. Verdammt ernst. Natürlich sind die Jungen dafür.»

«Und wenn wir uns weigern?»

«Was käme dabei heraus? Ich fürchte, sie würden einfach weggehen. Sie sind zu alt. Und mein verrückter Bruder würde sie mit dem größten Vergnügen nach Kanton schmuggeln. Außerdem will ich die Familie nicht weiter entzweien.»

«Charles, können wir überhaupt etwas tun?» Mary wurde sich klar, daß sie sich Harrys Plänen für seinen Sohn nicht widersetzen konnte, und Thomas würde wie gewöhnlich seinem jüngeren Bruder folgen. «Schon von klein auf waren sie ganz versessen darauf, Soldaten zu werden.»

«Wir könnten es versuchen. Sie nach England auf die Universität schicken.»

«Glaubst du das wirklich, Charles?»

«Nein, eigentlich nicht. Wir können sie nicht einsperren. Und ich kann keine Familienkräche mehr ertragen.»

«Ich habe das schon befürchtet», meinte Mary nachdenklich. «James wird ein ebenso leidenschaftlicher politischer Feuerkopf wie Harry. Und Thomas wird sich von James nicht trennen.»

«Andererseits hätte es etwas für sich ...» sagte Charles zögernd.

«Wie kannst du so etwas sagen? Wenn wir es ihnen nicht ausreden können, sie nicht zurückhalten können, dann ist das unser Pech. Aber versuchen müssen wir es, müssen mit ihnen reden. Wie kannst du sagen, es hätte etwas für sich?»

«Ich wollte es dir eigentlich nicht erzählen, Mary. Ich dachte, es wäre nicht nötig. Der alte Herr ist böse auf James und fast ebenso ärgerlich auf Thomas. Es wäre vielleicht gut, wenn sie eine Weile weg wären.»

«Wieso?» fragte sie. «Vater und die Jungen sehen sich doch nicht oft.»

«Stimmt.» Charles war verlegen. «Aber James hat jemand anderen gesehen, und das war der Grund.»

«Entschuldige, ich verstehe das nicht.»

«Es ist nicht leicht, es dir zu sagen. James scheint über die Stränge zu schlagen. Eine Frau.»

«Mit siebzehn?» Sie war leicht betroffen, aber nicht erstaunt. «Warum sollte dein Vater etwas dagegen haben? Wieso ausgerechnet er? James ist aus dem gleichen Holz geschnitzt wie Vater und Großvater.»

«Weil es sich um ein bestimmtes Mädchen handelt. Du bist nicht auf dem laufenden über die Abenteuer des alten Herrn, oder?»

«Bestimmt nicht. Es interessiert mich nicht, und selbst wenn ich wollte, könnte ich nicht Schritt halten.»

«Ja, also eine bestimmte junge Dame. Der alte Herr hat sich vor sechs Monaten mit ihr eingelassen, und jetzt hat James mit ihr angebändelt.»

«Törichtes Mädchen, sie sollte wissen, daß sie nicht zwei Herren dienen kann. Das ist nicht James' Schuld.»

«Der alte Herr betrachtet es nicht so freundlich.»

«Er wird sich beruhigen. Das tut er immer. Aber was ist mit Thomas?»

«Oh, er zockelt hinterher. Thomas-im-Schlepptau, wie immer. Nicht dieses Mädchen natürlich, aber andere. Und als ich den alten Herrn verließ, sagte er: ‹Laß sie gehen. Laß sie nach Whampoa gehen. Wird ihnen vielleicht guttun. Ihre Eltern können sie offenbar nicht im Zaum halten!› Es ist nicht sehr erfreulich.»

«Er wird doch nicht uns wegen solcher Jugendstreiche zum Tempel hinaustreiben?»

«Nein, das glaube ich nicht. Natürlich nicht. Aber er kann sehr unangenehm werden.»

«Das weiß ich. Aber ich werde mit ihm reden, sobald diese Hochzeit vorüber ist, diese Verbindung, die du und er unbedingt wolltet.»

«Und die Jungen?» fragte Charles. «Was ist mit Whampoa?»

«Wir können nichts tun, nur mit ihnen sprechen, wenn die Hochzeitshysterie abgeklungen ist.»

Zwei Tage nach Charlottes Hochzeit saß Mary bei einer völlig anderen Zeremonie in einer anderen Kirche. Die neuen elektrischen Ventilatoren, die an den blau getüpfelten Holzbalken der anglikanischen St. John's-Kathedrale hingen, drehten sich über zwei schlichten Kiefernsärgen. Die wenigen Trauernden waren sehr verschieden: ein paar in Hongkong ansässige Portugiesen; eine Gruppe britischer, amerikanischer und australischer Reporter von *The China Mail* und einige Eurasier aus der unteren Mittelschicht. Marys Teilnahme war eine bewußte Bußübung, denn vor Beerdigungen hatte sie ein abergläubisches, vernunftwidriges Grauen. Der kleine Charles, ein liebevolles, empfindsames und für seine elf Jahre erstaunlich belesenes Kind, hatte darauf bestanden, sie zu begleiten.

In dem einen Sarg lag ein junger Amerikaner mit Namen Harold Hobson, der Redakteur bei *The China Mail* gewesen war. Im anderen lag seine Verlobte, eine Eurasierin, die June Shaw hieß und, wie Mary vermutete, Sir Jonathans nicht anerkannte Enkelin war. Sie hatte gefunden, daß jemand von der Familie dabeisein sollte, und sich den Wagen kommen lassen, ohne Charles zu verständigen. Als der anglikanische Geistliche in seinem gefältelten weißen Chorhemd seine kurze und abstoßend teilnahmslose Leichenpredigt herunterleierte, dachte sie an das Gespräch, das sie in die Kathedrale gebracht hatte.

Chefredakteur der *China Mail* war Michael Ford, ein Ire mittleren Alters, den alle Henry nannten. Er war einer von Marys unwahrscheinlichen Freunden, die ihre Kinder «Mutters streunende Hunde» nannten. Sie fand seinen trockenen Humor amüsant und die Gespräche mit ihm, die sich von Shakespeare bis zu Cricket erstreckten, interessanter als den Klatsch über gesellschaftliche und geschäftliche Intrigen, den sie zu oft hören mußte. Am Sonntag nach der Hochzeit war Henry Ford unangemeldet und unerwartet zur Teezeit im Kleinen Haus erschienen. Obwohl er offensichtlich keinen weiteren Drink brauchte, ließ Mary ihm einen Whisky mit Soda bringen.

«Ich bin gekommen, Mary Macushla, um Ihnen eine seltsame Geschichte zu erzählen.» Er nuschelte. «Wollen Sie sie hören? Ein Märchen, das nichts mit der realen Welt zu tun hat, in der Sie leben?»

Mary lächelte und wartete ab.

«Es waren einmal zwei Prinzessinnen, Shaw mit Namen, May und June Shaw. Keine wirklichen Prinzessinnen, sondern junge, arme Hongkong-Eurasierinnen. Vielleicht wissen Sie von ihnen?»

Sie nickte, denn sie hatte die hartnäckigen Gerüchte über ihre Abstammung gehört.

«May Shaw, die ältere, heiratete einen Yankee. Er war nichts Besonderes in unserer großartigen kleinen Gemeinde, bloß einer, der versuchte, zurechtzukommen. War kaufmännischer Angestellter bei Gilman's. Keine wirkliche Zukunft. Sie kennen Hongkong. Aber für May war jeder Weiße in Hosen ein Weg nach oben – eine Möglichkeit, um aus dem Schubfach, in dem unsere tolerante, großzügige Kolonialgesellschaft sie eingeordnet hat, herauszukommen. Ich warne Sie, es ist eigentlich kein Märchen. Es ist eine tragische Farce – komisch, rührend und traurig, wie das Leben der meisten Eurasier an der chinesischen Küste ...

May war, wie ihre Schwester June, sehr empfindlich. Sie dachten nicht gern an ihre gemischte Abstammung. Sehr empfindlich! Niemand weiß, was eigentlich genau geschehen ist. Vielleicht war es irgendein Wort, das jemand fallenließ und das May als eine abfällige Bemerkung über ihre Rassenmischung auffaßte. Jedenfalls trank sie eine Flasche Lysol aus und starb im Queen Mary Hospital.

Ungefähr ein Jahr später wurde ihre Schwester June, ein hübsches Mädchen, die Geliebte und bald Verlobte von Harold Hobson, meinem

Redakteur. Eine von Hobs Aufgaben war es, die Schlagzeilen für die Dorothy Dix-Spalte zu schreiben, diese kitschigen Yankee-Ratschläge für Liebesfragen. Und eines Morgens, vorgestern, bekommt Hob einen Anruf vom Queen Mary Hospital: dieselbe Sache, Lysol.

Er war fassungslos: allerdings konnte er sich zusammenreimen, was geschehen war. Schuld war diese Dorothy Dixon. Hob hatte in einem ihrer Artikel den Ratschlag gelesen, vor der Heirat Blutproben untersuchen zu lassen. Dummerweise erwähnte er das beiläufig Miss June Shaw gegenüber – und sie fing an zu grübeln. Sie wußte nicht, was ein Wassermann-Test ist . . . ich bitte um Entschuldigung, Macushla. Sie glaubte, Hobson wollte ihr Halbblut testen und sie dann sitzenlassen. Also griff auch June zum Lysol und machte Schluß. Hob legte den Hörer hin und saß völlig betäubt da. Dann fragte er mich, ob wir einen kurzen Nachruf bringen würden. Gewiß, sagte ich. Nach einem Besuch im Hospital kaufte er sich eine Flasche Whisky und ging damit in sein Zimmer im Europäischen Christlichen Verein Junger Männer in Kowloon. Er schrieb ein paar Briefe, leerte die Flasche und sprang dann vom Dach, sechs Stockwerke hoch. Damit endet mein Märchen, Mary.»

Obwohl die Geschichte eine barocke Mischung von Posse und Tragödie war, fand Mary, sie müsse zu der Trauerfeier gehen. Die makabre Geschichte von June Shaw war ein typisches Beispiel für das Schicksal jener unglücklichen Eurasierinnen, die sich weder auf Rang noch auf Reichtum stützen konnten und sich verzweifelt danach sehnten, der engen, hoffnungslosen Welt zu entkommen, auf die sie durch die Vorurteile der Chinesen und der Europäer beschränkt waren.

Tränenlos hörte sich Mary den unpersönlichen Gottesdienst an. Als sie und der kleine Charles nachher in die blendende Sonne hinaustraten, hatte sie das Gefühl, ihre Geste sei bedeutungslos gewesen. Ihr jüngster Sohn nahm sie an die Hand und geleitete sie zum St. George's Building. Ohne zu sprechen, fischte er in seiner Tasche nach Münzen, als sie an der langen Reihe von Bettlern am Battery Path vorbeikamen. Gewöhnt an das nachdenkliche Schweigen des kleinen Mandarin, überließ sie sich ihren eigenen Gedanken.

«Mutter, es war gut, daß wir hingegangen sind», sagte er schließlich mit dem frühreifen Scharfblick, der sie immer erstaunte. «Es war richtig, daß jemand von der Familie da war.»

Sie wollte protestieren, in Abrede stellen, was er von June Shaws Herkunft wußte, aber sie schwieg und ließ ihn fortfahren.

«Mutter, wir sind vielen Menschen eine Menge schuldig, nicht wahr? Und wir zahlen unsere Schulden nicht immer. Manchmal glaube ich, die ganze Familie Sekloong, mit Ausnahme von dir, ist so damit beschäftigt, sich über sich selbst und ihre Stellung und ihren Besitz Gedanken zu machen, daß wir uns nie über jemand anderen Gedanken machen.»

Mary lächelte matt. In diesem Augenblick konnte sie seine Bemerkung nicht bestreiten.

«Mutter, ich möchte nicht so werden. Wenn es nur dich und mich gäbe – vielleicht noch Vater und die Mädchen –, dann könnte es anders sein. Aber es gibt zuviel Familie, zuviel Geld, zuviel leere Pracht und falschen Schein. Mutter, ich will nach Stonyhurst gehen. Und vielleicht werde ich Priester.»

31. Mai 1925 bis 9. Juli 1926

Die verschnörkelte Lichtreklame flackerte violett auf den zinnoberroten Säulen am Eingang des Alhambra Night Club und färbte die graue Persianermütze des Portiers schmutzigblau. Der hochgewachsene ehemalige Major in der Preobrashenski-Garde des Zaren, der bis zum bitteren Ende mit Admiral Koltschak in Sibirien gegen die Bolschewiken gekämpft hatte, trug die Paradeuniform eines Donkosaken mit Schulterriemen, Krummsäbel und Reitstiefeln aus weichem Leder. Den Pöbel auf der Bubbling Well Road betrachtete er voll höchster Verachtung, und selbst sein gewichster Schnurrbart verzog sich geringschätzig. Eine chinesische Polizeistreife drängte sich durch die Menge, und die Kommandos ihres britischen Sergeant zeigten, daß in der chinesischen Stadt ausländisches Recht galt.

Ein Halbkreis von Rikschakulis, Zuhältern, Straßenhändlern, Kundenfängern und Bettlern drängte sich eben außerhalb der Reichweite des Portiers. In einem halben Dutzend Sprachen riefen sie die Männer an, die aus dem Alhambra herauskamen. Die Gäste, Chinesen, Europäer und Eurasier, waren alle schick und gut angezogen. Eine Frau wagte es, den heiseren Kordon zu durchbrechen: respektvoll wichen alle zurück, als eine Packard-Limousine vorfuhr und eine stark geschminkte chinesische Opernsängerin ausstieg. Ihre weißgepuderten Wangen und der aufgedonnerte *cheongsam* zeigten, daß sie zu einem Rendezvous mit ihrem Gönner eilte.

Die Schanghaier Nachtluft war kühl und feucht. Durch ein Stück Wellpappe vor dem Wind geschützt, lag eine Gestalt in grauen Lumpen auf dem schmutzigen Gehweg. Als Jonathan Osgood Sekloongs Blick die Bettlerin streifte, sah er voll Abscheu, daß ein ausgemergelter Säugling an ihrer schlaffen Brust saugte. Er holte einen Silberdollar aus der Tasche und legte ihn in die Blechschüssel zu ihren Füßen, vermied es aber, der Mutter in das pockennarbige Gesicht zu sehen. Offenbar hoffte sie, daß die Freigebigkeit der Internationalen Niederlassung ihr helfen würde, dem ihr drohenden Rendezvous mit dem Tod zu entgehen.

Aber Jonnie war nicht in die aufregendste Stadt des Ostens gekommen, um über das Elend nachzugrübeln, das sich unter der hektischen Fröhlichkeit verbarg. Zwar hatte er auch andere Aufgaben, aber an diesem Abend wollte er nichts anderes, als sich amüsieren.

Im Mai 1925, sechs Monate nach seinem dreiundzwanzigsten Geburtstag, war Jonnie stolz auf seine Trinkfestigkeit. Die Jesuiten in Stonyhurst, abwechselnd streng und tolerant, hatten nicht nur seinen Akzent aufpoliert und seinen Verstand geschliffen, sondern ihm auch beigebracht, eine Menge Alkohol zu vertragen. Trotzdem war er schon ganz schön beschwingt von dem Hennessy, den er beim Abendessen im Sunya-Restaurant zu sich genommen hatte. Sein Glas war nie leer gewesen, denn seine Stiefonkel, Gregory und Sydney Sek, hatten immer wieder einen Grund zum Anstoßen gefunden. Seine ordinären Onkel hatten auch darauf bestanden, ins Alhambra zu gehen, dem zur Zeit beliebtesten unter einem Dutzend Nightclubs, wo geflüchtete weißrussische Damen gegen ein geringes Entgeld mit den Gästen tanzten und tranken. Gegen einen nur wenig höheren Aufpreis boten die meisten der verarmten «Gräfinnen» und «Baronessen» auch intimere Dienste an. Es war nicht schwer gewesen, Jonnie zum Besuch des Alhambra zu überreden, obwohl ihn die Geschäfte zu dem Finanzier Judah Haleevie riefen und die Neigung zu dessen lebhafter zwanzigjähriger Tochter Sarah.

Eine sich drehende Kugel aus tausend Spiegeln hing an der Decke. Ihre vielfarbigen Strahlen durchdrangen die Dämmerung und spielten auf gelangweilten Mädchen in tief ausgeschnittenen Abendkleidern und fünf schwitzenden Filipinos in rüschenbesetzten Flamenco-Hemden, die ihre synkopierte Fassung von *‹Valencia›* herausschmetterten. Ein unterwürfiger Oberkellner führte sie durch das verräucherte Getöse, das Jonnie verwunderte. Das britische Hongkong ging seinen Vergnügungen gesetzter oder zumindest diskreter nach.

Kaum saßen sie in ihrer Nische, da bestellten seine Onkel Champagner und Mädchen. Ohne die geflüsterten Bemerkungen und die heimlichen Blicke, mit denen sie empfangen worden waren, zu beachten, starrte Jonnie auf die handtuchgroße Tanzfläche.

Eine fast zwei Meter lange Pythonschlange ringelte sich um eine Tänzerin, deren goldenes Haar ihr über die Schultern und die Brust fiel. Die durchsichtigen Pluderhosen einer Haremssklavin ließen ein winziges Höschen aus schwarzer Spitze sehen, und über den nackten Brüsten trug sie nur einen offenen Bolero. Sie streichelte die träge Schlange aufreizend. Ihr Mund stand in gespielter Sinnlichkeit leicht offen, und die kornblumenblauen Augen über breiten slawischen Backenknochen waren halb geschlossen. Sie ließ sich auf den Boden gleiten und führte mit den Händen den Kopf der Schlange zwischen ihre gespreizten Schenkel. Als die Schlange das Spitzendreieck erreichte, wurde der Scheinwerfer ausgeschaltet. Das Publikum schrie auf französisch, englisch und im Schanghaier Dialekt obszöne Proteste in die Dunkelheit.

Im Entree drängten sich neue Gäste, acht stämmige Chinesen in blauen Arbeitsanzügen, die offensichtlich fehl am Platz waren in der parfümierten, selbstbewußten Dekadenz des Alhambra. Sie schoben Animiermädchen, Kellner und Gäste mit den Ellbogen beiseite und leuchteten ihnen mit Taschenlampen ins Gesicht.

Jonnie wandte sich mit einem fragenden Blick an Sydney, der aber legte ihm die Hand auf den Arm, um ihm Schweigen zu gebieten. Die anderen Gäste ließen weder Überraschung erkennen, noch schienen sie es überhaupt zu bemerken, als sich zwei der Eindringlinge am Zugang zur Küche postierten; zwei standen am Eingang Wache, und die übrigen verteilten sich im Lokal.

Ein schlanker Chinese in einer schwarzseidenen Jacke mit Schnurbesatz kam mit zwei weiteren Leibwächtern herein. Der glatte Oberkellner verbeugte sich so tief, daß sein Kopf fast den Boden berührte. Rückwärts gehend, als ob es sich um eine Fürstlichkeit handelte, geleitete er die schmächtige Gestalt zu einem der vorderen Tische, wo zwei zusätzliche Leibwächter bereitstanden, die Hände auf dem Knauf ihrer Revolver, die unter den losen Jacken zu sehen waren. Als der Chinese die Seks sah, grüßte er sie mit einem Kopfnicken. Seine Züge waren reptilienhaft, und seine Schlitzaugen schimmerten wie flache schwarze Perlen.

«Ich freue mich, euch zu sehen, Ältere Brüder», sagte er in dem zischenden Schanghaier Dialekt. «Ich hoffe, es geht euch gut.»

Gregory und Sydney Sek antworteten ihm ebenso höflich, Sydneys Hand auf Jonnies Arm aber sorgte dafür, daß er keine Fragen stellte. Erst als die unheimliche Gestalt außer Hörweite war, sprach Sydney, der ältere Sek, mit seinem Neffen.

«Tu Yueh-schen, ein höchst wichtiger Mann», flüsterte er auf englisch.

«Wer ist das?» fragte Jonnie. «Warum all dies Theater?»

«Deine ganze feine Erziehung hat dir nicht viel genützt, wie?»

«Scheint so, Onkel Syd. Wer ist das?»

«Der mächtigste Mann an der chinesischen Küste. Hat dir der alte Herr oder Charlie nichts von Tu Yueh-schen erzählt?»

«Leider nein. Großvater geht langsam mit mir voran. Er sagt, ich sei ein Dummkopf, und er habe Angst, mein Gehirn zu sehr zu belasten. Aber wichtiger scheint mir die Frage, wer diese Tänzerin ist? Ist sie ... äh ... für eine leichte Unterhaltung zu haben?»

Gregory Sek lachte schallend und schnipste mit den Fingern nach einem rattengesichtigen Kellner. Er gab ihm rasch ein paar Anweisungen und sprach dann leise mit seinem Neffen.

«Alles geregelt. Sie kommt, wenn sie angezogen ist. Aber du *mußt* Bescheid wissen über den Grünen Drachen Tu.»

«Laß mich es ihm sagen», unterbrach ihn der ältere Bruder. «Tu Yueh-schen ist der Große Hohe Drache der Grünen Bande. Du weißt doch wohl Bescheid über die Gesellschaften, Kleiner?»

Jonnie nickte. Wie behütet er auch sein mochte, kein gebürtiger Hongkonger war sich im unklaren über die mächtigen Geheimgesellschaften. Die Grüne und Rote Bande waren allerdings in Schanghai, wo Laster, Verbrechen und gelegentlich sogar Tugend weit ausgeprägter auftraten als in der Kronkolonie, noch viel mächtiger.

«Seine Trumpfkarte ist Opium, das zehnmal soviel Gewinn bringt, seit es illegal ist. Aber er hat die Finger überall drin: Gold, Mädchen, Glücksspiel, Protektion, sogar in einem Dutzend legaler Geschäfte. Er braucht bloß zu zwinkern, und schon hat er zehntausend *bravi* auf den Straßen. Wer wollte also mit ihm streiten? Der Polizeichef kommt gerannt, wenn Tu Yueh-schen ruft. Dieser Bolschewik, Harrys Busenfreund Tschiang Kai-schek, ist sein Blutsbruder. Der Grüne Drache Tu ist ein großer Mann, aber du hast ja gesehen, daß er uns respektiert.»

«Und wir? Sind wir noch im Opiumgeschäft, Onkel Syd?»

«Keine Möglichkeit, mein Kleiner. Der alte Herr faßt das Zeug nicht mit der Zange an. Der Drache Tu hat das sowieso alles an sich gezogen.»

«Diese Stadt ist anders als das verschlafene alte Hongkong, nicht wahr?» Sydneys herablassende Gutmütigkeit war überwältigend.

«Vielleicht», antwortete Jonnie abwehrend, und eine Spur von Charles' gelegentlicher Großspurigkeit malte sich auf seinem Gesicht. Er sah seinem Vater sehr ähnlich, aber seine Züge waren feiner geschnitten. «So anders auch nicht. Schanghai wirkt nur aufgeschlossener. Unter der britischen Kolonialherrschaft wird der Anschein von Tugendhaftigkeit besser gewahrt.»

«Wo bleiben denn die Weiber?» fragte Gregory ungeduldig. «Es gibt noch 'ne Menge, da wo sie herkommen, wenn sie ihre Hintern nicht schnell herbewegen.»

«Ja, es gibt haufenweise Russinnen», lachte Sydney. «Die meisten sind Prinzessinnen oder Gräfinnen, das behaupten sie jedenfalls. Aber sie sind eifrig, wirklich eifrig. Sie würden alles tun – und ich meine alles – für einen Paß. Seit die russischen Damen in die Stadt kamen, sind mehr Ehen kaputtgegangen als in hundert Jahren vorher. Spiel mit ihnen, aber laß dich nicht reinlegen. Sie gehen aufs Ganze.»

Jonnie nickte mit dem feierlichen Scharfsinn halber Trunkenheit. Die ungehobelte Freundlichkeit seiner Stiefonkel stand im Einklang mit seiner eigenen Stimmung. Er dachte an die Schlangentänzerin, und sein Blut geriet in Wallung. Der rattengesichtige Kellner flüsterte Sydney etwas ins Ohr, während er ihre Gläser nachfüllte.

«Machen sich fein», sagte der ältere Sek. «Sind in ein paar Minuten hier. Inzwischen werd ich dich weiter aufklären. In den letzten paar Jahren sind Tausende von Russkis in Schanghai aufgetaucht. Die Weiber sind ganz brauchbar, die jungen. Die Männer, das ist 'ne andere Geschichte. Sie nehmen jede Arbeit an, die sie kriegen können, vom Portier bis zum Taxifahrer. Gott helfe mir, ich habe sogar schon Russkis Rikschas ziehen sehen.»

«Aber gute Kämpfer sind sie», meinte Gregory. «Unterschätz sie nicht. Verdammt komisches Ding ist neulich passiert. All dieser Druck von den Warlords macht die Regierungskommissare der Niederlassung nervös. Deshalb stellten sie selbst ein Russki-Bataillon auf. Und wer kommt daher? Natürlich der alte General Tschang. Glaubt, ihm gehört Schanghai, bloß weil er der Macher in der Provinz Kiangsu ist. Er schickt sein Russki-Bataillon vor, also schicken wir unsere Russkis los. Die gucken sich an, die anderen machen kehrt und jagen die chinesischen Truppen vom alten Tschang weg. Nun haben wir also zwei Russki-Bataillone.»

Jonnie lachte schallend. Der Champagner nach dem Cognac ließ den Vorfall komisch erscheinen.

«Und all diese Kriegsschiffe mit den großen Kanonen», kicherte er. «Hier ist nichts zu befürchten.»

«Ja, Kleiner, wir sind ganz schön sicher in Schanghai», beteuerte Sydney. «Das übrige China kann sich in Stücke reißen. Große Warlords marschieren in jeder Provinz hin und her, große frisierte Schlachten, große Geldknappheit. Warum dieser verrückte Harry sich so damit einlassen mußte, das kann ich nicht verstehen. Aber Schanghai ist okay. Keine Gefahr. *Ding gwah-gwah.* Alles in Butter!»

«Da kommen die Weiber», unterbrach ihn Gregory. «Jonnie, das geht auf meine Rechnung. Steck du die Hand nicht in die Tasche. Kannst was Besseres damit anfangen.»

Die Mädchen, jung und mit frischen Gesichtern, waren keineswegs die hartäugigen, professionellen Buhlerinnen, die Jonnie erwartet hatte. Zwei waren dunkel, und das lange Haar der Schlangentänzerin war so hell, daß es silbern schimmerte. In ihren kurzen Kleidern mit der tief sitzenden Taille und den schwingenden seidenen Volants hätten sie Freundinnen seiner Schwestern sein können. Sein Anflug von schlechtem Gewissen verging angesichts der Reize der blonden Tänzerin. Ihr Make-up war diskret, und daß sie vornehm und kultiviert aussah, unterstrich nur ihre Sinnlichkeit.

«Ich bin Titanya Kerelenkova.» Ihr Akzent war charmant. «Man nennt mich Tanya.»

«Ja, Prinzessin», warf Sydney ein, ehe sein Neffe etwas sagen konnte, «und das ist John Stone.»

«Sie sind Engländer, Mister Stone?»

«Ganz und gar.» Jonnie machte bei dem Betrug seines Onkels gleich mit. «John Stone, Esquire.»

Die Brüder Sek tätschelten bereits die Brünetten, aber noch trennte Schüchternheit Jonnie und das blonde Mädchen, das erst vor Minuten den unzweideutigen Bauchtanz vorgeführt hatte. Tanya nippte an ihrem Champagner und lächelte strahlend.

«Der ist ja echt!» sagte sie erstaunt. «Und – wie nennen Sie das? – herrlich *sec.*»

«Natürlich ist er echt», antwortete Jonnie entrüstet. «Wofür halten Sie mich denn?»

«Das weiß ich nicht. Aber ich komme mit seltsamen Männern zusammen.»

«Na, ich bin nicht seltsam. Keineswegs.»

Tanya legte ihm die Hand auf den Oberschenkel, und er bedeckte sie mit seiner.

Geschrei von jenseits der Tanzfläche riß sie aus ihrer Versunkenheit. Ein hochgewachsener junger Mann mit blondem Haar schwankte betrunken zu dem Tisch des Grünen Drachen, Tu Yueh-schen. Zwei Leibwächter gingen auf ihn zu.

«Verdammter Betrüger ... hat mir jeden Penny abgenommen.» Tränen rannen dem Ausländer über die geröteten Wangen. «Ihre verzogene Roulettschüssel, die beschwerten Würfel ... Jeden Penny!»

Der Ausländer stürzte sich auf den gelassen dasitzenden Bandenführer. Ein Messer blitzte auf, und er taumelte. Als der Angreifer fiel, zog Tu Yueh-schen einen auf Hochglanz polierten schwarzen Schuh zurück. Die Leibwächter zerrten den blutenden Körper weg, und der blonde Kopf schleifte auf dem roten Teppich.

«Verflixt!» rief Sydney Sek aus. «Laßt uns verschwinden, ehe die Polente ...»

«Notwehr, Syd», bemerkte sein Bruder gleichmütig. «Keine Sorge. Eindeutig Notwehr. Aber er muß verdammt viel verloren haben.»

«Trotzdem, laßt uns gehen», drängte Sydney. «Sie müssen die Polente rufen, und ich will hier nicht festgehalten werden. Laßt uns gehen!»

Der ehemalige Major der kaiserlich-russischen Kavallerie bewachte noch immer die Türen des Alhambra, und die feuchte Nachtluft wurde noch von der Neonreklame beleuchtet. In dem matt-violetten Licht lag die Bettlerin starr und tot da. Ihr Säugling hing noch an ihrer kalten Brust, und Jonnies Silberdollar war aus der Blechschüssel verschwunden.

«Hab ein Zimmer für dich im Majestic bestellt.» Sydney schob Jonnie und die Tänzerin in ein Taxi. «Auf den Namen Stone. Viel Spaß, und denk dran, keinen Penny für das Mädchen, das geht auf meine Rechnung.»

Jonnie wachte mit einem entsetzlichen Champagner-Kater auf. Tanyas Gesicht neben ihm war kindlich im Schlaf. Sie war überraschend zärtlich gewesen, aber ihre einfallsreiche Virtuosität hatte ihn verwundert. Sie hatte ihn in einen Erfahrungsbereich geführt, der ganz anders war als seine stümperhaften Versuche mit verschwitzten Dorfmädchen in Lancashire oder die passive Willfährigkeit bläßlicher Hongkonger Blumenmädchen. Er war erschöpft und vollkommen befriedigt.

Barfuß schlich er über den dicken Teppich zum Vestibül, wo die *North China Daily News* unter der Tür durchgeschoben worden war. Er blätterte die Seite leise um, damit er Tanya nicht weckte, denn er verdankte ihr viel mehr, als sein Onkel je bezahlen könnte.

Er fand keinen Bericht über die Messerstecherei im Alhambra. Ein kurzer Artikel berichtete eine verwickelte Geschichte: Chinesische Studenten, die gegen die «Ausbeutung der Arbeiter» durch japanische Textilfabrikanten und gegen die Unterdrückung streikender Arbeiter durch japanische und britische Truppen demonstrierten, hatten eine Sikh-Polizeitruppe unter Führung eines englischen Lieutenant «gezwungen», auf der Nanking Road auf sie zu schießen. Elf Studenten waren tot und weitere verwundet.

«Jonnie!» rief Tanya. «Was machst du denn?»

Sie saß mit ausgebreiteten Armen im Bett, und die rosa Spitzen ihrer vollen Brüste waren gereckt. Er schlenderte gemächlich durch das Zimmer und heuchelte eine Gleichgültigkeit, die er nicht empfand.

«Bolshoi . . . harusho», murmelte Tanya. «Was für ein großartiger junger – wie sagt man da? – junger Lüstling.»

Jonnie legte die Zeitung weg und vergaß die Welt, um sich in ihren lockenden Armen zu vergraben.

Im Stammhaus der Familie Kwok in der westlichen Vorstadt von Kanton war der ältere Jonathan Sekloong schon seit mehreren Stunden wach, als sein Enkel sich wieder in die Sinnenfreuden stürzte, die er mit Titanya Kerelenkova entdeckt hatte. Sir Jonathan hatte 1912 das mit einer Mauer umgebene Anwesen seines Großvaters gekauft, ein paar hundert Meter von der Insel Schamien entfernt, wo vor dem ersten Opiumkrieg von 1839 die europäischen Händler auf ihre Faktoreien beschränkt waren. Die neue republikanische Regierung hatte ihm auf Harrys Betreiben hin ermöglicht, den rechtlichen Knoten zu durchhauen, den die Ansprüche seiner zahlreichen legitimen Vettern geschaffen hatten – und die durch seine Mutter bestehenden Ansprüche der Wheatleys. Besitzleidenschaft hatte ihn dazu getrieben, sein Erbe für sich zu fordern und das verfallene Herrenhaus wieder aufzubauen, obwohl er das Projekt als «eine sentimentale Geste, nicht mehr» bezeichnete.

In einem baumwollenen Rock saß Sir Jonathan auf einem Ebenholzstuhl mit Marmorlehne. In der feuchten Hitze des Morgens rann ihm der Schweiß über die Brust, aber sein disziplinierter Geist war nicht beeinträchtigt durch das körperliche Unbehagen. Das geräumige, durch die nach oben gewölbten Dachvorsprünge über breiten Veranden schattige Schlafzimmer, in dem seine Mutter 1833 geboren worden war, war genauso möbliert, wie es sein Großvater Kwok Li-tschin eingerichtet hatte. Der Ebenholzaltar und die Schriftrollen, die Kindesliebe und Genügsamkeit als die Haupttugenden der Menschheit rühmten, waren auf George Chinnerys Bleistiftzeichnungen des «Kwok Family Mansion» von 1837 abgebildet. Die größeren Bestechungen, Gerichtskosten, Wiederaufbau und Neueinrichtung hatten Sir Jonathan etwa 28000 Pfund gekostet, und das zu einer Zeit, als ein Facharbeiter täglich ein

Pfund verdiente und vermögende Männer sich bei einem Jahreseinkommen von tausend Pfund nicht nur einigermaßen gut gestellt, sondern annehmbar reich vorkamen.

«Sentimentalität ist teuer, und ich fröne ihr nicht oft», hatte er zu seiner Entschuldigung gesagt, als Mary ihn mit der unproduktiven Investition aufzog. «Aber ich kann mir diese sentimentale Geste leisten.»

Eine weitere Sekloong-Investition lag halb verborgen unter dem markisenartigen Moskitonetz auf dem erhöhten Bett. Ein schlanker goldener Fuß und die erdbeerfarbene Spitze einer schwellenden Brust schauten unter der Bettdecke hervor. Nicht Sentimentalität hatte den Erwerb der achtzehnjährigen Yuk-lan, Jade Lotus, diktiert, die eine im Ruhestand lebende Kurtisane im Alter von elf Jahren gekauft und in den Liebeskünsten ausgebildet hatte. Ihre Jungfräulichkeit hatte Sir Jonathan tausend Pfund gekostet, aber er fand diese Ausgabe vollauf gerechtfertigt. Jade Lotus war ein notwendiger Trost und die tausend Pfund echte Geschäftsunkosten. Obwohl er sich mit einundsiebzig nicht weniger kräftig fühlte als zehn Jahre zuvor, erweckten ihre erotischen Fertigkeiten doch seine Leidenschaftlichkeit wieder, und ihre Wärme war im feuchten Winter wohltuend. Jade Lotus befriedigte seine körperlichen Bedürfnisse und trug so dazu bei, die durch seine verwickelten geschäftlichen Angelegenheiten hervorgerufene Angespanntheit zu lindern. Außerdem war die alte chinesische Anschauung, daß eine junge Bettgenossin einen Mann jugendlich erhalte, keineswegs unbegründet.

Sir Jonathan nahm den Deckel von seiner blau-weißen Teetasse ab und nippte an dem dampfenden hellgelben Tee. Trotz der schwülen Hitze in Kanton teilte er die Leidenschaft der jüngeren Generation für eisgekühlte Getränke nicht. Eine Tasse grünen Gebirgstees, mit weißem Ginseng aufgebrüht, der Heilwurzel aus Korea, war kühlender und kräftigender. Er seufzte, und seine hellbraunen Augen starrten, ohne etwas zu sehen, auf die halb entblößte Gestalt in dem Himmelbett. Der vor einer halben Stunde durch Boten gelieferte Dienst der Reuter News Agency lag noch unberührt auf dem Ebenholztisch. Mit den Gedanken woanders, strich er nur mit den Fingerspitzen über das Papierbündel.

Seine eigenen Angelegenheiten waren verworren wie die Angelegenheiten Chinas – zugleich vielversprechend und bedrohlich. Es hätte anders sein können, wenn Sun Yat-sen nicht 1912 auf die Präsidentenschaft verzichtet und dann, im Jahr darauf, mit der nationalen Regierung in Peking gebrochen hätte, um seine eigene provisorische Regierung zu bilden. Es wäre sicherlich anders gekommen, wenn seine Verhandlungen mit den nördlichen Warlords, zu denen er am letzten Tag des vergangenen Jahres, 1924, aufgebrochen war, Erfolg gehabt hätten. Aber Sun Yat-sen war es nicht gelungen, «das Land in Zusammenarbeit mit den Warlords zu retten», wie er vorausgesagt hatte. Statt dessen hatten Tuan Tschi-jui, der angebliche Verbündete der Nationalisten, und Tschang Tso-lin, der Herr der Mandschurei, gemeinsam eine neue «Nationalregierung» proklamiert, von der die Nationalisten ausgeschlossen waren. Schlimmer noch, Feng Yü-hsiang, der wankelmütige christliche General, der seine Truppen mit Feuerwehrschläuchen taufte und unterschiedslos mit Reaktionären, Nationalisten und Kommunisten flirtete, hatte sich aus Peking zurückgezogen und schmollte in seiner Hochburg Kalgan unterhalb der Großen Mauer, von wo aus er die neunzig Kilometer entfernte Hauptstadt bedrohte.

Feng Yü-hsiangs Abfall und die Doppelzüngigkeit des Bündnisses von Tschang Tso-lin und Tuan Tschi-jui brachten Dr. Suns Bemühungen zum Scheitern. Eine chinesische Lösung der Probleme Chinas wurde unmöglich. Da Dr. Sun die Sowjetunion um Waffen, technischen Beistand und Geldmittel gebeten hatte, die der Westen nicht zur Verfügung stellen wollte, bestand praktisch keine Hoffnung mehr, China unter einem liberalen Regime zu einen, das den Handel fördern würde. Daß er sich mit den Russen einließ, seine Kuomintang in eine autoritäre Partei verwandelte und die eben flügge gewordene Kommunistische Partei in die Kuomintang aufnahm, wie Moskau es wünschte, hatte ihm wenig materielle Vorteile eingebracht, nicht einmal die Flugzeuge, von denen Harry Sekloong träumte. Die Westmächte wollten der Kuomintang keine Flugzeuge verkaufen, und die Sowjets konnten es nicht. Die neuen Infanteriebataillone und Artillerieabteilungen, die in Kanton ausgebildet wurden, und das Elite-Offizierskorps, das in der Militärakademie Whampoa geschaffen wurde, konnten die Kuomintang eines Tages an die Macht bringen. Aber nicht, so fürchtete Sir Jonathan, als eine unabhängige, nationalistische chinesische Regierung.

Zu allem Unglück war Dr. Sun zweieinhalb Monate zuvor, am 12. März 1925, in Peking gestorben. Sir Jonathans Kummer war noch frisch, er war ebenso persönlich wie politisch betroffen. In letzter Zeit hatte er wenig Zutrauen zu Dr. Sun Yat-sens Fähigkeit gehabt, China aus dem Chaos herauszuführen. Fast fünfzehn Jahre, eine halbe Generation, waren seit der Revolution vom Oktober 1911 vergangen, aber Dr. Suns Bemühungen hatten, so schien es, das Elend und Durcheinander nur verschlimmert. An Stelle einer schwachen, korrupten Monarchie hatte China nun eine Unzahl habgieriger, grausamer Warlords. Außerdem hatte Sun Yat-sen das Land praktisch den Bolschewiken ausgeliefert, und sein unbesonnenes Vorgehen wurde kaum gerechtfertigt durch die Machenschaften der Westmächte, die China zersplittert lassen wollten, damit sie es besser beherrschen und ausbeuten konnten. Dennoch hatte es Sir Jonathan zutiefst erschüttert, daß Dr. Sun Yat-sen seinem Krebsleiden so rasch erlegen war. Er war sein Freund und sein Verbündeter gewesen, und es war nicht erfreulich, wenn ein Freund im Alter von neunundfünfzig Jahren starb.

Dr. Suns Tod hatte dem blutenden Land eine neue Wunde zugefügt. Die Kuomintang, bereits in einen rechten und einen linken Flügel gespalten, wurde durch neue persönliche Rivalitäten zerrissen. Harry Sekloongs Mentor, Wang Tsching-wei, hatte das Bett in der Pekinger Universitätsklinik eifersüchtig bewacht und die zweite Frau des Sterbenden und seinen Sohn aus erster Ehe nicht herangelassen. Wang Tsching-wei behauptete, der legitime Nachfolger von Dr. Sun zu sein; aber Tschiang Kai-schek, der in Japan ausgebildete Kommandeur der Militärakademie Whampoa, bewarb sich ebenfalls um die höchste Macht. Auch die prosowjetische Clique wurde stärker und war praktisch sakrosankt durch die unvorsichtigen Äußerungen von Dr. Sun in Kobe, ehe er nach Peking reiste: «Rußland symbolisiert eine Politik des ‹Leben und leben lassen›. Andere Mächte streben danach, die sogenannten schwachen Nationen zu beherrschen. Wir Asiaten müssen Asien und die mit Füßen getretenen Staaten Europas und Amerikas von der europäischen und amerikanischen Unterdrückung befreien. Japan und China müssen sich die Hände reichen und einträchtig die Asiaten anführen, um für das Ziel ‹Asien den Asiaten› zu kämpfen und damit den Weltfrieden zu fördern.»

Sir Jonathan runzelte die Stirn, als ihm diese verworrenen und irreführenden Worte einfielen. Er war sich auf Anhieb darüber klargewesen, daß sie in den kommenden Jahren große Konflikte rechtfertigen würden. Aber er ließ die bösen Vorahnungen für die fernere Zukunft beiseite, um abzuwägen, was Dr. Sun tatsächlich hinterlassen hatte. Wenig, abgesehen von einer von Cliquen beherrschten Nationalistischen Partei und seinem politischen Testament. Dieses bereits kanonisierte Testament enthielt eine weitere aufhetzende Mahnung: «Vierzig Jahre lang habe ich mich der Sache der Revolution des Volkes verschrieben und dabei nur ein Ziel im Auge gehabt, China eine Stellung der Freiheit und Gleichheit unter den Nationen zu verschaffen . . . Um dieses Ziel zu erreichen, müssen wir unser eigenes Volk erwecken und uns im gemeinsamen Kampf mit denjenigen Völkern der Welt verbünden, die uns auf der Basis der Gleichheit behandeln. Die Revolution ist noch nicht vollendet!»

Der Ginsengtee, den Sir Jonathan schlürfte, war mit bitteren Erinnerungen gewürzt. Genau eine Woche zuvor hatte der Zentralexekutivrat der Kuomintang alle Hoffnungen auf Aussöhnung mit der Nationalregierung in Peking begraben und sich für die Zusammenarbeit mit der Sowjetunion ausgesprochen. Dieser Entschluß ging Sir Jonathan zu weit. Er war ein patriotischer Chinese, der China Millionen zur Verfügung gestellt hatte, aber er war auch für freien Handel und Freundschaft mit dem Westen. China konnte nicht durch Zusammenarbeit mit oder Kriecherei vor Moskau oder Tokio gerettet werden.

Er griff nach dem Reuter-Dienst und begann ihn zu überfliegen, aber er erstarrte, als sein Blick auf die zweite Meldung fiel:

BULLETIN . . . BULLETIN . . . BULLETIN

SCHANGHAI, 30. MAI (REUTER) – STUDENTEN UND STREIKENDE ARBEITER JAPANISCHER BAUMWOLLSPINNEREI EIWA HEUTE ZUSAMMENSTOSS MIT POLIZEI INTERNATIONALER NIEDERLASSUNG.

UNTER BEFEHL BRITISCHEN LIEUTENANTS J. EVERSON ERÖFFNETEN INDISCHE POLIZISTEN FEUER. VORLÄUFIGE BERICHTE ZWÖLF STREIKENDE TOT, ZWEIUNDDREISSIG VERLETZT. INFORMIERTE QUELLEN BERICHTEN MEHRZAHL TOTE NICHT ARBEITER, SONDERN STUDENTEN.

Der Dienst enthielt keine weitere Meldung über den Vorgang, aber Sir Jonathan hatte alles erfahren, was er wissen mußte – und mehr, als er gern gewußt hätte. Im Gegensatz zu seinem dreiundzwanzigjährigen Enkel, der im Hotel Majestic in Schanghai in den Armen von Titanya Kerelenkova träumte, war ihm die entsetzliche Bedeutung des Zwischenfalles sofort klar. Die hochgehenden Wellen des Fremdenhasses brachen sich am Felsen westlicher Halsstarrigkeit. Es würden mit Sicherheit größere und blutigere Zusammenstöße – Demonstrationen, Aufstände und Konfrontationen – folgen. Die produktive, wenn auch habgierige Geschäftswelt, in der er sein Leben lang gearbeitet hatte, würde sich gegen die radikale und von den sowjetischen Bolschewiken unterstützte Kuomintang auf die Seite der Westmächte und der Warlords schlagen. Das persönliche Dilemma war unlösbar. Sir Jonathan kam sich plötzlich alt vor. Nicht einmal Jade Lotus, die sich eben hinter dem durchsichtigen Moskitonetz rührte, konnte in diesem Augenblick etwas daran ändern.

Er sehnte sich nach seinem Sohn Charles und seiner Schwiegertochter Mary. Diese Sehnsucht, beruhigte er sich verdrossen, war keine Folge von nachlassendem Selbstvertrauen. In seinem Alter hatte ein Mann Anspruch auf die moralische Unterstützung seiner Kinder, der einzigen Menschen, denen er vorbehaltlos trauen konnte. Aber Charles und Mary kreuzten an Bord der ‹Regina Pacis› gemütlich in der Südsee. Zu seiner Verwunderung ließen ihre kurzen Nachrichten erkennen, daß sie nach fast fünfundzwanzigjähriger Ehe zweite Flitterwochen erlebten. Sie hatten Hongkong vor fünf Monaten verlassen und gedachten erst Ende Juli zurückzukommen.

Am nächsten Tag schiffte sich Sir Jonathan, ehe die Flut einsetzte, auf der Dampfpinasse ‹Lucinda› nach Hongkong ein. Jade Lotus blieb in Kanton, um sich zu amüsieren – ausschweifend, fürchtete er, aber hoffentlich diskret. Die Sekloong-Residenz auf dem Peak war nicht nur sein Denkmal, sondern auch seine Festung; Hongkong war die Basis für seine Defensivstrategie gegen die Kräfte der Anarchie.

Sein Enkel Jonnie in Schanghai dachte gar nicht an solche Kräfte. Er war begeistert von der polyglotten Metropole an den Schlammzonen des Jangtse, wo westlicher Unternehmungsgeist und chinesische Arbeitskraft hoch aufragende Gebäude an der Uferstraße, dem Bund, errichtet hatten. Die Attraktionen der Stadt waren vielfältig. Unterrichtet durch seine Stiefonkel Gregory und Sydney Sek, war er fasziniert von den verwickelten Beziehungen der Sekloong-Unternehmen zu den Quellen der Macht, von der durchaus respektablen Hong Kong and Shanghai Banking Corporation bis zu dem von Erpresserbanden und Geheimgesellschaften beherrschten Hafen, durch den der Handel floß, der die lärmende Metropole ernährte.

Jonnie Sekloong war der glücklichste und verwirrteste junge Mann in diesem Sündenbabel. Er hatte gleichzeitig zwei Leidenschaften entdeckt: reine Liebe und reine Sexualität. Sie richteten sich auf zwei ganz verschiedene junge Frauen: Sein romantisches Sehnen, widerstrebend von der Familie gebilligt, galt Sarah, der zwanzigjährigen Tochter des Geschäftsfreundes seines Großvaters, Judah Haleevie. Dunkel und lebhaft, verkörperte sie das vollendete Edelfräulein, die Märchenprinzessin in einer lichten Burg, von der Jonnie in Stonyhurst geträumt hatte. Während sein Herz also der Jungfrau Sarah gehörte, war sein Körper im Bann der sinnlichen und einfallsreichen Tanya Kerelenkova.

Das mangelnde Einfühlungsvermögen der Jugend sorgte dafür, daß die Gegensätzlichkeit der beiden Frauen und die unterschiedlichen Rollen, die er spielte – mit Sarah bei Tage und mit Tanya bei Nacht –

einander nicht ausschlossen. Auch der gesunde Menschenverstand, den er von seiner Mutter und seinem Großvater geerbt hatte, hielt Jonnie nicht von seiner Hemmungslosigkeit ab. An seinem Schreibtisch im Büro von J. Sekloong and Sons im Sassoon House am Bund fragte er sich dann und wann, was seine Mutter wohl sagen würde, wenn sie von seinem Doppelleben erführe.

Jonnies jüngere Brüder, der zwanzigjährige Thomas und der achtzehnjährige James, fanden sich mit der strengen Kontrolle ab, der er erst kürzlich entronnen war. In der Militärakademie Whampoa waren sie zum erstenmal einer strikten Disziplin unterworfen. Doch im Gegensatz zu Jonnie blieben sie nicht unberührt von den politischen Strömungen, die China überschwemmten und die ihr Großvater fürchtete. Aber sie reagierten sehr unterschiedlich darauf.

«Ich bin nach Whampoa gekommen, um Soldat zu werden», beklagte sich Thomas, «nicht um mir das Schwadronieren von bolschewistischen Agitatoren anzuhören.»

Weniger als ein Jahr nach ihrem Eintritt in die gemeinsame Offiziersschule der Nationalisten und Kommunisten hatte Thomas bereits den Leitstern gefunden, dem er sein Leben lang folgen sollte. Sein Idol war ein siebenunddreißigjähriger ehemaliger Börsenmakler aus Schanghai, der sich wieder dem Waffenhandwerk zugewandt hatte, für das er in der Militärakademie Tokio ausgebildet worden war. Tschiang Kai-schek, seit fast zwei Jahrzehnten Anhänger von Dr. Sun Yat-sen, war zum Kommandeur der Akademie Whampoa und zum Oberbefehlshaber der Nationalen Revolutionsarmee ernannt worden, weil er der erfahrenste unter den wenigen ausgebildeten Offizieren der Nationalisten war. Anfang 1924 hatte er die Sowjetunion besucht, um das Bündnis der Kuomintang mit den Kommunisten zu besiegeln, und war zum Ehrenmitglied des Exekutivrats der Kommunistischen Internationale ernannt worden, eine Auszeichnung, deren Bedeutung ihm selbst unklar war. Der führende Soldat der Kuomintang war Konfuzianer aus Überzeugung, konvertierte später zum Methodismus und war seiner Natur nach ein standhafter Gegner des prosowjetischen linken Flügels seiner Partei. Zwischen militärischen Manövern und politischen Intrigen machte er Mayling Sung den Hof, der Schwester von Dr. Suns Witwe und jüngsten Tochter des Methodisten Charlie Sung, eines der reichsten und am stärksten westlich orientierten Chinesen, der in Yale studiert hatte.

Sowohl Tschiang Kai-scheks ideologische Neigung als auch sein offen eingestandener Ehrgeiz erregten Thomas Sekloongs Bewunderung. Vor allem aber war der Offiziersanwärter zutiefst beeindruckt von den militärischen Leistungen der schneidigen Erscheinung in der gut sitzenden Uniform. Tschiangs Kritiker spotteten über seine auf Äußerlichkeiten gerichtete Denkweise und verurteilten seine krummen politischen Manöver. Die Abergläubischen, die immer noch die Mehrheit unter den selbstbewußten «modernen» Offiziersanwärtern waren, tuschelten, daß das Gesicht des Kommandeurs im Schlaf wie ein Totenschädel aussehe. Indes hatte Thomas Sekloong, von Marys Kindern das der chinesischen Tradition am stärksten verhaftete, die herzliche und strenge väterliche Autorität gefunden, nach der er trachtete. Charles hatte sich dieser Rolle unbewußt immer entzogen, und Thomas' autokratischer Großvater war fern.

Die erste Kluft zwischen Thomas und seinem jüngeren Bruder James tat sich durch Thomas' Bindung an Tschiang Kai-schek auf. Obwohl beide Brüder unwiderruflich entschlossen waren, China als Soldaten zu dienen, schlug James bereits eine andere Richtung ein. Die Aussprache ihrer chinesischen Namen, die sie bevorzugten, war ein Beweis für ihre Differenzen. Thomas bediente sich des Kantonesischen und nannte sich Sek Lai-kwok – sein Eigenname bedeutete «Schaffe die Nation». James bediente sich des Mandarin (oder der Nationalsprache): Er nannte sich Schih Ai-kuo, «Liebe die Nation». Die Radikalen, die gegen Tschiang Kai-scheks Politik der kleinen Schritte waren, wollten das Mandarin, das auf dem Pekinger Dialekt beruhte, zum Medium der Kommunikation unter allen Chinesen machen. Der Wirrwarr von Dialekten, und dazu gehörte auch das Kantonesische, sollte abgeschafft werden.

Ohne daß er wußte, wer sein Vater war, erwies sich James bereits als der Sohn seines Vaters. Nach Sun Yat-sens Tod hatte Harry Sekloong seine Loyalität auf den Mann übertragen, den er für Dr. Suns legitimen Nachfolger hielt. Wang Tsching-wei, ein leidenschaftlicher Aktivist, der einmal versucht hatte, Vizekönig Yüan Schih-kai zu ermorden, stand den sowjetischen Beratern nahe, die aus der Nationalen Revolutionsarmee eine schlagkräftige moderne Truppe und aus der Nationalen Partei eine halbtotalitäre politische Organisation machen wollten. Bei den internen Kämpfen, die die Kuomintang in einen rechten und einen linken Flügel spalteten, war Harry Wang Tsching-weis treuester Anhänger. Da sie versuchten, die Kluft zwischen Nationalisten und Kommunisten zu überbrücken, standen Wang Tsching-wei und Harry Sekloong in Opposition zu Tschiang Kai-schek und seinen konservativen Anhängern.

Harry hielt an seiner persönlichen Freundschaft mit Morris Abraham Cohen fest, aber der Zwei-Revolver-General war nach dem Tod von Dr.

Sun Yat-sen politisch bedeutungslos geworden. Indes waren andere Ausländer in den revolutionären Gremien mächtig geworden.

Ein schweigsamer ehemals zaristischer Offizier, der sich General Galen nannte, war der Leiter der sowjetischen Militärberater für Tschiang Kai-schek. Michail Borodin, eine gewinnendere Persönlichkeit, war der Vertreter der Kommunistischen Internationale in China. Mit seiner amerikanischen Frau, war er 1916 wegen politischer Agitation unter dem Namen Michael Grusenberg aus den Vereinigten Staaten ausgewiesen worden. Borodin, Jude wie Cohen, war ebenfalls von charmanter Überschwenglichkeit, doch wirkte seine hochgewachsene Gestalt elegant neben der gewichtigen Kraft des Zwei-Revolver-Generals. Borodins offenes Gesicht ließ seinen politischen Scharfsinn nicht vermuten. Als der amerikanische Präsident der Christlichen Hochschule in Kanton ihn aufforderte, Gastvorlesungen zu halten, lehnte der Komintern-Agent ab.

«Der Kommunismus», erklärte er unumwunden, «ist ein Ideal und eine Philosophie, für die China noch keineswegs bereit ist. China ist hundert Jahre hinter der Zeit zurück. Rikschas und Wolkenkratzer – was für ein Gegensatz!»

Borodin rieb sich nach dem Massaker in Schanghai entzückt die Hände und sagte zu seinen Vertrauten: «Wir haben den 30. Mai nicht gemacht. Er wurde für uns gemacht!» Einige Jahre später, als enttäuschter Ruheständler und Herausgeber der Zeitschrift der Dritten Internationale, bemerkte er bissig: «Nächstes Mal, wenn ein chinesischer General nach Moskau kommt und von der Weltrevolution redet, dann schickt ihm die Geheimpolizei auf den Hals. Die Chinesen sind nur an Kanonen interessiert.»

Doch im Juni 1925, als der Kessel der chinesischen Politik überzukochen begann, schienen die sowjetischen Berater die Flammen unter diesem Kessel noch zu beherrschen. Moskau finanzierte das nationalistisch-kommunistische Bündnis und war dessen ideologischer Mentor, und die chinesischen Kommunisten saßen an den Schalthebeln der Kuomintang.

Der schlanke, schüchtern wirkende Liu Schao-tschi, fünfundzwanzig Jahre alt und stellvertretender Vorsitzender des von den Kommunisten beherrschten chinesischen Gewerkschaftsbundes, hatte sich bei der Organisation des Streiks der Schanghaier Textilarbeiter bewährt. Später sollte er Staatsoberhaupt der chinesischen Volksrepublik werden und zuletzt als «Agent der Nationalisten und Imperialisten» einer Säuberung zum Opfer fallen.

Ein ungestümer Zweiunddreißigjähriger, dessen Hunan-Akzent kaum verständlicher war als Tschiang Kai-scheks genuscheltes Tschekiang-Mandarin, war stellvertretender Vorsitzender des Zentralen Exekutivausschusses der Kuomintang: Der eigenwillige Mao Tse-tung wurde später erster Präsident der chinesischen Partei und übte fast absolute Macht aus.

James Sekloongs uneingeschränkte Loyalität galt einem Mann, der 1925 einen höheren Rang in der Partei innehatte als Liu Schao-tschi oder Mao Tse-tung. Tschou En-lai, gerade siebenundzwanzig Jahre alt, späterer Ministerpräsident der chinesischen Volksrepublik, war kurz zuvor aus dem Ausland zurückgekommen, nachdem er mehrere Jahre in Frankreich, Deutschland und Japan studiert hatte. Da er die ersten Bezirksgruppen der KPCh im Ausland organisiert hatte, war er Moskaus Lieblingsprotegé. Er war ein echter Kosmopolit, stolz auf sein Französisch und trug seine Uniform mit der Eleganz eines Pariser Weltmannes.

Obwohl er der leitende politische Kommissar der Akademie Whampoa war, schien Tschous Uniform dieselbe zu sein wie die der Kadetten. Aber die Sekloongs sahen, daß der Khakistoff feiner, die Fasson gekonnter und der Schulterriemen aus weicherem Leder war. General Tschou trug die für die Kadetten vorgeschriebene Schirmmütze, aber seine Reitstiefel stammten von Kow Hoo, Schanghais teuerstem Schuhmacher. Er schätzte die Strohsandalen nicht, die die Kadetten manchmal trugen, um ihre Solidarität mit den zerlumpten Bauern zu demonstrieren, die als Soldaten und Unteroffiziere in der Revolutionsarmee dienten.

Da seine eigenen Uniformen und die seines Bruders vom Schneider ihres Vaters angefertigt worden waren, verteidigte James sein Idol wütend gegen die Fanatiker, die Tschou En-lai einen «bourgeoisen Gekken» nannten. Wie die Sekloongs entstammte der politische Kommissar einer privilegierten Familie. Sein Vater war unter den Mandschus ein aufstrebender Mandarin gewesen und nach der Revolution von 1911 ein wohlhabender Geschäftsmann. Zwar revoltierte Tschou En-lai gegen das konfuzianische und bourgeoise China, doch konnte er das ihn prägende Erbe seiner Vorfahren weder verbergen noch ändern: die schlanke, drahtige Figur, seine persönliche Verwöhntheit, das feingeschnittene Gesicht mit den großen, weit auseinander stehenden Augen und die Selbstverständlichkeit, mit der er annahm, daß seine Befehle widerspruchslos befolgt würden. James Sekloong, der Enkel eines eurasischen Freibeuters, war bereits halb bekehrt zu dem von Tschou En-lai gepredigten egalitären marxistischen Glauben. Aber er fühlte sich diesem Paladin der Kommunistischen Partei unterlegen – fast ebensosehr wegen seiner bescheideneren Herkunft wie wegen seiner ideologischen Unreife.

Trotz ihrer aufkeimenden politischen Meinungsverschiedenheiten waren Thomas und James nach wie vor unzertrennlich. Sie schliefen Seite an Seite auf dem mit dünnen Strohmatten bedeckten Holzfußboden; sie exerzierten zusammen auf dem schlammigen Exerzierplatz und saßen in ihren improvisierten Klassenräumen auf derselben rohen Bank. Die Brüder waren auch gleichermaßen entrüstet, als General Tschou En-lai am Morgen des 23. Juni 1925 einen Vortrag über *Die gegenwärtige Situation und ihre Möglichkeiten* hielt.

Der primitive Steinbau wurde weder durch elektrische Ventilatoren noch Punkahs gekühlt. Dann und wann geriet die feuchte Luft durch eine schwache Brise in Bewegung, die den scharfen Geruch von luftgetrocknetem Stockfisch und den Fäkaliengestank der über den Fluß gebauten Latrinen herantrug. Als er sich mal träge reckte, sah Thomas, daß die getünchte Decke mit grünem Schimmel überzogen war.

«Genossen!» Die straffe Gestalt in der maßgeschneiderten Uniform sprach das Wort eher wie einen Befehl denn wie eine Begrüßung aus. «Genossen! Wir stehen vor einer entscheidenden Wende in der Geschichte Chinas und der Menschheit. Eine revolutionäre Flut ist im ganzen Land im Steigen begriffen. Die spontane Entrüstung der Arbeiterklasse unter der Führung der Kommunistischen Partei – und natürlich unserer Verbündeten in der Nationalistischen Partei – schwillt zu einer Woge an, die alle bestehenden Institutionen hinwegschwemmen wird.

Genossen! Wir müssen uns schnellstens auf den kritischen Augenblick vorbereiten, an dem die mächtige Armee, die wir aufbauen, in die Entscheidungen eingreifen wird. Wir werden die ausbeuterischen Grundbesitzer, die habgierigen Kapitalisten, die blutsaugerischen Warlords vernichten – und ihre ausländischen Herren ebenfalls. Der Kampf zur Befreiung des chinesischen Volkes ist im wesentlichen nicht zu unterscheiden von dem Kampf gegen die europäischen und amerikanischen Imperialisten, die ihre chinesischen Marionetten unterstützen, manipulieren, bereichern und auch ausbeuten. Als einzige unter den Nationen der Welt hat die große Sowjetunion ihre Sympathie für unsere gerechte Sache unter Beweis gestellt, indem sie uns großzügig materiellen Beistand und unschätzbare politische Unterweisung gewährt. Nur die Sowjetunion ist der lebenslängliche, unerschütterliche Freund des chinesischen Volkes. Wir sind Kämpfer in der weltweiten Befreiungsbewegung unter der Führung der Sowjetunion.»

General Tschou En-lai tupfte sich mit einem gestärkten weißen Taschentuch die Schweißperlen von der Oberlippe und trank einen Schluck Tee aus einer Porzellanschale.

«Eines Tages muß die Arbeiterklasse unter der Leitung der Kommunistischen Partei unweigerlich die Macht in China übernehmen und unser Land in einen modernen sozialistischen Staat verwandeln. Aber diese Zeit ist noch fern. Im Augenblick führen wir alle – Nationalisten und Kommunisten gleichermaßen – aus ganzem Herzen einen Kampf auf Leben und Tod, um die inländische ausbeutende Klasse und ihre ausländischen Oberherren zu vernichten. Genossen! Ihr werdet diesen Kampf bald in vorderster Linie führen. Die ausbeutende Klasse wird nicht freiwillig von der Bühne abtreten, wenn ihre Rolle ausgespielt ist. Sie muß mit Gewalt von der Bühne vertrieben werden. Ihr seid die Speerspitze dieser Gewalt.

Aber ihr dürft nie vergessen, daß Gewalt, bewaffnete Gewalt, nur der Ausdruck des Willens der Massen ist. Ein einziger, politisch bewußter Bauer oder Arbeiter-Soldat, von berechtigtem Haß motiviert, ist soviel wert wie ein ganzer Zug von Warlord-Söldnern. Ein herzliches Willkommen von der Bevölkerung eines befreiten Dorfes ist ein Regiment wert; ein von der Arbeiterklasse angeführter Volksaufstand in einer Stadt ist eine Division wert. Ihr müßt die Techniken der politischen Kriegführung pflegen – Agitation, Propaganda, Erziehung und liebevolle Freundlichkeit gegenüber den *lao pai-hsing*, den Massen des einfachen Volkes, die letztlich die Quelle aller Macht, aller Kraft und aller Tugend sind. Die *lao pai-hsing* müssen zu vollem politischem Bewußtsein geführt werden.»

«Genosse Tschou?»

Ein schmächtiger Jüngling war aufgestanden, um eine Frage zu stellen. James wußte, daß er dem Bund der Jungen Sozialisten angehörte, der Nachwuchsorganisation der Kommunistischen Partei, und, obwohl erst siebzehn Jahre alt, ein hervorragender Kadett war. Lin Piao war der Sohn eines bankrotten Baumwollspinnereibesitzers aus Mittelchina, der sich als Proviantmeister auf den Flußdampfern, die regelmäßig auf dem Jangtse verkehrten, einen mageren Lebensunterhalt verdiente. Später wurde Lin Piao Marschall der chinesischen Volksbefreiungsarmee, die treibende Kraft bei heftigen Unruhen, die die Volksrepublik China an den Rand des Abgrunds brachten, und designierter Nachfolger des Vorsitzenden Mao; doch nachdem er vergeblich versucht hatte, den

Vorsitzenden Mao Tse-tung zu ermorden und durch einen Staatsstreich die Macht an sich zu reißen, wurde schließlich seine verkohlte Leiche in den Trümmern eines in der mongolischen Steppe abgestürzten Transportflugzeugs gefunden. Zumindest war das die Geschichte von Lin Piaos Verrat, die Tschou En-lai der Welt dann erzählte. In diesem Augenblick, fast vier Jahrzehnte vor dem Ende ihrer Beziehungen, bemühte sich Tschou En-lai, Lin Piaos Frage zu hören. Die harsche Stimme des ehrgeizigen Jungen übertönte heisere Schreie in der Ferne.

«Genosse Tschou, sind wir nicht dem endgültigen Sieg schon nahe? Das Proletariat erhebt sich in Schanghai, in Kanton und in meiner Heimat Wuhan, wo die Arbeiter in Textilfabriken und Stahlwerken schuften. Ein starker Schlag könnte das verfaulte Gebäude der alten Gesellschaft zum Einsturz bringen und dem Volk die Macht geben, nicht wahr?»

«Noch nicht, Genosse Lin, noch nicht», antwortete der politische Kommissar. «Lenin lehrt uns, daß wir nicht nur entschlossen, sondern aauch geduldig sein müssen. Diese Streiks, diese Welle von Protesten, werden ihre Auswirkungen haben. Aber unsere Organisation ist noch nicht stark genug, weder militärisch noch politisch. Ein langer Kampf liegt vor uns.»

Das Geschrei in der Ferne wurde lauter und lenkte die Kadetten ab. Selbst der unterwürfig aufmerksame Lin Piao blickte zum Fenster. Ein Zivilist in schwarzer Arbeiterkleidung kam zur Tür herein und sprach leise mit General Tschou.

«Genossen!» erklärte der politische Kommissar brüsk. «Genosse Liu Schao-tschi schickt uns Nachricht, daß die Arbeiter auf die englisch-französische Insel Schamien marschieren. Wollen wir uns ansehen, wie hoch die Flut schon gestiegen ist? Vielleicht hat der Genosse Lin recht. Vielleicht auch nicht.»

Mehr noch als Schanghai, das wußte James Sekloong, war Schamien eine ausländische Schöpfung, ein fremdes Stückchen Erde inmitten chinesischen Territoriums. Es war eine überwiegend künstliche Insel, die ihre jetzigen Ausmaße, achthundert Meter lang und zweihundert Meter breit, um die Mitte des 19. Jahrhunderts erhalten hatte, als britische und französische Ingenieure die Schlammzone am Rand des Flusses systematisch aufgeschüttet hatten. Die Insel war mit dem Festland durch einen knapp dreißig Meter langen Damm verbunden. Im September 1883 war Schamien von einer wütenden chinesischen Volksmenge, die gegen die Fremdherrschaft protestierte, geplündert worden; die Brüder Sekloong hatten erst vor zwei Tagen im Unterricht etwas über Schamiens Entstehung, die ausländische Herrschaft und den patriotischen Aufstand gehört.

Als James über jammernde Bettler hinweg und um räudige Köter herum durch die stinkenden Straßen eilte, fragte er sich, ob die Historie sich wiederholen würde. Vor den Uniformen der Kadetten wich die kreischende Menge respektvoll zurück. Knorrige Hände schlugen ihnen auf die Schultern, und rauhe Stimmen riefen: *«Ho! Ho!* Gut! Gut!»

Der mit einem Spitzdach geschützte Damm führte von der Insel auf einen kleinen Platz, auf dem sich Arbeiter, Fischer und Bauern drängten, die an langen Stangen Plakate trugen. Am anderen Ende des Dammes lagen britische und französische Soldaten in Khaki hinter Sandsäcken, während zwei Wachtposten auf dem von Fremden beherrschten chinesischen Territorium strammstanden.

Tschou En-lai hob die Hand, und seine Kadetten blieben gehorsam am Rand der Menge stehen. James sah, daß junge Männer in Arbeiterkleidung zielstrebig zwischen den Demonstranten hin und her gingen. Trotz ihrer Aufmachung wiesen ihre glatten Gesichter und ihr wichtigtuerisches Gehabe sie als Intellektuelle aus. James erkannte, daß diese jungen Männer, die den Chor leiteten, die Agitatoren des Genossen Liu Schao-tschi waren.

«Britische imperialistische Hunde, verschwindet! Verlaßt China. Wir verlangen Entschuldigungen und Entschädigungen. Rache für unsere zu Märtyrern gemachten Landsleute in Schanghai!»

Ein hochgewachsener Fischer in einem zerlumpten schwarzen Rock warf ein längliches Transparent hoch in die Luft, auf dem stand: ALLE CHINESISCHEN PATRIOTEN DEMONSTRIEREN!

Die Posten spannten ostentativ ihre Gewehre. Auch hinter den Sandsäcken knackten Gewehrhähne. Einen Augenblick herrschte Stille auf dem Platz.

«Tötet die fremden Teufel!» schrie ein bebrillter junger Agitator heiser. «Holt euch den chinesischen Grund und Boden zurück!»

Die Menge drängte vorwärts, hielt aber unwillkürlich inne, als die erste Reihe den Damm erreichte. Die Agitatoren schrien und stürzten vor. Stöcke, Hackbeile, Ladehaken und spitze Bambusspeere schwingend, wälzte sich die Menge auf die Sandsackbarrikade zu.

Eine Gewehrsalve krachte über das Geschrei hinweg. Die ausländischen Soldaten hatten über die Köpfe ihrer Angreifer geschossen.

Die entsetzte Menge wich einen Augenblick zurück, dann flutete sie wieder vorwärts, eine Woge, die auf den schwachen Sandsack-Deich prallte. Die glattgesichtigen Agitatoren brüllten: «Vorwärts! Vorwärts! Trotzt den Waffen der Barbaren.»

Als die Welle sich an der Barrikade brach, prasselte das Gewehrfeuer ununterbrochen. Nach nicht mehr als zwei Minuten begann sich die Menge zurückzuziehen. Blutende Körper lagen zusammengekrümmt auf dem Damm, und über eine alte Frau, die auf dem Platz hingefallen war, trampelte die zurückweichende Menge hinweg. General Tschou sagte leise, als wäre es ein Selbstgespräch:

«Vielleicht nicht die revolutionäre Flut des Genossen Lin Piao. Aber ein Anfang – ganz entschieden ein Anfang.»

Tschou En-lai zog seine Kadetten zurück. Es gehörte nicht zu seiner Taktik, sie in Straßenkämpfen zu opfern. Die mit hohen Kosten ausgebildeten Kadetten waren zu wertvoll, als daß er ihr Leben bei Demonstrationen hätte aufs Spiel setzen mögen. Liu Schao-tschis ersetzbare Agitatoren verstanden es sowieso viel besser, die Hysterie zu erzeugen, die der Revolution die dringend benötigten Märtyrer verschaffen würde.

Die Belagerung von Schamien ging weiter. Der angreifende Mob wurde von den Gewehren der Ausländer niedergemäht, die Soldaten selbst ekelte das Gemetzel an. Kurz nach Einbruch der Nacht gab der chinesische Gewerkschaftsbund bekannt, daß zweiundfünfzig Patrioten getötet und Hunderte schwer verletzt worden seien. Die genauen Zahlen waren zu der Zeit nicht nachprüfbar, und sie sollten es auch bleiben. Die Menge hatte Schamien nicht eingenommen. Aber der Mißerfolg war ebensowenig wichtig wie die tatsächliche Zahl der Opfer. Es war ein weiteres Glied in der Kette von Feuern entzündet worden, die in ganz China brannten, um die Massen und die Soldaten der Revolutionsarmee zu entflammen.

William Hayward Driver nickte über seinem zerlesenen Exemplar von *‹Der Krieg der Welten›* ein. Nicht einmal die magische Prosa von H. G. Wells konnte seine Schläfrigkeit in dem engen Funkraum der ‹Regina Pacis› vertreiben. Die Kopfhörer, die er um den Hals hängen hatte, boten keine andere Zerstreuung als atmosphärische Störungen, und den Roman hatte er nun schon dreimal gelesen.

Bill Driver bereute es nicht, den Job auf der Yacht angenommen zu haben, obwohl seine Arbeitgeber von der Marconi-Gesellschaft ihn gewarnt hatten, daß der Dienst eintönig sein könnte nach den munteren Dollar-Passagierdampfern, an die er gewöhnt war. Da nicht viel von ihm verlangt wurde, hatte er Zeit gehabt, all seine Lieblingsschriftsteller von neuem zu lesen: Wells, Jack London, Upton Sinclair, G. B. Shaw, Henry

George und John Reed, die zornigen Propheten eines verheerenden technologischen und sozialen Wandels. Außerdem war Mrs. Sekloong zu seiner Verblüffung nicht herablassend «huldvoll», sondern hörte sich seine Theorien verständnisvoll, wenn auch zweifelnd an. Von ihrem Mann oder dem grauenhaft antiintellektuellen australischen Kapitän der ‹Regina Pacis› konnte er nicht gerade dasselbe behaupten.

Es war aufschlußreich gewesen für einen armen Jungen aus Schenectady zu sehen, wie die ganz Reichen leben. Die ihm von seinem Vater – einem Maschinenschlosser, überzeugten Anarchisten und Mitbegründer der militanten Vereinigung «Internationale Arbeiter der Welt» – eingeimpfte Verachtung für diese Parasiten war leicht abgeschwächt worden durch die persönliche Erfahrung. Widerstrebend sah er ein, daß Mrs. Sekloong sich als ein ebenso beachtlicher Gegner erweisen konnte, wie sie sich als verständnisvolle Freundin erwiesen hatte, und ihr Mann war wohl kaum der verwöhnte, von ererbtem Vermögen lebende Schwachkopf, der er nach der Doktrin seines Vaters hätte sein müssen. Dennoch war Bill Driver froh, daß die Kreuzfahrt ihrem Ende zuging. Es war Zeit, etwas anderes anzufangen.

«CR3A . . . CR3A . . . CR3A . . .» Das Morse-Stakkato des Rufzeichens der Yacht ertönte in seinen Kopfhörern. «‹Regina Pacis›, rufe ‹Regina Pacis›.»

Bill Driver legte ein Blatt Papier als Lesezeichen in sein Buch und schob einen Notizblock in die Mitte des Rollschreibtischs, ehe er die Sendetaste drückte. Er nahm an, daß sie wieder mal Börsenkurse oder langweilige Wirtschaftsnachrichten durchgeben würden, wie sie es in den letzten sechs Monaten fast jeden Abend getan hatten.

«CR3A . . . CR3A», tippte er auf seiner Sendetaste. «Empfange Sie. Wer sendet?»

«CR3A . . . CR3A.» Die Punkte und Striche dröhnten in seinen Ohren. «Yacht – ‹Regina Pacis›. Ich habe eine dringende Nachricht für Sie. Empfangen Sie mich?»

«Ich empfange Sie deutlich, fünf mal fünf. Aufnahmebereit.»

CR3A, CR3A, hier Funkstation Hongkong. Nachricht folgt: Charles – Sofort wiederhole sofort zurückkommen. Mach dich schnellstens wiederhole schnellstens auf den Rückweg. Keine wiederhole keine Zeit verlieren. Unterschrift J. Sekloong. Bitte bestätigen.»

Fünf Minuten nachdem Bill Driver die Nachricht übermittelt hatte, vibrierte die ‹Regina Pacis› vom Stampfen des 250-PS-Sulzbach-Diesels. Die Yacht krängte stark, als die Crew die Reffe der unteren großen Segel aussteckte, die Topsegel setzte und oben zwischen den Masten Stagsegel aufzog. Die Bugwelle schäumte weiß. Bei zwölf Knoten würde die ‹Regina Pacis› in etwa fünfzig Stunden in die grünen Gewässer des Hongkonger Hafens einlaufen und nicht erst nach einer gemütlich verbrachten Woche, mit der Charles und Mary ihre lange Kreuzfahrt hatten abschließen wollen.

Sie kamen überein, den alten Herrn nicht um eine nähere Erläuterung seiner diktatorischen Nachricht zu bitten. Wahrscheinlich hätte er mehr gesagt, wenn er es gewollt hätte; der Preis für die Schnelligkeit der Funkverbindung war ihre Öffentlichkeit. Charles mutmaßte, daß sein alternder Vater des Rats und der Unterstützung seines ältesten Sohnes bedurfte – und es endlich auch eingestand. Außerdem vermutete er, daß sein Vater besorgt sei über die weitverbreiteten Unruhen in den größeren chinesischen Städten und auch in Hongkong. Mary widersprach ihm nicht, war aber doch skeptisch. Schließlich war der alte Herr auch früher manchmal impulsiv gewesen. Sein dringender Befehl konnte durch eine ungünstige Deutung seines betagten Wahrsagers, des Silbernen Siebenten Bruders, veranlaßt sein, oder auch durch den Wunsch, daß sie ein neu erworbenes, besonders schönes Porzellan der Ming-Dynastie bewundern sollten. Mit zunehmendem Alter wurde der Autokrat immer herrischer und kapriziöser.

Ihre bösen Ahnungen behielten Mary und Charles beide für sich und beruhigten sich gegenseitig damit, daß Sir Jonathan sich bestimmt deutlicher ausgedrückt hätte, wenn die Sache ernst gewesen wäre. Mary dachte natürlich an die Möglichkeit, daß eines der Kinder krank oder verletzt sein könnte. Charles stellte sich einen größeren geschäftlichen Rückschlag vor, vielleicht einen katastrophalen Zusammenstoß mit den Wheatleys. Aber diese Befürchtungen verblaßten in der anhaltenden Euphorie nach ihrer Kreuzfahrt von Insel zu Insel. Als die ‹Regina Pacis› vor Stonecutter's Island die Segel einholte und um zehn Uhr morgens am 27. Juni 1925 mit Motorkraft dem Blake Pier zustrebte, waren Mary und Charles relativ sorglos.

Die Freude über die Heimkehr, die Mary dennoch verspürte, wurde unerklärlicherweise getrübt, als sie den vertrauten Hafen betrachtete. Unwillkürlich erinnerte sie sich ihrer ersten Ankunft ein Vierteljahrhundert zuvor. Das Panorama hatte sich wenig verändert, obwohl der Wald von Masten den kurzen Schornsteinen von Dampfschiffen gewichen war und das ländliche Kowloon mehr und mehr zu einer Wohnstadt wurde. Aber sie hatte das Gefühl, daß irgend etwas nicht in Ordnung sei. Hongkong wirkte matt, und das war nicht allein auf die feuchte Hitze zurückzuführen, die sie wie eine durchweichte Decke umschloß, obwohl ihr weißes Sportkleid aus leichter Baumwolle war und ihre gesamte Kleidung nicht mehr als ein Achtel von dem wog, was sie 1900 belastet hatte. Der Unterschied zwischen dem Hongkong, das die ‹Regina Pacis› vor fast sieben Monaten verlassen hatte, und dem Hongkong, zu dem sie gerade zurückkehrte, ließ sich nicht genau ausmachen.

«Mary, irgend etwas stimmt nicht!» Auch Charles war beunruhigt. «Aber ich kann einfach nicht erkennen was.»

Er blickte hinauf zum Peak, smaragdgrün nach dem Sommerregen, und sah die kastenförmige Peak-Tram zur Höhe hinaufkriechen. Die Gebäude mit den Kolonnaden an der Praya im Geschäftsviertel von Victoria standen unverändert da. Dahinter sah er die Khaki-Reihen von Soldaten auf dem Exerzierplatz Murray eben schwenken. Alles erschien normal, aber das bohrende Unbehagen hielt an.

«Irgendwie, Charles, sieht es aus wie im Pestjahr», meinte Mary. «Es ist *zu* ruhig.»

«Das ist es, mein Liebes. Es ist nicht etwas Neues, sondern da fehlt was. Schau, kein einziger Leichter fährt durch den Hafen, kein einziges Schiff wird beladen oder entladen.»

«Und wo sind die Rikschas? Ich sehe nur ein paar Autos. Und wo ist die Menschenmenge, die man sonst vormittags sieht?»

«Irgend etwas ist verdammt verkehrt! Der alte Herr hat nicht bloß leeren Wind gemacht!»

Sir Jonathan selbst stand auf den rauhen Planken des Blake Pier, als sich die ‹Regina Pacis› näherte. Er hob seinen Spazierstock zum Gruß und nahm sein nervöses Hin- und Hergehen wieder auf, als die schweren Warpleinen an Land geworfen wurden. Die dicken Manilataue wurden an den Pollern von Seeleuten in den blau- und goldgestreiften Hemden der Sekloong-Livree festgezurrt und nicht von den Hafenarbeitern in schäbigem Schwarz. Der schwarze Rolls-Royce Phantom II mit seinen riesigen, verstellbaren Scheinwerfern und dem Nummerschild HK 7, stand am Pier. Mary hielt vergeblich nach dem Chauffeur Ausschau. Stürmische Freude überstrahlte vorübergehend ihre Befürchtungen, als ihr ältester Sohn Jonnie lässig elegant in crèmefarbenem Leinen aus dem Rolls ausstieg. Er winkte lebhaft.

Sir Jonathan in seinem langen Gewand aus hellblauer Baumwolle wirkte so straff und würdig, wie Mary ihn in Erinnerung hatte. Aber sein Verhalten war ungewöhnlich. Statt zu warten, daß sein Sohn und seine Schwiegertochter zu ihm an Land kamen, eilte er die Laufplanke hinauf, die die Seeleute gerade erst hinlegten. Sein Enkel mußte lange Schritte machen, um mit dem Siebzigjährigen mitzukommen.

Sir Jonathan küßte Mary flüchtig und legte Charles einen Augenblick die Hand auf die Schulter. Jonnie begrüßte seine Mutter mit einer stürmischen Umarmung. So geistesabwesend der Großvater, so überschäumend war der normalerweise reservierte Enkel. Er hob seine Mutter hoch und wirbelte sie herum, ehe er seinen Vater mit Handschlag und einer halben Umarmung begrüßte. Mary fragte sich, wo Jonnies britische Zurückhaltung geblieben war.

«Laßt das Gepäck», befahl Sir Jonathan. «Überlaßt alles den Dienstboten. Ich will schnell nach Hause.»

Die Straßen waren bedrückend ruhig, und die üblichen Scharen von Angestellten, Straßenhändlern, Boten- und Rikscha-Kulis fehlten. Aber ein übermütiger Jonnie jagte den Rolls um die Kurven hinauf zum Peak. Sein Großvater brummte ärgerlich, und er fuhr einen Moment langsamer. Mary hielt den Atem an, als sich ihr ältester Sohn auf dem Fahrersitz umdrehte und seinen Fahrgästen zulächelte und der Wagen um ein Haar in einen Abgrund gestürzt wäre.

«Jonnie, sei vorsichtig», mahnte sie. «Wir haben nicht die Menschenfresserinseln überlebt, um in Hongkong zu Tode zu kommen.»

«Recht hast du, Mutter.» Jonnie mäßigte die Geschwindigkeit nicht. «Überhaupt keine Gefahr, das versichere ich dir. Du hast den besten Fahrer der chinesischen Küste, vielleicht der ganzen Welt.»

«Was ist mit dem Jungen los?» fragte Charles nachsichtig. «Sonnenstich?»

«Er ist verliebt.» Sir Jonathans ernste Miene heiterte sich einen Augenblick auf. «Das hat er mir jedenfalls gesagt.»

«Ach, das ist aber interessant», sagte Mary. «Wer ist es denn, Jonnie?»

«Nun . . . das ist eine lange Geschichte, Mutter. Schwer zu sagen.»

«Du meinst, du liebst alle, die gesamte Menschheit?» fragte Charles ironisch. «Richtet sich deine Liebe nicht auf eine, vermutlich weibliche, Person?»

«So ist es, ausgesprochen weiblich.» Jonnie drehte sich wieder um und grinste sie an, und machte im letzten Augenblick einen Schlenker, um einem Lastwagen auszuweichen.

«Und wer, wenn ich fragen darf . . .» lachte Mary.

«Bis in der Wüste die Sande erkalten und ihre Körner gezählt», sang Jonnie schmachtend, «gab Gott dich mir – um dich zu behalten.»

«Laßt den Jungen zufrieden.» Sir Jonathan lächelte. «Ihr werdet es bald genug hören. Ich habe weiß Gott nichts anderes gehört, seit ich ihn aus Schanghai zurückrief. Aber es gibt wichtigere Dinge.»

Er beugte sich vor und kurbelte die Glasscheibe zwischen dem Fond und dem Fahrer hoch. Unbekümmert sang Jonnie weiter.

«Ich habe euch zurückgerufen», fuhr Sir Jonathan fort, «weil ich mir Sorgen mache über die Krise, die sich zusammenbraut.»

«Die Demonstrationen?» fragte Charles.

«Die Demonstrationen – und Schlimmeres, das kommen wird, weit Schlimmeres.»

«Wir haben schon früher Demonstrationen gehabt, Vater», bemerkte Mary, «und die Lage in China ist nicht schlechter – aber natürlich auch nicht besser –, als sie immer war. Warum Schlimmeres?»

«Ihr habt gesehen, daß die Straßen praktisch leer waren, nicht wahr? Wo sind die Schauerleute? Wo ist mein Chauffeur Ah Wai? Wir haben Streik, Generalstreik, und er fängt gerade erst an. Wenn er vorbei ist, wird Hongkong erledigt sein.»

«Die Unruhen in China richten sich gegen die Fremden, gegen die Engländer», wandte Charles ein. «Das kann den Sekloongs nicht wirklich schaden. Schließlich sind wir Chinesen.»

«Wenn es dir paßt», bemerkte Mary trocken. «Stell dich nicht dumm, Charles. Erstens sind wir nicht wirkliche Chinesen. Und wenn wir es sind, dann sind wir für die Revolutionäre immer noch die Laufburschen der ausländischen Imperialisten.»

«Ganz so schlimm ist es nicht», warf Sir Jonathan ein. «Der Name Sekloong ist immer noch eine Menge wert. Wir haben immer noch einen sehr guten Ruf bei den Nationalisten, und Harry ist wieder ein Machtfaktor. Sein Mann Wang Tsching-wei wird sicher Präsident der provisorischen Regierung, wenn sie in ein paar Tagen endlich Sun Yat-sens Nachfolger wählen.»

«Also warum dann die Sorge?» fragte Mary.

«Die Bolschewiken», erwiderte Sir Jonathan. «Sie rufen zum Generalstreik in der ganzen Provinz Kwangtung und vor allem in Hongkong auf, wegen des ‹Schamien-Massakers›, wie sie es nennen. Der Streik wird sich ausbreiten, und die Auswirkungen werden uns schweren Schaden zufügen.»

«Können wir das nicht für uns ausnutzen?» regte Mary an. «Wenn unsere Konkurrenten angeschlagen sind, und wir . . .»

«Keiner ist gefeit, Mary», erwiderte der alte Herr. «Ein Generalstreik ist wie die Pest, er verschont keinen. Wenn sie den Hongkonger Handel stillegen, leiden wir alle darunter. Und wer weiß, wie schlimm die Krawalle werden oder wann sie aufhören. Darum habe ich euch zurückgerufen. Ich brauche euch beide.»

Sir Jonathans Eingeständnis, daß er Charles und sie brauchte, war für Mary das böseste Omen. Zugegeben, er wurde älter. Aber zum erstenmal, seit Charles im Jahre 1905 den Zorn der Grünen Bande erregt hatte, ließ der alte Herr erkennen, daß er nicht allmächtig war, und nicht ganz ohne die Hilfe anderer auskommen konnte. China und die Welt wandelten sich so rasch, daß sogar der überaus selbstsichere Sir Jonathan höchst beunruhigt war.

«Wir haben viele Veränderungen durchgestanden», sagte er nachdenklich. «China, Asien und der Westen – alle sind völlig anders als vor einem Vierteljahrhundert. Die bevorstehenden Veränderungen – politische, wirtschaftliche und gesellschaftliche – kennzeichnen nicht einfach das Ende einer Ära und den Beginn einer neuen. Es wird eine ganz und gar neue Epoche sein, in der wir Fremdlinge sind. *Tien Kai, Ti Chen!* Der Himmel öffnet sich, und die Erde bricht auf!»

Nichts hätte Sir Jonathans Untergangsstimmung und seine bösen Ahnungen deutlicher offenbaren können, als daß er die alte chinesische Warnung vor kommendem Unheil zitierte.

Die durch Sir Jonathans Pessimismus hervorgerufene Niedergeschlagenheit wurde zumindest für diesen Abend durch die Freude der Heimkehr vertrieben. Charlotte und ihr Mann Manfei Way kamen zum Abendessen, und Mary wiegte ihr erstes Enkelkind. Zu Charles' Entzücken war es ein Junge. Das schwarzhaarige, zwei Monate alte Bündel mit Namen Mokhing sah wie eine chinesische Puppe aus mit roten Pausbacken und strahlenden dunklen Augen. Als Mary ihn auf dem Arm hielt, war sie damit ausgesöhnt, daß sie mit fünfundvierzig Jahren Großmutter war. Ihr munterer Ältester machte das Maß ihrer Freude voll. Mit seinem glattgebürsteten dunklen Haar, eng tailliertem Jackett und weiten Hosen, die er «Oxford-Hosen» nannte, war er ein neuer Jonnie. In ihrer siebenmonatigen Abwesenheit hatte er sich vom seriös-feierlichen englischen Gentleman zu dem verwandelt, was die Amerikaner einen «Scheich» nannten, einen Herzensbrecher. Mary erwartete fast, daß er eine Ukulele hervorholen und Schnulzen singen würde. Statt dessen zog er sie in das Frühstückszimmer mit dem Blick auf den lampiongeschmückten Garten.

«Ich möchte allein mit Mutter sprechen», erklärte er der übrigen Familie und schloß die Tür.

«Nun, Jonnie, was ist es für ein Geheimnis?» fragte Mary, als sie sich auf den gewohnten Sessel setzte und an ihrem kurzen Rock zog.

«Kein Geheimnis, Mutter.» Der Schmus ging ihm leicht über die Lippen, und seine Stimme nahm den Sekloong-Tonfall an. «Nur daß ich das hinreißendste, schönste, charmanteste Mädchen der Welt liebe – außer dir, natürlich!»

«Darf ich fragen, wer dieses Wunderwesen ist?»

«Sarah, Sarah Haleevie.»

«Die kleine Sarah? Wer hätte das gedacht?»

«Du nimmst mich auf den Arm. Hast du es gewußt?»

«Sagen wir, ich habe es vermutet.»

Der Glanz in Jonnies hellbraunen Augen erlosch. Er war enttäuscht wie ein kleiner Junge, weil seine Überraschung keine war. Aber schon lachte er wieder und stieß einen Freudenschrei aus.

«Wenn du es geahnt hast, dann gibt es sicher keine Schwierigkeiten? Onkel Judah ist sehr dafür.»

«Wirklich? Und dein Großvater? Ist er auch entzückt?»

«Nicht ganz. Er murmelte das Übliche. Wie es denn mit einer netten *Chinesin* wäre? Aber es klang nicht überzeugend. Später gab er zu, Sarah sei *kuo-te-chü*, ganz in Ordnung, und Judah Haleevie sei ein großartiger Mann. Also, wenn du und Vater ...»

«Nicht so hastig, Jonnie. Du weißt doch, daß sie Jüdin ist?»

«Ich hätte nie gedacht, daß du Vorurteile hast, Mutter.»

«Ich habe viele Vorurteile, von denen du nichts weißt. Aber Antisemitismus gehört nicht dazu. Ich dachte an die Kinder.»

«Ach, damit ist Sarah einverstanden. Sie werden katholisch getauft, nur sie selbst will nicht konvertieren. Ich habe sie auch nicht dazu gedrängt.»

«Darüber mache ich mir keine Gedanken, Jonnie. Ich bin auch nicht übergetreten, obwohl meine religiösen Überzeugungen nicht so stark sind wie die der Haleevies. Aber es wird bestimmt Spannungen wegen der Kinder geben.»

«Nein, Mutter, das kann ich dir versichern. Wenn zwei Menschen sich lieben ...»

«Ich freue mich über die Weisheit deiner Jugend, aber bitte halte mir keinen Vortrag über Liebe. Das Leben verläuft nicht immer so, wie wir es planen. Liebe überwindet nicht alles. Ich will nicht, daß Sarah es später bereut.»

«Darüber haben wir nachgedacht und gesprochen. Sie stellt nur zwei Bedingungen. Die Kinder müssen Unterricht bekommen, damit sie ihr jüdisches Erbe kennenlernen, und sie sagt, ihnen sollte auch ihr chinesisches Erbe nahegebracht werden.»

«Ein vernünftiges Mädchen», sagte Mary. «Es ist also alles klar bis auf den Segen deiner Eltern?»

«Du bist doch einverstanden, Mutter, nicht wahr?»

«Ja, ich glaube. Wir werden eine sehr gemischte Gesellschaft, findest du nicht, Jonnie?»

«Danke, Mutter, danke!» Er drückte ihr einen Kuß auf die Wange. «Ich wußte, daß du es verstehen würdest.»

«Gut. Nun geh und sag es deinem Vater. Und entschuldige dich dafür, daß du es mir zuerst gesagt hast.»

Jonnie stürmte aus dem Frühstückszimmer. Als die Tür hinter ihm zuknallte, lehnte sich Mary auf ihrem Sessel zurück. Sie hatte von Anfang an gewußt, daß sie sich «mit einer verdammt gemischten Gesellschaft eingelassen» hatte, wie ihr Vater sich ausgedrückt hatte. Sie dachte an ihre Sympathie für Judah Haleevie und Zwei-Revolver-Cohen und kam etwas schuldbewußt zu dem Schluß, daß sie die lebhafte Sarah als Schwiegertochter dem langweiligen Manfei Way als Schwiegersohn erheblich vorziehe, und sie fragte sich, wie Jonnie es Charles beibringen würde.

Das Gespräch zwischen Vater und Sohn verlief zuerst glatter als das zwischen Jonnie und seiner Mutter. Tolerant und entspannt, hörte Charles Sekloong die Neuigkeit voll Freude. Der Junggesellenstand des mutmaßlichen Erben des Hauses Sekloong war seinem dynastischen Sinn schon gegen den Strich gegangen.

«Du hast es deiner Mutter zuerst gesagt?» bemerkte er ohne Groll. «Na ja, ich nehme an, Ehen sind wirklich Frauensache.»

«Aber was hältst du davon, Vater?»

«Ihr paßt zusammen, und es ist gut fürs Geschäft. Allerdings wird sie nicht viel mitbekommen. Nicht mit sieben Brüdern. Aber die Beziehung zu den Haleevies enger zu gestalten, kann nicht schaden. Du magst das Mädchen?»

«Vater, sie ist super. Hübsch, eine gute Kameradin und gescheit wie sonst was. Wir sprechen auch dieselbe Sprache.»

«Es wäre überraschend, wenn ihr das nicht tätet. Schließlich ist sie kein Hottentotte oder Eskimo. Aber wie ist es mit euren Kindern? Die werden natürlich katholisch.»

«Das geht in Ordnung, Vater. Darüber haben wir uns geeinigt. Und Großvater will mit dem Bischof reden und etwaige Probleme mit der Kirche klären.»

«Ich wundere mich über den alten Judah», sagte Charles nachdenklich. «Ich hätte nicht erwartet, daß er sich damit befreunden würde . . .»

«Es hat einige Diskussionen gegeben, eine ganze Menge Palaver», gab Jonnie zu. «Aber Onkel Judah sagt, es ist in Ordnung. Die Kinder können katholisch werden, und bleiben dann trotzdem noch Juden. Er sagt, eine jüdische Mutter macht sie jüdisch.»

«Na, das ist seine Angelegenheit, solange sie katholisch erzogen werden. So ist also alles klar?»

«Eigentlich noch nicht, Vater.» Jonnie studierte eifrig die dunkle Wandverkleidung des Arbeitszimmers. «Nicht ganz. Es gibt da eine kleine Komplikation.»

«Wie das? Stellt der alte Judah Bedingungen? Geld? Er ist ein alter Fuchs, weißt du.»

«Es hat nichts mit Onkel Judah zu tun, Vater. Weder er noch Sarah wissen etwas von ... äh ... der Komplikation. Wenn sie es wüßten, wäre alles aus.»

«Ein Mädchen also?» Charles hatte sofort begriffen.

«Ja, ein Mädchen. Eine Russin, die ich in Schanghai kennengelernt habe.»

«Das hast du doch deiner Mutter nicht etwa erzählt?»

«Gott behüte, nein!»

«Tu es auch nicht. Sie hätte es nicht gern. Aber worin besteht die Schwierigkeit?»

«Ja, Vater, das russische Mädchen ... Tanya ... Ja, ich fürchte ... das heißt ...»

«Nun sag's schon, Junge. Schwanger, nicht wahr?»

«Leider ja, Vater.»

«Du bist ein verdammter junger Narr.» Charles unterdrückte ein Lächeln. «Was soll nun geschehen?»

«Sie ist arm, entsetzlich arm, obwohl sie aus einer guten Familie stammt. Verdient ihren Lebensunterhalt als Tänzerin, aber das wird sie jetzt bald nicht mehr können.»

«Sie stammen alle ‹aus guter Familie›. Das wirst du noch herausfinden. Ich habe nicht eine getroffen, die das nicht behauptete.»

«Ja, Vater.»

«Also was ist das Problem? Geld? Sie verlangt doch nicht, daß du eine ehrbare Frau aus ihr machst?»

«Bisher nicht, obwohl ich daran gedacht habe. Aber es ist unmöglich. Es wäre selbst dann unmöglich, wenn es nicht um Sarah ginge. Sie würde nicht zu uns passen, und das weiß sie. Aber sie möchte das Kind behalten.»

«Gut, mein Junge. Da läßt sich was machen. Natürlich muß sie die chinesische Küste verlassen, und sie wird genug bekommen müssen, damit sie versorgt ist. Vielleicht eine Abfindung.»

«Was immer du für richtig hältst. Ich will nur nicht, daß Tanya und das Kind Not leiden.»

«Das ist ziemlich einfach. Es ist nicht das erste Kind der Liebe eines Sekloong. Du weißt, daß mit dem Betrag dein Konto belastet wird?»

«Nur recht und billig, Vater. Ich bin dir sehr dankbar.»

Charles gab ihm einen Wink, ihre Cognacschwenker nachzufüllen.

«Wie gesagt, es ist nicht das erste Mal. Wird womöglich auch nicht das letzte Mal sein.»

«Das glaube ich doch, Vater. Ich habe das alles hinter mir, nachdem ich jetzt Sarah gefunden habe.»

«Das hoffe ich, aber wir werden sehen. Laß es besser bleiben. Scheckbücher können nicht alle Probleme lösen. Sei vorsichtig, und erzähl niemals deiner Mutter oder Sarah davon.»

Sir Jonathan hatte es noch immer nicht verwunden, daß er bei Guineveres Hochzeit seinen Hang zu verschwenderischer Gastlichkeit hatte zügeln müssen. Guinevere war seine Lieblingsenkelin, nicht nur wegen ihres gewinnenden Wesens, sondern weil sie auch die traditionellen Tugenden der Chinesin verkörperte. Sie war freundlich, zurückhaltend, an Haushaltsdingen interessiert und höflich zu den Älteren. Dennoch hatte ihr liebevoller Großvater es ihr nie ganz verziehen, daß sie, als sie im September 1924 Dr. George Chapman Parker heiratete, auf einer Hochzeit im Familienkreis und einem anschließenden Empfang für nicht mehr als zweihundert Gäste bestanden hatte. Anspruchslose Bescheidenheit mochte Guinevere gut anstehen, aber es war nicht der Stil der Sekloongs. Immer noch beklagte er sich, und das nur halb im Scherz, daß seine Geschäftsfreunde vermutet hatten, mit dem Haus Sekloong gehe es bergab, wenn Sir Jonathan seine älteste Enkelin mit einem «dürftigen Mittelstandszeremoniell» unter die Haube bringe. Das wollte er jetzt wettmachen, wenn Jonnie, der mutmaßliche Erbe, Sarah Haleevie heiratete.

Dreitausend Gäste wurden zu Jonnies Empfang erwartet, und fünfzehnhundert waren zu dem anschließenden Bankett geladen. Der alte Herr war überzeugt, daß die Menge und die Pracht der Hochzeitsgeschenke all das, womit Charlotte überschüttet worden war, wie den Hort eines Provinz-Vizekönigs im Vergleich zur kaiserlichen Schatzkammer erscheinen lassen würde. Sein Hauptgeschenk war das zweite Kleine Haus, das Gegenstück zum Wohnsitz von Charles und Mary. Es war ursprünglich für Harry gebaut, der es aber nie bewohnt hatte. Sir Jonathan stattete es mit einer Auswahl seiner wertvollen Kostbarkeiten aus. Gleiche Bentley-Sportcoupés für Braut und Bräutigam standen in der Garage.

Sein Vertrauen war gerechtfertigt gewesen. Alle seine Geschäftsfreunde zollten dem freudigen Ereignis im Hause Sekloong angemessenen Tribut. Zu ihnen zählten große europäische Finanziers, Kaufleute von der chinesischen Küste, die in der Hochkonjunktur nach dem Krieg neue Vermögen erworben hatten, und auch Anführer der Geheimgesellschaften, die es vorzogen, über die Spielhöllen, den Goldschmuggel, die Prostitution, den Rauschgifthandel und die Schläger, die ihnen ihren Reichtum einbrachten, nicht zu sprechen. Die Anwesenheit der Anführer der Geheimgesellschaften konnte unerfreulich sein, ebenso die der neuen populistischen Politiker. Aber sie war notwendig.

Die Hochzeit von Sarah Rebecca Haleevie mit Jonathan Osgood Sekloong am Nachmittag des 16. November 1925 war die denkwürdigste Hochzeit, die Hongkong je erlebt hatte. Aber im negativen Sinne. Zwar hatten die Geschenke Sir Jonathans Erwartungen übertroffen, doch keiner der Geber war anwesend. Die Braut schimmerte wie ein Sternrubin in ihrem Kleid aus Alençoner Spitze, aber die erwarteten Scharen ihrer Verwandten und Freunde aus Schanghai waren ausgeblieben. Die Zahl der Bereitschaftspolizisten vor der römisch-katholischen Kathedrale in der Caine Road überstieg die der Gäste bei der Zeremonie. Als diese Gäste die Kathedrale verließen, wurden sie mit Hohn und Spott überschüttet. Spruchbänderschwingende Demonstranten bedrängten den Polizeikordon und schimpften auf kantonesisch und in gebrochenem Englisch.

«Britische Mörder, raus aus Hongkong! China den Chinesen! Tod den chinesischen Laufburschen! Tod den krummen Hunden, die den Briten dienen!»

Der Rolls-Royce mit dem jungen Paar wurde von einem englischen Angestellten von Derwent, Hayes gefahren. Die an den Kotflügeln und Kühlerfiguren der Autokolonne angebrachten bunten Papierschlangen flatterten in Straßen, die leer waren bis auf die schreienden Demonstranten. Eine Menschenmenge belagerte das langgestreckte, ockerfarbene Repulse Bay Hotel, wo der Empfang stattfand, weil es schwierig gewesen wäre, die Gäste und Vorräte zur Sekloong-Residenz hinaufzubringen. Die Kellner, die nervös Champagner und Kaviar anboten, waren ältere Angestellte des Hotels, die jüngeren waren verschwunden. Diener der Sekloongs halfen aus. Irregeführt durch seinen Stolz, hatte Sir Jonathan Sekloong die Stimmung in Hongkong falsch beurteilt.

Nur sechs Angehörige der Regimentskapelle der Argyll and Sutherland Highlanders in rot-grünen Kilts spielten im Ballsaal zu Ehren des edlen Ritters, der der Großvater des Bräutigams war, und seines Vaters, den die beiden Subalternoffiziere, die das Regiment für den Empfang hatte entbehren können, förmlich mit «Herr Oberst» anredeten. Ebenso wie die Polizei hatte das Militär anderswo dringendere, nicht gerade feierliche Pflichten.

Zwar hatten schon seit mehreren Monaten sporadisch Unruhen Hongkong erschreckt, doch die Hauptgefahr, die die Sicherheitskräfte bekämpften, war nicht Gewalttätigkeit, sondern Lähmung. Der Generalstreik, zu dem der von den Kommunisten geführte und von den Nationalisten unterstützte Gewerkschaftsbund aufgerufen hatte, war beunruhigend wirkungsvoll. Als Charles und Mary im Juni zurückkamen, waren die meisten Angestellten noch auf ihren Posten gewesen. Bis zum September hatte sich die Mehrzahl der Propaganda oder direkten Drohungen gefügt. Fabriken, Läden, Büros und Lagerhäuser waren praktisch verlassen. Wie im Pestjahr 1909 schlug der Puls der Stadt nur noch langsam und unregelmäßig. Europäische Freiwillige und «loyale» Chinesen, unterstützt vom Militär, hielten die wichtigsten Versorgungsbetriebe wie Wasser- und Elektrizitätswerke und die Verkehrsmittel in Gang, damit der Puls nicht völlig aussetzte.

Die Sekloongs waren genausowenig gefeit wie 1909, vielleicht sogar weniger. Die politische Geißel war fast so virulent wie der Schwarze Tod und ging noch unterschiedsloser vor. Anfang Juni war Sir Jonathans Chauffeur Ah Wai verschwunden, um seine «sterbende Mutter» in der fernen Provinz Kweitschou zu besuchen, und im Oktober gab es in der Sekloong-Residenz nur noch wenige Dienstboten. Ein paar von ihnen waren einfach zu alt, um noch an Streiks interessiert zu sein. Andere hatten mehr Angst davor, das einzige sichere Heim zu verlassen, das sie kannten, als vor den Vergeltungsmaßnahmen der Radikalen. Einige wenige, wie Marys Amah Ah Fung, entschieden sich bewußt dafür, jahrzehntelange Loyalitäten aufrechtzuerhalten. Die Zahl der Hausmeister in den Sekloong-Büros und -Lagerhäusern verringerte sich unter dem zunehmenden Druck. Denjenigen, die der verbalen Überredung der Agitatoren widerstanden, wurden überzeugendere Argumente angeboten. Eine einzige Tracht Prügel genügte gewöhnlich.

Am stärksten wirkte sich indes der wiedererwachte Patriotismus aus. Zum erstenmal hatte der chinesische Arbeiter das Gefühl, daß seine eigenen Taten das Schicksal seines Landes – und sein eigenes – unmittelbar beeinflussen könnten. Zum erstenmal war die instinktive Untertänigkeit gegenüber der Obrigkeit, sei sie britisch oder chinesisch, ernstlich erschüttert. Zum erstenmal hatten die Massen in der Provinz Kwangtung und in Hongkong ein höheres Ziel im Auge als das Wohlergehen ihrer Familien.

Die Arbeiter verließen die Kolonie nicht nur, weil sie ein unheilvoller Ort geworden war, sondern auch, weil die Agitatoren sie dazu ermunterten. Frauen mit Säuglingen, die sie sich in scharlachroten Baumwolltüchern auf den Rücken gebunden hatten, drängelten sich über die Laufplanken der Dampfer nach Kanton, wo nur in den britischen und französischen Firmen gestreikt wurde. Einige Arbeiter, die nicht fürs Vaterland hungern wollten, kehrten wieder zu ihren Arbeitsplätzen zurück, indem sie die Angehörigen der Bürgerwehr im Hafen und auf dem Bahnhof von Kanton bestachen. Ein paar dieser Renegaten wurden von den Streikausschüssen geschnappt. Der Chauffeur Ah Wai, der zurückkehren wollte, nachdem er sein Heimatdorf in den Bergen unerträglich bescheiden und langweilig gefunden hatte, war unter denjenigen, die im Schnellverfahren abgeurteilt wurden. Zusammen mit drei anderen «probritischen Verrätern» wurde er in der heißen Sonne am Kai von Kanton an einen Pfahl gebunden. Nach zwei Tagen ohne Wasser und Nahrung starb der drahtige alte Mann.

Die Sekloongs hatten einen umfassenden Plan aufgestellt, um die Auswirkungen des Streiks auf ihre Geschäfte einzuschränken. Da ihre Strategie auf den in einer anderen Zeit gültigen Voraussetzungen beruhte, versagte sie. Es war, als kämpfte man gegen eine körperlose giftige Wolke. Zum erstenmal schwammen die Sekloongs gegen den großen historischen Strom, nicht mit ihm. Die systematische Massenagitation, die Liu Schao-tschi unter der Leitung von Michail Borodin und Tschou En-lai durchführte, hatte die erste echte Volkserhebung im China des 20. Jahrhunderts entflammt. Zum erstenmal hatte Sir Jonathans instinktives Verständnis für die geheimen Quellen der Macht ihn irregeführt. Er sah sich einem Phänomen gegenüber, das für ihn völlig neu war: es war nicht, wie der Boxeraufstand, eine spontane Erhebung, von Aberglauben diktiert und von politischen Dilettanten gefördert, sondern eine von Berufsrevolutionären inszenierte Massenbewegung. Die Kommunisten hatten nicht nur gelernt, den schwelenden Groll des Volkes zur Flamme zu entfachen, sondern auch, den Brand in Gang zu halten – und zu lenken.

Die Sekloongs konnten indes fast unversehrt überleben, wenn der

Streik nicht unendlich lange währte – oder sie konnten sich vom Geschäft zurückziehen. Noch nach sechs Monaten hielten sie dank ihres gewaltigen Vermögens eine praktisch uneinnehmbare Stellung. Da an der chinesischen Küste seit eh und je mit politischen Unruhen gerechnet werden mußte, hatte Sir Jonathan in Europa und den Vereinigten Staaten beträchtliche Summen in Grundbesitz und in Unternehmen investiert. Aber auf einen anderen Kontinent auszuwandern war undenkbar. Der Bereich Hongkong–Schanghai war die Bastion seines Erfolgs, und sein Herz gehörte China. Übrigens gelang es dem Haus Sekloong besser als seinen britischen Konkurrenten, einen kleinen Strom dringend benötigter Waren in seine Lagerhäuser zu leiten. Hochseedampfer machten einen Bogen um Hongkong, seit die Schauerleute sich weigerten, die Ladungen zu löschen. Aber die Dschunken, die die mageren Exporte der Kolonie zum Umladen auf ausländische Schiffe in andere Häfen brachten, kehrten mit Importwaren zurück. Südchina war nicht geschlossen gegen die Briten, und die selbständigen Dschunkenbesitzer machten ihren Gewinn, wo sie ihn fanden.

Doch die Antipathie zwischen Chinesen und Engländern führte immer wieder zu Zusammenstößen in der Kolonie. Beide Seiten waren voll von selbstgerechtem Zorn. Die Briten schimpften bei Brandy mit Soda über die «Undankbarkeit» eines Volkes, dem sie Arbeitsplätze verschafft hatten; die Chinesen prangerten die Arroganz ihrer Kolonialherren an. Die Sekloongs waren zwischen widerstreitenden Loyalitäten hin und her gerissen. Nach seiner bitteren Enttäuschung über Dr. Sun und die Nationalisten hatte sich Sir Jonathans vorsichtiger Liberalismus immer mehr gelegt. Die konservative Einstellung des Alters wurde verstärkt durch Ernüchterung und durch seine Furcht vor den neuen Strömungen; dennoch hielt er sich immer noch für mehr chinesisch als britisch. Mary sympathisierte instinktiv mit den armen Chinesen; ihre Herkunft aus der unteren Mittelschicht siegte über ein Vierteljahrhundert der Privilegien und ihre latente antichinesische Einstellung. Charles – dieses typische Produkt des kommerziellen Hongkong – wetterte abwechselnd gegen die Briten und gegen die Chinesen, deren Zänkereien seine Heimat zugrunde richteten. Aber im Gegensatz zu vielen europäischen Geschäftsleuten wollten die Sekloongs die von dem Konflikt zwischen Herrschern und Untertanen zerrissene Stadt nicht verlassen.

Jedesmal wenn Sir Jonathan in die still gewordenen Büros von J. Sekloong and Sons fuhr, bedrückte ihn das Sterben der Kolonie stärker. Sein überschwengliches Selbstvertrauen schwand sichtbar. Doch flammte sein herrisches Temperament auf, als sein «Stiefbruder» Iain

Wheatley im Auftrag der britischen Handelskammer zu ihm kam. Sein Ärger wurde auch nicht beschwichtigt durch Iains Begleiter, seinen «ersten chinesischen Sekretär», Manfei Way, Charlottes Mann, dem der alte Herr mißtraute.

Der Form halber in Gegenwart von Charles und Mary, empfing Sir Jonathan Iain und Manfei mit kalter Höflichkeit. Er bot dem korpulenten, zweiundfünfzigjährigen *Taipan* und dem schlanken, achtundzwanzigjährigen Manfei keine Sessel, sondern harte Schwarzholzstühle an. Es war eine Familien-Konfrontation, und innerhalb der Familie hatte Sir Jonathan zweifellos einen höheren Rang inne als sein Stiefbruder Iain Wheatley und sein angeheirateter Enkel Manfei Way.

«Wir wollen keine Umstände machen.» Der alte Herr verzichtete damit auf die übliche gastfreundliche Geste einer Tasse Tee und den einleitenden Austausch von Scherzen. «Weswegen seid ihr gekommen?»

«Wir sind geehrt, Sir.» Manfei formulierte die vorgeschriebenen chinesischen Höflichkeiten auf englisch. «Ihr demütiger Enkel und Ihr jüngerer Bruder sind geehrt, daß Sie uns empfangen.»

«Laß mich reden, Manfei», unterbrach ihn Iain Wheatley. «Es ist eher meine Sache.»

«Sprich dich aus, Iain», sagte Charles gleichmütig. «Es hat keinen Sinn, drum herumzureden.»

«Sir Jonathan», fuhr Iain fort, «die Kammer hat lange Diskussionen geführt. Wir sind überzeugt, daß Hongkong zugrunde gehen und wir alle Konkurs machen werden, wenn der Streik nicht gebrochen wird.»

«Wie?» fragte der alte Herr.

«Mit indischen Arbeitern. Wenn wir zwanzigtausend südindische Kulis herbringen, werden die Chinesen wieder an die Arbeit gehen. Sie wollen nicht, daß ihre Reisschalen für immer zerbrochen werden. Die Kammer ist der Ansicht, daß Ihre Kooperation wesentlich ist.»

Charles schlug die Beine über, lehnte sich auf seinem Sessel zurück und hob den Blick zur Stukkatur der Decke. Mary war drauf und dran zu protestieren, besann sich aber eines Besseren. Der alte Herr war aufgestanden und beugte sich über die beiden. Er sprach langsam und in eisigem Ton.

«Meine Herren, meine Kooperation mag wesentlich sein, aber sie wird *nicht* angeboten. Unter *keinen* Umständen werde ich mich Ihnen anschließen oder dieses Vorgehen billigen. Wenn Sie damit ernst machen, werde ich die Firma J. Sekloong and Sons stillegen und meine Sympathie für . . .»

«Großvater», unterbrach ihn Manfei schmeichelnd, «wir schlagen nur eine vorübergehende Maßnahme vor, um die Bolschewiken kirre zu machen.»

«... meine absolute Sympathie für die Streikenden bekanntgeben.» Sir Jonathan nahm keine Notiz von Charlottes Mann. «Ich werde sie anspornen, den Streik auszuweiten. Die Tung Wah-Krankenhäuser werden auch den jetzigen Notdienst einstellen. Keine Dschunke wird noch Waren nach Hongkong bringen, und ich werde dafür sorgen, daß Hongkong zugrunde geht, ehe es zum Schlachtfeld für Chinesen und die von Indern unterstützten Briten wird.»

«Sir Jonathan, vielleicht haben wir uns nicht klar ausgedrückt», sagte Iain Wheatley beschwichtigend. «Es soll ja vor allem eine Drohung sein. Wenn erst mal ein paar tausend Inder ankommen, wird der Streik eines natürlichen Todes sterben. Sehen Sie denn nicht ein, daß ...»

«Sonst noch etwas, meine Herren?» fragte Sir Jonathan. «Ich habe zu tun.»

Als sich die Tür schloß, sah Mary den alten Herrn so respektvoll an, daß es an Ehrfurcht grenzte. Trotz seiner zweiundsiebzig Jahre loderten seine Leidenschaften noch.

«Ich kann nicht behaupten, daß ich anderer Meinung wäre», bemerkte Charles. «Aber du weißt, daß dies den offenen Bruch mit den Wheatleys und der britischen Handelskammer bedeutet?»

«So sei es», sagte Sir Jonathan.

Der Generalstreik ging allmählich zurück, weil Hunger die Arbeiter zwang, zu ihren grollenden Arbeitgebern zurückzukehren. Hongkongs wirtschaftliche Lähmung endete ein Jahr nach ihrem Beginn im Juni 1926, als das Bündnis der Nationalisten und Kommunisten, die den Generalstreik organisiert hatten, über der Gegensätzlichkeit ihrer Ziele zerbrach. Die neuerliche Kluft zwischen Briten und Chinesen wurde erst am 8. Dezember 1941 überwunden, als die beiden Seiten sich zum vergeblichen Widerstand gegen die japanischen Eindringlinge zusammenfanden.

Die drei Sekloongs, die den Streik unterstützten, sahen seine Auswirkungen auf ihre Heimat nicht. Von September 1925 bis Juni 1926 konnten weder Harry noch Thomas und James nach Hongkong kommen, denn den britischen Behörden waren Unruhestifter aus Kanton nicht willkommen. Außerdem waren sie in die Zusammenstöße verwikkelt, die das nationalistisch-kommunistische Bündnis sprengten und beide politischen Parteien zersplitterten.

Harry Sekloong hatte sich gefreut, als Wang Tsching-wei Präsident der am 1. Juli 1925 in Peking ausgerufenen Nationalregierung wurde. Aber Präsident Wang Tsching-wei und General Tschiang Kai-schek bekämpften sich wieder. Den Ambitionen des enttäuschten Generals genügte das Oberkommando über die Nationale Revolutionsarmee nicht. Harry Sekloong fühlte sich dem ehemaligen Börsenmakler noch mehr entfremdet, als Tschiang Kai-schek begann, gegen den Wunsch von Präsident Wang Tsching-wei die Kommunisten aus der Kuomintang auszuschließen.

Thomas und James waren praktisch bereits festgelegt, der ältere Bruder auf Tschiang Kai-schek und der jüngere auf Tschou En-lai. Aber das schwache Bündnis der Nationalisten und Kommunisten wurde offiziell aufrechterhalten, und die Brüder brauchten nicht gegeneinander Stellung zu beziehen. Statt dessen hatten sie Gelegenheit, sich im Waffenhandwerk zu üben, das sie von Kindheit an gelockt hatte. Im November 1925 marschierte die eben «flügge» gewordene Revolutionsarmee in die östliche Provinz Kwangtung, um ihre ersten Siege über einen dortigen Warlord zu erringen. Obwohl immer noch Offiziersanwärter, wurden Thomas und James bei diesen östlichen Expeditionen als Zugführer eingesetzt und waren glücklich über ihre Feuertaufe, die fast unblutig verlief. Marschallstäbe – zumindest Generalssterne – gaukelten schon vor ihrem geistigen Auge. In dem angenehmen subtropischen Herbst hatte sich die Wirklichkeit des Krieges als so glorreich wie in ihren Jugendträumen erwiesen.

Am 9. Juli 1926 ließen die Leutnante Thomas und James Sekloong ihre Züge in der Vierten Division der Nationalen Revolutionsarmee antreten. Ihr Kompanieführer war Lin Piao. Der junge Mann, der in Tschou En-lais politischen Schulungskursen alles gewußt hatte, war vom kommunistischen Apparat innerhalb der Revolutionsarmee zum Hauptmann befördert worden, weil er nämlich heimlich schon Mitglied der Kommunistischen Partei war. Die Offiziere hatten Mauser-Pistolen, und die Soldaten waren mit Lee-Enfield-Gewehren ausgerüstet. Alle Ränge trugen Khaki-Uniformen: hochgeschlossene Waffenröcke, Kniehosen, weiße Wickelgamaschen und Schirmmützen. Die Vierte Division war übrigens die erste militärische Einheit in der chinesischen Geschichte, die mit Lederstiefeln in den Kampf zog. Unter dem Kommando von General Tschiang Kai-schek begann mit fliegenden Fahnen und schmetternden Trompeten von Kanton aus die Nördliche Expedition mit dem Ziel, die Macht der Warlords zu brechen und zum erstenmal seit zwei Jahrhunderten eine einheitliche chinesische Nationalregierung einzusetzen.

11. April 1927 bis 15. Dezember 1927

«Ein Wanderzirkus, eine Operntruppe, die von einem Gastspiel zum anderen zieht – das sind wir!» Leutnant Thomas Sekloong hatte sich schon oft mit denselben Worten beklagt. Sein Bruder James vervollständigte die Litanei: «Um gegen den Feind zu kämpfen, haben wir Mann und Roß aufgeboten wie die Helden in der *Geschichte von den drei Reichen.* Aber der Feind verflüchtigt sich immer. Nie schlagen wir Schlachten, wir feiern nur unblutige Siege!»

James verkniff sich das Lachen, um wieder einmal auf die Moral der Geschichte hinzuweisen: «Genau wie es die Genossen Tschou und Borodin vorausgesagt haben. Dies, verehrter Zweitältester Bruder, ist eben *politische* Kriegführung. Je weniger wir kämpfen, um so besser. Unblutige Siege, weil die *lao pai-hsing*, die Massen, uns unterstützen!»

Die jungen Offiziere der tapferen Vierten Division , die am 11. April 1927 vor den Toren Schanghais kampierten, waren siegestrunken. Nach den Feldzügen, mit denen in neun Monaten halb China den Warlords entrissen worden war, sagten die Brüder einander Lebewohl mit einer Begeisterung, die unerfahrenen Rekruten besser anstand als den alten Kämpen, für die sie sich hielten. Thomas, soeben zum Hauptmann befördert, war wieder dem Stab des Oberkommandierenden Tschiang Kai-schek zugeteilt worden.

Der General hatte seine siegreiche Nationale Revolutionsarmee vor den Toren der größten chinesischen Stadt haltmachen lassen, während er mit den Vertretern der ausländischen Konzessionen und führenden chinesischen Bürgern verhandelte. Der politische Kommissar Tschou En-lai und seine Arbeitermiliz hatten die Chinesenstadt besetzt, und Schanghai war praktisch in der Hand der Verbündeten.

Präsident Wang Tsching-wei, der freiwillig ins Exil gegangen war, nachdem er sich durch Tschiang Kai-schek sämtlicher Machtbefugnisse beraubt sah, war zehn Tage zuvor, am 1. April 1927, zurückgekehrt, um sein Amt wieder zu übernehmen und von neuem zu versuchen, mit seinem eigenwilligen Militärbefehlshaber zusammenzuarbeiten. Die Brüder freuten sich über diese Versöhnung und waren entzückt, ihren Onkel Harry wiederzusehen, der mit dem Präsidenten nach China zurückgekehrt war. Sie wärmten sich die Hände am Lagerfeuer und schwelgten in der Erinnerung an die spektakulären Erfolge der Nördlichen Expedition.

In Wirklichkeit waren sie zunächst auf nicht mehr Widerstand gestoßen als ein Wanderzirkus, und die 92 000 Mann starke Revolutionsarmee war durch ein Land marschiert, das sie willkommen hieß. Die Soldaten hätten Tee statt Munition in ihren Patronengurten oder die Gewehre mit Chrysanthemen geschmückt haben können. Ihr Vormarsch war ein Kinderspiel gewesen, bis sie Mitte September 1926 an der Grenze der Provinz Kiangsi auf die widerspenstigen Truppen des Warlords General Sun Tschuan-fang stießen. Die ersten zwei Monate des Feldzugs waren so glatt verlaufen wie ein Übungsmanöver nach den Felddienstvorschriften, die die kommunistisch beherrschten politischen Abteilungen der Revolutionsarmee ausgearbeitet hatten und die die neue Kunst der politischen Kriegführung und der Agitprop – Agitation und Propaganda – predigten.

Die Armee hatte sich bemerkenswert gut aufgeführt. Ihre Feinde, die zerlumpten Soldaten der schwankenden Koalition von Warlords, vergewaltigten und plünderten und machten sich die Bauern, die nicht geflohen waren, zu Feinden. Doch sogar die Achtzehnte Division des Warlords Li Tschung-jen der Provinz Kwangsi, verstärkt durch Offiziere der Akademie Whampoa, versagten sich im allgemeinen das Plündern, das seit Jahrtausenden bei chinesischen Armeen gang und gäbe gewesen war. Das wurde dadurch möglich, daß die Truppen ihren Sold tatsächlich in ziemlich regelmäßigen Abständen erhielten. Zwar war Moskau mit Gold weniger großzügig als mit Ratschlägen, dennoch stellte es Mittel für die Streitkräfte zur Verfügung, von denen Josef Stalin annahm, sie würden China für ihn erobern. Auch einsichtige und auf ihren Vorteil bedachte Patrioten wie das Haus Sekloong steuerten zur Kriegskasse der Revolutionäre bei, ebenso ein paar vorausschauende ausländische Firmen. So konnten die Unteroffiziere und Mannschaften der siegreichen, ausreichend ernährten Nationalen Armee vom Plündern abgehalten werden. Sogar die Offiziere, die weder Kommunisten noch Absolventen der Akademie Whampoa waren, stahlen sehr wenig.

Die tiefverwurzelte Angst der Bauern vor Männern in Uniform verwandelte sich zuerst in ungläubiges Staunen über diese Zurückhaltung und dann in zaghafte Hoffnung. Vielleicht würden diesmal ihre selbsternannten Befreier ihre Versprechungen halten und den Bauern Freiheit und Land geben? Die Bauern verstanden das Wort *dzu-yu* als Freiheit, wörtlich heißt es aber «Selbstentscheidung». Unsicher warteten sie auf die Verteilung von Übertragungsurkunden für das Land. Aber wenigstens wurden sie nicht ihrer geringen Habe beraubt.

Zur Vorhut der Armee gehörten nicht nur bewaffnete Patrouillen, sondern auch Agitprop-Einheiten, die die unterdrückten Bauern aufhetzten, sich gegen die Grundeigentümer zu erheben. Frauen waren die wirkungsvollsten Propagandisten. Sängerinnen, Tänzerinnen und Schauspielerinnen traten auf improvisierten Bühnen auf Dorfplätzen auf. Jahrtausendealte Dramen wurden so bearbeitet, daß die politische Botschaft deutlich wurde: die Nationale Revolutionsarmee wolle die *lao pai-hsing* von jahrhundertelanger Ausbeutung befreien. Die «unterdrückten Schwestern» sprachen begeistert darauf an, diese geduldigen chinesischen Frauen, die gesetzlich weniger geschützt waren als die unverdrossen arbeitenden Wasserbüffel und die mit ihrem standhaften Mut und ihrer unermüdlichen Arbeitskraft Familien und Gemeinden zusammenhielten. Die Bewegung zur Frauenbefreiung forderte: «Zerstört alle Mechanismen, deren sich die auf den Mann ausgerichtete Gesellschaft bedient, um Frauen zu unterdrücken und auszubeuten – die traditionelle Moral, die wirtschaftliche und die militärische Macht!» Der seit Generationen aufgestaute Groll machte die Frauen auf dem Land zu militanten Konvertiten, die ihre Männer anstachelten, der Revolutionsarmee als Rekruten, Kuriere und Informanten zu dienen.

Die Brüder Sekloong waren verblüfft über die Wirksamkeit der Agitprop-Abteilungen. Sie befanden sich auf einer schmerzlichen Entdekkungsreise; die Struktur des Landes und der Gesellschaft, die sie zum erstenmal sahen, war eine erschütternde Offenbarung. Als sie dem abstrakten Begriff China Treue schworen, hatten sie versprochen, eine Nation zu befreien und zu einigen, die sie nicht kannten. In der *splendid isolation* Hongkongs und der von Ausländern beherrschten Vertragshäfen aufgewachsen, wußten sie vom Hinterland fast ebensowenig wie die geld- und rassestolzen europäischen *Taipans*. Den meisten unter den jungen Absolventen der Akademie Whampoa, Söhnen der verwöhnten städtischen Bourgeoisie, war das Innere Chinas so fremd wie Patagonien. Die kosmopolitischen Metropolen schwanden aus ihrem Bewußtsein, als sie durch das uralte bäuerliche China nach Norden marschierten und zurück in vergangene Jahrhunderte.

In den verräucherten Höhlenbehausungen der gebirgigen Provinz Kiangsi sahen die jungen Idealisten Mütter und Väter, die ein einziges Schwein oder einen Esel mit einer Hingabe aufzogen, die sie ihren rachitischen, mit Krätze behafteten Kindern nicht widmen konnten, wenn überhaupt einer am Leben bleiben sollte. Ganze Familien – zwanzig Menschen aus drei Generationen – hausten in Lehmhütten, die sich im Regen auflösten. Das «große Haus» eines Gutsbesitzers beherrschte fast jedes Dorf. Die Bauern trugen geflickte Lumpen, streckten ihren ungeschälten Reis mit Wildgemüse und betrachteten sich als vom Gott des Reichtums gesegnet, wenn sie am Mondneujahr einen Happen Schweinefleisch, ein halbes Ei oder ein paar Stückchen Huhn hatten. Einige der «großen Häuser» waren nur etwas ansehnlichere Bauernhütten, aber manche waren Villen inmitten von Pinien- und Bambushainen. Die Grundbesitzer in diesen Häusern trugen Wolle oder Seide und aßen täglich Fleisch oder Fisch. Da es keine andere Obrigkeit gab, übten sie das Amt von Richtern und Bürgermeistern aus – und bereicherten sich zusätzlich durch Geldverleih.

Nicht alle waren die von den Propagandisten der Revolutionsarmee geschilderten hartherzigen Ausbeuter. Einige übernahmen die traditionelle Verantwortung des Landadels für die *lao pai-hsing*, unterhielten Schulen und verteilten Almosen an die Armen. Aber der Verfall der konfuzianischen Ethik und die Anarchie nach dem Sturz der Mandschus hatten bewirkt, daß der Landadel nur noch ein überragendes sittliches Gebot kannte: das Wohlergehen der eigenen Familien.

Thomas war, wie James, entsetzt über das eklatante Nebeneinander von Armut und Wohlstand. Aber im Gegensatz zu James war er weder von der Niedertracht der Grundbesitzer noch von ihrer Lebensweise beeindruckt. Das Land war so arm, daß sogar die reichen Grundbesitzer nach seinen Maßstäben arm waren; die meisten lebten nicht besser als die Dienstboten der Sekloongs. Außerdem respektierte er die gottgewollte Rangordnung unter den Menschen. Er teilte die konfuzianische Überzeugung seines Idols, des Generals Tschiang Kai-schek, daß Menschenführung eine strikte Unterscheidung zwischen Vorgesetzten und Untergebenen erfordere. Der nüchterne Thomas war ebensowenig wie der General von abstrakter ethischer Entrüstung erfüllt, obwohl beide einsahen, daß das Los der Bauern verbessert werden müsse, wenn China ein mächtiges, modernes Land werden sollte.

Thomas war allerdings empört, als er entdeckte, daß kein Bauer und nur ein paar Grundbesitzer das Wort *Chung-kuo* für China gebrauchten, das wörtlich «Land der Mitte» bedeutete. Sie bezeichneten sich nicht als *Chung-kuo jen*, Chinesen, sondern als *Tang jen* oder *Han jen*, «Menschen von Tang» oder «Menschen von Han» nach den zwei größten kaiserlichen Dynastien. Nationalismus, der erste der «Drei Grundsätze der Volksherrschaft» von Dr. Sun Yat-sen, stand im Mittelpunkt von Thomas' persönlicher Weltanschauung. Er war empört, daß die *lao pai-hsing* China nicht kannten und schon gar nicht den Begriff der Nation.

James seinerseits hatte den Idealismus seines Vaters Harry geerbt –

oder durch Annäherung erworben –, und auch dessen Respektlosigkeit. Zornig erkannte er die unermeßliche und vielleicht unüberbrückbare Kluft zwischen seiner gewohnten Lebensweise und der der bäuerlichen Massen. Volkswohl, der zweite von Dr. Suns drei Grundsätzen, kam in seiner persönlichen Weltanschauung an erster Stelle. Aber China, das hatte er gesehen, war so riesig, so unterschiedlich und so bodenlos arm, daß er manchmal zweifelte, ob sich an dieser Armut je etwas ändern lassen würde. Ohne daß es sein Bruder wußte, war James bereits Mitglied im Bund der Jungen Sozialisten und Kandidat der Kommunistischen Partei. Da ihm sein Zellenleiter befohlen hatte, weder über diese Zugehörigkeiten noch über seine persönliche Einstellung zu sprechen, verbarg er seine sittliche Entrüstung hinter Spott.

Aber bei einer Gelegenheit versagte seine unsichere Selbstdisziplin völlig.

Eine Woche, ehe das Herumziehen des Wanderzirkus mit blutigen Kämpfen gegen den Warlord Sun Tschuan-fang endete, war die Kompanie in dem Marktstädtchen Hsinkan einquartiert, hundertzehn Kilometer südlich von Nantschang. Der ewig lächelnde wichtigste Mann des Städtchens, der Friedensrichter Li genannt wurde, lud die Offiziere zum Abendessen ein. Trotz seiner persönlichen Vorbehalte nahm der Kompanieführer Lin Piao die Einladung an. Die Kommunistische Partei China befolgte immer noch Moskaus ausdrückliche Anweisungen: «Mit den Nationalisten zusammenarbeiten, um den Sieg für die nationale bourgeoise Revolution zu erringen, ehe wir uns gegen die Nationalisten erheben, um eine proletarische Revolution zu machen.» Da Friedensrichter Li zweifellos ein «nationaler Bourgeois» war und keine Verbindungen zu «ausländischen imperialistischen Kapitalisten» hatte, mußte sich Lin Piao um seine Mitarbeit bemühen. Und Friedensrichter Li hätte selbst den Höllenfürsten und seine Unterteufel bewirtet, wenn sie Hsinkan in der Hand gehabt hätten. Weder Hauptmann Lin Piao noch Friedensrichter Li hatten Grund, das explosive Temperament hinter dem lachenden Gesicht von Leutnant James Sekloong zu fürchten. Selbst Thomas hätte nicht voraussehen können, wie heftig sein Bruder auf die rote Muschelschale der Shell an Friedensrichter Lis Tor reagieren würde.

Dennoch runzelte Lin Piao die Brauen über den tiefliegenden Augen. Er fühlte sich äußerst unbehaglich in dem mit Rollbildern geschmückten Eßzimmer des Grundbesitzers, von dem er wußte, daß er sein wahrer Feind war. Aber die anderen jungen Offiziere erschienen ungezwungen. Aus Zinnteekannen wurde Schauhsing-Reiswein ausgeschenkt, um sie zu Fröhlichkeit anzuregen. Sie machten sich genüßlich über die üppigen kalten Vorspeisen her: tausendjährige Eier, ihr wie Jade schimmerndes Dotter in das durchsichtige Weiße gebettet; dünne Schweinefleischscheiben in einer Sauce mit Knoblauch, Pfeffer, Soja und Koriander nach Art von Tschengtu; geschabte Hühnerbrust in Sesampaste und Essig; kleine Süßwasser-Garnelen in Wein; marinierte Gans und fein gewürzte Schinkenwürfel nach Schanghaier Art. Die Diener stellten die nächsten Gänge auf den runden Rosenholztisch: eine Terrine kostbarer Haifischflossen und Krabben; zartes Geflügelhaschee mit hauchdünnen Weizenpfannkuchen; Froschschenkel, knusprig in Teig gebacken, und Aal mit Knoblauch gedünstet.

Für James' verwöhnten Gaumen war das Essen nicht mehr als passabel. Aber empört verglich er Friedensrichter Lis Kost mit der, die die armen Bauern an diesem Morgen mit seinem Zug geteilt hatten: ein paar Stückchen Wildgemüse, durch grobes Salz genießbar gemacht, und winzige Schüsseln Reisbrei. Er trank einen Fingerhutvoll warmen gelben Reiswein nach dem anderen und heizte seine verdrossene Wut weiter an. Seine Offizierskameraden, stellte er verächtlich fest, widersprachen wie dressierte Papageien den obligatorischen abfälligen Bemerkungen ihres Gastgebers über die erlesenen Gerichte.

Während magere Wachhunde nach den ihnen zugeworfenen Happen schnappten, brachten die Diener die nächsten Gänge herein: Vogelnestsuppe aus Borneo mit Wachteleiern; Filetstückchen mit Lotusstengeln gedünstet; Pilze gefüllt mit würzigem Schweinefleisch; frische Muscheln und Abalone, gemischt mit pikanten Gemüsen; in Honig geschmorter Schinken in Teigtaschen, ein Rezept der Nachbarprovinz Hunan, ganze Hühner, in Lotosblätter eingehüllt, ehe sie im aromatischen Bodensatz aus Weinkrügen gebraten wurden: Enten über einem Feuer aus Teeblättern und Kampferholz geräuchert, und der große Goldene Fisch aus dem Tungting-See, im ganzen in Wein gedämpft.

«Das ist ja gar nichts!» Friedensrichter Li brachte die geheuchelte Demut zum Ausdruck, die die traditionelle chinesische Höflichkeit erforderte. «Ich entschuldige mich von Herzen für diesen schlecht zubereiteten Fraß. Er ist den jungen Herren nicht angemessen, die meine armselige Hütte mit ihrer strahlenden Gegenwart beehren.»

«Sie tun uns zuviel Ehre an», erwiderte Thomas ganz automatisch. «Ihr Bankett ist vorzüglich. Weit über unser armseliges Verdienst hinaus. Es ist so reichhaltig, daß es uns verwirrt.»

«Und uns besoffen macht», murmelte James. «Wir fressen wie ausbeuterische Gutsbesitzer, wir Soldaten des Volkes.»

Thomas war beunruhigt über die dunkle Röte, die das Gesicht seines Bruders überzog, und Lin Piao sah seinen Untergebenen scharf an. Wenn Friedensrichter Li, der schwitzend sein Essen mit Elfenbeinstäbchen in seinen fettigen Mund schaufelte, James' groben Kommentar gehört hatte, dann ließ er es jedenfalls nicht erkennen.

«Ich bin besonders geehrt, weil ich Beziehungen zu zweien der jungen Herren für mich in Anspruch nehmen darf.» Sein Lächeln war salbungsvoll. «Das Shell-Emblem am Eingang zu meiner Hütte zeigt, daß ich ein unwürdiger Vertreter des königlichen Kaufmanns Sek Howan, des großen Sekloong, bin.»

Selbst Thomas zuckte bei dieser kriecherischen Schmeichelei zusammen, und James wurde puterrot, als er das Wort *kwan-hsi*, Beziehungen, hörte. Gut die Hälfte von Chinas Unglück war die Folge von *kwan-hsi*, den persönlichen Beziehungen, die alle anderen gesellschaftlichen, wirtschaftlichen und ethischen Bindungen beherrschten. Seine politischen Instruktoren hatten ihn gelehrt, daß *kwan-hsi* ein Netz von korrupten Privilegien sei, das die schlechte, ausbeuterische alte Gesellschaft stütze.

«Kwan-hsi», knurrte er. «Sie Mistkerl. Scheiß auf Ihr *kwan-hsi*. Ich habe *keine* Beziehungen zu Blutsaugern.»

Das Gelächter der Offiziere hörte abrupt auf. Hauptmann Lin Piao eilte sich, die gesellschaftliche Entgleisung wiedergutzumachen, obwohl er mit James einer Meinung war. Dem Sohn der verarmten Bourgeoisie waren die ausgeklügelten traditionellen Höflichkeiten eingepaukt worden, ehe er mit fünfzehn Jahren mit seiner Familie brach und in den Bund der Jungen Sozialisten eintrat. Außerdem war er ja von der Kommunistischen Partei angewiesen worden, die «nationale Bourgeoisie» versöhnlich zu stimmen – bis die Zeit für ihre Liquidierung gekommen wäre.

«Wir, Älterer Bruder Li, sprechen nicht von *kwan-hsi*», erklärte Lin Piao. «Für uns ist Gerechtigkeit wichtig, nicht Beziehungen, Gerechtigkeit für das *ganze* chinesische Volk.»

«Ich bin alt, zu alt und zu unwissend.» Ein Schwall von Entschuldigungen floß Friedensrichter Li von den schlaffen Lippen. «Ich kenne die richtigen neuen Ausdrücke nicht. Ich bitte Sie, mir zu verzeihen, junge Herren!»

«Wieviel bezahlen Sie für ein Katt Brennöl, Mr. Li?» James kippte seinen zweiundzwanzigsten Becher gelben Reiswein. «Und wieviel berechnen Sie?»

«Es ist schwer zu sagen, verehrter Leutnant.» Friedensrichter Li wich der Frage aus. «Viele Faktoren tragen zu den Kosten bei – Gemeinkosten, Verladung, Versicherung, Transport. Wenn Ihre vortreffliche Nationale Revolutionsarmee eine neue Regierung einsetzt, werde ich den vortrefflichen Bauern das Brennöl für ihre Lampen viel billiger verkaufen.»

James wußte, daß Friedensrichter Li bis zu diesem Augenblick niemals von «vortrefflichen Bauern» gesprochen hatte. *Kwei nung-min*, vortreffliche Bauern, nicht zu fassen! Normalerweise würde der fette Li die Bauern *yung-jen* nennen, «Sklaven».

«Dann werde ich es Ihnen sagen», antwortete James. «Nach Abzug aller Unkosten beträgt Ihr Gewinn glatte dreihundert Prozent.»

«Ich versichere Ihnen, junger Herr, daß Ihre Zahlen unrichtig sind.»

«Sie lügen!» fauchte James. «Sie sind nicht nur ein Blutsauger, sondern auch ein schamloser Lügner.»

«Und Ihr vortreffliches Haus?» Der autokratische Charakter des Kaufmanns setzte sich durch. «Ihr eigenes, so vortreffliches Haus? Wieviel betragen Ihre Gewinne? Das Doppelte von meinen, und mich schinden Sie, wenn ich mit der Bezahlung eine Woche im Rückstand bin. Sie sind die Blutsauger, die sich als Retter der Massen ausgeben. Ihr Sekloongs seid die Laufburschen der fremden Teufel. Sie sind bloß in die Nationale Armee eingetreten, um Ihre eigenen verdammten Beziehungen zu schützen, Ihre eigenen *kwan-hsi*!»

James fegte das Geschirr auf den Boden. Er sprang auf den Tisch, und seine schmutzigen Stiefel drückten Porzellanscherben in die polierte Rosenholzplatte. Mit einer Hand packte er Friedensrichter Li an der Kehle; die andere tastete nach dem in der Scheide steckenden Seitengewehr. Er schüttelte die Hand seines Bruders ab, der ihn zurückhalten wollte, und schon hatte er das Seitengewehr frei.

Das Gesicht des Friedensrichters Li war braunrot, und mit seinen weichen Händen zerrte er an den Fingern, die seine Kehle umschlossen. James' Seitengewehr durchbohrte den feisten Oberschenkel des Kaufmanns. Lin Piao bellte einen Befehl, und seine Leutnante trennten die beiden. Er beugte sich besorgt über den sich windenden Kaufmann, um nach der Schlagader inmitten des herausspritzenden Blutes zu suchen. Aber ein halbes Lächeln zeigte sich auf seinem blassen Gesicht. Er wußte, daß er der Loyalität zumindest eines Angehörigen seiner geheimen kommunistischen Zelle ziemlich sicher sein konnte. Nachdem er seine verlegenen Untergebenen aus dem Haus des Gutsbesitzers herausbugsiert hatte, nahm er James Sekloong beiseite.

«Auf dieses Schildkrötenei kommt es nicht so sehr an», sagte er milde. «Er war sowieso ein Feind, jetzt ist er ein Erzfeind. Das Werk des heutigen Abends könnte unseren Ruf bei den Bauern wiederherstellen. Sie fragen sich schon, warum wir versprechen, sie zu befreien – und dann mit ihren Unterdrückern Wein saufen.»

«Kompanieführer», sagte James ernst, «ich bedaure, daß . . .»

«O ja, Sie werden es bedauern, ganz bestimmt! Sie werden öffentlich gemaßregelt werden wegen Gewalttätigkeit gegenüber einem Zivilisten.»

«Das habe ich verdient.» Der zerknirschte James wischte sein Seitengewehr ab. «Ich werde nie wieder gegen die Disziplin verstoßen.»

«Das werden Sie sicherlich nicht. Aber Ihre wirkliche Bestrafung ist Sache des Parteikomitees. Wahrscheinlich werden Sie mindestens Ihren Kandidaten-Status verlieren.»

«Aber, Kompanieführer», wandte James ein. «Friedensrichter Li ist der Feind, der Klassenfeind, gegen den wir kämpfen. Warum sollte das Parteikomitee . . .»

«Weil Sie, Zugführer, Befehle nicht befolgt und die Disziplin verletzt haben. Die Kollektivweisheit der Partei ist größer als Ihre oder meine, sogar größer, als die des Generalsekretärs. Wenn die Partei uns befehlen würde, nach Peking zu marschieren, um Pu Yi, den sogenannten Kaiser Hsüan Tung, wieder auf den Thron zu setzen, dann würden wir marschieren.»

«Aber Kompanieführer, ich . . .»

«Keine Widerworte, Zugführer. Ohne Disziplin sind wir nicht mehr wert als die senilen Briganten der Geheimgesellschaften. Ein guter Kommunist muß seinen Willen der Partei unterordnen, seine persönliche Einstellung – und seinen Familienstolz. Vor allem aber gehorcht ein guter Kommunist. Sonst nützt er der Revolution so viel wie ein Haufen Hundescheiße.»

James hüllte sich nach der demütigenden öffentlichen Maßregelung in Schweigen, während er seine Selbstachtung allmählich wiedererlangte und auf die Entscheidung des Parteikomitees wartete. Seine Offizierskameraden zogen fröhlich wie Spaziergänger durch den herrlichen Oktober-Sonnenschein, bis sie nach Nantschang kamen. Die von hohen Mauern geschützte Stadt hatte seit Jahrhunderten das gebirgige nördliche Kiangsi beherrscht und damit das uralte Tor zum mittleren Jangtse-Tal und in den Norden: die Straße nach Schanghai, Nanking und zur alten Kaiserstadt Peking. Warlord Sun Tschuan-fang war daher ebenso entschlossen, das strategisch wichtige Nantschang zu halten, wie die Revolutionsarmee, die Stadt einzunehmen. Zum erstenmal traf die Nationale Revolutionsarmee in einer sorgfältig geplanten, konventionellen

Schlacht auf einen entschlossenen Gegner – und sie wich zurück. Die politische Kriegführung war nutzlos bei Truppen, die auf nationalistische Propaganda nicht ansprachen. Sun Tschuan-fang warf mehr als 150000 Mann in den Kampf, und die Whampoa-Offiziere erfuhren zum erstenmal, daß Krieg grausam war.

Hauptmann Lin Piaos Kompanie hatte die Ehre, als Stoßtrupp eingesetzt zu werden, und die Verluste der Einheit waren schwer. Die jungen Offiziere waren erschüttert, als sie entdeckten, daß der «nationale revolutionäre Krieg» nicht immer eine triumphale Parade im Sonnenschein war. Thomas Sekloong gab es nur sich selbst gegenüber zu, daß er Angst hatte vor der Artillerie des Feindes und Nahkämpfe erschreckend fand. James konnte nicht einmal sich selbst gegenüber zugeben, daß er Angst hatte, denn er war entschlossen, seinen Verstoß gegen die Disziplin durch Mut wettzumachen. Er führte seinen Zug im Frontalangriff gegen die zweiundzwanzig Häuser des Dorfes, das den Weg nach Nantschang versperrte.

Sie wurden mit Maschinengewehr- und Mörserfeuer empfangen, das achtzehn seiner vierzig Mann niederstreckte. James nahm keine Dekkung, sondern befahl, das Dorf zu stürmen. Die verblüfften Verteidiger gaben auf und ergriffen die Flucht vor Truppen, die nicht fielen oder sich wenigstens hinwarfen. Die Nationalisten metzelten ihre Feinde mit Bajonetten und halbmondförmigen Messern nieder. Siegestrunken, zählte James seine eigenen Verluste nicht und sah auch nicht das blutige Trümmerfeld des Dorfes. Von seinem Bajonett tropfte es rot, und graue Hirnmasse klebte am Knauf seiner Mauser-Pistole. Er war stolz, als Lin Piao mit der Kompanie zu ihm stieß. Ihm war befohlen worden, das Dorf zu nehmen, und er hatte es getan.

Hauptmann Lin blickte über den Dorfplatz, wo dreiundzwanzig tote Warlord-Soldaten in ihren grauen Uniformen lagen. Die Hunde zerrten bereits an den Leichen und rissen die Baumwolljacken auf, um an das süße Fleisch darunter zu kommen.

«Sie haben die Befehle befolgt, Zugführer», bemerkte Lin Piao, «zu genau befolgt. Wäre es nicht besser gewesen, den Feind zu umgehen und in der Flanke anzugreifen? Es kommt darauf an, den Feind zu töten, *nicht* die eigenen Leute.»

«Ich werde es mir merken, Genosse ... äh ... Kompanieführer.» James nahm den freundlichen Tadel nicht übel. «Ich muß offenbar Lehrgeld zahlen.»

«Wenn Sie nur lernen, Genosse», erwiderte Lin Piao. «Darauf kommt es an.»

Die Generale lernten langsamer als Leutnant James Sekloong, obwohl ihr Fehler gewöhnlich nicht Tollkühnheit, sondern allzuviel Vorsicht war. Jubelnd über die billig errungenen Siege vor der Schlacht von Nantschang und fasziniert von der Doktrin der «totalen politischen Kriegführung», die Michail Borodin, Tschou En-lai und General Galen predigten, setzten sich die Divisionskommandeure über die Mahnung des Meisterstrategen Sun Tze hinweg, der vor zweieinhalb Jahrtausenden gesagt hatte: «Laßt dem Feind immer einen Ausweg! Laßt ihm immer die Möglichkeit zur Flucht.»

Die Soldaten des Warlords nahmen keine Notiz von den Aufrufen, die andere Warlord-Einheiten veranlaßt hatten, zu desertieren: «Kommt, ihr chinesischen Patrioten, und eint mit uns zusammen das Land!» Kompanien und Bataillone wären geschlossen zur Revolutionsarmee übergelaufen, wenn man ihnen Gold geboten hätte. Aber die Kassen der Revolutionäre waren leer, im Gegensatz zu denen von General Sun, der wußte, daß Söldner bezahlt werden mußten. Nachdem sie Sun Tschuan-fangs Gold genommen hatten, kämpften seine Truppen mit einer Verbissenheit, die die politischen Kommissare verwunderte.

Dennoch zog sich die Schlinge der Revolutionsarmee aus Männern und Stahl um Nantschang zusammen. Die entscheidende Schlacht begann am 1. November 1927, und genau eine Woche später fiel die Stadt. Nachdem seine Macht gebrochen war, floh Sun Tschuan-fang mit seinem Gold und seinen Konkubinen nach Norden und überließ seine Soldaten, die es abgelehnt hatten, zu desertieren, ihrem Schicksal. Als die nationalistischen Kommandeure die Verluste zählten, waren sie erschüttert: über 90000 Gefallene und Verwundete auf seiten der Warlords. Ihre eigenen Verluste gaben die Generale nicht bekannt, aber jeder Mann hatte ringsum seine Kameraden reihenweise fallen sehen. Einige der Offiziere nickten zustimmend, als Thomas Sekloong leise sagte: «Ich glaubte, es sei unser Ziel, China zu einen – nicht, Chinesen zu töten.»

Viele der jungen Offiziere teilten zwar James Sekloongs Begeisterung über den Sieg, aber nicht alle waren mit seiner Antwort einverstanden: «Wir werden noch viele Chinesen töten. Das müssen wir, damit das Volk die Macht ergreifen kann.»

Wenn der Oberkommandierende Tschiang Kai-schek die Bestürzung seiner Untergebenen teilte, so ließ er jedenfalls kein äußeres Anzeichen des Bedauerns über das Gemetzel erkennen. Auch sein Ziel stand fest – China unter der Herrschaft der aufgeklärten Bourgeoisie zu einigen, der modernen, verantwortungsbewußten Besitzbürger, die James verachtete. Tschiang schien Anfang 1927 seinem Ziel nahe zu sein, da er nach dem Fall von Nantschang das Jangtse-Tal und den ganzen Süden militärisch in der Hand hatte, also mehr als das halbe China. Aber er wurde behindert durch politische Auseinandersetzungen innerhalb der Nationalistischen Partei, die sein Ziel noch mehr gefährdeten als die zunehmende Spannung zwischen den Nationalisten und den Kommunisten.

Obwohl Präsident Wang Tsching-wei noch im Ausland war, hatte die Nationalistische Regierung im Januar 1927 ihren Sitz nach Wuhan verlegt, in das industrielle Herz Chinas. Dominierend in der Regierung war der linke Flügel der Kuomintang, zu dem viele Sympathisanten der Sowjetunion gehörten, und seine graue Eminenz war Michail Borodin, der Vertreter der Kommunistischen Internationale in China. Der linke Flügel tat die Gefahr einer russischen Vorherrschaft, vor der Sir Jonathan Sekloong schon drei Jahre zuvor gewarnt hatte, kurzerhand als unerheblich ab.

Tschiang Kai-schek verwarf schlankweg Borodins Rat, er solle, statt weiter vorzurücken, mit kommunistischer Unterstützung die in nationalistischer Hand befindlichen Gebiete erst einmal sichern. Als die Warlords sich in wilder Flucht nach Norden zurückzogen, nahm die Revolutionsarmee Nanking ein. Tschiangs triumphierende Truppen plünderten die ausländischen Konzessionen in der Stadt und steckten die Öltanks der Esso Petroleum Company in Brand. Von Panik ergriffene Ausländer kletterten über die Mauern ihrer Grundstücke und suchten Schutz auf den Kanonenbooten der amerikanischen und britischen Marine, die auf dem Jangtse vor Anker lagen.

Das Plündern hörte auf, als diese Kanonenboote die nationalistischen Truppen beschossen. Aber General Tschiang hatte Nanking eingenommen und gedachte, Nanking zu behalten, die alte Südliche Hauptstadt, die als Symbol legitimer Herrschaft nur Peking nachstand, der Nördlichen Hauptstadt. Gleichzeitig hatte er sich in der ausländischen Presse einen Namen als «blutdürstiger Bolschewik» gemacht – und das just in dem Augenblick, als er auf den Bruch mit seinen kommunistischen Verbündeten in Schanghai, dem tatsächlichen Machtzentrum des modernen China, zusteuerte.

Der große Hafen, den Tschou En-lais Arbeitermiliz am 22. März 1927, zwei Tage vor dem Fall Nankings, im Handstreich genommen hatte, war für Tschiang Kai-scheks Strategie von entscheidender Bedeutung. Wer Schanghai besaß, hatte die Wirtschaft und die Verkehrswege des Jangtse-Beckens, die ganz Mittelchina beherrschten, in der Hand. Die Stadt konnte auch dem rechten Flügel der Nationalisten, der nicht an Moskaus Großzügigkeit glaubte, finanzielle Unterstützung bieten. Tschiangs Entschluß, diese anderen Machtquellen auszubeuten, festigte sich, nachdem ein Warlord am 6. April eine Polizeirazzia auf das sowjetische Konsulat in Peking hatte durchführen lassen. Aus beschlagnahmten Unterlagen ging hervor, daß Moskau plante, nach dem gemeinsamen nationalistisch-kommunistischen Sieg die Kuomintang zu vernichten und durch die chinesische Kommunistische Partei die Macht über ganz China zu übernehmen. Tschiang Kai-schek stellte seine endgültigen Pläne auf, als seine Armee vor Schanghai lag und die Brüder Sekloong ungestüm voneinander Abschied nahmen.

Jonnie Sekloong hätte den Reptilienkopf und die pechschwarzen Augen des aalglatten Mannes wiedererkannt, der am Abend des 11. April 1927 aus seinem Packard in General Tschiang Kai-scheks Hauptquartier schlüpfte. Aber Thomas Sekloong, der erst vor einer Woche seinen Dienst als Adjutant des Oberkommandierenden angetreten hatte, sah in ihm bloß einen weiteren von den Männern aus Schanghai, mit denen sein Chef konferierte. Einige von ihnen hatte er nur dem Namen nach gekannt, während andere ihn herzlich begrüßt hatten. Judah Haleevie war zweimal dagewesen, und General Tschiang hatte nach ihren ausgedehnten Gesprächen gestrahlt. Zu den Besuchern gehörten ausländische Geschäftsleute und ausländische Mitglieder des Schanghaier Stadtrats, chinesische Bankiers und Kaufleute und der japanische Generalkonsul. Aber den Mann, der sich Mr. Wong nannte, konnte Thomas nicht unterbringen, und er war beunruhigt über die vier Leibwächter des Besuchers in blauer Arbeiterkluft. Der Grüne Drache, Tu Yueh-schen, Magnat des Opiumhandels und Kommandeur von zehntausend *bravi* der Geheimgesellschaften, konferierte mit seinem Blutsbruder Tschiang Kai-schek.

Thomas blickte verstohlen auf seine Schulterstücke, wo die drei goldenen Spangen eines Hauptmanns schimmerten. Ein warmer Regen von Beförderungen war auf die Einheit niedergegangen. Lin Piao, zum Major befördert, war Bataillonskommandeur, während der frischgebackene Hauptmann James Sekloong die Kompanie übernahm. General Tschiang Kai-schek hatte Thomas zu seinem Adjutanten gemacht, nicht nur, um seine Bande mit dem Sekloong-Imperium zu stärken, sondern auch, um sich einen vertrauenswürdigen Abgesandten zu schaffen, der sowohl zu ausländischen wie auch zu chinesischen Wirtschaftskreisen Zutritt hatte. Der General, der seine jungen Offiziere mit übermäßiger Sorgfalt beobachtet hatte, war überzeugt, daß Thomas Sekloong ihm mit

Leib und Seele ergeben sei. Er vergalt diese Loyalität mit soviel Vertrauen, wie sein angeborener Argwohn zuließ.

An seinem Schreibtisch im Vorzimmer des Generals wandte Thomas nicht den Blick von Mr. Wongs vier Leibwächtern, die Tee schlürften und die Schalen von Sonnenblumenkernen ausspuckten. Thomas saß aufrecht da, die Hand neben dem Knopf des Summers, der die Wachmannschaft der Elitegarde des Generals, die immer in Hörweite war, rufen würde. Er mußte auf der Hut sein, das war seine Aufgabe. Aber Mr. Wong und General Tschiang waren offenbar gute Freunde. Der zurückhaltende General hatte doch tatsächlich die Hand des Besuchers in seine beiden Hände genommen. Die Verbündeten schienen einander zu trauen, wenn auch «nicht zu sehr», wie der Stratege Sun Tze geraten hatte.

Als ein Klingelzeichen ihn rief, nahm Thomas seinen Notizblock und klopfte leise. Wandkarten, mit bunten Nadeln gespickt, hatten die Rollbilder ersetzt, die auf den ausgeblichenen blauen Wänden dunklere Spuren hinterlassen hatten. Zwei grüne Feldtelefone, deren dicke Kabel auf dem fleckigen Teppich lagen und dann durch die Fensterladen ins Freie führten, standen an Stelle der Gerätschaften des klassischen Gelehrten wie Tintenstein und Pinsel auf dem Ebenholzschreibtisch. Das Arbeitszimmer war ein Mikrokosmos des sich wandelnden China: die häßlichen, nützlichen Apparaturen des modernen Krieges hatten die Artefakte der alten Kultur ersetzt. Nur ein Rollbild war noch da: eine wahre Pracht von scharlachroten Päonien rahmte einen schattigen Berghang ein, wo ein Tiger, halbverborgen im hohen Gras, sich an zwei äsende Hirsche heranpirschte.

«Generalissimus!» Thomas salutierte, ehe er seine Besorgnis zum Ausdruck brachte. «Ich habe unhöflicherweise Mr. Wongs Begleiter allein im Vorraum gelassen.»

«Keine Sorge, Hauptmann.» Sein seltenes Lächeln erhellte das magere Gesicht des Generals. «Mr. Wong und ich sind alte Freunde. Seine ... äh ... Begleiter werden nicht beleidigt sein.»

Der Natternkopf nickte zustimmend. Mr. Wong saß gelassen auf seinem Ebenholzstuhl und war ebenso selbstsicher wie der General.

«Tom, *wo peng-yu.*» Die englische Kurzform seines Namens inmitten des akzentuierten Mandarin des Generals war ebenso befremdlich, wie daß er seinen jüngsten Adjutanten seinen «Freund» nannte. «Sie sprechen natürlich Kantonesisch?»

«Ja, Sir. Zu Befehl.»

«Und sprechen Sie auch das barbarische Kwangsi? Ist es ähnlich? Die meisten unserer Verbündeten von der Achtzehnten Division sprechen nichts anderes.»

«Ja, Sir.» Thomas war nicht sicher, ob er bestätigte, daß er den vom Kantonesischen abgeleiteten Dialekt der Truppen aus Kwangtungs Nachbarprovinz sprach oder daß das eine barbarische Sprache sei.

«Hao! Hao!» Der General strahlte. «Gut! Gut! Sie werden als Verbindungsoffizier zwischen meinem alten Freund hier und General Pai Tsung-hsi von der Achtzehnten Division eingesetzt. Mein Freund heißt nicht Wong. Er ist Tu Yueh-schen, ein großer Patriot und mein Blutsbruder.»

Thomas versuchte sein Erstaunen zu verbergen. Er wußte, der Opiumschmuggler Tu Yueh-schen, der Herr der Geheimgesellschaften, die die außergesetzliche Regierung von Schanghai waren, war der König der Unterwelt der verderbtesten Stadt der Welt. Welche Beziehung konnte zwischen Chinas habgierigstem Gangster und seinem enthaltsamen Oberkommandierenden bestehen, der Opium haßte und Tabak und Wein mißbilligte?

«Dein junger Freund ist verblüfft, Tschung-tscheng.» Der Grüne Drache redete den General zwanglos mit seinem Familiennamen an.

«Vielleicht sollte ich es ihm erklären.» Tschiang Kai-schek sah Thomas spöttisch an.

«Zu Befehl, Generalissimus.»

«Mein alter Freund ist ein vielverleumdeter Mann, *Tom.*» Wieder die englische Kurzform. «Er und ich haben insgeheim zusammen gekämpft, um die Revolution zu fördern, aber er wird als Brigant angeprangert. In Wirklichkeit ist er ein großer Patriot. Hat nicht seine Grüne Liga seit Jahrzehnten den Mandschus *und* den Fremden Widerstand geleistet? Er ist jetzt genau wie ich überzeugt, daß wir die Kommunisten zerschmettern müssen, ehe sie die nationale Revolution zugrunde richten.»

Die Zurückhaltung, die Tschiang Kai-scheks Persönlichkeit durch seine konfuzianische Schulung aufgeprägt worden war, ließ ihn in der Öffentlichkeit introvertiert und despotisch erscheinen; aber seine lakonische Redeweise war sehr überzeugend im kleinen Kreis, wenn sein normalerweise gebieterisches Wesen einer gelockerten Väterlichkeit wich.

«Die größte Gefahr für die Welt ist heute nicht der Imperialismus. Es ist der Kommunismus: eine internationale Verschwörung, um die Weltherrschaft zu erringen. Unsere eigenen, die chinesischen Kommunisten, sind nur Werkzeuge dieser Verschwörung. Der Kommunismus ist viel gefährlicher als der Imperialismus, der bereits mit dem Tode ringt.»

Tschiang bediente sich ungeniert der antiimperialistischen Rhetorik seiner Feinde, der Kommunisten. Die marxistisch-leninistischen Begriffe änderten sich grundlegend, wenn sie den Filter seines Geistes passierten. Seine konfuzianische Mentalität, leicht überlagert von westlichem Gedankengut, verwandelte den kommunistischen Jargon spontan in eigene Begriffe.

«Daher müssen wir sowohl die Kuomintang als auch die Revolutionsarmee säubern. Wir müssen nicht nur uns von dem kommunistischen Virus befreien, sondern auch diejenigen, die von diesem Virus befallen sind, den sogenannten linken Flügel der Kuomintang. Eine monolithische Partei wie die unsere kann Auseinandersetzungen zwischen den Flügeln nicht dulden. Chinas Stolz ist die Einmütigkeit des chinesischen Volkes und seiner Führer. Das war immer so und muß auch heute so sein.»

Tu Yueh-schen, reich und mächtig geworden durch die Ausbeutung eben dieses chinesischen Volkes, nickte zustimmend. Hinter der Fassade des vorbildlichen Stabsoffiziers machte Hauptmann Thomas Sekloong einen Augenblick des Zweifels durch. Chinas Geschichte, soweit er sie kannte, war eine Chronik der Uneinigkeit: ständige Machtkämpfe, Intrigen und verschlagenes Ränkespiel unter Prinzen und Generalen, die sich über die Interessen des einfachen Volkes völlig hinwegsetzten. Aber der Redefluß seines Oberbefehlshabers schwemmt seine Zweifel hinweg. Schließlich wußte der General mehr von China, als er je wissen würde.

«Wir haben», fuhr Tschiang Kai-schek fort, und seine Stimme nahm einen vertraulichen Tonfall an, «einen Ausschuß eingesetzt. Ihm obliegt es, die Partei, die Armee und die Regierung von Kommunisten zu säubern. Unsere erste Aufgabe ist es, Schanghai zu befreien. Solange ich Schanghai nicht habe, fehlt mir die Basis, um die Revolution zu vollenden, wie Dr. Sun Yat-sen in seinem Testament vorschrieb. Die loyalen *bravi* des Blutsbruders Tu werden die ersten Maßnahmen ergreifen, und die Achtzehnte Division wird dann den Rest übernehmen. Im Augenblick machen wir gemeinsame Sache mit den Ausländern der imperialistischen Geschäftswelt, denn unser gemeinsamer Feind sind die Kommunisten. Die Ausländer haben die finanzielle Unterstützung zugesagt, die ich brauche. Wenn es uns paßt, werden wir uns dann die Imperialisten vornehmen und China von der Fremdherrschaft befreien.»

Von seinem eigenen Redeschwall mitgerissen, schien der General bereit, ohne Punkt und Komma fortzufahren. Tu Yueh-schen schaute auf seine Uhr.

«Es ist elf Uhr, Tschung-tscheng», sagte er.

«Ach ja! Nun, ein andermal ... Aber Sie müssen meine Gedankengänge genau verstehen, Tom, mein Freund. Ein andermal werde ich Ihnen die Pläne darlegen, mit denen ich Chinas Schicksal verwirklichen will.»

«Befehle, Sir?» fragte Thomas.

«Übermitteln Sie General Pai Tsung-hsi meine Instruktionen. Die Achtzehnte Division ist einsatzbereit. Dann stellen Sie sich meinem Blutsbruder Tu zur Verfügung. Seine Männer schlagen als erste zu.»

Thomas Sekloong fröstelte in der Kühle der frühen Morgenstunden des 12. April 1927. Es war kurz nach vier Uhr, und alle Anordnungen des Generals waren ausgeführt worden. Mit einem zivilen Regenmantel über seiner Uniform, die Mütze weggesteckt, wartete der Hauptmann auf den Beginn der Aktion. Er und sein Bursche, der ebenso angezogen war, hatten sich in einer schmalen Gasse zwischen einem Nudelgeschäft und einem Schuhladen versteckt. Schweigend beobachteten sie, wie die fahle Morgendämmerung über die schmuddeligen Backsteingebäude des Schanghaier Allgemeinen Gewerkschaftsbundes kroch, den ein handgeschriebenes Transparent als HAUPTQUARTIER DER SCHANGHAIER ARBEITERMILIZ kennzeichnete. Die Behauptung war untypisch bescheiden. In diesem Augenblick war das unscheinbare Gebäude der Sitz der provisorischen Regierung der größten Stadt im Orient. Unter General Tschou En-lais Leitung beherrschten die kommunistischen Gewerkschaften die chinesischen Stadtviertel, die sie den Warlords drei Wochen zuvor abgenommen hatten. Die Autorität ihrer Patrouillen war unbestritten, obwohl die Freischärler in abgewetztem Zivil nur zwei Symbole der Autorität zur Schau trugen: Armbinden mit der Aufschrift *Kung-jen Min-Ping*, Arbeitermiliz, und Gewehre, die so alt und unterschiedlich waren, daß sie aus einem Armeemuseum hätten gestohlen sein können.

Eine müde Abteilung von vier Mann kam zum Hauptquartier zurück. Die Milizsoldaten blickten nicht in die Schatten neben dem Gebäude, in denen sich Männer verbargen, die genau wie sie blaue Arbeitsanzüge trugen. Schlurfenden Schritts kamen sie von der Patrouille zurück. Es war die Stunde der Einsamkeit, in der die Dunkelheit der Nacht dem Licht des Tages zu weichen beginnt, in der die Stimmung und die Vitalität der Menschen ihren Tiefpunkt erreichen. Sie dachten nur an die harte Wohltat ihrer Pritschen im Hauptquartier. Die Tür begann sich zu öffnen, um sie einzulassen.

Das heisere Rattern einer Maschinenpistole zerriß die Stille. Kugeln schleuderten den vordersten Milizsoldaten gegen die Tür, und ein Chor von Maschinenpistolen sang seine Totenklage. Die anderen Milizsoldaten fielen, von neuen Salven getroffen. Einer kroch zur Tür, starb aber unter den schweren Stiefeln der *bravi* des Grünen Drachen. Aus den nahen Gassen strömten weitere Leute der Geheimgesellschaft heran und kümmerten sich nicht um die ersten vereinzelten Schüsse aus dem Hauptquartier der Miliz.

Zwei blaugekleidete Gangster drängten sich durch die halboffene Tür, ehe sie zugeschlagen wurde. Von draußen hämmerten ihre Kameraden mit Gewehrkolben auf die hölzerne Türfüllung. Die Milizsoldaten waren endlich alarmiert, und Schüsse streckten vier der Angreifer nieder. Der Rückzug der Gangster in den Schutz der umliegenden Gebäude wurde beschleunigt durch zusammenhanglose Salven. Nach neunzig Sekunden war der Überraschungsangriff gescheitert.

Thomas nickte seinem Burschen zu. Halb taub von den Schüssen und mit tränenden Augen von dem scharfen Kordit, stürzten sie zum anderen Ende der Gasse, nachdem sie ihre Regenmäntel weggeworfen und die Feldmützen wieder aufgesetzt hatten, damit sie nicht von den Gangstern oder den Truppen angegriffen würden. Denn nun kamen die Truppen zum Einsatz.

Die Kwangsi-Leute der Achtzehnten Division hatten schon Stellung bezogen, die Männer der Vorhut waren als Arbeiter verkleidet wie ihre Verbündeten. Ein Straßenposten der Miliz wurde von einem Kwangsi-Zug angegriffen. Die Arbeiter hatten sich in einem alleinstehenden Reisladen verbarrikadiert und schossen durch die Ritzen zwischen den Sandsäcken. Maschinengewehrfeuer zerfetzte ihren schwachen Schutz, und die regulären Soldaten kletterten über die Sandsäcke. Bajonette blitzten in der Dämmerung auf, verzweifelte Schreie ertönten.

Der Befehl, den die Kwangsi-Truppen erhalten hatten, war eindeutig: «Den Feind vernichten!» Und sie führten die Befehle mit Wonne aus. Die ungebildeten Bauern in der Achtzehnten Division haßten die Schanghaier Arbeiter, die über ihren Akzent und ihre Unwissenheit spotteten. Die mystische Einmütigkeit zwischen den «beiden unterdrückten Klassen», Bauern und Arbeitern, von der die kommunistischen Theoretiker sprachen, erwies sich als illusorisch angesichts der Realität des instinktiven Antagonismus zwischen Stadt und Land und der seit eh und je bestehenden Feindseligkeit zwischen Nord und Süd.

Das Hauptquartier der Miliz hielt sich tapfer, doch alles andere fegte der Angriff im Morgengrauen hinweg. Als Thomas zu General Tschiangs Befehlsstand zurückging, kam er an Gruppen von kämpfenden Milizionären und Gangstern vorbei. Auf das Rattern ihrer Schüsse antworteten ferne Salven anderswo. Die regulären Truppen waren richtig in Fahrt, als sie die Arbeitermiliz systematisch durch die engen Gassen jagten.

Ein unbewaffneter Milizionär, die rote Binde am Arm, eilte auf die beiden Soldaten der Nationalen Revolutionsarmee zu. Schreiend warf er sich ihnen zu Füßen.

«Chiu Ming! Chiu Ming!» flehte er. «Helft mir! Rettet mich!»

Ein junger Leutnant der Achtzehnten war ihm keuchend auf den Fersen, seine Mauser-Pistole rauchte.

«Nehmen Sie ihn fest», befahl Thomas, und sein Bursche packte den Arbeiter am Arm.

«Wo-ti pu-lo, Chung-wei», sagte Thomas. «Mein Gefangener, Leutnant.»

Der Kwangsi-Mann starrte Thomas verständnislos an. Er stützte die schwere Mauser-Pistole mit beiden Händen und hob sie langsam in Schulterhöhe. Er drückte auf den Abzug, und eine rote Höhle öffnete sich in der Schläfe des Milizsoldaten. Wütend zog Thomas' Bursche seine Pistole aus dem Halfter. Thomas zögerte, als sein Untergebener die Waffe hob, aber schließlich schlug er die Pistole hinunter und drehte dem Leutnant den Rücken zu. Ohne ein Wort ging er weg, während der Kwangsi-Offizier seinen Stiefelabsatz in die blicklosen Augen des Arbeiters bohrte.

Im Befehlsstand des Generals kamen und gingen Meldegänger in einer Atmosphäre gezügelter Hysterie. Nachdem er sich beim Stabschef gemeldet hatte, schlüpfte Thomas mit ausgesprochener Erleichterung wieder in seine eigene Rolle. Während er die Berichte der Kuriere und telefonische Meldungen zusammenstellte und verglich, strich er auf dem Stadtplan von Schanghai einen rot umrandeten Stützpunkt der Miliz nach dem anderen aus. Bewußt unterdrückte er seinen Abscheu, obwohl ihm der nur halb formulierte Gedanke nicht aus dem Sinn ging: «Nicht nur töten Chinesen Chinesen! Die Nationale Revolutionsarmee metzelt sogar ihre eigenen Verbündeten nieder!» Er beruhigte sich damit, daß der General weit besser als er wisse, welche Maßnahmen zum Wohle der Nation notwendig seien. Aber eines wurde ihm klar: wie lange er auch Soldat wäre, er würde sich nie an den gewaltsamen Tod gewöhnen, der der unbarmherzige Kontrapunkt seines Berufs war. Dabei hatte er diesen Beruf aus freien Stücken gewählt, ebenso wie er aus freien Stücken seinem General die Treue hielt. Er würde, das versicherte er sich, niemals wankend werden.

Am späten Nachmittag war Thomas Sekloong benommen vor Erschöpfung. Er hatte seit achtunddreißig Stunden nicht geschlafen, aber er wollte seinen Posten nicht verlassen, ehe das Hauptquartier der Miliz nicht kapituliert hatte. Tschiang Kai-schek hatte den Rat seiner Obersten, Artillerie oder wenigstens Granatwerfer einzusetzen, abgelehnt. Es sei nicht seine Absicht, erklärte er, Schanghai dem Erdboden gleichzumachen, sondern nur das kommunistische Virus zu zerstören, von dem die Stadt befallen sei. Thomas' Bewunderung für Tschiang Kai-schek wuchs wieder. Der General fand ebensowenig Gefallen am Gemetzel wie er selbst; er führte lediglich eine wichtige Aufgabe mit dem notwendigen Minimum an Gewalt durch.

Um 17 Uhr 34 erklang das unregelmäßige, handgekurbelte Läuten des Feldtelefons. Thomas nahm sofort den Hörer ab.

«Wai! Wai! Tsung-ssu-ling-yüan ti pan-kung-shih», meldete er sich. «Hallo! Hallo! Hier Stab des Oberkommandierenden.»

«Wai! Wai!» Der schnatternde Kwangsi-Akzent wurde durch die Störgeräusche des Telefons noch zusätzlich verzerrt. «Major Li ... Major Li, Achtzehnte Division. Ich habe ... die Ehre ... zu melden ... Hauptquartier der kommunistischen Banditen ... gefallen. Zweihundert ... tot ... fünfzig Gefangene, darunter ...»

Es knackte in der Leitung, und Thomas schrie: «Wiederholen Sie. Wiederholen Sie das! Ich ... verstehe ... Sie ... nicht. Wiederholen Sie den letzten Satz.»

«*Wai! Wai!* Zweihundert tot ... fünfzig, ich wiederhole, fünfzig Banditen gefangen, darunter Führer ... Tschou En-lai. Ich wiederhole, Tschou En-lai.»

Als Thomas die Gefangennahme des Kommissars meldete, strahlten die tiefliegenden Augen des Generals. Die Schlacht war geschlagen und der Hauptfeind dingfest gemacht; die Revolution konnte wieder ihren richtigen Verlauf nehmen. Der General empfand auch persönliche Befriedigung. Er schätzte den neunundzwanzigjährigen Kommunisten nicht sonderlich, der seine Autorität an der Akademie Whampoa geschmälert hatte.

«Lassen Sie den *Genossen* Tschou sofort herbringen.» Die Ironie war unüberhörbar.

Thomas nickte, als Tschiang Kai-schek hinzufügte: «So, Freund Tom, wollen Sie jetzt ein bißchen schlafen? Sie sollten zufrieden sein.»

Zwei Stunden später wurde Thomas von einer kräftigen Hand geschüttelt, daß sein Feldbett wackelte.

«Shang-wei Hsien-sheng», sagte sein Bursche. «Hauptmann, Sie sollen zum General kommen.»

Ein bleicher Major mit den Abzeichen der Achtzehnten Division stand stramm vor dem Schreibtisch des Generals, um ihn herum Stabsoffiziere. Tschiang Kai-scheks knochiges Gesicht war verzerrt, und er sprach voll verhaltener Wut.

«*Wo*, frage ich noch einmal, ist der Banditenhäuptling Tschou En-lai?»

Die Lippen des Majors waren weiß vor Angst, und sein Kwangsi-Dialekt war kaum zu verstehen. Thomas mußte sich sehr konzentrieren, um seine Antwort übersetzen zu können.

«Wir waren mit dem Gefangenen auf dem Weg hierher, wie befohlen. Ich wurde von einem Hauptmann mit dem Abzeichen des Hauptquartiers angehalten. Er führte einen ganzen Zug an, und ich hatte nur eine Begleitmannschaft von sechs Mann unter meinem Befehl. Er komme, sagte er, von Seiner Exzellenz, dem General, um den Gefangenen Tschou En-lai zu übernehmen. Ich sagte ihm, ich hätte den Befehl erhalten, den Gefangenen im Hauptquartier abzuliefern. Neuer Befehl, sagte der Hauptmann. Der General sei ungeduldig ... er wolle den Gefangenen sofort sehen. Ich protestierte wieder, und seine Leute nahmen die Gewehre von der Schulter. Da er die richtigen Hauptquartierabzeichen hatte, übergab ich den Gefangenen.»

«Keine weiteren Meldungen über den *Genossen* Tschou?» fragte der General.

Das Schweigen der Stabsoffiziere war vielsagend.

«Der Schlimmste von der Bande ist entkommen», fauchte der General. «Es wird böse Folgen haben, was da in ein paar Minuten geschehen ist.»

Tschiang Kai-schek ergriff einen Schreibpinsel und zerfetzte das Bambusrohr systematisch.

«Beschreiben Sie den Hauptmann!» befahl er.

«Ein hochgewachsener Mann mit lockigem Haar und seltsamen, hellen Augen, die grün wirkten, als er mit mir stritt. Er sah eigentlich wie ein Ausländer aus, aber er sprach perfekt Kantonesisch. Es tut mir leid, General ...»

Tschiang blickte von den Bruchstücken auf seinem Schreibtisch auf und sagte leise:

«Bringen Sie diesen Narren nach draußen und erschießen Sie ihn. Seine Geschichte ist entweder eine vorsätzliche Lüge – oder er ist zu dumm, um mir nützlich zu sein.»

Thomas ahnte Böses, als er die Wachmannschaft rief. Er seufzte erleichtert, als er zwei Schüsse hörte, nachdem die Soldaten den verschreckten Kwangsi-Mann fast hatten tragen müssen. Der Major war offenbar ein Nichtskönner, der sein Schicksal verdient hatte – und seine belastende Geschichte konnte er nun nie wieder erzählen.

Erst am nächsten Abend konnte Thomas seinen Posten verlassen und die Einheit seines Bruders aufsuchen. Er fand sie beim Packen.

«Wir ziehen wieder ab», erklärte James. «Sonderauftrag in Nantschang.»

In unbeteiligtem Ton gab Thomas die Beschreibung des Majors von dem Hauptmann wieder, der Tschou En-lai befreit hatte.

«Eine seltsame Geschichte», meinte James gleichgültig. «Verdammt dumm, dieser Major, aber was kann man von einem Kwangsi-Mann erwarten?»

«Und der Hauptmann», sagte Thomas nachdenklich. «Ich frage mich, wer das wohl war.»

«Wahrscheinlich ein verkleideter Kommunist. Woher soll ich das wissen? Wir waren den ganzen Tag hier in Alarmbereitschaft. Bataillonskommandeur Lin Piao hat viermal um Erlaubnis gebeten, in die Stadt einzurücken und bei der Ausrottung behilflich zu sein. Aber das Divisionshauptquartier hat abgelehnt. Ich bin offenbar um den ganzen Einsatz gekommen.»

Thomas hatte keine Gelegenheit mehr, seinen Bruder weiter auszufragen. James' Kompanie verschwand mit Lin Piaos Bataillon in dem Strudel, den Tschiang Kai-scheks Entschluß, die Kommunisten auszurotten, hervorgerufen hatte. Die blutige «Liquidierung» der Kommunisten ging systematisch vor sich, nicht nur in Schanghai, sondern auch in weit auseinanderliegenden Städten wie Nanking, Hangtschou, Futschou und Kanton. Nationalistische Truppen und Polizei, angeführt von den allgemein verhaßten *teh-wu*, Geheimpolizisten, sprengten kommunistische Zellen, erschossen Verdächtige, entwaffneten die Arbeitermiliz und lösten die von den Kommunisten beherrschten Gewerkschaften auf. Mit Blut und Feuer wurde die «rote Pest» ausgemerzt.

Widerstand wurde kaum und nur erfolglos geleistet, denn die kurzsichtige Kommunistische Partei Chinas versuchte immer noch, Josef Stalins Befehl zur Zusammenarbeit mit den Nationalisten zu befolgen. Tschiang Kai-schek, immer noch Ehrenmitglied des Zentralkomitees der Kommunistischen Internationale, fand die doppelte Ironie köstlich und behauptete, er habe keinen Streit mit Stalin, der Komintern oder der

Sowjetunion. Er wolle einzig und allein die chinesischen Kommunisten daran hindern, die nationale Revolution zu sabotieren.

Josef Stalin, in den Machtkampf mit Leo Trotzki verstrickt, der die stalinistische China-Politik verurteilte, machte sich herzlich wenig Gedanken um das Schicksal der Kommunistischen Partei Chinas. Das Instrument, die Herrschaft über China zu erringen, war für ihn sowieso nicht diese kleine Partei, sondern, ungeachtet ihrer inhärenten Schwäche, die linksstehende nationalistische Regierung in Wuhan unter Präsident Wang Tsching-wei. Stalins ungeheurer Fehler, seine chinesischen Genossen zu opfern, wurde durch diese naiven Kommunisten noch verschlimmert. Trotz Tschiang Kai-scheks erbarmungsloser Verfolgung und Wang Tsching-weis offenkundiger Erfolglosigkeit bemühten sie sich sklavisch, Moskaus Anweisungen entsprechend mit dem linken Flügel der Kuomintang zusammenzuarbeiten. Sie sahen ohnehin keine andere Möglichkeit.

Nur ein Bewerber im Dreiecks-Machtkampf im Frühsommer 1927 war erfolgreich: die soeben in Nanking gebildete rechtsgerichtete Nationalregierung. Tschiang Kai-schek, dessen Zuversicht und dessen Finanzen durch sein Bündnis mit der Schanghaier Geschäftswelt gestärkt waren, schien drauf und dran zu sein, sich zum unbestrittenen Herrn Chinas zu machen. Offenbar brauchte er nur mit denjenigen Warlords zu verhandeln, die verhandeln wollten, und diejenigen Warlords zu vernichten, die nicht verhandeln wollten. Er war geradezu belustigt, als die linksgerichtete Wuhan-Regierung ihn am 17. April des Oberkommandos der Nationalen Revolutionsarmee enthob und ihn aus der Nationalistischen Partei ausschloß.

«Wang Tsching-wei bleibt sich doch immer gleich», bemerkte er Thomas gegenüber. «Stets hat er Worte mit Tatsachen verwechselt. Jetzt hat er es mir ermöglicht, eine eigene Regierung zu bilden. Ich nehme an, daß Ihr Onkel dagegen war. Aber was konnte er tun? Wang ist eine Marionette der Kommunisten.»

«Ja, Sir!» Thomas war begierig, mehr von seinem Chef zu hören. Die politische und militärische Situation war so verworren, daß man sie kaum durchschauen konnte. Jeden Tag kamen Berichte, die die des Vortags zu widerlegen schienen. Dennoch sah der General, der so geschickt manövrierte, um seine Macht zu konsolidieren und China zu einen, offenbar das ganze Bild klar und deutlich.

«Ach, Tom», fuhr Tschiang fort, «das alles ist verwickelt wie die Prophezeiungen eines Wahrsagers. Aber eines liegt auf der Hand: Wer einen klaren Kopf bewahrt und seine Armee kampffähig erhält, wird das

Mandat des Himmels erben. Übrigens, wann haben Sie zuletzt ‹*San-kuo Chih Yen-yi*›, ‹*Die Geschichte von den drei Reichen*›, gelesen?»

Thomas war enttäuscht und verblüfft, als der General damit das Gespräch beendete und einen dicken Aktenordner auf seinem Schreibtisch aufschlug. Wenn Tschiang Kai-schek zu seiner Aufklärung nicht mehr beitragen konnte als einen Hinweis auf Chinas populärsten Geschichtsroman, der von Intrigen, Verrat und Krieg handelte, wie konnte er dann hoffen, die Geschehnisse ringsum zu verstehen. Flüchtig wünschte er, er wäre wieder im Feld. Taktische Probleme waren viel leichter zu lösen als große politisch-strategische Rätsel.

Plötzlich erkannte er, daß ihm der General tatsächlich die Lösung des Rätsels aufgezeigt hatte: *China blieb China trotz des Eindringens der westlichen Technologie und der westlichen Ideologie. ‹Die Geschichte von den drei Reichen›* schildert, wie sich drei Parteien um die Macht in einem China streiten, das durch den Zusammenbruch der großen Han-Dynastie im 3. Jahrhundert v. Chr. zersplittert war, und die Parallele zur gegenwärtigen Situation lag auf der Hand. Der General hatte auch das Mandat des Himmels erwähnt, das alle chinesischen Regierungen legitimiert hatte. Nicht nur die *lao pai-hsing*, sondern auch die rivalisierenden Politiker glaubten, daß aufeinander folgende Dynastien durch ausdrückliche Verfügung des Himmels geschaffen werden. Das Jahrhundert der Hungersnöte, Überschwemmungen, Pest und Dürre hatte eindeutig dargelegt, daß den Mandschus das Mandat des Himmels entzogen war. Tschiang Kai-scheks Sieg würde beweisen, daß es ihm übertragen sei.

Andere Ähnlichkeiten mit der Vergangenheit waren ebenso auffällig. Selbst das Eindringen habgieriger Barbaren mit neuartigen Waffen war eine uralte und sich oft wiederholende Bedrohung des Reichs der Mitte. Warum hätte Chinas erster Kaiser sonst im 3. Jahrhundert v. Chr. zum Schutz des Nordens die Große Mauer gebaut? Warum sonst hätte die Ming-Dynastie im 15. Jahrhundert Flotten nach Süden geschickt, um über das Meer kommende Eindringlinge zu vertreiben?

Allerdings gab es diesmal einen entscheidenden Unterschied: Da sich die Chinesen selbst der Technologie und der Taktik des Westens bedienten, würde China nicht wieder von räuberischen Fremden überrannt werden. Thomas befürchtete nicht, daß sich die katastrophalen Niederlagen wiederholen würden, die im Jahre 1280 den Mongolen Kublai Khan auf den Drachenthron gebracht und die es 1644 dem Mandschu Nurhachi ermöglicht hatten, die langlebige Tsching-Dynastie zu gründen. Die Kommunisten waren die Vorhut einer neuen, von den Russen angezettelten barbarischen Invasion von nördlich der Großen Mauer. Im aufgeklärten Jahr 1927 indes würde das Mandat des Himmels einem chinesischen Führer erteilt werden, und dieser Führer würde Tschiang Kai-schek sein.

General Tschiang Kai-schek zog zuversichtlich nach Norden, während Präsident Wang Tsching-wei unentschlossen war. Durch die Wiederannahme der Präsidentschaft hatte er sich in eine mißliche Lage gebracht. Er konnte weder die Armee mit ihrem harten Kern von kommunistischen Offizieren kommandieren noch die kommunistisch beeinflußten Beamten kontrollieren, die die tragende Konstruktion seiner wankenden Regierung waren. Am 18. April, dem Tag, an dem Tschiang Kaischek seine eigene, rechtsgerichtete Nationalregierung in Nanking proklamierte, vollzog er eine verzweifelte Schwenkung. Wieder mit dem christlichen General Feng Yü-hsiang verbündet, beschloß Präsident Wang Tsching-wei, dem dringenden Rat des Vertreters der Komintern, Michail Borodin, zu folgen und seinerseits eine Nördliche Expedition zu unternehmen. Nachdem er Peking genommen hätte, plante er eine Östliche Expedition, um Tschiang Kai-scheks Regierung in Nanking niederzuwerfen.

Die so schlecht zusammenpassenden Verbündeten – Sozialdemokraten, Kommunisten und der christliche Warlord – rückten in die Provinz Honan ein, südlich der Provinz Hopei, wo sich der glänzende Preis, Peking, befand. Die alte Nördliche Hauptstadt war das höchste Ziel aller Bewerber um die Macht. Sowohl das chinesische Volk als auch die fremden Mächte nahmen an, wer Peking halte, der sei rechtmäßiger Herrscher Chinas, und erkannten formell noch die verfallende Warlord-Regierung in der Nördlichen Hauptstadt an. Dennoch erwies sich die Eroberung Honans und des so wichtigen Eisenbahnknotenpunkts Tschengtschou, nur vierhundertfünfundsiebzig Meilen südlich von Peking, als politisch verhängnisvoll für Wang Tsching-wei. Der neue Statthalter von Honan, der ehrgeizige christliche General Feng Yü-hsiang, behauptete, Peking könne nur von einer verbündeten Expeditionsstreitmacht aus seinen eigenen Truppen und den wiedervereinten Armeen der miteinander ausgesöhnten Nationalregierungen von Wuhan und Nanking erorbert werden. Am 2. Juni hatte Tschiang Kai-schek Sütschou eingenommen, vierhundertfünfzig Meilen von Peking entfernt, auch für ihn war also der Weg nach Norden frei.

Michail Borodin und die chinesischen Kommunisten lehnten die Strategie des christlichen Generals ab. Sie verurteilten seinen Vorschlag, er sei «nicht ein gemeinsamer Angriff auf die Pekinger Warlords, sondern eine gemeinsame Ausrottung der Kommunistischen Partei Chinas». Als Präsident Wang Tsching-wei in Wuhan daher Bedenken dagegen äußerte, eine gemeinsame Nördliche Expedition mit Tschiang Kai-schek in Nanking zu unternehmen, kündigte der christliche General das Bündnis mit Wuhan auf, da er ganz nüchtern damit rechnete, daß Moskau seine Hilfe einstellen werde. Eine Versöhnung stellte er nur unter der Bedingung in Aussicht, daß Wang Tsching-wei die Kommunisten aus seiner Regierung entlasse – und Michail Borodin aus China ausweise.

Während die Rivalen listig taktierten, tickte in der Schreibtischschublade von M. N. Roy, einem Bengalen, der von der Kommunistischen Internationale zu Borodins Unterstützung nach Wuhan entsandt worden war, eine Zeitbombe. Stalin hatte Roy ein Telegramm geschickt, mit dem er die Komintern-Vertreter und die chinesischen Kommunisten anwies, ihre Strategie zu ändern. Der Bengale war entsetzt über Stalins Instruktionen, die zu befolgen ohnehin unmöglich war. Allein der Versuch, sie auszuführen, das wußte er, würde Präsident Wang Tsching-wei in Wut versetzen. Die Befolgung von Stalins Befehl würde alle Hoffnungen der Kommunisten in China vernichten, und Borodin hatte empört jede Verantwortung abgelehnt. Nachdem er eine Woche lang darüber nachgegrübelt hatte, schritt der Bengale schließlich zur Tat – töricht und selbstzerstörerisch. «Um mein vollständiges Vertrauen und meine Zuversicht zu beweisen», wie Roy sagte, gab er Wang Tsching-wei eine Kopie von Stalins Telegramm – und zerstörte damit das Bündnis zwischen dem linken Flügel der Kuomintang und den Kommunisten.

Der Präsident war ebenso klug wie sprunghaft. Dennoch hatte er die wichtige Tatsache nie ganz begriffen, daß eine Streitmacht der Schlüssel zur Macht war. Er strich ärgerlich mit den Fingern über die handgeschriebene Kopie von Stalins Telegramm, als Harry Sekloong am Morgen des 6. Juni 1927 in sein Büro kam.

«Schauen Sie sich das mal an, *lao-hsiang*», sagte der Präsident.

Die vertrauliche Anrede *lao-hsiang*, alter Freund, überraschte Harry ebensowenig wie das Verhalten seines Chefs. Sie hatten so lange gemeinsam Niederlagen und Siege erlebt, daß der Sohn der Sekloong-Dynastie und der erregbare politische Unruhestifter fast einmütig reagierten. Aber Harry war erstaunt, als er den von marxistischer Rhetorik strotzenden Text las. Er pfiff leise beim nochmaligen Lesen des Telegramms, was seinen launischen Chef ärgerte.

«*Na chiu shih-la, Lao-pan!*» sagte Harry. «Da haben wir die Bescherung, Chef! Stalin will uns schlucken, mit Haut und Haar – und unseren Truppen.»

«Da können wir nicht mitmachen, nicht wahr?» Wang Tsching-wei fürchtete eine bejahende Antwort fast ebenso wie eine verneinende. «Er will uns ausquetschen.»

«Kann ein Hund Konfuzius lesen?» Charakteristischerweise verbarg Harry seine Bestürzung hinter einem alten Bauernsprichwort. «Sehen Sie doch, was sie wollen! Wir können nicht zulassen, daß die Kommunisten eine eigene unabhängige Armee und Miliz aufstellen! Wir können ihnen doch nicht behilflich sein, die Kuomintang, unsere eigene Partei, zu schlucken! Ihre Landreform, um Gottes willen! Zu kommunistischen Gerichten ja und amen sagen, die unsere eigenen Freunde hinrichten würden! Und das ist bloß die Hälfte der Forderungen dieser russischen Schweinehunde.»

«Was können wir denn tun, alter Freund?»

«Tun? Nichts. Die Kommunisten haben ihre Befehle. Sollen sie versuchen, sie auszuführen. Ich sehe nicht ein, warum wir ein Messer schleifen und es ihnen in die Hand drücken sollen, damit sie uns die Kehle durchschneiden.»

«Nichts tun bedeutet, daß wir die sowjetische Unterstützung verlieren. Was dann?»

«Das weiß ich auch nicht. Seit Jahren haben wir versucht, unsere eigene Armee aufzustellen, und es ist uns nie gelungen. Keine eigenen Kanonen bedeutet keine Macht.»

«Ich nehme an», überlegte Wang Tsching-wei, «ich könnte noch einmal mit diesem Sohn einer Schildkröte, Tschiang Kai-schek, reden. Dieser Hanswurst, der christliche General, behauptet immer noch, er könne den Streit beilegen – wenn wir die Kommunisten loswerden.»

«Ein Versuch kann nicht schaden, aber es wird nicht klappen. Ich werde mein Bündel wieder schnüren. Hongkong ist zu heiß in dieser Jahreszeit. Vielleicht Paris oder London?»

Harrys Pessimismus war durchaus berechtigt, wenn auch etwas verfrüht. Mehr als sechs Monate sollten noch vergehen, bis er gezwungen war, sich in Begleitung eines verbitterten, rachsüchtigen Wang Tsching-wei wieder auf die Reise zu machen. Dennoch war die isolierte Wuhan-Regierung Mitte Juli 1927 schon praktisch machtlos, und Tschiang Kai-schek wollte nicht einmal mit Wangs linksgerichteter Kuomintang verhandeln. Ein angewiderter Michail Borodin fuhr mit dem Auto durch die Wüste Gobi in Richtung Moskau, nachdem er den chinesischen Kommunisten gesagt hatte, sie sollten sich aus der Wuhan-Regierung zurückziehen, aber Mitglieder der Nationalistischen Partei bleiben, was bestenfalls ein zweideutiger Rat war. Präsident Wang Tsching-wei schwankte; zuerst forderte er die chinesischen Kommunisten auf, als loyale Mitglieder der sich auflösenden linksgerichteten Kuomintang seinen Befehlen Folge zu leisten, und zwei Tage später stieß er dieselben Kommunisten aus der Wuhan-Regierung, der Kuomintang und den wenigen militärischen Einheiten, über die er noch verfügte, aus. Es war, bemerkte James Sekloong, «als würde man aus einem Friedhof ausgestoßen».

Von allen ihren Freunden und Mentoren im Stich gelassen, gingen die chinesischen Kommunisten notgedrungen ihren eigenen Weg. Formell – und zwecklos – proklamierten sie ihre eigene provisorische Regierung der Republik China in Kiukiang, achtzig Meilen nördlich der Hochburg Nantschang, deren Einnahme im November 1926 die Krise beschleunigt hatte. Die demoralisierten Kommunisten änderten nur das Bühnenbild für den nächsten Akt ihrer Tragödie, denn jede realistische Hoffnung, auch nur kleine Teile von der Macht zu erringen, war hinweggefegt durch Stalins Ungeschicklichkeit und Wang Tsching-weis Unentschlossenheit. Als ob sie zur Selbstopferung entschlossen wären, warfen sie als nächstes ihre wenigen Militäreinheiten in den Kampf gegen Chinas Städte.

Major Lin Piao instruierte am Abend des 31. Juli 1927 seine Offiziere. Sie waren nervös und ungeduldig, denn das Bataillon war seit April, als es nach Nantschang in die Wüste geschickt worden war, kaum im Einsatz gewesen.

Daß General Tschiang Kai-schek anscheinend nicht daran interessiert war herauszufinden, wer Tschou En-lai seinem Zugriff entzogen hatte, war in Wirklichkeit ein Trick. Erleichtert über die Exekution des unglücklichen Kwangsi-Majors, hatte Thomas den Scharfsinn und die Zähigkeit des Oberkommandierenden ausnahmsweise unterschätzt. Der General, der bereits Mißtrauen gegen Lin Piao hegte, hatte vermutet, daß der Hauptmann mit den hellen Augen, der Tschou En-lai befreit hatte, James Sekloong war. Aber er wollte keinen Streit mit den Sekloongs, die ihm zusammen mit ihren ausländischen und chinesischen Geschäftsfreunden wesentliche finanzielle Unterstützung gewährten. Deshalb hatte er das Bataillon sozusagen auf ein Abstellgleis geschoben: es sollte die befestigte Stadt Nantschang besetzen und bei der Ausbildung der Kadetten der Abteilung Nantschang der Akademie Whampoa behilflich sein. Aber nicht einmal Tschiang war allwissend. Es war ihm nicht bekannt, daß der Kommandeur der Kriegsschule, Tschu Teh, ein Patriot gewordener Warlord, insgeheim auch Kommunist war.

James blieb zurück, als die anderen Offiziere nach der Besprechung weggingen. Obwohl sie offiziell verurteilt wurden, waren *kwan-hsi*, Beziehungen, immer noch der Mörtel, der die kommunistische Untergrundorganisation zusammenhielt. James erfreute sich eines besonderen Verhältnisses zu seinem Bataillonskommandeur, seit er Tschou En-lai gerettet hatte.

«Genosse Lin, ist dieses Vorgehen notwendig?» fragte er, widerstrebend entschlossen, diese *kwan-hsi* auszunutzen. «Halten Sie es für klug?»

Lin Piaos dunkle Brauen zogen sich zu dem finsteren Blick zusammen, mit dem er jeden Untergebenen zurechtwies, der seine Befehle in Zweifel zog. Im nächsten Augenblick flackerte ein verkniffenes Lächeln über sein blasses Gesicht, denn mit seinen Familienbeziehungen war James Sekloong für die Sache der Kommunisten wichtig. Lin Piao hatte auch gelernt, persönliche Konfrontationen zu vermeiden, wenn er das Ziel mit seinem kantigen Charme erreichen konnte.

«Notwendig, Genosse? Notwendig? Die Frage ist nicht relevant. Wir haben unsere Befehle.»

«Aber wir können unmöglich gewinnen», beharrte James. «Wir verspielen nur unsere Vorteile. Und selbst wenn wir Erfolg haben, kann das nur ein paar Tage anhalten.»

«Die Parteizentrale hat gesprochen, Genosse. Bezweifeln Sie deren Weisheit?»

«Aber, Genosse Bataillonskommandeur, wir sind an Ort und Stelle – die nicht! Wie können sachunkundige Intellektuelle die militärische Situation beurteilen?»

«Und wenn wir den Befehl nicht befolgen, Genosse? Was dann? Eine Partei ohne Disziplin, das habe ich Ihnen hundertmal gesagt, ist nicht mehr als ein Haufen Hundescheiße.»

«Das verstehe ich, Genosse, aber hundert Taktiken und tausend Listen sind noch unerprobt.» Unbewußt verfiel James in den konventionellen Stil der kommunistischen Rhetorik, eine uneinheitliche Mischung von klassischen Zitaten und marxistischem Jargon. «Ein Frontalangriff ist unklug.»

«Entweder sind Sie ein Kommunist oder ein Laufbursche der imperialistischen, kapitalistischen Ausbeuter», fauchte Lin Piao. «Entweder befolgen Sie die Befehle der Parteizentrale oder . . .»

Die wiederholte indirekte Drohung seines Kommandeurs war James schon aus dem Sinn gekommen, als er schlaflos auf seiner Binsenmatte auf dem Fußboden des buddhistischen Tempels lag, in dem seine Kompanie einquartiert war. Er respektierte den Bataillonskommandeur Lin Piao, aber er fürchtete ihn nicht mehr. Ein Mann, der nicht imstande war, selbst Entscheidungen zu treffen, war nicht wirklich erschreckend. Der zwanzigjährige James lehnte es ab, seinen Willen dem geschwächten Zentralkomitee einer stümperhaften Kommunistischen Partei unterzuordnen, die ihm seinen Kandidatenstatus entzogen hatte nach seinem Angriff auf den Gutsbesitzer und Wucherer Li – und ihm diesen Status wieder eingeräumt hatte nach Tschou En-lais Rettung in Schanghai. Wie konnte Lin Piao solchen Tölpeln bedingungslosen Gehorsam erweisen?

Die stille Nacht war feucht. Der Geruch ungewaschener Körper vermischte sich mit den Knoblauchdüften, die die schnarchenden Männer ringsum ausatmeten. Weder die Hitze noch der Gestank störten James; denn mit der Hitze hatte er sich abgefunden, und an den Gestank war er gewöhnt. Aber nicht abgefunden hatte er sich mit dem für den Morgen geplanten Einsatz. Lin Piaos Ermahnungen hatten ihn weder eingeschüchtert noch beeindruckt; er war entschlossen, seine Entscheidungen selbst zu treffen. Seit Schanghai hatte James sich in seiner beträchtlichen Freizeit damit beschäftigt, die mißliche Lage seines Landes – und seine eigene – zu analysieren. Er könnte sich heute nacht wegstehlen und den Kommandeur der Garnison Nantschang warnen oder die Befehle der Partei blind befolgen. Er wußte, er war an einer entscheidenden Wegkreuzung angelangt, aber er wußte noch nicht, welchen Weg er einschlagen würde.

Ginge er nach links, so machte er sich vielleicht auf unbestimmte Zeit zum Vogelfreien unter Männern, die im politischen Sumpf umhertappten. Die Ausstrahlung eines einzigen Tschou En-lai, seine scharfe Logik und sein kühner Mut konnten die offenkundige Ungeschicklichkeit der Parteizentrale nicht wettmachen. James war beeindruckt von der kraftvollen Persönlichkeit des prominentesten Dissidenten der Partei, hatte aber wenig Zutrauen zur Urteilsfähigkeit des monomanen Mao Tse-tung, der von der Vorstellung vom revolutionären Potential der Bauern besessen war. Er gab auch zu, daß selbst die tolpatschige Parteizentrale wenigstens ihr Ziel klar vor Augen hatte: ein geeintes China, stark und autark, wo alle Männer und Frauen würdig leben würden. Aber konnte dieses Wunschbild jemals Wirklichkeit werden? War die entfernte Möglichkeit seiner Verwirklichung es wert, jahrzehntelang ein gejagter Vogelfreier zu sein?

Alle seine Erfahrungen aus der Zeit vor seiner Einführung in den

Marxismus in der Kriegsakademie Whampoa drängten James auf den mittleren Weg. Zwar schritten sein Onkel Harry und Wang Tsching-wei mit unfehlbarem Instinkt von einer Katastrophe zur nächsten, aber sie waren bei aller Mißlichkeit ihrer Lage wenigstens freie Männer. Sie waren nicht Automaten geworden wie Lin Piao, der mechanisch gehorchte und denselben Reflexgehorsam von seinen Untergebenen verlangte. Schließlich gab es noch die Familie, der er Loyalität schuldete, vielleicht mehr Loyalität als dem illusorischen und wahrscheinlich unerreichbaren Wunschbild der Kommunisten. Wenn er jetzt von seiner Binsenmatte aufstünde und Alarm schlüge, würde er dem Haus Sekloong einen guten Dienst erweisen und für die Mitte und die Rechte ein Held werden. Sich selbst würde er eine große Karriere sichern durch den Verrat an den Bauern- und Arbeitersoldaten, die schlafend neben ihm lagen. Er würde sie bestimmt zur Exekution verurteilen statt zum möglichen Tod auf dem Schlachtfeld, den sie gern in Kauf nahmen, weil – falsche Bescheidenheit konnte die Wirklichkeit nicht verschleiern – weil er sie führte.

Immer noch grübelnd, schlief James Sekloong um zwei Uhr morgens ein. Als er um sechs Uhr geweckt wurde, war sein Entschluß gefaßt – eigentlich unversehens. Das kehlige Räuspern und gutturale Spucken seiner Soldaten bekräftigten diesen Entschluß. Er erkannte, daß seine Loyalität den siebenundneunzig Mann gehörte, mit denen er seit vierzehn Monaten gedient und die er seit vier Monaten gefehligt hatte. Abstrakte Wunschbilder von vollkommener sozialer Gerechtigkeit in dem zukünftigen irdischen Paradies der Marxisten oder von einem starken, unabhängigen und geachteten China konnten keinen Anspruch auf sein ganzes Leben geltend machen. Auch die Gewinne des Hauses Sekloong konnten das nicht. Er fühlte sich mit Wu verbunden, dem Bauernjungen aus Kweitschou, der bei der Belagerung von Nantschang einen Warlord-Soldaten erschossen hatte, ehe dieser seinem Leutnant das schon erhobene Bajonett in die Brust gebohrt hatte; mit Yang, dem Gassenjungen aus Swatow, der die Kompanie mit seinem unerschöpflichen Vorrat an schmutzigen Witzen und seiner unglaublichen Fähigkeit, auch in den kargsten Landstrichen noch Nahrungsmittel aufzutreiben, versorgte; und mit seinem Hauptfeldwebel Tschang, ihrem einzigen altgedienten Berufssoldaten, der unter der Anleitung seines Kompanieführers ein überzeugter Kommunist geworden war. Seine Loyalität, zu dem Schluß kam James, während er seine Mauser-Pistole überprüfte, war keineswegs unehrenhaft. Sie war gewiß nicht weniger ehrenhaft als der bedingungslose Gehorsam des ehrgeizigen Lin Piao dem kommunistischen Zentralkomitee gegenüber oder seines Bruders Thomas' sklavische Ergebenheit für General Tschiang Kai-schek. Außerdem würde Onkel Harry seinen Entschluß billigen. Auch Harry Sekloong hatte ein bequemes und genußreiches Leben aufgegeben, weil ihm die *lao paihsing*, die Masse des einfachen Volkes, am Herzen lag.

James pfiff vergnügt vor sich hin, während er die Kompanie inspizierte. Als er mit zusammengekniffenen Augen durch einen schmutzigen Gewehrlauf blickte, wurde ihm klar, daß es die Melodie von *Gaudeamus igitur* war, ein unbewußtes Echo des Musikunterrichts bei den Jesuiten in Hongkong. Aber warum auch nicht. Er war jung, und es gab keinen Grund, sich nicht zu freuen. Er warf Yang die Waffe zu und sagte, sie würde ihm ins Gesicht fliegen, wenn er sich nicht die Mühe machte, einen ölgetränkten Wattebausch durch den Lauf zu schieben. James betrachtete seine zerlumpten Tunichtgute mit liebevollem Abscheu, ehe er mit lauter Exerzierplatzstimme kommandierte: «Ausrücken!»

Mit dem schlurfenden Gang von Männern, die sich in Strohsandalen immer noch wohler fühlten als in Lederstiefeln, marschierte die Kompanie zwischen den Torpfosten des buddhistischen Tempels hindurch auf einen schlammigen Weg. Das Scharren vieler Füße war die wahre Hymne der Revolution. Die zweite Kompanie schloß sich ihnen an der Wegkreuzung an, und die dritte kam hinterdrein. Lin Piao an der Spitze der Kolonne erteilte keine Befehle. Seine Offiziere kannten ihre Aufgaben, und es war zu spät, um noch etwas an dem Plan zu ändern. Sie waren festgelegt.

Unregelmäßige Salven waren von dem dreistöckigen Gebäude mit den dunklen Dachziegeln, in dem die Diensträume der Regierung und die Schreibstuben der Garnison von Nantschang untergebracht waren, zu hören. Als die kommunistische Kolonne vorsichtig auf den Hauptplatz der Stadt einbog, sah James, daß die Kadetten ihnen schon zuvorgekommen waren. Zwar waren die tausendzweihundert Kadetten in Nantschang nicht so tipptopp geschniegelt wie die Offiziersanwärter der Hauptkriegsschule in Kanton, aber sie waren schon eine einsatzbereite Kampftruppe. Kommandeur Tschu Teh, von dem breiten Gesicht und dem untersetzten Körperbau bis hin zu dem schlurfenden Gang der Prototyp eines Bauern aus Yunnan, gab seine Befehle mit einer Ruhe, als ob er den Frühjahrsreis aussäte. Die heftigen Salven der Verteidiger verminderten sich bereits, und es waren nur noch einzelne Schüsse zu hören, als Lin Piaos Bataillon zum Einsatz kam.

Der Aufstand vom 1. August, der später als «Geburt der kommunistischen Volksbefreiungsarmee» gefeiert wurde, führte in wenigen Stunden zum vollständigen Sieg. Der nationalistische Gouverneur ergab sich, und seine Truppen schlossen sich den Aufständischen an. Zum erstenmal hatten reguläre kommunistische Streitkräfte mit Waffengewalt eine Stadt eingenommen. Zum erstenmal hatten sie eine feste revolutionäre Basis. Die neue Revolution – nicht mehr national-bürgerlich, sondern sozialistisch und kommunistisch – hatte spektakulär begonnen, und die Soldaten jubelten. Unwiderruflich für die kommunistische Sache engagiert, jubelte James Sekloong mit seinen ungebildeten Gefolgsleuten. Zweifel und Skepsis waren zerstreut: Er wußte, er hatte die richtige Entscheidung getroffen.

James' wiederhergestellte Zuversicht überstand den Schock von Major Lin Piaos ruhiger Bekanntmachung bei der morgendlichen Besprechung der Offiziere am dritten Tag, nachdem General Tschu Teh die kommunistische provisorische revolutionäre Regierung von China proklamiert hatte.

«Genossen», erklärte der Bataillonskommandeur, «wir ziehen uns heute nachmittag aufs Land zurück. Die reaktionären Kräfte, die sich Nantschang nähern, sind zu stark, als daß wir ihnen Widerstand leisten könnten. Es wäre Wahnsinn, unseren Sieg dadurch zu opfern, daß wir gegen sie kämpfen und eine Niederlage riskieren.»

«Dann verzichten wir auf unseren Sieg?» fragte ein bestürzter Leutnant.

«Nein, Genosse!» Der sonst in Lin Piaos Stimme erkennbare Unterton von Hysterie wurde schrill. «Wir konsolidieren unseren Sieg. Die Heldentaten der letzten Tage haben den Grundstein für unseren Endsieg gelegt. Wie töricht wäre es, diese kostbare Perle wegzuwerfen wie den verbrannten Reis von gestern, indem wir uns der Gefahr einer Niederlage aussetzen. Die ruhmreiche Eroberung Nantschangs wird die Massen anfeuern und entflammen. Bald, sehr bald werden wir den totalen Sieg erringen – wenn ganz China vom Haß eines politisch bewußten Proletariats beseelt ist.»

Die Offiziere kehrten zu ihren Einheiten zurück und erteilten ihre Befehle für den Rückzug. Einige, die sich mit neugewonnener Zuversicht danach sehnten, gegen die heranrückenden nationalistischen Truppen zu kämpfen, waren bedrückt. Andere, die revolutionäre Geduld gelernt hatten, trösteten sich mit dem von Lin Piao versprochenen Endsieg. Die einfachen Soldaten waren verdrossen.

«Ein großer Sieg!» hörte James seinen Hauptfeldwebel Tschang murmeln. «Ein großer Sieg, verdammte Scheiße! Toller Sieg! Wir nehmen eine Stadt und geben sie dann auf. Man kann nicht gewinnen, wenn man seine Stellung nicht behauptet.»

Die Truppen zerstreuten sich. Einige Einheiten folgten General Tschu Teh und seinen Kadetten in das Bergland im Norden der Provinz Kwangtung. Lin Piaos Bataillon marschierte nach Swatow an der Küste der Provinz Kwangtung, dreihundertvierzig Meilen nordöstlich von Hongkong, nahm den unverteidigten Hafen ein und proklamierte eine Volkskommune, die sich einige Wochen hielt.

In den Bergen von Hunan führte Mao Tse-tung seine geliebten Bauern beim «Herbsternte-Aufstand» an und wurde von zwei Kompanien der örtlichen Miliz in die Flucht geschlagen. Das Zentralkomitee der Kommunistischen Partei wurde gesäubert und der Generalsekretär als «trotzkistischer Verräter» abgesetzt. Eine neue Gruppe übernahm das Kommando, darunter an prominenter Stelle Tschou Enlai. Aber all das, überlegte sich James Sekloong auf dem Rückzug von Swatow, belief sich «auf nicht mehr als einen Haufen Hundescheiße», wie Lin Piao sich auszudrücken beliebte. Die kommunistische Bewegung war in völliger Verwirrung, ihre restlichen Truppen in einem halben Dutzend kleiner Enklaven eingekesselt und ihre Führung gespalten.

Daß die Nationalisten zur gleichen Zeit vom Mißgeschick ereilt wurden, war nur ein geringer Trost für James, der fürchtete, er habe tatsächlich die besten Aussichten seines Lebens für eine Illusion hergegeben. Sowohl der rechte wie der linke Flügel der Kuomintang waren unter den Schlägen der aufständischen Warlords ins Wanken geraten. Sütschou, der Höhepunkt von Tschiang Kai-scheks Nördlicher Expedition, war bereits verloren, und Mitte August stießen die vereinten Warlords nach Süden vor und bedrohten Schanghai und Nanking. Angesichts einer Meuterei seiner Generale trat Tschiang zurück, «um Zwietracht zu vermeiden», und entschwand nach Japan, wo er Mayling Sung, die jüngste Schwester von Madame Sun Yat-sen, umwarb. Fast aller Heeresmacht beraubt, floh Präsident Wang Tsching-wei nach Kanton, das er formell zur Hauptstadt seines wankenden, praktisch machtlosen Regimes bestimmte. Mit bitterem Humor bemerkte Harry Sekloong, daß sie sich viel Mühe und Reisen hätten sparen können. Denn Wang und er waren wieder da, wo sie vor mehr als zehn Jahren mit Sun Yat-sen angefangen hatten, während eine nationale Rumpfregierung von Konservativen in Nanking saß und Peking nach wie vor in der Hand der Warlords war.

Als China wieder einmal in Anarchie verfallen war, kehrte der schlaue

Tschiang Kai-schek mit seiner neuen Frau Mayling Sung nach Schanghai zurück und beanspruchte die oberste politische und militärische Gewalt über die demoralisierten Nationalisten. Nachdem er zum Methodismus der Sungs übergetreten war, erhielt der Mann, der im März nach dem Nanking-Konflikt noch als «bolschewistischer Bandit» gebrandmarkt worden war, Ende November als Vorkämpfer für Gesetz, Ordnung und freie Wirtschaft begeisterte ausländische Unterstützung. Als Wang Tsching-wei sich nach Schanghei einschiffte, um mit Tschiang Kai-schek zu verhandeln, blieb Harry Sekloong in Kanton, um über den leeren Schein ihrer Nationalregierung zu präsidieren. Der letzte Akt der blutigen Tragödie, zu der das Jahr 1927 für die chinesischen Kommunisten durch ihre eigene Ungeschicklichkeit und Moskaus widersprüchliche Befehle geworden war, ging in dieser südlichen Metropole über die Bühne.

Sir Jonathan Sekloong hatte von seiner Fähigkeit zur Entrüstung wenig eingebüßt, obwohl er Ende 1927 vierundsiebzig Jahre alt war. Seit dem Zusammenbruch der nationalistischen Streitkräfte Mitte August hatte er heftiges Mißvergnügen verspürt. Etwas erleichtert war er, als der linke Flügel der Kuomintang und sein Sohn Harry endlich die Beziehungen zu den Kommunisten abbrachen, endlich dem Beispiel von Tschiang Kai-schek folgten, den der alte Herr mit der Verachtung bedachte, die ein Emporkömmling für den anderen empfindet. Trotz dieser Verachtung unterstützte er den General weiterhin diskret, denn er hielt ihn für den einzigen, der etwas Ordnung in Chinas Chaos bringen konnte. Seine Söhne Sydney und Gregory Sek bemühten sich eifrig um den Grünen Drachen Tu Yueh-schen, Tschiang Kai-scheks «Blutsbruder». Sir Jonathan war entschlossen, den größtmöglichen Vorteil aus der Unruhe zu ziehen, die hinter den friedlichen Fassaden der von Ausländern regierten Vertragshäfen gärte.

«Die Familie ist über ganz China verstreut», sagte er am 30. November 1927 zu Charles und Mary. «Harry ist in Kanton, aber er kann nicht herkommen. Thomas ist mit diesem Gangster Tschiang Kai-schek wieder in Schanghai. Und James, Gott weiß, wo der steckt. Ich muß wissen, was sie alle machen.»

Mary machte sich große Sorgen um James, der nach dem Zusammenbruch der Swatow-Kommune im September aus ihrem Gesichtskreis verschwunden war. Aber sie sagte nichts von ihrer Angst um den Lieblingssohn, weil sie den zunehmend cholerischen alten Herrn nicht zu einer weiteren antikommunistischen Tirade provozieren wollte. Charles antwortete rasch, um weiteren bissigen Bemerkungen seiner Frau über China und die Chinesen zuvorzukommen.

«Wie wäre es, wenn ich nach Kanton führe und mit Harry redete? Jonnie kann dir inzwischen hier zur Hand gehen.»

Wie gewöhnlich hatte Sir Jonathan die Reaktion hervorgelockt, die er wünschte. Bezeichnenderweise ergänzte er Charles' Vorschlag noch.

«Eine gute Idee. Und nimm Mary mit. Die Dienstboten in Kanton müssen ein bißchen aufgerüttelt werden. Ich werde mit Jonnie zurechtkommen. Er läßt endlich einen schwachen Schimmer von Geschäftssinn erkennen. Es ist sowieso nicht viel los. Gott sei Dank, daß dieses katastrophale Jahr fast vorüber ist.»

Mary Sekloongs Stimmung hob sich, als sie und Charles zwei Tage später an Bord des Kanton-Dampfers gingen. Sie war sich in Hongkong wie eine Gefangene vorgekommen, während die Armeen abwechselnd Schwenkungen nach rechts und nach links machten. Sie hatte versucht, ihre Zunge im Zaum zu halten, denn Sir Jonathan reagierte überempfindlich auf Anspielungen, daß die Chinesen unfähig seien, sich selbst zu regieren, und es nicht lassen könnten, sich gegenseitig zu betrügen. Er war auch abergläubischer geworden, als ob er im übernatürlichen Bereich die Gewißheiten suchte, die ihm in der wirklichen Welt plötzlich entgingen. Mary wußte: seine aufrichtige Erleichterung, daß sich das Jahr 1927 seinem Ende näherte, war darauf zurückzuführen, daß der alte Wahrsager, der Silberne Siebente Bruder, prophezeit hatte, 1928 werde ein gutes Jahr sein, ein sehr gutes Jahr für die Sekloongs und für China. Es würde das Jahr des Drachens sein, günstig für alle, aber besonders günstig für den Clan, dessen Emblem der geflügelte Drache war. Obwohl sie über den Silbernen Siebenten spottete, hoffte auch Mary auf eine günstige Wende. Außerdem stand Weihnachten vor der Tür, und es tat gut, Hongkong zu entfliehen, und wäre es auch nur für kurze Zeit.

Schlicht-elegant in seiner hochgeschlossenen Sun Yat-sen-Uniform, holte Harry sie am Kantoner Hafen ab. Die Menge wich zurück vor dem Mercedes-Benz mit dem Stern am Kühler, gleichsam seinem Rangabzeichen als Berater des Präsidenten Wang Tsching-wei. Harry war guter Stimmung und sagte zuversichtlich voraus, daß Wang Tsching-wei sehr bald eine brauchbare Übereinkunft mit Tschiang Kai-schek erreichen werde, um die Nationalisten wieder zu einigen.

«Und dann werden wir reinen Tisch machen», fügte er hinzu. «Tschiang will ja bloß Soldat spielen. Wenn wir Peking genommen haben, wird er froh und glücklich sein mit den Kinkerlitzchen – Uniformen, goldene Tressen, Orden und Paraden. Und wir bauen China auf.

Dann besteht auch eine ausgezeichnete Chance für die Wiederversöhnung mit den Kommunisten.»

«Hoffentlich!» Mary wollte ihr Wiedersehen nicht mit bitterer Skepsis trüben.

Charles erlaubte sich ein dünnes Lächeln. Thomas' naive Briefe, des Lobes voll für seinen General, waren aufschlußreich. Charles war, genau wie Mary, der Meinung, daß nur die höchste Regierungsgewalt ohne jede Einschränkung Tschiang Kai-schek befriedigen würde. Aber auch er wollte eine politische Diskussion, die scharf werden würde, vermeiden.

«Ich hoffe, daß du in bezug auf Tschiang recht hast, Harry», sagte er, als der Mercedes sich durch die schmale Durchfahrt zwischen den Torpfosten des Stammhauses der Familie Kwok schob. «Und ich hoffe, dein Zutrauen zu den Kommunisten erweist sich als gerechtfertigt.»

«Schließlich sind die Kommunisten immer noch gute Chinesen», lachte Harry. «Sie gehören zu deinem und meinem Volk. Sie werden's schon recht machen.»

Mary sah ihren Schwager scharf an und dachte an die spöttische Respektlosigkeit und die hellsichtige Ablehnung alles scheinheiligen Geredes, die sie zuerst zu Harry hingezogen hatten. Er hatte sich grundlegend geändert. Es schien, als ob die Politik von ihren Adepten eine besondere Art von unnachgiebiger, humorloser Naivität verlangte.

Das schmiedeeiserne Tor schloß sich hinter dem Mercedes, und die drei Sekloongs befanden sich in dem mit Fliesen ausgelegten Hof des Stammhauses der Familie Kwok. Die sechzehn Dienstboten waren angetreten, um sie zu begrüßen, von dem untadeligen Boy Nummer Eins bis zu drei zerlumpten Gärtnern. Die Eingangshalle erstrahlte im Glanz eines frischen Anstrichs und der polierten Hölzer. Irgend jemand hatte das Personal schon aufgerüttelt.

«Ich glaube, es ist alles in Ordnung, Mary.» Harry reagierte auf ihren unausgesprochenen Gedanken. «Dabei war es ein Junggesellenhaushalt, seit Mayling vor einem Monat mit Jason nach Schanghai gefahren ist. Es wurde Zeit, daß der Junge mal eine Weile bei seinen Großeltern verbringt.»

Mary war froh, daß ihr Harrys fade Frau erspart blieb. Sie brauchte jetzt nur noch ein heißes Bad, um ihrer Ferienstimmung die Krone aufzusetzen. Nach einer Dampferfahrt kam sie sich immer schmuddelig und unansehnlich vor; sie wollte den Reisestaub abspülen, sich von der geschickten Ah Fung frisieren lassen und ihr Make-up auffrischen. Mit siebenundvierzig sollte sie eigentlich über diese Eitelkeit hinaus sein, aber sie freute sich auf das Alleinsein mit den beiden Männern, die ihr am meisten bedeuteten und für die sie die wichtigste und attraktivste Frau der Welt bleiben wollte.

Ein hochgewachsener Mann in einem grauen Waffenrock kam hinter dem Schirm aus Koromandelholz hervor, der das zu den Privaträumen führende Mondtor verbarg. Das krause Haar, das spöttische Lächeln und die lachenden hellbraunen Augen waren schmerzlich vertraut. Einen unheimlichen Augenblick lang glaubte sie den jungen Harry Sekloong wiederzusehen.

Kräftige Arme umschlossen sie, und ihr Sohn James sagte: «Mutter! Mutter! Wie schön, daß du da bist!»

Mary war ungeheuer erleichtert: James war offensichtlich heil und gesund! Seine Züge zeigten, daß er in den achtzehn Monaten, seit sie ihn zuletzt gesehen hatte, sehr viel reifer geworden war.

James umarmte Charles mit ungewohnter Herzlichkeit und sagte leise auf kantonesisch: «Verehrter Vater, ich freue mich über unser Wiedersehen.»

Ein flüchtiger Schatten umwölkte Harrys Stirn. Mary wußte, daß er ihren Pakt eingehalten und James nicht darüber aufgeklärt hatte, wer sein Vater war, obwohl die Versuchung groß gewesen sein mußte.

«James», sagte sie, «James, mein Lieblingsracker. Wo kommst du her? Geht es dir gut? Du mußt mir alles erzählen über . . .»

«So viele Fragen, Mutter», erwiderte James mit neuer Bestimmtheit. «Später können wir uns unterhalten. Darf ich euch zuerst mit meinem verehrten Lehrer bekannt machen?»

Ein schlanker Mann mit funkelnden schwarzen Augen in einem mageren Gesicht stand vor dem Koromandelholzschirm. Er verbeugte sich mit der anmutigen Gelenkigkeit eines chinesischen Opernstars.

«Mr. und Mrs. Sekloong», stellte Harry auf mandarin vor, «meine geliebte Schwägerin Mary und mein geehrter älterer Bruder Charles. General Tschou En-lai, der bei uns wohnt.»

«Enchanté, Madame, Monsieur», antwortete Tschou En-lai und fuhr dann auf mandarin fort: «Es ist mir eine Ehre, die Eltern meines jungen Schülers kennenzulernen, den älteren Bruder und die Schwägerin meines Beschützers.»

«Beschützers?» Charles war verblüfft, besann sich aber rasch seiner Pflicht als Gastgeber, als älterer Sekloong. «Natürlich ist Ihre Anwesenheit für *uns* eine Ehre. Darf ich Sie verspätet ebenfalls in unserem Haus willkommen heißen?»

«General Tschou ist zu freundlich.» Harry lachte, und seine alte

Fröhlichkeit vertrieb die Wichtigtuerei des Berufspolitikers. «Ich bin nicht gerade sein Beschützer. Aber im Augenblick sind er und James hinter diesen Mauern besser aufgehoben.»

«Wie lange noch, Onkel Harry?» fragte James.

«Höchstens ein paar Wochen. Sobald sich der Präsident und der Generalissimus geeinigt haben, gibt es keine Probleme mehr. Patriotische Kommunisten sind in erster Linie Chinesen. Bald werden wir wieder alle zusammenarbeiten.»

Mary wunderte sich wieder über Harrys Optimismus, der so anders war als der lachende Zynismus seiner Jugend. Auch er war ein Gläubiger geworden, wie ihr Sohn James und der höfliche General Tschou En-lai. Wenn die drei immer noch so fest an Chinas Zukunft glaubten, konnte sie dann mit ihrer Skepsis dazwischenfunken? Außerdem würden sie zweifellos die Ansicht einer Frau mit höflicher Unaufmerksamkeit abtun. Der enge Ring chinesischer männlicher Überlegenheit umschloß sie wieder einmal. Aber gegen ihren Willen ließ sie sich von Tschou En-lais Charme fesseln und verliebte sich wieder einmal in ihren schwierigen dritten Sohn.

Tschou En-lai und James verließen den Schutz des Stammhauses der Familie Kwok nicht. Harry fuhr morgens früh mit seinem schwarzen Mercedes weg, und wenn er spät am Abend zurückkam, wurde er immer noch von Boten verfolgt, die Telegramme brachten. Die Tage verstrichen, und seine Stimmung sank zusehends. Seine Scherze über Familienangelegenheiten und sein Optimismus hinsichtlich der Verhandlungen in Schanghai wirkten verkrampft. Mary und Charles suchten die Büros von J. Sekloong and Sons auf, aber das Geschäft war schleppend. Die Atmosphäre in den mit Unrat übersäten Straßen war sehr beunruhigend. Trotz des feuchten, kalten Wetters rotteten sich Arbeiter an den Straßenecken zusammen und verhöhnten und verspotteten Polizei und Soldaten. Selbst vor der antiken Pracht des wiederaufgebauten Stammhauses der Familie Kwok hinter den hohen, mit Glasscherben gespickten Mauern machte die schleichende Unruhe nicht halt. Ein junger Deutscher mit Namen Heinz Neumann schlüpfte immer wieder durch das kleine Gartentor, um mit Tschou En-lai zu konferieren. Er kam regelmäßig nach Mitternacht, und James dolmetschte sein fließendes, wenn auch grammatikalisch nicht einwandfreies Englisch. Die Anwesenheit des Vertreters der Komintern in den Mauern der Festung, die sich Sir Jonathan zum Schutz gegen die Welt gebaut hatte, war bedrohlich.

Am 11. Dezember 1927 verließen Tschou En-lai und James Sekloong das Haus zum erstenmal. Als Mary um sieben Uhr aufwachte, sagte ihr der Boy Nummer Eins, sie seien schon seit mehreren Stunden weg. Verwundert, aber nicht beunruhigt, fuhr Harry um 8 Uhr 30 mit seinem Mercedes durch das Tor. Eine halbe Stunde später kam er zu Fuß zurück.

«Irgend etwas ist los. Wenn ich nur wüßte was! Barrikaden auf den Straßen: Ich mußte den Wagen stehenlassen. Wir sind abgeschnitten, und ich weiß nicht warum.»

Immer wieder versuchte Harry, sein Büro anzurufen, aber jedesmal bekam er von einem unbekannten Telefonisten die mürrische Auskunft: «Ich kann Sie nicht verbinden.»

Mary sah auf die Uhr, als Beckenrasseln, Trommelschläge und das Dröhnen von Gongs in der normalerweise stillen Nebenstraße erklangen. Es war 10 Uhr 43. Rauhe Männerstimmen übertönten den unharmonischen Lärm. Sie sangen die Internationale, und in dem schnatternden Kantonesisch klang der Text noch bedrohlicher: «Wacht auf, Verdammte dieser Erde, die stets man noch zum Hungern zwingt ... Völker, hört die Signale, auf zum letzten Gefecht. Die Internationale erkämpft das Menschenrecht.»

Ein Lautsprecher plärrte: «Bleibt in euren Häusern. Alles wird gut werden. Heute haben wir die Kantoner Volkskommune gegründet. Die Arbeiter regieren. Das Volk regiert. Der glorreiche Augenblick ist gekommen!»

Die Sekloongs warteten ab, auf ihrem mauerbewehrten Grundstück völlig isoliert von der brodelnden Stadt. Mary war bedrückt durch ihre Abgeschlossenheit und machte sich Sorgen um James. Charles schöpfte Kraft aus seiner Überzeugung von der Unbesieglichkeit der Sekloongs. Harry wanderte ruhelos durch die Höfe und fuhr bei jedem Geräusch von draußen zusammen. Aber es kam keine Botschaft für den Berater des Präsidenten der Republik China, bis um zwei Uhr mittags lautes Hämmern am Gartentor sie aufschreckte.

Harry und Charles öffneten das Tor selbst. James stand draußen und grinste wie ein Schuljunge in Uniform. Hinter ihm war eine zerlumpte Truppe von sechs Arbeitern aufmarschiert, ungeschickt mit Gewehren hantierend und die roten Binden der Arbeitermiliz am Arm.

«Ich komme, um das in Ordnung zu bringen», sagte er zusammenhanglos. «Ihr seid nicht in Gefahr.»

«Was ist los, Junge?» fragte Charles. «Was willst du in Ordnung bringen. Was, zum Teufel, ist eigentlich los?»

«Ruhig, James, ruhig», beschwichtigte Harry. «Erkläre es uns.»

«Wir haben die Stadt genommen, wir Kommunisten. Wir haben eine

Kommune gegründet, eine Volkskommune. General Tschou hat mich hergeschickt, ich soll eine offizielle Bekanntmachung anbringen, daß dieses Haus unter dem Schutz der Kommune steht.»

«Verdammt anständig von ihm», fuhr Charles auf. «Und warum? Damit er uns später umbringen kann?»

«Ihr könnt Kanton nicht halten!» sagte Harry ruhig.

«Vielleicht nicht, Onkel. General Tschou ist auch nicht entzückt. Er hat von dieser Revolte abgeraten. Aber Heinz Neumann bestand darauf, und er spricht im Namen der Komintern. Der Aufstand werde gelingen, behauptet Neumann. Moskau habe ihn angeordnet.»

James ließ sich in den nächsten drei Tagen nicht sehen, und das Telefon blieb still. Aber Harrys Agentennetz begann wieder zu funktionieren. Weniger als fünftausend Milizionäre, verstärkt durch einen Kader von nicht mehr als fünfhundert kommunistischen Soldaten, konnten nicht alle Ein- und Ausgänge einer Stadt mit 850000 Einwohnern kontrollieren. Die ersten Berichte, die Harry erhielt, bestürzten ihn: Die Kommunisten schlachteten systematisch ihre Feinde aus der Bourgeoisie ab. Die nächsten Berichte waren fast ebenso erschreckend: Nationalistische Truppen waren im Vormarsch auf Kanton, um diese Hinrichtungen zu rächen; es würde also noch mehr Gemetzel geben.

«Es wird bald vorüber sein», erklärte Harry am späten Abend des 14. Dezember 1927 nach einem langen Gespräch mit einem Informanten, der wie ein Schatten aufgetaucht und wieder verschwunden war. «Drei Korps rücken auf die Stadt vor. Die Vierte Division ist schon bis auf sechzehn Meilen herangekommen.»

«Das wird auch Zeit», sagte Charles.

«Der Teufel soll diese dämlichen Kommunisten holen», fügte Harry hinzu. «Diese sogenannte Kommune ist das Ende. Sie haben die Saat der Zwietracht gesät. Auf Jahre hinaus wird China bittere Frucht ernten.»

«Und James?» Marys Angst um ihren Sohn überschattete alle anderen Besorgnisse. «Was wird aus James?»

«Wir müssen ihn da herausholen», sagte Charles. «Aber wie?»

Nachdem er in den vergangenen drei Tagen wie gelähmt gewesen war, wurde Harry wieder der energische Aktivist. Sein Selbstvertrauen war zurückgekehrt, als er gehört hatte, daß seine Verbündeten zum Entsatz heranmarschierten.

«Ja, wie?» wiederholte er. «Es läßt sich machen, aber es ist nicht einfach. Immerhin sollte meine Unterschrift ... Aber zuerst müssen wir mit dem Dummkopf reden.»

James trug wieder den Sun Yat-sen-Waffenrock, der eher das Symbol der Nationalisten als eine Uniform war, als er um zwei Uhr nachts durch das Gartentor schlüpfte.

«Du hast mich rufen lassen, Vater?» Seine Unsicherheit zeigte, daß er sich über den Mißerfolg des letzten Abenteuers der Kommunisten klarwar.

«Ja, James», antwortete Charles. «Du mußt aus Kanton verschwinden. Sonst gibt es für dich nichts als eine Kugel – oder Gefängnis, wenn du Glück hast.»

«Mei fa-tze», seufzte James resigniert. «Da ist keine Hoffnung.»

«Du gibst doch nicht etwa auf, James?» versuchte Mary ihn aufzustacheln. «Ich hätte nie geglaubt . . .»

«Was hat es überhaupt für einen Zweck, Mutter? Außerdem kann ich nicht ohne General Tschou wegfahren.»

«Zum Teufel mit General Tschou!» fauchte Charles. «Er hat uns diesen Schlamassel eingebrockt. Eine seltsame Art, sich für unsere Gastfreundschaft erkenntlich zu zeigen.»

«Aber er hat für unsere Sicherheit gesorgt, während andere erschossen und ihre Häuser geplündert wurden», erinnerte Mary ihren Mann. «Wir stehen in seiner Schuld . . . Was soll geschehen, Harry?»

«Wird Tschou mitkommen?» fragte Harry.

«Ta dzen-ma pan?» James zuckte die Schultern. «Was bleibt ihm anderes übrig? Warum sollte er sein Leben für eine Revolte opfern, die er nicht gewollt hat?»

«Ich möchte, daß ihr beide früh um sechs Uhr hier seid», befahl Harry. «Keinen Augenblick später. Die Eisenbahn Kanton–Kowloon ist zu gefährlich. Aber der erste Dampfer fährt um 8 Uhr 45.»

«Wie willst du uns denn rausbringen?» fragte James. «Die Piers werden schwer bewacht sein.»

«Tu nur, was ich dir sage», antwortete Harry. «Sechs Uhr früh.»

Als James gegangen war, sagte Harry zu seiner Schwägerin: «Du und Charles, ihr müßt jetzt abreisen, obwohl es sicherer wäre, ein paar Tage zu warten. Aber für James ist es die einzige Hoffnung.»

Um 7 Uhr 35 am Morgen des 15. Dezember 1927 verließ Harry Sekloongs schwarzer Mercedes das Stammhaus der Familie Kwok. Auf dem Dachgepäckträger türmten sich Marys und Charles' Koffer. Der Berater des Präsidenten Wang Tsching-wei, wieder in Amt und Würden, saß neben Mary und Charles im geräumigen Fond des Wagens. Zwei Diener in abgetragenen schwarzen Anzügen unter dicken Mänteln hatten sich neben den Fahrer gequetscht. Der eine, ein stämmiger junger

Mann, hatte sich einen schwarzen Filzhut tief in die Stirn gedrückt, der andere, ein schlanker Neunundzwanzigjähriger, verhüllte sein Gesicht mit einem wollenen Schal, um sich vor der morgendlichen Kühle zu schützen.

Die Straße zum Hafen führte durch das Zentrum der gepeinigten Stadt, vorbei am Admiralitätsgebäude und den Funkmasten, die das Hauptziel der zum Entsatz gekommenen nationalistischen Truppen und die letzte Stellung der besiegten Kommunisten waren. Die erste Straßensperre, auf die der Mercedes stieß, war von Truppen der Vierten Division besetzt. Der Leutnant, der die Leute befehligte, prüfte die Papiere genau, die der Fahrer ihm reichte, dann trat er zurück und salutierte vor Harry Sekloong. Er warf einen neugierigen Blick auf die Diener, die sich in ihre Mäntel kuschelten. Er ahnte nicht, daß der eine ein höheres Semester und der andere der kommunistische Leiter der politischen Abteilung gewesen war, als er selbst in die Militärakademie Whampoa eintrat.

Mary lockerte ihren Griff, mit dem sie die Hand ihres Mannes hielt. Fünfzig Meter weiter gruben sich ihre Nägel in seine Handfläche: Drei Ausländer hingen an einem scharlachroten Flammenbaum. Ihre Gesichter waren bläulich rot, und ihre Füße zuckten in der Luft. Auf ihrer Brust befestigte Plakate bezeichneten sie in schwarzen Schriftzeichen als SOWJETISCHE IMPERIALISTISCHE SPIONE.

Am Straßenrand lagen verstümmelte Leichen aufeinandergehäuft. Ein grinsender Kopf bewegte sich, als wäre er noch lebendig. Dem Mann war die Kehle so gründlich durchschnitten worden, daß nur die Wirbelsäule und ein Streifen Haut den Kopf noch mit dem Körper verbanden. Eine schwielige Hand, erhoben, als ob sie um Gnade flehte, war blutlos wächsern. An einem Bajonett, das im Rücken der obersten Leiche steckte, flatterte eine rote Armbinde, das Kennzeichen der Arbeitermiliz, die noch gestern in Kanton geherrscht hatte. KUNG-JEN MIN-PING stand darauf – ARBEITER-VOLKSSOLDAT. Jemand hatte den Buchstaben *min*, Volk, ausgestrichen und statt dessen *chu*, Schwein, geschrieben, so daß die Aufschrift der Armbinde nun ARBEITER-SCHWEINESOLDAT lautete.

Vor einer Wellblechwand neben dem Tor zu den Docks hielten sich fünfzehn Milizionäre in trüber Hoffnungslosigkeit kaum auf den Beinen. Eine Maschinengewehrabteilung der Vierten Division verhöhnte die kommunistischen Arbeiter.

«Schweine und Hundebeine! Schweinesoldaten! Wo sind denn jetzt eure großen Führer?»

Mary schloß die Augen, aber das grausame Bellen der Maschinengewehre prägte das Gemetzel ihrem geistigen Auge ein.

Die Zollbeamten waren höflich, und die Reisenden wurden unter Verbeugungen an Deck der ‹Fatshan› geleitet. Die Diener schnauzten die Gepäckkulis an, bis die Koffer zu ihrer Zufriedenheit verstaut waren. Dann meldeten sie sich bei ihren Herrschaften.

«Dafür werden sie büßen!» murmelte James. «Sie werden büßen und büßen müssen – mit Blut.»

«Ganz China wird büßen», sagte Tschou En-lai müde. «Ganz China wird büßen – mit Strömen von Blut. *Mei-yu pieh-ti pan-fa!* Es gibt keine andere Möglichkeit.»

Teil VI

JAMES UND HARRY

7. Juli 1937 bis
9. Dezember 1944

7. Juli 1937 bis 7. März 1939

Die Kiefernwälder auf den westlichen Hügeln schimmerten smaragden in der langen sommerlichen Dämmerung, und die alte Hauptstadt in der ockerfarbenen Ebene, auf der die blaßgrünen Felder reifender Hirse ein unregelmäßiges Muster bildeten, genoß die abendliche Ruhe. Die Luft war so still, daß der süßlich-herbe Geruch der Holzkohlefeuer an den roten und grauen Ziegeldächern hängenblieb. Die Stadt hieß jetzt Peiping. Die Nationalisten hatten ihren Namen in «Nördlicher Friede» geändert, nachdem sie sie 1928 endlich eingenommen und die Regierung nach Nanking verlegt hatten, der «Südlichen Hauptstadt». Aber die am Althergebrachten festhaltenden Einheimischen nannten die Stadt immer noch Peking, «Nördliche Hauptstadt». Der müde Friede in den im Zickzack verlaufenden Gassen, die man *hu-tungs* nennt, wurde nur gelegentlich durch das Sausen eines Fahrrads, das Winseln eines unruhigen Hundes oder die Anpreisungen eines umherziehenden Straßenhändlers gestört. Die Hitzewelle war gerade abgeflaut, und am Abend des 7. Juli 1937 freuten sich die erschöpften Bürger über die kurze Unterbrechung des sengenden nordchinesischen Sommers.

Die Stadt war instinktiv egalitär und nur insofern anmaßend, als sie auf ihrer kulturellen Überlegenheit bestand. Arbeiter und Studenten saßen nebeneinander an den mit der Zeit abgenutzten Tischen der Gaststätte *Lao Tschiao Wang*, «Alter Kloßkönig». Die Holzwände waren blank von dem ölgesättigten Dampf, der seit zweihundert Jahren aus den Kochtöpfen auf dem gemauerten Herd hinter den zerbrochenen Glasscheiben aufstieg. Aufmerksame Kellner in schmierigen weißen Jacken zwängten sich durch das Labyrinth der engstehenden Tische, sie trugen Platten mit Klößen, und zwar knusprig gebratenen *kuo-tieh*, wie auch gedämpften weißen *chiao-tze*. Die Gäste verschlangen die Klöße – Hüllen aus durchsichtigem Teig, gefüllt mit gehacktem Schweinefleisch und Gemüse.

Wenn die Kochkunst eine Hauptzierde der chinesischen Zivilisation war, überlegte James Sekloong, dann war Gefräßigkeit das Hauptlaster seines Volkes. Diese universelle Leidenschaft ließ sich mit marxistischen Lehren nicht erklären. Sie war allen sozialen Schichten gemein, genau wie die gutturale Aussprache, die alle Einwohner Peipings kennzeichnete, vom Rikscha-Kuli bis zum Professor. Vielleicht waren die Chinesen des 20. Jahrhunderts so aufs Essen erpicht, weil sie – wie ihre Vorfahren – so oft quälenden Hunger hatten leiden müssen. Vielleicht aber war den Peipinger Bürgern die feinschmeckerische Ader angeboren wie den Wienern, die seine Schwester Charlotte auf ihrer Hochzeits-Weltreise kennengelernt hatte. Peiping ähnelte in mancher Beziehung dem Wien, das sie so begeistert geschildert hatte. Beide Städte waren unerhört stolz auf ihre Cafés und ihre einzigartige Kultur; beide Städte trauerten dem verschwundenen Glanz kaiserlicher Hauptstädte nach, die so vielen Belagerungen standgehalten hatten: Beide waren einst Mittelpunkt kaiserlicher Macht gewesen und nun zu ohnmächtigen politischen Symbolen geworden.

James tat diese Spekulationen als sinnlos ab und schämte sich seines Abweichens von der strikten intellektuellen Disziplin. Er und sein kleinerer, blasserer Gefährte auf der wackligen Bank trugen abgewetzte blaue Arbeiterkleidung, und beide waren voll gespannter Wachsamkeit. Sie stippten ihre *chiao-tze* in eine Mischung aus Sojasauce, klarem Essig und Sesamöl, und lauschten aufmerksam den Gesprächen ihrer Nachbarn. Ihrem Akzent nach waren Studenten und Arbeiter nicht voneinander zu unterscheiden, auch machten sie sich mit demselben herzhaften Appetit über die Klöße her. Aber die Arbeiter unterhielten sich mit Klatsch und derben Witzen, während die Studenten über das unerbittliche Vordringen der «japanischen Zwerge» murrten und über das sich anbahnende Bündnis zwischen der Kuomintang des Generalissimus Tschiang Kai-schek und der Kommunistischen Partei des Generalsekretärs Mao Tse-tung diskutierten.

Nach einem Jahrzehnt des gegenseitigen Abschlachtens wollten sich Chinas wichtigste politische und militärische Kräfte wieder zusammentun, um der von Tokio inszenierten Invasion Widerstand zu leisten. Die kaiserlich-japanische Armee hatte Chinas Uneinigkeit ausgenutzt, um die Mandschurei im Nordosten Chinas zu besetzen. Die Japaner hatten sie in Mandschukuo – Land der Mandschus – umgetauft und eine Marionettenregierung unter dem letzten Tsching-Kaiser, Hsüan Tung, eingesetzt. Anschließend hatten sie ihre Vertragsrechte in Schanghai «aufrechterhalten» und die chinesischen Verteidiger vernichtend geschlagen. Die gesamte Provinz Hopei mit ihrem Zentrum in Peiping war vom Völkerbund zur entmilitarisierten Zone erklärt worden, was theoretisch den Abzug sowohl chinesischer als auch japanischer Truppen erforderte. In der Praxis wurden Peiping und Tientsin dadurch schutzlos, denn unter Hinweis auf die Bestimmungen der Boxerprotokolle, die diktiert worden waren, nachdem die alliierten Streitkräfte im Jahre 1900 das belagerte Gesandschaftsviertel entsetzt hatten, nahmen die Japaner das Recht in Anspruch, ihre Truppen auch außerhalb von Peiping auszubilden. Außerdem unterwühlten die japanischen *Kempeitai*-Militärpolizei, Nachrichtendienst und Agents provocateurs in einem – systematisch die chinesische Gesellschaft.

Obwohl die unverhüllte japanische Aggression die Nationalisten und die Kommunisten schließlich zwang, wieder miteinander zu reden, trug die 1927 ausgestreute Saat des Hasses noch immer bittere Frucht. Nach jenem verhängnisvollen Jahr hatten die Kommunisten vereinzelte, von ihnen regierte sogenannte Sowjetgebiete gegründet, das größte in der Provinz Kiangsi in der Nähe von Nantschang, wo der Agitator Mao Tse-tung, der von dem Gedanken einer Bauernrevolte besessen war, die Hauptrolle spielte. Wiederholte Vernichtungsfeldzüge der Nationalisten hatten 1934 die Kommunisten genötigt, den Langen Marsch anzutreten und sich in die Provinz Schensi zurückzuziehen. Nur sechzehntausend der hunderttausend Männer, Frauen und Kinder, die sich auf den Langen Marsch begaben, erreichten diese dünnbesiedelte Zufluchtsstätte. Mao Tse-tung war inzwischen der unumstrittene Führer der KPCh geworden, während ihm der flexible Tschou En-lai als Vorsitzender des Ausschusses für militärische Angelegenheiten des neuen Sowjetbereichs und als Unterhändler mit den Nationalisten diente.

Der in das Politbüro der Kommunistischen Partei Chinas aufgestiegene Arbeiterführer Liu Schao-tschi war Kommissar für die «weißen» Regionen und verantwortlich für Wühlarbeit in diesen von Nationalisten und Japanern kontrollierten Gebieten. Sein Auftrag war in Mao Tse-tungs geheimer Anweisung genau umrissen: «Unsere unwandelbare Politik sollte zu siebzig Prozent aus der Erweiterung unserer eigenen Macht bestehen, zu zwanzig Prozent aus dem Kampf gegen die Kuomintang und zu zehn Prozent aus dem Widerstand gegen Japan.»

Wie James Sekloong, den er als Schih Ai-kuo kannte, lauschte nun Kommissar Liu Schao-tschi schweigend und staunte über die Fähigkeit der Pekinger, sich ihrem Schicksal zu fügen. Unbewußt benutzte er den früheren Namen der Stadt, wie es auch die Arbeiter und Studenten taten. Auch wenn sich Namen und Regime änderten, die Männer und Frauen der Stadt erschienen unwandelbar. Es dauerte lange, bis sie Wut oder Angst zeigten, sie waren groß im Ertragen. Im Gegensatz zu den lebhaften Studenten fanden sich die Arbeiter resigniert mit der Anwesenheit der neuen Invasoren ab, denen sie keinen Widerstand zu leisten vermochten. Obwohl James und sein Vorgesetzter einige Erfolge unter den Studenten verzeichnen konnten, kränkte es sie doch, daß ihre achtundsiebzig Mann starke Agitprop-Gruppe nur langsam Fortschritte bei den arbeitenden Massen machte. Und sogar die Entrüstung der Studenten wurde abgeschwächt durch die jahrhundertealte Überzeugung, daß, welche Gefahren auch immer drohten oder welche Katastrophen auch eintraten, Peking immer Peking bleiben würde.

James fragte sich, ob er selbst womöglich von der Gleichmütigkeit der unerschütterlichen Nordchinesen angesteckt sei. Er sehnte sich nach militärischem Einsatz. Obwohl «Untergrundarbeit» wichtig war, ließ sie sich nicht vergleichen mit der Führung seines eigenen Regiments während des Langen Marsches, als seine Entscheidungen für Hunderte Leben oder Tod bedeuteten. Außerdem saß die von den *Kempeitai* unterwanderte Polizei den kommunistischen Agenten auf ihre schwerfällige nördliche Weise ständig im Nacken. Noch gefährlicher waren die *teh-wu*, die Geheimpolizisten «mit besonderem Auftrag» von Tschiang Kai-scheks Zentralregierung, und die mit ihnen zusammenarbeitenden faschistischen Blauhemden des äußersten rechten Flügels der Nationalisten. Von ihnen wurden die Kommunisten ständig verfolgt, obwohl doch gerade in diesem Augenblick Mao Tsetung und Tschou En-lai in Luschan in der Provinz Kiangsi mit den Nationalisten verhandelten. James sagte sich, daß auch er dennoch überleben würde, wischte sich den Mund am Ärmel ab und warf ein paar Kupfermünzen auf den Tisch.

«Eine Zeche von fünfundzwanzig, und fünf Kupfermünzen Weingeld!» Das Gebrüll des Kellners signalisierte den Aufbruch der beiden Männer. «Fünfundzwanzig und üppige fünf. Wir danken den großzügigen Herren, den freigebigen Herren.»

«Ein bourgeoises Überbleibsel, Genosse.» Genosse Schao-tschis dünne Lippen verzogen sich zu einem schiefen Lächeln. «Ich nehme an, es stärkt die Sklavenmentalität, dieses Ausrufen des Trinkgelds. Aber ich muß gestehen, ich finde es hübsch.»

«Mir gefällt es auch.» Unwillkürlich verglich James die zwanglose Toleranz des Kommissars mit dem einschüchternden Dogmatismus seines früheren Kommandeurs Lin Piao. «Aber ich nehme an, es wird abgeschafft werden müssen.»

«Die Trinkgelder sicherlich», stimmte Liu Schao-tschi zu. «Aber nicht sämtliche alten Bräuche und Sitten. Wenn man alles änderte, würde man China unchinesisch machen. Die Brühe weggießen, aber dieselben Knochen behalten – die Form ändern, aber nicht die Substanz –, das wäre schlimm.»

James lächelte: Sein Chef benutzte die alte klassische Redensart, eine kulinarische Redensart, die die Hauptleidenschaft seines Volkes widerspiegelte. Eine seltsame Unterhaltung für zwei gejagte «kommunistische

Banditen», die auf dem Weg zu einer mitternächtlichen Besprechung mit ihren fünf wichtigsten Stellvertretern in einem Lagerhaus in der alten Tatarenstadt waren. Aber so war Genosse Schao-tschi eben. Er hatte sich der Sache ebenso entschieden verschrieben wie die selbstgerechten Fanatiker von der Kontrollkommission der Partei, der eigenen Geheimpolizei der Kommunisten. Aber dieser Mann, der Tag und Nacht sein Leben für seine Grundsätze aufs Spiel setzte, lockerte den revolutionären Kampf mit Humor auf. In Gedanken benutzte James das Wort *yu-mo*. Komisch, daß es kein chinesisches Wort für Humor gab, sondern nur die Transkription aus dem Englischen. Noch komischer, daß es ein gutes chinesisches Wort für komisch gab, obwohl es vielleicht bezeichnend war, daß *ke-hsiao* wörtlich «lächerlich» bedeutete. Obwohl also Humor ein fremder Begriff war: Kommissar Liu hatte Humor, und außerdem die Fähigkeit mitzufühlen, sich in andere hineinzuversetzen. Diese Eigenschaften hatten ihm eine einmalige Auszeichnung unter den Kommissaren eingetragen, deren Spitznamen so oft höhnisch waren – etwa Adlerschnabel für den hakennasigen Lin Piao oder Gummipuppe für den stets Kompromisse schließenden Tschou En-lai. Er wurde liebevoll einfach Genosse Schao-tschi genannt.

Regelmäßiger Marschtritt drang durch die stille Nacht. Schao-tschi und James zogen sich in den Schatten der über die schmale *hu-tung* hinwegragenden Dachvorsprünge zurück. Dank ihrer dunklen Kleidung waren sie so gut wie unsichtbar. Die Polizeipatrouille ging vorbei, ohne sie zu bemerken. Die Polizisten trugen ihre Gewehre sorglos umgehängt, und die schlecht sitzende Uniform des Unteroffiziers streifte James' Hand. Der schwere Tritt der Stiefel verhallte weiter unten in der Gasse. Unhörbar in ihren Stoffschuhen in dem dicken gelben Staub, schlichen sich die kommunistischen Agenten vorsichtig weg.

Genosse Schao-tschi drückte den Arm seines Untergebenen. Kamen die stampfenden Stiefel zurück? James spitzte die Ohren, und einen Augenblick später lachte er unfroh.

«Das ist Gewehrfeuer», flüsterte er. «Ziemlich weit weg.»

«Sind Sie sicher?» Der Zivilist vertraute der Erfahrung des Soldaten. «Klingt, als käme noch eine Patrouille.»

«Nein», antwortete James bestimmt. «Gewehr- und Maschinengewehrfeuer.»

«Die Japaner wahrscheinlich. Wieder betrunken. Sie schießen zum Vergnügen. Schönes Vergnügen!»

«Nein, das ist es nicht», widersprach James. «Das sind richtige Salven. Ein Feuerüberfall irgendwo im Südwesten.»

«Na gut», lächelte Genosse Schao-tschi. «Je mehr Verwirrung, desto besser für uns.»

Die Salven trommelten aus neun Meilen Entfernung über die kunstvollen Bogen der von steinernen Löwen gekrönten *Lukotschiao*, der Marco-Polo-Brücke, hinweg. Sie hieß so nach dem Venezianer, der im 13. Jahrhundert nach Peking gekommen war, als die Stadt unter dem Namen Kambalech Hauptstadt des mongolischen Kaiserreichs von Kublai Khan war. Die Straße über diese Brücke führte zu den Toren der mauerbewehrten Stadt Wanping. Es gab wieder einmal einen Zusammenstoß zwischen chinesischen und japanischen Truppen: Die chinesische Garnison von Wanping erwiderte vom Wehrgang der zwölf Meter dicken Mauer aus japanisches Feuer.

An diesem milden Sommerabend hatte die japanische Armee einen Spähtrupp ausgeschickt, und der Schütze Yoshimoto Eijiro vom Garderegiment war nicht in die Kaserne zurückgekehrt. Der befehlshabende japanische Hauptmann war offiziell beauftragt, den Schützen Yoshimoto zu suchen, und seine Infanteriekompanie war durch drei Feldgeschütze verstärkt worden. Der Generalstab war entschlossen, den schwachen, unverschämten Chinesen Japans Macht vor Augen zu führen. Befehl zu solchen Demonstrationen hatte Generalleutnant Katsuki Kiyochi direkt von dem militanten neuen Kabinett erhalten, das am 5. Juni 1937 gebildet worden war. Die Japaner wollten nicht länger Zurückhaltung üben, während die Chinesen den Streit zwischen Kommunisten und Nationalisten beizulegen versuchten – und frech der japanischen Macht trotzten.

Die Infanteristen hämmerten also mit Gewehrkolben an die Tore, und die Feldgeschütze wurden in Stellung gebracht.

«Oi, ni! . . . Kai-kai . . . Wo-men lai . . . kan-kan . . . Yi ko Jih-pen ping . . . mei-yu-la», schrie ein Leutnant in gebrochenem Chinesisch die verständnislose Wache an. «He, ihr . . . Aufmachen . . . aufmachen. Wir kommen . . . gucken, gucken . . . Ein Stück japanischer Soldat . . . haben nicht bekommen.»

Der verdutzte chinesische Soldat rief seinen Unteroffizier, und der rief seinen Leutnant. Der Alarm wurde durch die Ränge weiter nach oben gegeben, und zehn Minuten später hörte sich der verschlafene chinesische Hauptmann, Kommandant der Garnison Wanping, die nur halb verständlichen Vorhaltungen des japanischen Leutnants an. Als deren Bedeutung aus dem Kauderwelsch endlich klarwurde, versuchte der nationalistische Offizier Zeit zu gewinnen.

«Wir werden nach Ihrem Mann suchen, sobald es hell ist», bot er an.

«Ich bin sicher, daß er nicht hier ist, aber in der Dunkelheit könnte man ihn sowieso nicht finden.»

«Dzai shuo!» verlangte der japanische Leutnant. «Wiederholen Sie das.»

Der chinesische Hauptmann, der allmählich wütend wurde, schrie in Pidgin-Mandarin: «Wir gucken-gucken Ihr Soldat, wenn Licht kommt. Ich weiß er nein kann sein hier, aber sowieso in Dunkel nein kann finden.»

«Sudeni! Sudeni! Haieranakereba narain!» fuhr der japanische Hauptmann seinen Leutnant an. «Sofort! Sofort! Wir müssen hinein!»

Gehorsam wiederholte der japanische Leutnant: «Jetzt gleich! Jetzt gleich! Wir müssen kommen gucken-gucken. Wir verlangen . . . verlangen!»

«Wartet, bis es hell wird.» Die Antwort des chinesischen Hauptmanns war ebenso bestimmt. «Dann werden wir suchen. Japanische Truppen dürfen Wanping nicht betreten.»

«Es geschehe», sagte der japanische Hauptmann, der seinen *casus belli* gefunden hatte. Er kehrte um, sein Samurai-Schwert schlenkerte ihm gegen die Hüfte. Der Leutnant folgte, hinter ihm fünf Soldaten mit langen Nambu-Gewehren. Die Lichtreflexe an ihren aufgepflanzten Bajonetten verschwanden in der Dunkelheit.

«Diesmal habe ich es den miesen Zwergen aber gezeigt», sagte der chinesische Hauptmann zu seinen Offizieren. «Ein bißchen Festigkeit – und schon geben sie nach.»

Eine Reihe Glühwürmchen flimmerte rot in der Dunkelheit auf. Eine halbe Sekunde später traf das helle Knattern von Nambu-Gewehren auf die Steinmauer, und die chinesischen Offiziere warfen sich hinter der Brustwehr zu Boden. Ein Maschinengewehr ratterte asthmatisch.

«Feuer erwidern!» rief der chinesische Kommandant.

Die Chinesen richteten ihre Gewehre und Maschinengewehre auf die flimmernden roten Punkte, die die japanische Stellung verrieten. Obwohl die Truppen mehr als zwei Stunden lang Schüsse wechselten, blieben die Verluste auf beiden Seiten gering. Die Chinesen waren durch die Stadtmauer geschützt, die Japaner durch die Dunkelheit. Beide Seiten feuerten ihre Salven begeistert ab. Die Chinesen freuten sich, daß sie den arroganten Eindringlingen endlich die Stirn bieten konnten, und die Japaner waren entschlossen, ihren Gegnern zu zeigen, wie töricht es sei, sich ihren unüberwindlichen Waffen zu widersetzen.

Kurz nach 3 Uhr 30 in der Frühe des 8. Juli 1937 riß dem japanischen Kommandeur der Geduldsfaden. Er gab einen Befehl, und die Feldgeschütze übertönten das Knattern der Handfeuerwaffen. In Wanping sank die Kampfmoral der Verteidiger schlagartig, Verzweiflung breitete sich aus. Ziegeldächer stürzten in Wolken von Staub ein, Frauen kreischten, und die alte Stadtmauer erzitterte.

Da die leichten chinesischen Waffen nichts gegen die japanische Artillerie ausrichten konnten, marschierten die Japaner eine halbe Stunde später siegreich in die Stadt ein. Den Schützen Yoshimoto fanden sie nicht, der hatte sich kurz vor Mitternacht in seine Kaserne zurückgeschlichen. Sie hatten aber nun einen Vorwand für weitere «Strafmaßnahmen», mit denen sie die Chinesen von weiterem bewaffnetem Widerstand abzuschrecken gedachten. Japanische Verstärkung kam aus der besetzten Mandschurei, begleitet von Panzern, schwerer Artillerie und Kraftfahrzeugen, die die Chinesen nicht besaßen. Japanische Kampfflugzeuge kreisten unangefochten über Peiping und den westlichen Hügeln. Der zweite chinesisch-japanische Krieg hatte begonnen.

Die erste chinesische Gegenmaßnahme war, Peipings Straßen mit kreuzweise verlaufenden Gräben zu versehen – nicht in Erwartung eines Kampfes bis zum Äußersten, sondern um einen Ausfall japanischer Truppen aus dem Gesandschaftsviertel zu verhindern. Als eine Kavallerie-Abteilung aus dieser Enklave heraustritt, eröffneten die Chinesen das Feuer, verwundeten einen Soldaten und zwangen die anderen zum Rückzug. Begeistert von ihrem leicht errungenen Sieg, drangen die Nationalisten auf die Kavalleristen ein. Sie waren mehr enttäuscht als erschreckt, als sie entdeckten, daß sie die US Horse Marines angegriffen hatten, die seit dem Boxeraufstand die amerikanische Gesandtschaft bewachten.

In Peking kam es nicht zu weiteren Kampfhandlungen. Statt dessen besetzten japanische Truppen Eisenbahnknotenpunkte, um die Stadt einzukreisen, und machten in Nanyüan, fünfzehn Meilen entfernt, ein Bataillon der Siebenunddreißigsten Division nieder. Der kommandierende General des chinesischen XXIX. Armeekorps zog sich am 26. Juli 1937 aus der Stadt zurück. Statt eine hoffnungslose Schlacht zu schlagen und die Zerstörung der wertvollen Gebäude und Kunstschätze der alten Hauptstadt zu riskieren, überließen die Chinesen Peiping den Japanern kampflos.

Zwei Tage später fiel Tientsin. Nachdem der wichtige Hafen in japanischer Hand war, war Nordchina nicht mehr zu verteidigen. Die wenigen Chinesen, die immer noch einen Kompromiß befürworteten, wurden niedergeschrien. Nach zweiundvierzigjähriger Waffenruhe waren China und Japan wieder formell im Krieg. Wenige von den westlichen

Staatsmännern und Journalisten, die den Ausbruch der Feindseligkeiten verurteilten, erkannten, daß auf den Ebenen Nordchinas soeben der Zweite Weltkrieg begonnen hatte. Die Führer der beiden chinesischen Parteien, der Nationalisten und der Kommunisten, bereiteten sich auf einen langen Abnutzungskrieg vor, von dem sie überzeugt waren, daß er mit der Erschöpfung der Japaner oder mit der Niederlage der Japaner dank westlicher Intervention enden würde.

Oberst James Sekloong und Kommissar Liu Schao-tschi fielen nicht auf unter den paar blaugekleideten Zuschauern, die mit ausdruckslosem Gesicht und schweigend den triumphalen Einmarsch der kaiserlich-japanischen Armee in Peiping am 8. August 1937 beobachteten. Ihr Untergrundapparat hatte sich durch den Zustrom begeisterter Studenten auf dreihundert Mitglieder erweitert, nachdem – reichlich spät – das Bündnis von Nationalisten und Kommunisten gegen die Japaner bekannt geworden war. Das unmittelbare Ziel der Organisation war, die Bevölkerung von Nordchina zur Unterwühlung der japanischen Militärherrschaft aufzustacheln. Ihr langfristiges Ziel, wie Mao Tse-tung es umrissen hatte, war unverändert: ihre eigene Macht zu stärken und alle Gesellschaftsschichten zu unterwandern – besonders Regierungsorgane und wichtige Versorgungsbetriebe wie Wasser- und Elektrizitätswerke –, um die Eroberung Chinas durch die Kommunisten vorzubereiten.

«Endlich ist es soweit», sagte Genosse Schao-tschi nachdenklich. «Die letzte Phase der imperialistischen Kriege, die Lenin voraussah. Die Kapitalisten werden sich gegenseitig vernichten, und das Volk wird die Stücke aufsammeln. In zehn Jahren herrschen die Massen in China.»

«Unter der Führung der Kommunistischen Partei!»

James beruhigte sich selbst mit der Wiederholung des Dogmas, das die Kommunisten in dem traurigen Jahrzehnt nach dem schrecklichen Jahr 1927 aufrechterhalten hatte. Der Berufssoldat, der gegen die Vernichtungsfeldzüge der Nationalisten gekämpft hatte, war weniger optimistisch als sein Chef, der Zivilist, was den «unvermeidlichen Ausgang» des neuen Kampfes gegen eine noch größere Übermacht betraf. Zweifel nagten noch immer an ihm und seinem Glauben an die marxistisch-leninistischen Lehren, denen er sein Leben geweiht hatte. Er wußte, daß ein Patriot nur der gerechten revolutionären Sache dienen konnte. Dennoch fragte er sich, ob die Propheten Marx und Lenin auch den unzähmbaren menschlichen Faktor ausreichend berücksichtigt hatten. Er hatte es erlebt, daß seine Genossen ebenso heftig um persönliche Macht innerhalb der kommunistischen Hierarchie wie gegen ihre nationalistischen

Feinde kämpften. Auch ein überzeugter Kommunist war kein weltlicher Heiliger, sondern ein Mensch. Zwar kämpften sie für das Wohl der Volksmassen und ein starkes China, doch waren zu viele Kommunisten von dem Wunsch besessen, Macht zu erringen und auszuüben – und wenn Verrat oder Mord dazu nötig waren! Auch Moskau, die heilige Stadt des Marxismus-Leninismus, machte da keine Ausnahme. In den Monaten, die er nach ihrer Flucht aus Kanton dort mit Tschou En-lai verbrachte, hatte James festgestellt, daß selbst die Führer der Komintern unablässig miteinander um Macht und Stellung kämpften.

«Natürlich werden wir siegen», wiederholte James.

«Natürlich», erwiderte Genosse Schao-tschi lässig. «Wer denn sonst?»

Die absolute Zuversicht seines Chefs war irritierend, denn James argwöhnte, daß auch Liu Schao-tschi versuchte, sich selbst Mut zuzusprechen. Außerdem machte sich James Sorgen um seine Frau Lu Ping, die halbgebildete Tochter eines bankrotten Kleinbauern, die er 1929 im Sowjetgebiet Kiangsi geheiratet hatte, ohne seine Eltern zu verständigen.

Ai-jen, «geliebte Person», war die neue Bezeichnung der Partei, während James auf Ping lieber den Ausdruck *chi-tze*, Ehefrau, anwandte. Ihre «revolutionäre Beziehung» kam indes mehr den Forderungen der Partei als ihren persönlichen Bedürfnissen entgegen. Lu Ping schienen die langen Trennungen nichts auszumachen. Selbst im Bett, wenn sie ungestört miteinander flüstern konnten, brachte sie kein Bedauern darüber zum Ausdruck, daß sie sich so selten sahen, und auch nicht über ihre Trennung von ihrem kleinen Sohn. Obwohl James nach seinem Eintritt in die Partei dem Katholizismus abgeschworen hatte, sehnte er sich nach einem normalen, monogamen Familienleben. Im Gegensatz zu Liu Schao-tschi brachte er es nicht über sich, sich Mätressen zu halten oder sich von einer Frau scheiden zu lassen, um eine andere zu heiraten, wenn der persönliche Wunsch und die politische Zweckmäßigkeit es nahelegten. Die Partei förderte sexuelle Flexibilität, obschon sie derartige Beweise, daß ein guter Kommunist sich von «bürgerlichen Hemmungen» befreit habe, nicht unbedingt verlangte. Lu Ping hatte sich mit Leib und Seele der Kommunistischen Partei verschrieben, die sie vor der Knechtschaft einer von den Eltern arrangierten Ehe mit einem Kleinbauern gerettet hatte. Manchmal schien sie sich zu freuen, daß ihrer beider Privatleben so zerrissen war, weil sie es für ein Zeichen revolutionären Engagements hielt, und manchmal, fürchtete er, schlief sie mit anderen Genossen, um ihre «revolutionäre Emanzipation» zu beweisen.

James verscheuchte die persönlichen Sorgen aus seinen Gedanken. Selbstdisziplin war wichtig für einen Feldoffizier, wenn das Leben von Hunderten von seinen Entscheidungen abhing. Genauso mußte man Befürchtungen unter Verschluß halten, wenn man im Halbdunkel der Untergrundbewegung am Leben bleiben wollte. Ein Augenblick der Zerstreutheit könnte einen verhängnisvollen Fehler zur Folge haben, eine winzige Unvorsichtigkeit würde ihn den Japanern oder den Nationalisten gegenüber entlarven. Als Genosse Schao-tschi und er die Gaststätte Alter Kloßkönig betraten, dachte James an nichts anderes als an das bevorstehende Treffen mit den acht Zellenleitern.

Das Lokal war ein sehr geeigneter Treffpunkt, hier kamen und gingen Leute nach Belieben und aus einem einleuchtenden Grund. Am 7. Juli, dem Tag des Zwischenfalls an der Marco-Polo-Brücke, hatten sie sich in einem Lagerhaus in der alten Tatarenstadt getroffen, weil ein regelmäßiger Besuch der Gaststätte der Polizei hätte auffallen können. Doch am 8. August, als die Japaner in Peiping einmarschierten und sich zum neuen Angriff auf Schanghai sammelten, hatte Genosse Schao-tschi den Alten Kloßkönig wieder als ungefährlich angesehen.

Einzeln oder paarweise trafen die Verschwörer in dem nach Gewürzen und Ölgebratenem duftenden Lokal ein. Einige blieben eine Weile bei ihren *chiao-tze* sitzen, ehe sie im Speicher über der Gaststube verschwanden. Einige gingen durch die schmierige Hintertür zu dem ungepflegten Abort im Hof und stiegen die wacklige Außentreppe zum Speicher hinauf. Eine Stunde verging, bis alle zehn oben waren. Zwei Studenten hatten sie als Wachtposten an dem Tisch am Fuß der Innentreppe zurückgelassen.

Ihre Gesichter waren in der Dunkelheit des Speichers nicht zu erkennen. Trotz der sommerlichen Hitze hatten sich einige noch mit hochgezogenen Halstüchern vermummt. Genosse Schao-tschi war Unbequemlichkeit lieber als Unbesonnenheit. Er bestand auch darauf, daß alle seine Agenten falsche Namen benutzten. James war als Alter Tang bekannt und nannte seinen Chef Herrn Wu. Wenn irgend jemand verhaftet würde, könnte er die Identität der anderen Verschwörer auch unter der Folter nicht verraten.

«Ihr habt alle die neueste Direktive gesehen», sagte der Kommissar. «Der Krieg gegen die Japaner hat begonnen, und wir schließen uns mit der Kuomintang zu einer Einheitsfront zusammen. Heute werden wir die Aufgaben jeder Gruppe durchgehen.»

Ein schmächtiger junger Mann mit Brille meldete sich zu Wort. James kannte den Studenten der Pekinger Universität; er hatte ihn selbst angeworben und ihm den unangemessenen Parteinamen *Hsiao Hu*, Kleiner Tiger, verpaßt.

«Können wir den Nationalisten trauen, Herr Wu?» fragte der Student. «Werden sie sich nicht gegen uns wenden, nachdem wir die japanischen Zwerge vertrieben haben?»

«Natürlich können wir den Nationalisten nicht trauen», erwiderte Genosse Schao-tschi. «Können sie uns trauen? Aber wir müssen mit ihnen zusammenarbeiten – im Augenblick jedenfalls.»

«Und, Kleiner Tiger», fügte James hinzu, «machen Sie sich nicht zuviel Gedanken über das, was *nach* unserem Sieg geschieht. Dafür haben wir noch haufenweise Zeit, es sei denn, die Zwerge ziehen sich zurück. Und das ist so wahrscheinlich, wie daß eine Henne kräht.»

«Eines möchte ich betonen», fuhr Schao-tschi fort. «Unser Endziel ist unverändert: Wir *werden* die Nationalisten vernichten. Wir *werden* das chinesische Volk befreien. Die Massen *werden* unter der Leitung der Kommunistischen Partei und der Führung des Proletariats herrschen. Im Augenblick kämpfen wir gegen die Japaner, um die nationalistischen Ausbeuter niederzuwerfen.»

«Ich verstehe», sagte der Kleine Tiger. «Ihre Instruktionen, Herr Wu?»

«Die allgemeine Richtlinie ist: Ausbreitung, Unterwanderung, Informationen sammeln und Unruhe stiften – in dieser Reihenfolge. Wir müssen den Kampf gegen die Kuomintang dadurch vorbereiten, daß wir selbst stärker werden im Kampf gegen die Japaner. Ihre Gruppe, Kleiner Tiger, wird mit den Zwergen kollaborieren, ihnen als Dolmetscher, Informanten, Techniker, Bürokräfte dienen und . . .»

«Kollaborieren!» Der Student protestierte heftig. «Ich möchte lieber ein Guerilla in den Bergen sein als kollaborieren.»

«Ich sagte kollaborieren.» Genosse Schao-tschis leise Stimme klang unerbittlich. «Unterwanderung ist ein höchst wichtiger Auftrag. Ihre Gruppe wird zuerst unterwandern und anschließend spezielle Instruktionen befolgen, die Sie dann erhalten. Sie haben geschworen, die Befehle der Partei auszuführen – und die Partei hat bestimmt, daß Ihre Rolle angebliche Kollaboration ist.»

James wischte sich mit einem Tuch den Schweiß vom Gesicht, um sein Lächeln zu verbergen. Er hatte vorgeschlagen, dem Kleinen Tiger diese Aufgabe zu übertragen – und seinen Protest erwartet. Der kriegserfahrene Oberst war belustigt, als er sich im Geist den schmächtigen jungen Studenten vorstellte, wie er über die Berge kletterte, mit einem Gewehr, das er nicht bedienen konnte, und in Gesellschaft von zähen Bauern-

Guerillas, die ihn bei ihrem Marschtempo innerhalb von Stunden fix und fertig machen würden.

«Jeder wird entsprechend seinen Fähigkeiten sein Bestes leisten», fuhr Schao-tschi fort. «Alter Tang wird mein Stellvertreter bleiben und gleichzeitig Minenlegertrupps aufstellen und befehligen. Er ist am besten qualifiziert, den von moralischen Grundsätzen diktierten Terrorismus und Mord auszuführen. Die Gruppe vom Kleinen Tiger wird . . .»

Durch die Ritzen zwischen den Fußbodenbrettern hörte man das Scheppern von zerbrechendem Geschirr und laute, aufgeregte Stimmen. Es war verabredet worden, daß die Posten unten im Fall einer Polizeirazzia Streit miteinander anfangen sollten. Genosse Schao-tschi hörte mitten im Satz auf, und die Verschwörer verdrückten sich schleunigst über die Außentreppe, während schwere Stiefel schon die Innentreppe heraufpolterten. Als James über die Hofmauer kletterte, sah er sich um. Vier Zellenleiter waren direkt hinter ihm, der Kleine Tiger wehrte sich mit Händen und Füßen gegen einen dicken Peipinger Polizisten, der ihn gepackt hatte. Ein untersetzter Unteroffizier der japanischen *Kempeitai* hob seine Pistole. Der Kleine Tiger, dachte James, hat seine Kollaboration früher begonnen als geplant. Er könnte überaus wertvoll sein, wenn er seine Instruktionen befolgte und sich – nach überzeugendem Widerstand – den Forderungen der *Kempeitai* fügte, *ihr* Doppelagent zu werden.

Die Pistole des *Kempei* ging los. James spürte, daß etwas an seiner linken Schulter zerrte, als er von der Mauer sprang. Dann rannte er in das Labyrinth der *hu-tungs* und faßte dabei nach seiner Schulter. Seine Handfläche war rot und klebrig. Die Kugel hatte den Nerv betäubt, und er spürte keinen Schmerz. Automatisch folgte er dem Fluchtweg, den er im Kopf hatte. Der persönliche Krieg des kommunistischen Oberst James Sekloong gegen die Invasoren hatte begonnen – mit einem ersten Blutzoll an die Japaner.

Der nationalistische General Thomas Sekloong nahm kaum Notiz von Peipings Besetzung durch die Japaner. Das Oberkommando hatte die Stadt bereits abgeschrieben, und er wurde überschwemmt von einer Flut von Papieren, die auf seinem Schreibtisch landeten. Nach dem Rückzug des XXIX. Armeekorps aus Peiping dachte der Generalstab des Generalissimus Tschiang Kai-schek an nichts anderes als die drohende Gefahr für Schanghai, die größte Stadt des Orients.

Nach dem rasch errungenen Sieg in Nordchina hatte der triumphierende kaiserliche Generalstab in Tokio zuversichtlich vorausgesagt, daß in drei Monaten ganz China erobert sein werde. Die Japaner waren überzeugt, daß die Regierung in Nanking keinen einheitlichen Widerstand leisten könnte, wenn sie durch den Verlust des Welthafens an der Mündung des Jangtse ihrer finanziellen Unterstützung beraubt und ihr Handel gedrosselt wäre. Die Eroberung Schanghais würde die Nationalisten in die Knie zwingen, so daß der Generalissimus Tokios harte Friedensbedingungen annehmen müßte.

Die meisten japanischen Offiziere waren überschwenglich optimistisch. Das Pendel, das das Auf und Ab im Seelenleben dieses manisch-depressiven Volkes aufzeigte, schlug stark aus. Aber einige Stabsoffiziere überprüften ihre Prognose, daß die Blitzoffensive in drei Monaten über ganz China hinwegfegen würde, noch einmal. Die Verhandlungen zwischen den Kommunisten und Nationalisten, die ihre schon früher getroffene prinzipielle Abmachung, sich zu einer Einheitsfront gegen die Japaner zusammenzuschließen, ergänzen sollten, näherten sich einem erfolgreichen Abschluß. Wenn die Chinesen tatsächlich aufhörten, sich gegenseitig zu bekämpfen, dann war zu befürchten, daß Tokios Offensive nicht so blitzartig verlaufen würde – und Japans spärliche Mittel waren bereits überbeansprucht. Das japanische Oberkommando erkannte, daß es einen langwierigen Feldzug auf dem chinesischen Festland nicht würde durchhalten können, und befahl einen raschen, entscheidenden Schlag. Der Angriff auf Schanghai würde nicht nur die Nationalisten lähmen, sondern auch die nationalistisch-kommunistische Annäherung hintertreiben und sicherstellen, daß der Feind uneins bliebe.

Dieses ernste Problem beherrschte Thomas Sekloongs Gedanken, als er um 8 Uhr 15 am Morgen des 17. August 1937 auf der Karte die japanische Einkesselung Schanghais studierte. In fünfzehn Minuten sollte er dem Generalissimus Vortrag halten.

Daß Thomas mit zweiunddreißig Jahren bereits Generalmajor war, verdankte er dem persönlichen Wohlwollen des Generalissimus und dem Einfluß der Sekloongs. In der Nationalen Armee hing die Beförderung mehr von Beziehungen, den traditionellen konfuzianischen *kwanhsi*, als von Befähigung oder Leistungen ab. Thomas war ein Mann nach Tschiang Kai-scheks Herzen, einer der «modernen Offiziere», die der Generalissimus rasch befördert hatte, weil sie ihm persönlich treu ergeben waren. Die meisten waren Whampoa-Absolventen, die Elite der Armeen, die der Generalissimus aufstellte, um die Kommunisten und die restlichen Warlords aufzureiben. Diesen großen Plan mußte er allerdings wegen des Angriffs der Japaner verschieben. Die bedingungslose

Loyalität dieser Offiziere machte sie für ihren Oberbefehlshaber ebenso wichtig wie seine drei Elite-Divisionen, die immer noch von deutschen Militärberatern ausgebildet wurden, obwohl die Nationalisten gegen Adolf Hitlers Verbündete, die Japaner, kämpften.

Der aus dem Süden stammende General schätzte den jungen Generalmajor auch deshalb, weil er ebenfalls aus dem Süden stammte. Thomas' kantonesische Herkunft zeigte sich in seinen dunklen, lebhaften Zügen, und sein europäisches Blut war nur andeutungsweise an der leicht gebogenen Nase und seinem braunen, schütter werdenden Haar zu erkennen. Er war das Urbild des neuen China, wie es sich sein Chef vorstellte: forsch, diszipliniert, nach westlichen Methoden ausgebildet, besaß er dennoch die konfuzianischen Tugenden der absoluten Loyalität und des Gehorsams gegenüber seinen Vorgesetzten. Auch daß er ein so frommer Katholik war, sprach zu seinen Gunsten, denn der Generalissimus, selbst konvertierter Methodist, war stark beeindruckt von der moralischen Kraft, die das Christentum seinen Anhängern verlieh. Doch war Thomas Sekloong in Wirklichkeit nicht mehr als ein einzelner Mauerstein in einer brüchigen Fassade aus ein paar tausend westlich ausgerichteten Offizieren und Bürokraten, die von höchstens einem halben Dutzend kampffähiger Infanteriedivisionen gestützt wurde. Hinter dieser Fassade lag das uralte China, konservativ im Denken, traditionell in seinen Sitten, von Regionalismus geprägt und ganz und gar uneins. Wenn die Japaner diese Fassade zum Einsturz brächten, könnten sie das gesamte unterentwickelte China beherrschen und ausbeuten.

Um 8 Uhr 26 überprüfte Thomas noch einmal seine Papiere und die Wandkarte von Schanghai, wo von rangjüngeren Offizieren eingetragene kabbalistische Zeichen die Aufstellung der eigenen und der fremden Truppen angaben. Genau fünfzehn Sekunden vor 8 Uhr 30 erhob er sich und stand stramm. Die Tür öffnete sich, und der Generalissimus kam allein herein.

«Setzen Sie sich, Tom, setzen Sie sich.» Tschiang Kai-schek lächelte, und die Haut spannte sich über seinen hohen Backenknochen. Er ließ sich auf dem grünen Plüschsessel nieder. Thomas Sekloong sah, daß der General guter Laune war, und beschloß, diese Stimmung noch anzufeuern und dann erst die Auskünfte zu geben, die seinen Chef ärgern könnten. Er hatte die Kunst des Höflings gelernt, schwungvoll Erfreuliches zu melden, ehe er in gedämpftem Ton schlechte Nachrichten überbrachte.

«Guten Morgen, Euer Exzellenz», sagte er. «Soll ich mit der Schanghai-Front anfangen?»

«Hao! Hao!» erwiderte der Generalissimus mit seiner üblichen Redensart. «Gut! Gut!»

«Die 87. und die 88. Division halten stand – hier, hier und hier.» Der Zeigestock in Thomas' Hand huschte über die Wandkarte und hielt jeweils Augenblicke über den blauen Schattierungen inne, die die chinesischen Stellungen kennzeichneten. «Die Japaner stoßen hier – und hier vor. Kein Gefecht über Zugstärke hinaus. Der Nachrichtendienst ist der Meinung, die Japaner seien überrascht von der Entschlossenheit unseres ersten Widerstands. Sie gehen nicht mehr mit ihrer üblichen Schneidigkeit und Angriffslust vor. Offenbar hatten sie erwartet, daß Schanghai ebenso leicht zu nehmen wäre wie Peiping.»

«Hao! Hao!» wiederholte der Generalissimus. «So habe ich es geplant. Was ist sonst wichtig bei der militärischen Lage?»

«Sie hat sich wenig verändert.» Thomas wagte sich auf unsicheres Gelände. «Wie Sie erwartet haben, bringen die Zwerge Verstärkungen ihrer Bodentruppen heran. Außerdem sind zwei Kreuzer und sechs Zerstörer ihrer China-Flotte unterwegs nach Schanghai. Auf ihren Flugplätzen herrscht ungewöhnliche Betriebsamkeit. Der Nachrichtendienst ist der Meinung, daß sie ihre Luftwaffe verstärken und Schanghai bald bombardieren werden. Aber von ihren Flugplätzen im Norden haben die Bomber einen weiten Weg über unser Gebiet. Genaue Zahlen über die Luftwaffe liegen noch nicht vor.»

«Wie ich erwartet habe, Tom», sagte der Generalissimus nachdenklich. «Tagesbefehl an die 87. und 88.: Sagen Sie ihnen, ich sei stolz auf ihre Tapferkeit – und ich rechnete darauf, daß sie bis zum Äußersten kämpfen.»

«Exzellenz, die Operationsabteilung empfiehlt, die Divisionskommandeure darauf vorzubereiten, daß in den nächsten zwei Wochen der Plan Phoenix durchgeführt werden müsse.»

«Phoenix? Sie meinen Rückzug?» fauchte Tschiang. «Wir werden uns *nicht* zurückziehen. Die 87. und 88. *müssen* standhalten.»

«Die Generale sehen das ein, Euer Exzellenz.» Thomas' Ton war bewußt neutral. «Aber die Operationsabteilung weist darauf hin, daß unsere Stellung auf lange Sicht unhaltbar ist, und befürchtet, daß wir beide Divisionen verlieren. Ich bitte um Entschuldigung, Exzellenz. Ich bin gebeten worden, den Generalissimus daran zu erinnern, daß diese Divisionen die Kerntruppen der loyalen Streitkräfte unserer Zentralregierung sind.»

«Sie werden die Stellung halten, bis *ich* andere Anweisungen gebe.» Tschiang Kai-schek preßte entschlossen die Lippen zusammen. «Halten, bis *ich* die Erlaubnis zum Rückzug gebe. Wenn sie sich nach minimalem Widerstand zurückziehen, kann ich das Land nicht geschlossen hinter mich bringen – und die Zwerge werden noch gefährlicher sein, trunken von leicht errungenen Siegen. Sie verstehen, Tom, ich *muß* diese Einheiten opfern. Sie sind ersetzbar.»

«Ja, Exzellenz. Ich werde einen Funkspruch aufsetzen und Ihnen zur Genehmigung vorlegen.» Thomas hielt verwirrt inne und rieb sich den Nasenrücken. Er war hin und her gerissen zwischen seiner fast sklavischen Bewunderung des Genies seines Chefs und der Disziplin, die erforderte, daß er den Generalissimus voll informierte. «Ich muß erwähnen, daß die deutschen Berater Vorbereitungen zum Rückzug empfehlen. Auch das Kabinett hat Besorgnis zum Ausdruck gebracht.»

«*Ich* befehlige, *ich*, nicht die Deutschen oder das Kabinett!» Tschiang Kai-scheks Wangen waren zorngerötet, und Thomas machte sich auf einen Wutanfall gefaßt. Aber der Ärger des Generalissimus verflog so rasch wie er gekommen war.

«Ich befehlige», sagte er nachdenklich, «und das werde ich tun, bis wir siegen – oder ich abgesetzt werde. Kein Rücktritt mehr, verstehen Sie, ich werde nicht wieder zurücktreten. Wenn sich die Politiker gegen mich wenden, dann müssen sie mich diesmal hinauswerfen. Nur ich kann China retten.»

«Ja, Exzellenz», erwiderte Thomas vorsichtig. «Und die Kommunisten. Was sollen wir ihnen sagen?»

«Nun», lächelte Tschiang, «wir akzeptieren ihre Bedingungen – in dem Geist, in dem sie unterbreitet werden. Sollen sie glauben, wenn sie so dumm sind, daß wir dumm genug seien, ihnen zu glauben . . . Glauben Sie auch nur einen Augenblick, daß sie tun werden, was sie sagen? Daß sie ihre Truppen *wirklich* meinem Befehl unterstellen und ihre Sowjetregionen der nationalen Regierung unterordnen werden?»

«Nein, Exzellenz», gab Thomas zu. «Aber warum dann die offizielle Zusammenarbeit mit den Kommunisten?»

«Weil ich keine andere Wahl habe. Weil sie keine andere Wahl haben. Wir kämpfen gegen die Japaner, die Prämie ist die Herrschaft über China. Das Volk verlangt Widerstand gegen die Japaner. Wir müssen beweisen, daß wir besser kämpfen als die Kommunisten.»

«Und nachher, Exzellenz?»

«Nicht nachher, *jetzt* müssen wir wachsam bleiben. Die Truppen, die die Roten Gebiete abriegeln, werden den Japanern Widerstand leisten – wenn sie auf Japaner stoßen. Ihr wichtigster Auftrag ist unverändert – die kommunistischen Banditen in Schach halten. Wir müssen die Kommunisten vernichten. Die Japaner sind eine Hautkrankheit, schmerzhaft, lästig und entstellend, aber nicht tödlich. Die Kommunisten sind ein Krebsgeschwür, ein tödliches Leiden. Wir werden den Krebs reifen lassen und ihn dann herausschneiden. Wenn wir die Kommunisten vernichtet haben, sind die Japaner keine Gefahr mehr.»

Zum erstenmal seit fünf Jahren kam Harry Sekloong nach Hongkong, um an Familienberatungen teilzunehmen. Die Sekloongs bereiteten die Umorganisationen vor, die durch Sir Jonathans bevorstehenden Rücktritt als Comprador für Derwent, Hayes and Company notwendig wurden. Sir Jonathan, der Ende Juni 1938 gerade sein fünfundachtzigstes Lebensjahr vollendet hatte, trennte sich von dem Posten, an dem er so lange festgehalten hatte. Selbst nachdem er ein unabhängiges Handelsreich geschaffen hatte, das dem der Wheatleys gleichkam, wollte der alte Herr keinen anderen Mann auf dem Stuhl sehen, auf dem er seit mehr als fünfzig Jahren gesessen hatte. Wäre sein Vater ein unbedeutenderer, schwächerer Mann gewesen, dachte Harry, dann hätte ihn in erster Linie die gefühlsmäßige Sicherheit, die der seit mehr als einem Jahrzehnt weitgehend zeremoniell gewesene Titel bot, zum Rücktritt bewogen haben können. Aber Sir Jonathan war *der* Sekloong, eine Großmacht aus eigenem Recht. Harry kam zu dem Schluß, daß sein Vater aus zwei ganz verschiedenen Gründen gezögert hatte, den Posten als Comprador aufzugeben: aus Bosheit und aus Patriotismus.

«Will denn der alte Dreckskerl überhaupt nicht sterben?» hatte Iain Wheatley, selbst fünfundsechzig, sechs Monate zuvor bei einem letzten, unnötigen Brandy in dem geheiligten Hong Kong Club ausgerufen. Der Kellner erzählte es dem Barmann, der es dem Portier erzählte, und der wiederum gab es an einen Chauffeur weiter, und am nächsten Morgen erfuhr Sir Jonathan von der Beleidigung.

«Doch, er wird sterben, aber noch nicht gleich, geschätzter Stiefbruder», hatte Sir Jonathan gemurmelt. «Noch nicht gleich.»

Indes hatte ein noch stärkerer Beweggrund als rechtschaffene Bosheit Sir Jonathan davon abgehalten, seine formelle Beziehung zu der Firma zu lösen, die sein Großvater Kwok Li-tschin praktisch gegründet hatte. Solange er der Comprador war, waren die Wheatleys gebunden. Sie konnten nicht offen danach trachten, das Sekloong-Reich zu zerstören, ein Ziel, das für Iain Wheatley ebenso wichtig war wie die Erhöhung von Derwents fetten Gewinnen. Ebensowenig konnte Iain sein Bündnis mit Mitsubishi enger gestalten, dem wichtigsten unter den großen japanischen Mischkonzernen, den *Zaibatsu*, obwohl Derwents Niederlassungen in China und Südostasien bereits eng mit den Japanern zusammenarbeiteten. Iain Wheatley hatte auf den Sieger im chinesisch-japanischen Krieg gesetzt. Er wartete nur auf Sir Jonathans Ausscheiden, um seine gesamten Mittel in die japanischen Kriegsanstrengungen zu investieren. Schließlich war das nur ein gutes Geschäft.

«Aber, Vater», hatte Mary zu bedenken gegeben, «wenn du dich jetzt vom Geschäft zurückziehst, kannst du gegen Iains Wahl deines Nachfolgers Einspruch erheben oder sogar Druck ausüben. Wenn du zu lange wartest, steht es ihm frei, sich auszusuchen, wen er will, und es wird keinerlei Möglichkeiten geben, sein Bündnis mit Mitsubishi zu verhindern.»

Sir Jonathan hatte im Prinzip nachgegeben, seinen offiziellen Rücktritt aber um drei Monate verschoben. Mary vermutete, daß Derwent zu verlassen in seinen Augen eine symbolische Kapitulation vor dem Tod sei, dem Feind, der ihn in seinen schlaflosen Nächten verfolgte.

«Er fürchtet den Tod nicht», meinte Charles. «Er ist bereit, und er weiß, daß er dann wieder mit Mutter vereint sein wird. Trotz aller Konkubinen in all den Jahren hat er sie immer geliebt. Und er ist es nicht gewöhnt nachzugeben. Außerdem muß auch sein Tod seinen Zwecken dienen. Er wird sterben, wenn *er* zu sterben beschließt.»

Harry stimmte Charles' Beurteilung ihres Vaters lächelnd zu. Der alte Herr war zu einem lebenden Symbol des unbeugsamen, unbesiegbaren China geworden. Er würde in der Tat gehen, wenn er soweit war, und es konnte sein, daß er erst soweit wäre, wenn China diese neueste und gefährlichste Bedrohung überstanden hatte – die Japaner. Aber der entschlossene Wille des alten Herrn würde bei dieser Belastungsprüfung aufs höchste beansprucht werden. Harrys eigene Überzeugungen waren durch die Qualen des Jahrzehnts von 1927 bis 1937 und die Ängste des vergangenen Jahres erschüttert, aber über eines war er sich klar: Es würde ein langer Krieg sein, ein entsetzlich langer und verheerender Krieg, sofern der Konflikt nicht durch höhere Gewalt beendet würde.

«Die Japaner haben diesmal etwas sehr Törichtes getan», behauptete Mary. «Je zielstrebiger sie bei ihrer Torheit vorgehen, um so schlechter werden sie dran sein.»

Harry sah seine Schwägerin prüfend an. Mit siebenundfünfzig war Mary Philippa Osgood Sekloong nicht bloß das, was galante Männer im Hinblick auf frühere Pracht und voll Bewunderung für deren Erhalten eine «gutaussehende Frau» nennen würden. In seinen Augen war sie, die er immer schön gefunden hatte, obwohl sie nach konventionellen Maßstäben nie hübsch gewesen war, noch schöner geworden. Ihre veilchenblauen Augen blickten weicher drein, denn die Erfahrung hatte sie Mitgefühl gelehrt. Das rotgoldene Haar, vielleicht diskret etwas nachgetönt, schimmerte wie eh und je. Obwohl sie so lange Jahre in dem subtropischen Klima gelebt hatte, das vielen Menschen schwer zu schaffen machte, war ihre Haut immer noch hell und nahezu faltenlos. Die wenigen Zeichen, die die Zeit gesetzt hatte, unterstrichen nur ihre stark modellierten Backenknochen und den Unterkiefer. Ihrer Schönheit lag die Selbstsicherheit einer Frau zugrunde, die nicht nur gelernt hat, sich selbst und andere zu beherrschen, sondern sich auch in einer fremden Welt durchgesetzt hat.

Mary erregte ihn immer noch physisch und psychisch, wie es seine Frau Mayling nie getan hatte, und fast ebenso fühlte er sich von ihren geistigen Fähigkeiten angezogen. Er gab zu, daß sie ihm geistig gewachsen und vielleicht sogar überlegen war. Marys gutes Auffassungsvermögen wurde unterstützt durch ihren nüchternen gesunden Menschenverstand, während er wußte, daß er ein Träumer war und nur widerstrebend den Mann der Tat spielte.

Dennoch konnte er ihre leichtgläubige Zuversicht hinsichtlich der japanischen Gefahr nicht teilen. Ihre Einstellung spiegelte den oberflächlichen Optimismus der Vertragshäfen wider, wo die Ausländer, die sich alte China-Hasen nannten, das Land durch Glasscheiben betrachteten, die den Lärm und den Gestank des Konflikts nicht durchließen. Seit mehr als dreißig Jahren war Harry unmittelbar beteiligt und kannte den süßsauren Pesthauch von Korruption und Furcht, das entsetzliche Gellen von Kampf und Terror, wie es kein Zuschauer kennen konnte. Emotional erschöpft, war er am Rande der Verzweiflung. Selbst wenn die Chinesen zuletzt siegten, die schon seit einem Jahrhundert von Bürgerkriegen zerrissene Nation würde durch ein weiteres Jahrzehnt des Krieges gegen einen ausländischen Feind weiter dezimiert werden. Er konnte sich keine grauenhafteren und ergreifenderen Szenen vorstellen als die, die er schon gesehen hatte; dennoch sagte ihm sein Verstand, daß es bestimmt noch zu Schlimmerem kommen werde.

Eine der schlimmsten Wunden hatten sich die Chinesen selbst zugefügt. Vor Verzweiflung gepackt, hatten die Nationalisten Anfang Juni 1938 die Deiche des Gelben Flusses eingerissen, der nicht zu Unrecht «Chinas Leid» hieß. Zweihunderttausend Menschen waren ertrunken, als mehr als dreißigtausend Quadratmeilen unter Wasser gesetzt wurden. Acht Millionen waren obdachlos, ihre Häuser, ihr Vieh und ihr weniges Hab und Gut hinweggeschwemmt. Das Vorspiel zu diesem entsetzlichen und erfolglosen Versuch, die japanische Flut durch eine

Gegenflut strudelnder Wassermassen aufzuhalten, war ebenso entsetzlich gewesen. Harry und sein Chef Wang Tsching-wei, durch die Ränke der Kuomintang wieder einmal mit Tschiang Kai-schek im Streit, hatten machtlos mitansehen müssen, wie die Tragödie ihren Lauf nahm:

Nach dreimonatiger Belagerung war Schanghai Mitte November 1937 gefallen, und die Japaner waren sofort nach Nordwesten in Richtung Nanking vorgestoßen. Jedesmal wenn die Deutschen neue Friedensvorschläge von Tokio übermittelten, hatte Wang Tsching-wei deren Annahme befürwortet. Da er und Harry keinerlei Chance für einen chinesischen Sieg sahen, wollten sie lieber verhandeln, auch wenn die Bedingungen hart wären. Sie waren sogar bereit, auf einen Teil der chinesischen Souveränität zu verzichten, statt einen Krieg fortzusetzen, der furchtbares Leid mit sich bringen, die chinesischen Armeen vernichten, China in die Knie zwingen und ihm jede Möglichkeit nehmen mußte, überhaupt noch zu verhandeln. Die Kriegstreiber in der Umgebung des Generalissimus hatten sich dessen Unentschlossenheit zunutze gemacht und verhindert, daß etwas Definitives geschah – die Vorschläge wurden weder angenommen noch abgelehnt. Auch die Kommunisten waren entschieden gegen Friedensverhandlungen, denn ein langer Zermürbungskrieg würde die Nationalisten schwächen und ihre eigenen Truppen für die spätere Eroberung Chinas stärken. Um unter Beweis zu stellen, daß Chinesen Japaner besiegen konnten, zog Mao Tse-tung einige seiner Einheiten von der Konfrontation mit den Nationalisten ab. Ende 1937 überfiel General Lin Piao am Pinghsing-Paß in der nördlichen Provinz Schansi eine ganze japanische Brigade aus dem Hinterhalt, schenkte damit den Chinesen ihren ersten eindeutigen Sieg und weckte Hoffnungen auf größere Siege.

Plötzlich war es für alles außer dem Krieg zu spät. Die Japaner hatten selbst alle Aussichten auf Verhandlungen zerstört, und China war dazu verurteilt, allein, ohne deutschen Beistand, zu kämpfen, während die Westmächte den Japanern Öl und Stahl verkauften, die für den modernen Krieg unerläßlich waren.

Am 12. Dezember 1937 nahm die kaiserliche Armee Nanking, und die aus Japanern und Koreanern bestehende Truppe gab sich drei Tage lang einer Massenorgie hin, die von einem Tokioter Apologeten unaufrichtig als «ein paar bedauerliche, aber zum Glück unbedeutende Missetaten, verursacht durch die zu Recht gehobene Stimmung der Soldaten» beschrieben wurde. In Wirklichkeit hatte es seit dem Mittelalter keinen solchen Teufelsspuk von Gemetzel, Raub und Verwüstung gegeben. Mit berechneter Grausamkeit, einer mehr abscheulichen als spontanen Brutalität, setzten sich die japanischen Offiziere über ihren Kodex der Ritterlichkeit hinweg. Ihre Soldaten nahmen Rache an den Einwohnern der derzeitigen chinesischen Hauptstadt für das Ungemach, die Gefahren und die Einsamkeit des Krieges. In drei Tagen hemmungslosen Plünderns brachten die betrunkenen japanischen Soldaten mehr als hunderttausend Zivilisten um. Kein Mädchen über zwölf Jahren und keine Frau unter sechzig entgingen der wiederholten Vergewaltigung. Chinesische Soldaten und männliche Zivilisten wurden auf japanische Bajonette aufgespießt und waren nach stundenlanger Tortur dankbar für die Erlösung durch den Tod.

Harry Sekloong floh in einem der letzten Autos, die die brennende Stadt verließen. Er hustete in dem sengenden, beißenden Rauch der in Flammen stehenden Öltanks. Aus den entzündeten Augen strömten ihm Tränen über die rußgeschwärzten Wangen, und sein Wagen mußte im Zickzack fahren, um Leichen mit aufgeschlitzten Bäuchen auszuweichen.

Vom Ufer des Jangtse im Süden aus starrte James Sekloongs Guerilla-Einheit auf die graue Rauchwolke über der Südlichen Hauptstadt. Wie sein Vater weinte James – und schwor Rache.

Später, nach dem Krieg, als das japanische Volk von diesen Greueln Kenntnis erhielt, war es entsetzt über die Taten seiner Söhne, Väter und Ehemänner. Auch andere Völker waren empört. Die relative Unschuld der Menschheit im Jahre 1937 zeigte sich in dem weltweiten Abscheu vor dem Terror von Nanking. In späteren Jahren sah der «Nanking-Vorfall» nur wie einfache Barbarei aus – nachdem die Deutschen systematisch mehr als zehn Millionen Europäer hingemordet und die amerikanischen Atombomben Hiroshima und Nagasaki vernichtet hatten. Aber 1937 erschütterten die Schrecken von Nanking die Welt noch und stärkten den chinesischen Kampfeswillen. Frieden war zu keinerlei Bedingungen mehr möglich.

Obwohl der Generalissimus die Hauptstadt nach Tschungking verlegte, blieb er selbst in Wuhan, dem strategischen und industriellen Nervenzentrum von Mittelchina, um den weiteren Widerstand zu leiten. Tschiang Kai-schek forderte das chinesische Volk zu Massenwanderungen in die Sicherheit des Szetschuan-Beckens im Südwesten auf, hinter schroffe Bergketten, die nur durch steile Pässe und die Schluchten des Jangtse durchbrochen wurden, Millionen folgten diesem Aufruf. Ganze Schulen, Universitäten, Fabriken und sogar Städte treckten zu Fuß, mit Fahrrädern, Ochsenkarren, klapprigen Bussen oder Lastwagen und getreidelten Dschunken über Tausende von Meilen ins Landesinnere. Halb China war auf dem Marsch, und ganz China wollte kämpfen.

Entschlossen, das gesamte östliche China zu besetzen, rückten die Japaner vor. Von Nanking im Süden und Peking im Norden stießen ihre Kolonnen auf Sütschou vor, dreihundertzwanzig Meilen nordwestlich von Schanghai, und die Chinesen leisteten hier ebenso heroisch Widerstand wie in Schanghai. Anfang April 1938 schlugen nationalistische Truppen dreißigtausend Japaner in der Nähe von Sütschou in die Flucht, und ganz China jubelte. Der Sieg war weit größer als Lin Piaos Triumph am Pinghsing-Paß, aber es war ein vergänglicher Sieg. Mitte Mai räumten die Chinesen Sütschou. Der Generalissimus hatte sich dafür entschieden, die Schlagkraft seiner Truppen zu erhalten, statt Zehntausende von ihnen in einem hoffnungslosen Kampf zu opfern. Schließlich wurden Anfang Juni 1938 die Deiche des steigenden Hoangho eingerissen.

Harry Sekloong wurde unwiderstehlich von der Sintflut angezogen. Er kam sich, in einem Motorboot der Armee ungefährdet, wie ein verachtenswerter Voyeur vor, als die wirbelnden Wassermassen voll gelbem Schlamm über die Hirseschößlinge hinwegströmten. Die Soldaten seiner Mannschaft zogen achtunddreißig Männer und Frauen in das kleine Boot. Viele Bauern hatten der hastigen Warnung der Behörden keinen Glauben geschenkt, und viele hatten überhaupt keine Warnung erhalten. Ertrunkene Schweine und Hunde wurden unter den flachen Rumpf des Boots gespült, und acht Rinder trieben vorbei, und ihre flehenden Augen rollten in runden, rotgeränderten Höhlen. Ihr jämmerliches Muhen war noch von weitem zu hören, bis sie dann in einer neuen Flutwelle untergingen. Strohdächer stießen an die Planken des Boots und brachten es fast zum Kentern. Holzhäuser schwammen vorbei, an denen sich ganze Familien festklammerten. Ein schreiender Junge versuchte verzweifelt, schwimmend das Boot zu erreichen, und der Steuermann drehte einfach ab. Noch ein Mensch mehr, und das Boot würde sinken. Die Bauern, die nicht nur intelligenter, sondern auch zäher waren als ihre Haustiere, gingen als letzte zugrunde. Als das Boot schließlich wendete, um zum fernen Land zurückzukehren, tauchten schon etwa zwanzig Leichen in seinem Kielwasser auf und unter ...

Als Harry Sekloong Ende Juni 1938 nach Hongkong flog, ahnte er die bittere Wahrheit: Das schreckliche Opfer würde die Japaner höchstens ein paar Monate aufhalten. Zuerst war ihm daher die Selbstzufriedenheit der friedlichen Kronkolonie ausgesprochen zuwider. Nach ein paar Tagen erlag er dann dem behaglichen Komfort der Sekloong-Residenz und ließ sich dankbar von den eifrigen Dienstboten verwöhnen. Er versuchte, nicht an seine Söhne zu denken. Auf Umwegen hatte er erfahren, daß James ein kommunistischer Untergrundagent im japanisch besetzten Gebiet war, während der sechsundzwanzigjährige Jason, Hauptmann der nationalistischen Artillerie, in Wuhan stationiert war, dem strategischen Herzen Mittelchinas, das offenbar das nächste Ziel der Japaner war. Harrys Frau Mayling hatte sich in der Sicherheit der französischen Konzession von Schanghai niedergelassen, wo sie sich mit Klatsch und Selbstverschönerung beschäftigte.

Die Bankette und Empfänge anläßlich des Ausscheidens seines Vaters aus der Firma Derwent ließ Harry wie ein Automat über sich ergehen. Er brachte wenig Interesse auf für die Diskussionen über die Zukunft des Sekloong-Imperiums in einem Augenblick, da sich China in tödlicher Gefahr befand. Sein Hauptinteresse war darauf gerichtet, Geldmittel für die Kriegskasse zu sammeln. Aber selbst das tat er halb automatisch, denn er hatte sein Zutrauen zu Chinas Fähigkeit, dem japanischen Ansturm standzuhalten, fast ganz verloren. Mehr als die Hälfte seines Lebens hatte der jetzt achtundfünfzigjährige Harry im Dienste der chinesischen Revolution verbracht: Er hatte scharwenzelt und Pläne geschmiedet und getötet – und immer gehofft, das nächste Jahr werde die Verwirklichung seiner Träume bringen. Statt dessen waren die inneren Kämpfe und das Leiden der Massen schlimmer gewesen als unter den Mandschus. Schweren Herzens gelangte er zu der Überzeugung, daß die Revolution nie vollendet werden würde. Da er seine Spannkraft verloren hatte, glaubte er, das gelte auch für China.

Er hielt es für wenig sinnvoll, über Marys unbegründeten Optimismus zu diskutieren, und für absolut sinnlos, seine bösen Vorahnungen Sir Jonathan aufzudrängen. Voller Zuversicht hatte sein Vater der nationalistischen Kriegskasse eine weitere Million Pfund gespendet. Verzweiflung war dem alten Herrn absolut fremd, sonst wäre der achtjährige Laufjunge einer Kuli-Baracke in Macao wohl niemals zum absoluten Herrscher über ein gewaltiges Handelsimperium aufgestiegen. Seine eigene Mutlosigkeit führte der enttäuschte Harry auf die Nation zurück, während sich sein unbeugsamer Vater Chinas Niederlage ebensowenig vorstellen konnte wie seine eigene.

Doch Verachtung und Zorn brachte der alte Herr auch im hohen Alter noch auf. Sir Jonathan tobte, als Reuter im September 1938 meldete, der britische Premierminister Neville Chamberlain habe sich mit der Besetzung des Sudetenlandes in der Tschechoslowakei durch Nazi-Deutschland einverstanden erklärt und damit einen «ehrenhaften Frieden» erreicht. Sir Jonathan setzte immer noch sein ganzes Vertrauen auf Großbritannien und hatte geglaubt, Chamberlain würde sich entweder gegen Adolf Hitler durchsetzen oder Deutschland den Krieg erklären. Beides hätte China genützt: entweder wäre Japans europäischem Verbündeten ein Dämpfer aufgesetzt worden, oder es wäre ein allgemeiner Krieg die Folge gewesen, in dem Großbritannien und Frankreich sich notgedrungen mit China hätten verbünden müssen.

Trotz dieser Enttäuschung vertraute Sir Jonathan noch auf England, als er sich auf Charles' Yacht ‹Regina Pacis› zu einer langen Kreuzfahrt durch die pazifischen Inseln einschiffte, um sein Ausscheiden aus der Firma Derwent, Hayes and Company zu feiern.

«Es ist meine letzte Gelegenheit, Jungs!» Er redete seine Söhne trotz ihres vorgerückten Alters an, als ob sie noch Knaben wären. «In einem Jahr, spätestens in zweien wird ganz Asien in Flammen stehen. Ein totaler Krieg kommt auf uns zu, ein weltweiter Krieg. Der Weltkrieg von 1914 wird dagegen wie ein Scharmützel zwischen zwei Banden von Briganten wirken. Aber der neue Krieg wird China retten.»

«Der alte Herr wird senil», sagte Harry zu Charles und Mary, als sie mit Jonnie und seiner Frau Sarah zuschauten, wie die ‹Regina Pacis› Segel setzte, nachdem sie vom Blake Pier weggetuckert war. «Die Engländer, die Amerikaner und die Deutschen helfen alle auf die eine oder andere Weise den Japsen. Es besteht herzlich wenig Aussicht, daß sie China zu Hilfe kommen.»

«Ich habe es schon erlebt, daß der alte Herr sich irrt», erwiderte Charles. «Aber nie so sehr. Warten wir es ab.»

«Und es wird Krieg geben, Onkel Harry.» Jonnie, gerade Leutnant in der Hongkonger Freiwilligen-Schutzgruppe geworden, widersprach entschieden. «Krieg in Europa und in Asien. Die europäischen Mächte und Amerika können nicht zulassen, daß Japan, mit China als Basis, die Rohstoffe und Absatzmärkte von Südostasien erobert. Außerdem geht Hitler bestimmt zu weit.»

«O Kindermund!» Harry machte sich über seinen sechsunddreißigjährigen Neffen lustig. «Haben sie dir in Stonyhurst keine Logik beigebracht? Kein Land wird China helfen, wenn es nicht dazu gezwungen wird – und die Japaner sind zu klug, um sie zu zwingen.»

«Waren sie zu klug, um Schanghai zu bombardieren und Nanking zu vergewaltigen?» fragte Sarah Haleevie Sekloong ruhig. «Ist Hitler zu klug, die Welt mit seiner Judenverfolgung aufzuschrecken? Alle Tyrannen machen Fehler, und dann ...»

Harrys Verzweiflung saß zu tief, als daß Optimismus von der einen oder der anderen Generation sie hätte abbauen können. Weder die instinktive Zuversicht seines Vaters noch die logischen Überlegungen seines Neffen und seiner Nichte konnten ihn überzeugen. Obwohl er fast fünf Millionen Pfund für die Kriegskasse der Nationalisten mitbrachte, war seine Stimmung gedrückt, als er am 5. Oktober 1938 in Kaitak eine DC-2 der Nationalchinesischen Luftfahrtgesellschaft bestieg zu dem langen «Heckenhüpfer-Flug» über Gebirge und tief eingeschnittene Flußtäler nach dem achthundert Meilen entfernten Tschungking. Auch die Atmosphäre in der Kriegshauptstadt zu Beginn des Winters 1938/39 linderte seine Niedergeschlagenheit nicht. Die Stadt auf den Klippen oberhalb des Zusammenflusses von Jangtse und Kialing war stark übervölkert und verkommen. Der ständige Nebel drang ihm bis auf die Knochen und legte sich ihm aufs Gemüt. Während ihn die Weigerung seiner Frau, zu ihm zu kommen, nur leicht verärgerte, war er tief bekümmert über die Machtlosigkeit seines Chefs. Wang Tsching-wei, dem keine Seite traute, war von dem neuen nationalistisch-kommunistischen Bündnis mit einem zeremoniellen Titel auf ein Abstellgleis geschoben worden. Der Einfluß, den er noch hatte, war weitgehend moralischer Natur, aber die Kommunisten gewannen die Oberhand über die Intellektuellen, die sich Wang Tsching-wei als dem legitimen politischen Erben Sun Yat-sens angeschlossen hatten.

Außerdem war die Lage schlecht. Der Generalissimus war entschlossen, Wuhan zu halten, da der Verlust dieses Industriezentrums ganz Mittel- und Ostchina den Japanern ausliefern würde. Aber zwölf japanische Divisionen waren im Anmarsch. Obwohl die Chinesen tapfer kämpften, wurden sie unerbittlich zurückgetrieben – und Harrys Sohn Jason kommandierte eine Feldbatterie an einer der Einfallstraßen nach Wuhan. Der einzige Trost für Patrioten: Trotz ihrer großen Luftüberlegenheit kamen die Japaner nur langsam voran. Die Nationalisten besaßen mittlerweile den Grundstock jener Luftwaffe, die Harry schon vor Jahrzehnten im Auge gehabt hatte, aber diese wenigen Flugzeuge waren zu alt und die Piloten zu schlecht ausgebildet, um gegen ganze Flotten japanischer Bomber etwas ausrichten zu können.

Am 3. Dezember 1938, dem Nadir seines Lebens, wurde Harry in die tiefsten Tiefen der Verzweiflung gestürzt. Eine formelle Mitteilung des Verteidigungsministeriums brachte kühl offizielles Bedauern darüber zum Ausdruck, daß «Hauptmann Schih Tschieh-hsiang im Kampf gefallen» sei. Harry weinte in seinem Schlafzimmer, wie er nicht geweint hatte, seit er aus Nanking geflohen war. Der anspruchslose Jason hatte nie den Elan von James gehabt, dem Sohn, auf den sein Vater niemals Anspruch erheben konnte. Aber sein jüngerer Sohn war freundlich, liebevoll und gehorsam gewesen – vielleicht zu gehorsam. Widerspruchslos hatte er sich dem Wunsch seines Vaters gefügt und war, um der Revolution zu dienen, Offizier geworden, obwohl er, wie Harry vermutete, lieber einen geisteswissenschaftlichen Beruf ergriffen hätte. Harrys Schmerz wurde verstärkt durch unbarmherzige Selbstvorwürfe. Er trug die Schuld am Tod seines Sohnes Jason.

Über seinen Kummer konnte Harry Sekloong nur mit Wang Tsching-wei sprechen. Aber sein Chef vermochte ihm keinen Trost zu bieten, sondern mußte ihm wider Willen einen weiteren Schlag versetzen. Wang hatte erfahren, daß Jason nicht gefallen, sondern auf direkten Befehl des Generalissimus erschossen worden war. Er sei beschuldigt worden, bei einem japanischen Angriff seine Geschütze im Stich gelassen zu haben; dabei hatte der Befehl gelautet, die Stellung zu räumen.

«Tschiang Kai-schek mußte das Gesicht des Generals wahren, der den Befehl erteilt hatte», erklärte Wang. «Ihr Sohn war der Sündenbock – und vor allem, fürchte ich, weil er Ihr Sohn war.»

Harry war erschüttert. Was für eine hartherzige, egoistische Brutalität! Instinktiv erfaßte er die Ungeheuerlichkeit, die in Worte zu fassen Wang Tsching-wei zögerte. Daß unter vielen anderen Offizieren gerade Jason zur Exekution ausgewählt worden war, war zweifellos auf seine Familie zurückzuführen. Damit hatte das Kriegsgericht nicht nur einen Schlag gegen den Vater Harry Sekloong geführt, sondern auch gegen dessen Chef Wang Tsching-wei, den Hauptrivalen des Generalissimus. Harry Sekloongs politische Tätigkeit, sein lebenslängliches Engagement für China hatte seinen Sohn getötet.

«Wollen Sie sich jetzt aussprechen?» fragte Wang Tsching-wei. «Er war ein guter Junge.»

«Trübsal blasen bringt ihn nicht zurück», antwortete Harry. «Was steht heute auf unserem Programm?»

«Die ‹Sechs Grundprinzipien› des Fürsten Konoye vom 3. November», sagte Wang. «Ich habe darüber nachgedacht. Ich glaube, sie könnten eine Basis für den Frieden sein.»

«Ich bin zu *allem* bereit, was den Frieden bringt», erwiderte Harry. «Ich habe es so satt ... so entsetzlich satt, dieses dauernde Töten! Es scheint immer weiterzugehen. Warum sollten Menschen für den Tyrannen Tschiang sterben? Das muß aufhören, daß Chinesen für nichts und wieder nichts sterben!»

Harry Sekloong kannte die Pläne des japanischen Ministerpräsidenten für eine «Neue Ordnung in Ostasien», die ein neues «Asien für die Asiaten» schaffen würde. Der Gedanke war verlockend, und er selbst hatte mehr Vertrauen zu Ministerpräsident Konoye, der sich dafür einsetzte, die Kämpfe und die Belastung der japanischen Wirtschaftskraft zu beenden, als zu Generalissimus Tschiang, der nur daran interessiert war, den Krieg zu verlängern, um seine eigene Macht zu vergrößern. Konoye hatte vorgeschlagen, China und Japan sollten ihren Krieg beenden, gemeinsam nach Frieden und Freundschaft in ganz Asien streben, sich gegen den Kommunismus wehren und eine enge wirtschaftliche Zusammenarbeit aufnehmen. Er versprach sich davon nicht nur Stabilität und eine Wiedergeburt der asiatischen Kultur, sondern auf lange Sicht auch die Ausschaltung des ausländischen Einflusses auf Asien.

«Sie erinnern sich doch», fuhr Wang Tsching-wei fort, «daß Dr. Sun Yat-sen 1924 gesagt hat, der Friede in Asien müsse sich auf eine chinesisch-japanische Zusammenarbeit gründen, und Japans neue Stärke berechtige *alle* Asiaten zur Hoffnung auf Freiheit von westlicher Vorherrschaft. Ich möchte Konoyes neue Vorschläge prüfen, aber ich finde hier wenig Unterstützung. Dennoch möchte ich sie prüfen.»

«Nichts kann schlimmer sein als unsere jetzige Lage.» Harry zuckte die Schultern. «Also warum nicht?»

Der späte Nachmittag des 7. März 1939 war kalt und regnerisch im japanisch besetzten Nanking, dem Sitz der neuen Provisorischen Regierung der Republik China. Das graue Wetter verstärkte die trübe Freudlosigkeit des Mannes, der das ehrenvolle Amt des Ministerpräsidenten dieser machtlosen Regierung innehatte. Nachdem Harry Sekloong seine Wahl getroffen hatte, bemühte er sich dennoch, die Kluft zwischen Japanern und Chinesen zu überbrücken. Während sein Chef Wang Tsching-wei, der designierte Präsident des noch in den Kinderschuhen steckenden Regimes, mit den Japanern verhandelte und auf öffentlichen Versammlungen sprach, schlug sich Harry mit den administrativen Aufgaben herum; es mußte eine leistungsfähige Regierung geschaffen werden. Er war nicht glücklich, aber beschäftigt. Seine Frau Mayling, durch Jasons Tod vorübergehend ihrer Egozentrik entrissen, war gekommen und wohnte mit ihm in einer Villa mit Blick auf den Jangtse in Nankings elegantem Nordwest-Viertel in der Nähe des I Tschiang-Tors. Harry fand die Japaner oft arrogant und häufig halsstarrig, aber er hielt seinen Unmut im Zaum, um äußerliche Freundschaft zu bewahren. Sein inneres Feuer war ohnehin nachhaltig gedämpft.

Das Ziel, Frieden für China und Einigkeit in Asien, schien Harry eine Spur näher gerückt zu sein – wenn es überhaupt erreichbar war. Trotz seiner Skepsis war er doch unbedingt der Meinung, daß jeder Kurs, der auch nur eine entfernte Friedenschance bot, dem Krieg vorzuziehen sei. Er wußte, daß sein Vater sein Vorgehen verurteilen würde; dennoch war er beunruhigt, weil er seit dem 18. Dezember 1938 nichts von der Familie in Hongkong gehört hatte. Damals hatten er und Wang Tsching-wei in Tschungking das Flugzeug bestiegen. Ihr offizielles Ziel war Kunming, die Hauptstadt der Provinz Yunnan im Südwesten gewesen, aber ihr Pilot richtete die Nase der Fokker Trimotor nach Hanoi, der Hauptstadt von Französisch-Indochina, das von Tokio beherrscht wurde. Wie Wang Tsching-wei gewünscht hatte, machten sie sich daran, die japanischen Absichten zu prüfen.

Vier Tage später gab Ministerpräsident Fürst Konoye in Tokio bekannt, Japan werde die «usurpatorische» Nationalregierung von Tschiang Kai-schek vernichten und mit dem «legitimen neuen Regime» von Wang Tsching-wei, dem rechtmäßigen Erben von Dr. Sun Yat-sen, «die chinesisch-japanischen Beziehungen abstimmen». Japan habe «seine Aufrichtigkeit unter Beweis gestellt», indem es auf alle territorialen Ansprüche in China verzichte und verspreche, seine sämtlichen Konzessionen und Pachtgebiete an China zurückzugeben; es werde auch nicht mehr auf exterritorialen Vorrechten für japanische Staatsbürger bestehen. Die Provisorische Regierung in Nanking ihrerseits unterstütze die Einheitsfront gegen den Kommunismus im Sinne des zwischen Tokio, Berlin und Rom abgeschlossenen Antikominternpakts. Echte wirtschaftliche Zusammenarbeit zwischen China und Japan als «gleichen Partnern» werde durch Japans Versprechen gewährleistet, keine Monopolstellungen in China anzustreben. Der Wortlaut des Programms klang prächtig.

Bis zum März hatten sich Harrys Befürchtungen bestätigt; er sah, daß es erheblich einfacher war, einen großen Plan aufzustellen, als ihn auszuführen. Aber er arbeitete weiter daran, nachdem der Generalissimus Friedensverhandlungen schlankweg abgelehnt und Wang Tsching-wei und ihn aus der Kuomintang ausgestoßen hatte. Ihm blieb keine andere Wahl, als Abkommen zu paraphieren, die vorsahen, daß Japans Satellitenstaat Mandschukuo unter dem letzten Mandschukaiser Hsüan Tung von China anerkannt werde, daß Japan berechtigt sei, in China Truppen zu stationieren, um gegen den Kommunismus zu kämpfen, daß Japan umfassende Vorrechte zur Ausbeutung von Chinas Rohstoffen eingeräumt würden und daß japanische «Berater» für die chinesischen Schulen und Universitäten berufen würden. In fast jeder Beziehung stand die Wirklichkeit im Widerspruch zu den Versprechungen des Fürsten Konoye. Wenigstens, dachte Harry, konnte er verhandeln, und wenn er auch viel gab und wenig bekam, so war das immer noch besser, als Schlachten zu schlagen, die nicht zu gewinnen waren und unendlich viele Chinesen das Leben kosteten.

So hatte sich Harry mit dem Unvermeidlichen abgefunden. Er unterschrieb die letzten Dokumente, die ihm sein Sekretär auf den Schreibtisch gelegt hatte. Zum erstenmal übte er tatsächlich Macht aus. Daß er nichts aus Hongkong hörte, war ein Beweis, daß sein Vater die Kollaboration mit den Japanern mißbilligte. Aber Harry befolgte den verhängnisvollen Rat, den Sir Jonathan ihm an jenem strahlenden Morgen vor neunundzwanzig Jahren auf dem Südchinesischen Meer nach dem Überfall auf den Opium schmuggelnden Raddampfer ‹Taishan› erteilt hatte: In der Politik nicht zimperlich oder zaghaft sein, hatte der alte Herr gesagt. Bei seinen Bemühungen um Frieden nahm Harry die Mißachtung der Chinesen und die Unverschämtheit der Japaner in Kauf.

«Rufen Sie meine Frau an», sagte er zu seinem Sekretär, «und erinnern Sie sie daran, daß Genral Katsuki Kiyochi heute abend zum Essen zu uns kommt. Ich fahre jetzt nach Hause.»

Vier Polizisten salutierten, als er das monumentale Regierungsgebäude verließ.

Seine schwarze Packard-Limousine wartete am Fuß der Steintreppe. Ein offener Lastwagen, auf dem ein halbes Dutzend Arbeiter in farbenbekleckten blauen Anzügen saß, ratterte über den Vorhof. Harry fiel ein, daß die Diensträume der Provisorischen Regierung noch renoviert wurden.

Sein Fahrer öffnete die Tür. Harry hielt einen Moment inne und blickte sich noch einmal nach dem Gebäude um, wo die blau-weiße chinesische Flagge neben Japans rot-weißer aufgehender Sonne flatterte. Seine bitteren Gedanken beim Anblick dieses Symbols der verletzten Souveränität wurden unterbrochen durch ein metallisches Knirschen. Der Lastwagen war ohne ersichtlichen Grund ins Schleudern geraten und hatte den Kotflügel der Limousine gestreift. Der Lastwagenfahrer hob entsetzt die Hände und stieg aus, um sich zu entschuldigen. Die sechs Arbeiter folgten ihm.

«Euer Exzellenz», sagte er, «es tut mir unendlich leid. Ich habe schwer gesündigt, aber die Lenkung ist nicht in Ordnung.»

Harry tat die Entschuldigungen ungeduldig ab. Stimme und Haltung des Fahrers kamen ihm zwar irgendwie bekannt vor, aber der Ministerpräsident der Provisorischen Regierung hatte wichtigere Dinge im Kopf als einen eingedrückten Kotflügel oder die Ängste eines Lastwagenfahrers. Der Fahrer kam näher, er redete immer noch auf ihn ein. Als er durch die offene Tür der Limousine vor den Blicken der Polizisten geschützt war, zog er eine Beretta-Pistole mit aufgesetztem Schalldämpfer.

Die Pistole knackte dreimal. Harry spürte den Aufprall jeder Kugel und wunderte sich, daß die Schüsse leiser waren als das Klappern der hochhackigen Schuhe einer Frau. Er stürzte auf die schmutzigen Pflastersteine, und als er aufblickte, sah er sein eigenes Gesicht, wie es vor fünfundzwanzig Jahren gewesen war.

«Für China!» sagte Oberst James Sekloong tonlos. «Um Chinas willen müssen Verräter sterben!»

«Aber ...» krächzte Harry. «Aber ... James ... James, mein eigener ...»

James feuerte noch einmal. Der Schuß brachte Harry Sekloong an den Rand des Todes. Aber er klammerte sich verzweifelt ans Leben. Es gab so vieles zu erklären! James wußte weder, wer sein richtiger Vater war, noch, warum er kollaborierte. Es war unbedingt wichtig, daß er das erführe.

«James ... James, du weißt nicht, du verstehst nicht! James, mein ...»

Die Stimme des Ministerpräsidenten brachte nur noch unverständliche Silben hervor. Harry Sekloong war nicht verbittert, sondern hieß den Tod betrübt willkommen; bis zur letzten Minute versuchte er sein Leben zu rechtfertigen vor einem Menschen, den er innig geliebt hatte: seinem Sohn, seinem Mörder.

24. August 1939 bis 10. Juni 1940

Die Granate aus der sechspfündigen Haubitze beschrieb einen hohen Bogen vor dem leicht bewölkten Himmel über Sekkong in den New Territories. Mit seinem Zeiss-Feldstecher beobachtete Leutnant Jonathan Osgood Sekloong den Aufschlag in zwei Meilen Entfernung. Eine

Fontäne aus braunem Schlamm brach aus der Erde hervor, und sechs Gestalten in Khaki-Uniformen fielen um.

«Drei Striche tiefer», befahl Jonnie. «Schwenkung links vier Striche.»

Die trotz nacktem Oberkörper bei einer Luftfeuchtigkeit von 95 Prozent immer noch schwitzenden Kanoniere schoben eine weitere Granate in den Lauf. Die Hongkonger Freiwilligen-Schutztruppe, hauptsächlich Europäer und Eurasier, dazu ein paar Chinesen, war in voller Stärke ins Feld gerückt. Trotz des Artilleriefeuers kreisten die feindlichen Formationen ihre Stellungen ein und griffen in der Flanke an.

«Sie würden euch fertigmachen», lachte Charles Sekloong, als die zweite Granate weit vor dem Ziel einschlug. «Wenn ihr so schießt, wird es vorbei sein, ehe es angefangen hat. Ich erinnere mich, einmal in Frankreich ...»

«Vater, hier ist nicht Frankreich. Wir sind im armen alten Hongkong, und meine Leute haben in ihrem ganzen Leben nicht mehr als zehn Schuß abgefeuert.»

«Das merkt man», lächelte Charles. «Sie sollten sich lieber zusammenreißen.»

Charles Sekloong, selbstsicher in der Uniform eines Oberst mit zwei Reihen Ordensbändern, schwenkte seinen Spazierstock wie einen Marschallstab. Der Teilnehmer an Schlachten, die mehr als zwei Jahrzehnte zurücklagen, wurde von einem Gefühl der Dringlichkeit gepackt, das den jüngeren Zivilisten in Uniform fremd war. Am 24. August 1939 absolvierten sie sorglos die Manöver, die das neu geschaffene Hongkonger Verteidigungshauptquartier angeordnet hatte, obwohl es selbst Zweifel hegte, ob die Übung wirklich notwendig sei. Die Japaner hatten in ganz Ostchina wichtige Stellungen inne. Zehn Monate zuvor hatten sie Kanton eingenommen, und nun standen Posten der kaiserlichen Armee an der zweiundzwanzig Meilen langen Grenze zwischen der Provinz Kwangtung und den New Territories. Aber Hongkong fühlte sich immer noch sicher am Rande des Hexenkessels. Das britische Hongkong *wußte*, daß die Japaner die Macht des britischen Empire und der Royal Navy niemals durch einen Angriff auf die Kronkolonie herausfordern würden.

«Es ist Zeitverschwendung, Jonnie», meinte sein Hauptfeldwebel. «Unsere Leute werden nie lernen, ordentlich zu schießen, und die Japaner werden uns nie angreifen.»

Jonnie grinste über die Formlosigkeit. Der Hauptfeldwebel war ein jüngerer Direktor von Derwent und sein bevorzugter Tennispartner.

Mit siebenunddreißig Jahren war Jonnie selbst noch von forscher Zwanglosigkeit, obwohl die hochgewachsene Gestalt, die Adlernase und die großen hellbraunen Augen ihm eine gewisse Autorität verliehen, die durch die eher beiläufige dreijährige Kadettenausbildung in Stonyhurst, die ihm sein Offizierspatent eingetragen hatte, kaum gerechtfertigt war.

«Wahrscheinlich nicht, Bill», sagte er. «Für heute machen wir jedenfalls Schluß. Wir sind bei drei Schüssen pro Mann, und ich muß weg. Übernimmst du das Kommando?»

Vater und Sohn stiegen in Jonnies wuchtigen knallroten Mercedes 450 K und brausten durch die New Territories auf den einzigen Straßen in Hongkong, wo er den Wagen wenigstens halbwegs ausfahren konnte. Das Zwölf-Zylinder-Modell, das die Überlegenheit von Adolf Hitlers Herrenrasse auf den Autorennstrecken beweisen sollte, wurde erst seit ein paar Monaten serienmäßig hergestellt. Jonnie hatte seinen 450 K nur durch schamlose Ausübung von Druck und zu einem überhöhten Preis bekommen. Seine Frau Sarah, die unter der Verfolgung der Juden in Deutschland Seelenqualen litt, lehnte es ab, in dem Wagen zu fahren, den sie «das blutige Ungeheuer» nannte. Sie hatte sogar versucht, ihm den Kauf des 450 K auszureden.

«Schau mal», verteidigt er sich, «der Reichsmark-Betrag war sowieso eingefroren. Man könnte sagen, ich enthalte den Nazis die Devisen vor, die sie sonst für das Biest bekommen hätten. Und was gehen dich die deutschen Juden eigentlich an? Dieser Hickhack ist bloß ein Streit zwischen verschiedenen Arten von Deutschen. Außerdem, mich gehen die deutschen Juden bestimmt nichts an.»

«Jonnie», erwiderte Sarah, «dich mögen sie nichts angehen, aber mich gehen sie etwas an. Und früher oder später muß Großbritannien gegen die Nazis kämpfen. Dann werden die Deutschen auch deine Feinde sein.»

«Keine Angst», lachte er. «Ich sehe, daß Chamberlain mit dem kleinen Anstreicher umgehen kann. Voriges Jahr habt ihr mir Angst gemacht, du und der alte Herr. Die Gefahr für uns, wenn es eine gibt, ist Japan.»

Sarah wußte, daß jedes Wort vergeblich war, preßte die Lippen zusammen und schwieg. Es war die einzige größere Meinungsverschiedenheit in ihrer vierzehnjährigen Ehe, die durch Reichtum gut gepolstert, mit zwei Kindern gesegnet und von gegenseitigem Vertrauen getragen war. Es gab nur eine einzige Heimlichkeit.

Jonnie hatte Sarah niemals erzählt, daß er einen Sohn von Tanya Kerelenkova hatte, die in Sydney lebte und mit einem australischen

Rechtsanwalt verheiratet war. Jonnie wußte, daß der Junge, der nach der Adoption durch Tanyas Mann Jonathan Stone Roberts hieß, blondes Haar und hellbraune Augen hatte. Von seinen Schulkameraden wurde er «Chink» genannt, genau wie Jonnie in Stonyhurst, da seine Augen kaum wahrnehmbar mandelförmig waren. Aber niemand vermutete, daß sein Sohn chinesisches Blut habe.

Tanya und Jonathan waren sein Geheimnis – sein einziges Geheimnis. Es stand einem Mann zu, *ein* Geheimnis vor seiner Frau zu haben, besonders wenn es zu ihrem Besten war. Außerdem war sein jetziges Verhalten so untadelig, daß sein Vater, eingedenk seiner eigenen Schürzenjägerei, gelegentlich erstaunt eine Augenbraue hochzog. «Aber», sagte sich Jonnie, «Rang verpflichtet.» Und im selben Sinne murmelte er: «Rang hat auch seine Vorrechte!» Damit setzte er sich in seinen 450 K und überließ die Dreckarbeit seiner Einheit, die das Feldgeschütz abbauen und in den Geschützpark zurückbringen mußte.

Jonnie mußte an die langsame, schwindelerregende Beförderung mit Sänften in seiner Jugend denken, als er den schweren Sportwagen durch die sich windende, schmale Magazine Gap Road zur Sekloong-Residenz jagte. Vor jeder Kurve trat er auf die Bremse und dann wieder kräftig aufs Gaspedal, um den zwei Tonnen schweren 450 K um die Kehre zu bringen.

«Wahrscheinlich wirst du demnächst einen armen Kuli überfahren», brummte Charles. «Bestimmt wirst du dich selbst zu Tode fahren.»

Dennoch genoß auch er das Brausen des Windes in dem offenen Wagen. Als er das Panorama unter sich betrachtete, hatte Charles das Gefühl, daß weder Hongkong noch er sich wesentlich verändert hatten, seit er nach der Eröffnung der Straße im Jahre 1924 den schwarzen Rolls-Royce durch dieselben Kurven gesteuert hatte. Immer noch trotteten Kulis bergauf und bergab auf ihren täglichen Botengängen, und die grüne Weite des Küstenvorlandes wurde nur von wenigen neuen Gebäuden verschandelt. Die meisten Häuser mit den zinnenartigen Ornamenten am Hafen sahen noch genauso aus wie 1900, vor fast vier Jahrzehnten. Der Hong Kong Club stand vornehm für sich und blickte über einen grasigen Alleenweg auf Prince's Building. Dahinter lag St. George's Building, die Domäne der Sekloongs, die von der Mitgliedschaft im rein europäischen Hong Kong Club immer noch ausgeschlossen waren. Aber Charles' Groll über diese gesellschaftliche Ächtung war schon lange verflogen. Im übrigen wurden die Sekloongs in der weiten Welt außerhalb von Hongkong nicht nur akzeptiert, sondern wegen ihres Reichtums und ihrer Macht geradezu hofiert. Charles Sekloong tastete nach der Krone und den zwei Sternen auf seinen Epauletten. Mit dreiundsechzig Jahren war er mit seinem Leben durchaus zufrieden.

Der 450 K rollte unter dem Torbogen mit dem geflügelten Drachen hindurch, schleuderte auf der kreiselähnlichen Auffahrt leicht und hielt unter dem Geprassel von Kies mit quietschenden Bremsen vor den messingbeschlagenen Teaktüren der Burg.

«Ich setze dich hier ab, Vater, wenn du Großvater sprechen willst. Ich muß nach Hause. Sarah macht sich Sorgen, weil Albert Halsschmerzen hat. Man könnte meinen, er wäre sechs Monate alt und nicht sechs Jahre. Seit Henry im Internat ist und sie nur dieses Küken hat, macht sie wirklich Theater um ihn. Gott sei Dank, daß ich keine jüdische Mutter hatte!»

«Deine Mutter hat sich immer vorbildlich um dich gekümmert», verwies ihn Charles. «Ich entsinne mich . . .»

Sarah Haleevie Sekloong erschien an der offenen Tür und unterbrach die Erinnerungen ihres Schwiegervaters. Ihr dunkler, lebhafter Typ kam wunderbar zur Geltung in ihrem schlicht geschnittenen Sommerkleid aus cremefarbenem Leinen, das in der Taille durch eine Schärpe in Regenbogenfarben zusammengehalten wurde; der Rock endete zehn Zentimeter unter dem Knie und ließ ihre wohlgeformten Waden sehen. Sie küßte Jonnie und sagte dann:

«Ihr werdet beide verlangt. Der alte Herr will mit uns allen reden.»

«Ich dachte, er sei ganz mit seiner neuen Freundin beschäftigt», lachte Charles. «Gebe Gott, daß ich mit sechsundachtzig noch halb so munter bin.»

Sarah lächelte über die Anspielung ihres Schwiegervaters auf das Verhältnis zwischen dem betagten eurasischen Ritter und der üppigen sechzehnjährigen Polynesierin, die im vergangenen Jahr mit ihm auf der ‹Regina Pacis› aus Tahiti gekommen war. Opal nannte er sie, das dunkle Juwel. Sie war offenkundig heißblütig, wenn sie auch nach polynesischen Maßstäben schon leicht über ihre Blütezeit hinaus war. Mary und Sarah waren entzückt über die Wiederbelebung des alten Herrn. Er war wieder energiegeladen und entschlußfreudig, seit ihn die aufmerksame Opal umhegte.

Mary wartete in der runden Eingangshalle. Der Marmorfußboden warf ein schimmerndes, verschwommenes Spiegelbild ihres blauen Georgettekleids zurück, das mit winzigen goldenen geflügelten Drachen bestickt war. Die Ventilatoren an der Decke wirbelten die Luft auf und zerzausten ihr Haar. Die Luftfeuchtigkeit war auf dem kühleren Peak ebenso bedrückend wie unten im Tal.

Charles Sekloong warf seiner Frau einen wachsamen Blick zu. Er führte ihre Launenhaftigkeit auf «postklimakterische Depressionen» zurück nach der oberflächlichen Diagnose des behäbigen englischen Arztes, der Dr. Moncriefe ersetzt hatte. Er kam nicht auf die Idee, daß Harrys Ermordung sie mehr betrüben könnte als die anderen Familienmitglieder.

Mary Sekloong trauerte noch von ganzem Herzen um den Mann, den sie mehr als alle anderen geliebt hatte. Da sie gefühlsmäßig nicht mit China verbunden war, hatte sie Harry nicht verurteilt, weil er zu den Japanern übergegangen war. Sie hatte seine Gründe eingesehen und Verständnis gehabt für seine vergebliche Hoffnung auf einen Friedensschluß. Aber sie konnte diese Einstellung den Sekloongs gegenüber nicht zeigen, und ebensowenig ihren bitteren Groll auf die Chinesen eingestehen, der sich nach Harrys Ermordung verstärkt hatte. Es spielte eigentlich keine Rolle, ob die Kommunisten oder die Nationalisten ihren Geliebten umgebracht hatten. Beides waren Chinesen, und sie verachtete mittlerweile die chinesische Rasse.

«Guten Abend, meine Herren. Haben Sie sich gut amüsiert beim Pfadfinder-Spielen?»

«Mary, verdammt noch mal, das ist kein Scherz!» fuhr Charles auf, dann lächelte er, als er merkte, daß Mary ihn neckte.

«Verzeih, Charles», entschuldigte sich Mary. «Ich weiß, daß es kein Scherz ist. Bestimmt hält es der edle Ritter nicht für einen Scherz. Er will uns alle im Arbeitszimmer sehen. Und er ist ganz schön in Fahrt.»

«Doch nicht schon wieder», stöhnte Jonnie. «Was ist denn jetzt los? Alle wären glücklich, wenn er bloß seiner Fleischeslust frönte – und uns drei die Firma leiten ließe.»

«Jonnie!» Ganz automatisch wies Mary ihren siebenunddreißigjährigen Sohn zurecht. «Wie kannst du so über deinen Großvater sprechen?»

«Aber es stimmt, nicht wahr, Mutter?»

«Na ja», lächelte sie, «sagen wir, es ist nicht ganz falsch.»

Mit einem langen Gewand aus blauer Baumwolle bekleidet, saß Sir Jonathan Sekloong auf seinem bevorzugten roten Ledersessel neben dem granitenen Kamin. Sein weißer Bart sträubte sich vor Vitalität, während seine hellbraunen Augen seine Nachkommen kritisch betrachteten. Sohn und Enkel sahen den kraftvollen Patriarchen kaum an. Ihre Blicke wurden unwiderstehlich von der hinter seinem Sessel stehenden Gestalt angezogen.

Trotz ihrer Jugend war Opal völlig selbstsicher. Bei einer Größe von einem Meter achtzig wirkte ihr kräftiger Körper sinnlich. Sie trug einen blumenbestickten roten Muumuu, und der Kranz aus Jasminblüten um ihren Hals unterstrich ihre üppigen Formen und verwandelte sie in eine zum Leben erwachte Südsee-Tempelskluptur. Sie war sich ihrer Sexualität stolz bewußt, denn im Gegensatz zu manchen theoretisch fortgeschritteneren Zivilisationen hielten die Polynesier die Frauen und den Geschlechtsakt in Ehren. Sie empfand es nicht als Schande, sondern als Auszeichnung, daß der betagte Multimillionär sie dem französischen Plantagenbesitzer abgekauft hatte, mit dem sie lebte, als die ‹Regina Pacis› Tahiti anlief. Er war nicht nur freundlich, sondern auch nachsichtig gegenüber ihren diskreten Beutezügen auf der Suche nach herzhafteren Liebesabenteuern, als er ihr bieten konnte. Sie vergalt es ihm mit zärtlicher Anhänglichkeit.

«Ja», begann Sir Jonathan, «die Sache geht los. Hitler und Stalin haben einen Nichtangriffspakt abgeschlossen.»

«Und ich hatte gehofft, dieses Ungeziefer würde sich gegenseitig umbringen», sagte Sarah.

«Das haben wir alle gehofft, Liebste», bestätigte Jonnie. «Aber Großvater, wieso ändert sich die Lage dadurch?»

«Es bedeutet Krieg!» erklärte Charles. «Jetzt hat er seinen größten Feind neutralisiert, da kann der kleine Clown Hitler zuschlagen, wo immer er will.»

«Vergiß Stalin nicht», gab Sir Jonathan zu bedenken. «Sein Ehrgeiz ist grenzenlos.»

«Ach, Vater, du hast die bolschewistische Gefahr immer zu ernst genommen», warf Mary ein. «In China haben die Kommunisten keinen Erfolg gehabt . . . nicht einmal nach fünfzehn Jahren. Sie sind keine große Bedrohung für deinen Geldbeutel.»

Sir Jonathan hob die Hand, und Opal reichte ihm eine Zigarre. Seit Harrys Ermordung waren die Kommunisten zu einer fixen Idee für ihn geworden. Trotz der hohen Belohnungen, die er anbot, hatten seine Informanten nicht herausfinden können, wer der Mörder war. Dennoch war er überzeugt, daß die Kommunisten den Mord befohlen hatten, und seine frühere Abneigung gegen sie war zum pathologischen Haß geworden.

«Krieg mit wem?» fragte Jonnie. «Ich war so damit beschäftigt, Soldaten für einen Krieg auszubilden, der vielleicht nie kommt, daß ich gar nicht mehr auf dem laufenden bin.»

«Mit Polen», antwortete Sir Jonathan. «Hitler hat den Polen seit Monaten gedroht . . . und sich Vorwände zum Einmarsch aus den Fingern gesogen. Jetzt kann er sich Polen mit Stalin teilen.»

«Großbritannien und Frankreich *müssen* eingreifen», flüsterte Sarah. «Dann wird Hitler besiegt – und die Juden werden gerettet.»

«Da bin ich gar nicht so sicher», meinte Mary. «Die Polen können nicht lange durchhalten, und England ist jämmerlich schlecht gerüstet.»

«Ich glaube, England wird kämpfen», sagte Sir Jonathan. «Aber welche Auswirkungen hat das auf China . . . und auf uns?»

«Das habe ich mir noch nicht richtig überlegt», gestand Mary.

«Verdammt noch mal, Mary», rief Charles. «Er hat recht – wieder mal! Wie können die Nationalisten und die Kommunisten jetzt noch zusammenarbeiten, wirklich zusammenarbeiten?»

«Was meinst du damit, Vater?» fragte Jonnie, während Sir Jonathan Charles beifällig zunickte. «Was ändert ein Pakt zwischen zwei europäischen Banditen an Chinas Kampf gegen die Japaner?»

«Mao Tse-tung und seine Kommunisten sind in erster Linie Moskau ergeben, nicht China», erklärte Charles. «Berlin und Tokio waren bereits Verbündete. Jetzt sind Moskau und Berlin praktisch Verbündete. Der Feind meines Freundes ist mein Feind, und der Freund meines Freundes ist mein Freund. Die neuen Freunde der Nazis – alte Freunde der Japaner – sind die Russen, und sie sind die besten Freunde der chinesischen Kommunisten. So könnten unsere Kommunisten und die Japaner Freunde werden.»

«So schlimm kann es doch nicht sein», wandte Mary ein. «Die Kommunisten würden fast alle Unterstützung des Volkes verlieren, wenn sie eine Kehrtwendung machen und den Japanern helfen würden.»

«Du hast nicht ganz unrecht, Mary», sagte Sir Jonathan. «So weit wird es nicht kommen. Aber weit genug: Mao Tse-tung hat seinen Leuten bereits gesagt, sie sollten nur zehn Prozent ihrer Anstrengungen auf den Kampf gegen die Japaner verwenden, und die restlichen neunzig Prozent auf den Ausbau ihrer Macht und den Kampf gegen die Nationalisten. Aus den zehn Prozent werden jetzt fünf oder zwei Prozent werden.»

«Du meinst, die Einheitsfront wird zerbrechen?» fragte Jonnie.

«Nicht sofort, nicht offiziell», antwortete sein Großvater. «Aber die Nationalisten und die Kommunisten werden sich mit Zähnen und Klauen bekämpfen. Vielleicht kämpfen sie auch mal gegen die Japaner – in ihrer Freizeit.»

«Die Nationalisten werden doch kein Abkommen mit den Japanern treffen, oder?» fragte Mary. «Der Generalissimus und Hitler sind seit Jahren sozusagen Freunde.»

«Nein, das nicht», antwortete Sir Jonathan nachdenklich. «Sun Tze, der große Stratege, gab Fürsten den Rat, sie sollten mit dem fernen Feind ein Bündnis schließen gegen den nahen Feind. Aber sowohl die Japaner als auch die Kommunisten sind nahe. Der Generalissimus mag in Versuchung sein, mit den Japsen zu verhandeln, aber er kann es nicht. Er würde die Kontrolle über sein Volk verlieren. Er ist nicht Vorsitzender des Aufsichtsrats. Er ist bloß Geschäftsführer – und einen Vorsitzenden gibt es nicht.»

«Außerdem», fügte Charles hinzu, «hat Wang Tsching-wei das schon vorexerziert, und ...»

«Und es hat ihm nicht viel Gutes eingebracht», ergänzte Jonnie den Satz. «Bloß den Mord an Onkel Harry.»

Eine halbe Minute herrschte das Schweigen der Trauer im Arbeitszimmer. Die Sekloongs sprachen nicht oft von Harry.

«Wenn der Kampf zwischen Mao Tse-tung und Tschiang Kai-schek so heftig wird», sagte Mary schließlich, «werden sie keine Soldaten haben, um gegen die Japaner zu kämpfen.»

«Beide Seiten, Kommunisten und Nationalisten, werden nur hinhaltenden Widerstand leisten», erklärte Charles. «Sie werden darauf warten, daß ihre jeweiligen Verbündeten siegen und sie dann in China an die Macht bringen. Der Generalissimus denkt so. Er schickt Thomas nach Paris und London, um Geld und Unterstützung zu besorgen.»

«Schöne Aufgabe für Tom», sagte Jonnie. «Aber was ist mit uns? Ich weiß, 1914 hatte Mutter darauf gedrängt, daß wir Gebrauchsgüter aufkauften. Diesmal dasselbe Verfahren?»

«Gott behüte!» antwortete Sir Jonathan. «Nur das nicht. In China gibt es keine Gebrauchsgüter zu kaufen und keine Möglichkeit, sie zu transportieren. Diesmal investieren wir in Amerika – verkaufen Öl und Zinn an Amerika. Es mögen die letzten Tage der britischen Herrschaft sein. Genießt sie, so lange ihr könnt. Aber investiert in Amerika.»

«Und die Wheatleys und ihre Busenfreunde Mitsubishi?» fragte Jonnie. «Decken wir den Skandal auf?»

«Wir werden sehen, was wir tun. Aber wir werden nicht ... äh ... nichts tun.»

Mary sah das Funkeln in den Augen des alten Herrn. Klar Schiff zum Gefecht, dachte sie. Sie kannte Sir Jonathans Pläne, wie er seine früheren Arbeitgeber zur Strecke bringen wollte. Sie hatten nicht nur über die Strategie gesprochen, sondern auch ausführliche Instruktionen an ihre Vertreter, Mitarbeiter und Freunde in ganz Asien geschickt.

Die Japaner waren allgegenwärtig. Überall in Asien außer im unbesetzten China gingen japanische Kaufleute, Techniker und Handwerker eifrig ihrem friedlichen Gewerbe nach. In der Stadt Angeles auf der Philippinen-Insel Luzon boten in der Nähe von Clark Field, dem wichtigsten amerikanischen Luftstützpunkt im Fernen Osten, japanische Geschäfte billige Dienstleistungen und Waren an, vom Frisieren über elektrische Haushaltsgeräte bis zu landwirtschaftlichen Maschinen. In dem Dorf San Mateo, achtzehn Meilen entfernt, betrieb der liebenswürdige Suzuki Tadao, der vor fünfzehn Jahren eine Filipina geheiratet und zu ihrem katholischen Glauben übergetreten war, den Gemischtwarenladen. In Manila unterhielten die *Zaibatsu* – die fünf riesigen japanischen Mischkonzerne – Büros, die viermal so groß waren wie die der amerikanischen Firmen, mit einem zehnmal größeren Personalbestand.

«Unsere gesamte Korrespondenz mit dem Stammhaus muß auf japanisch geführt werden», erklärte der Direktor von Mitsui dazu höflich. «Wir brauchen mehr Mitarbeiter, japanische Mitarbeiter. Japanisch ist eine sehr schwierige Sprache.»

Ähnlich sah es im unabhängigen Thailand aus, im britischen Burma, Malaya und Singapur, in Holländisch-Ostindien und in Französisch-Indochina. Baggerführer in den Häfen, Verwalter auf Plantagen, Masseure, Bergbauingenieure und Kuriositätenhändler – jeder war ein Fachmann auf seinem Gebiet. Die Hälfte von ihnen waren Offiziere der japanischen Armee oder Marine, während weitere vierzig Prozent zivile Agenten des japanischen Nachrichtendienstes waren. Etwa zehn Prozent waren wirklich Geschäftsleute, die in erster Linie Nippons Wirtschaft und erst in zweiter Linie seinen imperialen Ambitionen dienten.

Fast ebenso allgegenwärtig waren die Büros von Derwent, Hayes and Company, die auf chinesisch *Teh Wan* hießen, was «Allgemeine Tugend» bedeutete. Verbitterte Chinesen spotteten, daß *Teh Wan* in Wirklichkeit «Allgemeines Grapschen» bedeutete. Das bissige Wortspiel, das auf einer leichten Änderung der Betonung beruhte, war ausgelöst worden durch Iain Wheatleys flexible Geschäftsmoral. Derwent ließ sich indes nicht zum Einzelhandel herab – wenn nicht schnelle Gewinne unwiderstehlich lockten. Doch ihre Schiffahrtslinien, Teeplantagen, Kaufhäuser, Jutespinnereien, Kautschukplantagen, Bauunternehmungen, Zinngruben und Handelsgesellschaften waren ein dynamisches Konglomerat mit Schwerpunkt in Hongkong.

Derwent und Mitsubishi waren wahlverwandt. Die japanische Firma verschmähte, obwohl sie gewaltig groß war, nicht wie Derwent den kleinlichen Einzelhandel. Iain Wheatley und seine sorgfältig herangezogene Mannschaft von Gentleman-Kaufleuten wurden dafür in Regierungsgebäuden und -kanzleien empfangen, die den Japanern verschlossen waren. Sir Jonathan hatte die Entwicklung der Zusammenarbeit zwischen den beiden Riesenunternehmen zuerst nur mit leichtem Argwohn beobachtet, denn es war ein natürliches kommerzielles Bündnis. Doch hatten ihm seine Informanten beunruhigende Nachrichten übermittelt, seit der japanische Einfall in die Mandschurei im Jahre 1931 Tokios Ehrgeiz erkennen ließ, ganz Asien zu erobern. Derwents Dienste für Mitsubishi grenzten zuerst an Unmoral, später an Gesetzwidrigkeit und neuerdings an Spionage. Nur Iain Wheatley kannte das volle Ausmaß der gesellschaftlichen Empfehlungen, der politischen Beeinflussung und der Wirtschaftsspionage, mit denen Derwent Mitsubishi «gegen eine angemessene Provision» versorgte. Mary, Charles und Jonnie hörten dauernd von Abmachungen, die sie schockierten, obwohl sie doch durch genaue Kenntnis der unendlich flexiblen Geschäftsmoral an der chinesischen Küste schon lange nicht mehr empfindlich waren.

Bei allem, was folgte, hatte Sir Jonathan die Fäden in der Hand. Das geschäftliche Netz der Sekloongs war kleiner und fiel nicht so unangenehm auf wie das von Mitsubishi oder Derwent, aber es war kohärenter und homogener. Ihr Emblem mit dem goldenen geflügelten Drachen flatterte auf etwa zwanzig Frachtern und über sechzehn Niederlassungen in ganz Asien. Neun Millionen Auslands-Chinesen, die den Einzelhandel in Südostasien kontrollierten, waren den Sekloongs verbunden durch die Rasse und die großzügigen Geschäftspraktiken des Hauses. Der Patriarch, Sir Jonathan, war nicht nur ein freigebiger Philanthrop, sondern auch ein erfolgreicher *Chinese* in einer von Ausländern beherrschten Geschäftswelt. Außerdem gestanden Mitsubishi oder Derwent etwa einem chinesischen Ladeninhaber in Semarang auf Java nur acht Prozent Gewinn bei Textilien zu, während J. Sekloong and Sons ihm zwölf Prozent einräumten. Das eigene Interesse in Verbindung mit patriotischer Einstellung verschaffte Sir Jonathan ein Netz von Geschäftsfreunden, Informanten und Mitarbeitern, das die Möglichkeiten des japanischen *Zaibatsu* und des Hongkonger *Hong* in den Schatten stellte.

Die weit verstreut im Ausland lebenden Chinesen hatten bereits bewiesen, daß sie das Wirtschaftsleben in Südostasien zum Stillstand bringen konnten, *wenn* sie gemeinsam vorgingen. Ein *hartal* – die Schließung aller chinesischen Geschäfte im Ausland, begleitet von einem Generalstreik der chinesischen Arbeiter – war jedoch eine gefährliche Waffe. Er konnte das normale Leben lähmen, aber er konnte auch zu heftigen Pogromen gegen die Chinesen selbst führen, wie es in der Vergangenheit schon geschehen war.

Am 25. August 1939 schickte Sir Jonathan Botschaften an alle wichtigen chinesischen Kaufleute in Südostasien. In chiffrierten Telegrammen, mit im Plauderton gehaltenen Briefen und mündlich informierten die Sekloongs ihre Landsleute darüber, daß Derwent, Hayes and Company mit den japanischen Eroberern des Mutterlandes zusammenarbeite und nicht nur kommerziellen Beistand leiste, sondern dem Feind auch militärische und politische Informationen liefere.

Der *Hong* «Allgemeine Tugend» wurde von einer Reihe kleiner Unannehmlichkeiten betroffen. Vertretern in Malaya wurde freundlich mitgeteilt, es könnten keine neuen Bestellungen aufgegeben werden, weil das Geschäft schleppend sei. Normales Wechselinkasso in Ostindien wurde entsetzlich kompliziert, während Banktratten geheimnisvollerweise zu spät vorgelegt oder unleserlich gemacht wurden. Chinesische Geldverleiher auf den Philippinen kündigten den Kunden des Tugend-*Hong* plötzlich die Kredite. In Burma gingen Lieferungen verloren, und auf Frachtern, die regelmäßig den Indischen Ozean befuhren, gab es unerklärliche Pannen in den Maschinenräumen, die mit chinesischen Heizern bemannt waren. Gerüchte von unterschiedlicher Glaubwürdigkeit schwirrten durch Asien: «Derwent macht demnächst bankrott ... Iain Wheatley hat versprochen, den Japanern 50 Millionen Pfund für Rüstungszwecke zu verschaffen ... Derwents Schiffe transportieren japanische Truppen, die als Kulis verkleidet sind.»

Innerhalb von fünf Tagen hatte sich für Derwents Direktoren, die sich zu einer routinemäßigen Vorstandssitzung trafen, ein ganzes Bündel alarmierender Nachrichten angesammelt. Ein klares Bild war jedoch nicht zu erkennen. Ein unglücklicher Zufall schien bewirkt zu haben, daß Schwierigkeiten, die an sich unbedeutend waren, alle auf einmal auftraten. Der Generaldirektor des *Hong*, Iain Wheatley, zuckte die massigen Schultern und beruhigte seine Direktoren. Der *Hong* Allgemeine Tugend, sagte er, habe in seiner langen Geschichte schon viele ernste Gefahren überstanden, und die jetzigen Schwierigkeiten seien nicht mehr als eine Pechsträhne. Außerdem sei die Firma solide. Ihre finanziellen Reserven seien groß, und der bevorstehende Krieg in Europa werde neue Verdienstmöglichkeiten bieten.

Am 31. August 1939 zog Sir Jonathan Sekloong genüßlich an einer Zigarre, die von der aufmerksamen Opal abgeschnitten worden war. Der alte Herr lehnte sich auf seinem roten Ledersessel zurück, lächelte gütig – und wartete ab.

Auf Chinas Schlachtfeldern herrschte Ruhe, nur kleinere Störunternehmen wie die von James Sekloongs Guerillas ärgerten die Japaner. Die gewaltige Ausdehnung und die primitiven Verkehrswege Chinas schwächten die japanischen Truppen mehr als das chinesische Militär. Praktisch wurde in dem nicht erklärten Krieg ein Waffenstillstand eingehalten, der es den Nationalisten und Kommunisten ermöglichte, unter dem zerfetzten Deckmantel ihrer Einheitsfront gegen die Japaner ihre mörderischsten Angriffe gegeneinander zu führen. China war ein Nebenschauplatz des großen Weltgeschehens geworden.

Politiker und Journalisten wandten ihre Aufmerksamkeit von der Verworrenheit im Fernen Osten ab und konzentrierten sich auf die Grenze zwischen dem nationalsozialistischen Großdeutschen Reich und der halbfaschistischen Republik Polen. Nachdem Hitler einer sowjetischen Reaktion durch den russisch-deutschen Nichtangriffspakt vorgebeugt hatte, der insgeheim Josef Stalin seinen Anteil an der Beute sicherte, schickte er in der Nacht des 1. September 1939 deutsche Infanteristen in Mercedes-Lastwagen über die polnische Grenze. Deutsche Bomber flogen Tiefangriffe auf Warschau, und deutsche Panzer stießen tief ins Herzland Polens vor. Der Blitzkrieg zerbrach die Republik Polen, wie er später Westeuropa zerbrach.

Deutschland erklärte den Krieg nicht. Die Verantwortung, den größten Konflikt in der Geschichte der Menschheit zu verkünden, fiel dem farblosen britischen Premierminister Neville Chamberlain zu, der ein Jahr zuvor vertrauensvoll «Frieden in unserer Zeit» verheißen hatte. Am 3. September 1939 verkündete Chamberlain dem britischen Volk, daß es sich mit Deutschland im Krieg befinde. Großbritannien hielt sein Versprechen, Polen zu Hilfe zu kommen.

Der drahtige junge Mann, der auf dem Kopfsteinpflaster der place Pigalle vor dem «Moulin Rouge» stand, beachtete die abwägenden Blikke der stark parfümierten, billig aufgeputzten Frauen nicht, die zu ihrer Nachtarbeit in den Bars und Nachtclubs von Montmartre eilten. Ein schwarzer Mantel, bis oben zugeknöpft, schützte ihn vor den kühlen Winden des 2. Dezember 1939. Aber er war barhäuptig und hielt seinen schwarzen Homburg lässig in der graubehandschuhten Hand. Er war taub gegen die marktschreierischen Anpreisungen des Portiers vom «Moulin Rouge», der den Ausfall der roten Neonlicht-Windflügel, die sich wegen der Verdunkelung nicht drehen durften, mit Lautstärke wettmachen wollte. Das kurzgeschnittene braune Haar des jungen Mannes spielte ein wenig ins Rötliche, und seine hellbraunen Augen waren auf die in der Dämmerung verschwimmende Silhouette der Kirche Sacré Cœur gerichtet.

Charles Philips Sekloong wunderte sich, daß ihn das groteske Gewirr von Türmchen und Kuppeln, das er aus Dutzenden von schlechten Gemälden kannte, so sehr rühren konnte. Vom ästhetischen Standpunkt aus war die Sacré Cœur-Basilika so ungeheuerlich, daß die bizarre Burg der Sekloong-Residenz dagegen geradezu harmonisch erschien. Aber das hoch aufstrebende Gebäude war *ad majorem dei gloriam* errichtet, und seine phantastischen Konturen, die sich vom grauen Himmel abhoben, waren eine stolze Bestätigung des Glaubens der Menschen an ihren Schöpfer. Die Nutten, Zuhälter, Rausschmeißer und Musiker des Viertels, die sich ihren Lebensunterhalt damit verdienten, daß sie die niederen Gelüste naiver Touristen befriedigten, brauchten den Trost der heiligen Kirche mindestens ebensosehr wie das solide Bürgertum, das den größten Teil von Paris bewohnte.

Charles schaute auf die Armbanduhr. Es war immer noch ein paar Minuten vor halb sechs. Zu dieser Zeit hatte sich sein Bruder Thomas an diesem unpassenden Treffpunkt mit ihm verabredet. Er stülpte sich den Hut fest auf den Kopf und schlug den Mantelkragen hoch. Die place Pigalle war nicht der geeignete Ort für einen Priester, um dort herumzulungern, deshalb wollte er lieber nicht durch die Zurschaustellung seines Priesterkragens auf seinen Beruf aufmerksam machen. Außerdem machte ihn der schmale Streifen roter Seide, der ihn als Monsignore kennzeichnete, immer noch befangen. Es sei lächerlich, hatte er zu seinem Vorgesetzten gesagt, ihn im Alter von achtundzwanzig Jahren, nur vier Jahre nach der Ordination, in diesen Rang zu erheben. Der alte Erzbischof warf ihm «falsche Demut» vor, als Charles behauptete, er sei für eine seelsorgerische Aufgabe, für einen bescheidenen Posten als Seelsorger besser geeignet als für die diplomatische Laufbahn, für die man ihn bestimmt hatte.

«Mein Sohn, du hast das Gelübde des Gehorsams abgelegt», hatte der betagte Erzbischof getadelt. «Du wirst dort hingehen, wo du unserer Mutter, der Kirche, am besten dienen kannst – wie deine Oberen es bestimmen. Wir leben in einer schweren Zeit. Es ist eine schwere Zeit für Leib und Seele der Menschen, und eine schwere Zeit für die Kirche. Du mußt vor allem gehorchen.»

«Natürlich werde ich gehorchen», antwortete Charles. «Aber ist es absolut notwendig, mich zum Monsignore zu machen? Es gibt so viele andere, die würdiger sind und sich über die Ehre freuen würden. Ich bin Priester geworden, um Buße zu tun für den übermäßigen materiellen

Segen, den der Herr den Sekloongs geschenkt hat, nicht um Karriere zu machen.»

«Es steht dir ebensowenig an, über die Verteilung weltlicher Güter durch den Herrn zu urteilen, wie über die Entscheidungen seiner Kirche. Du wirst Attaché bei der päpstlichen Nuntiatur in Paris, und zwar als Monsignore, und du wirst gehorchen. Ohne Disziplin wäre die Kirche nicht mehr als ein Haufen moderner Gebäude.»

«Aber», wandte Charles immer noch ein, und der Erzbischof runzelte die Brauen, «warum wurde ich gewählt?»

«Wir brauchen einen Repräsentanten, der neutral ist und sich im diplomatischen Milieu zu bewegen weiß. In den Augen der meisten Menschen, die du treffen wirst, bist du ein neutraler Orientale. Dabei hast du die erforderlichen Sprachkenntnisse und dank Stonyhurst enge Bindungen an England.»

«Ich werde gehorchen, Vater», versicherte Charles widerstrebend, aber noch immer nagten Zweifel an seinem Herzen.

Später hatte er darum gebetet, er möge bereitwilliger das Amt übernehmen, das so viele seiner Amtsbrüder entzückt hätte. Charles empfand es als eine Last, denn er hatte gehofft, er könnte nach China gehen und dem leidenden chinesischen Volk dienen. Er sehnte sich danach, das Muhen der Wasserbüffel und die herzhaften Scherze in rauhem Kantonesisch zu hören, statt des aufreizenden Hupens von Citroëns und nervöser Ergüsse in wohlklingendem Französisch. Seit er vor fünfzehn Jahren nach Stonyhurst gegangen war, war er nur zweimal zu Hause gewesen, einmal nach dem Schulabschluß und einmal zu seiner Ordination durch den Bischof von Hongkong. Monsignore Charles Philips Sekloong, das jüngste Mitglied des Pariser diplomatischen Korps, hatte Heimweh wie ein Kind. Selbst wenn sein geistlicher Stand ihn nicht von vielen Pariser Vergnügungen ausgeschlossen hätte, die Stadt des Lichts hätte ihn nicht glücklich machen können.

Charles war eine Ausnahme mit diesem Gefühl von Entbehrung. Zwar waren die Lichter von Paris abgedunkelt gegen deutsche Luftangriffe, doch die legendäre Fröhlichkeit der Stadt war sogar noch hektischer als in Friedenszeiten. Adolf Hitler hatte sich still verhalten, seit er Ende September die Eroberung Polens abgeschlossen hatte. Die einzigen ernstlichen Kämpfe in Europa fanden im eisigen Finnland statt, das Stalin zu erobern versuchte. Aber Helsinki war weit von Paris, fast so weit, schien es, wie Tschungking. In Sicherheit hinter den starken Betonbunkern der Maginotlinie, die von der besten Armee der Welt besetzt waren, nannten die Pariser ihre unblutige Konfrontation mit den Deutschen, die in Deutschland «Sitzkrieg» hieß, *drôle de guerre*, den «komischen Krieg». Daß anderswo Männer fielen, kümmerte sie nicht.

Die ferne Gefahr, vor Augen geführt durch Männer in Uniform und die unvollkommene Verdunkelung, machte die Vergnügungen für die Pariser nur würziger. Die Reichen, die Berühmten und die Träger alter Namen strömten in Scharen zu Diners, Empfängen und glänzenden Bällen. Ihr sexuelles Verhalten war ebenso hemmungslos wie ihre Gelage in der Öffentlichkeit. Nero, dachte Charles bitter, mußte, ehe Rom brannte, getafelt und getanzt und posiert haben wie die verwöhnten französischen Plutokraten.

«Ah-dazi! Ho giu mei gien. Nei cheung-dai-la. Ho mng ho?» Ein leichter Klaps auf die Schulter hatte der Versunkenheit von Monsignore Charles ein Ende bereitet, und eine vertraute Stimme hatte Kantonesisch gesprochen: «Kleiner Bruder! Es ist lange her. Du bist groß geworden, wie ich sehe. Wie ist es dir ergangen?»

«Lo-yee, ho giu. Tai giu-ah!» antwortete er in der Sprache ihrer Kindheit. «Zweitältester Bruder. Sehr lange. Wirklich zu lange!»

Thomas Sekloong, acht Jahre älter und zehn Zentimeter kleiner als sein jüngster Bruder, den die Familie einst Kleiner Mandarin genannt hatte, war lässig elegent in einem zweireihigen Smoking mit breiten Revers und enger Taille. Sein Mantel mit Samtkragen stand offen und ließ die schwarze Smokingschleife und die schimmernde, gestärkte Hemdbrust sehen. Die Befehlsbefugnis hatte seinen dunklen Zügen Autorität verliehen, aber er lächelte, als sein Bruder ihn unverhüllt prüfend ansah. «Du hast doch nicht erwartet, daß ich in Uniform bin?» fragte er. «Ich bin so schon auffällig genug. Bei diesem verrückten Krieg weiß man nie, wer auf wessen Seite steht.»

«Erzähl mir alles.» Der jüngere Bruder sprudelte die Fragen nur so hervor. «Wie geht es Mutter und Vater? Immer noch einträchtig in Uneinigkeit. Und der alte Herr? Hat er noch die eiserne Hand im stählernen Hanschuh?»

«Die eiserne Hand und den rastlosen Penis, meinst du wohl», erwiderte Thomas derb.

«Was ist mit Charlotte? Ich habe sie noch nicht gesehen. Kommen Gwinnie und George Parker nach Paris? Sie schrieben, es könnte sein, und . . .»

«Nun mal langsam, Kleiner», sagte der General zum Priester. «Wir können nicht hier herumstehen und mitten auf der place Pigalle vertrauliche Familienneuigkeiten austauschen. Die Japsenzwerge lassen mich beschatten. Aber ich kenne hier ein Lokal.»

Das «Lapin Agile» auf der halben Höhe der schmalen Gasse hatte sich nicht verändert, seit Maurice Utrillo es 1897 gemalt hatte. Die schwarze Tür unter der Fachwerkfassade öffnete sich auf Thomas' Klopfen hin; die dunklen Räume mit den niedrigen Deckenbalken sahen wirklich wie ein Kaninchengehege aus. Sechs Uhr abends war noch sehr früh, aber das Kriegs-Paris ging seinem Vergnügen nach, wann immer es konnte. Die mittelalterlich wirkenden Räume waren schon halb voll: Soldaten mit ihren Mädchen, Studenten in abgetragenem Zivil und *petits bourgeois*, die Frauen elegant in billigen Kleidern, die Männer in ihren besten blauen Anzügen. Der Kellner in einem losen roten Hemd, das vage an ein mittelalterliches Wams erinnerte, erkundigte sich nicht, was sie bestellen wollten, sondern stellte zwei kugelförmige Gläser Cognac mit Maraschino-Kirschen auf den rohen Holztisch. Der Refrain eines Liedes, das Monsignore Charles nicht kannte, erklang aus dem Nebenzimmer. Soviel er verstand, handelte es von den bemerkenswerten Leistungen, die eine Marquise mit achtzig Jägern vollbrachte.

«Ich versichere dir, kleiner Bruder, es ist ein durchaus respektables Lokal», sagte Thomas. «Es mag sein, daß du sogar noch den einen oder anderen Priesterkragen siehst. Und die Lieder, meistens alte Volkslieder, sind gar nicht so obszön.»

«Ich habe schon Schlimmeres gehört», erwiderte der Priester trocken. «Aber wenn du überzeugt bist, daß du in dieser Menschenmenge nicht auffällst, dann fang an zu erzählen. Spann mich nicht länger auf die Folter.»

«Ich bezweifle, daß irgendeiner von diesen Typen Kantonesisch spricht», gab der General in dieser bemerkenswerten Sprache zu, die abwechselnd so förmlich wie ein höfisches Ritual und dann wieder so grob und derb ist wie der Umgangston von Fischweibern. «Unseren verehrten Eltern geht es gut. Sie leben in großer äußerlicher Harmonie. Vater ist ein bißchen langsamer geworden, er ist nicht wie der alte Herr. Und Mutter ist so willensstark wie eh und je, wenn sie etwas durchsetzen will. Jonnie und Sarah? Ja, es sieht wie wahre Liebe aus ... Er leitet praktisch das Geschäft, und zwar Tag für Tag. Aber der alte Herr ist noch toll auf Zack. Der edle Ritter hat eine neue Konkubine, eine Polynesierin, die er Opal nennt, und ...»

«Das habe ich gehört», unterbrach ihn Charles. «Was ist mit James?»

«James? Der?» Der nationalistische Generalmajor Thomas Sekloong schaute finster drein, als er von seinem Bruder, dem kommunistischen Oberst, sprach. «James kriecht irgendwo im Schlamm und Jauche herum. Ich habe ihn seit Jahren nicht gesehen. Aber wie ich höre – bloß höre, verstehst du –, arbeitet er in den japanisch besetzten Gebieten. Gegen die Japaner, wie er sagen würde, aber um die legale Regierung für die kommunistischen Banditen zu unterwühlen, wie ich es nenne.»

«Ach so», sagte der Priester nachdenklich. «Und seine Frau und sein Sohn?»

«Das weiß der Himmel.» Thomas zuckte die Schultern. «Sie planen wahrscheinlich, die Kaiserliche Stadt in die Luft zu jagen. Kleine rote Teufel wird diese kommunistische Banditenbrut genannt – und das sind sie auch.»

«Dann erzähl mir von Gwinnie und George. Sie sind noch in New York, das weiß ich, aber sie schrieben, sie würden vielleicht in diesem Winter nach Paris kommen.»

«Keine Aussicht. Ich habe sie vor drei Wochen gesehen. Sie sind echte Amerikaner, alle – Gwinnie, George und die zwei Kinder. Der Junior ist elf. Wenigstens hat dich nie jemand Junior genannt. Und Blanche ist zehn. Typische verwöhnte amerikanische Kinder. Der Doktor ist ein großes Licht in der Tropenmedizin, wie du weißt. Aber ein echter Amerikaner. Das US-Außenministerium hat sie gewarnt, sie sollten nicht nach Europa fahren. Krieg, Gefahr. Was für ein Krieg? Wenn sie einen Krieg sehen wollen, dann sollen sie nach China kommen. Mein Gott, ich habe nicht mal die Chance gehabt, mich nach einem Mädchen umzugucken, das ich heiraten könnte. Nein, sie werden nicht herkommen.»

«Und Charlotte? Hast du sie schon gesehen? Ich weiß, daß Mutter sich Sorgen um sie macht.»

«Und mit verdammt gutem Grund. Ich bin kein Puritaner, weißt du, aber Charlotte! Sie ist immer noch schön . . . sogar schöner geworden, aber . . .»

«Sag es mir!»

Thomas legte den scherzhaften Ton ab und beschrieb in knappen Sätzen das Leben seiner Schwester. Einmal hielt er inne: «Entschuldige, wenn ich alte Geschichten aufrühre, aber du bist so lange weggewesen, daß ich nicht weiß, wieviel du gehört hast.»

Charlotte, berichtete er, habe 1931 Hongkong verlassen, nachdem ihr erster Mann, Manfei Way, erwürgt in der Garage aufgefunden worden sei. Der Mord sei nie aufgeklärt worden, aber bestimmt sei er das Werk der Triad-Geheimgesellschaften gewesen. Über das Motiv sei sich niemand ganz klar, obwohl Manfei eine Belastung für seine Verbündeten, die Wheatleys, geworden sei. Außerdem habe Sir Jonathan einen bitteren Haß auf seinen hinterhältigen angeheirateten Enkel gehabt.

«Schuldbeweis also nicht erbracht?» Der junge Priester war durch nichts zu erschüttern.

Sein Bruder zuckte die Schultern und fuhr mit dem Bericht über die Wanderungen ihrer Schwester fort. Ihren Sohn Mokhing hatte Charlotte in der Obhut seiner Großeltern, der Mosing Ways, gelassen und war zuerst nach London gegangen. Sie hatte die Engländer steif, unfreundlich und herablassend wegen ihres eurasischen Akzents gefunden. Es war «bedrückend» für sie gewesen, obwohl den Engländern sowohl die Macht der Familie als auch das beträchtliche Einkommen, das ihr nachsichtiger Vater ihr zugestand, imponierte.

Die Pariser Gesellschaft dagegen war erpicht auf exotische Persönlichkeiten und nahm laotische, vietnamesische und kambodschanische «Prinzessinnen» mit offenen Armen auf. Der leicht orientalische Schnitt ihrer Züge war ein Pluspunkt, als sie nach Paris übersiedelte, wo man ihr sogar ihr unvollkommenes Französisch verzieh. Aber sie lernte es rasch und sprach bald wie eine Pariserin, mit einem reizenden, singenden Tonfall.

«Sie war fast sofort ein großer Erfolg.» Thomas winkte dem Kellner, er solle eine neue Lage bringen. «Der Liebling der Pariser Gesellschaft . . . ein entzückendes neues Spielzeug. Das Geld schadete auch nichts . . . so wenig wie die Beziehungen zu den Rothschilds.»

Charlotte, eine verführerische reiche Witwe von siebenundzwanzig Jahren, wurde bald eine beliebte Gastgeberin. Ihr Salon zog zuerst den leichtlebigen Adel und die flotteren Geschäftsleute an. Durch intellektuelle Brillanz zeichnete er sich nicht aus. Aber es kamen viele durchreisende Amerikaner und Briten – Geschäftsleute, Journalisten, Politiker und auch jene, die bloß reich waren und nichts zu tun hatten – zu ihren Empfängen, wo sie «echte Franzosen kennenlernen», aber immer noch Englisch sprechen konnten. Angezogen von dem Treffpunkt von Geld und Macht, ließen sich bald auch aufstrebende französische Politiker bei Charlottes Mittwochnachmittagen sehen und trachteten nach Einladungen zu ihren Diners.

Eine neue Madame de Staël ist unter uns erschienen, schwärmte *Gringoire*, die rechtsgerichtete Wochenzeitschrift. *Madame Charlotte Sekloong Way ist mit ihrem flammenden Haar und den reizvollen Zügen schön wie Marie-Antoinette. Und sie ist tiefgründig, voll von der alten Weisheit des Orients . . .*

«Alte Weisheit des Orients, Blödsinn!» höhnte Thomas. «Die alte Weisheit von den Hockeyplätzen der St. Paul's-Schule und von hundert Knutschecken.»

Charles gab Thomas ungeduldig ein Zeichen, er solle fortfahren. Die groben Umrisse der Geschichte kannte er, aber die wirklichen, lebenswichtigen Einzelheiten waren nicht bis in sein klösterliches Dasein in Stonyhurst, im Seminar und im englischen Kollegium in Rom gedrungen.

Einer der ehrgeizigen Politiker, die in Charlottes Stadtvilla am Faubourg St. Honoré ein und aus gingen, war ein zweiunddreißigjähriger Parlamentsabgeordneter mit Namen Raymond d'Alivère, Graf von Samlieu. Seine bretonische Familie war ebenso bekannt für ihre Armut wie für ihren Stolz und die Fülle heraldischer Sinnbilder auf ihrem Wappenschild. Die beiden geltungsbedürftigen Menschen, Charlotte und Raymond, erkannten ihre Seelenverwandtschaft. Vor allem aber ergänzten sich ihre Bedürfnisse. Jeder konnte jeweils das bieten, was der andere brauchte: Raymond brauchte Geld, um seine Karriere zu fördern; Charlotte einen Titel und einen Mann fürs Bett. Mitte 1932 wurde Charlotte Sekloong Way bei einer großartigen Hochzeit in Notre Dame Gräfin von Samlieu, und Ende 1933 brachte sie eine Tochter zur Welt: Alaine Marie-Claude Raymonde d'Alivère.

Schon in der Wiege war Alaine schön. Sie war kein rotes, runzliges Stückchen Mensch, sondern ein vollendet gestalteter Miniatur-Erwachsener. Als sie heranwuchs, wurde ihre Schönheit noch strahlender. Ihr langes blondes Haar schimmerte kupfern, und ihre sanften blauen Augen standen um eine winzige, aber reizvolle Kleinigkeit schräg. Auch ihre mattweiße Haut verdankte sie ihrer Mutter. Und sie schien ein erfreuliches Temperament zu haben, freundlich fügsam, doch gewürzt mit mutwilligem Eigensinn. Sie verbarg ihre Wut, wenn englische Freunde ihrer Mutter sie zerstreut Ellen nannten oder Amerikaner ihr unters Kinn faßten und sie Ally nannten.

Zufrieden mit dem vorteilhaften Geschäft, vernachlässigte Raymond seine Lieblingsmätresse. Er vergötterte seine Tochter und erwartete zuversichtlich, daß Charlotte ihm bald auch einen männlichen Erben schenken würde. Mit dem praktischen und logischen Sinn der Franzosen hatte er sich vergewissert, daß ihre Familie sowohl fruchtbar als auch reich war, ehe er diesem Geschöpf aus einer anderen Welt einen Heiratsantrag machte. Aber Charlotte war ganz mit sich beschäftigt und wünschte keine weitere Mutterschaft. Ihre Eigenliebe ließ in ihrem Herzen keinen Platz für ihre Kinder. Unbekümmert hatte sie Mokhing in Hongkong gelassen, und Mary hatte widerstrebend zugegeben, daß es für den Jungen besser wäre, in der Kolonie zu bleiben, als mit seiner Mutter in Europa umherzuziehen. Auch nach ihrer zweiten Heirat hatte

Charlotte nicht vorgeschlagen, daß Mokhing zu ihr käme, denn sie fürchtete, er könne eine Belastung für Raymond sein. Die kleine Alaine war ein Spielzeug, eine schöne Puppe, die sie ihren Freunden vorführen konnte. Aber Charlottes Stolz auf Alaine hatte keine Zärtlichkeit zur Folge.

Raymond stellte mit Besorgnis ihr mangelndes Interesse an ihrer beider Tochter fest. Charlottes Einstellung war für einen familienbesessenen Franzosen ebenso widernatürlich wie die Klausel des Ehevertrags, die vorsah, daß sie, abgesehen von einer großzügigen Apanage für ihren Mann, ihr Geld selbst verwalten würde. Er hatte sich widerstrebend mit dieser unfranzösischen Regelung, die ihr eine übermäßige Macht verlieh, abgefunden, weil die Anwälte der Sekloongs in Paris darauf bestanden. Aber er war zuversichtlich gewesen, daß seine flatterhafte Frau diese Macht nicht ausüben würde.

Er war noch immer fasziniert von Charlottes Begeisterung und Erfindungsgabe im Ehebett, dennoch wurde der Graf von Samlieu der reichen Erbin überdrüssig, die ihm weder ausreichende Geldmittel zur Verfügung stellen noch ihm weitere Kinder schenken wollte. Außerdem langweilte ihn ihre Unfähigkeit zur Konversation. Diskret nahm er die Beziehungen zu seiner Mätresse wieder auf. Wenn auch etwas unscheinbar und ein Jahr älter als er, war sie doch ein ruhiger, klarer Strom nach Charlottes aufgewühlten, dunklen Gewässern – und ihre Konversation war geistreich.

Raymond erwartete von Charlotte, daß sie die konventionelle Rolle der vernachlässigten Ehefrau spielte und sich die Zeit mit Mode und der Bewirtung ihrer Gäste vertrieb. Er hatte nichts dagegen, wenn sie männlichen Trost suchte, solange sie es diskret tat. Aber ihre wütenden Vorwürfe oder die öffentliche Zurschaustellung ihrer eigenen Liebesaffären konnte er nicht dulden. Charlotte wurde berüchtigt, weil sie in der Halbwelt, in der sich der degenerierte Erbadel mit dem halb kriminellen neuen Macht- und Geldadel traf, ihre Liebesabenteuer ausposaunte.

Im Jahre 1937 war es noch ein gesellschaftlicher Makel, wenn jemand regelmäßig Marihuana oder Morphium nahm. Indes übte *le grand monde* Nachsicht gegenüber dem General außer Diensten, dem Gummimillionär oder Kolonialgouverneur, die aus Indochina zurückgekommen waren und hin und wieder eine beruhigende, von einer kleinen vietnamesischen Geliebten vorbereitete Opiumpfeife rauchten. Da diese Tradition und ihr orientalisches Blut es verblümt sanktionierten, daß Charlotte Rauschgift nahm, wurde kein Scherbengericht über sie gehalten.

Ihr Reichtum, ihre Schönheit und ihr Glanz umgaben sie mit einem Schein von Respektabilität.

Charlotte Sekloong Way d'Alivère, Gräfin von Samlieu, reichte das. Ihr Salon fand Zuspruch, und sie amüsierte sich, «wie ich es in England, Amerika oder – Gott behüte – Hongkong nicht könnte». Die fragwürdige Fassade von Respektabilität reichte allerdings dem Grafen von Samlieu nicht. Ende 1935 verließ er ihr Haus. Er nahm ihre Tochter Alaine mit, war aber nicht zu stolz, seine monatliche Apanage zu kassieren, bis Charlotte die zivile Scheidung durchsetzen konnte. Im Hinblick auf die Zukunft setzte er den langwierigen Prozeß in Gang, bei der Rota in Rom eine Nichtigkeitserklärung der Ehe zu erreichen, hauptsächlich mit der Begründung, daß ihm seine ehelichen Rechte vorenthalten worden waren. Außerdem führte er an, Charlotte sei die Ehe mit einer Mentalreservation eingegangen, was dadurch bewiesen sei, daß sie sich geweigert habe, ihm einen Erben zu schenken. Seine Anwälte zogen es auch in Zweifel, ob die Gräfin überhaupt die sittlichen Voraussetzungen für eine echte katholische Ehe besitze, da ihr Glaube Mängel erkennen lasse und ihr Ungehorsam gegenüber der Kirche offenkundig sei.

«Diese ganze Intrige und Verunglimpfung hat Charlottes Position nicht *ernstlich* geschadet», beendete Thomas seinen Bericht. «Sie ist immer noch der Liebling einer bestimmten Schicht, und diese Schicht besitzt Macht. Das ist einer der Punkte, über die ich mit dir sprechen wollte.»

«Zweitältester Bruder», fragte der Priester leise, «wie haben sich diese Schwierigkeiten auf Charlotte selbst ausgewirkt?»

«Verdammt noch mal, ich sehe keine Veränderung!» Der General wunderte sich über die Frage. «Mir kommt sie so wie immer vor. Manchmal ein bißchen weinerlich, aber du weißt ja, wie Frauen sind.»

«Ich verstehe. Und das ist alles?»

«Ach ja, etwas hat sie gesagt. Natürlich möchte sie dich sobald als möglich sehen. Aber sie sagte, sie habe einen bestimmten Grund, warum sie dich sehen wolle.»

«Aber sonst nichts? Selbstverständlich will ich sie sehen. Gehen wir jetzt zu ihr?»

«Eine Minute, Kleiner Bruder. Ich habe dich nicht hierhergebracht, bloß um Familienklatsch auszutauschen. Es gibt etwas Wichtigeres.»

«Wichtiger? Was könnte wichtiger sein als Charlotte?»

«Ich brauche deine Hilfe, Kleiner Bruder. China braucht deine Hilfe.»

«Was kann ich, ein schlichter Priester, anderes tun als beten? Und ich versichere dir, ich habe lange und oft für China gebetet.»

«Du kannst erheblich viel mehr tun. Vielleicht bist du dir darüber nicht klar, aber du bekommst eine wirkliche Machtstellung. Ich möchte, daß du diese Macht für China einsetzt – gegen die Japsenzwerge und gegen die kommunistischen Banditen. Was glaubst du, warum ich hier bin und nicht in Tschungking beim Generalissimus?»

«Die Frage habe ich mir nicht gestellt. Ich habe mich nur gefreut, dich zu sehen.»

«Es ist Zeit, daß du erwachsen wirst, Kleiner Bruder. Der Generalissimus vertraut mir und bedarf meiner bescheidenen Mitwirkung an seiner Seite. Trotzdem hat er mich nach Europa geschickt, weil wir dringend Unterstützung brauchen: diplomatischen Druck, Waffen, Geld und wirtschaftliche Sanktionen gegen die Zwerge.»

«Aber», protestierte der Priester, «ich bin ein Diener der Kirche! Als Diplomat des Heiligen Stuhls habe ich unter Eid allen anderen Loyalitäten entsagt.»

«Du bist Chinese, Kleiner Bruder. Vergiß das nicht! Und China bedarf deiner Hilfe. Ich bitte dich – nein, ich verlange deine Hilfe für China.»

«Ich sehe nicht, wie ich zwei Herren dienen kann. Aber woran hast du gedacht?»

«Im Augenblick möchte ich nur, daß du die Einstellung der Franzosen und Engländer gegenüber China sondierst. Gegenüber *unserem* Krieg, *deinem* Krieg. Die Westeuropäer sagen mir das, wovon sie glauben, daß ich es hören will, bloß um mir eine Freude zu machen. Ich muß wissen, wie sie die Chancen wirklich beurteilen und wen sie wirklich als Sieger sehen wollen – uns oder die Zwerge.»

«Das klingt ganz einfach. Vielleicht zu einfach. Mir wäre es gräßlich, den Spion zu spielen.»

«Sei nicht so verdammt naiv!» fuhr der General auf. «Was ist denn ein Diplomat anderes als ein amtlich zugelassener Spion? Ich verlange nicht mehr von dir als deine Oberen.»

«Aber sie *sind* meine Oberen!»

«Und *ich* bin dein Älterer Bruder, dein Oberer. Der Generalissimus ist der Obere aller patriotischen Chinesen.»

«Ich muß mit meinem Gewissen zu Rate gehen», sagte der Priester, um Zeit zu gewinnen.

«Dann *wirst* du uns helfen. Es wird nichts Unehrenhaftes von dir verlangt, nichts, was der Kirche schadet. Wie könnte ich etwas verlangen, das der Heiligen Kirche schadet?»

«Dann gib mir eine genauere Vorstellung. Aber denk daran, daß ich noch nicht ja gesagt habe.»

«Später vielleicht aktivere Unterstützung. Jetzt bloß Informationen. Nebenbei bemerkt, der alte Herr ist sehr aktiv. Er zerquetscht Derwent wie einen reifen Pfirsich, zahlt ihnen ihre Kollaboration mit den Japanern heim. Iain Wheatley schreit wie ein angestochenes Schwein. Derwents Geschäfte haben sich um die Hälfte verringert.»

«Ich bin entzückt», lächelte Monsignore Charles. Zwar hatte er sich der Nächstenliebe und Versöhnlichkeit geweiht, doch war der Priester immer noch ein Sekloong, und der Haß auf die opportunistischen Wheatleys war ihm von klein auf eingeimpft worden.

«Es ist eine patriotische Pflicht – und ein Vergnügen, die Wheatleys fertigzumachen. Von dir werden wir, abgesehen von Informationen, ein Wort in das richtige Ohr brauchen, einen kleinen diskreten Druck.»

«Ich sehe keine Möglichkeit, wie ich das könnte», wandte Charles ein. «Spionieren ist schon schlimm genug, aber . . .»

«Kleiner Bruder, ich sage es dir noch einmal: Du mußt erwachsen werden. China braucht diplomatische Unterstützung, Waffen und Geld. Du mußt helfen. Rom will doch bestimmt nicht, daß die kommunistischen Banditen als Sieger hervorgehen.»

«In dem Punkt sind wir uns völlig einig, Zweitältester Bruder.»

«Dann ist es ja gut.» Der General schnitt etwaige weitere Einwände ab. «Laß uns die Zweitälteste Schwester besuchen.»

Die kleine Stadtvilla in der Nähe vom Faubourg St. Honoré war der vollendete Rahmen für Charlotte, die mit sechsunddreißig Jahren anziehender war als je zuvor. Die Steifheit der Louis Quinze-Möbel wurde durch moderne Kunst gelockert: die anmutige Statuette einer Waschfrau von Degas; eine neblige Landschaft von Picasso und ein Miró: Strudel und scharfe Kanten in leuchtenden Primärfarben. Auf dem marmornen Kaminsims im Wohnzimmer stand ein sich windender Bodhisattwa der Wei-Dynastie, und Schriftrollen mit der Kalligraphie des Chien Lung-Kaisers hingen neben dem Kamin.

Charlottes Rock aus steifer gelber Seide umspielte ihre Knöchel, deren Schlankheit von kleinen Satinpumps unterstrichen wurde, und ihre bis zur Hüfte reichende Bluse wurde in der Taille durch eine breite grüne Schärpe zusammengehalten. Ihr Hauptschmuck war eine zweireihige Kette aus schimmernder grauweißer *fei tsui*-Jade mit einem Diamantanhänger, der sich zwischen ihre vollen Brüste schmiegte. Ihre hellbraunen Augen leuchteten grün, wenn sie lachte. Seine Schwester, fand Monsignore Charles, wirkte nicht wie eine gefallene Frau in gedrückter Stimmung. Die Tröstungen der materiellen Welt schienen für sie absolut auszureichen.

«Charlot!» rief sie und umarmte ihn. «Ich werde dich Charlot nennen. Wollt ihr lieber Englisch oder Französisch reden?»

«Was ist gegen Chinesisch einzuwenden?» brummte Thomas auf kantonesisch.

«Tom, sei nicht so langweilig», antwortete sie. «Du weißt doch, mein kantonesisch ist eingerostet. Wir werden Englisch sprechen. Und wie geht es dir, Charlot, mein kleinster Bruder?»

«Danke, Charlotte, ganz gut», antwortete der Priester steif. «Und dir?»

«Wunderbar.» Sie breitete die Arme aus. «Du siehst, wie gut es mir geht. Ich habe meinen Wirkungskreis gefunden. Ich liebe Paris, und ganz Paris liebt mich.»

«Das ganze *männliche* Paris», flüsterte der General dem Priester ins Ohr, «oder praktisch das ganze.»

«Aber, mein Lieber», sagte Charlotte, «ich bin untröstlich: Ich muß gleich weggehen. Der böse Tom hat dich zu lange mit Reden aufgehalten.»

«Sofort, Charlotte?» fragte der Priester.

«Leider, mein Charlot. Aber ich will dich sehen, sobald wir können. Mein armer kleiner Bruder, all diese Jahre mit all diesen Priestern eingesperrt.»

«Nun hör schon auf, Charlotte», sagte Thomas. «Wir sind ja unter uns. Nicht nötig, Theater zu spielen.»

«Tom, ich meine das ganz aufrichtig! Und ich habe eine herrliche Idee. Charlot muß morgen zu dem großen Maskenball kommen. Es wäre lustig, wenn er so käme, wie er ist. Nur mit einer kleinen schwarzen Maske.»

«Kaum», antwortete Thomas. «Du glaubst doch nicht im Ernst, daß das eine gute Idee ist, Charlotte?»

«Na ja», schmollte sie, «vielleicht nicht. Aber dann sehr bald. Charlot, komm übermorgen zum Abendessen. Nur wir beide. Wir wollen Tom nicht dabei haben. Später mußt du dann zu all meinen Mittwoch-Empfängen kommen.»

«Ich weiß nicht, wie das mit den Mittwoch-Empfängen ist», sagte Charles zweifelnd.

«Natürlich gehst du da hin», schalt Thomas. «Das ist deine Aufgabe.»

«Also dann bis Dienstag abend, Charlot. Wiedersehen! Und du, Tom, kommst doch morgen, nicht wahr? Ich muß los. Versorgt euch mit Whisky. Mein Haus ist das eure.»

Charlotte rauschte aus dem Wohnzimmer in einem Wirbel von gelber Seide und rotgoldenem Haar und hinterließ den schweren Duft von Joy, der im überheizten Raum schwebte. Thomas mixte zwei Whisky Sodas, eine Tätigkeit, die ihm offenbar vertraut war.

«Doppelte, Kleiner Bruder?» fragte er. «Du siehst aus, als könntest du einen Doppelten brauchen.»

Charles nickte geistesabwesend. Er war bestürzt über seine Schwester und tief beunruhigt. Ihre hektische Fröhlichkeit war zu krampfhaft. Sie erinnerte an die fast manische Überschwenglichkeit des alten Herrn, wenn er besorgt war. Charlotte war immer leichtherzig und fröhlich gewesen, fast leichtfertig, aber so aufgedreht denn doch nicht. Seine Besorgnis war ebenso professionell wie brüderlich. Und warum, fragte er sich, war Thomas, der doch so darauf bestand, daß Charles sich in weltlichen Kreisen umtun sollte, so dagegen gewesen, daß er zu dem Maskenball käme, an dem er aus Gründen der Schicklichkeit sowieso nicht teilgenommen hätte?

Unmengen von Orchideen, eine Farbenfülle von Reinweiß über zartes Rosa und Purpurrot bis zu Kohlschwarz, hatten Charlottes Stadtvilla in einen tropischen Hain verwandelt; ihr süßer Duft war betäubend. Eine deckenhohe Pagode aus vergoldetem Bambus stand im Durchgang zwischen Wohnzimmer und Ballsaal, denn Charlotte wollte aus dem nebligen Pariser Dezember einen orientalischen Frühling machen.

Die zwölfköpfige Kapelle trug die Tracht chinesischer Musiker: lose sitzende scharlachrote Jacken mit schwarzen Schärpen über weiten schwarzen Hosen. Um die Verwirrung vollzumachen, mußten die Musiker und auch die Diener (in ähnlichen, blauseidenen Kostümen) auf Charlottes Veranlassung schwarze Halbmasken tragen, ebenso die Unterhaltungskünstler. Sie hatte es auch lustig gefunden, einen durchreisenden Beamten aus dem Bezirk Nongkai in Laos bei sich aufzunehmen. Mit nur einer schwarzen Kulihose und einer Halbmaske bekleidet, lag er auf einem rotgoldenen Diwan und paffte an einem langen Bambusrohr, an dem eine Porzellanschale mit den Opiumkügelchen befestigt war.

Die meisten Kostüme waren weniger phantasievoll. Bourbonische Hofdamen und napoleonische Offiziere, Piraten und Milchmädchen tanzten Schulter an Schulter, Brust an Brust und Hinterteil an Hinterteil mit Clowns, griechischen Göttinnen, römischen Senatoren und indischen Tänzerinnen. Einige Herren ehrten ihre Gastgeberin dadurch, daß sie als Mandarine erschienen. Ein halbes Dutzend Mandschu-Damen prunkte mit reichbestickten, wadenlangen Seidengewändern über weiten Hosen; ihr Haar war unter kohlschwarzen Perücken verborgen, ihre prächtig angemalten Gesichter hinter Halbmasken. Charlotte war selbst eine dieser Damen, denn sie wollte sich nicht als Gastgeberin zu erkennen geben.

Die Streicher stimmten eine Polonäse an, die schwitzenden Gäste, von Champagner und Cognac erhitzt, schritten zum Tanz und wechselten in einen sanften Foxtrott über, als die Kapelle zu dem beliebtesten Schlager der Saison überleitete, *Tangerine*. Einige Paare gaben ihre Anstrengungen auf und beobachteten die Jongleure, Akrobaten und Zauberkünstler, die durch die orchideengeschmückten Gemächer wanderten. Andere verzogen sich hinter die Vorhänge der auf der Loggia aufgestellten Buden und Nischen, wo sie sich gegenseitig zur Demaskierung aufforderten.

Gegen drei Uhr morgens war die Mehrzahl der Gäste gegangen. Einige tändelten noch in den Buden, wo Bambusbänke mit satinbezogenen Matratzen Verlockung und Gelegenheit boten, während andere sich in die Schlafzimmer zurückgezogen hatten. Der bläßliche Beamte aus dem Bezirk Nongkai schnarchte auf seinem Lager, die Opiumpfeife in den abgemagerten Armen.

Zwei hochgewachsene Männer überragten die übriggebliebenen Nachtschwärmer. Es waren acht, unter ihnen drei Mandschu-Hofdamen und eine Schäferin. Einer trug die Orden und Sterne eines napoleonischen Marschalls, der andere die Uniform eines Generals von Wellington. Beide waren champagnertrunken, genau wie der Pirat und der Clown, die sich auf Louis Quinze-Sofas lümmelten. Nur flackernde Kerzen erhellten den Orchideenhain, und die auf Befehl der Dame des Hauses immer noch maskierten Gäste konnten einander nur undeutlich sehen.

Würdig trotz seines albernen Kostüms, erschien der Butler mit einer Kristallschale auf einem silbernen Tablett.

«*Mesdames et messieurs, la cocaine*», verkündete er gemessen. «Schweigend, wenn ich bitten darf.»

Die Gäste tauchten winzig kleine Silberlöffel in das weiße Pulver und schnupften das Rauschgift. Abwechselnd Champagner schlürfend und Kokain inhalierend, saßen sie eine halbe Stunde schweigend und zufrieden da. Ein Gefühl köstlicher Körperlosigkeit bemächtigte sich ihrer.

Dann kam der Butler mit einem Korb aus geflochtenem Silberdraht zurück, in dem zusammengefaltete rote und blaue Papierlose lagen.

«Les lots, mesdames et messieurs», erklärte er feierlich. «Ich bin beauftragt, Sie daran zu erinnern, daß Reden nicht gestattet ist.»

Jede Dame wählte ein rosarotes Los, jeder Herr ein enzianblaues. Ernst wie Kinder, die die Regeln eines neuen Spiels befolgen, verglichen die Damen und Herren die Zahlen, die sie gezogen hatten. Dann zogen sich die Paare zurück, einige in leere Schlafzimmer, andere hinter die Vorhänge der Buden. Eine der Mandschu-Damen hatte den napoleonischen Marschall gezogen, eine andere Wellingtons General.

Das erste Paar ging diskret in die dämmerige Bude am Ende der Loggia. Als sich die Vorhänge schlossen, lag die Mandschu-Dame in den Armen des Marschalls und murmelte: *«Mon cher, je t'aime, mon cher!»*

Der maskierte Mann erwiderte schweigend ihre Küsse, während seine Hände über ihren Körper wanderten. Sie drückte sich fester an ihn, und ihr schweres Gewand öffnete sich. Ungeduldig riß sie die hinderliche Schärpe ab, ließ das Gewand zu Boden gleiten und stand bis zur Taille nackt da. Der Mann streichelte eine Weile ihre Brüste, ehe er sie auf die Polsterbank herunterzog. Sie trug nur ein durchsichtiges *cache-sexe* unter der Pumphose, die er ihr abstreifte. Im nächsten Augenblick war sie nackt bis auf ihre Halbmaske und die Perücke. Er strich ihr über die Schenkel und fuhr ihr mit den Lippen über die Brustwarzen.

Der Mann hatte seinen goldbestickten Waffenrock abgelegt, und während er die in Dunkelheit gehüllte Gestalt liebkoste, tastete sie nach seinem Koppelschloß.

«Les bottes, les bottes», flüsterte sie, und ihre heisere Stimme war nicht zu erkennen. «Die Stiefel, die Stiefel.»

Der Mann zog Hose und Reitstiefel aus und überließ sich den Händen der Frau. Ohne die erhöhten Absätze der Stiefel war er zehn Zentimeter kleiner.

«Mein Gott», keuchte sie. «Wer sind Sie? Wer um alles in der Welt sind Sie? Ich hatte die Lose gezinkt! Mein Gott, Sie sind nicht Randall. Wer sind Sie denn?»

Der Mann war fassungslos über die seltsame Wendung, die das Spiel genommen hatte, er begann zu ahnen, wer seine Partnerin war. Sie riß ihm die Maske ab und starrte ihn entgeistert an.

«Thomas!» schrie sie. «Thomas! Mein Gott, was tun wir?»

Stumm stand Thomas Sekloong vor seiner entsetzten Schwester.

«Geh!» kreischte sie hysterisch. «Geh! Ich will dich nie wiedersehen! Wir dürfen uns niemals wiedersehen!»

Thomas Sekloong floh aus der Bude und aus dem Haus seiner Schwester und ließ den Waffenrock und die erhöhten Stiefel zurück.

Charlotte Sekloong Way d'Alivère, Gräfin von Samlieu, hüllte sich in das Mandschu-Gewand und eilte in ihr Schlafzimmer. Schreiend ließ sie sich auf ihr breites Bett fallen. Ihr Bohèmeleben hatte durch das inzestuöse Reizspiel einen tödlichen Schlag erhalten, ihr grauste. Sie weinte mit der hoffnungslosen Hemmungslosigkeit eines kleinen Mädchens, und eine fürchterliche Eifersucht kam zu ihrem Kummer hinzu. Sie selbst hatte es ihrem Geliebten, dem amerikanischen Schauspieler Randall Martin, ermöglicht, mit einer anderen Frau zu schlafen, weil sie die so sorgfältig gekennzeichneten Papierlose verwechselt hatte. Auch nachdem sie schließlich vor Erschöpfung eingeschlafen war, wurde ihr schlanker Körper immer noch von krampfhaften Zuckungen erschüttert.

Die Gräfin von Samlieu speiste am nächsten Abend nicht mit ihrem jüngsten Bruder Charles. Er wurde an der Tür abgewiesen. Sie blieb eine Woche in ihrem Schlafzimmer und weigerte sich sogar, mit ihrem Arzt zu sprechen, den die Dienstboten gerufen hatten. Der ratlose Doktor behandelte ihr unerklärliches Leiden, so gut er konnte. Er gab ihr starke Beruhigungsmittel und sagte den neugierigen Dienstboten, sie leide an einer «schweren Virusinfektion». Aber *Tout Paris* tuschelte, die Ausschweifungen der Gräfin hätten ihre Gesundheit schließlich untergraben. Sie liege im Sterben, berichteten die Allwissenden. Und das sei nicht überraschend, erwiderten die Getreuen des Grafen von Samlieu, denn nur ein Wunder habe verhindert, daß es schon früher soweit gekommen sei.

Aber die Einladungen zum alljährlichen Weihnachtsempfang der Gräfin wurden nicht widerrufen – wie die Boshaften halb gehofft und die Vergnügungssüchtigen halb befürchtet hatten. Genau zwei Wochen nach dem verhängnisvollen Maskenball spielte Charlotte Sekloong Way d'Alivère mit bezaubernder Verve und überschäumender Fröhlichkeit die Gastgeberin. Sie sei, fanden die vierhundert Gäste, niemals so strahlend, so lebhaft und munter gewesen.

«Danke der Nachfrage, meine Liebe.» Dasselbe herzliche Lächeln wurde den echt Besorgten wie den boshaft Enttäuschten geschenkt. «Aber die Berichte über meinen bevorstehenden Tod waren stark übertrieben. Es war nur ein Fieberanfall. Wie lieb von Ihnen, daß Sie gekommen sind. Und ein fröhliches Weihnachten wünsche ich Ihnen.»

Bei all der vorgetäuschten Heiterkeit war Charlotte nervös wie eine Braut am Hochzeitsabend. Für sie war das eine seltsame Empfindung, und ein noch seltsamerer Vergleich. Schließlich hatte sie schon zu viele

Pseudo-Hochzeitsnächte erlebt, zu viele sexuelle Scharmützel, die allein durch unbefriedigte Fleischeslust herbeigeführt waren, und außerdem zwei kirchlich abgesegnete. Dennoch hämmerte ihr Herz, und Röte überzog ihre Schultern und Wangen, als jener Mann den Raum betrat. Er war über einsachtzig groß, und seine breiten Schultern sprengten den blauen Anzug mit den Nadelstreifen fast. Unter einer Mähne blonden Haars waren seine regelmäßigen Züge jungenhaft und aufrichtig. Randall Martin war zweiundvierzig, sah aber nicht älter als dreißig aus. Selbst wenn sein Gesicht nicht von hunderttausend Reklameflächen heruntergestarrt hätte, hätte niemand den Schauspieler für etwas anderes als einen Amerikaner halten können. Seine intelligenten Züge waren nicht von der Zeit gezeichnet. Man merkte seinem Gesicht nicht an, daß es ihm schon vier Jahrzehnte gedient hatte; vielmehr sah es aus, als ob er es an diesem Abend zusammen mit dem blauen Anzug und der roten Seidenkrawatte funkelnagelneu angezogen hätte.

Der Filmstar begrüßte Charlotte mit einem Kuß auf die Wange, wie es in ihren Kreisen üblich war. Nach französischer Sitte bot sie ihm auch die zweite.

«Ich habe es nicht getan», flüsterte er in dem dunklen Bariton, der seinen Erfolg gesichert hatte, als der Film aufhörte, stumm zu sein. «Ich sei kein Gentleman, hat sie behauptet! Nanette de Courcy wird mich nie wieder eines Wortes würdigen. Aber ich habe es nicht getan.»

«Ich bin froh», flüsterte Charlotte. «Sehr froh.»

«Und du?»

Sie schüttelte den Kopf, denn sie traute sich nicht zu sprechen. Sie war erstaunt über sich selbst: daß sie sich so freute, die Wahrheit sagen zu können, und daß sie von Randalls Treue so entzückt war.

«Essen wir morgen abend zusammen?» Der Schauspieler zog sie besitzheischend beiseite, alle Welt wußte ja, daß sie ein Liebespaar waren.

«Nein, Randy, Darling, ich kann nicht.»

Charlotte amüsierte sich über die verletzte Bestürzung, die sein aufrichtiges Gesicht umwölkte. Ein sehr um Originalität bemühter Kritiker hatte einmal geschrieben, daß Randall Martin nur drei Gemütsbewegungen zum Ausdruck bringen könne, «ehrliche Freude, wilde Wut und Bestürzung – eine mehr als unbedingt nötig». Aber die Frauen, die die Kinokassen in dreihundert Städten stürmten, störte es nicht, daß seiner Schauspielkunst Grenzen gesetzt waren, und ihre Ehemänner und Freunde mußten widerwillig zugeben: «Dieser Martin ist okay, kein aalglatter Salonlöwe.»

«Und warum nicht?» fragte Martin, bei dem die Wut allmählich die Bestürzung verdrängte.

«Übermorgen geht es, aber morgen habe ich eine andere Verabredung.»

«Mit wem?»

«Mit meinem jüngsten Bruder Charles. Das ist der Priester, den du da drüben siehst, er spricht mit dem italienischen Militärattaché.»

«Dein Bruder ist Priester?» Randall Martins beginnende Wut verwandelte sich wieder in Bestürzung, auf die zähnefletschende Freude folgte. «Wir wissen nicht sehr viel voneinander, nicht wahr? Also bestimmt übermorgen zum Abendessen?»

«Ja, Darling. Ja. Ja!»

Charles und Charlotte aßen allein zu der unelegant frühen Stunde von 7 Uhr 30 in dem kleinen Frühstückszimmer statt in dem feierlichen Speisezimmer. Trotz ihrer eigenen Gefühlsverwirrung fragte sie ihn genau aus. Die liebevolle Fürsorglichkeit, die sie ihrem jüngsten Bruder früher entgegengebracht hatte, machte sich wieder geltend, obwohl sie sich in all den Jahren in Europa nicht bemüht hatte, ihn wiederzusehen. Als ihre Neugier befriedigt war, bot sie die einzige Entschuldigung an, deren sie fähig war.

«Es tur mir leid, Charlot», erklärte sie zerknirscht. «Ich wollte dich besuchen, aber es kam immer etwas dazwischen. Das Leben ist so aufregend gewesen, und ich habe es so genossen.»

«Du sagst *gewesen*?» Seine Ausdrucksweise erinnerte an das Kind, das die Familie den Kleinen Mandarin genannt hatte. «Bedeutet das, daß du es jetzt nicht mehr genießt?»

«Natürlich nicht. Das war bloß so hingesagt. Natürlich genieße ich das Leben. Ich liebe das Leben.»

«Charlotte?»

«Ja, Charles?»

«Bloß . . . Charlotte?»

«Na gut», gab sie zu. «Nein, es macht keinen Spaß mehr. Ich komme mir entsetzlich beschmutzt vor. Darum bin ich auch nicht nach Hause gefahren. Ich kann Mutter nicht ins Gesicht sehen.»

«Wenn du so empfindest, Charlotte, dann sind deine Schwierigkeiten schon halb gelöst. Hast du es deinem Beichtvater gesagt?»

«Meinem *Beichtvater*?» Sie lachte bitter auf. «Welchem Beichtvater? Wie kann ich meine Sünden beichten – und versprechen, nicht wieder zu sündigen?»

«Einem reuigen Herzen ist alles möglich.»

Diese salbungsvollen Worte erschienen sogar Monsignore Charles selbst unzulänglich. Aber er blieb fest, wie man es ihm beigebracht hatte. Jede Seele in Not brauchte Beistand, und hier handelte es sich um seine Schwester, seine Lieblingsschwester. Er hatte sich immer mehr zu dem Wildfang Charlotte als zu der nüchternen Gwinnie hingezogen gefühlt.

«Alles ist möglich mit Gottes Hilfe», wiederholte er.

«Aber nicht die Wiederverheiratung, Charlot.»

«Wiederverheiratung, Charlotte? Ich habe gehört, daß d'Alivère eine Nichtigkeitserklärung der Ehe wünschte, damit er wieder heiraten kann. Du auch?»

«Ich wünsche mir das sehr», sagte sie leise. «Weißt du, Charlot, ich bin verliebt, wirklich verliebt, zum erstenmal.»

«Zum erstenmal?» Er verbarg seine Verwunderung nicht.

«Ja, ich habe Manfei geheiratet, weil es das Richtige zu sein schien. Vater und der alte Herr freuten sich darüber. Außerdem haben alle meine Freundinnen geheiratet.»

«Aber du hast mit Mutter gekämpft, als ob die Welt untergehen würde, wenn du Manfei nicht heiraten würdest.»

«Ja, Charlot», sagte sie wehmütig lächelnd. «Manches haben sie dir im Seminar nicht beigebracht. Ich wollte weg von Mutter, wollte ihr wahrscheinlich eins auswischen. Mütter und Töchter sind natürliche Rivalinnen. Sie war zu stark für mich.»

Der Priester nippte schweigend an seinem Rotwein. Wenn ihm seine Lehrer auch nicht die labyrinthischen Geheimnisse des weiblichen Herzens enthüllt hatten, so hatten sie ihn wenigstens gelehrt, still zu sein.

«Dann, als Manfei gestorben war und ich nach Europa kam, nach Paris, da habe ich Raymond wohl der Sicherheit wegen geheiratet – und auch wegen des Titels. Aber es klappte nicht, und jetzt sind wir aneinander gebunden. Eine zivile Scheidung von Raymond habe ich durchgesetzt, um ihm das Geld nicht mehr zahlen zu müssen. Aber du weißt ja, eine Wiederverheiratung in der Kirche ist unmöglich ohne Nichtigkeitserklärung. Ich bin wirklich verliebt, aber ich kann Randy nie richtig heiraten.»

«Ich kenne die Vorschriften», sagte er streng. «Aber Randall Martin?»

«Ja, Randy. Ich will ihn heiraten. Richtig. In der Kirche.»

«Das freut mich, Charlotte. Liebe ist etwas Köstliches, selbst wenn sie das Leben schwermacht.»

«Das klingt wunderschön. Aber es ist nicht wahr.»

«Charlotte, als du d'Alivère geheiratet hast, warst du da wirklich entschlossen, ihn zu lieben und ihm euer Leben lang treu zu sein und ihm Kinder zu schenken?»

«Natürlich nicht, Monsignore», spottete sie. «Selbst Alaine war ein unglücklicher Zufall.»

«Dann läßt sich vielleicht etwas machen. Da du nicht aufrichtig eine lebenslange Ehe eingingst und keine Kinder wolltest. Ich werde mich erkundigen.»

«Glaubst du wirklich, ich kann eine Nichtigkeitserklärung bekommen?»

«Ich kann es nicht versprechen. Ich bin kein Kirchenrechtler. Ich werde mich erkundigen. Aber es wird einige Zeit dauern.»

«Oh, Charlot, wenn du das tun könntest!»

In der Weihnachtszeit 1939 herrschte in Europa Fröhlichkeit, wenn auch keine Freude. Die siegreichen Deutschen feierten mit den traditionellen Lebkuchen und sentimentalen Weihnachtsliedern, die die Nazis nicht verbieten konnten, obwohl *Deutschland, Deutschland über alles* und das *Horst-Wessel-Lied* ebenso oft gesungen wurden wie *Stille Nacht.* Die Franzosen füllten sich den Bauch bei dem traditionellen *Réveillon* am Heiligen Abend und waren absolut überzeugt, daß die Deutschen es nicht wagen würden, die unüberwindliche Maginotlinie anzugreifen. Bisher waren keine deutschen Bomben auf französischen Boden gefallen, und die Bevölkerung glaubte, das verdanke sie der Drohung ihres Ministerpräsidenten Edouard Daladier, man werde an Berlin, Hamburg und München schreckliche Vergeltung üben. Die Engländer taten sich an ihrem Puterbraten gütlich, sangen Weihnachtslieder und setzten fröhlich die alte Tradition fort, Weihnachtsbäume zu schmücken, eine Sitte, die der deutsche Prinz Albert von Sachsen-Coburg, der Gemahl der Königin Victoria, knapp ein Jahrhundert zuvor eingeführt hatte. Einige Briten machten sich Sorgen über den Seekrieg, die einzig aktive Front. Deutsche Unterseeboote versenkten immer noch Handelsschiffe, die nicht nur Waffen an Bord hatten, sondern auch die für Großbritannien wichtigen Lebensmittel. Aber die Verlustbilanz war immer noch zu Englands Gunsten, denn die versenkte Tonnage war geringer als die neu gebaute oder gekaufte. Außerdem vermutete der britische Geheimdienst, daß die Königliche Marine dreimal soviel Unterseeboote versenkte, als sie tatsächlich versenkte.

Die drei Hauptstädte der kriegführenden Mächte waren alle aus demselben Grund zufrieden. Deutsche, Franzosen und Engländer glaubten übereinstimmend, daß Adolf Hitler, wenn auch nicht übersättigt, so doch gesättigt sei. Die Deutschen stopften sich mit polnischen Schinken und Würsten voll und sagten sich, der Führer habe wieder einmal seinen politischen Scharfsinn brillant bewiesen. Großbritannien und Frankreich würden in der Defensive bleiben, die Geste der Kriegserklärung habe ihrer Ehre Genüge getan, und ihr Hilfsversprechen an Polen sei damit erfüllt. Männer aus gut informierten Kreisen in Deutschland sagten Frieden innerhalb von Monaten voraus. Sie wußten *nicht*, daß Hitlers «Friedensappell» von Daladier und Chamberlain, die, wie sie erklärten, doch nicht so dumm sein konnten, eine großzügige Regelung abzulehnen, bereits zurückgewiesen worden war. Die Franzosen und Briten waren beruhigt durch das Nachlassen der Kämpfe zu Lande. Seit die Deutschen Polen erobert hatten, war der Sitzkrieg ein Wortkrieg geworden. Die Rundfunksender der Kriegführenden bombardierten sich gegenseitig mit Beschuldigungen und Gegenbeschuldigungen, mit Gerüchten und Gegengerüchten. An den ruhigen Fronten zogen nur die Truppen zu Felde, die die riesigen Lautsprecher bemannten, mit denen über das Niemandsland hinweg Propaganda gemacht wurde. Sie lautete auf beiden Seiten gleich: «Legt eure Waffen nieder und geht nach Hause. Ihr habt keine Chance zu siegen. Warum für eine aussichtslose Sache sterben?»

Während die Menschen mitten im Krieg von Frieden redeten, auf Frieden hofften und an Frieden glaubten, verließ Generalmajor Thomas Sekloong Ende Januar 1940 Paris. Er sagte seiner Schwester Charlotte nicht Lebewohl; abgesehen von einer zufälligen Begegnung auf einem Diplomatenempfang 1947 in London, als sie voneinander keine Notiz nahmen, sah er sie erst im Juni 1970 wieder. Aber er hatte mehrere lange Gespräche mit seinem Bruder Charles geführt, ehe er sich in Marseille zu der langen Seereise durch den Suezkanal und den Indischen Ozean nach Hongkong einschiffte, wo er nach einem zweitägigen Besuch bei seiner Familie eine zweimotorige DC-2 bestieg zu dem gefährlichen Flug auf Umwegen nach Tschungking. Sein ausführlicher schriftlicher Bericht nach seiner Ankunft bestätigte seine düsteren telegrafischen Mitteilungen: Seine Mission war gescheitert.

«Sie wollen nicht einsehen, daß es sich um eine gemeinsame Anstrengung gegen dieselben beiden Feinde handelt, den Faschismus *und* den Kommunismus», sagte er zwei Tage vor seiner Abreise zu Charles. «Eine Menge Sympathie gibt es, aber keine Waffen, kein Geld oder auch nur versteckte diplomatische Unterstützung.»

«Die Kommunisten scheinen die einzigen zu sein, die helfen», bemerkte Charles. «Ich habe gehört, daß Tschungking sowjetische Kredite in Höhe von fast einer Viertelmilliarde Dollar, amerikanischen Dollar, erhalten hat. Und auch Flugzeuge. Vielleicht tausend.»

«Die Russen wollen sich rückversichern», erwiderte Thomas. «Was ich dir über diese Flugzeuge und die sowjetischen Berater nicht erzählen konnte . . . Aber ich will dir den Tag nicht verderben.»

«Es ist ein komischer Krieg», sagte Charles. «Die Russen und die Japaner stehen sich Gewehr bei Fuß gegenüber. Die Russen sind theoretisch die Verbündeten der Deutschen. Aber die Japaner sind es tatsächlich! Die Finnen sollten logischerweise Verbündete der Deutschen sein. Dennoch kämpfen sie gegen die Russen, während London und Paris davon sprechen, sie wollten den Finnen helfen.»

«Ich habe dich vor Logik gewarnt, Kleiner», erwiderte Thomas gereizt. «Die Alliierten werden den Finnen ebensowenig helfen wie den Chinesen. Wenn du auf diesen internationalen Irrsinn Logik anwendest, wirst du auch verrückt.»

«Apropos Logik, ich habe ein paar Leckerbissen aus London.»

«Machen mich nur unglücklicher», sagte Thomas. «Erzähl!»

«Glücklich machen sie dich nicht. Wie du weißt, ist Winston Churchill ein amtlich zugelassener Kritikaster, seit er das Marineministerium wieder hat. Ich nehme an, er ist berechtigt, sich einzumischen, aber seine Kühnheit ist atemberaubend.»

«Und wieso?»

«Churchills Ansichten über Asien. Ich kann dich ins Bild setzen. Kurz gesagt, er ist der Meinung, daß nichts östlich von Singapur wert sei, verteidigt zu werden. Hongkong kann draufgehen, wenn die Japaner angreifen. Wenn es dazu kommt – er denkt wirklich in kosmischen Dimensionen –, kann Australien geopfert und später befreit werden. Aber Churchill erwartet, daß Singapur standhält. Singapur und China, sagte er, können sich selbst gegen die Japaner verteidigen. Soll ich fortfahren?»

«Nur wenn du etwas Konkreteres zu berichten hast. Was du gesagt hast, ist schlimm genug. Es bestätigt, was ich gehört habe, und erklärt, warum uns Großbritannien und Frankreich noch nicht einmal 25 Millionen Pfund gegeben haben. Es wird auch nichts mehr kommen. Wie sie es fertiggebracht haben, sich so lange dem Druck der Japaner zu widersetzen, die Hanoi–Kunming-Eisenbahn und die Burma-Straße zu schließen, ist mir schleierhaft. Aber sie werden es nicht mehr lange können. Dann werden wir, wenn kein Wunder geschieht, isoliert sein – völlig isoliert, abgesehen von ein paar waghalsigen Flügen von Hongkong und winzigen Küstenfahrern, die sich in die kleinen, noch in unserer Hand befindlichen Häfen in Ostchina hineinschleichen.»

«Es ist nicht gerade ein gemeinsamer Kampf, nicht wahr?» meinte Charles nachdenklich.

«Doch, das sage ich dir. Es ist ein gemeinsamer Kampf, aber unsere Verbündeten, diejenigen, die unsere Verbündeten sein sollten, sind zu gleichgültig oder zu ängstlich, das zu begreifen.»

«Was . . . ich weiß, die Frage ist naiv, Tom, aber was kann China tun? Was kann der Gimo, wie die Amerikaner den Generalissimus nennen, tun?»

«Tun? Es gibt nur eines. Wir werden kämpfen. Der Gimo wird nicht klein beigeben. Wir werden gegen die japanischen Zwerge und die kommunistischen Banditen kämpfen. Wir werden kämpfen!»

China kämpfte, und der Abnutzungskrieg auf dem asiatischen Festland ging weiter. Doch setzten Nationalisten und Kommunisten den größten Teil ihrer Mittel dafür ein, sich gegenseitig zu bekämpfen. Die Nationalisten besaßen größere Truppenkontingente und beherrschten nominell größere Gebiete, aber sie befehdeten sich untereinander und lieferten sich Scharmützel mit ihren Warlord-Verbündeten. Die Kommunisten nutzten die Hilfe, die sie von der Sowjetunion erhielten, klug aus. Ihr Zusammenhalt, ihre gescheite politische Kriegführung und ihre eiserne Disziplin dienten alle einem einzigen, unwandelbaren Ziel, der Eroberung ganz Chinas.

In Europa wurde der Krieg wieder heiß, als Hitler den Briten mit der Invasion in Norwegen am 9. April 1940 zuvorkam. Während die Engländer und Franzosen einen Gegenschlag versuchten und die Kämpfe in Skandinavien noch anhielten, begannen deutsche Panzer, unterstützt von motorisierter Infanterie, Holland und Belgien zu überrollen. Andere Verbände stießen durch die «unpassierbaren» Ardennen auf Frankreich vor. Die unüberwindliche Maginotlinie wurde umgangen, ihre große Besatzung zum Zuschauen verurteilt. Am selben Tag, an dem der deutsche Blitzkrieg begann, dem 10. Mai 1940, wurde Winston Churchill Nachfolger von Neville Chamberlain als Premierminister Seiner Majestät, König Georgs VI.

In der Zeit vom 10. Mai bis zum 22. Juni, dem Tag der offiziellen französischen Kapitulation, machte sich Adolf Hitler zum Herrn des europäischen Kontinents, vom Mittelmeer bis zum Nordpolarmeer, vom Ärmelkanal bis zum Bug, wo seine Truppen ihren neuen Freunden, den Sowjets, gegenüberstanden. Der *Drôle de guerre* war vorbei. Alle

Illusionen und alle Friedenshoffnungen wurden zertreten von den Kanonenstiefeln der unbesiegbaren Wehrmacht, und die Wehrmacht war bereit zum Angriff auf England.

Angesichts der allgemeinen Katastrophe rettete sich, wer sich retten konnte. Charlotte Sekloong Way d'Alivère erhielt Ende Mai ein drängendes Telegramm aus Hongkong, kurz bevor ihr Bruder, Monsignore Charles Sekloong, zum letztenmal in der kleinen Stadtvilla in der Nähe vom Faubourg St. Honoré vorsprach. Er wiederholte ausführlich den Befehl, den das Telegramm ihrer Eltern nur kurz ausgedrückt hatte: «Flieh. Verlaß Frankreich, solange es noch geht.»

Charlotte, die zum erstenmal in ihrem Leben echt besorgt um einen anderen Menschen war, flehte Raymond d'Alivère am Telefon an: «Laß mich Alaine mitnehmen. Laß mich sie an einen Ort mitnehmen, wo sie in Sicherheit ist.» Aber der Graf von Samlieu wies ihre Bitte brüsk ab. Frankreich werde nicht fallen, behauptete er. Und wenn Frankreich wirklich fiele, würde er sich zweifellos mit den Deutschen arrangieren können. Schließlich würden die deutschen Armeen von seinen Standesgenossen geführt, auch wenn Hitler selbst ein Gassenjunge sei. «Vergiß nicht», ermahnte er sie, «du darfst den Titel nicht mehr führen, sobald die Nichtigkeitserklärung vorliegt.»

Nachdem sie die letzten Worte gehört hatte, die Raymond jemals zu ihr sagen sollte, bereitete sich Charlotte darauf vor, Frankreich zu verlassen. Flugscheine und Eisenbahnfahrkarten waren nicht zu bekommen, obwohl sie Druck auszuüben versuchte; aber ihre einflußreichen Freunde kümmerten sich in erster Linie um ihre eigene Flucht. Die Gräfin von Samlieu verließ Paris schließlich in ihrem güterwagenähnlichen Rolls-Royce. Die Würde des Fahrzeugs war allerdings beeinträchtigt durch das auf dem Dach festgeschnallte Gepäck. Der geflügelte Engel auf dem Kühler wies nach Süden, in Richtung Spanien, Portugal und Sicherheit. Randall Martin neben ihr hatte ein Glas Cognac in der Hand und war entspannt und unerschrocken.

«Alles wird gutgehen, Charlotte», sagte er. «Wir heiraten in Lissabon, und dann gibt's überhaupt keine Schwierigkeiten mehr. Als Frau eines Amerikaners segelst du direkt in die guten alten USA. Du bist praktisch schon Amerikanerin. Himmelherrgott, wir sind Amerikaner und neutral. Laß diese Leute ihre Suppe auslöffeln. Uns geht das nichts an.»

8. Dezember 1941 bis 26. Dezember 1941

Die kraftlosen Hände, mit Altersflecken übersät, blätterten die Seiten des in blaues Leder gebundenen Tagebuchs durch, und der energische Mund über dem weißen Bart preßte sich zusammen. Um sieben Uhr morgens am Montag, dem 8. Dezember 1941, war der alte Herr bereits seit zwei Stunden wach. Nachdem er gebetet und ein leichtes Frühstück eingenommen hatte, genoß er jetzt die Sonne auf der Veranda mit dem Blick auf die weite Fläche des Hongkonger Hafens und die Berge hinter Kowloon und dem Flughafen Kaitak. Die Worte, die er las, waren ein absichtlicher Mischmasch von abgekürztem Chinesisch, noch erinnertem Jesuiten-Latein und seinen eigenen englischen Kürzeln. In Goldprägung stand auf dem Ledereinband unter dem geflügelten Drachen: PERSÖNLICHES TAGEBUCH FÜR 1941, DAS 88. LEBENSJAHR VON SIR JONATHAN SEKLOONG, KCMG. Seine körperliche Schwäche hatte weder seinen despotischen Willen noch seinen scharfen Verstand beeinträchtigt, und automatisch übersetzte er seinen Code in Klartext, während er las:

20. Januar 1941: James, dieser Halunke, steht wieder im Mittelpunkt eines Aufstands. Gott bewahre mich vor solchen Abkömmlingen – er ist pflichtvergessen und dickschädlig, kurz, ein Kommunist. Sein verräterischer Chef Liu Schao-tschi und er sind Politischer Kommissar und Stellvertretender Politischer Kommissar der Neuen Vierten Armee. Diese kommunistische Armee ist eine Einheit der nationalen Streitkräfte und auf den Generalissimus vereidigt worden, den größten Narren, den wir haben. Er befahl ihnen Ende 1940, sich nach Norden abzusetzen, weg von Schanghai, aber sie lehnten es ab. Statt dessen streckte die Neue Vierte Armee ihre Fühler nach Süden aus und behinderte die Operationen nationalistischer Verbände.

Tschungking war sehr geduldig, aber die Kommunisten, angestiftet von diesem ruchlosen Paar, James und Liu Schao-tschi, stießen weiter vor. Am 5. Januar dieses Jahres war die Geduld des Gimo erschöpft. Die loyale 40. Division griff das Hauptquartier der Neuen Vierten an und nahm den kommandierenden General gefangen. Es war ein erbitterter Kampf, der erste größere Zusammenstoß zwischen Nationalisten und Kommunisten seit dem Abkommen über die Einheitsfront. Aber die listigen roten Füchse hatten schon den größten Teil ihrer Truppen abgezogen.

Am 17. Januar befahl das Zentrale Hauptquartier die Auflösung der Neuen Vierten. Die Kommunisten ernannten einfach einen neuen Kommandeur und proklamierten ein neues Sowjetgebiet. So ist James Sekloong, der sich Generalmajor Schih Ai-kuo nennt, wieder einmal ein Geächteter, im Aufstand gegen die legitime Regierung. Die Ahnen runzeln mißbilligend die Stirn.

Ich bin überrascht, daß die Kommunisten nicht zuerst angegriffen haben. Sie haben der wankenden Koalition des Gimo überall zugesetzt und versucht, die Nationalisten zu vernichten. Mao Tse-tungs Strategie ist seit Mitte 1939 offenkundig: Damals setzte er mehrere «unabhängige» kommunistische Regierungen im Norden und Nordwesten ein – obwohl er versprochen hatte, sich der Nationalregierung unter dem Befehl des Gimo unterzuordnen. Es ist jetzt ein offener Bruch, obwohl weder die Nationalisten noch die Kommunisten die Feindseligkeiten gegeneinander in großem Maßstab wiederaufnehmen wollen.

21. Januar 1941: Mary kam heute allein zu mir; sie wollte nicht einmal Opal im Zimmer haben, als wir miteinander sprachen. Thema war natürlich James. Manchmal glaube ich, daß sie dieses Kind mehr liebt als alle anderen zusammen. Nun ja, er ist Harrys Sohn, und Harry war ihre große Leidenschaft. Sie weinte nicht. Ich habe Mary nie weinen sehen. Das ist merkwürdig! Aber ihre Stimme zitterte. Sie erwähnte Harry nicht, das tut sie nie, und ich denke nicht gern über diesen Jungen nach. Ich habe es mit Harry grundverkehrt gemacht. Wäre ich strenger mit ihm gewesen, hätte ich ihm seinen unsinnigen Idealismus ausgetrieben, wäre die Entwicklung anders verlaufen.

Mary macht sich entsetzliche Sorgen um James; sie klagte darüber, daß keiner von uns seine Kinder kenne, einen zehnjährigen Sohn und eine einjährige Tochter von diesem bolschewistischen Bauernweib.

Es war das erste Mal, daß ich Mary so töricht habe reden hören. Vielleicht liegt es an ihrem Alter. Sie wird in diesem Jahr einundsechzig. Sie sagt, wir müßten etwas für James tun. Versuchen, ihn aus China herauszuholen und wieder nach Hongkong zu bringen. Sie redet von einem vierunddreißigjährigen Familienvater, als ob er noch ein kleiner Junge wäre. Wenn wir ihn durch irgendein Wunder herausbekämen, fragte ich, ob er dann lange hierbleiben würde? Er ist nicht mit dieser Lu Ping verheiratet, sondern mit der verflixten Kommunistischen Partei.

Könnten wir nicht, fragte sie, wenigstens herausfinden, ob es ihm gutgehe und ob er etwas brauche, das wir ihm schicken könnten? Ich sagte ihr, es gehe ihm gut, ich habe Nachricht durch die Blockadebrecher erhalten. Aber er wolle nichts von uns annehmen – außer Waffen oder Geld für seine geliebte Neue Vierte Armee. Und ich unterstütze die Feinde meines Landes nicht, nicht in meinem Alter.

Ob sie ihm schreiben könne, wenn sonst nichts zu machen sei? Gewiß, sagte ich, gib mir deinen Brief. Aber erwarte keine Antwort. Er ist Harrys Sohn, sagte ich, was kannst du da erwarten? Genau wie sein Vater hat er sich von der Familie und der legalen Regierung losgesagt. Hat sich selbst zum Geächteten gemacht.

Natürlich weinte sie nicht. Aber sie war nahe am Zusammenbrechen, als sie schließlich ging. Was sonst hätte ich tun oder sagen können? Aber Opal, die wie üblich gelauscht hatte, schalt mit mir, ich sei zu barsch gewesen. Und sie fragte, warum auch meine Augen feucht seien.

25. Januar 1941: Heute wurde der hundertste Jahrestag von Hongkongs offizieller Gründung gefeiert, und ich mußte hinunter zum Statue Square und wie ein lebender Buddha da herumsitzen. Am liebsten wäre ich im Tweedanzug hingegangen statt im langen Gewand, nur um ihnen einen Schock zu versetzen. Aber ich sehe in westlicher Kleidung verdammt europäisch aus, und Opal sagte, sie würden mich auslachen.

Etwas Lachen hätten sie brauchen können. Die trostloseste Zeremonie, die ich seit langer Zeit gesehen habe. Gar nicht festlich, obwohl sie eine Ehrenwache vom Middlesex-Regiment antreten ließen. Großbritannien mit dem Rücken zur Wand in Europa ist nicht das Großbritannien, das Hongkong, ohne viel nachzudenken, erwarb, als Kapitän Elliot, weil er gerade Lust dazu hatte, zwischen den Kriegsdschunken des Kaisers hindurchsegelte, Hongkong annektierte und dann Milord Palmerston in London den Wirrwarr in Ordnung bringen ließ. Heute vor einem Jahrhundert legalisierten sie es schließlich. Mein Gott, vor einem Jahrhundert. Etwas mehr als dreizehn Jahre vor meiner Geburt. Nicht nur Mary wird älter!

6. März 1941: Iain Wheatley kam wieder heulend zu mir. Man sollte meinen, daß er in seinem Alter, fast siebenundsechzig, Besseres zu tun hätte. Aber er steckt immer noch voller Wheatley-Bosheit und -Verschlagenheit. Diesmal kam er, um zu betteln, was er allerdings auch früher schon getan hat. Ich ruinierte Derwent, sagte er – *ich*, der ich den *Hong* gemacht und meines Großvaters Werk ausgebaut habe. Ob ich nicht meinen Boykott abblasen wollte, bat er.

Meinen Boykott? fragte ich. Ich sagte ihm, ich hätte nichts damit zu tun. Wenn die Auslands-Chinesen nicht mit einer Firma Handel treiben wollen, die mit den japanischen Zwergen Hand in Hand arbeitet, was ich da tun könnte? Er schwor, er hätte seine Beziehungen zu Mitsubishi abgebrochen. (Stimmt nicht! Sie halten immer noch zusammen wie Pech und Schwefel.) Dann versprach er, er *würde* die Beziehung abbrechen, wenn ich nur den Boykott, die Sabotage und den finanziellen Druck aufgeben wollte.

Ich sagte ihm, ich würde es nicht tun, wenn ich es könnte – und ich könne es nicht. Dann wurde er – ein echter Wheatley! – tückisch. Sagte, er würde mich kaputtmachen, würde mich mit ins Verderben ziehen. Meinen Kredit in London sperren. Alle meine Darlehen von der Gazetted Bank kündigen und dafür sorgen, daß die Bank of England meine Devisengeschäfte überprüfe. Ein Wheatley-Vetter sitze im Verwaltungsrat.

Ich lachte und sagte, er solle verschwinden. Aber ich rief Judah Haleevie und Mosing Way an und bat sie, mir Flankendeckung zu geben. Wenn er sich wirklich mit den Rothschilds und Warburgs anlegen will, die mich unterstützen, soll er. Er wird sich selbst zugrunde richten. Obendrein schlug ich der Grünen Bande vor, etwas mehr Druck auf die Derwent-Leute hier auszuüben. Ein bißchen vernünftige Gewaltanwendung schadet nie, sie dürfen nur nicht töten.

Später kam Mary herein. Sie war glücklich, weil der Schuft James auf ihren Brief geantwortet hat. Schrieb nur, es gehe ihm gut, und er hoffe, die Familie zu sehen, wenn «die Umstände es erlauben». (Was für «Umstände»?) Ich nahm ihr die Hoffnung nicht, sondern erzählte ihr statt dessen von Iain Wheatleys Besuch. Sie war ganz dafür, die Wheatleys fertigzumachen, und als Charles dann hereinkam, empfahl er «totalen Krieg, Krieg bis aufs Messer». Beide sagten, wir hätten schon zu lange Geduld mit den Wheatleys gehabt.

Genau das, was ich wollte, nachdem ich Derwent jetzt in einer Schlinge habe, die sich jeden Tag mehr zusammenzieht. Gut, sagte ich, das machen wir, wir brechen ihnen das Kreuz. Aber mir war nicht ganz wohl bei dem Gedanken. Vielleicht bin ich so daran gewöhnt, sie zum Feind zu haben, daß mir etwas fehlen würde. Außerdem besteht ja nun mal die Familienbeziehung, wie lose auch immer. Der alte Dick, der verlogene Schuft, war schließlich mein Stiefvater, obwohl er mir herzlich wenig Hilfe gewährte.

Aber ich sagte: Gut, legen wir wirklich los, und wir seien unangreifbar wegen der Stärke unserer Investitionen im Ausland, ganz zu schwei-

gen von unseren Verbündeten und davon, daß uns die Hälfte von Wanchai und den New Territories gehört.
Charles war ganz einverstanden, aber Mary bekam kalte Füße, als wir begannen, den neuen Feldzug zu planen. Merkwürdig, Charles scheint immer stärker zu werden. Mary sagte, wir sollten es uns lieber noch einmal überlegen. Wenn wir Derwent in den Bankrott trieben, würden viele mit hineingerissen werden – und uns würde die Schuld zugeschrieben, wir würden die Feindseligkeit aller europäischen *Hongs* zu spüren bekommen. Außerdem würden viele Unschuldige leiden – Investoren und Angestellte zum Beispiel. Außerdem, sagte sie, könnten wir nicht absolut sicher sein, ob wir sie vernichten, und es sei töricht, auf einen König zu schießen, wenn man nicht sicher ist, daß man ihn tötet.
Charles stimmte schließlich zu, daß es besser sei, bloß den Druck aufrechtzuerhalten und nicht aufs Ganze zu gehen. Marys Argumente überzeugten uns beide. Sie ist eine ungewöhnliche Frau, fast so zäh wie die alte Kaiserinwitwe. Außerdem glaube ich, daß sie spürte, wie ich empfand, und wußte, daß ich gar nicht so erpicht darauf bin. Unheimlich!
2. Juni 1941: Ich möchte, daß die Frauen wegfahren – und Albert mitnehmen. Fast alle europäischen Frauen mußten schon vor einem Jahr Hongkong verlassen wegen der erwarteten japanischen Bedrohungen. Denjenigen von uns, deren Frauen geblieben sind, wird es sehr übelgenommen. Ich besprach die Angelegenheit mit Mary, Charles, Sarah und Jonnie. Die Jungen waren widerstrebend einverstanden, aber die Damen waren eisern. Sie wollten ihre Männer nicht im Augenblick der Gefahr allein lassen. Wir einigten uns schließlich auf einen Kompromiß. Albert, der erst sieben ist, wird zu Charlotte oder zu Gwinnie nach Amerika gehen. Sinnlos, ihn wegen der mutmaßlichen Gefahr eines Angriffs auf Hongkong nach England zu schicken, wo die Gefahr des Bombardements real ist. Sein älterer Bruder Henry ist schon in Stonyhurst, das ist etwas anderes. Außerdem würden nicht einmal die Deutschen den Gebäudekomplex in jener gottverlassenen Gegend bombardieren.
Die Lösung ist unbefriedigend, aber ich habe gelernt, daß ich mich dem übereinstimmenden Willen von Mary und Sarah nicht widersetzen kann. Ich werde wohl doch alt. Charles und Jonnie waren selbst hin und her gerissen, obwohl sie verdammt gut wußten, daß uns noch andere Gefahren außer der japanischen drohen. Aber sie wollten ihren Frauen die Abreise nicht *befehlen*. Teilweise, glaube ich, weil sie die

Gefahr bezweifeln, teilweise, weil sie nicht wollen, daß sie wegfahren, und teilweise, weil sie nicht sicher sind, ob die Damen den Befehl befolgen würden. Verdammter moderner Unsinn, Frauen ihren Willen zu lassen.

Einige Befriedigung verschaffte es mir, dem Gouverneur zu sagen, daß Mary und Sarah dem Evakuierungsbefehl nicht unterliegen, weil sie praktisch Chinesinnen sind. Er lachte und wechselte das Thema.

5. August 1941: Gestern abend hatten wir unsere erste Bombe – nicht von den Japanern, sondern den Triads. Eine kleine Explosion im Garten, die uns erschrecken sollte. Iain Wheatley ist am Verzweifeln. Ich gab die Parole aus: den Druck auf Derwent leicht abschwächen. Wenn er wieder verstärkt wird, wird es um so schmerzhafter sein. Ich habe auch Judah Haleevie gebeten, die Rothschilds zu überreden, daß sie über ihre Kredite an Derwent zu etwas besseren Bedingungen neu verhandeln. Ich kann das Papier kaufen, wenn ich will – und Iain Wheatley vielleicht dann, wenn ich ihn in der Hand habe, fertigmachen. Das werde ich später entscheiden.

3. Dezember 1941: Gestern abend haben Sir Robert und Lady Mary Hotung ihre diamantene Hochzeit gefeiert. Nicht schlecht, sechzig Jahre verheiratet. Der junge Robert muß fast so alt sein wie ich. Aber ich werde ihn doch überleben. Das Gripps im Hong Kong Hotel blitzte nur so von Uniformen, Orden, Medaillen und Juwelen. Alle Damen Hotung trugen traditionelle chinesische Gewänder, keine *cheongsams*, sondern Hofkostüme aus dem 19. Jahrhundert. Auf mich wirkten sie wie eine kantonesische Operntruppe, aber ihnen gefiel es. Ich trug mein Kreuz eines Komturs des Ordens von St. Michael und St. George. Robert ist nur Ritter, der arme Kerl. Aber er war sehr hilfreich bei der Arbeit des Unterstützungsausschusses für China und bei dem Druck auf die Wheatleys, den wir natürlich nicht an die große Glocke gehängt haben. Ein Patriot und ein guter Mann, selbst wenn er bei den Gesellschaften, die er gibt, zu prahlerischer Protzerei neigt. Er hat keinen Geschmack!

Nach noch unbestätigten Berichten ziehen die Japaner an der Grenze Truppen zusammen. Die Freiwilligen sind einberufen worden, und Jonnie machte sich in gehobener Stimmung zu seiner Einheit auf. Kam kurz danach zurück. Falscher Alarm. Kein Mobilmachungsbefehl. Charles ist Oberst beim Stab des Verteidigungsoberkommandos und zieht, wie er sagt, in den Krieg, den es nicht gibt.

Opal kam mit einer Tasse heißer Milch auf die Veranda.

«Trink das, Alterchen», befahl sie, in der kühlen Brise fröstelnd.

Sir Jonathan nippte daran und gab ihr einen Wink, sie solle ihn allein lassen. Es war, fand er, doch ein interessanter Bericht über ein bemerkenswertes Jahr, wenn auch manche anderen Jahre noch aufregender gewesen waren. Dennoch lohnte es sich, den Bericht noch einmal zu lesen und zu sehen, wie es der Familie in diesem Jahr ergangen war. Dabei hatte er auch die Möglichkeit, etwaige Lücken zu füllen. Er nahm seine Feder und begann zu schreiben.

8. Dezember 1941: Ende November beschloß ich, die Wheatleys überleben zu lassen, nachdem sie nun gedemütigt sind. Es würde dem Andenken meines Großvaters und meiner geliebten Mutter Abbruch tun, wenn die Firma verschwände, die er praktisch gegründet und die sie gefördert hat. Seltsam, jetzt ist Mary dagegen, daß wir einlenken. Wir hätten den Wheatleys schon so schweren Schaden zugefügt, meint sie, daß ihre Feindschaft eine ständige Gefahr für uns sein würde. Sie wollte, daß ich Ernst mache. Charles und Jonnie pflichteten mir bei; sie haben Sekloong-Blut in den Adern und verstehen meine Motive. Aber ich muß vorsichtig sein. Mary mag recht haben.

Das Verhalten der Briten ist wie üblich: eine Mischung von gelassenem Mut, träger Gleichgültigkeit und abgrundtiefer Dummheit. Wenigstens haben sie gestern, Sonntag, endlich die Freiwilligen mobil gemacht. Von meinen Informanten höre ich, daß die Japaner direkt an der Grenze aufmarschieren, ein ganzes Armeekorps. Am Samstag, dem 6. Dezember, verdufteten die japanischen Zivilisten nach Kanton. Am selben Abend veranstalteten die Briten im Peninsular Hotel etwas, das sie nach dem Soldatenausdruck für Stahlhelme «Dunstkübelball» nannten. Dabei sollte der Restbetrag der Summe von 160000 Pfund für die Bomberstaffel aufgebracht werden, die Hongkong Großbritannien geschenkt hat.

Eine seltsame Geste, wo wir selbst so gut wie keine Luftverteidigung haben. Drei Wasser-Land-Flugzeuge, die nur für Patrouillenflüge taugen, und vier Wildebeeste Torpedoflugzeuge. Und die nächsten Lufttorpedos gibt es in Singapur. Der Mangel an Abfangjägern ist kriminell.

Aber die Flotte, heißt es, werde . . .

«Alterchen! Alterchen!» Opals heisere Stimme unterbrach Sir Jonathan bei seinem konzentrierten Schreiben. «Schau mal! Schau mal! Viele Flugzeuge kommen nach Kaitak. Jetzt werden wir genug haben.»

Zwölf Flugzeuge dröhnten in Formation durch den klaren Himmel über den grünen Bergen hinter Kowloon. Sie stießen hinunter auf die Landebahn des Flughafens Kaitak, zogen aber etwa hundert Meter über dem Boden wieder hoch. Weitsichtig, wie er war, sah Sir Jonathan schwarze, eiförmige Kügelchen aus den silbernen Rümpfen herausfallen wie Junge aus trächtigen Guppys. Graue Rauchsäulen stiegen vom Flughafen auf, und einen Augenblick später hörte er die Explosionen. Weiße Wölkchen zerplatzten rund um den Verband, aber die Maschinen mit der roten Sonne der kaiserlich-japanischen Luftwaffe auf den silbernen Flügeln wichen dem Flakfeuer geschickt aus.

Die nächste Staffel machte einen senkrechten Sturzflug, als ob sie sich in den Boden bohren wollte. In einer Höhe von nur dreißig Metern brausten die Bomber über den Flugplatz, und die großen schwarzen Bomben unter ihren Rümpfen prasselten auf die Hangars. Kleinere Jagdflugzeuge fegten mehrere Male über Kaitak hinweg, und aus ihren Flügeln blinkte das rote Mündungsfeuer von Maschinengewehren.

Fünf Minuten später war der Angriff vorbei. Sechsunddreißig japanische Kriegsflugzeuge hatten die gesamte britische Luftwaffe im Fernen Osten vernichtet und außerdem einen plumpen, viermotorigen Pan-American-Clipper zerstört, der um 9 Uhr 30 den langen Flug über den Pazifik, von einer Insel zur anderen, hatte antreten sollen. Um anderthalb Stunden waren ihm die Japaner zuvorgekommen. Der Angriff hatte kurz vor acht Uhr begonnen, etwa sieben Stunden, nachdem die japanische Luftwaffe die Flotte der amerikanischen Schlachtschiffe in Pearl Harbor am Sonntagmorgen, dem 7. Dezember, auf der anderen Seite der internationalen Datumsgrenze, vernichtet hatte. Um 4 Uhr 45 waren mit Abhörgeräten des militärischen Nachrichtendienstes in Hongkong verschlüsselte Funksprüche aufgefangen worden, mit denen Japaner im Ausland gewarnt wurden, daß der Krieg mit Großbritannien und den Vereinigten Staaten unmittelbar bevorstehe. Um 6 Uhr 45 wurde das Hauptquartier der Hongkonger Garnison davon verständigt, daß Japan den beiden Mächten den Krieg erklärt habe. Indes wurden keinerlei Luftschutzmaßnahmen getroffen, die sowieso nicht wirkungsvoll hätten sein können.

Psychologisch unvorbereitet, fast ohne Kriegsmaterial und seiner Luftmacht beraubt, lag Hongkong für die drei kampferprobten Divisionen der kaiserlichen Armee, die an der zweiundzwanzig Meilen langen Grenze zwischen der japanisch besetzten Provinz Kwangtung und der Kolonie massiert waren, offen da. Die Japaner erwarteten nur noch wenig Gegenwehr und waren zuversichtlich, daß der Widerstand in wenigen Stunden, höchstens ein paar Tagen, gebrochen werden würde. Generalleutnant Sakai Takashi, der den Kampfverband kommandierte, leerte mit seinen Stabsoffizieren feierlich einen Becher *Sake* und erwartete in Ruhe die Meldungen seiner Vorausabteilungen. Japanische Infanteristen rückten bereits bei Shataukok am Ufer der Mirs Bay am östlichen Ende der Grenze auf britisches Gebiet vor. Andere Einheiten überquerten den schlammigen Shumchon River und gelangten so in die Ebene im Zentrum der New Territories.

Im Hauptquartier des Verteidigungsoberkommandos unter Generalmajor C. M. Maltby, einem intelligenten und tapferen Soldaten, der mit einer undurchführbaren Aufgabe betraut war, gewann Charles Sekloong einen einmaligen Überblick. Er trug die roten Spiegel eines Stabsoffiziers und die Bronzekrone mit den zwei Sternen eines Oberst auf den Epauletten, aber er kommandierte keine Truppen. Dafür war er untauglich, aber bestens geeignet für die ihm übertragenen Pflichten. Er konnte sich mit den meisten Angehörigen der polyglotten Truppe in ihrer Muttersprache verständigen und kannte das Gelände genau. Daher gingen alle taktischen Berichte über ihn. Charles beobachtete das Debakel der britischen Waffen in aller Klarheit und mit zunehmender Verzweiflung. Aber sein Urteil über die globale Strategie, bei der Hongkong nur eine geringe Rolle spielte, war getrübt durch falsche Berichte des Nachrichtendienstes und sinnlose Ermahnungen aus London.

Als die ersten japanischen Einheiten die Grenze überschritten, trafen auch die ersten ermutigenden Berichte im Hauptquartier ein. Generalissimus Tschiang Kai-schek ziehe chinesische Armeen zusammen, um die Truppen von Generalleutnant Sakai im Rücken anzugreifen und Hongkong zu retten. Da sie selbst es unbedingt glauben wollten, wiesen die Nachrichtenoffiziere darauf hin, daß es für die Nationalisten außerordentlich wichtig sei, Hongkong als Seitentür zu China offenzuhalten; sonst würde Tschungking völlig isoliert sein. Nur ein paar Realisten fragten, woher Tschiang Kai-schek wohl Truppen nehmen und warum er sie von seinen eigenen Kämpfen gegen Japaner und Kommunisten abziehen sollte.

Selbst diese Realisten schenkten den amtlichen Berichten über die geringe Kampfkraft der Japaner Glauben, und keiner erkannte den Widersinn in Londons Befehl, Hongkong «um jeden Preis» zu halten. Die Japaner, die sich gegen bunt zusammengewürfelte chinesische Verbände nicht besonders hervorgetan hatten, stießen nun zum erstenmal auf gut ausgebildete britische Soldaten. Charles war fast der einzige, der nicht glaubte, daß Hongkong gehalten werden könne, und er äußerte seine Zweifel nur seinem Vater gegenüber. Sir Jonathan teilte seine Auffassung, warnte seinen Sohn aber, er solle mit niemandem darüber sprechen, nicht einmal mit Mary, Sarah oder Jonnie.

Doch der erste Kampftag erhärtete Londons Optimismus. Major George Gray, der eine Kompanie Pandschab-Sepoys der britischen Indien-Armee befehligte, zerstörte systematisch alle militärischen Stellungen an der Grenze und zog sich dann in guter Ordnung nach Süden zurück. Dann legte er nördlich des Dorfes Taipo einen klassischen Hinterhalt. Als die Japaner in Formation die Straße entlangmarschierten, mähten die Sepoys sie mit Gewehr- und MG-Feuer zu Hunderten nieder. Unerschrocken verfolgten die Japaner die Inder bis nach Taipo. Sie wurden wieder von den Sepoys, die durch eine Abteilung Panzerkampfwagen verstärkt worden waren, angegriffen und zusammengeschossen. Freudige Erregung löste die verbissene Entschlossenheit im Hauptquartier aus. Vielleicht war diesmal, wenigstens diesmal, die nachrichtendienstliche Beurteilung richtig gewesen. Die Japaner, so schien es, konnten gegen die disziplinierten britischen Truppen nichts ausrichten.

Dennoch zog sich das Bataillon, zu dem Major Grays Inder gehörten, weiter zurück, ebenso die beiden anderen Bataillone der Festland-Brigade, die die New Territories und Kowloon verteidigten. Es waren das fünfte Bataillon der Siebenten Radschputen und ein Bataillon der Royal Scots, die den stolzen Namen «die Ersten zu Fuß» trugen, da sie die älteste Infanterie-Einheit der britischen Armee waren. Bei der überwältigenden zahlenmäßigen Überlegenheit der Japaner und ihrer unanfechtbaren Luftherrschaft konnten sie nur hinhaltenden Widerstand leisten, bis sie ihre vorbereiteten Stellungen an der schmalsten Stelle der New Territories erreichten. Diese Befestigungen erstreckten sich von Shatin im Osten bis zur Gin Drinker's Bay im Westen, einem beliebten Treffpunkt von Wochenendseglern, die behaupteten, die unersättlichen Moskitos würden von dem Geruch innerlich angewendeten Gins abgestoßen. Der kommandierende General C. M. Maltby, der erst vor ein paar Wochen hergekommen war, bezweifelte, daß die Hongkonger Maginotlinie, die natürlich Gin Drinker's Line hieß, unüberwindlich sei. Übrigens umgingen die Japaner die Gin Drinker's Line bereits, sie waren mit kleinen Schiffen in Kowloon gelandet, um die Festland-Brigade von der Insel Hongkong abzuschneiden.

Wenn die Japaner am ersten Kampftag, dem 8. Dezember, auch über den wirkungsvollen Widerstand der Engländer überrascht waren und die Briten ihre schlechte Meinung von ihnen bestätigt sahen, so war der 9. Dezember eine Katastrophe für die Engländer.

Die Gin Drinker's Line hatte als Angelpunkte zwei größere Befestigungen, die Shingmun Redoute und Golden Hill. Beide wurden von den Royal Scots gehalten. General Sakai hatte schon ein Jahr zuvor erkannt, daß die befestigten MG-Nester, Gräben und Bunker der Redoute der Schlüssel zu den britischen Verteidigungsanlagen waren. Er hatte in der Nähe von Kanton eine Kopie bauen lassen und seine Sturmtruppen monatelang daran gedrillt, bis ihre Offiziere sich rühmten: «Wir könnten das Ding mit verbundenen Augen einnehmen.»

Nicht mit verbundenen Augen, aber geräuschlos in einer Art Tennisschuhen, durchschnitten die Sturmtruppen um zehn Uhr abends am 9. Dezember den Stacheldraht der Shingmun Redoute. Die Royal Scots, die gemütlich in ihren Unterständen saßen, merkten erst, als Handgranaten durch die Luftschächte fielen, daß sie angegriffen wurden. Es bedeutete Tod, unten zu bleiben; es bedeutete Tod, oben im Freien zu kämpfen, wo japanische Maschinengewehre die Verteidiger niedermähten. Die Royal Scots, die Ersten zu Fuß, flohen nach Kowloon im Süden und bekamen einen neuen Spitznamen: die Flotten zu Fuß.

Mit ihren Pandschabs, verstärkt durch eine Kompanie der Canadian Winnipeg Grenadiers, die hastig von der Insel herübergebracht wurden, versuchten die Engländer, das Loch zu stopfen. Es war, als wollte man einen Reifen während der Fahrt flicken. Die Japaner strömten an ihnen vorbei, die britischen Truppen konnten sie nicht aufhalten. Am Donnerstag, dem 11. Dezember, befahl General Maltby den Rückzug der Festland-Brigade auf die Insel Hongkong. Das Miniatur-Dünkirchen über einen Miniatur-Ärmelkanal war am Samstag, dem 13., beendet. In der dazwischenliegenden Zeit gab es Beweise der verblüffendsten Tapferkeit und der niederträchtigsten Feigheit. Die Radschputen und Pandschab-Sepoys führten die höchst schwierige Bewegung durch, sich vom angreifenden Feind zu lösen, sich unter ständiger Feindberührung zurückzuziehen und eine intakte Kampftruppe zu bleiben. Die Sikhs der Hongkonger Polizeitruppe gingen fast geschlossen zu den Japanern über. Verstreute Abteilungen der Freiwilligen kämpften verzweifelt, um Zeit zu gewinnen, damit ihre Frauen und Kinder noch mit den überladenen Fähren auf die Insel Hongkong gelangen könnten. Verbittert über die Niederlage, brachten die Royal Scots gerade genug Zusammenhalt auf, um sich als Einheit zurückzuziehen.

Am 14. Dezember war es vorbei. Das gesamte britische Festlandgebiet, Kowloon und die New Territories, war den Japanern in weniger als einer Woche in die Hände gefallen. Generalleutnant Sakai Takashis kampferprobte Achtunddreißigste Division machte sich zum Angriff auf die Insel Hongkong bereit. Der britische Rundfunk rühmte noch immer die unbezwingliche Tapferkeit der uneinnehmbaren Festung, aber die britische Flagge wehte keine zwei Wochen mehr über dieser Festung.

«Die Japse haben diesen Pachtvertrag schneller aufgehoben als irgendein Gericht», sagte Captain Jonathan Sekloong zu seinem Lieutenant Peter Hardin.

«Sie haben dem Gimo viel Mühe erspart», erwiderte Hardin. «Wenn die Nationalisten kommen, können sie die New Territories gleich übernehmen und brauchen nicht zu warten, bis der Pachtvertrag 1997 abläuft, Chink.»

Jonnie grinste über seinen Spitznamen aus der Stonyhurst-Zeit. Auch die albernen Witze und das miese Gefühl im Magen erinnerten an die Schulzeit. Genau die krankhafte Spannung, die er immer vor einem harten Rugbyspiel gegen Ampleforth verspürt hatte, elektrisierte ihn und seine Fünfte Feldartillerie-Batterie am 15. Dezember 1941. Ihre Stellung lag über dem eingebauten Küstengeschütz, das Lyemun Pass verteidigte, die östliche Einfahrt zum Hongkonger Hafen. Übrigens hatte Peter Hardin eine Sonderstellung. Er war nicht nur sein Klassenkamerad in Stonyhurst gewesen, sondern über seine Großmutter Sekloong auch irgendwie mit ihm verwandt.

«Darüber sollen sich die Juristen den Kopf zerbrechen, Peter», sagte Jonnie. «Wir tun nichts als standhalten, bis die anderen Chinks kommen – je mehr, desto besser.»

«Und je schneller, desto besser», antwortete Hardin. «Obwohl wir hier ganz schön geborgen sind.»

Jonnie erinnerte sich zu gut der Geschichten seines Onkels Harry über die militärische Untüchtigkeit der Nationalisten, um zu glauben, daß chinesische Einheiten ihnen zu Hilfe eilen würden wie die US-Kavallerie in einem amerikanischen Cowboyfilm. Diese Hoffnung hielt indes die an Zahl und Waffen unterlegene Garnison aufrecht, während der Batteriechef in dieser isolierten Stellung näherliegende Sorgen hatte.

«Nicht geborgen genug, Peter», sagte er. «Glaubst du wirklich, diese Dinah Lays halten einen Treffer aus?»

«Na, Dinah ist ein ganz standhaftes Mädchen», meinte Peter. «Aber ich hätte den alten Morosby gern hier bei uns.»

«Was redet ihr da? Dinah Lay?» fragte der Sergeant Major. «Nie gehört von der Dame.»

«Schade, Bill. Sie könnte dich umbringen.»

«Syphilis, wie?» lachte der Sergeant Major. «Na, *mir* geht's gut. Hab die Dame nie getroffen, geschweige denn mit ihr gepennt. Sag schon, was los ist, Jonnie.»

«Du bist noch nicht lange in Hongkong, Bill, sonst wüßtest du, daß Dinah Lay keine Dame ist», warf Peter Hardin ein. «Wir sprechen von den Betonblöcken unserer unüberwindlichen Verteidigungsanlage.»

«Ach so. Und was habt ihr daran auszusetzen?»

«Dinah Lay war und ist noch die schlaueste und teuerste Hure in der Kolonie», erklärte Jonnie. «Der alte Stan Morosby vom Amt für Öffentliche Arbeiten hat ihr eine palastartige Wohnung in Kowloon eingerichtet, ihr ein schickes Lagonda-Coupé gekauft und sie mit Juwelen behängt. Stan war ein armer Junge aus Liverpool, und ich will ja keinem etwas Schlechtes nachsagen, aber es geht das Gerücht, daß das Geld dafür aus . . . nun ja, der Zusammenarbeit mit der Baufirma Fook Wong stammte. Ich bin ziemlich sicher, daß die Blöcke hohl sind und der Beton hauptsächlich aus Sand besteht. Deshalb werden sie Dinah Lays genannt.»

«Treffender Name», fand der Sergeant Major. «Aber so eine Geschichte einem Mann zu erzählen, der für König und Vaterland kämpfen soll . . . Kein Sinn für Truppenmoral, das ist das Problem bei euch Offizieren auf Zeit.»

Eine helle, hohe Stimme übertönte ihr Geplauder, eine vertraute Stimme, die *The Lights of Home* sang.

«Bei Gott! Deanna Durbin», rief Peter aus.

«Halt den Mund und hör zu», sagte Jonnie. «Die Japse bringen uns ein Ständchen.»

Der klare Sopran schallte über den Hafen.

«Verdammt nett von ihnen», sagte Bill. «Glaubt ihr, wir könnten sie bitten . . .»

Ein fernes Rattern unterbrach seinen forcierten Witz. Irgendwo auf dem Wasser links von ihnen feuerten Gewehre.

«Suchscheinwerfer, Bill», befahl Jonnie. «Wir wollen doch mal sehen, was, zum Teufel, da los ist.»

Das blau-weiße Bogenlicht sondierte die Dunkelheit. Die Schaumkronen auf den grünen Wellen brachen sich in leuchtender Gischt, ein Korb trieb durch den weißen Lichtkreis. Der Kreis bewegte sich langsam über das Wasser. Die Geheimnisse der Nacht blieben verhüllt, und unsichtbare Soldaten feuerten ihre Gewehre in unregelmäßigem Rhythmus ab. Das Licht schob sich Zoll um Zoll nach Westen vor, hartnäckig und angreifbar wie der Stock eines Blinden.

Plötzlich tauchte in dem weißen Strahl eine große Fischerdschunke mit vollen Segeln auf. Durch den Feldstecher sah Jonnie japanische Soldaten auf dem Deck hocken, ihre kegelförmigen Stahlhelme schimmerten dunkel. Der Suchscheinwerfer beleuchtete außerdem einen Konvoi kleiner Sampans, die hinter der Dschunke herfuhren. Alle waren mit japanischen Infanteristen beladen, die ihre Waffen auf das störende Licht richteten. Maschinengewehrkugeln hämmerten auf die Betonblöcke, und die drei Freiwilligen duckten sich.

«Wir haben sie wie durch einen Zaubertrick erscheinen lassen», sagte Jonnie leise. «Nun wollen wir mal sehen, ob wir sie auch verschwinden lassen können.»

«Ziel in Sicht», brüllte der Sergeant Major. «Feuer frei.»

Die drei Feldgeschütze bellten nacheinander, und Fontänen spritzten rings um den Konvoi auf.

«Das muß noch besser werden», bemerkte Jonnie im Plauderton. «Sag ihnen, sie sollen neu ausrichten.»

«Markiert eure Schüsse», brüllte der Sergeant Major. «Zielen, verdammt noch mal, zielen – und feuern!»

Die zweite Salve brachte die Dschunke zum Schaukeln und begoß die Japaner mit kaltem Meerwasser, aber das Fahrzeug segelte weiter. «Ausschwenken links einen halben Strich», schrie Jonnie. «Einen nach unten. Trefft die kleinen Mistkerle diesmal. Trefft sie!»

Auf beiden Seiten der wie wild schaukelnden Dschunke spritzten Fontänen hoch auf. Die Dschunke rollte wie ein Baumstamm in einem Mühlgerinne. Eine orangefarbene Flamme brach aus dem Vordeck hervor. Drei Körper wurden hoch in die Luft gewirbelt und stürzten inmitten von zerfetztem Holz ins Meer.

«Jetzt seid ihr dran!» schrie Jonnie. «Tötet sie! Tötet die kleinen Mistkerle!»

Die Dschunke wurde von den Einschlägen zertrümmert. Einen Augenblick segelte sie noch weiter, im nächsten war sie verschwunden, und das Meer wimmelte von um sich schlagenden Infanteristen. Jonnie beobachtete sie wie gebannt: Einige wurden vom Gewicht ihrer Tornister nach unten gezogen, während andere, mit verstümmelten Armen und Beinen, sich verzweifelt abquälten, den vom Himmel herabprasselnden Trümmern auszuweichen. Die untergehenden Menschen schrien lautlos, ihre Münder weit aufgerissen in einer makabren Pantomime. Durch den Feldstecher wirkte der Todeskampf zugleich sehr klar und weit entfernt, als ob Jonnie der unbeteiligte Zuschauer eines Bühnenstücks wäre. Blut färbte das Wasser rot, die rosa Ranken wurden und in Sekunden verschwanden.

Jonnie ließ den Feldstecher sinken und betrachtete seine zitternden Hände. Ihm drehte sich der Magen um, und bittere Galle kam ihm hoch. Er wunderte sich kurz, daß seine Brüder Thomas und James sich entschlossen hatten, sich freiwillig entschlossen hatten, ihr Leben solchen Szenen zu widmen. Wenn das ein leichter Sieg war, bei dem seine Leute noch unverletzt waren, wie würde dann die Niederlage sein?

«Die Sampans», hörte er sich rufen. «Macht euch an die Sampans! Laßt sie nicht entkommen.»

Hin- und hergeworfen durch die Explosionen und das unkontrollierte Schlagen ihrer langen Heckruder waren die Sampans ein schwieriges Ziel für die Artillerie. Sie tanzten auf dem aufgewühlten Wasser wie unsinkbare Nußschalen, aber der Suchscheinwerfer verfolgte sie unerbittlich.

Die japanischen Infanteristen, die hinter den schwachen Außenseiten der Sampans kauerten, zuckten wie manische Marionetten. Von links, aus den Schützengräben der Royal Rifles of Canada, ergoß sich eine Flut von roter Leuchtspurmunition auf die kleinen Boote. Die Japaner versuchten verzweifelt, das Feuer zu erwidern. Ein langer Gewehrlauf nach dem anderen wurde gehoben, schwankte einen Augenblick und fiel dann zurück in die wirre Masse.

Peter Hardin war zufrieden. «Erster Blutzoll an uns. Sie sind gar nicht so toll, nicht wahr, Chink?»

«Verdammt noch mal, Peter, glaub ja nicht, daß es so einfach ist», fuhr ihn Jonnie an. «Vergiß nicht, was an der Gin Drinker's Line geschehen ist. Sie waren nicht ...»

Das Dröhnen explodierender Granaten machte seinem Sermon ein Ende. Die Erde erzitterte unter den Füßen der Offiziere, und eine Bresche tat sich vor ihnen in der Betonblockmauer auf. Die Dinah Lays wurden zerfetzt wie Papier, und später schwor Peter, er habe im Schein der Explosion Sand rieseln sehen. Der Suchscheinwerfer erlosch, und die Salven von den japanischen Geschützen jenseits des Hafens hörten auf. Die Verteidiger waren von den Einschlägen halb taub; da sie das Schreien der Ertrinkenden nicht hören konnten, schien die Nacht wieder still zu sein.

«Muß die Lichtkabel getroffen haben», sagte Jonnie. «Schau mal nach, Peter.»

«Jawohl, Sir», erwiderte sein Lieutenant.

Jonnie war zu beschäftigt, um über die erstaunliche Bekundung von Respekt seitens seines Klassenkameraden nachzudenken.

«Die Japsen scheinen genug zu haben», sagte er zum Sergeant Major. «Prüf du die Verluste und sorg für neue Deckung. Peter soll den Suchscheinwerfer woanders installieren. Er ist zu empfindlich.»

Der Sergeant Major verschwand in der Dunkelheit und überließ den Captain seinen Gedanken über das Gefecht. Die Japaner, fand Jonnie, waren weder so fanatisch noch so tüchtig, wie er gefürchtet hatte. Sie hatten den Infanterieangriff nicht energisch durchgeführt, obwohl sie mit einigermaßen wirkungsvollem Artilleriebeschuß reagiert hatten. Er konnte nicht wissen, daß Generalleutnant Sakai Takashi seine Elitetruppen geschont und nur mit der zweiten Garnitur einen Scheinangriff unternommen hatte; er wollte die Engländer zum Schießen provozieren und damit ihre Stellungen erkennbar machen, um sich gegen den unwahrscheinlichen Fall zu sichern, daß die ihm von seinen Spionen bereits gemeldeten Standorte der britischen Verteidigungsanlagen sich geändert hätten. Jonnie konnte auch nicht wissen, daß ihm noch drei Tage zunehmender Spannung und planlosen Beschusses bevorstanden, ehe General Sakai seine mörderisch kampffähige Achtunddreißigste Division mit dem Befehl, nicht zurückzukehren, über den Hafen schickte.

Die nervenaufreibende Untätigkeit der Fünften Batterie wurde belebt durch Konzerte aus den japanischen Lautsprechern auf der Halbinsel Kowloon. Die Artilleristen spendeten dem alten, aber unbesiegten Zerstörer ‹Thracian› Beifall, als er, unterstützt von vier Schnellbooten, die wenigen Dschunken und Sampans erledigte, die von der Halbinsel ablegten. Sie fluchten über die gelegentlichen, gut gezielten Salven der feindlichen Artillerie. Im Gegensatz zu den japanischen Sturmtruppen von der Infanterie, die sich als unfähig erwiesen hatten, erregte die routinierte japanische Artillerie die rückhaltlose, ängstliche Bewunderung der Sonntagssoldaten, der Amateur-Artilleristen der Fünften Feldartillerie-Batterie der Hongkonger Freiwilligen-Schutztruppe.

Jonnie hatte mehr Glück als die Männer unter seinem Befehl, denn er war ständig beschäftigt. Er hatte wenig Muße, konnte also weder Angst vor der bevorstehenden Schlacht hegen, noch sich mit den Berichten des Bambus-Telegrafen über chinesische Entsatztruppen, die auf dem Weg nach Hongkong seien, trösten. Aber er wußte, daß er Angst hatte, vielleicht mehr als seine Kameraden, weil ihn das Leben so verwöhnt hatte. Es hatte ihm nicht nur großen Luxus geboten, sondern auch einen gesicherten Platz in einem Milieu, das er liebte. Jonathan Sekloong von *den* Sekloongs zu sein, war allein schon ein Segen; diese Stellung hätte er gegen keine andere vorstellbare tauschen mögen. Als einziger unter seinen Geschwistern hatte er sich ganz seinem eurasischen Erbe angepaßt. Er empfand nicht das Bedürfnis seiner Schwestern, europäischer zu werden als die Engländer, und auch nicht den unwiderstehlichen Drang seiner Brüder, nur die chinesische Herkunft gelten zu lassen und sich der Sache Chinas zu verschreiben. Vor allem aber gab es Sarah und ihrer beider Liebe, die auch ein Segen war. Die Welt, insbesondere seine Welt, das wußte er instinktiv, würde eine andere sein, nachdem die Alliierten den Krieg gewonnen hatten. Aber er wollte unbedingt am Leben bleiben und diese neue Welt sehen.

Diese kurze und für ihn nicht charakteristische Introspektion fand ein Ende, weil die Scheinwerfer und Geschütze verlegt werden mußten, nachdem japanische Granaten ihre Bettungen aufgerissen hatten. Nicht alle Dinah Lays zerplatzten wie überreife Pilze, aber es zerbröckelten so viele, daß er seine Leute antrieb, ihre Feldschanze mit Sandsäcken und Mauersteinen neu zu bauen. Die Freiwilligen murrten, sie hätten sich nicht freiwillig gemeldet, um wie Kulis zu schuften, aber die zwanglose gute Laune ihrer Offiziere bewirkte, daß sie bei der Arbeit blieben. Die Leute von der isolierten Fünften Batterie begrüßten die frühe Abenddämmerung des 18. Dezember 1941 guten Mutes. Das Schlimmste, was die japanische Artillerie ihnen antun konnte, hatten sie hinter sich – mit nur unbedeutenden Verlusten. Die Sturmtruppen hatten sich als unfähig erwiesen, und sie wußten ja, daß die chinesischen Nationalisten kamen.

Schwarzer Rauch aus brennenden Öltanks lag dick über dem Hafen, und undurchdringliche Regenschauer trieben in der dunklen, mondlosen Nacht über die kabbelige See. Als das Elite-Regiment 239 der Achtunddreißigsten Infanteriedivision der kaiserlich-japanischen Armee von Fähren und Leichtern aus, die lautlos auf den Strand geglitten waren, landeten, kam das für die Freiwilligen völlig unerwartet. General Sakais siebentausendfünfhundert kampferprobte Soldaten legten mit Maschinengewehren, Granatwerfern und Gewehren ein überwältigendes Sperrfeuer. Der zum Schutz der Batterie von den Royal Rifles of Canada abkommandierte Zug starb um 20 Uhr 35 in seinen flachen Gräben, nachdem er nur ein paar Schuß abgegeben hatte. Die Leute fielen durch die japanische Artillerie, noch ehe japanische Infanteristen aus der Dunkelheit auftauchten und mit geschwärzten Bajonetten auf langen Gewehren um sich stachen. Lyemun Fort war damit praktisch unverteidigt. Die Feldartillerie feuerte auf Feinde, die aus der Finsternis auftauchten und wieder verschwanden wie die unwirklichen Gestalten eines Schattenspiels.

Die Japaner waren mitten unter den Freiwilligen und stachen mit Bajonetten auf ihre wehrlosen Körper ein. Jonnie feuerte zwei Schüsse aus seinem Revolver ab, und die gesichtslose Gestalt, die mit aufgepflanztem Bajonett auf ihn zukam, ging zu Boden. Einen dritten Schuß konnte er nicht abgeben. Der Revolver wurde ihm aus der Hand geschlagen, seine Arme gepackt und die Hände auf dem Rücken zusammengebunden. Obwohl es völlig belanglos war, stellte er fest, daß die Leute, die ihn fesselten, nach ranzigem Schweiß und eingelegtem Rettich stanken.

Blinde Wut packte ihn. Mühelos waren sie von den «kriegsuntüchtigen» japanischen Truppen besiegt worden. In die «uneinnehmbare Inselfestung» war eine Bresche geschlagen worden, und er trug die Schuld. Dann überfiel ihn die Angst, Übelkeit erregende Angst. Gefangene der Japaner, das wußte er, lebten nicht lange.

Jonnie Sekloong sah sich im Schein brennender Hütten und gelegentlicher Leuchtsignale nach seinen Leuten um. Er zählte nur achtzehn, die aufrecht standen. Lieutenant Peter Hardin und der Sergeant Major lagen auf der durch das japanische Bombardement zu Staub gewordenen Erde. Den Überlebenden waren die Hände auf dem Rücken zusammengebunden, und die Japaner warfen sie hin und her wie Marionetten. Als sie von dem Spaß genug hatten, stießen die Infanteristen mit ihren kurzen Bajonetten zu. Starr vor Entsetzen beobachtete Jonnie das grauenhafte Schauspiel und sah den Stoß nicht, der ihn niederstreckte. Ein Bajonett hatte seine Seite durchbohrt, und er fiel aufs Gesicht. Jetzt ist es vorbei, dachte er und sagte leise: *Pater noster qui est in coelis, nomine* . . . Er verlor das Bewußtsein.

Als ein flacher Schuh mit Zehenriemen Jonnie auf den Rücken drehte, lag er schlaff da.

«Konokata shimatta . . . shijitta», sagte der japanische Unteroffizier. «Der da ist erledigt . . . tot.»

Er ging zum nächsten Freiwilligen. Während die Finger des Artilleristen flehend im Staub scharrten, schoß der Unteroffizier mit seinem Revolver dem Verwundeten ins linke Auge. Systematisch töteten die kaiserlichen Infanteristen alle Überlebenden. Nachdem sein erster Kampfauftrag ausgeführt war, formierte sich der japanische Zug, um das nächste Operationsziel in Angriff zu nehmen.

Die Hauptverteidigungslinie der Insel Hongkong war durchbrochen. Die restlichen befestigten Stellungen der Engländer entlang der Küste waren unhaltbar, und es gab keine andere mögliche Verteidigungslinie, die kürzere oder längere Zeit gehalten werden konnte. Das hügelige Gelände und die gewundenen Verkehrswege unterteilten die Insel in isolierte Abschnitte, die nicht von einer einzigen Widerstandslinie geschützt werden konnten. Als improvisierte britische Gegenangriffe in einem blutigen Sumpf steckenblieben, war das Schicksal der «uneinnehmbaren Festung» des britischen Rundfunks besiegelt. Nachdem die Japaner an einem halben Dutzend Stellen am Nordufer der Insel gelandet waren, konnten sie nicht mehr vertrieben werden. Die Verbindung zwischen dem Verteidigungshauptquartier und der Front brach zusammen. Viele Einheiten leisteten noch hinhaltenden Widerstand, der ebenso tapfer wie hoffnungslos war. Sieben Tage vergingen noch, bis bei der offiziellen Kapitulation die letzte britische Fahne niedergeholt wurde. Genau einhundert Jahre und elf Monate hatte die Kronkolonie unter britischer Herrschaft gestanden.

Es war am frühen Sonntagnachmittag, dem 21. Dezember. Mary Philippa Osgood Sekloong legte den Telefonhörer auf. Zum erstenmal seit der Landung der Japaner am 18. hatte sie die Stimme ihres Mannes gehört. Unwillkürlich fiel ihr das Wort von Francis Bacon ein: «Wer Weib und Kinder hat, muß mit Verlusten rechnen.» Sie dankte Gott, daß nur drei ihrer Angehörigen in Hongkong geblieben waren: Charles, Jonnie und Sarah. Ihr siebenjähriger Enkel Albert war im Juni zu seinen Tanten Guinevere Parker und Charlotte Martin geschickt worden und freute sich darauf, die Schulzeit in New York und die Ferien in Beverley Hills zu verbringen. Ihre anderen Kinder und Enkel waren in alle Winde verstreut, von Paris und Lancashire bis zum nationalistischen Tschungking und dem kommunistischen Yenan.

Ihre Dankbarkeit, daß der größte Teil der Familie nicht in Hongkong in der Falle saß, verdrängte nur kurz die traurige Pflicht, Charles' nicht schlüssigen Bericht an Sarah weiterzugeben. In Anbetracht ihres blutbefleckten und schmutzigen weißen Kittels verzichtete sie darauf, sich die Lippen nachzuziehen. Als sie in ihren Handspiegel schaute, vermied sie den Blick ihrer rotgeränderten Augen und sah rasch weg von dem abgehärmten Gesicht, das zum erstenmal ihre einundsechzig Jahre erkennen ließ. Wenigstens erhöhte ihr Alter ihre Autorität im Tung Wah-Krankenhaus, wo nach dem japanischen Überfall endlich alle Rassenschranken gefallen waren. Schottische Soldaten mit Bauchschüssen stöhnten neben chinesischen Kaufleuten mit zerschmetterten Beinen. In einer abgeschirmten Ecke lag ein in Gefangenschaft geratener japanischer Oberst im Sterben. Irgend jemand hatte die Flagge mit der aufgehenden Sonne über ihn gebreitet, um einen gefallenen Feind zu ehren. Mary und Sarah assistierten den chinesischen Ärzten und Schwestern, versorgten die Patienten, die vielleicht überleben würden, und spendeten den Sterbenden Trost, so gut sie konnten.

Mary winkte ihrer Schwiegertochter, mit ihr in die praktisch leere Medikamentenkammer zu gehen, wo sie ungestört sprechen konnten.

«Mein Liebes, die Nachrichten sind nicht gut», sagte sie. «Aber wir können noch hoffen. Charles sagt, von Jonnies Batterie habe man seit der Landung nichts gehört. Wir wissen nicht . . .»

«Jonnie lebt», erklärte Sarah überzeugt. «Sonst würde ich es wissen. Ich würde es *wissen.* Der Instinkt einer Ehefrau . . .»

«Ich wünschte, der Instinkt einer Mutter wäre ebenso verläßlich», flüsterte Mary halb im Selbstgespräch. «Aber wir müssen weiterarbeiten.»

«Doong-yong guai lay-la! Yat-bun guai lay-la!» Der Schrei wurde offenbar im Gebäude selbst ausgestoßen. «Die Teufel aus dem Osten kommen! Die japanischen Teufel kommen!»

«Unters Bett mit dir», befahl Mary. «Unter das Bett des japanischen Oberst. Dank der Flagge wirst du nicht zu sehen sein.»

Gehorsam schlüpfte Sarah unter das Bett und lag ganz still. Sie hatten gehört, daß betrunkene japanische Soldaten alle Frauen, gleichgültig welchen Alters, vergewaltigten, aber Sarah wußte, daß es vergeblich sein würde, ihre Schwiegermutter zu bitten, sich auch zu verstecken. Marys Autorität war in kritischen Situationen unanfechtbar.

In ihrem schmutzigen weißen Kittel ging Mary zur Eingangshalle. Sie sah nicht mehr, daß die gewöhnlich makellosen Teakböden übersät waren mit blutigen Verbänden, Uniformen, zerbrochenen Flaschen und leeren Konservenbüchsen. Da sie es sich nicht zutraute, sie anzusehen, ging sie rasch an sechs kanadischen Soldaten vorbei, die mit vor Blutverlust wächsernen Gesichtern auf ihren Strohsäcken lagen. Ohne sie wahrzunehmen, stemmte sie sich gegen die Flut verängstigter Schwestern und Amahs, die in den hintersten Winkeln des Grundstücks Zuflucht suchten. Mary wappnete sich bewußt für die gefährlichste Begegnung ihres Lebens, indem sie alle anderen Gedanken aus ihrem Sinn verbannte und nur an die bevorstehende Konfrontation mit dem Feind dachte.

Vier japanische Infanteristen – einfache Soldaten oder Unteroffiziere, wie nach ihren schlecht geschnittenen Uniformen anzunehmen war – torkelten zur Tür herein; sie schwenkten Flaschen des starken *shamshu*-Schnapses und Gewehre mit aufgepflanztem Bajonett. Drei hatten eine unheimliche Ähnlichkeit mit der bekannten Karikatur des «brutalen

Japaners»; sie trugen Brillen, waren untersetzt und hatten vorstehende Zähne. Der vierte war ein schlanker junger Mann mit heller Haut und den aristokratischen Zügen einer No-Maske. Sein Gesicht war vom Alkohol gerötet, und er war auch der aggressivste.

«Wir kommen innen», verlangte er in gebrochenem Mandarin. «Wir kommen ein . . . wollen Frauen . . . wollen trinken.»

«Das ist hier ein Krankenhaus», sagte Mary. «Nur kranke Menschen, keine Frauen. Nichts zu trinken.»

«Ihr habt Schwestern», beharrte der betrunkene Junge. «Ihr habt Wein.»

«Nein!» Kalte Wut setzte sich gegen Marys Angst durch. «Alle Schwestern weg. Kein Wein mehr, alle Flaschen zerbrochen.»

Der junge Mann hob sein Gewehr wie einen Speer mit einer Hand und umklammerte mit der anderen immer noch die *shamshu*-Flasche. Die Bajonettspitze zitterte fünfzehn Zentimeter vor ihrer Brust.

«Sie sind dumm», sagte Mary verächtlich. «Sie suchen etwas, das es nicht gibt.»

Die *shamshu*-Flasche zersplitterte auf dem Fußboden. Der Japaner packte sein Gewehr mit beiden Händen, und die Bajonettspitze war jetzt nur noch zwei Zentimeter von ihrer Brust entfernt.

«Geh mir aus dem Weg, alte Frau», schrie er.

«Tomare!» Das barsche Kommando: «Halt!» ließ die vier Soldaten schwankend stramm stehen.

Ein japanischer Leutnant kam mit einer Korporalschaft von zehn Mann in die Eingangshalle. Mary bemerkte, mit welcher Anstrengung er sich gerade hielt, und ihr wurde klar, daß auch er stark getrunken hatte.

«Was bilden Sie sich denn ein?» fragte er in tadellosem Englisch. «Wie können Sie es wagen, sich den Truppen Seiner kaiserlichen Majestät zu widersetzen?»

«Sie verlangen Frauen und Wein», erwiderte Mary. «Die Schwestern sind alle geflohen, und Wein gibt es nicht.»

«Sie lügen!»

«Kommen Sie herein, wenn es sein muß», forderte Mary ihn auf. «Aber dürfen die Besiegten zuerst zeigen, wie *sie* sich verhalten haben?»

«Was meinen Sie damit?» fragte der Leutnant mißtrauisch.

«Wollen Sie mit mir kommen? Sie allein?»

Der Leutnant drehte sich um und befahl seinen mürrischen Leuten, sich auf den Boden zu setzen.

«Sie müssen das verstehen», erklärte er geduldig. «Meine Leute haben schwer gekämpft. Sie haben ein Recht auf die Früchte des Sieges.»

«Wir glauben das nicht», antwortete sie gleichmütig. «Lassen Sie mich Ihnen nur etwas zeigen.»

«Bitte», lenkte der Leutnant ein. «Wir sind keine Barbaren, sondern zivilisierte Menschen. Was wollen Sie mir zeigen?»

Mary antwortete nicht, sondern führte ihn durch die Krankensäle, wo die Verwundeten ihn angstvoll anstarrten. Sie blieb am Bett des sterbenden japanischen Obersten stehen, der mit der Flagge der aufgehenden Sonne bedeckt war.

«So behandeln *wir* die Besiegten», sagte sie leise und dachte voll Schrecken daran, daß Sarah auf dem schmierigen Fußboden unter der japanischen Flagge lag. «Ich fürchte, der Oberst wird sterben. Aber wir haben ihn so gut gepflegt, wie wir konnten. Und wir haben seiner Tapferkeit Ehre gezollt.»

«Shitsurei itashimashita.» Der Leutnant verbeugte sich tief vor dem sterbenden Oberst. «Ich habe mir eine bedauerliche Verfehlung zuschulden kommen lassen.»

Nüchtern geworden, machte er eine Kehrtwendung wie bei einer Parade und ging steifbeinig zurück in die Eingangshalle. Sein barscher Befehl brachte die vierzehn Soldaten auf die Beine.

«Ich bringe die Dankbarkeit der kaiserlich-japanischen Armee zum Ausdruck. Ich habe mir eine bedauerliche Verfehlung zuschulden kommen lassen», wiederholte er.

Mary konnte es kaum glauben, als sie die japanische Korporalschaft hinter dem Leutnant abmarschieren sah. Sie hielt sich an der Tür fest, denn sie fürchtete, sie würde zum zweitenmal in ihrem Leben ohnmächtig werden. Erleichterung übermannte sie, denn sie hatte damit gerechnet, von einem japanischen Bajonett durchbohrt zu werden. Die als wahr bestätigten Berichte, daß die kaiserliche Armee Frauen vergewaltigt und Männer verstümmelt hatte, waren ebenso weit verbreitet wie die illusorischen Gerüchte, daß die Entsatztruppe der Nationalisten sich bereits in den New Territories befände.

«Sie sind einfach weggegangen, Mutter», stammelte Sarah. «Einfach weggegangen. Ich kann es nicht glauben.»

«Ich auch nicht», erwiderte Mary matt. «Ich hätte nie gedacht . . .»

«Du warst großartig, Mutter. Ich konnte es kaum glauben . . .»

«Ich auch nicht. Ehrlich gesagt, Sarah, es war das einzige, was ich tun konnte, aber es war töricht.»

«Und du hast es getan!» lachte Sarah. «Von ganzem Herzen.»

Das erinnerte Mary an ihr unverfrorenes Motto, und da war es um ihre Selbstbeherrschung geschehen. Gleichzeitig lachend und weinend, fast hysterisch, lagen sich Schwiegermutter und Schwiegertochter in den Armen. Die Schwestern und Amahs, die aus ihren Verstecken herauskamen, sahen es voll Verwunderung.

«Noch haben wir Arbeit hier. Aber wie lange?» Marys Selbstbeherrschung kehrte allmählich zurück. «Sie werden wiederkommen. Und Wunder geschehen nicht zweimal, nicht am selben Ort.»

Ähnliche vergängliche Wunder geschahen auch anderswo auf der heimgesuchten Insel. Verteidigt durch eine Kompanie betagter Krieger, von denen keiner jünger als sechzig, die meisten sogar über siebzig waren, hielt sich das Hauptelektrizitätswerk der Insel vier Tage. Drei Mann der Besatzung starben an Herzanfällen, ehe wiederholte Angriffe durch japanische Elitetruppen die anderen überwältigten.

Ein Captain und drei Sergeants von der Intendantur verschlossen die Stahltür der innersten Kammer hinter sich, als die Japaner in die betonierten Gänge ihres unterirdischen Munitionslagers eindrangen. Da sie die Tür nicht aufbrechen konnten, schossen die Japaner mit Maschinenpistolen durch das Stahlgitter und warfen Handgranaten, die inmitten der aufgestapelten Artilleriemunition explodierten. Schließlich zogen sich die Japaner verärgert zurück, ohne den vier erstaunten britischen Soldaten ein Haar zu krümmen. Als sie zu guter Letzt in den winterlichen Sonnenschein hinauskamen, fanden sie ihren alten Dodge unbeschädigt vor und fuhren unangefochten zu der britischen Stellung gegenüber vom Wongneicheong Gap.

So war dieser Krieg. Generalleutnant Sakai Takashi, der seinen Vorgesetzten versprochen hatte, er würde Hongkong in einer Woche nehmen, schickte giftige Botschaften und gab seinen Truppenkommandeuren die Schuld. Auch er war erstaunt über die obstinate Tapferkeit isolierter britischer Einheiten, nachdem der organisierte Widerstand zusammengebrochen war.

Ein persönliches Wunder widerfuhr Captain Jonathan Sekloong, der sich mit einem *Pater noster* dem Tod überlassen hatte. Als er langsam wieder zu Bewußtsein kam, schien die Sonne gelb durch seine geschlossenen Lider. Sein ganzer Körper schmerzte, und seine Seite, wo der Bajonettstich durch die Rippen abgelenkt worden war, brannte. Ohne sich zu bewegen, öffnete er die Augen und sah die Leichen seiner Leute im Staub liegen, ihre Wunden von Fliegen umschwirrt. Vorsichtig drehte er den Kopf, aber er sah nichts Lebendiges, weder Freund noch Feind. Ganz behutsam stand er auf, allein unter den Toten. Sein linker Arm hing schlaff herunter, sonst war alles in Ordnung.

Jonnie machte eine Bestandsaufnahme seiner Habseligkeiten. Seine Wasserflasche war voll, und im Brotbeutel hatte er fünf Päckchen Zwieback. Er brachte es nicht über sich, seine toten Kameraden zu durchsuchen, und zog nur mit einem gemurmelten Gebet Peter Hardin den Revolver aus dem Halfter. Immer wieder von starken Schmerzen befallen, verknotete er einen Lederriemen zu einer Schlinge für seinen Arm. Die schlimmste Prüfung stand ihm noch bevor.

Drei Schanzkulis lagen tot zwischen den Leichen der Freiwilligen. Mit nur einer Hand zog er den größten Kuli aus und streifte die schwarze Jacke und die Hosen über seine Uniform. Die Kulikluft war im wesentlichen Tarnung, während seine Uniform verhindern sollte, daß die Japaner ihn als Spion erschossen, falls er gefangengenommen wurde.

Aber er hatte nicht die Absicht, sich gefangennehmen zu lassen. In der anonymen schwarzen Kleidung, das Gesicht von einem kegelförmigen Hut aus Bambusgeflecht beschattet, konnte er, da er fließend Kantonesisch sprach, für einen verwundeten Zivilisten gehalten werden. Nachdem er seine Militärstiefel gegen die Strohsandalen eines Kulis ausgetauscht hatte, machte er sich auf Schleichwegen auf den langen Marsch zum Fort auf der Halbinsel Stanley, der letzten britischen Stellung, die verteidigt werden konnte.

Der Gouverneur der Kronkolonie Hongkong Seiner britischen Majestät wandte sich erbittert an den Generalmajor, der die Schutztruppe befehligte.

«Wieder so eine verdammte Botschaft aus London», sagte Sir Mark Young. «Wir sollen aushalten bis zum letzten Mann, Zeit gewinnen . . .»

«Zeit wofür?» fragte der Generalmajor.

«Das ist leider nicht klar. Nur eine Menge Churchill-Bombast von Ehre und Ruhm und dem unschätzbaren Beitrag, den wir leisten.»

«Mir wären zwei kampffähige Brigaden und eine Staffel Jagdflugzeuge lieber.»

«Nicht die geringste Aussicht, alter Freund», antwortete der Gouverneur. «Aber unsere Befehle sind klar.»

«Der verdammte Wichtigtuer schiebt uns einfach den schwarzen Peter zu», seufzte der General. «Wir müssen die Entscheidungen treffen, nicht er . . . wenn es soweit ist. Wenn wir entweder weitere Soldaten vergeblich opfern – oder kapitulieren.»

«Immerhin», beharrte der Gouverneur, «gibt es noch Hoffnung.»

«Es freut mich, daß Sie noch Hoffnung haben. Was mich betrifft, so sehe ich nirgends etwas Erfreuliches.»

«Diese Berichte von einer chinesischen Entsatztruppe ...»

«Nichts Offizielles, nicht einmal eine Andeutung, Euer Exzellenz.»

«Aber es *könnte* doch etwas dran sein. Ich bin noch nicht lange genug hier, um es beurteilen zu können. Aber meine Leute, die alten Hasen, sagen, der Bambus-Telegraf könne verflucht genau sein.»

«Wir haben nichts von den Chinesen gehört», wandte der General ein.

«Darauf will ich hinaus», erwiderte der Gouverneur. «Das möchte ich herausfinden – wenn möglich. Ihr Mann Sekloong wäre ein idealer Verbindungsoffizier. Die Chinesen kennen ihn, und an seiner Loyalität ist nicht zu zweifeln.»

«Der Versuch lohnt sich vielleicht», gab der General zu. «Hier nützt er uns jetzt nichts. Nachschub und Nachrichtendienst koordinieren, in Gottes Namen! Er hat seine Sache sehr gut gemacht. Aber bei uns scheint es jetzt weder Nachschub noch Nachrichten mehr zu geben.»

«Dann sind Sie einverstanden? Sie werden ihn abkommandieren, damit er Verbindung mit den Chinesen aufnimmt?»

«Der Versuch lohnt sich», stimmte der General widerwillig zu.

Kurz vor Einbruch der Dunkelheit am 22. Dezember 1941 lief eine Fischerdschunke aus der Taitam Bay aus, und ihre geflickten Segel hoben sich rot, braun und purpurn gegen den grauen Himmel ab. Die von den Briten gehaltene Halbinsel Stanley beherrschte die Bucht noch, und die Japaner unternahmen nichts gegen die Fischerflotte. Am Vorabend des Sieges machte sich die kaiserliche Armee bereits Gedanken über die Befreiung der anderthalb Millionen Zivilisten in Hongkong. Auf dem schuppenbedeckten Deck waren drahtige Fischer dabei, die Netze zu richten. Aber die Dschunke machte sich nicht nach den reichen Fischgründen im Südwesten auf. Sie nahm Kurs auf Haumun im Nordosten, hundertachtzehn Meilen entfernt an der Kwangtung-Küste, eine winzige Stellung, die die Nationalisten inmitten der japanischen Sturzbäche, die sich über Ostchina ergossen hatten, noch hielten.

Der schwere Ruderpfosten quietschte in seinen hölzernen Ösen, als die Dschunke an den Poktoi-Inseln vorbeifuhr und der Seewind die Segel blähte. In der großen Kajüte im Achterschiff, wo die Fischer und ihre Familien in behaglicher Verwahrlosung lebten, kuschelte sich eine Französin mittleren Alters in ihren eleganten Nerz. Das Knacken des Spantenwerks und das Quietschen des Ruders hallten in der Kajüte wider, als ob sie der Resonanzkörper eines Cellos wäre. Der Diener der Dame fragte sie ehrerbietig, ob sie an *mal de mer* leide.

«Pas du tout. Je vais très bien, Monsieur Wu», erwiderte sie. «Überhaupt nicht. Mir geht's sehr gut.»

Wie ihr Paß besagte, war die Dame Madame Marie Draché. In Hongkong von dem japanischen Angriff überrascht, hatte sie ohne Rücksicht auf die Kosten die Dschunke für zweitausend Dollar gechartert, um der Rache zu entgehen, die die verrückten Engländer an einer loyalen Bürgerin der deutschfreundlichen Vichy-Regierung üben könnten, ehe die japanischen Streitkräfte sie aus deren Gewalt erretteten. Der Diener hatte sie seit dem Tod ihres Mannes, eines Regimentskommandeurs in Indochina, betreut. Für einen Chinesen sprach er recht gut Französisch; er hinkte auf dem linken Bein.

Der wohldurchdachte Betrug wurde durch einwandfreie Dokumente erhärtet, darunter Personalausweise, gefälschte Pässe mit tadellos nachgemachten Visa und die Familienbibel der Drachés mit den Namen und Geburtsdaten aller Kinder und Enkel der Dame auf dem Vorsatzblatt, und die Tinte war verblaßt von hellem Schwarz bis zu rostigem Grau – je nach dem Alter der Eintragungen. Die Ausfertigung der falschen Papiere war eine angenehme Abwechslung für die Nachrichtenabteilung im Hauptquartier der Hongkonger Schutztruppe gewesen, die sonst wenig zu tun hatte, was sie ablenken oder aufmuntern konnte. Wenn Mary und Charles Sekloong, die sich hinter dieser Papierfassade verbargen, geschnappt werden sollten, würden sie von den Japanern wahrscheinlich als befreundete Neutrale behandelt werden. Die Chinesen ihrerseits hatten nichts gegen die Franzosen.

Nur der Kapitän der Dschunke kannte das Reiseziel, und er war auf die unvermeidlichen Fragen seiner Leute vorbereitet. Warum sollte man nicht einmal einen Abstecher in die vernachlässigten nördlichen Fischgründe mit der gewinnbringenden Beförderung einer lächerlich ängstlichen Französin verbinden? Außerdem war es nur vernünftig, in den ersten verworrenen Tagen der japanischen Besetzung aus Hongkong zu verschwinden.

Mary und Charles plauderten auf französisch mit der Zurückhaltung, die sich für Herrin und Diener schickte. Aber mit ihren Gedanken waren sie auf der Insel Hongkong, der dunklen, kegelförmigen Masse vor dem roten Ball der untergehenden Sonne. Sarah hatte es abgelehnt, sie zu begleiten – zur Erleichterung der Nachrichtenabteilung, der der Gedanke nicht behagte, falsche Papiere für die kaum Französisch sprechende Tochter einer Französin zu fabrizieren. Sarah war felsenfest überzeugt, daß Jonnie noch lebte; sie wollte dableiben und in dem in der St. Stephen's-Schule in Stanley eingerichteten Notlazarett helfen. Wenn er lebte und nicht in Gefangenschaft geraten war, dann würde Jonnie schließlich den Weg nach Stanley finden.

«Ich bin Chinese und bleibe hier», hatte Sir Jonathan geknurrt und den Gedanken, Hongkong zu verlassen, nicht einmal erwogen. «Ich würde bloß eine Last für euch sein. Für solche Scherze bin ich nicht mehr zu haben. Außerdem, wo sonst könnte ein alter Mann China helfen? Ich bin der Vater von Sek Sai-loong, dem ermordeten Ministerpräsidenten der auf Frieden bedachten Regierung in Nanking, der für die chinesisch-japanische Freundschaft den Märtyrertod erlitt. Ich werde mit den Zwergen zurechtkommen und vielleicht – wie soll ich sagen – Gelegenheiten finden.» Opal hatte lebhaft zustimmend genickt, denn sie hatte nie vorgehabt, den alten Herrn zu verlassen. Mit den verbleibenden Dienstboten waren sie in der Burg auf dem Peak in Sicherheit – so sicher, wie man in der zugrunde gehenden Kolonie sein konnte. Als Mary zu Opal sagte, sie solle an ihre eigene Sicherheit und ihre Zukunft denken, merkte man der Antwort der Polynesierin die Verwunderung über den Wink an.

«Mein Alterchen ist gut zu mir gewesen. Wie könnte ich ihn jetzt verlassen? Außerdem hat er mich gekauft. Ich gehöre ihm.»

Beeindruckt von Opals Treue, fragte sich Mary, ob es Feigheit von ihr sei, wenn sie weggehe. Der General konnte Oberst Charles Sekloong Befehle erteilen, aber nicht ihr. Dennoch mußte sie Charles begleiten, wenn es ihm gelingen sollte, die vereinzelten japanischen Patrouillenboote zu täuschen. Mit seinen weichen Händen und der hellen Haut konnte man ihn gut und gern für einen besseren Dienstboten halten, aber nie und nimmer für einen Fischer. Außerdem war es ihre Pflicht, bei ihrem Mann zu sein, der in den letzten vier Jahren erstaunlich liebevoll gewesen war.

Es hatte noch andere zwingende Gründe für ihren Entschluß gegeben; trotzdem hatte sie zu ihrer eigenen Überraschung ein schlechtes Gewissen, daß sie das belagerte Hongkong im Stich ließ, über dessen Schicksal sie in den Wirren des Krieges nicht viel erfahren würde. Sie wußte nicht einmal, ob Jonnie am Leben oder tot war, und Sir Jonathan konnte jederzeit sterben, auch ohne Zutun der Japaner. *Jemand* mußte am Leben bleiben, um das Sekloong-Imperium wieder aufzubauen, und Charles würde ihren Beistand brauchen.

Während Mary über ihren Entschluß nachgrübelte, hatte die Dschunke es schwer, gegen den Südwestmonsun anzukämpfen. Das plumpe Schiff mußte immer wieder über Stag gehen und war, wenn es fünf Meilen zurückgelegt hatte, nur zwei Meilen in nordöstlicher Richtung vorangekommen. Das ewige Wenden war außerordentlich unangenehm, denn die seit mehr als einem Jahrtausend unveränderte Bauart der Dschunke sah vor, daß sie auf den Wellen ritt, statt sie zu durchpflügen. Mary, die sich für seefest gehalten hatte, war entsetzt, daß sie an die schmale, hölzerne Koje gefesselt war. Aber auch Charles litt unter der ungleichmäßigen Bewegung, Charles, der sich im Sturm an den Wanten der ‹Regina Pacis› festgeklammert und über das Heulen des Windes gejubelt hatte. Der Schoner mit dem tiefen Rumpf und dem schweren Kiel war etwas ganz anderes als diese chinesische Nußschale.

Selbst wenn sich ihr Auftrag als eher töricht denn wichtig herausstellen sollte, hatten sie wenigstens den Versuch unternommen. Mary war stolz auf die Tapferkeit ihres fünfundsechzigjährigen Mannes, und ihr fiel auf, daß er in der letzten Zeit wieder mehr dem forschen jungen Mann ähnelte, den sie vor vierzig Jahren geheiratet hatte. Sie wurde sich darüber klar, daß Charles sie innig liebte und sie trotz ihrer Differenzen immer genauso geliebt hatte wie sie ihn. Sie konnte nicht wissen, ob diese Reise das letzte Kapitel ihres Lebens war oder der Beginn eines neuen Abschnitts, aber ihre Konten waren endlich ausgeglichen.

Der dritte Tag auf See brach klar und ruhig an nach dem finsteren Toben des Sturms. Nur die Dünung unter dem Kielschwein der Dschunke erinnerte noch an den Monsun. Dankbar hatten Mary und Charles den Reisschleim mit Bröckchen von gesalzenem Fisch gegessen. Verschleierte halbe Blicke brachten ihre Erleichterung und ihre gegenseitige Zuneigung zum Ausdruck. Sie durften sich nicht berühren, es sei denn, scheinbar aus Versehen, und unterhalten konnten sie sich nur in gestelztem Französisch. Charles hatte Mary warnend darauf hingewiesen, daß der Kapitän der Dschunke womöglich Englisch verstünde.

Als ob das Ende des Sturms sie hervorgerufen hätte, tauchte am Horizont eine Rauchfahne auf. Es dauerte keine Stunde, und ein schnittiger japanischer Zerstörer der Chidori-Klasse fuhr auf sie zu. Der Dschunken-Kapitän kümmerte sich nicht um die aufgezogenen Signalflaggen.

«Wieder solch ein Unsinn von ausländischen Teufeln», brummte er. Aber er drehte bei, als eine Granate fünfzehn Meter vor dem stumpfen Bug der Dschunke eine Fontäne hochgehen ließ. Diese Sprache verstand jeder.

Es war noch nicht lange Krieg, und die kaiserliche Marine, stolz auf ihre Siege, führte ihren Befehl gewissenhaft aus, alle Schiffe, selbst Dschunken, zu durchsuchen. Der Kommandant des Zerstörers schickte eine Motorbarkasse mit vier bewaffneten Matrosen unter einem Leutnant zur Dschunke.

Mary war entsetzt, daß der Offizier Ähnlichkeit mit dem jungen Soldaten hatte, der sie im Krankenhaus in Hongkong mit dem Bajonett bedroht hatte. Auch er hatte eine helle Haut und die Gesichtszüge einer No-Maske.

«Na», murmelte Charles hinter der vorgehaltenen Hand, «jetzt werden wir sehen, ob unsere Paßfälscher gute Arbeit geleistet haben.»

«Gott sei Dank, daß der Sturm vorbei ist.» Sie sprach Französisch und lächelte matt. «Es ist auch tröstlich, daß die kaiserlich-japanische Marine auf der Hut vor Piraten ist.»

Wie sie es beabsichtigt hatte, hörte der Leutnant ihre Worte. Seine Verbeugung vereinte höchst anmutig den schwungvollen Kratzfuß eines französischen Höflings des 18. Jahrhunderts mit der tiefen, horizontalen Verneigung, die die japanische Etikette vorschrieb.

«A votre service, Madame», sagte er. *«Matsudaira, Lieutenant, Flotte Impériale Japonaise.»*

Mein Gott, dachte Charles, mußten wir ausgerechnet auf den einzigen japanischen Leutnant stoßen, der Französisch spricht?

Mary ergriff die Initiative und brachte wortreich zum Ausdruck, wie glücklich sie sei, daß der Offizier ihre Muttersprache verstehe. Um ihr eingerostetes Französisch zu kaschieren, stieß sie ab und zu Schreie des Entzückens aus und hätte trotz ihrer Angst fast gelacht über ihren lächerlichen Auftritt. Und sie lachte dann wirklich vor Erleichterung, als sie merkte, daß Leutnant Matsudaira noch schlechter Französisch sprach als sie.

Nach überschwenglichen Entschuldigungen, daß es leider notwendig sei, befahl der Leutnant seinen Leuten, die Dschunke zu durchsuchen. Mit langen Stangen stachen die Matrosen in den gesalzenen Fisch, während Madame Draché dem Leutnant ergreifend schilderte, warum sie aus Hongkong geflohen sei, ehe die perfiden Briten ihr etwas zuleide täten. Trotz seines Mitgefühls blätterte er die Dokumente durch und prüfte ihren Paß genau, ehe er ihn ihr zurückgab. Er entschuldigte sich von neuem, daß er ihr Gepäck durchsuchen müsse.

Charles packte das Messer, das er im Ärmel stecken hatte, als der Offizier den Deckel des Lederkoffers anhob, in dem das Funkgerät war. Aber Leutnant Matsudaira schreckte vor der Reizwäsche zurück, die Mary über dem Gerät ausgestreut hatte.

«Wir brauchen Madame nicht weiter zu inkommodieren», sagte er. «Ich gebe dem Kapitän eine Bescheinigung, daß seine Dschunke überprüft wurde. Es tut mir leid, daß ich Madame und ihrem Diener keine Transportmöglichkeit anbieten kann. Aber wir haben Befehl, nach Süden zu fahren. *Bon voyage et bonne chance.*»

Das Prisenkommando kletterte über die Jakobsleiter in die Motorbarkasse. Abgestützt gegen das Schlingern des kleinen Boots, salutierte Leutnant Matsudaira vor Mary.

«Wir sind gewogen und nicht zu leicht befunden worden», flüsterte Charles. «Jetzt haben wir sogar einen Geleitbrief, einen Geleitbrief der japanischen Marine.»

«Was hättest du getan, wenn er das Funkgerät gefunden hätte?» fragte sie. «Ich sah dich nach dem Messer greifen.»

«Wenn ich das wüßte», gab Charles zu. «Aber vermutlich hätte ich etwas getan.»

«Etwas Dummes, zweifellos», lächelte sie.

«Wahrscheinlich etwas sehr Dummes.»

Am nächsten Tag lief die Dschunke in dem kleinen Fischerhafen Haumun ein. Sie kämen zu spät, sagte ihnen ein freundlicher chinesischer Major. Sie hätten ihren Wettlauf gegen die Japaner verloren, denn Hongkong sei im Begriff zu kapitulieren. Die angebliche chinesische Entsatztruppe gebe es nicht. Charles' hoffnungsloser Auftrag war erledigt.

«Was nun?» fragte Mary. «Was nun, Oberst?»

«Tschungking vermutlich. Irgendwo muß ich mich ja melden.»

«Ein langer Fußmarsch», meinte Mary. «Aber ich mache mit.»

«So schlimm ist es nicht. Es gibt Möglichkeiten. Aber zuerst haben wir uns ein paar Ruhetage verdient.»

Auf seinem langen Fußmarsch von Lyemun nach Stanley stellte Captain Jonathan Sekloong fest, daß sich Hongkongs chinesische Bevölkerung uneinheitlich verhielt. Oberhalb von Taitam Gap im Gebüsch versteckt, beobachtete er eine Gruppe japanischer Infanteristen, die von zwei Männern geführt wurden. Der eine trug dieselbe schwarze Kulikleidung wie er selbst, der andere den grauwollenen Rock eines wohlhabenden Kaufmanns. Zweimal traf er kleine Banden bewaffneter Chinesen mit den blau-weißen Kokarden der Nationalisten an ihren Tropenhelmen, und sie gaben ihm zu essen. In den Villen an der Taitam Road, nordöstlich von Stanley, wimmelte es von Plünderern, die alles mögliche wegschleppten, von Porzellan-Nachttöpfen bis zu Grammophonen. Jonnie lachte leise vor sich hin, denn die größte Villa, von ausgedehnten Terrassen umgeben, gehörte einem bekannten Kollaborateur, der Wang Tsching-weis Marionettenregierung eifrig unterstützte.

Captain Jonathan Sekloong gewann seinen Wettlauf gegen die Japaner; am Weihnachtsabend erreichte er Stanley am südwestlichsten Punkt der Insel. Als er vom Nordosten her mit Blasen an den Füßen die Stanley Road entlanghumpelte, stieß der Feind von Nordwesten her auf die Halbinsel Stanley vor, den einzigen noch systematisch Widerstand leistenden Stützpunkt der Engländer. Die zuerst gelandeten drei japanischen Regimenter waren inzwischen erheblich verstärkt worden, und die Japaner waren wütend über den Widerstand, auf den sie hier und dort immer wieder gestoßen waren. Solch unzivilisiertes Verhalten, klagten die Offiziere, hätten sie von barbarischen chinesischen Guerillas erwartet, aber so führten doch zivilisierte Menschen keinen Krieg.

«Sie sollten wissen, daß sie besiegt sind», rief ein empörter japanischer Major aus, nachdem sein Bataillon schwere Verluste erlitten hatte, als es zwei Züge der Royal Scots von der Halbinsel Chunghomwan vertreiben wollte, dem westlichen Vorgebirge, das die Stanley Bay umschließt. «Ich erwarte nicht, daß tapfere Männer sich ergeben, aber sie könnten würdig Selbstmord begehen.»

Am Weihnachtsabend kämpften noch vereinzelte kleine Einheiten auf der Insel Hongkong. Die St. John's-Kathedrale, eine halbe Meile vom nördlichen Ufer entfernt, an dem die Japaner zuerst gelandet waren, wurde noch von den Engländern gehalten, und der Dekan zelebrierte die traurigste Christmesse in der Geschichte der Kolonie. Bei Pokfulam, drei Meilen westlich, hielt eine gemischte Abteilung von Freiwilligen und dem Middlesex-Regiment Stellungen auf den Hügeln, wo die Milchkühe der Molkerei grasten. Außerdem hielten die Briten noch das Matilda-Hospital auf dem Peak und warfen japanische Elite-Sturmtruppen die steilen Hänge hinunter.

Britische Halsstarrigkeit und chinesische Dickköpfigkeit reichten aus, um jeden vernünftigen Mann wütend zu machen, und Generalleutnant Sakai Takashi war zu dieser Zeit nicht ganz vernünftig. Tokio drängte ihn, endlich reinen Tisch zu machen, und der große Schimmel, auf dem er siegreich in Victoria einzuziehen gedachte, war so oft gestriegelt worden, daß die koreanischen Reitknechte hinter der vorgehaltenen Hand kicherten. Generalmajor C. M. Maltby, der britische Befehlshaber, befahl einen selbstmörderischen Gegenangriff, um die zangenförmige Umfassung an der Wanchai Gap, der wichtigsten Straße zum Peak, zu durchbrechen. Er war entschlossen, hatte aber nicht viel Hoffnung.

Jonnie Sekloong erreichte am Weihnachtsabend um sechs Uhr die britischen Verteidigungslinien auf der Halbinsel Stanley. Bunt gemischt hielten Mannschaften der verschiedenen Einheiten, Radschputen, Winnipeg Grenadiers, Königliche Marine und Freiwillige, Stellungen auf dem Hügelchen Stanley Mound. Nach einem abschätzenden Blick auf die schmutzige, blutverkrustete Gestalt, die aus der Dämmerung aufgetaucht war, befahl der kommandierende Major Jonnie, sich im Lazarett in der St. Stephen's-Schule zu melden, weniger als zweihundert Meter hinter der Front.

Halb betäubt und erschöpft, taumelte Jonnie in die zum Leichenhaus gewordenen Klassenzimmer. Mit Bewegungen wie rostige Automaten versorgten Ärzte und Schwestern die Verwundeten und Sterbenden. Da ihre Vorräte an Medikamenten und Verbandstoffen fast erschöpft waren, konnten sie ihnen nicht viel mehr bieten als verbalen Trost. Jonnie vergaß seine eigenen, relativ unbedeutenden Wunden, als er eine dunkelhaarige Schwester beobachtete, die auf dem schmutzigen Fußboden kniete und die Hand eines blonden Soldaten vom Middlesex-Regiment hielt. Liebevoll flüsterte sie mit dem sterbenden Mann und ertrug stoisch seinen krampfhaften Griff. Dann wurde der Soldat steif und fiel zurück. Noch eine ganze Minute blieb die Schwester auf den Knien, ehe sie aufstand und sich die Tränen aus den Augen wischte.

«Sarah?» Jonnies Stimme zitterte. «Sarah, du? Du bist es?»

«Jonnie!» rief sie. «Jonnie! Ich wußte es . . . Sie sagten, nein, aber ich wußte es, ich wußte, daß du lebst. Ich wußte, daß du zu mir kommen würdest.»

«Das habe ich getan», sagte er lächelnd.

«Jonnie! Jonnie!»

Sie lachte unter Tränen, und erst dann umarmten sie sich.

«Ich wußte, daß ich dich finden würde», flüsterte er. «Aber . . . manchmal . . . konnte ich es nicht mehr glauben.»

«Jetzt wollen wir dich erst mal saubermachen.» Nach fast hysterischer Erleichterung gewann Sarahs nüchterne Tüchtigkeit wieder die Oberhand. «Du siehst gräßlich aus.»

An jenem Abend tranken sie warmen Champagner und lagen auf einer Binsenmatte in einem Kämmerchen, in dem die Schul-Amah früher geschlafen hatte. Ihre Leidenschaft legte sich rasch, denn sie waren beide erschöpft, fast zu erschöpft, um zu schlafen. Sie unterhielten sich leise, bis sie gegen Morgen in einen unruhigen Schlaf fielen. Nach dem frugalen Frühstück küßte Jonnie Sarah zärtlich.

«Jetzt zieht Captain Sekloong wieder in den Krieg.» Sein Humor war forciert. «Nach einer Nacht der Sinnenlust auf duftenden seidenen Laken mit seiner Herzensdame. Wir sind eine verwöhnte Gesellschaft, nicht wahr?»

«Jonnie, wir sind beide am Leben. Bisher haben wir überlebt – und wir werden überleben, was immer auch geschieht.»

«Ich habe die feste Absicht, am Leben zu bleiben. Hängt natürlich von den Erfordernissen des Dienstes ab.»

Der Weihnachtstag sah ein entsetzliches Getümmel von Angriffen und Gegenangriffen. Die Läufe von Gewehren und Maschinengewehren wurden so heiß, daß man sie nicht anfassen konnte, und die japanischen Gefallenen häuften sich vor den letzten Verteidigern des britischen Hongkong. Trotzdem wurden sie unerbittlich zurückgedrängt. Der Kordon um das Lazarett in der St. Stephen's-Schule gab nach, und Jonnie wurde mit fortgerissen bei dem eiligen Rückzug zur letzten Redoute im Stanley Fort. Er versuchte umzukehren und Sarah wiederzufinden, aber die Japaner hatten die Schule schon eingeschlossen.

Eine japanische Abteilung drang in das Lazarett ein, während die Kampftruppe die sich zurückziehenden Engländer verfolgte. Aus Rache für den unverschämten britischen Widerstand stachen die japanischen Infanteristen mit den Seitengewehren auf die Verwundeten ein. Die beiden Ärzte, die bei den Verwundeten hatten bleiben wollen, wurden erschossen und ihre Leichen niederträchtig verstümmelt. Als Sarah versuchte, einen hilflosen Freiwilligen zu beschützen, indem sie sich vor ihn stellte, wurde sie mit Gewehrkolben geschlagen und in das Kämmerchen gezerrt, in dem sie und Jonnie die Nacht verbracht hatten. Sechs Engländerinnen und vier Chinesinnen waren in dem engen Raum zusammengedrängt. Dann und wann winkte ein japanischer Soldat einer Frau, und kurz darauf schrillten ihre Schreie durch die Korridore.

Sarah war die letzte. Sie wurde an den verstümmelten Leichen von drei Schwestern vorbeigezerrt, die, nur mit Fetzen bedeckt, auf dem schmierigen Fußboden vor einem angrenzenden Kämmerchen lagen. Zu ihrem Glück nahm sie es nicht mehr bewußt wahr, als ein betrunkener japanischer Offizier ihr Kleid vom Halsausschnitt bis zum Saum aufriß. Hingestreckt auf dem Holzbett, erduldete sie die Vergewaltigung durch sieben Mann, ehe sie ohnmächtig wurde. Schließlich zerrten zwei Soldaten sie an den Füßen auf den Korridor, und bei jedem Ruck schlug ihr Kopf auf den Fußboden auf. Sie ließen sie neben den erschlagenen Schwestern liegen und kümmerten sich nicht darum, ob sie lebendig oder tot war.

Im Stanley Fort machte die letzte kampffähige Einheit ihre schwachen Abwehrstellungen bereit. Jonnie Sekloong verfluchte sich, daß er Sarah nicht gezwungen hatte, mit ihm zu kommen. Schließlich verzweifelte er und war überzeugt, daß sie tot sei.

Um 8 Uhr 15 läutete das Telefon. Wie durch ein Wunder funktionierte es.

Gouverneur Sir Mark Young übermittelte seine guten Wünsche zu Weihnachten und schloß mit den Worten: «Kämpft weiter. Haltet aus für König und Vaterland. Gott segne euch alle in dieser unserer stolzesten Stunde.»

«Macht diesen Tag zu einem historischen Datum in den großen Annalen unseres Empire», hieß es in der Botschaft von Generalmajor Maltby. «Der Tagesbefehl lautet: *Haltet stand!*»

«Wir werden standhalten, aber was ist mit den anderen Schweinehunden?» schrie ein respektloser Schütze vom Middlesex-Regiment, das zu Recht «die Dickschädel» genannt wurde. «Haben die Japse Bescheid erhalten, daß wir unbesiegbar sind?»

Das Telefon läutete nicht wieder, und die kleine Gruppe, die auf den letzten Angriff wartete, kam sich völlig isoliert vor. Im Verteidigungshauptquartier erhielt General Maltby sporadisch noch Meldungen. Die improvisierte Einheit «Z-Truppe» berichtete um 14 Uhr 15, daß die Japaner die letzten Feuerstellungen, die den Peak schützten, durchbrochen hatten. Nach Rücksprache mit seinen Stabsoffizieren teilte der General dem Gouverneur mit, daß sie kapitulieren müßten.

Der letzte Befehl erging durch Telefon und Meldegänger um 15 Uhr 15 am Donnerstag, dem Weihnachtstag 1941. Ein rachsüchtiger Generalleutnant Sakai wies den Gouverneur und den kommandieren General an, den Hafen in einer lecken Wallah-wallah-Taxibarkasse zu überqueren, um ihm im Peninsula-Hotel die offizielle Kapitulation zu unterbreiten.

In der St. Stephen's-Schule sagte ein japanischer Offizier zu seinen Gefangenen, sie hätten Glück: «Mein Befehl lautete, euch zu erschießen, wenn Maltby nicht bis sechzehn Uhr kapituliert hätte.»

Der Brigadegeneral, der Stanley Fort befehligte, weigerte sich, die Kapitulationsanweisungen als rechtmäßigen Befehl anzusehen, und seine Leute kämpften bis zum nächsten Abend.

Es war eine nutzlose und kostspielige Geste.

Schon wehte eine weiße Fahne auf dem Government House, über den Sälen, die einst Schauplatz fröhlicher Feste, formeller Empfänge und vizeköniglicher Zeremonien gewesen waren. Weitere weiße Fahnen wurden in ganz Victoria gehißt. Am 26. Dezember 1941 um achtzehn Uhr flatterte kein Union Jack mehr über der Kronkolonie, wo die britische Macht seit mehr als einem Jahrhundert geherrscht hatte.

Die lange Nacht der japanischen Besetzung war hereingebrochen. Drei Jahre und acht Monate sollten vergehen, bis die Finsternis wich.

20. Oktober 1944 bis 9. Dezember 1944

«Randall Martins Schwiegereltern sind das?» Der dicke *Newsweek*-Korrespondent pfiff durch die Zähne. «Du verkohlst mich, Archie. Gibt es jemanden, den sie *nicht* kennen?»

«Dewey», erwiderte der kleine Schotte, Vertreter der *Times* in Tschungking, «es sind *die* Sekloongs. Es gibt wenige, die was sind, die die Sekloongs nicht kennen. Und sie sind mit dem halben Geld und der halben Macht auf der Welt verwandt. Blutsverwandt oder durch Heirat oder durch Reichtum.»

«Wie steht's mit Onkel Joe Stalin?»

«Nicht daß ich wüßte. Aber sie könnten einen entfernten Vetter im sowjetischen Politbüro haben. Du weißt, nehme ich an, daß Generalmajor Schih . . . Schih Ai-kuo, der immer hinter Tschou En-lai herläuft, ihr Sohn ist?»

«Ich werd's mir merken. Gehört der Adjutant vom Gimo nicht auch zur Familie?»

«So ist es. Generalmajor Sek Lai-kwok, Chef der Kriegskanzlei des Generalissimus, ist ebenfalls ihr Sohn.»

«Diese chinesischen Namen werde ich nie kapieren», klagte der Amerikaner, «und noch weniger ihre Verwandtschaftsverhältnisse.»

«Das ist bloß eine Frage der Zeit, alter Freund», versicherte ihm der Schotte. «Nachher bist du dann verwirrter denn je.»

«Ich kann es kaum erwarten. Du bist höchst ermutigend, Archie.»

«Ich versuche zur allgemeinen Erleuchtung beizutragen.»

Der Rauhreif im Hof des Herrenhauses knirschte unter ihren Schritten, und die Kerzen in den Ölpapierlaternen tropften im Oktoberwind auf die Mauern. Die Japaner bombardierten Tschungking nur bei Tage, und nächtlicher Nebel hüllte die Stadt auf den Klippen oberhalb des Zusammenflusses von Kialing und Jangtse ein. Das Grundstück auf dem Tang Hill lag gerade über der Nebellinie, und die diffusen Strahlen des Halbmondes mischten sich mit dem unsteten Flimmern der Laternen.

Die Schatten der beiden Journalisten huschten in ungleicher Partnerschaft über die weißbereiften Pflastersteine. Der schwergewichtige Amerikaner Dewey Miller, einsfünfundneunzig groß, ging gewöhnlich gebeugt, um die Worte kleinerer Sterblicher zu vernehmen. Er hatte Tränensäcke unter den braunen Augen und hängende, fleischige Wangen. Miller watschelte wie ein gutmütiger Bluthund, während der Schotte Archie MacDonald, rotbärtig und struppig, neben ihm einherhüpfte wie ein kluges tibetanisches Hündchen.

«Und was soll dieser Rummel heute abend?» fragte Miller.

«Es ist nur ein Abendessen für Randall Martin, den Filmstar, der seine Karriere aufgegeben hat, um seinem Land zu dienen. Du weißt doch, die Chinesen lassen keine Gelegenheit aus, sich den Bauch vollzuschlagen und riesige Mengen Alkohol zu sich zu nehmen.»

«Mach dir nur keine Sorgen über Martins Opfer, Archie. Die Marine hat ihn zum Commander ernannt und ihn beauftragt, einen Film über den Krieg im Pazifik zu drehen. Ein schöner Kriegsdienst, und seiner Karriere wird es keineswegs schaden. Außerdem sorgt er schon dafür, daß nicht auf ihn geschossen wird.»

«Dewey, ihr Amerikaner seid wie die Chinesen – nur ist es bei euch nicht das Essen. Ihr seid verrückt nach Publicity, ohne sie kommt ihr einfach nicht aus.»

«Wenn du meinst, Archie. Aber worum geht es denn heute abend wirklich?»

«Keine große Sache», erwiderte der Schotte. «Es ist nur ein intimes Familienbankett mit einigen zwanzig Gästen, das jedermann viel Prestige verleiht. Martin reist morgen ab. Den Bericht über die chinesischen Kriegsanstrengungen hat er in fünf Tagen abgedreht – alles von der Etappe aus.»

«Wenn ich an die nationalistischen Kriegsanstrengungen denke, finde ich, er hätte Zeit sparen können. Das wäre in zwei Tagen zu erledigen gewesen.»

«Nein, Dewey, drei würde ich ihm zugestehen. Alles, was recht ist. Und einen Tag für das Abschiedsbankett, bei dem wir anwesend sind als die Engel, die die guten und bösen Taten der Menschen aufzeichnen.»

«Aber diese Sekloongs, Oberst Charles Sekloong und seine Frau, was ist mit denen?» wollte der Amerikaner wissen. «Und habe ich nicht einen Monsignore Charles Sekloong auf der Gästeliste gesehen?»

«Ich hab dir ja gesagt, die Sekloongs sind überall, sogar im Vatikan. Tatsächlich könnten sie einen Stoff für dich abgeben. Die Eltern sind seit Frühjahr 42 hier. Nach einer verwegenen Flucht aus Hongkong und einer höllischen Reise über Land. Der alte Knabe ist so eine Art britischer Verbindungsoffizier bei den Chinesen.»

«Und der Monsignore?» fragte Miller.

«Dem Büro des päpstlichen Nuntius zugeteilt. Einer der ganz hellen Köpfe der Kurie.»

«Und der Brigadegeneral George Parker und Frau? Wer sind die?»

«Dr. Parker ist Chef der amerikanischen Kommission für öffentliche Gesundheitspflege. Seine Frau Guinevere, geborene Sekloong, hat offiziell einen Posten beim Roten Kreuz, ist aber in Wirklichkeit hier, um sich um ihn zu kümmern. Das solltest du aber wissen.»

«Weiß ich in der Tat. Und auch, daß sie heute abend nicht da sein werden. Sind in Kunming, sitzen fest wegen Nebel. Er ist also mit der Tochter der alten Herrschaften verheiratet?»

«Richtig, Dewey. Ich sag dir ja, sie sind überall vertreten.»

«Noch eine Frage, Archie, da wir ja nun gleich hinein müssen. Wer ist unser Gastgeber?»

«Das ist eine Geschichte für sich. Dritter Onkel Kang nennen sie ihn. Kein Blutsverwandter der Sekloongs, soviel ich weiß. Aber es gibt da irgendeine geschäftliche Beziehung – auf der legitimen Seite. Nicht auf der anderen Seite, wo Kangs Geld und Macht in Wirklichkeit herkommen.»

«Was ist die ‹andere› Seite?»

«Opium, Goldschmuggel, Schwarzmarktgeschäfte – such dir aus, was du willst. Die Kangs sind praktisch die Macher von Tschungking; selbst der Gimo wird hier nur von ihnen geduldet. Dritter Onkel Kang ist der jüngste von drei Brüdern, die zehn fragwürdige Vermögen erworben haben. Er war übrigens in Schanghai wegen Opiumschmuggel zum Tod durch Erschießen verurteilt worden. Aber er wurde begnadigt. Sonst hätten die Nationalisten nicht Tschungking zu ihrer Kriegshauptstadt machen können. Er hat auch ausgezeichnete Beziehungen zu den Kommunisten. Tschou En-lai soll bei dem Dritten Onkel Kang wohnen, wenn er hier ist, um mit den Nationalisten zu verhandeln.»

«Danke, Archie», sagte Miller. «Das reicht für den Anfang. Müßte eigentlich ein interessanter Abend werden.»

«Es steht zu hoffen», erwiderte MacDonald und trat durch das Mondtor in eine knallrote Empfangshalle, die durch große, flache Holzkohlenpfannen gewärmt wurde.

«Ihr Französisch», flüsterte MacDonald Miller zu, «soll sogar noch besser sein als ihr Englisch.»

«Mir wär sie recht, sehr recht sogar – in jeder Sprache und selbst stumm», antwortete der Amerikaner. «Tolles Frauenzimmer!»

Zur Rechten ihres beflissen liebenswürdigen Gastgebers, der rundlich aussah in einem wattierten langen Seidengewand, saß die eindrucksvollste Chinesin, die der dafür empfängliche *Newsweek*-Korrespondent je gesehen hatte. Die Tochter des Dritten Onkel Kang von seiner zweiten

Konkubine dolmetschte mühelos für ihren Vater und ignorierte die übrige Gesellschaft beharrlich. Selbst Randall Martins professionelle blonde Hübschheit, unterstrichen durch seine blaue Uniform mit den drei goldenen Streifen auf jedem Ärmel, imponierte ihr offensichtlich nicht. Unter Ausnutzung seiner Ungeschicklichkeit mit den Eßstäbchen bemühte sich Martin nach Kräften, das schlanke Mädchen in dem scharlachroten *cheongsam* zu bezaubern. Sie blieb indes kühl zurückhaltend und war anscheinend immun gegen seinen berühmten Charme.

Ihrem kühlen Blick hielt zu guter Letzt nicht einmal das siegessichere Selbstvertrauen des Schauspielers stand. Er wandte sich der Fülle von Gerichten zu, von denen jedes einzelne mit einem Toast begrüßt wurde; man trank *maotai*, einen mit Heilkräutern angesetzten Schnaps, schottischen Whisky und französischen Cognac, die es auf dem schwarzen Markt für zwanzig Dollar pro Flasche gab.

Dewey Miller zählte sechsunddreißig Gänge, doch konnte er sich an nicht mehr als die Hälfte davon erinnern, als *tou-pan yü*, Fisch in einer scharfen Sauce, das Ende des Banketts ankündigte. Das Aufgebot von Delikatessen wäre in einem wohlhabenden China in Friedenszeiten bemerkenswert gewesen; in der abgelegenen provisorischen Hauptstadt eines verarmten Volkes im Kampf ums Dasein war es einfach überwältigend.

Leng-pan, kalte Vorspeisen, hatten auf dem Tisch gestanden, als die Gäste ins Speisezimmer kamen. Die Garnelenbällchen in der Mitte waren umgeben von weiteren Horsd'œuvres: Enten-Schwimmhäute in einer Senf- und Koriandersauce, eingelegte Entenzungen, dünne Scheiben von kalter Hühnerbrust in Sesampaste und Chilisauce, Essiggurken mit knusprig gebratenen Quallenstreifen. Das war der Auftakt zu gebratener Ente mit Dampfbrötchen, riesigen Süßwasser-Garnelen in einer scharfen roten Knoblauchsauce, geschmortem Schweinefleisch mit Kastanien; jungen Chinakohlsprossen, garniert mit Schnitzeln von scharfem Yunnan-Schinken, knusprigem geschnetzeltem Rindfleisch, Huhn mit schwarzen Chilis geschmort, in Würfel geschnittenem Bohnenquark mit einer Sauce aus Schweinefleisch und Paprika, Haifischflossen mit einem seltenen Schwammpilz, Schweinefleisch mit leicht nach Fisch schmeckendem Ziegenpfeffer, Pilzen mit feiner Fleischfüllung, gedämpftem Rindfleisch in einer Paste aus gewürztem Reismehl und schließlich Süßwasser-Aal, in Teig ausgebacken. Es hatte noch viele Gänge gegeben, an die Miller sich nicht erinnern konnte. Und nach alldem kamen noch Torten, Melonen, Weintrauben und Äpfel für diejenigen, die womöglich noch hungrig wären.

«Unten in der Altstadt sterben Menschen.» Archie MacDonald brachte Dewey Millers Gedanken zum Ausdruck. «Sterben langsam an Unterernährung. Die Truppen hungern, abgesehen von denen, die amerikanische Verpflegung bekommen. Und von dem, was wir gerade gegessen haben, könnte eine Kompanie zwei Tage leben.»

Dewey Miller betrachtete den normalerweise schweigsamen Schotten neugierig. Whisky und *maotai* hatten seine sonst eher kühle Ironie entflammt. Millers Blick kreuzte sich mit dem von Mary Sekloong, die wenig gegessen und mit ihrem blonden Schwiegersohn über Belangloses geplaudert hatte. An solche Bankette gewöhnt, hatten sie und Charles sich zurückgehalten und von den obligatorischen Aufforderungen ihres Gastgebers keine Notiz genommen: «*Ching tsai chih yi-dien, hao peng-yu* ... Greift zu, meine Freunde. Greift zu, meine lieben Freunde. Ich habe Ihnen wenig genug anzubieten. Aber es ist eine Ehre für mein bescheidenes Heim, daß Sie meine armselige Kost zu sich nehmen.»

Da sie sich schon ihr eigenes Urteil über Tschungking und die Kriegsanstrengung der Nationalisten gebildet hatte, war Mary mehr an den Journalisten als an dem Bankett interessiert. Ihren Schwiegersohn hatte sie bereits als einen liebenswürdigen Narziß abgetan, obwohl sie dankbar war, daß er die ruhelose Charlotte offenbar glücklich gemacht – oder zumindest zufriedengestellt hatte. Der kleine Schotte von der *Times* erwärmte sich, und sie fragte sich, ob nicht ein Fünkchen ihn entflammen könnte. Sie hatte keine sehr hohe Meinung von der kleinen Gruppe ausländischer Pressevertreter, die räumlich beengt in einer «Presse-Herberge» zusammengepfercht waren, damit sie von dem argwöhnischen Nationalistischen Informationsministerium leichter überwacht werden konnten. Die meisten Korrespondenten, die Mary auf diplomatischen Empfängen oder bei den Mittwoch-Tees des kommunistischen Delegierten Tschou En-lai kennengelernt hatte, waren hinter ihrem Schutzschild des professionellen Zynismus erstaunlich naiv. Der dicke Amerikaner, der immer schweigsamer und wachsamer wurde, je mehr er trank, schien unerschütterlich zu sein, aber der muntere Schotte konnte eine interessante Zerstreuung bieten.

«Was wir gegessen haben, reicht für eine Kompanie», wiederholte MacDonald laut. «Obwohl sie natürlich trotzdem nicht kämpfen würde.»

«Nicht kämpfen würde, Mr. MacDonald?» Mary goß Öl ins Feuer seiner Entrüstung. «Wie können Sie so etwas von unseren Verbündeten sagen?»

«Madame, mit Verlaub, ich kann nur den Schluß ziehen, daß Sie mich noch nehmen wollen!» Archie MacDonald explodierte prompt. «Sie wissen so gut wie ich, besser als ich, was ich meine. Ein Toast, ich möchte einen Toast ausbringen!»

Der Schotte stand unsicher auf und stützte sich auf den Tisch. Er sprach jedes Wort mit der behutsamen Präzision des Gewohnheitstrinkers aus, und sein roter Bart nickte den Takt dazu.

«Ein Toast, meine Damen und Herren, ein Toast auf die tapferen chinesischen Armeen und ihren brillanten Heerführer.»

Ganz mechanisch hoben die Gäste ihre Porzellanbecher mit *maotai* in Erwiderung des Toastes, den sie im Laufe der Jahre schon oft ausgebracht hatten.

«Kan-pei!» Der Gastgeber reagierte mit automatischer Höflichkeit: «Ex trinken!»

Er selbst nippte allerdings nur an seinem Becher, aber Archie MacDonald kippte seinen Whisky und füllte sein Glas gleich wieder. Er nahm keine Notiz von Dewey Miller, der ihm warnend die Hand auf den Arm legte, sondern fuchtelte Aufmerksamkeit heischend in der Luft herum.

«Ich bitte um Ruhe, meine Damen und Herren! Ich bin noch nicht fertig. Trinken wir auf die vier Kriege des Generalissimus. Nur ein wirklich großer Feldherr kann an vier Fronten zugleich kämpfen.»

Obwohl er verblüfft war über die ihm von seiner Tochter zugeflüsterte Übersetzung der ungewöhnlichen Worte, hob Dritter Onkel Kang seinen Becher. Als er merkte, daß der rotbärtige Barbar noch nicht zu Ende war, stellte er ihn wieder zwischen Speiseresten, Knochen und verschütteter Sauce ab.

«Einen Krieg führt der Generalissimus gegen die Japaner und einen weiteren gegen die Kommunisten», erklärte MacDonald. «Das sind zwei Fronten. Einen zusätzlichen Krieg führt er gegen seine Verbündeten, vor allem gegen die Amerikaner, und einen vierten gegen das chinesische Volk. Ohne seinen ewigen Streit mit den Cliquen im nationalistischen Lager zu rechnen, sind das vier Kriege. Wirklich eine Meisterleistung!»

Der Schotte leerte wiederum sein Glas und streckte es geistesabwesend hin, damit es vollgeschenkt werde. Er protestierte nicht, als Miller es ihm aus der Hand nahm, aber er redete weiter mit der übertriebenen Exaktheit des Trinkers, der sich wieder halb nüchtern getrunken hatte.

«Und wie macht er seine Sache, der große Stratege? Gegen die Japaner nicht so gut ... gar nicht gut. Die Japaner sind einfach durch Zentralchina und den Südosten hindurchgeflutet ... haben alle Flugplätze erobert, die die Amerikaner mit viel Mühe gebaut haben. Damit ist ein weiterer

Hoffnungsschimmer dahin. Das ist schlecht für den anderen großen Strategen, General Chennault, den schwatzenden fliegenden Tiger. Es gelingt ihm nicht zu beweisen, daß er die Japaner in China allein mit der Luftmacht ohne Bodentruppen besiegen kann. Warum? Weil die Bodentruppen, deren Kampffähigkeit er so brillant unterminiert hat, seine Flugplätze nicht verteidigen konnten.»

MacDonald schüttelte Millers Hand ab, die der ihm wieder warnend auf den Arm gelegt hatte.

«Aber der Kampf gegen die Amerikaner», fuhr er hartnäckig fort, «geht gut. Dem Sieger gehört die Beute, und da die Nationalisten den Amerikanern Hunderte von Millionen Dollars abgenommen haben, müssen sie die Sieger sein. Ihr Sieg wurde gestern vollendet, als der Gimo erreichte, daß Onkel Joe . . . der alte Sauertopf Joe Stilwell . . . den Laufpaß bekam. Ein großer Sieg. Jetzt wird sich keiner mehr in die dämliche Strategie des Gimo einmischen.»

Die Tafelrunde saß erstarrt da. Dewey Miller lehnte sich zurück und beschloß, MacDonald seine Tirade beenden zu lassen. Schlimmer konnte der kleine Schotte es kaum noch machen. Aus ihm brach die ganze Verbitterung der persönlichen und beruflichen Frustration hervor, die sich in vier Jahren angesammelt hatte, vier Jahren, in denen er mitangesehen hatte, wie die Nationalisten stümperten, logen und betrogen und gegen die Japaner nur kämpften, wenn es sich gar nicht vermeiden ließ. Archie MacDonald stellte nur die Tatsachen, die zwanzig Auslandskorrespondenten ihren Zeitungen bereits vertraulich gemeldet hatten, noch einmal fest.

«Schließlich die beiden anderen Kriege. Der Gimo hält das chinesische Volk in Schach. Das Volk weiß es ja nicht besser. Er hält auch die Kommunisten in Schach. Aber die Kommunisten sind nicht so dumm, und der Tag der Abrechnung wird kommen. Die Kommunisten kämpfen nicht gegen das chinesische Volk, sondern gegen die Japaner. Derweil läßt der Gimo die Amerikaner für sich gegen die Japaner kämpfen – und schmiedet Pläne, damit die Amerikaner für ihn gegen die Kommunisten kämpfen, wenn sie die Japaner erst mal geschlagen haben. Ich trinke auf das Wohl dieses brillanten Strategen und großen Heerführers, Generalissimus Tschiang Kai-schek!»

Archie MacDonald hielt inne, als ob er Beifall erwartete. Verdutzt über das Schweigen, sank er auf seinen Stuhl und stierte trunken in die Runde. Dewey Miller faßte sich als erster. Er legte dem Schotten einen Arm um die Schulter und zog ihn hoch.

«Es tut mir leid, meine Damen und Herren», murmelte der Amerikaner verlegen. «Mr. MacDonald hat ein Glas über den Durst getrunken. Ich bringe ihn am besten nach Hause. Ich bitte um Entschuldigung.»

Marys helle, klare Stimme durchbrach die Stille, als die beiden Journalisten die Tafelrunde verließen wie zwei Soldaten, die sich nach einem unentschieden ausgegangenen Gefecht zurückziehen.

«Sie dürfen sich das nicht so zu Herzen nehmen, Mr. Miller», sagte sie. «Derlei geschieht in Tschungking. Wir sind alle etwas gereizt. Vielleicht haben Sie Lust, morgen gegen vier mit Ihrem Freund zum Tee zu mir zu kommen. Wissen Sie, wo Sie mich finden?»

«Ich werde Sie finden, Madam», erwiderte Miller. «Und Archie bringe ich mit, wenn er laufen kann.»

Am nächsten Tag stellte Mary Sekloong amüsiert fest, daß der Schotte nur mit knapper Not laufen konnte – er bewegte sich sehr vorsichtig, als ob jeder Schritt ihm die Wirbelsäule durch den Schädel treiben könnte.

«Hatten Sie keine Schwierigkeiten, uns zu finden?» fragte sie.

«Nein, Madam», erwiderte Dewey Miller. «Wir brauchten nur zu fragen. Jeder weiß, daß Mr. Tang der Sekloong-Agent in Tschungking ist.»

«Der arme Mann. Er ist sehr freundlich zu uns, wir haben sein kleines Haus ganz in Beschlag genommen.»

Mary ließ ihren Blick durch das Empfangszimmer im Haus der zweiten Frau von Mr. Tang schweifen. Nach mehr als zwei Jahren fand sie das Nebeneinander von traditionellen kalligraphischen Rollbildern und Drucken mit englischen Jagdszenen immer noch belustigend. Die Einrichtung war nicht nach ihrem Geschmack, wenngleich nach Sekloong-Maßstäben alles andere als protzig. Sie war einigermaßen behaglich und erschien geradezu luxuriös in einer Stadt, wo Universitätsprofessoren und höhere Beamte mit großen Familien in einem einzigen Zimmer unter undichten Dächern hausten.

In dem Empfangsraum, der mit den bodenlangen Vorhängen und dem glühenden Kohlenfeuer recht gemütlich war, störte sie am meisten, daß ihre Autorität nicht ausgereicht hatte, die wuchtigen Sessel, die aus dem Lagerhaus eines längst verstorbenen britischen Handelsvertreters wieder ans Licht geholt worden waren, von den unansehnlichen Schondekken zu befreien. Diese gräulichen Spinnweben aus Häkelgarn waren, das wußte Mr. Tang ganz bestimmt, für das Wohlbefinden von Europäern ebenso wichtig wie die Sessel selbst.

«Ich kann Ihnen Tee anbieten», sagte Mary. «Oder würde Mr. MacDonald etwas Kräftigeres vorziehen?»

«Ich würde nicht nein sagen zu einem kleinen Brandy mit Soda.»

Die Schüchternheit und die zitternden Hände des Schotten standen im Widerspruch zu seiner normalen selbstbewußten Munterkeit. Mary fiel es schwer, eine Verbindung herzustellen zwischen dieser überaus verkaterten Jammergestalt und den Olympier-Urteilen, die sie in ihrer Luftpost-Ausgabe der *Times* fand. Doch waren seine offenkundigen Schwächen nicht bloß reizend; sie paßten zu den Fehlern, die sie in den Artikeln mit der Quellenangabe *Von unserem China-Korrespondenten* festgestellt hatte.

Mary lebte gewissermaßen zwischen zwei Welten, denn da sie sich zum erstenmal seit Jahrzehnten nicht geschäftlich betätigen konnte, widmete sie sich anderen Aufgaben. Den Kindern von Chinesen, die der Krieg nach Tschungking verschlagen hatte, gab sie Unterricht in Englisch und europäischer Geschichte und bediente sich diskret der *kwanhsi*, der Beziehungen der Sekloongs, um die Familien ihrer Schüler mit Nahrungsmitteln und Kleidung zu versorgen. Mit Hilfe der dankbaren Eltern hatte sie selbst ihr lange vernachlässigtes Studium der chinesischen Geschichte und Kultur wiederaufgenommen. Fast gegen ihren Willen befaßte sie sich auch eingehend mit der chinesischen Tagespolitik. Zwar bemühte sie sich, nur interessierter Zuschauer zu bleiben, doch fand sie die Machtkämpfe fesselnd – wenn auch oft abstoßend.

«Sehr freundlich von Ihnen, daß Sie uns eingeladen haben», dröhnte Dewey Miller. «Daß Sie sich die Zeit nehmen, wo doch Ihr Schwiegersohn heute abend abreist.»

Sie merkte, daß sich der dicke Amerikaner unter ihrem forschenden Blick unbehaglich fühlte. Ein bißchen Charme war in Ordnung, wie Elizabeth Metcalfe gesagt hätte. Die Erinnerung tauchte mit einemmal auf. Elizabeth und Hilary. Das war lange her.

«Im Gegenteil», erwiderte sie. «Es ist für mich eine Ehre, daß zwei vielbeschäftigte Herren von der Presse Zeit finden, mit einer unbedeutenden alten Dame Tee zu trinken. Ich habe Ihre Artikel gelesen . . .»

«Ansteckend, nicht wahr?» grinste Dewey Miller.

«Was ist ansteckend, Mr. Miller?» Ihr gefiel der Humor, der aus dem Gesicht des Amerikaners sprach.

«Dieses chinesische Palaver. Ich bin noch nicht lange in Tschungking, aber ich weiß, daß wir noch eine ganze Stunde hochtrabende Komplimente im chinesischen Stil austauschen könnten.»

«Und das ist gar nicht so übel», murmelte Archie MacDonald. «Besser als meine unverblümte schottische . . . äh . . . Offenherzigkeit.»

«Mr. MacDonald, niemand war gestern abend schockiert», warf Mary ein. «Verwundert vielleicht, aber nicht schockiert. Letztlich waren alle anwesenden Chinesen aus ganzem Herzen Ihrer Meinung.»

«Warum tun sie dann nichts dagegen, Madam?» fragte Dewey Miller. Er hatte oft festgestellt, daß es für einen Journalisten nützlich war, sich naiv zu geben, dann vergaßen seine Gesprächspartner ihre Vorsicht.

«Erstens gibt es wenig, was sie tun *können*», antwortete eine helle männliche Stimme. «Zweitens haben sie alle dadurch Vorteile – fast alle. Und drittens, obwohl ich es höchst ungern sage, weil sie Chinesen sind.»

Monsignore Charles war leise hereingekommen; er trug chinesische Stoffschuhe und ein langes wattiertes Gewand, das einer Soutane ähnelte. Die fünf Jahre, seit er aus der klösterlichen Isolierung aufgetaucht und der päpstlichen Nuntiatur in Paris zugeteilt worden war, hatten ihm weltliche Gelassenheit verliehen. Der junge Diplomat, der vor dem «Moulin Rouge» auf seinen Bruder Thomas gewartet hatte, war nicht mehr zu erkennen in dem selbstsicheren Priester, der sich bückte, um seiner Mutter die Wange zu küssen.

Das letzte Jahr in Tschungking hatte zwei senkrechte Falten zwischen seine dichten Augenbrauen gegraben. Nicht um sich machte er sich indes Sorgen, sondern um das chinesische Volk. Wie Thomas in Paris vorausgesagt hatte, hatte Monsignore Charles Sekloong nach zwanzigjähriger Abwesenheit seine Verwandtschaft mit den Chinesen wiederentdeckt. Trotz seiner äußerlichen Heiterkeit war er tief besorgt. Er bezichtigte sich der Sünden des Stolzes und der Trägheit, denn er war überzeugt, daß er mehr für China tun könnte, als er wirklich tat. Dem Vatikan über die entsetzlich verworrene Situation zu berichten und nur einigen wenigen zu helfen, war nicht genug.

Doch selbst die Macht der Sekloongs konnte das fundamentale Problem – die Geographie nämlich – nicht lösen. Zivilisten verhungerten, und Soldaten waren unterernährt, weil nicht einmal das fruchtbare Szetschuan-Becken Millionen von Flüchtlingen ernähren konnte. Für Nachschub aus der Außenwelt gab es nur zwei Möglichkeiten: die unbefestigte Straße von Ledo, die sich auf Hunderten von Meilen über Berge und an steilen Hügeln entlangzog, oder die amerikanische Luftbrücke aus Indien «über den Buckel» des Himalaya. Auf beiden Strekken konnten nur so geringe Mengen transportiert werden, daß General Joseph W. Stilwell, Befehlshaber der Landstreitkräfte, und Generalmajor Claire L. Chennault, Befehlshaber der Luftwaffe, ständig darum stritten, was Vorrang haben sollte, etwa hundert Gallonen Flugzeugbenzin oder ein Dutzend schwere Maschinengewehre. Für den zivilen Bedarf konnten keine Transportmöglichkeiten zur Verfügung gestellt werden, obwohl es auf dem schwarzen Markt Alkoholika, Parfum, Nylonstrümpfe und Kaviar zu Wucherpreisen gab. Die einzige andere Möglichkeit – Karawanen von Mauleseln und Pferden, die sich von Yunnan über Tibet nach Nordindien schleppten – war eiszeitlich langwierig. China war tatsächlich isoliert, wenn auch die Amerikaner immer ein Flugzeug für eine Flitterberühmtheit wie Commander Randall Martin auftreiben konnten.

«Guten Tag, meine Herren», fügte der Priester hinzu. «Ich hoffe, es geht Ihnen nicht so schlecht wie mir. Ob ich es je lerne, ein chinesisches Bankett heil zu überstehen?»

«Sie treiben die Höflichkeit zu weit, Hochwürden», lächelte Dewey Miller. «Archie und ich hatten schwer geladen, aber Sie waren nüchtern wie ein Bischof.»

«Sie haben wohl nicht viele Bischöfe kennengelernt, Mr. Miller?» fragte Charles. «Ich lasse es mir bloß nicht anmerken. Eine Menge Übung, wissen Sie. Denken Sie nur an den ganzen Abendmahlswein.»

Miller, ein abtrünniger Baptist, und MacDonald, ein Agnostiker gewordener Presbyterianer, erwärmten sich für den Priester. Sein Witz hatte einen leicht muffigen, kirchlichen Beigeschmack. Aber er überbrückte die tiefe Kluft zwischen den beiden weltlichen, genußsüchtigen Journalisten und dem durch Gelübde des Zölibats und des Gehorsams gebundenen Geistlichen.

«Vielleicht sollten wir Priester uns für den Zölibat auf dieselbe Weise Übung verschaffen – durch Übertreibung», fuhr Charles fort. «Tibetische Lamas stählen sich gegen die Versuchung, indem sie sich in Pornographie vertiefen. Leider gilt diese Methode bei uns als ketzerisch. Außerdem könnte sich die Versuchung als unwiderstehlich erweisen.»

«Ich bin sicher, Hochwürden, Sie können tun und lassen, was Sie wollen», bemerkte MacDonald. «Aber was können wir für Sie und Mrs. Sekloong tun?»

«Nichts, meine Herren», antwortete Mary. «Das heißt, nichts Bestimmtes. Wir waren nur fasziniert von Mr. MacDonalds kleiner Rede – auch mein Mann, dem es leid tut, daß seine Pflichten ihn fortriefen. Wir dachten, eine Plauderei könnte erfreulich sein – und vielleicht nützlich.»

«Kümmern Sie sich nicht um Archie», sagte Miller. «Er ist ein mißtrauischer Typ. Glaubt wahrscheinlich, Sie wollten uns irgendwelche Erkenntnisse aufschwatzen – oder Hochwürden wollte uns bekehren.»

«Da mein Sohn nie versucht hat, mich zu bekehren, ist das unwahrscheinlich», antwortete Mary. «Und ich habe keine Erkenntnisse. Je mehr ich über China erfahre, um so verwirrter bin ich.»

«Der Beginn der Weisheit», murmelte MacDonald.

«Aber etwas möchte ich Ihnen zu bedenken geben», fuhr sie fort. «Mr. MacDonald, Sie sind heute wahrscheinlich etwas besorgt. Aber Sie wissen, daß Sie nicht ausgewiesen werden.»

«Das stimmt», gab Archie zu. «Die Nationalisten werden nur weiterhin der Presse allgemein das Leben schwermachen. Aber worauf wollen Sie hinaus?»

«Ich kenne General Tschou En-lai seit vielen Jahren, obwohl ich nicht behaupten kann, daß er mein Freund ist. Er kann nicht viele Freunde haben. Er hat sich einer Sache verschrieben, die anspruchsvoller und schwieriger ist als die meines Sohnes. Aber wir kommen miteinander aus, und ich glaube, ich kenne ihn ein wenig.»

Monsignore Charles dachte daran, wie lange die Beziehung schon bestand, auf die seine Mutter angespielt hatte. Während des kurzen Wahnsinns der kantonesischen Kommune im Dezember 1927 hatte Tschou En-lai Mary und Charles Sekloong vor dem von den Kommunisten geführten Mob geschützt. Und nach dem Zusammenbruch der Kommune hatten sie Tschou aus der Stadt geschmuggelt und in Hongkong in Sicherheit gebracht. Seit damals hatten sie sich verschiedentlich getroffen und sich zueinander hingezogen gefühlt durch die gemeinsame Freude an intellektuellen Streitgesprächen. Ein weiteres Band war Tschou En-lais offenkundige Zuneigung zu James Sekloong, der den «Außenminister» der Kommunisten begleiten würde, wenn er im Laufe der Woche nach Tschungking zurückkäme, um seine Marathon-Verhandlungen mit den Nationalisten wiederaufzunehmen.

«Ich möchte Ihnen eine Frage stellen, Mr. MacDonald.» Marys veilchenblaue Augen funkelten. «Was würde geschehen, wenn Sie sich in Yenan zu einem ähnlichen Ausbruch gegen Mao Tse-tung hinreißen ließen?»

«Aber das könnte gar nicht passieren!» Der Schotte war verblüfft. «In Yenan ist alles anders. Selbst wenn ich so ... äh ... berauscht wäre, warum sollte ich so reden? Es wäre sinnlos.»

«Archie, du weißt ganz genau, daß du rausgeflogen wärst – wenn nicht sogar Schlimmeres passiert wäre, oder?» warf Miller ein. «Du weichst Mrs. Sekloongs Frage aus!»

«Na ja, vielleicht», gab MacDonald zu. «Aber es ist schwierig genug, nach Yenan zu kommen. Die Blockade der Nationalisten hält die Journalisten ab, und auch ...»

«Das liegt nicht nur an den Nationalisten, Mr. MacDonald», sagte der Priester. «Wie viele Anträge haben die Kommunisten als ‹ungelegen› abgewiesen? Wie viele Korrespondenten hereingelassen? Haben irgendwelche Journalisten außer den sehr guten Freunden der Kommunisten länger als ein paar Tage dableiben dürfen?»

«Gut, das ist ein Gesichtspunkt», räumte MacDonald ein. «Sie sind nicht wild auf die freie Presse. Aber sie sind auch nicht so korrupt wie die Nationalisten. Kein Übelkeit erregender Unterschied zwischen arm und reich. Und sie sind tüchtig. Sie wissen, was sie wollen, und setzen sich dafür ein.»

«Das ist der springende Punkt», sagte Mary. «Sie sind skrupellos und tüchtig und haben nur ihr Ziel vor Augen. Die Nationalisten versuchen, die leidende, zerfetzte Republik China zu erhalten. Die Kommunisten sind entschlossen, dieses Gebilde zu zerstören und dann ihr eigenes China aufzubauen. Zerstörung ist immer einfacher als Erhaltung. Mao Tse-tungs Hauptangriffsziel sind nicht die Japaner, sondern die Nationalisten. Er hat es selbst gesagt – wiederholt.»

«Aber die kommunistische Guerilla-Bewegung!» gab Archie MacDonald zu bedenken. «Sie zermürbt die Japaner und macht ihnen Gebiete streitig.»

«Und wozu, Mr. MacDonald?» fragte Mary. «Kämpfen die Kommunisten, um die Japaner zu besiegen oder um ihre eigene Macht zu vermehren? Wie viele *wirkliche* Schlachten haben sie gegen die Japaner ausgefochten?»

«Auf diese Frage hätte ich gefaßt sein müssen», sagte MacDonald. «Aber lassen Sie mich mal überlegen . . .»

Er versank in eine Tagträumerei und rief sich die vier Jahre, seit er nach Tschungking gekommen war, ins Gedächtnis zurück. Bis zum Frühjahr 1944 hatte es wesentlich mehr Kämpfe zwischen Nationalisten und Kommunisten als zwischen Chinesen und Japanern gegeben. Es waren mehr als eine Million Mann der kaiserlich-japanischen Armee in dem riesigen Land China steckengeblieben, und Tokio hatte beschlossen, China zu umgehen und sich zunächst mit leichteren Eroberungen in Südostasien zu befassen. Daher hatte praktisch Waffenruhe geherrscht bis zum Frühjahr 1944, als die Japaner die Operation Ichi unternahmen, um die amerikanischen Flugplätze in Südchina zu besetzen und der zunehmenden Bedrohung des japanischen Nachschubs auf dem Seeweg und der japanischen Inseln selbst durch die amerikanischen Bomber zu begegnen. Zwar hatten nationalistische Truppen zum Teil hartnäckig Widerstand geleistet, doch konnten die Chinesen dem Angriff nicht standhalten. Im September 1944 hatten die Japaner Liutschou erobert, die letzte amerikanische Basis. Allerdings blieben die chinesischen Befestigungen im Szetschuan-Becken hinter den gewaltigen Barrikaden aus Gebirgen und Flüssen intakt. Außerdem hatte die Operation Ichi die japanischen Truppen erschöpft.

Die Kommunisten hatten in den letzten vier Jahren kaum richtige Schlachten gegen die Japaner geschlagen. Wenn die kaiserliche Armee ihre Sowjetgebiete direkt bedrohte, hatten sich die Kommunisten gewehrt und gekämpft, aber sie waren nicht zum Gegenangriff übergegangen, um einen konventionellen Krieg zu führen. Angesichts der überwältigenden Überlegenheit von Panzern, Artillerie und Flugzeugen beschränkten sie sich auf Störangriffe. Ihre regulären Truppen von vierhunderttausend Mann waren zum größten Teil gegen die halbe Million nationalistischer Truppen eingesetzt, die das wichtigste Sowjetgebiet mit der Hauptstadt Yenan abgeriegelt hatten und einzudringen versuchten. Irreguläre Truppen hatten sich natürlich an die Japaner herangemacht, hauptsächlich um den kommunistischen Herrschaftsbereich zu erweitern und den kommunistischen Einfluß auf die Bevölkerung zu verstärken. In großen Teilen von Ost- und Nordchina herrschten die Japaner bei Tage und die Kommunisten bei Nacht. Mao Tse-tung festigte die Macht der Kommunisten durch den Aufbau einer politischen Massenbasis, während Tschou En-lai Nationalisten und Amerikaner mit verbalen Taschenspielertricks ablenkte.

Die Nationalisten verhielten sich fast ebenso schuldhaft; ihre Hauptanstrengungen waren darauf gerichtet, die Kommunisten in Schach zu halten und den Amerikanern Geld abzuknöpfen. Schlimmer war, daß die Nationalisten nichts taugten. Generalissimus Tschiang Kai-scheks Wort galt nur, wo Truppen der Zentralregierung standen, die von Whampoa-Offizieren kommandiert wurden. Lokalen Generalen, den neuen Warlords, konnte der Generalissimus weder Befehle erteilen, noch sie zu patriotischen Opfern anfeuern. Er konnte lediglich schmeicheln und drohen. Sein schlimmster Feind waren nicht die Japaner und nicht die Kommunisten, sondern der allgemeine Ungehorsam, die Untüchtigkeit und Korruption, die sein wankendes Regime gefährdeten.

Der Zusammenbruch dieses Regimes droht jetzt, dachte Archie MacDonald bei sich, die Kommunisten stürmen mit aller Macht gegen seine Grundfesten an.

Am 10. Oktober hatte Tschou En-lai in Tschungking eine verbitterte Erklärung abgegeben, von der die nationalistisch kontrollierte Presse natürlich keine Notiz nahm. Aber sein Angriff auf die Kuomintang wurde durch die Berichte der ausländischen Korrespondenten in Tschungking im Ausland bekannt; bei den Tschungkinger Intellektuellen waren heimlich vervielfältigte Exemplare im Umlauf. Auf die öffentliche Meinung in China und im Ausland hatte Tschou En-lai es vor allem abgesehen.

Der Sprecher der Kommunisten forderte eine «wirklich repräsentative» Koalitionsregierung. Der Vorschlag wirkte *scheinbar* vernünftig, wie Archie MacDonald zugeben mußte. Er gefiel auch den naiven Amerikanern, die immer noch glaubten, daß Kommunisten und Nationalisten gemeinsam gegen die Japaner kämpfen könnten. Aber Archie wußte, daß sich beide chinesischen Parteien für die Schlacht rüsteten, die darüber entscheiden würde, wer China beherrschte, nachdem die Amerikaner Japan anderswo besiegt hätten. Er erkannte auch, daß jede Koalitionsregierung, in der Kommunisten saßen, Tschiang Kai-scheks eigene wacklige Koalition zerstören würde.

Diese Rückschau beschäftigte Archie MacDonald zwei Minuten. Da Großbritannien nur am Rande beteiligt war, konnte er die nichts entscheidenden Schlachten und mörderischen Fehden mit einer gewissen Unparteilichkeit betrachten. MacDonald bemühte sich, wie die meisten Korrespondenten, um Objektivität; nur wenige verkauften sich an die Nationalisten oder die Kommunisten. Aber kein Korrespondent konnte in China leben, ohne schließlich Partei zu ergreifen. So war dieses Land – so war der Krieg.

«Wie viele Schlachten der Kommunisten gegen die Japaner haben Sie gezählt, Mr. MacDonald?» fragte Charles. «Oder brauchen Sie mehr Zeit?»

«Sehr wenige Schlachten», gab MacDonald zu. «Und mit den meisten sollte nun das eigene Gebiet verteidigt werden. Ich gebe Ihnen recht.»

«Trotzdem sind die Kommunisten tüchtig», warf Dewey Miller ein. «Und sie sind nicht korrupt.»

«In der Praxis nicht, Mr. Miller», bemerkte Mary. «Nicht in bezug auf Geld. Aber korrumpiert das skrupellose Streben nach Macht, für welchen Zweck auch immer, wie gut gemeint er sein mag, nicht auch?»

«Das ist eine moralische Frage», gab MacDonald zu bedenken, «fast eine theologische Frage für Hochwürden. Es ist keine politische Frage für die vielbeschäftigte Presse.»

«Sie ist doch politisch», antwortete Monsignore Charles. «Die kommunistischen Führer sind korrumpiert durch ihre eigene Hingabe. Das ist, historisch gesehen, nicht einmalig. Dasselbe ist Tschiang Kai-schek widerfahren, der glaubt, er sei nicht nur Chinas einzige Hoffnung, sondern China selbst. Er hält seine Interessen und die der Nation für unteilbar. Daher ist es seine erste Pflicht, an der Macht zu bleiben – mit welchen Mitteln auch immer. Auch er ist moralisch *und* politisch korrumpiert.»

«Diskussionen über Fragen der Moral sind eine großartige Übung für den Geist, aber sie treffen nicht das Kernproblem.» Dewey Millers amerikanischer Pragmatismus setzte sich durch. «Wie immer Sie es betrachten, die Nationalisten sind ein vor Korruption stinkender Haufen. Die Kommunisten nicht. Ich bin an ihrer Tüchtigkeit interessiert, nicht an ihren Seelen.»

«Außerdem ist Mao kein grausamer Diktator wie Stalin oder Hitler», sagte MacDonald. «Er macht dem chinesischen Volk das Leben leichter. Warum sollte er nicht um die Macht kämpfen? Schlimmer als der Gimo kann er es nicht machen.»

«Und es heißt», fügte Miller hinzu, «daß dieser Kommunismus nur ein Mittel zum Zweck ist. Mao ist kein wütender Bolschewik.»

«Meine Herren, unsere Meinungen gehen auseinander.» An Marys überaus sachlichem Ton merkte ihr Sohn, daß sich dahinter Verärgerung verbarg. «Ich kenne niemanden, der in der Taktik so flexibel ist wie Tschou En-lai. Ich kenne niemanden, der sich seinen Zielen unnachgiebiger verschrieben hat. Haben Sie von *Cheng-feng Yün-tung* gehört, der ‹Kampagne zur Ordnung der Winde›?»

«Kann ich nicht behaupten», sagte Miller.

«Sie begann 1942. Es war eine totale geistige Unterdrückung und ausgiebige Säuberung. Zweck der Bewegung war, Maos persönliche Feinde in der Kommunistischen Partei zu vernichten und sicherzustellen, daß die Überlebenden sich strenger Orthodoxie befleißigten. Das Denken wird kontrolliert, meine Herren, die orthodoxe marxistisch-leninistische Kontrolle des Denkens ist ebenso repressiv und skrupellos wie irgendeine von Stalins Säuberungen! Wie können Sie nur behaupten, sie seien keine *wirklichen* Kommunisten?»

«Davon hatte ich nie gehört», gab Miller zu.

«Mr. MacDonald, darf ich eine persönliche Bemerkung machen?» fragte Mary. «Ich bin empört über Tschungking: amerikanische Hilfsgelder werden unterschlagen, Waffen an die Feinde verkauft, Intellektuelle verfolgt, Bauern rücksichtslos ausgebeutet; Geld ist der einzige Wertmaßstab. Aber all das ist sehr chinesisch. Wenn Sie so lange in China gelebt hätten wie ich, würden Sie wissen, wie typisch chinesisch es ist. Moralische Prinzipien zwingen die Chinesen, für sich und ihre Familien zu sorgen – wie sehr es dem Volk und dem Land auch schaden mag.»

«Konfuzianische Ethik», murmelte der Priester. «Wer wird für sie sorgen, wenn sie es nicht selbst tun?»

«Die Kommunisten werden es versuchen», sagte MacDonald.

«Sie sind auch Chinesen», fuhr Mary fort. «Sie werden die radikalsten Mittel anwenden, weil sie die radikalsten Ziele verfolgen. Sie sind entschlossen, einen Himmel auf Erden zu schaffen, einen marxistischen Himmel; dabei wäre es schon eine große Leistung, diese Hölle auf Erden weniger höllisch zu machen. Schlimmer als ein zynischer, nur auf seinen eigenen Vorteil bedachter Chinese ist ein Chinese, der sich einem edlen, unerreichbaren Ziel verschrieben hat. Wie Tschou En-lai doppelt so skrupellos und grausam wie der Zyniker.»

«Vielleicht nicht schlechter als andere Menschen . . . Sie haben mir eine Menge Stoff zum Nachdenken gegeben.» Dewey Miller stand auf. «Trotzdem, ich ziehe immer noch Verbündete vor, die entschlossen und tüchtig sind. Die Nationalisten taugen einfach nichts.»

«Die Kommunisten verdienen, daß man ihnen eine Chance gibt, Mrs. Sekloong», beharrte auch Archie MacDonald. «Sie können nicht schlimmer sein als die Nationalisten.»

«Du lieber Himmel!» explodierte Mary. «Ich verteidige die Nationalisten nicht. Keineswegs. Ich bitte Sie nur, Ihre Begeisterung für Tschou En-lai und seine Anhänger zu mäßigen. Sie sind nicht . . .»

«Mutter, es ist Zeit, daß du dich auf den Weg machst, wenn du Randall noch am Flughafen sehen willst.»

«Oh, das hatte ich vergessen. Meine Herren, ein andermal, sofern Sie sich mit einer alten Dame nicht langweilen.»

«Langweilen nie, Madam», erwiderte Miller galant. «Aber Sie haben mich nicht überzeugt. Ich komme immer wieder darauf zurück: Die Kommunisten sind tüchtig und ehrlich.»

Nachdem Monsignore Charles die Journalisten hinausbegleitet hatte, lachte er.

«Wirst du jetzt brav sein?» fragte er. «Da hast du die hellsichtige ausländische Presse. Du weißt ja, ein kluger Chinese kann einen klugen Ausländer immer zum Narren halten. Und Tschou En-lai ist sehr klug.»

«Ein Start in der Dämmerung, sehr heikel», bemerkte Oberst Charles Seekloong. «Aber die Piloten sind gut, sehr gut.»

Die Sekloongs hatten die Konversationsmöglichkeiten ihres berühmten Schwiegersohnes rasch erschöpft. Was konnte man Commander Randall Martin noch sagen, nachdem man ihm herzliche Grüße an Charlotte und die Kinder aufgetragen und ihm ausgefallene Geschenke mitgegeben hatte?

Der jüngere Charles hatte dringende Verpflichtungen vorgeschützt.

Auch wenn er Charlottes neue Ehe, die in den Augen der Kirche Bigamie war, nicht billigte, so war er doch nicht mehr der unerfahrene junge Priester, der allein aus Gründen der Moral vor dem Umgang mit Randall Martin zurückgeschreckt wäre. Er war lediglich deshalb nicht zum Flugplatz gekommen, weil er von dem einfältigen Geschwätz des Schauspielers genug hatte.

Martin fuhr seine fünfköpfige Mannschaft aus Marine-Angehörigen unwirsch an: «Sind Sie sicher, daß Sie alle Filme haben? Ich will nicht, daß womöglich eine Spule fehlt. Wir können die Aufnahmen nicht wiederholen.»

«Jawohl, Sir», antwortete sein angesäuselter Stabsbootsmann. «Wir möchten auch nicht zurückkommen.»

«Unverschämt», murmelte Charles Sekloong.

«Wir machen es schon recht», sagte Martin. «Nur anders als eure Leute.»

«Wie bringen sie diese Wasserbüffel von der Startbahn weg?» fragte Mary.

«Du hast das Verfahren ja schon erlebt. Kurz vor dem Start scheuchen kleine Jungen sie weg. Wir haben noch kein Flugzeug durch Büffel verloren», scherzte Charles.

Die Zero-Langstreckenjäger, deren Basis der kürzlich eroberte, dreihundertfünfzig Meilen entfernte Flugplatz Liutschou war, erwähnten sie nicht. Commander Randall Martin grauste es sowieso schon vor dem riskanten Start von der Insel Sand Spit in der Mitte des Flusses Kialing. Die Klippen der Schlucht zwangen die Piloten, in gefährlichem Zickzack zu fliegen. Außerdem waren die Transportflugzeuge gegen feindliche Jagdflugzeuge völlig ungeschützt. Zwar stiegen amerikanische und chinesische Abfangjäger auf, wenn das Netz der Tausende von Flugmeldern im japanisch besetzten Gebiet Alarm gab. Aber der beste Schutz für Transportmaschinen war eine Landung kurz vor Einbruch der Dunkelheit, ein rascher Richtungswechsel und ein steiler Start.

Ein blinkender Fleck im Osten kam näher und erwies sich als ein zweimotoriges Flugzeug. Die Landescheinwerfer leuchteten durch den Dunst, und die Cockpitscheiben schimmerten. Mit dröhnenden Motoren stieß die C-46 Commando durch die Schlucht und setzte in Wolken von rotem Staub auf. Einige Meter vor dem Terminal, einer Holzhütte, blieb die Maschine stehen.

Zwei Jeeps fuhren zu dem Flugzeug, dessen Maschinen im Leerlauf brummten. Commander Randall Martin winkte von dem Stapel

Filmausrüstung, auf dem er hockte. Oberst Charles Sekloong salutierte zum Abschied.

Die sechs Mann und ihr umfangreiches Gepäck waren innerhalb von drei Minuten verladen, und die Commando schwenkte herum. Während der Pilot, der fast auf der Bremse stand, Vollgas gab, setzten dieselben Jeeps die angekommenen Fluggäste am Terminal ab. Dr. George Chapman Parker, munter für seine sechzig Jahre und mit den Sternen eines Brigadegenerals auf den Epauletten, umarmte Mary und gab Charles die Hand. Guinevere Sekloong Parker, die eine zu große Feldbluse trug, küßte ihre Eltern. Die Familie beobachtete den Start der Commando.

Der Pilot sah abwechselnd auf die Startbahn und den Fahrtmesser. Von dem hohen Cockpit aus war eine Strecke von etwa fünfzehn Meter vor der Nase des Flugzeugs für ihn im toten Winkel. Die Commando wurde immer schneller – sechzig Meilen pro Stunde . . . fünfundsiebzig Meilen pro Stunde . . . neunzig Meilen. Der Pilot betätigte den Steuerknüppel zur Höhen- und Quersteuerung, und die Räder begannen die Startbahn zu verlassen. Als er das Steigen spürte, pfiff der Pilot erleichtert und blickte forschend auf die in dämmrigen Nebel gehüllte Schlucht vor ihm.

Die Beobachter auf dem Flugplatz sahen, was der Pilot nicht sehen konnte: Ein grauer Wasserbüffel war auf die Startbahn gelaufen, verfolgt von einem schreienden zwölfjährigen Jungen, der eine lange Gerte schwenkte. Je lauter der Junge schrie, um so schneller trabte das verängstigte Tier. Als die Commando abhob, begann der Büffel wie wild zu galoppieren. Ein vierflügeliger Propeller schleuderte ihn zehn Meter hoch in die Luft.

Die Commando kam von der Startbahn ab, rasierte eine Baracke ab und bohrte sich in ein Reisfeld, ein Flügel hoch in der Luft. Da sie eine Explosion befürchteten, sprangen die Leute heraus.

Ein Jeep mit Feuerlöschern raste zu der Maschine. Dr. Parker, die Arzttasche in der Hand, kletterte in einen zweiten Jeep. Die Commando lag still da wie ein an Land geschwemmter Wal.

Die Flugzeugbesatzung hatte sich etwa dreißig Meter von dem Flugzeugwrack entfernt zusammengeschart. Der Pilot, ein schlanker, rothaariger Captain, rauchte nervös eine Zigarette.

«Verdammt noch mal! Verdammt noch mal!» wiederholte er dauernd. «Wenigstens habe ich die Zündung abgestellt! Verdammt noch mal! Auf diese Weise abzustürzen. Durch eine gottverdammte Kuh!»

Die Seeleute bildeten eine Gruppe für sich. Der Stabsbootsmann kniete neben Commander Randall Martin, der reglos auf dem Boden lag.

«Wir haben ihn herausgezogen, Sir», sagte er zu Dr. Parker. «Aber er ist ohnmächtig. Hat sich nicht gerührt und kein Wort gesagt.»

George Parker kniete sich in das schlammige Reisfeld. Er hob die Lider seines Schwagers an, legte das Ohr an seine Brust und tastete vorsichtig seinen Schädel ab. Schließlich stand Parker auf und schüttelte den Kopf.

«Er ist tot», sagte er. «Genick gebrochen.»

«Eine Kuh! Um Himmels willen!» Der Stabsbootsmann sprach Randall Martins Epitaph. «Was für eine beschissene Art zu sterben!»

Charlotte Sekloong Way d'Alivère Martin erhielt das Funktelegramm ihrer Eltern erst zweiundsiebzig Stunden später, einen Tag, ehe das Marineministerium ihr schließlich sein tiefes Bedauern zum Ausdruck brachte. Danach war ihre dem maurischen Stil nachempfundene Villa in Beverley Hills ein Miniatur-Irrenhaus: Telefone schrillten, Türglocken läuteten und Postsäcke türmten sich, während Filmkameras für die sensationslüsternen Massen surrten.

Charlotte war mit den Vorbereitungen für das prunkvollste Leichenbegängnis, das Hollywood je inszeniert hatte, so beschäftigt, daß sie sich zu ihrem Glück über den Verlust des einzigen Mannes, der ihr Zufriedenheit geschenkt hatte, gar nicht richtig klarwurde. Diese Vorbereitungen waren mindestens so kompliziert wie die Tätigkeit von Stabsoffizieren vor einem amphibischen Landungsunternehmen – und merklich effizienter. Patriotismus ging mit Eigennutz Hand in Hand; der Begräbnispomp wurde von den beiden Meistern der Reklame aufgezogen: der Regierung der Vereinigten Staaten, vertreten durch die US-Marine, und der Filmindustrie, vertreten durch Metro-Goldwyn-Mayer. Charlottes fiebrige Stimmung steigerte sich zu Erregung, und rote Seconal-Kapseln entführten sie in unruhige Träume, in denen ihre Mutter ihre kindlichen Umarmungen zurückwies.

Dewey Miller mußte in allen Einzelheiten über den Absturz, das Einbalsamieren der berühmtesten Leiche der Welt und ihren Transport in die Vereinigten Staaten berichten. Zu seinem Ärger wurde sogar Archie MacDonald angewiesen, über die letzten Tage und den Tod des Schauspielers zu berichten. Randall Martin hatte die Welt der Massenzivilisation beherrscht wie ein eherner Koloß, und überall in der freien Welt wehten Flaggen auf Halbmast.

Tokio gab den Kindern einen Tag schulfrei, um einen «großen Sieg» zu feiern. RANDARU MAHTINS TOD DEMORALISIERT AMERIKA lautete die Balkenüberschrift der Tageszeitung *Yomuiri.* ALS HARRIWADOS FILMGOTT UMGEKOMMEN, verherrlichte ihn die Konkurrenzzeitung *Mainichi.* «Weint nicht um Randaru», riet *Fujin Shukan,* eine Frauenzeitschrift, Millionen von gramgebeugten Hausfrauen und Fabrikarbeiterinnen. «Er war nicht der tapfere Held, als der er in seinen Filmen erschien, sondern ein böser Feind des Gott-Kaisers. Die Göttin Amaterasu-Omikami selbst hat ihn niedergestreckt.»

Oberst Tsuji Masanobu, der Stratege und Meisterspion, der als Japans «Gott der Operationen» bereits halbe Göttlichkeit erlangt hatte, bestritt nicht, daß der zum Märtyrer gewordene Wasserbüffel göttlich inspiriert gewesen sei. Aber seine Untergebenen dementierten auch nicht, daß zu ihrem Agentennetz ein zwölfjähriger Hütejunge in Tschungking gehörte.

Sowohl Sir Jonathan Sekloong in der Burg auf dem Peak als auch Captain Jonathan Osgood Sekloong in einem Kriegsgefangenen-Arbeitslager im Hafen von Kobe wurden von den Japanern verständigt.

Sir Jonathan nahm die Nachricht sehr ruhig auf. Er hatte Randall Martin nicht persönlich kennengelernt und gehörte zu den wenigen tausend Menschen in der zivilisierten Welt, die das Bild des Schauspielers nie auf der Kinoleinwand hatten flimmern sehen.

Im Winter 1944 war *der* Sekloong mit zweiundneunzig Jahren ein lebendes Denkmal für chinesische Standhaftigkeit und chinesischen Mut. Die Japaner waren daher sehr korrekt mit ihm umgegangen. Opal führte die Aufsicht über das stark verminderte Personal, und ein Großteil des früheren Glanzes der Burg war verschwunden. Doch litt der Haushalt weder unter den Plünderungen betrunkener Soldaten noch unter schweren Entbehrungen. Daß es im Hause Sekloong ausreichend Lebensmittel gab, war bemerkenswert in einem moribunden Hongkong; die Bevölkerung, vor dem Krieg 1,6 Millionen, hatte sich um eine Million verringert, teils durch Flucht, teils durch Tod. Die Japaner glaubten immer noch, daß Hongkong den kaiserlichen Streitkräften in Südostasien als wichtiges Nachschubzentrum und Werkstatt dienen könnte – wenn die Chinesen nur mehr arbeiten und mit ihrer Sabotage aufhören würden. Sir Jonathans aktive Kooperation bei dem Programm für die Neuordnung der Prosperität in Ostasien durch Schaffung eines großasiatischen Wirtschaftsraums könnte die Tore aufschließen, die die Eroberer von der widerspenstigen chinesischen Bevölkerung trennten, *wenn* sie den Schlüssel zu Sekloong selbst finden könnten.

Der alte Herr hatte auf frühere Annäherungsversuche damit reagiert, daß er seine Dankbarkeit zum Ausdruck brachte und seine Unwürdigkeit betonte. Er bedaure, daß sein hohes Alter ihn ungeeignet mache, sich in der japanischen Verwaltung zu betätigen oder auch nur seinen Namen zur Verfügung zu stellen. Die Japaner wußten, daß er der Feind der Engländer war, insbesondere der von Derwent, dem *Hong* «Allgemeine Tugend»; und sie wußten, daß er der Vater von Sek Sai-loong war, dem Märtyrer für die chinesisch-japanische Freundschaft, an den ein von der kaiserlichen Armee in Nanking errichtetes Denkmal erinnerte. Die Besatzungsbehörden in Hongkong kamen zu dem Schluß, Sir Jonathan müsse bitteren Groll gegen die Engländer hegen und den glühenden Wunsch verspüren, Rache an den Mördern seines Sohnes zu nehmen. Diesmal, davon waren sie überzeugt, könnten sie ihn für sich gewinnen.

Sir Jonathans Protegé Mosing Way war ein begeisterter Kollaborateur. Er lud jeden durchreisenden japanischen Würdenträger zu sich ein und stellte die Geldmittel der East Asiatic Bank dem Programm für eine neue Prosperität zur Verfügung.

«Aber irgendwie haben sie nicht sehr viel davon», vertraute der Erste Berater der Militärregierung seinem alten Freund an. «Du weißt ja, wie untüchtig die Chinesen sind. Dauernd gehen Schriftstücke verloren, und es ist sehr schwierig, Vorschriften auszuführen. Natürlich tue ich mein Bestes.»

Mosing Way hatte die Rolle übernommen, die Sir Jonathan nicht spielen konnte. Durch seine vorgetäuschte Kooperation hatte Way schon mehr als fünfhundert Menschen das Leben gerettet. Die Dschunken, die er kontrollierte, schmuggelten gesuchte Männer aus Hongkong heraus und brachten Agenten von Tschungking herein, die an militärischen Einrichtungen Sabotage verübten und Informationen über Schiffsbewegungen übermittelten. Zwei oder drei dieser Agenten gehörten normalerweise zu dem ständig wechselnden Personal in der Burg, denn Sir Jonathan plante die listigen Täuschungsmanöver, die Mosing Way dann durchführte.

Die höfliche Unbeugsamkeit des alten Herrn imponierte den Japanern mehr, als aktive Kooperation oder mürrischer Trotz es getan hätten. Außerdem häufte sein Enkel Francis, der Sohn von Sydney Sek, mit Handelsgeschäften für die Japaner ein Vermögen in Besatzungs-Yen an – und da er kein Narr war, auch in Gold. Nachdem Oberst Okamoto Fusanosuke, Chef der Abteilung Zivilverwaltung, sich all das überlegt und gefunden hatte, daß die Lage günstig sei, beschloß er, Sir Jonathan persönlich aufzusuchen, um ihn über Randall Martins Tod zu unterrichten.

«Ich bedaure, Euer Exzellenz, daß ich Ihnen schlechte Nachrichten überbringen muß», sagte er in gutem Mandarin. «Der Mann Ihrer Enkelin Charlotte ist gestern in Tschungking ums Leben gekommen. Ein bedauerlicher Unfall, an dem die kaiserlichen Truppen nicht beteiligt waren. Bitte nehmen Sie mein herzliches, aufrichtiges Beileid entgegen.»

«Ihr Besuch ist mir eine Ehre, und Ihre Nachricht ergreift mich tief», erwiderte Sir Jonathan ebenso förmlich. «Ich werde Trauer für den Haushalt anordnen.»

«Da ich nun einmal hier bin», fuhr Oberst Okamoto fort, «können wir vielleicht über allgemeine Dinge plaudern?»

«Ich plaudere immer mit dem größten Vergnügen. Ein nutzloser alter Mann sieht heutzutage zu selten Gäste.»

«Ich habe endlich die Erlaubnis erwirkt, die Gattin Ihres Enkels aus dem Internierungslager Stanley zu entlassen, obwohl noch gewisse Bedingungen gestellt werden. Ich habe mich schon seit einiger Zeit um ihre Entlassung bemüht, aber meine Vorgesetzten müssen überzeugt werden. Sie werden das natürlich verstehen.»

«Natürlich», bestätigte Sir Jonathan, der denselben Kniff oft angewandt hatte. Es war bei Verhandlungen immer vorteilhaft, sich als bloßen Vermittler hinzustellen. Dann konnte man Schwierigkeiten widerspenstigen Chefs anlasten und behaupten, alle Zugeständnisse seien auf eigene Bemühungen zurückzuführen.

Oberst Okamoto blieb zwei Stunden, dann bestand Opal darauf, daß Sir Jonathan Ruhe bekomme. Als der Oberst die Burg in seinem Humber-Dienstwagen verließ, war er überzeugt, daß es ihm endlich gelinge, die Halsstarrigkeit des alten Herrn auszuhöhlen. Er hatte keine bestimmten Zugeständnisse erhalten und war geschickt in die Zusage hineinmanövriert worden, daß Sarah Haleevie Sekloong aus dem Internierungslager Stanley entlassen werde. Aber Oberst Okamoto beruhigte sich mit dem japanischen Sprichwort, daß Sarah nur eine Garnele sei, um einen Thunfisch anzulocken – und Sir Jonathan werde eindeutig zugänglicher.

Sarah, die nur noch sechsundachtzig Pfund wog, wurde mit tiefen Verbeugungen und dem Ausdruck des Bedauerns über ihre lange Gefangenschaft aus dem Lager entlassen. Man versicherte ihr außerdem, daß die Japaner im Gegensatz zu den Deutschen die größte Hochachtung vor den Juden hätten. Sie war leicht verärgert. Ihre vorzeitige Entlassung könnte sich nach der Niederlage der Japaner als peinlich erweisen, und außerdem gedieh ihr Gemüse auf einer der kleinen Parzellen, die den Gefangenen zur Aufbesserung ihrer Ernährung zugeteilt worden waren, sehr gut.

Diese maßvolle, nüchterne Reaktion war eine Folge der standhaften Selbstsicherheit, die sich Sarah in den fast drei Jahren ihrer Gefangenschaft angeeignet hatte. Die japanische Eroberung hatte sie aus ihrem gesicherten, privilegierten Leben herausgerissen, sie ihres Heims und ihres geliebten Mannes beraubt, über dessen Schicksal sie noch immer nichts wußte. Die brutale Massenvergewaltigung hatte sie seelisch und körperlich verletzt. Doch hatte sie allmählich ihre Selbstachtung wiedergewonnen, weil sie erkannte, daß ihr Körper, nicht aber ihre Seele besudelt worden war. Sie hatte ihre ganze Kraft gebraucht, um im Internierungslager am Leben zu bleiben und um ihren Mitgefangenen zu helfen, die wiederum ihr halfen. Sie konnte es sich daher nicht erlauben, über ihre Demütigung nachzugrübeln. Außerdem war sie keineswegs allein; eine ganze Reihe Frauen im Lager Stanley hatten dieselbe brutale Behandlung erlitten. Äußerlich wieder munter, sogar scheinbar leichtfertig, als sie entlassen wurde, hatte Sarah eine Kraft und ein Verständnis für das Leiden anderer erlangt, die sie ihr Leben lang aufrechterhalten sollten. Sie sehnte sich nur nach Jonnie.

Oberst Okamoto hatte keinerlei Andeutung gemacht, daß Jonnie entlassen werden könnte. Immerhin verschaffte der Tod seines Schwagers dem Kriegsgefangenen eine Unterbrechung seiner Kuli-Arbeit im Hafen von Kobe. Der Lagerkommandant sprach ihm sein Beileid aus, bot ihm die erste richtige Mahlzeit seit sechs Monaten an und bewilligte ihm eine arbeitsfreie Woche, «um Randaru Mahtin würdig zu betrauern». Es war nicht die erste Atempause für ihn, denn seit zwei Jahren hatte der Kommandant abwechselnd um ihn gebuhlt und ihn mißhandelt. Nur die Einzelhaft, die nach jeder Periode der Bevorzugung über ihn verhängt wurde, bewirkte, daß Jonnie für seine Mitgefangenen glaubwürdig blieb. Ihre moralische Unterstützung stärkte ihm den Rücken, so daß er sich den jeweiligen Drohungen und Versprechungen widersetzen konnte, dieser Behandlung mit «Zuckerbrot und Peitsche», mit der die Japaner ihn für ihren großen Asien-Plan zu gewinnen hofften.

Jonnie trug seine zerlumpte Baumwolluniform unter einem aus einer alten Decke selbstgeschneiderten Mantel, und seine schmutzverkrusteten Füße steckten in Sandalen, die aus einem alten Autoreifen zusammengeschustert waren. Die feuchte Oktoberkälte machte ihm zu schaffen. Er war so abgemagert, daß sich seine Knochen unter der von Unterernährung straff gespannten Haut abzeichneten. Auf der Zunge, den Lippen und an den Hoden hatte er die erdbeerfarbenen Wundstellen von Beriberi. Nur ein paar Händevoll Korn und Lebensmittelbüchsen, die er aus Schiffsladungen stahl, hatten ihn am Leben erhalten.

Auf einem Polstersessel im geheizten Büro des Kommandanten zu sitzen war ein Vorgeschmack des Himmels. Er konnte sich nur mit Mühe an die Annehmlichkeiten und an die Bankette der Friedenszeit erinnern; bewußt verbannte er alle Gedanken an die üppige Vergangenheit, um sein seelisches Gleichgewicht zu bewahren. Zu stinken, ständig erschöpft, ewig hungrig und verlaust zu sein, das schienen ihm mittlerweile die normalen Begleitumstände des menschlichen Lebens zu sein. Er sah sich in dem gemütlichen Büro um wie ein Steinzeit-Papua, der zum erstenmal Gebrauchsgegenstände der Gegenwart erblickt. Daß der Kommandant, der Englisch sprach, ihm mit leiser Stimme sein Mitgefühl zum Ausdruck brachte und ihn dringend aufforderte, sich doch noch mit gebratenem Fisch zu bedienen, war eine belanglose Ablenkung, die er nur undeutlich hörte.

«Wir möchten lediglich, daß Sie mit eigener Stimme ein paar Worte an die Bevölkerung von Hongkong richten», wiederholte der Kommandant. «Weiter nichts – dann kann ich meine Vorgesetzten dazu überreden, Sie von aller Arbeit freizustellen und Sie in einem Hotel unterzubringen. Später, wer weiß? Wenn Sie unsere gerechte Sache unterstützen, ist alles möglich . . .»

«Es tut mir leid, Major», antwortete Jonnie mit geduldiger Höflichkeit. «Ich muß mich entschuldigen, aber es ist leider unmöglich.»

Ausreichendes Essen, warme Kleidung, eine Möglichkeit, sich auszuruhen – das waren die einzigen Ziele seines Daseins im Alter von zweiundvierzig Jahren. Würden ihm diese drei bescheidenen Wünsche erfüllt, konnte er überleben, was sonst unwahrscheinlich war. Kühl und sachlich hatte er seine Überlebenschancen als schwer arbeitender Kriegsgefangener als eines zu drei berechnet. Aber er konnte ebensowenig kollaborieren, wie er den einfachen Weg ins Vergessen einschlagen konnte, denn seinen Lebenswillen aufzugeben bedeutete passiven Selbstmord. Es erforderte keine bewußte Entscheidung, das neue Angebot des Majors zurückzuweisen. Jonnie hatte das Problem schon vor zwei Jahren gründlich durchdacht und abgetan.

Seine Motive, zu dem Schluß war er gekommen, waren absolut egoistisch. Er sehnte sich danach, zu Sarah und ihrem fröhlichen, privilegierten Leben in Hongkong zurückzukehren. Er wußte, daß die Alliierten den Krieg gewinnen würden, also wußte er auch, daß er nicht zu diesem Leben würde zurückkehren können, wenn er kollaborierte. So einfach war das; doch seine wenig edlen Beweggründe bekümmerten ihn.

Die Japaner hatten ihm von der «durchaus rechtschaffenen Mitarbeit an der Neuen Ordnung» seines Vetters Francis Sek berichtet. Aber er tat Francis als einen Narren ab, der für seinen Opportunismus würde büßen müssen. Jonnie konnte nicht wissen, daß eine Kolonie, die dem Reichtum alles verzieh, Francis seine Vergehen verzeihen sollte; er konnte sich schon gar nicht vorstellen, daß Francis, nachdem ihm die Sünden vergeben waren, eine Reihe von Ehrungen erhalten sollte, deren Krönung die Ritterwürde «für Philanthropie und der Gemeinschaft geleistete Dienste» war. Jonnie war überzeugt, daß er eine völlig zweckmäßige Entscheidung getroffen hatte.

«Jedenfalls, Captain», drängte der Kommandant, «werden Sie doch eine Woche Freistellung von der Arbeit und bessere Verpflegung nicht ablehnen.»

«Nein, Major, gewiß nicht!» erwiderte Jonnie ohne zu zögern, denn selbst eine Atempause von einer Woche konnte Leben statt Tod bedeuten. Aber er fühlte sich genötigt hinzuzufügen: «Doch muß ich Ihnen sagen, daß das meine Einstellung nicht beeinflussen wird.»

Die Verwunderung des Kommandanten war mit Bewunderung vermischt. Endlich hatte er dieses überirdische Wesen kennengelernt, über das er so viel gelesen hatte – den englischen Gentleman.

«Der hat den echten Samurai-Geist», sagte der Major später zu seinem Adjutanten, als sie beim Sake saßen. «Stellen Sie ihn zwei Wochen von der Arbeit frei.»

«Sie können heute mit den Reaktionären reden, Ai-kuo», sagte Tschou En-lai Ende November zu Generalmajor Schih Ai-kuo, der auf den Namen James Sekloong getauft worden war.

«Ihre besonderen Instruktionen, Genosse?» fragte James.

Er kannte die allgemeinen Direktiven für die Gespräche der Kommunisten mit den Nationalisten fast ebensogut wie Tschou En-lai, der sie aufgesetzt hatte. Dennoch bat er um genaue Instruktionen: nach zwanzigjähriger Zusammenarbeit empfand er immer noch ehrfürchtige Scheu vor seinem brillanten Vorgesetzten, obwohl Tschou En-lai, jetzt sechsundvierzig, nur acht Jahre älter war als James. Sie hatten sich als Lehrer und Schüler kennengelernt, als Tschou En-lai im Alter von vierundzwanzig Jahren bereits einer der drei wichtigsten Männer in der Kommunistischen Partei war. Der Abstand zwischen ihnen hatte sich verringert, als James in der Hierarchie aufstieg, doch konnten sie nie von gleich zu gleich miteinander verkehren. Die kommunistische Hierarchie war ebenso streng nach Rang und Dienstalter gegliedert wie die neo-konfuzianische der Nationalisten.

«Nichts Neues», lachte Tschou. «Dieselbe Taktik: berichten, wiederholen und noch mal wiederholen – und sich mit nichts einverstanden erklären. Erheben Sie Einwände gegen alles und lächeln Sie. Setzen Sie ihnen zu, sie sind nervös.»

«Ich stelle mir vor, Genosse», bemerkte James trocken, «daß Ihre Bemühungen bei der amerikanischen Presse erfolgreicher sein werden als meine bei den Nationalisten.»

«Sie sind zu höflich, Ai-kuo. Aber Sie haben recht. Übrigens, halten Sie sich von den Amerikanern fern. Überlassen Sie sie mir.»

«Das Vergnügen lasse ich Ihnen gern, Genosse», erlaubte sich James zu bemerken. «Ich bin froh, daß Sie mich heute nicht als Dolmetscher brauchen.»

«Hören Sie, Ai-kuo, seien Sie nicht sauer. Wir kommen an allen Fronten voran. Die Amerikaner sind überzeugt, daß wir ‹Bodenreformer› sind, was immer das bedeuten mag, und keine richtigen Kommunisten, daß wir einzig und allein darauf aus sind, den armen Bauern zu helfen. Vergessen Sie Ihre britischen Vorurteile gegen die Amerikaner. Sie sind unsere beste Waffe. Wir könnten sie nicht entbehren.»

«Nützlich sind sie, Genosse, das stimmt.» James dachte daran, daß nur Tschou En-lai sich diese minimal verletzende Anspielung auf seine gemischte Abstammung herausnehmen konnte – nur von Tschou En-lai würde er sich die Stichelei gefallen lassen. «Nützlich und nicht übermäßig intelligent. Ich finde ihren naiven Enthusiasmus erschreckend.»

«Das ist ihr nützlichster Zug, ihre jugendliche Begeisterung. Selbst die sogenannten Fachleute, die ‹China-Experten›, sind köstlich naiv. Ich werde nie vergessen, was für ein Gesicht Genosse Mao machte, als der Sonderbotschafter von Präsident Roosevelt einen Indianer-Kriegsruf ausstieß . . . Die Journalisten sind ganz besonders nützlich, weil sie die Welt davon überzeugen, daß wir nur friedliche Demokraten sind. Wahrscheinlich würden sie jeden lynchen, der zu behaupten wagt, daß ich je etwas Größeres als einen Moskito getötet habe.»

«Jeder kennt Ihre Leistungen, Genosse», erwiderte James. «Niemand würde behaupten, daß Sie jemals gezögert hätten, wenn die Situation ein rücksichtsloses Vorgehen erforderte. Niemand könnte Sie einen feigen Menschewiken nennen, der vor revolutionärer Gewalttätigkeit oder notwendigem Blutvergießen zurückschreckt.»

«Ich danke Ihnen, Ai-kuo, daß Sie Ihr Vertrauen zu mir zum Ausdruck gebracht haben», lachte Tschou. «So, jetzt gehen Sie los und reden mit den Nationalisten. Reden, reden, reden! Die Zeit zum kämpfen, kämpfen, kämpfen wird bald genug kommen!»

James' gute Laune hielt noch an, als er zu dem Konferenzgebäude gefahren wurde, wo er sich mit dem nationalistischen Unterhändler zu einer weiteren Folge der Gespräche treffen sollte, die beide Seiten nur als notwendige Pflichtübung ansahen, um die Amerikaner zu täuschen. Sein vielbeschäftigter Vorgesetzter war selten so entspannt, daß er sich auf Scherze einließ; normalerweise war Tschou En-lai seinen Mitarbeitern gegenüber reserviert und sparte seinen beachtlichen Charme für leicht zu beeindruckende Ausländer auf. James lachte leise, als er daran dachte, in welch ironischem Ton sein Chef jedesmal das Wort *Chung-kuo chuan-men* aussprach, China-Experten.

Seine heitere Stimmung verflog, als er das graue Gebäude mit dem glasierten Ziegeldach betrat, um den nationalistischen Unterhändler zu treffen. Von ähnlichen Eingebungen wie Tschou En-lai angeregt, hatte Generalissimus Tschiang Kai-schek seinen persönlichen Adjutanten entsandt. Generalmajor Schih Ai-kuo blickte über Teetassen und Aschbecher auf dem verschrammten Tisch hinweg auf Generalmajor Sek Lai-kwok. Obwohl er Gefühle verachtete, spürte James Sekloong doch ein warnendes Unbehagen darüber, daß er direkt mit seinem eigenen Bruder verhandeln mußte, seinem Feind Thomas Sekloong.

Die Brüder nickten sich nur zu, sie waren zu nervös, um die leeren, kühlen Höflichkeiten auszutauschen, die seit 1937 jedes Gespräch zwischen Nationalisten und Kommunisten eröffnet hatten. Seit ihrem hastigen Abschied in Schanghai im Jahre 1927 hatten sie sich nicht gesehen und trafen sich jetzt als Sprecher ihrer antagonistischen Chefs.

Ein Gefühl von Unwirklichkeit befiel James Sekloong für einen Augenblick; er kam sich wie ein Betrachter der Szene vor, bei der er tatsächlich eine Hauptrolle spielte. So hatten sich Thomas und er das nicht vorgestellt, als sie am Strand von Peitaiho Soldaten spielten, auf dem Exerzierplatz der Militärakademie Whampoa exerzierten und Seite an Seite von Kanton zur Nördlichen Expedition ausrückten: daß sie sich als Feinde begegnen mußten ... Halb verwirrt durch seine Erinnerungen, zwang sich James, auf die Worte seines Bruders zu achten.

Thomas, der immer emotionaler gewesen war als sein jüngerer Bruder, nahm seine Zuflucht zu dem gekünstelten halben Singsang der konventionellen chinesischen Rhetorik und einem unerträglich formellen Gehabe, um seine Gefühle zu verbergen. Er war entsetzt über die direkte Konfrontation mit James. Wenn sich zwei Brüder in offener Feindschaft gegenüberstanden, dann waren die Grundfesten der Gesellschaft erschüttert. Sein Katholizismus wie auch das traditionelle konfuzianische Ethos verlangten liebevolle Solidarität zwischen Brüdern – und respektvollen Gehorsam des jüngeren Bruders gegenüber dem älteren. Bewußt verschloß er sich gegen die Vorwürfe, die sein Herz erhob. Schließlich war er der ältere Bruder.

«Ich bin von der Nationalen Kommission für militärische Angelegenheiten beauftragt worden, euch davon in Kenntnis zu setzen, daß die Dritte Unabhängige Brigade der Achten Feld-Armee aus dem ihr zugewiesenen Gebiet ausgerückt ist und unsere Abwehrstellungen durchbrochen hat», sagte er steif. «Ich bin beauftragt, euch aufzufordern, dem Kommandeur der Achten Feld-Armee, General Tschu Teh, den Befehl der Militärkommission zu übermitteln, daß die Brigade sofort in ihren Kampfbereich zurückkehren soll.»

Solche Proteste waren der normale Eröffnungszug jeder Sitzung. Da die Rote Armee der Kommunisten seit dem Abkommen vom September 1937 zwischen Nationalisten und Kommunisten nominell die Achte Feld-Armee der Streitkräfte der Zentralregierung war, betonten die Nationalisten fast jedesmal die untergeordnete Stellung der Kommunisten, indem sie Mao Tse-tungs Vertreter Befehle erteilten, von denen sie wußten, daß er sie nicht befolgen würde.

«Ich habe mir den Fall notiert», erwiderte James. «Ich werde meine Vorgesetzten verständigen.»

Die Kommunisten pflegten weder Fehler noch Insubordination einzugestehen, indem sie die Befehle ihrer «Vorgesetzten» von der Zentralregierung befolgten. Die Nationalisten ihrerseits wollten nicht riskieren, das Gesicht dadurch zu verlieren, daß sie die Sache auf die Spitze trieben und eine empörte Zurückweisung heraufbeschworen.

«Ich bin vom Stabschef der Achten Feld-Armee beauftragt worden, Protest einzulegen», fuhr James fort. Er redete seinen Bruder weder mit Namen noch Dienstgrad an. «Die neunundfünfzigste Division der nationalistischen Streitkräfte ist über die Grenze der Provinzen Kansu und Schensi eingedrungen. Unschuldige Bauern sind belästigt und ihre Lebensmittelvorräte geplündert worden. Bei einer etwaigen Wiederholung wird mit Waffengewalt darauf geantwortet.»

«Ich werde mich erkundigen», erwiderte Thomas, «ob sich ein solcher Zwischenfall ereignet hat.»

«Ich bin weiterhin beauftragt, den Vorschlag des Zentralkomitees der Kommunistischen Partei Chinas noch einmal vorzubringen und um eine Stellungnahme zu bitten.»

Das Ballett ging genauso vor sich, wie seine Choreographen es erwartet hatten. Es war notwendig, daß sie miteinander redeten – in erster

Linie wegen der Amerikaner –, während beide Seiten für die entscheidende Schlacht ihre Truppen verstärkten. Es war aber nicht notwendig zuzuhören. Thomas' Gedanken schweiften ab, als sein Bruder die Bedingungen wiederholte, die vor zwei Wochen vorgeschlagen worden waren, aber durch die erneute Darlegung schon an Bedeutung verloren.

Der Preis für Yenans uneingeschränkte Kooperation mit Tschungking gegen die Japaner, wiederholte James, sei die Bildung einer Koalitionsregierung, die aus der Kuomintang, der Kommunistischen Partei und kleineren politischen Parteien bestehen sollte, und allen müsse Handlungsfreiheit in ganz China garantiert werden.

«Der Vorschlag ist unannehmbar, wie bereits früher zu verstehen gegeben wurde», sagte Thomas. «Ich werde dir noch einmal die Bedingungen vortragen, die die legitime Zentralregierung der Republik China anzubieten bereit ist.»

Nun war James an der Reihe, seine Gedanken schweifen zu lassen. Er hatte keinen Grund, sich die Bedingungen der Nationalisten noch einmal anzuhören, die den Kommunisten scheinbare Legitimität anboten, aber ihre wesentliche Bedingung, eine nationale Koalitionsregierung, nicht berücksichtigten. Ohne eine Koalition würden die Kommunisten der Zentralregierung der Nationalisten untergeordnet sein. Schlimmer noch, ohne eine Koalitionsregierung hätten die Kommunisten nicht die Möglichkeit, nach der sie trachteten: das nationalistische Regime von innen zu unterminieren.

Sie werden es nicht akzeptieren, hatte Tschou En-lai gesagt. *Sie können den Fuchs nicht in den Hühnerstall hereinlassen. Ebensowenig können wir unsere Selbständigkeit aufgeben und die zukünftige Befreiung Chinas gefährden, indem wir uns unterordnen. Aber wir werden weiter mit ihnen reden.*

«Ich muß darauf hinweisen, daß der Gegenvorschlag den wichtigen Vorschlag der Kommunistischen Partei außer acht läßt: eine Koalitionsregierung.» James lief rot an. «Eure Bedingungen können daher nicht als Basis für weitere ernsthafte Verhandlungen dienen.»

James Sekloongs heftiges Temperament hatte ihn verführt, über Tschou En-lais Instruktionen hinauszugehen und die Bedingungen der Nationalisten fast schlankweg abzulehnen. Die Sitzung hätte dennoch an diesem Punkt mit kühler, höflicher Uneinigkeit enden können wie so viele frühere Sitzungen, wenn nicht Thomas Sekloong seinerseits die Beherrschung verloren hätte.

«Ihr akzeptiert sowieso keine Vorschläge, keinen einzigen!» Er hob die Stimme, und auf seinen Backenknochen erschienen rote Flecke.

«Keinen Vorschlag, der euch nicht den Weg zur Macht ebnet, nicht wahr, Kleiner Bruder?»

«Wir werden keine Vorschläge akzeptieren», brauste James auf, «die die unangefochtene Verewigung eurer faschistischen Diktatur bedeuten.»

«Weil eure russischen Herren es nicht zulassen», stichelte Thomas.

«Du sprichst von Herren, und dabei wagt ihr nicht zu scheißen, ohne eure amerikanischen Zahlmeister um Rat zu fragen. Ihr seid Laufburschen des amerikanischen Imperialismus. Ihr dient einer imperialistischen Macht, den Amerikanern, um deren imperialistische Rivalen, die Japaner, zu vernichten.»

Die begleitenden Offiziere saßen starr vor Entsetzen da und machten eisige Gesichter. Sie wagten nicht, sich in den persönlichen Streit ihrer Vorgesetzten einzumischen. Die blauen Wolken von Tabakrauch, die normalerweise im Raum hingen, wurden zu einem dichten Nebel, als die Stabsoffiziere nervös ihre Zigaretten ausdrückten und gleich neue anzündeten, während die Stummel noch schwelten. Sie lauschten stumm, als die Brüder zum beißenden Kantonesisch übergingen, der Sprache ihrer Kindheit.

«Und ihr gebt vor, gegen die Japaner zu kämpfen, während ihr in Wirklichkeit gegen Chinesen kämpft», schrie Thomas. «Ihr kämpft gegen euer eigenes Fleisch und Blut für die russischen Schweinehunde!»

«Und ihr versucht, uns abzuwürgen, das habt ihr immer versucht!» antwortete James. «Kommunisten umbringen, die Japaner ignorieren und den Amerikanern den Hintern lecken – das ist euer Motto.»

«Schleimscheißer, Arschlecker!» Thomas ging hoch. «Ihr seid die Arschlecker. Wer spielt denn mit den Amerikanern herum, masturbiert sie und bietet ihnen den Hintern zum Ficken an? Nicht wir, ihr!»

«Ihr braucht das auch nicht!» brüllte James. «Die Amerikaner haben eure Schwestern und Mütter schon hundertmal vergewaltigt. Ihr verkauft ihnen China und eure Mütter. Du Sohn einer räudigen Swatow-Hure!»

Kantonesische Beschimpfungen endeten immer damit, daß die Mutter des Gegners verunglimpft wurde. James' Temperament hatte ihn über die Schwelle des Anstands hinweggefegt. Beschämt schwiegen die Brüder, und ihre Stabsoffiziere geleiteten sie rasch aus dem Raum.

«Wie ich höre, haben James und Thomas neulich Krach gehabt», bemerkte Dr. George Chapman Parker, «sie haben sich regelrecht angebrüllt.»

Guinevere sah ihren weißhaarigen Mann liebevoll an und gab die Hoffnung auf, ihn jemals auf ein respektables Niveau militärischer Adrettheit bringen zu können. Die olivgrüne Uniform des durch und durch unkriegerischen Brigadegenerals war ebenso verschrumpelt und formlos, wie es die maßgeschneiderten Anzüge des Experten für Tropenmedizin in New York gewesen waren. Sonst gab es wenig, worüber sich Guinevere nach zwanzigjähriger Ehe beklagen konnte. Trotz der anfänglichen Befürchtungen ihrer Mutter wegen des Altersunterschieds hatte George sie nicht nur glücklich, sondern auch froh gemacht. Schmuck, rothaarig und bescheiden, war die einundvierzigjährige Guinevere zufrieden. Ihr Entschluß, Sohn und Tochter allein zu lassen, um George auf seiner sechsmonatigen Reise zu begleiten, war ihr nicht leichtgefallen, aber ihr Mann brauchte sie mehr als ihre selbständigen Kinder. Zum Glück und zu Gwinnies Überraschung war ihre Schwester Charlotte eine tüchtige und liebevolle Pflegemutter für George junior und Blanche.

«Thomas und James haben sich immer gestritten», erwiderte sie nachdenklich. «Aber niemand konnte sie trennen. Wir nannten sie einen Teufel mit zwei Körpern.»

«Jetzt sind sie zwei Teufel mit zwei Körpern, Gwinnie. Sie sind so weit voneinander entfernt, daß ein Regiment zwischen ihnen hindurchmarschieren könnte.»

«Ach, George, wenn sie nur wieder zusammenkommen könnten. Wenn die zwei Seiten nur . . .»

«Gib den Gedanken auf, meine Liebe», meinte George. «Es ist hoffnungslos. Du hast in den letzten vier Monaten genug von diesem Schlamassel gesehen, um zu wissen, daß deine Mutter recht hat. Die Chinesen werden nie zusammenarbeiten. Sie werden sich immer bekämpfen.»

«Ich kann das alles nicht so ruhig hinnehmen wie du, George.»

«Ruhig? Habe ich es ruhig hingenommen, als ich entdeckte, daß drei Viertel des Antitoxins, das ich Washington endlich abgerungen hatte, verschwunden waren? Nur die Reichen können Medikamente bekommen. Aber sie werden ihr blaues Wunder erleben. Wenn, das heißt, sobald die Typhusepidemie ausbricht, werden sie feststellen, daß sie nicht immun sind. Die Armen, die sie der Immunisierung beraubt haben, werden sie anstecken.»

«So schlimm ist es, George?»

«Noch schlimmer! Ich halte den Atem an und bete. Das ist alles, was ich tun kann. Sie würden mein altes Stethoskop stehlen, wenn sie könnten. Die Korruption ist unglaublich – und die Widerspenstigkeit ist größer als bei der Pest in Hongkong im Jahre 1909. Aber diesmal kämpfen Chinesen gegen Chinesen und nicht gegen Engländer. Ich kann nur beten, daß es nicht zu einer neuen Pestepidemie kommt. Die Seuche ist in Yunnan schon stellenweise aufgetreten. Deshalb sage ich ihnen, sie sollen Ratten töten. Es ist alles schon dagewesen.»

«Aber deine Konferenz über öffentliche Gesundheitspflege, George. Bestimmt können die Gouverneure und Bürgermeister . . .»

«Hoffnungslos. Sie haben keine Macht, und die Generale rühren sich nicht. Die sind damit beschäftigt, Nachschub zu stehlen, den Sold für nicht vorhandene Soldaten zu kassieren und ihren Gewinn aus Schwarzmarktgeschäften zu zählen. Gott steh uns bei, eine Ampulle Penicillin, die einen Soldaten mit Bauchfellentzündung retten könnte, bekommt die Konkubine irgendeines fetten Kaufmanns, die in ihrer Einfalt glaubt, sie könne damit ihre Erkältung heilen. Alle Chinesen glauben, eine Injektion wirke Wunder – wenn sie nur teuer genug ist. Ich bin drauf und dran, den Kampf aufzugeben.»

«Es dauert ja nicht mehr lange», sagte Gwinnie, «dann fahren wir nach Hause.»

George Parkers Niedergeschlagenheit ließ Gwinnie das Ende seiner Dienstzeit herbeisehnen. Als sie nach China zurückkamen, waren sie voller Begeisterung und hofften, sie könnten die drohenden Epidemien verhindern. Aber nach nur drei Monaten war Dr. Parker verzweifelt. Guineveres Sorge um ihren Mann überstieg ihre Sorge um ihr Heimatland, und sie strich die Tage einzeln in ihrem Kalender aus. Noch sechsundfünfzig Tage, dann würden sie China verlassen.

Mitleid kämpfte mit Abscheu, als sie sich auf der von Menschen wimmelnden schmalen Straße an dem steilen Berghang umschaute. Sie hatte zu lange in den Vereinigten Staaten gelebt, um das Elend zu ignorieren, das ihre Mutter angeblich nicht sah; das allgegenwärtige Leiden war für Gwinnie unerträglich. Verstümmelte Bettler mit eiternden Geschwüren an ihren Stümpfen hielten abgemagerte Kinder hoch, während Offiziere und ihre Damen vorbeigingen, ohne sie zu sehen. Knochendürre Soldaten rempelten feiste Kaufleute in langen Seidengewändern an. Grüner Schlamm überzog die zerbrochenen Pflastersteine und schien sogar in schleimigen Tropfen in der Luft zu hängen.

Das durchdringende An- und Abschwellen der Sirenen brachte die schwatzende Menge zum Verstummen.

«Ching-pao! Hung-cha ching-pao!» schrien Polizisten in schäbigen Uniformen. «Alarm! Fliegeralarm!»

Gwinnie und George Parker wurden von der Menge mitgerissen, die zum Eingang eines Luftschutzraums drängte. Die Chinesen waren stolz auf diese tiefen Tunnel, die in Tschungkings Klippen eingegraben worden waren. Die meisten boten mindestens dreißigtausend Menschen Platz, und dieser neue Tunnel in der Oststadt sogar vierzigtausend. Mit dem Strom der verängstigten Menge gelangten die Parkers durch die breiten Tore in die durch Öllampen halb erhellte Dämmerung. Gwinnie hielt sich am Arm ihres Mannes fest.

«Es dauert sicher nicht lange», beruhigte George sie. «Unsere Jäger werden sie vertreiben. Schade, daß wir heute keinen Nebel haben.»

Sie saßen auf ihren Mänteln nicht weit vom Tunnelausgang und hörten Bomben explodieren, Flakbatterien feuern und Flugzeugmotoren heulen. Gwinnie zerdrückte ein kriechendes Insekt auf ihrem Hals. Tschungking wimmelte von Krankheiten übertragenden Flöhen, Milben und Fliegen. Ihr lief es kalt über den Rücken, und sie wischte sich die blutbefleckten Finger am Taschentuch ab.

Ihr Mann bemerkte ihr Unbehagen nicht. Er hielt den Blick auf den Lichtfleck gerichtet, den die an der niedrigen Decke hängende Laterne auf die Wand aus gestampfter Erde warf. Ein Rinnsal von Erde sickerte aus der Wand. Er wußte, daß er es sich nicht einbildete, er sah, daß sich der Riß erweiterte, während er hinschaute. Ein Erdklumpen löste sich von der Decke, und die Holzbalken, die die gestampfte Erde abstützten, knirschten auf ihren kräftigen Stempeln. Eine Bombenserie ging in der Nähe nieder, die Explosionen hallten in dem Unterstand wider, und Parker sah, daß die Stempel wackelten. Die hölzernen Querbalken erzitterten und verschoben sich in ihrer Lagerung.

«Wir müssen hier raus!» Er nahm Gwinnies Hand. «Der Tunnel hält nicht. Komm, Gwinnie, schnell!»

Tageslicht schimmerte verlockend vom Ausgang, dreißig Meter entfernt. Unbekümmert auf zurückgelehnte Körper tretend, zog George Parker seine Frau hinter sich her. Einen Augenblick später drängte die ganze Menge zum Ausgang. Die Parkers waren noch zwanzig Meter davon entfernt, als die Erde aufkreischte und der Tunnel einstürzte. Eine Lawine aus Erde, Balken und Steinen ging auf sie nieder. Guinevere und George Parker starben, als die lehmige Erde ihnen in Mund und Nase drang. Gwinnies Hand umklammerte noch die seine.

Als Gwinnie und George nicht zum Mittagessen kamen, bestellten sich Charles und Mary Sänften und ließen sich zum Hauptquartier des amerikanischen Ärzteteams in der Oststadt bringen. Das Telefon funktionierte nicht mehr. Der General und Mrs. Parker, sagte ihnen ein mitfühlender Leutnant, seien kurz vor dem Luftangriff aufgebrochen, um an einer Konferenz über öffentliche Gesundheitspflege teilzunehmen. Nein, sagte er, er habe nichts von ihnen gehört. Der Unteroffizier, den er zur Erkundigung hinschickte, berichtete, daß sie im Konferenzsaal nicht angekommen seien.

Zwei Tage lang beobachteten Mary und Charles, wie Bergungsmannschaften im Schutt gruben, um Leichen herauszuholen. Die Arbeiter trugen Stoffmasken gegen den aus der Erde aufsteigenden Gestank und scharrten mit einfachen Spaten und Hacken in der fest zusammengepreßten Masse aus Steinen und Lehm.

Mary weinte nicht, aber unvergossene Tränen schimmerten in Charles' hellbraunen Augen.

«Ich komme mir alt vor», sagte er, «und hilflos.»

Sie legte ihm den Arm um die Taille. Er nahm sie an der Schulter und zog sie an sich.

«Ich hätte nie gedacht, daß es Gwinnie sein würde», sagte sie. «Ich habe soviel Angst gehabt, Angst um Jonnie, um Thomas und um James. Aber Gwinnie hätte überhaupt nicht hier sein dürfen. Warum Gwinnie?»

Am späten Nachmittag rumpelten vier amerikanische Bulldozer durch die schmalen Straßen zum verschütteten Tunneleingang.

«Jetzt», beruhigte Mary Charles, «jetzt wird etwas geschehen. Mit den Maschinen werden sie sie rausholen.»

Fünfzehn Minuten später packte Charles Mary am Arm.

«Die Bulldozer schütten den Tunnel zu», stammelte er, «sie geben auf! Es ist alles vorbei.»

Das Wehklagen der Menge tönte schrill durch den kalten Nachmittag. Charles und Mary gingen langsam den Berghang hinunter. Sein verletztes Bein schlurfte auf dem Pflaster, und er stützte sich schwer auf seinen Stock. Marys Sicht war durch einen Tränenschleier getrübt, und sie legte ihm den Arm fester um die Taille. Er führte sie, und sie stützte ihn, so schleppten sie sich durch Straßen, die von ununterdrückbarem Leben übersprudelten.

«Wie ich höre, sind drei der Beamten, die den Tunnel in der Oststadt gebaut haben, gemaßregelt worden und um eine Gehaltsstufe herabgesetzt.» Dewey Miller stampfte mit den kalten Füßen auf der Startbahn von Sand Spit auf. «Eine wirklich strenge Bestrafung, nicht wahr?»

«Wer weiß?» Archie MacDonalds Antwort war ungewöhnlich sanftmütig. «Es könnte tatsächlich ein Irrtum gewesen sein, nicht Geldgier.»

«Das glaubst du doch nicht im Ernst, Archie?»

«Nein. Aber es gibt keinen Beweis.»

«Den wird es auch nie geben. Irgendein großes Tier könnte dabei Schaden nehmen. Was sind schließlich schon vierzigtausend Menschenleben?»

«Hast du von den Parkers gehört?»

«Ja, Archie. Deine Sekloongs machen eine scheußliche Zeit durch. All das Geld hilft auch nicht viel.»

«Nein, Dewey», antwortete der Schotte mit seiner üblichen Schärfe, «obwohl es das Schlimmste abfangen mag . . . Aber da kommen sie.»

Zwölf gleichmütige kommunistische Delegierte unter Führung von Tschou En-lai kletterten aus ihren Jeeps und gingen mit selbstbewußter Würde zu der wartenden amerikanischen C-47. Der kommunistische Unterhändler konnte keinen zusätzlichen Propagandavorteil erringen mit weiterer Wiederholung und Ablehnung derselben Vorschläge und Gegenvorschläge. Am 9. Dezember 1944, genau drei Jahre und einen Tag, nachdem mit dem japanischen Angriff auf Pearl Harbor, Hongkong und Malaya der Weltkrieg im Pazifik begonnen hatte, kehrte er nach Yenan zurück.

«Können Sie eine Erklärung abgeben, Kommissar Tschou?» rief der Berichterstatter von Associated Press. «Wann kommen Sie wieder?»

«Kommen Sie überhaupt wieder?» schrie der Reuter-Korrespondent.

Mit ausdruckslosem Gesicht in seiner Rolle als Generalmajor Schih Ai-kuo drehte sich James Sekloong zu den Korrespondenten um. Er sprach langsam und deutlich auf englisch.

«Kommissar Tschou kann keine Fragen beantworten. Er wird zurückkommen, wenn die Nationalisten erkennen lassen, daß ihre Absichten aufrichtig sind. Er kann nicht voraussagen, wann dieses erfreuliche Ereignis eintreten wird.»

«Ist noch etwas hinzuzufügen?» fragte der Mann von Associated Press. «Dann ist das jetzt also nicht das Ende der Verhandlungen?»

«Wir hoffen, daß es das nicht ist», erwiderte James. «Wir hoffen das dringend. Aber die Nationalisten müssen ihre Aufrichtigkeit beweisen. Das ist alles.»

«Können Sie uns nicht eine Stellungnahme geben?» beharrte Reuter.

James sprach kurz mit Tschou En-lai, ehe er antwortete.

«Generalsekretär Mao Tse-tung hat auf eine klare, bedeutsame Tatsache hingewiesen: ‹Die Nationalisten haben zu uns gesagt: Wenn ihr eure Armee aufgebt, werden wir euch Freiheit geben. – Wäre ihr Angebot aufrichtig, dann müßten sich die Parteien und Gruppen, die keine Armeen haben, schon seit längerer Zeit der Freiheit erfreuen. Aber sie haben keine Freiheit. Weil Arbeiter, Bauern, Studenten, Intellektuelle und die nationale Bourgeoisie keine Armeen haben, haben sie ihre Freiheit verloren.› Wir werden uns nicht unbewaffnet in die Höhle des Löwen begeben.»

«General Schih, können Sie uns sagen . . .»

«Kommissar Tschou, nur noch eine Aufnahme.»

«General, besteht keine Hoffnung, daß . . .»

Die kommunistischen Delegierten kletterten auf der kurzen Aluminiumleiter in die C-47. Ehe die Tür zuschlug, drehte sich James noch einmal zu der Schar von Korrespondenten um.

«Genosse Tschou hat mich gebeten», sagte er lächelnd, «Ihnen zu sagen, daß er Sie alle bald wiederzusehen hofft. Aber er kann nicht sagen wann.»

Die beiden Motoren spuckten grauen Rauch aus, und die C-47 begann zu rollen.

«Weißt du», sagte Miller nachdenklich zu MacDonald, «ich könnte schwören, daß der große Kerl geweint hat. Ist er so betrübt über das Scheitern der Verhandlungen?»

«Dewey, vergiß nicht, es war seine Schwester», erinnerte MacDonald ihn. «Sie sind immer noch eine Familie – ob Kapitalisten oder Kommunisten.»

«Ach ja, das hatte ich vergessen. Armer Kerl. Aber wann werden sie wiederkommen? Und werden sie wiederkommen?»

«O ja, sie werden wiederkommen. Das ist keine Frage. Aber wer weiß wann? Es gibt immer noch eine Menge zu reden, ehe der Kampf beginnt. Beide Seiten wollen den Anschein noch ein bißchen aufrechterhalten, zumindest bis die Japaner keine Rolle mehr spielen.»

«Kampf?» fragte Miller hinterlistig. «Bist du sicher, daß sie es ausfechten werden?»

«Was denn sonst?» MacDonald zuckte die Schultern.

«Und wer wird gewinnen?» wollte Miller wissen. «Die Kommunisten oder die Nationalisten?»

«Na, hör mal, Dewey. Was glaubst du denn, wer gewinnt?»

INTERMEZZO

27. Juni 1970

20 Uhr 30 bis 24 Uhr

Der Taifun Linda, dessen Zentrum dreißig Meilen vom Zentrum der Kolonie vorbeifegte, hüllte den Peak in undurchsichtige Regenschauer. Mit Millionen Klauen zerrte der Sturm an Berghängen und an rissigen Fundamenten. Im Hafen türmten sich die Wellen fast fünf Meter hoch, brachen sich an den Kaimauern, überspülten sie und überfluteten den Platz vor der City Hall. Ein Achttausend-Tonnen-Frachter wurde von seinem Liegeplatz losgerissen, seine Vertäuung, eine massive Eisenkette, war gerissen wie ein seidener Faden. Unerbittlich trieb die ‹Oriental Monarch› auf die wie ein Finger in das Meer hinausragende Startbahn des Flughafens Kaitak zu. Ohnmächtig drehten sich ihre Doppelschrauben in der Gischt der aufgewühlten Wogen, während sich ihr Kapitän mit bleichem Gesicht an das Kompaßhaus klammerte und abwechselnd mehr Leistung vom Maschinenraum verlangte und monoton Gebete murmelte. In Repulse Bay schwankten die «Luxus»-Wohnungen in den unsolide gebauten Hochhäusern im Wind. Fensterscheiben barsten, Blumentöpfe und Balkonmöbel wurden in knöchelhoch überflutete Wohnräume geschleudert, und breite Spalten taten sich in den Betonfassaden auf. In Wanchai ergossen sich Sturzbäche von den Berghängen in die Mietshäuser und Baracken, schwemmten Automobile hinweg und füllten die Nebenstraßen mit gelbem Schlamm, der wie ein Lavastrom alles unter sich begrub.

Wuchtig wie ein Dreihunderttausend-Tonnen-Supertanker, der auch einem Sturm vor dem Kap der Guten Hoffnung widersteht, trotzte die Burg dem tobenden Orkan. Ihr dickes Mauerwerk hielt der Wut des Taifuns Linda ebenso stand wie allen früheren Tropenstürmen. Gelegentlich, wenn eine Tür geöffnet wurde, hörten die Tischgäste das Knirschen geschlossener Fensterladen im Heulen des Windes. Doch unbeeinträchtigt von diesen Geräuschen nahm das Bankett, mit dem Lady Marys neunzigster Geburtstag gefeiert wurde, seinen zeremoniellen Verlauf.

Sir Jonathan hatte seine Festung so gebaut, daß sie den Naturgewalten, der Mißgunst feindseliger Menschen und dem Verfall standhielt. Lady Mary entsann sich genau des Tages, an dem Harry (der nun schon einunddreißig Jahre tot war) ihr die Baustelle der Sekloong-Residenz gezeigt hatte und das Gewimmel der zahllosen Arbeiter sie an den Bau der Pyramiden hatte denken lassen. Die Burg würde Bestand haben. Aber sie fragte sich, ob die Sekloongs selbst sich gegenüber den Mächten, die sie bedrohten, als ebenso unangreifbar erweisen würden. Ihre eigene Generation war dahin, und die Generation ihrer Kinder war auch schon alt. Und wie stand es mit den anderen, ihren Enkeln und Urenkeln? Sie ließ ihre veilchenblauen Augen über die Tischrunde schweifen und prüfte die angeregten Gesichter ihrer Nachkommen.

Etwa in der Mitte des langen Tisches lauschte ihr Sohn James mit geringschätziger Belustigung den aufdringlich schmeichelnden Fragen seines Großneffen George Chapman Parker III. Der zwanzigjährige und von jedermann Chappie genannte Sohn von George Chapman Parker jun., dem Generalmajor der amerikanischen Luftwaffe, hatte sich selbst zum Maoisten erklärt und sein Studium in Princeton aufgegeben, um «für die Sache zu kämpfen». Der Erbe von viereinhalb Millionen Dollar von seiner verstorbenen Großmutter, einer geborenen Sekloong, und seinem Großvater Dr. George Parker, verdroß seinen kommunistischen Großonkel mit eben dem irrationalen Fanatismus, der seinen aus schierer Gewohnheit konservativen Vater und seinen angeheirateten Onkel, den stellvertretenden Außenminister, seit Jahren erbittert hatte. Seine verschossenen Jeans und das Hemd mit offenem Kragen waren ausnahmsweise einigermaßen sauber, womit er dem feierlichen Anlaß Genüge getan zu haben glaubte, aber seine langen Haare, mit einem Gummiring zum Pferdeschwanz zusammengebunden, sahen aus, als ob sie eine Haarwäsche brauchen könnten.

Lady Mary rümpfte angewidert die Nase. Chappie gehörte nicht zu ihren Lieblingen. Die absonderliche Kleidung, die unreifen politischen Ansichten und die Dreckschicht, die gewöhnlich seinen Hals bedeckte, kränkten sie weniger; was ihren Zorn erregte, war die undurchdringliche Schicht von Unwissenheit, auf der seine engstirnige Rechthaberei beruhte. Sie selbst hatte sehr aufmerksam – und gelegentlich mit Begeisterung – jedes Wort des Vorsitzenden Mao Tse-tung gelesen. Aber ihr Urenkel war überheblich und dabei uninformiert; die grundlegenden Texte der Weltanschauung, zu der er sich bekannte, hatte er nie gelesen. Soweit sie feststellen konnte, glaubte Chappie einfach, daß sein heißgeliebter Vorsitzender die Welt kaputtmachen wollte – nicht mehr und nicht weniger. Und während er auf diese universelle Apotheose wartete, machte sich Chappie selbst mit LSD kaputt.

«So ist es, Onkel Genosse!» Chappies Stimme war schrill vor Begeisterung. «Wir werden jede einzelne Mutter der Ausbeuter vernichten, auch wenn wir nichts hinterlassen als einen rauchenden Scheiterhaufen. So ist es, Onkel Genosse!»

General Schih Ai-kuo sah unendlich gequält aus. Er bedauerte seinen eigenen Temperamentsausbruch und dachte daran, daß er nicht nach

Hongkong geschickt worden sei, um mit seinem älteren Bruder zu streiten, der immer noch das gestürzte Idol Generalissimus Tschiang Kai-schek anbetete. Aber er war auch nicht hergeschickt worden, um sich solch unreifes Geschwätz anzuhören. Er fing einen Blick von Spencer Taylor Smith auf, der nach Lady Marys Tischordnung drei Plätze von ihm entfernt saß, und verzog das Gesicht zu einer Grimasse des Abscheus vor der Idiotie ihres Neffen. Der amerikanische stellvertretende Außenminister war ausnahmsweise mit dem Stellvertretenden Politischen Kommissar der Chinesischen Volksbefreiungsarmee von ganzem Herzen einig und grinste mitfühlend.

«Ach, Chappie», wandte sich General Schih wieder seinem Großneffen zu, «wer sind denn diese Mütter, die du vernichten willst? Ein Vorhaben, das nicht gerade von Kindesliebe zeugt.»

«Du weißt schon, was ich meine, Onkel Genosse. Du weißt es. All diese Mutterficker, die Kerle, die das Volk bumsen. Du weißt schon.»

«Ein seltsamer Ausdruck.» Der Vertreter des Zentralkomitees der Kommunistischen Partei Chinas war absichtlich begriffsstutzig. «Ich muß die amerikanische Sprache studieren.»

«Dann nehmen Sie nicht meinen Sohn als Vorbild, General Schih», warnte Generalmajor George Chapman Parker jun. «Sein Jargon wandelt sich so schnell, daß nicht einmal ich damit Schritt halten kann.»

«Warum nennst du mich nicht Onkel James, George? Alle anderen tun es doch. Auf jeden Fall bitte nicht Onkel Genosse.»

«Das ist von mir nicht zu befürchten, Sir ... Onkel James», antwortete Parker.

«Ich könnte hinzufügen, General Schih, daß sich die politischen Ansichten unseres gemeinsamen Neffen ebenso schnell ändern wie sein Jargon.» Der stellvertretende Außenminister trachtete nach einem Anknüpfungspunkt, um menschlichen Kontakt mit dem Feind herzustellen. Seine Instruktionen waren klar. Im Gegensatz zum chinesischen Ministerpräsidenten Tschou En-lai hatte der amerikanische Außenminister Henry Kissinger den Auftrag seines Untergebenen genau umrissen.

«Ich bin überzeugt, Herr Minister, daß, äh, Chappies Ansichten noch ausreifen werden», erwiderte der kommunistische General. «In einem Punkt sind er und ich jedoch einer Meinung. Es kann für uns keinen Kompromiß mit dem sowjetischen Sozialimperialismus oder dem amerikanischen Imperialismus geben. Letztlich werden wir natürlich Sie ebenso wie die Sowjets vernichten. Aber Chappie muß noch viel lernen, er braucht Gelegenheit zu ernstlichem Studium.»

Der stellvertretende Außenminister bemühte sich um eine gemäßigte Antwort, aber Chappie kam ihm zuvor:

«Kann ich, Onkel Genosse, kann ich? Was für eine Gelegenheit!»

«Kannst du was?»

«Du weißt doch, was ich meine, Onkel Genosse. Kann ich nach China kommen und mir ansehen, was ihr geschaffen habt? Mann, das wäre ein Trip! Kann ich, Onkel Genosse?»

«Du könntest vermutlich ein Visum beantragen, aber dafür bin ich nicht zuständig. Und ich glaube nicht, daß ein solcher Besuch dem chinesischen Volk oder dir selbst nützen würde. Du mußt vorher noch sehr viel lernen. Vor allem mußt du Disziplin lernen, Selbstdisziplin, wenn du dem Volk dienen willst.»

«Scheiße, Onkel Genosse, das sagen alle. Disziplin, das predigt uns die ältere Generation – alle über dreißig – dauernd. Du nimmst uns also auch nicht ernst, Onkel Genosse? Außerdem, wie kann ich in *Amerika* lernen? Mann, das ist eine miese Szene. Faschismus, Unterdrückung, Rassismus, ausbeuterischer Kapitalismus. Der ganze faule Krempel!»

«Du mußt die Werke des Vorsitzenden Mao lesen, mußt lernen, seine Gedanken zu verstehen und zu meistern.» General Schih Ai-kuo amüsierte sich. «Du mußt studieren und lernen . . . lernen, Revolution zu machen, indem du Revolution machst. Wir Kommunisten werden nach Kräften behilflich sein. Aber nur das amerikanische Volk kann das amerikanische Volk befreien.»

«Das ist aber schwierig, Onkel Genosse.»

«Ich habe nicht gesagt, daß es leicht sei. Auch der Vorsitzende lehrt: ‹Eine Revolution ist kein Gastmahl.› Du mußt lernen, hart und unbeugsam zu sein.»

James Sekloong, offiziell Genosse General Schih Ai-kuo, war angenehm angeregt vom Wein und dem Vergnügen, das es ihm bereitete, seine beiden amerikanischen Neffen, den Minister und den General aufzuziehen. Seine Depression von vorhin war verflogen, und er lächelte, als sein Leibwächter sich über seine Schulter beugte und ihm einen langen, rotgestreiften Umschlag reichte. Immer noch lächelnd, las er den vom Ministerpräsidenten eigenhändig geschriebenen und mit seinem persönlichen Siegel versehenen Brief:

Genosse Ai-kuo,
Ich bedaure, Ihnen mitteilen zu müssen, daß Ihre Frau, Genossin Lu Ping, als kandidierendes Mitglied des Zentralkomitees und Vorsitzende des Frauenverbandes abgelöst worden ist. Sie hat sich freiwillig

bereit erklärt, zwei Jahre in der Volkskommune Roter Stern in der Mongolei zu verbringen, um vom Volk zu lernen und ihr Denken neu auszurichten, damit sie einen klaren Trennungsstrich ziehen kann zwischen unseren Feinden und unseren Freunden, wie es der Vorsitzende fordert. Ihr Hauptfehler, stellte die Überprüfungskommission der Partei fest, bestand darin, daß sie ein Arrangement mit den sowjetischen Sozialimperialisten befürwortete. Es besteht gegenwärtig kein Verdacht, daß Sie ihre irrige Auffassung teilen. Sie können vorgehen, wie Sie es für richtig halten. Vernichten Sie diesen Brief.

Der General hörte nicht auf zu lächeln; jahrzehntelanger innerparteilicher Streit hatte ihn gelehrt, niemals Schrecken oder auch nur Überraschung erkennen zu lassen. Aber sein Gehirn rechnete schnell – und fast so leidenschaftslos – wie ein Computer.

Gewiß hatte der Ministerpräsident, der alte Fuchs, schon vor seiner Abreise von dem Parteibeschluß gewußt und den Brief mit demselben Flugzeug nach Hongkong geschickt, mit dem er geflogen war – mit der Anweisung, ihn ihm erst bei Tisch zu übergeben. Tschou En-lai hatte James' Frau nicht vor den «Ultralinken», die auch seine Feinde waren, schützen können oder wollen. Das Oberkommando der Befreiungsarmee, selbst in Verwirrung, hatte sich nicht um die eigenen Leute gekümmert. Trotz der Versicherung des Ministerpräsidenten spürte James fast, wie sich die Schlinge um seinen Hals zusammenzog. Dabei war Tschou En-lai sein wichtigster Verbündeter und letztlich sein einziger Beschützer. Typisch, daß Tschou seine eigenen Wünsche nicht deutlich dargelegt hatte, aber sie waren immerhin einigermaßen klar. James wußte, daß er den moskowitischen Imperialismus mehr als alles andere fürchtete.

«Ich bitte um Verzeihung, daß ich so unhöflich war zu lesen», entschuldigte sich der General. «Eine unbedeutende Angelegenheit, von der ein übereifriger Adjutant glaubte, daß ich sie gleich sehen müßte.»

Er hob seine Schüssel und führte sich einen Strang Geburtstagsnudeln zu Gemüte, lange Nudeln für langes Leben. Das Leben seiner Mutter war schon lang. Und sein eigenes? Befriedigt stellte er fest, daß die Eßstäbchen in seiner Hand ganz ruhig waren. Kein Zittern verriet seinen inneren Aufruhr.

«Verzeihung, Genosse», flüsterte ihm sein Leibwächter ins Ohr. «Eben kam eine weitere Nachricht über das Telex der Burg. Unverschlüsselt und auf englisch.»

+ 23156 sklng hkg-4
sofort fuer general schih aikuo:
sie sind ermaechtigt, nach eigenem ermessen das folgende dem stellvertretenden aussenminister smith inoffiziell mitzuteilen: geduld der regierung volksrepublik china erschoepft. wir koennen nicht viel laenger untaetig zusehen, wie unsere landsleute unter unterdrueckung durch tschiang kaischeks clique leiden. die gerechten forderungen des chinesischen volkes, die gefahr von sowjetischen sozialimperialisten und die dringende notwendigkeit, unsere volkswirtschaft wieder zu vereinigen, koennten es erforderlich machen, dass wir taiwan mit waffengewalt befreien, wenn haltung der us-regierung hart bleibt. volksrepublik ist jedoch immer bereit, verhandlungen ueber jede streitfrage aufzunehmen, wenn verhandlungspartner aufrichtig ist.

aussenministerium

James' persönliche Befürchtungen waren vergessen, und seine erste Reaktion war kühl professionell. Es war, stellte er fest, 23 Uhr 05 in Hongkong, also 22 Uhr 05 in Peking, wo der Ministerpräsident wohl gerade seine Nachtarbeit begann, und 9 Uhr 05 in Washington, wo die Beamten konventionellere Arbeitsstunden einhielten. Es war also die richtige Zeit für Diskussionen und zum Austausch weiterer Botschaften. Obwohl das Telex vom Außenministerium kam, war die Handschrift des Ministerpräsidenten unverkennbar. Nur jemand mit seiner Autorität und seinem Scharfsinn konnte dafür gesorgt haben, daß die Mitteilung unverschlüsselt gesendet würde, damit die amerikanischen Abhördienste sie abfangen konnten. Nur Tschou En-lai hätte die ausgesprochene Drohung, Taiwan anzugreifen, mit einem klaren Hinweis verbunden, daß der Angriff durch ernsthafte Verhandlungen abgewendet werden könnte. Nachdem sich die Amerikaner in Vietnam offenbar festgefahren hatten und viele amerikanische Stimmen Beziehungen zur Volksrepublik forderten, war der Zeitpunkt außerordentlich günstig. Die Aussicht auf Feindseligkeiten mit Peking würde Washington erschrekken, während die Andeutung, daß Peking sich vielleicht einer gemeinsamen Front gegen Moskau anschließen könnte, großes Interesse wecken würde. Aber die Botschaft war «inoffiziell», ihre Weitergabe James' «Ermessen» überlassen. Es war bezeichnend, daß der Ministerpräsident weder sich noch die chinesische Regierung festgelegt hatte.

«Worüber sprachen wir gerade?» James legte die Eßstäbchen hin und befolgte seine neuen Instruktionen. «Ach ja! Der Vorsitzende weist auch darauf hin, daß die Revolution viele unvorhergesehene Wendungen nimmt und Umwege einschlägt. Der Kampf kann Jahrzehnte dauern, statt bloß ein oder zwei Jahre. Der Vorsitzende Mao lehrt überdies, daß es manchmal notwendig sei, auf Zeit mit einem Feind zusammenzuarbeiten, um den größeren Feind zu besiegen.»

Der stellvertretende Außenminister spitzte die Ohren wie ein Hühnerhund, der es im Unterholz rascheln hört. Die Parkers, Vater und Sohn, machten große Augen – verblüfft über James' plötzlichen Meinungsumschwung. Fünf Minuten zuvor hatte der politische Kommissar noch den amerikanischen Imperialismus angeprangert, und jetzt deutete er die Möglichkeit einer Zusammenarbeit an?

«Unter günstigen Umständen könnte ein solches Arrangement Jahrzehnte überdauern», fuhr James fort. «Die Revolution muß entschlossen sein wie eine Bulldogge und flexibel wie eine Schlange.»

Ein leises Klirren unterbrach James. Der alte Sir Mosing Way hob ein Champagnerglas.

«Exzellenzen, meine Damen und Herren, geliebte Verwandtschaft, darf ich wieder einmal das Vorrecht des Zweitältesten unter uns in Anspruch nehmen? Ich möchte auf Lady Sekloong anstoßen. Trinken wir auf ihre neunzig Jahre der Weisheit und Liebe.»

«Danke, Mosing, mein ältester Freund.» Lady Mary stand auf und stützte sich mit einer Hand auf den Tisch. Ihre helle Stimme wurde kräftiger, während sie sprach: «Meinen herzlichen Dank und meine Liebe euch allen, denjenigen, die von weit hergekommen sind, und denjenigen, die nur ein paar Meilen zurückgelegt haben. Ich bin geehrt durch eure Anwesenheit, und eure Liebe wärmt mir das Herz. Auch mit neunzig ist Wärme immer noch wichtiger als Ehre.»

Leises Lachen wurde überall in der großen Halle hörbar. Nur der junge Mann mit Bürstenhaarschnitt, der hinter Spencer Taylor Smith stand, lächelte nicht, denn er lauschte aufmerksam auf sein Mini-Empfangsgerät. Er flüsterte dem stellvertretenden Außenminister etwas ins Ohr, der seinen Stuhl zurückschob und murmelte: «Entschuldigung. Dringender Telefonanruf. Tut mir leid.»

James Sekloong lächelte. Washingtons Abhördienste funktionierten noch besser, als er geglaubt hatte. Offenbar war die Botschaft des Ministerpräsidenten bereits von den Amerikanern zur Kenntnis genommen worden, und vermutlich waren sie schon hin- und hergerissen zwischen der Furcht vor einer bewaffneten Konfrontation mit Peking wegen Taiwan und der Hoffnung auf eine Aussöhnung mit Peking. Diese Nacht, dachte er, könnte interessant werden – und im nächsten

Augenblick machte er sich Vorwürfe über seine Leichtfertigkeit. Die Nacht könnte sich sehr wohl als kritisch für sein Land erweisen, und er war unmittelbar in der Schußlinie zwischen Peking und Washington.

«Ich habe euch», fuhr Lady Mary fort, «nicht gebeten, von so weit herzukommen, nur um einer alten Dame das Herz zu wärmen, die schon übermäßig lange auf dieser Erde weilt. Ich möchte euch eine letzte Bitte vortragen. Es ist keine Forderung. Einige von euch, das weiß ich, haben das Gefühl, daß ich immer zuviel verlangt habe – und jetzt übertrieben zählebig bin.»

Leicht gezwungenes Gelächter quittierte diesen Scherz. *Taipan* Albert Sekloong, mit siebenunddreißig gut aussehend und anmutig wie ein Thai-Buddha, lehnte sich hinüber und flüsterte seinem flotten älteren Bruder, Oberst Sir Henry, zu: «Die alte Dame ist heute abend großartig in Form. Aber auf wen hat sie's abgesehen? Auf mich, weil ich schamlos Reichtum anhäufe, oder auf dich, weil du Soldat spielst? Was will sie?»

«Auf uns beide ist die Stichelei nicht gemünzt, glaube ich», antwortete der Oberst. «Sie hat was anderes im Auge.»

Irritiert durch die geflissentliche Nonchalance seines Bruders, lächelte der Beherrscher des Sekloong-Imperiums seiner schlanken japanischen Frau Kazuko zu, deren Bruder Jiro Matsuyama der kommende Mann in dem großen Mischkonzern Mitsubishi war. Abgesehen von seiner innigen Liebe zu Kazuko und ihren beiden kleinen Kindern, waren Alberts Leidenschaften allein auf die Erlangung von Reichtum durch Handel gerichtet. Die zeremonielle Diktion der Politik langweilte ihn.

Lady Mary nippte an ihrem Champagner. Blaue Adern zeichneten sich auf ihrem durchsichtigen Handrücken ab.

«Ich scherze nicht – jedenfalls nicht nur», sagte sie. «Das lange Leben habe nicht ich mir ausgesucht, es war von Gott so gewollt, und er mag seinen Entschluß bald revidieren. Auch Macht auszuüben war nicht mein Wunsch und Wille, sondern Sir Jonathans Befehl. Ich habe mein Verwalteramt so gut wahrgenommen, wie ich konnte. Ich werde keine Entschuldigungen vorbringen. Aber ich habe euch, wie gesagt, nicht nur hergebeten, damit ihr mit eurer Liebe das Herz einer alten Dame erwärmt, obwohl ich mich über diese Liebe freue. Und ich habe auch nicht vor, euch Vorwürfe zu machen.»

Ein Geschwisterpaar tauschte erleichterte Blicke. Jonathan III., Sir Henrys zwanzigjähriger Sohn, der eines Tages der Träger des Titels sein würde, hatte den sexuellen Appetit der männlichen Sekloongs geerbt. Zweimal hatte Lady Mary Vaterschaftsklagen heimlich durch die Zahlung von Abfindungen aus der Welt geschafft – nicht nur, um seiner

Großmutter Sarah Kummer zu ersparen, sondern auch, um ihm den Zorn seines Vaters zu ersparen. Seine jüngere Schwester, Mary Philippa Sekloong, neunzehn, die von der Familie und den Dienstboten die «kleine Lady Mary» genannt wurde, hatte die klassische brünette Schönheit ihrer englischen Mutter Hermione Duane geerbt, aber nicht Hermiones friedliches Temperament.

Wenn die kleine Lady Mary etwas Törichtes tat, dann blieb sie, wie ihre Namensschwester, nicht auf halbem Wege stehen. Ihre Eskapaden mit jungen Männern – und einigen älteren Männern – erregten selbst im Zeitalter der tabufreien Gesellschaft Mißfallen. Außerdem hatte nur die Fürsprache ihrer Urgroßmutter ihren Rausschmiß aus dem Girton College in Oxford nach einem gelegentlichen lesbischen Experiment mit zwei Klassenkameradinnen verhindert. Sie bedauerte Lady Marys Entsetzen – und ihre eigene Einbuße an Lust.

«Nein, ich habe nicht vor, euch Vorwürfe zu machen», wiederholte Lady Mary.

«Darauf möchte ich anstoßen», sagte Albert eingedenk der dunklen Tage in den sechziger Jahren, als er die Firma an den Rand des Bankrotts gebracht hatte. «Und keine unnützen Gegenbeschuldigungen.»

«Nein, aber aufrichtiges Bedauern, das ja», ergänzte sein Onkel Charles Kardinal Sekloong. «Und immer daran denken, damit wir unsere Torheiten nicht wiederholen.»

Lady Mary hatte den Austausch von Blicken zwischen ihren Urenkeln bemerkt. Sie hatten beide ihren Großvater nicht mehr kennengelernt, Marys ältesten Sohn Jonnie. Sie erinnerte sich an ihren fassungslosen Schmerz über Jonnies grausamen, sinnlosen Tod, nachdem er die lange Kriegsgefangenschaft bei den Japanern überlebt hatte. Der alte Herr hatte dafür gesorgt, daß Jonnie am 29. August 1945, ein paar Tage nach dem Ende des Krieges im Pazifik, nach Hongkong geflogen wurde. Der Pilot der Royal Air Force hatte keine Erfahrung mit Kaitak, wo die Flugzeuge damals beim Landen einen Flügel hoch in der Luft hatten, um den Bergen auszuweichen, und das Flugzeug erst im letzten Moment in die Horizontale brachten. Die Flügelspitze von Jonnies Dakota hatte den Berg gestreift, die Maschine hatte sich überschlagen und war in den Hafen gestürzt. Mit dem Blick auf die Heimat, die er seit vier Jahren nicht gesehen hatte, war Jonnie gestorben.

In ihrem großen Kummer hatte Mary mit dem blinden Schicksal gehadert. Jonnie, ihr Erstgeborener, hatte einen besonderen Platz in ihrem Herzen. Jonnie, der selbständig, liebevoll und unwiderstehlich charmant war. Erst später kam ihr voll zum Bewußtsein, daß sein Tod das Haus Sekloong seines natürlichen Erben beraubt hatte, des Mannes, der nach Anrecht und Begabung Sir Jonathans und Charles' Nachfolger hätte sein sollen.

«Einige von euch lachen über das, was ihr mein Motto nennt. *Wenn du etwas Törichtes tust, bleib nicht auf halbem Wege stehen.*» Die hohe Stimme der alten Dame setzte sich gegen die Ausgelassenheit ihrer Nachkommen durch; sie war entschlossen, dafür zu sorgen, daß die Opfer nicht umsonst gewesen waren. «Aber etwas Zurückhaltung ist immer nötig, und ich fürchte, wir haben gewisse Grenzen überschritten. Habt bitte Nachsicht mit mir. Ich möchte über die Familie sprechen, wie sie heute ist.

Es wäre scheinheilig – schlimmer noch, es wäre dumm –, wenn wir so täten, als wären wir weniger, als wir sind. Falsche Bescheidenheit ist ebenso verderblich wie falscher Stolz. Wir sind eine Macht in der Welt – eine große Macht, wenn wir alle gemeinsam vorgehen. Wir waren schon machtvoll, als der alte Herr Dr. Sun Yat-sen und später Tschiang Kaischek behilflich war, die Republik China zu gründen und ihre Volkswirtschaft aufzubauen. Außenstehende nennen uns die Sekloong-Dynastie. Aber mit Dynastien pflegt es von dem Augenblick an, da sie ihren Höhepunkt erreicht haben, abwärts zu gehen. Große Macht und Zügellosigkeit gehen Hand in Hand. Wir sind in fünf Generationen vom Opiumverkauf zum LSD-Genuß gelangt.»

Das darauf antwortende Gelächter war nicht gezwungen, sondern bitter.

«Wenn wir unsere Macht und unseren Reichtum nicht klug anwenden, könnte innerhalb einer weiteren Generation alles verspielt sein», fuhr Lady Mary fort. «Unsere Einheit würde zerstört sein und unsere Stärke verzettelt. Aber es muß nicht so kommen. Die beste Möglichkeit, unsere Macht zu nutzen – und uns zu retten –, ist das Bestreben, anderen zu nützen. Ich möchte euch allen einen Auftrag erteilen. Euch allen, meinen Kindern, Enkeln und Urenkeln. Wir können diese Aufgabe nicht allein bewältigen, aber wir können viel dazu beitragen.

Ihr wißt vielleicht, daß ich Charles Sekloong trotz Sir Jonathans Zweifel und trotz der Mißbilligung meines Vaters heiratete. Ich liebte meinen Mann sehr, aber ich sah hinter alldem ein Wunschbild, das über uns beide hinausging. Ich träumte davon, daß Ost und West in Eintracht und Liebe vereint sein könnten.

Ich glaube noch immer an mein Wunschbild. Wir Sekloongs sind eine Legierung aus zwei Welten, eine wunderbare Legierung, aus der entweder ein nützliches Werkzeug – oder eine tödliche Waffe geschmiedet werden kann. Ich möchte, daß ihr ein machtvolles Werkzeug werdet, um diese beiden Welten zusammenzubringen.» Lady Mary hielt inne, ehe sie leise hinzufügte: «Ihr sollt wissen, daß es mit mir zu Ende geht. Ich bin sicher, daß die Zeit nahe ist.»

Einen Moment herrschte betroffene Stille. Lady Mary ließ den Kopf sinken, winkte aber Kardinal Charles' ausgestreckte Hand weg.

«Mein Vater hätte gesagt: ‹Krebs? Magenkrebs? Was kannst du da erwarten, bei all dem ausländischen Dreck, den du ißt – Rattenschwänze, Schlangen, junge Hunde, Gott weiß, was noch!› Aber mit neunzig kann man nicht gerade davon sprechen, daß man in der Blüte der Jugend dahingerafft wird.»

Alle lachten spontan über ihren makabren Scherz und über ihre Nachahmung des breiten Yorkshire-Akzents von Musikmeister John Osgood. Sie wußte, daß sie wie eine große Schauspielerin ihre Zuhörer in ihren Bann geschlagen hatte und sie zum Lachen oder Weinen bringen konnte, wie sie wollte.

«Ihr mögt meine letzten Worte als einen Befehl auffassen, aber ich hoffe, ihr werdet sie als eine letzte Bitte ansehen. Das, worum ich bitte, muß aus Liebe geschehen, nicht . . .»

Lady Mary hielt wiederum inne, aber nicht aus Schwäche oder um der Wirkung willen, sondern vor Erstaunen. Tränen ruinierten das kunstvolle Make-up der einzigen wirklichen Schauspielerin in diesem Kreis. Lady Mary hielt Alaine d'Alivère manchmal für einen schlauen Frechdachs und manchmal für einen erleuchteten Einfaltspinsel. Charlottes Tochter Alaine war mit achtunddreißig Jahren von aparter Schönheit, und obwohl sie radikale und vermutlich unpopuläre politische Ideen befürwortete, die regierende Königin des internationalen Films. Und Alaine weinte!

«Es muß aus Liebe geschehen und von ganzem Herzen.» Lady Marys Stimme zitterte. «Es kann nicht widerwillig geschehen. Und ihr alle müßt dazu beitragen, obwohl einige viel mehr erreichen können als andere. Ich werde das gleich genauer erläutern.»

Lady Mary nippte an ihrem Champagner, ehe sie mit festerer Stimme fortfuhr:

«Mir liegt China am Herzen, und ihr habt China im Blut. Aber noch immer steht China abseits der Welt, fast ein Dreivierteljahrhundert, nachdem ich zum erstenmal meinen Traum träumte. Das war 1900, als ausländische Truppen Peking plünderten. Doch heute ist es keineswegs unmöglich, daß mein Traum in Erfüllung geht. Mein Wunschbild, meine größte Hoffnung ist, daß die Chinesen die Weltbühne betreten, um mit anderen Völkern zusammenzuarbeiten und mit ihnen zu wetteifern.»

Die alte Dame stützte sich erschöpft auf den Tisch, aber sie lächelte, um Opal und Sarah zu beruhigen, die sie besorgt beobachteten.

«Die Russen sind Barbaren, die die zivilisierte Welt zerstören würden; Peking hat das erkannt. Manche nennen die Amerikaner Barbaren. Ich tue das nicht, und ich bin stolz auf meine amerikanischen Enkel. Ebenso wie die Chinesen sind die Amerikaner voll guten Willens und gelegentlich auch voll Wut. Aber sie sind zivilisiert, und sie sind mächtig. Sie sind das ausgleichende Moment auf der Welt.

Wie ihr wißt, mußte ich mich mein Leben lang für Politik interessieren, chinesische Politik und internationale Politik, obwohl ich mich vielleicht lieber ausschließlich der Familie und der Firma gewidmet hätte. Da ich es nicht konnte, erwarb ich gute Kenntnisse auf dem Gebiet der Politik. Und ich bin froh darüber, daß in diesem Augenblick Peking und Washington ihre Fühler ausstrecken.»

Die meisten starrten Lady Mary verständnislos an; James Sekloong und Spencer Taylor Smith betrachteten eingehend ihre Eßstäbchen.

«Ich mache es euch zur Pflicht, euch für die Versöhnung zwischen Chinesen und Amerikanern einzusetzen.» Ihre Stimme war wieder klangvoll. «Einige von euch an diesem Tisch haben machtvolle Positionen inne – James und Spencer Smith insbesondere, aber auch Charles, Avram Barakian und sogar Thomas. Diejenigen von euch, die auf ihren Posten Einfluß ausüben können, müssen sich bemühen, den Lauf der Dinge durch ihre Kühnheit zu bestimmen. Nur so kann China ein Teil und ein Partner der Welt werden und der Frieden gewahrt bleiben. Nur so können die Sekloongs überleben – und stärker werden. Stark durch Nützlichkeit, nicht schwach durch Genußsucht.»

Ihre Stimme versagte, und halb flüsternd fuhr sie fort: «Darf ich es jetzt noch einmal sagen: Ich danke euch allen! Gott segne euch alle!»

Lady Mary stützte sich schwer auf die vergoldeten Lehnen ihres rotgepolsterten Sessels und setzte sich. Sie erschien kleiner, als ob die ungeheure Anstrengung, ihre tiefsten Gefühle zum Ausdruck zu bringen, sie körperlich erschöpft hätte. Ihre Nachkommen lasen in den Gesichtern der anderen dieselbe Ehrfurcht, die sie vor der unverminderten Willensstärke der alten Dame empfanden, vor ihrer nicht nachlassenden Sorge um die Welt, von der sie nun bald Abschied nehmen mußte.

General Schih Ai-kuo und der stellvertretende Außenminister Spencer Taylor Smith vermieden es, einander anzusehen.

Teil VII

DIE SEKLOONGS UND DIE LAO PAI-HSING

28. November 1950 bis
22. Februar 1959

28. November 1950 bis 12. Juli 1951

Die schmächtige, im hohen Alter knorrig gewordene Gestalt war gegen die Kühle des kristallklaren Winternachmittags in Kaschmirschals eingehüllt. Aber der weiße Bart war tadellos geschnitten, und die hellbraunen Augen funkelten in dem runzlig-zerknitterten Gesicht. Diese Augen konnten noch vor Zorn grün aufleuchten, denn der Verstand, der sie belebte, war fast so scharf und hellwach wie vor einem halben Jahrhundert. Wenn auch der Körper, das Gefäß seines unbezwinglichen Geistes, gebrechlich geworden war, so sprachen doch die abergläubischen Kantonesen in Hongkong von ihm noch voll ehrfürchtiger Scheu als von dem Alten Drachen in seiner Lagerstatt auf dem Berg.

Es war der 28. November 1950, der Krieg im Pazifik war seit fünf Jahren vorbei, und vierzehn Monate zuvor hatten die Kommunisten in China gesiegt. Sir Jonathan blickte von der geschützten Terrasse hinter der Steinbalustrade der Burg hinunter auf sein Königreich. In seinem siebenundneunzigsten Jahr schaute er mit dankbar empfundenem innerem Abstand zurück auf die Freuden und Sorgen eines erfüllten Lebens, das sich über einige der turbulentesten Jahre in der Geschichte der Menschheit erstreckt hatte. Er war bereit, dem baldigen Ruf seines Schöpfers zu folgen, denn seine weltlichen Angelegenheiten hatte er in Ordnung gebracht und seinen Glauben an die gnädige Gottheit, die so großzügig zu ihm gewesen war, von neuem bekräftigt. Nur einen Schicksalsschlag konnte er Gott noch nicht verzeihen. Der Erbe seines Königreichs war schon vor gut fünf Jahren abberufen worden. Jonnies Witwe Sarah hatte sich schließlich dem Willen ihres strengen Gottes gefügt, aber Jonnies Großvater konnte es nicht verwinden, daß er das Reich, das er geschaffen hatte, ohne einen Nachfolger für Charles und Mary verlassen mußte.

Sir Jonathans Blick schweifte über den grünen Bogen des Hafens, wo drei dunkelgrüne Zerstörer der Marine der Vereinigten Staaten vor Anker lagen und ein blaugrauer Kreuzer der britischen Marine zwischen Hunderten von Handelsschiffen hindurchdampfte. In Asien war wieder Krieg, und der Puls der auf Handel erpichten Kolonie beschleunigte sich angesichts der Gelegenheit, die der Konflikt in Korea bot. Noch immer strömten die Opfer des letzten Krieges in die Kolonie; ihre Berghänge waren übersät von Hütten aus Abfallholz und Wellblech für etwa siebenhunderttausend Flüchtlinge, die nach dem kommunistischen Sieg im

Jahre 1949 nach Hongkong gekommen waren. Doch wieder bewies die Kolonie ihre Vitalität, die bewirkt hatte, daß ihre Bevölkerung in den neunzig Jahren von 1860 bis Ende 1950 von sechsundachtzigtausend auf zweieinhalb Millionen gestiegen war. Tokio begann unter der amerikanischen Besatzung gerade wieder zum Leben zu erwachen, während Schanghai seit der Übernahme durch die Kommunisten vor zwanzig Monaten dahinsiechte. Da Hongkongs Hauptrivalen ausfielen, war die Kronkolonie wiederum die kommerzielle Hauptstadt des Fernen Ostens.

Es war eine nervöse Hauptstadt. Zum erstenmal seit einem Jahrhundert befürchtete Hongkong eine chinesische Invasion. Eine nach der triumphalen Eroberung von ganz China selbstbewußte Division der Volksbefreiungsarmee lag hinter der letzten kahlen Hügelkette, die sich zwischen der Kolonie und dem riesigen chinesischen Festland erhob.

Der alte Herr senkte den Blick von dem Panorama auf das ledergebundene Buch auf seinem Schoß. Seine Feder mit der breiten Spitze bewegte sich gemächlich, es entstanden Buchstaben mit breiten Serifen und schlanken vertikalen Strichen nach Art der chinesischen Kalligraphie. Er schrieb Englisch, nicht seine übliche Kurzschrift. Im Gegensatz zu seinem persönlichen Tagebuch war dieser Band eine Chronik, von der er wollte, daß seine Kinder und Enkel und spätere Generationen sie läsen. Wie die gelehrten Beamten der konfuzianischen Dynastien widmete er sich im Alter dem Schreiben. Unter dem in Gold geprägten geflügelten Drachen trug der blaue Lederband den Titel: DIE ERINNERUNGEN VON SIR JONATHAN SEKLOONG, BARONET, KOMTUR DES HÖCHST EHRENVOLLEN ORDENS VON ST. MICHAEL UND ST. GEORGE.

... Diesmal muß der Ausgang ein anderer sein. Er beendete den Absatz, löschte die schwarze Tinte ab und klappte das Buch zu. Seine Hände, von der Zeit abgeschliffen, waren in der Sonne fast durchsichtig. Aber sie dienten ihm noch befriedigend und zitterten kaum, als er die silberne Glocke läutete, die auf dem Porzellan-Reisfaß neben seinem Rohrstuhl stand.

Opal kam auf die Terrasse geschlendert. Er wollte nur von Opal bedient werden und behauptete, die neuen Dienstboten seien ungeschickt. Die Polynesierin, mit sechsundzwanzig eine junonische Erscheinung, trug ein gestepptes langes Seidengewand und eine Jacke. Die feuchte Kühle der Burg ließ sie bis auf die Knochen frösteln, und ihre bronzefarbene Haut überzog sich mit einer Gänsehaut. Das Gewand war fast zu eng für ihre schwellende Brust, denn sie nährte den kleinen Jungen noch, den sie vor drei Monaten einem nur ihr bekannten Vater geboren hatte.

«Komm doch herein, Alterchen», sagte sie und spielte mit den Knebelknöpfen ihres Mieders. «Ich werde dich wärmen, und es gibt viel Milch.»

«Nein», antwortete Sir Jonathan. «Das brauche ich heute nicht. Bring mir nur eine Zigarre und Whisky.»

«Aber du brauchst – wie nennst du es? – Nahrung.»

«Tu, was ich dir sage. Der Whisky und die Zigarre sind für heute genug Nahrung und Genuß.»

«Ich kann dir einen größeren Genuß verschaffen», erwiderte sie und drehte an den Knebelknöpfen.

«Ich will eine Zigarre und meinen Whisky. Sonst nichts. Ich will die Hundert erreichen, aber nicht ewig leben.»

Auf einem silbernen Tablett brachte Opal ihm dann ein Glas Whisky, eine einzelne Zigarre, eine Schachtel Streichhölzer und einen goldenen Zigarrenabschneider. Sie beobachtete das vertraute Ritual, wie Sir Jonathan die Zigarre abschnitt, sie mit einem Streichholz anzündete und das abgebrannte Streichholz sorgfältig beiseite legte.

«Sie sind teuer», sagte der Multimillionär verdrossen. «Ich schwimme nicht in Geld.»

Sparsamkeit war ein neuer Zug an ihm, eine unbewußte Reaktion auf die Unsicherheit des turbulenten neuen Zeitalters. Als die Zigarre richtig zog, hob der alte Herr das Glas und nippte am Whisky.

«Du hast ihn wieder mit Wasser verdünnt! Bring mir die Flasche. Ich will einen anständigen Drink! Das beste, was es für meine Arterien gibt.»

Opal ging durch die Terrassentür und langsam die Stufen hinunter. Sie hatte den Whisky verdünnt, weil sie ihm nicht mehr geben wollte als die zwei Unzen pro Tag, die der Arzt erlaubt hatte. Wenn sie jetzt ein wenig wartete, ließe er vielleicht eher mit sich reden.

Nach zwanzig Minuten erschien sie mit einer neuen Flasche Glenlivet. Sie sah, daß das Glas leer war; eine Rauchspirale stieg von der Zigarre im Aschbecher auf. Sir Jonathan hatte ihr Kommen nicht bemerkt und betrachtete wieder das Panorama von Hongkong, dem Stadtstaat, den er erobert und zur befestigten Hauptstadt seiner Dynastie gemacht hatte.

«Alterchen», sagte sie, «ich habe die Flasche gebracht. Willst du wirklich noch mehr haben?»

Er antwortete nicht, und sie wollte ihn bei seiner Träumerei nicht stören. Aber er rührte sich auch nicht, als sie die Flasche auf das Porzellan-Reisfaß stellte.

«Na, das ist ja ganz vernünftig von dir, Alterchen», sagte sie. «Du hast eigentlich gar nicht mehr gewollt, nicht wahr?»

Sir Jonathan blieb stumm, und Opal ging zu der steinernen Balustrade, um ihm ins Gesicht zu sehen. Sein Kopf – goldgetönte Haut gestrafft über hohen Backenknochen – ruhte an der hohen Lehne des Korbstuhls. Der blauweiße Zigarrenrauch ringelte sich vor hellbraunen Augen, die ihn nicht mehr sahen.

Vor Schreck blieb Opal eine ganze Minute wie angewurzelt stehen. Dann brach sie in die tahitische Totenklage um einen großen Häuptling aus.

Nach ihrem ersten heftigen Schmerz nahm sich Mary Philippa Osgood Sekloong vor, das Unvermeidliche mit Fassung und Demut hinzunehmen. Sir Jonathans Tod, so lange erwartet und so lange befürchtet, sollte, fand sie, ebenso ein Anlaß zur Freude wie zum Kummer sein. Mit derselben Würde, die er im Leben gezeigt hatte, war er nun gestorben. Seine Leistungen wurden bestätigt durch Stapel von Beileidstelegrammen, durch Zeitungsüberschriften, die an die Stelle von Berichten über Kriege und Revolutionen traten, und durch das Gefühl der Unsicherheit, das in Kanzleien und Kontoren von vier Kontinenten spürbar war. Er hatte fast so lange gelebt, wie er gewollt hatte; er hatte mehr vollbracht, als es sich der vorwärts strebende Jugendliche je hätte träumen lassen; und er war gestorben mit dem Blick auf das Reich, das unauslöschlich von ihm geprägt worden war. Sir Jonathan Sekloong hatte sich anmutig vor der Welt verneigt und war dann mit erhobenem Kopf abgetreten.

Aber diese Überlegungen waren ein schwacher Trost für den schmerzlichen Verlust, den sein Tod für Mary bedeutete. Seit einem halben Jahrhundert hatte der alte Herr ihrer aller Leben beherrscht. Charles und sie hatten die Geschäfte des Hauses Sekloong eigentlich schon seit zehn Jahren geleitet, doch war Sir Jonathan immer dagewesen und hatte seinen fröhlichen Zynismus, seinen festen Glauben und seinen realistischen Rat beigesteuert. Aber sie durfte sich ihrem Kummer nicht überlassen. Ihr Mann brauchte ihre ganze Kraft, denn der Tod seines Vaters hatte ihn schwer getroffen.

Mit vierundsiebzig Jahren hatte Charles endlich sein Erbe angetreten. Er war jetzt *der* Sekloong, und diese späte Auszeichnung hatte er sich wirklich verdient mit der niemals verletzenden Entschlossenheit und dem geschäftlichen Scharfsinn, die er in den letzten drei Jahrzehnten bewiesen hatte. Nach so vielen Jahren des Wartens war der zweite Baronet für die chinesischen Geschäftsfreunde der *Taipan* und für die britischen Beamten und führenden Persönlichkeiten, die in der Burg

Besuch machten, Sir Charles. Doch fuhr er immer noch zusammen, wenn er mit diesen Titeln angeredet wurde; er hatte zu lange im strahlenden Glanz seines Vaters gelebt, um sich mit Leichtigkeit an seinen neuen Rang zu gewöhnen.

Charles war plötzlich ein alter Mann. Und ihm stand kein Erbe zur Seite, der seine Macht, seinen Reichtum oder seine Last teilte, da seine drei überlebenden Söhne anderweitig gebunden waren. Mary hoffte, Charles mit der Zeit von dieser Sorge befreien und ihm zeigen zu können, daß Albert, Jonnies jüngerer Sohn, für diese Aufgabe sehr gut geeignet sei. Aber zunächst mußte sie Charles beruhigen und ihm klarmachen, daß der wahre Maßstab für das Alter eines Mannes nicht seine Jahre, sondern sein Elan sei. Sie selbst fühlte sich mit siebzig nicht alt. Ihre Einbildungskraft, ihr angeborenes Selbstgefühl bewirkten, daß sie sich wie zwischen vierzig und fünfzig vorkam, also fast im besten Alter.

Die umständlichen Vorbereitungen für das Begräbnis waren indes eine belebende Aufgabe für Charles, denn er wollte, daß seinem Vater mit allen Zeremonien die gebührende Reverenz erwiesen werde. Er war sehr chinesisch in seines Kindesliebe. Bei der Planung der Trauerfeierlichkeiten wurde er von Sir Mosing Way und ihrem gemeinsamen Enkel Mokhing Way, Charlottes Sohn, unterstützt. Der ganze Clan, glaubte Charles, würde an Ansehen einbüßen, wenn dem alten Herrn nicht eine großartige öffentliche Huldigung dargebracht würde. Mary vermutete, daß Charles, obwohl er doch ein frommer Katholik war, fürchtete, die alten chinesischen Götter könnten die Sekloongs bestrafen, wenn sie es an irgend etwas fehlen ließen. Zum erstenmal erkannte sie unzweifelhaft, daß ihr Mann trotz aller Streitereien mit großer Liebe an seinem Vater gehangen hatte.

Von ihrem eigenen Schmerz um Sir Jonathan und ihrer Sorge um Charles wurde sie durch ihre Aufgaben abgelenkt. Unterstützt von Sarah und Opal, traf Mary Vorbereitungen für die große Schar von Trauergästen in der Burg.

Zwei ihrer Enkel trafen als erste ein. Lieutenant Henry Haleevie Sekloong wurde von der Royal Air Force aus Malaya eingeflogen, wo sein Regiment schon im zweiten Jahr den unerklärten Krieg gegen chinesische Guerillas führte, die die britischen Behörden in jenem Gebiet verächtlich als «kommunistische Terroristen» bezeichneten. Ebenso abergläubisch wie die Chinesen nannten die Engländer den Aufstand eine «kritische Situation» und nicht eine Revolution. Major George Chapman Parker jun. von der amerikanischen Luftwaffe, der mit einer Skymaster vom militärischen Lufttransportdienst gekommen war, mußte gleich nach der Beerdigung zurückfliegen. Die Amerikaner, die in Korea im Auftrag der Vereinten Nationen einen weiteren unerklärten Krieg führten, der euphemistisch «Polizei-Aktion» genannt wurde, wurden schwer bedrängt von den Armeen, die Peking gerade eingesetzt hatte, den sogenannten chinesischen «Freiwilligen-Verbänden».

Bischof Charles Sekloong kam aus Rom, um die Totenmesse zu zelebrieren. Charlotte Sekloong Way d'Alivère Martin landete am Nachmittag mit der privaten Super Constellation ihres neuen Verehrers, des armenischen Schiffahrts- und Ölmagnaten Avram Barakian. General Thomas Sekloong war am Morgen an Bord einer C-46 Curtis Commando der Luftverkehrsgesellschaft Civil Air Transport des verabschiedeten Generalmajors Claire Chennault in Hongkong eingetroffen. Die «Kommission für Angelegenheiten der Chinesen im Ausland» der Zentralen Volksregierung der Volksrepublik China hatte offiziell ihr Beileid ausgesprochen. Aber James Sekloong hatte nicht auf das an General Schih Ai-kuo im Generalhauptquartier der Volksbefreiungsarmee gerichtete Telegramm geantwortet. Seine Mutter fürchtete, daß er bereits in Korea stehe mit einer Armee, die im Gegensatz zu den sentimentalen Amerikanern keinen Urlaub aus dringenden familiären Gründen gewährte.

Jonnies und Sarahs siebzehnjähriger Sohn Albert, Student der Wharton School of Business an der Universität von Pennsylvania, versprach telefonisch, er würde kommen, «und wenn ich Pan Americans DC-7 auf dem Buckel tragen müßte». Seine einundzwanzigjährige Cousine Blanche, die Schwester von Major George Parker, kam mit derselben Maschine und schwänzte unbekümmert den Unterricht in ihrem letzten Jahr in Bryn Mawr. Charlottes achtzehnjährige Tochter Alaine d'Alivère kabelte der Familie, mit der sie wenig verband, ihr Beileid, sie bedauerte, daß sie wegen der Dreharbeiten für ihren ersten Film leider nicht teilnehmen könne. Paris war immer noch weit weg von Hongkong – viel weiter offenbar als London oder Philadelphia, allerdings nicht so weit wie Peking.

Aus Taipeh, seiner Exil-Hauptstadt auf der Insel Taiwan, schickte Generalissimus Tschiang Kai-schek sein persönliches Beileid und seinen offiziellen Vertreter, einen stellvertretenden Vorsitzenden der Kuomintang, der zusammen mit Thomas in Kaitak landete. Aus derselben C-46 stieg Morris Abraham Cohen aus, der Zwei-Revolver-General. Ebenso überschwenglich wie bei seinem ersten Besuch in der Burg im Jahre 1911 küßte er Mary galant die Hand und beklagte wortreich «das dreifach tragische Hinscheiden des höchst vortrefflichen Sir Jonathan».

William Shakespeare und Alexander Pope liehen seinen blumenreichen Beileidsbekundungen ihre Worte.

Am Morgen des Begräbnistages mußte der schwarze Lederband auf dem Rosenholztisch in der runden Eingangshalle, in dem sich die Besucher der Burg eintrugen, zweimal ersetzt werden. Unter den ersten Besuchern war Sir Alexander Grantham, der Gouverneur von Hongkong, der eine Botschaft von König George VI. überbrachte. Ein zahm gewordener Iain Wheatley ließ keine wahrnehmbare Befriedigung über den Tod des «alten Dreckskerls» erkennen. Judah Haleevie war Sir Jonathan vorangegangen, aber Sarahs sieben Brüder waren vollzählig da. Die Dutzende von Seks, die auch erschienen, erstaunten die Familie durch ihre Vielzahl. Rothschilds, Barings, Rockefellers und Warburgs schickten durch ihre Vertreter in der Kolonie Telegramme. Aus Singapur, Bangkok, Saigon, Manila, Tokio und Djakarta telegrafierten Hunderte von Auslands-Chinesen, um ihrem Schmerz Ausdruck zu verleihen. Regierungen in Europa, Australien und Amerika bekundeten ihr Mitgefühl.

Ganz Hongkong trauerte. Fahnen wehten auf halbmast, und Weihrauch brannte vor buddhistischen Schreinen und katholischen Altären. Der anglikanische Bischof hielt in der St. John's-Kathedrale einen Gedenkgottesdienst ab, und der Abt des taoistischen Klosters auf Lantao schloß sich seinen Mönchen bei einem zweiundsiebzig Stunden währenden Gebet an. Ihre nobelste Geste machte die Kronkolonie, als der Jockey Club die Rennen am Samstagnachmittag in Happy Valley absagte, «um Betrübnis zu bekunden und eine Störung des Trauerzugs zu vermeiden». Der Polizeipräsident seufzte, verhängte Urlaubssperre und mobilisierte alle seine Hilfstruppen, um die Menschenmassen unter Kontrolle halten zu können.

Die Familie war völlig erschöpft, als der Trauerzug schließlich den Weg vom Peak über Stubbs Road und durch Wanchai zur römisch-katholischen Kathedrale oberhalb von Victoria einschlug. Fünf offene Wagen voll Blumen fuhren vor dem großen weißen Leichenwagen her, und sechsundachtzig Limousinen folgten dem Sandelholzsarg, der durch die Glasscheiben des Leichenwagens zu sehen war. Buddhistische Priester in safrangelben Gewändern sangen in der schwarzgekleideten Menge, und zweiunddreißig Kapellen in weißen Uniformen spielten die mitreißenden Melodien, die die Chinesen übernommen hatten und die zeigen sollten, daß die Freude über die Wiedervereinigung des Geistes des Verstorbenen mit seinen Vorfahren im Himmel den selbstsüchtigen Kummer der Hinterbliebenen lindere. *Marching Through Georgia*, *The*

British Grenadier und *Dixie* schallten durch die engen Straßen von Wanchai.

Ringsum brannten Feuer, auf scharlachroten Altären häuften sich Spanferkel, Enten und Hühner, weinende Klageweiber in weißer Trauerkleidung überantworteten ihre Opfergaben den Flammen. In Rauch verwandelt, stiegen Miniaturnachbildungen irdischer Gebrauchsgegenstände aus Papier zum Himmel auf, angefangen von Rikschas und Nachttöpfen bis zu Ferkeln und Dienern, die der Verstorbene auf seiner Reise brauchen würde. Diese Geste bestätigte das ununterbrochene Fortbestehen der chinesischen Rasse durch Generationen. Ehe die Chin-Dynastie im 3. Jahrhundert v. Chr. sie durch Tonstatuen in natürlicher Größe ersetzte, waren Küchengeräte, Karren, Ochsen, Kühe und noch lebende Gefolgsleute mit den großen Adligen zusammen begraben worden. Im 7. Jahrhundert unserer Zeitrechnung hatte die Tang-Dynastie die Statuetten von Pferden, Kriegern, Dienern, Freunden und Schoßtieren, die mit Toten von edler Geburt begraben wurden, zu höchster ästhetischer Vollkommenheit gebracht. Obwohl die moderne Zeit weniger verschwenderisch war, gehörten zu den für Sir Jonathans Reise ins Jenseits vorgesehenen Gebrauchsgegenständen aus Papier und Holz nachgemachte Banknoten im Wert von zwanzig Milliarden Hongkong-Dollar, eintausend Automobile, dreihundert Herrenhäuser und zehn Millionen *taels* Gold. Seine Begleitung bestand aus zweihundertfünfzig Dienern, hundert Leibwächtern und sechsundfünfzig Konkubinen.

Nach diesen Straßenspektakeln erlebte Mary den Gottesdienst nur noch verschwommen mit, und auf dem katholischen Friedhof in Happy Valley fürchtete sie, ohnmächtig zu werden. Charles, bleich und mit ausdruckslosem Gesicht, zog sie an sich, und dankbar stützte sie sich auf seinen Arm. Als sie im Rolls zur Burg zurückfuhren, hielten sie sich an der Hand und sprachen nicht.

Spät an jenem Abend in der weißen Festung des Hong Kong Club tranken die alten China-Hasen Brandy und Soda und ergingen sich in Erinnerungen an den alten Herrn. Mit zotigen Geschichten zollten sie Sir Jonathans sexuellen Fähigkeiten und seiner kommerziellen Klugheit unaufrichtige Anerkennung. Iain Wheatley, der fünfundsiebzigjährige *Taipan* des *Hong* «Allgemeine Tugend», saß schweigend zwischen den Männern.

«Na, Iain, alter Freund, der edle Ritter hat aber heute wirklich eine Schau abgezogen», lachte der Direktor der Gazetted Bank of Gibraltar and Asia. «Ich dachte, der alte Dreckskerl würde nie sterben.»

Iain Wheatley stand auf und hielt aus dem Stegreif eine Grabrede, die das britische Establishment so erschütterte, daß es fast wieder nüchtern wurde: «Jonathan Sekloong war ein größerer und besserer Dreckskerl, als irgendeiner von euch Dreckskerlen je sein wird!»

Fünf Tage nach der Beerdigung brachte Opal Charles und Mary das in blaues Leder gebundene Buch, das auf Sir Jonathans Schoß gelegen hatte, als er starb.

«Das müßt ihr haben», sagte sie. «Mein Alterchen schrieb es, wie er mir sagte, für euch.»

> Zwei Strömungen [las Mary laut vor] vermischten sich ständig in meinem Leben: meine eigene Laufbahn und geschichtliche Ereignisse. Meine Bemühungen haben diese Ereignisse, glaube ich, beeinflußt, wenn auch nur geringfügig. Ein Geschäftsmann, ein chinesischer Patriot, stellte zu seinem Erstaunen fest, daß er auch ein britischer Patriot und von beiden Welten gleich weit entfernt war.
>
> Ich möchte zunächst einige Geschehnisse aus der Zeit vom Ende des Zweiten Weltkriegs bis zum heutigen Tage, dem 3. Juli 1950, ins Gedächtnis zurückrufen. Nachdem 1941 dieser Krieg für uns begonnen hatte, konnte Hongkong nicht mehr in sicherer Isolierung von der Außenwelt oder dem Aufruhr in China leben. Meine Familie war in diese Wirren hineingezogen.
>
> Ende des vergangenen Jahres wurde die Flagge der Republik China mit der weißen Sonne durch die Flagge mit den fünf goldenen Sternen der sogenannten Volksrepublik China ersetzt. Die Veränderung mag dem chinesischen Volk letztlich zugute kommen, aber ich bin viel zu alt, um meine Loyalität auf einen anderen Staat zu übertragen. Auch für Hongkong bricht eine neue Zeit an, bereichert durch die Energie, die Begabungen und die Arbeitskraft von Tausenden von Flüchtlingen, dem größten Zustrom in unserer Geschichte.

«Das sind die Erinnerungen, von denen ich hoffte, daß er sie schreiben würde», rief Charles aus. «Vielleicht können wir sie veröffentlichen – wenn sie nicht zu persönlich sind. Wie weit ist er gekommen?»

Mary blätterte bis zu den letzten Worten, die Sir Jonathan Minuten vor seinem Tode geschrieben hatte, und las:

> ... Das kann nicht länger fraglich sein. Die Chinesen sind mit einer Armee in Korea eingerückt. China führt wieder einmal Krieg gegen die westliche Welt, genau wie im 19. Jahrhundert fast ununterbrochen

vom Ersten Opiumkrieg im Jahre 1839 bis zur Belagerung des Gesandtschaftsviertels in Peking durch die Boxer im Jahre 1900. China hat alle diese Kriege verloren.

Heute scheint China zum erstenmal geeint zu sein gegen den Westen. Vielleicht wird der Korea-Konflikt Menschen wieder stolz darauf machen, daß sie Chinesen sind. Mein «unfehlbarer» Wahrsager Silberner Siebenter Bruder kann den Ausgang nicht mehr voraussagen, denn er hat sich schon vor achtzehn Jahren aufgemacht, die okkulten Bereiche persönlich zu erforschen. Diesmal muß der Ausgang ein anderer sein.

«Er ist nicht sehr weit gekommen.» Charles war enttäuscht. «Ich möchte etwas über frühere Zeiten erfahren. Du bist literarisch gebildet. Lies du es. Ich gehe in den Club.»

Mary zog fragend eine Augenbraue hoch.

«Ja, in den Hong Kong Club», lachte ihr Mann. «Offenbar sind *Sir* Charles und *Lady* Sekloong keine Wogs, sondern vielleicht der Mitgliedschaft würdig. Ich weiß nicht, ob man das annehmen soll. Aber es kann nicht schaden, mal hineinzuschauen und auf den alten Herrn anzustoßen. Kommst du mit?»

«Bestimmt nicht. Ich habe kein Verlangen, meine letzten Lebensjahre mit diesen Trunkenbolden zu verbringen.»

Charles lachte leise und schloß die Tür hinter sich. Mary griff wieder nach dem in blaues Leder gebundenen Buch, um die Beurteilung des letzten halben Jahrzehnts durch ihren Schwiegervater zu lesen:

Der Sieg im August 1945 war für mich durch zwei Ereignisse unwiderruflich verdorben.

Die ungeduldigen Amerikaner warfen zwei Atombomben auf Japan ab und weckten von neuem Furcht vor einem Vernichtungskrieg zwischen Weißen und Asiaten. Ich hatte geglaubt, daß diese Gefahr beseitigt sei, als Asien und Amerikaner sich gemeinsam gegen Japans Ambitionen wehrten. Aber mit dem leichtfertigen Einsatz der neuen Waffe zu einem Zeitpunkt, da die Japaner schon auf den Knien lagen, mag ein großer Rassenkrieg begonnen haben. Die Kämpfe, die vor einer Woche in Korea anfingen, könnten die ersten Gefechte eines alles in den Schatten stellenden Krieges sein, der eine Generation lang dauert.

Das zweite Ereignis erfüllt mich noch immer mit tiefem, untröstlichem Schmerz. Jonathan Sekloong, nach mir genannt und mein Erbe, kam beim Absturz eines Transportflugzeugs ums Leben. Manchmal glaube ich, er war der Beste der Sekloongs, weder so skrupellos, wie ich es sein mußte, noch so empfindlich, wie Charles und Harry es in ihrer Jugend waren. Jonnie hätte mein Werk viel besser fortführen können als . . . andere . . .

Unvergossene Tränen brannten Mary in den Augen. Sie blätterte die Seite um, denn sie vermochte Sir Jonathans Klage um ihren ältesten Sohn nicht zu lesen. Sie kam zu dem Schluß, daß Charles diese Worte nicht sehen durfte. Nachdem ihn der Tod von Sir Jonathan schon so mitgenommen hatte, würde diese kränkende Beurteilung durch seinen Vater seinem Selbstvertrauen einen schweren Stoß versetzen.

Im Juni 1946 [las sie] haben sie mich zum Baronet gemacht, zum ersten und wahrscheinlich letzten chinesischen Baronet, obwohl die Sassoons schon vor Jahrzehnten den Erbadel erhalten haben. Ich bin zu alt für solch altmodischen Firlefanz, aber Charles wird es wohl gefallen. Er wird Sir Charles sein, wenn ich sterbe, und Mary wird Lady Sekloong. Vielleicht ist sie jetzt zu einem Waffenstillstand in ihrem Krieg gegen das britische Establishment bereit, aber ich bezweifle es. Mary kann ebensowenig mit Kämpfen aufhören wie ich.

Mary lächelte über Sir Jonathans indirektes Lob. Nein, es wurde ihr immer klarer, daß Charles das Buch seines Vaters nicht lesen durfte.

Ich sagte dem Gouverneur, ich könnte den Rang eines Baronet nicht annehmen, wenn Mosing Way nicht die Ritterwürde erhielte. «Ein Kollaborateur?» wandte der Gouverneur ein. «Ebensowenig Kollaborateur wie ich», antwortete ich. «Mosing hat Tausende gerettet, weil er so tat, als ob er kollaborierte. Wenn Sie den Bruch zwischen Engländern und Chinesen heilen wollen, müssen Sie ihm die Ritterwürde verschaffen.» Schließlich sagte der Gouverneur: «Wenn Sie darauf bestehen, werde ich es in London irgendwie durchsetzen. Ich hörte, daß Sie mächtig rangegangen sind.» Dann könnten wir damit fortfahren, die Dinge in Hongkong in Ordnung zu bringen.

Ich sagte dem Gouverneur nicht, daß ich wußte, daß er in Whitehall schon wegen Mosings Ritterwürde nachgefragt hatte – und abgeblitzt war. Nicht nötig, alle meine Karten zu zeigen. Die Information bekam ich von Thomas.

Der arme Thomas war schwer getroffen, daß der Generalissimus ihn zum Botschafter am Hof von St. James machte. Heute Generalleutnant und Chef von Tschiang Kai-scheks Kriegskanzlei; am nächsten Tag General und nach London abgeschoben. Nach zwanzig Jahren wachte der brillante Generalissimus eines Morgens auf und merkte, daß der Bruder seines Adjutanten, dem er vertraute, Kommunist war. Der große Mann schickte Thomas daraufhin ins Ausland, um «Peinlichkeiten zu vermeiden».

Thomas war aus dem Schneider. Er sah die letzten Stadien von Stümperei, Dummheit, Habgier und Bosheit der Nationalisten nicht, die ihr Regime zugrunde richteten. Ironie der Geschichte: James wurde etwa zur selben Zeit aus dem kommunistischen Hauptquartier entfernt. Mao Tse-tung, Liu Schao-tschi und Tschou En-lai befürchteten einen weiteren Temperamentsausbruch von James wie bei seiner Schimpfkanonade mit Thomas Ende 1944 in Tschungking. Sie schickten ihn zu seinem früheren Bataillonskommandeur Lin Piao, den er beim Aufbau der «Revolutionsarmeen des mandschurischen Volkes» unterstützen sollte. Diese Truppe war es letztlich, die das Schicksal des Landes entschied.

Lady Sekloong starrte hinaus in die Schwärze des Gartens. Sie hatte nicht gewußt, daß James zu den ersten kommunistischen Generalen gehörte, deren Truppen in die Mandschurei einmarschiert waren, die lebenswichtigen nordöstlichen Provinzen, die von den Japanern während ihrer vierzehnjährigen Besetzung stark industrialisiert worden waren. Nicht einmal der Familie hatte Sir Jonathan alle seine Karten gezeigt. Sie fragte sich, wie ihrem impulsiven dritten Sohn zumute gewesen sein mochte, als seine russischen Verbündeten den chinesischen Kommunisten zwar die Waffen der Japaner übergaben, aber gleichzeitig Industrieanlagen im Wert von fünfhundert Millionen Pfund als Beute aus der Mandschurei mitnahmen?

Sie zündete sich eine Zigarette an und machte bewußt und mit Vergnügen einen Lungenzug. Noch jahrelang, nachdem das Rauchen für Damen nicht nur erlaubt, sondern üblich geworden war, hatte sie gezögert, doch schließlich die Gewohnheit von den Amerikanern in Tschungking übernommen. Aber jedesmal, wenn sie eine der sechs Zigaretten, die sie sich täglich zugestand, anzündete, kam sie sich verwegen vor. Schließlich war sie in der Regierungszeit der Königin Victoria aufgewachsen und hatte die Verhaltensweisen jenes Zeitalters niemals ganz abgelegt – jenes selbstgefälligen Zeitalters, das glaubte, die Menschheit habe alle fundamentalen Probleme gelöst und weitere größere Veränderungen seien unwahrscheinlich, und was es an Wandel geben könnte, müsse nützlich sein.

Wer, fragte sie sich, war törichter? Ihre damaligen Zeitgenossen, die geglaubt hatten, die Zukunft der Menschheit sei durch göttliche Vorsehung bestimmt, und sie schreite immer voran? Oder die Heutigen, die wie ihr Sohn James fest daran glaubten, daß Gewalt die Menschheit auf einen neuen Kurs zwingen könne, den die vom «wissenschaftlichen Marxismus-Leninismus» offenbarte «historische Notwendigkeit» vorschreibt? Auch diese Modernen hatten sich dem Trugbild des Fortschritts völlig verschrieben. Mary las weiter:

Kommunisten und Nationalisten können nie miteinander versöhnt werden; diese auf der Hand liegende Tatsache entging den wohlmeinenden Amerikanern. Die militärische und wirtschaftliche Intervention der Amerikaner, verschlimmert durch naive amerikanische Diplomatie, verlängerte Chinas Agonie. Die Amerikaner transportierten eine halbe Million nationalistische Soldaten in die Mandschurei, wo sie prompt von Lin Piaos Revolutionsarmeen eingekesselt wurden. Vierzigtausend Mann amerikanischer Truppen landeten in Nordchina, um für die Nationalisten Städte und Eisenbahnen zu halten. Hunderte von Millionen amerikanischer Dollars wurden vergeudet zur Stützung der wertlosen nationalistischen Währung und für Hilfsprogramme, die kein einziges Mal zum Wohlergehen des Volkes beizutragen vermochten.
Der amerikanische Sonderbotschafter, General George Marshall, war vielleicht ein großer Soldat, aber ein unbedeutender Staatsmann, der China nicht verstand. Mit der einen Hand unterstützte er die Nationalisten, mit der anderen richtete er sie zugrunde, indem er sie zu Friedensverhandlungen mit den Kommunisten zwang.
Die Amerikaner bereicherten Tausende von korrupten Beamten und boten Zehntausenden von Fahrern, Köchen, Hausboys, Kaufleuten, Zuhältern, Barmännern, Gangstern und Prostituierten Beschäftigung. Sie verschafften einer Unzahl von sonst nicht verwendbaren amerikanischen Offizieren und Zivilisten ein Leben in Saus und Braus. Die verbitterte Pekinger Bevölkerung nannte Marshalls Waffenstillstands-Hauptquartier den Tempel der tausend schlafenden Obersten. Die tolpatschige amerikanische Intervention in China von 1945 bis 1948 sorgte praktisch dafür, daß die Vereinigten Staaten 1950 in den Konflikt mit den koreanischen Kommunisten gerieten – und wahrscheinlich auch gegen die chinesischen Kommunisten kämpfen werden.

Mary staunte über die Voraussicht des alten Herrn. Als er das im Juli 1950 schrieb, hatte er das Eingreifen der chinesischen Freiwilligen-Verbände in den Korea-Krieg im November vorausgesehen. Sie blätterte seinen Bericht über den verwickelten Wechsel von Schlachten und Verhandlungen im chinesischen Bürgerkrieg von 1946 bis 1949 durch. Nur ein Jahr danach schienen die unzähligen Konferenzen, die Truppenbewegungen von millionenstarken Armeen, die edlen Gefühle und die billigen Realitäten verstaubt und fern wie Waterloo.

Wirklich wichtig war der Rückzug der Nationalisten gewesen, eine beschleunigte Wiederholung ihres Rückzugs vor den Japanern. Die hatten ihrerseits die Mandschurei geräumt. Innerhalb von vier Jahren eroberten die Kommunisten ganz China, was den Japanern von 1931 bis 1945 nicht gelungen war. Die kommunistische Flut ergoß sich über das riesige Land und wurde begrüßt von einem kriegsmüden Volk, dem Mao Tse-tung nicht Kommunismus, sondern die neue Demokratie unter einer «Koalitions»-Regierung versprach. Die Nationalisten hatten sich schon ins Exil auf der Insel Taiwan zurückgezogen, als am 1. Oktober 1949 Mao Tse-tung vom Tor des himmlischen Friedens aus, mit Blick nach Süden wie die Kaiser, die Volksrepublik China proklamierte.

«Heute», hatte er verkündet, «steht das chinesische Volk aufrecht da!»

Die Zukunft war düster, obwohl klar war, daß die «Koalitionsregierung» nicht lange Bestand haben würde. Mary fragte sich, ob wohl der kühle Realismus ihres alten Bekannten Tschou En-lai, des Ministerpräsidenten und Außenministers der Zentralen Volksregierung, den überspannten Fanatiker, den sie nur einmal getroffen hatte, den Vorsitzenden Mao Tse-tung und Präsidenten der Volksrepublik China, in Schach halten könnte?

Mehr als zwei Jahrzehnte des Kampfes waren seit dem Bruch zwischen Nationalisten und Kommunisten in Schanghai im April 1927 vergangen; sogar die starke Vitalität des neuen Staatspräsidenten Mao schien erschöpft. Die ersten Maßnahmen der neuen Regierung trugen Tschou En-lais Stempel; sie waren versöhnlich, fast milde. Doch eine zweite Welle bemitleidenswerter Flüchtlinge berichtete von der brutalen «Bodenreform», bei der die ländliche Bourgeoisie ausgerottet wurde. Die chinesischen Kommunisten stürzten sich außerdem in den Korea-Konflikt, verpfändeten ihre Zukunft an die Russen und schrieben damit die chinesisch-amerikanische Feindschaft fest. Die Armeen der Vereinten Nationen unter General Douglas MacArthur ergossen sich über die Halbinsel Korea und bedrohten die Mandschurei, Chinas Industriegebiet. Die «chinesischen Freiwilligen-Verbände» bei der Vorwärtsverteidigung der Mandschurei einzusetzen und MacArthur in Korea anzugreifen, war daher strategisch vernünftig, vielleicht unvermeidlich, aber war es klug?

Lady Mary seufzte und zündete sich noch eine Zigarette an. Ihr Blick fiel auf eine Stelle, an der Sir Jonathan seine Sorge um die Familie zum Ausdruck brachte, und sie war erstaunt über seine Offenheit und amüsiert über seine männliche Eitelkeit.

Es empfiehlt sich, wie Konfuzius bemerkte, das Gewirr der Nachkommen zu betrachten. Ich zeugte eine große und unterschiedliche Nachkommenschaft, zwanzig Kinder meiner Lenden. Lillians zwei Söhne, Gregory und Sydney, die sich Sek nennen, haben ihrerseits eine beträchtliche Nachkommenschaft hervorgebracht. Aber meine größte Liebe galt Lucindas Kindern: Matilda, Charles und Harry.

Matilda, die eingeschüchtert war durch die überschäumende Männlichkeit ihrer Brüder und ihres Vaters, schenkte mir nur einen Enkel, nachdem sie 1925 den deutschen Pianisten Hans Biederstein geheiratet hatte. Alle meine Nachforschungen ergaben nur, daß sie während des Krieges «verschwand», vermutlich in einem Konzentrationslager. Ihr Sohn Johann ist der *Guru* (seltsamer Ausdruck!) der Münchener «ozeanischen Impressionisten», die sich die nackten Körper mit Farbe beschmieren und sich dann auf großen Stücken Leinwand wälzen.

Harrys Linie endete mit der Exekution seines Sohnes kurz vor seiner eigenen Ermordung. Ich war entsetzt, daß Harry zu den Japanern übergegangen war, aber seinen Mördern kann ich nicht verzeihen. Ich vermute, daß es Kommunisten waren.

Und Charles – Charles und Mary? Charles ist in den beiden letzten Jahrzehnten fast der Mann geworden, den ich immer erhofft hatte. Seine Reife war verzögert durch den starken Willen seiner Frau – und vielleicht auch durch mich. Aber heute sind ihre Kinder und Enkel die Hauptlinie des Hauses Sekloong. Sie wären vielleicht fügsamer, lenkbarer und formbarer gewesen, wenn sie eine andere Mutter gehabt hätten. Aber dann hätten sie bestimmt viel weniger Temperament.

Indes war ich dabei, meine Kinder zu zählen. Die Konkubine Jade schenkte mir zwei Söhne und eine Tochter; die Konkubine Rubin drei Söhne und eine Tochter. Der Konkubine Perle versprach ich, mich nicht in das Leben ihrer drei hübschen Töchter einzumischen, nachdem jede eine großzügige Mitgift erhalten hatte.

Im übrigen: *bestimmt* fünf Kinder von freundlichen und großzügigen

Damen. Sie sind nicht der Hauptstrom des fortbestehenden Lebens des Hauses Sekloong.
Der Hauptstrom sind die Nachkommen von Charles und Mary. Da sich mein Gesichtsfeld zugleich mit meinen Mitteln erweiterte, stellte ich mir vor, das Haus Sekloong könnte die Kluft zwischen zwei gegensätzlichen Welten, Asien und dem Westen, überbrücken. Aus beiden Welten hervorgegangen und in beiden fest verwurzelt, würden diese Nachkommen, so hoffte ich, den Antagonismus heilen und die Zusammenarbeit dieser Welten bewirken.
Vielleicht habe ich mich geirrt. Könnte es sein, daß sie, statt in beiden Welten heimisch zu sein, sich beiden entfremdet fühlen? War ich meinen Enkeln gegenüber zu großzügig, was ich meinen Kindern gegenüber nicht war? Mary deutete dauernd an, daß der strenge chinesische Patriarch überholt sei. Vielleicht habe ich zu bereitwillig nachgegeben. Werden meine Nachkommen, korrumpiert durch Schmeichelei und Berühmtheit, statt die beiden Welten zu vereinen, dekadente, westlich orientierte Kosmopoliten werden, die in keiner der beiden Welten verwurzelt sind? Die Reichtümer, die ich unter Mühen angehäuft habe, scheinen mir jetzt, da mein Leben sich dem Ende zuneigt, eine Gefahr für die Nachkommen zu sein, für die ich mein Haus gebaut habe.

Mary lächelte darüber, daß der eigenwillige Autokrat sich Illusionen über seine Nachgiebigkeit gemacht hatte. Aber das Lächeln verging ihr, als sie über den Kern der Sache nachdachte. Charles und sie hatten oft über ihre eigenen Befürchtungen gesprochen. Er hatte sie beruhigt, die Kinder seien gut veranlagt, und sie davor gewarnt, sie zu unterdrücken, wie sein Vater ihn unterdrückt hatte.

Der Selbstenthüllung überdrüssig, war Sir Jonathan unvermittelt zu seinem zweiten Thema zurückgekehrt. Mary las noch einmal den letzten Absatz, in dem er seine Sorge um China zum Ausdruck brachte, das von neuem gegen den vereinten Westen Krieg führte; er endete mit den Worten: «Mein ‹unfehlbarer› Wahrsager Silberner Siebenter Bruder kann den Ausgang nicht mehr voraussagen, denn er hat sich schon vor achtzehn Jahren aufgemacht, die okkulten Bereiche persönlich zu erforschen. Diesmal *muß* der Ausgang ein anderer sein.»

Marys unmittelbares Anliegen war persönlicher: das Wohlergehen ihrer eigenen Nachkommen. Aber Chinas Zukunft und das Schicksal der Familie waren untrennbar miteinander verflochten, wie der alte Herr bemerkt hatte. Sie selbst würde das allgemeine Problem anders definieren: «Die Chinesen haben sich selbst isoliert, und der ihnen eigene Stolz geht über Arroganz hinaus. Können sie je mit dem Westen, der sie immer wieder belästigt und gedemütigt hat, in Eintracht leben – oder gar mit ihm zusammenarbeiten? Können sie überhaupt mit der Außenwelt in Frieden leben?»

Der Zusammenprall der neuen politischen Kräfte, die in den letzten drei Jahrzehnten entstanden waren, machte diese Fragen zu wichtigen Fragen. Vielleicht stand ihr Enkel George Parker in diesem Augenblick ihrem Sohn James und dessen Sohn Tscheng-wu in Korea im Kampf gegenüber, so wie James seinem Bruder Thomas in China gegenübergestanden hatte. Das Überleben der Familie war verknüpft mit den großen Problemen.

Angeregt durch Sir Jonathans Selbstenthüllung, erforschte Mary die Umstände, die ihr eigenes Dasein gestaltet hatten. Sie war ganz und gar aufrichtig, denn es wäre töricht, sich selbst zu täuschen. Ihre Gedanken waren in der dritten Person formuliert, als ob sie objektiv über das Leben einer anderen Frau nachdächte.

Mary Osgood Sekloong war sich ein gut Teil ihres Lebens wie eine Verbannte vorgekommen. Sie betrachtete die chinesische Rasse mit fast ebensoviel Verachtung, wie es andere Briten ein halbes Jahrhundert zuvor getan hatten, als sie jung war. Ihr Überlegenheitsgefühl, verstärkt durch das nahe Beisammenleben, hatte herablassende Abneigung zur Folge. Sie sehnte sich nach England und flößte ihren Söhnen und Töchtern dieselbe Sehnsucht ein. China und die Chinesen waren der Hintergrund für Marys Reichtum und ihre Privilegien; sie waren nicht der Nährboden ihres Lebens.

Mary war sich dieser Gefühle nur halb bewußt gewesen, bis ihre Tochter Charlotte im Jahre 1924 einen Chinesen heiratete, Manfei Way. Bis dahin hatte sie es als bloße Leichtfertigkeit angesehen, wenn sie ihre Töchter ermutigte, ihrem Vater zuzusetzen: «Vater, warum können wir nicht in England leben?» Sie kämpfte gegen Charlottes Heirat und trauerte nicht, als Manfei ermordet wurde. Erst später warf sie sich vor, ihre Verantwortungslosigkeit habe dazu geführt, daß Charlotte in Paris eine reiche Halbweltdame wurde.

Trübe Erfahrungen gaben Mary Sekloongs Angst vor den Chinesen neue Nahrung. Als sie im Norden bis zur Zahlung eines Lösegelds gefangengehalten worden war und im Süden dem Gemetzel der Kantoner Kommune nur knapp entgangen war, lernte sie, die Chinesen zu verachten, weil sie untereinander grausam waren und nicht fähig, in Frieden miteinander zu leben. Die Korruption, die Verwahrlosung und das Elend in Tschungking während des Zweiten Weltkriegs verstärkten ihre Vorurteile. Als sie nach dem Krieg nach Hongkong zurückkehrte, erfuhr sie, daß viele Kantonesen sich fast so schlecht aufgeführt hatten wie die brutalen Japaner. Während des Bürgerkriegs verhärtete sich ihre Verachtung. Sie kam zu dem Schluß, daß die Chinesen weder ihren Bruderkrieg einstellen konnten, noch in ihrem maßlosen Stolz einzusehen vermochten, daß es schließlich viele Nationalstaaten gab. Sie glaubten immer noch, daß China *Tien-hsia* sei, «alles, was unter dem Himmel liegt». Nach wie vor waren sie fest überzeugt, daß die alte chinesische Kultur jeder anderen Kultur unendlich weit überlegen sei.

Die alte Kaiserstadt Peking, nach dem Sieg der Kommunisten wieder Hauptstadt eines selbstbewußten China, hatte diese Überzeugung von der einzigartigen chinesischen Überlegenheit von neuem bekräftigt. Die Kommunisten hatten die europäische Ideologie des Marxismus-Leninismus übernommen und sofort begonnen, ihre Lehren der ewigen *chinesischen* Struktur anzupassen, genau wie der Konfuzianismus den Buddhismus abgewandelt und sich einverleibt hatte. Ebensowenig wie die konfuzianischen Mandarine die «Barbaren von draußen», mochten die kommunistischen Mandarine die «ausländischen Freunde» oder «imperialistischen Feinde» als ebenbürtig anerkennen.

Mary, die die Chinesen für unfähig hielt, ihre Ansicht über Nicht-Chinesen zu ändern, war in ihrer Auffassung von den Chinesen fast ebenso starr. Sie sah das ein und drückte ihre dritte Zigarette aus. Sie hatte sich immer dagegen gesträubt, sich über die Familie mit den Chinesen zu identifizieren. Sie war zu alt, um sich noch zu ändern. Eine Reise nach Europa oder Amerika war längst überfällig. Wenn Charles nicht so sehr an der Kronkolonie hinge, würde sie darauf bestehen, daß sie Hongkong für immer verließen. Obwohl sie weder Charles noch Hongkong verlassen konnte, wollte sie in die Heimat zurückkehren. Mit siebzig war der Gedanke an den Tod nicht so abwegig. Sie hatte fünfzig Jahre in China gelebt, aber sie wollte in England sterben.

Sir Jonathan hatte peinlich genau über sein Vermögen verfügt. Treuhänderisch verwaltete Vermögen sorgten dafür, daß Sarah und Opal niemals in Not geraten würden; Thomas, Charlotte, James und der junge Charles erhielten fünf Prozent Anteile ohne Stimmrecht an J. Sekloong and Sons. Kleinere Treuhandvermögen boten Sir Jonathans Urenkeln «ein hinlängliches Auskommen»: «Nicht so groß, daß sie in Versuchung geraten, ihre Tage in Müßiggang zu verbringen.» Nach Berücksichtigung von Legaten an Dienstboten und andere Familienangehörige ging das gesamte übrige Vermögen an Charles und Mary als gemeinschaftliche Erben und Geschäftsführer von J. Sekloong and Sons.

Diese Verfügung entsetzte Hongkong und betrübte Charles. Dabei hatte es die zum Klischee gewordene Chinesin, die unterwürfige Ehefrau, die das traditionelle Idiom als «die Person im Haus» bezeichnete, in Wirklichkeit gar nicht gegeben; seit Jahrhunderten hatten Chinesinnen große und kleine geschäftliche Unternehmen geleitet, entweder direkt oder durch ihre Männer und Söhne. Doch Sir Jonathans Vorgehen war beispiellos. Daß er Ehemann *und* Ehefrau als gemeinsame Geschäftsführer eines großen *Hong*, eines weltweiten Handelsimperiums, einsetzte, war etwas Neues unter der hellen Sonne Hongkongs. Charles hatte das Gefühl, er sei öffentlich gedemütigt worden, und er tobte über den geheimen Zusatz zum Testament seines Vaters: «Ich verlasse mich darauf, daß die Umsicht und solide Geschäftsführung meines Sohnes Charles dafür sorgen wird, daß der Wagemut seiner Frau Mary in angemessenen Grenzen gehalten wird. Ich verlasse mich darauf, daß Marys Scharfsinn und Mut die Vorsicht von Charles wettmachen werden.»

Mary wußte, daß sie immer noch impulsiv war, und sie schätzte Charles' zügelnden Rat. Aber sie wünschte, Sir Jonathan hätte diesen postumen Schlag gegen Charles' Selbstgefühl unterlassen. Obwohl sich die Tagesroutine der letzten fünf Jahre nicht änderte, seit sie formelle und tatsächliche Macht besaßen, konnten sie nun die letzte Entscheidung nicht mehr Sir Jonathan überlassen. Mary vermutete, daß sich Charles in erster Linie deswegen über ihre gemeinsame Beauftragung beklagte, weil er sich für verpflichtet hielt, die Rolle des dominierenden chinesischen Mannes zu spielen. In Wirklichkeit, tröstete sie sich, bekümmerten ihn die letzten Verfügungen seines Vaters kaum mehr als die Tatsache, daß ihm der Hong Kong Club nun doch nicht die Mitgliedschaft anbot.

Ungeheuchelt war indes die lautstarke Unzufriedenheit der Seks. Die Zwillinge Harold und William, Söhne des opportunistischen Sir Francis und Enkel von Sydney, Sir Jonathans ältestem legitimen Sohn, hielten sich für den vorrangigen Zweig der Familie. Daher waren sie empört, daß sie mit je fünfhunderttausend Pfund «abgespeist» wurden; sie waren auch keineswegs dadurch beschwichtigt, daß für ihre sieben Kinder unantastbare Treuhandvermögen von insgesamt einer Million Pfund angelegt wurden. Geldgier und Neid veranlaßten die Brüder, die nach Sekloong-Maßstäben nicht allzu wohlhabend waren, ihren Vorrang durch Vervielfachung ihrer Vermögen zu beweisen.

Ihr Plan war überzeugend einfach, denn es wäre, wie William sagte, «verrückt, nicht auszunutzen, was der Markt hergibt». Als Kolonie von Großbritannien, das Truppen nach Korea geschickt hatte, respektierte Hongkong das amerikanische Embargo, wonach China nicht mit Kriegsmaterial versorgt werden durfte und alle China-Importe, von Munition bis zu Schuhen, verboten waren. Die Volksrepublik China, die ihren ersten richtigen Krieg gegen einen ausländischen Gegner ausfocht, war erpicht darauf, alle Waren zu kaufen, die für einen modernen Krieg notwendig waren. Peking konnte es sich, wie Harold zufrieden feststellte, nicht leisten, es mit Preisen und Qualität sehr genau zu nehmen.

Kontrabande nach China zu bringen war fast ebenso einfach, wie zuerst Waren nach Hongkong zu importieren «zur Verladung» nach harmlosen, aber unwahrscheinlichen Orten wie Dschibuti oder Santiago. Angemessene Schmiergelder für die zuständigen britischen Beamten sorgten dafür, daß weder der Zoll noch Patrouillenboote der Polizei Dschunken und Küstenfahrzeuge auf ihrem Weg zu Festlandhäfen allzu genau untersuchten. Die Brüder Sek konzentrierten sich auf die Waren, die den höchsten Gewinn erbrachten: Lastwagenreifen, Benzin, Antibiotika und wasserdichte Gummistiefel. Allen ihren Waren war eines gemein: Sie hatten sämtlich Mängel. Die Reifen waren drittklassig und runderneuert; das Benzin war großzügig verdünnt; die Antibiotika waren schlicht gefälscht und die Gummistiefel undicht.

Daß er sich über das Embargo hinwegsetzte, verteidigte Harold damit, daß dieses Embargo «schließlich ein Schlag gegen den Freihandel, also gegen Hongkongs Daseinsberechtigung» sei.

«Caveat emptor!» gab William seinen einzigen lateinischen Brocken zum besten und übersetzte ihn freundlicherweise für die weniger Gebildeten: «Der Käufer soll aufpassen!»

Die Seks hatten ihre ursprüngliche Investition von je fünfhunderttausend Pfund bereits verfünffacht, und nun mußten sie ihren neuen Reichtum zur Schau stellen. Harold baute auf einem Grundstück mit dem Blick auf Castle Peak in den New Territories einen Komplex von Herrenhäusern, Sommerhäusern und Höfen unter geschweiften Dächern mit grünglasierten Ziegeln; William baute auf dem Peak einen ähnlichen Palast mit minggelben Ziegeln. Zwar waren die Seks berechtigterweise erfreut über ihre Schlauheit, doch gaben sie sich damit keineswegs zufrieden. Da der Krieg vermutlich eines Tages zu Ende sein würde, erforschten sie neue Unternehmungen: Goldschmuggel, Waffenschmuggel und Rauschgifthandel. Kommerzielle Klugheit und politische Unparteilichkeit veranlaßten sie zu drei Grundentscheidungen: Sie würden Opium in Fischerdschunken und kleinen Küstenschiffen importieren und sich durch Bestechungen von der Beschlagnahme des sperrigen schwarzen Zeugs freikaufen. Sie würden das aus diesem Opium gewonnene und wenig Raum einnehmende Heroin in planmäßig verkehrende Transportflugzeuge und -schiffe schmuggeln. Sie würden Opium aus Burma, Thailand und Laos besorgen, die von Überresten der geschlagenen nationalistischen Armeen beherrscht wurden.

«Wir befassen uns nicht mit Politik», erklärte Harold treuherzig. «Wir verkaufen an jeden, der Geld hat, und wir kaufen von jedem, der Ware hat.»

Mary und Charles lachten geringschätzig über diese Selbstrechtfertigung. Das Haus Sekloong hatte sich vierzig Jahre zuvor aus dem legalen und illegalen Rauschgifthandel zurückgezogen, weil Sir Jonathan den Opiumhandel unmoralisch und letztlich unrentabel gefunden hatte. Obwohl sie beide keine Sympathie für die Kommunisten hegten, waren sich Charles und Mary dennoch einig, daß sie mit der Volksrepublik Handel treiben wollten – offen und legal. *Sie* würden Peking weder Kontrabande liefern noch schlechte Qualität andrehen.

«Das ist politisch unklug und auch geschäftlich schlecht», sagte Charles. «Die Kommunisten werden eine lange Zeit an der Macht sein, und wir müssen mit China Handel treiben.»

Mary pflichtete Charles' Ansicht bei, die sie vom kaufmännischen Standpunkt vernünftig fand. Außerdem war es ihr mittlerweile gleichgültig, wer China zu regieren versuchte, denn sie glaubte, das Land ließe sich überhaupt nicht erfolgreich regieren.

Mary war sehr bekümmert über die schlimme Lage von fast einer Million Flüchtlingen, die wegen der drakonischen Reformen des kommunistischen Regimes ihre Heimat verlassen hatten. Hongkong hatte immer unbeschränkt Chinesen aufgenommen und tat es weiterhin – auf eigene Gefahr. Obwohl «illegale Einwanderer» offiziell nicht hereingelassen wurden, schickte man sie nur dann zurück, wenn man sie beim Überschreiten der Grenze erwischte. Wenn die Polizei nicht einen tropfnassen Flüchtling schnappte, nachdem er gerade durch den Shumchon River gewatet oder mit Hilfe von aufgepumpten Schweineblasen durch die Deep Bay geschwommen war, erhielt er vom Einwohnermeldeamt der Kolonie einen Personalausweis, der ihn in einen legalen Einwohner verwandelte. Der Flüchtlingsstrom überforderte die Kolonie aber auf allen Gebieten: Unterbringungsmöglichkeiten, Schulen, Krankenhäuser, Verkehr und Arbeitsmöglichkeiten. Sogar die Lebensmittelversorgung und die Kanalisation waren unzureichend. Sowohl die Flüchtlinge als auch die Behörden waren auf private Unterstützung angewiesen.

Marys Verachtung der chinesischen Nation hatte sich nie auf einzelne Menschen erstreckt, und bestimmt nicht auf die Opfer der brutalen politischen Kämpfe dieser Nation. Deshalb wollte sie sich selbst davon überzeugen, daß ihre Spenden auch wirklich für Kleidung, Lebensmittel, Medikamente und Schulbücher verwendet würden und nicht zur Bereicherung von korrupten Polizisten, angeblich glaubwürdigen Beamten und Rabauken der Geheimgesellschaften dienten, die die unglücklichen Heimatlosen ausbeuteten. Da Sarah den Schanghaier Dialekt sprach, war sie eine unschätzbare Begleiterin, wenn Mary die für die Flüchtlinge aus jener Stadt vorgesehenen Einrichtungen in Augenschein nahm.

An einem Spätnachmittag im Februar 1951 waren die beiden auf der Rückfahrt von Diamond Hill in Kowloon. Ihr Austin A-40 quälte sich in schmalen, ungepflasterten Gassen zwischen notdürftig errichteten Hütten hindurch, auf denen nationalistische Fähnchen flatterten. Der Austin war auf diesen Exkursionen praktischer als der große Rolls und auch weniger ärgerniserregend für die Empfänger ihrer Almosen. Der alte Chauffeur fluchte auf den Wagen, über die feuchte Kühle und die Dummheit der Fußgänger, als er wendete, um durch die abschüssigen Gassen hinunterzufahren. Aber die Damen waren an seine Monologe gegen die *pak-yee* gewöhnt, die «nördlichen Barbaren», die in seine Heimat eingedrungen waren.

Die Hütten, die von früheren Ankömmlingen gebaut worden waren, die inzwischen Arbeit gefunden hatten, standen auf Betonsockeln, und ihre Dächer waren aus Wellblech. Die neueren Unterkünfte waren scheußliche Gebilde aus wurmstichigem Holz, auseinandergenommenen Kisten und rostigem Blech. Fünfzehn oder zwanzig Männer, Frauen und Kinder schliefen jeweils auf Viererkojen in den winzigen Hütten. Elektrische Kabel schlängelten sich bedrohlich durch die schlammigen Gassen, genial war das Stromnetz des Elektrizitätswerks angezapft.

Ein einbeiniger ehemaliger Gefreiter humpelte auf selbstgebastelten Krücken herum, während sein ehemaliger Oberst, die Rangabzeichen noch auf der schmutzigen Uniform, sich mit einem Bündel Zweige für sein Herdfeuer abschleppte. Frauen in Kleidern, die von ausländischen Wohltätigkeitsvereinen gestiftet waren, trafen sich an den öffentlichen Pumpen, und ihre Eimer schwappten auf die schlammigen Gassen über. Die Kinder an ihren Rockschößen sahen wie närrische Zwerge aus: ein dreijähriges Mädchen trug ein zerrissenes Mickymaus-Sweatshirt über einem Ballettrock, und ein sechsjähriger Junge stolzierte in einer zerlumpten Fohlenjacke einher, die einst der Stolz einer jungen Dame in Hampstead gewesen sein mochte.

Eine skrofulöse trächtige Sau schleifte ihren dicken Bauch durch den Morast. Magere Hunde, mit Räude bedeckt, schnappten nach den schuppig gelben Beinen von ebenso mageren Hühnern. Der Gestank von ungewaschenen Körpern, muffigem Bettzeug, fauligem Reis und Fäkalien verpestete die Luft unter dem bleiern grauen Himmel des trüben Hongkonger Winters.

Lady Mary kuschelte sich in ihren Sealmantel, ein Luxus, den, wie sie meinte, ihr Alter entschuldige; ihren Nerz hatte sie allerdings zu Hause gelassen. Die hageren braunen Gesichter, die die beiden Ausländerinnen betrachteten, ließen weder Groll noch Dankbarkeit erkennen. Es waren die gleichgültigen Gesichter schwer geprüfter Überlebender, die nur weiter durchhalten wollten. Große Brocken der alten Verwahrlosung von Nordchina, dachte Mary mißmutig, waren unversehrt nach Hongkong gelangt.

Dennoch staunte sie über die Zähigkeit der Flüchtlinge. Um der nächsten Generation das zum Überleben und zur Besserung ihrer Lage notwendige Rüstzeug zu verschaffen, unterrichteten Akademiker – Juristen, Ärzte und Ingenieure – Kinder in improvisierten Schulen. Sie und Sarah hatten gerade eine von den Sekloongs finanzierte Mittelschule besucht. In der baufälligen ehemaligen Branntweinbrennerei war auch das Alliance Research Institute untergebracht, das überwiegend vom amerikanischen CIA unterhalten wurde. Die Angehörigen dieses Forschungsinstituts, junge Akademiker, hatten ein Archiv über das kommunistische Regime angelegt und bemühten sich, die Traditionen zu bewahren, die die Kommunisten zerstörten, um ihre eigene, hypermoderne Zivilisation einzuführen. Diese jungen Überlebenden wollten unbedingt, daß auch ihre alte Kultur überlebte.

Der Austin verließ das Flüchtlingslager und bog in die überfüllten Straßen von Kowloon ein. Lady Mary dachte voll Freude an das duftende, dampfende Bad in dem Rokoko-Badezimmer, das sie aus dem Kleinen Haus in die Burg hatte verlegen lassen. Jenseits der breiten Nathan Road, wo sich die bunten Neonreklamen zu einem Lichtermeer vereinigten, ging es zur Jordan Road-Fähre, die sie auf die Insel Hongkong zurückbringen sollte. Sie hatte getan, was sie tun mußte, sie hatte sich das Elend der Flüchtlinge selbst angesehen, um es besser lindern zu können; nun fand sie, daß sie eine Entspannung verdient hatte.

Ferner Donner übertönte das Rattern von Handwagen, das Hupen der Autos, das Klappern von Holzschuhen, die schreienden Stimmen und das Geplärr von Radios.

«Was kann das für ein Geräusch sein?» fragte Sarah. «Ich habe noch nie so etwas gehört.»

«Wahrscheinlich nichts Besonderes», antwortete Mary. «Bloß die zarten Stimmchen der Kantonesen, die auf Samtpfötchen ihren normalen Geschäften nachgehen.»

«Nein, es klingt anders. Wie ein Wasserfall. Ich möchte wissen, was das ist.»

«Nun, wir werden es bald wissen.»

Der Verkehrsstrom verlangsamte sich. Der Chauffeur fluchte auf den Fahrer des grünen Jaguar vor ihm und quetschte sich zwischen zwei Lastwagen, von denen der eine mit geschlachteten Schweinen beladen war und der andere mit entrüstet schnatternden lebenden Enten in runden Rattankörben. Das ferne Donnern schwoll zu einem ständigen Grollen an. Polizeipfeifen schrillten und Sirenen heulten.

«Schnell», sagte Sarah. «Kehren Sie um.»

«Mng-dak, Tai-tai.» Der alte Chauffeur zuckte die Schultern. «Unmöglich, Madam.»

Der Verkehr kam kurz vor der Nathan Road zum Stehen. Der Austin war zwischen den beiden Lastwagen eingeklemmt. Dicker schwarzer Rauch wogte durch die Querstraße, und Benzindünste drangen in den Austin. Orangefarbene Flammen erleuchteten die Nathan Road, nationalistische und kommunistische Fahnen wurden dort geschwenkt.

Knäuel von kämpfenden Menschen strömten aus einer schmalen Seitenstraße heraus. Sie umringten den grünen Jaguar. Unter rhythmischem Geschrei schaukelten sie den Jaguar auf und ab. Eine Flamme schoß aus dem Benzintank hervor, als der Wagen auf die Seite kippte. Ein grauhaariger Europäer, dessen Mantel schon in Flammen stand, kletterte mühsam aus dem Fahrzeug. Die Menge warf ihn zu Boden, und er verschwand unter ihren Füßen. Sein Schreien hörte plötzlich auf.

«Mein Gott», rief Mary, «wohin habe ich dich gebracht!»

«Wir sind gewarnt worden, aber ich hätte nie gedacht ...» Sarahs Stimme zitterte.

«Ai-yah! Ai-ya! Kwok-min-dong ... Goong-chan-dong ...» schrie der Chauffeur. «Nationalisten und Kommunisten ... sie kämpfen.»

«Es tut mir leid, Sarah, daß ich dich hierhergebracht habe!» rief Mary.

«Gottes Auge ruht auf uns», beruhigte Sarah sie.

«Na», erwiderte Mary scharf, «hoffentlich schaut er genau her!»

Die Leute, die auf sie zuströmten, holten sich Schweine und Enten von den Lastwagen. Gesichter starrten durch die geschlossenen Fenster des Austin, dieselben mageren braunen Gesichter, die sie im Flüchtlingslager gesehen hatten, aber jetzt wutverzerrt. Der kleine Wagen schaukelte unter den Stößen harter brauner Hände, und die Heckscheibe zerbarst zur Undurchsichtigkeit. Ein stämmiger nationalistischer Veteran, der eine Feldmütze mit dem weißen Sonnenemblem trug, brach die Tür des Chauffeurs mit einem Brecheisen auf.

«Mng hai sai-yen! Mng hai sai-yen! Sekloong gyah. Tai-tai hai Ma-li Foo-yen . . . Sekloong Ma-li Foo-yen!» schrie der weißhaarige Chauffeur verzweifelt. «Keine Westler! Keine Westler! Das Haus Sekloong. Die Dame ist Lady Mary. Lady Mary Sekloong!»

Mary schloß die Augen und begann das Vaterunser zu beten. Sie hörte Sarah murmeln: *«Schma Jisrael, Adonai eloheinu* . . . Höre, Israel, der Ewige, unser Gott, der Ewige ist einzig . . .»

Jede betete auf ihre Weise, so warteten sie auf die grausamen, dunklen Hände. Aber plötzlich herrschte Stille. Mary machte erstaunt die Augen auf. Der Soldat verbeugte sich tief und scheuchte die Menge weg.

«Ching yüan-liang wo-men, Ma-li Fu-jen. Pao-chien! Pao-chien!» Er sprach reines Mandarin. «Bitte verzeihen Sie uns, Lady Mary. Wir entschuldigen uns. Wir kannten Sie nicht. Wir dachten, Sie seien Ausländer!»

«Die Damen gehören zum Haus Sekloong!» rief er der Menge zu. «Eine ist Lady Mary selbst. Sie sind keine Ausländer. Sie sind Sekloongs. Sie gehören zu uns!»

Mary und Sarah saßen schweigend, bis die Menge sich teilte, um sie durchzulassen.

Auf der Halbinsel Korea, tausendfünfhundert Meilen entfernt im Nordosten, starben in demselben Konflikt zwischen Kommunisten und Nichtkommunisten, der die Damen Sekloong gefährdet und die Brüder Sek bereichert hatte, Männer unter Granaten und Bomben. Den Ende Juni 1950 nach Südkorea eingedrungenen Nordkoreanern hatten sich im Auftrag der Vereinten Nationen amerikanische Truppen entgegengestellt. Nachdem diese Truppen im August 1950 bis zur Vorpostenlinie von Pusan, dem größten Hafen von Südkorea, zurückgetrieben worden waren, hatte das UN-Oberkommando Mitte September mit einer kühnen Landung bei Intschön an der Westküste der Halbinsel einen Gegenschlag geführt. Die Nordkoreaner hatten nicht standhalten können, und die UN-Streitkräfte waren bis zum Jalu vorgestoßen, dem Grenzfluß zwischen der Mandschurei und Korea. Um die Bedrohung der Mandschurei abzuwehren, hatten dann im November 1950 chinesische «Freiwilligen-Verbände» in den Krieg eingegriffen, und die Armeen der Vereinten Nationen hatten sich vor der Übermacht zurückgezogen.

Weder Tapferkeit noch überlegene Waffen konnten die kommunistische Flut aufhalten. Seoul, die Hauptstadt der Republik Korea, hatte in sechs Monaten dreimal den Besitzer gewechselt, als es am 4. Januar 1951 wieder den Kommunisten in die Hände fiel. Aber die UN-Streitmacht sammelte sich wieder, und Truppen aus fünfundzwanzig Nationen brachten die Offensive der zahlenmäßig überlegenen Chinesen und Nordkoreaner zum Stehen. Am 25. Januar 1951 brachen diese Truppen von ihren Verteidungsstellungen auf zum letzten großen Kampf zwischen verbündeten westlichen und asiatischen Armeen einerseits und chinesischen Armeen andererseits. Viel erfolgreicher gegen einen viel stärkeren Gegner als die Expeditionstruppe im Jahre 1900 gegen die Boxer, eroberten die Alliierten am 5. März 1951 Seoul zurück. Die chinesischen Freiwilligen-Verbände und die Nordkoreaner gaben am 22. Mai ihre hoffnungslose Gegenoffensive auf. Die Kommunisten standen wieder am 38. Breitengrad, der ursprünglichen Grenze zwischen Nordkorea und Südkorea.

Der Krieg endete mit einem Patt, weil die Vereinigten Staaten es ablehnten, die zusätzlichen Divisionen einzusetzen, die notwendig gewesen wären, um die Kommunisten aus Nordkorea zu vertreiben. Dennoch führte Chinas Defensivintervention zu einer lange währenden Feindschaft zwischen der neuen Volksrepublik China und den Vereinigten Staaten von Amerika. Washington ließ seinen Plan fallen, mit Taiwan zu brechen und Peking formelle diplomatische Anerkennung anzubieten. Die Siebente Flotte der USA überwachte die Straße von Formosa, um einem kommunistischen Angriff auf die von den Nationalisten gehaltene Insel vorzubeugen. Peking und Washington waren erbitterte Gegner geworden.

Einstweilen aber stießen die Streitkräfte der Vereinten Nationen immer noch langsam nach Norden vor, und die Kommunisten wichen zurück. Aber die kampferfahrenen Chinesen gerieten nicht ins Wanken wie die Nordkoreaner. Das XXXIX. Armeekorps unter dem Befehl von Generalleutnant Schih Ai-kuo von der chinesischen Volksbefreiungsarmee kämpfte hartnäckig um jeden Gebirgspaß und jedes Dorf, während es sich über schroffe und noch mit Schnee und Eis bedeckte Berge zurückzog. Die drei Divisionen der chinesischen Freiwilligen waren James' Truppe, die er von der Mandschurei aus bis zum Endsieg über die Nationalisten in Südchina kommandiert hatte. Mitte Juli befand sich sein Befehlsstand in einem Dörfchen zwölf Meilen nördlich von Tschorwon an der Mittelfront. Seinen angeschlagenen Einheiten ließ er seine Befehle durch Funk, Telefon und Meldegänger zukommen: Das XXXIX. Armeekorps würde sich nicht aus seiner starken Abwehrstellung in dem felsigen Gebirge zurückziehen.

James Sekloongs erschöpfte Infanteristen warteten auf den nächsten Angriff in tief ausgehobenen Bunkern und großen natürlichen Höhlen, die ihnen Schutz boten vor amerikanischer Artillerie, amerikanischen Panzern und amerikanischen Jagdbombern, die keine Luftkämpfe zu befürchten hatten: Die MiG 15 der kommunistischen Luftwaffe konnten gegen die amerikanischen F-86 Sabrejets nichts mehr ausrichten.

Einer der jüngeren Politkommissare, die die Infanteristen der 382. Division bei der Stange halten sollten, war Schih Tscheng-wu, der neunzehnjährige Sohn des Korpskommandeurs. Den Amerikanern, sagte er seinen Leuten, fehle es an dem eisernen Willen, der nötig sei, um ihre natürliche Festung anzugreifen, denn sie seien daran gewöhnt, daß Artillerie, Panzer und Bomber ihnen den Weg freimachen. Weder Granaten noch Bomben könnten aber die sechzig Meter dicke Schicht aus Fels und Erde über den Höhlen, in denen die Division Stellung bezogen habe, durchschlagen. Weder Granaten noch Bomben könnten die schmalen, getarnten Eingänge finden. Tscheng-wu tat die neuen silbernen F-84 Thunderjets, die zwischen den von Sonnenstrahlen durchbohrten Wolken kreisten, verächtlich ab.

«Die Flugzeuge sind hübsch», sagte er, «aber keine Gefahr für uns.»

Er hielt, auf Effekt rechnend, inne, ehe er die rhetorische Frage stellte: «Wie könnten die verweichlichten Amerikaner überhaupt das Ungemach ertragen, das wir auf uns nehmen? Könnten sie von kaltem Reis und Trockengemüse leben, hohläugig aus Mangel an Schlaf, verlaust und ungebadet? Unsere proletarische Revolution *muß* den Sieg davontragen.»

Während Tscheng-wu sprach, rutschte der Einheitsführer der amerikanischen achtundzwanzigsten Jagdbomber-Staffel auf seinem Platz in dem engen Cockpit seiner Thunderjet hin und her. Er war nicht gerade begeistert von dem Befehl, Bodentruppen anzugreifen, die nur durch kleine Geschütze und Maschinengewehre verteidigt wurden. Aber sein Gesuch, zu den Sabrejet-Abfangjägern versetzt zu werden, war abgelehnt worden, weil die Schlacht kampferprobte Piloten zur Erdkampfunterstützung erforderte. Immerhin, wenn er in zwei Wochen seinen hundertsten Einsatz hinter sich hätte, würde er wohl nach Arizona abkommandiert und auf Sabres umgeschult werden. Inzwischen konnte seine Staffel noch fünfzehn Minuten kreisen und auf ein Ziel warten, ehe leere Benzintanks sie zur Rückkehr zum Flugplatz K-14 zwangen, wo amerikanische Rotkreuzhelferinnen mit heißem Kaffee und Doughnuts sie erwarteten.

Tief unter ihm, nicht mehr als tausend Fuß über den Bergen, wich das Aufklärungsflugzeug mit Propellertriebwerk dem Flakfeuer aus. Den Job hätte er auch bei sofortiger Beförderung zum Colonel nicht haben wollen. Die Risiken waren enorm, und der Aufklärer konnte nicht zurückschießen. George Parkers Kopfhörer übertrugen das Gespräch zwischen dem Aufklärer und den Bodenbeobachtern, als sie versuchten, das Ziel genau festzulegen.

«Moskito Vier, hier Dachs Drei», knatterte es, «können Sie die Felsformation wie eine zerbrochene Pfeilspitze sehen?»

«Dachs Drei, hier Moskito Vier. Das ist aber eine saumäßige Beschreibung. Welche Farbe?»

«Moskito Vier von Dachs Drei: Schieferfarben mit einer Schneeverwehung, wo der Schaft des Pfeils sein würde. Kommen Sie herunter. Gehen Sie auf fünfhundert Fuß.»

«Dachs Drei von Moskito Vier. Um Himmels willen, die schmeißen ja nicht gerade mit Windbeuteln nach mir. Aber ich werde rangehen. Geben Sie mir weiter Anweisungen. Ich werde mich nicht melden.»

«Dachs Drei an Moskito Vier, verstanden. Nehmen Sie Flugrichtung one-niner-niner und gehen Sie runter. Wenn Sie die Pfeilspitze sehen, markieren Sie ihr Ende. Wir haben da den ganzen Morgen sporadisch Bewegung gesehen.»

Der Aufklärer ging hinunter, wie von den Bodenbeobachtern angegeben. Versteckte Flakgeschütze feuerten einen Schwall von Granaten ab, die zu schmutziggrauen Wölkchen zerplatzten. Der Aufklärer erzitterte in der Luft, hielt aber seinen Kurs.

«Moskito Vier, gut so. Jetzt sind Sie dran.»

«Moskito Vier markiert.»

Zwei Leuchtraketen schoß der Aufklärer ab. Als sie explodierten, stiegen rote Rauchsäulen am Ende der Pfeilspitze auf.

«Top Tooth an erste Staffel Molars.» George Parkers Kehlkopfmikrofon vibrierte. «Gehen Sie rein und machen Sie sie fertig.»

Auf der anderen Seite des Tals schauten die Bodenbeobachter zu, wie die drei Thunderjets auf den Berghang hinabstießen. Das Krachen der Bomben erschütterte die Hänge, und Schnee spritzte hoch auf wie eine Fontäne aus weißem Schaum.

«Top Tooth an zweite Staffel Molars. Erste Bombenreihe hundert Meter zu weit links. Korrigieren und reingehen.»

Die zweite Staffel stürzte sich herab, und die silbernen Rümpfe schimmerten in der Vormittagssonne. Zweihundert Meter über der Pfeilspitze zogen die Thunderjets hoch, und ihre Bomben richteten ein Schneegestöber fünfzig Meter vor dem Ziel an.

Schih Tscheng-wu schaute durch den schmalen Eingang der Höhle und lächelte befriedigt.

«Seht ihr», rief er, «sie können uns nicht treffen, ich habe es ja gesagt!»

George Parker senkte die Nase seiner Thunderjet, und seine *wingmen* setzten genau fünfunddreißig Meter von seinen Flügelspitzen entfernt mit ihm zum Sturzflug an. Die drei Thunderjets stürzten sich mit einer Geschwindigkeit von achthundertfünfzig Stundenkilometer auf den Berghang. Ohne sich um die Flak zu kümmern, ging George Parker viel dichter heran als seine beiden ersten Staffeln. Als er die Pfeilspitze, eingegabelt von rotem Rauch, genau im Zielgerät hatte, löste er den Bombenabwurf aus und zog seine Maschine steil hoch.

«Wieder danebengegangen!» jubelte sein Vetter Schih Tscheng-wu. «Wieder daneben!»

Der ganze Berghang war in Flammen gehüllt, als sich das Napalm entzündete. Die explosive Verbrennung des geleeartigen Benzins saugte die Luft aus der Höhle heraus. Zehn Sekunden später brach Tscheng-wu in dem fast luftleeren Raum zusammen. Zwanzig Sekunden später wälzten sich Ströme von Feuer in die Höhle und äscherten seine Leiche ein.

Am 23. Juni 1951 übermittelte der sowjetische Botschafter bei den Vereinten Nationen, Jakob Malik, die Bereitschaft der Demokratischen Volksrepublik Korea und der chinesischen Freiwilligen-Verbände, über eine Feuereinstellung zu verhandeln. Die damit eingeleiteten Waffenstillstandsverhandlungen sollten sich über mehr als zwei Jahre hinziehen, bis die Vereinten Nationen und die Kommunisten schließlich ein Abkommen unterzeichneten, das die gegnerischen Truppen ungefähr dort beließ, wo sie gewesen waren, als das Feilschen begann. Zehntausende mußten noch bei ergebnislosen Kämpfen um unbedeutende Hügel fallen, bis in dem zerbombten Dorf zwischen den Fronten, das Panmunjon hieß, «Der Laden mit der Holztür», endlich am 27. Juli 1953 der Waffenstillstand geschlossen wurde.

Als die erste Gesprächsrunde Mitte Juli 1951 begann, wurde Sir Charles Sekloong in seinem Büro im St. George's Building ein Brief mit dem Poststempel Peking zugestellt. Er nahm den fleckigen Umschlag in die Hand, vor dessen Inhalt er sich unbegreiflicherweise fürchtete. Die Familie hatte seit drei Jahren nichts von James gehört.

Charles legte den Reispapierumschlag in die Mitte von Sir Jonathans altem Schreibtisch und zögerte, ihn aufzumachen. Er griff nach dem Telefon. Dann fiel ihm ein, daß er Mary nicht erreichen konnte, denn sie war mit Sarah losgefahren, «um mir meine Mittelschule auf dem Diamond Hill anzusehen».

Er lächelte liebevoll. Marys Haltung hatte sich seit dem Aufstand radikal geändert. Ihre unwirsche Verachtung für die chinesische Rasse war verflogen, obwohl sie immer noch über die Dummheit der Politiker und Bürokraten spottete – *aller* Politiker und Bürokraten, ob sie nun chinesisch, britisch oder patagonisch waren. Die Hongkonger Behörden, denen der Zustrom aus China schwer zu schaffen machte, fürchteten die plötzlichen Überfälle von Mary Sekloong, die für ihre Flüchtlinge kämpfte. Das Kolonialsekretariat konnte ihre entschiedenen Forderungen nach Lebensmitteln, Kleidung, Unterkunft, Schulen und ärztlicher Betreuung nicht einfach übergehen. Mindestens einmal in der Woche sprach Lady Sekloong mit Seiner Exzellenz, dem Gouverneur Sir Alexander Grantham, der nach Ansicht des Establishments der Kolonie die chinesische Bevölkerung von Hongkong schandbar bevorzugte.

Das gesamte Sekretariat war einstimmig der Meinung, daß Lady Sekloong nicht nur eine Nervensäge war, sondern ein Scheusal. Ihre Überspanntheit beschränkte sich nicht auf das Eintreten für die Flüchtlinge. Sie griff auch das für beide Seiten einträgliche Bündnis zwischen Grundstücksspekulanten und den für den Verkauf von Kronland zuständigen Beamten an; und taktloserweise stand sie überaus gut mit den ausländischen Korrespondenten, die sich nach der «Befreiung» Chinas durch die Kommunisten in der Kolonie eingefunden hatten. Da das Sekretariat fürchtete, die Kommunisten könnten von ihrem neuen Schwung über die unhaltbare Grenze getragen werden, schreckten sie vor jeder Publizität zurück, die Pekings Aufmerksamkeit auf die isolierte Kolonie lenken würde. Das Gleichgewicht war heikel: Britische Truppen kämpften in Korea, und eine britische Verwaltung hieß Flüchtlinge in Hongkong willkommen. Außerdem standen auf dem Flughafen Kaitak zweiundsiebzig Verkehrsmaschinen, die ihre nationalistischen Piloten ausgeflogen hatten, und die Gerichte grübelten noch über die widersprüchlichen Eigentumsansprüche von Peking und Taiwan nach. Eine Flut von Zeitungsberichten über schlechte oder auch unangemessen gute Behandlung der Flüchtlinge könnte immer noch die Volksbefreiungsarmee über den Shumchon-Fluß bringen. Die Erinnerung an

1941 und die japanische Eroberung und Besatzung war noch lebendig, und die Schutztruppen waren ja im Norden, in Korea. Aber Lady Sekloong war unerbittlich.

Sir Charles staunte über die Energie seiner Frau, denn er selbst fühlte sich alt und müde. Aber mit seiner ererbten Dickköpfigkeit mißachtete er den Rat seines Arztes, daß er weniger essen und den Konsum von Alkohol, der ihn bei seiner Arbeit anregte, einschränken sollte. Er war gezwungen, schwer zu arbeiten, weil er die Firma fest in die Hand bekommen und die Möglichkeiten ausschöpfen mußte, die der Krieg bot. Die Ärzte hatten auch vor Überarbeitung gewarnt, aber der fünfundsiebzigjährige Charles erinnerte sich der langen Arbeitstage seines Vaters, als der alte Herr im selben Alter gewesen war. Außerdem war Marys Sinneswandel eine Stimulans für ihn, obwohl sie nur einmal, und dann auch nur verblümt, ihre neue Einstellung erwähnt hatte.

«Charles, mein Lieber», hatte sie zwei Wochen zuvor gesagt, «ich fühle mich nicht mehr isoliert, komme mir nicht mehr wie eine Verbannte in Hongkong vor. Es ist die Heimat – für uns beide.»

Den Brief auf seinem Schreibtisch hatte er halb vergessen. Der zerknitterte Umschlag mit den schmalen roten Streifen war irgendwie bedrohlich. Schließlich schnitt er ihn mit dem silbernen Brieföffner auf. Auf dem dünnen Papier standen nur ein paar Sätze auf chinesisch:

Verehrte Eltern,
Tief betrübt muß ich Euch den Tod meines Sohnes Tscheng-wu melden. Er fiel bei einem heimtückischen Luftangriff, während er seine Kompanie sammelte, um den schamlosen Angriffen des amerikanischen Imperialismus auf unser geliebtes sozialistisches Vaterland Widerstand entgegenzusetzen. Ich bin sicher, Ihr werdet – wie ich – stolz sein, daß Tscheng-wu für die gerechte Sache auf dem Schlachtfeld gefallen ist. Die unterdrückten Völker der Welt werden sich vereinigen und die Imperialisten vernichten.

Euer gehorsamer Sohn
Schih Ai-kuo

Der Tod des Enkels, den er nie gesehen hatte, wühlte Sir Charles Sekloong bis ins Innerste auf. James lebte zwar noch, doch war er für die Familie ebenso verloren wie sein toter Bruder Jonnie und seine tote Schwester Guinevere. Charles fand es irgendwie ungehörig, daß er einen Sohn, eine Tochter und jetzt seinen Enkel überlebte. Jeden Tag könnte er eine ähnliche Nachricht vom amerikanischen oder britischen Verteidigungsministerium über George Chapman Parker jun. oder Henry Haleevie Sekloong erhalten. Es war fast unerträglich so kurz nach dem herzzerreißenden Kummer über den Tod seines Vaters. Tscheng-wus Tod war eine Warnung, ein weiteres Anzeichen, daß das Haus Sekloong gefährdet war.

«Ein Fluch», murmelte er undeutlich, «ein Fluch liegt auf der Familie, die Strafe für das, was ich getan habe. Wir werden verstreut . . .»

Er suchte nach dem Klingelknopf unter seinem Schreibtisch. Seine tastenden Finger rutschten immer wieder von der blanken Oberfläche ab, ehe er genügend Druck ausüben konnte, um seine Sekretärin zu rufen. Seine Wangen waren purpurrot, und Schmerz bohrte in seinen Schläfen. Ein roter Nebel trübte ihm den Blick.

«Mary!» rief er, als sich die Tür öffnete. «Holen Sie Mary! Ich muß sie sofort sehen.»

Warum verstand ihn das verdammte Mädchen nicht? Warum stand sie da und glotzte, als ob sie ihn nicht hören könnte? Warum starrte sie so? Er nahm alle seine Kraft zusammen und sagte laut: «Mary!»

Diese letzte Anstrengung brachte das zerebrale Aneurysma zum Platzen. Sir Charles Sekloong starb weniger als ein Jahr nach dem herzlich gehaßten und herzlich geliebten Vater, der sein Leben beherrscht hatte.

28. Mai 1957 bis 22. Februar 1959

«Ich mußte nach Hause kommen», sagte Albert Sekloong mit kühlem amerikanischem Humor zu seiner Großmutter. «Ich war es leid, dauernd erklären zu müssen, warum ich keinen Titel habe.»

Lady Mary hörte mit unverhülltem Vergnügen zu, obwohl sie sich vorgenommen hatte, die neuaufgenommene Beziehung zu Jonnies jüngerem Sohn nicht dadurch zu gefährden, daß sie Ansprüche an ihn stellte. Seit er 1941 im Alter von sieben Jahren in die Vereinigten Staaten geschickt worden war, hatte sie ihn nur bei kurzen Besuchen gesehen. Aber sie beglückwünschte sich von neuem, daß sie frühzeitig entdeckt hatte, wie vielversprechend dieser jetzt dreiundzwanzigjährige junge

Mann war, der Weihnachten 1956, also vor fünf Monaten, nach Hongkong zurückgekommen war.

«In der Wharton School war es gar nicht so übel», fuhr er fort. «Da waren sie nur an Geld interessiert. Aber in Harvard, wo ich für den Magister in Betriebswirtschaft arbeitete, stellten mir die Leute dauernd dieselben dummen Fragen: ‹Wenn dein Urgroßvater ein Sir war und ebenso dein Großvater und dein Bruder es auch ist, warum bist du dann nicht Sir Sekloong oder Sir Albert oder Lord Sowieso?› Ich mußte nach Hause kommen. In Hongkong bin ich ein Sekloong. Und das ist genug.»

«Woher wußten sie von deinen illustren Vorfahren?»

«Das werde ich ihnen wohl erzählt haben», gab er zu. «Aber ehrlich, Großmama, sie haben mir dauernd zugesetzt, als ob ich eine Art Mißgeburt wäre.»

Lady Mary verbarg ihr Lächeln hinter ihrem Fächer. Alberts hinter Selbstverspottung versteckte jugendliche Arroganz erinnerte an Harry Sekloong, während sein Sinn für Rang und Namen wohl von den typischen Hongkong-Männern Charles und Jonnie stammte. Beide hatten das Gefühl gehabt, daß die Kolonie ihnen Ehrerbietung schulde, die sie mit staatsbürgerlicher Gesinnung vergalten. Sir Jonathan hatte ihnen das traditionelle Verantwortungsgefühl der chinesischen Gentry für die weniger Glücklichen im Dorf eingeimpft – und ihr Dorf war ganz Hongkong.

«Da war ein Mädchen von Radcliffe», fuhr Albert fort. «Japanerin, aber wirklich Klasse. Die nannte mich Sir Bertie.»

Lady Mary genoß Alberts entwaffnend zwangloses Geplauder. Wie sein Vater verstand er es instinktiv, seinen Charme einzusetzen. Aber eine noch größere geistige Beweglichkeit als die von Jonnie belebte seine dunklen, regelmäßigen Züge, in denen die hellbraunen Augen der Sekloongs aufleuchteten, wenn er lächelte. Ihr jüngster Enkel hatte Sir Jonathans scharfen kommerziellen Verstand und auch seinen geschäftlichen Elan geerbt. Ebenso wie der alte Herr griff Albert die Zitadellen des Handels an wie ein kühner fahrender Ritter.

Vielleicht war Altersschwäche der Grund, daß sie in dem jungen Mann die Züge jener Männer sah, die sie geliebt hatte. Vom Sekloong-Kult durchdrungen, hätte sie fast die naheliegende Tatsache übersehen, daß Albert auch den wachen Verstand seines Großvaters Judah Haleevie geerbt hatte. Sir Jonathan selbst hatte zugegeben: «In Gelddingen war Judah gescheiter als ich, aber es mangelte ihm an Skrupellosigkeit.» Alberts Ziel war offenkundig: Er drängte sie bereits, ihm «mehr Verantwortung» zu übertragen, und sie wußten beide, daß damit mehr Macht gemeint war. Mit der Zeit, das wußte Mary, würde sie nachgeben und sich nur ein letztes Vetorecht vorbehalten. Sie wußte auch, daß er versuchen würde, sie in ein paar Jahren vom Thron zu stoßen – wenn sie so lange lebte. Am 28. Mai 1957 war es noch genau ein Monat bis zu ihrem siebenundsiebzigsten Geburtstag.

«Sie nennen mich Lady Mary, und das bin ich nicht», erwiderte sie auf Alberts Neckerei wegen des Titels.

«Aber du *bist* Lady Mary», schmeichelte er. «Du könntest gar nichts anderes sein.»

«Dein anderer Urgroßvater, der Musikmeister, hätte schallend gelacht, wenn er gehört hätte, daß ich Lady Mary genannt werde. Er hat mich immer gewarnt, ich würde auf die Nase fallen.»

«Aber es ist nicht eingetroffen», wandte Albert ein. «Und das Haus Sekloong wird es auch nicht tun. Großmama, was ist mit meinen Vorschlägen? Wir müssen in Elektronik und Kunststoffen expandieren, und zwar schnell!»

«Noch nicht.» Sie war in Gedanken immer noch bei der Unbeständigkeit des Schicksals. «Wir könnten immer noch auf die Nase fallen. Es wird zuviel Soldat, *grande dame* und Großgrundbesitzer gespielt. Einer muß sich um den Laden kümmern.»

«Laß sie spielen. Ich werde der Ladenbesitzer sein. Wir brauchen ja nur einen.»

Auch wenn sie es ihm noch nicht sagen wollte, so war Lady Mary doch bereits entschlossen, einen Versuch mit Albert zu wagen und ihm bei seinen neuen Unternehmungen freie Hand zu lassen. Sie selbst war mehr interessiert an soliden Grundstücksgeschäften: neuen Bürogebäuden, Mietshäusern mit Luxuswohnungen und Hotels in ganz Südostasien und in Hongkong. Sie und Sarah spielten auch mit dem Gedanken, Möbel herzustellen, um den wachsenden Exportmarkt für orientalische Einrichtungsgegenstände auszunutzen. Indes konnte es nichts schaden, sich mit den neuen technologischen Industriezweigen zu befassen, solange es die Grundprinzipien nicht beeinträchtigte. Albert wollte auch ihre kleine Luftverkehrsgesellschaft ausbauen, und sie war durchaus dafür, denn sie erinnerte sich an Harrys Begeisterung für die Luftfahrt. Aber sie wollte ganz sicher sein, daß jedes neue Unterfangen eine solide Basis hatte, ehe das nächste in Angriff genommen wurde. Das Haus Sekloong konnte den rechten Augenblick abwarten.

Die Begeisterung ihres Enkels war belebend für Lady Mary, die sich nach Charles' Tod für drei Jahre vom Geschäft zurückgezogen und es ihren Prokuristen überlassen hatte, den Betrieb einigermaßen in Gang zu halten. Die europäischen *Taipans* im Hong Kong Club hatten mit geheucheltem Bedauern bemerkt, daß es mit dem Haus Sekloong abwärts gehe, weil es ihm an energischer Leitung mangle. Aber was, fragten sie, konnte man von einer alten Dame erwarten?

Die alte Dame hatte von diesem Spott keine Notiz genommen. Sie wußte, Charles, der seinem Vater eine so großartige Reverenz erwiesen hatte, hätte es gern gehabt, daß sie nach chinesischer Sitte tiefe Trauer einhielt. Charles nach mehr als fünfzig Jahren zu verlieren, war ein schwerer Schlag für sie gewesen, um so verheerender, als er unerwartet kam. Zu spät hatte sie erkannt, daß Hongkong ihre wahre Heimat und die Chinesen ihr Volk geworden waren. Ihre Abhängigkeit von Charles war ihr so selbstverständlich gewesen, daß sie sich über deren volles Ausmaß bis zu seinem Tod gar nicht klargeworden war.

Ihre neue Zusammenarbeit mit Albert war kräftigend wie ein Zaubertrank. Aber einstweilen hatte sie nicht die Absicht, sich von Albert oder dem Tod vom Thron des Hauses Sekloong verstoßen zu lassen. Sie genoß ihre Rückkehr ins Geschäft zu sehr.

Auch die Entwicklung des neuen Dramas auf der chinesischen Bühne hätte sie gern noch erlebt. Die Erfolge der Regierung der Volksrepublik hatte ihre Hoffnung wiedererweckt, daß es die Chinesen schließlich doch noch lernen könnten, sich selbst zu regieren. Die doktrinäre Skrupellosigkeit der Kommunistischen Partei, die viel Leid hervorgerufen hatte, billigte sie nicht. Doch hoffte sie, daß China, zum erstenmal seit mehr als hundertfünfzig Jahren unter einer starken Regierung geeint, auf dem Weg zur Stabilität – wenn auch nicht zur Prosperität – und zu einer gerechteren Verteilung der Güter sei.

James Sekloong hätte bitter gelächelt über den Optimismus seiner Mutter, wenn sie miteinander in Verbindung gestanden hätten. Seine Beurteilung der Verhältnisse in China war weit weniger günstig als die seiner Mutter, die er für hoffnungslos reaktionär hielt. Allerdings dachte er selten an seine Familie, und wenn, dann empfand er sie als etwas peinlich. Nachdem er einen Vorhang des Schweigens zwischen sich und den Sekloongs gezogen hatte, ergriff James weitere Vorsichtsmaßnahmen. Als die Behörden in Schanghai sich Gedanken darüber machten, welches enteignete Herrenhaus am besten geeignet sei als Rehabilitationszentrum für die Prostituierten der Stadt, hatte James die Villa seines Stiefonkels Gregory mit sechsunddreißig Zimmern in der ehemaligen französischen Konzession vorgeschlagen. Die Partei, das wußte er, hatte gebührend davon Kenntnis genommen, daß er sich von bürgerlichen Familienbindungen emanzipiert hatte.

Mit fünfzig war er am 2. Juni 1957 zum General und stellvertretenden Kommandeur des mehrere Provinzen umfassenden Pekinger Militärbezirks und der Pekinger Garnison befördert worden. Dennoch war der Mann, der sich Schih Ai-kuo nannte, beunruhigt. Seine Ansicht über die Lage in der Volksrepublik China, in der er lebte, stand im Gegensatz zu dem vorsichtigen Optimismus seiner Mutter. Seine Stimmung war düster, als er am Osteingang der monumentalen Großen Halle des Volkes am Platz des himmlischen Friedens aus seinem russischen Zis-Wagen ausstieg.

Die Ehrenwache mit weißen Handschuhen salutierte mit schimmernden Gewehren und aufgepflanzten Bajonetten. Die Leute waren nach ihrer Größe und ihrem guten Aussehen ausgesucht worden; ihre Uniformen saßen so tadellos, daß sie wie Schneiderpuppen aussahen. James' Uniform war eine Travestie revolutionärer Einfachheit. Fünf rote Sterne waren auf die Schulterstücke aufgestickt, und die Ärmel waren mit goldenen Litzen geschmückt. Die Schirmmütze mit dem emaillierten roten Stern tat seiner Stirn und seinem Sinn für Anstand weh. Ihm war die vernünftige weiche Stoffmütze lieber gewesen, die er getragen hatte, ehe die Kommission für militärische Angelegenheiten vor zwei Jahren die Volksbefreiungsarmee umorganisiert hatte: Zehn Volksmarschälle waren ernannt worden, unter ihnen sein alter Kommandeur Lin Piao; die Offiziere wurden jetzt scharf abgegrenzt von den Mannschaften und mußten protzige Uniformen im russischen Stil tragen wie Schauspieler in einer Wiener Operette.

Ehe er die Große Halle des Volkes betrat, blieb James Sekloong stehen und blickte über den vierzigtausend Quadratmeter großen Platz des himmlischen Friedens. Die weintraubenförmigen Kugellampen gingen gerade an, aber rund jede fünfte blieb dunkel. In der Mitte des Platzes stand ein Obelisk aus weißem Marmor, das Denkmal für die Helden des Volkes, das die Respektlosen heimlich «Die letzte Erektion des Vorsitzenden Mao» nannten. Das Museum der chinesischen Revolution am östlichen Rand des Platzes war ein Spiegelbild der Halle des Volkes. Dieselben schwungvollen Stufen führten zu einer Terrasse, deren gedrungene Säulen halb erdrückt schienen durch den schweren, pseudogriechischen Giebel. Die identischen neuen Gebäude ließen das vierhundert Jahre alte Tor des himmlischen Friedens am Nordrand des Platzes winzig erscheinen. Der grandiose Platz, doppelt so groß wie der Rote Platz in Moskau, war durch sechs Monate währende herkulische Arbeiten geschaffen worden. Er war eine Hymne in Marmor und Beton an die kommunistische Revolution – und an den dreiundsiebzigjährigen Mao

Tse-tung, den Vorsitzenden der Kommunistischen Partei und das Staatsoberhaupt der Volksrepublik.

Der puritanische James fand den Platz ebenso unerträglich anmaßend wie seine neue Uniform. Während der Vorsitzende das chinesisch-sowjetische Bündnis im Namen der revolutionären Reinheit fast untragbaren Belastungen aussetzte, übertraf er die Sowjets an Protzerei. Seine Propagandisten rühmten überdies die «Ära Mao Tse-tungs», genau wie früher die Kaiser ihre Regierungszeit mit ihren eigenen Namen bezeichneten. Aber der Vorsitzende begnügte sich nicht mit monumentaler Zurschaustellung und kriecherischer Schmeichelei. Er dünkte sich erhaben über die Verfasser der grundlegenden kommunistischen Texte – Marx, Engels und Lenin; und die Gedanken von Mao Tse-tung wurden gepriesen als «die höchste Entwicklung des kreativen Genius der Menschheit, der Gipfel des Marxismus-Leninismus».

Als ein Jahr zuvor auf dem XX. Kongreß der Kommunistischen Partei der Sowjetunion Nikita Sergejewitsch Chruschtschow, der Erste Sekretär des Zentralkomitees, den toten Diktator Josef Stalin anprangerte, hatte er den «Personenkult» verurteilt. Dieser Kult war in der Volksrepublik China wiedererstanden. Das überwältigende Selbstvertrauen des Vorsitzenden Mao grenzte, fürchtete James, an Größenwahn, während seine Halsstarrigkeit eine innere Krise heraufbeschwor. Diese Krise, nahm James an, war der Grund, warum ihn Ministerpräsident Tschou En-lai und der stellvertretende Vorsitzende Liu Schao-tschi kommen ließen; der erste war sein Lehrer in Marxismus gewesen, der zweite sein Chef im Untergrund und in der Neuen Vierten Armee.

James merkte plötzlich, daß er seit mehreren Minuten in Gedanken versunken zwischen den reglosen Wachtposten stand. Trotz der revolutionären Lehre von der Gleichheit aller war es nicht schicklich, daß ein General der Volksbefreiungsarmee sich in aller Öffentlichkeit Träumereien überließ. Seine Selbstvergessenheit könnte unbekömmliche Spekulationen fördern. Er erwiderte die Ehrenbezeigung der Posten und ging in den durch zwei Stockwerke reichenden Empfangsraum in der Halle des Volkes. Prompt wurde er von einer Kette von Assistenten und Sekretären zu den beiden Männern geleitet, die China regierten, während der Vorsitzende über seinen Visionen brütete. Sie saßen auf grünen Polstersesseln neben einem niedrigen Tisch, auf dem zwischen Teetassen Akten herumlagen. Die Köpfe hatten sie verschwörerisch zusammengesteckt; der des Ministerpräsidenten war grau, der des Genossen Schao-tschi weiß.

«Ich bin entzückt, daß der Genosse General Schih Ai-kuo es endlich passend gefunden hat, zu uns zu kommen.» Der Sarkasmus des Ministerpräsidenten war beißend.

«Setzen Sie sich, Ai-kuo.» Genosse Schao-tschi tat James' Entschuldigungen mit einer Handbewegung ab. «Nehmen Sie Platz. Wir brauchen Ihren Rat.»

«Der stellvertretende Vorsitzende und ich sprechen über gewisse Probleme, Genosse General.» Die übertriebene Höflichkeit des Ministerpräsidenten zeigte, daß er sein Mißvergnügen nicht so leicht vergessen wollte. «Sie können uns helfen, indem Sie uns Ihre Eindrücke von den größeren Kampagnen seit der Befreiung wiedergeben.»

James schnürte sich die Kehle zusammen. Er wußte, daß seine beiden Vorgesetzten ihm Wohlwollen entgegenbrachten, sie hatten ihr Vertrauen bewiesen, indem sie ihn baten, an ihrer Beratung teilzunehmen. Dennoch hatte er Angst. Die allzu zwanglose Frage war auch allzu einfach. Ein jüngerer Politkommissar hätte diese Frage jungen Rekruten stellen können.

«Ausführlich?» sondierte er vorsichtig. «Es ist eine lange Geschichte.»

«So ausführlich, wie Sie wollen», erwiderte Tschou En-lai.

«Genosse Ministerpräsident», begann James ganz mechanisch, «es hat fünf größere Kampagnen seit der Befreiung gegeben, und jetzt unternehmen wir die sechste. Die Bodenreform gab den Bauern Land und liquidierte die Großgrundbesitzer. Die Kampagne der drei Antis korrigierte Mißstände innerhalb der Partei, nachdem unser Sieg die Kader neuen Versuchungen ausgesetzt hatte. Die Kampagne der fünf Antis eliminierte die städtische Bourgeoisie und bereitete die totale Verstaatlichung der Privatunternehmen vor. Die Kampagne zur kooperativen Zusammenfassung konsolidierte die leistungsschwachen bäuerlichen Kleinbetriebe für die Mechanisierung der Landwirtschaft. Die *Su-fan*-Bewegung rottete irrige Tendenzen, die nach den drei Antis in der Partei noch vorherrschten, aus. Jetzt zeigt die Bewegung ‹Laßt hundert Blumen blühen› das Vertrauen der Partei und testet frühere Kampagnen, indem sie die Massen zu offener Kritik an unserem Regime auffordert.»

«Gut», sagte der Ministerpräsident. «Sehr gut für einen Mittelschüler. General, das habe ich nicht gemeint. Wir brauchen keine Wiedergabe eines ideologischen Leitfadens. Wir wollen die ehrliche Meinung eines Mannes hören, der der Parteizentrale nahesteht, aber nicht in der Zentrale sitzt. Wir brauchen eine Beurteilung . . .»

«Ai-kuo, unser Problem ist leicht darzulegen, aber schwer zu lösen», unterbrach Genosse Schao-tschi. «Wir bemühen uns, den grundlegenden Charakter der chinesischen Gesellschaft und die Denkweise der Massen zu reformieren. Gelingt es uns?»

«Sprechen Sie ganz offen, Ai-kuo.» Das Mißvergnügen des Ministerpräsidenten legte sich allmählich. «Wir drei sind allein, und niemand lauscht. Dafür habe ich gesorgt.»

James überlegte sich seine Antwort, während er eine Zigarette aus einer roten Packung der Sorte Tor des himmlischen Friedens nahm. Sein Ausdruck verriet seine Überlegung nicht: Die Genossen Tschou En-lai und Liu Schao-tschi, das wußte er, würden ihre Zeit nicht damit verschwenden, einem Mann eine listige Falle zu stellen, der ihnen seit Jahrzehnten treu gedient hatte. Da sie wußten, daß er kein Narr war, mußte er absolut aufrichtig sein.

«Ich bitte meine leichtfertige Antwort zu entschuldigen.» Sein Ton war gleichmütig. «Aber ausweichendes Verhalten wird bei uns zur Gewohnheit . . .»

«Da haben wir's», sagte Genosse Schao-tschi zu Tschou En-lai. «Ganz meine Meinung.»

«Und auch meine Meinung, wenn auch bei meinem normal ausweichenden Verhalten nicht zum Ausdruck gebracht.» Der Ministerpräsident lächelte über seinen gewundenen Humor. «Auch meine Meinung.»

«Nein, Genossen», sagte James, «es gelingt uns nicht. Wir bemühen uns sehr, aber es gelingt uns nicht wirklich. Wir haben uns geirrt, als wir glaubten, das chinesische Volk sei formbar wie Töpferton. Wir haben viel Energie verschwendet und zu viele tüchtige Leute geopfert und damit nur die äußere Form der chinesischen Gesellschaft geändert. Die Denkweise des Volkes haben wir nicht wirklich verändert. Es ist immer noch reaktionär und feudalgesinnt. Schlimmer noch, es liebt uns nicht mehr.»

«Ihr Beweis?» fragte Tschou, wie er es in den Unterrichtsräumen der Akademie Whampoa getan hatte. «Auf welcher objektiven Grundlage beruhen Ihre Eindrücke?»

«Es sind nicht nur *meine* Eindrücke.» James drehte sich fast der Magen um. Dieses Gespräch konnte unmöglich gut ausgehen; entweder würde er sich selbst des irrigen Denkens überführen oder sich durch seine eigenen Worte eine unangenehme Aufgabe einhandeln. «Viele Berichte gelangen auf meinen Schreibtisch. Die Leute reden offen. Warum sollten sie auch nicht? Die Partei hat sie aufgefordert, sich auszusprechen.»

«Sie würden es nicht tun», warf Genosse Schao-tschi ein, «wenn sie etwas Verstand hätten.»

«Dann sollten wir uns vermutlich freuen», antwortete James, «daß sie nicht viel Verstand haben. Die Hundert-Blumen-Bewegung zeigt uns wenigstens, wo wir stehen.»

«Und wo stehen wir?» fragte der Ministerpräsident.

«Bis zum Hals in Kuhmist, und der Fluß steigt, wie die Bauern sagen. Tausend Stimmen haben unser Regime verurteilt – viele tausend, einschließlich aller nichtkommunistischen Minister und Professoren. Aber es gibt Schlimmeres als die Kritik von bourgeoisen Intellektuellen. Haben Sie gehört, was die Studentin von der Universität Peking sagte? Oder kennen Sie die Hetzrede des jungen Bauernkaders an der Volksuniversität?»

«Ich habe mir schon gedacht, daß die Rede auf sie käme.» Genosse Schao-tschi blätterte in den Akten auf dem Tisch. «Ich habe die Berichte hier; Sie haben sie wohl noch nicht gesehen?»

Der Ministerpräsident schüttelte den Kopf.

«Lassen Sie es mich rasch vorlesen und Ihren Speer von Ai-kuo ablenken», bot Genosse Schao-tschi an. «Hier ist es: Wang Hsiao-na, einundzwanzig, Studentin der Universität Peking, mit dreizehn in die Rote Armee eingetreten. Hielt vor drei Tagen eine Ansprache an Kommilitonen. Erklärte, es sei ein schwerer Fehler von ihr gewesen, daß sie ihr Leben lang die Partei unterstützt habe. Verlangte, das ganze kommunistische System müsse in Stücke gerissen werden . . . und dann sagte sie, sie sei bereit, ins Gefängnis zu gehen.»

«Tapferes Mädchen», bemerkte Tschou En-lai trocken. «Da wird sie auch hinkommen. Und der andere?»

«Wu Wei-ming, zweiundzwanzig, rein bäuerlicher Abstammung, Aktivist an der Volksuniversität. Seine Bemerkungen verdienen es, direkt zitiert zu werden: ‹Die Partei sieht sich einer sehr gefährlichen Krise gegenüber. Wenn Schweinefleisch überhaupt nicht zu haben ist und der Gemüsepreis in einem Jahr um sechshundert Prozent stieg, dann ist es schwierig, die Massen mit denselben alten Lügen zum Narren zu halten, daß der Lebensstandard sich unglaublich verbessere. Unglaublich, in der Tat! Das Volk verliert jedes Zutrauen zur Kommunistischen Partei. Die Leute sagen, es sei alles viel schlimmer als unter den Nationalisten. Die Partei hat sich völlig vom Volk getrennt. Wichtiger noch: Die Massen trennen sich von der Partei. Die Partei wird bald zusammenbrechen . . .›»

«Sehr wortgewandt», bemerkte der Ministerpräsident. «Aber Wortgewandtheit wird ihm dort nicht viel nützen, wo er hinkommt.»

«Und die letzte Bemerkung des jungen Wu», fuhr Genosse Schaotschi fort: «‹Die Partei kann natürlich Maschinengewehre einsetzen, um

Unruhen zu unterdrücken. Aber sie sollte daran denken, daß Maschinengewehre oft gegen diejenigen gerichtet werden, die sie zuerst eingesetzt haben.»»

«Wir haben nicht viele Möglichkeiten, oder?»

James nickte zustimmend auf die rhetorische Frage des Ministerpräsidenten.

«Und die Armee? Der Befehlsbereich Peking?» wollte Genosse Schao-tschi wissen. «Können Sie sich für ihre Loyalität verbürgen?»

«Wenn wir bald handeln, ja», antwortete James. «Später nicht unbedingt. Wenn wir zu lange warten, sagen wir sechs Monate, überhaupt nicht.»

«Dann sind wir uns einig», sagte Tschou En-lai zu dem stellvertretenden Vorsitzenden. «Schluß mit der Koalitionsregierung. Den falschen Schein beseitigen. Scharf gegen die Dissidenten vorgehen.»

«Eine außenpolitische Ablenkung wäre wichtig», gab Genosse Schao-tschi zu bedenken. «Wie kann der Vorsitzende sonst seine Politik umstellen?»

«Taiwan wieder?» schlug James vor.

«Zwecklos», fand der Ministerpräsident. «Wer glaubt schon, daß wir Taiwan nehmen können? Außerdem können wir keinen Krieg mit den Amerikanern zusätzlich zu unseren Schwierigkeiten mit den verdammten Russen gebrauchen.»

«Quemoy», warf Genosse Schao-tschi ein. «Quemoy und Matsu sind längst zur Befreiung fällig.»

«Ja, das könnte gehen», gab Tschou En-lai zu. «Militärisch sicher machbar. Also denken wir über Quemoy und Matsu nach. Aber was werden die Amerikaner tun?»

«Gut, Ai-kuo», sagte Genosse Schao-tschi. «Gehen Sie lieber wieder in Ihr Büro. Ich will nicht, daß ganz Peking über eine lange Konferenz klatscht. Wir werden bald wieder mit Ihnen sprechen.»

Auf dem Rückweg durch die Marmorkorridore erwiderte der General die Grüße von einer Unmenge Beamten – und stellte fest, das einzige, was in der Großen Halle des Volkes fehlte, war das chinesische Volk. Widerstrebend hieß er die Entscheidung seiner Vorgesetzten gut. Handeln war notwendig, und Not kannte kein Gebot. Es konnte keine Gnade geben für diejenigen, die versuchten, das Rad der Geschichte zurückzudrehen. Aber warum, fragte er sich bedrückt, war 1957 die gewaltsame Unterdrückung notwendig? Noch vor einem Jahr hatte die Partei geglaubt, die Massen und die Intellektuellen hätten sich der Revolution ganz verschrieben.

Der streng geheime Bericht mit dem Titel *Bewertung der Situation der Kommunisten, März 1958*, war vom Nachrichtendienst des Verteidigungsministeriums der Nationalen Republik China zusammengestellt worden. Jüngere, westlich eingestellte Beamte lächelten über den blumig-archaischen Stil, während ältere, traditionsbewußte Beamte beifällig nickten. Aber alle freuten sich über den objektiven Bericht über die Zustände auf dem von den Kommunisten beherrschten Festland. Pekings Entschluß, gegen Dissidenten scharf vorzugehen, hatte Widerstand beim Volk und Verzweiflung innerhalb der Kommunistischen Partei hervorgerufen. Nationalistische Generale schüttelten ihre Apathie ab, und Stabsoffiziere überprüften ihre Pläne, «das Festland zurückzuerobern». Der Zusammenstoß zwischen dem chinesischen Volk und seinen kommunistischen Beherrschern könnte die Gelegenheit bieten, auf die Generalissimus Tschiang Kai-scheks Armeen warteten.

> *Ku yin min chih pu kan ming, min hsin jih li!* (Die *Bewertung* begann mit einem klassischen Zitat.) Da das Volk das jetzige Mandat des Himmels nicht ertragen kann, werden seine Herzen ihm täglich mehr entfremdet. Wie die Amerikaner sich ausdrücken würden: Die Flitterwochen des Volkes mit den kommunistischen Banditen sind vorbei. *Yi chieh yu wei fa, meng huan pao ying.* Alle großen Versprechungen sind schließlich als Illusionen erkannt worden, als Schatten von Luftblasen. Die Kommunisten schwatzen mit acht Zungen in sieben Mündern, während das Volk sich zur Rache rüstet . . .

General Thomas Sekloong, wieder in Gnaden aufgenommen als erster militärischer Berater des Präsidenten Tschiang Kai-schek, überflog den blumigen Bericht. Die *Monatliche Bewertung* war eine nüchterne Einschätzung, ganz anders als die öffentliche Propaganda, die in erster Linie der Bevölkerung von Taiwan Sand in die Augen streuen sollte, in zweiter Linie den im Ausland noch vorhandenen Fürsprechern der Nationalisten und drittens vor allem dem Kongreß und der Regierung der Vereinigten Staaten von Amerika, die durch den Korea-Krieg zu Taipehs standhaftesten Freunden geworden waren. Thomas wußte, daß viele einflußreiche Amerikaner die Nationalisten ihrem Schicksal überlassen wollten. Er suchte in der *Bewertung* nach unumstößlichen Beweisen für ernste Schwierigkeiten auf dem kommunistisch regierten Festland, die die Untergrabung der amerikanischen Unterstützung vielleicht aufhalten könnten.

... Mehr als hundert Generale wurden aufs Land geschickt, um durch Arbeit zu lernen [las Thomas], darunter Schih Ai-kuo, «Stellvertretender Kommandeur» des Militärbereichs und der Garnison Peiping. General Schih, ein Helfershelfer der Banditen Tschou En-lai und Liu Schao-tschi, die diese Maßnahmen verfügten, um die sogenannte Befreiungsarmee unter Kontrolle zu bringen, kehrte nach nur zwei Wochen zurück. Aber viele höhere Kommandeure sind seit Monaten nicht auf ihren Posten.

Das «Laßt hundert Blumen blühen» wurde im vorigen Sommer (1957) plötzlich widerrufen. Der «Vorsitzende» der Banditen, Mao Tse-tung, erklärte, er habe zu freier Meinungsäußerung aufgerufen, um «Konterrevolutionäre und Volksfeinde» dazu zu verlocken, sich zu erkennen zu geben. Außerdem habe er gewollt, daß «Myriaden Blumen blühen und alle geistigen Richtungen sich aussprechen, damit man duftende Blumen von giftigen Unkräutern, die unbarmherzig ausgerottet werden müssen, unterscheiden kann». Jetzt wütet eine neue Bewegung gegen Rechtsoppositionelle (Beginn Herbst 1957). Zehn Millionen Intellektuelle, leitende Funktionäre und Techniker sind aufs Land geschickt worden, um «von den Bauern zu lernen».

Der trügerische Schein einer «Koalitionsregierung» ist aufgegeben worden; die Macht wird jetzt ausschließlich von der Kommunistischen Partei ausgeübt. Das Regime ist in Unruhe wegen der weitverbreiteten, erbitterten Opposition. Weder die Massen noch die Intellektuellen glauben jetzt noch an die Versprechungen der Kommunisten und an ihre Fähigkeit zu regieren. Höhere Banditenführer sind uneins. Die Situation wird für uns immer günstiger.

Die «pragmatische Splittergruppe» von Tschou En-lai und Liu Schao-tschi ist entsetzt über die extremistisch «linke Splittergruppe» von Mao Tse-tung. Enttäuscht über den langsamen Fortschritt in Richtung «Sozialismus» hat die «linke Splittergruppe» einen neuen Schlachtruf angestimmt: «Röte geht über Sachverstand.» Viele Kader, behaupten die «Linken», seien wie «Radieschen, außen rot und innen weiß». Echte Rote, behaupten die «Linken», können Experten werden, während «bourgeoise» Experten niemals Rote werden können.

Eine neue «Kampagne», viel größer an Ausmaß, Intensität und Kühnheit als irgendeine frühere Kampagne, ist geplant. Ihr genauer Charakter ist unbekannt, aber die Extremisten drängen darauf, die Gesellschaft völlig umzumodeln und gleichzeitig die landwirtschaftliche und industrielle Produktion zu steigern. Da diese Umwälzung eine akute Krise der inneren Sicherheit hervorrufen wird, mag es sein, daß

eine außenpolitische Ablenkung für notwendig gehalten wird. Indes ist die allgemeine Lage für unsere Sache höchst günstig.
Prognose: Wir sehen erneute Gefahren für uns voraus. Taiwan ist unbesiegbar, da Luftwaffe und Marine der Banditen es mit unseren Streitkräften nicht aufnehmen können – auch ohne amerikanische Unterstützung. Ein Angriff auf die küstennahen Inseln Quemoy und Matsu wäre jedoch durchführbar. Da Quemoy von kommunistisch-usurpiertem Territorium umgeben ist, erscheint es verletzlich, und wir raten der Garnison von Quemoy, besonders wachsam zu sein. Diplomatische Probleme mögen auch entstehen. Die küstennahen Inseln liegen *nicht* im «Gebiet von Taiwan», das die Amerikaner garantieren, als sie uns 1955 zwangen, andere küstennahe Inseln zu räumen.
Empfehlung: (A) Die inneren Wirren bei den kommunistischen Banditen ausnützen durch Intensivierung unserer Propaganda im Ausland; ferner dadurch, daß die Amerikaner in Situationen hineingelockt werden, in denen sie direkt in Gefechte verwickelt werden; und durch Verstärkung unserer Agenten/Guerilla-Tätigkeit auf dem Festland. (B) Verstärkung der Garnisonen von Quemoy und Matsu gegen möglichen Angriff. (C) Vorbereitung zum Einrücken in Küstenprovinzen gegenüber Taiwan, wenn sich die Gelegenheit ergibt.

Thomas Sekloong nahm die Lesebrille ab, legte sie neben das Aktenstück und zündete sich eine Zigarette aus einem blauen Päckchen mit der nationalistischen weißen Sonne über den goldenen Flügeln der Luftwaffe an. «Die beste Waffengattung» nannten sich die Flieger in Nachäffung der Prahlerei ihrer amerikanischen Ausbilder. Wie auch immer, die besten Zigaretten hatten sie zweifellos. Der General lehnte sich auf seinem Drehstuhl zurück und dachte über die *Bewertung* nach.

In seinem Eifer hatte der Nachrichtendienst seine Zuständigkeit überschritten. Ihm oblag es, Informationen vom Festland zu sammeln und abzuwägen, nicht aber, Empfehlungen für eine allgemeine Strategie auszusprechen. Es war nur natürlich, daß der Nachrichtenchef Informationen hervorhob, die dem Generalissimus gefallen würden; sein Übergriff diesmal war geradezu eine indirekte Bestätigung der *Bewertung*. General Tscheng Kai-ming wäre in dem nationalistischen Labyrinth bürokratischer Intrige nicht alt geworden, wenn er unter Überschreitung seiner Zuständigkeit solche Behauptungen aufstellte, ohne seiner Sache völlig sicher zu sein.

Thomas schrieb rasch ein paar Worte auf seinen Notizblock. General Tscheng Kai-ming gab seine Quellen nie preis, denn er war überzeugt, daß Dutzende von kommunistischen Agenten in das nationalistische Verteidigungsministerium eingedrungen seien. Widerstrebend kam Thomas zu dem Schluß, er müsse den Nachrichtenchef über seine Quellen ausquetschen. Diese *Bewertung* war zu entscheidend, als daß er sie ohne volle Bestätigung dem Generalissimus hätte vorlegen wollen. Wenn General Tscheng Kai-ming recht hatte, dann könnten die Umwälzungen auf dem kommunistisch beherrschten Festland die Gelegenheit zu einem erfolgreichen Gegenangriff bieten, auf die die Nationalisten seit neun Jahren warteten.

Über den asphaltierten Platz vor dem monumentalen Gebäude aus rotem Backstein, das die Japaner errichtet hatten, als sie Taiwan beherrschten, schallten abgehackte Kommandos. Der «Präsidentenmarsch» übertönte das Stampfen der Stiefel der Ehrenwache. Durch das Fenster sah Thomas den siebzigjährigen Generalissimus munter zwischen den silberbehelmten Soldaten zu seinem grünen Cadillac gehen. Der salutierenden Ehrenwache dankte Tschiang Kai-schek mit einer ruckartigen Handbewegung. Thomas lächelte liebevoll, denn die Ehrfurcht vor seinem Chef war mit Zuneigung vermengt.

Mit der weißen Sonne am Stander fuhr der grüne Cadillac hinaus in den Dunst, der zwischen den niedrigen, mit glasierten Ziegeln gedeckten Gebäuden von Taipeh hing. Der Rauch von Tausenden von Holzfeuern vermischte sich mit dem kühlen Nebel, der auf der schäbigen Stadt lag. Thomas wünschte, er wäre wieder in Nanking; da war das Wetter zwar auch nicht viel besser, aber irgendwie schien es wenigstens besser. Er unterdrückte den Gedanken. Das starke Heimweh nach China, das ihn und seine Kollegen tagtäglich überfiel, war möglicherweise gefährlich. Zwar bestärkte es sie in ihrem Entschluß, das Festland wieder zu erobern, aber es konnte auch dazu führen, daß sie die Lage zu optimistisch beurteilten, und das würde sich ebenso verhängnisvoll auswirken wie Verzweiflung. Thomas nahm sich noch einmal vor, General Tscheng Kai-ming aufzufordern, seine *Bewertung* zu erhärten.

Thomas Sekloong blickte auf die graue, gesichtslose Stadt hinunter und schauderte unwillkürlich. Trotz der Bemühungen der Nationalisten, ein Abbild von Schanghai oder Nanking zu schaffen, war Taipeh immer noch eine langweilige Provinzstadt, der man die fünfzigjährige japanische Besatzung ansah. Er freute sich schon darauf, in sein kleines Haus am Grass Mountain zu fahren, wo die Luft reiner war.

Ein schwarzer Cadillac kam die Auffahrt zum Ministerium herauf. Die amerikanische Flagge am Stander erinnerte Thomas daran, daß seine

Tagesarbeit noch keineswegs beendet war. Er hatte seine Verabredung mit dem amerikanischen Botschafter und stellvertretenden Leiter der Abteilung Fernost im amerikanischen Außenministerium, Spencer Taylor Smith, dem Mann seiner Nichte Blanche, vergessen. Er verzog das Gesicht und läutete nach seinem Burschen. Reichliche Mengen Whisky und Eis waren nötig, wenn man Amerikaner empfing.

Er hätte, dachte er bei sich, die Verabredung wohl nicht vergessen, wenn ihm der blasierte, gutaussehende Diplomat, der vor fünf Jahren Guineveres Tochter geheiratet hatte, persönlich sympathisch wäre oder er ihn beruflich schätzte. Wenigstens würde das Essen im «Shin Yi», Taipehs bestem Szetschuan-Restaurant, gut sein. Er gab dort ein Diner für Botschafter Smith und eine Reihe chinesischer und amerikanischer Offiziere. Unter ihnen war der Generalmajor, der die amerikanische Beratergruppe für militärischen Beistand leitete. Der Botschafter war einigermaßen amüsant, und seinen Kommilitonen von Whampoa, den stellvertretenden Kommandeur der Garnison Quemoy, hatte er seit mehreren Monaten nicht gesehen.

Plötzlich kam ihm ein ausgefallener Gedanke, und ohne ihn zu sehen, starrte er seinen stramm stehenden Burschen an. Ja, es könnte nützlich sein, *sehr* nützlich – wenn er Spencer Taylor Smith dazu überreden konnte.

Zwei Tage später saß General Thomas Sekloong fröstelnd auf dem Segeltuch-Klappsitz in der ungeheizten Kabine einer C-46 Commando mit Tarnanstrich. Sein angeheirateter Neffe, der Botschafter, in funkelnagelneuen grünen Drillichhosen und einer zu großen Feldjacke, wirkte noch recht verschlafen. Das Dröhnen der Pratt-Whitney-Motoren machte in dem nicht isolierten Rumpf jede zusammenhängende Unterhaltung unmöglich, aber um fünf Uhr früh war auch niemand zum Plaudern aufgelegt.

Die hinter Taiwans zentralem Gebirgszug aufgehende Sonne vergoldete die Flügel des Flugzeugs und durchflutete den Nebel, der die Berggipfel verhüllte. Sie waren um drei Uhr morgens am Flughafen Sungshan gewesen und hätten um 3 Uhr 30 starten sollen, die Luftwaffe hatte die C-46 schließlich um vier Uhr zum Abheben gebracht. Offenbar litten alle Militärpiloten an derselben konstitutionellen Unfähigkeit, pünktlich zu starten, genau wie sie alle das letzte aus ihren Maschinen herausholten, sobald sie in der Luft waren. Aber es bestand auch Grund zur Eile, wenn die Commando sie in Quemoy absetzen und wieder starten sollte, ehe es ganz hell wurde. Die nationalistische Luftwaffe konnte nicht eine Meile von den kommunistischen Geschützstellungen entfernt ein Flugzeug am Boden stehen lassen.

Die Commando legte sich stark nach rechts, und in Thomas' Ohren knackte es, als sie an Höhe verlor. Er lächelte Spencer Taylor Smith zu und ahmte mit der Hand die Bewegung des Flugzeugs nach. Er hatte ihm vor dem Start erklärt, daß sie eine Strecke von zweihundertfünfzig Meilen zurücklegen würden, obwohl die direkte Route von Taipeh nach Quemoy in westsüdwestlicher Richtung nicht mehr als hundertachtzig Meilen betrug. Nachdem die Commando direkt nach Süden geflogen war bis Taitschung auf Taiwan, drehte sie nach Westen ab und ging bei dem Flug über die Pescadores-Inseln und die Straße von Formosa auf zweihundert Fuß hinunter. Die nationalistische Luftwaffe verachtete zwar das Radar der Kommunisten, und schnellere DC-6 flogen, um Agenten abzusetzen, tief nach China hinein, manche sogar bis in die zweitausendfünfhundert Meilen entfernte Provinz Sinkiang – aber ein vorsichtiger Anflug unterhalb des Radar-Peilstrahls des stark befestigten Hafens Amoy, und ehe es hell wurde, war ratsamer.

«Wie von einem Hundemaul, das nach einem Knochen schnappt, wird Quemoy von Amoy umgeben», hatte Thomas seine Unterrichtung mit dem obligatorischen Scherz beendet. «Aber die Kommunisten können es nicht schlucken. Der Knochen würde ihnen im Hals stecken bleiben.»

Über die Straße von Formosa hinweg raste die Commando mit der Morgendämmerung um die Wette. Die rosa Strahlen der Morgensonne erwischten gerade die gefleckte Tarnfarbe der Heckflosse, als Quemoy hellbraun auf dem grünen Meer vor ihnen aufschimmerte. Die Insel war ein flacher Klecks vor den schroffen grauen Bergen der Provinz Fukien, nirgends höher als fünfzig Meter, abgesehen von dem Berg Taiwuschan, der mit seinem kahlen Granitgipfel zweihundertfünfzig Meter über die Ebene hinausragte.

Die Commando ging beim Anflug so tief hinunter, daß Spencer Taylor Smith, als er durch das runde Seitenfenster hinaussah, glaubte, die weißen Schaumkronen der Wellen schlügen an den Rumpf. Die Maschine stieg wieder, um über die Bodenwelle hinter dem Strand hinwegzukommen, und setzte dann auf der geteerten Behelfslandebahn auf, die mit flachen Granattrichtern übersät war. Die Maschine machte zweimal einen Satz, ehe die Räder griffen. Smith wartete darauf, daß das Flugzeug zum Stehen käme. Aber Thomas drängte ihn zur Tür; dort stand ein Mechaniker im blauen Overall vor der zerbeulten Aluminiumwand des Flugzeugs.

Der Mechaniker riß die Tür auf, als das Spornrad die Erde berührte. Seine erhobene Hand gebot ihnen zu warten. Als die Geschwindigkeit nur noch zehn Stundenkilometer betrug, winkte er sie heran. Zehn Sekunden später zeigte seine Hand auf die Tür.

«Springen!» schrie Thomas. «Springen und rollen!»

Der beleibte Diplomat gehorchte, obwohl Thomas bei seinen Erklärungen vor dem Flug absichtlich das Aussteigeverfahren ausgelassen hatte. Smith kam hart auf, seine Beine bewegten sich automatisch. Er stolperte und rollte über die Schulter, als Thomas' massiger Körper an ihm vorbeiflog.

Die Tür wurde zugeschlagen, die Motoren kamen auf Touren. Die Propeller blitzten im hellen Morgenlicht, als der Pilot die Maschine wendete und wieder startete. Neunzig Sekunden, nachdem ihre Räder auf der Landebahn aufgesetzt hatten, hob die Commando wieder ab. Als sie niedrig über die Bodenwelle hinwegflog, schleuderten die Einschläge von vier Granaten neben der Startbahn Sandfontänen hoch.

«Sie schießen um des Effekts willen – des psychologischen Effekts», beruhigte Thomas seinen angeheirateten Neffen. «Das soll uns vor allem nervös machen.»

Spencer Taylor Smith war erschüttert und entrüstet – wie Thomas es beabsichtigt hatte. Zwar war er im Zweiten Weltkrieg Hauptmann der Infanterie gewesen, doch war er nie den gleichzeitigen Gefahren von Artilleriebeschuß und der Landung in einer schweren Transportmaschine auf einer kurzen Behelfsrollbahn ausgesetzt gewesen. Seine Selbstachtung hatte schwereren Schaden davongetragen als seine Schulter, aber er verbarg seinen Verdruß. Es würde ihn in eine ungünstige Lage bringen, wenn er die dramatische Landung nicht als nur geringfügige Abweichung vom Normalen abtat. Er spürte, daß Thomas es darauf anlegte, seine Nerven zu strapazieren, vermutlich, um dadurch einen bestimmten Vorteil zu erzielen.

Spencer Taylor Smith hatte Thomas' Vorschlag begrüßt, Quemoy zu besuchen. Ein stellvertretender Abteilungsleiter konnte sich eine Eskapade erlauben, die undenkbar gewesen wäre, wenn er einen auch nur um eine einzige Stufe höheren Rang in der Hierarchie des Außenministeriums innegehabt hätte. Es würde nützlich sein, Quemoy gesehen zu haben, wenn die Insel, wie Thomas voraussagte, das Zentrum eines internationalen Sturms würde. Er hatte es nicht für notwendig gehalten, Thomas zu sagen, daß auch in den Berichten, die Washington von seinem Nachrichtendienst erhalten hatte, von «verstärktem Druck» auf Quemoy die Rede gewesen war.

«Ein bißchen kitzlig, diese Landung, General», scherzte der Amerikaner. «Was lassen Sie sich für wirklich wichtige Besucher einfallen?»

«Bloß Routine, Spencer. Und nennen Sie mich doch Tom. General ist zu förmlich, und bei Onkel Thomas würde ich mir zu alt vorkommen.»

Die Erwiderung überrumpelte den Amerikaner. Wir Nationalisten, hatte Thomas damit angedeutet, sind an Gefahren gewöhnt, denn sie stehen dem Feind an der Front gegenüber, während ihr in Washington in Sicherheit seid und mit unserem Schicksal jongliert. Er hatte auch an ihre Verwandtschaft erinnert und die ihm als dem Ranghöheren gebührende Achtung implizit gefordert und explizit bestritten. Außerdem hatte er darauf hingewiesen, daß Smith mit einundvierzig Jahren die Mitte hielt zwischen seinem dreiundfünfzigjährigen Onkel und seiner neunundzwanzigjährigen Frau.

Thomas Sekloong war ein beachtlicher Gegner, stellte Spencer Taylor Smith mit unfreiwilliger Bewunderung fest, als sie in einen Jeep kletterten. Allerdings hatte er eine seiner Karten gezeigt. Der amerikanische Diplomat wußte, daß der nationalistische General einen Handel mit ihm abschließen wollte. Aber auch er konnte verhalten spielen.

Obwohl er gewarnt worden war, daß die Nationalisten seinen «inoffiziellen» Besuch zu einer formellen Angelegenheit machen würden, war er doch ärgerlich, als er sah, daß eine Ehrenwache vor dem grün getarnten Eingang zum Hauptquartier der Garnison Quemoy angetreten war. Hörner schmetterten, Trommeln wirbelten und Blitzlichter flammten auf, als der kommandierende General sie begrüßte.

«Das müssen Sie den armen Kerlen verzeihen, Spencer», murmelte Thomas. «Sie sind entsetzlich isoliert und können es einfach nicht lassen, solch Theater um ihre seltenen Gäste zu machen. Und sie bewundern jeden, der sich in den Rachen des Löwen wagt, wenn er nicht muß.»

«Das sehe ich ein, Tom. Aber Sie werden daran denken, nicht wahr? Keine Publizität.»

«Natürlich, Spencer, natürlich.» Thomas war zufrieden, denn die Bitte seines Neffen zeigte, daß er beunruhigt war. «Die Presse glaubt, daß Sie sich den ganzen Tag mit dem Ministerpräsidenten und dem Außenminister beraten.»

Die Lagebesprechung in einem unterirdischen Vortragssaal, der dreihundert Personen Platz bot, ging routiniert vor sich, denn die Nationalisten hatten die theatralische Technik von ihren amerikanischen Beratern gelernt. Sogar der Akzent des schmucken jungen Majors, der mit dem Zeigestock auf der großen Landkarte umherfuhr, war amerikanisch.

Major Liu, flüsterte Thomas, habe das General Staff College in Fort Leavenworth absolviert.

«... suchten Zuflucht auf Quemoy ...» Spencer Taylor Smith, schläfrig nach dem frühen Aufstehen und dem anstrengenden Flug, hörte nur Bruchstücke des Vortrags des Majors. «... überquerten wir in Sampans und auf Flößen. Damals waren die Kommunisten bereit zum Angriff ... Alle Boote zerstört ... Versuchten auf Türen und Baumstämmen herüberzukommen. Wir schlugen den Angriff ab ... Fast zehn Jahre her ... Störangriffe, aber nicht imstande, Quemoy zu nehmen. Zeigt ihre Schwäche ... die nächste kommunistische Stellung ist ... Vorposten weniger als eine Viertelmeile entfernt ... Quemoy jetzt uneinnehmbar. Fünfzigtausend Mann in Garnison ... in Höhlen und Bunkern ... Relativ wohlhabende Bauern kümmern sich nicht um periodischen Beschuß ... Hauptproblem: Nachschubverbindungen zu Taiwan nicht völlig sicher ... Garnison wird bis zum letzten Mann kämpfen.»

Der Amerikaner siebte automatisch die bedeutungsvollen Körner aus der rhetorischen Spreu, aber er hatte das unbehagliche Gefühl, irgendein wichtiger Punkt sei ihm entgangen. Er durchforschte sein Gedächtnis während des langen Mittagessens mit den Toasts mit scharfem *pai-kar*, dem farblosen, hochprozentigen Schnaps, der aus Quemoys Hirse gebrannt wurde. Ihm war der aufschlußreiche Hinweis nicht eingefallen, als sie den Bunker des Hauptquartiers verließen, um die Insel zu inspizieren.

Quemoys Verteidigungsanlagen waren so eindrucksvoll wie die von nur irgendeinem amerikanischen Stützpunkt. Die Tarnnetze waren geschickt angeordnet, sie verbanden sich harmonisch mit dem sandigen Boden und der grünen Vegetation. Ihr Jeep war nur fünfzehn Meter davon entfernt, als Smith in den sandigen Hügeln eine Spalte mit einer Batterie von 105er-Haubitzen entdeckte. Bewaffnete Posten sprangen aus dem Boden wie Schachtelmännchen, und ganze Infanteriebataillone hockten in Höhlen in Alarmbereitschaft.

Taylor Smith zählte nicht mehr als vier kommunistische Granaten in der Stunde, aber jeder Schuß war zermürbend. Die kommunistischen Batterien waren ja weniger als eine Meile entfernt. Und zwischen den Explosionen war die Insel so still, daß er die Lerchen singen hörte. Er hatte Angst kennengelernt bei der unerwarteten Explosion von Artilleriegeschossen. Aber bis zu diesem Tag hatte er nie das Abfeuern eines feindlichen Geschützes gehört, dann das Rumpeln des Geschosses beim Flug und schließlich das Krachen des Aufschlags. Bei jedem Schuß zuckte er zusammen und hatte das Gefühl, alle Granaten zielten nur auf ihn.

«Jetzt weiß ich», sagte er zu Thomas, «wie einer Blechente in einer Schießbude zumute ist.»

«Ein ruhiger Tag trotz des Säbelgerassels», antwortete der General. «Die Kommunisten gehen mit ihrer Munition sparsam um.»

Als sie auf den Taiwuschan hinaufstiegen, die einzige Höhe auf Quemoy, hielten sie an einem Obelisken an, der in der eigenen Kalligraphie des Generalissimus die Garnison pries. Auf der Beobachtungsplattform deutete Thomas gewissermaßen voll Besitzerstolz auf die kommunistischen Stellungen. Durch einen starken Feldstecher auf Dreibeinstativ sah Taylor Smith die kommunistischen Kanoniere neben ihren Splitterschutzwänden auf der Halbinsel Amoy herumlungern, die den größten Hafen zwischen Schanghai und Hongkong schützte.

«Mir scheint», sagte er zu Thomas, und es war wie eine Fangfrage, «da gibt es eine Menge friedlicher Koexistenz.»

«Auf beiden Seiten», erwiderte der nationalistische General. «Unsere Artillerie könnte Amoy für die ganze Schiffahrt sperren. Aber auch wir halten uns zurück.»

«Irgendwie habe ich nicht das Gefühl, daß eine Krise im Anzug ist», beharrte der Amerikaner.

Statt einer Antwort winkte Thomas einen Stabsoffizier mit einer Karte in einer Plastikhülle heran, auf der mit Rotstift eingetragene Kästchen die kommunistischen Artilleriestellungen bezeichneten. Der Stabsoffizier stellte das Fernglas ein, damit der Amerikaner die wirklichen Geschützrohre sehen konnte, die auf der Karte von den Kästchen dargestellt wurden.

«Alle diese Batterien, die Sie jetzt sehen, sind in den letzten drei Wochen in Stellung gebracht worden», sagte Thomas. «Sie schaffen dauernd Munition und Verstärkungen heran. Luftaufklärung und Agentenberichte bestätigen die Konzentration.»

«Würden Sie sagen, die jetzige Ruhe sei eine Sinnestäuschung?»

«Es ist die Stille vor dem Sturm», antwortete Thomas. «Sie übertreffen uns bereits an Feuerkraft. Das ist besorgniserregend.»

«Besorgniserregend? Ich dachte, Sie wären zuversichtlich?»

«Wir sind zuversichtlich – abgesehen von einem Umstand.»

Der Botschafter schwieg und wartete darauf, daß der General ihm offenbarte, warum er ihn nach Quemoy gelockt hatte.

«Diese Insel kann unendlich lange standhalten, sogar gegen einen Angriff aus der Luft», sagte Thomas. «Unsere Luftwaffe beherrscht den Himmel. Aber unsere Marine ist klein, und unter uns gesagt, nicht gerade erstklassig. Ich bin *nicht* zuversichtlich, daß wir den Nachschub an Munition und Lebensmitteln aufrechterhalten können.»

«Also?»

«Wir brauchen ein Übereinkommen, daß die amerikanische Marine den Nachschub sichern wird.»

«Und einen Krieg mit Peking riskiert? Kaum wahrscheinlich, Tom.»

«Spencer, angenommen, Quemoy fällt Peiping in die Hände.» Thomas betonte den alten Namen der Nationalisten für Peking. «Das wäre eine schwere politische Niederlage für die Amerikaner, in den Staaten wie auch im Ausland. Wenn sich herausstellte, daß amerikanische Versprechungen nicht gehalten werden, würden alle Asiaten den Mut verlieren. Und viele Amerikaner würden energisch protestieren.»

«Ich verstehe, was Sie meinen, aber ich bin nicht für Innenpolitik zuständig.»

«Sie können doch die politische Seite nicht außer acht lassen! Eisenhower würde wie ein regelrechter Narr aussehen, wenn die Kommunisten Quemoy nähmen, weil er einen Verbündeten im Stich ließ, Versprechungen nicht hielt.»

«Sie wissen ganz genau, daß Quemoy ausdrücklich ausgenommen ist von dem Taiwan-Gebiet, dessen Verteidigung wir garantiert haben.»

«Und würde diese feine Unterscheidung Amerikas Glaubwürdigkeit oder die amerikanischen Interessen bewahren? Denken Sie an Korea. Dean Acheson hatte Korea ausdrücklich von Ihrem Verteidigungsbereich ausgenommen, und was ist geschehen?»

«So einfach ist das nicht; aber ich will mich Ihrer Argumentation einmal anschließen.» Der Botschafter opferte diesen Punkt wie ein Schachspieler einen Bauern. «Rein hypothetisch . . . Sie verstehen, ich bin nicht befugt, Verpflichtungen einzugehen, nicht einmal offiziell Möglichkeiten zu diskutieren. Aber was würden Sie im Zweifelsfall brauchen?»

«Nicht mehr als ein *Übereinkommen*, sagen wir, daß wir amerikanische Marine-Unterstützung für den Nachschub erhalten. Natürlich nur, wenn es unbedingt nötig ist.»

«Es könnte möglich sein», gab Taylor Smith zu. «Aber die öffentliche Meinung in den Staaten ist zweischneidig. Eine Menge Amerikaner würden Zeter und Mordio schreien, wenn unsere Marine Ihre Operationen aktiv unterstützte, selbst wenn wir keinen Schuß abgäben.»

«Die amerikanischen Schiffe brauchten nicht zu schießen», antwortete Thomas. «Die Kommunisten würden in diesem Stadium nicht wagen, sie herauszufordern. Sie sind noch nicht so weit, daß sie es wieder mit den USA aufnehmen können.»

«Das ist *Ihre* Beurteilung der feindlichen Absichten. Sie stützt sich nicht auf nachrichtendienstliche Erkenntnisse, sondern ist Wunschdenken.»

«Vielleicht, aber Sie haben sich zweifellos auch Ihr eigenes Urteil gebildet und . . .»

«Ich will ganz offen sein, Tom. Unsere Beurteilung ist nicht so optimistisch wie Ihre. Wir halten es für möglich, daß die Kommunisten nichts gegen unsere Schiffe unternehmen. Aber das Risiko ist zu groß.»

«Hypothetisch gesprochen, könnte es allerdings trotzdem sein, daß Sie es riskieren? Ist meine Vermutung richtig?»

«Sie haben mich in die Enge getrieben», lachte Taylor Smith. «Ganz inoffiziell, das *könnte* Washingtons Ansicht sein, wenn unsere Leute ebenfalls der Meinung wären, daß es uns schaden würde, wenn Sie Quemoy verlieren. Aber wir brauchen etwas, um unsere Opposition im Land zu beschwichtigen, die sehr lautstarke Gruppe von Amerikanern, die gegen jede Hilfe für Ihre Regierung ist.»

«Welche Gegenleistung erwarten Sie von uns?»

«Eine eindeutige Verpflichtung. Eine öffentliche Erklärung, daß Ihre Regierung darauf verzichtet, Gewalt anzuwenden, um das Festland zurückzuerobern.»

Thomas zuckte zusammen. Der Amerikaner hatte ihn in seiner eigenen Falle gefangen.

«Das ist unmöglich», protestierte er automatisch. «Sie verlangen, daß wir unser nationales Ziel aufgeben. Wir möchten lieber unser Glück versuchen.»

«Wenn Quemoy fiele, würde Ihr nationales Ziel, das Festland zurückzuerobern, verdammt wertlos aussehen. Wie auch immer, ich sagte, auf *Gewalt* verzichten. Politische Mittel und Wege könnten immer noch angewandt werden. Sie könnten Ihre Entschlossenheit von neuem bekräftigen, das chinesische Festland mit politischen Mitteln zu befreien.»

«Die politische Macht kommt aus den Gewehrläufen», zitierte Thomas Mao Tse-tung.

«Keine Gewehre, keine Macht», erwiderte Smith. «Keine Geschützstellungen auf Quemoy, keine Macht, das Festland wieder zu nehmen. Es ist zweischneidig. Sehen Sie, Tom, wir tun unser Bestes! Wir drängen nicht auf Rückzug von Quemoy, sondern nur . . .»

«Unmöglich, absolut unmöglich», unterbrach ihn Thomas. «Wir haben uns schon von zu vielen küstennahen Inseln zurückgezogen. Wir können nicht ...»

«Das weiß ich, und wir wollen auch nicht, daß Sie sich von Quemoy zurückziehen. Daher dieser Vorschlag, hypothetisch natürlich. Wir verlangen nicht das Unmögliche, nur eine Verpflichtung, daß das Festland nicht angegriffen wird. Später könnten gewisse Umstände natürlich die Lage ändern. Aber ohne öffentlichen Gewaltverzicht haben Sie, was uns betrifft, überhaupt keine Aussicht. Und dann könnte Quemoy fallen.»

«Ich werde mich erkundigen, Spencer. Inoffiziell natürlich.»

«Ich werde mich auch erkundigen, Tom. Hypothetisch natürlich.»

Der Chinese und der Amerikaner plauderten über belanglose Dinge, während sie ihren Rundgang fortsetzten, aber Thomas war wütend. Der chinesische General fand es gräßlich, bei den reichen Amerikanern zu betteln. Aber die Amerikaner hatten die Macht, und sein Generalissimus brauchte ihre Macht dringend. Er verfiel in Schweigen, als der Jeep sie zum Behelfsflughafen zurückbrachte.

In der subtropischen Dämmerung glitt ein schwarzer Fleck über die Wellen der Straße von Formosa, und die kommunistischen Batterien legten ein Sperrfeuer aus allen Rohren. Als platzende Granaten die Landebahn mit Sand überschütteten, wurden der chinesische General und der amerikanische Diplomat von ihrer Begleitung schleunigst in ein Schützenloch gebracht.

«Sieht jetzt nicht so friedlich aus, nicht wahr?» schrie Thomas. «Das Flugzeug wird nicht halten. Wir steigen ein, während es rollt – langsam, hoffe ich.»

Kurz bevor die Commando aufsetzte, kletterten sie in den Jeep und rasten zur Rollbahn. Die beiden Männer sprangen ab und machten einen Satz auf die kleine Aluminiumleiter zu, die von der offenen Tür der rollenden Maschine herabhing. Dabei zerrte sich Spencer Taylor Smith beide Arme, seine Hände rutschten von dem glatten Metall ab. Ein stämmiger Mechaniker zog ihn an Bord. Keuchend lag er auf dem verschrammten Boden, als die Commando abhob. Eine letzte Salve explodierte direkt hinter ihrem Heck.

«Könnten Sie dem Piloten sagen, wie dankbar wir sind?» überschrie der Amerikaner den Motorenlärm, nachdem er wieder Luft geschöpft und sich auf seinem Klappsitz angeschnallt hatte. «Ich sehe, es ist eine andere Crew, aber ich nehme an, der Pilot landet hier so oft, daß er es ganz routinemäßig macht.»

Fünf Minuten später kam Thomas Sekloong aus dem Cockpit zurück. Er grinste geheimnisvoll und schrie dann: «Der Pilot dankt für Ihr

Kompliment. Er sagt, er hat auch Angst gehabt. Keine Routine: Er ist seit zwei Jahren nicht auf Quemoy gewesen!»

«Ich weiß, es ist übertrieben. Genau wie dieser Pomp, aber in der falschen Richtung.» Der Verteidigungsminister der Volksrepublik klopfte auf den riesigen roten Stern eines Volksmarschalls auf seinem goldbestickten Schulterstück. «Es ist eine Rückzugsfanfare mit gedämpften Trommeln und Trompeten, mein Hauptquartier so weit aus der Stadt hinauszuverlegen.»

«Es ist eine Verschwendung von Zeit und Benzin, immer hin und zurück nach Peking zu fahren, *Ta Chiang.*» Ganz automatisch gebrauchte James Sekloong den Spitznamen des Ministers, «Großer General», eine Auszeichnung, die ihm Mao Tse-tung selbst verliehen hatte, ehe das Verhältnis zwischen dem Vorsitzenden und seinem besten General eisig wurde.

«Chin-tien ta chiang-lai, ming-tien mei chiang-lei!» Der Minister machte ein Wortspiel über *chiang*, das sowohl General als auch Zukunft bedeutet. «Heute eine große Zukunft, morgen keine Zukunft!»

James ging auf das Wortspiel nicht ein. Der Verteidigungsminister Peng Teh-huai, Mitglied des Politbüros der Kommunistischen Partei und ehemals Oberbefehlshaber der chinesischen Freiwilligen-Verbände in Korea, konnte Ende Juli 1958 über seinen Konflikt mit dem Vorsitzenden Mao noch scherzen. Aber für andere war es klüger, nicht darauf zu reagieren, selbst für einen General, der Mitglied des Zentralkomitees der Partei war. Mißtrauen und Angst lagen in Peking in der Luft wie ein Nebel über dem Gelben Fluß.

«Ich nehme an», wich James aus, «daß die Verlegung des Hauptquartiers zwölf Meilen von der Stadt entfernt die Sicherheit erhöht.»

«Hu-shuo pa-tao», lächelte der Minister. «Das ist Unsinn. Nationalistische Spione müssen hier im Hauptquartier postiert sein. Sie würden nicht in Peking von der Straße aus unsere geheimen Akten inspizieren. Das ganze Theater geht nur darum, daß kein Theater gemacht wird. Soviel falscher Schein heutzutage.»

«Die Zeiten ändern sich», bemerkte James vorsichtig. «Manchmal so schnell, daß ich nicht Schritt halten kann. Es war einfacher, als wir zusammen in Korea waren.»

«Nur zu wahr. Ich kann auch nicht Schritt halten. Aber ich habe Sie nicht zu einer philosophischen Diskussion hergebeten. Vielleicht ein andermal?»

Die Frage hing in der Luft. James wußte, daß der Minister Verbündete suchte für seine unvermeidliche Konfrontation mit dem Vorsitzenden Mao Tse-tung. Bis zu einem gewissen Grad stimmte er mit Peng Tehhuais Ansichten überein, und persönlich und beruflich bewunderte er den aufrechten Marschall. Aber James hatte sich schon auf den Ministerpräsidenten Tschou En-lai, den stellvertretenden Vorsitzenden Liu Schao-tschi – und auf seine Selbsterhaltung festgelegt.

«Wir können ein andermal über Philosophie reden», beendete der Minister das peinliche Schweigen. «Einstweilen möchte ich nationale Dispositionen mit Ihnen abstimmen.»

«Zu Befehl, Großer General.»

James antwortete mit der üblichen Floskel und sagte im stillen seiner eigenen Besonnenheit Dank. Keine militärische Notwendigkeit und nicht einmal kollegiale Höflichkeit zwangen den Verteidigungsminister, sich mit dem stellvertretenden Kommandeur des Militärbezirks Peking über den Einsatz der Befreiungsarmee zu beraten.

«Die Armee hat einen ungewöhnlichen Auftrag erhalten.» Die Stimme des Ministers klang verärgert. «Unser Befehl lautet, rechts, links und in der Mitte anzugreifen. Aber uns ist auch befohlen worden, von hinten anzugreifen.»

«Von hinten, Großer General?»

«Ja, im Hinterland. Der Aufmarsch gegen Quemoy ist beendet, das schwere Bombardement beginnt nächste Woche. Aber Quemoy ist in Wirklichkeit strategisches Hinterland.»

«Ich verstehe das nicht ganz.» Ehrliche Verblüffung gewann die Oberhand über James' Vorsicht. «Quemoy ist doch die Front!»

«Keineswegs. Um Nationalisten und Amerikaner auseinanderzubringen, sollten wir den Konflikt in Vietnam und Laos verstärken. Quemoy ist eine riskante Ablenkung, die eine amerikanische Vergeltung provozieren könnte.»

«Und die Frontalangriffe? Meinen Sie damit, Truppen sollen den ‹Großen Sprung nach vorn› und die Volkskommunen unterstützen?»

«Ja, und der Himmel steh uns bei! Es ist das erste Mal, daß die Befreiungsarmee einzig und allein dafür eingesetzt wird, den Widerstand des Volkes zu brechen – und noch dazu, ehe überhaupt Widerstand geleistet wird! Die *lao pai-hsing* werden uns die Volksunterdrükkungsarmee nennen, ehe dieser Wahnsinn endet.»

«Die Pläne sehen ehrgeizig aus.» James horchte den Minister bewußt aus. «Sind Sie deshalb besorgt?»

«Besorgt? Ich bin nicht besorgt, ich bin entsetzt! Das ist die totale nationale Mobilmachung zum nationalen Selbstmord. Der Große

Sprung nach vorn, Blödsinn! Die britische Industrie in fünf Jahren einholen und die amerikanische in fünfzehn. Zehn Millionen Mini-Hochöfen bauen, um die Stahlproduktion in einem Jahr zu vervierfachen. Hundert Millionen Mann einsetzen, um Dämme zu bauen, damit Wüsten und Sumpfland erblühen. Mehr Sklavenarbeit als unter den Feudalherren, das läßt den Ersten Kaiser wie einen gütigen Despoten aussehen. Alle örtlichen Verwaltungen durch fünfzigtausend Volkskommunen ersetzen. Jede Kommune landwirtschaftlich, industriell, kulturell, militärisch und kommerziell autark. Die Familie abschaffen ... Ehemänner und Ehefrauen in getrennten Wohnheimen unterbringen und ihnen die Kinder wegnehmen. Der Himmel erzittert, und die Erde bebt. Alles private Land und den ganzen Viehbestand beschlagnahmen. Alles kollektivieren und den Schlamassel eine Große Volkskommune nennen. Der Mann ist verrückt!»

«Aber, Großer General, es ist doch nicht nur *seine* Entscheidung.» James' Überlebenstrieb zwang ihn zu protestieren. «Die Parteizentrale hat es gebilligt, und die Theoretiker sagen, es sei möglich. Wie können wir ...»

«In diesem Raum gibt es keine Abhörvorrichtung», unterbrach ihn der Minister. «Und ich werde unser Gespräch nicht weitererzählen, was immer Sie auch tun. Manche Leute wagen es noch, ihre Meinung zu sagen.»

«Ich bin kein Denunziant», beteuerte James und griff reuig auf die traditionelle Höflichkeit zurück: «Ich bitte um Erleuchtung.»

«Es ist alles ein großer Schwindel! Ein Straßenhändler, der ein Universalmittel verhökert. Der arme Kerl kann nicht mal seine eigene Syphilis heilen. Aber verspricht allen anderen Wunder – und zwar ganz billig.»

Der Minister spuckte in den emaillierten Spucknapf neben seinem Schreibtisch.

«Den Kommunismus erreichen, indem man die Geisteshaltung des Menschen reformiert? Quatsch! Marx sagte, wahrer Kommunismus würde Jahrhunderte erfordern, nachdem – wohlgemerkt, *nachdem* – materieller Wohlstand geschaffen ist. Aber diese armseligen Zauberkünstler versprechen den wahren Kommunismus in ein paar Jahren.»

«Welche andere Möglichkeit besteht?» James wählte seine Worte bedachtsam.

«Wir können nur ihr Unterfangen unterstützen, nicht zu eifrig natürlich, bis es zusammenbricht», gab der Minister zu. «Dann werden wir die Stücke aufsammeln. Seien Sie besonders wachsam in Peking. Ich will keine Meuterei und keinen Staatsstreich.»

«Und die Russen?» erkundigte sich James. «Wo stehen sie?»

«Sie sind nicht glücklich. Ich liebe unsere sowjetischen Genossen nicht, aber ich habe sie ausgehorcht, wie Sie wissen. Sie haben geholfen, als wir Hilfe brauchten – zumindest bis zum vorigen Jahr. Jetzt wollen sie den technischen Beistand zur Herstellung unserer eigenen Atomwaffen nicht gewähren.»

«Aber sie haben es doch versprochen», warf James ein, «offiziell versprochen. Schriftlich.»

«Sie haben jetzt einen tadellosen Vorwand, ihr Versprechen nicht zu halten. Der alte Mao sei zu leichtfertig, sagen sie. Sie sind gegen das Quemoy-Unternehmen. Abenteurertum nennen sie es. Und sie weisen auf das hin, was auf der Hand liegt. Es ist möglich ... nur knapp möglich, daß wir Quemoy nehmen können, ohne die Amerikaner hereinzubringen. Aber wir können Taiwan nicht nehmen, ohne gegen die Amerikaner zu kämpfen – und Taiwan ist das eigentliche Ziel, nicht dieses lächerliche Inselchen vor der Küste. Daher macht Moskau nicht mit. Zum erstenmal soll sich das chinesisch-sowjetische Bündnis bewähren, seit wir in Korea für sie die Kastanien aus dem Feuer geholt haben – und schon sind wir isoliert.

«Und Moskau meint, daß der Vorsitzende auch im Inland leichtfertig ist?»

«Das stimmt doch! Er fordert die Russen direkt heraus, indem er behauptet, wir würden vor ihnen den wahren Kommunismus erreichen. Opium-Kommunismus nennen sie das. Erwarten Sie, daß er ihnen gefällt?»

«Ich kann ihren Standpunkt verstehen», räumte James ein. «Aber mir braucht er ja auch nicht zu gefallen.»

«Wem gefällt er schon? Mir bestimmt nicht. Aber er ist real. Und es ist Zeit, daß wir der Realität ins Auge sehen und aufhören, uns mit Visionen aus der Opiumpfeife zu benebeln. Aber wir können nur auf den Zusammenbruch warten. Dann wird jeder vernünftige Mann in der Partei die Stücke aufsammeln. Das ist meine Ansicht.»

James verabschiedete sich von dem Verteidigungsminister und berichtete dessen «Ansicht» getreulich dem Ministerpräsidenten. Tschou En-lai hörte sich die Warnungen vor einer Katastrophe ohne Kommentar an. Im Gegensatz zum Verteidigungsminister hielt er es für die erste Pflicht eines Staatsmannes zu überleben.

«Der Marschall mag recht haben oder auch nicht, was die Folgen betrifft», sagte er schließlich. «Bestimmt hat er recht in bezug auf die Wahl, vor der wir stehen. Im Augenblick können wir nichts tun als mitmachen.»

August, September und Oktober 1958 waren die grausamsten und turbulentesten Monate seit der Gründung der Volksrepublik China am 1. Oktober 1949. Der «Große Sprung» nach vorn und die Volkskommunen sollten China und das chinesische Volk verwandeln. Das von Karl Marx versprochene irdische Paradies des wahren Kommunismus sollte in einer Zeitspanne, die in der Historie nur ein Augenblick ist, erreicht werden, vielleicht in einem Jahr, gewiß in nicht mehr als fünf Jahren. Die Welt würde voll Ehrfurcht auf das chinesische Volk blicken, das unter der erleuchteten Führung des Vorsitzenden Mao Tse-tung eine neue Epoche des menschlichen Lebens auf Erden begann.

Zu Anfang teilten wenige von den Millionen chinesischer Kader die Skepsis des Ministerpräsidenten. Noch geringer war die Zahl derer, die wie der Verteidigungsminister glaubten, das heroische Unternehmen müsse mit einer Katastrophe enden. Die Kühnheit des Vorhabens und die apokalyptische Sprache, in die es gekleidet wurde, blendeten die Männer und Frauen, denen es oblag, die Vision des Vorsitzenden auf den Reisfeldern im Süden, auf den Weizenfeldern im Norden, in den eindrucksfähigen Gemütern von sechshundert Millionen Landsleuten in die Wirklichkeit umzusetzen.

James Sekloong staunte über die großartige Vision des Vorsitzenden. Unehrlichkeit und Zank, Habgier, Geiz und Neid, kurz, alle unedlen Triebe und Taten, sollten dadurch ausgerottet werden, daß die böse Gesellschaft, die sie erzeugt hatte, ausgerottet wurde.

Sogar die Natur sollte ihre Wildheit mildern und gnädig dem fleißigen Streben von Hunderten von Millionen Chinesen ihre Gunst schenken. Die mächtigen Flüsse sollten gefügige Diener werden, die Erde ihr Eisen zehn Millionen suchenden Händen überlassen, und in Millionen von Hinterhof-Hochöfen sollte das Erz in Stahl verwandelt werden. Selbst die Zeit sollte besiegt werden, wenn begeisterte menschliche Energie «die Arbeit von zwanzig Jahren in einem einzigen Tag» erledigte. Diese «völlig neue Basis für eine vollendete neue Gesellschaftsstruktur», die Volkskommune, sollte nicht nur die Familie ersetzen, sondern auch den einzelnen Menschen transzendieren. Er sollte idyllisch glücklich sein, aber nicht als selbständiger Organismus. Vielmehr sollte er in idyllischer kollektiver Glückseligkeit leben.

Fünfhundert Millionen Bauern sollten alles gemeinsam besitzen – ausgenommen vielleicht ihre Schuhe, die Hefte, in die sie politische Kernsprüche kritzelten, und ihre Zahnbürsten, falls sie welche hatten. Nicht einmal ein Stückchen Garten sollten sie besitzen dürfen, keine Haustiere, keine Kochtöpfe oder eigene Herde. Ihre Kleidung sollten sie aus zentralen Versorgungslagern erhalten, in öffentlichen Kantinen essen und in öffentlichen Badehäusern baden, kurzum, sie sollten vollendete «Produktionseinheiten» werden. Eltern sollten ihre Kinder weder erziehen noch versorgen dürfen, sie sollten Mündel der Kommune werden. Eltern und Kinder sollten sich von den «beschränkenden, selbstsüchtigen Banden der Kindesliebe» befreien; ihre ganze Liebe sollte dem Vaterland, der Kommunistischen Partei und dem Vorsitzenden Mao Tse-tung gehören.

Kein Chinese sollte auch nur einen Augenblick in sündhafter Muße verbringen. In «Hallen der verehrungswürdigen Freude» sollten Großmütter Körbe flechten und Besen binden, während Mütter und Töchter auf den Feldern und in Fabriken arbeiteten. Etwa jede fünfte Frau sollte häusliche Aufgaben übernehmen – sich um die Kinder kümmern, stopfen und flicken, saubermachen und Mahlzeiten bereiten. Mit dem Verschwinden der Familie sollten auch die Unterschiede zwischen den Geschlechtern im Schmelztiegel absoluter Gleichheit verschwinden. Frauen würden sich von Männern nur noch durch ihre Fortpflanzungsaufgaben unterscheiden. Männer sollten weder die Verantwortung für Frauen und Kinder übernehmen noch Gewalt über sie ausüben. Frauen sollten sich weder schön machen noch Männer auf taktvolle Weise beherrschen.

Eine absolut egalitäre Gesellschaft – absolut gesichtslos und absolut gefügig – sollte entstehen, wenn die Kommunen alle Unterschiede zwischen manueller und intellektueller Arbeit, zwischen Landwirtschaft und Industrie, zwischen Stadt und Land beseitigt hätten. Unter der Herrschaft der kommunistischen Priesterkönige würde das von der chinesischen Mythologie verheißene Goldene Zeitalter von neuem anbrechen.

Die Ermittlungsausschüsse der Volksbefreiungsarmee entdeckten eine ganz andere Wirklichkeit, als das Militär gegen Ende 1958 beauftragt wurde, «die Stücke aufzusammeln», wie der Verteidigungsminister vorausgesagt hatte. Die Kommunistische Partei hatte die Befreiungsarmee, das einzig übriggebliebene Machtinstrument, zu Hilfe holen müssen, als die Zivilverwaltung praktisch zusammenbrach, die Volkswirtschaft darniederlag und die *lao pai-hsing*, völlig überlastet und jämmerlich unterernährt, zu meutern begannen.

«Niemand wußte, was eine Volkskommune eigentlich war.» Ein eifriger sechzehnjähriger Schüler beschrieb James Sekloong, der die Untersuchung in Nordchina leitete, die Apotheose des Dorfes Sansung. «Aber es klang wunderbar. Wir sollten uns selbst regieren. Keine fremden Kader sollten uns sagen, was wir zu tun hatten. Jeder würde mehr zu essen und bessere Kleidung bekommen – alles kostenlos. Die Kommune würde alles herstellen, was wir brauchten – Hacken und Schaufeln, Körbe und Pflüge, Stoffe und Thermosflaschen, und auch Eisen und Stahl. Wir würden sogar selbst Soldaten sein – um das Land zu verteidigen und den Willen des Volkes durchzusetzen.»

James zündete sich noch eine Zigarette an und hörte in mißmutigem Schweigen zu.

«Es klang sehr schön, daß wir kostenlos in Kantinen essen konnten, aber keiner glaubte wirklich, daß wir uns *niemals* selbst etwas zu essen machen dürften oder daß alle Geselligkeiten und Feiertage verboten wären. Die Leute waren froh, daß für die Alten und Kinder gesorgt werden würde. Aber wer konnte glauben, daß Ehemänner und Ehefrauen voneinander und von ihren Kindern getrennt würden? Das paßte nicht zu den neuen Werbesprüchen der Kader: *Heute, in der Ära von Mao Tse-tung, ist der Himmel hier auf Erden! Die neue Ära des kollektiven, allmächtigen Menschen ist angebrochen!*»

Die Einwohner des Dorfes Sansung, fuhr der Schüler fort, stellten fest, daß die Kommune Großer Friede und Wohlstand ihnen nicht mehr zu essen, weniger Arbeit, ungebundene Freiheit brachte. «Wir mußten vierzehn bis achtzehn Stunden täglich arbeiten und bekamen nicht einmal genug zu essen. Sie versprachen uns vier Unzen Schweinefleisch im Monat, aber Eier oder auch nur Bohnenquark sahen wir nie. Unser ganzer Reis ging an die Kommune, ebenso unsere Hühner und Schweine. Wenn wir von unserem eigenen Reis eine Handvoll stahlen oder ein Ei versteckten, konnten wir es nicht kochen. Alle Töpfe und Pfannen waren uns bei der Sammelaktion von Eisen und Stahl abgenommen worden, um dem Vaterland zu helfen, der amerikanischen Aggression in Taiwan Widerstand zu leisten.»

Das Leiden des chinesischen Volkes im September 1958 blieb der Außenwelt verborgen. Beobachter in Hongkong wurden erst Mitte dieses Monats auf die Volkskommunen und den «Großen Sprung» nach vorn aufmerksam. Beide Bewegungen schienen damals nicht mehr zu sein als eine Fortsetzung der unablässigen Kampagnen, die die Volksrepublik seit ihrer Gründung erschüttert hatten. Das schwere Artilleriebombardement von Quemoy und Pekings lauthals verkündete Drohung, zuerst die küstennahe Insel und dann Taiwan selbst zu «befreien», lenkten das chinesische Volk selbst nicht von seinem Martyrium ab. Doch diejenigen, die China von draußen «beobachteten», weil sie das Land selbst nicht betreten durften, wurden von dem Kanonendonner und dem Propagandageschrei abgelenkt. Außerdem betäubte die Kühnheit des neuen Vorhabens des Vorsitzenden ihr Wahrnehmungsvermögen. Ebenso wie die *lao pai-hsing* konnten die «China-Beobachter» nicht wirklich glauben, daß Mao Tse-tung entschlossen sei, durch die rücksichtslose Ausbeutung des größten Reichtums der Nation, des chinesischen Volkes, ein völlig neues China zu schaffen.

Dewey Miller, der *Newsweek*-Korrespondent in Hongkong, erkannte intuitiv, daß die beiden «Bewegungen» aus dem Rahmen fielen. Fasziniert hatte er die nüchternen Berichte der Kommunisten über ihre visionären Ziele gelesen, aber zu seinem Bedauern die notwendige sorgfältige Analyse der höchst ungewöhnlichen Verlautbarungen aus Peking verschieben müssen. New York verlangte eine ausführliche Berichterstattung über die sich zuspitzende Quemoy-Krise, denn eine direkte amerikanische Beteiligung konnte zu einem Konflikt mit Peking und womöglich mit Moskau führen. Gottergeben bestieg Miller eine DC-6 von General Claire Chennaults Civil Air Transport nach Taipeh und quartierte sich dann im Friends of China Club ein. Der Club bot den ausländischen Pressevertretern zwar nur minimalen Komfort, aber er war zentral gelegen, genau gegenüber von dem roten Backsteingebäude, in dem die Kanzlei des Präsidenten und das Verteidigungsministerium untergebracht waren, und die Telefone im Club funktionierten so gut wie nur irgendwelche auf der Insel. Und außerdem konnte man dort immer chinesische Beamte und ausländische Diplomaten treffen.

Der beleibte Amerikaner mit dem dunklen, von Silberfäden durchzogenen Haar und den braunen, über dicken Tränensäcken traurig blikkenden Augen saß in der mit Kokospalmwedeln dekorierten Bar. Er nahm keine Notiz von den Gesprächen seiner Kollegen in acht Sprachen, sondern teilte seine Aufmerksamkeit zwischen seinem dritten Martini vor dem Mittagessen und der Suche nach einem neuen Aufhänger für die Krise, über die schon allzuviel berichtet worden war. Dem grünäugigen Oberst von der Fremdenpolizei, der an der Bar saß, schenkte er nur einen gelangweilten Blick; dieser nationalistische Wachhund patrouillierte den Friends of China Club ständig. Miller stand auf, als eine kräftige Gestalt in gelbbrauner Uniform mit vier goldenen Sternen eintrat.

«General Sekloong», sagte er. «Ich hatte gehofft, Sie hier zu sehen. Ihre Mutter bat mich, Ihnen Grüße auszurichten.»

«Sehr freundlich von Ihnen, Mr. Miller.»

Thomas Sekloong verbarg seine Verärgerung, daß er ausgerechnet einen der wenigen ausländischen Korrespondenten traf, die er respektierte. Man mußte mit Korrespondenten reden, denn ihre Berichte konnten Unterstützung im Ausland bewirken. Doch hätte er es vorgezogen, mit einem anderen Journalisten zu reden. Millers Fragen waren zu tiefschürfend, denn seit Tschungking war er allen nationalistischen Erklärungen gegenüber skeptisch.

«Immer noch in der Gegend, wie ich sehe, Mr. Miller», fügte Thomas in scherzhaftem Ton hinzu. «Ich dachte, Sie hätten uns verlassen. Mittlerweile müssen Sie ein alter China-Hase sein.»

«Ich vermute, alte China-Hasen verlassen die Gegend nie, General. Sie schwinden nur irgendwann mal dahin ... Vielleicht erwerben wir durch Osmose eine Art chinesische Zähigkeit und Widerstandskraft.»

«Diese Eigenschaften billigen Sie uns zu?»

«Natürlich, General. Sonst hätten die Nationalisten schon längst aufgegeben. Sie zum Beispiel hätten es bestimmt behaglicher in New York oder Hongkong. Ich bewundere Ihren Optimismus. Ich wünschte, ich könnte ihn teilen.»

«Und haben Sie das Paradies gesehen, das die Kommunisten, wie sie behaupten, auf dem Festland geschaffen haben?»

«Noch nicht», grinste Miller. «Es wird noch eine Weile dauern. Das amerikanische Außenministerium hat schließlich gesagt, wir dürften, aber Peking will uns nicht haben.»

«Wie seltsam», stichelte Thomas. «*Wir* heißen Sie willkommen.»

Sie fochten eine halbe Stunde miteinander. Miller versuchte dem Adjutanten des Generalissimus präzise Auskünfte zu entlocken; Thomas war entschlossen, nichts preiszugeben und dabei äußerliche Herzlichkeit zu wahren. Dann fiel ihm ein, daß Miller sich als nützlich erweisen konnte. Die Amerikaner wollten die bevorstehende größere Operation verschleiern, aber den Interessen der Nationalisten wäre durch volle Publizität besser gedient.

«Mr. Miller, darf ich Ihnen einen Tip geben?» fragte Thomas. «Die ‹Helena› läuft heute abend Kilung an und fährt morgen weiter. Ihre Reise könnte interessant sein.»

Zwei Tage später stampfte die ‹Helena›, das Flaggschiff der Siebenten Flotte, in Begleitung von zwei Zerstörern durch die stürmische Straße von Formosa. Als am 8. September 1958 die Morgendämmerung hereinbrach, war die Besatzung schon seit Stunden wach, und Dewey Miller auch. Er hatte es fertiggebracht, an Bord des schweren Kreuzers zu kommen, letztlich durch die Fürsprache seines alten Bekannten, des

Chefs der Siebenten Flotte. Die Weigerung des Kapitäns, den Korrespondenten an Bord zu nehmen, war durch Vizeadmiral Wallace Beakleys Machtwort gegenstandslos geworden.

«Er ist hier, und er weiß, daß etwas im Gange ist», hatte der Flottenchef erklärt. «Lassen Sie ihn mitfahren.»

Der kleine Admiral war ein liebenswürdiger Gastgeber bei den Martinis gewesen, die nach den Dienstvorschriften der Marine verboten waren. Obwohl er am nächsten Morgen kritische Entscheidungen würde treffen müssen, schien er der sorgloseste Mann auf dem Kreuzer zu sein. Beakleys Stabschef regte sich über den Operationsplan auf und stellte Vermutungen über die katastrophalen Folgen an, falls der Plan schiefgehen sollte. Aber der Mann, dem Präsident Dwight D. Eisenhower die letzte Entscheidung – und die letzte Verantwortung – übertragen hatte, besprach in seiner mahagonigetäfelten Kabine in aller Ruhe seine eigenen Erwartungen mit Dewey Miller.

«Wir sorgen nur dafür, daß Quemoy Nachschub bekommt», erklärte Beakley. «Die nationalistische Marine kommt gegen die kommunistische Artillerie und ihre Luftangriffe nicht an, so daß die Vorräte der Garnison knapp werden. Die ‹Helena› wird außerhalb der Zwölf-Meilen-Zone bleiben, die wir *nicht* anerkennen. Die Zerstörer werden den nationalistischen Landungsbooten Geleitschutz bis zur Drei-Meilen-Zone vor Quemoy geben, *die* wir anerkennen. Zufälligerweise sind drei Meilen vor Quemoy genau zwölf Meilen vor der kommunistischen Küste. Eine einfache Operation.»

«Sehr einfach, Admiral», erwiderte Miller. «Bloß Routine, nicht wahr? Und keine Verstärkung?»

«Nun ja», lächelte Beakley, «zwei Flugzeugträger liegen vor der Ostküste von Taiwan. Sie brauchen Seeraum. Ich will nicht, daß sie in der schmalen Formosastraße in der Falle sitzen, wenn etwas passiert.»

«Haben Sie Atomwaffen an Bord? Werden Sie sie einsetzen?»

«Na, hören Sie mal, Dewey, Sie wissen doch, daß Sie mich danach nicht fragen dürfen. Ich kann Ihnen nur folgendes sagen: wir haben alle möglichen Waffen in unserem Arsenal, und wir werden die Waffen einsetzen, die der taktischen Situation angemessen sind.»

«Aber es ist eine strategische Entscheidung, nicht wahr?» beharrte Miller. «Wenn die Kommunisten uns angreifen und wir Atomwaffen einsetzen, dann könnten die Russen ins Spiel kommen.»

«Könnten sie», gab Beakley zu. «Gehen Sie einfach davon aus, daß wir den Druck ausüben, der angebracht ist – und nicht mehr. Und nun verschwinden Sie und lassen mich ein bißchen schlafen.»

Bewacht von einem Posten vor der Tür seiner Kabine, schlief Beakley gut. Außer ihm taten das nicht viele an Bord der ‹Helena›. Dewey Miller wanderte auf dem Kreuzer herum und unterhielt sich bis drei Uhr morgens mit Offizieren und Matrosen, ehe er sich in seine stickige Kabine zurückzog. Um fünf Uhr war er auf der Brücke, als die schroffen Berge der Provinz Fukien über dem Morgennebel sichtbar wurden.

Die ‹Helena› schlingerte stark bei achterlichem Wind, und die kabbelige See warf ihre elftausend Tonnen hin und her. Der Kreuzer manövrierte präzise, geleitet von den hellgrünen Bildern auf seinen Radarschirmen. Neben ihm ließen flache graue Landungsschiffe ihre Landungsboote zu Wasser. Als sich der kleine Konvoi durch die schwere See nach Quemoy, dem Klecks am Horizont, aufmachte, wurde er von den Zerstörern begleitet. Durch seinen Feldstecher sah Dewey Miller die sandgesprenkelten, schwärzlichgrauen Explosionen des kommunistischen Sperrfeuers. Der Gipfel Taiwuschan wurde ab und zu beleuchtet von in der Luft platzenden Granaten, die dreißig Meter über dem Boden explodierten und wie rote Chrysanthemen aussahen. Fontänen spritzten auf: Granaten, die vor den Landungsbooten explodierten.

Aus dem Lautsprecher quäkte es metallisch: «Die Landungsboote haben Schwierigkeiten. Zu hoher Seegang, sie können nicht mit voller Kraft fahren. Artillerie-Sperrfeuer an der Küste.»

«Sagen Sie ihnen, sie sollen langsamer fahren», befahl der Admiral, «es hat keinen Zweck, daß sie versuchen, so schnell zu fahren, daß sie dabei kentern.»

«Landungsboot drei giert», tönte es aus dem Lautsprecher. «Es kommt vom Kurs ab.»

«Langsamer», befahl der Admiral. «Ich wiederhole: langsamer.»

«Nationalistische *Combat Air Patrol* in der Luft», meldete der Flugabwehroffizier von seinem Platz am Steilwinkel-Radar. «Sechsunddreißig Maschinen kreisen.»

«Gut», meinte der Admiral. «Obwohl es mir lieber wäre, wenn unsere eigenen Flugzeuge CAP flögen.»

«Landungsboote zwei Meilen vor der Küste», quäkte der Sprechfunk. «Sperrfeuer läßt nach . . . eingestellt.»

«Vielleicht schrecken wir sie ab.» Beakley erlaubte sich ein dünnes Lächeln.

«Zwölf Maschinen lösen sich von nationalistischem CAP», meldete der Flugabwehroffizier. «Fliegen südwestlich in Richtung Swatow.»

«Sagen Sie den Idioten, sie sollen zurückkommen», fauchte der Admiral.

«Kein Kontakt, Sir», meldete der Luftabwehroffizier nach drei Minuten. «Sie bestätigen unsere Signale nicht.»

«Die kleinen Schweinehunde wollen das Schicksal herausfordern», sagte der Stabschef nervös. «Sie wissen verdammt genau, daß sie über uns sein sollen.»

«Ich habe unbekannte Flugzeuge auf dem Radarschirm», meldete der Luftabwehroffizier. «Zweiundzwanzig . . . vierundzwanzig . . . zweiunddreißig unbekannte Flugzeuge. Kurs Nordost, geschätzte Geschwindigkeit achthundertdreißig Stundenkilometer, Entfernung hundertsechzig Meilen. Sie sind auf einem Abfangflug. Geschätzte Ankunftszeit zwanzig Minuten.»

«Die ‹Midway› soll zwei Staffeln Jäger losschicken. Sie sollen über den Pescadores kreisen. Bomber sollen Waffen laden und Triebwerke anlassen.»

Zweihundertzwanzig Meilen entfernt, wurde der Fünfzigtausend-Tonnen-Flugzeugträger ‹Midway› von den Strahlen der Morgensonne vergoldet, ebenso wie die Klippen an Taiwans Ostküste. Die Dampfkatapultanlage hämmerte und schleuderte jede Minute drei Düsenjäger in die Luft. Vierundzwanzig Jäger rasten über Taiwans Berge zu ihrem Treffpunkt über den Pescadores-Inseln, fünfundachtzig Meilen östlich von Quemoy. Sie könnten in neun Minuten an Ort und Stelle sein, wenn der Admiral ihnen befehlen würde, die kommunistische Luftwaffe anzugreifen. Mit heulenden Triebwerken standen die schwereren Bomber über den Flugdeckfahrstühlen, die leichte Atombomben aus dem Special Weapons Room tief im Bauch der ‹Midway› heraufholten.

«Nationalistische CAP greifen unbekannte Flugzeuge an», meldete der Flugabwehroffizier. «Sie drängen die Feindmaschinen in Richtung auf unsere Position, drehen ab und ziehen Leine.»

«Verdammt noch mal», fluchte der Stabschef. «Sie wollen . . . sie wollen wirklich einen Zwischenfall!»

«Fertig machen zum Katapultieren der Bomber», befahl Beakley. «Unsere Jäger sollen zehn Meilen östlich unserer Position kreisen.»

«Feuer von der Küste wieder verstärkt», erklang es blechern aus dem Sprechfunk. «Schießen sich auf Zerstörer ein.»

Beakley starrte durch sein Fernglas auf den sandigen Fleck Quemoy, der von Wasserfontänen halb verhüllt wurde. Die kantigen Landungsboote tanzten auf den Wellen. Die begleitenden Zerstörer fuhren an der unsichtbaren Barriere der Drei-Meilen-Zone entlang, ihre Geschützrohre zielten über Quemoy hinweg auf die kommunistischen Batterien.

«Nationalistische CAP kommen zurück», meldete der Luftabwehroffizier. «Sie haben vier Feindflugzeuge abgeschossen. Die übrigen sind noch im Anflug.»

«Bringen Sie unsere Jäger auf fünf Meilen heran», sagte Beakley.

«Feindliches Artilleriefeuer läßt nach», quäkte der Sprechfunk. «Landungsboote nähern sich der Küste.»

«Erstes Landungsboot landet jetzt», berichtete der Sprechfunk.

«Wir haben sie kleingekriegt», triumphierte der Admiral und ließ zum erstenmal eine Gefühlsregung erkennen. «Es ist alles vorbei.»

«Zweites Landungsboot am Ufer», tönte der Sprechfunk.

«Unbekannte Flugzeuge verschwinden von meinem Schirm», meldete der Flugabwehroffizier.

Der Stabschef nahm die Mütze ab und fuhr sich mit einem blauen Taschentuch über die Stirn. Ein Melder bahnte sich respektvoll den Weg durch die Schar der Offiziere. Er reichte dem Admiral sein Klemmbrett; der überflog das Papier darauf und gab das Brett ohne Kommentar an Miller weiter.

> dringend comsevfleet persoenlich [las Miller]. tass berichtet sowjetpremier chruschtschow sagte in moskau sowjetunion wuerde volksrepublik china auf grund gegenseitigem beistandspakt zu hilfe kommen wenn wiederhole wenn china opfer von aggression wiederhole aggression wuerde. artikel endet. generalissimus tschiang kai-schek vereinbarte im prinzip mit secstate dulles er wuerde bald oeffentliche erklaerung ueber gewaltverzicht bei wiedereroberung festland abgeben. ende der meldung.

«Der zweite Punkt ist vertraulich, Dewey», sagte der Admiral. «Aber beide sehen gut aus. Wir haben keinen Schuß abgegeben, aber Chruschtschow hält sich raus aus dem Schlamassel – und der Gimo macht uns endlich die Zusage, die wir haben wollen.»

«Hätten Sie die Bombe eingesetzt, wenn sie uns angegriffen hätten?» fragte Miller.

«Ach, Dewey», antwortete der Admiral bedächtig, «ich weiß es wirklich nicht. Aber die Entscheidung lag bei mir.»

Ungeachtet der Marinevorschriften setzte Dewey Miller einen Flachmann mit Cognac an die Lippen. Er wußte, daß er fast den Beginn des Dritten Weltkriegs erlebt hätte. Wenn sich die kommunistischen Kampfflugzeuge nicht zurückgezogen hätten, nachdem Peking verständigt worden war, daß Moskau den Angriff auf Quemoy nicht unterstützen würde, hätte alles passieren können. Der Vorsitzende Mao Tse-tung war um den allgemeinen Krieg gekommen, den er hatte haben wollen, und sein schmähliches Zurückweichen würde ihm im eigenen Land nicht guttun.

Die möglichen langfristigen Folgen der Geschehnisse dieses Morgens waren faszinierend. Dieser Tag könnte sich als ein epochaler Wendepunkt erweisen. Washington hatte den nationalistischen Chinesen die Hände gebunden, und Moskau hatte dasselbe mit den kommunistischen Chinesen getan, um das heikle Gleichgewicht des Weltfriedens zu erhalten. Die Beziehungen zwischen Washington und Moskau könnten sich daher erheblich verbessern.

Überdies würde Peking seine eigene Strategie überdenken, nachdem Nikita Chruschtschow seine Verpflichtungen dem Vorsitzenden Mao gegenüber öffentlich auf so demütigende Weise bestritten hatte. Die amerikanische Entschlossenheit war durch den Geleitschutz der Siebenten Flotte für die nationalistischen Landungsboote demonstriert worden, während die amerikanische Zurückhaltung dadurch demonstriert werden würde, daß der Generalissimus öffentlich auf Gewaltanwendung gegen das chinesische Festland verzichten mußte. Peking hatte seinerseits von einer direkten Konfrontation mit den Vereinigten Staaten Abstand genommen, indem es sein Artilleriesperrfeuer einstellte und seine Kampfflugzeuge zurückzog. Mit der Zeit könnten die Ereignisse dieses Morgens zu einer Versöhnung zwischen der Volksrepublik China und den Vereinigten Staaten von Amerika führen, die sich seit dem Korea-Krieg spinnefeind waren. Aber diese Zeit war noch fern.

Dewey Miller fand zwar, daß der Streit entschieden sei, aber seine Redaktion wünschte, daß er auf Taiwan blieb, während Peking eine schauspielerische Leistung vollbrachte, um das Gesicht zu wahren. Die Befreiungsarmee bombardierte Quemoy noch mehrere Wochen und duellierte sich mit der nationalistischen Artillerie. Aber die sorgsam gehortete Munition für die Batterien der Küstenartillerie der Provinz Fukien, die aus erbeuteten amerikanischen und gekauften sowjetischen Geschützen bestanden, reichte nicht für eine längere Belagerung, nicht einmal für eine Scheinbelagerung. Am 25. Oktober 1958 gab Peking die Pattsituation zu, indem es verkündete, Quemoy werde von jetzt an nur noch jeden zweiten Tag bombardiert, um «das Leben unserer unterdrückten Landsleute zu schonen und den Bauern zu ermöglichen, ihre Ernte einzubringen». Trotz ihres Grolls darüber, daß sie gezwungen worden waren, auf die gewaltsame Wiedereroberung des Festlandes zu verzichten, waren die Nationalisten froh, die schwerste kommunistische

Bedrohung seit 1949 abgewendet zu haben. Amerikanische Offiziere und Diplomaten schwankten zwischen Erleichterung und Verblüffung über die halbe Kehrtwendung der Kommunisten und kamen dann zu dem Schluß, daß sie die orientalische Denkweise einfach nicht verstünden. Dewey Miller stimmte ein Hohngelächter über seine Landsleute an, die das Offenkundige nicht zu begreifen vermochten – und fragte sich, ob ihm womöglich die westliche Denkweise fremd werde.

In Peking wandten der stellvertretende Vorsitzende Liu Schao-tschi, Ministerpräsident Tschou En-lai und Verteidigungsminister Peng Teh-huai ihre Aufmerksamkeit von Quemoy ab und ihrer in Aufruhr befindlichen Nation zu. Die Schmeichler um den Vorsitzenden Mao forderten den Kopf des Verteidigungsministers, weil es ihm nicht gelungen war, Quemoy einzunehmen, während die pragmatischen Mitarbeiter des Ministerpräsidenten die Meinung vertraten, der Vorsitzende müsse das eklatante Scheitern des «Großen Sprungs» nach vorn und der Volkskommunen eingestehen. Nur in ihrem Zorn auf die Sowjetunion waren sich die beiden feindlichen Gruppen einig, aber keine von ihnen wollte einen öffentlichen Streit mit Moskau – vorläufig. Beide Gruppen kämpften in fast jeder Kommune mit passivem Widerstand, und in vielen Kommunen mit aktivem Widerstand, der an Aufruhr grenzte.

Da sie sich scheuten, den Vorsitzenden direkt herauszufordern, bereiteten sich die drei mächtigsten Männer in China auf die unvermeidbare Konfrontation mit Hilfe von Männern vor, die, wie James Sekloong, durch persönliche Loyalität mit ihnen verbunden waren. James unterbreitete die Schlußfolgerungen, zu denen er auf Grund der Berichte seiner Geheimagenten gekommen war, Tschou En-lai: Das kommunistische Regime sei in akuter Gefahr, weil der Vorsitzende den Glauben des Volkes erschüttert habe. Eine unüberbrückbare Kluft gähne zwischen seinen Visionen und der Wirklichkeit, die seine Politik geschaffen habe. Das chinesische Volk lache über die Regierung, die so offenkundig nicht vermocht habe, ihre innenpolitischen und außenpolitischen Ziele zu erreichen. Spott habe die Macht der Kommunisten gebrochen.

Der Ministerpräsident und der Genosse Schao-tschi baten den Vorsitzenden inständig, den Sturz in die Katastrophe aufzufangen. Auf ihre Vorhaltungen erwiderte Mao Tse-tung: «Der Mensch ist ein produktives Lebewesen. Er muß produzieren!»

«Der Mensch ist auch ein konsumtives Lebewesen», sagte Tschou En-lai zu James Sekloong. «Wenn das Volk nichts zu essen hat, wird es nicht arbeiten.»

«Wir müssen bald handeln.» James' Rat spiegelte die zunehmende Verzweiflung des Verteidigungsministers wider. «Sonst werden wir überhaupt nicht mehr handeln können.»

«Noch nicht gleich», beschwichtigte der Ministerpräsident. «Aber bald, sehr bald.»

Die entsetzliche Wirklichkeit – geschwächte Erwachsene, erschöpfte Kinder, rebellische Kader, meuternde Truppen und vergeudete Mittel – siegte schließlich über Mao Tse-tungs Hirngespinste. Anfang Dezember 1958 trat das Zentralkomitee der Kommunistischen Partei zusammen, um die von den Ermittlungsausschüssen der Armee und eilig zusammengerufenen örtlichen Beamten vorgelegten erschreckenden Berichte abzuwägen. Das Triumvirat setzte sich schließlich durch, und das Zentralkomitee gebot dem Streben nach der illusorischen Idealgesellschaft Einhalt.

Unter starkem Druck trat Mao Tse-tung als Staatsoberhaupt der Volksrepublik zurück. Über Telefon und Funk wurde die Nachricht über das ganze gewaltige Gebiet von China hinweg den örtlichen Parteibüros mitgeteilt. Verblüffte Kader legten die Hörer auf und teilten ihren Untergebenen mit, daß der Vorsitzende Mao sich «von nun an theoretischen Forschungen widmen» werde. Die Ära der absoluten Macht des Vorsitzenden hatte ein plötzliches Ende genommen.

Wie ganz Hongkong freuten sich die Sekloongs auf eine Periode der Entspannung, als mit dem Neujahrsfest am 22. Februar 1959 das Jahr des Hundes zu Ende war. Die Kolonie war nach einem neuen Zustrom von Flüchtlingen, die sich vor dem «Großen Sprung» nach vorn gerettet hatten, ausgesprochen besorgt. Hongkongs Bevölkerung ängstigte sich um die Verwandten in China. Die Behörden fürchteten, die Kommunisten würden ihre Kampagne gegen Quemoy durch Druck auf Hongkong unterstützen. Zwar bestand die eingebildete Gefahr Ende Februar nicht mehr, doch war die Kolonie immer noch nervös. Geschichten, die die Flüchtlinge erzählten, und Klagen in Briefen vom Festland offenbarten Aspekte in der Volksrepublik, die nicht einmal die glühendsten Anhänger der Nationalisten bisher erkannt hatten – und Chinas Zustand bestimmte Hongkongs Geschick.

«Wenigstens gibt es nichts, was sie jetzt noch anstellen können, keinen neuen Irrsinn, den sich diese Verrückten in Peking noch ausdenken können», sagte Albert Sekloong zu seiner Großmutter. «Sie haben ihr Pulver verschossen.»

Lady Mary war nicht so sicher. Sie fürchtete, daß der grenzenlose Einfallsreichtum der chinesischen Politiker, verschärft durch ihre unersättliche Leidenschaft für das Intrigieren, sie zu noch größeren und verheerenderen Hirngespinsten verleiten könnte. Aber im Augenblick war sie von einer mehr persönlichen Sache in Anspruch genommen. Nach vielen ungeschickten Anspielungen hatte Albert angedeutet, daß seine Freundschaft mit Kazuko Matsuyama, der Tochter des Generaldirektors der Mitsubishi-Bank, nicht nur ein beiläufiger Flirt war. Lady Mary war zu klug, sich so gegen diese Ehe zu stemmen, wie sie sich in einem anderen Zeitalter gegen die Ehe von Charlotte mit Manfei Way gestemmt hatte. Dennoch war sie tief beunruhigt durch die Aussicht, daß Albert nicht nur eine Japanerin heiraten wollte, sondern eine Tochter des Mitsubishi-Imperiums, das sich vor dem Krieg im Pazifik mit den Wheatleys verbündet hatte.

Sie konnte sich einfach mit der Vorstellung an eine so unchinesische Heirat nicht befreunden. Verblüfft über ihre eigenen Gedanken, lachte Lady Mary laut auf. Vor nur zehn Jahren wäre es absolut unmöglich gewesen, daß sie einen solchen Ausdruck gebraucht hätte. Aber sie wurde sich klar, daß sie im Laufe der Jahre, fast ohne es zu merken, dazu übergegangen war, sich zu den Chinesen zu rechnen. Sie erinnerte sich wieder der Worte des ehemaligen Soldaten, der 1951 die wütende Volksmenge aufgefordert hatte, Sarah und sie zu schonen: «Sie sind keine Ausländer. Sie sind Sekloongs. Sie gehören zu uns.»

Lady Mary wußte, daß sie die Ehe nicht verhindern konnte. Vielleicht würde es Sarah gelingen, ihren Sohn davon abzubringen. Zwar sprach Sarah nie über das, was japanische Soldaten ihr angetan hatten, doch haßte sie das Volk und lehnte es ab, nach Japan zu reisen.

Aber wenn die Heirat nicht verhindert werden konnte, dann mußte sie akzeptiert werden. Da Lady Mary realistischerweise zu dem Schluß kam, daß sie einen Bruch mit Albert nicht riskieren konnte, beschloß sie, ihn sozusagen als Hochzeitsgeschenk zum Präsidenten von J. Sekloong and Sons zu machen – wen immer er auch heiratete. Sie wollte sich mit dem Titel des ehrenamtlichen Präsidenten begnügen und sich nur geringfügige Machtbefugnisse vorbehalten. Sie machte bereits Pläne für die Feier ihres achtzigsten Geburtstags im kommenden Jahr.

«Da ist also nichts zu befürchten», sagte Albert. «Sie haben wirklich ihr Pulver verschossen. Die einzige Verrücktheit, die ich mir noch vorstellen kann, wäre, daß sich der alte Mao selbst zum Kaiser macht, und das ist nicht sehr wahrscheinlich. Sie werden sich beruhigen. Und wir können weiter Geschäfte machen.»

«Albert, mein Junge», erwiderte Lady Mary, «unterschätze nie die Fähigkeit der Chinesen, Probleme zu schaffen – für sich selbst oder für andere. Sie haben wieder einmal gezeigt, daß sie sich nicht selbst regieren können. Noch mehr Dummheiten, ein noch schlimmerer Schlamassel? Ich glaube es nicht, nicht wirklich. Aber ich bin skeptisch.

Teil VIII

ALBERT UND DIE ROTEN GARDEN

24. Oktober 1965 bis
26. September 1967

24. Oktober 1965 bis 6. März 1966

Die Boeing 707 mit dem blauen und weißen Globus der Pan American Airways am Heck fegte niedrig über das schmuddelige Mongkok. Das rauhe Heulen der Strahltriebwerke brachte die schmierigen Scheiben der Dachkammer-Kleinfabriken und der kistenähnlichen Mietshäuser knapp zweihundert Meter unter dem ausgefahrenen Fahrgestell zum Klappern.

Weder die blassen Frauen, die künstliche Blumen zusammensteckten oder billige Transistorradios montierten, noch die Männer, die Fräsen oder Bohrmaschinen bedienten, hoben den Kopf, wenn die Häuser erzitterten. Sie waren an die Gefahr durch Flugzeuge, die über der am dichtesten besiedelten Quadratmeile der Welt zur Landung ansetzten, gewöhnt. Dieser sich ständig wiederholende Schock war nur eine der kaum erträglichen Belastungen, die Hongkongs energisches Streben, sich aus einem Umschlagplatz für die Produkte anderer in ein Leichtindustriegebiet zu verwandeln, dem schwachen menschlichen Organismus auferlegte. Die Menschen arbeiteten zwölf Stunden täglich und schliefen bei dauerndem Lärm in stinkenden Kämmerchen, niemals außer Sicht- oder Hörweite von mindestens zwanzig anderen Personen.

Die Eigentümer der Spinnereien, Webereien, Plastik- und Kleiderfabriken lebten behaglich und für sich in Villen auf der Insel Hongkong oder in den New Territories. Ihre Bilanzen wiesen den Anteil menschlicher Opfer an ihren Gewinnen nicht aus. Eine hohe Geburtenrate sowie der Zustrom von Flüchtlingen aus China lieferten billige, anstellige Arbeitskräfte in unerschöpflich scheinender Menge. Die Männer, Frauen und Jugendlichen, die in den Werkstätten der Kolonie schufteten, konnten ihre zerrütteten Nerven, tuberkulösen Lungen, rachitischen Knochen oder chronische Erschöpfung nicht in Rechnung stellen. Diese körperlichen und seelischen Traumata waren der Preis für ihr Überleben.

Die silbern schimmernde Verkehrsmaschine setzte wie ein vorsichtiger Storch auf die Rollbahn auf, die in die Bucht von Kowloon hineinragt. Die Luft in der ersten Klasse war verbraucht nach dem vierstündigen Flug von Tokio, die Stewardessen hingen auf ihren Sitzen und sehnten sich nach einem heißen Bad, ehe sie bei Gaddi im Peninsula-Hotel den Abend mit Flirten verbrachten. Zwei amerikanische Geschäftsleute rieben sich das stoppelige Kinn und reckten die nach neunzehn Stunden Flug von San Francisco verkrampften Glieder. Offenbar nicht von Erschöpfung geplagt, blickten die beiden Damen auf den

Plätzen 1 A und 1 B durch das ovale Fenster, als die 707 in der anbrechenden Dämmerung des 24. Oktober 1965 über die Landebahn rollte.

Lady Mary behauptete, sie sei mit fünfundachtzig zu alt, um müde zu sein – und das nach einer sechsmonatigen Reise rund um die Welt, um ihren weit verstreuten Verwandten und Freunden Lebewohl zu sagen. Opal, ihre Reisegefährtin, kannte keine Müdigkeit, denn im Alter von einundvierzig Jahren strömten die Lebenssäfte noch unvermindert durch ihren üppigen Körper. Nur die Besorgnis um Lady Mary hatte ihr kindliches Vergnügen an der langen Entdeckungsreise getrübt. Es hatte sie bekümmert, daß die alte Dame auf ihr Alter und ihre Gebrechlichkeit keine Rücksicht nehmen wollte.

«Hongkong ist völlig verändert, Opal. Ich wünschte, ich könnte dir zeigen, wie es war, als ich vor fünfundsechzig Jahren zum erstenmal herkam. Es ist jetzt eine neue Welt, all die alten Gebäude sind verschwunden. Das Hilton, das Mandarin, Prince's Building, lauter Betontürme, statt der komischen, gemütlichen, niedrigen Häuser mit Lebkuchengesimsen und Säulen.»

«Und das da ist auch was Neues», sagte Opal. «Alberts neues Spielzeug, eines seiner Flugzeuge.»

Die 707 hielt neben einer Lockheed Electra. Über dem goldenen und blauen Streifen auf ihrem Rumpf stand in verschnörkelten Buchstaben *Hong Kong Airways*, und auf einem blauen Wappenschild auf der Heckflosse dräute der goldene geflügelte Drache.

Die Türen des Rolls-Royce Silver Shadow, der neben der Ausstiegstreppe der 707 vorfuhr, trugen dasselbe Emblem. Sarah Haleevie Sekloong und ihre Schwiegertochter Kazuko Matsuyama Sekloong warteten im Rolls, bis der Einwanderungsbeamte Lady Mary und Opal abgefertigt hatte. Dann begrüßten sich die vier Damen mit Küssen und freudigen Ausrufen.

«Das war aber sehr ungezogen von dir, Sarah», lachte Lady Mary. «Uns hier gleich am Flugzeug abzufangen, um uns die normalen Formalitäten bei der Ankunft zu ersparen. Willie Evans wird ärgerlich sein.»

«Unser schlechtgelaunter Einwanderungsdirektor ist in der Tat ärgerlich.» Sarah lächelte leicht boshaft. «Eine halbe Stunde lang murmelte er etwas von Bevorzugung, Mißachtung der Vorschriften und so weiter. Aber die Anweisung hatte er vom Government House erhalten.»

«Bist du sehr müde, Großmutter?» Kazuko sprach ohne das übliche Zischen der Japaner. Ihr Englisch war britisch durch das Herz-Jesu-Kloster in Tokio und amerikanisch geprägt durch das Radcliffe-College.

«Nein, mein Liebes. Ganz und gar nicht. Das bißchen Zeit, das mir noch bleibt, kann ich nicht damit verschwenden, müde zu sein. Aber ein Glas Champagner wird mir guttun, wenn wir nach Hause kommen.»

Kazuko öffnete ein Fach aus Walnußholz, hinter dem sich ein Mini-Kühlschrank verbarg. Sie lächelte verschwörerisch, als sie geschickt die Folie von einer Flasche Taittinger *Blanc de blancs* löste. Unter ihrem hellen Nerz trug sie ein Kleid von Pucci mit einem schlangenförmigen Muster in kühnen Primärfarben, und ihre schlanken Fesseln wurden von Alligatorpumps vorteilhaft zur Geltung gebracht. Ihre elegante Erscheinung widerlegte die Klischeevorstellung von der plumpen Japanerin. Kazukos natürlicher Charme und ihre offenkundig tiefe Liebe zu Albert hatten sowohl ihre Schwiegermutter Sarah wie auch Lady Mary mit der Ehe ausgesöhnt, gegen die sie sich ursprünglich gestemmt hatten.

«Von Albert», sagte Kazuko. «Er läßt sich entschuldigen, aber er konnte nicht weg.»

«Auf eure gesunde Rückkehr!» Sarah hob ihr Glas. Ihr schlicht frisiertes weißes Haar kontrastierte mit ihren dunklen Augen und dem blauschwarzen Schimmer ihres Zobelcapes. «Wir alle haben euch schrecklich vermißt!»

«Erzählt, was es Neues gibt», verlangte Lady Mary.

«Wir haben sehr ruhig gelebt, Mutter», erwiderte Sarah. «Abgesehen von meiner Reise nach Israel. Darüber habe ich dir ja geschrieben. Mein Forschungsinstitut in Jerusalem arbeitet über Krebs, sehr aufregend ... Aber nie, nie, nie erzähle ich den Rabbis, daß ich hier Forschungen über Schweinegenetik fördere. Sie wollen ein Super-Schwein züchten – was für ein Projekt für eine brave Jüdin!»

«Und was gibt es bei dir Neues, Kazuko?» Lady Mary betrachtete kritisch die schlanke Figur ihrer angeheirateten Enkelin.

«Auch wir haben sehr ruhig gelebt», lächelte Kazuko. «Albert ist geschäftlich sehr eingespannt. Die Antwort auf deine Frage lautet nein. Noch kein Kind unterwegs.»

«Mir macht das nichts aus, mein Liebes. Ich bin nicht so versessen auf noch mehr Urenkel. Es gibt schon genug Kinder – in der Familie und auf der ganzen Welt.»

«Ich richte mich nämlich», gestand Kazuko, «nach den Anweisungen der Gesellschaft für Geburtenkontrolle. Albert ist auch dafür. Pater Romanio sagt nie ein Wort, er sieht mich nur mit diesem süßen, rätselhaften italienischen Lächeln an – wie eine männliche Mona Lisa.»

«Zu meiner Zeit war das ganz anders», sagte Lady Mary nachdenklich. «Aber so vieles war damals ganz anders. Heute ist es leichter für die Frauen, aber für die Männer schwerer, glaube ich.»

«Du hast uns nie erzählt, wie es in dieser Beziehung in deiner Jugend aussah. Wie war das damals?» fragte Kazuko unverblümt.

«Kinder, ja. Wir brauchen Kinder, aber laß dich von ihm nicht zu einer Zuchtstute machen. Ich erinnere mich ... Aber das ist eine andere Geschichte.» Lady Mary lenkte aus Rücksicht auf Charles' Andenken von dem Thema ab. «Wißt ihr, daß wir nur zweiundzwanzig Stunden nach London brauchten? Vor zehn oder elf Jahren dauerte es noch zweiundsechzig Stunden – und 1900 sogar fünfzig Tage.»

«Erzählen Sie ihnen von der Reise, Lady Mary», schlug Opal vor. «Wir haben alle gesehen, die Rothschilds und die Sassoons, die Enkel Ihres Bruders und Sarahs Henry ... Major Sir Henry, sehr stattlich. Gwinnies Blanche und George. Sogar den schrecklichen Sohn von George, Chappie Parker. Wirklich alle.»

«Ja, alle», fuhr Lady Mary fort. «Henrys Jonathan und die kleine Mary sind entsetzlich adelig-vornehm, sie sind da so hineingeboren. Erst fünfzehn und vierzehn, aber sie haben die Selbstsicherheit von Menschen, die jahrhundertelang unangefochtene Privilegien genossen. Man sollte nicht glauben ...»

Mary hielt inne. Sie wollte den Glanz ihrer Heimkehr nicht dadurch trüben, daß sie den drei Frauen, die ihr am nächsten standen, gleich ihre Sorge um die Urenkel anvertraute.

«Schaut mal.» Sie deutete auf die Arbeitersiedlungen in Kowloon. «Die Fahnen vom Nationalfeiertag hängen ja noch. Komisch, nicht wahr? Die Armen ziehen immer mehr nationalistische Sonnen als kommunistische Sterne auf, während die Banken und großen Geschäfte viel mehr rote Fahnen flattern lassen. Aber warum arbeiten die Kräne an diesen halbfertigen Häuserblocks nicht? Haben sie mit Bauen aufgehört?»

«Wir haben dir ja von den Bankkrächen geschrieben», erwiderte Sarah. «Fünf Banken in chinesischem Besitz haben bankrott gemacht, und die Bauindustrie ist lahmgelegt durch Geldmangel. Aber sie erholt sich langsam. Aber du wolltest etwas über die Familie sagen, nicht wahr?»

«Ja, Sarah», erwiderte Lady Mary widerstrebend. «Ich werde es sagen, wenn ihr es hören wollt. Ich mache mir Sorgen. Sie sind alle so selbstgefällig. Die ganze Welt wandelt sich, aber die Enkel und ihre Kinder sind zu sorglos, blasiert und unbekümmert. Es ist leider so: Reichtum, besonders großer Reichtum, macht die Menschen anders. Du und Kazuko, ihr wißt vielleicht nicht, wovon ich spreche. Ihr habt immer ein privilegiertes Leben geführt. Aber Opal und ich, wir wissen es.»

«Wieso anders, Großmutter?» hakte Kazuko nach.

«Wir Reichen sind abgeschnitten von der Wirklichkeit, die die meisten anderen Menschen erleben. Die ganze Familie, wir alle sind geschützt vor den Unsicherheiten des Lebens. Wir wissen einfach nicht, wie die anderen neunundneunzig Prozent der Menschheit leben und wie ihnen zumute ist. Es macht mir Angst.»

«Angst?» Sarah war immer noch fasziniert von Lady Marys forschendem Verstand. «Warum Angst?»

«Wir Sekloongs sind nur verletzbar durch Krankheiten des Leibes, Verderbnis der Seele und große politische Stürme. Aber wir können uns immer noch die besten Ärzte leisten und sogar politische Entwicklungen zu unseren Gunsten beeinflussen. Doch mit all unserem Geld können wir uns keine seelische Immunität kaufen. Ich wittere Degeneration, und ich habe Angst um die Familie.»

Der Rolls-Royce fuhr auf die Wagenfähre nach Hongkong, auf der in der beginnenden Dunkelheit bereits unzählige Lämpchen leuchteten. Ohne sich um die neugierigen Blicke der anderen Fahrgäste zu kümmern, suchte Lady Mary nach den richtigen Worten, um ihren Befürchtungen Ausdruck zu verleihen.

«Wir leben auf einer höheren Ebene als die Menschheit, so abseits wie Stammesgottheiten. Es ist alles vergessen: die bitteren Kämpfe, die Triumphe und die Niederlagen, die der alte Herr durchmachte, als er dieses Reich für uns schuf. Und die Hoffnungen und Enttäuschungen, die Charles und ich erlebten.»

Die Fiktion – oder zumindest halbe Fiktion – hatte sich bei ihr festgesetzt. Sie weigerte sich, daran zu denken, daß Charles während des größten Teils seines Lebens erheblich weniger als sie dazu beigetragen hatte, das Haus Sekloong aufzubauen.

«Die Enkel können es sich nicht vorstellen, die Urenkel brauchen nicht einmal den Versuch zu machen, sich vorzustellen, daß es nicht immer so war. Heute haben wir Sekloongs nur die Schwierigkeiten, die wir uns selbst bereiten, die Sünden des undisziplinierten Geistes. Wir nehmen uns zuviel vor. Wir verlangen zuviel. Da wir uns langweilen, trachten wir nach Nervenkitzel in künstlichen Gefahren oder albernen sogenannten Liebesaffären.»

Lady Mary merkte, daß sie ihre Besorgnis nicht klar zum Ausdruck gebracht hatte. Sie deutete auf das Panorama der Insel, die im grausamtenen Dämmerlicht schimmerte.

«Das ist *unser* Königreich, dieses Hongkong, das Zentrum unserer Macht. Auch wenn sich das ganze Bild verändert hat, sogar die Landschaft, herrschen wir doch sorglos von der Sekloong-Residenz aus. Schaut euch St. George's Building an. Vor fünfzehn Jahren noch war es ein altes, niedriges Gebäude mit Zinnen, und die dunklen Büros von J. Sekloong and Sons wirkten wie lauter Mauselöcher. Jetzt sitzt Albert im neunzehnten Stock eines Turms aus Glas und Stahl und glaubt, er könne alles, was unter ihm ist, beherrschen. Ich frage mich, ob er je die großen roten Neon-Buchstaben auf der Bank von China bemerkt: *Heil den unbezwinglichen Gedanken von Mao Tse-tung!*»

Albert Sekloong war nicht zum Flughafen gekommen, weil er dem Begrüßungstrubel der Damen entgehen und, wie er sich eingestand, sich davor drücken wollte, seine Großmutter zu sehen. Außerdem nahmen ihn verschiedene Probleme in Anspruch, die er weder anderen überlassen noch verschieben konnte. Die meisten seiner zahlreichen Unternehmen begannen sich von dem Schock, den die Bankpleiten dem Wirtschaftsleben der Kolonie versetzt hatten, zu erholen. Aber einige seiner Geschäfte waren noch nicht wieder im Lot. Daher hatte er den Rolls mit Champagner versorgt und versprochen, er werde «hoffentlich» früh aus dem Büro wegkommen. Um achtzehn Uhr in Hongkong war es erst zehn Uhr vormittags in London, und in New York würde sich erst in vier oder fünf Stunden etwas rühren. Aber eine Angelegenheit konnte er gleich erledigen.

Er legte einen Kipphebel auf der Fernsprechanlage mit den roten, grünen, blauen und gelben Lampen neben seinem Schreibtisch um.

«Versuchen Sie noch mal, Jiro Matsuyama zu bekommen. Wenn er nicht in seinem Büro ist, wird er im Auto oder zu Hause sein. Und keine Anrufe, während ich auf das Gespräch warte.»

Albert schloß die Augen und versuchte mit der Technik der Zen-Meditation, die ihm sein Schwager beigebracht hatte, seinen Geist zu klären. Aber zur «vollkommenen gelassenen Erleuchtung» gelangte er nicht. Aus seinem Adlerhorst siebzehn Stockwerke über der Hongkonger Niederlassung der Bank of America, dem größten Finanzinstitut der Welt, hatte er die Landung des Flugzeugs seiner Großmutter beobachtet. Er freute sich darauf, sie zu sehen, aber er hoffte inständig, sie würde ein paar Tage warten, ehe sie ihn auszufragen begann. Schließlich hatte er ihr pflichtschuldig alle zwei Wochen Berichte geschickt. Seine Geschäfte waren, natürlich nur vorübergehend, zu verworren, um sie kurz zu schildern, und er fürchtete sich vor der Prüfung, der er von seiner Großmutter vielleicht unterzogen würde.

Die Verbindungstür von seinem zu ihrem Büro war eine ständige

Mahnung, daß er das Sekloong-Imperium noch nicht ganz beherrschte. Der Nebenraum war eine Nachbildung von Sir Jonathans Büro in dem ursprünglichen St. George's Building, und nichts fehlte, nicht einmal die beiden Schriftrollen an der Wand. Das schwere Telefon stand noch auf dem Ebenholzschreibtisch. Die einzige Abweichung von den alten Fotografien war die rote Rose, die täglich frisch in die kleine kugelförmige Kristallvase gestellt wurde.

Bei einer der zwanglosen Unterhaltungen mit Albert, die Lady Mary genoß, hatte er sich beschwert, daß die Beibehaltung des Büros des alten Herrn eine grobe Sentimentalität sei, und sie wirke noch peinlicher durch die auffällige Rose in der Vase, die einst Marys eigenes schäbiges kleines Büro geschmückt hatte. Sie hatte gleichmütig erwidert, daß es die beste Investition sei, die sie machen könnten, denn es werde sie immer an ihre Anfänge erinnern. Aber er wollte in die Zukunft schauen, nicht zurück.

Alberts Büro war ultramodern, der mit Stahl, Kunstharz und Leder verwirklichte Traum eines Innenarchitekten. Der Stahlkonsole für die Fernsprechanlage entsprossen Nabelschnüre aus Plastik, und ein Fernschreiber klapperte leise Berichte von allen größeren Aktien-, Waren- und Geldmärkten der Welt. Über der neuen Computer-Datenstation hing ein länglicher goldener Rahmen, darin, auf blauseidenem Hintergrund, der Artikel, den die Zeitschrift *Time* drei Monate zuvor dem neuen Image der Sekloong-Unternehmen gewidmet hatte. Albert gab seine erfolglose Zen-Meditation auf und streichelte seine Eitelkeit, indem er die Worte zum zweiundzwanzigstenmal las:

> Der geschmeidige, kräftige Albert Sekloong, 32, fläzt sich entspannt auf seinen Zweitausend-Dollar-Elefantenhaut-Sessel, die Füße in Zweihundert-Dollar-teuren, in London handgearbeiteten Mokassins (Hongkongs Schuhmacher hält er für Stümper) lässig auf seinem nierenförmigen Teakholzschreibtisch. Seine Augen blitzen, und die vollen Lippen lächeln entwaffnend, als er bestreitet, den Stil des drittgrößten Handelsimperiums der Welt im Privatbesitz wesentlich geändert zu haben.
> Aber die schlauen Geldleute in der Londoner City, in New Yorks Wall Street und Hongkongs Ice House Street sehen es anders. Albert Sekloong, der als erster aus seiner komplexen chinesisch-britisch-jüdischen Familie in den exklusiven Hong Kong Club aufgenommen wurde, ist wie ein eiserner Besen durch die Spinnweben der Tradition in den Büros von J. Sekloong and Sons gefahren. Er hat das solide, gut fundierte, einst auf Opium begründete Imperium, das lange von

seiner jetzt fünfundachtzigjährigen Großmutter, Lady Mary Sekloong, geleitet wurde, in einen aggressiven, hypermodernen Mischkonzern verwandelt. Das Emblem der Sekloong-Dynastie ist noch immer der geflügelte Drache, den ihr Begründer, der halbchinesische Baronet Sir Jonathan Sekloong, erwählte. Als Emblem von Sir Jonathans ehrgeizigem in Amerika ausgebildetem Urenkel wäre eine glitzernde Interkontinental-Rakete passender. Die Wirkung, die Albert Sekloong bei seinen Konkurrenten hervorruft, muß in Megatonnen gemessen werden.

Seine wenigen Freunde und seine zahlreichen Feinde stimmen darin überein, daß Konkurrenzstreben der Schlüssel zu seinem Charakter – und zu seinen atemberaubenden Geschäften ist.

«Albert», sagt ein Konkurrent, «will sich vor der ganzen Welt, aber noch mehr vor sich selbst bewähren. Er begnügt sich nicht damit, ein Imperium zu verwalten, das fast eine Milliarde Dollar wert ist, oder die maßvolle Expansion weiterzuführen, die er vor acht Jahren unter Lady Marys Leitung begonnen hat. Er muß jede Woche mindestens einen größeren Coup zuwege bringen, um zu beweisen, daß er Sir Jonathan ebenbürtig, wenn nicht gar überlegen ist.»

Albert Sekloong hat die Zitadellen des Handels angegriffen wie ein Kondottiere mit einem elektronischen Schwert. Es ist nicht leicht, seine hochmögende Familie zu überstrahlen: Albert ist der Neffe von Erzbischof (und demnächst Kardinal) Charles Sekloong; der Vetter der Filmschauspielerin Alaine d'Alivère und ein angeheirateter Vetter des stellvertretenden Außenministers Spencer Taylor Smith. Ein neues Element in der Mischung: Jiro Matsuyama, der als der gescheiteste *modan ekuzekutibu* (moderner Manager) des noch traditionsbewußteren Mitsubishi-Imperiums gilt. Die beiden sind Kommilitonen von der Harvard Business School, und 1960 heiratete Albert Jiros damals dreiundzwanzigjährige Schwester Kazuko.

Albert Sekloong ist und bleibt ein Rätsel. Er scheint sich mit Asiaten wohler zu fühlen als mit Amerikanern oder Europäern, obwohl er im Westen Zugang zu den höchsten Kreisen hat. Manche glauben, daß Albert (fast ein Fünftel chinesisch und zur Hälfte jüdisch) sich immer noch an wirkliche oder eingebildete Kränkungen während seines langen Aufenthalts in Amerika erinnert, als er bei seiner Tante Charlotte lebte (seit 1951 in vierter Ehe mit dem Milliardär Avram Barakian verheiratet, dem «geheimnisvollen» Armenier). Solche Spekulationen mögen richtig oder falsch sein, jedenfalls hat er eine Neigung erkennen lassen, mit so fragwürdigen asiatischen Partnern wie den

kommunistischen Regimen von Peking und Hanoi Geschäfte zu machen.
Er selbst ist kein Kommunist, sondern ein draufgängerischer kapitalistischer Freibeuter, er hat unter seiner eigenen Firma, Albert Sekloong Associates, Ltd., Ah Sek genannt, an der Ice House Street ein blendendes Aufgebot neuer Unternehmen zusammengefaßt. Zum erstenmal hat eine Sekloong-Firma vor zwei Monaten Aktien begeben, als Ah Sek an den Börsen in Hongkong, London und New York seine Anteile anbot. Alle wurden zum Ausgabepreis von fünfzehn Dollar abgesetzt. Heute werden sie mit fünfundvierzig Dollar gehandelt.
Eine unvollständige Liste der neuen Sekloong-Unternehmen: *Dragon Plastics and Electronics*, deren Produkte von Helmeinlagen bis zu Computerteilen reichen; vierundsechzig Prozent von *Hong Kong Airways*, einer kampflustigen Zubringerlinie für den Fernen Osten und Südostasien, die den großen Gesellschaften Kummer macht, weil sie den rentablen Nah- und Mittelstreckenverkehr absahnt; starkes Engagement bei Getreidetermingeschäften, auf etwa zwanzig Millionen Dollar geschätzt, nach erfolgreicher Maklertätigkeit bei früheren kanadischen Getreideverkäufen an das kommunistische China; *Borneo South Seas Explorations*, eine Kombination von Mitsubishi-Technologie mit Sekloong-Beziehungen durch die Auslandschinesen in Indonesien hat schätzungsweise vierzig Millionen Dollar in Pachtgebühren und Probebohrungen vor der Küste in Borneo investiert; *Megalith Housing*, die gewaltige Wohnbauten in dem unter Wohnungsnot leidenden Hongkong plant; *China Agencies*, ein wichtiger Faktor bei der Ausweitung des Handels mit Peking, die aber auch, wie unbestätigte Berichte besagen, Lastwagen, Radios, Pharmaka und Gummiwaren nach Hanoi schleust; und *Dragon Films*, ein erst einen Monat altes Küken, über dessen Ziele und Ausrichtung noch nichts bekannt ist.
Schließlich hat Ah Sek als Krönung kürzlich Optionen für große Warenmengen erworben, von Gummi, Zinn und Zink bis zu Textilien, Stahl und Chemikalien. Eine gut unterrichtete Quelle behauptet: «Albert glaubt, es werde Krieg geben, und erinnert sich des legendären Spekulationserfolgs der Sekloongs vor dem Ersten Weltkrieg.»
Das alles ist nur der Oberbau. Das solide Fundament sind die alten Sekloong-Beteiligungen an Grundstücken, Hotels, Schiffahrtsgesellschaften und Banken sowie der höchst einträgliche Großhandel mit lebensnotwendigen Gütern von Kerosin bis zu Nähmaschinen. Aber der Oberbau wird jeden Tag größer. Die Grenzen seines Wachstums? Einige Finanzleute sagen, nur der Himmel.

Obwohl die Seitenhiebe auf seinen grenzenlosen Ehrgeiz ihn immer noch kränkten, hatte das erneute Lesen der Lobeshymne Albert besser getan als eine Stunde der Meditation. Er war erfrischt und bereit, jedes Problem zu bewältigen, das seine rasche Expansion als nächstes aufwerfen würde. Wenn *Time* seine Leistungen «atemberaubend» und «blendend» fand, wie konnte er da anderer Meinung sein?

Die Fernsprechanlage surrte leise, und eine grüne Lampe leuchtete auf.

«Mr. Sekloong, Ihre Frau ist am Apparat.» Die Stimme einer Sekretärin erklang aus einem verborgenen Lautsprecher. «Und ich habe Mr. Matsuyama auf der grünen Leitung.»

«Sagen Sie meiner Frau, ich rufe zurück, sobald ich kann. Jiro, hallo Jiro, wo, zum Teufel, steckst du denn? Ich habe den ganzen Tag versucht, dich zu erreichen.»

«In einem Verkehrsstau in Roppongi. Wenn im Mercedes nicht Schreibtisch, Diktiergerät und Telefon eingebaut wären, hätte ich meinen halben Arbeitstag verloren.»

«Warum schaffst du dir nicht einen Hubschrauber an, so eine zweisitzige Bell-Kiste?»

«Ich habe daran gedacht, aber es paßt nicht zum Image. Wir neuen *Zaibatsu* müssen bescheiden auftreten, sonst kriegen wir von der Presse und den Gewerkschaften eins aufs Dach. Ich wünschte, wir hätten eine hübsche straffe Oligarchie wie Hongkong, die alles unter Kontrolle hält.»

«Dir geht's doch gut», sagte Albert. «Japan Incorporated ist nicht schwach auf der Brust. Und ich weiß, wer Japan Incorporated leitet.»

«Ich habe dir schon gesagt, das ist eine verdammte Übertreibung. Wenn du wüßtest, wieviel Zeit ich damit verschwende, den einen zu beschwichtigen, dem anderen um den Bart zu gehen und ... Aber du hast nicht angerufen, um über die Ökosoziologie von Japan zu reden. Was hast du auf dem Herzen?»

«Borneo und Öl», erwiderte Albert lakonisch. «Die Sache stinkt. Nachdem dieser idiotisch angefangene kommunistische Coup voriges Jahr im September gescheitert ist, sind unsere Leute nur schikaniert worden. Sukarnos Thron wackelt, er wird nicht mehr lange Präsident bleiben. Subandrio wird mit ihm stürzen – und dann sind die fünf Millionen Dollar futsch, die wir für den ‹Sonderfonds› des Außenministers ‹gespendet› haben. Wenn die Generale die Macht übernehmen ...»

«... sitzen wir in der Scheiße», beendete Matsuyama den Satz. «Und sie fangen an, alle deine Kumpels kaltzustellen. Ich höre, daß alle Chinesen betroffen sein werden. Die Studenten nennen Subandrio *Peiking Anjing* – den Pekinesen.»

«Das ganze Geschäft könnte platzen, nicht wahr?»

«So schlimm ist es noch nicht. Wir können neue Beziehungen anknüpfen ...»

«... und neue Schmiergelder zahlen.»

«Leider ja. Aber das ist besser, als alles sausen zu lassen. Laß gut sein, Albert, reg dich nicht auf.»

«Ich bin nicht auf neunzig, noch nicht. Aber der Zeitpunkt ist verdammt ungünstig angesichts der Krise in Hongkong.»

«Ich dachte, ihr kommt drüber weg.»

«Tun wir auch, aber langsam. Die Bauindustrie ist schwer angeschlagen, und Geld ist knapp. Ich mußte Gelder – zum Teil deine – von Ah Sek abziehen, um andere Verpflichtungen abzudecken. Alles ganz sauber natürlich, aber ich spüre allmählich einen kalten Luftzug im Nacken.»

«Albert, ich werde das nachprüfen mit Borneo. Aber betrachte die Sache so: Es kann nicht völlig schiefgehen. Die Indonesier sind zu sehr auf unsere Technologie und die Öleinnahmen angewiesen. Wenn alle Stricke reißen, müssen wir eben eine Weile die Hörner einziehen und abwarten.»

«Das ist ein kleiner Trost, Jiro, aber eben nur ein kleiner. Und sieh dich wirklich um. Es kann sein, daß wir eiligst Geld brauchen.»

«Du willst doch nicht, daß ich dir was vormache, alter Freund? Dir alles mögliche erzähle, was hoffnungsvoll klingt, aber nichts wert ist? Reg dich nicht auf über Borneo. Und ich werde mich umhören, bestimmt. Aber was hat dich aufgescheucht? Ist die alte Dame schon zurück?»

«Heute», antwortete Albert bedrückt. «Sie ist gerade angekommen.»

«Aha, ich verstehe», lachte Jiro. «Laß dich nicht von ihr ins Bockshorn jagen. Du bist immer noch ihr Liebling, und sie ist schließlich fünfundachtzig, obwohl sie einen schärferen Verstand hat als die meisten raffinierten Geschäftsleute, die nur halb so alt sind. Die große Firma ist noch solide oder? Bei J. Sekloong and Sons ist alles in Ordnung?»

«Da gibt es keine Schwierigkeiten. Ich bin vermutlich bloß nervös.»

«Bis bald. Grüß Kazuko. Sage ihr, ich will Onkel werden.»

«Sie ist nicht so wild darauf, Mutter zu werden», lachte Albert. «Aber ich werde es ihr bestellen. Danke, Jiro.»

Der Porsche Targa schleuderte sein kanariengelbes Heck sorglos um die Kurven der sich zum Peak hinaufwindenden Straße. Albert gab Gas, nachdem er unter dem Drachentor heruntergeschaltet hatte, und die beiden Auspuffrohre dröhnten heiser. Jiro, der sich mit seinen dunklen Anzügen und dem schwarzen Mercedes bewußt unauffällig gab, spottete immer über den schnittigen Sportwagen und nannte ihn «Alberts Jünglingstraum». Aber Albert grinste nur über die Stichelei.

Die beiden sprachen dieselbe Sprache, den amerikanisierten Jargon der neuen internationalen Wirtschaftswelt, und Albert vertraute Jiro wie keinem sonst. Jiro gehörte zur Familie, und die beiden emanzipierten Asiaten wußten instinktiv, daß letztlich nur Familienbande verläßlich waren. Aber Jiro war kein Sekloong. Er war nicht mit der eingefleischten Verehrung des alten Herrn oder der Verantwortung für die unproduktiven Angehörigen des Clans belastet, die Alberts eigene Initiative hemmten und seine Individualität beschränkten, wie er fand. Mit quietschenden Reifen auf spritzendem Kies hielt der Targa vor den messingbeschlagenen Doppeltüren der Burg.

Die geschlossenen Laden des zweiten Kleinen Hauses erheiterten Albert, weil sie stumm veranschaulichten, daß Sir Jonathan doch nicht unfehlbar gewesen war. Kazuko und er waren in das erste Kleine Haus gezogen, in dem ursprünglich Charles und Mary gewohnt hatten, nachdem die drei Kaiserinwitwen beschlossen hatten, zusammen zu leben. Zusammen war nicht ganz der richtige Ausdruck: Lady Mary, Sarah und Opal führten drei getrennte Haushalte in dem Steinhaufen, dem zur mittelalterlichen Festung nur Schießscharten und Pechnasen fehlten. Das zweite Kleine Haus wurde nur gelegentlich bewohnt, wenn ein Verwandter ein paar Monate in Hongkong verbrachte. Sir Jonathan, der den unwiderstehlichen Drang gehabt hatte, sich selbst ein Denkmal zu setzen, hatte sich nicht vorstellen können, daß irgendwann einmal zu wenige Sekloongs ständig in Hongkong leben würden, um alle Behausungen des Clans zu bewohnen.

Albert ging durch die runde marmorne Empfangshalle und sprang die Treppe hinauf zum Arbeitszimmer, wo, wie ihm der Boy Nummer Eins sagte, die Damen «Tee tranken». Er drückte seiner Großmutter einen Kuß auf die Wange, vorsichtig, um nicht an ihr Champagnerglas zu stoßen. Er küßte seine Mutter, die einen Brandy mit Soda trank. Seiner Frau strich er liebevoll über die Schulter. Kazuko war die einzige, die wirklich Tee trank, grünen Tee aus einer henkellosen japanischen Tasse. Die alten Damen schätzten ihr Schlückchen, seine moderne Frau zog das konventionelle Damengetränk vor, weil sie durch Alkohol, wie sie behauptete, krebsrot anlaufe.

«Endlich, Albert», lächelte Lady Mary liebevoll. «Du hast wohl viel zu tun gehabt?»

«Tut mir leid, Großmama. Ich konnte nicht früher weg. Das muß früher einfacher gewesen sein. Kein Telefon und Fernschreiber, die einen an den Schreibtisch fesselten.»

«Weniger hektisch vielleicht», erwiderte Lady Mary. «Aber einfacher? Ich glaube nicht. Jedenfalls haben wir nicht so hohe Wellen in der Presse geschlagen.»

Jetzt kommt's, dachte Albert. Sie ist gerade fünf Minuten wieder da, und schon beginnt die Inquisition.

«Ach, du meinst den Artikel in *Time*. Sie wollten ihn sowieso bringen. Und ich dachte, ich komme besser dabei weg, wenn ich mitmache. Außerdem ist Publizität heutzutage gut fürs Geschäft. Die Bräuche haben sich geändert.»

«Ich will nicht die modernen Geschäftspraktiken erörtern oder die süße Verlockung, die die Publizität auf dich ausübt. Ich kann ihren praktischen Wert einsehen, selbst wenn sie vor allem für dein Selbstgefühl wertvoll ist.» Lady Marys Lächeln nahm ihren Worten den Stachel. «Worüber ich mich nicht freue, das ist die öffentliche Identifizierung mit dem unberechenbaren Regime meines Freundes Tschou En-lai. Immerhin ist es China, also läßt es sich nicht ändern. Aber Hanoi? Ich nehme an, du weißt, was du tust?»

«Ja», erwiderte er. «Außerdem hat sich *Time* bei diesen Angaben geirrt. Unser Anteil am Hanoi-Handel ist praktisch nicht der Rede wert. Der größte Teil entfällt auf Mitsubishi.»

Albert goß einen Schluck Glenlivet über die Eiswürfel in seinem Glas. Er war überrascht und erleichtert. Er hatte erwartet, daß Lady Mary eher auf die schwierigen kommerziellen Aspekte seiner Expansion zu sprechen kommen würde als auf die politischen Weiterungen. Sie stellte nur noch zwei Fragen.

«Ich nehme an, du hast das Fundament nicht angetastet, die etablierten Unternehmen von J. Sekloong and Sons. Keine grundlegenden Veränderungen vorgenommen, obwohl *Time* das Gegenteil behauptet.»

«Nein, habe ich nicht, Großmama», konnte er guten Gewissens antworten.

«Und deine eigene neue Firma, obwohl sie mich eigentlich nichts angeht? Sind die Aktionäre abgesichert?»

«Das Risiko ist nicht größer als jedes kommerzielle Risiko, und kleiner als viele andere. Natürlich gibt es immer einen Unsicherheitsfaktor ...»

«Aber nicht mehr als normal? Albert Sekloong Associates, Ltd., ist immer noch ein Sekloong-Unternehmen. Unser Name wird nicht in Verruf kommen?»

«Nein, das versichere ich dir. Kein fauler Zauber. Kein Risiko für die Aktionäre, das ich nicht auch eingehe. Ich kann es dir zeigen.»

«Schön, Albert. Vielleicht könen wir uns ein andermal die Bücher ansehen.»

Albert Sekloong hob sein Glas zu einem stummen Toast. Er hatte vergessen, wie vernünftig die alte Dame sein konnte, wenn sie wollte.

Im Bett fragte er Kazuko an jenem Abend mit gespieltem Gleichmut: «Lady Mary scheint zufrieden zu sein mit meinen Geschäften. Hat sie dich und Mutter ins Kreuzverhör genommen?»

«Ein bißchen, aber nicht mehr als dich. Ich hatte den Eindruck, daß sie mehr daran interessiert sei, daß wir ihr einen weiteren Urenkel schenken.»

«Na gut, wollen wir mal sehen, ob wir ihr den Gefallen tun können.»

Albert war der erste männliche Sekloong, der von Natur aus monogam war; er teilte seine Leidenschaften auf zwischen seiner köstlich ungehemmten Frau und seinen aufstrebenden Geschäften. Die zweite Leidenschaft, die gewöhnlich die stärkere war, wurde jetzt von der ersteren verdrängt.

Albert Sekloong hatte seiner Großmutter nach bestem Wissen und Gewissen die buchstäbliche und vollständige Wahrheit gesagt. Ende Oktober 1965 war das Sekloong-Imperium mit der Produktion von Waren und mit Dienstleistungen voll ausgelastet und machte Gewinne. Er war keine größeren Risiken eingegangen als seine Konkurrenten in Hongkong, der letzten Hochburg der kommerziellen Freibeuter im 20. Jahrhundert. Er hatte die minimalen gesetzlichen Vorschriften der Kolonie peinlich genau eingehalten und war geschickt durch die zahlreichen Gesetzeslücken geschlüpft. Wenn er an Lady Marys Geschichten über die Abenteuer seines Urgroßvaters dachte, dann konnte er aufrichtig bestätigen, daß er nicht so hart am Wind gesegelt war wie Sir Jonathan, als seine Schiffe ihre reichen Ladungen in den Hafen brachten.

«Risikokapital» bedeutete genau das. Albert mußte Wagnisse eingehen, um die Möglichkeiten auszunutzen, die ein zunehmend unsicheres Asien bot – und mit einigen Verlusten rechnete er. Manche seiner gewagten Geschäfte würden in der Londoner City oder in der Wall

Street Mißfallen erregen. Aber selbst die waghalsigeren Finanziers, Kaufleute und Industriellen in London und New York hatten immer über Hongkongs Kühnheit die Stirn gerunzelt. Alberts Gewissen war rein und seine Konten gesund, wenn es auch etwas an Bargeld mangelte wegen der ständigen Belastung durch *Borneo South Seas Explorations.*

Einen Monat später hätte Albert gezögert, ehe er Lady Mary versicherte, daß alles gut sei. Zwei Monate später hätte er diese Versicherung nicht abgeben können, ohne einen Meineid zu leisten.

Der Januar 1966 brachte eine verheerende Folge von anscheinend nicht miteinander zusammenhängenden Rückschlägen. Albert konnte fast den sauren Gestank seiner eigenen Angst riechen, als er in seinem schicken Büro hockte und seine Bücher prüfte, so wie achtundvierzig Jahre zuvor Sir Jonathan an dem Ebenholzschreibtisch, der im Nebenzimmer stand, seine geschäftliche Lage vor dem Gegenangriff auf die Wheatleys überprüft hatte. Wäre er nicht von dem gewaltigen Selbstvertrauen erfüllt gewesen, das ihm das Leben hinter den uneinnehmbaren Mauern des Sekloong-Reichtums eingeflößt hatte, hätte Albert in Panik geraten können. Aber auch so fragte er sich, ob er womöglich paranoisch werde. Die Angriffe von allen Seiten schienen aufeinander abgestimmt zu sein. Obwohl er keine größeren Risiken eingegangen war als im wirtschaftlich liberalen Hongkong üblich, drohte die Fülle von Mißgeschicken ihn zu Boden zu drücken.

Unzulängliche Qualitätskontrolle und vielleicht Sabotage bei Dragon Plastics and Electronics hatten dazu geführt, daß Waren im Wert von fast eineinhalb Millionen Pfund von den Kunden nicht abgenommen worden waren. Durch die neue Technik der Ultraminiaturisierung waren Transistoren und Computerteile im Wert von weiteren sechshunderttausend Pfund veraltet; Frauen mit geschickten Händen hatten sie zusammengebaut und unter Mikroskopen Drähte verlötet, deren Durchmesser ein Hundertstel eines Haars betrug. Unterstützt von Jiro Matsuyama, verhandelte Albert um Lizenzen für die Herstellung von gedruckten Schaltungen und Miniatur-Quarzchips. Aber sein größter Vorteil, nämlich billige Facharbeiter, würde weniger ins Gewicht fallen durch die neuen vollautomatisierten Herstellungsverfahren, und für Lizenzgebühren und die neuen Maschinen müßten erst einmal zweieinhalb Millionen Pfund aufgewendet werden.

Die Alternative war erschreckend und letztlich nicht sehr hilfreich. Er könnte Dragons Warenbestand und Betriebsanlagen mit starkem Preisnachlaß verkaufen und mit dem erzielten Betrag seine anderen Unternehmen unterstützen. Doch sowohl sein Stolz als auch sein Geschäftssinn rieten ihm von diesem Weg ab. Der Verlust würde groß sein und das Bargeld bald verbraucht.

Der für ihn selbst wertvollste Besitz, Hong Kong Airways, war ihm praktisch entrissen worden, obwohl er noch seine Beteiligung von vierundsechzig Prozent an den sechs Lockheed Electras hatte, die müßig auf dem Hallenvorfeld von Kaitak herumstanden. Hong Kong Airways lief nicht mehr. Stolz auf seine Einzelgängerrolle, hatte Albert versäumt, sich Rückendeckung zu verschaffen und sich um Verbündete in London zu bemühen. Daher war er auf demütigende Weise ausmanövriert worden. Eine «routinemäßige Neuverteilung der Routen» durch Whitehall hatte Hong Kong Airways auf zwei Flüge in der Woche nach Taipeh und einen einzigen nach Bangkok beschränkt. Die Lobby der alten britischen *Hongs* hatte die Politiker beeinflußt. In Zusammenarbeit mit British Overseas Airways hatte die Firma Derwent Alberts Routen übernommen für ihre neue Sino-British Airlines, die gecharterte BOAC-Jets mit BOAC-Crews einsetzte. Für ihren zukünftigen selbständigen Betrieb hatte Sino-British Alberts arbeitslose Crew eingestellt und mit einer absichtlichen Geste der Verachtung für jede der sechs Electras fünfundsiebzigtausend Pfund geboten. Dieses lächerliche Angebot lehnte er immer noch hartnäckig ab.

Borneo South Seas Ölunternehmen war auf dem toten Punkt. Die rechtsgerichteten Generale, die jetzt ihre Herrschaft über Indonesien konsolidierten, untersagten alle Bohrungen «aus technischen Gründen», legten seinen chinesischen Geschäftsfreunden ruinöse Steuern auf – und drohten sogar mit Enteignung. Dabei mußten die Löhne und Unterhaltungskosten weitergezahlt werden, ebenso die vertraglich festgelegten Gebühren an die indonesische Regierung. Die Alternative war der Verlust der gesamten Investition.

Auch Alberts China-Handel litt unter politischen Unruhen, die praktisch Pekings ganzen Außenhandel lähmten. Kein Beamter einer staatlichen Handelsorganisation wagte einen Verkauf zu genehmigen oder einen festen Auftrag zu erteilen aus Furcht, ihm könnte später vorgeworfen werden, er sabotiere die Revolution durch Geschäfte mit den «Kapitalisten und Imperialisten». Albert aber war verpflichtet, in zwei Monaten für neun Millionen Pfund Weizen aus Termingeschäften abzunehmen – und bar zu bezahlen. Außerdem hatte er sich mit seinem Lagerbestand von Verbrauchsgütern für den chinesischen Markt übernommen. Hanoi hätte ihm seine Waren zu Vorzugspreisen gern abgenommen, aber die Nordvietnamesen hatten kein Geld. Überdies war Albert von einem freundlichen Handelsattaché vom amerikanischen

Generalkonsulat gewarnt worden, er würde auf die schwarze Liste kommen, wenn er sich nicht völlig vom Hanoi-Handel zurückzöge. Seine Beziehungen zu amerikanischen Firmen konnte er nicht um der Schimäre eines nordvietnamesischen Marktes willen aufs Spiel setzen. Zu allem Unglück besaßen Mitsubishi und die anderen *Zaibatsu* praktisch ein Monopol auf diesem Markt. Die amerikanische Regierung, die Tokio nicht zu nahetreten wollte, verschloß klugerweise die Augen vor diesen durch Strohmänner abgewickelten Geschäften.

Washington war in ein massives militärisches Engagement zur Verteidigung von Südvietnam verwickelt. Die Wirtschaftssachverständigen der Regierung, die einen größeren Weitblick hatten als die Generale, hatten eine Preissteigerung der Rohstoffe wie Zink, Gummi und Zinn, die Albert im Terminhandel gekauft hatte, für sich vorweggenommen, indem sie aus ihren eigenen riesigen Beständen genau kalkulierte Mengen freigaben. Wenn der Krieg lange genug dauerte, würde Albert sich vielleicht erholen können. Aber in drei Monaten würde er große Mengen Rohstoffe, für die er keinen Absatz finden könnte, abnehmen, einlagern und bezahlen müssen. Er hatte nie vorgehabt, die Waren selbst zu übernehmen, sondern nur seine Optionen bei Kursanstieg zu verkaufen.

Den einzigen Hoffnungsschimmer bot Megalith Housing. Die vielen Flüchtlinge und das wachsende Personal ausländischer Firmen brauchte dringend mehr Wohnraum in Hongkong. Aber das Geschäft war schleppend, die Baukosten stiegen, und Geld war immer noch knapp. Die Finanzkreise hatten sich nicht von den Bankkrächen erholt, und vernünftige Finanziers wollten abwarten, wie sich das amerikanische Engagement in Vietnam entwickelte. Angebote, seine Megalith-Anteile mit annehmbarem Gewinn zu verkaufen, hatte Albert noch abgelehnt, weil er überzeugt war, daß der Baumarkt sich erholen werde.

Die außerordentlichen Rückschläge hatten sein Selbstvertrauen erschüttert und Albert Sekloong Associates, Ltd., fast in die Knie gezwungen. Der Tag Ende Februar 1966, an dem die Ah Sek-Aktien auf 4,55 Dollar fielen, war sein schlimmster, denn er begann an die Verschwörung zu glauben, die er bisher als Hirngespinst abgetan hatte. Aber er zwang sich, seine Lage kühl und sachlich zu überprüfen. Viele seiner Schwierigkeiten gingen auf unerwartete technologische und politische Veränderungen zurück. Er wußte, daß er diesen wichtigen Faktoren nicht die gebührende Aufmerksamkeit geschenkt hatte, denn sie waren ihm wie eine langweilige Ablenkung von seinen spannenden kommerziellen Unternehmungen vorgekommen. Er hatte wirklich, wie *Time* bewundernd bemerkt hatte, ein überragendes Firmengebäude errichtet.

Es war den normalen Hongkonger Geschäftspraktiken entsprechend gebaut, aber es war wacklig. Jedes neue Unternehmen hatte er mit Krediten, Pfandbriefen, Aktienverkäufen und Bürgschaften finanziert. Infolgedessen war er chronisch knapp bei Kasse, auch wenn sein effektives Anlagevermögen mengenmäßig zugenommen hatte und im Wert gestiegen war. Sein großartiges Gebäude reagierte äußerst empfindlich, sobald der Wind der internationalen Wirtschaft und Politik aus einer anderen Richtung wehte.

Außerdem hatte er die Hongkonger Geschäftswelt verärgert, weil er alles ganz allein hatte machen wollen. Wenn sich seine Konkurrenten tatsächlich verbündet hatten, um ihn anzugreifen, dann hatte er das geradezu provoziert durch seine offenkundige Mißachtung des komplexen chinesisch-britischen Geflechts, das die Kolonie durch den geschickten Austausch von Gefälligkeiten beherrschte.

Aber auch seine einzige Geste gegenüber diesem Netz bereitete ihm große Sorgen. Die Bewertung der Ah Sek-Aktien durch die Börse spiegelte sehr genau die gegenwärtige finanzielle Lage der Firma, wenn nicht gar ihre Aussichten wider. Nach strengen buchhalterischen Gesichtspunkten stand Albert Sekloong Associates, Ltd., dicht vor dem Bankrott. Der größte Teil der Einnahmen aus dem Aktienverkauf war dafür verwendet worden, Dragon Plastics zu stützen und Borneo Explorations in Gang zu halten.

Wie, fragte sich Albert, könnte er einer wütenden Aktionärsversammlung Mitte März erklären, warum eine Firma, die ihre erste fällige Dividende nicht ausschütten konnte, an ihren Aufsichtsrat 1,2 Millionen Dollar gezahlt hatte als Tantiemen, für die Bewirtung von Gästen, für Club-Rechnungen, Reisen, Autos mit Chauffeur, Luxuswohnungen und «diverse Spesen»? Er hatte sich das Wohlwollen eines vorwiegend britischen und mit einigen einflußreichen Chinesen durchsetzten Aufsichtsrats sichern wollen. Solche großzügigen Vergütungen waren annehmbar, wenn sie von einer sehr gewinnträchtigen Firma geleistet wurden. Sie waren eine Zumutung bei einer neuen Firma, deren Betriebsvermögen in alarmierender Weise geschrumpft war. Die Zahlungen waren legal, aber zweifellos nicht in Ordnung.

Anfang März 1966 saß Albert Sekloong in seinem prächtigen Büro und dachte darüber nach, daß alle seine Hoffnungen zu Wasser geworden waren. Wenn Ah Sek in den Bankrott getrieben würde, wäre sein gesamtes persönliches Vermögen verloren. Er würde nur das kleine, unantastbare Treuhandvermögen behalten, das Sir Jonathan ihm hinterlassen hatte. Er wäre als Geschäftsmann erledigt und psychisch verkrüppelt, denn das Kernstück seiner Selbstachtung war sein Vertrauen auf seinen kommerziellen Scharfsinn. Überdies würde die Familie die Schalen ihres Zorns über den Mann ausgießen, der so viel Geld verloren hatte.

Albert hockte auf seinem Elefantenhautstuhl und starrte auf die Berge hinter Kowloon, die als dunkle Umrisse vor dem von den violetten Strahlen der untergehenden Sonne beleuchteten Himmel standen. Die roten und grünen Positionslichter von landenden und startenden Flugzeugen blitzten zwischen den weißen Leitstrahlen der langen Betonrollbahn auf, die die Kowloon Bay durchschnitt. Nathan Road war eine pyrotechnische Komposition von Leuchtreklamen in allen möglichen Farben, und zwischen ihnen bildeten die Autoscheinwerfer und -rücklichter eine Lichterschlange. Von Tsimshatsui bis Kaitak flackerten gelbe Lichter in Tausenden von Fabriken und Zehntausenden von Wohnungen. Noch vor sechs Monaten, dachte er wehmütig, war das sein unbestrittenes Königreich gewesen.

Jiro Matsuyama hatte sein möglichstes getan, aber er konnte nicht mehr als zweieinhalb Millionen Dollar auftreiben, eine lächerliche Summe in Anbetracht von Alberts Nöten. Jiro war zu fest gebunden durch die Konventionen der japanischen Wirtschaft, um mehr zu bieten als diesen Tropfen auf den heißen Stein und sein Mitgefühl. Zu den Hongkonger Banken konnte Albert nicht gehen, ohne einzugestehen, daß er, wie deren Direktoren schon vermuteten, am Ende war. In London oder New York konnte er keine Refinanzierung erhalten, sofern er nicht die gesamten Aktiva von J. Sekloong and Sons verpfändete, und dieser verzweifelte Schritt kam aus rechtlichen und moralischen Gründen nicht in Frage. Die Firma gehörte nicht ihm, sondern der Familie. Er konnte sie nicht ohne Zustimmung der Familie als Sicherheit anbieten.

Widerstrebend drückte er auf einen Knopf und wies seine bekümmerte Sekretärin an: «Verbinden Sie mich mit Avram Barakian. Seine Yacht ist irgendwo zwischen dem Persischen Golf und Bombay.»

Er drehte seinen Stuhl, so daß er die Wand mit dem gerahmten Artikel aus *Time* sah, und wartete. Zweimal streckte er die Hand nach dem Knopf aus, um das Gespräch wieder abzubestellen, und zweimal ließ er sie mutlos sinken. Der «geheimnisvolle» Armenier war seine letzte Hoffnung, aber es war ihm gräßlich, den Mann seiner Tante Charlotte um Hilfe zu bitten. In persönlichen Dingen konnte er zwar großzügig sein wie ein moderner Maecenas, aber in geschäftlichen Angelegenheiten war der Super-Tycoon gewöhnlich knickerig. Albert erinnerte sich noch der Weihnachtsferien, als er Avram Barakians Bentley und Cadillac zweimal täglich waschen mußte. Er war damals sechzehn und hatte in trunkenem Zustand mit «Onkel Avrams» Chevrolet-Kabriolett einen Unfall verursacht; er hatte nicht gewollt, daß Tante Charlotte oder seine Mutter davon erführen, und nur so seine Schulden «zurückzahlen» können. Albert graute davor, Barakian um Hilfe zu bitten, aber er hatte keine andere Wahl.

Das Summen der Fernsprechanlage erklang, und seine Sekretärin sagte: «Auf der fünften Leitung, Mr. Sekloong. Er kommt an den Apparat.»

«Hallo, Onkel Avram, wie geht's?» Seine Lippen verzogen sich zu einem gezwungenen Lächeln, von dem er hoffte, es werde seiner Stimme eine entspannte Herzlichkeit verleihen.

Achtundvierzig Minuten später legte Albert den Hörer auf mit der behutsamen Erleichterung eines Zoowärters, der eine Korallenschlange wieder in ihren Käfig gesetzt hatte. Nach einem Aufwand von mehr als einer Dreiviertelstunde und vierhundert Pfund war er völlig erschöpft, erfüllt von Ekel vor sich selbst, gedemütigt – und nicht um einen Penny besser dran. Er fühlte sich beschmutzt und zerschlagen. Er brauchte einen dreifachen Whisky und eine heiße Dusche.

Avram Barakian hatte ihn mit zungenfertiger Neugier ins Kreuzverhör genommen und seine Bereitschaft zum Ausdruck gebracht, seinem Neffen «im Rahmen meiner Möglichkeiten» zu helfen. Eine Bedingung hatte er an seine Großzügigkeit geknüpft: absolute Kontrolle über beide Firmen, Albert Sekloong Associates, Ltd., und J. Sekloong and Sons. Als Albert einwandte, er könne für J. Sekloong keine Verpflichtung eingehen, hatte Avram Barakian ihm ausführlich erklärt, wie er das «völlig gesetzlich» machen könne. Als Albert klarwurde, daß der Armenier die Übernahme-Strategie längst ausgeheckt und seinen Hilferuf erwartet hatte, zwang er sich, das Gespräch beiläufig zu beenden: «Ich werde darüber nachdenken, Onkel Avram, und mich wieder melden. Herzliche Grüße an Tante Charlotte.»

Als der stumme Ruf der Direktleitung von der Burg aufflackerte, nahm er resigniert den Hörer ab. Er hatte sich schon dafür gewappnet, sich der letzten Instanz zu stellen, seiner Großmutter.

«Albert, es ist Zeit, daß wir ernsthaft miteinander reden.» Lady Marys hohe Stimme klang gebieterisch. «Ich hätte gern, daß du nach dem Abendessen allein zu mir kommst, sagen wir um halb zehn. Und, Albert, bitte begnüge dich mit zwei Drinks.»

Dieser liebenswürdig vorgebrachte Befehl war fast noch demütigender als Avram Barakians aalglatte Habgier.

Zum erstenmal in seinem Leben fand Albert Sekloong seine ehrfurchtgebietende Großmutter unentschlossen. Lady Mary zögerte, das Thema anzuschneiden, dessentwegen sie ihn herbestellt hatte. Zum erstenmal kam ihm das hohe Alter dieser gebrechlichen Gestalt in dem gesteppten, rotseidenen Gewand voll zum Bewußtsein. Sie war fast sechsundachtzig. Ihre Haut war welk über den Backenknochen, der volle Mund blutleer und die veilchenblauen Augen glanzlos. Selbst der Jade-Schmetterling in ihrem Haar hing mutlos herab. Zum erstenmal war ihm seine Verantwortung gegenüber dem Haus Sekloong wichtiger als sein Bestreben, sich einen Ruf zu schaffen, der den von Sir Jonathan überstrahlte. Lady Mary war eine alte Frau, die beruhigt werden mußte.

«Gib mir ein kleines Glas Champagner, mein Lieber», sagte sie. «Und schenke dir einen Whisky ein. Einen kleinen, wenn's recht ist.»

«Nein, danke.» Seine Antwort verwunderte ihn selbst. «Ich trinke lieber nicht.»

Sie sah ihn prüfend an, und ihre Augen bekamen wieder Glanz. «Du willst nichts trinken?» fragte sie.

«Ich würde gern, aber ich lasse es lieber. Es ist Zeit, daß ich erwachsen werde.»

«Ja, es ist höchste Zeit. Übrigens hast du mir nicht erzählt, daß Kazuko ein Kind erwartet.»

«Sie wollte es dir selber sagen. Und ich war beschäftigt mit . . . mit anderen Dingen.»

«Armer Albert! All das und dazu bevorstehende Vaterfreuden. Du hast dich wirklich sehr töricht verhalten, nicht wahr?»

«Das kann man wohl sagen.»

«Ich entnehme das daraus.» Sie deutete auf den Stapel Telegramme auf dem Couchtisch. «Die ganze Familie stößt Schmerzensschreie aus.»

«Dich hätten sie mit ihren Klagen verschonen können.»

«Konnten sie doch nicht, oder? Alle behaupten, du hättest auf wiederholte Erkundigungen nicht geantwortet.»

«Das stimmt nicht ganz», verwahrte er sich. «Mit einigen habe ich gesprochen. Alaine, Mademoiselle la Comtesse, hatte ich heute eine halbe Stunde am Telefon. Sie tobte. Nicht nur ihr Einkommen, ihr *rechtmäßiges* Einkommen vermindert, sondern auch kein Zuschuß zu ihrem neuen Film mehr.»

«Ihr Blickfeld ist recht eingeengt, wenn es um ihre Interessen geht, nicht wahr? Ihr *rechtmäßiges* Einkommen ist ein Zuschuß, den ich ihr zugestanden habe. Einen rechtlichen Anspruch hat sie nicht. Wovon handelt der neue Film?»

«Es ist ein ähnliches Thema wie die anderen. Ein bißchen Sex und Nacktheit, eine Spur Politik. Das übliche.»

«Auch wie üblich antiamerikanisch und antikapitalistisch?»

«Ja, Großmama, ungefähr so. Du erinnerst dich an den Film über Dien Bien Phu? Die heroische französische Krankenschwester, die gefangen wurde und dann die Erleuchtung hatte?»

«Ja», erwiderte Lady Mary trocken. «Sie landete in Algerien und unterstützte die Nationale Befreiungsfront, und der französische Geheimdienst folterte sie. Sie sah bezaubernd aus, wie sie sich da halb nackt krümmte. Ich weiß, ich bin altmodisch, aber daß eine Enkelin von mir ...»

«Der Film hat Geld eingebracht.» Albert bemerkte es mit betontem Gleichmut. «Und der nächste war eine Wucht. Armes französisches Mannequin, von einem schwerreichen, größenwahnsinnigen amerikanischen Verleger aufgegabelt, ausgenutzt und abgeschoben.»

«Und dieser?»

«Heißt *Liebe und Tod in Saigon.* Alaine spielt ein vietnamesisches Mischlingsmädchen, das von den Amerikanern verführt wird. Aber sie wendet sich gegen die Amerikaner und rettet ihre Seele.»

«Sehr hübsch!» Lady Marys Stimme klang verächtlich. «Irgend jemand wird schon das Geld zur Verfügung stellen, um den Film zu Ende zu drehen, vielleicht der KGB. Und es wird ein voller Erfolg sein. Die Einfältigen lieben den Antiamerikanismus.»

«So was verkauft sich, Großmama.» Albert fragte sich, wieso er das Gefühl gehabt hatte, daß die alte Dame schwachsinnig werde.

«Na, sicher verkauft es sich. Lenin hat mal etwas gesagt, das dazu paßt: ‹Wenn es so weit ist, daß die Bolschewiken die Bourgeois aufhängen, dann wird die Bourgeoisie ihren Henkern noch den Strick verkaufen.› Warum müssen wir uns unbedingt selbst vernichten?»

«Es ist zur Zeit Mode, Großmama. Vielleicht gibt sich das wieder.»

«Dein Wort in Gottes Ohr.» Sie nahm die Telegramme auf. «Und alle anderen beschweren sich, daß du ihre Dividenden kürzt. Dein Onkel Thomas, dein Bruder Henry, dein Vetter George und deine Kusine Blanche, die ganze Gesellschaft kocht. Nur dein Onkel James hat nichts dazu gesagt. Und dein Onkel Charles natürlich auch nicht. Er hat gekabelt, daß er für dich bete, und gefragt, ob wir ihn hier brauchen.»

«Ich wüßte nicht, wie er helfen könnte. Ich brauche Geld, keine Gebete.»

«Unterschätze Gebete nicht. Du brauchst offensichtlich auch Gebete. Es ist wirklich interessant. Die einzigen, die nicht wie kranke junge Hunde wimmern, sind James und Charles – der Kommissar und der Priester. Und natürlich deine Tante Charlotte, die Sixpence nicht von sechs Guineen unterscheiden kann.»

«Ich habe mit Barakian gesprochen. Da ist nichts zu holen. Gar nichts. O ja, er bot unbegrenzte Hilfe an, das stimmt schon – im Austausch gegen totale Kontrolle.»

«Was hattest du erwartet? Übrigens, wie kommst du dir vor?»

«Wie ein Narr!» Lady Marys unerwartete Frage hatte ihn überrumpelt, so daß er ganz ehrlich antwortete. «Wie ein verdammter unreifer Narr!»

«Das ist ein gutes Zeichen.» Sie warf die Telegramme verächtlich auf den Tisch. «Was diese Gesellschaft betrifft, so werden sie sehen müssen, wie sie zurechtkommen. Sie müssen eben die vorjährigen Lincolns oder Rolls-Royces auch dieses Jahr noch fahren.»

«Und was soll *ich* tun?» Albert fand zu seiner lebenslangen Überzeugung zurück, daß seine Großmutter immer eine Lösung finden würde.

«Was sollen *wir* tun, nachdem du mir endlich Vertrauen geschenkt hast, was du von vornherein hättest tun sollen.»

«Entschuldige, aber bisher konnte ich es nicht. Ich habe daran gedacht, Albert Sekloong Associates zu bereinigen . . .»

«Bankrott, meinst du?»

«Ja. Ich würde meine eigenen Aktien in den Schornstein schreiben. Möglicherweise zehn Millionen Dollar. Aber wenigstens wäre ich die Sache los. Es ist eine Aktiengesellschaft mit beschränkter Haftung.»

«Tu, was du für richtig hältst.» Ihr Ton war streng. «Ich bin finanziell nicht an Ah Sek interessiert, aber ich würde ganz ausdrücklich davor warnen, die Firma bankrott gehen zu lassen.»

«Es ist meine einzige Chance. Wenn ich Ah Sek vom Halse habe, kann ich vielleicht die anderen retten . . .»

«Und bist für immer als Bankrotteur abgestempelt.»

«So wirkt sich das heutzutage nicht mehr aus, Großmama. Sieh dir Sir Dougal MacFadzean an. Er ließ seine Holdinggesellschaft bankrott gehen, und heute ist er wieder obenauf.»

«Vielleicht bin ich altmodisch», gab Mary zu. «Aber ich kann mir noch andere schwerwiegende Gründe vorstellen. Abgesehen von dem, was es für dich bedeutet, wenn Ah Sek bankrott geht, es würde sich auf *alle* Sekloong-Firmen auswirken. Denk nur, was sie auf der Bank oder bei Derwent sagen würden: ‹Mit den Sekloongs geht es abwärts!›»

«Sie reden jetzt schon, Großmama. Wenn wir Ah Sek schießen lassen, würde es den anderen Firmen zugute kommen und zeigen, daß wir noch nicht auf dem letzten Loch pfeifen.»

«Albert, die Aktionäre müssen Vorrang haben. Sie haben Ah Sek wegen des Namens Sekloong gekauft. Meine eigene Amah hat zweihundert Aktien. Kannst du wirklich Tausende wie sie ärmer machen, bloß weil es dir in den Kram paßt?»

«Sie werden ihr Geld sowieso verlieren. Nur ein Wunder kann Ah Sek retten.»

«Dann ist eben ein Wunder nötig. Der alte Herr hätte getobt, wenn eine Sekloong-Firma freiwillig bankrott gemacht hätte. Dein Vater hätte sich geschämt, zu Tode geschämt. Du kannst die Aktionäre nicht hängen lassen, Albert, das kannst du einfach nicht. Außerdem paßt es mir nicht bei meinen Plänen.»

«*Deinen* Plänen?»

«Ich habe darüber nachgedacht, wie man diese Geschichte am besten in Ordnung bringen kann. Die letzte Verantwortung trägst natürlich du.»

«Ich habe die Bücher mitgebracht.» Albert machte seinen Aktenkoffer auf. «Möchtest du dir ansehen . . .»

«Unbedingt. Ich möchte deine Zahlen sehr gern mit meinen vergleichen.»

Lady Marys weißer Kopf beugte sich über die gelben Seiten der Rohbilanzen; der frivole Jade-Schmetterling zitterte auf seiner goldenen Nadel, und seine Rubinaugen blitzten. Albert hielt seinen dunklen Kopf still, während er mit den Fingern auf die wesentlichen Zahlen deutete und kurze Notizen auf einen Block schrieb. Langsam tasteten sie sich in dem Labyrinth von Problemen der miteinander verquickten Firmen voran. Nach drei Stunden richtete sich Albert auf und rieb sich den verkrampften Nacken.

«Also gut», sagte er. «Wir haben Kategorie A, die Firmen, auf die wir unsere Anstrengungen konzentrieren. Kategorie B, wo wir zurückstekken oder sie schießen lassen. Kategorie C, ja, da kann man nur hoffen, daß die politischen oder wirtschaftlichen Verhältnisse sich ändern, wenn wir daran festhalten.»

«Dann sind wir einig, Albert?» Lady Marys Frage war rein rhetorisch. «Dragon Film ist eindeutig B. Kein Geld mehr für Alaine?»

«Das ist nicht wichtig, Großmama, nicht für das Gesamtbild. Nur ein Nebenzweig. Aber laß es mich noch einmal zusammenfassen.»

«Nur eins noch, Albert.» Lady Marys überaus sanfter Ton war eine Warnung. «Hong Kong Airways muß auch aufgegeben werden.»

«Aber . . .» protestierte er.

«Ach, das Geld wirst du bekommen», unterbrach sie ihn. «Ich werde mit ein paar Leuten in London reden, vielleicht in Washington. Wir können die Electras abstoßen und die Schulden bezahlen und haben immer noch einen kleinen Überschuß. Aber du mußt lernen, daß du es im Alleingang gegen die ganz Großen nicht schaffen kannst, vor allem nicht gegen Regierungen. Daß dir diese Routen verlorengingen, war schiere Dummheit, weil du dir nämlich nicht die Mühe gemacht hast, dir die richtigen Freunde zu sichern. Dein Spielzeug kannst du jedenfalls nicht behalten.»

Albert war wütend, daß er wie ein Schuljunge abgekanzelt wurde, schwieg aber vorsichtshalber.

«Die Weizen-Termingeschäfte, die Verbrauchsgüter», fuhr Lady Mary in demselben schulmeisterlichen Ton fort, «können wir, glaube ich, mit Gewinn losschlagen, mit gutem Gewinn.»

«Wie denn? Der Marktpreis fällt, und niemand kauft.»

«Aber sie werden kaufen. Die Ernte in Rußland sieht schlecht aus, wie ich höre. Und die Chinesen werden bald Getreide brauchen. Ich werde mal mit Dewey Miller reden, ihn auf ein paar offenkundige Tatsachen hinweisen. Das wird sich rasch genug herumsprechen, sobald die Presse es aufgreift.»

«Daran hatte ich nicht gedacht», gestand Albert.

«Geschäft, mein Lieber, ist nicht bloß eine Sache von Bilanzen und stürmischer Expansion. Du darfst nie die menschlichen Faktoren, die politischen Faktoren übersehen. Politik ist mehr als der halbe Schlüssel zum Erfolg. Ich habe das schon vor langer Zeit gelernt.»

«Bist du darum immer so in Politik vertieft?»

«Auch um ihrer selbst willen, Albert. Politik, das sind einfach Menschen, und Menschen sind interessant. Aber laß uns mit deiner Zusammenfassung fertig werden.»

«Gut. Dragon Plastics ist Kategorie A. Statt mit Verlust zu verkaufen oder den Betrieb vorübergehend stillzulegen, werden wir ihn modernisieren. Da du darauf bestehst, werden wir die Electras verkaufen und Hong Kong Airways aufgeben. Sie sind eindeutig Kategorie B. Megalith Housing und Borneo Explorations sind C; sie sind es wert, daß wir sie behalten, bis sich die politische und wirtschaftliche

Situation ändert. Aber sie werden eine beträchtliche Geldspritze brauchen!»

«Wir gehen morgen wie vereinbart zur Hong Kong Shanghai Bank», sagte Lady Mary. «Sie werden die paar Millionen besorgen, die wir brauchen. Wenn wir die Lage in etwas schwärzeren Farben malen, als sie wirklich ist, wird die Bank überhaupt keine Wahl haben. Wenn die Sekloongs in Gefahr sind, *kann* die Bank sie nicht hängen lassen. Nicht nach den Pleiten der chinesischen Banken. Eine ernstliche Schwierigkeit der Sekloong-Unternehmen würde Hongkongs Wirtschaft bis in die Tiefen erschüttern.»

«Ja», sagte Albert, «du hast mir den Ausweg gezeigt. Ich hätte mir nie träumen lassen . . .»

«Du warst so eifrig mit Bauen beschäftigt, daß du die Fundierung vergessen hast, stimmt's? Einiges haben sie dir in Harvard oder Pennsylvania nicht beigebracht.»

«Scheint so, Großmama. Jetzt werd ich diesen Drink zu mir nehmen, und dann verschwinde ich, damit du schlafen gehen kannst.»

«Gib mir noch einen Tropfen Champagner. Ich fühle mich richtig belebt. Es tut gut, wieder mittendrin und beteiligt zu sein.»

Albert staunte über die Widerstandsfähigkeit seiner Großmutter. Die gebrechliche alte Dame hatte sich wieder in die entscheidungsfreudige Chefin verwandelt. Sie genoß die Herausforderung tatsächlich und fand es herrlich, dem Schicksal die Stirn zu bieten. Sie hatte ihn fast davon überzeugt, daß er ihr einen unschätzbaren Gefallen erwies, indem er sie zwang, sich wieder in das Getümmel der Wirtschaftskämpfe zu stürzen.

«Ich bin sehr dankbar, Großmama», sagte er verdrossen und beschäftigte sich mit Gläsern, Flaschen und Eis. «Es ist wirklich nicht deine Aufgabe.»

«Wessen denn sonst, mein Lieber? Rede nicht so geschwollen daher. Du klingst wie dein Großvater. Mir macht das Spaß.»

«Mir wird es mehr Spaß machen, wenn wir über den Berg sind.»

«Apropos Berg, behältst du China im Auge?»

«In letzter Zeit nicht. Wie du weißt, war ich recht beschäftigt.»

«Es könnte sich lohnen, wenn du deine Aufmerksamkeit darauf richtetest. Die wirtschaftliche Lage wird sich womöglich völlig ändern. Offenbar bahnt sich da eine katastrophale Umwälzung an. Dewey Miller sagt, er wüßte noch nicht genau, was es sei. Er hat offenbar den Eindruck, es könnte noch turbulenter sein als der Große Sprung nach vorn. Peking spricht von einer großen proletarischen Kulturrevolution.»

8. Juni 1966 bis 26. September 1967

BOMBARDIERT DAS HAUPTQUARTIER DER MACHTHABER, DIE DEN KAPITALISTISCHEN WEG EINSCHLAGEN! Schih Tou-tou trat zurück, um die prächtigen Pinselstriche auf ihrem riesigen Plakat zu bewundern.

VERNICHTET ALLE DÄMONEN UND UNGEHEUER IN DER KOMMUNISTISCHEN PARTEI! Die achtundzwanzigjährige Tochter von General Schih Ai-kuo erschauerte von neuem vor Begeisterung und Angst, daß sie es wagte, die unbestreitbar richtige politische Linie des Vorsitzenden Mao Tse-tung gegen die bourgeois-imperialistischen Agenten zu verfechten, die Peking und die Tsinghua-Universität am Stadtrand beherrschten.

Doppelte Ironie war dabei im Spiel: Tsinghua war eine Keimzelle fortschrittlichen Denkens gewesen, seit die Universität mit den Mitteln gegründet worden war, die ursprünglich von China als Entschädigung für die Untaten der Boxer im Jahre 1900 an ausländische Mächte gezahlt worden waren. Tou-tou wußte, daß die Universität ihr Dasein der Tatsache verdankte, daß die Ausländer diese Gelder zurückgezahlt hatten, aber sie tat das als eine Geste des «Kulturimperialismus» ab. Und die zweite: Tou-tou wußte nicht, daß sie ihr Leben dem Entschluß von Mary Philippa Osgood verdankte, Charles Sekloong zu heiraten und nicht den britischen Offizier, der bei der Unterdrückung des Boxeraufstands brutal gehandelt hatte.

DIE UNIVERSITÄT WIRD VON KONTERREVOLUTIONÄREN VERRÄTERN GELEITET! DIE REVOLUTIONÄREN STUDENTEN FORDERN IHRE ENTLASSUNG! ES LEBE DIE UMFASSENDE DEMOKRATIE! ES LEBE DER WAHRE SOZIALISMUS! HOCH LEBE DER VORSITZENDE MAO!

James Sekloongs Tochter war Dozentin für Geschichte und trug eine blaue Jacke und blaue Hose, die Einheitskleidung aller Studenten und Fakultätsangehörigen. Bewußt verdrängte sie die Tatsache aus ihren Gedanken, daß der Baumwollstoff feiner war als der von anderen und daß der Anzug maßgeschneidert war; er betonte ihre wohlgerundeten Hüften und ihre vollen Brüste. Tou-tou zog es vor, die äußerlichen Merkmale der Privilegien zu vergessen, die ihr durch den Rang ihres Vaters als General der Volksbefreiungsarmee und durch seine Stellung als stellvertretender Kommandeur des Militärbezirks Peking zuteil wurden. Aber ihre hellbraunen Augen strahlten vor Freude über ihre führende Rolle bei der sich zuspitzenden Auseinandersetzung zwischen der wahren revolutionären Linie und der korrupten Bürokratie, für die sich ihr Vater einsetzte.

Tou-tou ergriff den Hammer, den sie sich in der Schreinerwerkstatt der Universität geholt hatte, und schlug nachdrücklich noch sechs Nägel durch die dicke Pappe des Plakats in die Tür der Bibliothek. Ihr Glaubensbekenntnis, das erste, das in Tsinghua auftauchte, war zu wichtig, als daß es vom Wind abgerissen werden durfte, der am späten Nachmittag des 8. Juni 1966 über den Campus wehte.

Einen kurzen Augenblick gab sie sich dem Entzücken über ihre aufreizende Erscheinung hin. Ihre blasse, von der Aufregung gerötete Haut kontrastierte mit den schimmernden Zöpfen, die sie wie alle Studentinnen trug. In einem Anflug von Stolz wurde sie sich klar, daß sie wirklich eine Heldin der Revolution war wie die Märtyrer, über deren Taten sie berichtete, um ihre Studenten zu größerem Eifer anzuregen. Sie sah sich schon mit dem erhobenen Hammer vor dem Plakat, dieser Kriegserklärung, im Brennpunkt eines Wandgemäldes, das irgendein zukünftiger revolutionärer Künstler zur Erinnerung an diesen Augenblick malen würde, auf daß er in den Annalen der Volksrepublik China fortlebe. Aber sie unterdrückte diese Regung von selbstsüchtigem Individualismus und rief sich ins Gedächtnis, daß sie ja für die Revolution kämpfte, nicht zur persönlichen Verherrlichung.

Der Campus lag still da, als die goldene Abenddämmerung die Schatten wachsen ließ in den jungen Kiefernhainen, die auf Befehl des Vorsitzenden auf der ockerfarbenen nordchinesischen Ebene gepflanzt worden waren, um den nach jahrhundertelangem Raubbau durch brennholzhungrige Bauern pulverfeinen Boden zu erhalten. Der Sonnenball glühte rot durch den Dunst über den Tempeln auf den grünen Westbergen. Wildenten flogen in Pfeil-Formation am dunkel werdenden Himmel und verständigten sich mit heiserem Geschnatter.

Abgelenkt von dem idyllischen Bild, staunte Tou-tou, daß Schein und Wirklichkeit so unterschiedlich sein konnten. In dem unirdischen Frieden des sich neigenden Tages hätte die Universität das sein können, was sie zu sein schien, nämlich das friedliche Zentrum alter Gelehrsamkeit, dabei war sie das erste Schlachtfeld des heftigsten Kampfes, der China seit der Gründung der Volksrepublik vor siebzehn Jahren erschüttern sollte. Bei diesem Kampf war der vierthöchste Mann in der Hierarchie der Kommunistischen Partei mit seinen Anhängern bereits gestürzt worden. Und der Vorsitzende hatte erklärt, dieser Kampf werde jahrelang dauern und immer heftiger werden.

Das Klirren von Zimbeln und das Gebrüll von Sprechchören erschreckte die schwarz-grünen Enten, die auf dem See schwammen, und Tou-tou zog sich in den Schatten der Kiefern zurück. Tsinghua, ihre eigene Universität, war noch feindliches Gebiet, obwohl Tou-tou den Gegenangriff der loyalen Linken gegen die usurpatorische Rechte gerade angekündigt hatte. Eine Spruchbänder schwenkende Gruppe von Studenten marschierte in Sechserreihen über den Sportplatz zwischen der Bibliothek und dem Studentenwohnheim. Die heftig gestikulierenden Gestalten hoben sich gegen die Dämmerung ab und wirkten wie ein Tuschbild von einer Schar Bauern, die sich vor undenklichen Zeiten aufmachte, um ihre Unterdrücker zu stürzen.

Der äußere Schein war wieder einmal absolut trügerisch. Tou-tou kannte die schlanke Frau, die die Prozession anführte, sie war die Verkörperung des Bösen, die Antreiberin der verräterischen Machthaber, die den kapitalistischen Weg eingeschlagen hatten und planten, alle Errungenschaften von fast zwei Jahrzehnten der revolutionären Herrschaft in China wieder zunichte zu machen. Getarnt in der schlichten blauen Kleidung der revolutionären Massen, trippelte diese Frau durch das hohe Gras, als ob sie noch die dekadenten hochhackigen Schuhe trüge, den *cheongsam* aus violetter Seide und die mehrfache Perlenkette, mit der sie geprotzt hatte, als sie als Vertreterin Chinas ins Ausland gereist war – und das chinesische Volk mit ihrem vulgär-bourgeoisen Verhalten entehrt hatte.

Sie war Wang Kwang-mei, die Frau des Staatsoberhaupts der Volksrepublik China, Liu Schao-tschi. Ihre singenden Gefolgsleute waren der Kulturrevolutionstrupp, dem ihr abtrünniger Mann befohlen hatte, die Universität in einen Hort der Reaktion zu verwandeln. Tou-tou wußte, daß der Kampf, der gerade anfing in Gewalttätigkeit auszuarten, eigentlich vor mehr als acht Jahren begonnen hatte, als an Sabotage und die stümperhafte Untüchtigkeit so vieler Kader dem Großen Sprung nach vorn kurz vor seinem Erfolg Einhalt geboten hatten. Mao Tse-tung war damals als Staatsoberhaupt zurückgetreten, um sich auf die grundlegende Analyse der chinesischen Gesellschaft zu konzentrieren, die wichtig war, um diese Gesellschaft umzumodeln. Kurz danach, im April 1959, hatte das irregeleitete Zentralkomitee der Kommunistischen Partei den Mann, der mit salbungsvoller Zuneigung Genosse Schao-tschi genannt wurde, zum Präsidenten der Republik gewählt. Auch Tou-tous Vater hatte für diesen rückschrittlichen Mann gestimmt.

Das Gleichgewicht war im September 1959 teilweise wiederhergestellt worden, als der Vorsitzende Mao das schwankende Zentralkomitee zwang, Verteidigungsminister Peng Teh-huai, den «Großen General», abzusetzen und an seiner Stelle Feldmarschall Lin Piao zu ernennen. Tou-tous Vater, ein beflissener Gefolgsmann der Reaktionäre, sprach von Lin Piao, seinem ersten Kompanieführer, immer noch als einem «unverbesserlich ehrgeizigen Karrieremacher, einer Giftschlange, die sich als gütiger Drache maskiert». Sieben Jahre lang hatte Liu Schaotschi sich bemüht, das Rad der Geschichte zurückzudrehen und den Kapitalismus in China wieder einzuführen. Aber das kraftvolle revolutionäre Tempo war schließlich durch den stürmischen, glorreichen Frühling und Sommer 1966 wiederbelebt worden. Nachdem der Vorsitzende seine Feinde überdauert und überlistet hatte, ergriff er die Offensive gegen ihre bürokratische Festung in Peking, während Lin Piao, sein getreuer Jünger, die revolutionären Truppen zum letzten Angriff auf den Hort der Reaktionäre aufmarschieren ließ. Tou-tou und ihre «rebellischen revolutionären» Anhänger waren die Vorhut bei diesem Angriff in Peking. Der Vorsitzende, Verteidigungsminister Lin, und Tschiang Tsching, die Frau des Vorsitzenden, beendeten ihre Vorbereitungen im loyalen Schanghai.

Die Prozession der Reaktionäre marschierte an dem Studentenwohnheim vorbei. Dort versammelte sich eben Tou-tous Kampfgruppe, um heimlich die nächste Phase der Schlacht zu planen, mit der die Universität Tsinghua dem Klassenfeind entrissen werden sollte. Sie selbst sollte erst in einer halben Stunde dort ankommen. Wie die heroischen Untergrundagenten in den Weißen Gebieten während der Kriege gegen die Japaner und die Kuomintang staffelten die jungen Aktivisten ihr Eintreffen, um der Wachsamkeit des Feindes zu entgehen. Tou-tou selbst hatte gerade eine offene Kampfansage an den Feind ergehen lassen, indem sie herausfordernd ihr großes Plakat annagelte, aber die korrekte Strategie erforderte, daß die rebellischen Revolutionäre die direkte Konfrontation mit den zahlenmäßig überlegenen Kräften der Reaktion noch vermieden.

Die lange Prozession stolzierte hinter der winzig kleinen Wang Kwang-mei her zu dem Hörsaal hinter der Bibliothek. Ein weiteres illegales Gericht würde abgehalten werden – mit keiner anderen Befugnis als der vom usurpatorischen Präsidenten der Volksrepublik übertragenen –, um die loyalen Anhänger des Vorsitzenden Mao zu verfolgen. Tou-tou konnte bisher wenig tun für diese Märtyrer, nur planen, ihr Leiden zu rächen. Sie versteckte sich im Schatten und wartete, daß die Prozession vorbeiziehe. Aber sie wurde von Angst gepackt, als etwa dreißig Mann aus der Gruppe ausscherten und zum Wohnheim gingen. Die revolutionäre Taktik des Vorsitzenden schrieb genau vor, was ihre

Pflicht war: sie mußte sich retten, den Campus schnell und unauffällig verlassen. Aber ihre Disziplin ließ, wie sie etwas schuldbewußt feststellte, noch zu wünschen übrig: Sie blieb hinter den Kiefern stehen, weil sie sehen wollte, ob ihre Kampfgruppe dem eindringenden Kulturrevolutionstrupp entgehen würde.

Im Dunst der Abenddämmerung waren die Umrisse der Gebäude verschwommen, die rote Sonne war nur noch eine halbe Scheibe hinter den Westbergen. Die Wildenten suchten noch immer nach einem Ruheplatz für die Nacht. Abgelenkt durch ihre Stakkato-Rufe, nahm Tou-tou die harschen Schreie nicht bewußt auf, die aus dem vierten Stock des Wohnheims herüberschallten. Doch sie sah genau, als kleine schwarze Gestalten aus der Tür herausströmten, verfolgt von anderen Stöcke schwenkenden Gestalten. Wie ein Schattenspiel, dachte sie, ehe Erleichterung sie überkam. Ihre Kampfgruppe war überrascht worden, hatte sich aber retten können. Hinter den Kiefern kniend, zählte sie die Gestalten, die vor ihren Verfolgern davonrannten.

Dreizehn . . . vierzehn . . . fünfzehn . . . Nur einer ihrer revolutionären Rebellen fehlte, aber sie konnte sich bei der schlechten Sicht verzählt haben. Sie erschauerte, als die vordersten der Konterrevolutionäre sich auf den letzten ihrer Anhänger stürzten und ihn zu Boden warfen. Wer war es wohl, den der Feind gefangen hatte? Nach dem kräftigen Körperbau zu urteilen, konnte es nur ihr Stellvertreter Wu oder der Große Tschang sein. Wer immer es war, er würde härter werden durch Leiden, ehe die Kampftruppe ihn retten könnte. Tou-tou schwor von neuem Rache und schlich sich in der zunehmenden Dunkelheit zum Saum des Kiefernwäldchens.

Ein Angstschrei vom Himmel verwirrte sie, und sie blieb Sekunden wie angewurzelt stehen, dann suchte sie den Himmel ab, an dem nichts zu sehen war, nicht einmal mehr die schnatternden Enten. Ein zweiter Schrei zerrte an ihren Nerven, und diesmal erkannte sie, woher er kam. Das große Fenster im vierten Stock des Wohnheims war weit aufgerissen worden, und ein breiter Strahl gelben Lichts drang heraus. Wie Schauspieler im Scheinwerferlicht waren vier schattenhafte Gestalten sichtbar, die eine fünfte halb zum Fenster hinaushängen ließen. Ihr Opfer schrie wieder, und Tou-tou beobachtete in hilflosem Zorn die Tortur, der ihr Anhänger unterworfen wurde.

«Flugzeug fliegen» nannten sie das, wenn ein gefangener Feind in großer Höhe herumgeschwenkt wurde, damit er Angst bekam. Die Gestalt wirbelte schneller und schneller, und die Folterknechte beugten sich immer weiter aus dem Fenster. Ihr Opfer schrie unablässig, jeder

Schrei war schriller und verzweifelter. Tou-tou kam zu dem Schluß, daß dem Betroffenen, wer immer es war, mehr Selbstdisziplin beigebracht werden müsse. Der Feind legte es vor allem darauf an, die Entschlossenheit der loyalen Maoisten durch Terror zu brechen, so daß sie vor ihrer erklärten Aufgabe zurückschreckten: *Wagt zu rebellieren! Wagt Revolution zu machen!* Sie selbst hatte diese Strafe schon befohlen bei gefangenen Reaktionären, um ihnen den unerbittlichen Willen der Volkskrieger einzuschärfen. Jetzt mußten die Reaktionäre müde werden. Bald mußten sie von ihrem unmenschlichen Spiel ablassen.

Die Gestalten wirbelten so schnell in einem närrischen Ballett, daß Tou-tou die einzelnen nicht erkennen konnte. Sie sah nur eine schwarze Masse, die sich in dem gelben Licht drehte, und einen Arm oder ein Bein, die plötzlich herausragten wie ein Ast eines brennenden Baums. Die Masse riß auseinander – und eine einzelne Gestalt flog durch das Fenster und wirbelte durch die Luft. Mit einem letzten, nachhallenden Schrei landete sie auf dem Boden und lag still, ein schwarzer Haufen in der Dunkelheit.

Tou-tou kniete hinter den Kiefern, und ihre Stirn berührte die gelbe Erde; unbewußt hatte sie die uralte Haltung der trauernden Chinesin angenommen. Sie wurde von Schluchzen geschüttelt und würgte vor Beklemmung. Sie merkte kaum, daß der reaktionäre Kulturrevolutionstrupp unter lautem Gelächter aus dem Wohnheim kam, aber deutlich hörte sie die Schmähungen, als die Leute an der auf halbem Weg zwischen dem Wohnheim und der Bibliothek liegenden Gestalt vorbeigingen.

«Flieg jetzt, du Sohn einer Schildkröte! Wage es! Wage es doch, Revolution zu machen! Du wirst nie wieder auf das Volk spucken!»

Als der Feind das Schlachtfeld leer zurückgelassen hatte bis auf das makabre Andenken an seine gemeine Feigheit, schleppte sich Tou-tou über den Rasen zum Wohnheim. Sie ließ den Kopf hängen, und jeder Schritt erforderte eine bewußte Willensanstrengung. Als sie zu der hingestreckten Gestalt kam, wandte sie unwillkürlich den Blick ab. Schließlich zwang sie sich hinzusehen und erkannte im Mondschein die Züge ihres Stellvertreters Wu, für immer zu einer Grimasse tödlichen Entsetzens verzogen.

Wie ein verwundeter Bär, der sich verkriechen möchte, saß James Sekloong in seinem Dienstwagen und blickte vorsichtig durch die dünnen Gardinen. Grün gestrichene Lastwagen voll bewaffneter Infanteristen wirbelten den gelben Staub auf Pekings breiter Straße des langen

Friedens auf. Alle fünfzehn Meter waren Posten aufgestellt, die salutierten, wenn seine Limousine mit der roten Fahne vorbeifuhr. Niemals hatte der General so viele Ehrenbezeigungen erfahren, und niemals hatte er sich so machtlos gefühlt wie in dieser frühen Morgenstunde des 20. Juli 1966. Zwar wimmelte es in der Stadt von Männern in der gelbbraunen Sommeruniform der Volksbefreiungsarmee, doch gehörten die meisten von ihnen nicht seinen Truppen an. Der stellvertretende Kommandeur des Militärbezirks Peking konnte ihnen ebensowenig Befehle erteilen wie ein einfacher Soldat aus dem hintersten Glied.

So viele Soldaten, wie jetzt in den Straßen patroullierten, hatten Pekings Bürger nicht gesehen seit dem triumphalen Einmarsch der Befreiungsarmee in die alte Stadt im Januar 1949. Die Hauptstadt, die im Laufe der Jahrtausende so viele Belagerungen erduldet hatte, wurde jetzt wieder belagert – diesmal von innen. Belagerer und Verteidiger trugen dieselbe Uniform, befolgten aber gegensätzliche Befehle. Das Oberkommando der Befreiungsarmee war uneins, genau wie das Zentralkomitee der Kommunistischen Partei. Die Belagerung von Peking wurde vom Vorsitzenden Mao Tse-tung und dem Verteidigungsminister Lin Piao von ihrem Hauptquartier in Schanghai aus geleitet. Verteidigt wurde die Hauptstadt vom Präsidenten der Volksrepublik Liu Schaotschi und, etwas weniger energisch, von Ministerpräsident Tschou Enlai. Die politische Macht in China kam immer noch aus den Gewehrläufen, wie der Vorsitzende gesagt hatte. Marschall Lin Piao hatte seine eigenen Divisionen eingesetzt, um die Stadt zu nehmen und mit einem militärischen Staatsstreich die legale Regierung abzusetzen.

James mußte aufstoßen und verschluckte sich fast an dem süßen Rauch einer Tien-an-Men-Zigarette, seiner zwölften, seit er vor drei Stunden aufgestanden war. Zu dem Frühstücksreisbrei, gewürzt mit gehacktem Schweinefleisch und Erdnüssen, hatte es wie üblich aufgebratene Brotscheiben gegeben. Aber diese *yu-tiao* waren fett gewesen, und sein übersäuerter Magen verschlimmerte seine säuerliche Stimmung. Sein eigener Haushalt war bereits von politischer Uneinigkeit heimgesucht. Ohne sich um die lauschenden Dienstboten zu kümmern, hatte er geschrien: «Wir haben hier schon einen kleinen Bürgerkrieg. Der Himmel helfe China, wenn ein Mann in seinem eigenen Heim keinen Frieden finden kann!» Dann hatte er die Hoftür hinter sich zugeknallt und die Flucht ergriffen vor den scharfen Erwiderungen seiner Frau Lu Ping und seiner Tochter Tou-tou.

Die beiden Frauen spendeten der großen proletarischen Kulturrevolution begeistert Beifall, ließen aber wenig Verständnis erkennen. Er war belastet durch zuviel Wissen, sie wußten wenig mehr als die großsprecherische Hymne in der Pekinger *Volkszeitung*: «Es ist eine tiefschürfende Revolution, die radikal die alte Ideologie, das alte Denken, die alte Kultur, die alten Sitten und Bräuche und Verhaltensweisen auslöschen wird, die seit Jahrhunderten das chinesische Volk vergiftet haben.»

Lu Ping und Tou-tou, die sich für die Maoisten engagiert hatten, wußten im Gegensatz zu ihm nicht, daß bereits eine große Zahl höherer Beamter verhaftet worden war. Sie wußten nur, daß der Bürgermeister von Peking, der vierthöchste Mann in der Kommunistischen Partei und der Zar der chinesischen Kultur, unter Hausarrest stand. Aber die beiden Frauen ließen sich von ihrer blinden Verehrung des Vorsitzenden Mao nicht abbringen, der wieder einmal versprach, aus China die vollkommene sozialistische Gesellschaft zu machen, was bei dem Großen Sprung nach vorn irgendwie nicht gelungen war. Sie spotteten über James' Warnung: «Die Kulturrevolution könnte ein nicht einzudämmendes Feuer werden, das die Kommunistische Partei verzehrt – sogar ein Bürgerkrieg.»

«Du bist immer noch ein Bourgeois, ein Vertragshafen-Sekloong», warf ihm seine Frau vor. «Du kannst die außerordentlichen Erkenntnisse des Vorsitzenden Mao einfach nicht begreifen. Je größer das Durcheinander, um so größer wird der Endsieg sein. Wir werden eine herrliche neue Welt auf den Trümmern der alten bauen.»

«Laß mich doch mit dem Parteijargon zufrieden», hatte James kühl erwidert. «Ich war schon Kommunist, als du in Kiangsi noch Schweine gehütet hast. Wir können den Kommunismus nicht auf einem Schlachtfeld voller Leichen aufbauen. Wenn diese Kulturrevolution sich ausbreitet, wird sie China um eine Generation zurückwerfen.»

«Dein Denken ist befangen in alten Vorstellungen», erklärte ihm Tou-tou. «In Tsinghua haben wir schon einen großen Sieg errungen über den revisionistischen, sowjetisch ausgerichteten Verräter Liu Schao-tschi. Jeder Genosse gibt seine Ansicht auf Wandzeitungen mit großen Schriftzeichen kund. Das ist wahre Demokratie, umfassende Demokratie – nicht verfälschte bourgeoise Demokratie. Wir bedienen uns der Worte und der Waffen, um die starre, reaktionäre Herrschaft der versteckten kapitalistischen Agenten in unserer Mitte zu brechen.»

James war vom Frühstückstisch aufgestanden und hatte seine bequem formlose Stoffmütze mit dem aufgestickten roten Stern aufgesetzt. Als er durch den Hof ging, wurde ihm klar, daß das vielleicht die letzte offene Diskussion mit seiner Frau und Tochter gewesen war. Aufrichtigkeit in einem uneinigen Haushalt war nicht nur unvorsichtig, sie war gefährlich.

Sein mißmutiges Grübeln wurde unterbrochen, als sein Fahrer an der Wangfutsching Street stark bremste. Plötzlich zu halten war selten nötig, denn fast achtzehn Jahre nach der Befreiung der Stadt sah man auf Pekings Straßen nur Behörden- und Diplomatenwagen und Taxis oder Autobusse. Eine Schar junger Männer und Frauen strömte auf die Straße des langen Friedens. Einige waren offenbar Studenten in blauen Jacken; andere kamen aus Bauernkommunen und trugen selbstgeschneiderte Hosen und Hemden. Alle schwenkten Spruchbänder, bemalt mit den spitzen Buchstaben: *Hung Wei Ping* – Rote Garden. Der Vorsitzende Mao und Verteidigungsminister Lin führten ihre Stoßtruppen heran und setzten die doktrintrunkenen Jugendlichen ein, um die regulären Truppen der Befreiungsarmee einzukreisen. Kriegerisch klang der Gesang der Roten Garden: «Wir werden die alte Welt dem Erdboden gleichmachen! Wir werden das Alte vernichten!»

James strich über seinen Uniformrock aus Baumwolle, der nur rote Kragenabzeichen hatte. 1964 hatte Lin Piaos Verteidigungsministerium dem öffentlichen Streit zwischen China und der Sowjetunion Rechnung getragen und auch die mit goldenen Litzen verzierten Uniformen im sowjetischen Stil abgeschafft. James fragte sich, ob sich die Uniformen wieder ändern würden, wenn die schleppenden Gespräche in Warschau schließlich zu einer Versöhnung zwischen Washington und Peking führten. Dieser radikale Wandel war nicht so bald zu erwarten. Aber wer hätte vor zehn Jahren vorausgesagt, daß der Vorsitzende sich gegen die Sowjetunion wenden würde, die er noch 1950 als Chinas Großen Bruder gepriesen hatte? Gespräche mit den Amerikanern könnten die Gefahr abwenden, die James Sekloong und die meisten anderen Militärs noch im Schlaf verfolgte – die Konfrontation mit den gewaltigen Streitkräften, die die Amerikaner in Südvietnam einsetzten. China war praktisch schutzlos. Der Verteidigungsminister glaubte nämlich, daß Scharen von Guerillakämpfern jeden modernen Feind überwältigen könnten. Der Stabschef, der eine technologische Aufrüstung befürwortet hatte, war in Ungnade gefallen und schon ausersehen, ein Opfer der großen Säuberung zu werden, die sich anbahnte.

James fröstelte in der heißen, trockenen Luft. Er merkte, daß er sich mit der rechten Hand über den Adamsapfel strich, und preßte die Handfläche auf den Sitz. Seine Hand hatte offenbar einen eigenen Willen und machte sich Sorgen um seinen Hals. Er könnte sehr wohl der nächste höhere Offizier sein, der in ein Arbeitslager geschickt würde.

Der Dienstwagen hielt am Osteingang der Großen Halle des Volkes, und die fremden Wachtposten vor den Türen grüßten nachlässig. Unwillkürlich strich sich James wieder über den Hals, war aber ein wenig erleichtert, als er seinen Stab in den neuen Büroräumen neben der Suite des Ministerpräsidenten arbeiten sah. Die angrenzenden Büros des Staatsoberhaupts der Volksrepublik China waren leer. Genosse Schao-tschi hatte sich vorsichtshalber in seine Residenz hinter den Mauern der Inneren Stadt zurückgezogen, wo ihn seine persönliche Leibwache beschützte.

«Das ist lächerlich», hatte James dem Ministerpräsidenten gegenüber bemerkt. «Was geht vor, wenn der Staatspräsident sich in seinem eigenen Büro bedroht fühlt?»

«Lächerlich, Ai-kuo?» Tschou En-lais Ton war ironisch gewesen. «Wir leben in einer lächerlichen Zeit. Sehr vernünftig vom Genossen Schao-tschi. Und mir ist es lieb. Ein kleiner Abstand zwischen mir und dem Genossen Schao-tschi ist mir in diesem Augenblick lieb.»

Während er grünen Tee trank und seine fünfzehnte Zigarette an diesem Morgen anzündete, fragte sich James, wer in seinem Stab wohl der Spaßvogel sei. Eine unbekannte Hand hatte die obligatorische Farbfotografie eines gütigen Vorsitzenden Mao zwischen die beiden klassischen Schriftrollen gehängt, die familiäre und nationale Eintracht rühmten, eben jene Eigenschaften, die der Vorsitzende als die größten Hindernisse für den «Fortschritt durch Kampf» bezeichnete. Frivolität wurde im neuen China nirgends gefördert; Frivolität in bezug auf Politik war ein schwerwiegender «Fehler»; und auch nur die Andeutung von Frivolität gegenüber Mao Tse-tung war ein abscheuliches Vergehen. Das Pekinger Stadtkomitee der Kommunistischen Partei war gerade geschlossen abgesetzt worden, weil seine Zeitung eine plumpe Satire über den Vorsitzenden gebracht hatte.

Der General verriegelte die Tür, stieg auf einen Stuhl und nahm die Schriftrollen ab. Er rollte sie zusammen und versteckte sie hinter einem Aktenschrank. Womöglich, überlegte er sich, litt er an Verfolgungswahn, aber lieber paranoisch als der Säuberung zum Opfer fallen.

James Sekloong kehrte an seinen Schreibtisch zurück und zündete sich mit zitternden Fingern seine sechzehnte Zigarette an. Er schämte sich, daß er heimlich die alten Schriftrollen abgenommen hatte, wie ein Jugendlicher, der hinter der verschlossenen Badezimmertür pornographische Bilder betrachtet. Aber die Atmosphäre in Peking Ende Juli 1966 verlangte solche Heimlichkeiten. Der Vorsitzende Mao hatte zum Vernichtungskrieg aufgerufen gegen alle Bräuche, Denkweisen und

Werke der alten Kultur, die Chinas stolzeste Schöpfung gewesen war, der Kultur, die schließlich China selbst gewesen war. Daher waren die anscheinend harmlosen Schriftrollen an seiner Wand eine direkte Bedrohung für James Sekloong.

Mao Tse-tung, der Mann, war weit größer geworden als sein Amt. Grenzenlose Ehrerbietung gegenüber dem Vorsitzenden, die die den Kaisern gezollte außerordentliche Ehrfurcht überstieg, hatte den Willen der ranghöchsten Mitglieder der kommunistischen Hierarchie gelähmt. Niemand unter den fast zweihundert Männern und Frauen, die theoretisch das riesige Volk von fast siebenhundert Millionen Menschen regierten, war frei von Angst, und keiner traute dem anderen. Daß sich der Ministerpräsident direkt von dem umstrittenen Staatspräsidenten, seinem alten Waffengefährten Liu Schao-tschi, zurückzog, war symptomatisch für den Schrecken, den der Vorsitzende Mao bewußt verbreitet hatte. Daß es der Schanghaier Gruppe revolutionärer Rebellen gelang, die ältesten Freunde gegeneinander aufzuhetzen, war ihre stärkste Waffe.

Auf James' Schreibtisch häuften sich die Akten mit dem Vermerk DRINGEND. «Die schreckliche Bürokratie läuft auf vollen Touren», hatte der Ministerpräsident bemerkt. «Die verängstigten Kader spucken haufenweise bedeutungslose Papiere aus, von denen die meisten für unsere Probleme so belangvoll sind wie die klassischen ‹achtteiligen Aufsätze› der kaiserlichen Beamtenprüfungen. Worte, Worte und nochmals Worte – schön und symmetrisch angeordnet, aber bedeutungslos.»

Die Berichte des Nachrichtendienstes des Pekinger Militärbezirks waren dagegen höchst belangvoll, besonders der *Tägliche Situationsbericht*. Ihre prägnante Sprache, unbelastet von dem üblichen politischen Jargon, war allein schon eine Bestätigung der schweren Beben, die die Volksrepublik erschütterten.

James wandte sich den Akten mit wenig Begeisterung und geringem Interesse zu, obwohl er wußte, daß ihr Inhalt auf lange Sicht auch sein eigenes Schicksal bestimmte. Die Berichte waren durch die Ereignisse bereits überholt. Spät am vorigen Abend hatte eine Ordonnanz ihm die Nachricht gebracht, daß die Plenarsitzung des Zentralkomitees abgesagt sei, die der Ministerpräsident, Genosse Schao-tschi und der Generalsekretär der Kommunistischen Partei Teng Hsiao-ping («der Organisator») ursprünglich für diesen Vormittag einberufen hatten. Angesichts der Bedrohung durch Gewalttätigkeiten der Roten Garden und durch Lin Piaos Gewehre wagte das in seiner Mehrheit auf Lius Seite stehende Zentralkomitee nicht in Peking zusammenzutreten.

Die Einsatzberichte machten deutlich, warum der von Lin Piao angewandte Terror so erfolgreich war. Die meisten Generale der Volksbefreiungsarmee standen zwar loyal zur legitimen Staatsgewalt und zu Staatspräsident Liu Schao-tschi, doch hatte die Absetzung ihres Stabschefs sie gelähmt. Lin Piaos Truppen besetzten währenddessen wichtige Straßen- und Eisenbahnverbindungen zur Hauptstadt und marschierten unangefochten in Peking ein. Die Meldungen enthielten alle Variationen desselben Themas: «Wir rückten aus wie befohlen, hatten aber keine logistische Unterstützung ... Meine Division wurde dienstunfähig durch die Grippe-Epidemie ... Es gab keine Transportmöglichkeit.» Die lahmen Ausreden – und daß von einigen wichtigen Kommandeuren überhaupt keine Nachrichten vorlagen – zeigten die Unentschlossenheit und Untätigkeit, die Lin Piaos Staatsstreich ermöglicht hatten.

Als James Sekloong an diesem Abend in sein von Zwietracht heimgesuchtes Haus zurückkehrte, hatte seine Stimmung den Nullpunkt erreicht. Er hüllte sich in das schützende Schweigen, das in den nächsten zehn Tagen seine Verzweiflung bemänteln sollte, während er mitansah, wie sich das Wunschbild von einem vollkommenen China, das ihn seit 1926 beflügelt hatte, auflöste.

Die Maoisten bemächtigten sich der Propagandamaschinerie, die die Wünsche ihrer Herrscher den Kadern und dem Volk übermittelten. Ende Juli hatten sie die Propagandaabteilung der Partei gesäubert und die *Volkszeitung*, den zentralen Rundfunksender und die Nachrichtenagentur *Neues China* übernommen. Die politische Macht, das wußten sie, hing ebenso von der Feder und dem Mikrofon ab wie von den Gewehrläufen. Diese Waffen kontrollierten sie nun, und Chinas Gewehrläufe hatten sie zum größten Teil neutralisiert.

Nach diesen Vorbereitungen begannen die Maoisten ihren förmlichen politischen Angriff. Mit vier Iljuschins landeten am 28. Juli 1966 der Vorsitzende, sein Jünger Lin Piao, seine Frau Tschiang Tsching und die maoistische Minderheit des Zentralkomitees der Kommunistischen Partei auf dem Pekinger Flughafen. Das «Bombardement des Hauptquartiers der Machthaber, die den kapitalistischen Weg einschlagen», zu dem Tou-tou den Startschuß abgegeben hatte, verstärkte sich am 29. Juli. Hunderttausende von Fanatikern, angeführt von Studenten und überwacht von den Truppen des Verteidigungsministers, strömten durch die Straßen. Singend gelobten sie dem Vorsitzenden Treue und wüteten gegen seine Gegner. Tou-tou marschierte mit ihnen und frohlockte über ihren persönlichen Triumph. In offener Feldschlacht hatten ihre Roten Garden die Kulturrevolutionsgruppe von Liu Schao-tschi auf dem Campus der Tsinghua-Universität mit Stöcken, Hämmern und Ketten besiegt. In diesem Augenblick hatte die unbedeutende, achtundzwanzigjährige Dozentin für Geschichte erheblich mehr Macht als ihr ranghoher Vater.

Die Männer (und wenigen Frauen), die sich zwei Tage später in der Großen Halle des Volkes zusammenfanden, um über Chinas Schicksal zu entscheiden, waren von Lin Piaos Truppen gesiebt und von dem Straßenpöbel eingeschüchtert worden. Es waren weniger als die Hälfte der einhundertdreiundneunzig Mitglieder des Zentralkomitees anwesend, und diejenigen, die die neue Ordnung anzweifelten, blieben vorsichtshalber stumm.

James Sekloong saß zwischen seinen argwöhnischen Kollegen. Er hatte einen bitteren Geschmack im Mund von dem Nikotin und Teer der etwa neunzig Zigaretten, die er täglich rauchte. Obwohl die Sitzung erst vor einer halben Stunde begonnen hatte, war die Luft im Saal schon verräuchert, und in den Lichtstrahlen von den Deckenlampen ringelten sich graue Spiralen. Ringsum sah James nervöse und verstörte Gesichter. Die Männer und Frauen, die theoretisch Chinas Elite waren, zogen hektisch an ihren Zigaretten; sie waren abgekämpft nach der Unruhe der vorangegangenen Wochen. James hatte das Gefühl, er säße in einer Versammlung von Gespenstern.

Dennoch war es immer noch ratsamer, anwesend als abwesend zu sein; besser, den drohenden Blicken der Haudegen des Verteidigungsministers, die zwischen den Reihen auf und ab gingen, die Stirn zu bieten, als schon ins dunkle Nichts gestoßen zu sein. James hatte den Rat des Ministerpräsidenten befolgt und es geschickt vermieden, sich unwiderruflich auf eine der beiden Seiten festzulegen. Er hatte einen Platz in den mittleren Reihen des Zentralkomitees, weder zu weit vorn noch zu weit hinten. Mit ausdruckslosem Gesicht saß Tschou En-lai zwischen den Mitgliedern des Politbüros an einem langen Tisch auf dem Podium, und nur die rechte Hand, die sich rhythmisch zur Faust ballte, zeigte seine innere Spannung. Genosse Schao-tschi war bleich und unbeteiligt wie ein graues Gespenst. Der Vorsitzende auf dem Ehrenplatz lächelte milde, sprach aber nicht. Chinas Satrapen, selbst so eingeschüchtert, daß sie den Mund nicht auftaten, hatten schon Gerüchte gehört, daß der Vorsitzende an der Parkinsonschen Krankheit und daher unter Sprachstörungen leide.

«Wir werden einige Leute entlassen, einige befördern und einige auf ihren jetzigen Posten belassen», verkündete der Jünger Lin Piao mit wächsernem Gesicht und schriller, scharfer Stimme. «Die Unverbesserlichen werden sofort von ihren Posten abgelöst.»

Die Beherrscher Chinas warfen einander verstohlen Blicke zu wie Krebskranke im Endstadium, die sich fragen, wer wohl als nächster an der Reihe sei. Der stellvertretende Kommandeur des Pekinger Militärbezirks stülpte eine unverbindliche Maske über seine Züge. Seit er erwachsen war, hatte er niemals eine so lähmende Angst verspürt. Die Tirade des Verteidigungsministers, die von harscher Selbstbewußtheit zu fast hysterischer Selbstrechtfertigung überging, löschte die Überzeugungen, die James' Mut in vierzig Jahren des Kampfes und der Intrigen aufrechterhalten hatten, aus. Ohne die Kommunistische Partei war er nichts – und die Partei, der er sein Leben geweiht hatte, wurde vernichtet. Der Vorsitzende, dessen Autorität auf der Zustimmung des Zentralkomitees beruhte, zwang dem Zentralkomitee seinen persönlichen Willen durch Gewalt auf.

Mao Tse-tung strahlte nichtssagend, als ob er der Gastgeber bei einem Bankett wäre. Genosse Schao-tschi wurde regelrecht klein unter den verbalen Angriffen auf ihn und seine sämtlichen Leistungen. Das Gesicht des Ministerpräsidenten war starr und verschlossen, und seine Hände lagen auf dem Tisch wie mit verborgenen Krallen.

«In letzter Zeit war mein Herz recht bedrückt.» In diesem Augenblick seines Triumphs befleißigte sich Lin Piao immer noch der geheuchelten Demut, die seinen grenzenlosen Ehrgeiz so lange verhüllt hatte. «Ich bin meiner Aufgabe nicht gewachsen und werde meinen Pflichten vielleicht nicht genügen ... Aber ich bemühe mich nach Kräften, möglichst wenig Fehler zu machen. Ich werde mich auf den Vorsitzenden stützen, auf meine Genossen im Ständigen Ausschuß des Politbüros und auf die Genossen, die soeben in das Komitee zur Leitung der Großen Proletarischen Kulturrevolution gewählt wurden.»

James unterdrückte eine Reaktion. Dem Komitee gehörte die zänkische Frau des Vorsitzenden an, die unglaublich verbittert war. Sie bildete sich ein, das intellektuelle Establishment der Partei habe ihr systematisch die kalte Schulter gezeigt, seit sie sich Mitte der dreißiger Jahre vergeblich bemüht hatte, ein Star des linksgerichteten Films in Schanghai zu werden. James fürchtete, sie werde eine neue, noch rachsüchtigere Kaiserinwitwe werden.

«Der Vorsitzende Mao ist die Achse, und wir sind die Mühlsteine, die sich um diese Achse drehen und fein mahlen», deklamierte Lin Piao. «Die brillanten Ideen Mao Tse-tungs sind das Leitprinzip für unsere gesamte Tätigkeit. Es kann nicht zwei politische Linien oder zwei proletarische Hauptquartiere geben. Nur der Vorsitzende kann befehlen, und wir müssen unbeirrbar jeden seiner Befehle befolgen ... Nie widerspreche ich dem Vorsitzenden bei wichtigen Dingen, noch belästige ich ihn mit unwichtigen Dingen.»

Die für die Öffentlichkeit bestimmte Vorspiegelung von «sozialistischer Legalität» war mit diesem letzten Satz fallengelassen worden, stellte James fest, und letztlich auch Lin Piaos persönliche Vorspiegelung von Demut. Sein ehemaliger Kompanieführer hatte seinen Anspruch auf die höchste Gewalt über die Kulturrevolution – und über ganz China – geltend gemacht.

Die persönliche Diktatur trat an die Stelle der kollektiven Herrschaft, aber kein einziger Delegierter wagte Einspruch zu erheben. Die leeren Stühle derjenigen, die sich Lin Piaos Staatsstreich widersetzt hatten, schrieben stumm Gehorsam vor. Die bewaffneten Soldaten, die an den Wänden standen, bewiesen allzu deutlich, daß die letzte Quelle der Macht nackte Gewalt war. Militante Aktivisten der Roten Garden, «rebellische revolutionäre» Studenten und Arbeiter, johlten auf der Galerie hinter James. Ihr Geschrei kündigte die Anarchie an, in die der Vorsitzende und der Verteidigungsminister das Volk stürzten.

Das Rumpf-Zentralkomitee nahm die «Vorschläge» von Lin Piao durch Zuruf an. Die Ungeheuerlichkeit der geplanten Großen Proletarischen Kulturrevolution erschütterte James Sekloong so, daß er sich ganz automatisch Notizen machte, die er später mit bestürzter Ungläubigkeit las: «Eine völlig neue Gesellschaft schaffen, nachdem alle alten Ideen, die alte Kultur, die alten Bräuche und Gewohnheiten völlig ausgerottet sind ... Alle abweichlerischen Beamten im *ganzen* Land absetzen ... Neue Regierungsstrukturen mit Namen Revolutionskomitees errichten als Ersatz für *sämtliche* bestehenden Regierungs- und Parteiorgane ... Ein verbessertes Unterrichtssystem einführen und eine *völlig* neue Kultur schaffen ... Ermächtigung für jugendliche Rote Garden, in ganz China zu wüten – zu brennen und zu morden, um eine neue Ordnung einzuführen.»

In einem Augenblick unheimlicher Klarheit hörte James deutlich die schrille Stimme seiner Tochter auf der Galerie: «Lang lebe der stellvertretende Vorsitzende Lin! Hoch die Gedanken Mao Tse-tungs! Vernichtet alle Dämonen und Ungeheuer!»

So wurde Lin Piao zum präsumptiven Erben des Vorsitzenden Mao und zum einzigen stellvertretenden Vorsitzenden der Kommunistischen Partei ausgerufen und die vier bisherigen Vize-Vorsitzenden abgelöst. Genosse Schao-tschi rutschte vom ersten Vize-Vorsitzenden auf den achten Platz im Politbüro, noch einen tiefer als Generalsekretär Teng Hsiao-ping, der Organisator. Als James zwischen seinen schweigenden

Kollegen betäubt zum Ostausgang der Großen Halle des Volkes ging, war ihm nur eine Hoffnung für die Zukunft Chinas geblieben: Tschou En-lai war zwar nicht mehr zweiter Vize-Vorsitzender, aber das dritthöchste Mitglied der Kommunistischen Partei geblieben. Nicht einmal Lin Piao wagte es bis jetzt, auf den Mann zu verzichten, der vor vierzig Jahren sein Lehrer in der Militärakademie Whampoa gewesen war.

Der erste Auftrag, den der besorgte James Sekloong von dem neuen Herrn Chinas erhielt, schenkte paradoxerweise seinem Haus ein wenig Frieden. Er leitete die Befreiungsarmee bei ihrer Unterstützung der ersten Massenkundgebung der Roten Garden. Zu den etwa neunhunderttausend «revolutionären Rebellen» aus Peking trafen weitere hunderttausend ein, die mit Flugzeugen, Lastwagen und der Eisenbahn aus allen Landesteilen herangeschafft worden waren. Die Vorbereitungen, die nur das Militär durchführen konnte, stellten eine größere logistische Belastung dar als die Verlegung mehrerer Armeekorps. James wurde bei seinen Mühen von seiner Tochter Tou-tou unterstützt, wenn sie nicht durch ihre ideologischen Pflichten als einer der fünf Führer der Allchinesischen Roten Garden in Anspruch genommen wurde. Obwohl Tou-tou der Meinung war, daß sie praktisch China regierte, arbeiteten Vater und Tochter gut zusammen. Da sie sich auf ihre praktischen Aufgaben konzentrierten, blieb ihnen weder Energie noch Zeit, sich zu streiten.

Nicht nur die Angst vor dieser Megäre, seiner Tochter, hielt James davon ab, sich mit ihr anzulegen, sondern auch die Belastung durch seine Stabsarbeit. Tou-tou ihrerseits war auf einem Höhenflug der Begeisterung und konnte sich nicht zu den persönlichen Kontroversen mit ihrem Vater herablassen, die monatelang das häusliche Leben vergiftet hatten.

Das Schauspiel am Morgen des 18. August 1966, das sie doch selbst inszeniert hatten, erstaunte sie beide. Unzählige rote Transparente tanzten in dämonischer Hektik über dem Platz des himmlischen Friedens. Die Sonnenstrahlen, diffus durch den feinen Staub, den der Wind aus Zentralasien herantrug, ließ die Wolken von scharlachrotem Fahnentuch leuchten. Die revolutionären Rebellen sangen ihr altes Lieblingslied: «Der Osten erglüht», mit dem Refrain: «Mao Tse-tung ist die rote, rote Sonne in unseren Herzen!» Sie schlugen den Takt mit kleinen, in roten Kunststoff gebundenen Büchern, und rote Wellen peitschten über den Platz. Dann wurden die roten Büchlein aufgeschlagen, und eine Million Rotgardisten deklamierte einstimmig aus *Worte des Vorsitzenden Mao Tse-tung*, ausgewählt und herausgegeben vom stellvertretenden Vorsitzenden Lin Piao.

«Wir müssen zwischen unseren Freunden und unseren Feinden unterscheiden; wir müssen unsere Freunde verteidigen und unsere Feinde zerschmettern ...»

Die Sprechchöre hallten von den roten Backsteinmauern des Tors des himmlischen Friedens aus dem 15. Jahrhundert wider, wo die Kaiser einst die Huldigung ihres Volkes entgegengenommen hatten. Über dem Mittelbogen des Tors strahlte ein Porträt von Mao Tse-tung in fünfzigfacher Lebensgröße. Auf roten Bannern, die wie klassische Schriftrollen auf beiden Seiten hingen, stand in riesigen goldenen Buchstaben: LANG LEBE DIE VOLKSREPUBLIK CHINA! LANG LEBE DIE GROSSE EINHEIT DER VÖLKER DER GANZEN WELT! Das vorkragende, nach oben geschweifte zweistöckige Dach schimmerte blaßgelb im Morgendunst – und die Roten Garden warteten, wie sie die ganze Nacht gewartet hatten.

Um zehn Uhr wurden sie endlich für ihre Geduld und Begeisterung belohnt. Fern wie Holzfiguren an einem mittelalterlichen Glockenturm, erschien im Tor des himmlischen Friedens eine kleine Prozession. Als sie in den Sonnenschein hinaustrat, hob die führende Gestalt die Hand zu einem steifen, linkischen Gruß. Der Mann stützte sich schwer auf seinen kleineren Gefährten, und sein massiger Kopf drehte sich hin und her wie der einer aufziehbaren Puppe. Er hatte den schlurfenden, roboterhaften Gang, der für Parkinsonismus typisch ist. Daß der Vorsitzende Mao zum erstenmal seit einem Jahrzehnt in der Uniform der Volksbefreiungsarmee erschien, bewirkte bei den Roten Garden eine Massenekstase. Eine Million junger Männer und Frauen geriet aus rasender Erwartung in blinde Verzückung.

«Mao Tschu-hsi! Mao Tschu-hsi! Mao Tschu-hsi!» Die revolutionären Rebellen schrien «Vorsitzender Mao!», und ihre Worte verschmolzen zu Wogen des Jubels, die über die wörtliche Bedeutung hinausgingen: *«Tschu-hsi Mao Tschu-hsi Mao Tschu-hsi ...»* Die Wogen schwollen an und brachen sich, um immer wieder von neuem zu steigen und anzuschwellen. Mädchen wie Jungen sprangen hoch in die Luft, Tränen strömten ihnen über die verzerrten Gesichter, sie rempelten sich in ihrer Aufregung gegenseitig an. Die roten Transparente wirbelten im Wind. Die kleinen roten Mao-Bibeln hoben und senkten sich in den wahnsinnigen, gebrochenen Rhythmen von Wellen im Sturm. Jede individuelle Identität und alle individuellen Gefühle wurden hinweggeschwemmt von den Sturzbächen der Massen-Emotion.

Der göttlich gewordene Vorsitzende war der Erlöser, der Retter einer Generation, die in ihren Hoffnungen auf unendliche proletarische

Wohltaten brutal enttäuscht worden war. Wie ein Renaissance-König, der das neue Bürgertum auffordert, sich ihm gegen die bösen Adligen anzuschließen, rief der Vorsitzende Mao die revolutionären Massen auf, sich ihm bei der Zerschlagung der bösen, «kapitalistisch ausgerichteten» Bürokratie der Kommunistischen Partei, die diese bitteren Enttäuschungen hervorgerufen hatte, anzuschließen. Die aufsässigen Jugendlichen in China wurden ermahnt: «Wagt zu rebellieren! Rebellion ist gut! Wagt es, Unordnung zu schaffen! Wagt es, eine totale Revolution zu machen!»

James Sekloong sah in stummer Verwunderung zu, und Tou-tou geriet in sprachlose Verzückung, als der stellvertretende Vorsitzende Lin Piao seinen Roten Garden seine Befehle erteilte. Die angespannten Gesichtszüge des präsumptiven Erben waren kalkweiß, und auf der gebogenen Nase trug er eine Brille mit hellem Gestell. Schlank in einem olivgrünen Waffenrock, sah er wie ein schwächlicher Gelehrter aus. Aber seine Befehle, die in Hunderten von Lautsprechern widerhallten, waren so anfeuernd wie die Aufforderung eines barbarischen Mongolenhäuptlings zu Mord und Plünderung.

«Die Große Proletarische Kulturrevolution zielt darauf ab, die bourgeoise Ideologie auszumerzen und die proletarische Ideologie einzuführen – die Seelen der Menschen umzuformen, ihre Ideologie zu revolutionieren, die Wurzeln des sowjetisch-geprägten Revisionismus herauszureißen und das sozialistische System aufzubauen.»

Begeisterte Schreie übertönten Lin Piaos Stimme. Der Jünger hob den Blick und hielt inne. Mao Tse-tung schlurfte an seine Seite und blickte ihm freundlich über die Schulter.

«Wir werden jene Männer in Amt und Würden, die den kapitalistischen Weg einschlagen wollen, zu Fall bringen! Wir werden die reaktionären akademischen Gelehrten zu Fall bringen! Wir werden alle bourgeoisen Royalisten zu Fall bringen! Wir werden alle Dämonen und Ungeheuer zu Fall bringen!»

Beifallsstürme übertönten wieder seine schrille Stimme. Der Jünger blickte leicht erstaunt auf. Der Vorsitzende nickte wie ein nachsichtiger Onkel, der sich für ein Geburtstagsgeschenk bedankt.

James Sekloong kam sich viel älter vor als neunundfünfzig, als die erste Massenkundgebung endete. Angstvoll beobachtete er die späteren Kundgebungen, zu denen weitere Millionen von Rotgardisten herbeigeholt wurden, damit sie sich dem revolutionären Kreuzzug weihten. Tou-tou jubelte, als mehr als zwanzig Millionen Rote Garden losmarschierten, um die ehemals allmächtigen kommunistischen Ersten Sekretäre von Schulen, Fabriken, Kommunen und Regierungsdienststellen abzusetzen. Abgesehen von Lin Piaos Kreaturen weigerten sich die Generale der Befreiungsarmee, der einzigen noch organisierten Macht in China, einzugreifen. Wie James Sekloong sahen sie Grund zur Hoffnung, daß der irrsinnige Sturm sich von selbst erschöpfen würde. Die geistige Erneuerung der Nation erforderte Massengewalttätigkeit, doch richtete sich diese Gewalttätigkeit anfänglich vor allem gegen Sachen und nicht gegen Menschen. Als James am 25. August 1966 den Dienst der Nachrichtenagentur *Neues China* las, schöpfte er neue Zuversicht, daß die symbolische Sintflut begrenzt sein werde:

PEKING – Ein revolutionäres Feuer wurde gestern auf dem Campus des Zentralen Kunstinstituts entfacht. Buddha-Statuen, Buddha-Nischen und Statuen von Kaisern, Königen, Ministern, Generalen, Gelehrten, von Schönheiten und Dämonen im griechischen und römischen Stil oder feudal-chinesischen Ursprungs wurden zerstört.
Die Massen der revolutionären Studenten und Dozenten waren voller Begeisterung. Sie beseitigten die Statuen der Göttin der Barmherzigkeit, verschiedener Fürsten und der wild aussehenden Götter Schu Yu und Yu Lu, die sie in den verschiedenen Tempeln in China eingesammelt hatten; die steinernen Pferde und Tiger von kaiserlichen Grabmälern; die Statuen des Königs David von Israel – des «Helden» David der Bibel; die Statuen der «Göttin der Liebe und Schönheit» – der Aphrodite aus der griechischen Mythologie; die Statuen von Apoll und anderen, die im Ausland erworben worden waren. Alle diese Statuen wurden in der Öffentlichkeit verbrannt und zerschmettert.

Tou-tou spottete über die Gleichgültigkeit ihres Vaters, der, als er den Agenturbericht aus der Hand legte, unvorsichtig bemerkte: «Sie haben die Partei gründlich gesäubert und die alten Dinge zerstört. Jetzt ist die Zeit gekommen, um zu konsolidieren und voranzuschreiten.»

«Das war erst der Anfang», erwiderte sie heftig und gehässig. «Die Kulturrevolution ist nicht einfach eine Umgruppierung im Zentralkomitee. Sie wird jedes Parteimitglied erschüttern wie ein Erdbeben. Sie wird alle vernichten, die es wagen, der revolutionären Linie des Vorsitzenden Mao Widerstand zu leisten – ob sie nun Mitglieder des Politbüros sind oder einfache Kader in ländlichen Kommunen.»

James beschloß, sie ausreden zu lassen.

«Wir Roten Garden», erklärte Tou-tou, «werden nicht nur den äußeren Schein der alten Welt beseitigen. Wir werden alle bürgerlichen Überbleibsel zerstören – und alles, was noch an Bourgeoisie da ist.»

In den folgenden Monaten mußte James zu seinem Kummer feststellen, daß seine Tochter die Heftigkeit des Umbruchs eher untertrieben als übertrieben hatte. Nicht nur höhere Beamte, sondern auch unbedeutende Kader wie die Parteisekretäre von Mittelschulen wurden von den umherziehenden Roten Garden abgesetzt. Der Kinderkreuzzug des Vorsitzenden Mao verschonte weder die Unscheinbaren noch die Mächtigen. Ein zweiundneunzigjähriger ehemaliger kaiserlicher Mandarin wurde mit einem spitzen Papierhut, der höchsten Schmähung, durch die Straßen von Tientsin gezerrt, weil er sich geweigert hatte, ein siebenhundert Jahre altes Rollbild zu zerstören. Ein international anerkannter Philosoph wurde gezwungen, ein Geständnis nach dem anderen zu schreiben, bis die Roten Garden schließlich fanden, er habe seine «bösen Gedanken», die Frucht von vierzig Jahren intensiver Studien in China, Europa und Amerika, verbessert. Selbst betagte Witwen von «Konterrevolutionären» wurden terrorisiert.

Wie Tou-tou vorausgesagt hatte, wurde die Kulturrevolution immer gewalttätiger. Sie selbst streifte mit Roten Garden durch China, um «revolutionäre Erfahrungen auszutauschen» und die Feinde des göttlich gewordenen Vorsitzenden einzuschüchtern. Die Schulen waren geschlossen und sollten jahrelang geschlossen bleiben, während die Roten Garden in Zerstörung und Gemetzel schwelgten. Regionale Parteisekretäre und Provinzgouverneure wurden mit Fäusten, Knüppeln und Ketten malträtiert. Hunderte von Beamten wurden getötet, Tausende zu Krüppeln geschlagen. Rote Garden brachen in bürgerliche Häuser ein, um das «dekadente alte Hab und Gut» zu zerstören. Sogenannte Bourgeois wurden zu Tode geprügelt, andere brachten sich selbst um. Ihre Leichen wurden auf den Scheiterhaufen ihrer Habe verbrannt.

Die Taten erschienen sinnlos, aber ihr Ziel war politisch, immer politisch. Nur dadurch, daß der Verteidigungsminister Lin Piao seine Gegner in Angst und Schrecken hielt, konnte er seine absolute persönliche Macht festigen.

Im Dezember 1966 befahl der stellvertretende Vorsitzende seinen jugendlichen Sturmtruppen, seine höchsten Gegner anzugreifen. Ganz China zitterte vor Lin Piao, als er den Präsidenten der Volksrepublik China, Liu Schao-tschi, und den Generalsekretär der Kommunistischen Partei, den Organisator Teng Hsiao-ping absetzte. Der Organisator wurde schließlich durch Pekings Straßen geführt und trug ein Schild, das ihn als den FEIND DES VOLKES! DEN ZWEITEN MANN AN DER MACHT IN DER

ANTISOZIALISTISCHEN BANDE! bezeichnete. Die Roten Garden bewarf ihn mit verfaultem Obst und Exkrementen.

James Sekloong hielt sich an Ministerpräsident Tschou En-lai, der zwar auch angegriffen wurde, aber geschickt einer möglicherweise tödlichen Konfrontation mit Lin Piao und seinen Roten Garden aus dem Weg ging. Er vermochte sogar den harten Kern seiner machtlosen Verwaltung zu erhalten und seine besten Leute zu schützen. James überlebte. Ebenso der Außenminister, ein Volksmarschall, der aus seinem Dienstzimmer gezerrt und von Roten Garden heruntergeputzt wurde; ringsum lagen die erbeuteten Akten seines Ministeriums. Der alte Marschall deutete auf die verstreuten Papiere und sagte:

«Ihr enthüllt Staatsgeheimnisse.»

«Staatsgeheimnisse?» antwortete ein Rotgardist. «Scheiß drauf, was sind schon Staatsgeheimnisse? Alles muß für alle offenkundig sein.»

Die ersten sechs Monate der Kulturrevolution waren der ekstatische Höhepunkt von Tou-tous Leben, die glorreiche Verwirklichung all ihrer Träume. Anfang Januar 1967 rächte sie sich an Wang Kwang-mei, der Frau des Genossen Liu Schao-tschi, die die reaktionären Kulturrevolutionsgruppen in der Tsinghua-Universität angeführt hatte. An einem verregneten Winternachmittag führte Tou-tou ihren Plan aus, die Frau, die vor Frontalangriffen immer noch einigermaßen geschützt war, in der Flanke zu fassen und gefangenzunehmen. Tou-tous Waffe war das Telefon in der Pekinger Universitätsklinik.

«Hier ist das Pekinger Krankenhaus Nummer Eins», meldete sie sich. «Wir haben leider schlechte Nachrichten für Sie.»

«Was ist denn passiert?» fragte Wang Kwang-mei ängstlich.

«Ihre Tochter Liu Ping-ping ist bei einem Autounfall verletzt worden. Sie müssen sofort herkommen.»

«Ist sie schwer verletzt? Es ist doch nicht lebensgefährlich? . . .»

«Tut mit leid. Ich kann Ihnen keine weiteren Auskünfte geben. Kommen Sie gleich her.»

Tou-tou legte den Hörer auf und wandte sich an ihre wartenden Untergebenen.

«Das hat die Schildkröten-Nutte getroffen», sagte sie. «Wir nehmen sie mit.»

Wang Kwang-mei, die seit einem Monat ihre sichere Residenz nicht verlassen hatte, kam zwanzig Minuten später in einer Limousine mit der roten Fahne am Stander. Sie war nur von einem stämmigen Leibwächter begleitet, den die Roten Garden gleich ergriffen.

«Denken Sie nicht mehr an Ihre Tochter», sagte Tou-tou. «Vielleicht bleibt sie am Leben, vielleicht auch nicht. Aber es ist Zeit, daß Sie Ihre Schulden beim Volk begleichen.»

Wang Kwang-meis Tortur dauerte achtundzwanzig Stunden. Sie wurde in die Tsinghua-Universität gebracht und von einem immer neuen Aufgebot der Roten Garden beschimpft, die verlangten, sie solle ihre Sünden gegenüber dem chinesischen Volk beichten. Studentinnen zwangen sie, den *cheongsam* aus violetter Seide und die hochhackigen Pumps anzuziehen, die sie bei ihren Staatsbesuchen in Indonesien und Burma getragen hatte. Tou-tou lachte gehässig, als Wang Kwang-mei bat, da die Schuhe zu klein seien, um sie über ihre dicken Socken zu ziehen, die Roten Garden möchten noch einmal zu ihr nach Hause fahren, wo sie auch den *cheongsam* geholt hatten, und ihr ein Paar Nylonstrümpfe bringen. Das war doch wirklich bourgeoise Eitelkeit. Statt dessen wurde die schamlose Verräterin mit einer ausführlichen Liste ihrer Lügen und der Diebstähle ihres Mannes am Volkseigentum konfrontiert. Unermüdlich leitete Tou-tou die Vernehmung, und immer wieder mußte Wang Kwang-mei einräumen, daß ihr Mann die Entscheidungen des Vorsitzenden Mao bekämpft und die Politik des Vorsitzenden Mao sabotiert habe.

Zu guter Letzt gestand Wang Kwang-mei ihre persönlichen Sünden. Obwohl sie wegen der Angst um ihre Tochter und ihrer eigenen körperlichen Erschöpfung der Hysterie nahe war, weigerte sie sich doch standhaft zuzugeben, daß ihr Mann den Vorsitzenden absichtlich getäuscht und geplant habe, den Kapitalismus in China wieder einzuführen. Weinend saß sie auf der Steintreppe der Bibliothek und bat immer wieder, sie schlafen zu lassen. Schließlich gab Tou-tou von dem Stuhl aus, auf dem sie während der ganzen langen Tortur ihres Opfers wie eine unerbittliche Rachegöttin gesessen hatte, das Zeichen.

«Laßt sie gehen. Sie hat genug gelitten – vorläufig. Nächstes Mal wird sie *alle* ihre Sünden gestehen.»

Als Tou-tou sich auf dem Fußboden ihres Arbeitszimmers schlafen legte, überlegte sie sich, daß ihre Rache um so befriedigender gewesen sei, als Wang Kwang-mei sich hartnäckig geweigert hatte, Liu Schao-tschi zu belasten. Sie selbst hatte Wang Kwang-mei wie einen ausgenommenen Fisch weggeworfen. Da die Demütigung der Verräterin noch nicht beendet sei, würde die nächste Vernehmung, die ihren Widerstand ganz brechen mußte, völlig befriedigend sein.

Ende Januar 1967 hatten sich die Roten Garden des Vorsitzenden Mao in einander heftig befehdende Fraktionen gespalten, die inmitten der nationalen Anarchie um lokale Macht stritten. Sie kämpften mit Brecheisen, selbstgebastelten Pistolen, Dolchen, Hackmessern und primitiven Speeren. Sie schossen aufeinander mit Gewehren und Maschinenpistolen, die sie gleichgültigen Soldaten der Befreiungsarmee abgenommen hatten, denn diese hatten Befehl erhalten, sich nicht in den gewalttätigen Verlauf der Kulturrevolution einzumischen. Die Berichte aus China klangen so phantastisch, daß die verblüffte Außenwelt, die auch acht Jahre zuvor den ersten öffentlichen Erklärungen über den Großen Sprung nach vorn keinen Glauben geschenkt hatte, ihnen nicht traute. Ausländer konnten sich kaum vorstellen, daß Mao Tse-tung Kräfte entfesselt hatte, die seine Volksrepublik China zu zerstören drohten, oder daß diese Kräfte die Struktur der Volksregierung und der Kommunistischen Partei bereits zertrümmert hatten. Noch geringer war die Zahl derer, die verstehen konnten, daß der aufgestaute Groll der chinesischen Jugend sich über die Direktiven des Vorsitzenden Mao und des stellvertretenden Vorsitzenden Lin Piao hinwegsetzte. Außenstehende konnten die Ereignisse, die ihnen völlig vernunftlos erschienen, einfach nicht begreifen.

Dewey Miller von *Newsweek* war entsetzt über die unsinnige Gewalttätigkeit, die über China hinwegfegte. Er tat die anschaulichen Berichte der *Volkszeitung*, der Nachrichtenagentur *Neues China* und der Rundfunksender in der Provinz nicht einfach ab – und auch nicht die Hunderte von Flugblättern und Broschüren, die von einander bekämpfenden Gruppen der Roten Garden herausgegeben wurde, da sich die Volksrepublik einer Publikationsfreiheit wie nie zuvor erfreute. Miller berichtete dementsprechend, daß in China Aufruhr herrsche. Seine weniger erfahrenen Kollegen, die normalerweise selbst sensationslüstern waren, warfen ihm grobe Übertreibung vor. Während einer Diskussion im Hongkonger Fernsehen erklärte Miller schlankweg, daß die Kulturrevolution auf das Chaos zutreibe. Die Bewegung habe die Kommunistische Partei praktisch zerstört. Lin Piao, der Zauberlehrling, habe Kräfte gerufen, die er nicht mehr in der Gewalt habe, und der halb senile Mao Tse-tung sei eine willfährige Galionsfigur.

Ein französischer Korrespondent, der sich sein nächstes Visum für China sichern wollte, widersprach Miller: «Der Vorsitzende Mao hat die Kulturrevolution selbst geplant. Lin Piao ist nur sein Beauftragter. Und die beiden wissen genau, was sie tun. Die Kulturrevolution ist eine von der Kommunistischen Partei gelenkte Massenbewegung. Sie wird ein großer Erfolg werden!»

An diesem Punkt merkte Miller, daß es schlimmer als zwecklos wäre, über den großen Plan zu diskutieren, den er hinter der scheinbar ziellosen Gewalttätigkeit im ganzen Land erkannt hatte. Seine Redaktion hatte sich schließlich einverstanden erklärt – obwohl sie selbst skeptisch war –, lange Zitate über die ideologischen Vorstellungen zu bringen, die die Roten Garden zu ihren zerstörerischen Mätzchen anregten. Seine Kollegen waren nicht bereit, dieses kühne Vorhaben, das ausführlich in der Pekinger Zeitung *Rote Fahne* beschrieben worden war, auch nur in Erwägung zu ziehen.

Dewey Miller kam zu dem Schluß, daß das Komitee zur Leitung der Kulturrevolution bestrebt sei, den Charakter des chinesischen Volkes von Grund auf zu ändern. Überdies hatten die Maoisten nicht mehr und nicht weniger im Sinn als die erste vollkommene Regierung der Menschheit, so vollkommen, daß sie über die herkömmliche Regierung hinausgehen würde. Ihr Vorbild war die egalitäre Pariser Kommune von 1871, die Karl Marx als die erste wahre proletarische Regierung der Geschichte bezeichnet hatte.

Mit halb ungläubiger Scheu erkannte Dewey Miller, daß der Vorsitzende entschlossen war, China aus einem Nationalstaat in eine Volkskonföderation zu verwandeln. Die neuen Revolutionskomitees sollten alle Aufgaben der Legislative, Exekutive und der Justiz übernehmen, und die Funktionäre sollten nach einem mystischen Konsens, der weit «demokratischer» wäre als direkte Wahlen, aus dem Proletariat ausgewählt werden. Nicht nur Provinzen, Städte und Dörfer, nicht nur Fabriken, Universitäten und Zeitungen sollten von den neuen politischen Körperschaften geleitet werden. Die zentrale Volksregierung und die Kommunistische Partei selbst sollten durch diese Revolutionskomitees ersetzt werden. Ganz China sollte eine große Volkskommune werden. Die Roten Garden versuchten, die jetzige chinesische Gesellschaft durch Massengewalttätigkeit zu zerstören, um Raum zu schaffen für eine nahtlos vollkommene, ganz und gar neue chinesische Gesellschaft.

Dewey Miller gab die Hoffnung auf, über seine Erkenntnisse mit seinen Kollegen zu diskutieren. Sie waren so arrogant zynisch, daß sie auf irgendwie paradoxe Weise allem, was Mao tat, Beifall spendeten – ohne es zu verstehen. Miller zog sich also in die Bar des Presseclubs oben im Hilton zurück, um seine Wunden zu lecken und seinen Ärger zu ertränken.

Fesch in einem Kaschmirjackett und Korduan-Sportschuhen ließ sich der vierunddreißigjährige Lachlan Wheatley, der neue *Taipan* von Derwent, auf den Barhocker neben ihm gleiten, um auf die japanischen Geschäftsfreunde zu warten, mit denen er zum Abendessen verabredet war. 1967 war der Presseclub für die Leute, die in waren, der Ort, der in war.

«Miller, Sie sind auf dem Holzweg», sagte Wheatley mit maßvollem Wohlwollen. «Ihr Zeitungsleute übertreibt natürlich alle. Aber es war Quatsch, was Sie da im Fernsehen erzählt haben. Das Geschäft mit China ist gut. Sie kaufen Lastwagen, Weizen und Düngemittel. Wie können Sie behaupten, alles sei außer Rand und Band?»

«So ist es nun mal, Wheatley», antwortete Dewey und trank seinen Martini schweigend aus.

Lady Mary sah die Lage nicht so rosig wie Lachlan Wheatley. Zwar hatte sie schon vor Jahren ihren Frieden mit dem chinesischen Volk gemacht, doch ihr nüchterner Wirklichkeitssinn hatte nicht gelitten. Ebenso wie Dewey Miller hatte sie die umfangreichen Veröffentlichungen über die Kulturrevolution gelesen und mit Rotgardisten gesprochen, die aus China geflohen waren. Diese frühen Abtrünnigen der Kulturrevolution empfanden Abscheu vor ihren eigenen Taten und hegten Befürchtungen für die Zukunft.

«Wahrscheinlich haben Sie mit Ihren Aussagen noch untertrieben», sagte Lady Mary zu Miller. «Ich befürchte einen Bürgerkrieg.»

Die erste offene Feldschlacht zwischen den Sturmtruppen des idealistischen Nihilismus und den neostalinistischen Verteidigern der bestehenden Ordnung wurde in Schanghai geschlagen, der Sieben-Millionen-Stadt in der Küstenniederung, wo sich die Flüsse Wusung und Huangpu vereinigen, ehe sie in den Jangtsekiang und das Ostchinesische Meer fließen. Die tödliche Konfrontation war schon aus historischen Gründen unvermeidbar: Kapitalismus und Kommunismus waren beide über Schanghai nach China gelangt, und nach siebzehn Jahren Volksrepublik der Kommunisten wetteiferten diese antagonistischen Kräfte immer noch in dem großen Hafen.

Mitte Januar 1967 war die Schanghaier Arbeiterklasse empört über die Exzesse der Roten Garden. Die Schauerleute und Fabrikarbeiter, deren Väter 1927 unter der Leitung von Tschou En-lai die Stadt genommen hatten, wandten sich gegen die maoistischen Fanatiker des Schanghaier Revolutionskomitees, das von der früheren Stadtverwaltung «die Macht übernommen» hatte. Angeführt von ihren alten Kadern, riefen die Arbeiter zu Massenstreiks auf. Elektrizität und Wasser gab es nur stundenweise, und Züge blieben auf den Gleisen stehen. Textilwerke und Gießereien lagen still, Hochseeschiffe lagen wie gestrandet da, nachdem die Schauerleute sich geweigert hatten, die Ladungen zu löschen, so als ob sie tatsächlich auf Grund gelaufen wären. Verärgerte Bauern in der Umgebung drosselten die Lebensmittelversorgung der Stadt. Die Revolte der Massen führte zum bewaffneten Kampf, dem «Januarsturm».

Tou-tou kam Mitte Januar nach Schanghai, um die Roten Garden aus Peking anzuführen, die sich für die überirdischen Ideale des Vorsitzenden schlugen. Sie war überzeugt, daß ihr Vater ein übler Konterrevolutionär sei. James seinerseits hatte die Hoffnung aufgegeben, daß er seine Tochter von dem Pfad abbringen könne, von dem er fürchtete, daß er sie ins Verderben führen werde. Ihre Mutter Lu Ping hingegen war in ihrer Einstellung zur Kulturrevolution schwankend geworden.

Lu Ping hatte viele innerparteiliche Kämpfe überlebt, sie konnte sich hinsichtlich des letzten und verheerendsten Kampfes keine Illusionen mehr machen. Ihr graute vor der Barbarei der umherziehenden Jugendlichen, und sie erkannte, daß die Warnungen ihres Mannes vor unwiderruflicher Festlegung auf die Kulturrevolution vernünftig gewesen waren. Drei Jahrzehnte des Parteilebens hatten sie die Kardinaltugend der Selbsterhaltung gelehrt: Sie wußte, daß ihr Schicksal unmittelbar mit dem seinen verknüpft war, trotz des Schlagworts der Partei von «absoluter Gleichheit von Mann und Frau».

Aber Lu Ping konnte ihre Tochter weder mit politischer Logik noch mit mütterlichen Ermahnungen beeinflussen. Tou-tou war so dickköpfig wie ihr Urgroßvater, der Musikmeister John Philip Osgood, der es abgelehnt hatte, an der Hochzeit seiner Tochter mit einem «verflixten Chink» teilzunehmen.

Tou-tous Hauptangriffsziel waren die streikenden Eisenbahnarbeiter. Sie verlangten nicht nur höhere Löhne, sondern weigerten sich auch, Züge abzufertigen, die überfüllt waren, wenn ortsfremde Rote Garden sich in Wagen drängten, die für die Arbeiter des Dritten Eisen- und Stahlwerks reserviert waren. Die Revolution erforderte daher, daß die politisch bewußten Roten Garden, die selbst die privilegierten Kinder höherer Beamter und Intellektueller waren, die Arbeiter über ihre «proletarischen Pflichten» belehrten.

Unter Führung von Tou-tou marschierten dreihundertfünfzig Pekinger Rotgardisten – revolutionäre Lieder singend – zu den Wohnsiedlungen der Eisenbahnarbeiter. Sie wurden aufgehalten von einer Schutztruppe von dreihundert Schanghaier Rotgardisten – den Kindern der Eisenbahnarbeiter. Die Führer gingen aufeinander zu, während die massierten Glieder hinter ihnen die kleinen roten Bücher schwenkten und Mao-Parolen schrien.

«Wir stehen zu unseren Vätern, zur Arbeiterklasse!» Die Wangen des achtzehnjährigen Schanghaier Führers waren zorngerötet. «Wir sind das wahre Proletariat, aber ihr, ihr faulen Eier aus Peking, ihr seid falsche Proletarier.»

«Wir müssen zwischen unseren Feinden und unseren Freunden unterscheiden.» Tou-tou konterte mit dem passenden Mao-Zitat. «Ihr in Schanghai seid verdorben durch bourgeoises Denken. Die Eisenbahnen müssen wieder fahren, um dem Volk zu dienen.»

«Was wißt ihr vom Dienst am Volk?» erwiderte der Schanghaier. «Ihr habt das Chaos geschaffen, unser Essen gefressen und unsere Rechte gestohlen. Ihr habt aus Schanghai eine Wüste gemacht. Dem Volk dienen, sagt ihr? Euretwegen hat das Volk nicht genug zu essen!»

«Wir müssen vernünftig miteinander reden», antwortete Tou-tou. «Wir müssen unsere Ansichten durch Kampf, Kritik und Reform in Einklang bringen. Wir müssen ...»

«Wenn ihr Kampf wollt ...» Der Schanghaier Führer hob ein Brecheisen.

Ein Hagel von Backsteinen flog über die Köpfe der beiden Führer hinweg auf die Schutztruppe. Die Schanghaier knurrten wütend und drängten vorwärts, so daß Tou-tou und ihr eigener Führer zwischen die aufeinander zustrebenden Reihen gerieten. Die Eisenstange des Schanghaiers traf Tou-tou in der Magengrube, und sie ging zu Boden. Die Schanghaier Roten Garden trampelten über sie hinweg, während schrilles Kreischen von Mädchen über das wütende Gebrüll der Jungen hinweggellte.

Zwei ihrer Gefolgsleute zogen Tou-tou aus dem Gewühl der Kämpfenden heraus. Sie winkte ihnen zu, sie sollten wieder in die Schlacht zurückkehren, und schrie: «Kämpft! Kämpft weiter! Eine Revolution ist kein Gastmahl!»

Verblüfft über die Verbissenheit, mit der die Schanghaier ihre Eltern und ihre Wohnungen verteidigten, zogen sich die Pekinger Roten Garden vom Schlachtfeld zurück. Als sie neue Kräfte gesammelt hatten, gingen sie wieder zum Angriff über. Fünf Tage lieferten sich die beiden feindlichen Gruppen heftige Gefechte. Bei den Pekingern gab es sieben Tote, und achtundzwanzig wurden krankenhausreif geschlagen; die Verluste der Schanghaier waren noch höher. Doch die Eisenbahnzüge standen nach wie vor auf den Rangiergleisen.

Fast einen Monat stand Tou-tou im dichtesten Kampfgetümmel. Ihr Haar hing wirr herunter, das Gesicht war zerkratzt, der Körper grün und blau geschlagen. Immer noch führte sie ihre Anhänger in den Kampf und beschimpfte die Soldaten, die einen Kordon um die tobenden Roten Garden zogen.

«Sohn einer Schildkröte», schrie sie einen Major an, dessen überlegene Ruhe sie an ihren Vater erinnerte. «Sie sind schlimmer als die Konterrevolutionäre. Die Volksarmee *muß* die Sache des Volkes unterstützen.»

Der verblüffte Major sah sie verständnislos an. Tou-tou stürzte sich auf ihn und schwang eine schwere Eisenkette. Als seine Leute sie mit Gewehrkolben zurückstießen, schluchzte sie vor ohnmächtiger Wut.

Die Verderbnis saß tief, wie der Vorsitzende Mao gesagt hatte, wenn die Volksbefreiungsarmee selbst von dem tödlichen Virus des bourgeoisen Denkens befallen war. Für den Sozialismus bestand offensichtlich Lebensgefahr, wenn Bauern in die Stadt marschierten: Von ihren reaktionären Kadern mit Gewehren und Schrotflinten bewaffnet, schlossen sich die Bauern am 6. Februar den Arbeitern an, um die Büros der Schanghaier Volkskommune in der Kiangsi-Street zu belagern, der «ultralinken» Nachfolgerin des Schanghaier Revolutionskomitees. Tou-tou und sechzehn Unterführer der Roten Garden aus Peking standen hinter dem Ersten Sekretär der Kommune, als er sich furchtlos der Menge stellte.

«Ihr habt die Fabriken übernommen, und es wird nicht mehr produziert.» Ein bärtiger Bauernführer schwenkte ein altes japanisches Gewehr. «Wir werden kein Reiskorn und kein Kohlblatt nach Schanghai liefern, ehe die Fabriken nicht wieder arbeiten – ehe ihr unsere gerechten Forderungen nicht erfüllt. Die Bauern und Arbeiter verlangen mehr Nahrungsmittel, höheren Lohn und ein Ende der Unterdrückung.»

Tou-tou bewunderte den Mut des Ersten Sekretärs. Geduldig erklärte er, daß auch Bauern und Arbeiter auf unmittelbare Vorteile verzichten müßten zugunsten des späteren Wohls des ganzen Volkes. Er wurde nicht blaß, als der alte Bauer schrie: «Wir sind das Volk – und ihr seid Blutsauger!» Mit fester Stimme sagte er den leichtgläubigen Opfern derjenigen, die den kapitalistischen Weg eingeschlagen hatten, daß die schlimme Zeit der Ausbeutung durch Großgrundbesitzer und Kapitalisten wiederkommen würde, wenn sie die Schanghaier Volkskommune nicht unterstützten. Die irregeleiteten Bauern wiederholten hartnäckig ihre Forderungen: mehr zu essen, niedrigere Steuern, höhere Löhne, kürzere Arbeitszeit.

«Ich kann im Augenblick nichts für euch tun», erwiderte der Erste Sekretär. «Das ist eine Sache der nationalen Politik, eine Frage, mit der sich die Parteizentrale befassen muß.»

Der Erste Sekretär zog sich würdevoll hinter die steinerne Fassade des baufälligen Gebäudes zurück, aber die wütenden Bauern und Arbeiter zerstreuten sich nicht. Sechshundert Reaktionäre marschierten zu den Büros der Kommune, jeder zehnte Mann war mit einem alten Gewehr oder einer Schrotflinte bewaffnet. Doch Wachtposten mit Maschinenpistolen standen vor dem schmiedeeisernen Tor. Als sich die Tür hinter dem Ersten Sekretär geschlossen hatte, feuerten sie vor den Füßen der Bauern auf den Boden.

Tou-tou schaute aus einem Fenster hinaus und staunte über die Zurückhaltung der Wachtposten. Ihr Befehlshaber schrie den Bauern zu, sie sollten stehenbleiben, aber die Leute drängten weiter auf das Gebäude zu. Die Wachtposten gaben eine zweite Salve ab und bemühten sich, die Bauern nicht zu treffen.

«Hört mit Schießen auf», rief der alte Bauer. «Sonst schießen wir zurück.»

«Halt!» schrie der Befehlshaber der Wachtposten. «Noch ein Schritt, und wir strecken euch nieder!»

Die Bauern und Arbeiter gingen weiter vor, und der Befehlshaber befahl seinen Leuten zu schießen.

Sie schossen direkt in die Menge. Zwölf Bauern fielen, aber die anderen drängten immer noch voran. Sie richteten ihre alten Waffen auf die Wachtposten und legten fünf um. Die Wachtposten zogen sich in das Gebäude zurück.

«Das ist Konterrevolution!» schrie Tou-tou. «Die Reaktionäre versuchen die Macht zu ergreifen!»

Durch eine Salve aus der Menge zerbarsten die Fensterscheiben. Mit ihren Maschinenpistolen gaben die Wachtposten lange Feuerstöße ab, und die Bauern wichen zurück. Empört schrie Tou-tou den tapferen Verteidigern der neugeborenen Schanghaier Kommune Ermutigungen zu. In Toreinfahrten auf der anderen Straßenseite versteckt, beharkten die Bauern das Gebäude mit Schüssen. Tou-tou schrie lauter, sie beugte sich aus dem Fenster und schwenkte drohend ihr kleines rotes Buch. Ein Treffer schleuderte sie auf den Boden des kalten Raums. Sie kroch zurück zum Fenster, entschlossen, wieder in den Kampf einzugreifen; aber plötzlich brach sie zusammen.

Tou-tou sah nicht das verspätete Eintreffen der Polizei und ihren Zusammenstoß mit den Bauern. Sie sah nicht die Absperrketten von Soldaten der Befreiungsarmee, die die Kämpfenden voneinander trennten. Sie waren völlig neutral und öffneten sogar ihre Reihen, damit sich die Bauern und Arbeiter zurückziehen konnten, als sie ihre Munition verschossen hatten. Während des ganzen langen Kampfes lag Tou-tou zwischen Glasscherben bewußtlos auf dem Fußboden.

Als sie die Augen öffnete, sah sie einen aufmerksamen jungen Mann, der sich über sie beugte. Er trug die Mütze der Befreiungsarmee mit dem roten Stern. Er befühlte ihre Wunde, und da durchfuhr sie ein solcher Schmerz, daß sie wieder in Bewußtlosigkeit versank.

«Ein Jammer», sagte der junge Stabsarzt. «Es muß geröntgt werden, aber ich bin ziemlich sicher, daß ihre Wirbelsäule zerschmettert ist. Diese gehämmerten Kugeln sind fürchterlich. Wenn sie Glück hat, bleibt sie am Leben. Aber sie wird nie wieder laufen können.»

Auf der anderen Seite der Welt begannen wieder einmal die abendlichen Lustbarkeiten. In London war der Abend für Mitte April ungewöhnlich warm, und die Polizeipferde scharrten nervös auf dem harten Pflaster. Ein berittener Constabler wischte sich die erhitzte Stirn mit dem Taschentuch ab.

«Das ist doch keine Art, den englischen Sommer zu verbringen, findest du nicht, Fred?» Sein Kollege antwortete mit dem üblichen Scherz: «Aber morgen wird er vorbei sein.»

«Wir beide, Bert, sind jedenfalls besser dran als diese armen Kerle zu Fuß.» Fred deutete auf die Reihen von Polizisten, die sich eingehakt hatten, um die Menschenmassen zurückzudrängen, die Haymarket von Piccadilly Circus bis Pall Mall füllten.

«Du glaubst wohl, das wäre schon der Krawall», warnte Bert. «Warte nur, bis die feinen Pinkel kommen.»

«Amis raus aus Vietnam! Amis raus aus Vietnam! Amis geht heim!»

Die Menge sang ohne Leidenschaft, nur hypnotisiert vom Takt ihrer eigenen Stimmen. An langen Stangen flatternde Fahnen verhüllten die blaugekachelte Fassade des Finland House. Das amerikanische Sternenbanner war mit der Inschrift SCHANDE verunziert ... Der rote Stern der vietnamesischen Nationalen Befreiungsfront flatterte neben dem goldenen Stern der Demokratischen Republik (Nord-)Vietnam. Die drei roten Streifen auf der gelben Fahne der Republik (Süd-)Vietnam waren übermalt mit schwarzen Buchstaben: AMERIKANISCHE MARIONETTEN.

Hochgehaltene Plakate forderten: FREIHEIT FÜR SÜDVIETNAM. HOCH DIE BEFREIUNGSFRONT. AMI-MÖRDER RAUS AUS VIETNAM. Studenten schwenkten das kleine rote Buch, die *Worte des Vorsitzenden Mao*, und schrien: «Gibt es keine Volksarmee, dann gibt es nichts für das Volk.»

In riesigen, von Scheinwerfern angestrahlten roten Buchstaben stand am Theatre Royal: *Leben und Tod in Saigon.* In gelben Buchstaben darunter der magische Name: Alaine d'Alivère.

Sieben Stunden zuvor hatte Albert Sekloong in Hongkong über Telex die Gästeliste für die Premiere und die Bestätigung von Vorausbestellungen bekommen. Dragon Films, schätzte er, würde an *Leben und Tod* netto drei Millionen Dollar verdienen, und er selbst hatte nicht mehr als zweihunderttausend Dollar hineingesteckt. Die weitere Finanzierung hatte er sich versagen müssen, um Ah Sek zu retten, aber seine ursprüngliche Beteiligung an dem Projekt, das er schon als gescheitert angesehen hatte, hatte er aufrechterhalten.

Zwei Tage nachdem *The Guardian* ein mitfühlendes Interview mit Alaine gebracht hatte, bei dem sie über das Ende ihres halb fertiggestellten Meisterwerks jammerte, hatten die «Freunde des vietnamesischen Volkes» angeboten, die weiteren Kosten bis zu zwei Millionen Dollar zu übernehmen. Ihr Kredit sollte mit tragbaren vier Prozent verzinst werden. Wenn der fertiggestellte Film ihren Erwartungen entspräche, sagten sie, würden sie auf die Zinsen verzichten und sie als «Kulturbeitrag» abschreiben.

Die Freunde des vietnamesischen Volkes hatten Alaine etwas erschreckt, als sie «versuchsweise kleine Änderungen» vorschlugen, um den Film «durch die anschauliche Darstellung der amerikanischen Brutalität und der Tapferkeit der Streitkräfte des Volkes realistischer zu machen». Aber Alaine sah bei bestem künstlerischen Wissen und Gewissen keinen Grund, das abzulehnen. Die Freunde hatten sogar Originalaufnahmen von Vietcong-Operationen im Mekong-Delta zur Verfügung gestellt. Die Schwarzweiß-Szenen bildeten einen dramatischen Kontrast zu den grellen Farben, in denen die degenerierten Amerikaner und ihre vietnamesischen Marionetten dargestellt wurden. Der Film erzählte die Geschichte einer halbvietnamesischen Prostituierten: zunächst ihre sexuelle Ausbeutung durch einen sadistischen amerikanischen Colonel und später ihr schwieriges, aber ehrenhaftes Leben, nachdem sie ihn erstochen, sich den Volksbefreiungskräften angeschlossen und ihnen den Gesamtplan der infamen Operation Phoenix mitgebracht hatte, nach dem Vietcong-Kader ermordet wurden.

Die von den Freunden des vietnamesischen Volkes veranstaltete Londoner Premiere erwies sich als ein kommerzielles und künstlerisches Bravourstück. Die Intellektuellen hatten sich um Einladungen gerissen, und die Freunde hatten, was recht ungewöhnlich war, das 146 Jahre alte

Theatre Royal gemietet, wo sonst nur Bühnenstücke aufgeführt wurden. Zum Premierenpublikum gehörten Schriftsteller und Journalisten, Schauspieler, Fernsehberühmtheiten und Universitätsprofessoren, mitfühlende Kirchenmänner und geadelte Labour-Politiker, militante amerikanische Drehbuchautoren und Filmstars, die im zivilisierten Londoner Exil lebten. Der amerikanische Botschafter hatte abgesagt, aber der französische Botschafter, der seine sämtlichen Orden auf dem Frack trug, saß neben drei Delegierten der Nationalen Befreiungsfront in feierlichem Schwarz.

London war erst der Anfang. Erstaufführungen und anschließende lange Laufzeiten waren bereits vereinbart für Paris, München, Tokio und Stockholm. In den Vereinigten Staaten, noch in Kriegshysterie befangen, sei es schwieriger, meinten die Freunde. Aber avantgardistische Theater, Antikriegsaktivisten und Studentengruppen seien sehr interessiert.

«Ho ... Ho ... Ho Tschi Minh! Ho ... Ho ... Ho Tschi Minh!» schrie die Menge, als sich die Türen des Theatre Royal öffneten und die Kritiker hinauseilten, um ihren Ablieferungstermin einzuhalten. «Ho ... Ho ... Ho Tschi Minh! Ho ... Ho ... Ho Tschi Minh!»

Der würdige Kritiker von *The Times* blieb auf dem Bürgersteig stehen, um ein Wort mit dem jungen Mann zu wechseln, den *The Washington Post* zur Premiere nach London hatte fliegen lassen.

«Wissen Sie, Jake», sagte der Engländer nachdenklich, «wenn ich diesen Film in einem Wort zusammenfassen müßte, was ich, Gott sei Dank, nicht muß ... aber wenn ich es müßte, dann wäre das Wort *Integrität.*»

«Es erforderte Schneid, den Film zu drehen, Lionel», erwiderte der Mann von *The Washington Post.* «Wirklichen Schneid, das Establishment bloß damit fertigzumachen, daß man die Wahrheit sagt. Der Film sagt, wie es ist.»

«Ihr, die ihr in Vietnam wart, ihr wißt es», bemerkte der Kritiker von *The Times.* «Es muß die Hölle gewesen sein. Wie lange waren Sie da?»

«Tatsächlich gar nicht ... zuviel zu tun in der Heimat. Aber ich habe mit Leuten gesprochen, die da waren. Wirklicher Schneid war nötig, um diesen Film zu machen. Und diese Alaine ... was für eine Frau!»

«Umwerfend, nicht wahr?»

Ein schlankes, dunkelhaariges Mädchen in schwarzen Samthosen und einer schwarzen Samtjacke über einer weißen Bluse mit Rüschen lächelte verträumt über die mitangehörte Unterhaltung. Ihre veilchenblauen Augen konnten sich auf keinen Punkt mehr konzentrieren, die Pupillen waren verengt. Mary Henriette Philippa Sekloong schwamm in einem Meer von Euphorie, hervorgerufen durch den Triumph ihrer Kusine und die vier Opiumpfeifen, die sie vor der Vorstellung geraucht hatte. Völlig selbstsicher mit sechzehn, verachtete die kleine Lady Mary Hasch und Amphetamine, die ihr siebzehnjähriger Bruder Jonathan III. bevorzugte. Und sie verschmähte das LSD, das ihr achtzehnjähriger Vetter George Chapman Parker III. ihr dringend empfahl.

«Opium war gut genug für unseren Ururgroßvater», erklärte sie. «Es muß gut genug sein für mich.»

Die junge Generation wollte einfach nicht glauben, daß Sir Jonathan niemals auch nur eine einzige Opiumpfeife geraucht hatte. Jonathan III., der an einem Joint zog, hatte es seinem Vater, Sir Henry, nicht abgenommen, als der energisch bestritt, daß der alte Herr opiumsüchtig gewesen sei. Der ebenso skeptische George Chapman Parker III., in einer fleckigen Jeansjacke über einem T-Shirt mit der Aufschrift *Death to all pigs*, sah mit zusammengekniffenen Augen ins Scheinwerferlicht, das seine benebelten Sinne als einen oszillierenden, unirdischen Regenbogen wahrnahmen.

«Erzähl mir doch keinen Quatsch, Mann», war Chappie seinem Vater über den Mund gefahren, als dieser sittenstrenge Brigadegeneral ihn inständig bat, er möge die Drogen aufgeben. «Ich weiß es doch! Urgroßpapa Charles hat auf den Schanghaier Straßen Opium verhökert. Und der Ururgroßvater . . . der alte Herr, Sir Jonathan, lieber Himmel, der hat das Zeug nach China verschoben. Hör doch endlich auf, mir Moralpredigten zu halten! Geh wieder nach Vietnam und schmeiß Napalm auf Säuglinge!»

«Ho . . . Ho . . . Ho Tschi Minh! Ho . . . Ho . . . Ho Tschi Minh!» sang die Menge und drängte vorwärts. «Ho . . . Ho . . . Ho Tschi Minh!»

Die Polizisten bemühten sich, eine Fahrbahn für die Daimlers, Jaguars, Bentleys und Rolls-Royces des Premierenpublikums freizuhalten. Die juwelenbehängten Damen, die zwischen den von Thomas Nash für König Georg IV. entworfenen Marmorsäulen warteten, hatten ihr Make-up, das durch die für die unterdrückten vietnamesischen Bauern vergossenen Tränen gelitten hatte, schon wieder in Ordnung gebracht. Die drei Sekloong-Sprößlinge standen unentschlossen zwischen den plaudernden Kinobesuchern.

«Wollen wir nicht wieder in diesen Club gehen, wo es Henry und

Acid gibt?» schlug Chappie Parker vor. «Lassen Alaines Party ausfallen. Da sind doch bloß lauter alte Schnorrer.»

«Lieber nicht, Chappie», sagte Jonathan mit einem Anflug von Vernunft. «Fahren wir doch zurück zum Belgrave Square. Ich habe neues Hasch bekommen und hinter dem Picasso versteckt.»

«Hasch, Mann!» empörte sich Chappie. «Das ist was für Babies. Warum nicht der Club, wo wirklich was los ist?»

«Wir werden das Zehn-Uhr-Flugzeug nicht kriegen, wenn wir nicht ein bißchen schlafen», ermahnte Mary ihren schwankenden Bruder. «Und es sind noch zwei Stunden Autofahrt von Zürich nach Sankt Moritz. Ich möchte morgen nachmittag auf dem Hang sein.»

«Du bist wirklich 'ne dolle Puppe.» Ihr Vetter bewunderte sie. «Na schön, wenn du unbedingt willst.»

«Ho . . . Ho . . . Ho Tschi Minh!» Der rauhe Gesang klang aggressiv. «Ho . . . Ho . . . Ho Tschi Minh!»

Alaine d'Alivère kam aus dem Theatre Royal und posierte zwischen den weißen Säulen für die begeisterten Fotografen. Sie trug eine Hermelinstola über ihrem Abendkleid aus Goldlamé und strahlte ebenso wie ihre Kette aus Saphiren und Diamanten. Sie hob zum Gruß die geballte Faust.

«A . . . laine! A . . . laine! A . . . laine!» Die getrennten Silben waren ein Kontrapunkt zu dem rhythmischen «Ho . . . Ho . . . Ho Tschi Minh!»

Alaine warf den Demonstranten Handküsse zu und stieg in ihren wartenden Daimler. Die Polizisten glotzten, sie waren von ihrer Hauptaufgabe abgelenkt; plötzlich brach ihre Kette unter dem erneuten Ansturm der Menge. Eine Stange stieß einen berittenen Polizisten vom Pferd. Die Polizisten zu Fuß zogen ihre Gummiknüppel, aber sie konnten der vordrängenden Menge nicht standhalten.

«Schweine!» schrie Chappie. «Bringt die Schweine um!»

Er zog Jonathan mit und stürzte sich ins Gewühl. Nach einem Augenblick des Zögerns folgte ihnen die kleine Lady Mary. Es sah aus, als würde das hier ebensoviel Spaß machen wie eine Schußfahrt vom Corvatsch herunter zum Palace Hotel in Sankt Moritz. Sie schlängelte sich durch die Kämpfenden zu ihrem Bruder und Vetter, die einen sich wehrenden Polizisten überwältigten.

«Bringt . . . die . . . Schweine um! Bringt . . . die . . . Schweine um!» Chappie sang nach dem Takt eines Metronoms, das in seinem Gehirn tickte. «Bringt . . . die . . . Schweine um!»

«Ho . . . Ho . . . Ho Tschi Minh!» respondierte Jonathans hellere

Stimme. «Lang lebe der Vorsitzende Mao! Lang lebe der Vorsitzende Mao!»

Als der Polizist im Kampf weit ausholte, traf seine Hand Mary im Gesicht. Ganz automatisch biß sie zu, und der Polizist schrie auf. Mary ließ los und stimmte in den Ruf ihres Bruders ein: «Lang lebe der Vorsitzende Mao!»

Die berittenen Polizisten mit ihren disziplinierten Pferden drängten die Menge zurück, allmählich brachten sie Ordnung in die Masse schreiender Jugendlicher. Ein Messer stieß in eine samtene Flanke, und das Pferd bäumte sich auf. Die Menge schreckte zurück vor den schlagenden Hufen, und die drei Sekloong-Sprößlinge standen plötzlich allein da. Vier Polizisten gingen auf sie zu und nahmen sie fest.

«Bringt ... die ... Schweine um!» sang Chappie und stieß einem der Polizisten das Knie in die Leistengegend.

«Nein, das wirst du nicht tun, du kleiner Yankee-Mistkerl!» Der Polizist schlug Chappie mit dem Gummiknüppel auf den Oberschenkel.

Der Gefangenenwagen und die nüchtern-kahle Polizeiwache, die nach Desinfektionsmitteln roch, machten die drei Helden kirre. Jonathan war zwar erleichtert, daß er seine beiden letzten Joints hinter die harte Bank der grünen Minna hatte gleiten lassen, doch zitterten seine Hände. Er vergrub sie in den Hosentaschen und dachte über seine mißliche Lage und vor allem über die Reaktion seines Vaters nach.

«Ich glaube, mein Bein ist gebrochen.» Chappie war noch high von LSD. «Die verdammten Schweine wollen einen nicht leben lassen. Aber macht euch keine Sorgen. Ich hab das schon erlebt. So schlimm ist der Knast nicht.»

Er wurde wieder munter, als eine stämmige Gefängniswärterin Mary abführte.

«Hüte dich vor der», flüsterte er vernehmlich. «Die sieht schwul aus und hat es auf dich abgesehen.»

Dankbar nahm ein kleinlaut gewordener Jonathan das Angebot an, den Anwalt seines Vaters anzurufen, seinen Onkel John Philip Duane Osgood, einen Neffen von Lady Mary.

«Keine Sorge», beruhigte ihn John Osgood. «Ich werde euch rechtzeitig für euer Flugzeug herausbekommen. Gut, daß eure Eltern im Ausland sind. Aber sag mir doch, alter Freund, wem sollte das Unternehmen eigentlich nützen? Was wolltet ihr denn beweisen?»

Mitte Juli 1967 war es selbst für Hongkong unerträglich heiß. Seit zwei Monaten hatte die Temperatur tagsüber bei einer Luftfeuchtigkeit zwischen 88 und 97 Prozent niemals weniger als 33 Grad betragen. Wenn sie des Nachts auf 21 Grad sank, dann war das keine Erleichterung für die Millionen, die in den Mietshäusern von Wanchai und Kowloon schmachteten, denn diese Werte waren in der luftigen Höhe des Königlichen Observatoriums in Kowloon abgelesen worden. Im unteren Teil von Victoria schmolz der Asphalt, und in der eleganten Shouson Hill Road, wo die Privilegierten sich beklagten, daß ihre Klimaanlagen Mühe hatten, die Temperatur um 5 Grad zu senken, zeigten die Thermometer in der Sonne 43 Grad an. Arbeiterfamilien in winzig kleinen Bettnischen in Mongkok und Kuntong schnappten nach Luft wie gestrandete Fische. Die roten Linien auf ihren billigen chinesischen Thermometern erreichten 50 Grad, höher konnten sie nicht steigen.

Physisch und nervlich erschöpft, las die gesamte Hongkonger Bevölkerung die Wetterberichte und betete um einen Taifun. Die fürchterlichen Tropenstürme, die die Kolonie dann und wann im Juni heimsuchten, hatten oft Überschwemmungen und Erdrutsche zur Folge gehabt, aber sie füllten auch die Wasserreservoire und senkten die Temperatur. 1967 drehten jedoch die Taifune Queenie und Rita ab und wüteten auf Taiwan und den Hainan-Inseln. Seit acht Monaten war in Hongkong kein Regen gefallen, und die Vorratsbecken der Kolonie waren große, leere Gruben.

Die entsetzliche Wasserknappheit zwang die Behörden zur Rationierung; die Hähne der Hauptleitungen wurden geschlossen. Nur an jedem vierten Tag tröpfelte zwei Stunden lang brackiges Wasser in Badewannen und Plastikeimer. Der Druck war zu gering, um das Wasser weiter als bis zum sechsten Stock der billig gebauten Hochhäuser ohne Fahrstuhl zu bringen. Die Unglücklichen in den höheren Stockwerken quälten sich über schmale Treppen mit überschwappenden Paraffinbüchsen, die sie an den öffentlichen Pumpen gefüllt hatten, wo Hunderte warteten. Seit Wochen ungewaschene und verschwitzte Kleidungsstücke bedeckten verschwitzte und salzverkrustete Körper.

Natur und Lieferverträge wirkten zusammen, um die Kolonie zu quälen. In den fünfziger Jahren hatte das Ausbleiben des normalen Frühjahrsregens immer wieder Wasserrationierung zur Folge gehabt. Aber seit fast zehn Jahren hatte die Kolonie nicht mehr darunter zu leiden gehabt, seit nämlich die Provinz Kwangtung sich vertraglich verpflichtet hatte, durch neue Leitungen zusätzlich Wasser zu liefern. Leider war in dem Abkommen vorgesehen, daß Hongkong von Mitte Juni bis Mitte September kein chinesisches Wasser beziehen würde. Nun waren von ihrem eigenen Schweiß durchnäßte Beamte, Diplomaten und Journalisten gespannt, ob die Chinesen Mitte September die Hähne wieder aufdrehen würden. Kwangtung lieferte immer noch die Schweine, Hühner und das Gemüse, von denen Hongkong lebte. Aber ängstliche Gemüter fürchteten, das Ausbleiben des Wassers in dieser Notzeit sei eine Auswirkung der militanten Kulturrevolution, ein vorsätzlicher Versuch, indirekt wirkungsvollen Druck auf die Kolonie auszuüben.

Der wirkliche Grund war weniger ausgeklügelt und weniger bedrohlich. Die Leiter der Kwangtunger Wasserwerke wagten nicht, vom Buchstaben des Vertrags abzuweichen und die Hähne aufzudrehen. Sie hielten es für besser, nichts zu tun, als sich politischer Kritik auszusetzen dadurch, daß sie etwas täten.

Die Burg und die anderen Gebäude der Sekloong-Residenz hatten eigene Wasserbehälter auf den Dächern, die aber nur den normalen Wasserbedarf der etwa hundert Bewohner der Residenz für drei Tage faßten. Lady Mary hatte daher widerstrebend neue Pumpen für die Quelle bestellt, die die Sekloong-Residenz versorgt hatte, ehe eine Wasserleitung bis auf den Peak verlegt worden war. Doch bestand sie auf strenger Wasserdisziplin. Der Juli 1967 war nicht die geeignete Zeit, um mit Privilegien zu protzen. Die Sekloongs wollten sich angesichts der mannigfachen Schwierigkeiten von Hongkong sehr bescheiden geben.

«Wasser, Wasser überall, und kein Tropfen zum Trinken», beklagte sich Erzbischof Charles Sekloong bei seiner Mutter. «Und kaum ein Tropfen, um sich zu waschen.»

Charles war vor vier Tagen angekommen, um die Auswirkungen der Großen Proletarischen Kulturrevolution auf die Kirche zu beurteilen und die ängstliche und bestürzte große katholische Gemeinde der Kolonie zu beraten. Die römische Kurie zog es vor, sich auf Charles zu verlassen, einen der ihren, statt auf den strengen belgischen Jesuiten zu hören, der achtzehn Jahre damit verbracht hatte, die Volksrepublik zu analysieren. Charles war indes schon zu dem Schluß gelangt, daß er sich weitgehend auf diesen Jesuiten und auf die Diplomaten und Journalisten, die die Welt «China-Beobachter» nannte, stützen müßte.

Obwohl er froh war, nach Hause zu kommen, fühlte sich der Erzbischof in der Burg nicht recht wohl, wo sogar die Wasserknappheit unaufrichtiger Schein war. Indes konnte er kaum die Gastfreundschaft seiner betagten Mutter ausschlagen. Sie hatte am 28. Juli 1967 ihren 87. Geburtstag gefeiert, und er konnte nicht hoffen, daß der Herrgott ihr noch viele Jahre schenken würde.

«Wasser, Wasser überall, vor allem hier.» Er lachte, und Lady Mary sah in dem würdigen Kirchenfürsten plötzlich den schelmischen kleinen Mandarin, der er vor einem halben Jahrhundert gewesen war.

«Du wirst dick», neckte sie ihn. «Wenn du nicht aufpaßt, wirst du bald nicht mehr nur einer der jüngsten, sondern auch einer der dicksten Erzbischöfe sein. Und hör auf, dauernd von Wasser zu reden.»

«Wäre es dir lieber, ich würde über Wein reden, Mutter? Die Freuden der Tafel sind alles, was mir geblieben ist.»

«Und die Freuden der Macht, Charles. Kein Sekloong könnte je der Macht widerstehen.»

«Aber besonnen ausgeübte Macht und zum Wohle aller.» Der Erzbischof wurde plötzlich ernst. «Nicht zur Selbstglorifizierung.»

«Das sagen alle, Charles, jeder, der die Macht liebt. Wenigstens hast du den Versuch aufgegeben, mich zu bekehren.»

«Das habe ich nie versucht. Ein Arzt behandelt nicht die eigene Familie. Außerdem wirst du schon zurechtkommen. Du wirst im Himmel auf mich warten – sofern du uns nicht alle überlebst.»

«Deine verrückten Großneffen und deine Großnichte werde ich vielleicht überleben, wenn sie mit ihrem Unsinn nicht aufhören. Und vielleicht auch deinen Bruder James.»

«Es ist das Jahr der Unruhen, Mutter. Verrücktheit herrscht überall – in Paris, Hongkong, New York und natürlich in ganz China. Von dieser Eskapade in London habe ich gehört. Neue Nachrichten von Tou-tou oder James?»

«Nichts mehr nach dem einen kurzen Brief von James», seufzte sie. «Er schrieb, daß Tou-tou schwer verletzt sei, vielleicht zum Krüppel gemacht. Kein Wort über ihn selbst.»

«Das können wir auch nicht erwarten, nicht wahr? Wenn er Schwierigkeiten hat, dann würde er sie nur schlimmer machen, wenn er sie ausposaunte. Aber James wird überleben. Sorgen mache ich mir um die Jüngeren.»

«Was ist denn bloß in die Kinder gefahren, Charles? Manchmal fürchte ich, daß sie alle verrückt sind.»

«Nicht verrückt, bloß entsetzlich genußsüchtig und, obwohl diese Kombination unwahrscheinlich klingt, zu begeisterungsfähig. Die Jugend ist immer zu begeisterungsfähig, das Alter vielleicht zu tolerant.»

«Dunkel ist deiner Rede Sinn, Charles.»

«Ich will damit sagen, Mutter, daß die Kinder wirrköpfig sind. Als Christen wissen sie, daß es das Gute und das Böse gibt. Aber sie können es nicht richtig unterscheiden. Und ebensowenig können sie, wie es der

Vorsitzende Mao verlangt, genau zwischen ihren Freunden und ihren Feinden unterscheiden.»

«Und ihre eigenen Interessen kennen sie auch nicht», sagte Mary spitz. «Sie verbünden sich mit Leuten, die alles zerstören wollen, was der alte Herr aufgebaut hat.»

«Das ist eher dein Bereich als meiner. Mich schaudert vor ihrem irregeleiteten moralischen Eifer. Und sie sehen alles nur entweder schwarz oder weiß.»

«Nicht wenn sie, wie sie das nennen, high sind von Drogen.»

«Das auch? Ich hatte es schon befürchtet. Was können wir da tun?»

«Ich habe sie im August hier, Mary, Jonathan und diesen unbeschreiblichen Chappie. Ich kann wenigstens mit ihnen reden. Ich glaube nicht, daß ihre Eltern es je versuchen.»

«In diesem August, Mutter?»

«Ja, Charles. Sie werden von Hongkong im Aufruhr mehr lernen, als wenn alles ruhig ist.»

«Mit den Aufständen und der Bedrohung aus China?»

«Geschwätz, Charles. Du klingst wie dieser Narr Lachlan Wheatley, der neue *Taipan.* Er blökt Unsinn über die ganze Kolonie hinweg: ‹Was können wir tun, wenn eine halbe Million Rote Garden über die Grenze strömen?›»

«Ja, was *können* wir tun?»

«Nichts, weil sie nicht kommen werden. Die Befreiungsarmee hat bereits zwanzigtausend Rote Garden zurückgeschickt, die nach Hongkong marschieren wollten. Wahrscheinlich wußten sie, daß sie nicht zurückkommen würden.»

«Und unsere eigenen Roten Garden?»

«Das sind rosa Kätzchen, keine roten Tiger. Die Leute hier haben sowieso ihre Wahl getroffen. Und Peking, vermute ich, auch. Das ganze hohle Getöse soll nur das Gesicht wahren helfen.»

«Bist du ganz sicher?»

«Ziemlich. Die Hongkonger Chinesen mögen die Engländer nicht. Wir sind langweilig, selbstgerecht und käuflich. Aber die Kommunisten mögen sie noch weniger. Sie sind langweilig, selbstgerecht, käuflich – und brutal.»

«Aber die Aufstände und die Bomben? Hongkong ist im Augenblick nicht gerade beruhigend.»

«Aber auch nicht gerade erschreckend. Sag mal, Charles, was hast du über unsere kleine Kulturrevolution gehört? Ich glaube, die Kinder können etwas daraus lernen, du vielleicht auch.»

«Ich habe nicht viel gehört. Ich bin ja eben erst angekommen. Natürlich habe ich mich mit ein paar Leuten unterhalten, habe die hiesigen Zeitungen gelesen und ...»

«Die hiesigen Zeitungen, in der Tat! Soll ich dir sagen, was ich davon halte? Ich werde versuchen, dich nicht zu langweilen.»

«Das könntest du gar nicht, Mutter.»

Charles gratulierte sich. Er legte viel größeren Wert auf Lady Marys Ansichten als auf die der Bürokraten, aber er hatte gewollt, daß sie ihm aus eigenem Antrieb darüber berichtete.

«Es begann alles im April mit einem Hickhack über Lohnfragen. Die Arbeiter hatten natürlich recht, aber das wurde zu einem Randproblem. Unsere hiesigen Maoisten – die meisten von ihnen sind übrigens stinkreiche Kapitalisten – wußten nicht genau, was Peking eigentlich wollte, aber sie sahen eine Chance, ihre militante Loyalität unter Beweis zu stellen, indem sie die Kulturrevolution nach Hongkong brachten. Und welchen besseren Vorwand gibt es als Lohnstreitigkeiten?

Anfang Mai marschierten ein paar tausend Studenten und Arbeiter durch die Straßen, schwenkten ihre kleinen roten Bücher, zitierten im Chor Worte des Vorsitzenden und verlangten Gerechtigkeit für die streikenden Arbeiter. Gelegentlich stiegen die Führer des Proletariats aus ihren Mercedes und Rolls aus, um ihre Schlachtrufe auszustoßen.»

Charles amüsierte sich über die spitze Zunge seiner Mutter.

«Albert geriet auf der Connaught Road in einen Krawall. Die Randalierer schmissen mit Backsteinen und Pflastersteinen. Aber die Polizei blieb unerschütterlich hinter ihren Schutzschirmen aus Korbgeflecht. Ihre Zuversicht wurde zweifellos gestärkt durch ihre Stahlhelme. Immerhin mußten drei Polizisten ins Krankenhaus gebracht werden. Aber sie wurden nicht brutal gegen die Krawallmacher. Vielleicht waren sie *zu* geduldig.

Dann wurde die Sache unerfreulich. Die Aufständischen machten Ausfälle aus ihren Festungen: den China Products Emporiums, die Waren vom Festland verkaufen, der Bank of China, die praktisch exterritoriale Rechte hat, und den Hauptquartieren der Gewerkschaften in Hochhäusern und griffen die Polizei an. Einige hatten gestohlene Revolver, die meisten aber Messer, Brecheisen, Stöcke und Fahrradketten.

Die China Products-Läden und die Bank waren politisches Sperrgebiet, und die schmalen Treppen zu den Gewerkschaftsbüros hinaufzugehen war selbstmörderisch, denn Wurfgeschosse prasselten dauernd herunter. Als das Einsatzkommando oben ankam, hatten sich die Aufrührer über die Dächer in eine andere Festung gerettet. Aber irgend jemand hatte einen klugen Einfall. Hubschrauber landeten auf den Dächern, um die Einsatzkommandos zu entlasten. Von oben und von unten angegriffen, saßen die Maoisten in der Falle.

Da begann sich das Kampfgeschrei zu ändern. Die Maoisten verlangten ‹Gerechtigkeit› für ihre inhaftierten Genossen, sie wollten, daß sie freigelassen würden. Sie forderten das Ende des britischen Imperialismus. Es wurde sehr kritisch, als jemand auf der anderen Seite beschloß mitzumachen. Die Grenzpolizei wurde mit Maschinengewehrfeuer von der chinesischen Seite in Schach gehalten, und Gurkhas mußten sie retten. Ein paar Tage lang hatten wir einen kleinen Grenzkrieg. Aber Kanton sagte den Hitzköpfen schließlich, sie sollten sich beruhigen.

Government House wurde von Demonstranten belagert, die Petitionen überbrachten. Die Polizei drängte sie zu guter Letzt aus der Lower Albert Road hinaus – und das war der Auftakt zur wirklichen Konfrontation.

Ungefähr tausend Aufrührer sammelten sich um das Hilton. Ein paar Touristen bekamen einen gehörigen Schreck. Eben hatten sie noch vergnügt zugesehen, wie unsere drolligen Eingeborenen demonstrierten. Im nächsten Augenblick zerschmissen die Maoisten die großen Glasscheiben und strömten ins Frühstückszimmer. Mir wurde erzählt, das blaugefärbte Haar einer amerikanischen Matrone sei vor Angst weiß geworden. Es war tatsächlich nicht komisch. Drei der netten alten Damen wurden durch Glassplitter verletzt.

Ich beobachtete den Krawall mit dem Fernglas von der Kennedy Road aus. Etwa tausend Rote versuchten, sich den Weg hinauf zum Government House zu erzwingen. Ein paar hundert Polizisten standen ihnen gegenüber. Die Maoisten stießen entsetzliche Flüche aus, die ich nicht wiederholen kann. Sie traten den Polizisten in die Leistengegend, stießen ihnen Finger in die Augen oder in die Nasen. Aber unsere kleinen Kantonesen hielten stand.

Ich wünschte, die Ausländer wären ebenso standhaft gewesen. Fast alle großen *Taipans* und die kleinen *Taipans*, chinesische und ausländische, entdeckten, daß sie anderswo dringende Geschäfte zu erledigen hatten. Oder sie mußten unbedingt zu ärztlicher Behandlung irgendwo hinfliegen. Es war beschämend!

Jedenfalls sah ich, wie diese Polizisten zwei Stunden lang in der fürchterlich heißen Sonne standen und beschimpft und mißhandelt wurden. Ihre Disziplin war fast unglaublich. Was diese zähen kleinen Kerle ausgehalten haben! Einem Sergeant wurde der Schädel eingeschlagen, und diese Hexen von Genossinnen stachen auf einen Korporal ein. Er wurde fast entmannt.

Endlich gab der Polizeichef den Befehl, und die Polizisten gingen den Demonstranten zu Leibe. Ich kann nicht behaupten, daß sie sanft waren, aber sie nahmen die Gewehre nicht von der Schulter. In zehn Minuten war die Schlacht am Hilton Hotel gewonnen.

Seitdem ist es abwärts gegangen, obwohl die Polizei mehrmals Tränengas und Gummiknüppel einsetzen mußte. Hier und da explodieren auch noch laienhaft gebastelte Bomben. Die meisten verletzen arme Chinesen – neugierige Arbeiter oder Kinder, die die an Bushaltestellen liegengelassenen Pakete aufnehmen. Sehr laienhaft, wenn ich auch nicht gern derjenige wäre, der die Bomben entschärft.»

«Du läßt es wie eine Karnevalsbelustigung klingen, Mutter», protestierte Charles.

«Das war es nicht, mein Lieber, das versichere ich dir. Es erinnerte mich an die Unruhen von 1900 und 1909, besonders an die politischen Unruhen 1900. Es ist erschreckend, wie sich diese Zusammenstöße zwischen Chinesen und Engländern immer wiederholen. 1900 belagerten die Boxer die Gesandtschaften in Peking. 1967 belagerten die Roten Garden die russische Botschaft und steckten die britische Botschaft in Brand. Offenbar können Chinesen und Ausländer einfach nicht miteinander auskommen. Die Maoisten in Hongkong klebten wieder Plakate an mit der Forderung: ZERSCHLAGT DEN BRITISCHEN IMPERIALISMUS. TÖTET DIE WEISSHÄUTIGEN SCHWEINE. Da konnte man doch wirklich nicht wegfahren, nicht wahr? Außerdem waren unsere eigenen Leute in Gefahr.»

«Unsere eigenen Leute, Mutter?»

«Ja, unsere eigenen Leute. Millionen anständiger, schwer arbeitender Chinesen, die seit Generationen von Ausländern und ihren eigenen reichen Landsleuten ausgebeutet wurden. Man konnte sie doch nicht einfach der gütigen Gnade der Kommunisten ausliefern. Aber jetzt ist es wirklich vorbei. Ich kaufe Land, so schnell ich kann, ehe irgend jemand merkt, daß keine Gefahr mehr besteht und die Preise wieder steigen.»

Der Erzbischof hustete, um nicht laut aufzulachen. Wie könnte er, fragte er sich, jemals die menschliche Seele verstehen, wenn er nicht einmal die Seele der Frau verstand, die ihm das Leben geschenkt hatte? Seine Mutter sah es offenbar nicht als ethisch unvereinbar an, wenn sie in einem Satz ihre Verantwortung gegenüber der Hongkonger Bevölkerung bekräftigte und im nächsten ihre Pläne darlegte, aus deren Leiden Gewinn zu schlagen.

Er war gerührt von ihrer Loyalität gegenüber den Chinesen und schmerzlich belustigt von der automatischen Reaktion ihres von dem alten Lehrer Sir Jonathan geschulten kommerziellen Verstands. Wie, fragte er sich, hatte der alte Herr Mary Philippa Osgood so stark prägen können, eine fremde Frau aus einer fremden Kultur? Auch Sir Jonathan hatte sich bemüht, den armen Chinesen zu helfen, und auch Sir Jonathan hatte ständig Nutzen gezogen aus den politischen Umwälzungen, deren Opfer die Armen waren.

War wirklich alles vorbei, fragte sich Charles, war Hongkongs schwere Prüfung durch seine eigene kleine Kulturrevolution ausgestanden?

Weder für Hongkong noch für China selbst sollte die Gewalttätigkeit der Großen Proletarischen Kulturrevolution so bald ein Ende nehmen. Hongkong hatte noch fünf Monate darunter zu leiden, China fast zwei Jahre länger. Die Flut der Unruhen in der Kolonie, die ihren Höchststand im Juni 1967 erreicht hatte, verebbte langsam. In China erreichte sie den Höchststand im Juli 1967, der unendlich viel heftigere Aufruhr in der Volksrepublik richtete viel größeren Schaden an, ehe er einem unruhigen halben Frieden wich.

Charles Sekloong und Dewey Miller reimten sich später die Geschichte der Wuhan-Revolte zusammen. Sie kamen zu dem Schluß, daß vom 13. bis zum 23. Juli ein begrenzter Bürgerkrieg in dem industriellen Nervenzentrum Mittelchinas getobt hatte. Die Wuhan-Revolte war die einzige, konsequente, überaus gewaltsame Verweigerung der Befehle des Vorsitzenden Mao durch das erbitterte chinesische Volk.

Die Nachbarprovinz Kiangsi stand bereits in Flammen. Gut organisierte, schwerbewaffnete ehemalige Soldaten der Befreiungsarmee standen Maoisten und regulären Truppen in offenen Feldschlachten gegenüber. Drei rivalisierende Gruppen von Roten Garden, jede mehr als hunderttausend Mann stark, kämpften in den Straßen von Kanton. Rote Garden kämpften in Tschungking mit Artillerie und Panzern gegeneinander. Sowjetische Güterzüge mit Waffen für Hanoi wurden auf dem Weg durch die Provinz Kwangsi überfallen und das nordvietnamesische Begleitpersonal ermordet.

James Sekloong, von Ministerpräsident Tschou En-lai als Vermittler entsandt, flehte die Führer der feindlichen Gruppen in der Provinz Kwangsi an: «Behaltet die Gewehre, Maschinengewehre und Mörser, wenn es unbedingt sein muß. Aber gebt um Himmels willen die Flakraketen zurück. Keiner von euch hat eine Luftwaffe.»

Der kommandierende General riegelte Nanking ab und setzte sich über alle Befehle von Peking hinweg. Er fürchtete die zerrüttete Parteizentrale weniger als die wütenden Arbeiter, die von ihm verlangten, er solle die Maoisten niederwerfen.

Doch nur in Wuhan brachten sich Kampfeinheiten der Befreiungsarmee gegenseitig schwere Verluste bei. Tausende von antimaoistischen Arbeitern der Eisen- und Stahlwerke in Wuhan beschworen diese Kämpfe herauf durch die Gründung einer paramilitärischen Truppe, die sich «Millionen Helden» nannte, und der sich viele enttäuschte Rotgardisten anschlossen. Der Befehlshaber des Militärbezirks Wuhan war bereits entmutigt durch die von den Maoisten verursachte Anarchie. Er gestattete seiner 8201. Division, die Millionen Helden zu unterstützen, als diese die Eisenbahnbrücke über den Jangtse besetzten und damit Chinas wichtigste Nord-Süd-Verbindung unterbrachen. Doch seine 8199. Division war Maoisten-freundlich und unternahm einen Gegenangriff, um die Brücke zurückzuerobern.

Nur ein Mann konnte den gordischen Knoten aus Doktrin, Macht und Leidenschaft durchhauen: Tschou En-lai landete am 21. Juli 1967 in Begleitung von General Schih Ai-kuo auf einem Flugplatz der Volksluftwaffe in der Nähe der umkämpften Stadt. Der Ministerpräsident setzte kurzerhand den Bezirkskommandeur ab und stellte den Führern der feindlichen Gruppen und den Kommandeuren der 8201. und 8199. Division ein Ultimatum.

«Ich schicke zwei Artilleriedivisionen her!» donnerte Tschou. «Morgen um diese Zeit erreicht eine Flottille Kanonenboote Wuhan. Das Bomber-Kommando ist in Alarmbereitschaft. Wenn nicht in zwei Tagen alle Kämpfe aufgehört haben, wird Wuhan bombardiert! General Schih Ai-kuo bleibt hier, um meine Befehle auszuführen.»

Als James Sekloong den erschöpften Ministerpräsidenten zum Flugzeug begleitete, war Tschou En-lai ungewöhnlich freimütig.

«Ich muß zurück, ehe es auch in Peking losgeht», sagte er. «Ich verlasse mich darauf, daß Sie diese Idioten dazu bringen, daß sie aufhören, sich gegenseitig zu bekämpfen. Wenden Sie alle notwendige Gewalt an.»

«Alle notwendige Gewalt, Genosse Ministerpräsident? Können Sie das präziser ausdrücken?»

«Präziser? Wie denn? Sie haben die Zügel in der Hand. Sie müssen das hier schaffen – sonst haben wir Bürgerkrieg im ganzen Land. Aber eines will ich Ihnen sagen: Wenn diese Verrücktheit erst einmal ausgestanden ist, werden wir die ungestümen Kinder nie wieder an die Macht heranlassen – und Lin Piao wird verschwinden.»

Am 23. Juli hörten die Kämpfe auf. James sank auf ein Feldbett, nachdem er achtundvierzig Stunden ohne Pause damit verbracht hatte, zu schmeicheln und zu drohen, zu bitten und zu warnen. Als er vierzehn Stunden später aufwachte, verblüffte ihn die Stille. Wuhan hallte nicht von Schüssen wider, zum erstenmal seit einem Monat. Er fragte sich, ob er die Stadt bombardiert haben würde, und kam zu dem Schluß, daß er es wohl getan hätte, wenn die Truppen und die Roten Garden die Feuereinstellung nicht befolgt hätten. Er hatte einen langen, mühseligen Weg zurückgelegt seit der Akademie Whampoa und der Belagerung von Schanghai vor vierzig Jahren. Er war vielleicht zu weit fortgeschritten auf dem Weg, für den er sich entschieden hatte, als er seine Beretta auf seinen Onkel Harry abfeuerte.

Am 1. August 1967 fiel auf, daß China den vierzigsten Jahrestag des Nantschang-Aufstands, der Geburtsstunde der Volksbefreiungsarmee, nicht feierte. Die Generale waren immer noch bemüht, ihre Autorität wiederherzustellen, indem sie die fast überall herrschenden Unruhen beendeten; die ländlichen Gebiete wurden gegen die turbulenten Städte abgeriegelt, und Peking selbst hatte praktisch keine Verbindung mehr zu den Provinzen. Ein Jahr nachdem das Rumpf-Zentralkomitee der Kommunistischen Partei die Große Proletarische Kulturrevolution verfügt hatte, befand sich das Land in Auflösung. Obwohl der Bürgerkrieg fürs erste abgewendet worden war, drohte er immer noch. Es kostete viel Zeit, die allgemeine Ordnung wiederherzustellen, und noch mehr Zeit, die Wunden des Staates zu heilen. Tschou En-lai wußte, daß es nicht Monate, sondern mindestens ein halbes Jahrzehnt erfordern würde, wieder eine stabile Regierung in einem friedlichen Land zu schaffen – wenn das überhaupt möglich war.

Die unmittelbare Gefahr für Hongkong endete im September, wenn auch gelegentlich noch Bomben explodierten. Die allen drohende Gefahr hatte die chinesischen und ausländischen Bewohner der Kolonie einander nähergebracht, wie schon bei der Invasion der Japaner. Die Engländer glaubten, daß die beiden Bevölkerungsteile durch die gemeinsam bestandene Prüfung zu echter Einheit und Harmonie gelangt seien. Die Chinesen, die es besser wußten, raubten ihren ausländischen Beherrschern die Illusion nicht.

Die meisten hatten andere Interessen. Die Zeiten wurden besser, als der eskalierende Krieg in Vietnam amerikanische Dollars in Hongkongs Wirtschaft pumpte. Die ängstlichen Bürokraten der Provinz Kwangtung, die so streng am Buchstaben des Abkommens festgehalten hatten, stellten prompt am 14. September um Mitternacht das Wasser an. Die realistischen Politiker, die in Peking wieder Macht erlangten, glaubten offenbar, daß das britische Hongkong für das kommunistische China immer noch nützlich sei. Die Kolonie kehrte vergnügt zu der traditionellen Beschäftigung zurück, die sie unentbehrlich und reich gemacht hatte – mit allen Handel zu treiben, die Handel treiben wollten, und einen angemessenen Gewinn dabei einzustreichen.

Albert Sekloong war immer noch stolz auf seine persönliche Heldentat. Er hatte, als er am Country Club in der Chuk Tschuk Hong Road vorbeifuhr, zwei kleine Dorfjungen gesehen, die mit Bambusstöcken an einem Paket in braunem Packpapier herumstocherten. Er schrie den Jungen zu, sie sollten wegrennen, sprang aus seinem Porsche und warf das Paket ins Gebüsch. Die Bombe explodierte in der Luft und übersäte seinen rechten Arm mit Metallsplittern. Der Schmerz seiner Wunden wurde gelindert durch übermäßige Loblieder in den Zeitungen und die fast schwärmerische Bewunderung seiner Großmutter, seiner Mutter und vor allem seiner Frau. Oberstleutnant Sir Henry Sekloong und Brigadegeneral George Parker waren nicht die einzigen Männer der Tat in seiner Generation. Da alle anderen seinen Heldenmut rühmten, konnte er die trockene Bemerkung seines Onkels Charles verwinden, der meinte, der Beifall wäre vielleicht weniger enthusiastisch gewesen, wenn die Sekloongs in Hongkong nicht automatisch Schlagzeilen wert wären.

Das wiederhergestellte Vertrauen nach einem halben Jahr des Terrors stärkte die Wirtschaft der Kolonie und belebte Alberts Firmen. Besonders entzückt war er über den Erfolg des an sich glanzvollen, aber neben seinen anderen Geschäften finanziell unbedeutenden Unternehmens: die Einnahmen aus *Leben und Tod in Saigon*, dem Film, der noch immer Kinos in Japan, Europa und Südostasien füllte, waren so erfreulich, daß er eine neue Produktion von Dragon Films plante. Dieses Kostümstück über die Ming-Dynastie würde weder die viktorianische sittliche Empfindsamkeit seiner Großmutter noch ihr konservatives politisches Feingefühl verletzen.

Vor allem aber konnte sich Albert vorbehaltlos über die Ergebnisse der drastischen Maßnahmen freuen, die Lady Mary und er vor zwei Jahren eingeleitet hatten, um seine vom Untergang bedrohten Firmen zu retten. Ein reifer gewordener Albert überlegte sich voll neuer Demut, daß der Scharfsinn seiner Großmutter für den Erfolg dieser Bemühungen entscheidender gewesen war als seine ganze Energie und Betriebsamkeit. Er sah auch ein, daß Glück eine große Rolle gespielt hatte. «Glück mit ein bißchen Nachhelfen», wie Lady Mary es nannte. Glück oder «eine gnädige Vorsehung», wie sein Onkel Charles behauptete. Albert war dieser Vorsehung dankbar, weil sie ihn gelehrt hatte, daß mehr als Verstand und Elan nötig sei, um den Erfolg im Geschäft oder bei irgendeinem anderen menschlichen Unterfangen zu sichern. Er hatte gelernt, daß gelegentlich Skrupellosigkeit nötig sein mochte, daß Skrupellosigkeit an sich aber weder eine besondere Tugend noch eine Erfolgsgarantie sei. Er rief sich ins Gedächtnis, daß er nie die Imponderabilien der menschlichen Irrationalität und der menschlichen Emotionen außer acht lassen dürfe, ob sie nun in der Politik groß geschrieben oder in den zwischenmenschlichen Beziehungen klein geschrieben wurden.

Dennoch war Albert mit Fug und Recht mit sich zufrieden. Nachdem dank Lady Marys Beziehungen der Weg geebnet worden war, hatte er die sechs Electras von Hong Kong Airways an Air America verkauft, die private Luftverkehrsgesellschaft des amerikanischen CIA. Dragon Plastics and Electronics Ltd. erzielte inzwischen beträchtliche Gewinne mit dem Verkauf von Quarzchip-Schaltungen in den Vereinigten Staaten und Japan. Die Weizen- und Warenterminkäufe waren enorm im Wert gestiegen, nachdem Dewey Miller von Lady Mary auf die Wahrscheinlichkeit von Engpässen in China und der Sowjetunion aufmerksam gemacht worden war. Peking kaufte Hunderttausende von Tonnen Getreide, um die Verknappung nach der Zerschlagung der Kulturrevolution zu überbrücken und vor allem die Befreiungsarmee und die Sicherheitskräfte zu ernähren. Megalith Housing hatte bereits Wohnungen verkauft, die erst 1970 fertiggestellt sein würden. Vor allem aber waren durch wohlüberlegte «Geschenke» an die Generale, die Indonesien beherrschten, die Bohrkonzessionen von Borneo South Seas Explorations zurückgewonnen worden, und jeden Augenblick erwartete Albert die Bestätigung des großen Ölfundes, den ihm die Geologen zuversichtlich versprochen hatten. Die Aktien seiner Holdinggesellschaft Ah Sek stiegen rapide, während J. Sekloong and Sons überaus rentabel arbeitete. Albert hatte sich, wie er fand, im Unglück bewährt.

Er war daher nicht besonders verärgert über den sarkastischen Ton seiner Großmutter, als sie Kazuko und ihn einlud, mit seinem Onkel Charles und seiner Mutter Sarah bei ihr zu Abend zu essen.

«Ich nehme an, der Kampf ist gewonnen», sagte Lady Mary. «Aber es würde mich noch glücklicher machen, Albert, wenn du wirklich einsähest, daß jemand sich um die nächste Generation kümmern muß. Nicht bloß um deinen Sohn. Er ist ja noch ein Baby. Aber um die kleine Mary und Jonathan. Sogar um den unbeschreiblichen Chappie. Dieser Jemand, Albert, bist du, fürchte ich.»

«Ich bin schon überlastet, Großmama», protestierte Albert automatisch. «Ich weiß, ich habe Glück gehabt, und ohne dich wäre ich pleite gegangen. Aber jetzt ist es an der Zeit, einen wirklichen Schnitt zu machen.»

«Albert, Geld ist zum Ausgeben da», sagte Sarah, «nicht bloß dazu, mehr Geld zu machen.»

«Dein Verstand hat zwei Seiten, Albert, und du hast zwei Hände», fügte Lady Mary hinzu. «Du mußt Zeit für die Familie finden und auch für andere, die Hilfe brauchen. Sonst wird dein ganzes Geschäftemachen sinnlos. Dein Urgroßvater ...»

«Nicht schon wieder einen Vortrag über den alten Herrn, Großmama, bitte», rief Albert lachend. «Ich weiß, was er alles Großartiges geleistet hat, und ich verspreche, daß ich mich bemühen werde.»

«Doch, noch einen Vortrag, ob es dir gefällt oder nicht. Geld ist überaus wichtig für diejenigen, die keines haben. Es bedeutet Freiheit und Macht. Aber für die Reichen sollte Geld nicht mehr als ein Werkzeug sein. Sonst bedeutet es Versklavung.»

«Wir hätten beinahe keines gehabt, Großmama», sagte Albert. «Es war meine Schuld, aber wir waren alle besorgt, nicht wahr?»

«Hör auf, dich zu brüsten», erwiderte Lady Mary scharf. «Man muß fast ein Genie sein, wenn man mit nichts anfängt und ein Vermögen macht. Wenn man schon viel Geld besitzt, muß man in der Tat sehr schlau sein, um nicht mehr Geld zu machen. Und man muß ein Ausbund an Dummheit sein, um ein Vermögen zu verlieren.»

«Und außerdem, Albert», erinnerte ihn seine Mutter, «mußt du dein Geld für dich und andere arbeiten lassen. Es gibt so vieles, was hier und anderswo getan werden muß.»

Albert war sprachlos über die neuen Forderungen, die im Augenblick seines Triumphs an ihn gestellt wurden. Erzbischof Charles Sekloong verbarg ein Lächeln hinter seiner Serviette. Eines Tages, dachte er, wird Albert vielleicht den unwahrscheinlich hohen Maßstäben entsprechen, die seine Mutter, seine Großmutter und sein Urgroßvater aufgestellt haben.

«Was», fragte Albert schließlich, «erwartet ihr eigentlich von mir?»

«Du bist jetzt *der* Sekloong», antwortete seine Großmutter. «Du mußt freiwillig die volle Verantwortung für den ganzen Clan übernehmen. Du mußt nicht nur das Vermögen der Sekloongs erhalten, sondern auch ihren Ruf wahren. Unser Name bedeutet mehr als Reichtum. Er bedeutet verständnisvolle Nächstenliebe und ein klares Erkennen der Auswirkungen unseres Vorgehens auf andere Menschen. Er bedeutet großzügige Entlohnung – in jeder Beziehung, nicht nur finanziell – derjenigen, die mit ihrem Verstand und ihrer Hände Arbeit dir zu deinem Reichtum verholfen haben. Vor allem aber bedeutet er Verantwortung für die weniger Glücklichen, was dein Vater, dein Großvater und dein Urgroßvater erkannt hatten.»

«Ich kann es nur versuchen, nachdem ich versucht habe, genau zu verstehen, was du meinst», scherzte Albert, um seine Verlegenheit zu verbergen. Aber dann wurde er wieder ernst. «Und ich verspreche dir, ich werde es versuchen.»

«Du kannst jetzt das Tischgebet sprechen, Charles.» Lady Mary lenkte ein. «Danke Gott dafür, daß er uns überleben ließ – und bitte ihn, er möge die Sekloongs vor ihrem schlimmsten Fehler bewahren – Stolz.»

AUSKLANG

28. Juni 1970

1 Uhr 04 bis 4 Uhr 01

Die verlassenen Büros von J. Sekloong and Sons im neunzehnten Stock des St. George's Building schwankten leicht, der tobende Wind peitschte Regenschauer an die Scheiben. Um 1 Uhr 04 am Sonntagmorgen, dem 28. Juni 1970, schickte sich der Taifun Linda an, Hongkong zu verlassen und nach China hineinzustürmen. Nachdem eine Schraubenwelle gebrochen war wie ein Bambusstab, trieb der Achttausend-Tonnen-Frachter ‹Oriental Monarch› unaufhaltsam auf die Startbahn des Flughafens zu und zerschellte. Das zwölfstöckige Alexandra Mansion in der Stubbs Road stürzte ein, als das bergseitige Fundament nachgab, und begrub siebenunddreißig Menschen unter einem Berg aus Beton, Schlamm und verbogenen Autos. Das Martyrium der Kolonie war noch nicht vorbei; auch der abklingende Taifun richtete noch schwere Schäden an und forderte viele Menschenleben.

In der dunklen Chefetage ließ die Rose in der Kristallvase neben dem altmodischen Telefon zwei Blütenblätter auf Sir Jonathans Ebenholzschreibtisch fallen. In Albert Sekloongs angrenzendem Büro klapperte der Bilderrahmen mit dem *Time*-Artikel auf der goldgeprägten japanischen Tapete. Alberts Fernsprechanlage läutete volle drei Minuten lang. Doch niemand hörte es, keine Hand nahm den Hörer auf. Nach 181 Sekunden leuchtete auf der Stahlkonsole neben dem Schreibtisch ein orangefarbenes Lämpchen auf. Ein automatisches Relais schaltete sich ein, und fünfzehn Sekunden später blinkte ein grünes Lämpchen. Wie vom Hersteller beabsichtigt, gab Alberts teures Spielzeug dringende Anrufe über große Entfernungen ohne menschliches Zutun weiter.

Durch Überschwemmungen verursachte Kurzschlüsse hatten den Telefonverkehr innerhalb der Kolonie lahmgelegt. Der stellvertretende Außenminister Spencer Taylor Smith konnte keine Verbindung mit dem amerikanischen Generalkonsulat in der Garden Road bekommen, das immer noch an das vom amerikanischen Militär um die ganze Welt gesponnene Netz von Kabeln und Satelliten angeschlossen war. Ebensowenig konnte General Schih Ai-kuo mit dem abgeriegelten Gebäude im schmutzigen North Point telefonieren, in dem die Nachrichtenagentur *Neues China*, die inoffizielle Botschaft des Pekinger Regimes, ihr eigenes Fernmeldenetz unterhielt. Aber die beiden privaten Leitungen von der Sekloong-Residenz zu den Sekloong-Büros funktionierte noch, und ebenso die gut geschützten Kabel vom St. George's Building zu den Computern von Cable and Wireless, die die elektronischen Impulse in unterseeische Kabel nach Washington und Landkabel nach Peking eingaben.

In den folgenden drei Stunden übermittelten diese improvisierten Verbindungen verwürfelte Telefongespräche zwischen den zwei antagonistischen Hauptstädten und ihren Abgesandten, die durch den tobenden Abgang des Taifuns Linda in der Burg eingeschlossen waren. Die langwierigen Verhandlungen zwischen der Volksrepublik China und den Vereinigten Staaten von Amerika in Warschau gipfelten in einem eindringlichen Dialog in Hongkong. Der heftige Sturm paßte Lady Mary großartig ins Konzept, er zwang den amerikanischen Diplomaten und den chinesischen General, direkt miteinander zu sprechen. Da die Krise so rasch eskalierte, konnten sie sich auch nicht auf die normalen diplomatischen Gepflogenheiten, nämlich mit Ausflüchten Zeit gewinnen zu wollen, zurückziehen.

Peking hatte das Tempo beschleunigt. Um 0 Uhr 20 an jenem Sonntagmorgen – hier waren die Uhren eine Stunde hinter denen von Hongkong zurück – war die chinesische Hauptstadt trocken und heiß. Kleine Wirbelwinde von gelbem Staub aus Zentralasien tanzten unter den düsteren Straßenlaternen auf der Straße des langen Friedens, und nur das Rattern eines nach Sinkiang fahrenden Zugs hallte durch die Stille der dunklen Stadt. Die Amtsräume des Ministerpräsidenten in der Großen Halle des Volkes und das Hauptquartier der Volksbefreiungsarmee zwölf Meilen außerhalb waren hell erleuchtet, als die Limousinen höherer Beamter vorfuhren.

Vorsichtig bereitete Ministerpräsident Tschou En-lai eine direkte Konfrontation mit seinem nominellen Vorgesetzten in der Kommunistischen Partei, seinem nominellen Untergebenen in der Zentralregierung vor – dem stellvertretenden Vorsitzenden Lin Piao, der außerdem erster stellvertretender Ministerpräsident und Verteidigungsminister war. Obwohl Tschou wußte, daß ein Angriff auf das von den Nationalisten besetzte Taiwan einen Krieg mit den Vereinigten Staaten zur Folge haben konnte, vermochte er den von Lin Piao befohlenen Angriff nicht rückgängig zu machen. Der stellvertretende Vorsitzende wollte, indem er seine Truppen zur «Befreiung» der Insel einsetzte, seine Macht festigen – und Tschou En-lai stürzen, der diese Befreiung mit diplomatischen Mitteln in zwei Jahrzehnten nicht erreicht hatte. Ein solcher Erfolg würde Lin Piaos Macht unanfechtbar machen, da die siegreichen Generale ihn unterstützen würden. Sein persönlicher Sieg würde zu radikaler Unterdrückung auf dem Festland und fast unvermeidlich zu einem Volksaufstand führen; außerdem würde er ein militantes China auf ein

Abenteurertum gegenüber dem Ausland festlegen, das schließlich auf einen atomaren Zusammenstoß mit den Vereinigten Staaten hinauslaufen konnte. Doch selbst der Ministerpräsident würde von den Kreaturen des stellvertretenden Vorsitzenden als «Verräter an der Revolution» geschmäht werden, wenn er sich der Operation direkt widersetzte.

Andererseits hatte Tschou En-lai die Zustimmung des Politbüros zu einem letzten Versuch mit diplomatischen Möglichkeiten erlangt, ehe er James Sekloong zu einer Begegnung mit Spencer Taylor Smith nach Hongkong schickte. Er hatte Washingtons versöhnliche Winke bemerkt, vor allem den allmählichen Abbau der amerikanischen Beschränkungen für Handel und Verkehr zwischen den beiden Ländern. Wenn die Vereinigten Staaten ernstlich bereit waren, über eine Verbesserung der Beziehungen zur Volksrepublik zu diskutieren, konnte Tschou den Angriff noch abwenden. Lin Piao war jedoch berechnend ungeduldig, und nach Temperament und aus Eigeninteresse auf die militärische Lösung festgelegt, um welchen Preis auch immer. Er führte an, die Entschlossenheit der Vereinigten Staaten, der Macht, die schließlich Taiwan verteidigen müsse, sei geschwächt, weil die Amerikaner unfähig seien, den entsetzlichen Krieg in Vietnam siegreich zu beenden.

«Die Gelegenheit wird nie wieder so günstig sein», sagte Lin Piao um 0 Uhr 46 am Telefon zu Tschou En-lai. «Es ist Sonntag, und Taiwan ist durch den Taifun in Verwirrung. Wir lassen Quemoy links liegen und greifen Taiwan direkt an. Die Bomber der 6121. Luftdivision nehmen bereits Waffen an Bord, und die Marine schifft die Sturmtruppen ein. Der Vorsitzende selbst hat den Angriff genehmigt.»

«Natürlich, Genosse stellvertretender Vorsitzender.» Der Ministerpräsident spielte nicht auf das an, was sie beide wußten, daß nämlich der geschwächte Vorsitzende Mao Tse-tung, der von Lin Piao praktisch unter Hausarrest gestellt worden war, fast immer demjenigen zustimmte, mit dem er zuletzt gesprochen hatte. «Wenn die amerikanischen Aufklärungsflugzeuge und Satelliten keine Bewegung sähen, wäre die Bedrohung nicht glaubwürdig. Wie immer sieht der Vorsitzende weiter als Sie oder ich – er hat eine diplomatische Lösung im Auge.»

«Nur wenn die Amerikaner nachgeben», schloß Lin Piao. «Der westliche Verstand begreift nur eins – Gewalt.»

Im *Situation Room* im Kellergeschoß des Weißen Hauses übertrugen jüngere Beamte die Berichte des Nachrichtendienstes über den Aufmarsch der Befreiungsarmee gegen Taiwan auf die Talkum-Planpausen auf Karten von Ostchina, die den normalerweise für Karten von Vietnam im großen Maßstab vorbehaltenen Platz eingenommen hatten. Es war 12 Uhr 42 am 17. Juni 1970, denn die Washingtoner Zeit war dreizehn Stunden hinter Hongkong und zwölf Stunden hinter Peking zurück. Die Offiziere unterdrückten mit Rücksicht auf den Präsidenten und seinen Sicherheitsberater ihren Ärger, daß ihnen der freie Samstagnachmittag verlorenging. Den beiden Männern, die die gewaltigste Militärmaschine der Welt kontrollierten, standen etliche Generale und Admirale zur Seite. Die Sterne und Orden der Offiziere wirkten recht theatralisch neben den Leinenjacketts des strohblonden Ministerialdirektors, der die Abteilung Fernost im Außenministerium leitete, und des hochgewachsenen, dunkelhaarigen Asien-Experten im Nationalen Sicherheitsrat. Die Amerikaner hatten die Dreieckskrise nicht so bald erwartet, obwohl sie wußten, daß Lin Piao und Tschou En-lai um die Macht kämpften – und sie hatten detaillierte militärische und politische Pläne ausgearbeitet, um einer kommunistischen Bedrohung Taiwans zu begegnen.

«Die verdammten Chinesen versauen uns alles.» Der Präsident war besorgt. «Da haben wir ihnen zu verstehen gegeben, daß wir ehrlich und offen mit ihnen reden wollen – und plötzlich setzen sie uns die Pistole auf die Brust. Und diese Scheiß-Studenten haben mich in der Zange. Es ist zu kurz nach der Intervention in Kambodscha. Es geht mir sehr gegen den Strich, mich jetzt mit Peking anzulegen. Die Agitatoren würden mir das Leben zur Hölle machen.»

«Wir müssen aber Tschou En-lai unbedingt beistehen, Herr Präsident», bemerkte der Sicherheitsberater. «Wenn wir nicht fest bleiben, wird Lin Piao losschlagen.»

«Aber ich muß die verdammte Entscheidung treffen, nicht Sie!» Der Präsident unterstrich verärgert seine Verantwortung. «Und wieviel wissen wir wirklich?»

«Dick?» Der Sicherheitsberater nickte dem jungen Professor zu. «Wie beurteilen Sie die Lage?»

«Alles deutet darauf hin, daß es ein Bluff ist – was Tschou betrifft.» Der Asien-Experte des Sicherheitsrats wog seine Worte ab. «Aber Lin Piao geht aufs Ganze. Wenn wir ihnen die Stirn bieten, werden sie wohl einen Rückzieher machen. Wenn wir das nicht tun, bleiben sie bestimmt nicht auf halbem Wege stehen.»

«Marshal?» fragte der Sicherheitsberater.

«Ich glaube, Herr Präsident», sagte der Ministerialdirektor, «daß eine diplomatische Lösung immer noch möglich ist. Aber wir müssen Tschou En-lai etwas Konkretes bieten, ein verläßliches Zeichen, daß wir uns von Taiwan lösen und das chinesisch-amerikanische Verhältnis entspannen wollen. Tschou braucht einen Sieg, sonst sind Lin Piao und seine Falken dran.»

Der Präsident brütete düster vor sich hin, die Kiefer zusammengepreßt.

«Militärisch haben wir noch viele Möglichkeiten, Herr Präsident», sagte der Sicherheitsberater. «Eine ganze Reihe Reaktionen, von lokalen Defensiveinsätzen bis zum konventionellen Bombardement des chinesischen Bereitstellungsraums – und schließlich der Industrieanlagen und Pekings selbst. Das Dilemma der Sowjets ist größer als unseres. Welcher Seite sollen sie helfen?»

«Die Sowjets», warf der Marine-Stabschef ein, «haben keine bedeutenden Seestreitkräfte in dem Gebiet – und ihre Stützpunkte sind zu weit weg von Taiwan. Ich würde sagen, bei dieser Sache machen sie nicht mit.»

«Ich glaube, Tschou En-lai kennt die Nuancen in unserem gemeinsamen Begriffssystem», fuhr der Sicherheitsberater fort. «Er weiß, daß wir Taiwan nicht von heute auf morgen aufgeben können. Er muß auch wissen, daß wir nicht ewig an einem entkräfteten Regime wie dem der Nationalisten festhalten können. Für mich ist die durch General Schih Ai-kuo übermittelte Botschaft des Außenministeriums im Grunde genommen versöhnlich.»

«Aber Tschou En-lai ist nicht der, der den Laden schmeißt, nicht?» fragte der Präsident. «Ist das das Problem?»

«Ja, Sir», stimmte der Asien-Experte zu. «Und Lin Piao hat keine Hemmungen. Er glaubt, ein spektakulärer Sieg würde ihm verschaffen, was er haben will: lebenslängliche Macht. Seine Drohung ist ernst gemeint. Die Geschütze sind aufgefahren, und er setzt alles ein – er blufft nicht.»

«Haben wir Spencer Smith schon gesagt, daß er ihnen den üblichen Quatsch verzapfen soll – daß wir jedes provokative Vorgehen sehr ernst nehmen würden – all das Zeug?» fragte der Präsident.

«Ja, Sir», bestätigte der Sicherheitsberater. «Und auch, daß die Vereinigten Staaten die flagrante Anwendung von Gewalt gegenüber einer befreundeten Nation, die selbst ausdrücklich auf die Anwendung von Gewalt gegenüber dem Festland verzichtet hat, nicht hinnehmen können. Wir haben Smith außerdem gesagt, er möge um ganz genaue Aufklärung über General Schihs Verhandlungsangebot ersuchen.»

Der Präsident zog sich in sich selbst zurück und war durch nicht sichtbare, aber fast greifbare Wände von dem geschäftigen Treiben im

Situation Room isoliert. Er beriet sich drei Minuten mit seinen inneren Stimmen und gab dann seine Entscheidung bekannt.

«Also gut. Größere Einheiten der Siebenten Flotte in die Nähe von Taiwan und der chinesischen Küste schicken. Gelben Alarm für SAC. Ein paar große Bomber aufsteigen lassen und die Raketen aufkurbeln. Das wird die Russen abschrecken.»

Die Generale und Admirale stürzten an die Telefone, die die amerikanische Kriegsmaschine auf der anderen Seite der Erdkugel in Gang setzen würden. Die vier Zivilisten blieben zurück, und der Präsident fragte sich, ob er den Männern in Uniform schon zuviel Machtbefugnis übertragen habe.

«Wir können uns immer noch für die diplomatische Möglichkeit entscheiden.» Der Sicherheitsberater spürte die Zweifel seines Chefs. «Wir haben schon festgestellt, wie weit wir gehen können – und wie schnell.»

«Angenommen», sagte der Präsident, «wir verhandeln mit Tschou En-lai.»

«Das ist die 64000-Dollar-Frage», stimmte der Sicherheitsberater zu. «Schaffen wir es dann?»

Während die Zivilisten nachdachten, waren die Militärs auf beiden Seiten tätig. In Omaha, im Hauptquartier des Strategischen Luftwaffen-Oberkommandos (SAC), klapperten Fernschreiber. Neunzig Sekunden später stiegen in Okinawa B-52 mit Atombomben und konventionellen Bomben an Bord auf. Düsenmotoren heulten auf Flugplätzen in der chinesischen Provinz Fukien auf, als Piloten ihre Iljuschin-28-Bomber probelaufen ließen. Fünf Minuten später stiegen gefechtsbereite Ledernacken in die C-141, die von Okinawa nach Taiwan fliegen sollten. Chinesische Infanteristen mit Sturmgewehren AK-47 hockten in ihren nach Osten fahrenden Landungsbooten, die in den Wellen der Formosa-Straße schlingerten. Breitbeinig stand der Vizeadmiral, der die amerikanische Siebente Flotte befehligte, auf der Kommandobrücke des Schweren Kreuzers ‹Long Beach› und blickte mit zusammengekniffenen Augen in die windige Nacht. Zwei Minuten später änderte der Flugzeugträger ‹Enterprise›, auf Yankee-Station vor Nordvietnam, seinen Kurs, und seine vier mit Atomkraft getriebenen Turbinen brachten ihn mit achtunddreißig Knoten durch die lange Dünung des Südchinesischen Meers nach Nordosten. Der Flugzeugträger ‹Oriskany› richtete seinen grauen Bug auf die Formosa-Straße, einen leichten Kreuzer und vier Zerstörer im Kielwasser, und zog durch die vom Taifun Linda drei Meter hoch aufgetürmten Wogen im Ostchinesischen Meer. Der erste chinesische

Konvoi, mit neuntausend Mann an Bord und bewacht von schnellen Geleitbooten, war bereits sechzehn Meilen von der Fukien-Küste entfernt und stampfte nach Osten, um die vierundneunzig Meilen nach Taiwan zurückzulegen.

Das windstille Zentrum des Sturms von chinesischen und amerikanischen Truppen- und Flottenbewegungen war die Burg in der Sekloong-Residenz. Die Grenzfläche (wie in der neuen Technologie der Berührungspunkt heißt) zwischen diesen beiden großen Mächten waren zwei Männer, die an dem mit Azaleen umpflanzten Kamin einander gegenüber saßen. Weder Spencer Taylor Smith noch James Sekloong genoß es, plötzlich den Gipfel der Macht erklommen zu haben, dem sie ihr Leben lang zugestrebt hatten. Beide waren eingeschüchtert durch die entsetzliche Verantwortung, die mit einemmal auf ihnen ruhte. Die häusliche Szenerie verstärkte das Unbehagen der Unterhändler. Sie konnten sich beide nicht richtig auf die gefährliche Konfrontation konzentrieren, da die Familie dauernd unbeherrscht um sie herumwimmelte. Sogar Lady Mary hatte der Versuchung nicht widerstehen können, ihren Sohn beiseite zu ziehen und unerwünschten Rat anzubieten.

«James, das ist deine Chance», hatte sie gesagt. «Du weißt, ich habe dein Tun und Lassen und das deiner Genossen nicht immer gebilligt. Zuviel Morden. Du kannst entweder durch das Werk dieser Macht dein Leben krönen – oder noch mehr Blutvergießen und Verwüstung auslösen. Übrigens höre ich von Charlotte, daß Avram Barakian mit den Amerikanern in Verbindung steht. Sie sind daran interessiert, China die Technologie zur Verfügung zu stellen, um küstennahe Ölvorkommen zu erschließen. Das ist eure einzige Hoffnung, weißt du.»

«Mit großem Gewinn zweifellos», hatte ihr Sohn erwidert. «Immer die profitgierigen Kapitalisten.»

James' scharfe Erwiderung sollte seine Verwirrung verbergen. Er war beunruhigt, daß die Außenwelt nicht nur über Chinas große Ölvorkommen vor der Küste im Bilde war, sondern auch über Pekings Hoffnung, daß deren Ausbeutung die großen wirtschaftlichen und strategischen Probleme des Landes lösen werde. Die «realistische Produktionsfaktion» des Ministerpräsidenten und die «Kampffaktion» des stellvertretenden Vorsitzenden, die um die höchste Macht stritten, waren über die Erschließung dieser Erdölvorkommen sehr geteilter Meinung. Der Ministerpräsident glaubte, daß ausländische, vor allem amerikanische technologische Sachkenntnis unter chinesischer Kontrolle für die Erschließung wesentlich sei. Der stellvertretende Vorsitzende behauptete, China würde seine sozialistische Reinheit und seine Handlungsfreiheit einbüßen, wenn es sich ausländischer Techniker und ausländischer Ausrüstung bediente.

James selbst befand sich in einem Loyalitätskonflikt. Als Soldat war er Lin Piaos Untergebener, der sein erster Kommandeur gewesen war. Als Chinese und Kommunist schuldete er seinem ersten Marxismus-Lehrer, Tschou En-lai, ebensoviel Loyalität. Normalerweise hätte er die vernünftigere Politik des Ministerpräsidenten unterstützt, in bezug auf die nationale Entwicklung wie auf Taiwans «Befreiung». Aber er war bestürzt, daß Tschou En-lai anscheinend die Degradierung seiner Frau Lu Ping gebilligt hatte. Außerdem zog er als Soldat instinktiv das tatkräftige Vorgehen vor – einen raschen Überrumpelungsangriff, solange der Feind noch in Verwirrung war. Doch eingedenk seines in Korea gefallenen Sohnes und seiner durch Lin Piaos Kulturrevolution zum Krüppel gewordenen Tochter schreckte er vor weiterem Blutvergießen zurück.

Spencer Taylor Smith befand sich nicht in einem Loyalitätskonflikt, aber er ärgerte sich ebenfalls über den von der Familie ausgeübten Druck. Lady Mary hatte auch mit ihm gesprochen.

«Spencer», hatte sie gesagt und sich mit der Hand auf das Treppengeländer gestützt. «Sie müssen Geduld haben mit den Chinesen. Sie sind schwierig. Niemand weiß das besser als ich.»

«Gewiß, Lady Mary», antwortete Spencer Taylor Smith gereizt.

«Aber sie sind zu wichtig für Ihr Land, als daß Sie sie übersehen dürften», fuhr sie ruhig fort. «Ich habe gefunden, daß sie manchmal viel intelligenter – oder dümmer – sind als andere. Sie sind sehr – ich möchte sagen vital, sie übertreiben manches, gehen zu weit. Sie sind sämtlich Fanatiker, selbst James. Haben Sie Geduld, Spencer – und seien Sie vorsichtig.»

Der stellvertretende Außenminister dachte noch über diesen rätselhaften Rat nach, als sich Thomas an ihn heranmachte.

«Denken Sie an Quemoy, Spencer», sagte er. «Wir Nationalisten geben nicht leicht auf. Wir geben überhaupt nicht auf. *Sie* können es verhindern, welche Verräterei Washington und Peking auch immer aushecken. Sie haben die Hand auf dem Drücker. Und denken Sie an Quemoy!»

«Die Situation ist nicht wirklich ähnlich, Tom.»

«Hören Sie, Spencer, wir werden überleben – gleichgültig, was für niederträchtige Abkommen ihr trefft. Wir werden sogar überleben, wenn die Kommunisten morgen früh angreifen.»

«Es ist nicht sehr wahrscheinlich», parierte der Amerikaner, «daß sie das tun.»

«Spencer, halten Sie mich nicht für einen Narren. Wir haben auch unsere Informationen, wir wissen, worum es heute nacht geht. Wir werden überleben – selbst wenn wir allein kämpfen müssen. Vielleicht werden uns die Russen helfen. Sie wissen nicht, was für Abmachungen wir mit ihnen getroffen haben. Und glauben Sie ja nicht, daß Sie uns zwingen können, in ein Grab zu marschieren, daß Sie für uns graben.»

Damit wandte sich Thomas verächtlich ab. Seine Arroganz ging in Hast über, als er seine Nichte Blanche die Treppe herunterkommen sah, und er verdrückte sich.

«Was hat denn das kleine Ekel gewollt, Spence?» fragte sie. «Er ist widerlich. Glaub ihm kein Wort. Tante Charlotte sagt das auch – und sie ist schließlich seine Schwester.»

«Jetzt reicht's, Blanche!» Smith schnauzte den einzigen Menschen an, dem gegenüber er nicht diplomatische Höflichkeit zu heucheln brauchte. «Ich hab die Nase voll. Ich stehe in ernsten Verhandlungen, und du richtest mir aus, was deine verrückte Tante Charlotte gesagt hat. Das hier ist keine Familienangelegenheit.»

«Sei da nur nicht zu sicher, Spence. Es ist eine große Familie.» Blanche raffte ihren grünen Brokatrock zusammen und rauschte davon.

Der stellvertretende Außenminister stieg die polierten Teakstufen der doppelarmigen Treppe hinauf. Die aufdringliche Familie seiner Frau, darüber wurde er sich klar, machte die durch Anspannung hervorgerufene Erschöpfung nur schlimmer. Gott sei Dank, dachte er, daß sich wenigstens die jüngere Generation, vor allem dieser unerträgliche Chappie Parker, noch nicht eingemischt hat. Als er oben an der Treppe ankam, lächelte er spöttisch über seinen eigenen Optimismus. Die kleine Lady Mary und ihr Bruder Jonathan kamen ihm auf dem breiten Korridor entgegen.

Offenbar sollte ihm in den Stunden, in denen sein ganzes diplomatisches Geschick auf die Probe gestellt wurde, keine nur denkbare Belästigung erspart bleiben. Äußerlich wirkten die beiden überaus schicklich: sie in einem knöchellangen orangefarbenen Seidenkleid, hochgeschlossen und mit langen Ärmeln, er in einem schlicht-eleganten Frack von Henry Poole in der Cork Street. Aber ihre Lebensweise und, wie Smith fürchtete, ihre politischen Ansichten standen im Widerspruch zu ihrer Erscheinung.

Jonathan, immer noch in Cambridge, ritt seines Vaters Pferde bei Hindernisrennen und fuhr mit derselben wilden Begeisterung seinen

Maserati bei Rallyes. Die kleine Lady Mary, die den klügsten Kopf von der vierten Generation besaß, studierte in Oxford Physik, und Spencer Taylor Smith hatte gehört, wie sie verzweifelt zu ihrer Urgroßmutter sagte: «Nein, Großmama, Stromerzeugung durch Fusion, nicht Fission – *Im*plosion, nicht *Ex*plosion.» Bei ihren Altersgenossen war sie allerdings weniger wegen ihrer Intelligenz bekannt, als wegen ihrer Liebesgeschichten, und noch vor sechs Monaten war ihr die Presse auf den Fersen gewesen, weil sie den abstrakt-impressionistischen Dichter Alvin Gutmacher «zum Selbstmord getrieben» haben sollte.

Der amerikanische Diplomat tröstete sich damit, daß Bruder und Schwester mit der Zeit zweifellos für die soliden bürgerlichen Tugenden gewonnen werden würden, die er selbst verkörperte. Aber dann fielen ihm ihre Verhaftung 1967 in London und spätere Vorkommnisse ein, und er machte eilig kehrt.

«Wahrscheinlich wollen sie mir sagen, ich sollte nicht nur Taiwan aufgeben, sondern auch Hawaii und Santa Catalina», murmelte er vor sich hin.

Sein Fluchtweg war jedoch versperrt von zwei männlichen Gestalten: dem Vater von Jonathan und der kleinen Lady Mary, Brigadekommandeur Sir Henry Sekloong, schneidig in der dunkelblauen Ausgehuniform der 17/21 Lancers, und George Chapman Parker jun., imposant im Hellblau eines Generalmajors der amerikanischen Luftwaffe. Die beiden Soldaten sollten mehr als alle anderen Verstand genug haben, um zu wissen, daß sie sich nicht einmischen durften, und der Diplomat hatte keine Lust, mit ihnen zu reden. Nach früheren Unterhaltungen mußte er annehmen, daß sie ihm dringend nahelegen würden, Atomraketen auf Peking abzuschießen. Zum Glück war er schon an der Tür der Bibliothek und schlüpfte rasch in diese Zufluchtsstätte.

Die Begegnungen hatten Spencer Taylor Smith abgelenkt; zerstreut sah er zu, wie sich James Sekloong auf dem abgenutzten roten Ledersessel niederließ, auf dem im Dezember 1911 kurz nach der Revolution der Republikaner Dr. Sun Yat-sen gesessen hatte. Auch James war noch verwirrt. Er wußte, er mußte sich selbst für eine Seite entscheiden, entweder den Ministerpräsidenten oder den stellvertretenden Vorsitzenden unterstützen. Die Richtung, die er einschlug, entschied über Frieden oder Krieg, und für ihn selbst über Überleben oder Untergang.

«Mr. Smith», sagte er, «wir haben alle diese Drohungen schon früher gehört. Die Vereinigten Staaten können die flagrante Anwendung von Gewalt nicht dulden und so weiter und so weiter und so weiter. Das kennen wir alles schon.»

«Und wir haben auch früher schon gehandelt, General Schih. Ich möchte Ihnen dringend nahelegen, Ihren Chefs zu raten, nicht voreilig zu handeln. Die Vereinigten Staaten sind kein Papiertiger.»

«Kein Papiertiger? Sie haben sich seit fünf Jahren in Vietnam festgefahren, Mr. Smith.»

«Wir sprechen nicht von Guerillas, General, oder von einem begrenzten Krieg. Die Siebente Flotte bringt Flugzeugträger in das Gebiet von Taiwan. Bomber mit Atombomben an Bord sind in der Luft, und unsere Raketen sind in Feuerstellung. Passen Sie auf, daß Sie nicht eine Massenvernichtung auslösen.»

«Sie würden es nicht wagen. Auch wir haben Atomwaffen. Das amerikanische Volk ist entschieden gegen Ihre Aggression in Vietnam. Die ganze Welt ist erbittert über die amerikanische Arroganz.»

«General Schih, mein Präsident ist ein großer Mann, ein kühner Mann, der ebensowenig mit normalen Maßstäben gemessen werden kann wie Ihr Vorsitzender Mao. Weder Sie noch ich können voraussagen, wie er reagieren wird. Wir können Ihre Industrie und Ihre Städte in zehn Minuten vernichten – und Sie haben keine Verbündeten. Aber wir sind bereit, mit Ihnen zu reden. Was genau haben Sie im Sinn, wenn Sie von Verhandlungen sprechen, die Hoffnung auf einen erfolgreichen Kompromiß bieten?»

«Mr. Smith, Chinas Führer sind nicht immer einer Meinung, wie Sie vielleicht wissen. Aber alle sind entschlossen, Taiwan zu befreien. Die Frage ist nur wie. Friedlich oder mit Gewalt. Die Entscheidung liegt bei Ihnen.»

«General Schih, könnten Sie diese Bemerkung erläutern?» Der stellvertretende Außenminister war sich nicht bewußt, daß er den stellvertretenden Politkommissar der Volksbefreiungsarmee damit zu einer gefährlichen persönlichen Entscheidung zwang. «Ich finde Ihre Rede dunkel.»

«Ich werde offen sein, Mr. Smith. China will keinen Krieg, und wir sind bereit, in bezug auf Taiwan einigermaßen geduldig zu sein. Aber keine chinesische Regierung – und gewiß nicht die von Ministerpräsident Tschou En-lai – kann sich halten, sofern sie nicht auf eine realistische Aussicht, Taiwan zu befreien, hinweisen kann.»

«Ich verstehe, General Schih. Vielleicht sollten wir beide mit unseren Chefs reden.»

«Sollten wir vielleicht. Aber lassen Sie mich noch eines betonen. Der Angriff wird innerhalb von Stunden durchgeführt, sofern wir nicht überzeugt sind, daß realistische Aussichten bestehen. Sonst kann ich ihn nicht aufhalten. Nicht einmal Ministerpräsident Tschou kann ihn aufhalten.»

Nachdem er seinen Leibwächter vor der Tür postiert hatte, bediente sich James der Verwürfelungsvorrichtung in der Bibliothek und sprach mit dem amtierenden Stabschef der Befreiungsarmee. Weder der stellvertretende Vorsitzende noch der Ministerpräsident waren im Augenblick erreichbar.

«Genosse Schih, die erste Angriffswelle ist unterwegs, und die Bomber kennen ihre Ziele», teilte ihm der Stabschef mit. «Es wird kostspielig werden, aber wir bluffen nicht. Sie müssen den Amerikanern diese Tatsache klarmachen.»

Auf dem breiten Korridor traf James Sekloong wieder Spencer Taylor Smith, der ins Frühstückszimmer eilte. Die amerikanische Verwürfelungsvorrichtung war in diesem unangemessen gemütlichen Raum aufgestellt, wo James' Schwester Gwinnie einst Lady Mary ihre Entschlossenheit kundgetan hatte, die Ehe mit Dr. George Parker zu schließen, die Ehe, aus der Blanche, die Frau des stellvertretenden Außenministers, hervorgegangen war. James' Freude, daß chinesische Truppen endlich gegen Taiwan und, wenn nötig, gegen die Amerikaner vorgingen, entflammte seinen ständig schwelenden Ärger über die amerikanische Arroganz.

«Sie sind womöglich zu spät dran, Mr. Smith», warnte er. «Unsere Truppen sind bereits unterwegs. Sehr bald wird es zu spät sein, um eine Kollision zu verhindern. Wir bluffen nicht. Fragen Sie Ihren Supermann-Präsidenten, ob er Krieg mit China will. Fragen Sie ihn das!»

«Ich komme zu Ihnen, sobald ich Nachricht habe, General Schih. Inzwischen sollten Sie Ihren Chefs raten, vorsichtig zu sein.»

James hielt es nicht für nötig, diese neuerliche Drohung weiterzugeben. Er machte sich auf den Weg ins Wohnzimmer, um einen Brandy zu trinken, und merkte zu spät, daß seine Schwester Charlotte, seine Schwägerin Sarah und seine Brüder Thomas und Charles dort mit Lady Mary plauderten. Seine Mutter hatte sich damit abgefunden, daß an Schlafen nicht zu denken sei, ehe diese quälende Spannung sich nicht gelegt hätte. Aber sie sah in ihrer Erschöpfung entsetzlich hinfällig aus, und ihre Blässe wirkte jenseitig. Der neue *Taipan* Albert Sekloong und seine Frau Kazuko saßen außerhalb des Kreises der Älteren und beobachteten Lady Mary mit unverhohlener Sorge.

«Komm zu uns, James», forderte Sarah ihn auf. «Es ist das erste Mal seit Jahrzehnten, daß unsere Generation zusammen ist. Und ich hoffe, es ist nicht das letzte Mal.»

«Das hoffe ich auch, Sarah. Glaube mir, ich habe oft an euch gedacht.»

James fügte sich dem Aufruf zur Familiensolidarität, obwohl er eigentlich hätte allein bleiben müssen, um die sich zuspitzende Krise genau zu erforschen. Seine Reaktion auf Sarahs freundliche Aufforderung überraschte den kommunistischen General selbst; er glaubte, er hätte derartige bourgeoise Schwächen wie persönliche Zuneigung längst ausgemerzt.

«Wir haben über die Zeit gesprochen», sagte seine Mutter. «Daß ich euch alle hier habe, mag mich durcheinandergebracht haben, aber in meinem Alter denkt man über derlei Dinge nach. Ich weiß jetzt, wie die Zeit sich bewegt.»

«Eine Berichtigung der Relativitätstheorie von Einstein?» scherzte Charles Kardinal Sekloong. «Sogar die Wissenschaftler geben ja zu, daß sie nicht alle Fragen beantwortet.»

«Ich spaße nicht, Charles», erwiderte Lady Mary. «Ich bin jetzt überzeugt, daß es ein ewiges Leben gibt. Die menschliche Entwicklung ... die Generationen einer Familie ... haben für immer Bestand. Die Zeit verläuft weder geradlinig noch im Kreis. Die Zeit ist ein unveränderlicher fester Punkt, um den wir Menschen in ewiger Folge herumgehen. Das ist unsere Unsterblichkeit.»

«Eine liebenswürdige Ketzerei», murmelte der Kardinal. «Aber du wirst schon noch herausfinden, daß es eine *persönliche* Unsterblichkeit gibt.»

«Nicht in den nächsten Jahren, hoffe ich», sagte der kommunistische General. «Aber, Mutter, deine Vorstellung ist konfuzianisch und rückschrittlich. Wenn man die aufeinanderfolgenden Generationen der Familie als den Mittelpunkt des menschlichen Lebens ansieht, dann werden damit all die alten Verpflichtungen sanktioniert. Korrupte persönliche Treue ist immer noch das größte Hindernis für Chinas Fortschritt.»

Albert kam sich plötzlich viel älter vor als seine drei Onkel. Ihre Verantwortung und ihre Macht waren letztlich wandelbare Abstraktionen; die ihnen durch zufällige Umstände und andere Menschen übertragenen Aufgaben und ihr Einfluß konnten ihnen von denselben Kräften ebenso schnell wieder genommen werden. Er war, das wurde ihm zum erstenmal wirklich ganz klar, *der* Sekloong, und seine Pflichten und seine Macht hatten ihren Ursprung in seiner unabhängigen Position. Obwohl die Welt jene Männer, die Wortführer für große Institutionen wie Staaten oder die Kirche waren, für mächtiger halten mochten als den größten Kaufmann, war er schließlich für sie und die ganze Familie verantwortlich. Aus dieser Verantwortung entsprang seine Macht, die letztlich größer und dauerhafter war als die ihre.

«Die Familie steht im Mittelpunkt.» Albert sprach im neuen Bewußtsein seiner eigenen Autorität. «Nicht in dem metaphysischen Sinn, den Großmama meint, sondern als Mittelpunkt jeder Politik. Wovon sprechen wir, wenn nicht von Menschen, die Gott zu Familien zusammengefügt hat? Ich jedenfalls gedenke an *allen* meinen Verpflichtungen festzuhalten.»

«Treue gegenüber der Familie und dem legitimen Führer steht im Mittelpunkt unseres Lebens», stimmte Thomas zu. «Ohne Loyalität sind wir nichts.»

«Deine Treue zum alten Tschiang meinst du wohl», stichelte James. «Das war allen mächtig nützlich, nicht wahr?»

«Ohne solche Loyalität wäre China erheblich schlechter dran.» Der nationalistische General hatte sich bei Whisky, Reiswein, Champagner oder Brandy keine Zurückhaltung auferlegt. «Es gäbe keine Hoffnung für die Zukunft – nur euren seelenlosen Materialismus.»

«Bedingungslose Loyalität richtet China zugrunde.» Der kommunistische General sprach leise, seine Leidenschaftlichkeit von Nachdenklichkeit verdrängt. «Deine für Tschiang Kai-schek natürlich. Vielleicht auch meine Loyalität. Kein Mensch und kein System ist makellos. Absolute Treue zu irgendeinem Menschen oder irgendeinem System ist letztlich destruktiv – und verwerflich.»

«Ich hätte nie gedacht, daß ich jemals solche Worte von dir hören würde, James», warf der Kardinal ein. «Aber du sprichst wohl aus bitterer Erfahrung.»

«Ja», gab James zu. «Und ich selbst habe manches getan, was falsch war, vielleicht verwerflich.»

«Was zum Beispiel?» höhnte Thomas. «Ihr habt immer so getan, als ob eure verdammte Kommunistische Partei unfehlbar wäre. Jetzt gibst du Irrtümer zu. Was zum Beispiel war falsch?»

«Wir alle haben manches getan, was uns nachher leid tat», wollte Charlotte vermitteln. «Ich bereue . . .»

«Liebes, das ist doch alles vorbei, liegt weit zurück . . .» beschwichtigte sie Sarah.

Von der Frage seines Bruders in Anspruch genommen, überhörte James das leise Gespräch der Frauen. Zum erstenmal seit Jahrzehnten hatte er etwas, das Thomas sagte, ernstlich in Betracht gezogen.

«Der Kult des stahlharten Bolschewismus», antwortete er schließlich. «Die Überzeugung, daß eine unfehlbare Doktrin jede Tat rechtfertigt, wie unmoralisch sie auch sein mag. Vor allem aber das Frohlocken über revolutionäre Brutalität.»

«Was genau meinst du, James?» Thomas reagierte instinktiv auf die Stimmung seines Bruders, und die wortlose Verständigung, die sie als junge Männer verbunden hatte, kam wieder zum Vorschein und veranlaßte seine nächste Frage. «Kannst du uns mehr sagen über Harry Sekloongs Tod? Ich weiß, daß *wir* ihn nicht ermordet haben, obwohl der Generalissimus es in Erwägung gezogen hatte. Also müßt ihr es gewesen sein ... deine Leute.»

«Es waren nicht ... waren nicht meine *Leute.*» James sprach so leise, daß die anderen sich vorbeugen mußten, um ihn zu hören. «Es waren nicht einfach meine Leute. Gott helfe mir, es war ... ich war es ...»

«James, das kann doch nicht sein?» keuchte Charlotte. «Dein eigener ... dein eigener Onkel? *Du* hast ihn erschossen?»

«Ja, Charlotte. Es war für China ... für die gute Sache. Aber jetzt habe ich Zweifel. Zu viel Morden, zu viel Blutvergießen.»

«James, *du*? *Du selbst?*» Lady Marys Stimme war so leise, als käme sie hinter dem Vorhang der Ewigkeit hervor. «*Du*, James?»

«Ja, Mutter. Ich bin nicht mehr stolz darauf ...»

«James, ich bin plötzlich erschöpft», flüsterte Lady Mary. «Bitte, bringe mich in mein Schlafzimmer.»

«Mutter, kann ich ...» fragte Sarah besorgt.

«Nein, niemand sonst. Nur James. Ich sehe euch alle morgen früh.»

Auf James' Arm gestützt, ging Lady Mary die große Treppe hinauf, die sie vor sechs Stunden an Thomas' Arm heruntergekommen war.

«Es tut mir leid, Mutter», stotterte James. «So leid, daß ich es dir gesagt habe, und so unendlich leid, daß ich es getan habe. Ich hätte es dir nicht sagen dürfen.»

Lady Mary antwortete nicht, bis sie in ihrem Schlafzimmer waren.

«Setz dich, James. Ich muß dir etwas sagen. Etwas, das nur ich weiß.»

Gehorsam setzte er sich auf die Chaiselongue und starrte in den Cognacschwenker, den er noch immer in der Hand hielt.

«James», begann seine Mutter, «Harry Sekloong war *nicht* dein Onkel, sondern ...»

«Was sagst du da, Mutter? Harry war nicht mein Onkel? Du willst mich trösten, aber ...»

«James, Harry Sekloong war ... dein Vater. Du solltest wissen, daß Harry dein Vater war.»

«Mein Vater? Das ist unmöglich ... lächerlich.»

«Es ist wahr. Wer wüßte es besser als ich? Es tut mir leid, aber du mußtest es erfahren, ehe ich . . .»

«Mein Vater?» wiederholte James. «Harry – mein Vater?»

«Ja, James. Ich hoffe, du kannst mir verzeihen. Ich bin zu alt, um Zorn zu empfinden über deinen . . . über das, was du getan hast. Aber du mußtest es erfahren. Ich bete und hoffe, es wird zu keinem weiteren sinnlosen Mord an denen kommen, die wir lieben – oder an anderen.»

James Sekloongs Hand ballte sich zur Faust, und der zersplitternde Cognacschwenker zerschnitt ihm die Handfläche. Auf der Suche nach einem Taschentuch, um das Blut zu stillen, stürzte er aus dem Schlafzimmer. Er war zornig, zornig auf die ganze Welt und über die Gebrechlichkeit seiner Mutter, die bohrenden Fragen seines Bruders und die Skrupellosigkeit seiner Vorgesetzten. Und vor allem war er auf sich zornig. Seine lebenslängliche Loyalität, die durch den Machtkampf in China schon stark gelitten hatte, wurde zum Spielball widerstreitender Emotionen.

Harry Sekloong sein Vater! Ohne es zu wissen, hatte er der Partei das höchste Opfer dargebracht – ein weit größeres Opfer als sein eigenes Leben, das er unzählige Male bereitwillig aufs Spiel gesetzt hatte. Er hatte seinen eigenen Vater ermordet.

Bestürzt, wütend, von Abscheu erfüllt und vorübergehend wahnsinnig vor Scham und Kummer, stolperte er hinaus in den sturmgepeitschten Garten. Der Wind schleuderte ihn an die Granitmauer der Burg, und er verspürte einen stechenden Schmerz im Narbengewebe auf seiner linken Schulter, die vor dreiunddreißig Jahren von der Kugel des *Kempei* in Peking durchschlagen worden war.

Das Flaggschiff einer Zerstörerflottille, die ‹Sampson›, stampfte sechsundsiebzig Meilen westlich vom nationalistischen Taiwan und dreiundvierzig Meilen östlich vom kommunistischen Fukien mit Kurs Südsüdwest durch die stürmische Nacht. Die ‹Sampson› erforschte mit unsichtbaren Fingern die Dunkelheit, aber die Gischt der noch vom Taifun aufgewühlten Wogen verdunkelte ihr Überwasser-Radar. Der Matrose, der auf den grünen Schirm starrte, meldete monoton: «Kein Kontakt. Kein Kontakt.»

Die ‹Sampson› schlingerte, und ihre Radarantenne richtete sich auf das Meer.

«Zwei Meßobjekte», meldete der Matrose. »Zwei Meßobjekte: Peilung 272, Kurs 46, Auffaßbereich 3000 Yards, geschätzte Geschwindigkeit 36 Knoten.»

Das Radar der Geleitboote der kommunistischen Ostmeer-Flottille registrierte die ‹Sampson› eine halbe Minute später. Die Schiffe stampften wild, und ihre Antennen waren viel niedriger. Dennoch reagierten die chinesischen Kommandanten vor den Amerikanern. Sie hatten Befehl erhalten, jedes unbekannte Schiff zu versenken, das die schwer beladenen Landungsboote hinter ihnen gefährden könnte. Die Schnellfeuerkanonen von ‹Ostmeer 234› und ‹Ostmeer 249› ratterten, und achtzig Meter vor dem Bug der ‹Sampson› spritzten Wasserfontänen hoch.

«Feuer erwidern», befahl der amerikanische Kommandant. «Hauptbatterie, Schnellfeuer unter Radarkontrolle.»

Orangefarbene Flammen schossen aus den beiden 12,5-Zentimeter-Geschützen der ‹Sampson›, und ihre Boden-Boden-Flugkörper Tartar waren auf die Küstenwachboote ausgerichtet.

«Verwaltungsoffizier», rief der Kommandant. «Unverschlüsselt an ComSevFleet, CincPac und DOD: Beschossen von zwei unbekannten kleinen Schiffen ungefähr bei . . .»

«. . . 24′58″ Nord, 119′42″ Ost», ergänzte der Navigationsoffizier.

«Kurs der Meßobjekte ungefähr 46. Ich habe sie mit der Hauptbatterie unter Beschuß genommen. Erbitte Instruktionen.»

Die direkt auf den Lautsprecher übertragene Stimme des Signalgastes hallte im *Situation Room* des Weißen Hauses wider. Der Präsident lief vor Zorn rot an, als der Marinestabschef hinzufügte: «Sie steuern die Nordwestküste von Taiwan an.»

«Holt euch die kleinen Schweinehunde», befahl er.

«Vielleicht sollten wir sie lieber ablenken, Herr Präsident», schlug der Sicherheitsberater ehrerbietig vor.

«Gut, Henry», sagte der Präsident. «Lenkt sie ab. Aber macht sie fertig, wenn sie nicht abdrehen oder wenn Gefahr für den Zerstörer besteht. Setzt die Flugkörper ein.»

‹Ostmeer 234› und ‹Ostmeer 249› setzten in der nächtlichen Dunkelheit in der Formosa-Straße ihren Kurs im wesentlichen fort, allerdings im Zickzack, um dem Beschuß der ‹Sampson› auszuweichen. Sechs 40-Millimeter-Granaten durchschlugen die dünne Panzerung des Zerstörers Steuerbord achtern und explodierten im hinteren Hilfsmaschinenraum. Ein Matrose schrie auf und umklammerte seinen zerfetzten Arm. Ein anderer sackte lautlos zusammen und starb, ehe er den Granatsplitter in seinem Gehirn spürte. Der Kommandant der ‹Sampson› traf selbst eine Entscheidung, als die Stimme des Marinestabschefs die Anweisungen des Präsidenten durchgab.

«Feuert die Tartars», befahl er.

Vier Raketen beschrieben einen feurigen Bogen am nachtschwarzen Himmel. ‹Ostmeer 234› sank dreiundvierzig Sekunden später, und ‹Ostmeer 249› versuchte auszuweichen.

«Laßt ihn laufen», sagte der Kommandant. «Aber bleibt ihm auf der Spur. Schadensmeldung?»

Der chinesische Konvoi wurde langsamer und drehte auf Befehl des Kommandanten von ‹Ostmeer 249› nach Norden ab. Mindestens fünfzehn Minuten würden verstreichen, bis sein Gefechtsbericht in Peking eintraf, und weitere fünfzehn, ehe er neue Befehle erhielt – wenn die Entscheidung sofort getroffen würde. Das weniger entwickelte Fernmeldewesen der Chinesen und das umständliche Entscheidungsverfahren in Peking gewährten den Chinesen eine Gnadenfrist von fast einer Stunde bis zur Wiederaufnahme der Kampfhandlungen. Starke Luftunterstützung würde notwendig sein, wenn die Vorhut den Weg nach Taiwan fortsetzen sollte, und die Chinesen hatten keine Erfahrung mit einem Luft- und Seekrieg bei Nacht, der höchstes technisches Können erforderte. Die kritische Entscheidung war daher tatsächlich um mehrere Stunden verschoben. Die Sonne ging um 4 Uhr 57 auf.

In Washington sagte der Direktor der Abteilung Fernost zum Präsidenten und seinem Sicherheitsberater: «Ich habe Smith am Telefon.»

«Stellen Sie das Gespräch auf Lautsprecher», sagte der Präsident.

«Hier Smith», rasselte der Lautsprecher. «General Schih teilt mir mit, daß die erste Angriffswelle der Chinesen unterwegs ist und . . .»

«Das wissen wir, Smith», unterbrach ihn der Präsident. «Ein Zerstörer hat gerade einen Zusammenstoß mit ihren Geleitbooten gehabt. Er hat eins versenkt, nachdem er ein paar Granaten bekommen hatte. Er verfolgt es jetzt. Sagen Sie den Roten, wir werden Vergeltung an ihren Landbasen üben, wenn unsere Schiffe weiter belästigt werden.»

«Ja, Sir», erwiderte die Stimme aus Hongkong. «Schih sagt auch, der Ministerpräsident werde gestürzt werden, sofern er nicht eine glaubhafte, realistische Aussicht auf einen allmählichen Rückzug der Amerikaner von Taiwan präsentieren kann. Lin Piao ist entschlossen, den Angriff durchzuführen. Schih sagt, nur ein solches Zugeständnis kann ihn daran hindern.»

«Wir werden sie in die Luft jagen», fauchte der Präsident. «Sind sie denn alle verrückt?»

«Das weiß ich nicht, Sir», erwiderte der stellvertretende Außenminister. «Aber die chinesischen Militärs scheinen absolut entschlossen zu sein.»

Der Sicherheitsberater sagte seinem Chef etwas ins Ohr. Nach zwei Minuten nickte der Präsident zustimmend und sprach wieder ins Mikrofon.

«Wie ich höre, kennen Sie die Mindestbedingungen, die wir akzeptieren können. Sprechen Sie noch mal mit dem kommunistischen General. Aber denken Sie daran, wenn die weiter da herumfummeln, schlagen wir hart zu. Sagen Sie ihm das.»

Spencer Taylor Smith dachte über seinen nächsten Schritt nach, als er in die Bibliothek zurückging. Er hatte das Leben von Tausenden, vielleicht von Hunderttausenden in der Hand. Die unwirschen Anweisungen des Präsidenten aus dem weit entfernten Washington konnten ihm diese Last nicht abnehmen. Er fuhr zusammen, als er James Sekloong auf dem Ledersessel sitzen sah, jetzt in einem Hemd mit offenem Kragen und hellen Leinenhosen, die seinem Vater Charles gehört hatten. Seine Züge waren verstört, und seine rotgeränderten Augen starrten blicklos in den Kamin.

«Meine Regierung, General Schih», sagte Smith förmlich, «sieht die Aufnahme von Feindseligkeiten durch Ihre Regierung als überaus ernst an. Ihre Geleitboote haben Schaden auf einem amerikanischen Zerstörer angerichtet. Wir haben ein Boot versenkt. Jede weitere feindselige Handlung wird mit Angriffen auf Ihre Landbasen erwidert.»

«Wenn das wahr ist, ändert es die Lage», erwiderte James automatisch. «Es ist genau das, wovor ich Sie gewarnt habe. Als nächstes kommen die Bomber und dann . . .»

«Um Gottes willen, Mann, wie halten wir diesen Wahnsinn auf? Offenbar hängt doch alles von uns ab!»

Dieser Ausbruch des höflichen Spencer Taylor Smith brachte James über die Schwelle. Durch die Enthüllung über seinen Vater bereits erschüttert, verlor er das innere Gleichgewicht nun vollends. Die Unbesonnenheit, die zu unterdrücken er sich sein Leben lang bemüht hatte, setzte sich wieder durch, diesmal zugunsten der Mäßigung. James Sekloong sprach jetzt unter dem Druck seiner tiefen Demütigung, seiner Wut, Scham und Selbstbezichtigung mit seinem angeheirateten Neffen und übernahm die letzte Verantwortung, der er hatte ausweichen wollen. In diesem Augenblick beschloß er, die Sache auf seine Weise zu regeln und notfalls sich selbst zu opfern, um das Leben von Hunderttausenden zu retten.

«Hören Sie, Spencer, ich sollte es eigentlich nicht sagen, aber ich werde es sagen. Ich will nicht feilschen. Ich kann nicht feilschen. Ich werde Ihnen unsere Mindestbedingungen nennen. Wir brauchen eine

Übereinkunft über weitere Verhandlungen auf höchster Ebene – erst Kissinger, dann Nixon. Und wir brauchen *sofort* eine allgemeine Übereinkunft. Eine Übereinkunft über ein Disengagement von Taiwan ... daß Sie es uns überlassen, die Frage auf unsere Weise zu regeln. Wir werden – das verspreche ich Ihnen – nichts überstürzen und keine Gewalt anwenden, es sei denn im äußersten Notfall. Jedenfalls nicht in den nächsten Jahren. Als Gegenleistung bieten wir bessere Beziehungen an, Handel, Zugang zu unseren Ölreserven und eine Verständigung darüber, daß wir, wann immer möglich, uns gemeinsam gegen den sowjetischen Imperialismus stellen. Aber Sie *müssen* unsere Mindestbedingungen jetzt gleich akzeptieren.»

«Ich verstehe Ihre Mindestbedingungen», konterte Smith. «Können Sie mir persönlich versichern, General ... James ... daß Sie völlig aufrichtig sind, nicht nur Zeit gewinnen wollen?»

«Um Himmels willen, Spencer, ich mache Ihnen nichts vor. Es ist die einzige Möglichkeit, wie wir die Invasion abwenden können. Sonst wird es Krieg geben. Lin Piao wird sich durchsetzen und ...»

«Ich werde Ihre Botschaft weiterleiten. Aber ich kann Ihnen – persönlich, *nicht* offiziell – sagen, daß Ihre Bedingungen in groben Umrissen akzeptabel erscheinen. Gehen wir also wieder ans Telefon.»

Besorgnis nagte an seiner neuen Entschlossenheit, aber James bestand darauf, mit dem Ministerpräsidenten verbunden zu werden. Wenn er Tschou En-lais Einstellung falsch beurteilt hatte, würde er aus der Partei ausgeschlossen werden. Der Ministerpräsident selbst würde wahrscheinlich ausgeschlossen werden, und die Volksrepublik China befände sich im Krieg mit den Vereinigten Staaten von Amerika. Nach achtzehn Minuten, um 3 Uhr 32 nach Hongkong-Zeit, hörte er schließlich Tschou En-lais vertraute Stimme.

«Nun, Ai-kuo, was können Sie mir berichten?»

«Wie ich höre, Genosse Ministerpräsident, sind unsere Geleitboote mit einem amerikanischen Zerstörer aneinandergeraten.»

«Stimmt. Ich habe es gerade erfahren.»

«Und die Amerikaner behaupten, eins sei versenkt.»

«Das habe ich nicht gehört. Ich werde es nachprüfen lassen.»

James wartete, während Tschou En-lai mit einem Mitarbeiter sprach.

«So», fuhr der Ministerpräsident fort, «was haben Sie mir sonst noch zu berichten? Gibt es Fortschritte? Es wird höchste Zeit!»

James faßte sein letztes Gespräch mit Spencer Taylor Smith kurz zusammen. Tschou hörte zu, ohne ihn zu unterbrechen. Als James fertig war, trat eine lange Pause ein, und er hörte nur die statischen Störungen in der Leitung. Nach mehr als zwei Minuten, als er schon glaubte, die Verbindung sei unterbrochen, meldete sich der Ministerpräsident wieder.

«Sagen Sie ihnen: Ja. Detaillierte Abmachungen können wir später treffen. Aber mit Ihrer Übereinkunft können wir leben. Ich kann die Truppenbewegungen aufhalten. Ja, wir alle können mit diesen Bedingungen leben – *fast* alle von uns. Sie haben Ihre Sache gut gemacht. Jetzt lassen Sie mich an die Arbeit gehen. Ich rufe Sie nachher wieder an.»

Zitternd vor Erleichterung, daß die Gefahr für ihn selbst und seine Welt abgewendet war, wartete James auf Spencer Taylor Smith. Als der Amerikaner zurückkam, sagte er zu ihm:

«Es geht in Ordnung, Spencer. Mein Volk kann damit leben. Die Einzelheiten müssen noch ausgearbeitet werden, aber die allgemeine Linie ist akzeptabel.»

«Wir sind auch einverstanden, James. Ein kleiner Drink vielleicht, ehe wir über diese Einzelheiten sprechen und unseren Regierungen wieder berichten? Ich brauche etwas, das ein bißchen konkreter ist.»

James Sekloong nahm väterlich den Arm des jüngeren Mannes, als sie durch die Halle gingen. Die angespannten Gesichter im Wohnzimmer hellten sich auf, als sie die Geste sahen.

«Es ist alles in Ordnung», sagte James zu den Sekloongs. «Es wird keinen Krieg geben. Ihr könnt Mutter sagen, daß sich die chinesisch-amerikanischen Beziehungen erheblich verbessern werden. Und bittet sie, mir zu verzeihen . . . mir alles zu verzeihen.»

Charlotte, Sarah und Kazuko brachten diese Botschaft Lady Mary, die bleich und gebrechlich in dem großen Schlafzimmer, das einst Sir Jonathans gewesen war, im Bett lag. Ihre veilchenblauen Augen leuchteten auf, ehe sie sich zitternd schlossen, und ihre durchsichtige Hand streichelte das Medaillon mit dem geflügelten Drachen.

«Ich bin froh, sehr froh», murmelte Mary Philippa Osgood Sekloong. «Es wird nicht leicht oder immer erfreulich sein. Aber es ist ein Anfang. Jetzt werde ich, glaube ich, eine Weile ruhen – vielleicht eine lange, lange Zeit.»

Erzählungen großer Autoren unserer Zeit in Sonderausgaben

James Baldwin · Gesammelte Erzählungen
Gottfried Benn · Sämtliche Erzählungen
Albert Camus · Gesammelte Erzählungen
John Collier · Gesammelte Erzählungen
Hans Fallada · Gesammelte Erzählungen
Ernest Hemingway · Sämtliche Erzählungen
Kurt Kusenberg · Gesammelte Erzählungen
D. H. Lawrence · Gesammelte Erzählungen
Sinclair Lewis · Gesammelte Erzählungen
Henry Miller · Sämtliche Erzählungen
Robert Musil · Sämtliche Erzählungen
Jean-Paul Sartre · Gesammelte Erzählungen
James Thurber · Gesammelte Erzählungen
John Updike · Gesammelte Erzählungen
Thomas Wolfe · Sämtliche Erzählungen

Rowohlt

Richard Nash

OSTWIND UND REGEN

Roman. Deutsch von Karl A. Klewer
387 Seiten. Gebunden.

Hawai im Jahre 1941, kurz vor dem Angriff der Japaner auf Pearl Harbor: in der spannungsgeladenen Atmosphäre der sich ankündigenden Katastrophe rollt die Handlung dieses Romans mit unerbittlicher Konsequenz ab. Ein mitreißendes Drama von Menschen, die aus ihren gewohnten Bahnen gerissen und in gefährliche Strudel von Haß, Gewalt und Schrecken gezwungen werden.

«Der Autor versteht es glänzend zu erzählen. Er besitzt viel psychologisches Einfühlungsvermögen, um die Romanfiguren interessant zu machen. An Spannung fehlt es an keiner Stelle in diesem Buch.»

Berliner Morgenpost

Ein spannender, exotischer Roman vom Autor des «Regenmachers».

Jeff Fields

DER SCHREI DER ENGEL

Roman. Deutsch von Thomas Lindquist
434 Seiten. Gebunden.

Ein vierzehnjähriger Junge wächst in einer Kleinstadt des amerikanischen Südens heran. Von seinem Freund, dem Indianer Jojohn, den der Schrei der Engel durch die Weiten des Landes und die Tiefen des Suffs treibt, lernt er den Kampf gegen die Angst und den zähen Lebenswillen.

«Dieser Roman ist ein Meisterwerk, voll Saft, Kraft und Humor. Er erinnert an große Vorbilder wie zum Beispiel Mark Twains ‹Huckleberry Finn› und ist doch wieder unvergleichlich, unverwechselbar die Handschrift eines Originals, das Jeff Fields heißt. Ein lebendiges, wunderbares Buch, gnadenlos, hart und doch getragen von einer hinreißenden Menschlichkeit, die letztlich über alles triumphiert. Somit auch ein tröstliches Buch, das uns hoffen läßt.» *Österreichischer Rundfunk*

«Komisch, verrückt und wild! Ein Roman voller Kraft und Zauber.»
Shirley Ann Grau

Rowohlt

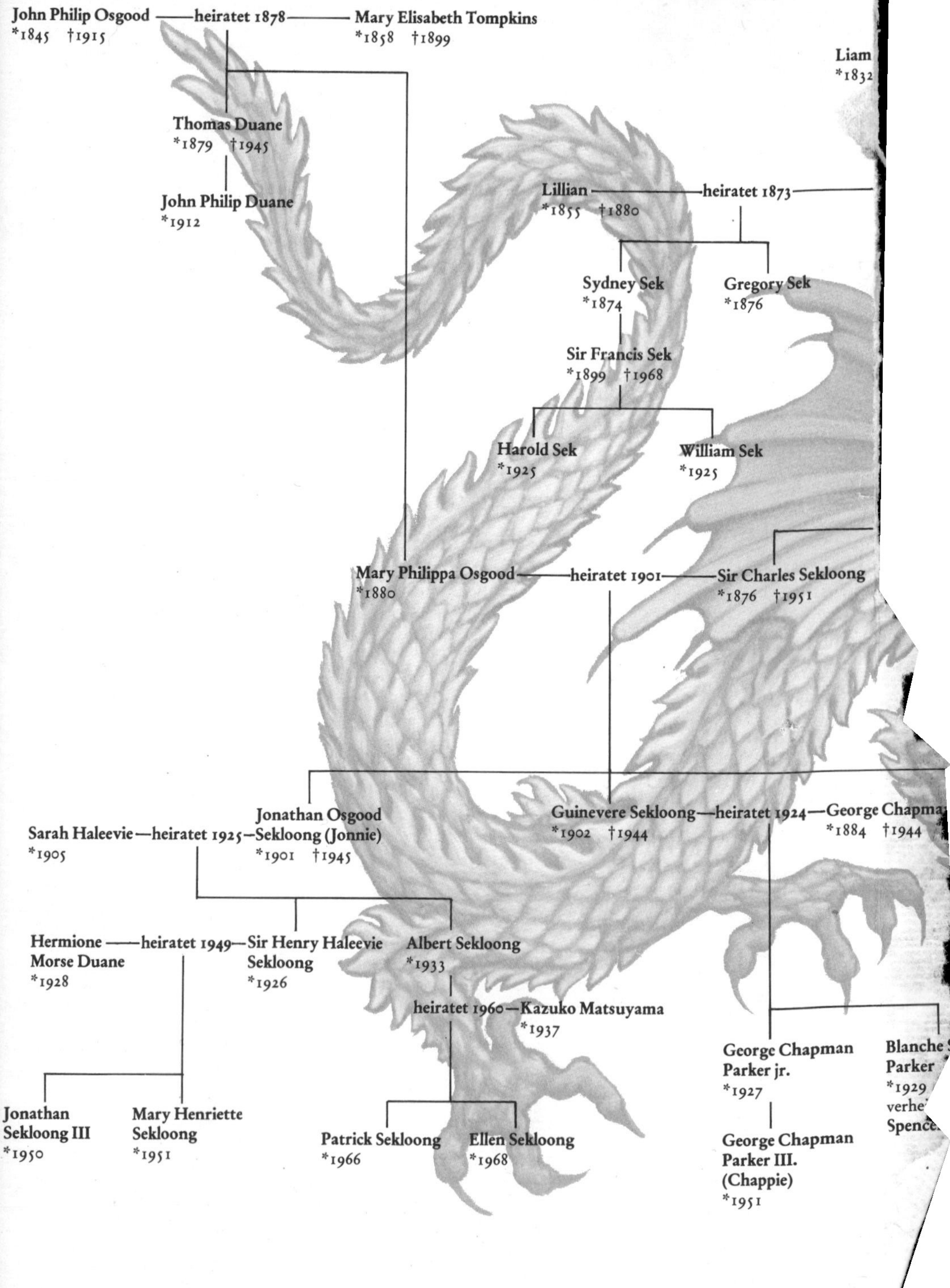
John Philip Osgood —heiratet 1878— Mary Elisabeth Tompkins
*1845 †1915
*1858 †1899
Thomas Duane
*1879 †1945
John Philip Duane
*1912
Liam
*1832
Lillian —heiratet 1873—
*1855 †1880
Sydney Sek
*1874
Gregory Sek
*1876
Sir Francis Sek
*1899 †1968
Harold Sek
*1925
William Sek
*1925
Mary Philippa Osgood —heiratet 1901— Sir Charles Sekloong
*1880
*1876 †1951
Sarah Haleevie —heiratet 1925— Jonathan Osgood Sekloong (Jonnie)
*1905
*1901 †1945
Guinevere Sekloong —heiratet 1924— George Chapma
*1902 †1944
*1884 †1944
Hermione Morse Duane —heiratet 1949— Sir Henry Haleevie Sekloong
*1928
*1926
Albert Sekloong
*1933
heiratet 1960 — Kazuko Matsuyama
*1937
George Chapman Parker jr.
*1927
Blanche S
Parker
*1929
verhe
Spence
George Chapman Parker III. (Chappie)
*1951
Jonathan Sekloong III
*1950
Mary Henriette Sekloong
*1951
Patrick Sekloong
*1966
Ellen Sekloong
*1968